ISBN 978-0-428-62781-2
PIBN 11250233

COLLEZIONE SCOLASTICA

secondo i Programmi governativi.

L'OSSERVATORE VE[

PERIODICO

DI

GASPARO GOZ[

PUBBLICATO INTEGRALMENTE SECONDO L'EDIZIONE (

E POSTILLATO AD USO DELLE SC[

DA

EMILIO SPAGNI

FIRENZE,

G. BARBÈRA, EDITORE.

1897.

L'OSSERVATORE VENETO

PERIODICO

DI GASPARO GOZZI.

L' OSSERVATORE VENET

PERIODICO

DI

GASPARO GOZZI

PUBBLICATO INTEGRALMENTE SECONDO L'EDIZIONE ORIGINALE DEL 17(

E POSTILLATO AD USO DELLE SCUOLE

DA

EMILIO SPAGNI.

FIRENZE,

G. BARBÈRA, EDITORE.

—

1897.

CENNI INTORNO ALL' OSSERVATORE.

La riforma del costume e dell' arte non ebbe nel secolo scorso apostolo più convinto di Gasparo Gozzi, il quale a questa nobilissima meta tenne sempre rivolti l' animo e l' ingegno. Ci fu anzi nella sua vita un momento, in cui non parendogli bastare le pagine sparse dei Sermoni e delle Lettere, tentò opere di maggior polso e sopratutto più ampie e continuate, quantunque, appunto per questo, non del tutto convenienti alla tempra del suo ingegno, *impaziente,* come egli stesso dice, *nelle cose grandi alle quali dà talvolta principio poi non le finisce.*[1]

Il Mondo Morale, la Gazzetta Veneta e l' Osservatore rappresentano tre diversi tentativi, a dir vero non ugualmente fortunati, per dar vita alla sua intenzione. Ma qui si vide il gran buon senso del Gozzi, poichè queste opere avendo tutte e tre forma periodica, di mano in mano che il contatto col pubblico gliene mostrò i difetti o l' insufficienza, egli anzichè ostinarsi, non ebbe riguardo di lasciare a mezzo l' una e sostituirvi l' altra, finchè non trovò quella che gli parve rispondere completamente al suo concetto. Allo stesso modo appunto lo scultore, per dare forma all' intraveduta visione, va successivamente modellando nella creta le immagini che torbide dapprima, poi sempre più luminose e perfette gli mostra la fantasia, finchè gli appaia quella che incarna il suo ideale, ed egli la traduce nel bronzo o nel marmo. Così quando nel 1761 Gasparo Gozzi mise mano alla pubblicazione dell'Osservatore, potè dire d' aver finalmente trovata la forma letteraria che meglio d' ogni altra precedente rispondeva alla sua intenzione e alle sue attitudini di scrittore, non meno che ai gusti e alle tendenze dei tempi suoi.

Di questi tre tentativi il primo quanto al tempo è il Mondo Morale, pubblicato coi tipi del Colombani nel 1760. Usciva a puntate il lunedì d' ogni settimana, ma non è veramente un giornale, poichè non ne ebbe mai la varietà e il carattere frammentario; anzi è nella sostanza un prolisso romanzo allegorico-morale che una Pellegrina va narrando ad alcuni suoi compagni, quando, come sogliono, s' adunano in crocchio a ragionare ora d' una cosa, ora d' un' altra. Si noti di passo che

---

[1] *Osservatore,* pag. 585.

in questa trovata della Pellegrina e dei Pellegrini ci fu senza dubbio l' intenzione d' imitare lo Spettatore Inglese dell'Addison, a quei tempi famoso in tutta Europa, allorchè mette in scena il baronetto Ruggero di Coverley ricco gentiluomo campagnuolo, il cavaliere Andrea Freeport mercante, e l'elegante Guglielmo Honeycomb, che compaiono come autori o interlocutori degli scritti, ragionamenti e dialoghi di cui si componeva quel giornale. Ma mentre questi personaggi sono meravigliosi d'evidenza e di vita, i Pellegrini del Mondo Morale mancano affatto di personalità e di rilievo, come manca del resto in tutta l' opera la grande varietà dello Spettatore, dove si toccano i più disparati argomenti di vita pubblica e privata. Questo e la grave noia di quella pesante azione romanzesca, dove *tutte le virtù e tutti i vizi e altre centinaia di qualità e di cose inanimate sono vestite di corpo e fatti uomini e donne* e chiamate *con certi nomi tratti dal Greco,*[1] cagionarono che il libro non ottenne il favore del pubblico. E certo, allora, in fatto di romanzi il palato dei lettori avvezzo alle droghe del Chiari, non poteva certo assaporare con piacere i cibi molto sani, molto semplici, ma anche molto insipidi del Mondo Morale. Il solo e vero pregio del libro, oltre quello d' una lingua purissima, sta nelle traduzioni qua e colà sparse : quella della Morte d'Adamo del Klopstock, nella quale il Gozzi con fortunato intuito — bisogna pur dire così, poichè egli non sapeva di tedesco e fu traduttore di traduttori — fece sua e ritrasse la semplicità grandiosa che informa quella tragedia ; e quelle dei Dialoghi di Luciano, condotte con una disinvolta e cara festevolezza che non ci sorprende, pensando quanto il genio del Gozzi armonizzava con quello del greco scrittore.

La freddezza del pubblico al quale *quelle canzoni* — come dice allegoricamente egli stesso — *parevano troppo alte e che avessero un poco troppo del forestiero,*[2] e in parte la facilità di lui a stancarsi d' ogni opera continuata, fecero sospendere la pubblicazione. Il romanzo della Pellegrina fu lasciato a mezzo, e il libro, o giornale che dir si voglia, si chiuse con uno dei saporiti dialoghi di Luciano di sopra accennati.

In quello stesso anno 1760 il Gozzi s' accordava con una società di commercianti, alla cui testa era un greco di nome Demetrio, per la pubblicazione della Gazzetta Veneta della quale avevano avuto il privilegio dal Senato. Il giornale, che usciva coi tipi del Marcuzzi due volte la settimana, il martedì ed il sabato, doveva contenere notizie varie ed avvisi di utilità comune : notare *le case vuote, le contrade ove sono e il prezzo di quelle ; qui il nome d' un valente artefice giunto in paese ; la sua capacità, la dimora, quivi terreni, quadri, statue, medaglie, libri da vendere, e insomma altre mille particolarità che facilitano gli affari degli uomini del paese.*[3] Era insomma, come si vede, un giornale pratico de-

---

[1] *Mondo Morale,* Proemio della Pellegrina prima.
[2] *Osservatore,* pag. 603.
[3] *Gazzetta Veneta,* n. 1, 8 febbraio 1760.

stinato a tutti quanti, *uomini di lettere e senza lettere, genti occupate, genti oziose, capi e figliuoli di famiglia, vecchi, giovani, nobili e plebei, maschi e femmine*,[1] ma specialmente agli uomini d' affari. Il Gozzi aveva l' incarico *di mettere in iscrittura quelle notizie che gli venivano somministrate*;[2] le quali erano per lo più fatterelli della vita quotidiana di Venezia, furti ingegnosi, gesta d' ubbriachi, baruffe di donnicciuole nelle Calli o nei Campi, narrati con lepidezza e sapore incomparabili, e alternati di quando in quando con scritti sui costumi o di critica letteraria.

Per un anno soltanto, dall' 8 febbraio 1760 al 31 gennaio 1761, il Gozzi fu, come oggi si direbbe, redattore della Gazzetta; poi rinunciò quasi improvvisamente. Le ragioni della rinuncia sono in parte note. Stando a una lettera dell' abate Patriarchi, il compenso assegnatogli era troppo scarso per il tempo da lui impiegato e per la fatica.[3] Ma alle ragioni d' interesse dovettero certo aggiungersene altre di natura più elevata. Qualche disparere non tardò a nascere tra i concessionari della Gazzetta e il Gozzi : egli avrebbe voluto farla servire ad un intento d' educazione civile e letteraria ; a loro invece stava a cuore ch' ella non si allontanasse punto dallo scopo pratico e commerciale, a cui sopra ogni altra cosa miravano ; a lui lo spazio destinato alla parte, diremo, letteraria, pareva insufficiente, e invece gli avvisi commerciali, le tariffe del cambio sulle piazze estere, gli arrivi e le partenze delle navi e i loro carichi lo restringevano sempre più ; egli avrebbe voluto sostituire alle notizie spicciole ragionamenti, considerazioni e precetti, ed essi temevano che tutte quelle scritture d' argomento morale o letterario, per quanto rivestite di forme amene e piacevoli, disgustassero i lettori della Gazzetta. Fatto sta che, mentre nei primi numeri la parte del giornale concessa al Gozzi è occupata per lo più da racconti di quel che ora si chiama la Cronaca cittadina, di mano in mano che si va avanti, scritti di critica e polemica letteraria, riflessioni morali e filosofiche ne pigliano il posto. Ma appunto allora, quando il Gozzi pareva riuscito a dare al giornale l' intonazione da lui voluta, si sciolse il contratto e la Gazzetta cambiò direttore. Gli successe il fecondissimo abate Chiari che ridiede al giornale il carattere leggero e pettegolo che probabilmente si desiderava.

Non invano l' esperienza del Mondo Morale e della Gazzetta ammaestrò il Gozzi. Di fatto l' Osservatore, di cui subito dopo cominciò la pubblicazione — il primo numero uscì il 4 Febbraio 1761 — fu opera più vitale, perchè egli ebbe l' accorgimento di secondare in pari tempo le

---

[1] *Gazzetta Veneta*, n. 6, 23 febbraio 1760.

[2] *Gazzetta Veneta*, n. 104, 31 gennaio 1761.

[3] Patriarchi. Lettera all'abate Gonnari del 31 gennaio 1761: « Il C.te Gozzi non vuole più distendere la *Gazzetta*, e ha tutta la ragione dalla sua, come quegli che ne dovea portar tutto il peso e non beccai che ⅓ dell' utile. »

proprie attitudini e i gusti del pubblico. E poichè la sua fantasia, maestra nell'ordire brevi invenzioni ed allegorie, non spaziava con uguale facilità nel più vasto campo del romanzo, egli abbandonò senza fatica l'idea d'un'ampia narrazione continuata, che era stata dannosa al Mondo Morale, e compose il nuovo giornale sullo stampo dello Spettatore Inglese, passando rapidamente d'argomento in argomento di morale e di letteratura, con scritture ora piacevoli ed ora gravi secondo la qualità del soggetto, le quali come per la brevità e la varietà loro erano più gradite al pubblico, così riuscivano anche più facili al suo ingegno, sempre voglioso di cose nuove. *Volontieri — lo dice lui stesso — cambio pensiero, e contro mia voglia m'arresto lungo tempo in un solo;* [1] e altrove: *il balzare da un argomento all'altro mi riesce di stento minore. Quando piglio per le mani un'impresa che non sia per finir tosto, mi pare impossibile di poterne mai venire a fine.* [2]

D'altra parte il pubblico al quale specialmente si rivolgeva l'Osservatore, era, per le diverse condizioni dei tempi e la particolar natura del giornale stesso, assai meno numeroso e, in sè, vario del pubblico d'un giornale moderno, non uscendo, sto per dire, dalla cerchia di quelle persone che si chiamano le persone di mondo. Il dialogo tra il libraio Colombani e la maschera uomo e la maschera donna [3] ce ne dà la prova; le due maschere colle quali il Gozzi rappresenta gli associati e i lettori del suo foglio, appartengono evidentemente a questa classe di persone: quando il Colombani vuol indurre la maschera donna ad associarsi, le squaderna il libro in cui sono registrati i nomi degli associati: *Ecco qua — dice; — leggiamo piano, che chi passa non oda i fatti nostri.... Non sono forse questi cotanti nomi che ella ha qui veduti, quelli di molte nobilissime e splendide donne di Venezia? ed eccone qua molte altre di forestiere ancora.... Queste non solo amano d'avere i fogli, ma sono le prime ad onorare co'nomi loro il mio quaderno.* E quando la maschera donna si lascia piegare e dà il suo nome, chiedendo quando debba mandare a prendere i fogli, il Colombani risponde: *Non importa ch'ella si dia questa briga; le saranno portati alla sua propria casa. Il suo nome m'ha insegnato dov'ella abita.* Per piacere a lettori di tal fatta, eleganti e raffinati, era necessaria una scienza o, forse meglio, un'arte del linguaggio e dello stile, non minore e non molto diversa dalla difficile scienza del contegno, dei modi e delle parole, occorrente per entrare, salutare, muoversi e conversare in uno qualsiasi degli eleganti salotti veneziani del secolo scorso. Ora il Gozzi, il quale, a sentirlo lui e a quanto ne scrissero quelli che lo conobbero di persona, era l'uomo di questo mondo meno adatto a complimenti e a cerimonie, per una

---

[1] *Osservatore*, pag. 14.
[2] *Osservatore*, pag. 68.
[3] *Osservatore*, pag. 434.

di quelle contraddizioni che non sono così rare come si crede, possedeva
nello scrivere quel garbo e quella signorile disinvoltura che la natura
aveva rifiutato alle sue membra. E per cotesti suoi lettori trovò senza
quasi cercarle quelle geniali invenzioni di sogni, d'allegorie, di dialoghi
e novelle, quelle felici immagini, quelle saporite rappresentazioni di caratteri e di cose, che mentre adornano d'un leggiadro velo la severità
dei precetti, aiutano nel tempo stesso il pensiero a penetrare nell'animo
e nella mente di persone, non certo disposte ad uno sforzo soverchio
per tener dietro all'intenzione dello scrittore; mentre poi sembra quasi
che quel suo periodare rotondo, talvolta un po' lento e compassato, quel
giro largo della frase, certi avvolgimenti del pensiero presentato sotto
aspetti diversi, il garbo della parola, contegnosa senza sussiego, armoniz-
zino col fare cerimonioso, colle grazie un po' studiate, cogli inchini e
coi baciamani di quella società così elegante e delicata. Elegante e delicata, ma non del tutto frivola e vuota, come taluno ha voluto dipingerla, chè anzi la spensieratezza d'una vita di continui piaceri non
aveva spento — a Venezia più che altrove — il senso e il gusto delle
buone e belle cose intellettuali. Certo quel pubblico, bisognava guardarsi dall'annoiarlo; ma per chi sapeva vestire con garbo e piacevolezza
i propri concetti, anche i più gravi argomenti erano accettati e spesso
discussi con passione. Come in tante altre cose c'entrava un po' la
moda, ma è un fatto che per molte cagioni, tra cui non ultima il pre-
valere delle dottrine di Rousseau e degli Enciclopedisti, s'era fatta comune da per tutto una certa tendenza al filosofare, onde non senza
meraviglia gravi argomentazioni e solenni parole s'alternavano sulle
labbra di cavalieri galanti e di belle dame, coi motti arguti e con le
pronte risposte. Quando gl'Inquisitori di Stato fecero chiudere per qualche
tempo il salotto della bella Caterina Dolfin Tron — amica e protettrice
efficacissima del Gozzi — perchè con troppo audace libertà di parola vi
si discuteva intorno alle nuove dottrine sociali e politiche venute allora
di Francia, l'abate Barbaro, arguto poeta veneziano di quei tempi,
rimpiangeva in versi quei geniali convegni, dove

> Da strissimi [1] studiosi
> Citevimo Russò;
> Da strissimi ingeniosi
> Disevimo bomò. [2]

Spesso questo filosofismo fu un'affettazione ridicola, ma fu qualche
volta salutare reazione contro la troppo prevalente frivolezza dei tempi.
Di guisa che se da un lato non aveva torto il Parini di canzonare il
Giovin Signore che a tavola faceva pompa di filosofia e di scienza

---

[1] *Strissimi.* Illustrissimi, titolo dei nobili veneziani.
[2] *Bomò.* Così avevano *venesianizzato* la parola francese *bons-mots.*

imparate la sera innanzi, scorrendo pochi momenti prima d'addormen-
tarsi i volumi dei ·

> .... novi sofi che la Gallia e l'Alpe
> Esecrando persegue;[1]

il Goldoni invece, che pure notò così acutamente caricature ed affettazioni, si compiaceva sul serio della cresciuta coltura filosofica delle
donne dei suoi tempi. *In quel tempo — dice — si spacciava in Italia con
molta voga lo Spettatore Inglese, foglio periodico che si vede ora per le
mani di tutti. Le donne veneziane non erano allora troppo amanti di leggere, ma però preso molto gusto alla lettura di tal opera, cominciarono
a divenir filosofesse. In quanto a me ero incantato, vedendo l'istruzione
e la critica introdursi nel gabinetto d'abbigliamento delle mie care com-
patriotte.*[2]

Parole invero assai significanti, perchè oltrechè dipingono, come
suol dirsi, l'ambiente, ci mostrano quali idee e qual modello influirono
sulla nascita e sulla composizione dell'Osservatore.

Nel comporre il suo giornale Gasparo Gozzi seguì da principio le
tracce dello Spettatore Inglese, pubblicando lettere e scritti di vario
argomento che dal pubblico gli venivano indirizzate. Senonchè egli dovette accorgersi ben presto che da noi le cose non andavano come in
Inghilterra, nè questi suoi collaboratori avventizi gli riuscirono come
egli avrebbe desiderato: perchè mentre nel giornale dell'Addison le lettere del pubblico contengono riflessioni e proposte piene di quel senso
pratico della vita, che distingue gl'Inglesi, invece gli scritti che furono
accolti nei primi numeri dell'Osservatore, sono per lo più prolisse e
avviluppate dicerie, infarcite di quel filosofismo pedantescamente dom-
matico, che a noi, ora, sembra così strano, mentre allora faceva capo-
lino in quasi tutte le scritture. Il Gozzi con quel suo gran buon senso
letterario s'avvide subito che certi argomenti, e sopratutto la forma contorta e pesante con cui erano svolti, non convenivano punto alla natura del suo giornale e allo scopo che egli s'era prefisso. Aggiungasi
poi che questi suoi collaboratori — secondo l'usanza degli scrittori di
quel tempo, che quando non si svillaneggiavano ferocemente tra loro,
si incensavano senza misura — credevansi in dovere di pagare l'ospitalità loro concessa nel giornale con elogi e complimenti al Gozzi, i
quali oltre offendere la sua naturale e sincera modestia, gli facevano
temere — peritoso com'era — che i lettori sospettassero qualche commedia di preparate cerimonie. Per queste ragioni evidentemente egli
pensò di tagliar corto; e difatto ogni collaborazione avventizia cessa
del tutto col N. XII dell'Osservatore. Da questo punto il giornale restò

---

[1] Parini, *Meriggio.*
[2] Goldoni, *Memorie,* Parte II, Capo XXI.

addossato tutto quanto al Gozzi che ne sostenne il peso sino al termine del 1761. Ma *l' impresa d' osservare i costumi degli uomini è grande, è ampia;*[1] e sia che egli non potesse più reggere all' opera, sia che, al solito, si stancasse anche di questo impegno, o temesse che *un solo vedendo sempre con gli occhi suoi e colorendo tutto con la medesima vernice,* venisse meno *la varietà sopra ogni altra cosa cara al pubblico,*[2] o per tutte queste cagioni insieme, egli pensò di cercaro dei collaboratori, e li ritrovò tra i suoi compagni dell' Accademia dei Granelleschi, la quale, come è noto, ebbe non piccola parte nella vita letteraria di Venezia nel secolo scorso. Fu allora che in uno degli ultimi numeri del 1761, con una delle sue solite invenzioni, immaginò una compagnia di quattro incogniti che vengono a chiedergli di prender parte alla *redazione* del giornale; ed egli accetta a patto che il titolo d' *Osservatore* si cambi in *Osservatori,* e ognuno firmi i suoi scritti col proprio nome accademico, forse perchè cotesti suoi nuovi compagni fossero più strettamente impegnati col pubblico. Così fu stabilito; ma la collaborazione fu in verità più apparente che reale; tranne poche cose pubblicate quasi esclusivamente nei primi otto numeri del nuovo giornale, coi nomi dell'Atticciato, dell' Increspato, del Rabbuiato e altre simili denominazioni accademiche, il resto è di mano del Gozzi; anzi, poichè tranne il Mancino che si sa essere stato D. Giovannantonio Deluca, colto giovane, amicissimo del Gozzi, non si conosce chi si nascondesse sotto quegli altri strani nomi, può ben darsi, anzi è probabile, che l'autore di quegli scritti sia sempre il Gozzi. Intanto la mancata cooperazione lasciava tutto il peso del giornale sulle sue spalle; onde egli alla fine del primo trimestre del 1762 decise di dar fuori un foglio per settimana in iscambio di due come prima si faceva.

Così s' andò innanzi per altri tre mesi. Ma il giornale non era più quel di prima. Che la fantasia del Gozzi desse già segni di stanchezza, lo dice lui stesso: *Fu già un tempo in cui io durava maggior fatica a ritener la penna che a farla andare avanti. Mi si calcavano intorno alla fantasia le immagini, avea pieno l' intelletto di pensieri; quando mi metteva davanti ad un tavolino stava sempre in sull' ale, la mano non area tempo d' assecondare la testa; fioccavano, o bene o male, le invenzioni, tutto mi rideva d' intorno. Oggidì non son più a quel modo. I pensieri tengono radi e a stento; e per lavorarci intorno con circostanze e certe cosette che vi si confacciano, ho a sudare, a infreddare, a struggermi.*[3] E il fatto confermava le parole; nell' ultima parte dell' Osservatore non sono più tanto frequenti quelle florite fantasie che prima gli uscivano così facilmente dalla penna; ora ne tengono in gran parte il posto le traduzioni di Luciano, che forse il Gozzi aveva già pronte da tempo.

---

[1] *Osservatore,* pag. 422.
[2] *Osservatore,* pag. 422.
[3] *Osservatore,* pag. 601.

Quando vide che il giornale languiva, nè in lui era più l'animo e la volontà di farlo risorgere, e che il pubblico cominciava a stancarsene, egli pensò di sospenderne la pubblicazione, e nel N.° del 18 agosto 1762 s'accommiatò da' suoi lettori. Non per sempre; chè anzi prometteva di ritornare quandochessia all'opera; ma la promessa non ebbe effetto.

In tal modo finì dopo un anno e mezzo di vita questo Osservatore, che fu veramente l'opera nella quale il Gozzi come prosatore diede la misura dell'ingegno e dell'animo suo. Dell'ingegno, colla feconda varietà delle invenzioni sempre nuove ed opportune a colorire in modo piacevole i suoi concetti; colla novità e col sapore delle sue argute riflessioni sulla vita e sui costumi, e sulle condizioni letterarie de'tempi suoi; colla facile e signorile eleganza dello stile; colla lingua tersa senza pedanteria. Dell'animo, colla temperata rettitudine dei consigli e dei precetti, spogli d'ogni arcigna pedanteria; e sopratutto per quella grande benevolenza universale da cui fu sempre mosso. Questo generoso affetto fu in lui così vivace, che i molti fastidi e le molte miserie della sua vita non poterono mai inasprirgli l'animo e farlo indifferente ai mali dei suoi simili; anzi *vissuto sempre col cuore di gratitudine ripieno e sempre più bramoso di non essere inutile a quella società in cui vivea,*[1] egli può vantarsi che, pensoso più d'altrui che di sè stesso, tutta la sua vita fu spesa a tradurre in atto le nobilissime parole da lui stesso poste in bocca ad Ulisse, quando rampogna coloro che si tuffano nei piaceri del senso: *Mettiti prima bene in capo che a questo mondo non se' tu solo, che teco vivono infiniti uomini, co' quali hai relazione e sei obbligato a pensare, non dico per carità, no, ma per debito; imperciocchè essi pensano a te: che se tu fossi solo, non avresti tanti agi, nè tanti beni, quanti hai e quanti possiedi, perchè tanti uomini s'affaticano per te continuamente. Legislatori, artisti, lavoratori di terreni e tanti altri, benchè tu nol sappia o non vi pensi, s'affaticano per te; dunque è debito tuo che tu ancora t'affatichi per loro.*[2]

Ma l'Osservatore che ora si trova nelle mani di tutti e da 130 anni si va ristampando, non è certo quale lo pubblicò il Gozzi nel 1761-62. Perchè essendosene prontamente esaurita l'edizione originale, nè d'altra parte cessando le richieste, il libraio Colombani ne fece fare nel 1767 una ristampa, in 8 vol., toltagli la forma di periodico; e su questa si fecero poi tutte le edizioni posteriori. La materia fu disposta con ordine diverso, e doveva anche essere accresciuta di scritti, parte inediti, parte contenuti in altre opere del Gozzi. *La nuova ristampa* — diceva l'autore per bocca del Colombani — *si ritroverà ordinata meglio e accresciuta. Ordinata meglio, perchè ogni genere di componimento si troverà allogato nella classe sua, sicchè tutti i dialoghi saranno insieme, poi seguiranno*

---

[1] *Osservatore*, pag. 482.
[2] *Osservatore*, pag. 888.

insieme le novelle, le favole, e altro. Accresciuta, perche da varie altre opere dell'Autore si sono spiccati via certi squarci che si possono anch'essi dire Osservazioni, e qualche cosa vi si troverà aggiunta, che non è stata veduta ancora; perchè se l'Autore ha da molti anni in qua tralasciato d'essere l'Osservatore in pubblico, egli non ha però tenuti chiusi gli occhi affatto, nè ha posta da un canto la penna. Chi sa ch'egli non abbia maggiore quantità d'Osservazioni appresso di sè di quelle ch'egli ha fino a qui mandate attorno? Spero d'averne una buona parte e di darle al pubblico.[1]

Ma che quella edizione sia migliore della antecedente, è da rifiutarsi assolutamente per molte cagioni. Prima di tutto l'annunciato ordinamento è un ordinamento artificiale, che non si capisce per qual motivo sia stato sostituito a quel di prima. Sta bene che si tratta d'un giornale, dove ogni scrittura è, o sembra, indipendente e staccata dalle altre; ma non si deve però credere che manchi sempre qualsiasi relazione. Il legame c'è anzi più spesso di quel che si crede; talvolta è aperto e, dirò, esteriore, come quando certe scritture adempiono ad una promessa o rispondono a una domanda fatta in un numero antecedente; così i dialoghi d'Aristofane col Mantegna e col Petrarca, nel N.º XX del 1762, sono una risposta ad una lettera e ad alcune riflessioni del numero che precede. Non di rado invece tra uno scritto e l'altro c'è una intrinseca filiazione, per la quale un concetto dello scritto di ieri è quasi germe che fruttifica oggi nuovi concetti e nuovi ragionamenti; come quando per esempio avendo il Gozzi nel numero LI del 1761 riferito il parere del comico Jone, che giova rendere piacevole il troppo austero aspetto della virtù, ripiglia poi questo concetto e quasi ruminandolo lo rispiega nel sogno allegorico, la mascherata delle virtù. Evidentemente se questi due concetti saranno staccati l'uno dall'altro, come è nell'edizione comune dell'Osservatore,[2] che uno è a pag. 319 e l'altro a pag. 366, spezzata l'interna relazione tra le due cose, non si può più seguire il progressivo svolgimento del pensiero dello scrittore. Se dunque un ordinamento naturale molte volte esiste, tanto che spesso il foglio d'oggi deriva da quello di ieri e prepara quello di domani, non giova turbarlo per sostituirvene un altro, con criterio assai somigliante a quello di chi disponesse i libri d'una biblioteca non secondo la materia, ma secondo il formato.

Ma neppure questo nuovo ordinamento fu seguito interamente; non è vero che ogni genere di componimento si trovi allogato nella classe sua, sicchè tutti i dialoghi siano insieme, e così le novelle, le favole e altro; perchè se di soli dialoghi fu composta la Parte prima e alquanto della seconda, altri dialoghi, non si sa perchè, sono dispersi nella terza, nella quarta, nella quinta; e del resto poi riflessioni, no-

[1] *Osservatore*, Prefazione all'edizione del 1767.
[2] Cito l'antica edizione Barbèra come quella che ora è più diffusa.

velle, lettere, ragionamenti, favole, sogni e altro sono collocati alla rinfusa, senza che si possa indovinare qual cagione, se pure vi fu, li abbia fatti porre piuttosto qua che là. Quasi direbbesi che quell' ordinamento, cominciato per i dialoghi, sia poi stato abbandonato o lasciato in balìa del caso o del capriccio. Lo stesso dicasi della divisione dell' opera in parti, la quale fu fatta senza alcun criterio, e certo non corrisponde ad alcuna interna partizione della materia. Quale la causa probabile di questo strano ordinamento, o disordinamento che dir si voglia? Mi pare l' abbia trovata il prof. Maccone, il quale in un suo articolo intitolato appunto *L' edizione comune dell' Osservatore,* e comparso nel numero del 15 aprile 1894 della *Biblioteca delle scuole classiche italiane,* notando diligentemente i molti inconvenienti dell' edizione del 1767, aggiungeva: *Forse il Gozzi, scritta pel suo stampatore la detta prefazione e un proemio, e suggeritogli qualche squarcio da potersi togliere da altre sue opere e riprodurre in questa ristampa, non se ne occupò più, distratto da altre cure, e il lavoro di riordinamento, lasciato alla pratica non sempre oculata del Colombani, riuscì come potè.*

Neppure fu mantenuta la promessa che la nuova ristampa sarebbe stata accresciuta. Di nuovo non c' è che il dialogo tra Poesia e Cervello, leggiadrissima cosa invero; e invece molte cose furono tolte, alcune delle quali assai interessanti, come il ragionamento su benefizio e gratitudine (pag. 3), le notizie sulla vita dell' autore (pag. 36), la lettera sul modo di comportarsi un uomo di lettere nelle conversazioni (pag. 87), una satira contro i bottegai poco onesti (pag. 41), la lunga novella dei Sanniti (pag. 125), la quale però io dubito che sia del Gozzi, un' allegoria intorno all' Osservatore (pag. 151), due importanti scritti sul Corvo e sul Re Cervo, fiabe di Carlo Gozzi (pag. 320 e pag. 410), il sogno sulle favole che si narrano ai fanciulli (pag. 500), il seguito della Vera Storia di Luciano (pag. 539 e pag. 542), la lettera e il sogno col quale il Gozzi s' accommiata da' leggitori (pag. 600), e molte altre cose minori, ma quasi tutte degnissime d' essere raccolte e lette.

Se a tutto questo si pensa, non si troverà certo esagerato il dire che l' Osservatore fu nella edizione del 1767 manomesso; *e fa davvero meraviglia* — scrive il prof. Maccone nel già citato articolo — *che non siasi mai pensato a ristamparlo nella sua forma vera e genuina. L' opera maggiore del nostro soavissimo Gozzi non meriterà una ristampa accurata, coscienziosa, quanto almeno certe cronache o certi poemetti del 400, che hanno solo un ristretto valore o storico o filologico?* E aggiunge che *anche a parte tutti gli spostamenti o le omissioni sopra notate, parrebbe finalmente opportuno un Osservatore con qualche breve dilucidazione a certi passi che il tempo ha resi enigmi. Non tutti possono essere eruditi, non tutti hanno il tempo e l' opportunità di leggere le opere secondarie del Gozzi; ma l' Osservatore tutti leggono, e dovrebbero poterlo fare con maggior soddisfazione che quella d' ora non sia.*

A me che allora preparavo una ristampa dei Sermoni del nostro Gozzi, e sfogliando spesso l'Osservatore per trovare riscontri e somiglianze, avevo più volte notata la mal distribuita materia, parve che le parole del prof. Maccone esprimessero un troppo giusto desiderio; ed ecco come viene ora alla luce la presente ristampa colla quale dopo più d'un secolo l'Osservatore ritorna nella sua forma genuina, come lo pubblicò Gasparo Gozzi nel 1761-62; e corredato d'alcune poche note per spiegare tutta quella mitologia, tutte quelle reminiscenze classiche di cui si faceva tanto uso una volta, e sopratutto quegli accenni a persone, cose e fatti della vita d'allora, che a molti riescono incomprensibili.

Sono certo che l'accresciuta e meglio distribuita materia renderà più fruttuosa e piacevole la lettura dell'Osservatore, e farà accogliere con benevolenza la mia intenzione.

Venezia, ottobre 1897.

E. SPAGNI.

L' OSSERVATORE VENETO

PERIODICO.

PER LI·MESI

DI

FEBBRAIO, MARZO, APRILE

DEL MDCCLXI.

N° I.   A dì 4 febbraio 1761.

RAGIONAMENTO I

CHE SERVE DI PREFAZIONE.

> .... *ni tibi vera videtur,*
> *Dede manus ; et si falsa est, accingere contra.*
>
> LUCRET.

Dione Crisostomo,[1] egregio orator greco de' suoi dì, per odio che gli pose addosso Domiziano[2] imperadore, andò ramingo parecchi anni qua e colà in diverse parti del mondo; e finalmente ritrovavasi in un cantuccio della terra, quando intese ch' era morto il suo nemico, e salito Nerva[3] alla dignità dell' impero. Con tutto che l'eloquentissimo Dione avesse fatto ogni suo potere per tenersi coperto e sconosciuto, la fama di lui non potè anche nella miseria dell' esilio starsi occulta, tanto che ogni gente e nazione avea caro di vedere la faccia di colui ch' era celebrato in ogni luogo. Sopra ciascun altro però ardevano di voglia di vederlo gli uomini della sua città, e gli aveano significato questo lor desiderio con lettere ed ambasciate. Egli, udito che Nerva era stato eletto imperadore, fece intendere a' concittadini suoi che volea fare sol-

---

1 *Dione Crisostomo.* Uno dei più rinomati retori dell'antichità, nato a Prusia, città della Bitinia, verso l'anno 80 dell'èra volgare e morto l'anno 117. Fu grande amico e favorito degli imperatori Nerva e Traiano.

2 *Domiziano.* Tito Flavio Domiziano, figlio dell'imperatore Vespasiano, succedette nell'impero al fratello Tito, al quale lo si accusa di avere abbreviato la vita col veleno. Fu tiranno spietato e dissoluto; morì assassinato da un liberto di sua moglie Domizia.

3 *Nerva.* Cocceio Nerva, imperatore romano, succedette a Domiziano e fu altrettanto virtuoso e clemente, quanto l'altro era stato malvagio. Regnò soli 16 mesi dal 96 al 98 dell'èra volgare.

L' Osservatore.

lecitamente un viaggio per presentarsi a Nerva, da cui era grandemente amato ; sicchè non potendo per allora andare a Prusia, città in cui era nato, assegnava un dì, in cui dovea passare per Cizica,[1] e appostava loro quel tempo, acciocchè lo potessero vedere. Giunse la nuova alla sua patria ; e narra lo storico della sua vita che tutti gli ordini di persone furono a romore per andarlo a visitare in Cizica. Uno lo dicea agli orecchi d' un altro : ciascheduno nominava Dione : nobili, popolani, uomini, donne, tutti voleano vederlo, sicchè la città fu quasi deserta, e vi rimasero appena i vecchi e gli azzoppati, pregando anche questi che fosse salutato a loro nome. Il cammino fu una solennità. S' udivano stromenti, si vedevano cori di persone che danzavano, vestiti candidi, inghirlandati capi, tutto festa, tutto funzione, quasi andassero a visitare il tempio d'alcuno Iddio. Dione dall' altro canto giunto in Cizica nell'assegnato dì, attendeva i salutatori, e forse si vanagloriava in sè di questa pubblica testimonianza di stima datagli dalla patria sua, e avea già con acconcie parole e con rettoriche capestrerie [2] apparecchiata una delle più armoniche dicerie che avesse fatte a' suoi giorni. E già erano i suoi concittadini alle porte di Cizica, ed egli sotto un ombrello stavasi decorosamente attendendogli nel suo albergo, riandando con la memoria la sua bella orazione ; quando entrò nella stessa città un musico, il quale dovea in quel medesimo giorno far udire la dolcezza della sua voce in ispettacolo sulla scena. Ampliatasi in un subito la fama del cantore, e celebrandosi la dolcezza della sua gola per tutt'i lati di Cizica, gli abitatori della città concorsero tutti al teatro ; e que' medesimi che venuti erano con tanto struggimento per vedere e salutare Dione, stimolati dalla novella curiosità, si dimenticarono di lui, come se in quel punto non fosse più stato al mondo, e andarono con tutti gli altri al teatro. Dione, veduta questa faccenda, travestitosi e copertosi, fece come gli altri, cioè andò a sedere fra gli ascoltatori non conosciuto, e la mattina per tempissimo uscì di Cizica, e andò a suo viaggio. Dicesi che lasciò scritto in una polizza : « Oh ! ineffabile potenza de' Fefautti ! [3] chi può reggere alla tua forza ? »

Io credo che sotto a questo vocabolo quel valentuomo volesse significare i diletti universalmente, a fronte de' quali ogni altra cosa, per buona ed importante che sia, perde il suo vigore. Tanto che qualunque uomo vuole scrivere intorno a' costumi e alle pratiche umane, biasimando i vizi e lodando le virtù, appena verrà ascoltato in ogni tempo, perchè da tutt'i lati zufola il dolcissimo suono de' Fefautti. E veramente io non so qual capriccio mi tocchi ora il cervello di volere con questi fogli ragionare di cose che dipingano costumi, facciano ritratti della vita umana e delle usanze del mondo. Questo fu sempre ad un modo. E un gracchiare al vento il notare i difetti suoi. Che hanno fatto tanti che hanno scritto ? Che faranno gli altri che scriveranno ? Altro non si può dire, se non ch' essendo il mondo stato sempre ad un modo, sono anche in esso sempre stati due generi di persone. Una fazione, ch'è la maggiore, ha voluto sempre fare a sua volontà ; e l'altra, ch'è la minore, ha voluto sempre gracchiare, e dire la sua opinione della prima. Vedesi in ciò la forza di tutti e due i partiti, chè nè l'uno

---

[1] *Cizica.* Città della Propontide, tra l'Ellesponto e il Ponto Eusino.
[2] *Rettoriche capestrerie.* Eleganze, o meglio ricercatezze.
[3] *Fefautti.* Voce dell' antico linguaggio musicale, qui usato per dire la musica e in genere tutti i diletti.

nè l'altro ha mai voluto cedere forse da seimila anni in qua; e dura ancora la medesima costanza, o vogliam dire ostinazione, del fare e del dire, e il mondo è sempre quel medesimo. Qual benefizio fa dunque lo scrivere e il cianciare, se non è atto a far migliorare il mondo? Vale a renderlo ingegnoso e vario nelle apparenze. La malizia ha le radici così fitte a dentro, che non è possibile lo sterparle affatto. Chi scrive, taglia ora questo ramo, ora quell'altro della mala pianta che torna a rampollare. Essa rampolla di nuovo, e lo scrittore di nuovo taglia. Altro non può fare. Un altro bene fa; ch'egli scopre questa malizia, la quale sotto finissimi veli si copre, e avvisa chi non sa, della malignità di quella; ma essa poi si cambia di velo, e si ricopre ad un'altra guisa. Egli mi pare appunto che questa ingannatrice femmina abbia bottega di mascheraio, alla quale concorrano gli avventori in grande affluenza. Essa dà le maschere a questo e a quello. Poniamo, ad un ipocrita dà la maschera della religione, ad un femminacciolo[1] la maschera della carità del prossimo, ad un prodigo quella della generosità. Lo scrittore se n'avvede; e a poco a poco fa conoscere che le son tutte maschere, sì che in capo a qualche anno ognuno le conosce, onde le apparenze non giovano più. Ma la malizia affina i lavori suoi, e fa le maschere più naturali, e meno atte ad essere riconosciute per finzioni; e gli avventori lasciano le prime, e s'acconciano le seconde, e sono quelli di prima, coperti con sottigliezza maggiore. Eccoti di nuovo lo scrittore in campo, che scopre le maschere; e la malizia di nuovo assottiglia l'arte del nascondere, e un altro di nuovo scrive; tanto che in fine il mondo rimane quel medesimo, dalle maschere in fuori, che si tramutano di tempo in tempo. Pure, poichè il mondo fu composto sempre di chi fa e di chi parla, io prego le genti a leggere con benigno animo quello ch'io scrivo, comportando pazientemente ch'io mi stia nel partito di chi favella.

Benefizio e gratitudine sono vocaboli usatissimi. Ognuno gli profferisce. Il primo l'adatta a sè, il secondo ad altrui. « A tutti ho fatto del bene. Dio lo perdoni a tutti. M'hanno ingannato. Udite. Io mi sono più adoperato per lui, che per me stesso. Egli m'ha pagato sì male che me ne vergogno a dirlo. Bestia ch'io fui. Ma no, non me ne pento. Ad ogni modo io ho fatto quello che doveva un uomo dabbene, egli all'incontro. » Così dice uno d'un altro. E questi dice lo stesso del primo. Chi ha ragione? Io nol so. Per giudicarne, abbisognerebbe sapere le circostanze, in cui si trovavano. Quello ch'essi dicono non basta. Ognuno è eloquentissimo, quando tratta la causa propria, e sì la colorisce che agli orecchi che ascoltano, par verità quello che dice. Due lettere mi sono per avventura pervenute alle mani, che trattano di questa materia. La prima è una querela d'Antinoo uomo ricco contro ad Iro, pover'uomo; e la seconda una risposta d'Iro ad Antinoo. Di chi abbia ragione fo giudice il Pubblico.

Ad Iro. — Chi lava il capo ad un certo animale, perde ranno e sapone, dice il proverbio. Per quel po' d'ingegnetto che tu hai in capo, e una certa civiltà di nascita, ti credi d'essere da più che ogni uomo nel mondo. Tu sai bene quanto ho fatto per te, e che tu non hai potuto

------

[1] *Femminacciolo.* Voce poco usata per donnaiuolo.

far nulla per me. Almeno, essendo tu disutile sulla terra, m'avessi usato gratitudine, per li molti benefizi che t'ho fatti. Ma no. Tu vai dicendo male del fatto mio, e mi paghi di quella moneta con la quale tutti gli uomini beneficati pagano coloro da' quali hanno ricevuto benefizio. Non è già ch'io mi curi punto che tu abbia o non abbia gratitudine verso di me, imperciocchè questa non mi potrebbe fare nè bene nè male; ma voglio che tu sappia e intenda, che conosco qual sei e qual cuore hai nel corpo. Da qui in poi fa come ti pare e dì quello che tu vuoi, ch'io non me ne curerò nè punto nè poco, avendo intorno, per grazia del Cielo, altre persone di buon animo, le quali sono più di te meritevoli d'avere la mia stima e l'amicizia mia. Prego solo colui, il quale può tutto fare, che t'illumini la mente, e ti faccia conoscere il tuo torto, e quella vergogna che fai a te medesimo essendo la più ingrata creatura del mondo. — ANTINOO.

Ad ANTINOO. — Non mi lagnerò punto del dispregio con cui mi scrivete. Rispetto in voi que' doni della fortuna, che vi fanno risplendere fra l'altre genti. Nè avrò punto a male, che mi chiamiate ingrato, finchè vi pare d'avermi fatti de' benefizii. Ma che direte voi, s'io intendo che sia affatto il contrario, e d'essere io quegli, che abbia beneficato voi? Io non ho avuto da voi altro che speranza vana un lungo tempo, e questa me l'avete fatta costare tante burle, berte o motteggiamenti, fatti e detti da voi, che da tutti della vostra famiglia io era guardato con ischerno. S'io ho ricevuta qualche piccola grazia da voi, me l'avete fatta con tanta boria, e con tali magnificenze di parole in presenza di tutti, che egli mi parea d'averne una coltellata. Col titolo di vostro amico e molto domestico vostro, e come dicevate voi, tutto di casa, io era forse meno considerato dell'ultimo staffiere che vi entrava, e mi venivano imposti da voi molti ufficii non convenevoli ad un onesto uomo; e s'io fingeva, o di non udire, o con qualche invenzione mi cansava, mi facevate il benefizio, o di mostrarvi ingrognato, o di berteggiarmi. All'incontro, io ho dato del mio più a voi di quello che n'abbia tenuto per me medesimo. Vi dovete ricordare, quando per ischernire la mia mala fortuna, dicevate a tutti di me, che i miei poderi e terreni erano un oriuolo da sabbia [1] e non altro; e parendovi d'aver parlato facetamente, smascellavate dalle risa. Ve lo concedo. Non ho altro che quel meschino oriuolo che voi dite. Fate ora voi il vostro conto, quante ore di quel benedetto oriuolo, cioè di tutta la mia facoltà, io abbia consegrate ad udire mille ciance, che nulla importava che uscissero all'aria; ad aggirarmi qua e colà per la città in compagnia vostra; e quel ch'è peggio a narrarvi semplicemente i fatti miei, stimolato dalla vostr'aria di bontà e sperando io di muovervi a tenerezza de' casi miei; che furono poi saputi da ciascheduno de' conoscenti vostri per vostro mezzo. L'oriuolo mio era quel benefizio ch'io potea farvi, e io l'ho impiegato più all'uso vostro che al mio; e quella che voi chiamate ingratitudine, e per la quale voi m'aggravate al presente con tanti rimproveri, non è altro che una voglia d'adoperare per me l'oriuolo mio, il quale ripreso da me, non minora punto la vostra buona fortuna. Addio. — IRO.

---

[1] *I miei poderi e terreni erano un oriuolo da sabbia.* In uno dei suoi Sermoni il Gozzi si vale di questa stessa immagine per dipingere la sua misera condizione : « .... il miglior terreno | Ch'io m'abbia al mondo, è un oriuol d'arena. » (Sermone a Pietro Zeno, 12.)

Arte citæ, veloque rates, remoque reguntur,
Arte leves currus.

OVID., *De art. am.*, lib. I.

Con arte, vela e remo si reggono le veloci navi,
e coll'arte i leggieri cocchi.

Credo che sempre sia stata al mondo l'usanza del guidare i giovanetti alla cognizione delle scienze e delle buone arti per vie difficili, aspre, dirotte, e come dire per rupi e scogli, acciocchè la scuola fosse lunga, piena d'aggiramenti e di lacci, da non trarne fuori i piedi sì tosto. Intanto i maestri adoperano le borse de' padri, le quali si chiuderebbero, se il fanciullo acquistasse dottrina in breve. Certi sputatondi e begl'ingegni nel sottilizzare, io non so se per malizia o per goffaggine, hanno fatto tante osservazioni, tante chiose e comenti a tutto, che ogni arte e disciplina spiccatasi da quella sua ingenua e armonica concatenazione di principii semplici trovati da' primi osservatori, è oggidì ravviluppata fra le ortiche e le spine, divenuta così malagevole, inintelligibile, e tale, che se gli uomini vivessero quanto gli antichi patriarchi, appena verrebbero a capo d'intenderne un terzo. Ma sopra tutti gli altri allungano il cammino i maestri dell'eloquenza, i quali non fanno altro oggidì che spaventare i giovanetti, ricordando loro le fatiche di Demostene,[1] che, per ben proferire, correva su per le colline con le pietruzze in bocca; quella grotta, in cui stette coperto tanti anni dal mondo, con la barba mezza rasa e mezza no, per aver cagione di vergognarsi delle genti, se usciva mai: il parlare di Pericle[2] lo nominano tuono e folgore, per atterrire con questi paroloni superbi i discepoli, i quali si credono di nulla poter dire, se il favellar loro non è tuono e saetta. Narrano le veglie d'Isocrate,[3] gli studi di Cicerone,[4] tanto che per non infrangersi sotto agli stenti, la gioventù se ne sbriga con la disperazione, e col mettere i libri a dormire. E hanno grandissima ragione; perchè la via dell'imparare ad essere bel parlatore è facilissima, e deriva dal più piacevole studio e dal più grato che altri possa immaginare. Plutarco,[5] nella vita d'Antonio,[6] m'ha invogliato di fare sopra

[1] *Demostene.* Famosissimo oratore greco, nato in Atene nel 385, morto nel 322 av. C. Si racconta che debole di petto e con una viziata pronuncia, trionfò di tali difetti coll'esercizio e coll'assiduo studio, ricorrendo agli espedienti a cui qui accenna il Gozzi.

[2] *Pericle.* Celebre ateniese, gran capitano, grande uomo di Stato, eloquentissimo oratore (499-429 av. C.).

[3] *Isocrate.* Celebre oratore greco, nato in Atene nel 436; singolare fra tutti per la dolcezza e l'eleganza dello stile. Morì nel 338 av. C.

[4] *Cicerone.* Il principe degli oratori latini, nato in Arpino nel 106, morto nel 43 av. C.

[5] *Plutarco.* Celebre retore e storico greco, nato in Cheronea nella Beozia, nell'anno 18 e morto circa nel 120 dell'èra volgare. Abbiamo di lui le *Opere morali*, numerosa serie di trattati su argomenti di diversissima natura; e le *Vite parallele degli uomini illustri greci e latini*, che sono il suo capolavoro. Furono da taluni considerate piuttosto romanzi che storie, ma certo è che ebbero grande influenza su pensatori e scrittori moderni. L'Alfieri afferma di aver ricevuto da esso le sue più forti ispirazioni.

[6] *Antonio.* Marco Antonio (86-30 av. C.) di illustre famiglia romana, fu con Lepido e con Ottavio uno dei triumviri che dopo la morte di Cesare si divisero l'impero di Roma. Ma affascinato dalla bellezza di Cleopatra, regina d'Egitto, le sacrificò potenza e vita, perchè venuto a contesa con Ottavio e vinto alla battaglia d'Azio, preferì darsi la morte ai piedi di lei, anzichè proseguire la guerra.

ciò alcune brevi osservazioni, alle quali, se saranno a proposito, non mancheranno altri osservatori che diranno le cose più chiare e più appunto di quello ch'io possa dirle fra confini di questo foglio. Due grandissimi tratti d'eloquenza ritrovo nella vita d'Antonio. L'uno quando, dopo la morte di Cesare, parlò con tanta compassione e pietà di lui, che commosse tutti a prendere armi e fuoco contra gli uccisori di quello; e l'altro, quando dopo d'aver perduta una battaglia, se n'andò nascosto e travestito al campo di Lepido. Quivi, solo, abbandonato, vestito di nero e con la barba rabbuffata, s'avvide che Lepido non lo volea accogliere; onde tanto fece con un compassionevole aringo, che acquistò la grazia di tutt'i soldati, per modo ch'egli non solo entrò nel campo, ma, dal titolo in fuori, ebbe il governo di quello. Altre molte e mirabili cose potrei dire della forza di sua eloquenza; ma in ciò non è posta la mia osservazione. Per quanto io abbia con diligenza notato, non trovo che fin da' suoi primi anni egli avesse altra pratica di migliori maestri, che delle femmine. Nella sua più fresca giovinezza capitò alle mani d'un certo Curio, il quale gli fece comprendere questa verità, che le sono le migliori rettoriche del mondo; ond'egli, ch'era uomo d'ingegno, l'intese di subito, e da quel punto in poi ebbe sempre qualche nova maestra; fra le quali Cleopatra, quanto è alla pronunzia, gli dovette insegnare bellissimi segreti e tuoni; poichè dicono gli scrittori che quando la cominciava a parlare, la voce sua avea quella varietà che hanno gli strumenti, quando il sonatore comincia a tasteggiare per mutar suono. Per la qual cosa vedendo io che il secolo nostro non abborrisce punto tali maestre, ho buona speranza, che se i giovani le visiteranno con questa intenzione, senza affaticarsi punto in lunghe e noiose scuole, o perdere il cervello in sui libri, riusciranno più garbati e facondi dicitori degli uomini d'Atene e di Roma. Qualche frutto se ne vede, benchè non sieno fino a qui state visitate con tale avvertenza rettorica. Vedesi che le parole non vengono meno, e che l'abbondanza della favella fiorisce. In una conversazione di dieci o dodici maschi, non c'è più nè chi stia mutolo, nè chi, fatta una proposta, abbia la pazienza d'attendere la risposta. Tutte le gole sono piene d'eloquenza, e tutte mandano fuori le parole ad un tratto. Ecco il grande indizio di facondia e loquela, che un dì, regolata poi da qualche norma, riuscirà in isquisitissime orazioni d'ogni genere.

Un'altra cosa mi dà non minore speranza che il bello e vigoroso parlare debba in poco tempo ingrandirsi e giungere alla cima della sua perfezione. Questa è la sensibilità dell'animo, dalla quale, più che dalla forza dell'intelletto, nasce la possanza del favellare e la persuasione. E certo nessuno mi potrà mai negare che le femmine non sieno in questa parte molto meglio fornite degli uomini, i quali se possono chiamarsi superiori in robustezza e vigoría d'intelletto, quanto è alla dilicata sensibilità del cuore, non arriveranno giammai ad essere uguali a questa garbata e sensitiva metà del mondo. Ma non è qui luogo da trattare questo punto. A me basta ch'io conosco benissimo che la continua costumanza con le donne ha ridotti gli animi de' giovani così voltabili ad ogni sentimento, che ad ogni picciola avversità di fortuna paiono disperati; che il perdere un terzo d'ora di dormire gli rende d'un umore bestiale, e d'ogni cosellina s'allegrano ed escono quasi di sè; e per un picciolissimo dispiacere impallidiscono e fanno lamentazioni che si veggono uscir loro dalle più intrinseche radici del cuore. Di tutto mercè sia alla pratica delle femmine che senza tenere a bada con troppo lunghe scuole o con magre regole, insegnano non artifizi o figure da fingere quello che non si sente in cuore, ma a sentir tutto repentinamente, e con quell'invasazione ch'è necessaria al persuadere. Perchè dunque gli avanzamenti sieno più veloci, io consiglio i novelli discepoli a por mente intanto a due soli principii, dietro a'quali camminando con qualche leggiera meditazione, potranno diventare in brevissimo tempo egregi parlatori. Ciò sono l'amplificazione o esagerazione, e l'avvilimento, o rendere picciole quelle cose che per sè sono grandi, e deturparle quanto è possibile con la picciolezza e sparutezza de'vocaboli; arte nella quale sono in superlativo grado eccellenti le loro maestre. Della qual cosa non abbisogna ch'io adduca esempi, potendo ciascheduno di per sè notare com'esse grandeggiano nell'amplificare certe picciole infermità, e lo squisito lavoro d'un nastro, o altre bagattelluzze sì fatte. E all'incontro con quanta miseria di parole e con quale svilimento abbassano e rendono picciola e meschina agli orecchi di chi le ascolta, la servitù prestata loro lungo tempo da qualche uomo dabbene; e in qual modo assottigliano e rendono quasi invisibili que'dispendi che saranno stati fatti, o s'avranno a fare per appagarle! So che ho detto poco; ma, come accennai di sopra, sono migliori nell'arti i pochi principii e semplici, che i molti e gli avviluppati.

AL VENETO OSSERVATORE.

Io non so se questa lettera possa aver luogo ne'vostri fogli. Troverete una novella allegorica, la quale mi sembra che si confaccia alle intenzioni che avete. L'allegoria non è sì coperta, che non possa intendersi facilmente. In breve, farete a modo vostro; e se volete dire che l'avete scritta voi medesimo, ditelo, chè a me non importa d'essere creduto autore. Vi saluto cordialmente e sono vostro amico

L. Q.

IL VIAGGIO DEL PIACERE E DELLA SAVIEZZA.

NOVELLA ALLEGORICA.

> . . . . *Alterius sic*
> *Altera poscit opem res, et conjurat amice.*
>
> Così una cosa chiede l'aiuto d'un'altra,
> e fanno amichevole concordia.

Non potea il *Piacere*, secondo il costume suo, che d'ogni cosa s'annoia, starsi più saldo in un paese della Grecia, dond'era *Saviezza* partita. E comecch'egli fosse stato cagione ch'essa di là era uscita per disperazione e per lo gran romore che facéasi giorno e notte di danze, conviti, lungo bere, serenate e altri pazzeggiamenti; pure trovandosi infine senza di lei, la quale di tempo in tempo moderando col suo grave aspetto e con le maestose parole la licenza altrui, era una dolcissima salsa che facea trovare più saporite le allegrezze e i diletti, posesi il

Piacere in cuore d'andare in traccia di lei ad ogni modo. Apparecchiossi dunque al cammino, e seguendo il suo capriccio, si pose intorno al capo una ghirlanda di fiori; presesi diversi strumenti da sonare e varie altre coselline da intrattenersi per non sentire la noia della via, e si diede a camminare. Da ogni lato gli correvano incontro giovani, fanciulle, uomini, donne, e ogni generazione di gente volea vederlo, e da tutte le città e castella si faceva una concorrenza grande con trombe, tamburi, mascherate di Ninfe, di Deità boscherecce e d'altro; e in tutti i luoghi veniva accolto con magnificenze che parean nozze. Avvenne un dì che passando per un villaggio, in cui abitavano certi pastori molto bene agiati e provveduti di quanto abbisogna all'umana vita, s'abbattè a quella *Saviezza,* della quale egli andava in traccia; di che salutatala cordialmente, e fattole non so quali brevi scuse, le fece comprendere la necessità grande ch'aveano dell'esser insieme per vantaggio comune degli uomini. Ella, che intendea le ragioni ed il vero, di nuovo si rappattumò con lui, e fatta la pace, lasciò le capanne e i pastori, e in compagnia del *Piacere* si pose in cammino. Così dunque andando insieme, e parte ragionando la *Saviezza,* e parte confortandola il *Piacere* coi suoi dilettevoli scherzi, giunsero in sul far della sera ad un castello abitato da un signore, il quale dimenticatosi d'ogni altra cosa, spendeva ogni suo avere in lunghissime cene, in feste e giuochi d'ogni qualità: e appunto in quell'ora era tutta la sala del suo palagio con bellissimo ordine illuminata, e uscivano della cucina i più soavi odori di salse che mai fossero stati fiutati al mondo. Presentossi al padrone il *Piacere,* il quale, come cosa venuta allora dal cielo, fu lietamente accolto e teneramente abbracciato. Ma quand'egli significò al padrone del castello che avea la *Saviezza* in sua compagnia, non vi fu modo veruno che questi le volesse fare accoglienza; sicchè per quella notte, s'ella volle avere alloggiamento, le convenne andare ad una casipola d'un sacerdote d'Esculapio,[1] dov'ella appena ebbe di che cenare, e un letticciuolo che parea un canile.

La mattina i due compagni furono insieme di nuovo, e la *Saviezza* raccontò al *Piacere* la mala notte che avea passata, ed egli a lei le feste che s'erano fatte nel castello; tanto che l'uno e l'altra, per due cagioni diverse avendo poco dormito, andavano sbadigliando e sonniferando per la strada. Venuta la sera, giunsero ad una terra governata da un filosofastro, il quale volea che tutte le sue genti stessero in continui studi di filosofia, nè si partissero mai d'in sulle carte, e che a guisa d'organetti facessero ogni cosa, non secondo il loro pensiero e la volontà, ina secondo quella setta, io non so se stoica[2] o altro, di cui era egli maestro. Costui poco mancò che non flagellasse il *Piacere;* tanto gli fece dispetto il vederlo; e accolta la compagna di lui con quella gentilezza che potè così rigido uomo, volle che l'altro uscisse incontanente di buia notte fuori della terra sua: il quale non sapendo in che luogo trovare ricovero, si pose per quella sera in un prato di fiori sotto ad un albero, attendendo la mattina e sperando meglio per suo conforto. Appena era spuntato il sole, che la *Saviezza* medesima, stanca de' magri ragionamenti e delle astratte fantasie udite tutta la notte, venne fuori

---

[1] *Sacerdote d' Esculapio.* Esculapio è il Dio della medicina.
[2] *Setta stoica.* Sette si chiamano le varie scuole dei filosofi antichi. Setta stoica fu quella fondata da Zenone, il quale insegnava che fuggire il piacere, dominare le passioni o disprezzare il dolore conduce l'uomo alla perfezione o quindi alla felicità.

della terra, e si ricreò alla vista dell'amico e a raccontargli quanto l'era accaduto. Egli all'incontro le fece a sapere che senza di lei appena avea potuto confortarsi della sua solitudine; onde l'uno e l'altra si giurarono di non mai più dipartirsi, e camminare fino a tanto che avessero ritrovate persone che gli accogliessino insieme. Così dunque camminando in ottima concordia molti dì e parecchie notti, e trovando chi or l'una, or l'altro volea, non acconsentirono mai d'abbandonarsi, e mantennero quella fedeltà che s'aveano giurata. Finalmente. volle fortuna che trovassero quello che andavano cercando, e che aveano sì lungo tempo desiderato. Imperciocchè giunsero in sul far della sera ad una città, i cui popoli erano guidati dalla più saggia reina che mai vivesse. Le sue santissime leggi teneano tutte le cose in una giusta bilancia, sicchè il paese suo fioriva d'ogni bene e bellezza. Presentaronsi alla beata reina i due viaggiatori compagni, ed ella volle udir l'uno e l'altro parlare, imperocchè dalle parole si scopre la condizione dell'animo; e udita la diceria tutta festevole del *Piacere*, e l'altra saggia e accostumata della *Saviezza*, accolse l'uno e l'altra nel suo pacifico reame, assegnando loro certi tempi, nei quali la *Saviezza* dovesse gli animi degli abitatori temperare, e il *Piacere* riconfortargli da' pensieri e dalle fatiche; e ordinando la faccenda per modo, che fra le parole e i fatti dell'uno e dell'altra, le persone acquistassero una certa uguaglianza di spirito e una certa tranquillità che non possono derivare nè dal solo *Piacere*, nè dalla sola *Saviezza*.

Annotazione dell'Osservatore.

La novella scritta qui sopra mi fa entrare in una considerazione. Egli è vero che ognuno può farla da sè; ma dappoichè ho la penna in mano, essa vuol correre; e io che sto osservando le cose altrui, osservo questo per ora di me medesimo, che uno il quale scrive, alle volte a fatica può cominciare, e alle volte a stento finisce. Torniamo all'argomento. Tutta la diceria fatta di sopra mi fa venire in mente diversi generi di persone di vario umore, le quali la vogliono a modo loro, e tutte credono d'aver ragione. Ci sono alcuni i quali entrano sino al ciuffetto ne' diletti. Cominciano oggi da uno, che appena assaggiato perde il sapore; domani si tuffano in un altro, e anche quello svanisce; e così fanno di giorno in giorno senza pensare ad altro. Alla fine dicono: « Oh! che noia! Vedi magri diletti che dà il mondo! » E in ogni luogo trovano il fastidio. la molestia e il dispetto. Questo mondo è come una mensa. Ogni dì s'ha a mangiare. Ci sono certe vivande usuali che si mangiano ogni dì; e perchè l'appetito non se ne stanchi, furono ritrovate le salse che pungono e ravvivano il palato, acciocchè ritorni di buona voglia alle carni consuete. I continui saporetti introducono torpore in esso, sicchè per farlo assaporare, bisognerebbe rinforzare le salse; e non basterebbero infine i carboni accesi a destarlo. Le nostre carni consuete sono le faccende, i pensieri, e per lo più le calamità: perchè l'animo possa bastare a sofferire, l'onesto piacere è una manna. All'incontro certi Catoni[1] vorrebbero che non s'uscisse mai del malinconico e del

---

[1] *Catoni.* Il nome di Catone, uno dei pochi romani che negli ultimi tempi della repubblica mantennero in mezzo alla soverchiante corruzione tutta l'antica rigidità dei costumi e della vita, fu sempre usato per indicare gli uomini austeri, sprezzatori d'ogni mollezza.

grave, come se gli uomini fossero d'acciaio e non di carne. Questi tali ci vorrebbero affogati nella noia. E quando l'animo è infastidito, non è buono nè per sè nè per altrui. Il meglio è un bocconcello colla salsa di tempo in tempo, e poscia un grosso boccone delle vivande usuali. La misura ne' passatempi è rimedio della vita; ed io tanto veggo magri, sparuti e disossati quelli che non pensano ad altro che al sollazzo, quanto quelli che tirano continuamente quella benedetta carretta delle faccende.

N° III.   A dì 11 febbraio 1761.

Murmur incertum, atrox clamor, et repente quies.
Diversis animorum motibus pavebant, terrebantque.

TAC., *Ann.*, lib. I.

Un bisbigliare non inteso, stridere atroce, chetarsi
a un tratto. Con movimenti contrari d'animo
si mostravano timorosi e tremendi.

È cosa naturale che gli uomini, prima d'avere formato le parole, si valessero de' cenni per significare le loro bisogne e le volontà. I fanciulli, prima che sappiano balbettare e mozzare fra' denti qualche parola, si vagliono del sussidio di certi attucci ch'esprimono le voglie loro; e ci sono mutoli fra noi, i quali hanno per necessità ridotta questa facoltà a tanta squisitezza, che raccontano e fanno intendere altrui una storia. L'arte, imitatrice della natura, non lasciò cadere inutile tal qualità dell'uomo; anzi con lungo esame e con sottili perscrutazioni[1] tanti principii trasse da' movimenti del capo, delle braccia, delle gambe e de' piedi, che ne compose un piacevolissimo Dizionario da esprimere l'amore, la collera, l'allegrezza, l'odio, la gelosia, l'invidia e molte altre passioni umane, e intitolò il suo Dizionario: *La danza.* Tutti que' movimenti, così grati agli occhi e al cuore degli spettatori, non sono altro che cenni e movimenti sottoposti ad alcune regole che gli legano a certe classi e gradi, e hanno i loro capitoli e le loro proprie divisioni, come la Rettorica d'Aristotile, o quella di Quintiliano.[2] Comecchè però l'arte del ridurre i cenni significativi sembri pervenuta al colmo della perfezione, parmi che non tutte le sue parti siano state studiate con diligenza, e che non poco le si potrebbe aggiungere ancora dagl'intelletti speculativi. Ci sono alcuni cenni o segni i quali non sono nè affatto parole, nè affatto cenni. Parole no, perchè non v'entra l'articolazione della lingua; nè cenni del tutto, perchè sono aiutati dalla voce, o da quell'aria che forma la voce. Fra questi sono la tosse, il soffiarsi il naso, o sputare con forza, gli starnuti ed il fischiare, a' quali mancano le grammatiche, le rettoriche ed i maestri. Io non mi tengo da tanto, nè sono uomo tale che intenda di fare un'arte per assoggettarvi queste sei specie di semicenni; ma dico solamente che, se al-

---

[1] *Perscrutazioni.* Voce fuori d'uso per osservazioni.
[2] *Rettorica d'Aristotile o di Quintiliano.* Aristotile, uno dei più grandi filosofi della Grecia, e Quintiliano, rinomatissimo retore latino, composero i trattati più perfetti di rettorica, che l'antichità ci abbia tramandati.

cuno volesse prendersi la briga di meditarvi sopra, son certo che ne
riuscirebbe con sua riputazione, e con benefizio del ceto umano; o almeno potrebbe vantarsi d'essersi adoperato in cosa nuova e in un argomento non più caduto in intelletto d'uomo; cosa d'importanza in un
tempo in cui sono state prese quasi tutte le materie, e fu trattata
ognuna da tanti.

Essendo però io stato quel primo a cui è caduto in animo di porre
sotto alcune regole quest'arte, parmi di necessità il dire in qual forma
mi nascesse di ciò il pensiero. Questo fu per caso, come appunto avviene di quasi tutti i segreti e arti nuove; le quali hanno l'origine
loro da leggerissimi principii e semplici. Io mi trovava pochi dì fa in
una chiesa per udire un dottissimo Padre, il quale dovea fra poco con
la sua nobilissima eloquenza spiegare la divina parola. E già poco
tempo dovea egli stare ad apparire in sul pergamo, quando vidi entrare nella medesima chiesa, in cui già erano molti uomini ragunati,
una femmina, che, a quanto prediceva il suo portamento e l'aria, avea
un certo che dell'intelligente e di capacità. La non avea come tutte
l'altre una certa studiata attillatura, ma più presto parea vestita a
caso, che con diligenza. Teneva gli occhi alti, camminava a lunghi
passi, guardava tutte le genti in faccia come soggette a sè; in somma
le si leggeva nel viso il suo parere, cioè ch'ell'era venuta quivi a dar
giudizio dell'orazione. Si rivolsero verso di lei le occhiate di tutta
quell'adunanza, e non so s'ella vi fosse conosciuta, o no; ma ciascheduno s'affrettava per allargarsi sollecitamente, e lasciarnela passar a
sedere a suo agio; accrescendo in tutti la civiltà e il buon garbo, il
veder un bel viso e due bracciotte bianche come la neve. Quand'essa
fu giunta dove le parve, diede di mano ad uno scanno, e senza punto
curarsi d'averne fatti cadere in terra due o tre che n'avea d'intorno,
con altissimo romore, si piegò e sedette in faccia al luogo dell'oratore: dove tratto fuori delle tasche un bel moccichino di seta, in una
maniccia di candidissimi ermellini,[1] che avea, lo ripose. Parve che quest'atto, veduto da' circostanti, risvegliasse tutta l'udienza, perchè tutti,
quasi ad un segnale dato per ordine di capitano, si posero le mani alle
tasche, credo per accertarsi s'anch'essi aveano moccichino da valersene a tempo. Intanto salì l'oratore in sul pergamo, e con tutte le
squisitezze dell'arte oratoria, non punto dimenticatosi però della gravità di suo uffizio, disse lo esordio, e lo proferì con sì bella voce e con
sì misurati movimenti, che tacitamente in mio cuore io gli dava il pregio d'ottimo dicitore, e provveduto di quelle qualità che ad un maestro
altrui appartengono. Ma non sì tosto egli fu giunto al fine del suo
proemizzare, che la buona femmina tratto fuori il moccichino degli
ermellini suoi, lo si pose al naso, e vi sonò dentro la tromba; e nel
medesimo tempo vidi da dugento e più mani in circa col moccichino
al viso accordarsi col primo strumento, per modo che la casa d'orazione fece un solenne rimbombo universale. M'avvidi allora che in tal
guisa gli uditori, non potendo battere le mani, nè alzare la voce, adoperavano il naso; e comecchè la mi paresse cosa non convenevole a
quel luogo, e forse rincrescevole all'umiltà e bontà del sagro dicitore,
pure quasi mi vergognai d'essere rimaso fra tutti gli altri col naso

---

[1] *Maniccia di candidissimi ermellini*. La maniccia è il manicotto. Le pelliccie d'ermellino erano un tempo di gran moda.

scoperto, e proposi da me di rimediarvi al primo bel passo che avessi udito.

Intrinsecavasi frattanto lo sperto dicitore nella materia, e con tanta forza e sì appassionatamente la coloriva, ch'io credea fra poco di vedere l'udienza a singhiozzare ed a piangere. Con tutto ciò, vedendo che ognuno avea gli occhi asciutti, e solamente spalancati e fisi per l'attenzione, mi ricordai del moccichino, e giudicai fra me che fra poco sarebbe venuto il punto dell'adoperarlo. Ma m'ingannai; perchè arrestatosi alquanto il dicitore per riavere il fiato, e pensando io che quello fosse il momento di soffiarsi il naso, lo strinsi nel fazzoletto, e fui solo; perchè la donna incominciò a tossire e sputò, e la tossa e lo sputare andò in un attimo circuendo fra tutti i circostanti; per modo che se il romore universale di tossa e sputo non avesse affogato il mio, correva risico di movere a riso col mio tuono particolare e diverso dagli altri. Vedendo io dunque che non era atto ad intendere quando si dovea usare il moccichino e quando la tossa, proposi in cuor mio di commendare il dicitore fra me, e di riconoscere le verità ch'egli diceva nella sua orazione, senza farne cenno aperto ad alcuno, o curarmi d'essere tenuto per un idiota e incapace d'intendere le molte bontà e il figurato parlare dell'oratore. Terminato il suo giudizioso ragionare, me n' uscii di là mezzo assordato; e a poco a poco riavutomi, cominciai a considerare che, da quanto udito avea, si poteano gittare i nuovi fondamenti dell'arte ch'accennai di sopra, e ridurre i semicenni della tossa, dello sputare, e indi anche dello starnuto e d'altri, ad una norma utile e dilettevole; assegnandole però altri luoghi da esercitarla comunemente, fuorchè quello in cui mi venne questo pensiero la prima volta.

Multos tibi dabo, qui non amico, sed amicitia
  caruerunt.   SEN., ep. VI.

Molti io ti porrò innanzi, che non furono
privi d'amici, ma d'amicizia.

Nelle carte de'miei confratelli Pellegrini,[1] i cui tre ultimi fogli sono ora sotto il torchio, ho ritrovato il detto di Seneca allegato qui di sopra: e ad esso di sotto questi pochi versi, che il satirico poeta di quella compagnia avea dettati con intenzione di proseguire.

Vana filosofessa,[2] e di civette
Consorzio, Atene, in cui molto si ciancia
Di verace amicizia entro alle scuole;
E poi nell'atto dell'umana vita
L'un dell'altro il coltel ficca in la strozza:

---

[1] Nelle carte de' miei confratelli Pellegrini. È l'opera del Gozzi intitolata Il Mondo morale dove immagina che alcuni pellegrini si radunassero in crocchio a ragionare, quando d'una cosa, quando d'un'altra. Alla loro testa era una pellegrina che andava narrando di tempi in tempo un romanzo allegorico dove erano personificati vizi e virtù; e il racconto viene di tanto in tanto interrotto da ragionamenti e commenti dell'uno e dell'altro dei pellegrini, da traduzioni saporitissime di dialoghi di Luciano, dalla versione della Morte di Abele del Klopstock, e altro. L'opera fu pubblicata nel 1760 e usciva a dispense il lunedì d'ogni settimana. Il romanzo della pellegrina rimase interrotto, e gli ultimi fogli dell'opera contenevano la traduzione del Timone di Luciano.
[2] Vana filosofessa ec. Sono i primi versi d'un Sermone destinato, pare, ad essere introdotto nel Mondo morale. Forse fu lasciato a mezzo, certo non mai pubblicato.

Co' tuoi ben recitati in su' teatri
Piritoi e Tesei, Piladi e Oresti,[1]
Rimani. Sì disse Timone un giorno,
E dispettoso alto gridando: Togli,
Le mani alzò[2] con amendue le fiche,
Squadrolle alla città, volsele il tergo.

Io non sono poeta, nè mi darebbe l'animo di tirare innanzi questa
satira, massime col nervo di sì robusto stile. In quello scambio farò
alcune poche osservazioni intorno all'amicizia, ma brevi, per discóprire
l'inganno in cui era Timone, nell'odiare tutto il genere umano come
tristo; nel qual errore caggiono non pochi anche al giorno d'oggi.
Timone fu un ricchissimo uomo d'Atene, come ognun sa; ma larghissimo spenditore e solenne in metter tavole, far conviti, largheggiare
con ognuno, senza scegliere più questo che quello. Avvenne finalmente
che votò in pochi anni i tesori suoi, e credendosi di trovare aiuto da
coloro ch'erano stati da lui in tante guise beneficati, tutti gli volsero
sdegnosamente le spalle; ond'egli rimaso solo, povero e abbandonato,
pose tant'odio addosso all'umana generazione, che, uscito d'Atene sua
città, andò ad abitare in una grotta, e quivi con una zappa lavorando la
terra, traeva il vitto suo; picchiando di tempo in tempo con esso strumento d'agricoltura il capo a quegli uomini che quivi s'accostavano.
Dice un proverbio toscano: Se vuoi essere amato, ama. L'amicizia
dev'essere un vincolo di schietto amore e di virtù, non di vizi, che
non formano legame altro che in apparenza, ma in effetto lo sciolgono.
Timone fu sempre amatore di sè medesimo, non d'altrui, e perciò cadde
nella calamità che si disse. I compagni di lui, avvedutisi dell'amor
proprio che in corpo avea, lo presero all'amo vestito di quell'esca che
gli piacea, cioè con le lusinghe. Io lo m'immagino in fantasia a sedere
alla mensa con una femminetta a lato, profumato, pettinato la zazzera,
tutto grazia e attillatura. Che diceva egli allora in suo cuore? " Io avrei
caro che questi, i quali circondano la mensa mia, dicessero ch'io sono
un Amore, che vinco in grazia le Grazie medesime." Se gli astanti, che
mangiavano il suo pane, gli avessero detto il contrario, sarebbero stati
un branco d'animali, l'inciviltà in carne. I buoni uomini, che sapeano
quel ch'era creanza, lo mettevano con le lodi sopra le stelle, e se non
faceano l'ufficio di veraci amici, faceano quello di ben creati. Ad ogni
tratto metteva mano alla borsa, e senza guardare più a questo che a
quello, largheggiava. Chi gli avesse detto ch'egli peccava in prodigo,
gli sarebbe venuto in cuore che colui il quale gli facea tale ammonizione, volesse tutto per sè. Chi vuole che gli amici dicano la verità,
conviene dimostrarsi, in ogni atto e detto, desideroso di purgarsi dei
difetti, e accarezzare chi è dello stesso umore. L'amicizia è buona elezione. So che l'adulazione è cosa accortissima, e che si veste de' panni
de'l'amicizia più schietta e libera. Lessi già che un grande uomo, ma
de 'umore di Timone, tenea per amici una legione di ballerini, buffon-
ce , saltimbanchi, e d'altre sì fatte persone. Il costume suo era di
m teggiare, burlare, schernirgli; e quegli che fra loro più pronto e
fa 'o rispondea, ribattendo in lui i motti e le burle, era da lui più

Piritoi e Tesei, Piladi e Oresti. Nomi d'eroi antichi, famosi per l'amicizia che li
st '. I casi loro furono spesso argomento di teatrali rappresentazioni.
' - mani alzò ec. È un verso di Dante: Inferno, XXV, 2.

accarezzato; dicendo egli fra sè : " Costui che sì libero e repentino risponde, e non si guarda dall'offendere me, che son tanto di lui maggiore, è d'animo schietto, ha cuor grande, posso affidarmi a lui, come ad un altro me stesso." I valentuomini che lo circondavano, avvedutisi della ragia, e conosciuto in che peccava l'amico, incominciarono tutti ad essere pronti e vivaci ne' bottoni[1] e nelle risposte, tanto che egli si credea d'avere intorno una squadra d'amici la migliore del mondo. Essi valendosi della sua credenza, nelle cose d'importanza lo consigliavano ognuno a fare il peggio ; e chi tirava acqua al suo mulino di qua, chi di là; stimando egli che in ogni cosa fossero schietti, come nelle facezie e nel motteggiare.

Io non so se questa osservazione sembrerà ad alcuni soverchiamente seria. Ma la varietà di questi fogli richiede ora un argomento, ora un altro ; ed è come una raccolta di pitture, in cui diversi atteggiamenti, coloriti e maniere si veggono ; sicchè ognuno possa arrestarsi dinanzi a quella tela che più gli piace.

AVVISO.

Toccai di sopra che i tre fogli che mancano al Mondo Morale, si stampano. La Pellegrina partendosi[2] mi lasciò quest'impaccio: nè io potei soddisfare al debito di lei più presto per le mie continue occupazioni ; di che chieggo scusa per lei e per me al pubblico. Ho avute nuove lettere da' miei compagni, i quali mi mandano e promettono varie osservazioni, anch'esse fatte in diverse città in questo loro breve viaggio. Vedremo che sarà, e se le sono cose che possano aver gradimento, non mancherò di darle alla luce.

Ho anche ricevute diverse lettere da persone incognite, le quali trattano varii argomenti, e mi descrivono alcuni casi, per lo più brevi, ch'è molto meglio perchè d'una novità si passa all'altra più presto ; cosa che ricrea non solo i leggitori, ma me ancora, che volontieri cambio pensiero, e contro mia voglia m'arresto lungo tempo in un solo.

N° IV.   A dì 14 febbraio 1761.

All'Osservatore.

I figliuoli miei, le nuore e tutta l'altra brigata che forma la mia famiglia, mi hanno assegnato uno stanzino a tetto, perchè abbiano agiata abitazione le balie, le cameriere, gli staffieri e altri che servono alla magnificenza del casato. Io sono in un'età avanzata : e sia o per difetto degli anni che così portano, o perchè io non era accostumato alle nuove grandezze di casa mia, non posso far a meno di non rimproverare i miei di tempo in tempo ora di questa novità, ora di quella. Essi bisbigliano fra loro ch'io sono un uomo fatto all'anticaccia, allevato

---

[1] *Bottoni.* Motto o risposta pungente.
[2] *La pellegrina partendosi.* V. la nota a pag. 12.

a caso, cresciuto e invecchiato nella rusticità di una vita mercantile.
Ed è vero. Mio padre, mio avolo ed il bisavolo mio vissero sempre di
traffico; ed io seguitai la pratica loro fino a tanto che i novellini ram-
polli della mia famiglia, sdegnatisi delle faccende utili, si diedero a
grandeggiare, e a non curarsi d'altro che d'imitare le nobili qualità
di quelle persone che per nascimento ed educazione hanno i modi nobili e la grandezza naturale. Ora non potendo io dire il parer mio qui
in casa, perchè tutti mi volgono le spalle, come ad una persona disutile, delibero di mandarvi queste poche linee per isfogare i miei pensieri, non perch'io creda d'averne benefizio veruno. Anzi se mai verrà
saputo chi io sia, corro risico che mi sia tolto via il calamaio e la carta,
che sono il solo passatempo che mi rimane in quest'abitazione, assegnata un tempo da'miei maggiori a'capponi che si mangiavano il carnovale, senza spendere al pollaiuolo.

Io non so se al mondo l'uomo, ch'è uomo, debba piuttosto ricercare la realità e la sostanza delle cose, che l'apparenza ed il suono.
Non pensate ch'io sia molto lungo. Parlerò con pochi confronti per
farmi intendere. Ricordomi al tempo della mia giovinezza che in casa
nostra v'era una sola fantesca piuttosto vecchietta che no, la quale
andavasi aggirando la sera per le stanze con una lucernetta da olio.
Che è, che non è, s'udiva a picchiare all'uscio; e la femminetta affacciatasi alla finestra, metteva fuori il suo lumicino, perchè quella lin-
guetta del lucignolo le aiutasse a vedere chi era; e gridava: "Chi è là?"
"Calate la cestellina"[1] le veniva risposto. Così facea, e fra poco la
veniva alla stanza de'suoi padroni con una lettera, la quale, con un
indirizzo semplice che diceva: *Alle mani del Signor osservandissimo
tale*, arrecava la notizia d'una nave caricata, o scaricata, di vendute
mercatanzie, e di grossi guadagni. Oggidì, s'egli viene picchiato al-
l'uscio, v'accorrono due o tre servi di casa nostra; e in iscambio vien
loro consegnata una lettera fregiata con l'*Illustrissimo*, titolo della
nostra famiglia, e accompagnata da una cestellina di pere o d'uova[2]
che vengono da un nostro lavoratore, da noi detto agente per nobili-
targli l'ufficio. Direte voi che s'abbia più a stimare la vecchierella col
lumicino, o tanti servi con la torcia? Sono poi più anni ch'io non vado
alla campagna per disperazione. L'ultima volta che v'andai, non riconobbi più dove io era. Vidi da ogni lato un monte di calcinacci di
fabbriche atterrate, d'alberi fruttiferi abbattuti, d'orti spianati. Un
buon vivaio mantenuto lungo tempo da'miei, per avervi in ogni stagione del pesce, era stato turato per rizzarvi un muricciuolo da dipingervi sopra a fresco l'arme della nostra famiglia, che corrispondesse
alla porta maggiore della casa. Un'utilissima colombaia, che ad un bisogno ci somministrava in fretta un domestico arrosto di piccioni, e la
primavera non so quante nidiate di passerotti sotto i tegoli, era stata
demolita per dar luogo ad un castagno d'India.[3] Le fruttuose vigne

---

[1] *Calate la cestellina.* A Venezia, anche oggi, le lettere si ricevono in una cestellina
che si cala dalla finestra con una funicella.

[2] *Da una cestellina* ec. L'abate Labia, un arguto poeta satirico veneziano del secolo
scorso, dipingeva anch'egli con somigliante immagine la boria fastosa dei nuovi arric-
chiti: « Al lustrissimo Sior con un vascelo | Una volta diseva la mansion; | Adesso a
So Zelenza co' un ceston | E un per de caponere in t'un batolo. »

[3] *l'n castagno d'India.* Il castagno d'India cominciò ad essere coltivato in Europa
nella prima metà del secolo scorso; e venne in tanta voga che non vi fu giardino signo-
e che non ne avesse qualche pianta.

erano state sbarbicate, per avere un'aria più ampia, senza punto ricordarsi de' tini che attendevano dalle vigne i grappoli, e che molto
è più sana quell'aria la quale dà vita alle fruttifere piante, di quella
che trascorre aperta e disutile. Io solea già vedere una processione di
villanelle con fastelli di lino in collo, con tele, o altre cose di sostanza,
con cioppe e gammurrini [1] attillati, villanelli affaccendati, operai di mille
qualità. L'ultima volta le mi capitarono innanzi con le mani in mano,
scapigliate e giallicce; e i maschi sono quasi tutti divenuti barbieri
d'alberi, [2] e sanno fare poco altro. Non so s'io ebbi ragione; ma diedi
un buon rabbuffo di parole a tutta la mia famiglia invasata in tali
novità; e dissi loro che sì fatte grandezze convengono a chi è avvezzo
da lungo tempo fra quelle, e può custodire e accrescere con le antiche
e ben fondate ricchezze le magnificenze fondate da' suoi maggiori; e
così detto, pieno d'un'acuta collera, piantai tutti; nè mai di poi volli
uscire di città, per non vedere la distruzione d'un vero e solido bene,
in grazia di capricci e di boria.

Son tutto vostro   GERONTE.

_____

In ogni luogo a un di presso i paesi hanno le medesime usanze.
Lo Spettatore e lo scrittore del Mondo [3] in Londra riceveano da molte
parti fogli e polizze, nelle quali chi conferiva i suoi pensieri all'autore,
chi lo censurava, chi gli dava lode, e chi altro. Lo stesso avviene a
me in Venezia. Dappoichè sono usciti i primi fogli, cominciano le persone a scrivere. La lettera posta qui sopra di Geronte, è una di quelle
che mi vengono, e tale sarà similmente la scrittura che pubblico di
sotto a queste poche righe.

Mio Signore.

Il buon sapore della pittura s'è così ampiamente allargato, che
ogni casa è provveduta di qualche opera mirabile di questo genere.
Sopra tutte però veggo che s'ammirano le imitazioni inventate dal
signor Pietro Longhi, [4] perch'egli, lasciate indietro ne' trovati suoi le
figure vestite all'antica e gl'immaginati caratteri, ritrae nelle sue
tele quel che vede con gli occhi suoi propri, e studia una situazione
da aggrupparvi dentro certi sentimenti che pizzichino del gioviale.
Principalmente veggo che la sua buona riuscita deriva dallo esprimere
felicemente i costumi, i quali in ogni attitudine delle sue figure si veggono. Io non sono nè pittore, nè ricco uomo da potere provvedermi
dell'opere di questo valente maestro; sicchè non avendo nè danari da

_____

[1] Cioppe e gammurrini. Vesti antiche di donne.
[2] Barbieri d'alberi. Nel secolo scorso, principalissimo ornamento dei giardini erano
i lunghi filari di certo pianto, come carpini e bossi, che col taglio si foggiavano a forma
di porticati, di camere, di vasi ec. Male a proposito i contadini si distoglievano dai più
utili lavori della campagna per impiegarli a tosare alberi.
[3] Lo Spettatore. Con questo nome due scrittori inglesi del secolo scorso, Steele e Addison, pubblicarono un giornale che trattava argutamente quistioni politiche, morali e
letterarie. Il Gozzi ne prese l'idea del suo Osservatore. E Il Mondo (The World) di Adamo
Fitz Adam, fu un altro giornale pubblicato a Londra nel secolo scorso, collo scopo di
dirozzare il gusto della città.
[4] Pietro Longhi. Geniale pittore, nato a Venezia nel 1702, morto nel 1762, noto soprattutto per i suoi quadri rappresentanti scene e particolari della vita veneziana dei suoi

spendere, nè attività per adoperare i colori, ho pensato un nuovo modo da guernire un picciolo stanzino, come posso. Ho un carattere ben formato, e so imitare ogni condizione di stampa. In quelle poche ore che m'avanzano dall'altre mie occupazioni, con certi ferruzzi lavoro alcune cornici; onde in non so quanti mesi m'è riuscito di scrivere in alquante cartapecore, che poi le vo incorniciando e facendone piccioli quadri, certe figure, non di visi o di corpi, ma d'animi e di costumi; che quando saranno poi allogate dove hanno a stare, pendenti dalla muraglia col mezzo d'un nastro di seta e con un cristallo davanti, vi farò sapere chi io sia, e vi pregherò di venir a vedere il mio gabinetto. Intanto vi mando la copia di alcuni d'essi ritratti, acciocchè vediate la maniera del mio dipingere senza pennello; e chiedendo scusa della libertà ch'io mi prendo, son vostro di cuore

N. N.

Ritratto Primo. Lisandro, avvisato dallo staffiere che un amico viene a visitarlo, stringe i denti, gli diruggina, i piedi in terra batte, smania, borbotta. L'amico entra. Lisandro s'acconcia il viso, lieto e piacevole lo rende: con affabilità accoglie, abbraccia, fa convenevoli: di non averlo veduto da lungo tempo si lagna: se più differirà tanto, lo minaccia. Chiedegli notizie della moglie, de'figliuoli, delle faccende. Alle buone si ricrea, alle malinconiche si sbigottisce. Ad ogni parola ha una faccia nuova. L'amico sta per licenziarsi, non vuol che vada sì tosto. Appena si può risolvere a lasciarlo andare. L'ultime sue voci sono: "Ricordatevi di me. Venite. Vostra è la casa mia in ogni tempo." L'amico va. Chiuso l'uscio della stanza: "Maledetto sia tu," dice Lisandro, al servo. "Non ti diss'io mille volte che non voglio importuni? Dirai da qui in poi, ch'io son fuori. Costui nol voglio." Lisandro è lodato in ogni luogo per uomo cordiale. Prendesi per sostanza l'apparenza.

Ritratto Secondo. Cornelio poco saluta: salutato, a stento risponde: non fa interrogazioni che non importino: domandato, con poche sillabe si sbriga. Negl'inchini è sgarbato, o non ne fa; niuno abbraccia; per ischerzo mai non favella; burbero parla: alle cirimonie volge con dispetto le spalle. Udendo parole che non significano, s'addormenta o sbadiglia. Nell'udire l'angosce d'un amico, s'attrista, imbianca, gli escono le lagrime. Prestagli, al bisogno, senza altro dire, opera e borsa. Cornelio è giudicato dall'universale uomo di duro cuore. Il mondo vuol maschere ed estrinseche superstizioni.

. . . . *nisi quæ terris remota, suisque*
Temporibus defuncta videt, fastidit et odit.
HORAT., *Ep.*, lib. II, ep. 1.

Tutto odia, e tutto gli fa noia, salvo quelle cose che sono fuori del suo paese, o morte a' suoi tempi.

Una bella e saggia costumanza, o legge che la vogliamo chiamare, fu stimata quella degli Egiziani intorno alle arti, i quali le avevano spartite e assegnate a diverse famiglie e ordini di persone, e sì fra quelle stabilite, che non potea mai il figliuolo d'una famiglia fare il mestiere d'un'altra. In quella discendenza s'adoperava sempre il martello e l'incudine. In un'altra si tirava sempre coi denti e con le tanaglie il cuoio, e facevansi le pianelle e le scarpe. Non s'aveano a fare genealogie: il pecoraio d'oggidì usciva da un ceppo di pecorai; una famiglia di tesseragnoli discendeva da uno ch'era stato tessitore, e così era d'ognuno, I fabbri stavano co'fabbri, i mugnai co'mugnai, gli spadai con quelli che facevano le spade; e tutte queste diverse fatiche andavano per eredità di padre in figliuolo fidecommesse [1] in perpetuo. Dicono ch'egli ne nascesse un gran benefizio alle arti, e ciò è che, siccome queste vanno crescendo per virtù della pratica e della esperienza, il padre sperimentava una cosa, e il figliuolo la vedea, questi v'aggiungeva qualche poco di suo, uno che discendeva da lui faceva qualche altro trovato; sicchè l'arte più facilmente veniva affinata fra le mani d'una famiglia sola, la quale non pensava ad altro, che se fosse balzata ora a questa, ora a quella, e che per un modo di parlare, il figliuolo d'un legnamaio avesse fatto la professione dell'orefice, o quello d'un lavoratore al tornio, il mestiere del vasellaio. Oltre al vantaggio che ne riceveano i mestieri, un altro ve n'avea ancora, che ognuno accostumandosi fin da' primi anni alla sua condizione stabilita dalle leggi, non impazzava più a voler variare, a cambiar lo stato suo, a voler salire a quello d'un altro; ma s'appagava del suo, l'esercitava, e n'ammaestrava in pace i figliuoli suoi, che aveano a viver di quello.

Da sì fatta massima uscirono piramidi e obelischi, che sono ancora la maraviglia del mondo; cavamenti di laghi, ch'oltrepassano l'umana immaginazione; edifizi così solidi, che le migliaia degli anni non hanno ancora distrutti affatto. Veggonvisi dentro traportate e collegate pietre e marmi sì grossi e gravi, che alcuni stimano che le sieno montagne cavate, non trasferiti i sassi; tanto che s'ha a dire che vi fossero argani, carrucole, e altri ordegni che più non ci sono. Con tutto ciò vogliono alcuni affermare che l'usanza dell'arti ereditarie sia più ad esse dannosa, che utile. Gli uomini di natura ambiziosi, e d'animo grande e insieme volubile, sdegnano d'essere legati ad una necessità. Il lasciare l'elezione dell'arti libera agl'ingegni sembra che sia il partito migliore. Non parlerò de' Greci, e non de' Romani, fra' quali era mantenuto il metodo dello scegliere a cui piacea quell'arte che più gli dava nell'umore. Le belle statue greche e romane vincono di gran lunga le goffaggini egiziane [2] in questo proposito; e tra quelle due nazioni le belle arti fiorirono con tale squisitezza, che sarebbe un ingiuriarle, chi le mettesse al paragone con le prime.

Dirò solamente qualche cosetta de' tempi nostri, ne' quali non solamente ognuno può eleggersi quell'arte ch'egli vuole a sua soddisfazione, ma lo fa anche negli anni che non sono sprovveduti di ragione, e con qualche buon fondamento di dottrina. Io ho per lunga esperienza veduto che le prime masserizie, delle quali vengono provveduti i figliuoli degli artisti, sono le Pistole [3] e le Orazioni scelte di Cicerone, e poco di poi l'Eneide, le Poesie malinconiche d'Ovidio, e la Regia Parnassi. Tutto questo bagagliume si chiude in un sacchettino increspato in sull'orlo, che s'appicca loro ad una spalla, e con la pa-

---

[1] *Fidecommesse.* Affidate.
[2] *Le goffaggini egiziane.* Giudizio non giusto; chè le molte recenti scoperte hanno dimostrato la statuaria egiziana essere tutt'altro che goffa e povera d'arte.
[3] *Le Pistole.* Le lettere (*epistolæ*).

terna benedizione mandansi in branchi alle scuole chi qua chi là, co'loro mantelletti lunghi fino alle calcagna, acciocchè ne'primi anni riescano que'letterati che possono. Quando sono giunti a tale, che sappiano proferire speditamente i nomi di Spondei, Trochei, Dattili e Asclepiadei,[1] che, per non essere punto intesi dalla famiglia, sembrano la cima e il fiore della più perfetta dottrina, eccogli a tempo e a proposito di scegliere quell'arte che vogliono. Allora il figliuolo del calzolaio si prende per sè la facitura degli oriuoli, quello del vasellaio l'arte del tingere, quello del tintore fa il pellicciaio; e in tal modo i mestieri variano di persona, e vanno alle mani di chi a quelli è più inclinato. Io non dico che il presente secolo fosse abile a fare piramidi e obelischi; le quali cose infine non hanno altro pregio, fuor quello dell'esser durevoli, e di far fede a'tempi venturi che una nazione è stata, e di rimanere spettacolo a'curiosi; ma qual età sarà mai stata più capace d'inventare e assottigliare alcune arti, che certamente non furono negli antichi tempi conosciute? Noi abbiamo una varietà di tabacchiere, d'astucci, di nastri, di pettiniere e di cuffie, le quali non cessano mai, e mostrano che ancora verranno assottigliate, secondo che l'arti passeranno di mano in mano. Tante generazioni di fibbie donde procedono? Tante imitazioni di fiori da che nascono? Oltre che, un uomo potendo esercitare qual arte vuole, può anche fare l'innesto di due arti insieme, come s'è veduto pochi anni fa, che, innestando l'arte del fabbro con quella del parrucchiere, n'uscirono parrucche di fil di ferro; e mi vien detto che in qualche luogo mescolandovi quella del legnaiuolo, si facciano le parrucche di bubole. Da tutte queste cose si può comprendere che il nostro secolo, checchè ne dicano alcuni spasimati amanti dell'antichità, è uno de'più ingegnosi, e il meglio illuminato degli altri.

N° V.					A dì 18 febbraio 1761.

Nihil damnari, nisi me.	SEN., ep. LXVIII.
Io non ho condannato altro, che me stesso.

Sono alcuni i quali vanno dicendo: « Che ha che fare cotesto Osservatore delle faccende altrui? e perchè va egli con le sue speculazioni studiando ora questo ora quello? E egli notaio, che debba fare pubbliche scritture delle operazioni del prossimo? Qual briga è questa ch'egli si dà? e chi ne l'ha chiamato a questo ufficio? » A tali rimproveri io rispondo in più modi. L'uno è, ch'io sto sempre in sui generali, e non volgo mai l'intenzione a'fatti o a'costumi di chicchessia in particolare; e che delle cose in comune può parlare ognuno, avendo gli uomini la lingua nella strozza a questo fine. In secondo luogo affermo ch'io non fo nè più nè meno di coloro che, standosi a sedere ad una mensa, motteggiano, e tuttavia non hanno chi gli rimproveri, che anzi ne ride intorno tutta la brigata; e quando sono un po'cotticci, parlano ancora più liberamente, e vengono chiamati uomini gioviali, faceti e di buon umore. E con tutto ciò non nomino nè Matteo, nè Giansimone, nè

---

[1] *Spondei, trochei* ec. Nomi dei piedi dei versi antichi.

Filippo; laddove quelli scorticano alle volte fino in sui nervi uomini e donne presenti e lontane, scoprendo mille segreti, e cianciando di mille cose che dovrebbero esser taciute. Infine poi (odano coloro i quali mi rinfacciano; ch'io sono per addurre una scusa, e palesare un mistero che non l'avrebbero immaginato giammai) tutto quello ch'io dico in questi fogli, lo dico di me medesimo, e non d'altrui. Facciano conto questi tali ch'io sia un notomista il quale voglia notomizzare le magagne degli uomini, acciocchè le sieno conosciute, e s'arrechi ad esse quel rimedio che fosse valevole a risanarle. Quando il notomista taglia un corpo, hannosi però a dolere tutti i vivi, come sentissero il gammautte[1] appunto in quella parte in cui lo fa egli entrare nel corpo tagliato da lui? Se tutte le parti de' corpi umani somigliano a tutte le parti d'un corpo solo, il taglio fatto in questo dal notomista, senza punto offendere gli altri, vale ad illuminare la professata scienza e a giovare a tutti. Perchè dunque i corpi allo intorno gli grideranno: Ohi? Perchè piuttosto non gli saranno obbligati che egli n'abbia eletto uno, e lo trinci per benefizio universale? "Che ha che fare," diranno essi, " il notomista teco; e che tagli tu per giovamento universale?" Io taglio me medesimo. Fo notomia del cuor mio, di tutte le voglie di quello, del mio cervello, dell'intelletto, e di tutto quello ch'è in me, che somiglia a tutto quello ch'è in altrui; e notomizzando me stesso minutamente, fo conoscere quel che sono tutti gli altri uomini in generale. E perch'io sia meglio compreso, udite il modo ch'io tengo.

Io avrò, per esempio, veduto ieri in una casa o bottega un uomo malaticcio di boria, d'invidia, di gelosia, o d'altra umana magagna, ma così inarrivabile agli occhi altrui e cotanto sottile, che appena altri s'avvede che vi sia quell'infermità ch'io avrò notato a certi segni e indizi, de'quali non parla Ippocrate.[2] Non la malizia o malignità mi stimolano, ma una certa caritativa voglia di veder tutti i miei confratelli dabbene (che sarebbe pure un bel mondo) ad esaminare in qual parte del cuore sta la malattia che ho veduta; per conoscere quanto la può crescere, quali effetti può far germogliare; se l'è appiccaticcia e pestilenziale; quai rimedi sieno atti a curarla, o a custodir l'uomo, perchè non ne venga assalito. Ma non potendo a'piccioli segni che avrò veduti, sapere affatto dove si posi, o quanto possa allargarsi, quand'io sono da me solo, coricato a letto, o a sedere in solitudine e in pace, do di mano a'miei ferruzzi e fo' notomia del cuor mio, il quale è fatto come il cuore di tutti gli altri, e ha in sè tutti quei principii e quelle sementi che ha il cuore del maggior monarca dell'universo, e quello del più infimo spazzatore di camini. Cercovi dunque dentro uno dei principii di boria, d'invidia, di gelosia o d'altro, secondo che mi dà il capriccio. Oh! spettacolo veramente grande e universale! Egli mi s'apre davanti agli occhi un teatro, in cui mi si variano dinanzi agli occhi infiniti movimenti, innumerabili azioni, e cose ch'io non avrei creduto giammai. Quanti sono caratteri di boriosi, invidiosi, gelosi e altro, mi si parano davanti agli occhi ; e soprattutto un amor proprio, il quale ha così intrinsecate le sue radici in esso cuore, e sì l'ha con esso coperto, che s'io non esaminassi con proposito di conoscere la verità, giu-

---

[1] *Gammautte.* Strumento chirurgico per uso di incidere carni.
[2] *Ippocrate.* Famosissimo medico antico, di Coo, vissuto circa quattro secoli prima di Cristo. Lasciò molte opere, nelle quali sono raccolte le sue osservazioni sull'uomo e sulle sue malattie. La più nota di queste opere è gli *Aforismi.*

rerei che quello ch'io veggo in me medesimo, è tutto in altrui; e se facessi l'ufficio mio disavvedutamente, crederei che fosse male del prossimo quello ch'io ritrovo in me stesso. Dappoichè ho a questo modo esaminato qualche tempo, penso di mettere in iscritto quello che ho in me ritrovato, a benefizio comune. E perchè veggo che per agevolare l'intelligenza anche i notomisti disegnano le figure di quelle membra che hanno tagliate e studiate, m'ingegno io ancora di delineare diverse figure e parti, le quali non sono in particolare parti di questo o di quel cuore, ma sono in universale parti del cuore umano, il quale ha una somiglianza comune e alcune pendenze¹ che vanno tutte ad una concordia di sentimenti generale. Per la qual cosa io prego tutti coloro i quali leggeranno i presenti fogli, a non istudiare se le figure che in essi trovano espresse, somigliano più a questo che a quello, ma veramente a meditare quali sieno le parti del cuore umano, per dare questo libro di notomia nelle mani della Ragione, la quale lo medichi delle sue magagne. Quello che dico a' maschi, lo dico alle femmine ancora: perch'io trovo a' vari segnali che il cuore delle femmine non è punto diverso dal nostro, se non che l'educazione lo rende alquanto più dilicato; come appunto la diversità delle vivande fa gli uomini o più morbidi o meno, più grassi o più magri, più robusti o più deboli; ma tutti però sono fatti ad un modo, e l'edifizio del cuore è quel medesimo in tutti.

Pare ad ogni uomo, che s'egli avesse la Fortuna nelle sue mani, sarebbe veramente beato. E nel vero, che ad udire i poveri a ragionare di quello che farebbero se fossero assecondati da questa volubile, incerta Dea, s'avrebbe a dire ch'è gran danno che tutti i poveri non vengano da lei beneficati. Chi vorrebbe che tutti gli amici suoi fossero contenti; un altro rasciugherebbe le lagrime del prossimo; chi farebbe questa cosa e chi quella, tutte ragionevoli e buone. Io ho veduto ai miei dì alquanti di costoro i quali in un momento, si può dire, fatti salire da un'infima condizione al grado di ricchi, dimenticatisi di quanto aveano detto prima, poco dopo sono divenuti tutt'altro. Essi credevano che l'animo dell'uomo fosse sempre una cosa, e non si cambiasse mai. La stizza che aveano nel vedere adoperate male le ricchezze, facea che per biasimare altrui, dicessero qual uso essi ne avrebbero fatto; ma quando l'hanno acquistate, il capo loro diventa come una nuova casa abitata da altri pensieri. I primi a poco a poco diventano dinanzi a loro vili e plebei, nè passa molto tempo che non se ne ricordano più punto, o si vergognano d'avergli mai avuti; e chi dà nello spenditore fuori di proposito, chi intisichisce nell'avarizia, chi con le ricchezze si crede d'avere acquistato la grazia, le scienze, o l'amore delle donne; tanto che si vede che la buona fortuna non è sufficiente a far sì che gli uomini sieno quegli uomini che dovrebbero essere.

NOVELLA.

Furono un tempo gli Dei a consiglio, perchè Giove vedendo dall'o del cielo crescere ogni dì più l'umana generazione, ed essendo

---

¹ *Pendenze*. Oggi dicesi tendenze.

a quella grandemente affezionato, volea pure ad ogni modo che, tra le
varie calamità della terra, la facesse quella migliore e più agiata vita
che potesse. Per la qual cosa fra i convocati Dei si ragionò a lungo
quale spediente si potesse prendere sopra ciò, e chi mandare fra gli
uomini sulla terra, acciocchè nelle loro azioni gl' illuminasse e gui-
dasse. Molti e diversi furono di quel consiglio i pareri, i quali tra per
essere cosa avvenuta quasi nel principio del mondo, e tra perchè gli
annali delle faccende di Giove furono con gran varietà compilati, io
non saprei dire così appunto quali fossero tutte le opinioni; ma l' ultimo effetto si sa di certo, cioè che fu tra gli uomini mandato il Senno,
acciocch' egli si prendesse cura delle loro faccende. Costui, ch' era stato
allevato dalla sapiente Minerva, discese, mandatoci da Giove, quaggiù;
e incominciò con la bontà sua a far conoscere alle genti quello che
aveano o non aveano a fare per essere contente, e sì coi misurati suoi
modi a reggere ogni cosa, che viveano in una grandissima tranquillità,
senza punto sapere che fosse inquietudine o travaglio. Ma egli avvenne
cosa che sturbò tutto questo bell' ordine. Era su nel cielo una Dea,
chiamata, come anche oggidì, la Fortuna; una pazzaccia, la quale non
teneva più da Pallade che da Venere, nè avea più in cuore questo
Nume che l' altro; ma avea vôlto tutto l' animo a volere ora ingrandir
questo, ora quello, secondo che le dettava il capriccio. Per la qual cosa
oggi affezionatasi a Venere, e volendola quanto potea innalzare, trovata
una subita invenzione, la facea credere a tutti con un maraviglioso
incantesimo ch' ella fosse nata dalla spuma del mare, e venisse accompagnata in una marina conca dalle Ninfe marine, e approdasse in Pafo,[1]
onde le venivano rizzati altari, arsi incensi, fatti sagrifizi, e tutti concorrevano sulla terra alla novità di Venere, tanto che per qualche
tempo fino all' are di Giove ne rimanevano solitarie e diserte. Domani
la facea questa grazia a Minerva; un altro dì a Mercurio; e fino le
venne voglia di favorire Ercole, e altri nati da donne terrene. Per la
qual cosa Giove, veduto questo scompiglio, fu preso un giorno da sì
acuta còllora, che senza punto ricordarsi della grandezza e dignità sua,
fattalasi venire innanzi, la balzò giù dal cielo con un calcio; ond' ella
rovinando giù, si ritrovò ad abitare fra gli uomini. Il Senno, che conosciuta l' avea fin da quel tempo che abitava nelle altissime sfere
de' cieli, e sapea benissimo il costume e gli aggiramenti di lei, al suo
primo apparire si tenne perduto, e cominciò quasi quasi a temere di
tutto quello che dovea avvenire. Pure, come colui ch' era accorto e
giudizioso, immaginò che l' opporsi apertamente a lei non gli sarebbe
punto giovato, e deliberò di tentare se col farle buona accoglienza potesse almeno obbligarla a sè, e renderla alle sue disposizioni ubbidiente.

Per la qual cosa andatole innanzi con la comitiva delle virtù, da
lui fatte nascere e alimentate sopra la terra, si dolse in prima della
calamità di lei, indi offerendole il servigio suo e quello delle sue compagne, la ricolse nella sua abitazione. "Io non voglio," diceva egli, " che
tu, o cosa divina, perda le tue facoltà sulla terra, nè potrei farlo quando
il volessi; ritieni pure quell' autorità che avesti, ch' io non la ti contrasto; ma lascia ch' io medesimo qui segua quell' ufficio che mi fu
commesso da Giove. Io lascio che a tuo piacere benefichi gli uomini in

---

[1] *Pafo.* Città dell'isola di Cipro, più specialmente consacrata al culto di Venere.

generale; ma vedi bene che tu non preferissi questo a quello; o se lo facessi mai, non isturbare gli ordini miei, e lascia che, dovunque piovono i tuoi favori, possa io appresso ordinare in qual forma debbono essere distribuiti." Nel principio della sua caduta, essendo la Fortuna umiliata dal suo caso novello, gli rispose che la rimetteva il suo caso in lui, e che non avrebbe fatto nè più nè meno di quello ch'egli le avesse commesso. E già a poco a poco faceva con l'opera sua un gran bene all'umana generazione, perchè beneficando gli uomini in universale, e spartendo le grazie sue fra tutti, ognuno vivea lieto e contento. Ma vedendo coll'andare del tempo gli uomini ch'essa era la principale benefattrice e datrice di tante grazie, quante n'aveano, e che per grazia di lei biondeggiavano i campi d'abbondantissime mèssi, e le gregge rifiorivano in mille doppi più che prima sotto la sua benefica mano, le posero tanto amore, che solo di lei ragionavano, e incominciarono del tutto a non pensare ad altro che a lei, e quasi quasi a dimenticarsi del Senno che gli avea sì lungo tempo indirizzati, e fatto di loro così buono e saggio governo. Della qual cosa avvedutasi la maligna Dea, concepì di subito il più tristo disegno del mondo, e fu quello di balzare affatto dalla signoria il Senno, e di reggere ella medesima gli uomini, e fare quello che non avea prima potuto degli Dei nel cielo. E per poter mettere ad effetto la sua malvagia intenzione, la si diede incontanente a favorire con le sue beneficenze ora questo, ora quello in particolare; tanto che in poco d'ora alcuni senza saperne la cagione, e senza darsi punto pensiero d'acquistare, si videro a scorrere, a guisa di rivoli, innanzi l'oro e l'argento, e quasi dormendo possedevano inaspettatamente ogni cosa. Di che vogliono dire alcuni che avesse origine quel proverbio: *Fortuna, e dormi.* Io non potrei dire a mezzo quanta fosse la confusione e quale il rincrescimento del Senno a vedere lo scompiglio e le alterazioni poste da sì fatta novità negli ordini suoi; e poco mancò che per disperazione non si fuggisse allora dal mondo. Ma ricordandosi delle commissioni ricevute da Giove dall'una parte, e dall'altra conoscendo che il favore della Fortuna, impiegato in alcuni pochi, facea poco meno che perire tutti gli altri, pensò fra sè in qual forma potesse arrecare rimedio a cotanto male. E senza venire all'arme, nè stordire Giove con le querele, quand'egli vedeva che la Fortuna largheggiava nel favorire uno, gli andava innanzi, e con belle e sante ammonizioni l'ammaestrava in qual forma dovesse le ricchezze sue distribuire per essere fra' suoi confratelli onorato, e per aver gloria di quello che possedeva. E se quivi ritrovava orecchi che ne l'udissero, arrestavasi seco, e parte gliene facea spendere a pro della sua patria, parte a coltivare l'arti e le scienze, una porzione nel giovare a' migliori, oltre a quella che dovea servire agli agi e alla propria tranquillità. S'egli avea a fare con sordi, voltava loro incontanente le spalle, e lasciava quella casa, come se fosse dalla pestilenza assalita, nella quale, uscito il Senno, entravano i Capricci, comitiva della Fortuna; e l'oro e l'argento che per opera della loro reina si sarebbe quivi stagnato, in brevissimo tempo n'usciva fuori, gittato fino per le finestre, senza pro nè onore di chi l'avea posseduto. Da quel tempo in poi non s'è mai scambiato quest'ordine; e non può essere veramente felice colui che, avuta la Fortuna, non presta gli orecchi anche al Senno.

RISPOSTA ALLA LETTERA DI UN INCOGNITO.

Potrò fare sperienza di quanto mi domandate, ma non vorrei che la materia assegnatami da voi riuscisse noiosa. Quelle poche buone lettere che in tutto il corso della mia vita ho studiate, sono oggimai trattate in tanti altri libri, che il rinnovare tale argomento è un aggiungere rena al mare. Non dico però d'abbandonarlo affatto; ma non lo toccherò, se prima la fantasia non mi suggerirà il modo di renderlo piacevole, e di vestirlo per modo che volentieri si legga. Io non fo professione di dire cose nuove. Chi può dirle più, dopo tanti anni che si ciancia e si stampa? Solo penso a presentare quello che molti hanno detto, con qualche novità di frange e d'altri ornamenti. A' tempi nostri questo è il vantaggio che può avere uno scrittore. Abbiate dunque sofferenza, e datevi pace, chè quando la mente mi s' aprirà a qualche novella fantasia di tal genere, non mancherò di rendervi soddisfatto. Intanto seguite a leggere con la speranza di trovare un giorno in questi fogli quello che desiderate. Un momento risveglia nel capo un pensiero, e io vi pongo tanta attenzione, che non lo lascerò fuggire, massime trattandosi di fare a voi cosa grata. State sano. Addio.

N° VI.   A dì 21 febbraio 1761.

SIGNOR OSSERVATORE.[1]

Sumite materiam vestris, qui scribitis, æquam
Viribus, et versate diu quid ferre recusent
Quid valeant humeri. . . . .

                      HOR. ad *Pisones.*

Prendetevi, o scrittori, a vostra possa
Atta materia, e ben posate quanto
Portar rifiuti il dorso, e quanto possa.

Se mi fu amara la perdita della Congrega vostra,[2] la quale coll'allegorico romanzo, colle scelte traduzioni di Luciano, co' robusti Sermoni, ed in tante altre guise andava istruendo e dilettando i leggitori, raddolcito mi fu il dispiacere, riconoscendo dalla partenza dei Pellegrini derivato il foglio dell' Osservatore periodico, opera da voi felicemente intrapresa e che spero (perchè desidero) proseguita senza interruzione, perchè ne sarete senza dubbio incoraggito dall' applauso de' nostri concittadini, i quali sempre più conosceranno quanto bene portar voi sap-

---

piate quel peso che vi siete addossato, e far sì che l'Inghilterra non
possa più vantarsi sola del suo *Spettatore*.

La giustezza del pensare, la felicità del rappresentare, il mele dell'elocuzione fanno a gara in questi primi fogli per renderli grati e
profittevoli. La storiella di Dione, la scuola dell'eloquenza, il viaggio
del Piacere e della Saviezza, Timone e Antonio.... Ma a che ne vo io
facendo una inutile rassegna. E questi serii ammaestramenti, perchè
non abbiano quell'aria di lezione che tanto insopportabile riesce alla
superbia della natura umana, sono dati in modo che pare che applaudano a ciò che in effetto correggono:

> Così all'egro fanciul[1] porgiamo aspersi
> Di soave licor gli orli del vaso;
> Sughi amari ingannato intanto ei beve,
> E dall'inganno suo vita riceve.

Ma a proposito di Timone ed Antonio,[2] poichè con tanta grazia avete
ripreso l'irragionevolezza dei lamenti di que' ricchi, che si scatenano
contro coloro che per sola ostentazione hanno beneficato; e molte frodi
ancora spiegato avete dall'adulazione adoperate per ricoprirsi col manto
dell'amicizia, io vi prego di mostrarci anche il contravveleno, cioè la
maniera che usar debbono i ricchi uomini per distinguere dall'amico
di loro larghezza l'amico di loro persone: e come diceva il giovane
Pelleo,[3] dall'amico del re l'amico d'Alessandro. Aspetto i vostri pensieri
su questa delicata materia, coi quali obbligherete i ricchi non meno
che i poveri, insegnando a quelli a collocar degnamente i loro benefizii ed a questi a meritarli; e più che ad ogni altro farete cosa grata
ad un vostro sincero ammiratore.

ANDROPO MICROSI.[4]

Risposta.

La mala gramigna, o vogliam dire genia, degli adulatori è veramente una generazione d'uomini che volgendo le spalle alle picciole
case e plebee, vogliono salire scale solenni ed entrare in dorate stanze
e in ben guerniti tinelli.[5] Taluni stanno a bocca aperta tendendo insidie
all'oro, altri richieggono favori per grandeggiare fra minori di sè, e
la turba maggiore, fattosi nume del proprio ventre, cercano d'empierlo
di buone vivande e di vivere grassi e unti con l'opera dell'altrui cucina.
Per giungere a tali fini e ad altri ancora che sarebbe lungo il noverargli, usano tante maschere, si tramutano in tante forme ch'è quasi
impossibile il raffigurargli per quelli che sono. Hanno una dottrina del

---

[1] *Così all'egro fanciul* ec. Tasso, *Gerusalemme Liberata*, I, 21 e segg.

[2] *Timone ed Antonio.* Qui lo scrittore della lettera prende abbaglio e confonde Timone
ed Antonio, di cui il Gozzi parlò nei numeri 2 e 3, con Iro ed Antinoo, ai quali sono attribuite nel n° 1 due lettere sul proposito di Benefizio e Gratitudine. Questo errore conferma, se ce ne fosse bisogno, che la lettera non è del Gozzi.

[3] *Il giovane Pelleo.* Alessandro il Grande, nato a Pella, città della Macedonia.

[4] *Andropo Microsi.* Chi si nascondesse sotto questo greco pseudonimo, non mi è riuscito di chiarire: volendo metter fuori una supposizione, potrebbe essere D. Giovanni
Antonio Deluca, colto giovane, amicissimo del Gozzi; poichè con tal pseudonimo è firmato
il Sermone introdotto nel n° 83 (18 novembre 1761), il quale non è certo indegno di stare
con gli altri del Deluca, che furono lodatissimi anche dal Monti.

[5] *Tinelli.* Stanze dove si mangia.

tutto diversa da quella de'medici, i quali con lunghissimi studii e meditazioni vanno speculando le varie infermità dei corpi, per potere con l'aiuto della medicina risanargli. Gli uomini di lusinga spiano con accortezza e diligenza tutte le magagne degli animi, e con la tazza del veleno in mano cercano d'accrescerle, quando l'hanno conosciute. E così bello e pieno di questa materia il trattato di Plutarco scritto intorno a' segni che mostrano qual sia l'amico vero e l'adulatore, che non saprei qual cosa aggiungervi di mio capo. E Teofrasto[1] gli dipinge anch'egli per modo che non v'ha più pennello che possa uguagliare il suo. Di là potete trarre la conoscenza de'buoni e de'tristi. Ma vedendo io che per quanto essi ed altri ancora n'abbiano detto, è impossibile il pervenire ad una perfetta cognizione di questa accortissima razza guastatrice degli animi umani, in iscambio di parlare del modo di conoscerla, dirò qualche cosa in generale circa al chiudere, quanto più si possa, la via a siffatti tristi di andare intorno ad altrui, e fiaccare in essi la baldanza di far le maschere e nascondere il lupo sotto la pelle d'altri mansueti animali.

L'unico mezzo per giungere a tanta fortuna sarebbe il fare una professione aperta di virtù, e sì veramente coltivarla nel proprio cuore, che cotesti uccellacci di rapina s'avvedessero della difficoltà e quasi impossibilità del poter fingere una vera virtù per dar nell'umore ad un uomo veramente virtuoso. Io non dico perciò che alcuno d'essi non potesse a tanto pervenire, ma la cosa si ridurrebbe ad alcuno solamente; e richiederebbe ingegno, malizia e sottigliezza maggiore; e più rade sarebbero le opportunità dell'usare lusinghe e la malignità di loro arte con una persona ch'avesse pochi difetti nel cuore.

Non basterebbe però l'allontanare da sè i tristi, ma egli si vorrebbe anche all'incontro aprire l'adito a'buoni per non rimanere privi d'amici; e questo vuole un'altra avvertenza. Molti buoni e virtuosi uomini ci sono, aggravati dalla povertà, i quali a stento si presentano a'grandi ed a'ricchi, temendo che la loro calamitosa condizione gli renda agli occhi di quelli dispregevoli e vili. Potrebb'essere che questo timore nascesse anche da una certa superbiuzza, naturale ad ogni uomo, e che siccome ci sono alcuni che dicono in loro cuore: " Perchè avremo noi pratica con genterelle allevate fra gli stenti, d'animo impicciolito negli infortunii, non atte a pensieri grandi, bulicame e fogne della terra? "[2] così alcuni altri dicano: "Oh! non siamo noi forse uomini? quest'animo che ci vivifica, non è forse uguale all'animo loro? Perchè un grosso panno o una frangia d'oro e d'argento che ci manca, tanto ci dee dividere e allontanare dalla natura altrui, che ci sieno uomini i quali ci guardino dall'alto, quasi appunto noi fossimo negli abissi? Difendiamo la condizione umana, non ci mescoliamo con esso loro, acciocchè la non venga avvilita." In tal guisa favellano i primi e i secondi.[3] Dunque s'ha a trovare un sensale che mettendosi fra quelli e questi, accosti gli animi degli uni a quelli degli altri con quell'onesto ruffianesimo che dicea Socrate, riferito da Zenofonte[3] nel suo convito. Questo

[1] *Teofrasto*. Filosofo greco, autore famoso d'un trattato sui caratteri morali. Fu discepolo d'Aristotile e visse dal 371 al 287 av. C.

[2] *Bulicame e fogne della terra*. Qui vuol dire plebaglia formicolante come vermi.

[3] *Zenofonte*. Capitano e storico greco, nato in Atene nel 445, morto nel 354 av. C. È famoso per aver capitanato il ritorno in patria dei diecimila soldati greci che erano andati a combattere in Persia per Ciro contro Artaserse, ritirata che egli raccontò in un celebre libro, l'*Anabasi*. Discepolo e ammiratore di Socrate, ne difese la memoria in pa-

sensale non può essere altro che Virtù la quale dee allettare l'uno verso all'altro gli animi delle due condizioni d'uomini ricchi e poveri. I primi debbono apertamente dimostrare che l'hanno in cuore e che l'amano dovunque la veggono, come appunto s'apprezzerebbono oro e perle trovati in una cassettina squisitamente lavorata, quanto in un goffo canestro o nel fango. Ciò farebbe due effetti ad un tratto che sono la conchiusione di questo ragionamento. Il primo che coloro i quali non hanno in sè veruna virtù e che anzi sono corrotti vasi di vizii, si guarderebbero molto bene dall'aggirarsi intorno a'ricchi, sapendo che ne verrebbero discacciati, e vedendo che non gioverebbero più le lodi a'difetti. L'altro pel contrario che i virtuosi, comecchè poveri, ricreandosi d'un'onorata gloria del trovare grata accoglienza appresso a'ricchi per la propria virtù, avrebbero loro gratitudine di ciò, e formerebbero volontieri un vincolo d'amicizia con essi guardandosi, come dal fuoco, di perdere la grazia di quelli.

Il mio buon pittore da ritratti in cartapecora m'ha favorito di non so quali altri nuovi lavori che debbono essere ornamento al suo stanzino. Avendo i primi trovato qualche grazia appresso al pubblico, espongo agli occhi delle genti anche gli ultimi. Di tempo in tempo darò fuori anche quelli che mi vengono da lui promessi per da qui in poi, e così farò sino a tanto che saranno graditi.

Ritratto Terzo. Non è forse bell'uomo Lucio? ben fatto di corpo? non istà bene sulla persona? Con garbo danza; con grazia canta. A tempo e modesto favella; in tutte le cose oneste compiace con affabilità; in brigata è di lieto umore; volentieri spende. Nello scegliere ornamenti femminili ha buon gusto, è cima d'uomo. Perchè poco gli durano le innamorate? Se le donne seco adirate borbottano, non ribatte, non rimbecca, non risponde mai. È flemmatico. Non sa dare pastura a tempo da prolungare la stizza. Le tedia, le perde.

Ritratto Quarto. Il cervello di Quintilio si nudrisce di giorno in giorno, come il ventre. La sostanza entratagli negli orecchi ieri, trovò sfogo nella lingua, rimase vôto la sera. Stamattina entra in una bottega: domanda che c'è di nuovo. L'ode: di là si parte; va in altri luoghi, lo sparpaglia. Fa la vita sua a guisa di spugna; qua empiuta, colà premuta. Prende uno al mantello, perchè gli narri; un altro, perchè l'ascolti. Spesso s'abbatte in chi gli racconta quello che avrà raccontato egli medesimo. Corregge la narrazione, afferma ch'è alterata, non perchè abbia alterazione, ma per ridere. Se due leggono in un canto una lettera, struggesi di sapere che contenga. Conoscendogli, si affaccia: se non gli conosce, inventa un appicco per addomesticarsi. Due che si parlino piano all'orecchio, fanno ch'egli volta l'anima sua tutta a quel lato, e non intende più chi seco favella. Interpreta cenni, occhiate, e, s'altro non può, crea una novella, e qual cosa udita la narra. Quintilio, come una ventosa,[1] sarebbe vacuo, se dell'altrui non s'impregnasse.

_____

recchi scritti. E appunto in uno di questi, intitolato *Il Banchetto,* egli introduce Socrate a lodare scherzosamente il mestiere del mezzano, il quale sapendo quali persone hanno bisogno l'una dell'altra, fa che si conoscano e si giovino scambievolmente.

[1] *Ventosa.* Strumento chirurgico per attrarre il sangue alla pelle.

Ritratto Quinto. Più volte vedesti Sergio: fosti in sua casa. Egli teco parlò, teco rise, s'addomesticò. Seppe chi tu eri; n'avesti grazie, accoglienze, lodi, promesse d'amicizia. Di là ti partisti contento. Lo trovasti ieri per via, gli ti appresentasti lieto con un inchino e con una faccia domestica. "Chi se' tu?" disse, aguzzando le ciglia in te, come vecchio sartore [1] nella cruna dell'ago. Gli dicesti di nuovo il tuo nome, il casato. Sergio ha corta veduta e memoria debole. Se nulla gli occorrerà dell'opera tua un giorno, avrà occhi di lince, memoria di tutto.

A FRONIMO SALVATICO.[2]

O buono ed onesto uomo, amatore del prossimo, diritto cervello, cuor pieno di modesti e onorati sentimenti, io ho avuto più volte desiderio di scrivervi. Ho a conferirvi alcune cose che porto da gran tempo nell'animo. Insegnatemi come debbo fare. Altre persone sono state degne dell'amicizia vostra; desidero d'esserne degno ancor io. Chi sa che io non abbia qualche difettuzzo e mancanza verso di voi, della quale io sia in obbligo di scusarmi. Voi siete ragionevole assai e io non credo d'essere senza ragione. Questi fogli hanno bisogno dell'opera vostra; ma più abbisogno io della vostra cordiale amicizia. A quella mi rimetto e sono tutto vostro

L'OSSERVATORE.

A SOFRONIA.

Voi sapete pure che tutto quello che fanno le donne ha miglior grazia davanti agli occhi del mondo di quanto fanno gli uomini. Se le femmine cominciassero a scrivere come fate voi, io son certo che le scritture acquisterebbero un certo garbo che non hanno avuto fino al presente. Le materie trattate da' maschi con una studiosa ruvidezza, s'ingentilirebbero, diverrebbero umane, graziose e sparse di mille fiori. L'umor vostro è inclinato alla morale, e questa necessaria scienza ha più bisogno di tutte le altre d'essere presentata guernita altrui d'ornamenti che la rendano cara e facciano amare dal pubblico. V'apro il mio desiderio. Voi sapete che lo Spettatore era favorito da più parti con lettere, le vostre non possono essere altro che buone e belle, grate a tutti, e gratissime particolarmente al vostro

BUON AMICO E SERVITORE.

Lettera dedicatoria de' fogli presenti e di quelli che hanno a venire scritta dall'Osservatore al Pubblico.

Questi fogli non sono in effetto cosa mia, se non perchè io v'adopero dentro l'inchiostro, la carta e le penne mie; onde io facendo un calcolo di quanto mi viene somministrato e di quanto ci metto del mio, trovomi debitore d'una grossa quantità all'universale. Egli è un lungo

---

[1] *Come vecchio sartore* ec. Dante, *Inferno*, XV, 20: «E sì vèr noi aguzzavan le ciglia, Come vecchio sartor fa nella cruna.»
[2] *Fronimo Salvatico e Sofronia.* Dovettero essere due personaggi reali e molto amici del Gozzi, il quale spesso li rammenta o loro indirizza lettere, e nell'*Osservatore* e nella *Gazzetta Veneta.*

tempo che sono obbligato alla gentilezza di tutti; nè saprei in qual altra guisa testificare la mia gratitudine fuorchè indirizzando a tutti coloro insieme, da' quali vengo graziato, le parti di questa Operetta passate e future. Diranno alcuni che le dedicatorie si mettono nel principio de' libri e non dopo alquanti fogli. Al che io rispondo che non trovo legge che vieti il mettere la dedicatoria dove altri vuole; e che quanto a me anzi mi sembra che la stesse meglio nella fine che al cominciare del libro; perchè la persona a cui viene presentato, leggendolo prima della lettera, saprebbe la qualità del presente che a lei è stato fatto. Io non l'ho dedicato da principio, nè ho indugiato sino alla fine per fare sperienza de' primi fogli e vedere se riuscivano grati o no. Ora che sono, la mercè vostra, comportati, gli indirizzo a voi, come cosa tutta di voi, e pieno d'una vera obbligazione, vi prego a proseguire nel modo che avete cominciato. Mi raccomando alla vostra buona grazia, e mettendomi a dettare il foglio di Mercoledì, sono

A dì 20 febbraio 1761.

L' obbligatissimo Osservatore.

N° VII.   A dì 25 febbraio 1761.

Quegli che mi scrive la lettera, la quale sarà veduta sotto, intende ch'essa contenga un'osservazione intorno al conservare la salute degli uomini. Chi egli sia e donde mi scriva, io nol so : ma perchè mi pare un nuovo capriccio, non tralascerò di far partecipe il pubblico della sua scrittura. Se l'osservazione fatta da lui non fosse giovevole, non sarebbe però la prima nell'arte della medicina, che fosse riuscita vana e trovata fallace.

Rex Æsculapi, quam habes potentiam !

ARISTOPH. in Pluto.

Oh ! Esculapio re, quanto è grande la tua potenza !

Sono alquanti mesi che nella città in cui mi ritrovo, corre una infezione di febbri di così pessima ragione, che in pochi giorni struggono e mettono nelle mani dei beccamorti chi ne viene assalito; e per quanto i medici vi abbiano fatto accurati esami, e diligenti studi sopra, non si potè mai venire a capo di far meglio. Ciascheduno di essi dice mille buone ragioni intorno ai principii di questa malattia, applicano rimedi secondo tutte le regole dell'arte loro, non si dimenticano sentenza veruna antica nè moderna per corroborare le loro opinioni, tanto che non si sa più che dire, se non che gli uomini muoiono a torto e per ostinazione. Sperasi tuttavia che una sperienza veduta a questi giorni possa finalmente arrecare quel giovamento che si cerca, e confortare le persone le quali veramente sono atterrite, e di tempo in tempo si mettono la mano al polso, e ad ogni menoma agitazione di quello si danno per sotterrate.

Due persone quasi della medesima età e complessione vennero ne' passati giorni da questa mala generazione di febbre assalite. L'uno è un

buon uomo di lettere, il quale, secondo la usanza della letteratura, non
è molto agiato de' beni di fortuna; e senza punto pensare di quello che
può avvenire domani, si appaga del suo pane cotidiano, dicendo che
ogni dì lo arreca a chi lo spera. Il secondo è un certo uomo, il quale
nel principio di sua vita fu castaldo, e di tempo in tempo accrebbe le
facoltà colla industria, e aiutato parte dalla prospera fortuna e parte
da una profondissima aritmetica, sottopose i suoi padroni, e cominciò
a grandeggiare e a spendere, avendo fondata una buona e sicura
rendita, e posto da canto una miglior quantità di danari. Il povero letterato, colto dalla febbre, si coricò sopra il suo letticciuolo, in una cameretta a tetto, che facea accoglienza gratissima ora a' venti del mezzodì, ora a quelli del settentrione, e in fine a quanti ne mandava il
cielo; e standosi ravviluppato il capo in certe sue coltrici, rinforzate
da una gabbanella che vi mettea sopra, mandò per un medico, il quale
mossosi a stento, pure finalmente vi giunse quando appunto la maggior furia della febbre lo facea vaneggiare. Mentre dunque che il medico gli tenea la mano al polso, l'infermo, che poco prima avea letto
non so se Dante o il Petrarca, ed era entrato in farnetico con l'armonia di que' versi nel cervello, cominciò a dire: " *L'un'arte dee giovare
all'altra.* Se voi fate sì ch'io guarisca ed esca di questo letto, vi do
parola che voi ne avrete in guiderdone da me una delle più belle e
più fiorite ghirlande d'Elicona,[1] e ch'io vi farò immortale. Apollo è
nume dell'uno e dell'altro di noi:[2] e se io non ho nè oro nè argento,
sarò uomo da innalzarvi fino alle stelle." Il medico, udite queste parole,
e avvedutosi che potea esser vero quanto gli promettea, perchè nella
stanza non si vedea altro che le muraglie, una sedia zoppa di noce, e
alquante dozzine di libri mezzi nudi che in sulle schiene mostravano
la colla e le stringhe, prese per ispediente di non fare per allora novità
veruna e di stare a vedere; affermando ad alcuno che quivi era più
per caso che per altro, ch'egli vi sarebbe poi ritornato la sera. E forse
così avrebbe fatto, se l'altro ch'io dissi di sopra, caduto anch'egli infermo e assalito dalla medesima qualità di febbre, non avesse mandato
per tutti i medici del paese per udire il parere di ciascheduno: i quali
essendo alla casa di lui accorsi sollecitamente, furono tanto affaccendati
per lui, e tanta diligenza vi usarono intorno, che il meschino letterato
si rimase soletto ad attendere la morte vicina. Intanto dall'altro lato
fioccavano le ricette, traevansi dal mortaio polveri, stillavansi acque e oli.
Chi dicea: " Io farei sì e sì." — " E io accordo," aggiungneva un altro, " ma
vi aggiungerei questo di più." Sia fatto, bene sta; sicchè si udia sempre
ad ordinare nuove cose: e vi fu il ricettario tutto dall'Acacia allo Zafferano;[3] vedendovisi una perpetua processione di pillole, giulebbi, sci-
loppi, lattovari,[4] tanto che la stanza parea un mercato di ampolle e
carte, mentre che nella casettina del letterato vi avea appena una boccia senza becco, piena di acqua, arrecatagli da una vecchierella vicina.
A capo di due giorni si vide quella notabile sperienza ch'io dissi.
L'uomo di lettere fu veduto per la città a camminare co' piedi suoi e

---

[1] *Ghirlanda d'Elicona.* Corona di versi; perchè l'Elicona è la dimora delle Muse dalle
quali discende l'ispirazione ai poeti.
[2] *Apollo è nume* ec. Ad Apollo attribuivano gli antichi l'invenzione della poesia e
della medicina.
[3] *Dall'Acacia allo Zafferano.* È come dire il ricettario tutto quanto, essendo l'Acacia
e lo Zafferano il primo e l'ultimo nome dei vecchi elenchi di medicinali.
[4] *Lattovari.* Sorta di medicamenti fatti di varie droghe, a guisa di mantecho.

andare dov'egli volea; e l'altro co' piedi del prossimo alla volta di una chiesa. Dicesi che quel medico, il quale fu il primo giorno a visitare il letterato, scrive un libro di osservazioni fatte sopra la malattia di lui, e sulle forze della natura.

> . . . . *Inquirendum*
> *Quid domibus nostris prari rectique regatur.*
>
> DIOG. LAÈRT.
>
> S'esamini nelle case nostre quello che vi si fa di bene o di male.

A me pare che il mondo sia appunto come un bozzolo di quelli che vengono fatti da bachi da seta; e ch'esso abbia un capo solo, il quale chi lo sapesse cogliere e svolgerlo debitamente, aprirebbe il conoscimento di tutto quello che non si sa; e illuminerebbe tutte quelle scienze, che fino ad oggidì non hanno ricevuto tutto quello splendore di che sono capaci. Ma noi ci avviluppiamo qui sulla terra sempre coperti dalle tenebre e dalla nebbia dell'ignoranza; e così andando a tentoni ci dà un filo alle mani; lo crediamo il principio e il capo della matassa, cominciamo a svogliere, e che è, che non è, eccoci ad un nodo, dove non potendo più andar oltre, lo spezziamo; d'un filo se ne fanno due, di due quattro, di quattro otto, e così all'infinito, tanto che i capi sono oggi renduti innumerabili, e chi dà d'uncico[1] ad uno, e chi ad un altro; ogni uno si crede d'avere il principale, e il mondo resta occulto com'è stato sempre, lodandoci noi intanto d'avere fatto chi questo scoprimento, chi quello; mentre che in iscambio di scoprimenti sono sotterramenti nuovi della verità.

I capi della setta dei Cinici[2] facevano professione d'ignoranza quasi in tutte le cose, e solo esaminavano i costumi degli uomini più per pratica che per dottrina: anzi vi fu tra essi alcuno che diede per precetto che niuno di quella congrega sapesse l'abbiccì non ch'altro, dicendo che la prima rovina degli uomini viene dal saper leggere; perchè dopo molte osservazioni che avrà fatto alcuno da sè intorno a' costumi delle genti, se leggerà quello che un altro ne scrive, introdurrà nel suo cervello alcune cose forestiere che non si confaranno alle norme prese da lui, e guasterà la sua semplice conoscenza. Io non dirò se questa usanza fosse buona o trista; ma solo v'aggiungerò di mio che cambiandosi di tempo in tempo i difetti de' popoli, e sottentrando ora questo, ora quello a' passati, secondo le circostanze de' tempi e de' luoghi, sono migliori quelle osservazioni che vengono fatte d'età in età, di quelle che si trovano ne' libri, i quali propongono quelle de' tempi loro, già invecchiate e andate in disuso. Ci sono poi alcuni scrittori i quali dimenticatisi non solo di questo secolo in cui viviamo, ma quasi di tutti i secoli noti e passati, entrano negli abissi de' primi giorni del mondo. Io non so come facciano cotesti tali ad uscire fuori di tanti anni volando all'indietro, e a giungere a remotissimi tempi de' quali non rimane memoria; e tuttavia secondo la loro opinione vi giungono, e pare che nuotino nel mele e nel latte, quando descrivono genti che si

---

[1] *Chi dà d'uncico.* Chi afferra o dà di piglio con uncino.
[2] *I capi della setta dei Cinici.* Setta di filosofi greci che si vantavano dispregiatori 'ogni gentilezza e comodità, mordaci censori dei vizi altrui.

graffiavano la faccia e mangiavansi gli orecchi per aggrapparsi l'uno l'altro una pera o una mela, e la comunella di certe femmine ch'erano peggiori delle bertucce; e non vo'dire se si compiacciono e gongolano a descrivere la felicità de'popoli sparsi per li boschi e coricati sulla terra o nelle caverne, azzuffati co'lioni e con le tigri e con altre bestie d'ogni sorta. Io non so a che possano giovare al presente così fatti non dirò libri filosofici ma poemi, ne'quali hanno che fare le Muse e la fantasia poetica più di quello ch'altri crede. Ci sono alcuni i quali affermano che i romanzi hanno guasti i cervelli e gli animi delle donne, perchè volendo esse trovare gli uomini di que'costumi e caratteri che trovano in essi libri descritti, non hanno più un bene al mondo, non potendo gli uomini vivi somigliare agl'immaginati dagli scrittori.

Come non si potrebbe oggidì ritrovare un personaggio che somigliasse ad Achille, nè uno che facesse quello che fece Orlando, così egli è impossibile ritrovare nel cuore degli uomini tutte quelle squisitezze nell'amare che si leggono in alcuni degli odierni romanzi. Dico in alcuni, perchè in certi altri si ama sempre in grosso e alla plebea quanto la più goffa marmaglia; e questi anche per un altro conto non raffinano intelletto nè cuore. Ma questo non è il proposito mio. Dico solo che siccome sono cagione i romanzi di varie alterazioni ne'pensamenti femminili, così il soverchio assottigliare le cose rispetto agli uomini in universale, è cagione che i maschi vanno più là col pensiero di quello che dovrebbero; e leggendo certe sottigliezze troppo squisitamente ricercate, si avvezzano a credere che gli uomini sieno o possano diventare quel che non sono, o che non sono stati e non potranno essere giammai. Montano, come a dire, sopra un altissimo campanile e di là mirano all'ingiù la generazione umana, la quale per la grande aria ch'è fra gli occhi loro e la terra, sembra loro piccina piccina, e giudicano di quella a certi attucci che non giungono fino a colassù interi, alle parole che non intendono, e ad altri segni che non si possono in quella grande altezza capire. Non può giudicar punto degli uomini chi non si livella e ragguaglia alla lor condizione, chi non si ricorda d'esser uomo, chi non vede le circostanze nelle quali vivono gli uomini, e chi non ha per fermo che sieno capaci di bene e di male, e chi non sa fino a qual punto può pervenire l'umano intelletto.

Bello è ch'io veggo alcuni di questi tali, che sottilizzano costumi, arti e scienze, a vivere infine come tutti gli altri, e dopo una solenne pompa di parole non fare nè più nè meno di quello che fa il comune. Questo che segno è? Se non che gran divario è dal favellare all'opera; e che in fine la pasta degli uomini è quella medesima in uno che in tutti. E che certe sottili meditazioni, quando si vogliono adattare alla forza umana, riescono come l'ali d'Icaro [1] o altra cosa tale, che si può dipingere, ma non mettere in atto. Io credo, mi diceva un valentuomo a'dì passati per ischerzo, che l'innondazione di certe novità nelle cose morali, lette comunemente, ci avrebbe a poco a poco fatti uscire dall'umano consorzio e tornare a vivere ne'boschi, se non ci salvasse la maldicenza. Questa è l'unica salute che ci rimane ancora. Noi siamo giunti a tale che appena più conversiamo l'uno con l'altro. Quando

---

[1] *L'ali d'Icaro.* Modo figurato per dire vano tentativo. Icaro, figlio di Dedalo, rinchiuso col padre nel Labirinto di Creta, ne uscì a volo con certe ali fatte di penne d'uccelli riunite colla cera. Ma volando troppo alto, scioltasi la cera al calore del sole, cadde nel mare Egeo ed annegò.

ci abbiamo tratto il cappello ad uno che ci riscontra per via, o abbiamo
fatto ad una casa una visita breve, per dispetto, non ci legano alcuni
altri legami di società. Abbiamo incominciato a vivere a uno a uno, o
il più a due a due e l'essere tre in un luogo ci tedia. Saremmo già
disciolti del tutto e lontani l'un dall'altro mille miglia, se nelle donne
non rimanesse ancora la voglia di vedersi scambievolmente per dir male
l'una dell'altra, quando si sono partite; questo solo appicco mantiene
la compagnia fra gli uomini, ed esse ci tengono ancora in società; e
spero che durerà, avendo esse avuto tanto vigore che hanno introdotto
lo stesso umore ne' maschi di censurarsi il più che possono scambievolmente a dritto e a torto. Tanto che l'usanza del dir male l'uno
dell'altro, che un tempo ne' libri morali era notata per difetto, può fra
le circostanze d'oggidì essere almeno fra' mezzi di giovare alla società
annoverata.

Ritratto Sesto. Chi crederebbe che Giulio non avesse affettuoso
cuore? Le mie calamità sofferente ascolta. Sospetto di lui, perchè ad
ogni caso n'ha uno egli ancora. Se la gragnuola ha disertato i miei
poderi quest'anno, dopo due parole di condoglianza dette in fretta,
mi narra che cinqu'anni fa un cresciuto fiume atterrò la sua villa. Ho
la moglie inferma? Compiange le malattie, e mi dice che gli morì in
casa un servo. M'è caduta una casa? N'ha ristorata una sua pochi
mesi fa. Sono stato rubato? Maledice i ladri; e dice c'ha cambiate le
chiavi del suo scrigno per dubbio. Quanto dico a Giulio, gli solletica
l'amore di sè medesimo.

A FRONIMO SALVATICO.

Se la vostra lettera non mi fosse pervenuta alle mani tardi, essa
avrebbe onorato questo foglio. La pubblicherò nel venturo. Meglio
però del foglio vostro mi consola quella buona amicizia che mi con-
fermate. Io non sono molto atto a' convenevoli, e ognuno lo sa; ma
se poco favello, molto sento nell'animo mio. Quando potete, proseguite
a favorirmi. Desidero l'ora di ringraziarvi a voce. Spero che non sia
lontana. Tenetemi nella buona grazia di Sofronia che so essere tutta
vostra. Fate ch'io la trovi con esso voi, quando avrò il piacere di vedervi, perchè io possa ad un tratto dichiarare la mia buona amicizia
all'uno e all'altro.

N° VIII.   A dì 28 febbraio 1761.

SIGNOR OSSERVATORE.[1]

Essendo tre le viziose fonti dell'amor proprio mal misurato, il quale
devia e dalli mezzi e dal fine, nell'oltrepassare i confini della giusta
estimazione e del giusto uso delle cose, credo di non farvi cosa discara,

---

[1] *Signor Osservatore.* Questa lettera, firmata Antelucanus, e lo scritto filosofico che le
tien dietro, non sono del Gozzi: lo dicono la lingua ad un tempo ricercata, e scorretta, e lo stile pesante e contorto, ben diversi dalla elegante semplicità dello scrivere

se vi communico alcune osservazioni che mi sono andate fatte a questo proposito. L'ambizione, l'interesse ed il piacere sono i tre principii delle nostre disordinate inclinazioni e de'nostri malnati affetti. Io non gli abbraccerò in tutta la loro estensione, nè cercherò come per mezzo di essi divengan rei gli uomini in quella via, che essendo troppo rispettabile, non dee aver luogo ne'vostri fogli; ma toccherò solamente alcuni articoli i quali non danno buona opinione di quelli che hanno la debolezza d'adottarli. Primieramente dell'ambizione, poi degli altri; e sono vostro servitore

ANTELUCANUS.

Stultus et improbus hic amor est dignusque notari.
HORATIUS.

L'amor proprio, considerato nel suo vero fine, è quella vitale scintilla da cui accesi e mossi gli uomini, escono dallo stato d'inerzia e si portan agli atti di benevolenza verso sè medesimi e verso gli altri. Questo amore consiste in que'primi sentimenti per mezzo de'quali l'uomo diviene caro a sè medesimo, e perciò pensa e provvede alla propria conservazione ed al proprio bene. Tutti gli uomini vengono mossi da questi principii, e questi principii che sono a tutti comuni, siccome tendono allo stesso fine, così hanno i medesimi privilegi. Niuno può pretendere diritti esclusivi, ma volendo che gli altri accordino a lui l'uso de'mezzi che promuovono il suo bene, dee anche egli accordarlo agli altri. Quindi nasce la benevolenza la quale vien accompagnata dalla giusta e ben misurata moderazione o sia modestia. Questa virtù porta gli uomini a stimarsi reciprocamente ed a non formarsi di sè un'idea di eccellenza la quale degenerando nella vanità ambiziosa, così di noi ci faccia gonfi e superbi, che non altro che di noi e delle nostre proprie lodi ogni nostro atto e ogni nostro detto sieno ripieni.

Tal sorta d'amor proprio diverrebbe quella Filautia[1] viziosa, la qual è madre dello strabocchevol appetito di gloria, per cui gli uomini stiman sè medesimi a misura della loro vana e superba opinione e non a misura del loro merito, di cui gli altri uomini come debbon essere i suoi giudici, così debbon essere i soli encomiasti.[2] Studii dunque il geometra e combini e spieghi, o per suo utile o per suo piacere, le diverse direzioni, le diverse figure e le diverse dimostrazioni delle sue linee; ed attenda che gli altri uomini, o per il piacere o per l'utile che dall'uso de'suoi ritrovati ad essi deriva, l'amino, lo stimino e lo lodino. Ma se egli medesimo diverrà il centro d'ogni linea, e se ogni punto sarà accompagnato da proprie lodi, si renderà stucchevole e molesto, per la qual cosa gli uomini cercheranno di conoscere e di veder addentro nella sua millantata eccellenza. Molte cose perciò che fatte con modestia allettano, quando passano per la trafila dell'esame, restar possono nudi idoli della propria fantasia e della smisurata ambizione. Egli è sempre falso il merito di colui che pieno di sè medesimo, ad

gozziano. In essi è un saggio di quel filosofismo che tanto piacque ad alcuni scrittori del secolo scorso. Ma il Gozzi dovette accorgersi che certi argomenti e il modo troppo grave con cui erano trattati, non convenivano all'indole del suo giornale, dove l'ammaestramento voleva essere vestito di forme piacevoli, che non disgustasse il comune dei lettori; fatto è che tali scritture non compaiono nell' *Osservatore* oltre il n° 12.

[1] *Filautia.* Parola greca che vuol dire amore di sè medesimo.
[2] *Encomiasti.* Lodatori.

ogni tratto di sè ragiona e si pavoneggia per le penne dalla sua sola
vanità colorite. Il vero merito si fa da per sè vedere, conoscere ed
amare, e quanto cerca di nascondersi per modestia, tanto più viene
lodato per giustizia. L'ambizioso, come dice Dione Crisostomo,[1] al solo
Icaro può esser assomigliato, se non che le penne, attaccate con molle
cera, non reggono al calore della verità, e perciò la confusione diviene
il solo premio degli ambiziosi. Quel lodarsi da per sè che fanno gli
uomini vani e superbi, è una irriverenza verso il pubblico, e quel credersi in possesso e vantarsi della buona opinione altrui, è un atto di
presunzione in chi non ha meriti, ed è ridicola debolezza di spirito in
chi di meriti è fornito. Cicerone, padre della romana eloquenza, e difensore della romana libertà, ha lasciato alla memoria de' posteri am-
mirabile la sua facondia come oratore, e raccomandevole il suo zelo
come cittadino; ma qual ridicola idea non diede egli a' suoi contem-
poranei e non lasciò alli posteri della sua vanità e della sua boria, in
quel così decantato verso: Oh fortunatam natam, me consule, Romam!
L'uomo vano non vede che sè medesimo in ogni luogo, e come egli è
il censore delle proprie compiacenze e de' proprii affetti, così odia i
più amati amici, quando crede che appannino lo specchio suo adulatore,
ed ama i più odiati nemici, quando crede che servir possano alla sua
ambizione. Onde le sue parole, i suoi affetti, alloraquando non sono
a sè medesimo rivolti e diretti, sono sempre incerti, falsi ed interes-
sati come dice Sallustio: « Ambitio multos mortales falsos fieri subegit;
aliud clausum in pectore, aliud promptum in lingua habere.... amicitias,
inimicitiasque, non ex re, sed ex commodo æstumant, magisque vultum
quam ingenium bonum habent. »

Oltre alla lettera che si legge pubblicata qui sopra, ne do fuori
un'altra. Può essere che questa continua varietà non sia discara. E di
necessità ch'io la stampi, perchè lo scrittor d'essa mi chiede varie informazioni le quali debbon esser note a chi legge l'Osservatore. Prego
tuttavia ora per sempre chiunque mi favorirà di sue polizze, ch'egli
tratti l'argomento suo semplicemente, e si ritenga nel cuore le bontà
ch'egli ha per me. Quello è il più bello e il miglior luogo in cui possano stare quelle lodi che io veggo sulle carte del fatto mio. Sarebbe
ipocrisia e maschera, se dicessi che non mi piacesse l'udirle; e strug-
gerei la condizione umana, se negassi che le lodi sono la musica più
soave che pervenga agli orecchi. Ma vorrei che s'accordassino lodatori
e uditori; e che s'usasse quella canna[2] che adoperano gli strologhi;
sicchè le cortesi parole verso uno gli fossero dette quasi per cerbottana a mezza voce, nè le udisse tutto il mondo. A questo modo chi
viene comendato dagli amici suoi, avrebbe una consolazione che gli
darebbe cuore alla fatica, e non gli abbisognerebbe far le finzioni e le
viste di non volerle; per non parere appresso alle genti poco modesto
che non è picciola impresa. Comechessia io sono molto obbligato alla
gentilezza di chi mi scrive, e cercherò nella risposta di soddisfare in
parte alla sua volontà, dichiarandogli le condizioni della mia vita.

---

[1] *Dione Crisostomo.* V. la nota 1 a pag. 1.
[2] *Quella canna* ec. Sulle pubbliche piazze certi profeti da strapazzo predicevano per
danaro il futuro ai gonzi, per mezzo d'una lunga canna applicata all'orecchio loro, la quale
si chiamava cerbottana.

SIGNOR OSSERVATORE.[1]

> J'ai observé depuis longtemps qu'on ne parcourt
> guères un livre avec plaisir, à moins qu'on ne
> sache si l'auteur est noir ou blond, d'un na-
> turel doux ou bilieux, s'il est marié ou gar-
> çon, etc.   SPECTATEUR D. P.

Quello Spettatore del quale voi con tanta gloria seguite l'orme, conobbe la curiosità che hanno i leggitori di libri di sapere chi ne sia
l'autore, e come non contenti del nome di esso, van rintracciando le
più minute circostanze della vita e della persona di lui; e perciò nel
primo suo discorso e nel secondo dà conto della sua vita e di quella
de'soci suoi con esattezza, eleganza e pulizia. Voi possedete nel più
alto grado questi tre bei caratteri dello scrivere, e nelle vostre osservazioni li fate luminosamente comparire. La sodezza de'pensieri e delle
riflessioni dimostra non meno l'ingegno vostro che l'esattezza del vostro giudizio; e gli ornamenti coi quali i sublimi e filosofici pensamenti
condite, la varietà delle cose che raccontate, e l'eleganza con la quale
le scrivete, comprovano a chi che sia quanto siete elegante dicitore e
di quanta erudizione la mente vostra sia fornita. Non è perciò meraviglia se io con una congrega d'amici, amatori delle belle cose, siamo
sommamente desiderosi di conoscervi, non solamente per ammirarvi
sempre più come meritate, ma ancora per una persuasione in cui siamo
che, aggirato voi per varie vicende e particolarmente ne'viaggi che
avete fatto con la Congrega de'Pellegrini,[2] le cose accadutevi abbiano
a soddisfare abbondantemente l'amore nostro curioso e somministrarci
altri mezzi d'istruirci e d'apprendere. Di quella amabile società voi
solo siete rimasto pegno fra noi, pegno che pel suo valore quasi compensa la perdita che gli eruditi hanno fatto. Ma ci giova sperare che
appunto per l'istituto che i compagni vostri hanno d'andare viaggiando,
torneranno in questo paese e faranno godere di nuovo al pubblico i
frutti de'loro speciosi talenti. Se ad essi scrivete, recate loro molti
saluti, e particolarmente alla Pellegrina prima e allo spiritoso traduttor
di Luciano, e non v'annoiate di darci di loro novelle. Il pittore in carta
pecora sia da voi incoraggito, acciò produca pe'vostri fogli alla vista
del pubblico le bellissime opere sue, le quali tanto più mi sono piaciute, quanto e me ed alcuni amici miei ci ho ravvisato appuntino. Per
ultimo riconoscendovi umanissimo e cortesissimo, alla vostra benevolenza quanto più posso mi raccomando, e dimandandovi perdono, vi
prego di credere che oltre d'essere ammiratore delle cose vostre, sono
ancora veracemente vostro servitore affezionato   POLIPRAGMONE.

> Degli uomini son varii gli appetiti:
> A chi piace la cherca, a chi la spada,
> A chi la patria, a chi gli strani liti.

Io non so perchè allo Spettatore paresse cosa tanto necessaria il
rendere conto altrui de'fatti suoi. Se ciò fosse vero, io non veggo

---

[1] *Signor Osservatore* ec. Anche questa lettera non è del Gozzi: son troppe le lodi a
lui rivolte, perchè sia altrimenti.
[2] *La Congrega de' Pellegrini.* V. la nota 1 a pag. 12.

perchè non sia anche di necessità il dare notizia della penna con cui si scrive, e dire se l'è d'oca bianca, nera, o pezzata, o d'altro uccello. Oltre a ciò uno non può dar mai compiutamente in luce la sua vita fino a tanto che egli non l'avrà terminata in effetto; la qual cosa non so come egli la potesse fare dopo la morte. Egli è vero che fra le cronache raccolte da quell'infinito cervello del Muratori, ne lessi già una, non mi ricordo ora del nome, nel cui proemio si leggono a un dipresso queste parole: Io autore incominciai la presente istoria nell'anno tale, e la condussi fino al tal tempo in cui son morto; e dopo questo proemio segue tutta la cronaca. Di che io non potrei altro dire se non che quell'autore, o fosse veramente profeta, o s'avvelenasse per non mancare della parola data a'leggitori nel principio. Un'altra cosa mi fa pensare che lo scrivere la vita d'un uomo vivo toglie un gran diletto a qualche buon cervello ne'tempi avvenire. Egli s'è veduto in ogni secolo alcuni i quali non ebbero altra faccenda fuorchè disotterrare i fatti altrui, e investigare fino al colore del pelo d'uno scrittore, e per via di conseguenze e verisimilitudini scriverne la vita con . tanta dottrina e con sì bel garbo, che se quel poveretto tornasse al mondo, avrebbe un'indicibile allegrezza di vedere allogate sotto al suo nome mille cose che egli non si sarà mai sognato di fare, e di trovarsi picciolo quando era grande, grasso quando era magro, bianco quando era nero, e forse nato da un padre che non lo generò, e da una madre che non lo partorì mai. Queste e altre ragioni m'avevano fatto stabilire di non far parola di me medesimo; ma poi che pare a voi che se ne debba dire qualche cosa, farò a modo vostro e parte anche al mio, cioè darò alla luce un brevissimo compendio o schizzo de'fatti miei, tanto che si sappia quando nacqui, dove, le mie inclinazioni e altro. Il nome mio non lo dico. Chiamomi l'Osservatore: che importa più Bartolommeo che Noferi a proposito di scrivere? Il nome è un suono appiccato altrui per chiamarlo e fa l'effetto del fischio o d'un'altra voce. Se mai mi vedete, accennatemi o chiamatemi Osservatore, ch'io sarò a'cenni vostri. Ringraziovi per parte de'Pellegrini della gentilezza vostra. Il pittore vi saluta cordialmente. Vedrete che nello scrivere le poche notizie che vi mando qui sotto, ho preso consiglio da lui ancora. Amatemi e state sano.

Notizie per servire alla storia della vita dell'Osservatore.

Nell'anno 1713, adì 4 di dicembre, nacque. Vinegia fu sua patria. Dirò prima del corpo suo, poi d'altro. Statura alta, magro, faccia intagliata, malinconica, grandi occhi traenti al cilestro, al moversi tardi; e più tardi piedi. Questi avrebbe renduti agili con la danza in sua giovinezza, se il maestro suo a capo di tre dì non l'avesse lasciato per disperazione di riuscirne mai. Capelli avea neri, or quasi bigi: direbbe alcuno per gli soverchi pensieri, egli pegli anni. Leggere, meditare, scrivere furono le sue occupazioni; sentiva in suo cuore ch'era infingardaggine, veniva detto amore di gloria, se ne innamorò tanto più sotto a così onorata maschera. Pizzicò sempre alquanto di poeta, molte cose in ischerzo dettò, non poche alte; in tutto seguì gli antichi, per gareggiar co'migliori, ed esser vinto da genti che non possono più parlare. Per natura volontieri presta altrui gli orecchi; parla di rado; lora diresti ch'è mutolo, se non ci fossero il sì e il no, voci a lui per la brevità carissime; e per la loro diffinitiva sostanza[1] da lui più spesso che tutte l'altre profferite. Per avere molte cose pubblicate, noto divenne ad alcuni: desiderarono di vederlo. La prima volta bastò: il suo silenzio nocque alle stampe. Egli se n'avvide e fu lieto per amore della solitudine. Tutte le voglie ebbe in suo cuore; le vinse; si lusingò che fosse virtù; ma esaminandosi, trovò che gli morirono in corpo per la picciola fortuna. Ne rise, e s'invogliò di vedere quali effetti facciano in diversi animi stimoli a' suoi somiglianti. Perciò si diede al viaggiare e sconosciuto vide varie generazioni di genti e Pellegrino divenne. Nelle città da lui trascorse non misurò campanili, non disegnò architetture di ricchi palagi, non piazze, non vie; sempre ebbe gli occhi attenti agli abitatori. Stanco d'aggirarsi, si diede a scrivere quello che vide, arrestandosi nella sua patria. Nell'anno 1761, adì 28 febbraio, non è morto. Quando ciò sarà, Dio gli faccia pace all'anima.

Ritratto Settimo. Silvio si presenta altrui malinconico. È una fredda compagnia, fa noia. Va a visitare alcuno, mai nol trova in casa. Vuol parlare, è quasi ad ogni parola interrotto. Come uomo assalito dalla pestilenza, è fuggito. Ha buon ingegno; ma non può farlo apparire. I nemici suoi dicono che non è atto a nulla; i meno malevoli, al vederlo, nelle spalle si stringono. Non è brutto uomo, e le donne dicono che ha un ceffo insofferibile. Al suo ragionevole parlare non v'ha chi presti orecchio: starnuta, e non v'ha chi se n'avvegga. Silvio non ha danari.

N° IX.   A dì 4 marzo 1761.

Rex philosophi amicitiam emere voluit, philo-
sophus suam vendere noluit.

VAL. MAX., lib. IV, c. 3.

Il re volle comperare l'amicizia del filosofo,
non volle il filosofo venderla.

A leggere le cose che furono operate o dette da certuni degli antichi filosofi, io mi ricordo che in mia giovinezza avrei giurato ch'eglino erano piuttosto bestie, che uomini. Diogene visitato da Alessandro[2] in Corinto, mentre che tutti correvano in calca intorno ad un principe così grande, non si parte dalla sua botte, e non sa rispondere altro a cotesto nobilissimo re, se non ch'egli se ne vada, e non gl'impedisca il sole. Qual asinità è questa? diceva io fra me. E Zenocrate[3]

---

[1] *Per la loro diffinitiva sostanza.* Per la loro capacità a risolvere questioni affermando o negando.

[2] *Diogene visitato da Alessandro.* Diogene, famoso filosofo antico, nato a Sinope e morto vecchissimo a Corinto nel 320 circa av. C., sprezzatore d'ogni civile comodità, aveva per casa una botte che rotolava or qua, or là, secondo il capriccio suo. Alessandro il Grande, passando per Corinto, volle andarlo a vedere o lo trovò che dormiva al sole davanti alla sua botte; standogli sopra e facendogli ombra colla persona, gli chiese qual cosa desiderasse da lui, e ne ebbe per risposta che non gli togliesse ciò che non poteva dargli, il sole.

[3] *Zenocrate.* Filosofo greco, nato in Calcedonia verso il 396 av. C., fu discepolo di Platone e professò un grande disprezzo delle ricchezze.

mandato a pregare dallo stesso principe della sua buona amicizia, e
presentato, quasi con pubblica ambasceria, di ricchissimi doni, ritiene
la sera gli ambasciadori ad un cenino da pitocchi; e nella mattina vegnente ne gli rimanda indietro alla bestiale co' doni, dicendo loro:
" Voi avete veduto al cenino di iersera, ch'io non ho bisogno di queste
baie." Qual superbiaccia è questa? diceva io. Oh! rispondesi con questo
rispetto ad Alessandro? E cotesti, che in que' tempi furono chiamati
filosofi, io credo che oggidì verrebbero legati con una fune, o rinchiusi
in uno spedale co' pazzi loro pari. A poco a poco poi col crescere
degli anni, e con l'aggirarmi pel mondo, mi parve di comprendere che
non furono quegli uomini bestiali ch'io avea creduto. S'eglino avessino
prestato fede alle parole di Alessandro, e fossino divenuti suoi cortigiani, non sarebbero più stati padroni di sè e del tempo loro. Quando
Diogene, per esempio, avesse stabilito di dormire, gli sarebbe convenuto con gli occhi mezzo chiusi, e sbavigliando, mettersi gli stivali in
gamba e gli sproni alle calcagna, sellare il cavallo e andar trottando
dietro alla Maestà Sua con la frotta dell'altre genti. Zenocrate avvezzo
alla sua minestra scodellata all'ora assegnatagli dalla fame, avrebbe
dovuto attendere che si terminasse una battaglia, prima di sedere a
mensa, e far servire le sue budella alla gloria del vincitore di Dario.
Noi possiamo essere uomini, dovettero dire fra sè, e goderci liberamente
quest'aria, questo sole e queste altre migliaia di benefizi che ci ha
dati Dio; e perchè avremo noi, per un poco di boria, a divenire come
i cammelli, le sacca, le valige e l'altro bagagliume che dee seguire
Alessandro? Noi siamo nutriti dal dolcissimo latte della filosofia, e
perciò non molto atti alle faccende del mondo. Oh! noi avremmo pure
un bel garbo in una turba di cortigiani, a bere e a cantare canzonette, quando la Maestà Sua avesse voglia di scherzare; e forse ne
saremmo rabbuffati, scherniti e peggio, se volessimo stare in sul grave.
     La libertà è uno de' più bei presenti che natura facesse all'uomo,
cominciai a dire; e io non so perchè le genti si leghino da sè ora con
una catena e ora con un'altra. Mi parea maraviglia a vedere che quasi
ogni uomo si tessesse un laccio: e non solo ch'egli servisse ora ad
un uomo, ora ad una donna, sottomettendosi alla volontà e a' capricci
di questo, o di quella; ma che ci fossero le reti delle cerimonie, i vincoli delle lettere senza importanza, come dire di capo d'anno o d'altro,
gli uncini del visitare, i nodi del trarsi il cappello, e mille altre in-
convenienze, che col nome di convenevoli si chiamano. Mi si arricciarono i capelli in alcuni paesi, ne' quali entrato di nuovo, fui dall'oste
avvisato per carità ch'io guardassi molto bene camminando, s'io andava a manritta o a mancina; e credendo io che mi desse tale avviso
perchè non mi rompessi il collo in qualche fogna o burrato, mi disse
che no; ma che ciò facea per una certa pratica degli abitatori, i quali
venivano a zuffa contro a chi non avesse voltato a tempo il timone
per trovarsi da quella parte, che non offendesse chi gli veniva dirimpetto. In altri luoghi trovai dagli abbachisti[1] noverati i passi che s'aveano
a fare, il numero degl'inchini e delle sberrettate, ch'io credetti d'essere diventato un oriuolo, e di movermi per forza d'ordigni, tanto che
fui per impazzare. Lodato sia il cielo; le lunghe meditazioni, e la conoscenza che da quelle deriva, ha finalmente condotto il mondo ad

_____

[1] *Abbachisti*. Qui, maestri di cerimonie.

un' altra maniera di vivere. Appena ci rimane più l'obbligo di salutarci l'un l'altro. Hanno conosciuto uomini e donne, vecchi e giovani, padri e figliuoli, che tutti siamo d'una pasta medesima, e che ognuno può vivere da sè stesso. Que' brachierai[1] de' nostri maggiori aveano posto una differenza grande fra queste classi, e la vita era un disagio. All' entrar del padre rizzavasi in piedi il figliuolo, e si sberrettava umilmente. Ora può il padre entrare e uscire quanto vuole, che al figliuolo non tocca più questa briga, e si sta a sedere o sdraiato, quanto vuole. Quanti inchini si facevano, e come si misuravano le parole al venire d'una donna! Ora s'altri non vuole, non è obbligato nè a levarsi, nè a scambiare ragionamento; ed ella che sa la gentilezza della nuova usanza e l'agio di questa, ride incontanente, ed entra nell'argomento, accomunandosi gentilmente a quello che trova. Vecchiaia, gioventù, maschi, femmine, tutti sono membra del mondo, e componitori del corpo di quello. Perchè s'hanno queste membra ad avere tanti rispetti, se tutte sono necessarie all'integrità del formato corpo? Ognuno faccia l'ufficio suo liberamente. Perchè avrà la gola a salutare il naso, s'esso starnuta, e perchè lo stomaco flatuoso avrà a temere degli orecchi? Queste sono necessità pel mantenimento del corpo intero : e chi vuole che stia sano, non s'ha ad aggravarlo con ritegni di cirimonie, e con anticaglie di decenze e di bella creanza.

Auri sacra fames. . . . .

VIRG.

I comodi reali,[2] separati da' comodi fantastici, danno la vera idea del pregio in cui si debbon aver tutte le cose. La natura nella virtù generativa della terra ha provveduto a tutti i nostri comodi, ma ha lasciato altresì a noi la fatica di procurarceli coll'agricoltura. Gli uomini per assecondare in que'migliori modi che potevano la loro inerzia, hanno studiato i mezzi d'aver i frutti dell'altrui fatiche senza faticare, o almeno coll'affaticarsi a loro scelta ed a loro piacere. Questo riusciva quasi impossibile nel mondo naturale, e perciò si sono ideati un mondo fantastico, in cui hanno introdotti mille comodi d'opinione, che nel mondo naturale non sono necessari. Ma tutti questi comodi partitamente esaminati si riducono a' principii dell'agricoltura, e la felicità di tutti i paesi si riduce alli prodotti della terra. Può ben la più raffinata arte far passare per lo staccio della industria le più fine manifatture, ma dovrà sempre riconoscerne dalla terra il principio d'esse. Il capriccio e la inerzia umana possono ingannare sè medesimi collo scostarsi dalle tracce dalla natura segnate, ma ad ogni modo conviene che su queste tracce ritornino. Gli uomini col moltiplicar i comodi hanno moltiplicato gli oggetti delle loro passioni, e per conseguenza hanno moltiplicato i stimoli, senza aver accresciuto d'un solo grado la propria felicità. Le passioni, o direm gli affetti, sono comuni a tutti gli uomini, e questi affetti, o piacevoli o dispiacevoli, hanno la loro quantità ed il loro grado, o naturale o artifiziale. Ogni affetto, di qualunque quantità o di qualunque grado, si porta o verso un solo oggetto

---

[1] *Brachierai.* Buoni a nulla.
[2] *I comodi reali.* Valgono per questo brano, che evidentemente non è del Gozzi, le cose dette nella nota a pag. 33.

o verso molti. Se verso un solo, quegli è appetito con tutta la forza in lui solo rivolta; se verso molti, ogn'un d'essi è appetito con diramazione di forza. Ma la forza che parte dal centro del cuore umano, o tenda ad un solo o tenda a molti affetti, è sempre la stessa, o sia unita o sia diramata nella sua espansione. Onde se è piacevole, non diminuisce il suo piacere, quando tende ad un solo, nè lo accresce quando tende a molti oggetti. Gli oggetti fantastici siccome non hanno altro valore se non quello che vien loro dato dall'opinione, così non hanno altra esistenza se non quella che viene ora data prima dalla fantasia e poi dall'affetto, quando divengono oggetti di nostro sensibile piacere. Oggetti di tal natura non possono essere a tutti noti, perchè gli atti dell'immaginativa procedono prima da notizie reali, e poi si diramano in notizie ed in atti di pura opinione la quale agisce sugli affetti spesse volte con forza maggiore di quella con cui agiscono le cose reali. L'educazione dunque in parte, ed in tutto l'esempio, fanno che gli uomini non sappiano separar bene il comodo reale dal comodo fantastico. Quegli che a tempo riceve idee proporzionate del comodo reale, e che accoppia a quelle idee l'altra idea di moderazione, di industria e di buon ordine, procede sempre colla scorta di tali idee e si tiene tra i comodi reali. Contrasta in lui la cognizione del reale col fantastico: ed ecco l'uomo economo. La cognizione di quel che è necessario, unita al timore di potere un dì non averlo, forma l'economia. Quegli che ha quantità d'idee accoppiate più con fantastici che con comodi reali, crede che tutto gli sia necessario e che ogni gratificazione d'affetti sia essenziale alla conservazione del suo individuo, perciò si crede in dovere di procurarsi il modo d'appagare ogni desiderio; ed ecco il prodigo. La ignoranza di quel ch'è necessario, unita alla credenza che tutto sia necessario, forma la prodigalità. Quegli in cui prevale la idea dei mezzi con cui si conseguiscono o i reali comodi o i fantastici, crede che tutto il bene stia nell'aver i mezzi di procurarli; ed ecco l'avaro amatore dell'oro che è stato introdotto per misurare e procurare non meno i fantastici comodi che i reali. Il desiderio dei mezzi con li quali tutto si può avere, unito al timore della loro mancanza, che prevale in grado al desiderio, forma l'avarizia. L'avaro dunque che tende ad ogni oggetto e reale e fantastico, e che è rivolto tutto a procacciarne i mezzi, è la sentina d'ogni male morale e civile. Chi ama i mezzi, ama il fine. L'oro è mezzo che serve ad ogni fine buono e cattivo, e l'avaro ama questo mezzo. Dunque l'avaro sarà e del bene e del male egualmente capace? Sì, quando questo bene procura il conseguimento de' mezzi da lui amati. Ma facendo del bene non si guadagna l'oro, dunque l'avaro non ne fa mai o lo fa per inorpellare il male.

ALL'OSSERVATORE.

È poco tempo ch'io sono uscito di collegio, tanto che a pena credo d'esser conosciuto fra le genti, e oltre all'avere fatto fino a qui una vita celata agli occhi degli uomini, non è questa città la mia patria e vengo da lontano. Giunto in Venezia, ho avuto di bisogno di molte cose; onde aggirandomi per le botteghe qua e colà, non solo ho ritro-
—'o con mia grandissima meraviglia che mi conoscono, ma che tutti

i bottegai sono miei amorevoli e che mi preferiscono a tutti gli altri uomini, forestieri e del paese. Egli è il vero che nel principio, quando io comincio a chiedere il valsente di qualche merce, mi pare che mi domandino un prezzo che sia oltre il valore della roba; ma adducono tante e così belle ragioni e con sì adattata eloquenza profferite, che io non ho mai udita ad uscire dalla bocca a' miei maestri tanta retorica, nè così bene acconce figure. Così mezzo sbalordito fo ogni mio potere, zoticamente però a comparazione di loro, di calare il pagamento quanto posso, e quando giungo ad un certo punto del patteggiare e traggo fuori la borsa, quasi tutti con indicibile gentilezza chiudono l'accordo, dicendomi ch'essi m'usano quell'agevolezza che non userebbero ad altro uomo del mondo, e che sono meco facili, perch'io son io, e altre simili cortesie e cordialità, alle quali mi confesso cordialmente obbligato. Potrei credere che fossero buone parole per lusingarmi; ma mi confermo a stimare veramente d'essere preferito a tutti gli altri comperatori, perchè ogni venditore mi prega a tacere che io abbia avuta la comperata roba a tal prezzo, per non averne scapito con l'universale. Di che si vede che parlano di cuore, e che veramente sono miei buoni e cordiali amici. Dovendo fra pochi giorni partirmi di qui per andare in altri luoghi, nè concedendomi il tempo di fare i miei convenevoli con persone ch'hanno per me tanta benevolenza, prego voi a fare pubblicamente le scuse mie nel foglio vostro, e ringraziare in comune se non altro tutte quelle buone persone, che m'hanno favorito con tanta da me non meritata affezione, assicurandole della mia gratitudine. V'accerto che se non avessi ritrovata tanta benignità, non intendendomi io di merci nè di fatture, avrei votata la borsa fino a un quattrino; e se pochi me ne son rimasti, gli riconosco tutti dalla grazia loro. Se non aveste tempo di fare un ringraziamento per parte mia come lo desidero, pubblicate la presente, con la quale assicuro tutti quegli onesti uomini che m'hanno beneficato, della mia stima e di quella sincera riconoscenza con cui mi dichiaro

BUON AMICO E SERVITOR VERO.

(Il nome non occorre, poichè tutti sanno quale hanno preferito agli altri.)

———————

Ritratto Ottavo. Tra finissime cortine un'alcova è rinchiusa. Alzasi una di quelle: apresi uno stanzino, di cui non vedesti il più bello. Intonacate ha le muraglie di lucidi specchi. I dorati fregi che gli legano, esprimono casi d'amore di più qualità intagliati. Lucidissimi doppieri tutto rischiarano. Intorno sedie soffici aprono le braccia a chi v'entra per intrattenere con grato conversare una giovane che quivi in un letto si giace. Un capoletto[1] ti s'affaccia con industriosa pittura di forestiere Deità spiranti affetto e grazia. Fra le ricamate coltrici, appoggiata a parecchi origlieri, candidi qual neve fioccata allora, e di nastri guerniti, vedesi la giovane. Occhi soavi, risolino celeste, guance incarnatine, bionde chiome, braccia e mani d'avorio, e mille altre attrattive e incantesimi t'allacciano. O promulgatore della divina pa-

———————

[1] *Un capoletto.* Parato di panno o seta, che si tende per ornamento sulle pareti delle camere e per lo più a capo del letto.

rola!¹ vedi bene che l'eloquenza tua non mi dipinga siffatta Maddalena.
Malvolentieri il mio cuore di feccia si spiccherà poi dall'alcova, per
seguirla dietro a te nel deserto.

N° X.   A dì 7 marzo 1761.

In judicandos alios homo frustra laborat,
sæpius errat, et leviter peccat.

THOM. A KEMP.

Nel dar giudizio d'altrui, l'uomo invano
s'affatica, spesso s'inganna, ed erra
facilmente.

Non ho bene in mente quale antico poeta dicesse ch'era gravissimo
danno che il cuore degli uomini non fosse coperto da un cristallo, acciocchè ognuno potesse veder chiaramente quello che vi germogliava
dentro, e non fosse ciascheduno obbligato a credere alla lingua; la
quale è un'astutaccia e una maschera che fa apparire di fuori non
solo quello che non è di dèntro, ma spesso tutto il contrario. Costei
ha ancora chi l'aiuta; e si sono accordati con essa il cervello, gli occhi, l'aria del viso e altri atti estrinseci, i quali principalmente cospi-
rano seco in un'amichevole compagnia a far apparire quello che non
è. Il cervellaccio cattivo e guasto forma pensieri che non hanno punto
che far col cuore, gli manda alla lingua, essa gli veste di parole; gli
occhi e gli atti l'assecondano in tutto: tanto che l'uomo che ascolta,
rimane alla trappola, e crede quello che non è in effetto. Se per avventura non volesse credere, ma penetrare con la sua perspicacia in
quello ch'è celato, e' ne viene chiamato ad una voce maligno, tristo,
profeta salvatico, strologo di fava;² e oltra i rimproveri e i rabbuffi
ch'egli riceve dal comune, ha questo di peggio, che gli convien vivere
solitario come un gufo, odiato dalle persone, parte perchè scopre le
loro magagne daddovero, e parte perchè alle volte va più là di quello
che dovrebbe, e s'inganna: e finalmente s'egli non è buono da fare
le maschere, come tutti gli altri, può andare a sotterrarsi vivo. Queste
sono certe poche riflessioni ch'io faceva da me a me poche sere fa
intorno alla natura degli uomini in generale, mentre ch'io era a letto;
e come si fa, a poco a poco le mi cominciarono a svanire nel capo,
sicchè ora mi trovai in tal pensiero, ora no, e finalmente m'addormentai, ed entrai così dormendo in un farnetico o sogno, che sembra
un racconto delle Fate, o una delle favole narrate dalle vecchierelle
al fuoco, piuttosto che altro. Ma parendomi che se ne possa trarre
qualche sostanza morale, lo pubblicherò, massime sapendo ad ogni
modo che anche il sognare è parte della vita, e che talvolta avviene
che le cose fatte in sogno da un uomo vagliono molto meglio di quanto

---

¹ *Promulgatore della divina parola.* Questo ritratto è satira finissima alla falsa eloquenza di certi predicatori del tempo, che dipingevano il vizio con forme lusinghiere, atte
piuttosto ad invogliare che a ritrarne gli ascoltatori.
² *Strologo di fava.* Indovino da strapazzo.

egli avrà fatto in tutto il corso del suo vivere desto. Chi sa che un giorno non s'abbia a sapere ch'io sia stato al mondo più per quello che avrò sognato, che per quanto avrò operato in effetto?

SOGNO.

Sbattuto da un crudelissimo soffiare di venti contrari, e dall'onde qua e colà condotto senza punto sapere a qual parte approdar dovessi, pareami ch'io piangessi amaramente i miei casi in una nave mezzo sdrucita, in cui era salito da me solo, e postomi in mare, per fuggir dalle mani di certe genti che m'aveano inseguito con le sguainate spade dietro alle spalle. Vedendo quivi la mia vita giunta all'estremo, m'era rivolto con tutto l'animo al cielo, e a lui solo raccomandava la mia salvezza; quando abbonacciatosi tutto ad un tempo il mare di sotto, e chetatisi tutti i maligni venti, un solo prospero ne rimase fra gli altri, il quale soavemente spirando, e ferendo diritto le vele, in breve ora mi sospinse ad un porto. Quivi, non so io come, la nave in cui era portato, e la quale poco prima era stata quasi inghiottita dall'acque, divenuta una ferma e verde isoletta, e da tutti i lati ampiamente allargandosi, si fece un'abitazione di molti uomini e femmine, tutti d'un'aria cotanto modesta, e sì d'atti misurati e composti, che avresti detto tutto il paese essere stato educato dalla divina Minerva. Mentre ch'io tutto attonito e quasi uscito fuori di me, rimirava quella sì nuova e disusata generazione di genti, eccoti che uscito fra loro un sacerdote, fece a tutti cenno che di là si partissero, e venutomi incontra, in questa guisa mi disse: "Salve, o forestiero. Non senza volere delle stelle tu se' qui giunto certamente. Lungo tempo è ch'era la tua venuta aspettata; imperciocchè mancato a quest'isola chi la reggea prima da molti anni in qua, dappoi ch'egli si morì, niun altro forestiero è qui capitato, e sappi che solamente a chi viene d'altri luoghi è il reggimento di questo luogo dato nelle mani." Quantunque io mi sentissi in un subito a balzar il cuore, sicchè i polsi con frequentissime scosse avrebbero dato, a chi tocchi gli avesse, un sicuro indizio della mia allegrezza, adattandomi tuttavia a'modesti visi che nell'isola avea veduti, volli dimostrarmi degno di cotanto onore col ricusarlo; e fattogli molte belle scuse intorno alla mia picciola attività per un officio di tanta importanza, ne lo ringraziai umilmente, coprendo la mia smisurata boria sotto il velo d'un parlare dimesso. Il sacerdote adocchiatomi il viso, e stringendo le spalle, presemi senza altro dire per mano, e mi condusse ad una grotta, la quale avea scritto di sopra: *Pietra del cimento*, dove, entrato appena, vidi da ogni parte risplendere tant'oro massiccio e tanta ricchezza di quello, che, appena, ora che son desto, la potrei più immaginare, non che descrivere. Non sì tosto fui entrato colà dove così mirabile tesoro si stava raccolto, che il sacerdote rivoltosi a me, e, più che prima non avea fatto, tenendo gli occhi suoi fissi e attenti nella mia faccia, così prese a parlare: "Vedi tu quest'abbondanza del più desiderato metallo del mondo? La vedi tu? Ricusando tu oggi la reggenza di questi popoli, sappi che tu hai tutta questa ricchezza rifiutata ad un tempo. Non è perciò ch'io non ti lodi grandemente, e non esalti la tua virtù fino al cielo, che potendola possedere, anche giuridicamente e per ispontanea offerta che ne venne a te fatta, tu ti sia contentato della tua santissima modestia, e di vivere una povera vita. Dappoichè tu non hai voluto essere padrone di quest'oro, che pure era tuo, n'avrai in iscambio molte canzoni de' nostri migliori poeti, e una pubblica orazione delle tue lodi, fatta dal più elegante dicitore di questo luogo."

Io volea ringraziarlo di tanto favore; ma le parole mi s'appiccavano alle labbra; le braccia, che pur volevano con l'azione assecondare la lingua, stavano ciondoloni, sicchè non potea levarle; e per giunta era divenuto nel viso pallido come bossolo, ed ogni mio atto palesava che nò le canzoni de' poeti nè la diceria dell'oratore poteano compensare il dispiacere della perduta ricchezza. Appena dunque io avea proferito un grammercè rimasomi mezzo nella strozza, che la mia guida si diede a ridere sgangheratamente, e mi disse: "A che vuoi tu con una intempestiva simulazione dimostrare non vera modestia? e fingere di fuori con le ciance quel sentimento che non hai nel tuo cuore? Eccoti che non reggesti al cimento, e dinanzi all'oro hai scoperto la tua volontà. Tu dèi sapere, che siccome in tutti gli altri luoghi è saggiato l'oro ad una nera pietra per conoscere la sua vera bontà, qui l'oro è saggiuolo degli animi altrui, per comprendere l'intrinseco valore di quelli. Pazzo! vieni; e poichè lo puoi giustamente possedere, abbilo, chè non è male che tu l'abbia." Poco mancò che non m'uscissero le lagrime vedendomi manifestato per un ipocrita dinanzi al mio condottiere; con tutto ciò ricreandomi col pensiero della mia novella grandezza, giurai fra me, che sendo divenuto di tal tesoro possessore, volea da indi in poi fare con esso sperienza di quanti mi capitavano alle mani. Intanto fu pubblicato per un trombetta, ch'io era il novello rettore dell'isola; si fecero le feste solenni, e molte magnificenze, ch'io in vero non so come in un sogno d'una notte possano cotante e così varie cose accadere. Mentre che si faceano le feste, io posi l'occhio addosso ad un giovane, il quale mi parea che traesse profondissimi sospiri, mirando con infinito desiderio una fanciulla, la quale all'incontro o mostrava di non porvi mente, o talora con sì brusche occhiate lo rimirava, che avrebbero atterrito ogni uomo, e fattolo uscire di speranza per sempre. M'informai da certi isolani della loro condizione, e intesi che la purissima giovinetta era fiore d'onestà, e odiava sì gli uomini, che non potea comportare di vedergli. Oltre alla gran voglia ch'io avea di fare sperienza dell'oro, s'aggiunse un'altra ragione al mio desiderio, e fu di fare sotto alla reggenza mia fiorire co' dolci vincoli de' maritaggi la popolazione di quella. Per la qual cosa chiamato il giovane a me, e datogli una grandissima somma d'oro, gli dissi quello che n'avesse a fare; e che di quello ch'egli facesse, venisse a rendermene ragione. Ritornò egli fra poco, e dissemi che avea prima offerto alla giovane una certa quantità di quell'oro, e perciò ricevutone un grandissimo rabbuffo; onde era stato obbligato ad accrescere la somma, ma senza pro; e che finalmente avendogliene quanto possedea proferito, avea notato che la fanciulla senz'altro dire, tutta coperta il viso da una fiammolina di verecondia, gli avea voltate le spalle. Allora io null'altro rispondendo al giovane, mandai alcuni de' miei per la fanciulla, e facendole un dono di quell'oro che il giovane le avea proferito poco prima, senza fatica d'altre persuasive, la vidi dar la mano all'innamorato garzone, e accogliendolo per isposo, deporre tutta lieta la sua ruvidezza. Dopo la prima sperienza ne feci un'altra in un vecchiotto d'austerissima vita, il quale, per un certo

valsente ch'io gli avea fatto promettere occultamente, era risoluto a
guastare tutti i suoi ben trascorsi anni, calunniando a torto un suo
congiunto; e già avea apparecchiata con mille inestricabili trame l'accusa per buscarsi l'illecito guadagno, s'io non gli avessi in segreto
rinfacciata la sua ingordigia e il mal fondo dell'animo suo, tanti anni
tenuto coperto pel solo timore della vergogna. Che più? io toccai in
sul saggiuol dell'oro gli animi di due amici che pareano un solo intelletto ed un corpo, e vidi che tutto era finzione. Feci prova di mariti
e mogli, di fratelli e sorelle, di padri e figliuoli, e vidi che i vincoli
della parentela o i legami del più legittimo amore rimanevano dinanzi
all'oro una sola apparenza; e benchè non lasciassi in effetto nascere
scandalo veruno, m'avvidi tuttavia che gli animi umani, cimentati allo
splendore di questo metallo, scoprono l'effettivo loro valore, e quanto
hanno di mondiglia. Mentre ch'io scriveva in un quaderno le fatte
sperienze, e ad una ad una v'aggiungeva certe annotazioni, mi svegliai, ripetendo le parole che avea veduto sulla grotta scolpite: *Pietra
del cimento, pietra del cimento.*

Ritratto Nono. In una bottega da caffè, attorniato da molti, loda
Roberto la lealtà ad alta voce. "Guai a chi vuole la roba altrui! non
fa pro, come bragia cuoce. Iddio fece le misure di quello che dee possedere ognuno. Non metterei mano ad una spilla del prossimo, se una
spilla mi facesse re. Pura coscienza è inestimabile ricchezza. Questa è
la gioia mia." — "Bella gioia!" rispondono tutti quei che l'accerchiano.
"Prezzo infinito!" Tutti sono coppe d'oro. Partesi il caffettiere dal for-
nellino, e versando il caffè dice: "Bene, avete ragione. Ha stanotte il
Graffigna rubati due mila zecchini al padron suo. Ecco il frutto. Fu
colto da' birri, e balzò in prigione." — "Bestia! Seppe trafugare due mila
zecchini, e non salvarsi con essi in mano? Vada alle forche," rispondono le coppe d'oro.

Uno il quale s'intitola il Taciturno, mi scrive una breve lettera
intorno all'amore platonico.[1] Io non so se il caso da lui allegato nella
sua polizza sia vero o di sua invenzione per dimostrare il concetto
ch'egli ha di siffatto amore. Stimo ch'egli lo tenga per vero come la
Fenice. Ognuno potrà dar giudizio della opinione di lui, leggendo la
sua breve lettera.

SIGNORE.

Chi avrà più l'ardimento d'opporsi alla sperienza e di negare i
virtuosi sentimenti del platonico amore, se i più affettuosi innamorati
ce ne danno ogni giorno qualche notabile prova? Due mesi or fa che
un giovane cavaliere forastiero amava con indicibile affetto una mia
sorella; ed essendo tutto spirito e riflessione, credevasi da sè al tutto
incapace di potersi avvilire ad amare in una donna la bellezza del
corpo, quand'anche fosse stata la più perfetta e la meglio armonizzata

---

[1] *Amore platonico.* Così chiamossi un affetto tra persone di sesso diverso dove non
entri ombra di desiderio sensuale, perchè Platone nel suo *Convito* introduce Socrate a ragionare sottilmente intorno a un tale amore.

del mondo. Dichiaratosi dunque amante di lei, affermava che l'amor suo era tutto rivolto alla vivacità, giustezza e ragionevolezza dei pensieri di quella. Ed era giunta a tal segno questa sua cotanto virtuosa passione, che per avere sempre vicino un animo così ben fatto, e tante e così meravigliose qualità, anzi possederle senza interruzione, le aveva già dato parola di prenderla per isposa. Avvenne frattanto che mia sorella dal vaiuolo assalita improvvisamente, si trovò per qualche giorno a risico di perdere la vita; ma pur finalmente si risanò, e altro non le rimase fuorchè una certa maschera in sulla faccia di macchie rossigne; ma nulla però perdette della prima grazia e vivacità dello spirito. Non si prese già ella pensiero nè sentì punto d'afflizione per la scambiata faccia, sapendo molto bene che il virtuoso giovane non amava punto in lei una bellezza corruttibile e di passaggio, ma che era tutto rivolto a' nobili sentimenti e all'intellettiva bellezza. In effetto venne il cavaliere a visitarla dopo la sua infermità, e nulla mutando del suo primo carattere, le protestò lo stesso amore di prima e le chiese licenza di poterla importunare più spesso con le sue visite, giurandole che sempre più ne vivea innamorato. Sono quindici giorni che mia sorella nol vede e non si sa dove sia. Oh! amor platonico, quanto se' tu grande! e chi potrà più negare la tua evidenza?

IL TACITURNO.

Nº XI. A dì 11 marzo 1761.

. . . . . . Jupiter alme tonans in nubibus atris,
  Da sapere.

O benigno Giove, che nelle negre nubi tuoni,
  dà a noi sapienza.

Scendendo ieri dal ponte di Rialto,[1] mi abbattei a vedere un cieco guidato a mano da una femmina alquanto di lui più giovane, la quale volea guidarlo da quella parte dove i gradini sono più bassi e spessi, ed egli volea a forza andare per la via di mezzo. Adduceva ella per ragione che in que'gradini uguali il piede, misuratosi al primo, trovava la stessa proporzione negli altri tutti, laddove ne'maggiori, e che hanno quell'intervallo piano di mezzo, ella era obbligata di tempo in tempo ad avvisarnelo, ed egli vi scappucciava. Non vi fu mai verso che quel bestione volesse intenderla; e mentre ch'ella con la sua poca forza donnesca lo tirava da un lato, egli con le sue nerborute braccia la fece andar dove volle; tanto che la cosa andò come avea detto la femmina, ch'egli incappò ad un passo, e cadde come una civetta stramazzata, tirando seco la poverina che non vi avea colpa; e l'uno e l'altra ne rimasero malconci, e si levarono infine, dicendo: Tu fosti tu, anzi tu; e s'accagionavano l'un l'altro della caduta. Io feci appresso un buon pezzo di via, entrato in una fantasia poetica, e dissi fra me:

---

1 *Scendendo ieri dal ponte di Rialto.* Sul ponte di Rialto che attraversa il Canal Grande di Venezia, si sale per tre gradinate: quella di mezzo ha i gradini interrotti di tratto in tratto da intervalli piani: nelle due laterali i gradini si succedono senza alcuna interruzione dai piedi al sommo del ponte.

Vedi ostinazione! Se quel cieco bestiale avesse prestato orecchio alle parole della donna, che pure avea gli occhi, non si sarebbero rotti la faccia nè l'uno nè l'altra. Ma che? l'uomo bestia, per esser più vecchio d'anni, avrà creduto d'intenderla meglio di lei. Ma che vo io farneticando intorno a'fatti altrui? Non ha forse ogni uomo che vive, in sè medesimo l'uomo cieco e la donna che vede? Non avvisa forse la buona donna l'ostinato cieco mille volte ch'egli faccia o non faccia una cosa, ed egli non le ubbidisce mai, onde tocca alla poverina di cadere in compagnia di quella bestia con tanta furia, che talvolta si rompono il collo l'uno e l'altra? Egli è pur vero che ci par d'essere tutti d'un pezzo e interi; e siamo divisi in due porzioni, l'una delle quali è cuore, e l'altra mente. Il primo voglioloso, infocato in ogni suo volere, senza occhi, vigoroso, e pieno di stizza; l'altra d'acuta vista, giudiziosa, maestra del vero, ma per lo più vinta dalla bestialità del compagno. Vegga chi legge, dove mi condusse a passo a passo il pensiero! Egli è pure una gran cosa, diceva io, che si sieno aperte tante scuole nel mondo per ammaestrare la mente, e che con infinite diligenze, esercizio, pratiche e mille sudori si sieno ordinate tante cose, cominciando dall'alfabeto, per insegnarle ogni scienza; e che l'altro s'allevi da sè a sè qual ne viene, senza altra cura, tanto che gli par buono e bello solo quello che vuole. E tuttavia pare a me che si dovrebbe prima insegnare a lui che all'altra, dappoichè si può dire ch'egli sia il figliuolo primogenito, e venuto in vita avanti di lei. Non ha ancora la mente accozzati due pensieri insieme, ch'esso mostra le voglie sue e il suo vigoroso furore; e dove sono gli apparecchiati maestri per indirizzarlo? Intanto così zotico va acquistando di giorno in giorno maggior forza e più sorti di volontà, e già avrà cominciato a fare a suo modo, che la sorella appena avrà dato segno di vita. Eccoti a campo i maestri. Chi le fa entrare pegli orecchi del capo il latino, chi il greco; uno la tempesta con la geometria, un altro con la logica, chi la flagella con l'arimmetica, sicchè a poco a poco la giungerà a conoscere quelle poche e scarse verità che sono al mondo. Ma mentre ch'ella si sta in qualche sottile contemplazione, il cuore avviluppato in certe sue perscrutazioni grossolane, suona, come dire, un campanelluzzo e la chiama a sè. Ella, ch'è la padrona e sa, prima se ne sdegna, e non vuole udire; ma egli ritocca, e tanto suona, che la stordisce; per istracca la comincia a piegarsi a lui, e finalmente gli ubbidisce; e sì va oltre la cosa, ch'ella s'immerge tutta in lui, nè ricordandosi più dello studiato, la ne va seco; sicchè di guida che dovea essere, si lascia guidare per mille laberinti e ravvolgimenti da fiaccarsi il collo. Avviene anche talora un altro caso, che s'ella negli studi suoi diverrà troppo altamente contemplativa e quasi uscita di sè, tanto che non oda mai il chiamare del fratello, questi rimane uno sciocco, un dappoco, e come un pezzo di carne infradiciata; ed ella è una cosa senza calore, e fuori dell'umana conversazione. Bisognerebbe fare un bell'accordo di due scuole almeno insieme, sicchè cuore e mente facessero come la bocca e le dita col flanto; io vorrei che il cuore soffiasse a tempo, e la mente reggesse il fiato con la sua bella cognizione, e creasse una dolce armonia nel vivere umano. Perchè tuttaddue garbatamente si concordassero, io vorrei che, siccome si procura col mezzo delle scienze d'insegnare la verità a lei, s'aprissero alcune scuole assai per tempo da ammaestrar lui in un certo amore delle cose in natura semplici, buone, misurate, ordinate, e tali, che serbassero in sè una certa garbatezza di gusto, la quale avesse somiglianza e parentela con quelle verità che vengono dalle scienze alla mente insegnate, e si potessero legar facilmente insieme a far palla, come l'argento vivo. Se l'armonia ch'esce dalla mente e dal cuore ben concordati a sonare ordinatamente, fosse cosa che potesse pervenire agli orecchi, s'empierebbe il mondo di dolcezza, nè ci sarebbe musica più soave di questa.

> .... *trahit sua quemque voluptas.*
> VIRGILIO.

La teoria delle passioni[1] è di noiosa fatica a quello che vi si applica, ed è fonte d'errori a quello che con distrazione l'esamina. Usano gli uomini delle cose così come le trovano. Essi potrebbero separare il reale comodo dal fantastico, e minorando il numero delle cose, minorar il numero degli incomodi. La semplicità e la moderazione sono il condimento de'piaceri: tutto il rimanente è incomodo in maschera piacevole. Non merita il nome di sciocco quel filosofo il quale ride della follia degli uomini i quali vanno moltiplicando colla fantasia i propri mali; nè sciocco è quegli che vedendo questi mali senza vederne la cagione, piange sulla miseria umana. La sciocchezza proviene dall'uso della mente impedita dalla mala disposizione del corpo e degli organi. Uomini così mal disposti se fanno i filosofi, dicono delle sciocchezze. La stoltezza è quella che suppone l'uso libero della mente, ma la suppone d'errori imbevuta e da cattive inclinazioni alterata. Uomini stolti se fanno i filosofi, dicon delle cose che non reggono nè al buon senso, nè alla verità. I giudizi sono sempre fallaci quando non distinguono il vero dal falso, il reale dal fantastico, l'organico dal volontario. Quegli che ride degli uomini, contempla il diritto; e quegli che piange, contempla il rovescio della medaglia.

Filodemia sta quattro ore alla tavoletta. Il parrucchiere la strascina per i capelli, e con ferri roventi la tormenta per inannellargli. La cameriera le pizzica il volto nel lisciarla e nell'architettare i nei. Il sarto le difficolta il respiro collo strignere del busto. Il calzolajo le raggruppa le piante de'piedi e per ultima tortura si calzano a forza i guanti. Esce finalmente di casa; intrepida s'espone o al caldo o al freddo della stagione: va ad una festa da ballo. Mille pungoli di gelosia e di vanità le lacerano il seno: ora si crede alle altre posposta; ora sospetta d'essere dal geniale amico negletta. Danza con rabbia, si rode per il dispetto. Stracca e d'animo e di corpo, se ne torna a casa. Chiede per carità che le si slacci il busto; si mette in libertà, respira ed esclama: Oh, come sono stracca! Si mette a letto, ma il sangue in agitazione le prolunga la veglia. Intanto la vanità e la gelosia tengon l'animo in sconvolgimento, ed ecco le convulsioni. Si calma l'effervescenza del sangue, ed eccola raffreddata. Ma tutti questi incomodi sono forse inevitabili conseguenze della miseria umana? No, sono piaceri.

Eudosso sta inchiodato ad un tavoliere, giuoca, perde, s'affligge. La veglia, l'inedia, la malinconia lo riducono al letto oppresso da malattia. La borsa dall'altro canto votata, gli fa sentire se non l'indi-

---

[1] *La teoria delle passioni* ec. Anche questo scritto pare uscito della stessa penna di quello a pag. 33. Certo non del Gozzi.

L'Osservatore.

genza, almeno la minorazione de' comodi usati. Sarà forse questa inevitabile miseria della condizione umana? No, sono i piaceri.

Fileroto ha l' animo ingombro da tetra malinconia; è smanioso, volta
le spalle agli amici, non cura gli affari della famiglia, la sposa l'annoia,
i figliuoli gli sono d'impaccio, e le sue incombenze civili gli pesano.
Fileroto è ammalato. Miseria umana! No; sono i piaceri della vita
umana, e sono piaceri di quell'amore, di quella scintilla vitale che si
dice il Gran Mobile del mondo. Fileroto è innamorato ed ha che fare
con una civetta, la quale non sa cosa che sia amor di preferenza.

Ma tu, dirà taluno, che dai sfogo alla tua malinconia con queste
velenose e non bene digerite riflessioni, sei forse più saggio degli altri?
Non dirò nè di sì, nè di no. Per dar chiarezza alle riflessioni, vi vorrebbe una più precisa serie di ritratti, un confronto proporzionato e
men misterioso de' comodi reali e de' comodi fantastici, e vi vorrebbe
una prolissità che fosse stucchevole per non essere oscura. Lo specchio
forse parerebbe allora meno appannato. Quegli che fa le riflessioni, se
non può prolungarci la vita, procura di non abbreviarla. Se la pioggia
lo coglie per istrada, lo bagna; ma volontariamente e per riflessione
non vi s'espone.

Certamente un bell'umore dee essere la persona che mi scrive la
lettera ch'io pubblicherò qui sotto. La sua opinione mi pare cotanto
nuova, che quantunque per l'amore ch'io porto agli scrittori e a'libri
e forse anche a'presenti fogli, avrei dovuto celarla, non me ne curo, e
la fo vedere, acciocchè ognuno possa giudicare da sè medesimo, se chi
scrive abbia ragione o torto.

SIGNORE.

Lo stillarvi il cervello dì e notte con fogli, calamai e penne, mi
pare una cosa soverchia. Voi potete farneticare a posta vostra, e osservare quanto vi piace, chè il mondo sarà sempre quel medesimo ch'è
stato sempre. Io non istarò ora a censurare le cose vostre, nè il vostro
cervello; ma fo conto che le sieno a un dipresso come quelle di tutti
gli altri. Buone o triste, non fa nè bene nè male. Dicovi solamente che
le sono inutili. Sperienza me l'ha insegnato. Io fui già anch'io un tempo
invasato nella materia de'libri, e principalmente degli storici, poeti e
dettatori di morale. Voi sapete che ce n'è un lago, un mare. Io balzava da questo a quello; e solea dire che mi parea di essere un'ape
che da tanti fiori cogliea cera e mèle. In fine non avea colto altro che
molti anni mal passati, una faccia da fare spiritar altrui, e una malinconia entratami nelle più intrinseche midolle delle ossa. Dalle storie
non avea in tutta la vita mia tratto un esempio che si confacesse colle
circostanze mie, ond'io avea sempre studiato i fatti altrui con più curiosità che non dee un onest'uomo: ne' poeti buoni non avea trovato
altro che passioni vigorose, vestite coll'incantesimo dell'armonia, tanto
ch'io era divenuto sensitivo come una bestia; e i libri di morale non
facevano frutto alcuno, parte perchè le mi pareano cose vecchie, e
parte perchè leggendo i vizi, mi parea di trovargli ora in questo e
ora in quello, e le virtù avrei giurato che le avessi tutte io, onde per
giunta era divenuto mala lingua e boriosa. Un libraio, a cui sarò ob-

bligato in vita mia, mi ha guarito di tutte queste magagne per caso;
perchè, entrato un giorno nella sua bottega, e chiestogli s'egli avea
cosa nuova da farmi vedere, mi diede in mano un lunario. Al primo
lo credei pazzo o che volesse il giuoco del fatto mio. " Ch'è questo "
diss'io? " tì par egli ch'io sia un uomo da tali scherzi? " — "Come scherzi?"
rispose l'uomo dabbene. " Io non vi avrò forse presentato libro migliore
a' miei dì, nè che abbia più andazzo per le mani degli uomini. Quando
voi vedete un libro accolto universalmente, tenuto sopra tutte le tavole e nelle scarselle di uomini e donne, voi dovete giudicare che in
esso vi sia un intrinseco valore di vera solidità e sostanza. Volete voi
far comparazione della voga di questo con quella di altri libri? Vedete
voi come ogni anno se ne ristampa! Quanti se ne vendono! Come se
ne fa il bando e le grida per le pubbliche vie e per le piazze! Esaminiamo qui tra noi le ragioni di tanto gradimento. La prima è la brevità. Voi vedete che tutto il giro di un anno, che pur è sì lungo a
passare, è contenuto in una cucitura di pochissime carte. Nel che si
vede il capacissimo ingegno di chi l'inventò, che dove tutti gli autori
s'ingegnano di tirare e stiracchiare la materia, questi ha tentato di
abbreviarla, e vi è riuscito. E poi molto migliore di una storia, perchè
non vi fa impacciare co' fatti altrui, ma co' vostri solamente, e con uno
o due numeri dell'abbaco, perchè non si allunga in eloquenza, vi ri-
chiama alla memoria le cose passate, e vi dice quello che avete a fare,
e quando: cosa che non l'hanno mai saputa nè Erodoto, nè Tito Livio.
Quanto le più belle opere de' poeti, move le passioni dell'animo, perchè esso vi ricorda ora una calamità che avete passata, e talora vi
segna il tempo di una che dee accadere; tanto che vi tiene in cervello
e v'insegna col mezzo delle passioni, ch'è l'ufficio de' poeti, i quali
debbono per via di quelle ammonire. Contiene anche una gran parte
della morale, e non istà sui generali; ma viene a mezza spada, perchè
esso non dice che cosa sia il fare i suoi doveri; ma nota i giorni appunto in cui gli avete a fare; e serve anche d'interprete molto meglio
che le lettere, perchè se voi avete a riscuotere tale o tal dì, e un altro
ha a pagarvi, tanto il vostro debitore, quanto voi, se foste lontani mille
miglia, siete avvisati da lui di quello che si dee fare. Onde si può dire
che per opera sua regni un grandissimo ordine tra le umane faccende."
Dappoichè il libraio mi disse tutte queste qualità, e che in effetto
vidi che l'amore posto dall'universale ai lunari, piuttosto che agli altri
libri, è ragionevole, deliberai di dimenticarmi quanto avea letto prima,
e di non leggere altro da qui in poi fuorchè questo, accordandomi con
la usanza comune.

N° XII.   A dì 14 marzo 1761.

Magnam rem puta unum hominem agere.
SEN., *Epist.*

Credimi: è gran cosa il rappresentare un uomo
solo e uguale.

Io non parlerò di quello di che tanti altri hanno favellato e scritto,
cioè che uno oggi loderà un costume e domani un altro; e non altri-

menti di quello che facciano gli strioni sulla scena, ora piglierà questo vestito, ora quello; e secondo che richiede la tragedia o la commedia, rappresenterà stasera Edipo o Cesare, e domandassera Florindo o un servidore o un facchino, se sarà di bisogno. Donde ciò venga, nol so; ma ognuno è nemico dell'uguaglianza, nè ha sì stabilito sè medesimo dentro a sè, ch'egli possa stasera andare a letto uno, e levarsi domani quell'uno stesso. Io ho udito parecchi a giurare che non si sarebbero mai intabaccati [1] d'una femmina, e ridere de' poveri innamorati. Di là a poco ho uditi questi ultimi a beffare que' primi, caduti alla rete che biasimavano, e dir male dell'amore, fuggendo dalle femmine, come dal fuoco. Dirà uno: quale allettamento hanno mai le carte da giuoco, che tengono legàti ad una tavola gli uomini il dì e la notte? Dio me ne guardi. Non giocherei un quattrino se credessi di guadagnarne le miniere dell'oro e dell'argento. Non passano due mesi, che giocherebbe gli occhi del capo. Tutti abbiamo nel corpo la medesima incostanza di volere e non volere quasi ad un tratto; e più sarebbe da ridere, chi potesse penetrare visibilmente con gli occhi ne' cervelli umani, e vedere come vi s'aggirano dentro il sì e il no in uno stesso tempo sopra la medesima cosa; tanto che quello ch'esce prima fuori della lingua, n'esce alle volte piuttosto per caso che per assenso dell'uomo, il quale si pente dell'averlo proferito, e vorrebbe che ne fosse piuttosto uscito quello che v'è rimasto dentro. Noi siamo una certa pasta di contradizioni continue, che non le scoprirebbe il più acuto filosofo del mondo. Ma ho troppo a lungo cicalato intorno a quello che avea prima affermato di non voler dire, cioè dell'instabilità del nostro costume: l'intenzione ch'io ho, è di fare qualche considerazione intorno al cervello umano in generale, e, piuttosto per passar ozio che per altro, seguirlo dietro alla guida d'alcuni effetti diversi che da esso procedono.

In primo luogo, vorrei sapere se questo umano cervello, di cui parlo, è una cosa grande e nobile, o goffa, picciola e meschina. Ora mi pare ch'esso si sollevi sopra le stelle, ora che si strascichi pel fango. In una cosa è acutissima, in un'altra riesce uno zoticonaccio, e sì grosso che il fatto suo è un vitupero a dirlo. Avranno parecchi uomini sudato dì e notte con incessabile esercizio e fatica; col seguire i lumi naturali, esaminare gli errori altrui e i propri, trovate molte belle verità delle quali avranno arricchite le scienze e giovato al mondo. Uno si vuol far beffe del fatto loro, e gli avviserà che in casa sua è nato un bambino con un dente d'oro in bocca. Essi con tutto il capitale dello studiato, e con que' medesimi principii alle mani, c'hanno stabiliti a ritrovare la verità, si tuffano ne' più profondi e men praticati pelaghi della fisica, e scrivono trattati, lettere, dissertazioni, dimostrando non solo che natura può far ispuntare nelle gengíe d'un fanciullo un dente d'oro massiccio, ma pongono natura al limbicco, le assegnano i gradi del calore, e a passo a passo la guidano all'operazione del fabbricare i denti d'oro. E che diranno poi, quando sapranno che quello ch'essi hanno tante volte veduto, esaminato al sole, e con le candeluzze, non era d'oro, ma un dente dorato per ischerzo, e per fargli farneticare? Parvi picciola differenza questa d'altezza e meschinità? d'acutezza e goffaggine? E che sì, che se fossero vivi a' nostri giorni, sarebbero caduti anch'essi alla rete pochi dì fa, come quasi tutti gli altri cervelli, e avreb-

---

[1] *Intabaccati*. Voce antiq. per innamorati.

bero con lunghi e sottilissimi esami trovato di quale specie fosse quel mostro che fu inventato in Brescia, e che disegnato in fogli fu aggirato qua e colà per le mani quasi di tutti ? Oh ! avrebbono pur essi fatto una cosa notabile e grande ad aggiungerlo notomizzato alla storia naturale ; ed esser dopo chiariti ch' esso fu uno scoiattolo trovato morto, e sformato dalla malizia di certuni, i quali per farlo altrui vedere e ritrarne danari, gli aveano tronche le gambe davanti, rammarginando il taglio con somma accortezza, e allungato il collo con fil di ferro, per ridurlo alla lunghezza di quello d' un' oca. Ma non sono queste le sole diversità del cervello : e non istà solamente la sua disuguaglianza nell' essere ora acuto e grande, ed ora goffo e meschino. Un' altra varietà è in esso grandissima, ch' è quella del rendere a tutto suo potere immortali cose che per sè sarebbero da nulla, e all' incontro procacciare la distruzione di quelle che dovrebbero esser durevoli.

Prima dirò dell' umore ch' egli ha d' ingrandire alcune cose, e dell' attività sua nel renderle durevoli ; poi del contrario. Nasce, per esempio, un' erba dalla terra, a cui è affezionato l' ingegno, ed ecco che mediante i trovati suoi, la fa cambiare in fila di molte qualità, mettere sui telai, e ne fa tele di più condizioni, e tali, che alquante d' esse vanno a coprire i delicati corpi delle più morbide e vezzose donne e de' più solenni personaggi del mondo. Altre d' esse tele distende in quadri sopra certi legni ; e con altre più sottili invenzioni vi dipinge sopra le sue mirabili fantasie, e vi ritragge con una galante arte d' imitazione uomini, animali, architetture, paeselli, boscaglie, e tutto quello che vede, con sì bella grazia e con tant' anima e vita, che fa durare le centinaia d' anni in grandissima gloria nelle sale e ne' gabinetti de' principi la tela, talora coperta di finissimo zendado [1] che la vela agli occhi tuoi, non senza una spezie di venerazione. Oltre a ciò, quando tu crederesti che le più fine camice e le più candide lenzuola fossero già logorate, il compassionevole ingegno raccoglie que' meschinetti cenci rifiutati dal corpo, e con pietoso ufizio si adatta a fargli risuscitare, tramutandogli in carte ; le quali, oltre all' essere conservatrici fedeli e testimonie di tutti i patti e di tutte le ricchezze delle genti morte e vive, sono credute da' principi e da' magistrati che sostengono le ragioni addotte da quelle, col vigore della santissima giustizia. Che diremo poi, quando l' ingegno le consagra all' eternità, con le stampe ? Trascorrono allora i fogli per terra e per mare, e fra tutte le coltivate genti si spargono. Apparecchiansi per essi fondachi, botteghe, stanze a posta loro di preziosi legni intagliati ; chiudonsi in dorate pelli, e chi più ne possiede, è più stimato e lodato ; tanta è la grandezza dell' industria aggiunta dall' ingegno ad un piccolo dono di natura di un gambo d' erba.

All' incontro, dell' umor suo inchinato alla distruzione vuoi tu più evidente esempio degli uomini, che pure son altro che un gambo d' erba ? Non gli è bastato ch' essi possano essere affogati dall' acqua, dal fuoco arsi, dalle malattie sgangherati, da ogni menoma ferucola [2] e da un acinuzzo di uva fatti morire, [3] ch' egli ha inventate frecce, lance, spade, archibusi, cannoni e tante diavolerie, ch' io non le saprei noverare, per farne perire le centinaia e le migliaia in un dì ; e questo bell' atto di

---

[1] *Finissimo zendado.* Finissima tela.
[2] *Ferucola.* Diminutivo di fiera: animaluzzo.
[3] *Da un acinuzzo di uva fatti morire.* Allude ad Anacreonte, antico poeta greco, soffocato, secondo la tradizione, da un acino d'uva che gli si era conficcato in gola.

generale e dolorosa consumazione l'ha nominato gloria, e l'ha ridotto
a scienza con ispeziali regole e ordini, e con tante misure per ammazzare uomini, che Natura, la quale ce l'ha insegnate sì facili per fargli
nascere ed empiere il mondo, si vergogna d'essere da' figliuoli suoi
combattuta con tanta dottrina.

τὶ πρός με . . . .

STOICUS.

Crisogono amaramente piange e s'addolora delli disordini di sua
famiglia. Egli ha quattro figliuoli. Questi nella età loro tenera erano
la sua delizia; ora nella età matura sono il suo tormento. Si vedeva
egli nelle pubbliche piazze, nelli teatri ed in ogni festevol concorso accompagnato da' suoi quattro idoletti. Nelle vesti magnifiche gareggia-
vano colli più ricchi e colli più vistosi; ogni loro voglia veniva appagata.
Crisogono erede di doviziosa fortuna, da' suoi antenati con industria
procacciata e con economia stabilita, s'è lasciato vincere dal falso costume. Ha creduto sollevarsi dalla sua sfera coll'abbandonare l'eredi-
tario sistema della famiglia. Ha troncato il suo traffico. Parte de' suoi
capitali è stata destinata a procurarsi un bell'alloggio, di vaghe sup-
pelletili fornito: e parte è stata destinata all'annua rendita per l'agiato
mantenimento. La circolazione sospesa ha fatto cessare la moltiplica-
zione o almeno l'accrescimento della fortuna. Il punto fissato per centro
della base del nuovo sistema, resse al peso di quel tempo; ma il tempo
moltiplicò il peso, ed ora va crollando il sistema.

I quattro figliuoli, pieni di semi d'idee grandi e piacevoli, hanno
avuto una educazione corrispondente a così mal piantati principii. S'è
sviluppata in essi l'idea della grandezza, e con essa s'è accoppiato l'ozio.
L'ozio ha sviluppato e raffinato l'idea del piacere, ed il costume ha au-
torizzato col suo contagioso esempio il disordine. Col crescere dell'età
de' figliuoli, le spese sono andate crescendo; fatti adulti, si sono mol-
tiplicate. Ognuno di essi ha li suoi assegnamenti. Crisogono è confuso;
ha preso il volo troppo alto. Non ha preveduto bene l'avvenire; non
ha preso bene le sue misure. L'uso di cento cose superflue rende corte
le sue rendite. Prende a credito, accelera la propria e promuove l'altrui rovina. Lo svagamento de' figliuoli l'affligge. Siede a tavola senza
di essi. Sono altrove occupati. L'uno è inchiodato al tavoliere del giuoco
e colle sue perdite va dissipando il patrimonio. L'altro è affatturato
dalle malie d'una scenica bellezza, ed ha gli occhi abbacinati dal falso
splendore d'ingannevole prospettiva. Il terzo va tutto il giorno facendo
il civettino, ed invaghito di sè medesimo, crede di sparger da per tutto
bragie d'amore. Il quarto si perde in una combriccola di certi moderni
letterati i quali non sanno assottigliare i loro metafisiche speculazioni
che sopra l'origine del moral bene e del civile. Crisogono s'affligge,
piange, s'addolora, accusa i figliuoli di colpe da lui cagionate. Si perde
in lamenti e non pensa a' rimedii. Pianga adunque Crisogono che ben
gli sta. Non sa egli nè tollerare il male che da sua posta s'ha procurato, nè sa porvi rimedio. Ma che rimedio? Ordine. Vi vuole della violenza; è necessaria. Conviene vincer i rispetti umani. Dall'altrui opinione non dipende il nostro benessere. Crisogono aspetta che il costume
si cambii da per sè. Egli aspetta in vano. Conviene che qualcheduno

dia principio. Se il suo cambiamento nascerà da moderazione volontaria, sarà ancora in tempo di far uso della fortuna che gli è rimasta. La buona direzione lo restituirà allo stato primiero. Ma se il cambiamento nascerà da sua posta, nascerà per mancanza di vigore. Il fuoco se s'estingue da sè, s'estingue per mancanza d'alimento e non lascia che ceneri.

SIGNORE.

Potrebb'essere che non vi fosse discara un'osservazione che ho fatta ne'giorni passati in una famiglia, e ch'essa facesse qualche benefizio, se venisse pubblicata, per consolare alcuni, i quali sono intrinsecamente genti dabbene, e tuttavia vengono stimati piuttosto tristi, che altro. Un buon uomo del miglior carattere del mondo, ch'ama tutti i suoi quanto sè medesimo, e ha sempre il cuore occupato nel provvedere a tutte le bisogne di quelli, viene in casa biasimato comunemente, e non ha persona che l'ami. Tutte le faccende sue vanno così misuratamente e con tanto bell'ordine, che sembrano a battuta:[1] nel pagare è puntuale, e volentieri accoglie qualche suo amico ad una mensa parca, ma squisitamente apparecchiata; di buona voglia parla con le genti dabbene, con tutti gli altri è in sospetto e di mal umore: in somma voi direste che in tutto egli è un uomo compiuto; ma riesce un pochetto rustico, e non sa piegarsi alle circostanze de'tempi correnti. Questo solo difetto fa che tutte l'altre sue ottime qualità non sieno in lui osservate; ma notandosi quella sola parte che per caso non s'accorda all'usanze presenti dello spendere largo, e del lasciare senza considerazione la briglia in sul collo a'figliuoli e alle figliuole, e di volare dietro a'diletti, come i fanciulli alle farfalle in un prato, si giudica al tutto ch'egli abbia mal cuore, e che sia piuttosto bestia che uomo. Voi vedete ch'egli non ha il torto, e che la sua propria coscienza gli può essere di consolazione. Con tutto ciò, perch'egli non insuperbisca, nè abbia cagione di sdegnarsi con chi lo giudica fantastico e strano, io vorrei ch'egli si lagnasse della fortuna, che l'abbia fatto nascere in un tempo in cui non corre più l'usanza delle sue virtù, piuttosto che d'altro. Un filosofo domandato da Socrate[2] s'egli sapesse che cosa fosse virtù, rispose: "Io non lo ti saprei dire così tosto. Le virtù sono diverse; altra è quella de'mariti, altra quella delle mogli, diversa quella de'figliuoli da quella de'padri." Egli avrebbe potuto anche rispondere: Un tempo corre una virtù, un altro tempo un'altra, e si scambiano come le fogge de'vestiti. Sicchè si può dire che ci sieno le virtù andate in disuso e le virtù in fiore; quelle che passano dall'uomo alla donna, o dalla donna all'uomo, secondo i secoli. Per esempio, un tempo la donna s'esercitava nella pazienza, ed era lodata; al presente la pazienza è virtù dell'uomo, e s'egli non l'esercita, ne sarà biasimato: e la donna può farne senza. Un tempo il risparmiare era virtù nel padre

---

[1] *Sembrano a battuta.* Sono regolate (le faccende) con somma precisione, quasi a tempo di musica.

[2] *Socrate.* Famoso filosofo greco, nato in Atene nel 470 av. C., il quale consacrò tutta la vita al bene degli uomini, dando loro l'esempio ed i precetti d'una morale che, per quanto è delle cose umane, può dirsi perfetta. Ma la fine ironia di cui condiva i suoi ammaestramenti, gli suscitò irreconciliabili nemici che lo accusarono di corrompere la gioventù e ottennero che fosse condannato a morte nel 400 av. C.

e nella madre di famiglia : oggidì lo spendere è la virtù di tuttaddue ; e verrà un giorno che l'uno e l'altra la lasceranno per vestirsi d'una virtù novella. In breve, chi volesse nel mondo essere veramente gradito, avrebbe con diligenza a tenere il taccuino, e notare d'anno in anno con sottilissimo calcolo quali sono le virtù più praticate, quale in quest'anno è più fiorita, qual decaduta, quale si spera che nel venturo anno avrà miglior voga, e stabilire la sua qualità di virtù secondo l'occorrenza de' tempi. Io so bene che Socrate non assentirebbe al mio parere, come non assentì al filosofo che gli rispose quello che dissi di sopra ; ma Socrate medesimo, che virtuosissimo fu, appunto perch'egli non ebbe le virtù che si confacevano al suo secolo, fu balzato in una prigione, e vi lasciò la vita.

N° XIII.   A dì 18 marzo 1761.

IL PITTORE DEI RITRATTI.

Benedetti quei mestieri e quelle arti nelle quali ha poco che fare la testa, ma sono opera delle mani. Quando un calzolaio ha imparato bene il modello d'una pianella o d'uno stivale, le braccia l'assecondano per tutto il corso della sua vita, e ne fa le migliaia senza altro pensiero, e quasi tutte gli riescono a buon fine. Così fa il legnaiuolo, così il muratore, il tesseragnolo [1] e tutti gli altri artisti. Quando s'entra in quelle arti che si chiamano liberali, s'ha ad attendere che la fantasia si svegli ; un po' di pensiero strano che la sturbi, ti fa diventare un'oca ; l'umido, il vento e mille varietà dell'aria v'hanno tanta influenza dentro che ti pare ancora d'essere alla scuola o per meglio dire di non saper nulla. Chi non sa, crede che tanto sia un giorno quanto l'altro, e che si possa sempre ad un modo ; non è vero. Di qua nasce che si veggono tante diversità d'opere in un pittore, in un poeta, in un musico. Queste sono arti che vorrebbero essere esercitate poche ore del giorno, o piuttosto della settimana, e non più. Il fiore solo dell'ingegno vi s'avrebbe ad adoperare non altro. Questo in poche ore della mattina si consuma ; tutto il restante della giornata è uso, pratica, non opera d'intelletto. Tutto ciò vi dico per iscusarmi appresso di voi se ne' passati giorni non v'ho mandato veruno de' miei ritratti. Non so da che sia proceduto, ma non m'è riuscito in tutto questo tempo di sbozzarne uno. Stamattina, quasi posso dire in un attimo, sono venuto a capo di tre. Eccogli.

Ritratto Decimo. Bella e di sedici anni è Cassandra. L'allevarono in virtù padre e madre, ora poveri e infermicci. Piange la fanciulla lo stato loro. Parenti da lato paterno e materno la compassionano nelle compagnie : ma in casa sua più non vanno ; gli amici sono spariti. Curio lo sa, cerca di vederla. Appicca seco amicizia ; sente pietà del padre e della madre di lei. Per soccorrergli, manda il mercatante, acciocchè la

---

[1] *Tesseragnolo.* Tessitore.

fanciulla s'elegga ·a suo piacere vestiti, il più perito sarto, la miglior mano ch'usi pettine e forbici. Cassandra ha staffiere, gondolieri, dilicata mensa. Esce mascherata con Curio di giorno e di notte. Entra seco nei teatri; dove sono passatempi, si trova. Vede padre e madre meglio nudriti: non ha più cagione di pensieri: perchè non è lieta? La virtuosa fanciulla sa in sua coscienza che Curio non è veramente liberale. Curio investe.

Ritratto Undecimo. Un buon vecchiotto ha davanti a sè due libri. Fattosi d'una palma letto alla guancia, or questo legge, or quello; gli confronta, gli esamina. Ha incavati occhi, pallido colore, aggrinzata pelle. Tramuta in sè il contenuto di quelli, in anima e sangue. Talvolta di là si parte, e con vigoroso intendimento s'immerge a considerare nel ceto umano vizi e virtudi. Dall'alto favella. Tuono e saetta è il suo ragionare; e talora mèle e dolcezza. A proposito sbigottisce e conforta. Se per universale carestia piange il minuto popolo, o avarizia fa chiudere i granai a' più potenti, il buon vecchio al soffio di sue parole fa chiavistelli aprire, grano spargere, abbondanza nel caro nascere; lagrime d'orfanelli e vedove rasciuga. Ire ammorza, ebrezze raffrena. Il vecchio è Basilio il Grande,[1] i due libri Bibbia e Vangelo, semplici Omelie sono la sua eloquenza.

Ritratto Duodecimo. Qual ape da fiore a fiore, trasvolo da libro a libro. Arti di bel parlare e di garbato periodeggiare sono gli autori ch'io leggo. Squisita dicitura e a squadra composta è il mio favellare. Figure, fraseggiamento, minute pitture, atteggiamenti quasi apparecchiati allo specchio, e fuor di casa meco arrecati, voce a battuta è la mia eloquenza. Chi m'ascolta non piange, non si move a far meglio. Prestami gli orecchi, non altro. Che è a me? Io ho però saputo far cambiare in nomi più nobili al ragionare pubblicamente quel meschinetto titolo d'Omelia. M'accosto a'gran padri dell'eloquenza, Demostene e Cicerone. Paeselli poveri non m'invitano nè sono degni d'udirmi. Quello che l'arte del parlare ha perduto nel frutto, l'ha acquistato per opera mia in grandezza. Bene sta: ma il frutto solo fa la grandezza di quest'arte.

SIGNOR OSSERVATORE.

Io vi parlo con ischiettezza. Non ci trovo il mio conto nella lettura de'vostri fogli. Dessi sono troppo serii e voglion esser letti con qualche poco d'attenzione. Il mio spirito è tutto moderno. Mi compiaccio de'pensieri falsi, dell'arguzie scipite e de'tortuosi scherzi di parole. So bene che i vostri fogli hanno per iscopo il fare con delicatezza delle lezioni sopra i costumi. So che la mente, quella buona donna che conduce il cuore, quel cieco rigoglioso, ha in ogni tempo dato degli ammaestramenti veri al suo compagno; e so che senza d'essi ci cozzeremmo insieme per le strade come fanno le bestie, viveremmo tra boschi come le fiere, e saremmo preda delle sfingi allegoriche.[2] Ma in onta di tutto questo a me piace l'ozio, e per conseguenza mi piace di leggere quelle

---

[1] *Basilio il Grande.* Il più eloquento forse degli antichi Dottori della Chiesa. Nato in Cesarea nel 329, si consacrò tutto al servizio della Chiesa, predicando o dando esempio di tutte virtù. Morì nel 379.

[2] *Saremmo preda delle sfingi allegoriche.* La sfinge era un mostro col corpo di leone e petto e testa di donna, che, appostata nei dintorni di Tebe, fermava i viandanti, proponendo loro oscuri enigmi, e divorando chi non sapeva risolverli.

cose che nel leggerle mi lascino ozioso. Mi piace quello stato felice di
cui ho goduto da ragazzo. Non dormo, se non mi viene conciliato il
sonno da qualche ciancia romanzesca. Non saprei abbandonarmi al
sonno con li vostri fogli morali in mente: o se dormissi, quali sarebbero i miei sogni ? Morale, economia, ordine, buon costume, con le loro
larve deformi mi riempirebbono di spavento. Pieno d'idee malinconiche,
nel presentarmi alla tavoletta di qualche Filodemia, declamerei contro
la vanità e contro lo svagamento. Oh pensateci se non verrei subito cacciato via colle male parole ! E allora cosa sarebbe di me ? Dovrei ricorrere alla vostra conversazione o a quella di qualche vostro amico,
perchè mi faceste morire di malinconia coll'obbligarmi ad ascoltare od
a parlare da filosofaccio. Così è. La vostra bile (sebbene io sospetti gagliardamente che dessa dica il più delle volte la verità) cerca d'obbligarmi anche scherzando alla lettura di libri che vogliono esser letti
con attenzione e che presuppongono molte cognizioni. Così di scherzo
vorreste farmi applicare allo studio del lunario: quasi che il lunario
fosse libro per oziosi, per donne, o per ragazzi. I solstizii, gli equinozii,
le lunazioni e gli eclissi presuppongono qualche notizia della sfera.
L'arrivo e la partenza delle poste presuppongono qualche notizia di
geografia. Taccio del rimanente. Oh pensate voi se a questi patti voglio perdermi col lunario. Se volete dunque che io proseguisca a leggere i vostri fogli, dalla indole mia di cui v'ho dato contezza, prendete
norma per iscriverli. Nè mi steste a dire che la mia indole è de' secoli
barbari. Io non mi curo di queste ciance; se il vostro cervello, di cui
non saprei dir male, per ragione di sua ben ordita tessitura, di ben
proporzionata miniatura degli oggetti, di giusta ed analoga combinazione delle idee (oh! che parolacce!), se il vostro cervello, dissi, non
può impiegarsi in cose al gusto mio più piacevoli e grate, io vi vol-
gerò le spalle. E sono vostro servitore

EDIPO.

Risposta.

Al primo aprire del vostro foglio fui per ispiritare, e mi si arricciarono i capelli in capo, quando lessi a piè di quello il vostro nome :
Edipo ! Mi cominciarono a battere i polsi, e già immaginava d'avervi
a ritrovare qualche spettacolo tragico ; qualche descrizione di sangue
sparso tra fratelli, di madri impiccate ad un laccio, d'occhi accecati
e d'altre così fatte orribilità. Leggendo via via mi tornò il cuore in
corpo e compresi finalmente che quell'Edipo altro non significa fuorchè uomo il quale non sa o non può valersi de' piedi suoi ; [2] e che forse
vi siete così nominato allegoricamente per far conoscere il vostro umore
d'andare adagio, di viver da sedere o coricato, in breve il vostro desiderio di poltroneggiare coll'intelletto.

Edipo mio, io non son uomo da interrompere il vostro sonno ; e vi
chieggo scusa se non sapendolo o non volendolo io, v'avessi mai co' miei
fogli risvegliato. Io non avrei creduto che vivessero al mondo uomini

---

[1] *Edipo. Mi cominciarono a battere i polsi* ec. Tra i personaggi dell'antichità eroica
nessuno ebbe più tragica vita di Edipo, figlio di Laio re di Tebe, e di Giocasta, il quale,
spinto dal fato, ucciso il padre e sposò la madre senza conoscerli, e quando si ravvisò
parricida e incestuoso, si strappò gli occhi.

[2] *Uomo il quale non sa o non può valersi de' piedi suoi,* ec. Edipo in greco significa
dai piedi gonfi.

in fasce e col capezzolo della balia alle labbra in tutti gli anni della
loro vita ; per modo che tutti i libri che si stampano, e tutte le scritture che si fanno, altro non dovessero essere fuor che canzonette da
cantarsi alla culla, o baiucole[1] d'orchi e di streghe o somiglianti chiappolerie. La credenza mia fino a qui è stata che secondo che gli stomachi si rinvigoriscono con l'età, si dovesse scambiare il cibo, e passar
come dire dal latte al panbollito, da questo a un sommolo d'ala di
pollo, poi alla carne di bue, e dare una sostanza a tutte l'età conve-
niente. Quando ho veduto occhi che guardano, lingue che favellano, e
facce umane, io non ho mai potuto divezzarmi dal giudicare che di
sotto da esse vi sieno cervelli, intelletti, immaginative e memorie, tutte
cose attive e vivaci, che cercano pastura, sostanza e movimento. Non
ho mai saputo avvilire cotanto la condizione umana nel mio pensiero,
che io abbia sospettato ch'essa volesse essere intrattenuta nell'ozio e
nel sonno perpetuamente. Mi sarei forse ingannato? Quasi quasi voi
me ne fate dubitare. E tanto più perchè quello che voi mi dite apertamente, mi fu già bisbigliato agli orecchi da più lati, che gli argomenti
trattati da me sono troppo gravi, quando avrei giurato in mia coscienza
ch'essi erano anche soverchiamente leggeri. Di nuovo vi chieggo scusa,
se così è come voi affermate. Io non vi dirò già che comperiate o no
questi fogli, non m'arrischio a pregarvi di ciò : fatene a vostra volontà.
Chieggovi solamente, se voi gli comperate ancora una volta o due, che
facciate una sperienza. Non v'arrestate punto in essi con la riflessione ;
leggetegli trascorrendo a furia, tanto che se ve ne viene domandato,
possiate dire d'avergli letti e non più. Ad ogni periodo o due, domandate ora il caffè, ora la tabacchiera od altro, e se avete intorno persone che parlino, state attento con gli orecchi a quanto dicono, e rispondete anche loro talvolta, o accarezzate un cagnuolo dicendogli
qualche parola vezzeggiativa di tempo in tempo, tanto che non vi tro-
viate con tutto l'intelletto occupato nella lezione. Io ho veduto a questo
modo leggere i più profondi e più dotti libri del mondo, senza che riu-
scissero per la loro profondità e dottrina molesti a' leggitori. Infine
infine i miei fogli non sono poi sì gran cosa, e si potrà benissimo dormire con essi in mano, come con tutti gli altri libri, senza punto entrare
in meditazioni gravi, nè sognare faccende che arrechino inquietudine.
Credetemi, questo metodo di leggere vi lascerà nell'ozio vostro, anzi
vi darà diletto d'ogni libro, come se voi sentiste favellare un pappagallo o una gazza ; e se voi viveste cento anni leggendo in questa guisa,
non uscirete mai di pupillo, e rimarrete quel gioviale ragazzo ch'eravate non so quanti anni fa, e che procurate d'essere al presente. Io
giurerei che questa norma non potrebbe essere biasimata da qualsivoglia Filodemia, perchè voi sarete sempre in istato di dirle quante baie
volete, e di cianciare a sua volontà ; perchè il vostro cervello non verrà
mai intorbidato da pensieri gravi. Non crediate già che questa sia una
ricetta inventata da me, no ; ma è solamente un'osservazione secondo
l'usanza mia. Non vedete voi quante sono le botteghe de' librai? quanto
ampie le corrispondenze per un traffico di libri perpetuo? Ogni dì si
vende, ogni dì si compera : sempre escono frontespizi nuovi : continuamente si scrive e si stampa. Se non s'usasse comunemente il metodo
del quale io parlo, credereste voi che le genti potessero leggere come

---

[1] *Baiucole.* Diminutivo di baie. Qui sta per fiabe.

fanno, senza sturbarsi punto l'intelletto? Edipo mio, voi vedete, io confesso il difetto mio; ma voi dall'altro lato dovete emendarvi, e uscir d'errore voi ancora, e se mai aveste pensato che io studii con artifizio di farvi leggere con attenzione, disingannatevi; e credete che io non m'arrisico a persuadermi che i fogli miei debbano essere letti con maggiore applicazione che gli altri libri. Mi raccomando alla grazia vostra. E sono vostro servidore,

L' Osservatore.

Signor Osservatore.

O voi non avete letto un picciolo e garbato libretto stampato in Fantasianopoli, e venduto dal vostro Paolo Colombani, o non posso intendere perchè la materia in esso trattata non sia stata argomento delle vostre osservazioni. Certamente che quel *Discorso sopra la morte di Iacopo Matteo Reinart* [1] *Mastro calzolaio* vi potea aprire la via a molte degne considerazioni. Ogni uomo, per quanto può, utile a quella società in cui vive, è sì nobile che un'orazione delle sue lodi dovrebbe essergli fatta dopo la morte. Non è picciola virtù l'avere provveduti i piedi del prossimo suo di scarpe in tutto il corso della vita, e contentarsi di star a sedere, tirar cuoi con le tanaglie e co' denti, e spago a due mani senza fare altro. Quello che dico de' piedi, dico anche del restante del corpo. Non fa minor benefizio un sarto, un cappellaio, un berrettaio e altri siffatti; massime se eserciteranno l'arte loro con lealtà e pazienza. Fino a tanto che vivono, la buona usanza sarebbe dar loro qualche rimunerazione, come a dire a chi fa la miglior berretta in quest'anno, io darei tanto, e tanto a chi fa il miglior cappello o mantello di tutti. In tal guisa si vedrebbono gli artisti a gareggiare, massime quando si vedessero sicuri di doverne anche essere lodati dopo la morte, e che non hanno perduta la gloria per avere esercitata un' arte meccanica, e che acquistano onore anche con le forbici, con l'ago e con altri strumenti siffatti, quanto con la penna o con la spada. Io vi parlo così in breve, prendetevi queste mie parole per una favilluzza che forse desterà nell'animo vostro un incendio; e comincerete a girar gli occhi vostri intorno intorno nell'infinito numero degli operai, per fare ad alcuno di quelli l'onore ch'egli merita, e seguire quel nobilissimo intelletto che ve n'ha aperta la via col suo filosofico *Discorso*.

N° XlV.   A dì 21 marzo 1761.

Nunc et Anaxagoræ scrutemur Homoeomeriam.

Lucr.

Ora esaminiamo anche l'Omeoemeria d'Anassagora.

Anassagora [2] fu uno de'più begli umori dell'antichità; cioè di que'tempi ne' quali gl'intelletti si sfogavano a dire le più strane opinioni che po-

---

[1] *Discorso sopra la morte di Iacopo Matteo Reinart.* Il vero titolo di questa curiosa operetta è: « Discorso fatto per suo passatempo dalla M. di F. il G. re di P. (dalla Maestà di Federico il Grande re di Prussia). Fantasianopoli, 1761. » Fu tradotto in italiano dal conte Francesco Algarotti.

[2] *Anassagora.* Filosofo ionio vissuto cinque secoli prima di Cristo.

tessero entrare in capo umano. Costui volendo dimostrare altrui di
che fossero fatte tutte le cose del mondo, inventò una certa faccenda
nominata le Omeoemerie, come chi dicesse minutissime particelle somiglianti, le quali andavano a ritrovarsi insieme in questo modo. Tutte
le minuzie dell'ossa, o vogliam dire gli ossicini invisibili, s'accozzarono
insieme, e si legarono per forma che n'uscirono l'ossa; le venuzze andarono a ritrovarsi, e composero le vene; i sassolini si visitarono, e
n'uscirono i sassi; e, in breve, tutte le particelle somiglianti con dolcissima amicizia si collegarono, e fecero tutto quello che si vede. E però,
diceva egli, se voi volete vedere che così sia, notate quello che noi man-
giamo. Agli occhi nostri il pane parrà tutto una cosa, l'acqua lo stesso;
e tuttavia tanto nel pàne, quanto nell'acqua, comecchè le non caggiano
sotto gli occhi nostri, ci debbono essere infinite di queste particelle,
una porzione delle quali, somigliando alle ugne, corre alle cime de' piedi
e delle mani, e fanno crescere l'ugne; altre, che somigliano a' capelli,
vanno alla cotenna del capo e s'aggiungono alla capellatura; e così dite
de' nervi, de' muscoli, de' polmoni e di quanto altro abbiamo nel corpo.
Di questo trovato parlano Lucrezio, Plutarco, e altri che ci hanno lasciato qualche memoria degli antichi filosofi. Io credo che Anassagora
si prendesse un bel passatempo a studiare la varietà delle raschiature
che concorrono a formare uomini e donne; quali particelle fabbricas-
sero il cervello e il cuore degli avari, de' liberali, de' femminaccioli, degli
studiosi, e in somma d'ogni genere di persone; perchè certamente non
potrebb'essere che tanta varietà fosse composta d'una medesima pasta.
Di questo sollazzo io ne ho avuto una parte stanotte dormendo, perchè
dopo d'aver letto il verso da me allegato di sopra, m'addormentai col
pensiero dell'Omeoemeria, e feci il sogno che segue.

SOGNO.

Entrai, non so come nè quando, in un'ampia e bella campagna, circondata da tutti i lati di verdi alberi, e innaffiata da'ruscelli, e sopra
tutto sì risplendente, che da niun lato vedevasi la menoma nuvoletta
che sopra d'essa l'aria occupasse.

Da tutte le parti di quella menavano le braccia quasi innumerabili
lavoratori, i quali tuttavia non adoperavano altri strumenti, fuorchè
seghe e lime, e aveano dinanzi a sè molte materie, sopra le quali eser-
citavano le mani e i ferri, riducendole in minuzie; e ognuno separata-
mente collocava la sua limatura e segatura per modo, che qua e colà
si vedeano apprestati infiniti monticelli di quelle. Mentre ch'io stava
tutto attento, e quasi fuori di me, ad osservare quella nuova generazione di lavoro, ecco ch'io vedeva aprirsi nell'Olimpo una grandissima
porta, da cui vedeva innanzi a tutti uscire Giove, e diètrogli una lunga
schiera di Deità; e a poco a poco ne vennero a terra, e giunti nella
campagna in ch'io mi trovava, si posero in bell'ordine a sedere. " Voi
vedete, o compagni," diceva il padre de' Numi, " che le cose del mondo
coll'andare del tempo si sono invecchiate, ed è nato un miscuglio tale,
che la stirpe degli uomini sembra fatta di tutt'altra materia, e affatto
diversa da quella che Prometeo[1] adoperò nell'edificargli; e non so come

---

[1] *Prometeo.* Uno dei Titani, figlio di Giapeto, formò d'argilla il primo uomo, involando
dal cielo il fuoco sacro per dargli vita.

nelle particelle d'alcuni si sono mescolate quelle degli altri; anzi sono entrate oggidì a formare corpi d'uomini e donne di quelle minuzie, ch'erano riserbate solo a comporre altre cose nell'universo. Peli di lione, artigli di nibbio, code di volpi, nervi di bertuccia, becchi di civette e lingue di pappagalli si sono mescolate a formare uomini e donne, i quali non sanno più quello che si vogliano, nè quello che si sieno, a cagione di così fatta mistura. Ma sopra tutto mi sbigottisce che Momo[1] notomizzando sottilmente a questi passati di un corpo di femmina, per riferirmi di che fosse fatto, mi disse che la maggior porzione di quello era composto di muscoli gagliardi e vigorosi, di che si vedea ch'erano nelle femmine passate le particelle de' maschi; e che sopra tutto giurerebbe d'avervi trovato nel mento alquante minuzie che gli pareano uno strato di barbe. Tanto m'atterrì questa novità, che io non volli vederne altro, nè andar più oltre col ricercare, tenendo per cosa ferma che se le porzioni stabilite a formare il maschio, erano passate nella femmina, doveano all'incontro quelle della femmina essere nel maschio passate. Io so bene che lasciando correre la faccenda a questo modo, a capo d'un lungo tempo il mondo tornerebbe allo stato di prima; nè altro avverrebbe, se non che quando tutte le particelle avessero scambiato luogo, quelli che si chiamano ora maschi, sarebbero femmine affatto, e quelle che si chiamano femmine, sarebbero maschi del tutto. Ma voi vedete che a ciò è necessario qualche migliaio d'anni ancora, e che frattanto questo scompiglio e miscuglio disordinato è cagione non solo di cose straordinarie sopra la terra, ma che noi medesimi siamo continuamente chiamati in aiuto da que' pochi che non hanno ancora in sè mistura che gli offende. Per la qual cosa, o Mercurio,[2] da' ora subitamente nella tromba, e fa' un bando che debbano qui venire uomini e donne, perch'io intendo che sieno rigovernati di nuovo." Appena egli ebbe così favellato, che Mercurio, posto bocca alla tromba, fece un altissimo suono, e da tutti i lati si videro a comparire uomini e femmine ad udire la volontà di Giove. Il primo ch'egli si facesse andare avanti, fu un cert'omiciattolo che avea più figura d'arpía che d'uomo, il quale, dopo un breve esame fattogli da Momo, si scoperse ch'era il più tristo taccagno, e il più misero avaro che fosse al mondo. Io vidi allora una mirabile esperienza, che soffiandogli Esculapio[3] da quella parte dove sta il cuore, gli uscì incontanente fuori per la bocca un sottilissimo fumo, il quale si divise in più parti in aria, e in alto formò una certa pioggia, che cadendo poscia in terra, e da Momo disaminata sottilmente, fu ritrovato che quelle minutissime gocciole erano particelle che naturalmente doveano concorrere a formare ami, uncinetti, catenelle, e sanne di cinghiale, e s'erano non so come introdotte a formar il cuore di quello infelice; a cui Esculapio ne fece incontanente un nuovo, traendone la materia dalle limature ch'erano quivi state apprestate, di cui fece una morbida pasta e di carne. La seconda che s'appresentò a Giove, fu una giovane ariosa e gentile, a cui soffiando Esculapio, come avea fatto al primo, le uscì di bocca un certo fumo di colore grigerógnolo, il quale non si divise, come il primo, per l'aria, ma all'incontro si raunò e collegò tutto insieme, indi cominciò a volare, diventato una civetta.

---

[1] *Momo.* Figlio del Sonno e della Notte, dio del motteggio e della satira.
[2] *Mercurio.* Dio del commercio e dell'eloquenza; era l'araldo degli Dei e il conduttore delle anime all'inferno.
[3] *Esculapio.* Dio della medicina.

Di subito venne, come il primo, anche costei provveduta d'un cuore, qual si conveniva alla sua condizione. Non so quante penne mi sarebbero sufficienti a descrivere tutte le riformagioni ch'io vidi in quel luogo; nè di quante ragioni fumo scorgessi innalzarsi verso al cielo; ma sopra tutto mi ricordo, ch'essendo andato io medesimo dinanzi a Giove, Esculapio affermò che, quanto al cuore, egli giudicava ch'io non avessi in esso porzione alcuna che non appartenesse ad un cuore umano; ma che qualche particella avea nel cervello, che dovea concorrere a formar grilli e farfalle. Mentre ch'egli avea fatta la bocca tonda, e cominciato il soffio, un altissimo scroscio di tabelle mi percosse gli orecchi, ond'io destatomi all'improvviso, non potei ricevere la grazia del mio scambiamento, nè di veder quello di tanti altri ch'erano dinanzi a Giove apparecchiati.

Signor Osservatore.

Si maravigliano alcuni che nel mio matrimonio duri uno scambievole amore per diciott'anni, come se fosse oggi il primo giorno. Se mia moglie ed io avessimo seguito il costume di tutti gli altri, saremmo oggi annoiati per modo che non ci potremmo più guardare in faccia. Ma noi abbiamo con molta avvedutezza e pensiero posto rimedio a tutti que' mali che debbono di necessità derivare dal possedimento assoluto e dalla continua pratica. Avendo in mia giovinezza sperimentato più volte, che quando desiderava una cosa, mi parea di non averne mai a perdere il desiderio, e che non sì tosto l'avea acquistata, non passavano due ore che la m'era uscita di memoria, giudicai che il somigliante sarebbe avvenuto d'una donna, quando la fosse stata mia senza altri pensieri. Per la qual cosa quando l'ebbi condotta a casa mia, benchè mi paresse di doverla amare per tutto il corso della mia vita, le parlai con una filosofica schiettezza, e le dissi: "Moglie mia, io vorrei che la volubilità del cuore umano non entrasse giammai in quel vicendevole amore ch'io conosco benissimo essere acceso fra noi due al presente: ma così è fatta l'umana natura, che la non può lungo tempo durare in un solo sentimento. Dovendo noi due da qui innanzi essere sempre insieme giorno e notte, non può darsi che non ci venghiamo a noia l'un l'altro. Per la qual cosa io ti prego, quanto più so caramente, che quand'io ti dirò che in me va cessando l'amore verso di te, tu non lo ti abbia a male; ma cerchi anzi ogni mezzo per far sì ch'esso riesca durevole per tutto il corso della mia vita; e tu apertamente mi dirai il medesimo, quando ti accorgerai che nell'animo tuo esso si vada a poco a poco ammorzando." La donna mia sparse a questo favellare qualche lagrimetta, e giurava.... "No no," diss'io, "fa'com'io ti dico:" e tanto ne la pregai, che fummo d'accordo. Non passò un anno ch'io m'avvidi che in me si raffreddava quel primo bollore, e non sapea come deliberare a dirle il caso mio, vedendo ch'ella non era punto cambiata. Con tutto ciò, fatto cuore, gliene significai con quelle migliori parole che potei, tremandomi quasi la voce per sospetto d'offenderla. Fu però grande la mia maraviglia, quando ella tutta arrossita mi confessò ch'erano già passati tre mesi che si trovava nel caso mio, benchè non avesse avuto ardimento di palesarmelo. "Oimè!" diss'io, "qui si conviene mettervi subito rimedio; e però, addio: tu starai una settimana senza vedermi;" e così detto le volsi le spalle. Ella n'ebbe una grave passione, e vedendo in effetto ch'io non ritornai la sera a casa, ingelosì del fatto mio, e cominciò a spiare dov'io fossi; e trovato ch'io era con un amico, dove non le potea cadere sospetto veruno, le doleva fino al cuore che si dovesse spargere la novella di tale abbandonamento, e mi scrisse la più cara e affettuosa lettera che mi pervenisse mai alle mani, alla quale io risposi con altrettanto affetto, e la notte andai sotto alle sue finestre con musici e sonatori; e quando fu chiusa la serenata, licenziai la compagnia ed entrai in casa ridendo. Ella si rideva anch'ella della mia pazzia; e due animi in tal guisa ricreati, ritornarono ad amarsi con gran fervore per qualche tempo. Dopo alquanti mesi, una sera entrato in casa, in iscambio di ritrovarvi la moglie, trovai una polizza di lei, nella quale mi avvisava che, stanca delle mie fantasie e de' miei capricci, la s'era risoluta d'andare alla casa della madre, e di quivi dimorare senza vedermi mai più, non potendo ella sofferire la mia volubilità e il mio poco amore. Fui percosso quasi da una folgore, e correndo alla casa della suocera, saliva le scale, facendo gli scaglioni a due a due, per attestare alla moglie l'amor mio; ma in iscambio di lei mi venne incontro la vecchia, la quale, rimproverandomi le mie pazzie, conchiuse ch'io le uscissi di casa, e ch'io non avrei veduta mai più la figliuola. In tutta notte non chiusi mai occhi; e la mattina per tempo scrissi una lettera alla moglie, chiedendole scusa, e ricordandole i nostri patti. Vennemi una brusca risposta; questa tanto più m'accese: replicai; tornarono indietro migliori novelle. Infine fra due dì fummo rappacificati; e mentre ch'io mi volea seco dolere della sua fuga, la si diede sgangheratamente a ridere, e mi disse ch'essendosi in que'dì annoiata di più vedermi, l'avea cercato quello spediente. Io la stimai donna di spirito, e mi crebbe l'affetto: ella si rideva d'aver saputo così bene colorire la beffa, e tuttaddue fummo contentissimi l'un dell'altro per molto tempo. Da indi in qua di quando in quando ci siamo mantenuti in amore, col mettere qualche difficoltà di mezzo alla nostra continua pratica e alle nostre domestichezze, tanto che sono passati diciott'anni. Oggidì siamo buoni amici, e ci ridiamo del passato. Se volete pubblicare in iscambio d'una novella questa baia, fatelo. Addio.

Nº XV. A dì 25 marzo 1761.

. . . . *Et quæ divisa beatos*
Efficiunt, collecta tenes. CLAUD.

Sono in te raccolte tutte quelle cose che divise rendono gli altri egregi e beati.

Dovendo l'Osservatore, secondo l'ufficio suo, per quanto egli può, comporre una storia degli animi umani, non è sempre obbligato, come per avventura potrebbero credere alcuni, a ragionare de' difetti degli uomini, per procurare di far sì che sieno fuggiti; ma talvolta anche delle virtù, acciocché vengano volonterosamente imitate. Egli è il vero che laddove, ragionando de' primi, s'ingegna a tutto il suo potere di scostarsi dalle persone particolari, acciocchè il suo desiderio di giovare non sia creduto maldicenza; all'incontro, avendo a favellare di queste ultime, non solo egli si mette dinanzi all'intelletto qualche persona, ma cerca di dipingerla con tutti que' lineamenti che possono farla altrui conoscere ed ammirare.

Avendomi adunque la buona ventura mia condotto ad avere la conoscenza d'una delle più belle e virtuose anime che in donna[1] qui nel mondo abitasse, non crederò che sia cosa lontana dal debito mio, s'io intratterrò chi legge i presenti fogli col ragionare qualche tempo delle sue qualità, e di quelle doti che la fornivano. Nel che non solo intendo d'eseguire l'ufficio ch'io mi sono da me medesimo imposto nel pubblicare queste scritture, ma quasi di rizzare un picciolo monumento in suo onore, per fare qualche ricordanza di lei, che sia cara a molti e molto suoi cordiali amici; e testificare al mondo, se non altro, una parte della gratitudine ch'io debbo a quelle cortesi parole e opere, che tante volte nell'oscurità in cui m'ha gittato la mia burrascosa fortuna, furono mio conforto ed alleviamento. Ma che?

Volgomi intorno, ed è sparito il lume
Della pietà che mi porgea conforto;
Lo cerco invano; e mentre il piede io porto
Dovunque egli era, invan seguo il costume.

So che mal di trovarlo omai presume,
Dal desir ingannato, uomo non morto:
Non è, non m'ode; il cerco, il chiamo a torto;
Pur convien ch'occhi e voce e cor consume.

Ahi! tu che sola mi presenti ancora,
Viva memoria, il raggio onesto e santo,
Che già tanto giovommi ed or m'accora,

Pungimi sempre; e mi ricorda quanto
Mi fu benigno, ond'io mi mostri ognora
Grato a mill'opre sue con doglia e pianto.

Nè veramente potrà essermi in ciò manchevole la mia memoria, conservatrice fedele di tutte le qualità ch'io ammirai nella grande anima ora sparita dal mondo, dappoichè la mia buona ventura m'aperse la via d'essere ammesso fra quelle persone che seco viveano più spesso, e notare con frequenza i suoi sentimenti.

In ottime lezioni e in isquisito conversare avea l'intelletto suo, per natura penetrativo e vivace, di belle cognizioni fornito; ma non era perciò sì vaga di tale acquisto, che con lieta faccia ad ogni altro favellare non s'adattasse al bisogno. Laddove s'introducevano ragionamenti di lettere, più volentieri che gli altri gli udiva: non sentenziava mai; un breve assenso o dubbio manifestavano il suo pensiero: assenso o dubbio erano però ragioni sì diritte, che aveano colpito nel segno. Della vera amicizia più maravigliosa estimatrice non vidi mai; nè chi più presto conoscesse la falsità, e l'abborrisse. Uomini e donne di grande affare si tenea carissimi, dicea, per poter essere talvolta mezzo a giovare agl'infelici, e avvisare di loro calamità chi potea alleggerirgli. Non avrebbe, affermava ella, cotanti sventurati il mondo, se lingue fedeli si

---

[1] *La contessa Eleonora Colleoni-Romilli*. Colta gentildonna, di famiglia bergamasca.

frammettessero, e fossero ambasciatrici all'udito di chi può, e dicessero il vero degli afflitti. Rimangono ancora sue lettere non poche, scritte a grandi uomini, eloquentissime, tutte anima, e dettate con uno stile da non poterle sorpassare qualsivoglia ingegno; per iscrittura varie, d'argomento simili; ognuna fa instanza per giovare, o ringrazia d'aver ottenuto benefizio in altrui pro. Quanta rettorica hanno le scuole non insegna quello che a lei dettava il suo cuore. È maraviglia a dirsi con qual facilità comprendesse tutte le circostanze d'un caso, anche il più intralciato, le inutili separasse in un subito, cogliesse la verità e desse consigli, accompagnati da tanta cordialità e calore d'espressioni, che meglio non avrebbe parlato dentro il cuore di chi ne abbisognava. Vedevi anima intrinsecatasi nella tua, affare di lei più che tuo proprio. Alle parole, dove potea, aggiungeva l'opera, non richiesta; senza tuo sapere, o attendere, ti vedevi d'improvviso giovato. Quasi temea di dartene la nuova, perchè non ti piombassero addosso le obbligazioni. Aresti detto che scegliesse le parole più leggiere: non era vero; assecondava in ciò sua natura senza pensiero. L'aver fatto vantaggio agli amici, glieli rendea solo più cari; compenso di sua cortesia. Ritrovò molti ingrati; potea offendergli, se ne scordò, nè l'ingratitudine d'alcuni la fece indispettire della beneficenza. Nelle avversità ebbe animo sofferentissimo; nè mai l'avresti per esse veduta a cambiare nelle compagnie la sua ilarità naturale. Nell'ultima sua infermità, breve di quattro dì, è impossibile a dirsi il suo doloroso male e la sua costanza. Fino agli ultimi momenti ebbe chiarissimo intelletto, vivo e presente. Conobbe il suo stato il primo dì, non volle lusinghe, con cattolico cuore si scordò tosto del mondo non invitata. Finì di vivere la notte dei 20 di marzo con somma fermezza e religione.

> Puro spirto in terrena e gentil vesta
> *Lïonora* poc'anzi era tra noi;
> Or sua parte migliore in ciel si è desta,
> Solo vestita de' raggi suoi.
> O tu che passi, leggi e t'addolora:
> Qui fredde spoglie, e nome è *Lïonora*.

--- --- --- ---

Oppidum condunt. Æneas, ab nomine uxoris,
Lavinium appellat. Tit. Liv., lib. I.

Edificano un castello. Enea lo chiama Lavinio dal nome della moglie.

Oh com'erano rozzi gli antichi! dice quasi ognuno a' nostri giorni. Le morbidezze, gli aspetti delle cose studiate in dilicatezza, che ci attorniano, un certo che d'affettuoso e di garbato, che suona nelle nostre parole quando favelliamo alle femmine, ci fa credere che noi facciamo maggiore stima del fatto loro di quello che facessero gli antichissimi uomini, tanto che al presente ci pare di conservarle nella bambagia. Io per me sono d'opinione che questa bella metà del mondo fosse carissima all'altra metà in tutti i secoli, e che sempre le fossero fatti vezzi e usate cortesie. Ma sia come si vuole, io trovo almeno certamente che gli uomini cercavano di dar loro qualche parte della gloria nelle proprie città, acciocchè le s'innamorassero anche d'altro che di bagattelluzze e di ciance. Tito Livio[1] me ne dà due begli esempi. Quando Enea pose il piede in Italia, e s'ammogliò a Lavinia, veduto che l'era una giovane di garbato ingegno, come la si scoperse appresso in effetto, per conservare eterno il nome di lei, chiamò Lavinio un castello che venne dai Troiani nei luoghi suoi edificato. Quando poi per opera delle donne Sabine nacque fra' Romani e Sabini la pace, di che fu una letizia universale, non solamente divennero esse, dice lo scrittore, « più care a' mariti e a' padri, ma furono principalmente grate a Romolo, il quale dividendo poscia il popol suo in trenta curie, ad ognuna di queste pose il nome d'una d'esse donne, per rendere con quest'atto pubblico di gratitudine, in tutti i secoli avvenire, la virtù e i nomi loro immortali. » E afferma un altro autore, che tutta la discendenza di quelle fu per legge liberata da ogni esercizio d'uffizi vili e plebei. Va'a dire che oggidì le povere donne abbiano da noi uomini una grazia di conto, o che cerchiamo di far loro qualche onore se le faranno una bell'opera. Se una avrà più cervello che il marito, e reggerà bene la casa sua, che fra le mani di lui andrebbe in rovina, nelle compagnie si dirà male di lei che fa, e di lui che lascia fare. Ci sarà un'altra di giudizio, che darà un buon consiglio; il suo parlare s'ascolta come se la fischiasse; e si domanda ove la s'è addottorata; tanto che bisogna ch'ella si stringa nelle spalle, e stiasi sofferente a vedere mille pazzie, e le assecondi se occorre. Non è maraviglia poi se il cuore umano, che pur vuole qualche onore per natura, e tanto è di carne e vivo nelle donne, quanto negli uomini, le ha stimolate a gareggiare con esso noi per un altro verso; nel che noi le abbiamo aiutate e le aiutiamo a tutto nostro potere. Quel pensiero ch'esse avrebbero posto tutto in cose grandi, l'hanno all'incontro occupato nell'ingrandire le picciole; e non hanno fatto debole impresa, a vedere come sia riuscita bene la loro intenzione. Io giocherei la vita mia contro un morso di berlingozzo,[2] che se noi maschi avessimo alle mani telerie, nastri, pizzi e altre sì fatte cosette, non ci darebbe mai l'animo di condurle a quella grandezza e solennità alla quale furono dalle donne condotte. No, non lo sapremmo fare. Per confortare, come si dice, i cani all'erta,[3] noi siamo buoni; perchè quella che fra esse sa meglio guernirsi di sì fatte gentilezze, vien da noi senza fine lodata; tanto che dal vedere l'ammirazione de' maschi è nata la concorrenza generale fra loro: e io non posso fare a meno di non ridere quando odo alcuni a biasimarle di ciò, e a dire ch'esse hanno del cervellino e dello sventato. Che avranno esse a fare? A starsi con le mani alla cintola e senza pensieri, come se le fossero statue? Se quando le reggono bene una famiglia, s'andasse sotto alle loro finestre con una schiera di musici e di strumenti a cantare le loro lodi; se le potessero acquistare gli amanti, quando si rendono celebrate per nobiltà e grandezza di cuore, noi le vedremmo scambiate mentre ch'io scrivo. Non veggiamo noi forse che le ci annoiano quando dicono sei parole sul

---

[1] *Tito Livio.* Storico latino, nato a Padova nel 59 av. C., morto nell'anno 17 dell'èra volgare. È famoso per la sua storia romana, divisa in 140 libri, di cui soltanto una quarta parte ci fu conservata.

[2] *Morso di berlingozzo.* Cosa di nessun valore.

[3] *Confortare i cani all'erta.* Modo prov.: spingere alcuno a cosa che egli fa di mala voglia.

sodo? Che se le ci appariscono dinanzi vestite senza mille squisitezze, diciamo che le sono idiote? Che se le non dicono mille cose per diritto e per traverso, le chiamiamo pezzi di carne con gli oechi? Il continuo cianciare, moversi, dibattersi, e quasi far visacci e bocche, lo chiamiamo vivacità; il dir male, arguzia; il far peggio, spirito; e abbiamo tanto lodato le poche forze e la dilicatezza di complessione, che le si sono ridotte quasi tutte a soffrire mille maluzzi, e a starsi a letto più giorni della settimana per acquistarsi anche quest'onore.

All' Osservatore.

Mandovi una scrittura alquanto lunghetta, la quale non è veramente cosa mia, ma d'uno scrittore forastiero. A me sembra essa cosa dettata con molto giudizio e senno, e non posso negarvi che avrei piacere di vederla pubblicata ne' vostri fogli. Lascio però che ne facciate la vostra volontà; nè intendo che per favorirmi sconciate punto quelle misure che avete prese. Se potete, vi sarò obbligato io, e insieme quel cavaliere che me l'ha spedita; se non potete, ci vorrà pazienza. Sappiate almeno che son uno il quale v'ama cordialmente e fa vera professione d'esservi amico. V'abbraccio.

Mio Signore.

Ho letto la favola allegorica da voi mandatami; e, se non m'inganno, giurerei ch'ell'è cosa d'uno scrittore inglese. La morale v'è ottima, ed è espressa felicemente. Io l'avrei collocata nel foglio presente, se la materia non fosse già per questo stata apparecchiata e disposta. Occuperà il foglio dietro a questo. Pregovi bene, se voi da qui in poi mi favorirete mai più, a non mandarmi cose molto lunghe. Non posso negarvi che la favola non sia bella e degna d'esser veduta e letta: onora i miei fogli, ma questi amano la varietà e la brevità de' componimenti. Voi sapete la fatica che si dura a leggere oggidì, e molta è anche la fatica dello scrivere, onde non vorrei mettere in voga lo scrivere lungamente; perchè il balzare da un argomento all'altro mi riesce di stento minore. Quando piglio per le mani un'impresa che non sia per finir tosto, mi pare impossibile di poterne mai venire a fine. Intanto vi ringrazio di cuore, e poichè siete mio amico, comporterete che liberamente vi parli. Non cessate di favorirmi, e accertatevi della mia stima e gratitudine. Tutto vostro

L' Osservatore.

N° XVI.   A dì 28 marzo 1761.

RACCONTO.

Ritrovo negli antichi annali delle Fate, che dolendosi una volta molto agramente gli uomini d'una città della poco prospera fortuna, e querelandosi ognuno che le faccende andassero male, due d'esse Fate vennero in deliberazione di far conoscere a quelle genti con uno evidente esempio, che si lagnavano senza ragione. Per la qual cosa una d'esse, che si chiamava Leonilla, andata a ritrovare una sua sorella, che dimorava in una grotta di Fiesole, ed era nominata la Selvaggia, le favellò in questa forma: "Sorella mia, tu sai benissimo qual sia la nostra condizione, e quello che a noi fu stabilito dal cielo, e ciò è che, dovunque io movo il passo, mi corrono dietro tutte le prosperità della terra, e che appunto mancano pochi anni a scambiarsi la mia fatagione, a capo de' quali io mi dovrò poi tramutare in una serpe, e perdere questa mia cotanto mirabile bellezza. Tu all'incontro, non bella di faccia nè d'atti graziosa, sei dappertutto, dove ti volgi, dalle avversità perseguitata, tanto che ti se' ridotta a vivere in questa speslonca per lo tuo meglio, nella quale col tuo buon consiglio ripari la tua vita contro la nimicizia delle adirate stelle; nè si può dire che l'animo tuo grande sia mai stato vinto dalla contrarietà della tua sorte; sicchè di qua a non molti anni, essendo tu durata con tal costanza, ti dèi scambiare in gentil fanciulla, ed essere la più cheta e fortunata Fata di tutto Fiesole. Ora io ti prego, prima che mutino aspetto le nostre condizioni, che tu ne venga meco alla città, dove possiamo dimostrare agli uomini di quella, quanto si querelino a torto dell'avversità di loro fortuna. Lascia dunque, o carissima Selvaggia, questa tua grotta, e vien meco." La Selvaggia, senza altro dire, e con un breve assenso di capo, come colei ch'era malinconica, si levò su, e si diede a seguitare Leonilla. In questa forma le giunsero entrambe alla città; ed entrate in casa d'un mercatante che si chiamava Roberto, finte certe lettere di favore,[1] gliele presentarono, ond'egli in casa sua le· raccolse a grande onore, e ne le ritenne. Avea Roberto due figliuoli, tuttaddue giovani, e di grande ingegno nel traffico, l'uno chiamato Feliciano, e l'altro Giampagolo, i quali con affettuoso amore si amavano vicendevolmente, nè mai era stata fra loro una minima discordia. Tuttaddue posero gli occhi addosso a Leonilla, la quale nel vero era una delle più belle e più compiute creature che mai uscissero di mano alla natura; e aggiungeva alla sua naturale bellezza quello spirito di consolazione, che spargendosi estrinsecamente nella faccia, la rende sì risplendente e lieta, che conforta a mirarla. All'incontro la Selvaggia oltre all'avere un viso intarlato dal vaiuolo, naso rincagnato, e l'essere anche zoppettina da un piede, avea gli occhi sempre torbidacci, e una guardatura malinconica e disgustata di sua fortuna. Di che non si maraviglia se Feliciano e Giampagolo, non si curando punto di lei, erano tuttaddue infocati per l'altra. Per la qual cosa a poco a poco ingelositi, cominciarono prima a motteggiarsi co' bottoni, dipoi a mordersi più apertamente; e finalmente sarebbero venuti a fare peggiore scandalo, e a mettere mano all'armi l'uno contro l'altro, come d'Eteocle e Polinice[2] si racconta, se l'avveduto padre, e molto da loro rispettato, non si fosse tramesso, e non avesse parlato loro in tal guisa:

'Figliuoli miei, io sono oggimai vicino al chiudersi di questa vita, ed è già tempo ch'io vi vedessi ammogliati. Le due giovani che dimorano in casa mia, sarebbero il proposito vostro, se non mi fossi avveduto

---

[1] *Lettere di favore*. Di raccomandazione.
[2] *Eteocle e Polinice*. Due fratelli famosi nel mondo antico per il loro irreconciliabile odio. L'uno era re di Tebe, l'altro aspirava a divenirlo. Vennero a guerra, o si uccisero l'un l'altro in duello.

che gareggiando ciascheduno di voi per possedere Leonilla, siete poco
meno che venuti a rotta, con indicibile mio dolore; e se voi anderete
più avanti con questa pazzia, son certo che nascerà cosa, per la quale
io ne morrò disperato. Sicchè io vi prego, carissimi figliuoli, deponete
gli odii e lasciate le risse, e traendo queste due fanciulle a sorte,
ognuno sia da qui in poi contento di quella che la fortuna gli porge.
Io n'ho già favellato all'una e all'altra, ed esse per compiacermi sono
contente. La bruttezza di Selvaggia è da tale ingegno, prudenza e
bontà compensata, ch'io non so qual di voi sarà il più fortunato." In
breve di ciò s'accordarono, e furono le due fanciulle tratte a sorte. A
Feliciano toccò Leonilla, e a Giampagolo Selvaggia. Non si può esprimere quanta fosse la contentezza del primo, nè quale il dolore del
secondo. Quegli parea che non si saziasse mai di pascere gli occhi suoi
nell'aspetto della bellissima fanciulla; e questi all'incontro avea tant'ira
conceputa nel petto, e tanto odiava Selvaggia, che ci sono alcuni i quali
affermano che non entrasse mai nel suo letto. Avvenne che di là a
qualche anno Roberto si morì, e lasciò una ricchissima eredità a' suoi
figliuoli: i quali, essendo fra loro rimasa quella prima ruggine di dispetto, non potendosi più comportare l'un l'altro, e principalmente
ardendo Giampagolo di gravissima stizza per la moglie zoppa, divisero
le paterne facoltà, e ognuno fu il padrone della sua parte.

Il marito di Leonilla, che da qui in poi sarà da me nominata la
Fata della Prosperità, trasportato quasi da un soave incantesimo, non
cessava mai di tenere gli occhi fisi nelle buone grazie e nella bellezza
della moglie; anzi scordatosi affatto della parsimonia mercantile, incominciò a farle vestiti d'oro e d'argento, e a fornirla con preziose pietre
e d'inestimabil valore. Edificò per lei un casino sopra un fiume, fece
giardini, conviti, e usò ogni sorta di magnificenza. Non guardava più
in faccia i parenti suoi, parendogli d'esser divenuto qualche gran cosa;
tutti gli scapestrati giovani, quando volevano, andavano in casa sua e
n'uscivano, come le fossero stati i padroni; e sopra tutto avea dato
commessione che non fosse mai aperto l'uscio al fratello.

Ma in quel modo appunto che un picciolo rivoletto d'acqua, uscendo
di suo letto, per le valli si disperde, se non è dalle rive o dagli argini
ritenuto; non altrimenti il corso della prosperità svanisce, se il risparmio
e l'economia nol ritiene. Non passarono molti anni che la prodigalità
sparse al vento tutte le ricchezze di Feliciano; la negligenza gli scon-
certò il traffico, e quanto avea fu soggetto alla furia de' creditori. Ebbe
ricorso a coloro ch'erano stati da lui accarezzati, presentati, e con
mille solennità e magnificenze trattati; ma gli trovò che non conobbero nemmeno la sua voce, e non si ricordavano d'averlo veduto mai.
I parenti, da lui già dispregiati, si fecero anch'essi beffe del fatto suo,
e la fata medesima della prosperità, già venuta alla fine della sua fatagione, gli voltò le spalle e si fuggì da lui. Egli le correva dietro, pregandola
caldamente che seco si rimanesse; ma che diremo noi che gli paresse,
quando egli vide la sua bella e cara Leonilla tramutarsi in un subito
in una velenosa serpe, la quale, lasciandogli negli occhi lo spavento
del suo orribile aspetto, gli si tolse dinanzi?

Quello che di lui fosse, la cronaca nol dice per ora; ma ritorna a
raccontare di Giampagolo, il quale avea la Selvaggia presa per moglie,
ch'io al presente chiamerò la Fata dell'Avversità. Costei, comecchè agli
occhi suoi paresse la più sozza creatura del mondo, e la mirasse con

quell'amore con cui si guarderebbe un corpo morto, la non tralasciava
però mai d'andargli dietro, dovunque egli fosse; e perch'egli avesse
tutte le cagioni di darsi alla disperazione, gli venne nuova ch'un suo
vascello era pericolato in mare, che molte delle sue mercatanzie che
navigavano in un altro, erano state prese da' corsali, e finalmente
che un mercatante a cui avea affidata una gran somma di danari, era
fallito. e fuggitosi in altro paese. Di che il meschinetto non sapendo
più che farsi, nè a cui chiedere aiuto in tante e sì continue calamità,
ricolti i pochi avanzi che gli erano rimasi degli infortuni suoi, uscì
della città, e venne dalla Fata dell'Avversità condotto, per dirupati
monti ed oscurissime selve, fino ad una picciola villetta ch'era al piede·
d'una montagna. Dimorarono quivi l'uno e l'altro gran tempo, dove
la Fata per alleviargli in parte le sue fatiche e gli stenti sofferti, parea
che avesse migliorato la guardatura; gli dava i migliori e più leali
consigli del mondo, procacciando sopra ogni cosa di spiccargli il cuore
dall'amor soverchio de' beni della terra; e l'ammaestrava a rispettare
gl'Iddii, e a mettere tutta la sua fiducia nella provvidenza e protezione
di quelli. A poco a poco fece sì con le sue buone parole, che lo ren-
dette più umano, più umile, più modesto, e gl'insegnò ad aver compassione del suo prossimo, mettendogli nell'animo un vivo desiderio
di confortare gli sventurati.

" Sappi," diceva ella, " che tu non mi conosci bene ancora; ma io sono
di mia natura tale, che gl'Iddii non mi mandano altro che a quegli
uomini che sono amati da loro; imperciocchè non solamente io col mio
costume e con le mie parole gli ammaestro per modo ch'essi divengono migliori per la seconda vita, ma dispongo gli animi loro in guisa
che più cari loro riescono que' moderati piaceri che si possono avere
nella presente. E non altrimenti che il ragnatelo,[1] di fuori assalito, cerca
asilo nella parte più intrinseca della sua tela, l'anima sconsolata nel
vedermi e tribulata per mia cagione, raccoglie i suoi sparsi pensieri,
e in sè stessa si rifugge per trovarvi felicità.

" Tu non sai quanti grandi uomini io abbia sulla terra allevati, e
renduti celebrati e chiari. Tu non sai, ti ridico, ancora ch'io sia; ma
dalla mia scuola salirono Socrate e Catone[2] a quella sublimità che gli
renderà sempre esempio degli uomini più solenni. La sorella mia, che
tu vedesti sì bella e ridente nell'aspetto, molto facilmente tradisce e
abbandona i suoi più intimi in preda all'angoscia e alla disperazione.
All'incontro io, intendimi bene, non mancherò mai di condurre coloro,
i quali vorranno prestare orecchio agli ammaestramenti miei, in que'gra-
tissimi luoghi ne' quali dimorano tranquillità e contentezza."

Ascoltava Giampagolo le sue parole con maraviglia grandissima, e
comecchè la gli paresse uscita di sè, anzi pazza affatto, avrebbe giurato, guardandola in faccia, che quella sua prima bruttezza s'andasse
minorando a poco a poco. Sentiva dentro al cuor suo che di giorno in
giorno svaniva quel grand'odio che avea contro di lei·conceputo. Essa
gli ripeteva molto spesso la massima di quel filosofo, che quegli uomini
i quali hanno di minori cose bisogno, più s'accostano allo stato degli
Dii, i quali non abbisognano di nulla. Stimolavalo di quando in quando
a volgere gli occhi a migliaia e migliaia di persone molto più sventu-

---

[1] *Ragnatelo.* Qui sta per ragno.
[2] *Socrate e Catone.* V. le note a pag. 55 e a pag. 9.

rate di lui, in iscambio d'arrestarsi a guardare coloro i quali viveano in magnificenze e grandezze ; e a chiedere agl'Iddii, in iscambio di ricchezze e fortuna, anima virtuosa, tranquillo stato, vita senza macola, e, in breve, morte di buona speranza ripiena.

Vedendo essa che ogni dì più tranquillo diveniva e migliore, comecchè nè l'aspetto suo potesse inspirargli amore, nè la sua compagnia divenirgli grata giammai, gli disse finalmente un giorno queste parole: " Giampagolo mio, siccome il fuoco vale ad affinare l'oro, tu dèi sapere che gl'Iddii hanno data a me, che sono la Fata dell'Avversità, facoltà d'affinare la virtù negli animi umani. Avendo io al presente compiuto in te questo ufficio, altro non mi rimane a fare, fuorchè andar lontana da te, a compiere quello che sarà di me stabilito dal cielo. Il fratel tuo Feliciano, a cui toccò per sorte d'ammogliarsi con la sorella mia, che la Fata era della Prosperità, con tua tanta invidia e dolore, dopo d'avere per isperienza conosciuto, quanto egli abbia nella sua elezione errato, venne finalmente dalla morte sciolto da un'infelicissima vita. Grande avventura ebbe veramente Giampagolo, a cui toccò d'avere in compagnia l'Avversità ; e s'egli si ricorderà, come dee, talvolta di lei, io son certa ch'egli farà onoratissima vita e una morte felice."

Non sì tosto ebb'ella terminate queste parole, che gli sparve dagli occhi come ombra ; ma quantunque in quel punto le fattezze di lei non paressero a Giampagolo insofferibili, e anzi vedesse una certa malinconica bellezza ; tuttavia, come colui che non avea mai potuto sentire una menoma favilluzza d'amore per lei, non ebbe punto dispiacere ch'ella partisse, nè voglia di suo ritorno. Ma comecchè avesse molto caro di non vederlasi più a' fianchi, non gli uscirono però mai di mente i consigli ricevuti da lei, e gli si legò al cuore come un tesoro, e seguendogli sempre, divenne finalmente felice.

Di lì a poco fu in istato di rinnovare il suo traffico : ritornato alla patria, ed avendo in breve tempo acquistato quanto gli fu sufficiente per avere gli effettivi agi e beni della vita, comperò un buon poderetto alla città vicino, e quivi si stava il più del tempo in grandissima pace. Spendeva i giorni suoi nel piantare, nel coltivare un giardinetto, nel risparmiare senza spilorceria, tenendo a freno le non moderate passioni, e in somma mettendo in pratica in ogni suo atto la dottrina insegnatagli dalla Selvaggia. Sopra tutto provava un'indicibile contentezza quando entrava in una specie di celletta, o piuttosto romitoro, ch'era in fondo al suo giardinetto, in una selvetta di folti alberi, e circondato le muraglie di fiorite piante. Da vicino vi scorreva un ruscelletto di fresche acque, che uscivano da una collinetta vicina ; e sulla fronte vi fece scolpire un'iscrizione che diceva a un dipresso in questa forma :

IN QUESTA CELLETTA DA' FIORI COPERTA
ABITANO VERITÀ, LIBERTÀ, CONTENTEZZA, VIRTÙ.
O VOI, CHE SDEGNATE QUEST' UMILE DIMORA,
DITEMI QUAL GRANDE E NOBILE PALAGIO
VI PUÒ DAR MEGLIO ?

Morì Giampagolo in età molto avanzata, onorato e pianto da tutt'i migliori.

N° XVII. A dì 1 aprile 1761.

Veritas in puteo est.

La verità è in un pozzo.

Quando Democrito[1] disse questa sentenza, volle notificare agli uomini che la verità era occulta, stavasi in una grandissima profondità, e ch'era una fatica e uno stento gravissimo il ripescarla e il trarnela fuori di quelle tenebre e scoprirla agli occhi de' mortali. Egli dovea dire piuttosto, non ch'essa fosse in un pozzo, ma che gli uomini scenziati l'aveano a poco a poco rinchiusa dentro ad un edifizio, col voler sapere più di quello che importa all'umana generazione, e salendo col cervello più su di quello che doveano salire. Quando io fo il novero di tanti filosofi che sono stati in tanti secoli da Talete[2] in qua, per non andare a' tempi più remoti, e veggo che ognuno di essi ha fatto professione di trovare la verità, e che ognuno si credea di averla trovata, e che in fine siamo oggi a quel medesimo, nè la possiamo vedere ancora, a me pare che l'abbiano coperta più che mai fosse. Immagino che la sia rinchiusa, non in un pozzo, ma in un edifizio, nel quale si fosse quivi rinserrata da sè, per fuggire dalla curiosità degli uomini, lasciandosi solamente vedere ad alcuni, forse di quelli che a noi parrebbero i più goffi, fuori per certe inferriate. Certi grand'ingegni, con le loro continue perscrutazioni, fecero intorno al palagio della verità non so quali inferriate di qua dalle prime, e parendo loro di avervi aggiunto lume fecero per modo che l'occhio, in iscambio di penetrare un'inferriata, dovea passare oltre a due, e la vedea meno. Di poi vennero altri, e vi aggiunsero graticci e gelosie, e poi altre, e poi altre; tanto che la verità è rimasa sì addentro e sì internata e incentrata nella sua abitazione, che fra tante incrocicchiate finestre o la non si può più veder punto, o la ne viene veduta un attimo di passaggio.

Un solo finestrino vi rimane ancora, non impedito dai lavori altrui, dov'ella si affaccia talvolta. Questo guarda verso ad una parte del mondo, ove sono campi e boscaglie; sicchè la ne viene veduta da pecorai, da guardiani di buoi, coltivatori di terreni, e da altre sì fatte genti che sono tenute la feccia della terra; nè mai si arrischiarono di cavarla fuori di là, ma la guardano senza punto sapere chi ella si sia; ed ella in iscambio insegna loro in qual modo debbano vivere per esser contenti, senza punto dir loro le cagioni e i fondamenti del suo parlare; essi l'ubbidiscono, e operando secondo il giudizio della verità, fanno una vita meno affannata di tutti gli altri, e muoiono quasi senza avvedersene.

Non so in che meglio ci potesse ammaestrare la verità che in questi due punti, nè quello che ci debba importare il sapere altro. Noi abbiamo a vivere in questo mondo o molti o pochi anni, e appresso a partirci. La sanità è uno de' primi beni che dobbiamo cercare, e la tranquillità dell'animo il secondo. I corpi di coloro che manco sanno,

[1] *Democrito*. Filosofo famoso dell'antichità, nato in Abdera, del quale si racconta che ridesse volentieri della vanità delle cose umane.
[2] *Talete*. Altro filosofo antico, uno dei sette savi della Grecia, nato a Mileto nella Ionia, vissuto sei secoli av. C.

e questi sono certamente i lavoratori della terra, sono veramente i più robusti, e gli animi de' più idioti sono i più quieti; dunque si può trarre una conseguenza, che l' esercizio del corpo, e il dare al cervello manco briga che altri può, saranno cagione di sanità e di quiete. Nè voglio perciò che si dica: Oh! che vuoi tu? che il mondo sia tutto addormentato? No, io non intendo questo: anzi all'incontro affermo che gli uomini allevati in questa guisa, saranno mille volte più operativi e di grande animo, di quel che sono oggidì andando alle scuole 'ove s'impara la scienza. Altro è scienza, altro è virtù; quest'ultima è necessaria. « Una squisita manteca è la scienza, » disse già un valentuomo, « ma difficilmente si conserva senza corruzione o mal odore, secondo il vizio del vaso in cui è riposta. » Molti popoli, che dagli Ateniesi erano chiamati barbari, lasciate del tutto le scienze, attendevano alla virtù solamente. I Persiani, secondo quello che ne dice Zenofonte, insegnavano a' loro figlioletti le virtù appunto con que'metodi coi quali le altre nazioni ammaestrano nelle scienze. Fino il primogenito del re ne veniva in questa guisa allevato. Ai più virtuosi uomini della corte era consegnato il bambino; [1] ed essi prendevansi cura che quel corpicino crescesse quanto si potea bello e sano; e quando era pervenuto a sett'anni, lo facevano cavalcare e andare a caccia fino a' quattordici anni. Allora lo consegnavano a quattro uomini de' più celebrati nel paese, l'uno in sapienza, l'altro in giustizia, l'altro in temperanza e il quarto in valore. Il primo gli confermava l'animo nella sua religione, il secondo gl'insegnava ad essere verace sempre, il terzo a temperare i suoi desiderii, e il quarto a non`temere di veruna cosa. Oh! trovasi egli neppure una menoma menzione di dottrina nelle leggi date da Licurgo [2] a'Lacedemoni, i quali riuscirono quelli che ognuno sa, senza altri maestri che di valore, di giustizia e prudenza? Ma io non voglio aggirarmi più oltre negli antichi, avendo sotto gli occhi gli effetti delle diverse scuole che si fanno oggidì, nelle quali si cerca solamente di empiere il cervello e non altro. La stizza della lingua latina, imparata per dispetto da' teneri fanciulli in un tempo in cui nulla intendono, a poco a poco è quella prima che guasta loro il temperamento; perchè dovendo starsi a sedere continuamente in un tempo che sono tutti anima e movimento, si disperano intrinsecamente di quella schiavitù, e scoppiano di dispetto. Oh! non sarebbe forse il meglio che ne' loro primi anni, senza punto avvedersene, avessero intorno chi passeggiando o scherzando con essi, favellasse correttamente l'italiana lingua, della quale si debbono valere un giorno in lettere, in iscritture o in altro, secondo la condizione di loro vita? Ecco quello che ne avviene. Sono sempre infermicci per dispetto fino a`tanto che sono giunti ad intendere le pistole di Cicerone; cresciuti, lasciano quella lingua abbandonata da parte, tanto che in due anni non se ne ricordano più; e scrivendo per necessità in italiano, non sanno dove si abbiano il capo. Dopo la grammatica entrano nella rettorica, nella logica, nella filosofia; empionsi l'intelletto di un fastello di cose che per lo più non appartengono punto alla vita che debbono fare nel mondo: onde di là a non molti anni, entrati chi in un uffizio, chi in un altro, secondo che la loro condizione richiede, quello che hanno

---

[1] Platone nell'*Alcibiade*, I.
[2] *Licurgo*. Legislatore dei Lacedemoni o Spartani, ai quali diede leggi severissime. Visse otto secoli prima di Cristo,

imparato, o non giova punto, o non serve ad altro che a guastare con
le sottigliezze tutto quello che fanno. Oltre a tutto ciò, sono gli uomini
così accostumati da' loro primi anni fino a venti o ventidue a starsi
a sedere a forza in sulle panche delle scuole, che si movono poi a grandissimo stento, e pare che il mondo caggia loro addosso quando debbono andare alle faccende. All' incontro l' insegnare la virtù, oltre al-
l'essere di maggiore utilità, non richiede tanta fatica. Ci sono gli esempi
de' buoni, i quali basterà che dal maestro ci vengano notificati; ci sono
quelli de' tristi. Gli mostri il maestro, e gli faccia abborrire. Nel leggere le storie, facciansi osservazioni, non sopra un elegante squarcio
rettorico, o sopra la forza di un vocabolo, come si usa per lo più, ma
sopra le azioni degli uomini. Scopransi le passioni che diedero movimento all'opera; non si lusinghi[1] che del bene operare nasca sempre
la gloria, ma sì bene la consolazione della coscienza; nè si dia ad intendere che il male operare sia ognora cagione di calamità evidenti,
ma sì bene sempre di rodimento al cuore del tristo operatore. Io sono
più che certo che sì fatta scuola farebbe meglio scoprire la verità sep-
pellita, di tutte le scienze del mondo.

L' OSSERVATORE.

Ci è uno il quale mi scrive intorno al costume di certi papponi
che hanno, per mangiare dell'altrui, aggiunto una regola nuova all'arte
dell' adulare. Questi sono certi uomini che fanno professione di ascoltar
pazientemente ogni cosa, e di consentire a tutto quello che odono,
senza mai parlare. Avendone anch' io veduti molti di questo genere,
pubblico il foglio qual mi viene mandato. Bramo che la diversità possa
dilettare chi legge, e invitare anche i begli spiriti a somministrarmi
talora qualche loro garbato pensiero. I libri per lo più si compongono
di cose rubacchiate qua e colà da' morti. Io accresco il mio co' presenti de' vivi.

ALL' OSSERVATORE.

Fu un tempo che alcuni per sollazzo si tenevano o in casa, o per
loro domestici amici, certi uomini goffi e talvolta ingegnosi, i quali con
le loro piacevolezze traevano di che vivere. Ci rimangono anche oggidì
i libri pieni delle facezie di costoro, i quali studiavano sempre di allettare in fatti o in detti chi dava loro il pane e i vestiti; e affaticavansi
coll' ingegno e con una garbata eloquenza per acquistarsi di che mantenere la vita. A pensar bene, non era facile impresa, e richiedeva un
grande studio de' tempi, delle circostanze, dell'animo di colui al quale
andavano innanzi; perchè in iscambio di una mensa poteano cavarne
una furia di percosse o altra disgrazia peggiore. A' nostri giorni è
nata un'altra disciplina che non ha in sè minore difficoltà di quella.
Ci sono alcuni uomini, i quali per trarre di che empiere il ventre, lasciata ogni altra applicazione, e dimenticatisi di fornire la lingua di
bei detti e di garbate facezie, si sono dati al tutto ad allevare in una
scuola di eterna sofferenza gli orecchi; e non arrecano a quelli che
danno loro di che mangiare, altro che l' udito. Questa è una scienza

---

1 *Non si lusinghi*. Forma non molto corretta: non si lusinghino gli uomini.

che può dirsi ritrovata ai nostri giorni, della quale io non trovo che
negli antichi vi sia esempio veruno. Non crediate però che non sia
posata sopra i fondamenti di molti principii, e che non costi sudore
l'impararla. In primo luogo conviene stabilirsi l'animo[1] e non isbigot-
tirsi mai di quante pappolate e bugioni solenni vengono proferiti; ma
educarlo per modo che sia quasi tutto negli orecchi, per ascoltare
tutto quello che il padrone della mensa volesse dire. Per secondo si
hanno a tenere gli occhi aperti e fisi in faccia al parlatore, per poter
a tempo, col segno di un sorriso, applaudire a' detti di lui, o con l'ilarità della faccia maravigliarsi di quello che dice. E per terzo saper
tenere così a freno la lingua, che non parli mai; e se pure vuol pronunziare qualche sillaba, aspetti appunto il momento in cui il parlatore vuol riavere il fiato, per non interrompere male a proposito la
diceria di lui a qualche passo d'importanza. Io so che alcuni troppo
sottili di coscienza potrebbero dire questa fosse adulazione; e sarebbe,
se gli uomini che ascoltano e tacciono, non avessero trovato il modo
di salvare l'onor loro dalla taccia di adulatori. Ho parlato a parecchi
di cotesti uomini, e rimproveratigli della loro taciturnità, che fa l'effetto di un assenso a tutti gli spropositi che odono: quasi tutti mi hanno
risposto ch'egli è vero che estrinsecamente mostrano di consentire, ma
che di dentro si vagliono di quella parola che non esce loro in sulla
lingua, e dicono fra sè: *Questa è bugia: ora non sa quello ch' egli si
dica: vedi bestialità ch' è questa? ora sogna:* e altre sì fatte contradizioni, le quali non sono intese da chi favella, e purgano chi ascolta
dall'imputazione di adulatore. La colpa, dicono, non è nostra, ma di
chi ci dà di che mangiare. Ognuno dee fare quell'ufficio per cui viene
in una casa richiesto e pagato. Chi viene salariato per adoperare le
braccia, chi per mettere in opera l'abbaco, e chi altro. Se si scambias-
sero gli uffici, ne nascerebbe una confusione. La nostra è una scuola
di genti che viene chiamata e pasciuta perchè serva altrui solamente
con gli orecchi, e quando noi gli abbiamo appigionati per un pranzo
o per una cena, e pattuito ch'essi saranno sempre ubbidienti e sofferenti ad udire quanto verrà detto, se in iscambio degli orecchi, usas-
simo la lingua, non avremmo attenuta la nostra parola, e meritamente
ne saremmo discacciati. Voi potreste dire a questo modo, che sono
adulatori que' servi che comandati dal padrone a fare un' opera che
non istà bene, la fanno e tacciono; que' sarti che servono alla voglia
di uno che si vuol vestire a modo suo e non secondo l'intelligenza di
quell'arte. Se noi fossimo invitati a pranzare per dire la verità, lo
faremmo volentieri; ma poichè siamo nutricati per ascoltare soffcren-
temente la bugia e non altro, facciamo il debito nostro.

Se questa è cosa degna delle vostre osservazioni, vestitela voi con
quelle immaginazioni che vi parranno a proposito, per pubblicarla. Accertatevi della mia buona amicizia. Addio.

---

[1] *Stabilirsi l'animo.* Assuefarlo, anzi fortificarlo.

N° XVIII.   A dì 4 aprile 1761.

Omnino amicitiæ, corroboratis jam, confirmatisque
ingeniis et ætatibus, judicandæ sunt.

CIC., *De Amic.*

Non si può veramente giudicare dell'amicizie,
se non quando l'intelletto e l'età saranno
assoluti e maturi.   •

Non c'è al mondo vocabolo che più facilmente esca della lingua,
dell'Amicizia; ognuno dice tuttodì: " Io son buono amico, degli amici
miei pari se ne trovano a stento; quegli è veramente amico mio; oh!
che leggi d'amicizia ha in suo cuore! " Sicchè a udire con quanta soavità e con qual calore escono dalle labbra sì fatte amichevoli dolcezze,
parrebbe che gli amici piovessero da tutti i lati. Dall'altro canto però
s'odono continue lamentazioni. Chi si querela d'essere stato piantato
da uno ch'egli avrebbe creduto che fosse stato un altro sè medesimo,
chi d'essere stato beffato da chi avea il suo cuore in mano; e non
s'ode altro che: " Oh! la buona razza degli amici è spenta! oggidì non
se ne ritrova più. Il nome c'è bene, ma la sostanza è sparita." Io medesimo ho detto a'miei dì più volte quello che odo a dire a tutti gli
altri, e mi sono querelato quanto ogni uomo di tale calamità. S'io ebbi
torto o ragione, non lo so; ma certamente ebbi il torto a credere,
massime nella mia giovinezza, che quattro buone parole, un'accoglienza
amorevole e una faccia lieta fossero indizi d'amicizia. Questo è uno
studio profondo che richiede una lunghissima sperienza, una prudenza
mirabile che ci guidi, e un esame di varie circostanze. Il cuore dei
giovani voglioloso, infocato e tutto sollecitudine ne'suoi desiderii, non
ha tempo di fare molte riflessioni; ma lanciasi in ogni sua cosa, come
dire, a nuoto, e tuffasi in questo ampio mare del mondo; quando è
dentro, mena le mani e i piedi il meglio che sa, e giunge poscia a riva
quando piace a Dio, e come può, o affoga. Se gli uomini sperimentati
gli gridano dalla riva: " Olà, o tu, dove vai? Non fare: odi me; " gli
stima pedanti, che vogliano impacciarsi ne'fatti suoi; e tutto quello
che legge, se pur legge, gli pare un sogno, e cosa cattedratica, non da
mondo. Finalmente invecchia, e va sulla riva a gridare agli altri, e gli
viene prestato orecchio appunto in quel modo ch'egli l'avea prestato
altrui; sicchè si può dire che questo mondo è composto di due fazioni
di genti, l'una che sempre si gonfia il polmone a stridere e a dare
ammaestramenti altrui, e l'altra di sordi che lasciano gracchiare. Ora,
dappoichè l'età mia è giunta a tale ch'io debbo essere uno della fazione di coloro che cianciano, farò l'ufficio mio, come lo feci già del
sordo quando dovea; se non che, non essendo io ancora invecchiato
affatto, in iscambio di dare intorno all'amicizia precetti, intratterrò
chi legge con una novelletta allegorica intorno a questo argomento.
Narrasi dunque che negli antichissimi tempi, quando Ercole era
uscito di pupillo,[1] stavasi egli in grandissimo pensiero di quello ch'egli
avesse a fare per guidar una vita veramente da uomo, e che lo con-

---

[1] *Quando Ercole era uscito di pupillo.* È un'imitazione dell'apologo d'Ercole al bivio,
riferito da Senofonte nei *Memorabili di Socrate*, libro II, cap. I.

ducesse ad una gloriosa fine. Due giovani donne gli si affacciarono insieme nel tempo delle sue dubitazioni, l'una delle quali era Voluttà,
e l'altra Virtù; e ciascheduna di esse gli fece vedere la grandezza e
magnificenza delle facoltà sue, con sì grande e con sì bell'apparato di
parole, ch'egli stette buona pezza in fra due, se dovesse o l'una o
l'altra seguire. Pur finalmente, come colui che avea gran cuore, tura-
tisi gli orecchi a tutte le larghe promesse che Voluttà gli facea, s'attenne a Virtù, la quale presolo incontanente per mano, e rallegratasi
seco che gli avesse creduto e si fosse messo in cuore di seguirla, gli
disse: "Ora vieni meco, e io ti prometto di farti vedere il frutto della
tua buona elezione." Così detto, da una larga ed aperta campagna in
cui erano, seco lo trasse ad un altro luogo dove si vedevano due cime
di monti, le quali, a chi le guardava da lunge, parea che fossero insieme
congiunte e terminassero tuttaddue in una; ma accostandovisi Ercole
sempre più, conobbe che que'due gioghi erano da una grande area divisi. "Vedi tu?" dissegli allora la guida che lo conduceva; "quel giogo
che a destra s'innalza, è sagro all'Amicizia, sorella e compagna mia,
a me sopra ogni cosa carissima; l'altro a sinistra è albergo della Simulazione, stretta con vincolo di parentela a quella Voluttà che fu da
te abbandonata. Accòstati, ed esamina con diligenza l'un luogo e l'altro, acciocchè vedendogli tu da lontano, non istimassi per avventura
che fossero una medesima cosa. E perchè tu possa con accuratezza
esplorare la natura di quelli, vedi qua, costei è Prudenza che verrà in
tua compagnia, e ti farà vedere ogni cosa."

  "Nota bene," gli disse allora Prudenza, "che nelle radici di questi due
monti non è diversità veruna; di qua e di là spuntano le stesse erbe,
gli stessi fiori, eccoti le medesime piante; ma se all'occhio le ti paiono
d'una stessa natura, non sono però tali in sostanza, dappoichè queste
a man destra sono sempre fiorite, di frutti cariche, e spirano un odore
beato; laddove l'altre a sinistra, vedi vedi che ora spuntano, e in un
momento appassiscono e non hanno più foglie, nè altro odore che di
feccia e di muffa. Alza gli occhi, Ercole, e osserva come dall'una cima
e dall'altra sgorgano finissime e limpide acque, un rivolo di qua e uno
di là. Diresti tu al vederle così al primo, che le non fossero tuttaddue
egualmente la bellezza e la salubrità medesima? Fa' delle mani giumelle:[1] assaggia queste a man destra. Sono esse fresche? dolci? Sì eh?
Assaggia l'altre. Oh! tu sputi. Senti tu come sono salse? come le sanno
di pescheria. Fiuta bene. E sai tu che, bevute dappresso alla fonte, le
fanno tremare i nervi e i polsi, sicchè l'uomo che ne bee, ne diviene
paralitico, o gli va il capo intorno, che non sa più s'egli sia in questo
mondo, o nell'altro? Vedi ancora quanto sieno diverse le due cime.
Quella a destra è vestita d'una verde e tranquilla selva di belle ed om-
brose piante che verdeggiano in eterno. I venticelli che fra esse spirano, le alimentano, non le frangono. Oh! che quiete è quella colassù.
Tutto v'è pace, tutto consolazione. Pochi uomini veramente vi sono;
ma se tu potessi di qua vedere que'pochi, tu gli vedresti tutti contenti,
tutti consolati, andare e venire senza mai cambiare aspetto, nè punto
turbarlo per interno dispiacere. Aguzza gli occhi; alzali appunto in
sulla sommità. Che ti pare? È una bella donna quella che tu vedi
costassù? Quegl'inanellati capelli, quella carnagione di rosa incarnatina

---

[1] *Fa' delle mani giumelle.* Fare scodella, accostando il concavo d'ambe le mani.

sono bellezze sue naturali. Quivi non c'è bossoli, non lisci,[1] non manteche. Quel suo bianco e sottilissimo vestito non ha una macula; ed è così fine, che quasi le scopri tutto il corpo. Anzi non le vedi tu forse l'anima in quel semplice aspetto, e ad un tempo nobile e generoso, in quel sorridere sempre stabile, che mai non si cambia, che dà segno d'una ferma contentezza? Sappi che, se tu potrai un giorno accostarti a lei, ella non ti darà però argento nè oro, no; ma la ti renderà sì bene tre volte e quattro migliore di quello che tu sei, e più nobile e grande." Ercole parea fuori di sè per la maraviglia, e diceva: " Oh! quanto è bella colei! E quell'altre donne che sono in sua compagnia, quali son elleno? " — " Vedi tu," diceva Prudenza, " quella fra l'altre che si sta a sedere sopra quel seggio di purissimo diamante? Ella è Verità, figliuola di Giove; e quell'altra di così grato aspetto è Benivolenza, del cui ufficio la principale signora e padrona del luogo, Amicizia, si vale in ogni cosa. Sta'sta', vedi ora quel fanciulletto, il quale nell'aspetto suo dimostra molto maggior gravità di quella che all'età sua convenga, ed ha in mano quelle catenuzze d'oro? quegli è Amore, ufficiale anch'egli dell'Amicizia; e non ha nè ale nè saette, ch'egli non vuole nè volare nè ferire, nè fa mai cosa crudele; ma s'egli s'abbatte ad animi buoni e concordi fra loro, tosto gli lega insieme e gli stringe. I legami suoi sono gagliardi e di tanta forza, che non v'ha chi gli possa più sciogliere nè spezzare; e sono di natura tale, che chi ne viene legato, non solo non se ne rammarica punto, ma ne gli porta tutto lieto, e non vorrebbe che fossero sciolti per quante ricchezze ha il mondo.

" Ma egli è tempo, o Ercole, che tu ti volga ora a sinistra, e vegga l'altra cima, e l'altra donna che vi siede sopra, nelle cui fattezze tanti uomini ingannati affisano lo sguardo.

" Pare a te che la cima di questo monte, dove abita la Simulazione, sia punto in effetto somigliante all'altra? eccoti un sasso scosceso, dirotto, tutto greppi e rovine, attorniato da nugoloni negri, pieni di tempesta e di romore. Eccoti tutti que'dirupi e quelle balze coperte d'umane ossa, le quali vengono róse ancora così spolpate da salvatiche bestie, che avvelenano l'aria con la sanguinosa bava e col fiato. La donna che tu vedi quivi, è Simulazione, somigliantissima nel vero all'Amicizia, e con tutte le fattezze di quella. Ma quella sua faccia non è però una vera e naturale bellezza. Ell'ha una squamosa pelle, intonacata con due dita di belletto; e in iscambio di quel modesto risolino dell'Amicizia, vedi ch'ella finge di ridere, e boccheggia come un pesce uscito dell'acqua: e per parere anch'ella degna d'amore, ecco ch'ella finge d'amare svisceratamente quanti le si fanno incontro, anzi si fa loro innanzi, e gl'invita, e gli prega ad andar seco, e gli abbraccia, e fa loro offerte e soprofferte di mille qualità. Ecco che corte ell'ha, e qual brigata la segue: Insidia, Froda, e, in iscambio della Verità, lo Spergiuro sfacciato e senza fede, il quale più di tutti gli altri seguaci serve coll'opera sua la maligna e pestifera Simulazione." Dappoichè ebbe Ercole tutte queste cose vedute, scorgendo una femminetta che quivi zoppicava, domandò a Prudenza, chi colei fosse. " Sappi," diss'ella, " che colei è Adulazione, una che alla Simulazione va innanzi; e come tu puoi benissimo vedere, tende mille lacciuoli a chi quivi entra, e si appicca

---

[1] *Bossoli,... lisci.* Lisci sono unguenti e belletti che le donne usano per dipingere e ammorbidire la pelle; e bossoli i vasetti in cui si contengono.

loro al vestito con mille uncini, e con melate parole, o piuttosto incantesimi, gli persuade a non tentar mai di far cosa buona." — " E quel-
l'uomo malinconico," disse Ercole, " che sta sopra pensiero, e conduce
seco que'pochi che s'attristano, piangono e si stracciano i capelli, chi è?"
" Quegli è il Pentimento," rispose Prudenza, " che tardo cammina, e appena giunge a tempo. Nota com'egli aiuta que'pochi; e perchè non
sia loro succiato il sangue affatto da quelle velenose bisce, ne gli toglie via di là, che appena hanno più anima nel corpo; e gli riconduce
a casa, dove solitari e poco meno che disperati, condurranno da qui
in poi una misera vita e piena di stenti, usciti dall'ugne dell'iniqua
Simulazione."

Signor Osservatore.

Ci sono alcuni che desiderano di vedere ne'vostri fogli qualche
nuovo lavoro del pittore, il quale è un lungo tempo che non s'affatica.
Stimolatelo a mandarvi qualcosa, e fatene partecipe il Pubblico, che
vede l'opere di lui volentieri. Addio.

Risposta.

Il pittore è uscito di città che sono parecchi giorni; e appunto ho
ricevuto martedì una lettera da lui. Non sapendo in qual forma darle
ricapito, acciocchè vi pervenga alle mani, mi vaglio del mio corriere,
ch'è questo foglio.

All'amico Osservatore, il Pittore.

In quest'ozio della villa fo una dolcissima vita. La mente mia si
va aprendo a poco a poco col favore di quest'aria di primavera, e
fruttificherà come le piante. Ci sono venuto per disperazione. Il continuo pensare e dipingere m'avea così inaridito il cervello, che non
avea più un pensiero al mondo. Dappoichè sono qui, pare ch'io mi sia
rinnovato. Ritrovo qualche carattere d'uomo in un sasso, in un albero,
in un bue, in un'oca, in somma in tutto quello che veggo. Non dubitate. Fra poco vi fioccheranno i Ritratti. Ho immaginato un certo lavoro d'arazzi istoriati, che non vi sarà discaro. Que'visi lunghi lunghi,
quelle braccia infinite, e quelle gambe sproporzionate, che più volte ho
veduto in certi arazzi antichi, m'hanno fatto nascere questo pensiero.
Gli do esecuzione in questa pace villereccia. Vi confesso che rido da
me medesimo a vedere i visacci che m'escono del pennello, e le capricciose grottesche,[1] nelle quali vo esprimendo quanto posso l'animo e il
costume delle genti. Stamattina ho dipinto un villano e una villana
che fanno all'amore con una certa goffaggine la quale non tende ad
altre gentilezze, fuorchè a quella dell'avere figliuoli. Ieri ho pennelleg-
giato un Ippocrate[2] di queste boscaglie, il quale va a visitare gl'infermi
sopra un cavalluccio spallato, con un valigiotto dietro al groppone, e

----

[1] *Capricciose grottesche.* Sorta di pitture di fantasia, che si fanno per ornamento, nelle
quali s'intrecciano arabeschi, animali, piante ec.
[2] *Ippocrate.* Qui ironicamente per mediconzolo. Quanto a Ippocrate vedi la nota 2 a
pag. 20

déntrovi una spezieria e un arsenale di ferruzzi; perchè oltre all'esser medico, è anche cerusico, e trincia le gambe e le braccia a questi villani, come se fossero polli cotti. Ora ho alle mani gl'inchini e le sberrettate d'un villanzone, che per la sua eloquenza e gran mente è venerato da tutta questa ciurmaglia. In breve avrete nuove del fatto mio. Intanto stampate del vostro. Amatemi, ch'io amo voi.

N° XIX.   A dì 8 aprile 1761.

Ut externus alieno pene non sit hominis vice.

PLIN., *Hist.*, lib. VII.

Por modo che due di paese diverso a pena riescon uomini l'uno rispetto all'altro.

Passando pochi dì fa per Merceria,[1] io vidi un cert'uomo, il quale affacciatosi ora ad una bottega, ora ad un'altra, chiedeva in suo linguaggio, che tedesco era, non so qual cosa a' bottegai, e quasi si disperava di non venirne inteso. Alla fine, quando piacque a Dio, si abbattè ad una persona che l'intese e gli rispose a proposito. Il buon uomo fece lieto viso, ringraziò con buon garbo chi gli avea risposto, e se ne andò a'fatti suoi. Molti furono intorno all'uomo che l'avea inteso, e chiedevano: "Che ti ha egli detto?" La somma fu, che il forestiere domandava di andare a San Giuliano, ed era per disperarsi non ritrovando chi l'intendesse. Odi cosa ch'è questa! diss'io secondo l'usanza mia fantasticando, oh quanto male fece Nembrotte quando edificò quella torre che fu cagione di trinciare un linguaggio solo in tanti minuzzoli! Quando ci troviamo in compagnia di uomini di un altro paese, eccoci divenuti ceppi, torsi e peggio. Egli è come appunto se noi fossimo sordi. Uno cinguetta, e chi l'ascolta allunga il collo, perchè udendo ad articolare parole, gli par pure d'intendere, e in fine non ha inteso sillaba, e dice all'altro in suo linguaggio: io non intendo; e quegli non intende che non s'intenda; onde ne nasce un miscuglio tale, che il dono della parola, per cui sono diversi gli uomini dalle bestie, non giova più loro nè punto nè poco; tanto che l'esser mutoli e sordi sarebbe quel medesimo, o forse meglio, perchè non si avrebbe il disagio di muovere la lingua e di tirare gli orecchi. Oh egli è pure una bella cosa e un mirabile edifizio questo dell'uomo! A me pare i pensieri sieno a modo di una fiammolina, ma di natura sì nobile e vivace, che per mostrarla altrui, la si abbia ad arrestare e vestire con un velo. Le parole la velano, ed eccola in istato di poter essere compresa dai circostanti. Ma tanti veli v'ha, quanti sono i diversi linguaggi; e chi non si avvezza a poco a poco con lo studio o con la pratica al colore di quelli, vede bene che sono veli, ma non sa quello che vi sia dentro. Avviene il somigliante quasi anche in un medesimo linguaggio, quando gli oratori ed i poeti vestono coteste fiammoline con certe copriture lavorate da loro. Tutti que' nomi inventati da'dotti di metonimie, metafore, allegorie, e mille altre *da far isbigottire i cimiteri*, non sono se non velami, ne' quali chiudono pensieri

---

[1] *Merceria.* Nome d'una via di Venezia.

L'Osservatore.

che sono come tutti gli altri; e tuttavia talvolta si sta a bocca aperta
ad udirgli, che sembrano Arabi o di Calicutte.

Ma quello di che più si dee maravigliarsi, e che a me veramente
pare più strano, si è che ci sono alcuni uomini, nati nel paese nostro,
i quali parlano un medesimo linguaggio con esso noi, ed escono loro
dalla lingua quelle parole che ognuno dice tuttodì, e con tutto ciò non
si giunge mai ad intendergli. E non crediate già che non favellino ordinatamente e con bel garbo; chè anzi sono de' migliori e più schietti
parlatori del mondo. E quello che più mi fa maravigliare si è che,
udendogli, si risponde loro a proposito, e si piange o si ride, secondo ch' essi toccano le corde della malinconia o dell' allegrezza; e
con tutto ciò vi partirete da costoro senz' aver compreso una sostanza
immaginabile, e pieni di aria e di vento. Io non so in qual forma io
debba chiamargli; ma sono uomini che fanno professione di non dir
mai quello che sentono in loro cuore, nè fanno altro studio, fuorchè
di esaminare quello che pensano, per iscartarlo, e dire quello che non
pensano. Potrebbe anch' essere che la malignità degli uomini avesse
dato a cotesti tali il nome di bugiardi, e che in effetto essi non abbiano
colpa se non dicono mai la verità. Chi sa che non sia difetto dell'edifizio? A dire la verità, è necessaria la memoria. Questa è la custode
di tutto quello che abbiamo veduto o fatto; e quand' essa non è capace
di ritenere cosa veruna, ecco che la parte inventiva dell'intelletto rimane superiore e più gagliarda; onde è quasi passato in proverbio,
che la gran memoria offende l'ingegno. Cotesti poveri di memoria
dunque, e pieni d'ingegno per natura, avendo la lingua come tutti gli
altri, se ne debbono valere; e non ritrovando capitale da adoperare
nella memoria, si vagliono dell'ingegno; e narrano subitamente cose
che non hanno vedute mai, affermano quello che non hanno mai udito,
dicono di aver fatto quello che non si son mai sognati di fare, e per
lo più sono più caldi e fervorosi ragionatori degli altri, perchè gli uomini che traggono il favellare dalla memoria, parlano di cose passate
e infreddate per conseguenza; ma gl'ingegnosi favellano di quello che
nasce loro in capo in quel momento, e si trovano come dire in sul punto
dell'operazione, e par loro di fare quello che narrano. Il difetto della
memoria in cotesti tali è palese; perchè se ti abbatti in loro la seconda
volta, non creder però di aver ad udire le stesse circostanze, nè la
medesima narrazione di prima. Se tu ritocchi loro la faccenda un altro
giorno, odi nuovo apparecchiamento di cose, nuova orditura e nuovo
aspetto di storia; sicchè se tu venissi mille volte a ragionamento con
esso loro, mille volte ritroveresti grandissima variazione, e ti partiresti
da loro in sostanza così bene informato, come se avessi parlato con
un Americano.

.... *In manicis et*
Compedibus særo te sub custode tenebo.
                              HORAT.
Ti terrò in catene e ceppi con rigida custodia.

Certi erroruzzi, che nascono dalla gente di picciolo affare, non si
allargano fra gli uomini, e non danneggiano punto il costume in universale. Vedesi, per esempio, una femminetta per le vie, la quale con

mille frastagli e pennuzze si fa un vestimento, e cammina con certi attucci parte di albagía e parte di amore; tutti diranno: La è pazza; e le si faranno le fischiate dietro. Chi la chiamerà di qua, chi di là; si ciancia seco, e in fine ella se ne va con Dio, e non avrà lasciato di sè un mal esempio ad alcuno. Va un altro, e succia con bocca fuori della pila l'acqua benedetta, e appresso la va sbuffando sopra i circostanti per devozione; egli ha sciolto i bracchi,[1] è uscito del seminato, gli va attorno il cervello. Io non nego già che queste non sieno pazzie solenni; ma bene affermo che se, per esempio, egli fosse accaduto mai che nel Messico, o in altro lontano paese, fosse venuto il capriccio alla reina di fornirsi come quella pazzaccia che ho nominata di sopra, tutte le donne sue seguaci avrebbero imitata l'usanza di lei; e fuori della corte si sarebbe la foggia per tutto il reame allargata. E se fra le ipocrisie che narra il Manucci[2] di aver vedute alla China, qualche gran signore di colà avesse avuto per usanza, oltre al collo torto e allo strabuzzare gli occhi, di soffiar acqua nella faccia delle persone, io non dubito punto che tutto il paese non avesse piovuto acqua dalla bocca. L'esempio de' maggiori è stato sempre la norma di tutti gli altri. Io non so donde avvenga che ogni uomo voglia vivere per comparazione, e misurar sè col passetto dei più grandi, massime quando si tratta di rovinare la famiglia e le sostanze. Mi sono più volte maravigliato a vedere questo umore che abbiamo d'imitazione nel fare quello che non si può, perchè ognuno vedendo a danzare sopra una fune, o a fare salti pericolosi e mortali, non tenti di rompersi il collo per fare quello che vede. Dicevami già un uomo dabbene, ch'egli avea da circa trecento ducati di rendita, e che per la sua pazzia stava male: "Io ho," diceva egli, "una picciola famigliuola, e perchè veggo tanti più ricchi di me ad abitare in nobilissimi palagi, mi pare vergogna se non ho almeno una mezzana abitazione. I vestiti altrui guerniti di oro e di argento mi tentano a gareggiare; e se io non posso giungere all'oro e all'argento, voglio almeno pervenire al panno fine e alla seta. In capo all'anno ho avuti molti pensieri, anzi infinite spine nel cuore. Perchè non so io stabilire un giorno di rincantucciarmi in una contrada rimota, in una casettina a fitto di quindici o venti ducati il più, con un panno indosso ruvidaccio che poco costi, e con altre spese a proporzione di queste? Io so pure che fra gli abitatori delle casipole sarei il maggiore co'miei trecento ducati, e verrei da tutti ammirato; e, quello che più importa, non avrei un pensiero al mondo. Ma noi siamo di una razza che vogliamo paragonarci sempre con quelli che vanno all'insù come il ranocchio di Esopo,[3] e non ci ricordiamo mai de'minori di noi, nè di uguagliarci a quelli." Così mi parlava quest'uomo dabbene; ma non seppe mai deliberarsi ad eseguire il suo pensamento, e morì mezzo disperato.

Dall'altro canto, sopra tutti le più ricche signore non hanno carità delle minori di sè; e sapendo che il cuore umano è cotanto inclinato all'imitazione, si vagliono senza un pensiero al mondo delle ricchezze

---

[1] *Ha sciolto i bracchi.* Modo proverbiale per dire che farnetica.

[2] *Il Manucci.* Viaggiatore veneziano del secolo XVII, il quale, andato a cercar fortuna nelle Indie, divenne medico del Gran Mogol. Ritornato in Europa, scrisse una interessante storia del Mogol.

[3] *Il ranocchio d'Esopo.* Allude alla favola della rana che volle, gonfiandosi, uguagliare il bue e scoppiò.

nell'invenzione di nuove fogge e di abbigliamenti. Queste gli veggono, e senza misurare altro, vogliono gonfiarsi e gareggiare ad ogni modo, e suo danno a chi tocca. Vero è che nella imitazione io veggo un certo che di stentato e di strano, che vi apparisce la penuria, o una certa squisitezza la quale mostra che l'ingegno ha supplito in parte al danaro. Ma sieno quattrini o ingegno, tutto è travaglio in capo all'anno; e se le meschinette non vedessero tante mutazioni, le viverebbero più aginte e chete. Mi è tocco più volte al tempo del carnevale di vederne alcuna allo specchio vestita di nuovo, quasi fuori di sè per l'allegrezza di andare mascherata alla piazza, e piena di speranza di vincere tutte le altre nel buon gusto del drappo che avea indosso. Ma che? Non sì tosto la si trovò in quel gran mare di varietà, che la era quasi una gocciola, e si disperava di vedersi abbandonata dagli occhi dei circostanti, i quali erano tutti rivolti a due o tre sole maschere, che l'avean vinta per quel dì: onde non si curava più punto di quanto avea, e pensava già ad una nuova battaglia per sottomettere le vincitrici di quel giorno. Egli è un dolore a vedere come si stancano gl'ingegni fin delle più menome artigianelle per giungere a somigliare alle maggiori. Se esce una usanza di cuffie con le ale grandi, non passano quindici dì, che le minori teste sembrano svolazzare con due alacce che paion di aquila; all'incontro se le ale s'impicciolisciono, di là a poco tempo le cuffie diventan creste. Ho veduti pendenti sì lunghi che dondolavano fino alla metà della gola; di corti che appena bastavano a coprire il forellino fatto nell'orecchio. Braccia coperte fino all'ugne, scoperte quasi fin presso alla spalla. Seni chiusi fino al mento, disotterrati fino alla cintura; nel che io non saprei biasimare le donne, quanto fanno alcuni, perchè dovendo esse di tempo in tempo allattare i loro bambini, le correrebbero un grave risico d'infreddarsi, se non usassero la cautela di avvezzare all'aria quelle parti dond'esce il primo alimento dei loro fanciulli.

     Dum spectant oculi læsos, læduntur et ipsi,
     Multaque corporibus transitione nocent.

Infermansi gli occhi nel mirare occhi infermi; e molte cose nocive passano dall'un corpo all'altro.

A proposito di esempio, bello è nella Bibbia a leggersi quel consiglio che diede Mamucan ad Assuero, quando Vasti sua moglie, chiamata da lui dopo il convito per far vedere la sua gran bellezza a'convitati, ella non volle andarvi. "Sappi," disse Mamucan, "che la reina Vasti non solamente ha ingiuriato il re, ma tutti i popoli e i principi che sono nelle provincie di Assuero. Imperciocchè uscirà tra le donne questa fama della reina, per modo che tutte si faranno beffe de'mariti, e diranno; Il re Assuero ordinò che la reina andasse a lui, ed ella non volle. E con questo esempio tutte le donne de'principi Persiani e Medi non faranno più conto degli ordini de'mariti loro." L'applicazione di questo esempio si può ampliare, secondo me, a più generazioni di cose.

L'OSSERVATORE A FRONIMO SALVATICO.

Se voi m'amate o credete che io v'ami, datemi qualche notizia del fatto vostro. Avete voi faccende? O, quel che Dio non voglia, non godete buona salute? Io ne sono travagliato non poco. Due o tre linee di vostra mano mi potranno consolare. È impossibile che non vi risolviate a favorirmi. Siate voi in campagna o in città, son certo che vi perverrà la presente polizza alle mani; e attendo di vedere qualche riscontro. Pregovi di questo piacere e di giorno in giorno viverò con la speranza di trovare alla bottega del Colombani un biglietto di vostra mano. V'abbraccio col cuore. Addio.

N° XX.   A dì 11 aprile 1761.

> . . . . *Animæ, quibus altera fato*
> *Corpora debentur, Lethæi ad fluminis undas*
> *Securos latices et longa oblivia potant,*
>
> VIRGIL.
>
> . . . . L'anime a cui dovuti
> Sono altri corpi, al fiume Lete accolte
> Beon dimenticanze e lunghi oblii
> Dell'altra vita.

Il più bel pazzo ch'io conoscessi a' miei dì, è un certo Naldo che fu già calzolaio di professione, e al presente è uscito del cervello, per aver tralasciato di cucir suole e tomaie, ed essersi dato allo studio. Non credo in vita mia d'avere udite le più solenni bestialità di quelle ch'egli dice. Domandai a' suoi di casa quai libri egli fosse accostumato a leggere, e m'arrecarono innanzi uno squarcio tutto logoro e lacerato, di forse dieci o dodici carte il più, che conteneva un pezzo verso la fine del Dialogo decimo della Repubblica di Platone. Vedi s'egli avea dato in cosa da impazzare. Tutti i suoi ragionamenti non sono altro che a migliaia di tramutazioni della sua vita. Egli è uno de' maggiori diletti del mondo ad udirlo a dire ch'egli avea già un segreto di non so quai versi, e che quando gli dicea, l'anima sua usciva fuori del corpo, e andava aggirandosi invisibile dovunque egli volea. Che un tempo fu principe nel Mogol, e che avendo conferito ad un cortigiano molto suo amico il segreto suo, e pregatolo che gli custodisse il corpo vôto, mentre ch'egli andava svolazzando qua e colà in ispirito, il cortigiano gliel'avea accoccata. Perchè un dì standosi alla custodia delle sue membra vacue, gli venne in animo di recitare i versi, e incontanente uscì fuori del corpo anch'egli, ed entrò nel principe, e, posto mano ad un certo coltellaccio ch'egli avea, tagliò di subito il capo al proprio corpo che avea lasciato in terra; onde il principe ritornato, non sapendo più dov'entrare per allora, s'allogò in un pappagallo d'una signora ch'era morto in quel giorno. Vi so io dire che in casa della signora, dove fu pappagallo, egli spiò di belle cose, e ne dice di quelle ch'io non potrei pubblicare. Ma perchè, essendo anche pappagallo, non avea perduta la malizia dell'uomo, egli facea anche un peggiore ufficio, cioè quello di notare i fatti di lei, e per dispetto di vederla ad ingannare ora questo, ora quello, avvisava gl'innamorati delle sue maccatelle; tanto che quella casa n'andava tutta a romore. Se non che avvedutasi la padrona un giorno della sua mala lingua, la gli si avventò alla gabbia con tanta furia, deliberata di rompergli il collo, che s'egli non avesse in fretta in fretta detti i suoi versi, sarebbe rimaso morto. Uscito di pappagallo, volò in ispirito fuori d'una finestra, e non trovando meglio, s'allogò nelle membra d'una castalda morta che avea fatto impazzare il marito, il quale fu per impiccarsi quando la vide risuscitata. E così di tempo in tempo vivificò diversi corpi; e ora afferma che non sa come gli sieno usciti di mente i versi, e piange amaramente d'aver infine a morire.

Non è però questa la sola pazzia ch'egli dice, ma un'altra non minore. Io credo certamente ch'egli abbia così dato nelle girelle, fantasticando sopra quello squarcio di Platone, dove il filosofo racconta quella favola egiziana delle tramutazioni degli spiriti dall'un corpo all'altro. Pitagora[1] e altri valentuomini antichi, i quali non aveano la guida del lume maggiore,[2] innamorati dell'attrattive della virtù, e volendo confermarla tra gli uomini, l'aiutavano con tale invenzione; e significando che un uomo nella sua seconda vita verrebbe premiato del suo bene operare, o del male gastigato, affermavano che l'anima dell'uomo dabbene sarebbe passata a vivere nel corpo d'un re, d'un principe o d'altro personaggio qualificato o fortunato, e quella del malvagio sarebbe stata condannata a far tela in un ragnatelo, ad andar saltelloni per un orto in una lucertola, o in altro peggiore e più schifo animalaccio. Ma per tornare al calzolaio e alla sua pazzia, egli cominciò a dire ch'egli era stato in un luogo dove si tramutano le vite, e che si ricordava benissimo ogni cosa; di che pregandolo io che mi narrasse tutto quello che se ne ricordava, cominciò a parlare in questa forma.

Tu dèi sapere che due mila anni fa io fui un certo Aro Ermeno, e che morii in una battaglia; onde discesi in un bellissimo prato, dov'io ritrovai molti ch'io avea conosciuti al mondo uomini e donne, i quali mi si fecero incontra; ma volendogli io abbracciare, mi parea di toccar nebbia e fumo. Mentre che mi correvano tutti intorno a chiedermi novelle di costassù, come a colui che v'è andato di fresco, io udii sonare una tromba, e appresso una voce gridare: " O tutti voi, che siete qua e colà per lo prato dispersi, raccoglietevi dov'udite il suono, imperciocchè fra poco dovete scegliere novello corpo, e andare a popolare il mondo." Ti dirò il vero, che non mi dispiacque punto lo intendere questa novità; perchè, quantunque il luogo fosse bello a vedersi, mi parea che vi regnasse una certa malinconia e taciturnità universale che non mi dava nell'umore. E tanto più l'ebbi caro, perch'io avea udito che ognuno si potea eleggere il corpo a modo suo, ed entrare dov'egli avesse voluto.

Di là a non molto tempo io vidi apparire una donna con un ordigno che aggirava certe infinite migliaia di fusa, e un'altra che avea nelle mani un bossolo,[3] e tuttadue mostravano nelle grinze della faccia d'avere più centinaia, anzi migliaia d'anni. La seconda, poste le mani nel bossolo, ne trasse fuori certe cartucce, dov'erano, come dipoi vidi, segnati certi numeri, e le lanciò in aria, che pareano un nuvolo, donde poi cadendo disperse, a chi ne toccò addosso una, a chi un'altra, tanto che ogni spirito ebbe la sua, e conobbe al numero che gli era tocco, s'egli dovea essere il primo, il secondo o il terzo ad eleggere il no-

---

[1] *Pitagora.* Famosissimo filosofo dell'antichità, fondatore della setta Italica, professava la dottrina della metempsicosi, ossia della trasmigrazione delle anime di corpo in corpo. Nato a Samo nel 569, morì a Taranto nel 470 av. C.

[2] *La guida del lume maggiore.* La religione di Cristo.

[3] *Bossolo.* Qui sta per urna.

vello corpo. Appresso io vidi apparire sopra il terreno, e non so come, delineata ogni qualità di vita, tanto che ognuno potea 'vedere ed esaminare prima quella ch'egli avesse voluto eleggere, per non dir poi: io non ebbi campo a pensarvi. Il primo numero era tocco ad un poeta, il quale ricordandosi tutti gli stenti della passata vita, e sapendo i lunghi e molesti pensieri ch'egli avea avuti, stabilì di fuggire la carestia; e fisato l'occhio sopra il disegno d'una cicala, disse ad alta voce: ˝Da qui in poi m'eleggo d'essere cicala, per vivere della rugiada del cielo.˝ Così detto, divenne piccino piccino, gli s'appiccarono addosso l'ale e se n'andò a' fatti suoi, e la donna dalle fusa incominciò a filare la vita d'una cicala. Il secondo fu uno staffiere, il quale avea servito nel mondo ad una civettina lungo tempo, e ricordandosi le commessioni che egli avea avute, le polizze, le ambasciate, il continuo correre su e giù per sarti, calzolai, per acque, per medici, per cerusici, tanto ch'egli non potea avere il fiato, domandò di essere scambiato in un olmo; e così fu, e s'aggirò un altro fuso per l'olmo. Venne poscia una donna, ch'io avea già conosciuta al mondo per la più bella e aggraziata ch'io avessi veduta mai, la quale non avrebbe certamente potuto scambiare il corpo suo in altro migliore. Costei posto l'occhio in sui disegni delle vite, domandò che la sua tramutazione fosse in una donna brutta; e venendone compassione alla femmina del fuso, la gli chiese il perchè, ed ella rispose: ˝Nella mia prima vita io non ho mai potuto avere un bene. Quella mia bellezza invitava a sè un nuvolo d'uomini d'ogni qualità, tanto ch'io era assediata continuamente le calcagna. Non vi potrei dire quanta fu la mia sofferenza nel comportare goffi che voleano appresso di me fare sfoggio d'ingegno; uomini tristi che, non potendo colorire il loro disegno, m'attaccavano qua e colà con la maldicenza; io non ebbi in vita mia ad udire altro che sospiri e disperazioni, a veder lagrime; fui attorniata da quistioni, e, quel che mi parea peggio d'ogni altra cosa, da sonetti. Sicchè ad ogni modo ho preso il mio partito, e dappoichè debbo ritornare al mondo, io intendo di ritornarvi brutta, e di non avere quelle seccaggini intorno.˝ La fu esaudita. Io non ti narrerò tutte le trasformazioni ch'io vidi, d'un avvocato che volle diventare un pesce, per non aver voce, non che parole; d'un creditore che, per la mala vita fatta nel riscuotere, volle entrare in un corpo aggravato da debiti, dicendo che avea giurato, s'egli avea più ad entrare nel mondo, di voler piuttosto aver a dare altrui, che a riscuotere. Finalmente venuta la volta mia, tenendo a mente le fatiche da me sofferte nella guerra, volli entrare nel corpo di un porcellino, per vivere un anno senza far nulla, e morir fra poco, prendendomi per diletto il cambiare spesso la vita.

Non avrebbe il calzolaio pazzo finito mai, e m'avrebbe narrato tutte le sue trasformazioni fino al presente, se le sue ciance non mi fossero venute a noia, e non l'avessi piantato.

––––– –––––––

SIGNOR OSSERVATORE.

Io non so se sia il nutrimento diverso dagli altri, che danno gli uomini di lettere al loro cervello, e quello stare continuamente spenzolati sui libri in solitudine; ma certamente non riescono nelle compagnie degli uomini secondo quel concetto che pure hanno. A me

sembra pure una strana cosa a dire: Il tale ha pubblicato un libro e
n'ha acquistato onore; il nome suo va intorno per le bocche degli
uomini; il cognome suo è conosciuto da tutti; tanto che molti desiderano di vederlo e' conoscerlo e d'appiccare amicizia seco; e quando
egli entra in una conversazione, che tutti aspettano d'udire concetti
meravigliosi, appena egli avrà fatti uno o due inchini, quali ne vengono, si porrà a sedere con un viso sconcertato e sì di mala voglia,
che a poco a poco i circostanti gli sbadigliano intorno. Quando si parte
di là, si comincia a dire: "Oh, è egli poi vero ch'egli sia così gran letterato costui? Io lo credo un'oca, io." — "Che m'importa a me," dirà
uno, "ch'egli consumi tutte le sue parole in sui libri e nelle stamperie
per non aver più che articolare, quando si trova fra le genti? O non
saremmo noi forse degni che Sua Signoria apra la bocca, dove non
sono persone scienziate?" Dirà un altro: "Non sapete voi che cotesti
dottori non parlano se non hanno meditato prima e pesato bene quello
che hanno a dire? Chi sa quante cose egli avea sulla bilancia; dia-
mogli tempo che pesi, domani verrà a dirci quello che non ha finito
stasera di bilanciare." Infine si levano i pezzi del fatto suo [1] e si fa
uno sghignazzare universale. Potrebb'essere che la sua taciturnità
nascesse anche dal non aver egli parole a proposito per le compagnie
usuali; essendo egli avvezzo ad un linguaggio suo proprio che non ha
vocaboli per le cose correnti.

In questo caso consiglierei gli uomini di lettere ad andare in qualche
cantuccio delle botteghe da caffè con un taccuino segnato con l'alfabeto, e un toccalapis sotto il mantello. Quando dico segnato coll'alfabeto, non intendo già con l'abbicì tutto intiero dall'A fino alla Zita,
ma solo con alcune lettere d'esso, per esempio B, C, G, P, e per
rubrica d'esse lettere mettervi sopra Buontempo, Cuffie, Commedie,
Giuoco, Guerra, Pioggia, che sono i titoli più universali. Con questo
apparecchiamento di quaderno diasi al tutto ad ascoltare l'uomo di
lettere, e secondo il titolo che viene dalla brigata intavolato, segni i
vocaboli che sono usati, sotto alla sua rubrica, e noti bene in quante
forme si parli sempre della stessa materia; indi uscito di là, procuri
d'imparar bene a memoria questo dizionario, ch'egli non sa, o non
si sarà mai sognato che gli dovesse abbisognare. Oh! con quanta sua
maraviglia vedrà egli in brevissimo tempo sè essere divenuto eloquente
e al caso di poter intendere un linguaggio nuovo che gli gioverà molto
più che il latino ed il greco. Nè voglio ch'egli mi dica che l'alfabeto
che io gli ricordo, sia troppo breve. Anzi tenga per fermo che le poche
altre lettere, o forse una o due, gli faranno bisogno per aggiungervi
titoli nuovi; essendo questi i più usitati argomenti e i trattati in ogni
luogo. Coll'andare poi del tempo s'assuefarà alle figure ed ai colori
retorici, e con una buona imitazione imparerà a favellare con invasazione e con forza.

———

Ritratto Decimoterzo. La Geva, contadinella, tre mesi fa era di
buon'aria e lieta. Spiccando un canzoncino, veniva la mattina fuori
dell'uscio. Canterellava tutto il dì. Alla sua poverella mensa facea con
gli scherzi ridere la famiglia. Vaghetta naturalmente, poco si curava

---

[1] *Si levano i pezzi del fatto suo.* I maldicenti ne fanno strazio.

di ben coltivati capelli; un fiore a caso era suo ornamento. Perchè è
divenuta oggidì malinconica e taciturna? Ha gran cura di sè. Fiorellini sceglie. Due o tre volte gli si misura alle tempie, alla fronte o al
seno, poi contenta appena gli appunta. Geva alla venuta di Cecco arrossa e imbianca ad un tratto. Alitar corto e spesso le fa ondeggiare
la vestetta al petto. Gli altri guarda con occhio sicuro, lui non s'attenta di guardare. Stizzosetta ad ogni detto di lui risponde. Quando
egli parte, le si ammortiscono gli occhi, che alla sua venuta brillavano.
Dov'egli vada non chiede mai: rizza gli orecchi, s'altri gliele domanda.
Se d'amore si favella, non vuole udire: coglie sè stessa di furto che
sospira. Di suo sospirare adduce fallaci scuse, se viene udita; se non
gli sono credute, sta ingrognata. Cecco, tu hai chi t'ama di cuore.

N° XXI.   A dì 15 aprile 1761.

Velut ægri somnia, vanæ
Fingentur species.
HORAT.

Chimerizzano cose somiglianti
a' sogni degl'informi.

Non è al mondo persona che non ami le cose sue, come oro e
gioielli; e non istimi più il suo sputo, che l'altrui migliori sentenze.
Noi siamo così bestiali, quando si tratta di noi medesimi, che vogliamo
che sieno approvate fino le nostre pazzie, e diventiamo nemici sfidati
e mortali di chi non ne tiene quel conto che noi medesimi vorremmo.
Io ho veduto più volte nella culla un fanciullino nato allora, che parea
un granchiolino, lungo una spanna, col nasetto rincagnato, e con tutte
le fattezze di una sconciatura; e tuttavia la madre, perchè l'avea partorito, e la balia, perchè dovea allattarlo, scoprendolo da capo, come
una maraviglia, diceano a circostanti: "Si può vedere il più bell'agnolo?
Parv'egli che sia molto ben grandicello?" E così dicendo gli fioccano
sopra mille parolette inzuccherate che mostrano tutte quanto tengono
conto di quella inestimabile ricchezza ch'è uscita del ventre all'una,
e che dee succiare il capezzolo all'altra. E tuttavia la civiltà di chi
è quivi d'intorno, richiede che quel bertuccino venga commendato;
altrimenti se ne acquisterebbe una nimicizia mortale. Anche i libri
sono parti degli uomini; e questi non sono meno innamorati di quanto
esce loro dell'ingegno, di quello che sieno innamorate le femmine
de' parti loro. Comecchè dal giorno in cui fu ritrovata la stampa fino
al presente, ci sieno infinite migliaia di libri, e tanti, che i secoli interi non basterebbero più a sapere quali sieno, non che a leggerne i
soli frontespizi, ogni nuovo scrittore giura in suo cuore, e anche fuori
di suo cuore, che non ci sia il migliore del suo. Nè in ciò è punto
diverso dalle femmine. Tutte quelle che partoriscono, infine danno alla
luce una cosa medesima. Ogni bambino ha due braccia e due gambe,
una bocca, due occhi, e quello ch'ebbero tutti gli altri che nacquero
prima, e che avranno quelli che nasceranno appresso. C'è quella diversità che sa ognuno tra maschio e femmina, e non più. La maggior
differenza consiste in certi pochi lineamenti che fanno diverso l'un

viso dall'altro; negli occhi ora neri, ora celesti, ora bigi e talvolta giallógnoli; ne' nomi, che chi si chiama Matteo, chi Filippo, chi Simone; e delle donne qual Giovanna, qual Caterina, qual Margherita: per altro il modello è sempre quel medesimo, e sono sempre uomini e donne. I libri sono lo stesso. Tanto è a leggerne uno, quanto un migliaio. Scambiansi alcun poco le fattezze e i titoli che portano in fronte, ma la sostanza mi sembra quella medesima sempre. Ogni scrittore si crede di aver partorito il più bello, e non conosce che infine egli ha modellate le membra del figliuol suo sopra quelle de' figliuoli altrui; e quel che più strano è, egli avrà tolto dagli altri qua un braccio, colà una gamba, e costà un occhio d'un colore, e colà un altro di colore diverso, tanto che avrà fatto un figliuol pezzato come un bracco. Oh! va', e di' a costui che il figliuol suo non sia la più bella gioia del mondo. Benchè quando anche tu avessi animo di dirgliene in faccia, egli ti avrà già preoccupato con una prefazione che ti chiude le parole fra' denti. Che vorrestù più cianciare, dappoich'egli avrà empiuti gli orecchi del comune [1] della sua sufficienza, e dell'utilità grande dell'opera sua? Quando egli t'avrà provato con quanti sillogismi ed entimemi sono in Aristotile, [2] che il mondo vien da lui finalmente cavato della ruggine, e illuminato dalla torcia celeste della sua scienza: vuoi tu essere strozzato, se apri la bocca? Lascia partorire al nome del cielo, e sta' cheto come olio nel vase, che sarà il tuo meglio. Oh! l'operetta è scritta intorno ad un argomento trito, meschino, di picciola importanza, senza il quale si potea benissimo vivere nel mondo. Che fa a te? Vivi e fa' conto che la non ci sia. Abbi sempre a mente che se lo scrittore ha fatto e fa una stima grande dell'opera sua, egli è ingannato da natura, che gliela fa parere necessaria, utile, dilettevole, bella e desiderabile sopra tutte l'altre. Egli non fa nè più nè meno di quello che abbiano fatto tutti gli altri, e che faresti tu medesimo, se fossi autore. Direbbe, per esempio, Plutarco, s'egli vivesse oggidì: Io ho fatto opere grandemente utili alla morale; Cicerone all'eloquenza, Virgilio alla poesia, e tanti altri ad altre dottrine e scienze. Nel modo appunto che comporteresti costoro, puoi sofferire anche un trattato del governare i rosignuoli; e darti pace, se l'autore di quello afferma nel suo proemio ch'egli ha trattata materia di tale necessità all'umana vita, che appena si potrebbe vivere se non fosse venuto finalmente chi l'insegnasse. Ad ogni modo egli avrà i partigiani suoi, e gli avrebbe, s'egli avesse scritto dell'alimento e delle gabbie dei grilli, o d'altra cosa somigliante. Ogni argomento ha in sè, come dire, una certa armonia che consuona con altri capi. Toccansi le corde di quello; il suono che n'esce, ferisce altrove nelle corde tese all'unisono, e l'armonia si distende così ampiamente, che lo scrittore de' grilli ha ragione prima coh un centinaio, poi con un migliaio, poi con due e più di persone. Allora ti spezzerai il gozzo, e ti trarrai dalle radici la lingua, se alzerai la voce per voler farti intendere a dire il contrario.

---

[1] *Del comune.* Oggi direbbosi del pubblico.

[2] *Quanti sillogismi ed entimemi sono in Aristotile.* Aristotile, celebre filosofo greco, nato a Stagira nel 394, morto in Eubea nel 322 av. C., fu discepolo di Platone e maestro di Alessandro il Grande. Lo si può chiamare il fondatore della logica. E sono appunto forme di ragionamento i sillogismi e gli entimemi qui accennati.

Non vitæ, sed scholæ discimus.

SENEC., *Epist.*

Non impariamo a vivere, ma a disputare.

Quando i fanciulli sono grandicelli, il primo pensiero ch'io odo comunemente per tutte le famiglie, si è quello del fargli imparare. Mandansi alla scuola chi qua, chi là; ed è un'ottima usanza, se nelle scuole s'avesse avvertenza d'ammaestrare gl'ingegni secondo quella condizione di vita che a un dipresso lo scolare ingrandito dovrà eleggere. A parlare con un villanello che intenda bene l'uffizio suo, egli ti dirà che non tutti gli alberi si vogliono coltivare ad un modo. Pèsco, susino, mandorlo, pero son tutti alberi, fanno rami e foglie; ma chi vuole un terreno, chi l'altro; questo ama un'aria, quello un'altra. Se tutti fossero coltivati ugualmente, io non nego che non se ne vedessero rami e foglie; ma la sostanza sta nel fruttificare. Gli uomini sono tutti uomini; ma lasciata per ora la diversità degl'ingegni, da' quali dee nascere il frutto, dico che si dee procacciare di far nascere di loro que' frutti che sieno convenevoli alla qualità della vita, che probabilmente avranno a fare. Quando comincia ad aprirsi la prima capacità dell'intendere negl'ingegni, ad ogni fanciullo si mette in mano la grammatica latina; e a suo dispetto egli avrà ad imparare per un lungo corso d'anni un linguaggio, del quale non avrà più a valersi in vita sua. A poco a poco gli verrà insegnato a parlare con eloquenza latinamente; e s'egli non sa dire due parole nel proprio linguaggio, non importa. Di là si fa passare agli spaziosi campi della filosofia, ne' quali impara tutto quello che non gli abbisogna mai; e in sul fiore dell'età sua, ecco ch'egli avrà compiuto gli studi; ed uscito di là, si troverà come un pesce fuor dell'acqua nelle faccende del mondo. E quel ch'è peggio, avrà assuefatto il capo a credere che le cose si facciano quali egli le avrà lette ed imparate; e ragionerà fra tutti gli altri, che parrà un uomo venuto da lontanissimi paesi. Oltre all'essersi torto il cervello, egli avrà acquistata anche un'altra infermità; ch'è quella dell'ozio. Quel continuo star a sedere, a leggere e a scrivere, gli ha così legate le membra, che a grandissima fatica potrà più tramettersi negli affari; e se vi s'impaccerà, lo farà così di mala voglia e quasi a dispetto, che non gli riuscirà mai bene; e credendosi di saper molto, tasserà[1] tutto quello che fa il prossimo.

Ricordomi che quand'io andava alla scuola, vi vedea molti fioriti e capaci giovani, i quali studiavano con tutto il cuore, e affaticavansi di e notte per imparare, gareggiando tutti a chi più s'addottrinava. A me parea allora una bella cosa a vedere que' novellini germogli d'una città, e dicea fra me: "Oh! nobile ed egregio onore che n'avrà questo luogo, quando usciranno di qua così bene ammaestrati giovani e così dotti!" A poco a poco trascorsero gli anni; e coloro ch'io credea di vedere occupati a speculare, a ragionare, o a scrivere cose grandi, gli vidi appresso condotti dalla condizione di loro famiglie ad occuparsi fin ne' più menomi mestieri e ne' più meccanici lavori. "Oh! che diavol," diss'io allora, "aveano che fare quelle cotante grammatiche e rettoriche? E a che pensavano i padri loro quando gli mandavano ad impa-

---

[1] *Tasserà.* Criticherà.

rare Cornelio Nipote e Cicerone?[1] Non era egli il meglio avvezzar
loro le braccia e la testa a quello che fanno al presente, che empiergli
di latinità e di figure? Non credevano essi forse che tanto sia necessario al mondo un buon calzolaio, quanto un buon grammatico e più?
Che tanto giovi un perfetto fabbro, quanto uno squisito rettorico?
Perchè non s'aprono scuole costà di fucine e martella, colà di seghe
e pialle, in un altro luogo di salamoie;[2] tanto che ogni condizione di
genti ritrovi l'appartenenza sua, e non s'abbatta sempre ne' primi
anni a nomi, verbi, concordanze, tropi, e altri cancheri che divorano
la giovinezza senza frutto, tolgono l'utilità dell'età mezzana, e l'agio
della vecchiezza? In questa forma ci sarebbe anche minor quantità di
giudici delle scritture di que' pochi i quali si danno alle lettere; e gli
scrittori potrebbero dire allora, come quel greco pittore:[3] Olà, o tu,
non t'impacciare più su che la scarpa.[4]

AL SIGNOR N. N., L'OSSERVATORE.

Mi rimproverate che spesso mi vaglio delle allegorie nei miei fogli.
Io n'ho preso l'esempio non solo da molti scrittori che sempre hanno
scritto allegoricamente, ma dalle nazioni intere. L'allegorie hanno un
certo che di creanza in sè, e furono ritrovate per notificare altrui
quello che spiace ad udire, e sono quello zucchero o mèle[4] col quale
s'ungono gli orli del vaso per far bere gli amari sughi al fanciullo.
Immaginatevi una specie di gelosia ad una finestra che lascia vedere
e non vedere quello che v'è dentro. Assicurano chi parla, e non offendono chi ascolta; anzi gli danno piacere, perchè gli lasciano campo
d'esercitare l'intelletto nell'interpretazione. Io vorrò bene ad esse in
vita mia, dappoichè ho letto molti benefizi che esse hanno fatto, e con
qual garbo sanno proporre e rispondere. Uditene un esempio. Fu un
tempo in Oriente un signore di larghissimo stato, il quale avea sotto
di sè infinite città e castella. Era però costui sì crudele, che parte col
guerreggiare, e parte colle imposte e con altri duri modi ed acerbi,
avea i luoghi suoi quasi tutti ad un estremo esterminio condotti; nè
v'era alcuno che ardisse d'aprir bocca, e dirgli ch'egli era una bestia.
V'avea un uomo dabbene, dolente in suo cuore a morte di quello che
vedea, il quale era solo rimaso suo amico, e mantenevasi la grazia sua
con l'avergli dato ad intendere che sapea benissimo il linguaggio
degli uccelli. Questo capriccio glielo facea tener caro, e lo volea seco
in ogni luogo dov'egli andava. Avvenne un giorno, che trovatisi l'uno
e l'altro alla caccia, e sedendo sotto non so quali alberi per riposarsi
alcun poco all'ombra, udironsi due civettoni che con quelle loro moleste vociacce a vicenda si rispondevano da certi rami secchi di due
querce. "O tu," disse il signore, "capacissimo nel linguaggio degli uccelli,

---

[1] *Cornelio Nipote e Cicerone.* Sono i primi scrittori che nelle scuole si mettono in mano
ai ragazzi che studiano il latino.
[2] *Salamoie.* Arte di fare certe acque salate per conservare pesci, ulivo o simili.
[3] *Quel greco pittore.* Apelle, pittore greco famosissimo, avea esposto in pubblico un
ritratto di Alessandro Magno. Un calzolaio riprese non so che cosa nella calzatura. Apelle,
trovata giusta la critica, corresse. Il calzolaio, imbaldanzito, volle criticare le gambe.
« Olà, sclamò il pittore, il calzolaio non s'impacci più su che la scarpa. »
[4] *Quello zucchero o mèle* ec. È parafrasi dei versi del Tasso. V. la nota 1 a pag. 25.

che non mi di' tu quello ch'essi favellano insieme al presente ? " Il buon uomo si scusò alquanto in prima, quasi avesse a dir cosa che dovesse offendere la Maestà Sua; ma pur finalmente assicurato dalle parole e da'giuramenti di lui, che non avrebbe avuto a male quanto gli avesse detto, rispose : " Maestà, quelli che parlano sono due civettoni maschi, de'quali l'uno ha un figliuolo, e l'altro una figliuola, e vorrebbero maritargli insieme. Patteggiano al presente per la dote. La Maestà Vostra sa che cotesti uccellacci fanno spesso la vita loro in casolari rotti, e fra calcinacci, e questa è la ricchezza maggiore che possono avere. Ecco. Ha ella ora udito questa risposta ? Il padre del maschio ha domandato al padre della figliuola cento castella desolate in dote; e il padre della femmina ha detto, che per grazia di colui che regna sopra questo paese, gliene darà dugento e più, se più gliene domandasse." La Maestà Sua, che fino a quel punto non avea avuto chi avesse ardito di dirgli la verità, arrossì prima; e poscia abbracciato l'amico che per figura s'era fatto intendere, gli disse : " Io farò per modo da qui in poi, che cotesti uccellacci non sapranno dove avere alloggiamento; " e gli attenne la parola.

N° XXII.   A dì 18 aprile 1761.

Nil (majores nostri) liberos suos docebant, quod discendum esset jacentibus.

SENEC., *Ep.*

Non insegnavano i nostri maggiori cosa veruna
di quelle che s'imparano a sedere.

Vogliono alcuni che l'operare sollecitamente apra la via alla fortuna, la quale ha per usanza di essere liberale delle grazie sue a chi si affatica e si adopera coll'ingegno e con l'arte. Io credo che costoro s'ingannino, e che sia quello stesso starsi a dormire e con le mani alla cintola; essendo la fortuna una certa bestialità cieca, la quale va a cui vuole e quando le vien voglia. Quando nasce un uomo, a me pare che costei sia quale un capo di compagnia di strioni, la quale lo stabilisca a rappresentare in sul suo teatro. Essa da sè a sè fa suo conto e dice: " Questi rappresenterà tragedia, e questi commedia." Così detto, gli dà la parte sua in mano, spiccata da tutte quelle degli altri recitanti che hanno a rappresentar seco, e dice: " Togli, questa è la tua. " Apresi la scena. Egli incomincia a rappresentare. Gli viene innanzi un attore che parla con esso lui, gli risponde a proposito; quegli ripete, questi ritocca; la scena in faccia agli spettatori fa l'effetto che dee fare, e la riesce o da ridere o da piangere secondo l'argomento; e intanto si apre la via ad un'altra scena. Contuttociò gli attori non credono che la sia cosa imparata a mente, e in cuor loro si sentono tutti accesi, appassionati, sdegnosi, malinconici o altro, secondo la sostanza della rappresentazione, e par loro di avere ben detto o mal detto, e attendono o buona o mala riuscita, secondo le parole che avranno dette, o l'azione che avranno fatta. Ma non sapendo i miserelli tutta la concatenazione delle scene che debbono proseguire, vanno innanzi alla cieca, e avviene talvolta, che colui il quale avrà cominciata una scena da ridere, entrerà in un'altra da piangere; e chi avrà cominciato piangendo, anderà oltre ridendo. Bello è che gli spettatori, i quali sono ivi presenti, non fanno come quelli che vanno ai teatri nostrali, e non dicono: "Il tale ha recitato male, quegli è un attore che rappresenta bene;" ma dicono: "Perchè non ha egli fatto sì e sì, che non gli sarebbe accaduta quella disgrazia? Bestia! che poteva egli attendere altro che la sua rovina? Hai tu udito che rispondere fuori di proposito? Dovea egli impacciarsi a quel modo con colui? Vedestù quell'altro con quanta sapienza e prudenza si è diportato? Non è maraviglia che gliene sia avvenuto bene." Intanto fortunaccia trista si sta in alto a sedere, spettatrice di recitanti, e di coloro che veggono e ascoltano, e si ride degli uni e degli altri; godendosi, come dire, di una doppia rappresentazione. Anzi, di tempo in tempo motteggia gli spettatori medesimi, e dice fra sè: "Odi dottori magri che vogliono giudicare dei fatti altrui. Noi vedremo fra poco il buon garbo che avrete in sul palco. Ciascheduno delle signorie vostre dee andare costassù, e fare la parte sua; e sarà giudicato da quelli che al presente vengono giudicati da voi, e ci darà di che ridere." E così va in fine come la dice. Non si vide mai una scena così ampia e cotanto di varietà ripiena; nè altrove appariscono tante rappresentanze di pianto, di grandezza, di riso, di cose comuni. Ad un tratto vi si veggono vascelli che affondano, legni condotti a porto, capitani, soldati, mercatanti, ricchi uomini, accattapane; scala, dove di continuo montano o scendono uomini, che si mordono, si graffiano, si baciano, accarezzano, sberrettansi e scannansi l'un l'altro. E la iniqua fortuna di ogni cosa sta giubilando. In fine chiudesi, non già la commedia o tragedia generale, ma quella di ciascheduno degli attori, perchè le rappresentazioni della fortuna non sono divise in tre, nè in cinque atti come quelle de' poeti, ma in tanti, quante sono le vite dei rappresentanti, de' quali ognuno fa l'atto suo alla distesa; e quando non esce più in sul palco, egli ha finita la sua commedia, e di lui non si ride più, nè si piange. Egli può essere bensì che di lui rimanga una buona memoria fra i viventi in due modi. Ciò sono, s'egli sarà stato amico della fortuna, la quale essendo bene affetta a lui, gli abbia dato una parte da valentuomo; o s'egli avrà creduto alle voci della virtù, la quale può dare ai rappresentanti grandissimo aiuto. Io non dico ch'ella possa far sì che alcun uomo faccia a meno di uscire in sulla scena; ma la gli può insegnare a mozzar di tempo in tempo la parte sua; sicchè, fingendo di non saperla, sbrighisi il più presto che può dal viluppo degli altri recitanti, e stiesi piuttosto a passeggiare solitario dietro al teatro, mostrando la faccia talora sul palco, se non può tralasciare affatto. Oltre di ciò, gli potrà ancora empiere l'animo del suo santissimo lume, e fargli comprendere che le cose di questo teatro non sono altro che ombra e vanità che passano; ond'egli rinforzatosi il petto con lo scudo di una mirabile costanza, comporti quelle battaglie, quegl'inganni, burrasche o altre maladizioni, ch'empiono l'orditura dell'atto suo, sperando sempre in esso qualche scena men fastidiosa; e se la non giunge mai, chiudendolo con quel vigore che dimostri non essere mai la sua parte più nobile stata offesa dalle finzioni e dai giuochi di una scena.

SIGNOR OSSERVATORE.

Io sono di parere ch'egli si possa trarre una piacevolissima dottrina e un utile ammaestramento, considerando quello che abbiano a fare le buone arti e le scienze coi costumi. Vi presento uno schizzo, ch'è quanto dire certe poche linee di disegno di quest'opera; mettendovi innanzi alcuni precetti che possono tanto giovare ad un pittore che cominci a dipingere, quanto ad una giovinetta donna che voglia acquistar garbo ed essere aggraziata nel mondo.

Non si può giungere ad essere egregio pittore, nè egregia femmina ne'bei modi e nelle gentili maniere, senza andar prima un lungo tempo alla scuola dell'imitazione; nè mai potrà diventare perfetto originale chi non si sarà prima con molta umiltà e diligenza dato a far copie. E siccome non potrà un giovinetto scolare nelle prime cartucce ch'egli andrà segnando con la sua penna, acquistarsi onore nella pittura, così non potrà una giovinetta femmina ne'primi saggi e dirozzamenti della gentilezza acquistare un intero ornamento; ma dovranno l'uno e l'altra con l'attenzione e con l'esercizio correggere quello stento e quell'affettazione che nelle prime sperienze si vede: e sarà difetto della discepola, se ogni dì non darà qualche prova del suo avanzamento, come la dà lo scolare ne'suoi disegni. Con tutto ciò è da sapere che molto più presto può correggere il pittore una tirata linea, che una giovane un'azione non regolata.

S'egli non si avesse a fare altro nella figura dipinta e nella donna, che dipingerla con un bel colore, acconciare quanto più si può la statura o le fattezze della faccia, l'arte non sarebbe tanto difficile, quanto altri pensa; e starebbe quasi tutta nel mescolare colori, e il più il più nel fare un ritratto che stesse bene da sè; ma perchè una femmina riesca grata agli occhi di un uomo di cervello, le si richiede una certa grazia e armonia di carattere che faccia buon accordo con le compagnie, in quel modo appunto che in una tela storiata[1] si accordano bene le figure insieme per essere interamente lodate dagli uomini intelligenti.

I difetti della bacchettona e quelli della civetta sono al tutto somiglianti alla paurosa esattezza e alla soverchia licenza del pennelleggiare. Un grado di libertà che oltrepassi l'affabilità, si troverà in alcune, che, congiunto a molte altre grazie e bellezze, piacerà, come que'tratti arditi di Paolo Veronese.[2] Altre ci sono che con una dilicata riserva piacciono, come il pennello gastigato e corretto del Correggio.[3] E ve ne ha una terza spezie che hanno un maraviglioso ingegno di rendersi altrui gradite con una strana affettazione di capricci e di un particolare contegno. Anzi ne conosco io non poche le quali danno un bellissimo saggio di grottesche[4] e di figure fantastiche, da vincere ogni migliore artista di questo genere. Ma si dee notare che questi sono privilegi particolari a certi caratteri; nè possono mai produrre buon

---

[1] *Tela storiata.* Tela dipinta.
[2] *Paolo Veronese.* Famoso pittore, nato a Verona nel 1530, morto a Venezia nel 1588; ammirato soprattutto per la ricchezza delle composizioni, la verità delle teste e la magnificenza del colorito.
[3] *Correggio.* Uno dei più grandi pittori d'Italia, nato a Correggio nel 1494, morto nel 1534; fu chiamato il pittore delle grazie, ed è insuperato per l'espressione delle teste e la scienza del chiaroscuro.
[4] *Grottesche.* V. la nota 1 a pag. 80.

effetto, se non traggono la qualità loro da certi naturali doni, e non rampollano, per così dire, dal fonte della natura.

Tante possono essere le maniere del piacere altrui, quanta può essere la varietà di maniere ne' buoni pittori; e ci sono anche quadri, non dei principali maestri, che sono degni di stima; sicchè molte femmine si possono annoverare fra le amabili, galanti, compiute e garbate, comecchè le non sieno la signora....

Il contegno delle attitudini e l'arte del panneggiare hanno tanta dipendenza da'caratteri, dalle circostanze e dal disegno, che non è cosa possibile il ridurgli a stabilite regole e sicure. Non negherà chicchessia, cred'io, che gli atteggiamenti di una ballerina in teatro non istieno bene ad una signora di condizione, come non sarebbe bene dipinta una Venere nell'antica movenza di un Mercurio. Con tutto ciò il sapere qual sia la disinvoltura delle membra le gioverà, come giova al pittore la cognizione nella notomia, quando egli ne fa un segreto uso a guidar bene i disegni suoi. Nè vi sarà difetto anche nel panneggiare, quand'ella studierà con diligenza la sua statura, la sua condizione e le usanze che corrono, senza voler più fare di quello ch'esse richiedano.

Molte altre cose si potrebbero confrontare intorno alla pittura e alle donne; ma io vi promisi uno sbozzo, non un'opera perfetta. Considerate voi al presente, dietro alle tracce che io ho segnate con questa breve scrittura. Ci sarebbe a dire delle pitture coperte e scoperte; delle pieghe de'veli; se sieno migliori i vestiti lunghi o i corti; della nudità delle braccia; della capellatura, e altre infinite cose, con la cui arte si può far peggiore o migliore una pittura o una donna.

A' CORTESI LEGGITORI, L'OSSERVATORE.

Io confesserò nella presente lettera con aperto animo a'miei leggitori, che mi trovo grandemente impacciato a terminare questo foglio. Direi volentieri anche la cagione del mio impaccio, se non sapessi che i casi particolari di un uomo non debbono molestare il pubblico. Quanto io posso dire per ora, si è un'osservazione che io fo sopra me medesimo intorno alla picciolezza dell'umano cervello. A considerare il mio capo di cinque dì fa, avrei detto che non gli dovessero mai venir meno i pensieri. Germogliava l'intelletto da tutti i lati; a fatica potea bastare la mano e la penna con velocità grande ad assecondare quello che dettava la mente; oggidì quel florido semenzaio è sparito, e il fatto mio è un sudore a ritrovare le parole. Se anche un pensiero a stento rampolla, non trova con qual altro suo somigliante collegarsi, e non può attecchire. Vergognomi grandemente dopo molte lezioni e meditazioni di ritrovare in me tanta sterilità, e di avere coltivato un terreno che con tanta ingratitudine mi corrisponde. Se io esamino le cagioni di ciò, veggo che, quando lo spirito è dalla forza di qualche passione condotto tutto ad una parte, non sa spiccarsi dall'oggetto che lo tragge a sè con violenza, onde se riesce infecondo, non è sua tutta la colpa. Se io gli dessi adito di poter liberamente mandare alla punta della penna quello che sente, egli mi promette che sarebbe eloquentissimo, e che io sarei contento dell'opera sua. Ma il difetto è mio, che non gli lascio spiegar l'ale a suo piacere. Se mai avverrà ch'egli abbia qualche contentezza, io lo lascerò fare a modo suo quanto vuole; per ora stiasi cheto a dispetto suo; desiderando io che acquisti piuttosto biasimo di sterilità, che d'importunità e di poca creanza. Pensi chi legge, di grazia, che la mente mia sia per ora quasi un orticello il verno; se alcuno ne ha mai tratto erbaggi o fiori, l'abbia per iscusato, che venuta una mala stagione, non può produrre, e non ha per ora altro che i gambi e i torsi del verde che diede in altro tempo. Non penerà molto a venire la stagione migliore, e fruttificherà di nuovo. Il fondo non è tristo, e fino a qui non dirò baldanzosamente, se affermerò che non fu lavorato male. Tanti me l'hanno detto, che quasi quasi presterei loro fede. Sia comunque si voglia, io non saprei altro fare, fuorchè chiedere per ora scusa ai miei leggitori, da' quali ho avuto varie sperienze di gentilezza. Credeva di non aver materia da ragionare, e avrò cianciato soverchiamente. Ma il cianciare non è dire. A questo modo potrei empiere più fogli. Conosco ora che lo stampare costerebbe poca fatica, quando si volesse proseguire a questo modo. Meglio è lasciar perire qualche poco di carta bianca, che farvi affaticar sopra le braccia e i torchi per empierla in fine di vento, e non altro.

N° XXIII.   A dì 22 aprile 1761.

O imitatores, servum pecus.

HORAT.

O imitatori, greggia di schiavi!

Anche qualche cosa che appartenga alle buone arti, può entrare fra le considerazioni dell'Osservatore; e principalmente avrà egli facoltà di parlare intorno alla poesia, che fu sempre una delle più coltivate dalle genti, e forse una delle prime a levar via da' popoli la ruggine della barbarie. Io non dirò che cosa essa sia, nè donde derivi quell'invasazione che si chiama furore poetico; nè parlerò de' vari generi de' componimenti. Tanto n'è stato detto fino al presente, e tanto se ne legge in antichi e moderni libri, che sarebbe un aggiungere acqua al mare chi volesse dirne più oltre. Eleggo una sola particella di essa, intorno alla quale udii più volte a fare romor grande e infinite quistioni, con tante ragioni dall'una parte e dall'altra, che sono un abisso da non uscirne mai. Questa è la imitazione. Vogliono alcuni che si debba imitare autori antichi; altri ci sono i quali affermano che non si debba. I primi dicono ch'egli è bene seguire i vestigi di uomini già divenuti immortali; non potendo errare chi va dietro all'orme di chi prese la diritta via della gloria. Dicono i secondi: "Oh! non abbiamo noi forse vigoria da noi medesimi, senza nuotare co' gonfiotti?¹ Questa è schiavitù." Adunque che si ha a fare? imitargli o no? Abbiamo da prendere l'esempio altrui, o da lasciarlo stare? Quanto è a me, direi, che essendo stati al mondo certi capi più maschi degli altri e più favoriti da Apollo, questi abbiano ad essere nostro modello e guida nel poetico viaggio. Non nego però, che non ci sieno alcuni i quali errino grandemente nel modo dell'imitazione, riducendola per lo più alla

---

¹ *Gonfiotti.* Otri ripieni d'aria, che s'usano da chi impara a nuotare per non affondare.

scelta delle parole e al collocamento di quelle; nel che veramente egli è impossibile che non perdano il nervo, per così dire, dell'intelletto, logorandolo nella meditazione di picciole cose, quando dovrebbono adoperarlo in quello che fa la sostanza della poesia. La correzione nel linguaggio è necessaria, è una grata armonia con giudizio variata; ma questi sono vestiti; e a che giovano i vestimenti, se non hai corpo da mettervi dentro? I nobili ingegni, che tu cerchi d'imitare, pensarono prima alle ossa, al midollo, alle polpe, poi le fornirono. Se tu se' vero investigatore, non iscucire i loro panni, ma notomizzagli intrinsecamente; apri vene, sottilizza intorno a' nervi, studia quelle ossa massicce; il dolce suono della parola ti si appiccherà frattanto agli orecchi, senzachè tu vi ponga mente, non dubitarne. Imparasti tu a favellare, dicendo fra te: Questo si dice sì e sì; questo vocabolo significa tal cosa? No. Tu non vi badasti punto, e in capo a non so quanti anni trovasti in su la tua lingua un intero vocabolario da spiegare ogni tuo concetto; imparato dalla tua famiglia, dagli amici, dalla tua nazione con la costumanza, con la pratica; e l'hai nel cervello senza sapere in qual modo vi sia entrato. Non temere. Lo stesso avverrà leggendo i libri e meditandovi sopra, senza punto arrestarti qui ad una sillaba, costà ad un modo di favellare. Lascia fare alla tua mente, la quale condotta dalla tua volontà a riflettere intorno alla sostanza dei libri, ti farà in fine questo benefizio di arricchirti dei modi del favellare; nè credere che ti abbisognino lunghe grammatiche o regole, perchè a lungo andare vi entra la correzione e la giustezza insieme con le parole. In breve, l'imitazione della favella è cosa che viene da sè, non istudiata. E ti maraviglierai che insieme ne vengano a poco a poco per la stessa impensata via i più bei fiori della rettorica e le figure, o vogliam dire, veemenze del ragionare? Che pensi tu che sieno coteste figure? Fa' tuo conto che le sieno l'azione di dentro. Siccome di fuori tu non parleresti con forza, senza movere le mani, alzare gli occhi, battere i piedi o altro somigliante atteggiare; così di dentro nascono certi gagliardi atteggiamenti che rinvigoriscono il tuo favellare, e chiamansi figure, le quali ne vengono spontaneamente; e se tu non di': "Ora alzerò il braccio, ora mi picchierò il petto, o farò altro;" così non dirai: "Eccomi al luogo di una iperbole o di una esclamazione." o di somiglianti movimenti che ingagliardiscono la tua loquela. Va', va', non te ne dar briga; leggi per altro fine, e lascia in ciò fare all'usanza. Altra dee essere l'imitazione de' nobili scrittori; e il tuo ufficio sarà di seguirgli nella imitazione ch'essi avranno fatta di natura. Nacquero al mondo certi capi privilegiati in poesia, i quali videro, come in uno specchio, tutti gli aspetti di natura, e ritrassero con tanta fede e sicurezza i lineamenti di quella nelle loro scritture, che, leggendo, ti par di vedere; tanta e tale si è la somiglianza del vero nei loro versi. Va' tu alla loro scuola, e nota bene questa grande attività, seguigli a passo a passo, e considera tutte le bellezze di questo genere. Quanto più sono minute, sia maggiore la tua maraviglia, e ti avvezzerai col tempo a far tu medesimo lo stesso cammino; nè potresti credere a mezzo i bei campi che ti si apriranno dinanzi, non tocchi ancora, e quante novità ritroverai non vedute nè udite. Ma se vuoi andare oltre in quest'arte, non fermare il piede ai primi oggetti che ti feriscono gli occhi, nè gareggiare a descrivere un fresco e corrente rivolo, un ombroso boschetto, o il romore di una burrasca. Questi sono i più facili aspetti di natura che primi si affacciano, e dei quali si trovano ritratti in ogni luogo e ad ogni passo. Non ti chieggo imitazione di ciò. Se ti occorrono, sappi farle; ma non le tirare a te con le tanaglie. Domandoti che studi nelle passioni caratterizzate da Omero con quella infinita grandezza; quelle smanie, quei dispetti, quelle turbolenze delle anime nell'Inferno di Dante, quella nobile malinconia del suo Purgatorio, quelle consolazioni del suo Paradiso. Vedi quanti amorosi effetti ti spiega il Petrarca nel suo Canzoniere, e con quanta nobiltà! Egli è quel solo che la nobile natura di amore trasse dalla natura del cuor suo. A pena si può dire quante vie cotesti grandi uomini ti aprano coll'andare innanzi, se tu gli segui. L'imitazione di natura risplende in essi da tutte le parti. Ogni squarcio è quadro. In ogni linea e tinta scorgi pennello da natura guidato. Se vuoi comprendere i loro studi e le continue riflessioni in questo genere, abbi l'occhio non solamente alle cose più massicce, ma, come già ti dissi, anche alle più minute, e in qual forma abbelliscono tutta la tessitura de' loro versi con migliaia d'immagini prese dalla verità; e volano rapidamente a guisa d'intelletto di uomo [1] che veduto abbia molto mondo, e consideri con la sua profonda mente: là fui o qua, e molte cose pensi. Spècchiati fino nelle gru descritte da Dante,[2] nelle pecorelle ch'escon del chiuso a una, a due, a tre; nell'arzanà dei Veneziani, in quelle candide anime che per la loro sottilità si veggono a guisa di perle messe in bianca fronte; e stabilisci in tuo cuore che ad ogni cosa ponevano mente, ed esaminavano aria, terra, acqua, opere di uomini, naturali effetti, apparenze di tutto. Questa è l'imitazione usata dagli uomini grandi; e in ciò gli dobbiamo imitare. Di chi si ride di loro, ridi; e tieni per certo che in altro modo non si fa libro che oltrepassi con la fama sua l'età dello scrittore.

_____

SIGNOR OSSERVATORE.

Le conversazioni che si fanno fra gli uomini, debbono, cred'io, servire di ricreamento all'animo. Non si usa più, come faceano gli Antichi, a riconfortare lo spirito con ragionamenti di cose gravi, lo so; e sarebbe anticaglia il ricordare quel passeggiar parlando [3] di cose filosofiche, o il fare conviti con ragionamenti solidi, mescolati di tempo in tempo con balli, canti e altre piacevolezze. Il mondo si tramuta; e noi che siamo in esso aggirati da questa ruota universale, siamo costretti a seguirla, andando attorno con gli aggiramenti suoi. Chi avesse oggidì a fingere un dialogo, non avrebbe più del verisimile il trattare argomenti grandi, dappoichè non si può credere che in una barchetta o in una casettina vengano que' pensieri massicci che nascevano fra lunghi filari di alberi, in ampi portici, o in altri luoghi che aveano grandezza e magnificenza. Si sono impiccioliti gli animi nostri, e di picciolette cose si prendono diletto, appagandosi di poco. Ma sieno essi

[1] OMERO. _Iliade_, lib. XV.
[2] _Nelle gru descritte da Dante._ Qui si rammentano quattro delle più belle ed efficaci similitudini dantesche: _Inferno_, V, 46; _Purgatorio_, III, 79; _Inferno_, XXI, 7; _Paradiso_, III, 14.
[3] _Quel passeggiar parlando_ ec. Accenna alla setta dei filosofi peripatetici che solevano insegnare passeggiando nel liceo d'Atene; e a quei conviti nei quali Socrate e Platone esponevano le loro dottrine.

quali si vogliano, è degna delle vostre osservazioni la materia del conversare. Più volte mi sono ingannato a credere che nelle compagnie si passi il tempo lietamente. Spesso mi sono abbattuto ad un luogo dove il silenzio si usava in iscambio di parole; e passarono da due o tre ore fra monosillabi e lo sbadigliare: finalmente ognuno andò a' fatti suoi, e gli parve di essersi ricreato. Mi è avvenuto all' incontro di ritrovarmi in altri luoghi dove nessuno avea la pazienza di tacere un attimo, e non vi erano nè proposte nè risposte, ma tutto una voce; e le canne di varie gole, fatte quasi una canna sola, faceano un romore come di acqua ch' esca di una chiavica, con mille atteggiamenti di festa e di allegrezza, che io non intesi mai donde nascesse. Vidi altrove, con gravità grandissima, mettersi alquanti a sedere, e prese le carte da giuoco alle mani, combattere accaniti e senza rifiatare, fino a tanto che l' una metà cominciò a ridere e l' altra metà a starsi ingrognata; la qual cosa non mi parve che avesse punto in sè quella concordia che si richiede nelle compagnie per ristorarsi l' animo affaticato dalle faccende. Di qua si ride sempre di uno che postilla a dritto e a torto i fatti altrui: colà si lanciano tratti e facezie contro un uomo che dovrebb' essere compassionato come Giobbe. In breve, e' ci sarebbe di bisogno qualche materia da passare il tempo. Tutt' i buoni argomenti si sono o dimenticati o perduti. Ricordomi ch' io fui un dì a pranzo da un signore, il quale oggidì non è più al mondo, e vi si cominciò a ragionare di cose che non si pubblicano in istampa, perchè l' erano di quelle che non ne dicono gli speziali.[1] Domandato da un certo onest' uomo all' orecchio, perch' egli lasciasse alla mensa sua ragionare di così fatte sozzure: " Oh! " rispos' egli, " amico mio, tu non sai quanto io mi sia affaticato più volte a ritrovare altri argomenti da ragionarvi sopra, e nello stesso tempo da mantenere la concordia fra' miei convitati. Ma che vuoi tu? se io tento di ragionare di scienze o di buone arti, e' si credono che io voglia fare il dottore; e in effetto non sanno aprir bocca. Se io ho voluto mettere in campo qualche opinione da parlarvi pro e contra, sono entrati in tanta furia, senza saper quello che si dicessero, che furono vicini a scagliarsi qualche cosa nella faccia. Eccomi obbligato a lasciar correre un ragionamento e una materia della quale uomini e donne, giovani e vecchi sono intelligenti e d' accordo."

A FRONIMO SALVATICO.

Non avendo ne' passati giorni notizia veruna del fatto vostro, mi sentii stimolato a scrivervi. La risposta ch' ebbi da voi, mi arrecò parte consolazione, parte rincrescimento. Ebbi conforto nell' udire che seguite ad amarmi; sconforto della vostra non buona salute. Spero che questa fiorirà fra poco, e ritornerete di buon umore. Quando ciò avverrà, mi saranno sempre care le vostre scritture. Intanto non cessate di tenermi per cosa tutta vostra, perchè io mi pregio di ciò, quanto della miglior fortuna che mi possa accadere.

Ritratto Decimoquarto. Vengono Quintilia e Ricciardo a visitare un infermo. Al primo entrare chiedono di suo stato. Udito che pessimo è,

---

[1] *Cose che non ne dicono gli speziali.* Modo prov. per dire facezie grasse.

inarcano le ciglia e si attristano. L'uno e l'altra siedono in faccia ad
uno specchio. Quintilia di tempo in tempo chiede che dicano i medici,
quali medicine si usino; sospira, torce il collo, nelle spalle si stringe,
ma gli occhi non leva mai dallo specchio, e quasi a caso alza la mano
ad un fiore che le adorna il petto, e meglio l'adatta. Ricciardo compiange parenti, protesta di essere amico, fa una vocina flebile, ma nello
specchio le sue attitudini acconcia quasi spensierato. Entra il medico.
Lo siegue la famiglia alla stanza dell'infermo. Quintilia e Ricciardo
non hanno cuore che basti loro per vederlo. Rimasi soli, ragiona ella
di un ventaglio che si è dimenticata di andare a prendere alla bottega; ed egli l'accerta che non sarà chiusa ancora, purchè si faccia
tosto. Quanto mai si arresterà il medico nella stanza? Cominciano a temere d'indugio. Si sbigottiscono, si travagliano. "Andiamo," dice Ricciardo. "No," rispond'ella, "nol richiede la decenza." Esce la famiglia con
le lagrime agli occhi. Rende conto il medico dell'ammalato. A pena ha
terminato, che Quintilia e Ricciardo con un *Dio vi consoli* vanno in
fretta pel ventaglio, parlando insieme del soverchio indugio in quella casa.

Nº XXIV.   A dì 25 aprile 1761.

Medio tutissimus ibis.
OVID., *Met.*
Tenendoti nella via di mezzo,
n'andrai sicurissimo.

È sì noto quel detto, *La virtù sta nel mezzo*, che il ritoccarlo sarebbe un fastidio a'leggitori, e a me ancora. Quand'io ricevetti la
scrittura, che pubblicherò qui sotto, con sopravi le poche parole allegate d'Ovidio, quasi quasi ebbi timore che la fosse una filosofica ciancia
intorno all'essere virtuoso, e che l'autor d'essa volesse ripetere quello
che tanti altri hanno detto senza frutto. Posto che la virtù, come altri
c'insegna, stesse nel mezzo, chi è uomo d'andare cotanto diritto che
non metta il piede qua o di là? e chi potrebbe avere un compasso o
una riga cotanto aggiustata che gli mostrasse sempre la via del mezzo?
Oltre di che, nelle cose che s'hanno a vedere non con gli occhi del
corpo, ma con quelli dell'intelletto, dov'è essa cotesta via del mezzo?
Chi l'ha a scoprire così appunto? Chi l'ha misurata? messa a corda?
posta fra confini certi? S'è veduto alle volte al mondo certe bestialità
oltre ogni misura estreme, che secondo l'occasione furono virtù grandi:
e all'incontro alcune mezzane azioni, fatte a sesta, che vennero giudicate pusillanimità e miseria. Ma io non ho al presente a ragionare intorno a questo argomento. Il buon uomo che mi manda la scritturella
sua, parla d'altro; ed ha occupato il suo ingegno a provare che la
convalescenza, come quella ch'è fra la sanità e il male, è lo stato migliore della vita. Quanto è a me, io gli lascio pensare a suo modo;
ma avrei caro che fosse al mio, parendomi un bello stato il sentirsi le
gambe gagliarde e le braccia vigorose: e vorrei peccare piuttosto in
questo estremo, che trovarmi nella via del mezzo da lui commendata.
Ma che? Io fo conto che furono alcuni i quali lodarono la peste, la
pazzia, la stizza e le carote, e ch'egli avrà voluto fare il medesimo.
Chi gli crede, suo danno.

LODI DELLA CONVALESCENZA.

La presente operetta sarà a conforto de' temperamenti abbattuti e piccioli di forze, che vivono a' nostri giorni, i quali si querelano di loro fragile complessione, e vorrebbono a torto essere da più di quello che sono. Fratelli carissimi, il mondo non ha, come credono alcuni, perduto il suo vigore; nè perchè in questo secolo nascano gli uomini e le donne sparuti e deboli, dobbiamo giudicare che il mondo sia pervenuto a decrepitezza; e che quasi albero piantato in crepature di terra arida, produca a stento i suoi frutti. Se noi meditiamo bene e giustamente, esso è oggidì anzi giunto alla sommità di sua perfezione. Imperciocchè non crediate che la migliore vita dell'uomo sia in robustezza e sanità; lo che è grande errore a pensare. E siccome è miseria grande l'essere infermo sempre, così è mala condizione l'avere salute; essendo l'una cosa e l'altra quelle due estremità le quali c'è vietato da' filosofi che le dobbiamo toccare. Fra due estremi è sempre una via di mezzo; quella dobbiamo seguire. Convalescenza si è via di mezzo tra infermità o salute; adunque convalescenza è la più desiderabile. Io non avrò molta fatica a dimostrare che infermità è male; e credo che ognuno di voi s'accordi. Lasciamo stare la sofferenza che n'ha il corpo, e basti dire che non è più cosa di chi l'ha; ma è tutto altrui, dovendo lo infermo, ad un picciolo cenno del medico, dargli in mano le braccia, o sotto ad un dito la lingua, e lasciarsi vedere o toccare qualunque parte egli voglia. In balìa del cerusico sono le carni e le vene, e le parti di dentro divengono possedimento degli speziali; i quali possono a loro volontà mettervi dentro in lattovari,[1] pillole, sughi per la gola, o con un cannellino per segrete parti, quello che vogliono, ti piaccia o non ti piaccia. Per modo che sendo tu infermo, e credendoti d'essere intero, se' mentalmente squartato in più pezzi, de' quali chi n'ha uno in governo, chi un altro. E però vedi quanto sia dura cosa il perdere il possedimento di te medesimo, ed essere condotto a tale, che tu preghi altrui a togliersi le tue parti e a farne quello che vuole. Più difficile sembrerà forse a dire che sanità e robustezza sia gran male.

La qual cosa non mi potrai tu però negare, se consideri a che ti conduce. Ma prima io dico che non si può dire che sia nè bene nè male quello di che il suo posseditore non si avvede punto. E vedi che tu sarai sano e gagliardo, che se alcuno non ti domandasse di tempo in tempo come stai, e non t'arrecasse a mente con la sua richiesta il tuo stato, non ti sarebbe caduto in animo d'esaminare se tu stessi bene o male; e ciò solamente, perchè sanità non è in effetto un bene che si faccia sentire, quali sarebbero l'allegrezza del bere con sete, quella del grattarsi, quella dello starnutire, dopo un pezzetto che non avessi potuto, o altre sì fatte, che sono beni efficaci ed evidenti ad ogni uomo. Ma picciola cosa sarebbe a dire che la sanità non sia un bene. Essa è male e disagio. Se noi abbiamo un bene al mondo, esso ci deriva dalla tranquillità; e chi più n'ha, sta meglio. Vedi se uomo sano ha mai pace. Di' ch'egli sia artista e lavoratore, o uomo che viva di suo avere; eleggilo qual tu vuoi. S'egli è della prima condizione, pensa che, secondo l'arte sua, egli avrà a menar le braccia dallo spuntare

---

[1] *Lattovari.* V. la nota 4 a pag. 30.

del giorno fino alla notte, e col sudore delle viscere a guadagnare. S'egli è benestante, o ch'egli ha a rivedere come i fattori hanno usato lo inchiostro, o egli avrà a essere con avvocati per un litigio, o si stempererà il cervello a misurare l'entrata con l'uscita; oltre agli obblighi delle visitazioni, delle cerimonie; sicch'egli avrà ad affacchinarsi in mille faccende, perch'egli è sano. E se non lo fa, n'acquista nome d'infingardo, di spensierato, di mal creato, o peggio; tanto che la sanità non è infine altro, fuorchè consumazione del cervello, e cammino verso l'ammalare. Malattia dunque e sanità, a definirle, sono due stati dell'uomo, ne'quali egli non è più cosa sua, ma d'altrui; lo che è gran male; e chi si trova nel mezzo fra questi due estremi, può chiamarsi beato. Questo desideratissimo mezzo ha nome Convalescenza; e veramente grandissima ventura ha colui che in esso si trova. Egli non ha più altro in cuore, fuorchè la consolazione dell'essere uscito dell'infermità, e un dolcissimo inganno della mente che gli fa sperare di dover essere fra poco robusto e sano. Dico dolcissimo inganno, perch'egli stima la salute essere un bene; ma s'essa non è tale in effetto, io non nego però che non sia un bene la lusinga dell'averla a possedere, finchè si stima cosa buona. Oltre a questo, non vede altro che lieti visi, e di persone che si congratulano seco; si sta per lo più a letto a sedere; non ha più obbligo di sberrettarsi per cerimonia; gli è conceduto liberamente tutto quello che nelle compagnie negano a'sani gli statuti della creanza. Sono sbanditi della sua stanza i ragionamenti degli affari; la cucina sua è dilicata, e in disparte dalla comunità; è sobria, come la raccomandano i filosofi e gli uomini dabbene.

In breve, lo stato suo è quella tranquillità che fu sì lungamente cercata da'più sottili ingegni del mondo; e si può dire che sia entrato a fare vita contemplativa, la quale quanto sia più nobile e più libera dell'attiva, lo sa ognuno che suda nell'opere e nelle occupazioni. E che la convalescenza sia cosa buona, oltre a quanto ho detto, me lo fanno credere i molti trovati che sono stati fatti da'medici per richiamare gli uomini ad essa dallo stato di salute. Tra i quali sono molto notabili il purgare i corpi, e il cavar loro sangue la primavera, o l'autunno, quando non si sentono veruna magagna; la qual cosa altro non vuol dire, se non che l'arte imitatrice ed esaminatrice di natura ha trovato che la convalescenza è molto migliore che la sanità: e coloro che hanno lodato grandemente il vitto pittagorico,[1] lo fecero con questa buona intenzione; perchè l'essere convalescente si è appunto l'essere come la canna d'Esopo, la quale cedendo al gran soffiare del vento e piegandosi, stette salda, e la quercia ne fu sbarbata. Finalmente per conchiudere, com'io dissi nel principio, a conforto de'corpi d'oggidì c'hanno picciola solidità e sostanza, dico che appunto per questo natura è nella maggior sua perfezione, e che ella mostra d'essere ottima a que'piccioli tremiti di muscoli e convulsioncelle che scuotono maschi e femmine senza diversità veruna; e che certi maluzzi usuali ad ogni persona sono d'avergli cari, poich'essi ne certificano d'una convalescenza universale.

---

[1] *Vitto pittagorico*. Pittagora considerava la frugalità come la madre d'ogni virtù; a sè e ai suoi discepoli consentiva soltanto cibi scarsi e semplicissimi.

FAVOLA ORIENTALE.

Nella caverna di certi inaccessibili monti, de'quali la storia non dice
ove si fossero, abitava un tempo la più astuta e più pestifera donna
che vedesse mai luce di sole. Era costei chiamata all'usanza d'Oriente
con un nome ch'avea significato e sostanza; e tanto importava a dirlo,
quanto importerebbe nel nostro linguaggio *Povertà;* e in effetto la parea
sì nuda e povera d'ogni bene, che avreste detto a vederla nell'aspetto,
lei essere piuttosto ombra che donna. E che altro si potea dire a vedere occhi incavati, e occhiaie livide intorno intorno, un viso che parea
di legno intagliato, due mani lunghe e aride, con tutti i nocchi delle
dita apparenti; cenciosa come un accattapane, col collo torto a guisa
di bacchettona, e con una voce rantolosa, che limosinava sempre? Era
tuttavia costei la più solenne strega che mai facesse malìe, e tenea
sotto di sè un popolo innumerabile, a cui avea con molti artifizi inse-
guato a far danari; e quasi divenuta maestra di scuola, con grandissimo ordine ammaestrava ognuno nella sua perniziosa dottrina; tanto
che gli uomini usciti di là, andando fuori ogni dì pel mondo, e valendosi dell'imparata disciplina, tiravano a sè ogni cosa, e ritornando
poscia all'abitazione della loro signora e maestra, facevano con esso
lei uno sguazzare mirabile; e trionfavano in una lieta vita a spese di
chi avea loro prestato fede. Ma perchè si sappia in parte quai modi
tenesse l'astuta maestra nell'insegnare, dice la storia che, quando le
andava innanzi un nuovo scolare, la gli diceva in questa forma: "Apri
gli orecchi, figliuol mio, e ascoltami. In primo luogo tu hai a sapere
in generale che tutto quello ch'è vera utilità dello spirito, dispiace
agli uomini comunemente; onde ti guarderai, come dal fuoco, se vuoi
aver favore da loro, di proferire parole, o fare opere che dieno indizio
che tu voglia beneficare l'intelletto o il costume di quelli. Diverresti
allora una spezie di pestilenza, e saresti da tutti abborrito, senza tuo
frutto. Per secondo, ricordati bene che gli uomini, per quanto tu oda
dire: il tale ha quaranta, cinquanta, sessant'anni, o più; non è però
vero che mai sieno invecchiati, ma gli hai a giudicare sempre fanciulli,
i quali altro non fanno in effetto, fuorchè cambiare scherzi con gli
anni; onde hanno fra loro i giuochi della fanciullezza de'sei anni, quelli
della bamberia di dodici, e di venti, e di trenta, e di tutti gli altri;
ma sono tuttavia giuochi, e ogni età ha la fanciullaggine sua, sicchè
le grinze sono magagne del corpo, ma non dell'intelletto. Quando tu
avrai bene in mente questi due principii, pensa che non potrai più
errare; e sarai sempre vezzeggiato da loro come uomo nato dalle viscere di quelli." Dappoichè ella avea proferito questa nobile dottrina,
lo facea entrare in una stanza comune, dov'erano gli altri suoi discepoli; ed egli che nuovo era, si maravigliava che in quella scuola non
si facesse altro che ridere, cianciare, far visacci, motteggiare: sopra
tutto gli parea nuovo un certo linguaggio che non traeva dal cervello
mai fuori altro che pazzia e sfacciataggine. Intanto la perita maestra,
vedendolo col capo basso e con le guance arrossite, n'andava ad un
cassettino, e tratta quindi un'ampolla, sopra la quale era scritta in
una polizza di cartapecora una parola che in nostra lingua significa
DILETTO, glielo accostava alla bocca, e mentre che tutti i circostanti
gridavano: pro, pro, il giovinetto ne bevea certi larghi sorsi; e non sì

tosto avea spiccate le labbra da quella, che spogliatosi di quella poca verecondia di prima, facea, come l'argento vivo, palla con tutti gli altri, e incorporatosi in quella comunella, diveniva a tutti somigliante. In breve tempo l'esempio e lo stare in brigata con gli altri gli facea conoscere quello ch'egli avesse a fare; e secondo la natura sua, o l'uno o l'altro imitava de' suoi compagni. Uscivano alcuni di loro, o maschi o femmine, della scuola con alcune carte di musica nelle mani; e aggirandosi qua e colà fra'popoli, con certi vestiti disusati fra tutti, a lume di torce, davano ad intendere sè essere de'maggiori signori della terra; e a tutti parea un bel caso l'udire monarchi e principi che trattassero grandissime faccende cantando, e talora s'addormentassero, o anche morissero, spiccando nell'ultima agonia una canzonetta. Altri in più guise vestiti, s'avvisavano di proferire ogni cosa colle gambe e co'piedi e con le braccia; e al suono di certi stromenti ora facevano battaglie, ora s'innamoravano, e poco meno che non facessero figliuoli, senza mai aprir bocca, come se mutoli fossero stati. Alcune brigate di questi, fra loro tenute le minori di condizione, s'ingegnavano di far altrui ridere con diverse imitazioni, e altri altro facea per le vie o per le piazze, tanto che aveano tutti sempre una gran calca di popolo; e finalmente si raccoglievano con lieto animo, ben provveduti di danari e di robe, nelle abitazioni della loro maestra, a godersi i frutti dell'imparata dottrina, dove la ringraziavano caramente ch'ella avesse loro insegnato a vivere a spese del mondo con tanta larghezza.

N° XXV.   A dì 29 aprile 1761.

Homo homini lupus.
PLAUT.
Lupo è l'uomo all'altr'uomo.

Quando uno può tôrre ad un altro, senza che questi se n'avvegga, pare che il mondo non si faccia molta coscienza di ciò. Io non voglio al presente già entrare in disputazioni di danari e di roba; chè sarebbe materia troppo grave; e io ne sarei stimato un maldicente e una rea lingua fuori di proposito. Ma dico solamente che noi, parte per natura, e parte per lasciar fare a natura più di quello che non avrebbe a fare, siamo inchinati a valerci di quello che non è nostro. Per al presente io non voglio altro esempio, fuorchè quello degli scrittori, i quali si può dire che si cavino la pelle l'un l'altro, e non cessino mai di rubacchiare questo da quello; e ognuno fa sfoggio dell'altrui, come di trovati suoi propri. Noi potremmo dire che gli antichi sono come certi poderi in comune, i quali, passando di secolo in secolo, hanno dato pastura ad uomini, a cavalli, a buoi ed altri animali; e ognuno ha accresciuto il proprio corpo con la sostanza di quelli. Ho veduti infiniti libri che erano quasi tutti uno; e chi n'avesse tratto fuori i pensieri qua d'Omero, colà di Virgilio, costà di Cicerone, colà di Plutarco, e vattene là, sarebbero rimasi carta bianca. Ho udito anche diverse prediche proferite con galante garbo e con un'azione che parea incantesimo, nelle quali l'oratore non avea altro di suo, fuorchè la voce, perch'io le avea già lette altre volte; e talora m'avvenne ancora che

per caso le lessi dopo in altro linguaggio, donde l'avea tolte il dicitore che m'avea fatto maravigliare. Per un secolo intero il Petrarca
fu fatto a brani da quanti in Italia scrissero sonetti; e non basta in
Italia, che in Francia vi fu chi scrisse alla petrarchesca in francese, e
si fece onore oltremonti con le carni e con l'ossa dell'amante di Laura.
In breve, l'opere di quasi tutti gli autori sono come un mantello pezzato; e i colori vengono presi qua e colà; e acciocchè non se ne dica
male, abbiamo trovato fuori il mirabile nome d'erudizione che copre
i rubacchiamenti. Onde come la furia d'Alessandro il Grande, che toglieva i paesi altrui, si chiamava valenteria, ed egli n' era perciò detto
valoroso; così chi toglie l'altrui nelle scritture, e abbottina gli scrittori, è detto erudito: essendo stata sempre nostra usanza il vestire le
nostre maccatelle con l'onestà de' nomi, e bastandoci in cambio della
sostanza la copritura. Ma di quanto venne tolto agli scrittori, non mi
ricorda d'aver udito nè letto cosa che somigli a quella che darà materia alla Novella che segue.

NOVELLA.

Non sono ancora molti anni passati, che in una città d'Italia, d'ogni
cosa, che all'umano vivere appartenga, abbondante, ma sopra tutto
amica delle scienze, e di studi e d'arti fornita, furono due uomini di
lettere, i quali per la nobiltà delle cognizioni, e per l'eleganza e purità dello stile, erano stimati due de' migliori e de' più scienziati che
vivessero in quella. Non aveano però tuttaddue consacrato l'ingegno alla
medesima qualità di dottrina, imperciocchè l'uno sopra ogni altra cosa
amava affettuosamente i solitari boschetti delle sante Muse;[1] e l'altro,
degli antichi fatti studioso e delle passate faccende, avea posto tutto
il suo cuore nelle storie. Ma essendo costume in quella città, che ogni
uomo di lettere debba ad uno stabilito tempo scrivere e proferire, quale
un anno e quale un altro, non so quali lezioni sopra la notomia, avvenne che a questo uffizio furono tratti i nomi del poeta e dello storico, i quali sdegnando forse di scusarsi, e stimando che i grand'ingegni
possano ogni cosa con la diligenza e con la fatica, accettarono l'invito, e di là a pochi giorni furono insieme a consiglio. Veduto dunque
che lungo tempo dovea passare prima che l'uno e l'altro avessero
a fare i loro pubblici ragionamenti, perchè al poeta che dovea essere
il primo, mancavano da forse otto mesi, e allo storico molti più, deliberarono d'uscire insieme della città, e d'andarsene ad una casettina,
che l'uno di loro avea alla campagna; e quivi, lasciata ogni altra occupazione, di tuffarsi, anzi sommergersi interamente in uno studio di
cui non aveano fino a quel punto conoscenza veruna. Per la qual cosa
l'uno e l'altro, fatto provvedimento di libri a ciò appartenenti, e detto
addio a' congiunti e agli amici, andarono insieme alla loro villetta, e
quivi scordatisi ogni altra cosa di fuori, si diedero l'uno in una stanza
e l'altro in un'altra a leggere e a meditare con ogni loro forza e potere. Ma poco andò che il poeta accostumato a certi eccessi di mente,
non potendo comportare di legar l'ingegno a considerare ossa, muscoli, nervi e altre parti del corpo umano, di tempo in tempo, dimenticatosi quello per cui quivi era andato, e traportato a forza dalle

---

[1] *I solitari boschetti delle sante Muse.* La poesia.

vagazioni dell'immaginativa che lo rubava alla notomia, incominciò
così da sè a sè a scrivere ora una canzone, ora un sonetto, tanto che non
gli dava l'animo d'arrestarsi un terzo d'ora in un dì nello studio da
lui cominciato; ed era vicino a disperarsi, vedendo a scorrere il tempo.
Della qual cosa tuttavia nulla dicendo al compagno, anzi facendo le
viste di starsi sempre più rinchiuso e pensoso, gli facea credere d'esser
con l'opera sua molto bene avanti. All'incontro lo storico, lasciato ogni
altro pensiero, e datosi del tutto all'opera che far dovea, avea cominciato a dettare le sue lezioni; onde per ristorarsi talvolta dell'avuta
fatica, preso un suo archibuso in ispalla, andava per ispasso a sparare
agli uccellini, o con un bastoncello in mano a passeggiare qualche miglio. Così facendo egli ogni giorno, il poeta avvisò che la lontananza di lui
gli potesse giovare, ed entrato, mentre ch'egli non v'era, nella stanza
di quello, cominciò a copiare quanto egli scritto avea; e così di giorno
in giorno facendo, con grandissima segretezza e silenzio, ebbe nelle
mani tutta la materia e la disposizione di quella, fatta da lui; di che
in breve tempo compose le sue lezioni. Intanto venne il tempo che le
s'aveano a proferire. Il poeta, che il primo, come detto è, dovea essere
a favellare, si trovò nell'assegnato luogo allo stabilito dì, ove gli faceano corona intorno tutti gli uomini scienziati della città, e fra gli
altri lo storico. Quivi salito sulla cattedra sua, incominciò tutto arioso
a ragionare; e n'avea lode generale de'circostanti. Il povero storico
solo era vicino ad impazzare, udendo che dalle parole in fuori, quella
diceria era sostanza del suo cervello, e non sapea intendere in qual
forma avesse il caso portato che due ingegni avessero in quel modo
colpito ad un medesimo segno. "Con tutto ciò," diceva fra sè, " io vedrò
nell'altre lezioni se il diavol sarà cotanto mio nemico, che gli abbia
posta nell'intelletto tutta la materia mia; e s'io sarò cotanto sventurato, che dopo cotanti pensieri, e così lunga fatica, mi rimanga vôto,
e non sappia più di che favellare." Nel vegnente giorno, ritornato di
nuovo alla lezione del poeta, parea una statua ad udire così puntualmente tutte le cose sue proprie, dette come se fossero uscite di bocca
a lui medesimo; e così fu il terzo giorno e il quarto e il diciottesimo,
che fu l'ultimo; nel quale egli era così dimagrato e smarrito, che il
fatto suo era una compassione. Anzi considerando fra sè che quello
ch'era stato maliziosa opera, fosse accidente, nè potendo darsi pace
che la nemica fortuna avesse posto in mente ad altrui appunto quello
ch'egli avea pensato; intrinsecatosi al tutto in tanta sua calamità, e
stimandosi il più sventurato uomo del mondo, incominciò a farneticare
e a dar nel pazzo, per modo che non gli abbisognò parlare altro pubblicamente, e dopo molti anni fu della sua pazzia difficilmente guarito.

. . . . *Mene huic confidere monstro?*
Mene salis placidi vultum, fluctusque quietos
Ignorare?   VIRG., *Æn.*, V.

E ch'io m'affidi a mostro tale? E non so
io forse che non si può prestar fede alla
ingannevole bonaccia di questo mare?

Ceremonie, convenevoli, inchini, sberrettate, seder più qua o più
là, andare a man destra o a sinistra, giuramenti d'amicizie, abbraccia-

menti, baciari in fronte, stringer mani, e altre sì fatte gentilezze, dicono alcuni, sono tutte maschere, veli, commedia, apparenza. Ne' principii del mondo, quando viveano gli uomini di susine e mele salvatiche, e s'innamoravano con una furia da bestie, non conoscevano queste civiltà. Risvegliavasi una voglia in corpo; quegli che l'avea, manifestava d'averla, senza altri aggiramenti d'atti, nè di parole; e s'alcuno gliele contrastava, i loro convenevoli erano le pugna, i graffi, i morsi, le sassate e il furore, non altrimenti di quello che facciano oggidì i cani quando s'avventano ad un osso, che fanno le pellicce e le schiavine [1] del pelo. Almen che sia, dicono cotesti tali, sapea l'uomo in qual modo s'avea egli a guidare, e conosceva a' cenni e a' segni di fuori quello che il somigliante a sè era di dentro; e quando egli vedea occhi di bragia, dirugginar denti, impallidire, o arrossare, intendeva benissimo l'animo di colui; e s'egli non avea voglia d'azzuffarsi, o d'impacciarsi seco, gli voltava il dosso, e se n'andava per li fatti suoi. Essi aveano anche un altro vantaggio, che non doveano avere soverchia quantità di parole, nè d'atti, quanta n'abbiamo noi oggidì; perchè se noveriamo tutto quello che si dice o fa da mattino a sera, troveremo che la maggior parte delle nostre parole, o degli atti, è stata questa borra, questo vento, e vano riempimento di ceremonie; e che gli orecchi nostri, per lo più non sono stati occupati in altro tutto il giorno. Entriamo nello scrivere. Si comincia una lettera con le gentilezze, con le scuse, col chieder perdono o dell'essere stato tardo a far il suo dovere, o dell'arrischiarsi a dare incomodo, e si chiude con gli ossequi, col raccomandarsi, co' baciamani, con la schiavitù; tanto che la sostanza del foglio si tuffa e s'annega nel mare delle offerte e delle proferte, e il cervello è stanco e smarrito nell'avere cercate tante superfluità, nelle quali di giorno in giorno vuol anche trovare novità, e dire il medesimo con altre parole. Da tutto ciò dunque conchiudono i nemici dell'umana generazione, che con queste maschere si copra la malizia, l'ingordigia e la crudeltà degli uomini.

All'incontro pare a me che questi atti e queste cortesie sieno un effetto del buon terreno e dell'ottima qualità del cuore umano, il quale, condotto a vivere in compagnia con gli altri, ha trovato tali estrinseci segni per ispiegare la sua buona volontà. E ciò me lo fa credere lo intendere e il leggere che in tutti i paesi in universale s'usano; e se vengono diversificati i modi delle ceremonie, hanno però sempre quella medesima sostanza. Nel principio quando gli uomini cominciarono ad addomesticarsi, ed a sentire quella dolcezza che viene dall'aiutarsi l'un l'altro, io credo che nelle bisogne loro fossero prontissimi a darsi soccorso, come si fa nelle cose nuove, e provavano volentieri quella dolcezza del poter rasciugare le lagrime altrui, e del far bene quando potevano. A poco a poco i campi meglio coltivati fruttificarono più, gli armenti meglio pasciuti somministrarono più larga pastura, entrò nel mondo il traffico, vennero scoperti l'oro e l'argento, furono trovati i mestieri e l'arti; sicchè ognuno potè aiutarsi da sè medesimo, e più di rado erano gli uomini costretti a ricorrere altrui; cominciarono le ceremonie, le quali significavano che ad ogni occorrenza, ad ogni caso e necessità, chi le facea sarebbe stato apparecchiato a far tutto

---

[1] *Schiavine.* Vesti lunghe, grossolane. Far le pellicce e le schiavine, è frase del Berni (*Orlando Innamorato*, I, 27, 8) per lacerarsi senza pietà coi denti.

il suo potere. A penetrare nella sostanza di quelle, significano lo stesso anche oggidì, e si vede in esse una cert'aria di bontà, di galanteria e di buona grazia, che non si può dubitare che non vengano da quella caritativa fonte ch'io dico. Se v'ha difetto veruno, si è che la cosa è invecchiata; ed è rimasa tra noi, come tante altre usanze, delle quali non si sa più la ragione; e non se ne dee più far sopra fondamento veruno.

PAOLO COLOMBANI A' LETTORI DELL'OSSERVATORE VENETO.

Il foglio di sabato sarà l'ultimo de' primi tre mesi. Fo il debito mio, ricordandolo a quelle persone che avessero caro di proseguire nell'associazione più avanti. Attenderò di ciò le notizie per poterle servire alle case loro con esattezza, come ho procurato di fare sino al presente.

N° XXVI. A dì 2 maggio 1761.

Martedì sera io mi ritrovava nella bottega di un cartaio da me a me sopra pensiero, fantasticando intorno a non so qual cosa; e sendo mia usanza che, quando mi viene qualche capriccio nella fantasia, corro subitamente al calamaio, era entrato colà per non perdere tempo. Mentre ch'io stava con la penna in mano, eccoti che in sull'uscio della bottega odo una voce che dice: "È quegli l'Osservatore?" — "Sì," diss'io. "Or bene," ripete un uomo mascherato che si fa innanzi, "togliete;" e mi dà una polizza. Io mosso da una curiosità naturale lo guardo, pure per conoscere chi si fosse; ed egli intanto voltatemi le spalle, ne andò a' fatti suoi: sicchè senza altri saluti nè dall'una parte nè dall'altra, noi non ci vedemmo più, e a me rimase questa carta in mano.

SIG. OSSERVATORE PREGIATISSIMO.

Bell'argomento sarebbe da indirizzarvi sopra qualche ragionamento ed erudito discorso, la natura degli uomini tutti; da' quali quanto più loro di bene si fa, altrettanto si ritrae di male: in modo che basta giovare assai ad uno, a molti, o ad una famiglia intera, perchè in cambio tutto si nasconda e si copra con invenzioni. Gli si fa un sommo favore a dirgli colla voce: Signore, io vi ringrazio, o vi son grato; ma venendo a' fatti, l'ultimo servito anche nella più minuta cosa, è il benefattore; e se si fa, viene fatto per forza, e col peggior garbo del mondo. E si pretenderebbe ancora che questo fosse un favore il quale estinguesse tutti i benefizi ricevuti, come se caduto fosse dal cielo. Da queste osservazioni che in poche parole vi esprimo, deduco che ha ragione chi dice che il benefattore è un continuo rimprovero alla faccia del beneficato. Io compiango questo destino (così lo chiamo, e credo di non ingannarmi, perchè lo riconobbi troppo universale) degli uomini, se conduce chi osserva molto a non giovare assai, per non aversi a pentire. Parrebbe che chi molto benefica, dovesse più essere amato; e re non è così. La regola avrà la sua eccezione, ma rara.

Un altro utile argomento sarebbe l'educazione de' figliuoli, rispetto la loro condizione. Anche delle figliuole ne parla lo Spettatore, ma poco.

Potrebbesi anche meditare intorno al modo con cui si hanno a contenere que' giovani i quali volessero accoppiare studio e onesto divertimento, qual si conviene ad un buon cittadino ·che volesse avere utilità e diletto.   ·

Attenderò qualche cosa dalla mente vostra, assicurandovi che sono di cuore e con vera stima vostro buon amico

N. N.

Non è picciola domanda la prima che mi vien fatta dalla maschera gentilissima nella sua polizza, e mi sbigottisco a pensare ch'io sia invitato a rispondere intorno ad un argomento che fu materia a Seneca [1] di un volume. Oltre a ciò, conosco per prova che i leggitori di questi fogli amano più presto cosette leggiere e da scherzo, che argomenti di sostanza. Contuttociò m'ingegnerò di dire quel ch'io sento, così ad un certo modo facile e non istudiato, traendo quel ch'io sento circa alle obbligazioni de' benefizi, piuttosto dal fondo dell'umana natura, che dalle speculazioni filosofiche, le quali assottigliando ogni cosa, danno nel romanzesco e nelle apparenze. Noi siamo a questo mondo un branco di usurai, e tutto il nostro avere lo diamo fuori ad usura. Immaginatevi che tutti siamo divisi in due fazioni; una schiera di qua e l'altra di là: e nessuno mai tragge fuori della borsa sua un quattrino, che non voglia guadagno. Di qua è la fazione di chi abbisogna, di là di chi benefica. Oh! chi abbisogna, direte voi, ha egli borsa? Sì, l'ha, rispondo io; e di che? Di affanno, di verecondia, di dispiacere. Non è questa forse una borsa che a trarne fuori qualche cosa, pare di schiantarsi la curata [2] e di spargere il sangue? Quando uno dice altrui il bisogno suo, fate conto ch'egli dia del midollo di questa sua borsa a cui lo dice, e tra sè fa ragione del valor pagato innanzi tratto. Il benefattore all'incontro ha il suo borsellino fornito di grazie, di favori, di beneficenza; ma per lo più stenta lungo tempo a cavarle fuori, e appena ne dà una porzione al chieditore, quando avrà veduto che l'altro avrà sborsato quanto avea. Quando la faccenda è stabilita, eccoti che l'uno e l'altro prendono la bilancia in mano. Ma le bilance nostre sono fatte per modo, che quando vi si mette l'altrui, sempre si trova leggiero. Il beneficato pesa il benefizio, e questo va ad alto; il benefattore pesa l'espressioni, i ringraziamenti, le umiliazioni, e gli paiono paglia. Vorrebbe che vi fosse aggiunto qualche cosa; non guarda se l'altro possa o non possa; gli pare di aver male speso il suo. L'altro giudica fra sè che quello che ha dato in verecondia e in buone parole, pesasse come piombo, e se ne sdegna; ond'eccogli a rotta l'uno contro all'altro; ed hanno il torto tuttaddue. Il far grazie e benefizi non è mercato che si abbia a patteggiare nè in cuore, nè in parole. Le due borse hannosi a tenere volentieri aperte di qua e di là senza pensiero di utile nè di guadagno. Il benefattore si dee appagare di quel diletto che ha

---

[1] *Seneca.* Filosofo latino, nato a Cordova verso l'anno 2, e morto nel 65 dell'èra volgare, autore di molti scritti nei quali è compendiata tutta la morale che si trova sparsa nelle opere di molti antichi. Di lui resta appunto un trattato: *Dei benefizii.*

[2] *Schiantarsi la curata.* Fare alcuna cosa con tanta fatica che se ne lacerano i precordii.

l'onest'uomo nel far del bene, e il beneficato è obbligato a far quanto può per compensare chi è stato verso di lui liberale. Ma s'egli nol fa, perchè tralascerà il primo, per dispetto, di far del bene ad un altro? S'egli ha trovato un tristo, due tristi, e tre, e quattro, qual consolazione sarà la sua poi, s'egli trova un giorno di aver fatto grazia ad un uomo dabbene, s'egli si acquisterà un vero amico? E quando non si abbattesse ad esso mai, perchè si avrà egli a pentire che il cuor suo abbia dato luogo in sè alla magnanimità e alla grandezza?

In così breve tempo rispondo brevemente alla domanda della polizza, riserbandomi ad altro tempo di parlare intorno agli argomenti dell'educazione di maschi e femmine, e del rimanente.

E quel che l'una fa, e l'altre fanno.

DANTE.

Giovedì io feci [1] come tutti gli altri della città, e andai mascherato alla piazza maggiore. So ch'io mi colsi in frodo, ed ebbi che ridere del fatto mio a pensare che nello scrivere fo il filosofo, e pare che quanto dico lo tragga dalle scuole stoiche;[2] e al caso poi riesco a somiglianza di tutti. La faccia dell'Osservatore zotico, ruvido, pensoso, taciturno, malinconico, magro, smorto, andava intorno con un cencio incerato che la copriva. E talora fu ch'egli si pose anche in capo di avere intelligenza atta a dare sentenza intorno a' vestiti delle donne, se aveano buon garbo e galanteria; e giudicava fra sè qual era più aggraziato e gentile. Se io avessi detto il mio parere, che altri l'avesse udito, credo che si sarebbero fatte grandissime risa, massime se alcuno mi avesse conosciuto. So dire che sarei stato inviato al calamaio e ai fogli più volte, e forse con le fischiate. E tuttavia, dov'erano le persone strette ed in cerchio calcate, mi apersi anch'io la via co' gomiti e con lo stomaco per vedere un vestito; e volli udire a sonar l'arpa, il violino e le corna da caccia che qua e colà si aggiravano. Ma quello che più mi fa maravigliare, si fu ch'io non sapea spiccarmi da quella via dove sono le cuffie, i ventagli, i nastri e tutti gli altri fornimenti delle femmine. Una bella e gran varietà è quella sopra tutto. Se le donne non facessero altro giovamento al mondo, che tanti ne fanno, vedi, diceva io, come l'hanno accresciuta la facoltà inventiva negli uomini! quante fogge! quante proporzioni! E questa bella industria de' bottegai nel metterle a mostra non è forse una squisita prova dell'intelletto loro? Essi hanno trovati que' visi di cenci e gesso così bene coloriti, con quegli occhiolini neri, con quei nasettini bene acconci, da mettervi sopra le cuffie, perchè le paiano in sul vivo al naturale; tanto che a vedergli forniti con quella maestria, traggono a sè gli occhi e il cuore delle femmine circostanti, alle quali pare che sul capo loro debbano fare quell'effetto

---

[1] *Giovedì io feci* ec. Questo articolo fu scritto (come appare anche dalla data) per la festa dell'Ascensione, che si celebrava ogni anno a Venezia con incredibile pompa. Era quello un periodo di 15 giorni di spassi e divertimenti d'ogni genere, nel quale si poteva portar la maschera come in carnevale: e tra gli spettacoli cari al popolo minuto c'era quello d'assistere alla sfilata dei Re Magi, statuette di legno che per una settimana, allo scoccar d'ogni ora, uscivano da una porticina su in alto nella torre dell'orologio, in piazza San Marco, giravano attorno al simulacro della Vergine inchinandosolo, e poi rientravano per un'altra porticina simile alla prima.
[2] *Dalle scuole stoiche.* V. la nota 2 a pag. 8

che fanno sopra quelle teste, che sono di dentro vote e che mai non
si movono: e guardando se ne innamorano, nè mai si saziano, e di là
si partono voltandosi più volte indietro, dopo di aver domandato or a
questo mercante or a quello il valsente qua di una cosa e colà di un'altra, e fatto più volte battere i polsi a chi ne va con esso loro in compagnia. Partitomi finalmente di là, me ne andai vicino all'oriuolo in
una bottega, che dall'alto scopre quella parte della piazza, ch'è in faccia ad esso oriuolo. Quivi attendendo io un cioccolatte, e affacciatomi
ad una finestra, vidi da forse tremila capi di uomini congiunti spalla
a spalla, immobili quai pietre, colla faccia levata tutti all'insù verso
l'oriuolo, che in quella lontananza parea che non rifiatassero. Non è
sempre vera quella sentenza che afferma, tanti essere i pareri, quanti
sono i capi; perchè in que' tremila capi si vedea essere un solo parere,
e un desiderio solo in tutti quegli animi; i quali si erano a quel modo
rivolti ad attendere che scoccassero le ore, perchè si aprisse l'usciolino
de' Magi. Quando piacque al cielo, il martello battè nella campana,
tutti spalancarono bene gli occhi, i Magi uscirono, fecero l'uffizio loro,
e quel mare di teste cominciò a disgregarsi. Pareano come una grande
acqua, alla quale fossero state aperte diverse vie perchè la sboccasse
da più luoghi, e in un punto prendesse il suo corso in vari rivoli, e di
qua e di là si sfogasse. Liste di genti, cerchi, calca; si vedea da ogni
parte un momentaneo bulicame:[1] in brevissimo tempo fu netto il pavimento e quasi solitudine.

Quante cose nel mondo, diceva io, sono a questo modo, e quanti passano, come i Magi, onorati, riveriti, guardati allo insù da tutti! I Magi
sono entrati costà pel secondo usciolino, il quale si è chiuso dietro alle
loro spalle; ed ecco che ciascheduno va a' fatti suoi, e non se ne ricorda più. Bestia ch'io fui a tirare alla moralità quell'effetto di universale consentimento e quella súbita sparizione! Io non so che mi
debba importare, nè perchè voglia colla mia pazza fantasia rendere malinconico ogni atto degli uomini. Ma che si ha a fare? L'umor mio è
di tal qualità; e voglia, non voglia, ho a camminare per questa via.
E poi io non trovo che in tali osservazioni ci sia quella tristezza che
altri immagina, quando si pensa che le vere fonti del ridere sono i capricci, le vanità, le arroganze, e altre mille baie degli uomini, le quali
vengono credute sostanza, e son aria. Infine infine io conosco che tutte
le mie considerazioni non mi possono far dimagrare più di quello che
mi sia, rido così bene io quanto ogni altro, e tutte le mie osservazioni
non poterono far sì, che di là ad un'ora non mi arrestassi anch'io,
con la faccia volta all'insù, a vedere quello che tutti gli altri aveano
un'ora prima con tanta attenzione aspettato e mirato.

PAOLO COLOMBANI A' LEGGITORI.

Avvisai nell'altro foglio che questo chiude il termine dell'associazione per quelle gentili persone le quali in essa si segnarono per tre
mesi. Il foglio di mercoledì aprirà il principio degli altri tre. Attenderò le notizie da chi vuole proseguire a favorirmi. L'Osservatore mi
promette molte cose nuove, ed io sulla fede di lui le prometto. M'at-

---

[1] *Bulicame.* Moltitudine di persone che si muovono insieme.

terrà egli la parola o no? Io so come sono fatti gli scrittori. Tanti n'ho pratichi a' miei giorni, che ne dovrei essere informato. Quanto io posso dire si è che egli dì e notte non pensa ad altro che a fantasticare cose le quali, per quanto egli può vestite col diletto, facciano qualche poco di giovamento al pubblico. Egli s'è posto in cuore questo fine e non mira ad altro. Più volte gli ho domandato perchè egli si voglia dare tale impaccio, e chi l'abbia addottorato in questa facoltà, sicchè egli si voglia spacciare per maestro altrui. "Maestro?" rispose egli, "che maestro? io sono anzi lo scolaro di tutti, e lo dico di cuore. Tutto quello che medito e scrivo, lo fo per imparare ogni dì, e per conoscere finalmente ch'io sono come tutti gli altri e che tutti gli altri sono come io; e pubblico le mie osservazioni per togliere altrui la fatica dell'osservare quello che ognuno osserverebbe molto meglio di me, se volesse darsi tal briga. Ognuno ha le sue faccende, e non può badare a questa se non per passo. Io ho sentito nelle compagnie talora molti begl'ingegni a fare questo ufficio con tanta grazia, che mi terrei pel dappiù uomo del mondo s'io potessi giungere ad un terzo." Così mi dice egli, e così dico io a qualunque legge. Quanto è al fatto mio, a me basta che i leggitori rimangano soddisfatti della mia diligenza.

L'Osservatore.

L'OSSERVATORE VENETO

PERIODICO.

PER LI MESI

DI

MAGGIO, GIUGNO, LUGLIO

DEL MDCCLXI.

N° XXVII.   A dì 6 maggio 1761.

> *Heri immodestia cöegit me.*
> PLAUTO.
> Mi v'ha condotto l'indiscretezza del padrone. ·

SIGNOR OSSERVATORE.

Importivi o no, io debbo rendervi conto d'essere stato a letto infermo per non so quanti giorni. Ora che sono convalescente, che, secondo il vostro parere, è il migliore stato dell'uomo; e che nel vero io mi trovo col cervello più sbrigato e meglio purgato che in altri tempi, ho deliberato di scrivervi non so se un mio sogno o un vaneggiamento. A pena io mi fui aggirato i due primi giorni per la fiera dell'Ascensione,[1] che forse l'andar mascherato mi fece riscaldar i sangui, fui assalito da una gagliarda febbre tanto che cominciai a farneticare, e stetti due giorni e due notti che non si sapea s'io dormissi, o fossi colla parte migliore uscito del corpo. Si può dire anche che lo spirito mio andasse intorno, perchè in tutto quel tempo si trovò in una faccenda la quale vi sarà da me scritta, acciocchè ne facciate quell'uso che vi pare.

VANEGGIAMENTO.

Pareami dormendo, che gli anni miei fossero ritornati nel loro fiore, e ch'io appunto fossi uscito di collegio, standomi ammirativo di tutte le cose del mondo, le quali mi riuscivano tutte nuove, come se non l'avessi mai vedute. Avea io bene fra le scuole udito a ricordare assai spesso i nomi d'opera, di commedia, di maschere, di danze, e d'altri gioviali passatempi; ma in effetto non sapea che si fossero, perchè i parenti miei m'aveano tenuto obbligato a tanta ristrettezza e cautela di vita, che non era mai uscito di quelle mura: sicchè quando non si ragionava di Virgilio, di Cicerone, o di Tito Livio, io non sapeva aprir

---

[1] *La fiera dell'Ascensione.* V. la nota 1 a pag. 111.

bocca. Dove d'altro si favellava, io stava cheto come olio; ad ogni
menomo scherzo vestite venivano le mie guance da un certo colore vermiglio: da me solo sapea camminare e movere i piedi a tempo, e tenermi bene sulla persona: in compagnia m'impacciava tutto il corpo;
non sapea che fare delle mani, delle braccia; studiava ogni attitudine,
metteva in bilancia e deliberazione l'andare, lo stare, il mettermi a
sedere, il trarre e il mettere del cappello. Con tutto ciò nel mio cuore
ardeva di voglia d'entrare in brigata con le genti del mondo, e godere
anch'io di que'passatempi, dei quali avea udito cotanto a ragionare
nel collegio, donde poco prima era uscito. Vedea da ogni lato donne e
uomini mascherati con molto garbo trascorrere per le vie, mettersi in
una bottega a sedere, tenersi alle braccia, favellarsi all'orecchio, ridere,
far cerchi, ceremonie, riverenze, e mille atti di giocondità, di civiltà,
di domestichezza. Ma consigliandomi da me solo, io credea d'errare
in ogni cosa, e non mi sapea deliberare a nulla. Non sapea, fra l'altre,
se i miei vestiti fossero convenevoli allo andare mascherato; vedea mantelli neri, cenerògnoli e di vari colori. Qual era il migliore? Qual foggia la più corrente e stimata? Mentre ch'io stava con gli occhi spalancati a mirare ogni cosa, desideroso d'acquistare cotanto necessaria
perizia, mi pare, non so in qual modo, che venissi trasportato in una
casa, dove non sì tosto fui giunto, che mi si fece incontra un servo,
il quale con galanteria mi disse ch'egli stava attendendomi per ordine
della sua signora; ed entrato in una stanza, poco stette che levò una
cortina, e mi disse ch'entrassi. Stava qui a sedere davanti ad una pettiniera[1] una femmina di forse venticinque anni, che, vedendomi, fece un
gratissimo risolino, al quale io risposi con due o tre riverenze in fretta.
Incominciò ella a dirmi che conosceva benissimo tutta la mia famiglia,
e me particolarmente, e ch'io le avea fatto non poca grazia ad andarla
a visitare. Aggiunse ch'ella intendea che da indi in poi noi fossimo
buoni amici, anzi indivisibili compagni; e tutto ciò accompagnava con
un tuono di voce sì grato, e con guardatura cotanto soave, che io, il
quale non avea mai ricevuto tante grazie da donna, mi sentii in un
subito a battere il cuore, e come novizio delle cose del mondo, a pensare che la fosse di me innamorata. Questo repentino interno movimento si sparse parte in verecondia sulla faccia, e parte in certe mozze
parole da me piuttosto borbottate, che dette: ond'ella ringraziandomi
dell'offerte mie, fece incontanente cenno ad una sua cameriera, la quale
arrecò un mantello nero e un cappello con un pennacchino, e altri arnesi da mascherarmi, e volle che mi fossero posti indosso. Quand'io fui
insaccato in quella novità di vestito, la cameriera accennava che le
parea ch'io stessi bene; e la padrona m'accertava con le parole che
l'era contentissima della mia appariscenza; e levatasi di là dove ell'era,
la cominciò anch'essa a mascherarsi, trovandomi io intanto grandemente impacciato, che non sapea s'io dovea star in piedi o a sedere.
Così lungo tempo stetti in tal dubitazione, e fra il piegare l'anche
verso un sedile e il rizzarle, che la signora fu compiutamente vestita,
e disse: "Nuovo compagno mio, andiamo." Io non sapea se dovessi andare innanzi, o seguirla; ma pure vedendo ch'ella andava con molta
sicurezza, stetti alquanto indietro, e con un inchino la lasciai passare,
e me le avviai dietro. Quando fummo al pianerottolo della scala, ella

---

[1] *Pettiniera.* Tavolino sul quale stanno pettini e altri arnesi per acconciarsi.

alzò il gombito sinistro due o tre volte ; e non intendendo io quello che
la volesse significare, ella rise sgangheratamente dell'ignoranza mia,
e m'insegnò in qual forma con la mia destra mano le dovessi prendere
il braccio, e coll'altra tenerle un pochetto alto il vestito, insino a tanto
che si scendesse, accertandomi che fra poco m'avrebbe fatto maestro.
Scesi di là, ritrasse il braccio, e di nuovo la si rise, perch'io ad ogni
suo atto credea che s'avesse a fare qualche nuovo ufficio ; a questo modo
n'andammo fino alla piazza, calcandole io più volte co'piedi la coda
del vestito, comecchè le stessi a'fianchi. Non vi so dire quant'orgoglio
m'era entrato nel corpo a vedere ch'io passeggiava con tutti gli altri
in compagnia di così giovine e bella donna, che di quando in quando
mi dicea qualche cortese parola, e mi ringraziava ch'io seco fossi. Ma
mentre ch'io era nel colmo della mia vanità, eccoti senza rispetto veruno venire un uomo mascherato, il quale, guardatomi da capo a piede,
si rallegrò seco non so di che mobile nuovo ch'ella avea ritrovato ; di
ch'ella gli fece cenno che tacesse, ridendo così un pochetto tuttaddue,
senza ch'io intendessi per qual cagione : egli si mise al fianco di lei
da quella parte dov'io era prima ; ond'io non sapendo più che fare,
e temendo che l'andare dall'altro lato fosse cosa che non s'accostu-
masse, per lo meglio stetti indietro, camminando a passo a passo, e
seguendo i loro vestigi. Dappoich'ebbero passeggiato alquanto a quel
modo, si posero a sedere in una lista di persone mascherate, e volle
la mia mala fortuna che quivi fossero due sedili soli disoccupati ; sicchè non vedendov'io il terzo, ed essendo dalla calca delle maschere, che
andavano e venivano, traportato or qua or colà, la signora mostrando
che le increscesse, mi accennò che mi traessi dietro al suo sedile : il
che feci, e stetti baloccando in piedi ritto come un palo oltre ad un'ora,
tanto ch'io era mezzo dilombato. Infine, quando piacque al cielo, le due
maschere levaronsi in piedi, e la donna rivoltasi a me, e compassio-
nandomi ch'io fossi stanco, disse : " Ora ora noi ci andremo a sedere in
altro luogo ; " e avviatisi l'uno e l'altra innanzi, io all'usato modo gli
seguitai sino ad una bottega di caffè, dove entrammo in uno stanzino
a terreno, e quivi in effetto ci mettemmo tuttatrè a sedere. La donna
si trasse il cappello e la maschera, e me gli diede in custodia ; l'uomo
anch'egli si trasse la maschera, e io imitai, come seppi, il modo suo.
Intanto fu ordinato il caffè ; venne, e già si cominciava a succiare,
quando entrò un altro uomo, e poi un altro, e poi un altro ; sicch'io
ristringendomi per dar luogo al primo, al secondo e al terzo, appena
avea più modo di sedere ; e sopraggiuntovi il quarto, mi convenne riz-
zarmi in piedi, impacciato dal cappello della signora, ch'io dovea guardare, e dalla chicchera ch'io dovea votare ; sicchè accortasi la brigata
del mio impaccio, si diede solennemente a ridere e a guardarmi con
attenzione e maraviglia. La signora mi fece allora posare il cappello
sopra un deschetto che aveano quivi davanti, e io rimasi all'uscio
spettacolo e commedia di que'lieti compagni, biasimando me medesimo
della mia poca accortezza e destrezza nelle faccende del mondo. Andai
a riporre la chicchera alla bottega, piuttosto per liberarmi da quella
vergogna e confusione, che per altro ; e udii la compagnia che ralle-
gravasi con la signora di non so che, e a proferire una voce da me
ancora non intesa di *Mascherotto* ; alla quale essa gli pregò che taces-
sero ; ma al mio ritorno tutti m'affissarono gli occhi al corpo, e mi
lodarono della mia buona figura. Venne l'ora dell'Opera ; una parte

della compagnia si licenziò da noi, e un'altra parte con esso noi ne
venne. Entrammo nel teatro : e mi fu insegnato con somma cortesia
come si pagasse. Andammo al palchetto, che appena ci tenea dentro.
Incominciarono i suoni e i canti ; e v'era una grandissima moltitudine
di spettatori. Veramente a me parea d'esser giunto ad un luogo fatto
per incantesimo, e non capiva nella pelle per allegrezza. Quando eccoti,
odo a picchiare al palco ; apro, perch'io era vicino all'uscio ; entrano
due maschere, fanno alcuni convenevoli, si mettono a sedere, ond'eccomi all'uscio in piedi. L'aria comincia ad offendere la signora, comecchè fosse gran caldo : onde s'ha a chiudere. Mi viene ordinato da lei
ch'io scenda, e che stia attento al suo palchetto, perchè facendomi
essa cenno con una mano, fossi pronto a ritornare. Con un inchino
ubbidisco, scendo, appena trovo dove debba andare ; pur finalmente
m'adatto in luogo da cui possa vedere il segno. Io non vi saprei dire
quanto mi rincrescesse sì fatta attenzione : perchè volendo io essere
ubbidiente, e temendo di commettere errore, non fu possibile che potessi spiccare gli occhi dal palchetto, nè udire o vedere cosa veruna
di quello che gli attori dicessero o facessero. La mano signoreggia-
trice finalmente m'accennò ; andai su, e trovai sciolta la compagnia,
e per quella sera si pensò di ritornare a casa. Fui cordialmente ringraziato e lodato della mia diligenza. Parvemi poi che si facessero molte
liete cene e pranzi, da' quali ora veniva licenziato, ed ora mi trovava
in un deschetto da me solo. A poco a poco la donna che pure nel principio m'avea lodato e ringraziato talvolta, cominciò a chiamarmi zotico, rozzo, ad ordinarmi mille cose a un tratto, mille uffici ch'io facea
a stento, a lagnarsi d'ogni cosa. I compagni di lei, parte per assecon-
darla, e parte per ispassarsi a spese mie, s'accordavano ad acconciarmi
nello stesso modo, e con tratti, motti e burle m'erano sempre addosso :
sicchè quella vita cominciò fortemente a rincrescermi, e desiderava con
tutto il cuore di liberarmi. Ma la signora trovato frattanto un altro
a me somigliante, un dì in presenza mia gli fece far prova indosso di
quel mantello e cappello che m'avea dato prima, e veduto che gli stava
bene, mi licenziò con poche parole ingrognata, e se n'andò a' fatti
suoi con esso lui, piantandomi come una radice. Tanta fu la mia allegrezza, che mi destai dal mio vaneggiamento, e mi trovai liberato
dalla febbre.

N° XXVIII.   .   A dì 9 maggio 1761.

Quod amare velis, reperire labora.

OVID.

**Ingegnati di ritrovare donna degna
di essere amata da te.**

Ora che mi sono pentito della mia passata vita, non mi vergognerò
punto, signor Osservatore, a dipingervi i miei passati disordini almeno in parte ; acciocchè l'esempio mio nei vostri fogli pubblicato,
possa per avventura giovare a coloro che leggeranno. Gioverà esso o
Io no! so. Chi sa se il meditare intorno alle pazzie che feci, gio-

verebbe a me medesimo, se gli anni miei non avessero già oltrepassato il quarantesimo secondo dell'età mia; sicchè le vene non mi bollono nel corpo con quella furia di prima.

Un nasetto vôlto allo insù, uno con bell'armonia collocato nel mezzo della faccia, un aquillino, occhi neri, celesti, giallognoli, guance brune, bianche, vermiglie, gran bocca, mezzana o piccina, purchè fossero di donna, mi piacquero sempre ad un modo. Fino al vaiuolo mi parea che avesse il suo pregio; anzi non è difetto femminile che non venisse da me scusato, e al quale io non traessi dalla fonte rettorica qualche lode. Vero è ch'io fui grande amatore dello spirito d'esse, e così fino scopritore di quello, che lo ritrovava nella taciturnità, nella milensaggine, nell'ostinazione, nel cinguettare per diritto e per traverso, nel ridere d'ogni cosa anche fuori di proposito; ed ebbi tanta ventura, che nell'un genere o nell'altro di sì fatti spiriti ne ritrovai sempre un'abbondanza grande. In somma io sono stato il più disperato amatore di femmine che mai nascesse al mondo, fino a poco tempo fa, quando infine deliberai di prender moglie, quantunque non l'abbia presa ancora. Udite come.

Io non m'era dilettato mai a'miei giorni di leggere altri libri, fuorchè da passare il tempo; e se ne vedeva uno che potesse insegnare qualche cosa, lo lanciava di qui colà con dispetto, perchè mi parea tutto quel dì d'essere soprappreso dal sonno e stordito; tanto che l'avea interpretato per mal augurio; e dovunque vedeva frontespizi di filosofia morale principalmente, mi parea che mi tremassero i polsi e le vene. Non so in qual modo, ma certo disavvedutamente, ne apersi uno un dì sopra pensiero, e lessi due sole linee, chi sa a qual facciata (chè di ciò non mi curai), la sostanza delle quali era questa, che ogni femmina ama per amore di sè medesima. Questo breve detto fu nell'intelletto mio un semenzaio di pensieri, anzi di profonde meditazioni. Vedi, diss'io, quanti anni io mi sono ingannato! Fu un tempo nella mia prima e più fresca giovinezza, quand'io non era veramente mal fornito da natura d'un aggraziato e ben composto corpo, ch'io credetti d'essere amato per queste qualità. Le coltivai quanto seppi con lo studio del sarto e del parrucchiere; e consegnai me medesimo quasi a tutte l'arti, perchè le mi facessero apparire; e con l'astuto saettare degli occhi, e col dolce favellare della bocca stimai di far cadere alla mia rete ogni donna, e che ciascheduna spasimasse del fatto mio. Rimasi di là a pochi anni assoluto erede e signore d'una grossa facoltà, e cominciai a spendere gagliardamente. Qual cuore di sasso, diceva io, potrà più contrastare (lasciate ch'io dica tutto) alla bellezza, grazia e ricchezza mia! Assedierò, assalterò, abbottinerò. S'aggiunsero in questo mezzo anche gli onori concedutimi dalla patria mia, ch'è una delle migliori d'Italia, e non molto di qua lontana. Non vedea più forza che mi si potesse opporre; non rivale che mi potesse contrastare. E con tante qualità e circostanze così favorevoli, ripeteva io fra me: Avrò a credere che tra le femmine che fecero conto del fatto mio, non ve ne sia stata una sola che non m'abbia amato altro che per sè medesima? Potrebb'egli esser mai che tant'ire, tante paci, tanto svenire, lagrime, consolazioni, rimproveri, gelosie, dispetti, rabbie, e fino graffi e pugna, non sieno stati movimenti d'animo per amore mio? Se queste testimonianze non bastano, che ho a cercare di più per sapere come vada questa faccenda? Egli è il vero ch'io mi sono gittato sempre in que-

sto mare senza veruna riflessione. Se da qui in poi cominciassi a valermi del cervello, chi sa come andasse l'affare? Forse mi chiarirei
di quello che è, e non sono ancora sì vecchio, che non possa essere a
tempo. Non sono io forse ora all'assedio di Clarice? Mettomi appunto
in cuore di fare sperienza di quello ch'io temo. Si studii un poco il
suo carattere. Ha detto d'amarmi. Tutta prudenza, pende alla bac-
chettoneria; ad udirla a parlare, la mia sola compagnia è a lei grata;
dov'io sono, è contenta, altrove non si può patire. Vietami tuttavia ch'io
le favelli troppo liberamente d'amore; e mi tiene un freno alla lingua
co' suoi continui precetti. Orsù, si vada. Eccomi fra poco nella stanza
di Clarice. Pongomi a sedere, e con un ragionamento nuovo e diverso
da quello degli altri giorni comincio: " Clarice, per non offendere l'animo
vostro dilicato e tutto veramente gentile, io mi sono deliberato affatto
di darvi una parola che tante volte m'avete fino al presente richiesta
invano. Le vostre oneste e nobili espressioni m'hanno finalmente scambiato il cuore, e dicovi risolutamente che da qui in poi, trovandomi in
vostra compagnia, non m'arrischierò mai più di profferire un detto che
possa offendere la vostra modestia. Confortatevi. Voi m'avete insegnato
ad essere un amante degno di voi, e ammaestrata la mia lingua ad essere degna degli orecchi vostri." Credeva dapprima Clarice ch'io scher-
zassi; ma finalmente conoscendo alle mie affermative che io parlava in
sul sodo, si mostrò del mio nuovo proponimento lietissima, e mi ringraziò con le più belle e più care parole del mondo. " Ora sì," diceva
ella, " noi saremo un paio d'amanti contenti. Oggi veramente mi pare
che il mondo per me sia cambiato. Qual consolazione è la mia a vedere
la vostra saviezza! " In tali ragionamenti, o somiglianti, passò un lungo
tempo. Io me n'andai; ella mi ricordò la mia promessa, io gliela rati-
ficai novamente. La visitai nel vegnente dì, e parlandole io di varie
cose, parea ch'ella fosse soprappensiero. Le chiesi che avesse. Ella incominciò: " Quanto voi mi diceste ieri, io temo che sia astuzia. Conoscendo il vostro umore, non posso far a meno di non sospettare che
abbiate ritrovati in altro luogo novelli allettamenti. Se questo fosse, io ne
sarei la più mal contenta e la più disperata donna che in terra vivesse.
Non piantate la spina della gelosia nel mio cuore. Piuttosto abbiatevi
licenza di favellar meco a quel modo che voi volete: sofferirò quelle
espressioni che a voi piaceranno; ma non vogliate darmi questo dolore."
" Come? " dissi io: " m'avreste voi per uomo di sì poca fede e di sì picciola forza, che non sapessi temperare l'animo mio per far cosa grata
a voi? Io non uscirò più di questa casa, se voi lo mi comandate; e
per quanto dura la vita mia, sarò con esso voi, nè mai più m'uscirà
di bocca parola d'amore." Parvemi alquanto rassicurata, ma non contenta. Il giorno dietro mandò per tempo a chiamarmi. V'andai pronto.
La trovai con una vestetta indosso che parea a caso; ma con tutti
quegli artifizi intorno che può avere la negligenza per accrescere una
femminile bellezza. Appena vi entrai, ch'ella cominciò a manifestarmi
con maggior passione del passato dì i suoi sospetti ch'io fossi d'altra
donna innamorato; e a ritoccare ch'ella mi lasciava favellare da allora
in poi a modo mio, per non provare cotanta passione. Io di nuovo mi
scusai, e le giurai ch'avrei mantenuta la mia parola per sempre, e che
non ne dubitasse: ella sparse qualche lagrimetta, che pareami più di
dispetto, che d'altro. Io tentai di rassicurarla che per conto della fedeltà mia non avrebbe avuto a querelarsi, e ch'io sarei piuttosto uscito

di vita, che mancarle della parola di tacere. Ella si levò su, e dicendomi: " Va' che tu se' un idiota," mi volse le spalle e non mi volle mai più vedere.

Io me ne consolai subito, dicendo fra me: Ecco il frutto della mia meditazione. Clarice nel più astuto ed occulto modo del mondo m' amava per sè solamente. Pazienza: ad altre sperienze. Mi diedi a far pratica con una giovane di diciassette anni in circa, veramente bellissima, ed aggraziata quanto altra donzella. Per non tirare in lungo la narrazione, la giovinetta mi mostrò grandissimo affetto, e in breve tempo incominciò ad insinuarmi ch'io parlassi a' suoi per isposarla. Oh! così tosto? diss'io fra me. A poco a poco entrava ella in ragionamenti di mie facoltà, di mie rendite; e quanto più io gliene dicea, più di giorno in giorno infocavasi a dirmi che non tirassi più in lungo, ch'ella m'accertava che m'avea donato il suo cuore, e che le parea di non poter veder quell'ora in cui potesse essermi compagna. Ma fattole io capitare certe false novelle agli orecchi, che non era cotanto ricco, quanto ella credea, quel gran fuoco di prima infreddò, nè mi trovai più quel ben veduto ed accolto ch'era poc'anzi. Pensate ch'io mi tolsi di là, e conobbi che l'amore di Lucinda, che così si chiamava, era rivolto a procurare uno stato migliore a lei, e non alla mia persona. Un nuovo ufficio datomi nella mia città mi rese intanto più celebrato e più chiaro. Entrai in un'amorosa briga con Arsinoe, la quale sopra ogni cosa mi raccomandò la segretezza. Le serbai la fede, e non dissi mai nulla dell'amor mio all'aria, non che ad uomo che vivesse. Ma perchè voleva ella quasi a forza ch'io fossi veduto in sua compagnia per tutte le piazze e a' pubblici spettacoli? Perchè mi parlava pubblicamente con gran domestichezza all'orecchio, voleva ch'io le stessi appresso a sedere, e m'usava fra tutti gli altri attenzioni che parlavano più che le lingue? In breve tempo si cominciò a cianciare del fatto nostro in ogni luogo. Io sbigottito gliele palesai, e le dissi che non v'era oggimai altro rimedio, fuorchè quello del non ritrovarci insieme così spesso, e principalmente di non lasciarsi vedere in compagnia da tutti. Arsinoe se ne sdegnò. Io cominciai a meditare donde potesse nascere il suo sdegno, e conobbi a vari segni ch'ella avea caro intrinsecamente che si vedesse ch'ella signoreggiava a bacchetta un uomo ben voluto da molte altre donne, ricco e onorato nel suo paese. Cominciai a ritrarmi, dicendo di non voler offender l'onor suo in presenza degli uomini. In breve, il cuor suo s'agghiacciò, e ne venni licenziato.

Perchè mi distenderò io più in parole? Molte altre sperienze io feci, delle quali non vi narrerò le particolarità; ma la conclusione fu ch'io trovai in molte altre femmine di vari caratteri quel medesimo umore; onde finalmente mi sono risoluto a chiedere Lucinda per moglie; la quale se riuscirà buona e dabbene, passerò qualche ora della mia vita piacevole e tranquilla; e quand'ella mi riuscisse una bestiuola, m'eserciterò nella sofferenza.

A FRONIMO SALVATICO, L'OSSERVATORE.

Di tempo in tempo bramo alcune poche linee di vostra mano. Vi ricordate voi che l'ultima volta che mi scriveste, la polizza vostra conteneva non so che di vostra salute non salda affatto. Oh! mi stimate voi così poco obbligato alla gentilezza vostra e si poco grato alle cortesie ricevute da voi, ch'io non debba aver desiderio di sapere come state? S'io non posso aver qualche cosa di vostro da arricchire i miei fogli, pazienza; ma non mi lasciate privo di notizie intorno al mio Fronimo. Mi raccomando a voi, e accertandovi d'una vera cordialità e stima, dovunque siate, pregovi dal cielo buona salute.

ALL' OSSERVATORE, GIAMBATTISTA PASQUALI.

Ho molti libri. Vorrei che ciò fosse saputo dal pubblico. Si può o non si può mettergli ne' vostri fogli? A voce o in iscritto n'attendo risposta. Sono tutto vostro.

SIGNOR PASQUALI.

Crederei che si potesse. I frontespizi sono una bella erudizione a' nostri dì. Pochi ne segnerò tuttavia. Voi vedete che una parte dell'ultima facciata de' miei fogli è quasi sempre d'una figurina coperta. Non posso sì scrivere col compasso che l'ultima riga della stampa tocchi il margine della carta ogni volta. Scrivere di più non debbo perchè la materia cominciata in un foglio entrerebbe nell'altro, e le interruzioni di vari giorni in mezzo sono una mala cosa. Possibile che non riesca più grato l'informarsi d'alquanti nuovi libri belli e buoni, quali sono i vostri (e li sceglieremo) che il mirare una figura? Mandatemi quelli che più piacciono a voi; e m'avrete sempre al vostro comando, accertandovi che sono vostro buon amico   L'OSSERVATORE.

N° XXIX.   A dì 13 maggio 1761.

> Tra lor non è nè regola, nè tuono,
> Nè biquadri, o bimolli, o altra chiave;
> Ma il lor suggetto è il fracasso e lo intruono.
>
> IL BRONZINO.

Sia natura, o educazione, o l'una congiunta all'altra, io veggo certe qualità di persone che fanno ogni cosa con buon garbo. Si presentano in faccia altrui con un leggiadro modo, parlano con bella facondia, nel motteggiare sono argute, non mordono; giudiziose nel proporre, preste al rispondere. Ogni cosa fanno con ingenua grandezza.[1] I vestiti paiono loro nati indosso, non sono impacciati nello stare, nell'andare, nel costumare insieme. Quando s'entra in una compagnia, ove sia adunato un buon numero di sì fatte genti, vedi ordine nel giuoco, nel conversare, nel ristorarsi con qualche galanteria da mangiare o da bere. E ogni cosa infine vi si fa, come per usanza cotidiana, casalinga, senza un pensiero al mondo. Immagina un oriuolo con ordinatissime ruote, che da sè va, senza stento, senza che l'oriuolaio v'abbia a correggere ogni dì un difetto, o che il padrone abbia a temere di soverchia prestezza o d'indugio.

---

[1] *Con ingenua grandezza.* Con disinvoltura signorile.

All'incontro ve n'ha d'un'altra condizione, che mirando all'insù, prendono in prestanza dall'altre le maniere e l'usanze, le quali essendo, come dire, cose imparate a memoria, riescono con una certa magrezza e sterilità dentro, che vi si vede lo stento e la meschinità dell'imitazione. La coscienza del non sapere in effetto le fa movere con poca grazia, parlare a fatica, o rispondere fuori di proposito, scorticare in cambio di scherzare, adirarsi dove s'avrebbe a ridere, e, in breve, far tutto in ceppi e in catena. Perdono la facilità naturale, per voler entrare nel costume altrui e, come la gazza, si pelano le proprie penne per appiccarsi al corpo quelle del pavone, o bene o male. Se poi alla voce s'ode la gazza, e alle penne il pavone si vede, poco si curano. Dove finirà questo proemio? Finirà in quello ch'io vidi.

" Che diavol fai tu ? " mi disse poche sere fa un amico. " Tu vai soletto sempre a guisa d'un pipistrello ? col cappello in sugli occhi, accigliato e tralunato? Lascia cotesta tua vita da tana. Vieni. " — " Dove ho a venire ? " — " Io ti condurrò meco ad un luogo in cui si trovano [1] molte persone, maschi e femmine raccolte." — " E che vi fanno ? " — " Passano il tempo due o tre ore. Giuocano, cianciano, berteggiano ? Fanno quel che vogliono. Infine che ne vuoi tu sapere? Vieni, spinoso." Alzai le spalle, e dissi : " Or bene, andiamo. Io ci giuoco che tu hai voglia di vedere come io so conversar bene con le genti. Abbiti questo diletto. Tu vedrai fra molti un uomo, che dopo fatti i primi saluti in quel modo che saprà, si metterà subito a sedere, girerà due solenni occhiacci senza parlare ; e finalmente si partirà pian piano sulle punte de' piedi.". In tal guisa chiacchierando giungemmo ad un uscio illuminato da una lanterna appiccata alle travi in sul primo entrare ; salimmo una scaletta, e già era quivi quasi tutta la compagnia ragunata.

Il mio buon amico mi presentò alla brigata, e per sua maladetta malizia disse ch'io era l'Osservatore. Ebbi un cerchio intorno ; parte mi guardava anche da lontano ; mi furono dette molte garbate parole ; ma finalmente fu quasi ad una voce conchiuso ch'io era una mala ragia,[2] e che, dove io era, si dovesse ognuno guardar molto bene, e pesare quello che dicesse e facesse. "Stasera," diceva una signora, "quanto è a me, non m'udirete più a parlare ; " e un'altra : " Io fo conto d'essere una statua." — " Fate ognuna come vi pare, e non iscambiate costume," disse una voce ch'usciva da una personcina, ch'io avea conosciuta altrove, grassottina, garbata e così fina esaminatrice dell'anime altrui. che potea chiamarsi l'Osservatrice. La salutai con cordialità. Presemi ella la mano. Vorrei che aveste veduto con qual garbo io gliene baciai. Ella proseguì : " Fate, fate ognuno al modo vostro, e secondo l'usanza vostra. Lasciate fare a me. Io per questa sera intratterrò l'Osservatore, e non gli darò campo d'alzare gli occhi." S'udì una risata intorno. Alcuni rimproverarono l'amico mio che m'avesse quivi condotto ; di che m'avvidi al ceffo che gli faceano parlandogli all'orecchio : e in breve tempo ognuno si pose a sedere chi qua chi là ; e io da un canto con la giovane da me conosciuta. "Una tazza d'acqua," disse una postasi a sedere, e lo disse con tanta fretta, che tutti si rivolsero a lei, e le domandarono come stesse. "Ahi! male," diceva ella ; e io volli levarmi per andare

---

[1] *Un luogo in cui si trovano* ec. Probabilmente uno di quei casini che erano luogo di ritrovo per dame e gentiluomini, numerosissimi a Venezia nel secolo scorso; press' a poco circoli e club dei nostri giorni.

[2] *Mala ragia.* Un tristo ingannatore.

al suo soccorso. ⸢Oibò, non fate,⸣ disse l'amica mia. ⸢Costei che per sè non avea un quattrino, ed era sana come un pesce, s'è maritata poco tempo fa, e ha ritrovato un marito ricco. State attento, e udirete in qual guisa ella racconta le sue infermità.⸣ Bevuta la tazza dell'acqua, e mostrando d'aver preso fiato, rivolse gli occhi con languore a parecchi, pure attendendo che alcuno le domandasse ragione del suo stato. Quando piacque al cielo, una donna gliene domandò, ed essa rispose: ⸢Non so che sia; nè quello che da poco in qua sia divenuta. Ieri verso le ventiquattr'ore, mentre ch'io era per entrare in gondola, de'miei due gondolieri [1] se ne ritrovava un solo: io avea premura d'andare ad un mercatante a pagare in zecchini d'oro di peso un drappo di Lione all'ultima moda, e non venendo il gondoliere da prora, fui costretta ad andarmene con quel solo da poppa; e mi parea di dover essere affogata nell'acqua ad ogni momento. Ebbi tanta paura, che di subito mi sentii male, tanto che iersera andai a letto senza cena; e da ieri in qua non ho bevuto altro che un cucchiaio, d'argento, di brodo in una scodella di porcellana.⸣ L'amica mia m'accennò. Ridemmo di cuore. Tutta la compagnia cominciò a mostrarle compassione, dico la compagnia de'maschi, perchè l'era piuttosto vaghetta; ma le femmine, punte dall'invidia della ritoccata ricchezza, si diedero a rimproverare la poca attenzione de' gondolieri, e ognuna diceva: ⸢Anche i miei mi hanno fatto sì e sì,⸣ e ognuna parlava per plurale; e in breve tempo, fingendo di dire altro, ognuna fece l'inventario delle sue biancherie, delle stoffe, degli argenti, delle porcellane e di quanto avea o volea avere in casa; tanto che l'inferma, scambiato pensiero, cominciò a dire che la stava benissimo, e tutti si posero a giocare a carte, chi da un lato, chi da un altro. Non passò un terzo d'ora, che si levò da tutt'i lati un romore grandissimo. Poco era nel vero il danaro che si giocava; ma non poco era il puntiglio. I vincitori quasi tutti ridevano in faccia a' vinti; questi per dispetto ad ogni carta stridevano: chi s'imputava un errore, chi un altro, con tanta forza e altezza di voce, ch'io era quasi stordito; e talvolta fu, ch'io vidi i giocatori vicini ad azzuffarsi. Ma finalmente si quietarono alla venuta d'uno, il quale rivolse a sè gli occhi della compagnia; e quando egli entrò, tutti gli fecero festa, chiamandolo a nome, principalmente le femmine, le quali tutte ad una voce gridarono: ⸢Oh! il ben venuto. Perchè sì tardi?⸣ — ⸢Chi è cotesto uomo cotanto solennizzato?⸣ diss'io alla mia amica nell'orecchio. ⸢L'hai tu,⸣ diss'ella, ⸢veduto bene in viso? vedilo prima.⸣ Alzai gli occhi, e vidi un corpo trascorso in lunghezza, magro, scarnato, con un colorito di cenere, d'aria malinconica, ma che si sforzava a sorridere quanto potea; e quando parlava, ingegnavasi d'essere garbato. ⸢Che ti pare?⸣ disse l'amica. ⸢Che volete voi che me ne sembri? Questi è un infermo.⸣ — ⸢Oh! pazzo!⸣ rispos'ella. ⸢Questi è un uomo d'animo cotanto gentile, che gli parrebbe di non esser degno di ricevere aria di vita ne'suoi polmoni, s'egli non fosse innamorato sempre. E comecchè le donne facciano quel conto di lui che tu puoi credere, egli sempre n'ama qualcuna a mente. È il vero che a questi dì è stato piantato da una, la quale l'avea piantato dal primo dì che la conobbe; ma egli è ora qui per compensare la sua perdita, e ci viene per far isbigottire tutti gli amanti che sono

---

[1] *De' miei due gondolieri.* A Venezia le gondole signorili sono condotte da due gondolieri: uno a poppa, l'altro a prora.

in questo luogo, i quali non sanno dove debba cadere la sua elezione. Le femmine e gli uomini che qui sono, hanno conoscenza aperta della sua intenzione, e festeggiandolo nel modo che udito hai poco fa, si prendono spasso." Di là a poco una femmina lo chiamava di qua, un'altra di là; chi gli dicea una parolina all'orecchio, chi lo battea con un ventaglio così un pochettino sulla spalla, fattolo prima abbassare, fingendo di avergli a dire non so che; ed egli di tutte queste grazie si gonfiava; nè mai si mettea a sedere, per essere pronto sempre a' cenni di quella che ne l'avesse chiamato. Udivasi intanto a salire la scala un certo passo, al cui suono tutti rizzarono gli orecchi; e fecesi ad un tratto un universale silenzio, come quando sopra un'uccellaia passa nibbio o altro uccello di rapina, che tutti gli uccelletti da richiamo, i quali prima cantavano, tacciono subito ad un punto. Apparve nel salotto una donna ben vestita e guernita, ma non come l'altre. Vedevasi ne' suoi fornimenti un certo che di pensato e di malinconico, che la rendea differente dal vestir comune. Le maniche la coprivano fino al polso; era sì accollacciata, che chiudeasi quasi fino al mento. La cuffia le svolazzava con l'ale di sopra vicino al naso, e da' lati alle tempie. Non sì tosto entrò, che diede un'occhiata in giro, e parve che si maravigliasse non so di che. Tutti la salutarono, guardandosi l'un l'altro i vicini, e ghignando fra loro maliziosamente. "La pace sia colla compagnia," diss'ella sorridendo. "Egli si vede bene che sono stasera venuta tardi." — "Che vuol ella dire col suo *venuta tardi*?" domandai all'amica. "Sappi," rispose, "che costei è una giovane la quale s'è posta in capo di reggere il costume di questo luogo; e sapendo benissimo quali tra questi maschi e femmine sono quelli che più volentieri si veggono insieme, ha inteso con quelle parole di sferzare la loro coscienza. Perchè s'ella fosse qui stata prima, avrebbe distribuito il giocare per modo che si fossero trovati in compagnia gl'indifferenti, o quelli che si odiano. Ella non ragiona mai d'altro che della sua virtù e della sua modestia, di tentativi che vengono fatti verso di lei, e delle sue ripulse. Ma questa sera non avrà campo di ragionare, essendo tutti i luoghi occupati." "Ha ella amanti?" diss'io. "Non si sa," rispose: "ma i più maligni credono che questa sia l'arte per acquistarne. Noi altre donne siamo una spezie d'uccellatrici. Tu sai che non s'uccella con un ordigno solo. Chi usa il vischio, chi i lacci, chi le reti e chi altro. Gli ordigni suoi sono quella smisurata cuffia, quelle maniche, que' veli, que' savi paroloni e quelle sputate sentenze." Mentre che fra noi due si ragionava in tal forma, la buona giovane incominciò a camminare pel salotto su e giù, e guardando di qua e di là, dove ella vedea soverchia dimestichezza di parole o d'attucci, incontanente scoccava qualche sentenza; e notai che passando di là, dov'io era con l'amica mia, ci poneva gli occhi addosso. Così fece due o tre volte; e vedendo finalmente che ci parlavamo all'orecchio, venutaci vicina, la prese l'amica mia per un braccio, e dettole una parola all'orecchio, volea trarnela di là a forza: ma ella nol consentì, e mi disse piano che la ne la volea spiccare via da me, perchè non era bene ch'ella parlasse così domesticamente con uomo. Io allora mi diedi a favellare di cose, quanto più seppi, sagge e modeste, avvertendo molto bene che, quando ella ripassava, mi uscissero di bocca prudenza, temperanza, castità e altre buone cose; tanto ch'ella a poco a poco calò, e mi si pose a sedere dall'altro lato, e aperse un intrattenimento, anzi un trattato di virtù, nel quale rettoricamente mi parlò de' difetti che vedea in tutte, così caritativamente, che pel gran fervore che la traportava, non si ricordava più che il dir male fosse il peggior male degli altri. In tal guisa passai quella sera, fino a tanto che la compagnia si sciolse; e domandandomi ognuno s'io avessi cosa veruna osservata, e promettendo io a tutti che avrei fatto vedere le mie osservazioni stampate, andai a casa, scrissi, e stampo secondo la mia promessa.

Ritratto Decimoquarto. Alcippo vuole e disvuole. Quello che s'ha a fare, finchè lo vede da lontano, dice: Lo farò. Il tempo s'accosta, gli caggiono le braccia, ed è un uomo di bambagia vedendosi appresso la fatica. Che s'ha a fare di lui? Pare un uomo di rugiada. Le faccende l'annoiano; il leggere qualche buona cosa gli fa perdere il fiato. Mettiamolo a letto. Quivi passi la sua vita. Se una leggerissima faccenduzza fa, un momento gli sembra ore. Solo, se prendesi spasso, l'ore gli sembrano momenti. Tutto il tempo gli sfugge, non sa mai quello che n'abbia fatto; lascialo scorrere, come acqua sotto al ponte.

Alcippo, che hai tu fatto la mattina? Nol sa. Visse, nè seppe se vivea. Stettesi dormendo quanto potè il più tardi; vestissi adagio; parlò a chi primo gli andò avanti, nè seppe di che; più volte s'aggirò per la stanza. Venne l'ora del pranzo. Passerà il dopo pranzo, come la mattina passò; e tutta la vita sua sarà uguale a questo giorno.

Signor Osservatore.

Mi sapreste voi dire s'egli si potesse valere del mezzo dell'amore per rendere gli uomini atti alle cose grandi? Ma vi ricordo che rispondendomi voi sopra questo argomento, non intendo che stampiate uno squarcio filosofico. Ingegnatevi di vestire il vostro pensiero con qualche trovato poetico. Veggo che le cose vostre sono lette più volontieri, quando vi mescolate la finzione delle favole. Colle mie domande non voglio alterare l'ordine che tenete di dire qualche cosa di sostanza ridendo. Chieggovi scusa, rispondetemi. Addio.

N° XXX.   A dì 16 maggio 1761.

Non sunt circa flosculos occupati.
Seneca.
In fiorellini non gl'intrattengono.

Quanto sia capace amore di guidare gli animi alla virtù, dimostrerò con la novella che segue, la quale mi fu a questi giorni da un amico mandata. Avrei veramente desiderato ch'ella fosse più breve per non oltrepassare gli assegnati confini d'un foglio. Questa sarà da due contenuta; ma tale è la sua sostanza, che spero non sarà discaro il leggerla benchè sia lunghetta. Per non andar avanti con proemii fuori della materia, entro nella

NOVELLA.

I Sanniti, celebratissimi popoli, e repubblica d'uomini grandemente bellicosi, i quali più volte vinsero i Romani e furono lungamente concorrenti di quelli, tali solamente riuscirono a cagione d'amore e di quelle leggi che per premio dell'esser valoroso e di gran cuore, concedevano agl'innamorati giovani le donne amate da loro. La qual cosa in qual forma si facesse, lo narrerà la storia che segue.

Celebravansi le nozze de'Sanniti ciascun anno in una spaziosa piazza, luogo de'militari esercizi. Que' giovani tutti ch'erano in età di dare cittadini alla repubblica, raccoglievansi in un giorno solenne. Sceglievano quivi le spose, secondo quel grado che avea ciascheduno acquistato ne'fasti della patria con le sue virtù e nobili fatti. Può ogni uomo facilmente comprendere qual fosse l'allegrezza e la vittoria di quelle fanciulle che venivano elette da' vincitori, e quanto ne trionfassero: e dall'altro lato quanta superbia e amore, stimoli principalissimi dell'umane passioni, rinvigorivano e animavano maschi e femmine a quelle virtù dalle quali dipendeva la buona riuscita di questa elezione. Ogni anno attendevano la solennità delle nozze i giovani impazienti e timorosi. Fino a quel giorno figliuoli e figliuole di Sanniti mai non si vedevano altro che nel tempio; e ciò sotto la custodia e gli occhi delle madri e di prudenti vecchi, con ugual modestia fanciulli e fanciulle. Non istavano però nel tempio soggetti a sì rigida legge i desiderii; occhi e cuore sceglievano; ma era sacro patto e religione a'figliuoli il non dir nulla e non affidare la secreta loro inclinazione ad altri che a padre e madre; se il segreto ne veniva divulgato, era vituperio d'una famiglia. Il poter conferire con fiducia ed intrinsichezza la passione più grata all'animo, e quell'affettuoso sfogo di brame, amorose malinconie, speranze e timori, de'quali non era lecito di far confidenza ad altre persone, fuorchè a quelle ch'erano co' più saldi legami di natura loro congiunte, rendevano padri e madri amici, consolatori e sostegni de'proprii figliuoli. La gloria di questi e la felicità di quelli congiungevano tutte le membra d'una famiglia co'nodi più gagliardi ed efficaci che possa formare interesse nel cuore degli uomini; consuetudine e obbligo di comunicarsi pene e diletti rendea la compagnia loro durevole fino alla morte. Se la riuscita de'loro desiderii non era quale l'avrebbero voluta, più facilmente sofferivano i giovani d'abbandonare l'oggetto di loro passione, non avendolo manifestato con indizii pubblici, e sapendo che invano avrebbero tentato d'avere quello che non si potea, e che s'avea debito di fare nuova scelta, dappoichè il matrimonio era quivi atto e opera cittadinesca. Avea il prudente legislatore preveduto che chi non prende donna sua propria, volge il suo pensiero o poco o molto all'altrui; onde stabilendo che l'adulterio fosse colpa, obbligò all'ammogliarsi. Non sì tosto dunque erano pervenuti i giovani all'età giudicata da matrimonio per legge, che doveano presentarsi all'adunanza e ciascheduno far elezione secondo il grado suo, talvolta anche contro il desiderio e l'amore.

Fra le genti da guerra avviene che anche il sesso men gagliardo ha un certo che di alterezza e di nobiltà che mostra il costume della nazione. Il passatempo più usuale alle fanciulle de'Sanniti era la caccia: destre erano nel tirar l'arco, leggere al correre, qualità fra noi sconosciute. In tali esercizi acquistavano quei femminili corpi mirabile agilità e disinvoltura in ogni movimento gratissima; quando aveano deposte l'armi, vedevi aspetti tutti modestia. Appiccato il turcasso ad armacollo, il capo prendeva una certa contenenza sicura e da guerra, e quegli occhi sfavillavano di coraggio. La bellezza de'maschi avea

carattere di maestà e serietà; e per la fantasia piena sempre di zuffe
e battaglie, aveano guardatura grave, rigida, superba, da signoreggiare.
Fra tanti guerrieri giovanetti diverso appariva dagli altri per dilicate
fattezze e aria affettuosa e appassionata il figliuolo di Telesponte, valentissimo vecchio, il quale fra Sanniti era a' suoi dì stato uno dei migliori combattenti per la libertà. Rimettendo questo buon vecchio l'armi
sue nelle mani del giovanetto, gli avea favellato in tal guisa: " Figliuol
mio, io odo spesso i vecchi nostri i quali per una certa sgarbata piacevolezza mi dicono ch'io dovrei metterti indosso un vestito da femmina e che riusciresti una bella cacciatrice. Rimane da questo motteggiare il tuo padre trafitto; se non che egli si conforta che natura non
avrà fatto errore nel metterti in petto cuore da uomo." — " Padre mio,
non ne dubitar punto," rispose il giovane stimolato dall'emulazione. "Egli
potrebbe anche avvenire un dì che cotesti vecchi avessero voglia che
i loro figliuoli seguissero l'esempio mio. Mi stimino qui garzone o fanciulla, poco m'importa; non prenderanno sbaglio i Romani." Agatide,
che così avea nome il giovane, mantenne la parola al padre, e al primo
uscire alla guerra tanta intrepidezza mostrò e tali prove fece di sua
persona, che i motteggiamenti e le facezie si scambiarono in altissime
lodi. Dicevansi l'uno all'altro, ammirando, i compagni suoi: " Chi avrebbe
detto mai che membra di femmina fossero piene di sì maschio coraggio? Freddo, fame, stenti non l'atterriscono e con quell'aria di passione e di modestia dispregia la morte non men di noi." Standosi un
giorno Agatide a fronte dell'inimico e guardando cadere intorno a sè,
senza punto mutarsi di colore, una tempesta di saette: " O tu che sì
bello sei, come se' tu poi tanto valoroso?" gli disse un de' suoi compagni bruttissimo. Appena finite queste parole, fu dato il segno della
battaglia, e Agatide gli rispose: " E tu che sì brutto sei, vuoi tu vedere
qual di noi due prenderà quell'insegna a cui ci avventiamo incontro?"
Disse, tuttaddua si lanciano nella zuffa: ed ecco Agatide che dal cuore
del macello esce coll'insegna in mano.

Accostavasi egli frattanto a quell'età in cui dovea essere sposo, ed
ottenere la cittadinanza divenendo padre. Le vergini de' Sanniti che
udivano con quanta stima si favellava del suo valore e che dall'altro
lato aveano commosso il cuore al vedere cotanta bellezza, invidiavansi
segretamente a vicenda le occhiate di lui. Finalmente una sola le trasse
a sè; e fu Cefalide, oltremisura bella fra tutte.

Erano in lei nel più alto grado modestia e alterezza congiunte, e
tutte quelle nobili e affettuose grazie che le donzelle dei Sanniti rendevano belle e gradite. Non aveano, come dissi più sopra, potuto le
leggi vietare agli occhi il loro muto parlare; e quando il favellare delle
lingue è tolto agl'innamorati, sono eloquentissimi gli occhi. E se tu
vedesti mai, o lettore, talvolta amanti rattenuti dall'aspetto di qualche
rigido testimonio, non t'accorgesti tu forse come tutta l'anima arde
negli occhi, e da quelli come lampo si lancia improvvisa in un cenno
di ciglia? Agatide in un'occhiata sola manifestò scompiglio di cuore,
desiderii, paure, speranze, e quell'emulazione di virtù e gloria, della
quale amore gli avea infiammato il petto in quel punto. Affaticavasi
Cefalide di tenere gli occhi suoi a freno, sicchè non si riscontrassero
con quelli del giovane; ma essi talvolta mettevano nell'ubbidire un
poco d'indugio, e s'abbassavano dopo d'aver dato la risposta. Fra gli
altri un giorno, e questo fu il dì che diede la vittoria al suo amante,

un giorno, dico, affisatisi gli occhi di lei nel giovane e stati senza muoversi qualche tempo, si volsero al cielo con affettuosissima espressione;
onde Agatide, fra sè traportato, disse: "Chiaro è il voto suo al cielo;
l'intendo, l'adempirò. O giovane sopra tutte l'altre bellissima, mi sarei
io forse soverchiamente lusingato? Gli occhi tuoi, al cielo rivolti, che
gli domandano se non ch'io mi renda degno d'elegger te fra l'altre
fanciulle? Or bene, sappi che al tuo voto ha prestati gli orecchi il cielo
e io me n'avveggo a quanto sente l'anima mia. Ma, ohimè, che tutti
i miei rivali e concorrenti (e saranno innumerabili) mi faranno contrasto e s'affaticheranno di togliermi la gloria mia: dipende una splendida azione dalle circostanze, e io son certo che quegli a cui toccherà
di scegliere il primo, o bellissima giovane, farà cadere sopra di te la
sua elezione."

In così fatti pensieri si ravvolgeva l'animo del giovane continuamente, e non dissimili erano quelli della fanciulla la quale in suo cuore
andava dicendo: "Se Agatide avesse a scegliere, io son certa che egli
sceglierebbe il nome mio, o almeno ardisco di ciò sperare; l'ho compreso, l'ho letto in suo cuore. S'egli va innanzi alle compagne mie o
con esse favella, non è così compiacente ad esse, nè dimostra quella
soave sollecitudine che ha nel veder me. Accorgomi oltre a ciò che la
sua voce per natura grave e affettuosa, quando egli mi parla, ha un
certo che di più sensitivo. Ma sopratutto gli occhi suoi.... Oh ben so
io, che gli occhi suoi hanno detto a me quello che non dicono ad altra
fanciulla; e volessero gl'Iddii ch'egli fosse quel solo che fra tutti gli
altri della calca de'giovani facesse conto di me. O Agatide, qual calamità sarebbe la mia, s'io paressi bella ad altro giovine che a te! Tutta
questa gioventù che con gli occhi m'assedia, m'atterrisce e non è da
paragonarsi a te. Spaventami quell'aria feroce e da ammazzatori. Agatide solo è valoroso, ma non ha aspetto crudele; anche armato ha un
certo che di grazioso. Farà miracoli di bravura, non ne dubito. Ma se
dalla sorte restasse sopraffatto l'amore, e se un altro giovane più di
lui.... ohimè, che il solo pensarlo m'agghiaccia il sangue nelle vene!"

Cefalide non tacque la sua passione alla madre e le disse: "Prega,
o madre, il cielo per la gloria d'Agatide, sì pregalo; e così facendo
lo pregherai insieme per la buona ventura della figliuola. Io credo e
sono sicura d'essere amata da lui; e come potrei io fare che non amassi
lui il doppio? Tu sai pure quanto egli è da'vecchi nostri apprezzato;
di tutte le mie compagne è l'idolo; veggo quand'egli ad esse s'avvi-
cina, quanto ne sono impacciate, come arrossano e sembrano non poter
capire in sè; una parola di sua bocca le fa insuperbire." — "Bene," rispose
la madre, "s'egli t'ama, sceglierà te." — "Sceglierebbemi, io lo so, se toccasse a lui di poterlo fare senza rispetti, ma...." — "Che ma? toccherà
anche a lui la volta sua." — "La volta sua," ripigliò Cefalide abbassando
gli occhi, "e'ci vuol tempo." — "Che è ciò, figliuola mia? Egli mi pare ad
udirti che tu sia certa ch'egli t'elegga. Vedi bene che non ti lusinghi
troppo." — "Non mi lusingo, no, ma tempo. O me beata, s'io piacqui solo
a colui che sarà da me amato per tutto il corso della mia vita!"

Agatide dal lato suo, il giorno prima dell'uscire alla guerra, abbracciò il padre e gli disse: "O tu che mi desti la vita, addio: questo
è l'ultimo giorno in cui tu mi vedi, o mi vedrai ritornato di tutti i
figliuoli de'Sanniti il più glorioso." — "Figliuol mio," risposegli il padre,
"tu parli da uomo e siffatta licenza dee prendere dal padre suo un

giovanetto di stirpe onorata. Nel vero io ti veggo infocato da uno spirito che mi fa maravigliare. Quali Iddii a noi prosperi ti riscaldano? "
" Quali Iddii, padre mio? Natura e amore. Desiderio di imitar te e d'esser degno di Cefalide." — " Oh, oh! ora veggo che è: tu se' innamorato. Non è male. Di' un po' a me. A me pare d'aver talvolta veduto fra le compagne sue cotesta tua Cefalide." — " Padre mio, egli può ben essere," rispose Agatide, " che tu l'abbia veduta, e dall'altre si distingue facilmente." — " Sai tu," ripigliò il padre, " che l'è una bella fanciulla? "
" Bella? ell'è bellissima," disse Agatide, " quanto l'onore, quanto la gloria." — " Io l'ho quasi sotto agli occhi," proseguì il vecchio che volea stimolarlo; " ella ha una statura di ninfa." — " Ah, padre mio," rispose Agatide, " troppo grande onore fai alle ninfe. Sopra sè diritta, camminar destro e nobile, freschissima carnagione di rosa, di rosa incarnata, lunghi capelli annodati con grazia. Che ti dirò degli occhi suoi? Io vorrei che tu avessi veduti quegli occhi, quando rivolti al cielo dopo d'essere stati affisati in me, gli domandavano di vincere." — " Hai ragione," rispose il vecchio, " Cefalide è bellissima, ma tu non sarai senza concorrenti in questo tuo amore." — " Son certo che n'avrò le centinaia." — " Te la toglieranno." — " Me la toglieranno? " — " S'io ho a dirti il vero, ne temo; questi giovani Sanniti sono valentissimi giovani." — " Sieno valenti quanto si voglia, di ciò non mi do pensiero. Aprasi l'occasione di meritar Cefalide e ti verrà agli orecchi il mio nome." Telesponte, che fino a quel punto avea parlato per voglia di stimolarlo, non potè più frenare le lagrime. " Ben è grande e prezioso dono del cielo," gli disse gettandogli al collo le braccia, " un sensitivo cuore! Questo è principio d'ogni virtù, figliuol mio, io non ti potrei dire di quanta allegrezza tu mi sei ora cagione. Tanto mi bollono ancora le vene che posso anco una volta uscire alla guerra; e tu mi prometti cosa sì grande del fatto tuo, che voglio teco venire."

Secondo l'usanza, la mattina della partenza sfilò l'esercito tutto davanti alle giovani poste in ordinanza sulla piazza per incoraggiare i combattenti. Marciava il buon vecchio Telesponte a lato del figliuolo.
Oh," dicevano gli altri vecchi, " Telesponte ringiovanito! Dove va egli ora in quell'età? " — " A nozze," rispose l'uomo dabbene, " a nozze." Agatide gli accennò qual era Cefalide, più alta delle altre, che parea una delle celesti Grazie seguaci di Venere. Il padre che gli tenea gli occhi addosso, s'avvide che passando colà dov'era la fanciulla, quella faccia per natura tranquilla e serena, si fece di fuoco, spirò battaglia, acquistò terribilità come quella di Marte. " Fa' cuore," gli disse, " figliuol mio, accenditi bene d'amore, questo ti giova."

Stettero Sanniti e Romani buona parte di quella campagna, gli uni osservando gli andamenti degli altri senza venire ad azione che decidesse di lor fortuna. Consistevano le forze dei due

---

N° XXXI.   A dì 20 maggio 1761.

---

stati negli eserciti loro, e i valenti capitani, ognuno dal suo lato, non gli arrischiavano. I giovani de' Sanniti, vicini al prender moglie, si struggevano per voglia di venire alle mani. " Io non ho ancora fatto veruna cosa," diceva l'uno, " che degna sia d'essere notata ne'fasti della

Repubblica; e mi converrà sofferire la vergogna di sentir a dire il mio nome senza elogio che dagli altri mi distingua." — "Gran cosa è questa," diceva un altro, "che non si degnino d'aprirci occasione di renderci segnalati! In tutto questo tempo avrei fatto meraviglie." E dicevano quasi tutti: "Noi abbiamo generale che ci vuol disonorare dinanzi agli occhi de' nostri vecchi e delle spose. S'egli ci riconduce a casa senza combattere, egli si potrà credere che non abbia avuto fiducia nel nostro valore."

Il valentissimo condottiero di loro arme, che tutto udiva, non perciò punto si mosse. Due utilità attendeva dalla sua lentezza e dall'indugiare: l'una di far credere al nimico ch'egli avesse poche forze o temesse, per allettarlo con essa fallace credenza ad assalire sconsigliatamente; e l'altra di far aumentare ne'soldati suoi l'impazienza, sicchè il bollore giungesse all'estremo prima di avventurarsi a battaglia. Il capitano de' Romani arringando i soldati suoi fece loro vedere i Sanniti che vacillavano e in sul punto di fuggire. "Il genio di Roma è superiore," diceva, "quello de' nemici trema, non può durare all'accostarsi del nostro. Su, o valorosi Romani, se ci manca il vantaggio del luogo, supplisce a quello la nostra virtù; questa non ci manca, andiamo." — "Eccogli," dicea il generale de' Sanniti all'impaziente gioventù, "lasciamo che s'accostino a un tirar d'arco, e allora potrete a posta vostra acquistarvi le spose."

I Romani s'avanzano; gli attendono a piè fermo i Sanniti. "Avventiamoci loro addosso," dice il capitano de'primi; "un corpo che immobile si sta, non può sostenere l'impeto di quello che in lui cozza." Repentinamente avventansi all'incontro i Sanniti, non altrimenti che corsieri a' quali sieno rotte le sbarre. I Romani s'arrestano e l'urto ricevono senza sbaragliarsi nè muoversi; scambiando il valorosissimo capitano l'attaccare in difesa. Non si può esprimere con quanta ostinazione lungo tempo pugnarono: se vuoi comprenderlo, immagina uomini che non aveano altre passioni che amore, natura, patria e libertà, e che tutte queste cose difendevano per deciderne in un punto. In uno dei reiterati assalti de'Sanniti, il vecchio Telesponte, combattendo a'fianchi del figliuolo, riportò una crudele ferita. Il giovane tutto amore pel padre, vedendo già che i Romani da ogni parte si piegavano, e vedendosi la vittoria in pugno, asseconda l'insuperabile stimolo di natura, trae il padre fuor della mischia e l'aiuta ad andare come può in luogo alquanto discosto dalla zuffa. Quivi sotto ad un albero, piangendo, medica la profonda ferita del venerando vecchio. Traendo fuori di quella la freccia, ode dappresso di sè il rumore d'una squadra da' nemici risospinta. Lascia il padre e grida: "Dove andate, o amici? Fuggite? Di qua è il vostro cammino." E vedendo l'ala destra dei Romani scoperta: "Venite," segue, "diamovi dentro per fianco: se mi seguite, son vinti." Sì repentino movimento mise il terrore in quell'ala dell'esercito romano, onde Agatide vedendola già in rotta, gridò: "Amici, aperto è il cammino, proseguite. Lasciovi per poco e vado ad aiutare il padre." Finalmente i Sanniti riportarono vittoria, e i Romani dalle perdite debilitati, furono costretti a rientrare fra le loro muraglie.

Telesponte svenuto di dolore, fu dal diligente figliuolo rianimato. Svegliasi il vecchio e domanda: "Sono sconfitti i nemici?" — "L'opera si compie," risponde il garzone, "sono le cose a buon punto."—"Se così è," ripiglia sorridendo il vecchio, "procura di richiamarmi alla vita: a' vi citori è soave, e bramo di vederti ammogliato." Non potè il dabben vecchio parlare più oltre, ridotto allo estremo per il sangue della ferita uscito.

I Sanniti dopo la vittoria posero ogni lor cura tutta la notte nel dar soccorso a' feriti, e tutto s'adoperò per la salute del buon padre d'Agatide; tanto che, non senza però grave stento, uscì del pericolo in cui era stato pel soverchio sangue perduto.

Al ritorno dalla guerra s'aveano a conchiudere i maritaggi, per due cagioni: l'una perchè dietro a' servigi prestati alla patria seguisse subito il premio, sicchè l'esempio avesse più forza; e l'altra acciocchè i novelli sposi avessero tempo la vernata di dare ad altri cittadini la vita, prima d'andar ad esporre la propria. Ed avendo in quella battaglia la fervida gioventù de' Sanniti fatto maggiori e più nobili prove che mai, stabilì il comune di fare una splendidissima festa e una solennità grande che avesse aspetto di trionfo.

Poche erano nella repubblica le fanciulle le quali, come Cefalide, non nudrissero in sè qualche segreta intelligenza di passione e brame verso alcuno de' giovinetti; sicchè ognuna facea occulti voti a pro di colui dal quale avrebbe sperato d'essere eletta, se a lui fosse toccato l'eleggere.

Era la piazza in cui s'aveano a raccogliere le genti, un ampio anfiteatro a cui davano l'entrata archi trionfali, dove le spoglie romane si vedeano sospese.

Quivi doveano entrare i giovanetti soldati dell'arme vestiti; e le fanciulle con arco e turcasso, e vestite con quanta gentilezza concedeva la semplicità d'una repubblica, dove non si sapea che cosa fosse lusso. "Su, figliuola," diceva ogni madre alla sua, sollecita nell'adornarla: "a sì gran festa si dee apparire con tutte quelle grazie che ti diè il cielo. Gli uomini hanno gloria e onore del vincere, le donne del dilettare. Oh, beate quelle fra voi che meriteranno il cuore di que' giovani e valorosi cittadini, i quali saranno giudicati i più degni di dare difensori allo stato. I rami della palma faranno ombra al suo albergo, attorniato da pubblici canti e onori; i loro figliuoli saranno i primogeniti della patria, e la più bella speranza di quella." In tal guisa parlando le affettuose madri intrecciavano mirto e pampini co'capelli delle verginette, e le pieghe de' veli con vario artifizio adattavano secondo che alla bellezza d'ognuna conveniva, perchè più spiccasse. Da' nodi d'una cinturetta che le stringeva di sotto dal seno, faceano cadere in un morbido ondeggiamento e in bellissime pieghe gli schietti vestimenti; appiccavano alle loro spalle il turcasso; le ammaestravano al presentarsi con garbo appoggiate all'arco, e con una certa negligenza rialzavano que'leggerissimi vestiti dall'una parte sopra un ginocchio, perchè fosse più leggiadra e nobile l'andatura. Siffatta industria fra le madri de' Sanniti era atto pio, e la galanteria e il garbo, impiegate nel trionfo della virtù, divenivan sacre. Mirandosi le fanciulle allo specchio d'una purissim'onda, non si tenevano mai belle abbastanza; a ciascheduna pareano in suo cuore le sue rivali più vantaggiate, e non avea ardimento di fondarsi nelle sue qualità.

Ma di tutti i voti fatti in tal dì, quelli della bella Cefalide furono i più ardenti. "Ci esaudiscano gl'Iddii," le disse la madre abbracciandola; "ma tu, figliuola mia, attendi frattanto il volere di quelli con docilità e umiltà di cuore. S'eglino t'hanno conceduto qualche dono di bellezza, sanno ancora qual debba essere il premio di quella; tocca a te il fregiare i celesti doni con le grazie della modestia. È la bellezza senza modestia, incantesimo, ma non tocca il cuore, non vi si profonda; accompagnata da questa bella virtù, ispira un'affettuosa venerazione. ottiene una spezie di culto. Sia la modestia quasi un velo a quelle brame le quali dovranno forse ammorzarsi prima che si chiuda il giorno e dar luogo a una novella inclinazione." Non potè Cefalide comportare tal pensiero, senza lasciarsi sfuggire dagli occhi certe poche lagrime. "Queste tue lagrime," disse la madre, "non sono degne d'una fanciulla di questa patria. Sappi che di tutti i giovanetti guerrieri che oggidì fanno concorrenza, uno non ve n'ha il quale non abbia sparso il suo sangue a difesa di noi e della libertà nostra; che uno non ve n'ha il quale non sia degno di te, e al quale non ti sia gloria il pagare il debito della tua patria. Arrestati a questo pensiero, rasciuga le lagrime. seguimi."

Dall'altro lato il buon vecchio Telesponte conduceva il figliuolo all'adunanza e gli diceva: "Dimmi, come ti sta il cuore? Contentissimo fui dell'opera tua nella passata guerra, e spero che se ne dirà bene." "Ohimè," rispose l'affettuoso e modesto Agatide, "che un solo momento, si può dire, fui nell'azione in mio pro. Avrei forse fatto qualche maggior prova; ma ero debitore al padre ferito della mia diligenza. Non è già ch'io mi rinfacci dell'avere sacrificato a te la mia gloria: non mi potrei racconsolare dell'aver tradito la patria; ma non meno sarei inconsolabile dell'aver abbandonato il padre. Lodati sieno gl'Iddii che l'un dovere con l'altro ben si confanno, il restante è nelle mani d'essi Iddii." — "Oh! come favella con buone e religiose parole chi teme," ripigliò il vecchio sorridendo; "di' il vero: non eri tu d'animo più risoluto e gagliardo quando n'andavi a combattere i Romani? Fa' cuore, via, datti animo, ogni cosa anderà pel buon verso; avrai una bella fanciulla, te la prometto."

Vanno all'adunanza, dove più qualità di cittadini, ordinati a modo d'anfiteatro, faceano il più vistoso spettacolo del mondo. Girava il luogo di dentro in figura ovale. Vedevansi dall'un lato le figliuole a piedi delle madri; dall'altro i padri a' giovanetti di sopra; dall'un de' capi il concilio de' vecchi, dall'altro i garzoni non ancora da maritare, collocati secondo l'età per gradi. Tutti all'intorno del recinto stavansi i maritati di pochi anni prima. Regnavano in ogni luogo rispetto, modestia, silenzio. Ma questo venne rotto in un subito dal romore d'un suono militare. Vedevasi a venire innanzi il generale de' Sanniti attorniato dagli altri nobili capitani che sotto di lui comandavano. Alla presenza di lui tutti i concorrenti abbassarono gli occhi; passa egli per lo recinto e va a collocarsi col suo accompagnamento tra i saggi del paese.

Apronsi i Fasti della repubblica;[1] un araldo legge ad alta voce, secondo l'ordine de' tempi, la testimonianza renduta da ufficiali e capitani de' modi tenuti da giovanetti guerrieri. Chi con atto vituperoso o vile avea il nome suo con qualche macchia intenebrato, veniva condannato all'infamia del vivere senza moglie fino a tanto che una generosa azione di lui gli avesse ricoverato l'onore; ma siffatti esempi erano rarissimi. Il menomo elogio che si potesse fare ad un giovanetto de' Sanniti, era

---

[1] *I Fasti della repubblica.* I libri pubblici in cui si scrivevano i fatti gloriosi della nazione.

la semplice bontà e valore squisito; perchè il fare l'obbligo suo era una specie di vergogna. La maggior parte di loro aveano dato prove d'un coraggio e d'una virtù che in ogni altro paese sarebbero state azioni da eroe; ma sì domestiche in quel popolo per costume, che a pena si distinguevano. Alcuni d'essi innalzavansi sopra a' loro rivali con azioni più splendide; ma più rigido sempre diveniva il giudizio degli spettatori, secondo che udivano venir pubblicate virtù più degne di lode; e quelle che prima erano sì piaciute, entravano nella massa comune delle cose lodevoli cancellate dalle più belle. Di tal numero furono le prime campagne d'Agatide; ma quando si venne al racconto dell'ultima battaglia, e si narrò che avea abbandonato il proprio padre per raccogliere i compagni suoi e ricondurgli alla pugna, siffatto sacrifizio di natura alla patria acquistò i voti universali, uscirono le lagrime dagli occhi de' vecchi; quelli ch'erano intorno a Telesponte l'abbracciavano per allegrezza, i più lontani si congratulavano seco con atti e cenni d'occhi. Il buon vecchio rideva e piangeva ad un tratto, gli stessi rivali del figliuolo rispettosi il guardavano; e le madri prendendo le figliuole tra le braccia desideravano a quelle Agatide per isposo. Cefalide pallida, tremante, non ardisce levar gli occhi al cielo; ha il cuore sì soprappreso dall'allegrezza e dal timore, che quasi più non le batte; la madre sostenendola sulle ginocchia, non ha l'animo di parlarle per non iscoprire il suo segreto, e le pare di veder gli occhi di tutti rivolti a lei.

Chetatosi il mormorio delle lodi universali, il trombetta nomina Parmenone e narra di lui che nell'ultima battaglia, essendo il cavallo del generale de' Sanniti cadutogli sotto, trafitto da una freccia mortale, e trovatosi quel grand'eroe ad un punto senza difesa, un soldato romano stavasi per colpirlo con l'asta; che Parmenone per salvar la vita al suo capitano, avea arrischiato la sua, mettendosi fra il colpo e lui, onde avea ricevuta una profonda ferita. "Certa cosa è," disse allora il generale, "che questo generoso cittadino fecemi scudo del corpo suo e se i giorni miei sono alla patria di qualche utilità, questo è benefizio di Parmenone." A tali parole tutta l'adunanza intenerita meno, ma non meno meravigliata della virtù di Parmenone che di quella d'Agatide, diede a quest'ultimo le stesse lodi; e allora si videro animi e voti tra i due concorrenti divisi. Il trombetta per ordine dei vecchi comanda che si taccia; e que' venerandi giudici si levano per sentenziare. Pareri pro e contra lungamente si spongono e niuno vince: dicevano alcuni che non avrebbe dovuto Agatide mai lasciare il suo posto per soccorrere il padre; e che poi abbandonando il padre per raccogliere i compagni altro non avea fatto che emendare il primo errore; ma di questa opinione fuor di natura fu il minor numero. Finalmente il più antico fra i vecchi parlò e disse: "Non dobbiamo noi forse dar qui guiderdone alla virtù? Adunque d'altro non si tratta al presente fuorchè di vedere quale di questi due movimenti d'animo sia il più virtuoso: abbandonare in agonia il padre, o sporre la propria vita. L'uno e l'altro de' nostri giovani fecero un'azione che determinò la vittoria; giudicate voi, o nobili cittadini, quale delle due costò più all'uno o all'altro. Di due esempi utili ugualmente, al più difficile si dee animare."

Che diremo noi de' costumi

di quel popolo? Fu sentenziato ad una voce che fosse atto più generoso lo spiccarsi dalle braccia d'un padre agonizzante, che lo sporre
sè stesso a morte anche inevitabile; e si congiunsero i partiti di tutti
a concedere ad Agatide l'onore di scegliere il primo. Ma più ancora
farà maraviglia ad udire la contesa che nacque dopo. Già era stata pro-
nunciata la sentenza ad alta voce, ed avea udito Agatide che il solo
principio della generosità avea in suo pro fatto pendere la bilancia.
Destossi nell'anima sua un rimorso che lo fece arrossare; onde disse
fra sè: "No, non sarà, questo è uno sbaglio, non è mio onore che io
abbia a prevalermene." Chiede di parlare; ognuno si sta in silenzio.
"Non piaccia agl'Iddii," disse allora, "ch'io abbia una vittoria la
quale non sia da me meritata. In tutto il corso della mia vita non avrei
più conforto nè bene di ciò; anzi standomi io anche fra le braccia della
a me carissima sposa, verrebbe ogni mia felicità guastata dal veleno
dell'averla con una colpa ingiustamente ottenuta. Voi vi credete con-
cedendo a me la vittoria, di mettere la ghirlanda in sul capo di colui
che si sia meglio adoperato degli altri giovani per la sua patria; ma,
o saggi e prudenti Sanniti, io vi confesso, io non ho fatto ogni opera
per lei sola; son preso d'amore e ho cercato di meritar l'amata donna;
e s'io pur son degno di qualche onore o di lode per l'opera mia, amore
n'acquistò una parte. Diasi il mio rivale sentenza da sè medesimo, e
riceva quel premio ch'io gli concedo, quando egli si conosca d'essere
stato più di me generoso." Chi mai potrebbe narrare quanto si com-
movessero gli animi di tutti all'udire così fatto ragionamento? Dall'un
lato oscurava lo splendore delle azioni del giovane, e dall'altro dimostrava la sua virtù essere giunta ad altissima perfezione e grandezza.
Quest'atto di schiettezza e di nobile animo produceva negli animi de'rivali suoi due effetti del tutto diversi. Gli uni con manifesti segni di
allegrezza ammiravano il giovanetto, e parea quasi che dicessero di sè
sicuri: "Vedi di che siamo capaci noi giovani?" e si tenevano dappiù
che prima; gli altri attoniti e confusi parea che dimostrassero tale atto
essere maggiore delle forze loro. Madri e figliuole segretamente concedevano il pregio della virtù a colui, il quale sì magnanimo era stato,
che s'era dichiarato da sè stesso di tal pregio indegno: e i vecchi tenevano tutti gli occhi rivolti a Parmenone, il quale con tranquillo aspetto
stavasi attendendo che si compiacessero d'udire le sue parole.
"Io non so," incominciò egli finalmente a dire, rivolto il suo favellare ad Agatide, "io non so veramente fino a qual segno debbano le
azioni degli uomini essere disinteressate per acquistarsi il nome di virtuose. Niuna cosa v'ha, chi stima rettamente, che l'uomo non la faccia
per sua soddisfazione, ma veramente non avrei a me medesimo fatto cosa
grata nel confessare di me quello ch'odo ch'altri di sè stesso confessa;
e però se fino a questo punto è stata l'opera mia in qualche parte più
della tua generosità, che pure non si può affermare che così sia, quella
rigidezza con cui ti se' ora fatto giudice di te medesimo, ti rende di
gran lunga a me superiore."
A queste parole impacciati i vecchi non sapeano più a qual partito
attenersi; nè vollero deliberare a cui dovessero dare il pregio co' vot

Fu ad alta voce da tutti stabilito con un consenso che lo meritassero entrambi i giovani, e che l'eleggere secondo non potea più toccare nè all'uno nè all'altro, come cosa non degna di tanta virtù. Il più vecchio di tutti i giudici parlò e disse: "A che indugiamo noi con irresolutezze la felicità de' nostri giovani? Nel fondo di loro cuore hanno già essi fatta la scelta; concedasi ad essi che si possano l'uno all'altro conferire a vicenda i loro segreti desiderii. Se l'oggetto di loro amore è diverso. ciascheduno d'essi senza preminenze otterrà la sposa amata da lui; se sono rivali, ne deciderà la sorte. Non v'ha tra Sanniti fanciulla a cui non sembri grande suo onore il poter consolare il men fortunato di questi due valorosi soldati." In tal guisa favellò il venerando Androgeo, e tutta l'adunanza vi diede il suo assenso.

Chiamansi Agatide e Parmenone nel mezzo del ricinto. S'abbracciano scambievolmente e sgorgano loro dagli occhi le lagrime; questo fu il principio. Tremano l'uno e l'altro, non sanno che dire, stanno sospesi; non ardiscono di profferire il nome dell'amata sposa: teme ognuno, anzi tien per fermo che l'altro abbia in suo cuore fatto la stessa scelta. "Io amo," dice Parmenone, "la più compiuta fattura del cielo; la stessa grazia, la stessa bellezza." — "Ohimè," risponde Agatide, "certo tu ami quella che viene adorata da me; tanto è il dipingerla in questa guisa, quanto pronunziare il suo nome; nobili fattezze, dolcezza e alterezza di guardatura, e un che di celeste nella statura e nell'andare, da tutta la calca dell'altre figlinole de' Sanniti assai la rendono distinta e privilegiata Oh veramente infelice quel di noi due che sarà obbligato ad altra scelta." — "Ben di' tu il vero," ripigliò Parmenone, "non v'ha felicità al mondo senza Eliana." — "Di' tu senza Eliana?" risponde Agatide. "La figliuola d'Androgeo è dunque la fanciulla amata da te?" — "E qual sarebbe dunque la fanciulla amata da me?" riprende Parmenone, meravigliato nel veder sì lieto il suo concorrente. "Ah, che essa è Eliana, non è Cefalide," dice Agatide, trasportato dalla gioia. "Poichè così è, entrambi siamo felici. Abbracciami, tu mi desti la vita." Al vedere tali abbracciamenti, comprese l'adunanza che gli amanti eran d'accordo; ordinarono i vecchi, che fatti più vicini, dichiarassero ad alta voce la scelta, se non era quella medesima. A' nomi d'Eliana e di Cefalide, tutta l'adunanza risuonò di liete grida. Androgeo e Telesponte, il valoroso Eumene, padre di Cefalide, quello di Parmenone detto Melanto, congratulavansi insieme con quell'affezione e tenerezza che si mescolano nelle consolazioni de' vecchi. "Amici," dice Telesponte, "valorosi sono i nostri figliuoli; oh, con quanto fervore, s'ingegneranno fra poco di far nascere nuovi cittadini! Quando ciò immagino, sembrami d'essere ancora nel fiore dell'età mia. Non si parli di paterna affezione, no. Giorno di nozze, quello è il mio dì e mia festa; propriamente mi pare di sposar io medesimo tutte le fanciulle della repubblica." Così parlava l'uomo dabbene, e balzava per allegrezza; ed essendo egli vedovo, veniva consigliato a ripigliare un'altra volta l'uffizio. "Non ischerzare," diceva egli; "se fossi giovane ogni dì qual mi trovo oggi, farei dire le meraviglie del fatto mio." Andarono finalmente al tempio per confermare a piè dell'altare la cerimonia de' matrimoni. Parmenone e Agatide vennero condotti trionfando alle case loro e fu ordinato un solenne sacrifizio per ringraziare gl'Iddii, che avessero dati alla repubblica due cittadini cotanto virtuosi.

Omnia non pariter rerum sunt omnibus apta.
PROPERT., lib. III, elog. 9.

Non ugualmente tutte le cose a tutti convengono.

Un gentilissimo scrittore che mandandomi una certa lettera, m' ha taciuto il suo nome, pare che in essa si dolga che sieno state soverchiamente aggravate le donne in non so quale de' miei passati fogli. Sembrami, dice egli, che quel signore de' 32 anni, pentito della passata sua condotta, si sia molto ingannato nelle sue riflessioni. Dice che l' aver egli conosciuto che ogni femmina ama per amore di sè medesima, l' ha guarito da quella propensione che fino allora avea avuta per quel sesso. Non s' accorge quel signore che tutte le passioni dell' uomo sono figlie dell' amor proprio, o per dir meglio che l' amor proprio è la sola passione la quale si suddivide in tutte l' altre. Per qual ragione dunque far questa imputazione al bel sesso e risparmiarla a sè stesso e a tutti gli uomini?

Tali sono le querele dello scrittore e le conferma con altre molte prove contro all' intenzione di chi scrisse quel fatto di sè medesimo e di chi ci additò per qual via si condusse alla guarigione della sua dissolutezza. Io non dico che quegli il quale risanò il cuor suo da una lunga pazzia d' amare disperatamente, con le sue riflessioni intorno all' amor proprio delle donne quando amano altrui, non fosse una vescica gonfiata anch' egli dallo stesso amor proprio; ma guardo solo quella fine a cui l' hanno condotto le sue riflessioni. Egli era pazzo, ma la sua pazzia lo condusse alla virtù, e s' egli n' ha ricevuto questo benefizio, per questa volta mi sembra che sia dalla parte della ragione. Giacchè l' amor proprio si dà per principio delle virtù e de' vizi, si dee animarlo quando s' innalza alle prime, e biasimarlo quando s' atterra alle seconde. La risoluzione che prende d' ammogliarsi, non merita, secondo me, d' essere vituperata. Non vuole più amoreggiare, avvengane poi che vuole, fa quello che la buona società gli richiede e si delibera al vivere in tranquillità ad ogni modo. qualunque riuscita gli farà la moglie.

Quanto è poi al dispiacere che mostra lo scrittore della lettera, che in esso foglio sieno soverchiamente aggravate le donne, risponderò, secondo il detto da me allegato di sopra di Properzio, che ogni cosa non si può ugualmente adattare a tutto. Io mi sono ingegnato colla novella de' Sanniti di manifestare che tanto uomini quanto donne possono guidarsi col mezzo dell' amor proprio ad amare virtuosamente, e ho fatto, per quanto si può, che una sola storia serva all' onore degli uomini e delle donne. Anzi non l' ho fatto io, non avendo io in ciò altra fatica posta. fuorchè quella dell' aver eletta la novelletta stampata fra molte altre. che mi sono pervenute alle mani per opera d' una delle migliori persone ch' io conosca, a cui ho infinite obbligazioni, e non gliene posso mai dare quella testimonianza che vorrei. Sia al nome di Dio e questa anche sarà una di quelle infinite voglie che mi morranno in corpo.

Intanto ringrazio cordialmente chi mi scrisse; e lo prego di scusa se sono stato tanto tempo a rispondergli. La novella da me pubblicata mi riuscì più lunga di quello che io credea nel principio. S' accerti della mia buona servitù; e sono tutto di lui   L' OSSERVATORE.

ALLE SIGNORE DONNE.

Sono alcuni, i quali s'ingegnano con le calunnie di offendermi appresso gli orecchi vostri; di che io sono più che di altra cosa dolente. Tutto quello ch'io dico, o abbia mai detto di voi, non è altro che per amor vostro, e per desiderio ch'io ho di vedervi ammirate da tutto il mondo, come appunto voi meritate. Io vorrei con le mie ciance farvi comprendere solamente che voi siete molto da più di quanto voi vi credete, e ch'egli è di necessità che, ricordandovi la somma dignità vostra, stiate un poco più in sul grave, e non crediate così facilmente a'vostri adulatori, i quali dove voi siete, vi esaltano fino alle stelle, e dopo vi conciano malamente con le parole. Se voi faceste a modo mio, so che vi fiorirebbero intorno i passatempi e le grazie, e che ognuno si affaticherebbe d'inventare giuochi, feste e allegrezze per darvi nell'umore; laddove oggidì dall'essere mascherate in poi e dal teatro in fuori, dove l'andare per consuetudine genera noia, voi non avete altro buon tempo che vaglia. Non si può credere le belle invenzioni e i piacevoli giuochi che tutti i maschi s'ingegnavano di trovare un tempo, solamente per vedere un viso di femmina alla finestra, ricevere una buona e graziosa risposta ad una polizza, e in somma avere un picciolissimo favore da voi, che allora stimavasi un tesoro. Io non farò comparazione di questi tempi con quelli, perchè voi direste che sono una pessima lingua, e che mi diletto di dir male di ogni cosa: ma di covi solo, che so quanto valete, e che vorrei che voi lo sapeste ancora, e vi faceste valere per quello che siete. Con quest'animo favello quando ragiono di voi, e non con altro. Eleggo voi medesime per giudici a proferire la sentenza, se io in fine abbia torto o ragione. Quanto è a me, tanto è l'utile che ne ho a parlare, quanto a tacere. Ma sapete quello che avete a fare da qui in poi? Quello che avete fatto per lo passato. Tenetemi per un pappagallo che cianci senza sapere di che, e non vi curate punto del mio dire: non essendo da me ad un pappagallo altra differenza, se non ch'esso borbotta all'aria, e io ho uno stampatore che ricoglie le mie parole, e le mette in istampa. Mi raccomando alla grazia vostra.

N° XXXIII.   A dì 27 maggio 1761.

Nulla unquam respublica nec maior, nec sanctior,
nec bonis exemplis ditior fuit.   TIT. LIV.

Non vi fu mai repubblica maggiore, nè più santa,
nè che più abbondasse in esempi buoni.

Io vorrei sapere un tratto qual significato abbia il nome di filosofo, e che cosa sia quella che filosofia vien chiamata. A leggere gli antichi, l'è amore di sapienza. Ma cotesta sapienza in qual modo avea ella a ritrovarsi, e dove, per volerle bene? Ognuno di que' gravissimi capi i quali additavano la via altrui, e insegnavano l'abitazione in cui ella dimorava, chi diceva: ella sta in cotesto luogo, chi in cotesto altro; e ad ogni modo non dovettero sapere nè dove abitasse, nè chi la fosse; perchè uno la dipingeva con uno aspetto, un altro dicea che non fosse vero, ma che la faccia sua avea altre fattezze; sicchè a me pare che si beccassero il cervello, e che facendosi torce e lanterne per insegnare altrui la via, rompessero finalmente il collo a sè e a chi andava dietro a loro. Di qua avvenne, che col passare de' secoli, gli uomini non avendola mai ritrovata, scambiarono opinione, e la cercarono per vie così strane e così nuove, che si chiamavano filosofi fino coloro che davano ad intendere[1] altrui di signoreggiare all' Inferno e di sapere in qual punto di stella s' avesse a condur fuori un esercito e ad azzuffarsi col nemico. A' dì suoi un certo Guido Bonato, s' acquistò il nome del maggior filosofo di que' tempi con le più strane prove del mondo. Ogni uomo lo richiedeva del suo consiglio, e ricorreva a lui come ad oracolo; ed egli, dando ad intendere d' essere un incantadiavoli, si spacciava d' esser filosofo con questo mezzo. Se mai la filosofia fu occulta, ell' è a' nostri tempi. Ognuno secondo il suo temperamento ed umore chiama filosofia quello ch' egli fa, e non si dà altra briga. Tanto è filosofo uno il quale è collerico e insofferente d' ogni cosa, quanto un altro che sarebbe atto a sofferire che gli fosse mozzato il naso. Il saper ben guidarsi nelle cose d' amore è filosofia, ed è filosofia il guidarsi male. Un uomo il quale lasci andare le faccende sue domestiche come le vanno da sè, è filosofo: un altro che giuochi gli occhi del capo, può essere stimato anch' egli filosofo; e, in breve, non c' è condizion d' uomo veruno, e faccia quello che si voglia, che non si stimi filosofo da sè, o non si chiami talora con questo prelibato nome. Io ho sentito spesso anche qualche femmina ravviluppata in tutte le brighe del mondo che di tempo in tempo diceva: Trista a me se non fossi filosofessa; vi so dire che la filosofia mi giova. Tanto che per quanto io fantastichi, non so stabilire in che sia riposto il vero fondamento di questo nome.

Tali capricci mi s' aggiravano pel cervello, ora sono poche notti passate, quando addormentatomi tra sì fatti pensieri, m' avvenne quello che racconterò qui sotto.

SOGNO.

Pareami di vedere una femmina non altrimenti fatta, che colei la quale è dagli antichi poeti per la Fortuna descritta. Veniva essa in una navicella tutta dipinta, e così da' venti favorita, che a guisa di saetta fendeva l' acque, attorniandola i marini Dei e le Nereidi[2] che ne veniano con canestretti di coralli e di perle, quante se ne può vedere in un sogno. Costei approdata colà dove io era, e fattomi cenno con mano che seco n' andassi, accompagnò l' atto con sì benigna e graziosa faccia, ch' io senza punto mettere tempo in mezzo, salii sopra un ponticello ch' era stato gittato dal suo legnetto alla riva, e che incontanente dopo il mio salire venne alla navicella ritratto. Mai non fu il mio cuore tocco da tanta allegrezza, a vedere che dovunque il vascelletto passava, fiorivano d' intorno le sponde, cantavano gli uccelletti, e parea che cielo, terra, acqua e aria salutassero la mia condottiera, e le usassero ogni favore. Mentre che uno zeffiro tutto amorevole con uguale e dolcissimo soffio feriva la vela, la mia novella signora fattomi sedere appresso di

---

[1] *Coloro che davano ad intendere* ec. Maghi e astrologhi. Guido Bonato, più sotto rammentato, fu astrologo famoso del secolo XIII, florentino, ma vissuto quasi sempre a Forlì. Dante lo pone fra gl' indovini nel cerchio VIII dell' *Inferno.*
[2] *Nereidi.* Divinità del mare.

sè, in tal guisa mi cominciò a favellare : " Io credo che tu alle fattezze
mi riconosca ; perchè quantunque io non mi sia fino a qui mostrata
molto tua amica, tu non hai però cessato giammai di seguirmi e di
guardarmi da lontano quanto potevi ; tanto che m' avvidi benissimo che
la mia immagine ti dev' essere rimasa scolpita dentro. Per la qual cosa
lasciando stare di dirti chi io sia, bastiti per al presente il sapere la
cagione che a te m'ha fatto venire. Egli è gran tempo che tu farnetichi per intendere qual sia la filosofia, e in che si stia il vero nome
di filosofo. In prima voglio che tu sappia, che colà dov'io non sono
larga dispensatrice de' miei doni, filosofia non può essere, ma solamente
una maschera che a quella somigli. Dappoichè gli uomini dalle necessità della vita continuamente travagliati, comecchè di fuori possano fare
buon viso, hanno però dentro al cuore un continuo tarlo che gli rode,
e un mortifero veleno che a poco a poco toglie loro il fiato. Io ti potrei provare che Diogene era un ipocrita, Aristippo un adulatore, Aristotile un cortigiano.[1] Ma nè io ho voglia d' erudizioni, nè tu che ti stai
quasi tutto il dì e la notte spenzolato sui libri, avresti caro ch'io ora
t'empiessi gli orecchi con allegazioni di cose antiche. Il proposito mio
è di farti vedere una mia bella e fiorita scuola di filosofia, nella quale
i miei discepoli hanno ritrovata quella tranquillità che Minerva[2] non
ha mai saputo far a' suoi seguaci ritrovare. E già, mentre ch'io ti
parlo, eccoci giunti a riva." Diceva la mia scorta il vero. Approdò la
barchetta. Scendemmo. Io non so, o lettore, in qual modo o con qual
eloquenza ti potrò descrivere il luogo, quale s'appresentò dinanzi agli
occhi miei. Vedevasi in faccia un palagio con semplice architettura
edificato, di tanta capacità, che potea un gran numero di persone contenere. Lo circondavano da tutti i lati tutte quelle ricchezze che possono offerire i meglio coltivati terreni. Di qua un' amenissima corona di
colli verdeggiava di pingui ulivi, di là una spaziosa pianura dava cer-
tissima speranza di biade ; ed un terreno vedevasi tutto di vigne vestito da un' altra parte ; e da un'altra, quanto potea giungere l' occhio, scorgevansi prati coperti di minuta erba, qua e colà rósa da infiniti
branchi di pecorelle. Al rifiatare entrava per le canne un' aria piena di
tanta salute, che se ne rifaceva il corpo in un momento. Gli occhi erano
legati da un dolce incantesimo ; l'animo era in essi. " Vedi tu," diceva
ella ? " Queste sono le facoltà delle quali ho i miei discepoli provveduti.
Sappi però, che quando io ti dico miei discepoli, questo è da scherzo.
Lascio l' onore dell' elezione a loro. Eglino furono che scelsero questa
pacifica vita ; e arricchiti da me con tutti questi preziosi beni che tu
vedi qui intorno, non pensarono a disperdere i benefizi miei con la furia
delle passioni, ma di farne quell' uso che sia di grandissimo pro a loro,
e in grati uffizi d' ospitalità impiegarli. Vieni, e vedrai in qual forma
passano la vita loro, e quale accoglienza facciano a coloro che qua ne
vengono." Così detto, accostasi all'uscio, e seco mi conduce al suo fianco.
Non vi fu chi con mal viso s'appresentasse. Vedeasi l' ilarità in tutti gli
aspetti, e in tutti di fuori appariva l'interna contentezza del veder genti,
dell'accoglierle, del vezzeggiarle.

Feci la prima sperienza de' molti agi di quell' immenso palagio nelle

---

[1] *Diogene, Aristippo, Aristotile.* Tre dei più famosi filosofi antichi, che hanno sempre
insegnato il disprezzo delle ricchezze. Aristippo fu di Cirene e contemporaneo di Platone.
Quanto a Diogene e ad Aristotile vedi le note a pag. 38 e a pag. 10.

[2] *Minerva.* Dea della sapienza o delle arti.

scale; perchè laddove, a salire altrove, io avea provato sempre un certo affanno nel casso,[1] e uno scapito nelle ginocchia, per la soverchia altezza de' gradini, quivi all'incontro non mi parea d'andare all'erta; perchè con sì studiata misura furono dall'artefice tagliati e posti, che poco più vi si alza il piede a montare, che a movere il passo altrove sul piano. Quando fummo su, non vi fu altra ceremonia; tanto che la casa de' filosofi mi parea mio proprio albergo; e potea andare e venire a mio beneplacito, o ragionare di quello che avessi voluto. In tutte le camere vedeansi libri d'ogni qualità e ragione. Nè mi ricorda mai d'avere in altro luogo veduto tale abbondanza d'antichi e moderni scrittori, quanto quivi in una nobilissima stanza raccolti. I ragionamenti erano quali si convenivano a dottissimi uomini, e in ogni argomento si dimostravano periti nelle buone dottrine. Ma non crediate però che sdegnassero di tempo in tempo di favellare ancora di cose della villa, e appartenenti alla coltivazione della terra, dalle cui viscere traevano il modo di potere agiatamente vivere, ed usare la loro cordialità con altrui. Ogni segreto sapeano intorno alle lanute pecorelle, al pigiare dell'uve, nè v'era masserizia[2] che non l'intendessero a fondo; tanto ch'io mi maravigliava grandemente nell'udire uomini fra gli studi accostumati penetrare con tale accorgimento ne' più segreti misteri di quella cotanto utile disciplina. Urtavami col gomito la mia condottiera, e talora mi domandava all'orecchio di quello che a me ne sembrasse. Io le rispondeva alzando le ciglia, quasi le volessi dire: "Oh! vera scuola di filosofia ch'è questa! oh! intelligenza non fallace, non guidata dalle astrazioni e da cose aeree, le quali applicate all'umano vivere nulla giovano! Non è qui la tranquillità e la pace? Non si può, quando altri il voglia, sfogare il capriccio de' libri, e poi all'utilità rivolgere l'intendimento? Siccome l'avere sempre l'animo rivolto a quest'ultima atterra l'ingegno e sì l'avvilisce, che più non può a nulla nè di grande nè di nobile sollevarsi; così standosi esso avviluppato nelle continue lezioni e considerazioni incorporee, suol essere finalmente inutile a sè medesimo e ad altrui, per essere andato troppo alto." Tutte queste cose voleva io significare nel guardar la mia scorta; ed ella intendeva benissimo tutt'i miei occulti pensieri. Mentre che con queste mutole significazioni s'esprimevano i nostri sentimenti, io andava inoltre osservando con quanto avvedimento in ogni luogo erano adattate fino le pitture, le quali richiamavano alla mente l'ufficio che in esso luogo si facea. Nelle stanze assegnate al dormire, vedevasi qua Morfeo con la tacita compagnia de' suoi sogni; colà i villanelli, stanchi per li diurni lavori, sui tagliati manipoli delle biade dormire. Aristotili e Platoni con lunghe barbe leggevano, e Archimedi col compasso in mano erano figurati colà, dove s'avea ad attendere alle dottrine. Parvemi finalmente ch'io fossi invitato a pranzo, e ch'io mi mettessi a sedere ad una mensa di finissimi lini coperta, da splendidi cristalli attorniata, pieni di squisiti vini, e da molti bicchieri che sopra ricche coppe attendevano il cenno de' convitati, perchè i destri e bene avvezzi servi ad una semplice occhiata dentro il vino versassero. Molte erano le vivande, e tutte sì dilicate che la mano era sempre in sospetto qual d'esse avea a preferire. I gravi ragionamenti furono quindi tutti sbanditi, ma non

---

[1] Casso, Il petto.
[2] Masserizia. Qui sta per faccenda o industria.

la modestia; fioriva la ricreazione in graziosi detti, i quali l'uno all'altro s'appiccavano, vivaci, repentini, vicendevoli, ma non mordaci, nè maligni. Ogni cosa spirava giocondità. Coperte erano le mura da tele che rappresentavano, come altrove, cose appartenenti al fornire la mensa. Vedeasi dall'un lato una torma di pastorelli dipinti, ch'entrando in un cortile arrecavano agnellini, cavretti, polli; villanelle con cestelline d'uova, con canestrini di frutte. Da un altro queste robe ricolte vedeansi essere riposte con sollecitudine e separate nei luoghi dove aveano a stare. Poco più là si vedeano fanti e fantesche sgozzare, scorticare, pelare; e in un'altra tela pestare in mortai le salse, negli schidioni infilzare, fuoco accendere, caldaie e paiuoli bollire. In un'altra apprestavansi mense: chi ne' canestretti arrecava pane, chi allogava risciacquati bicchieri; di là si spillavano botticelli e prendevansi fiaschetti; e infine nell'ultima tela appariva una bella corona di genti, la quale sedeva alla mensa tutta lieta, e a un dipresso somigliante alla nostra; la quale potea vedere le sue attitudini nel quadro rappresentate. "Pro alla filosofia," dicea la mia guida, e bevea; ed io: "Pro pure," dicea, e alzava il gombito, versandomi nel seno un liquore che mi ristorava tutte le vene. Ma chi s'ha a fidare de' sogni? Io non so in qual modo, ogni cosa mi sparve dinanzi, nè altro mi rimase, svegliandomi, fuor che il frutto dell'aver conosciuto qual sia la dottrina degli uomini dabbene e de' veri filosofi.

N° XXXIV. A dì 30 maggio 1761.

SIGNOR OSSERVATORE.

Non sarò io mai dunque degno di risposta? Egli è però un lungo tempo che vi domandai in qual forma s'avesse a dare educazione alle giovani per coltivar loro l'ingegno. Non ho veduto ancora frutto veruno del mio scrivere: ho desiderio di vedernelo. Mi risponderete voi mai intorno a questo proposito? Me n'avvedrò al presente. Può essere che lo stimolo di queste poche linee vi mova. Se sarà vero, ve ne sarò obbligato.

Hoc sermone pavent, hoc iram, gaudia, curas,
Hoc cuncta effundunt animi secreta . . . . . .
JUVENAL., Sat. VI.

Questo è un linguaggio con cui esprimono il timor loro, l'ira, l'allegrezza, la malinconia, e, in breve, tutt'i loro segreti pensieri.

Così diceva quel valentuomo[1] a' suoi tempi della lingua greca, tanto cara alle femmine romane, che per parere di saperla bene, facevano anche ogni cosa alla greca. Ma io vo a poco a poco confermandomi che ci sono alcuni i quali tentano di farmi parlare di quello che non vorrei, per intrigarmi in una rete da non potermi poi sciogliere quando

---

[1] *Quel valentuomo.* Giovenale, famoso poeta latino, noto per la fierezza delle sue satire. Nato nel 42, morto nel 120.

n' avessi voglia. S' egli mi vien domandato qualche cosa intorno alle donne, m' avveggo benissimo che ci cova sotto qualche trappola per fare che la mi scocchi addosso. Il chiedermi in qual forma s' abbiano ad educare le femmine, ha sotto un occulto sentimento che significa l' una delle due cose: o che non hanno educazione, o che non l'hanno buona. Nell' uno o nell' altro di questi due scogli conviene ch' io cozzi col capo, se voglio fare il maestro. Le donne se l' hanno a male, e da molte parti n' odo le querele. E c' è anche il terzo scoglio, che se taccio, chi mi fa le domande, infuria, e vuole ch' io risponda a marcia forza. Buon per me, che a questa volta io non caderò in alcuno di sì fatti pericoli.

Non solamente a' tempi nostri, ma in tutt' i secoli del mondo sono state le donne benissimo educate. E s' io volessi confermare il mio detto con lo squadernare le storie, potrei avere le migliaia d' esempi da consolidarlo. Ma perchè i passi storici non trovano quella credenza che vuole chi gli allega, dicendosi o che sono favole, o casi particolari, de' quali in ogni tempo n' è avvenuto alcuno differente dall' universalità delle cose, anderò per altra via, e starò in sui generali, acciocchè se ne tragga poi quella conclusione che dimostri la verità di quanto penso e scrivo intorno a questo argomento.

A considerare che cosa sia educazione, pare a me che la non sia altro, fuor che una certa dottrina di pensieri e di costumi simili fra tutti, e indirizzati a condurre gli animi a far compagnia insieme. Dove meglio sarà coltivata questa dottrina, e maggiore sarà la somiglianza de' costumi, quivi sarà più stretta confederazione e compagnia più agevole e meglio congiunta. Vediamo che a parte a parte è verificata la cosa da me asserita. I buoni costumano volentieri co' buoni, i tristi co' tristi, i malinconici co' loro uguali, gli allegri con chi a loro somiglia. S' egli si potesse fare anche in modo che tutti gli uomini fossino d' un umore, io credo che la generazione umana diverrebbe come un pastume; tanto saremmo appiccati l' uno all' altro Ma perchè l' educazione è una dottrina la quale piuttosto acconcia di fuori che di dentro, nè per essa gli umori si cambiano, ma si costringono, stiamo insieme il meglio che possiamo, aiutandoci con certe poche apparenze esteriori, dove ci manca la sostanza di dentro. Posto questo principio, che l' educazione sia guidata al fine del fare compagnia insieme, si debbono notare due altri fini particolari della società, cioè quello a cui mirano gli uomini, e quello a cui mirano le femmine. La condizione di signoreggiare in ogni cosa in cui si trovano gli uomini, fa ch' essi possano nelle faccende del mondo mirare a qual fine essi vogliono; per modo che verrà un tempo in cui saranno tutti rivolti alla gloria dell' arme: un altro in cui tutti si daranno a cogliere l' onore delle lettere; in un secolo tutti saranno buoni massai e conservatori delle loro famiglie o altro, per non andare in lungo. All' incontro alle femmine, secondo lo stato loro che ha dipendenza dall' altrui, non rimane altro fine a cui mirare, fuorchè quello di rendersi grate a' maschi, e di piacer loro, per aver con essi pace, buona confederazione e compagnia amichevole. In ciò mostrano esse veramente molto più acuto ingegno de' maschi; perchè laddove essi, per essere allevati secondo la consuetudine del secolo in cui vivono, abbisognano di maestri, di sferza, d' ammonizioni continue e di precetti che non hanno mai termine, ad esse basta l' aprir gli occhi, e dare un' occhiata alla congregazione de' maschi, per cono

scere in qual forma si debbono guidare; e so dire che non escono della
vera via. Appena hanno cominciato a sciogliere la lingua, che, senza
altre lungherie di dottrine, sanno in qual forma s'abbiano a contenere
in ogni cosa, e acquistano appunto tutti que' pensieri, e si vestono di
tutte quelle consuetudini che somigliano a quelle degli uomini de' loro
tempi, con tanta puntualità e squisitezza, che in tutte l'età del mondo
sono state per sì fatta perfezione quasi un incantesimo de' maschi,
a' quali non è paruto mai di vivere, se non hanno avuta la compagnia
delle donne. Per la qual cosa ardisco d'affermare che le donne sieno
state sempre benissimo educate, e che, quanto a sè, le abbiano invio-
labilmente mantenuto l'ordine della società con la similitudine de' pensieri e delle costumanze, secondo che correvano. Io non posso finire di
maravigliarmi a vedere come da sè medesime giungono a tanta conoscenza, e lo studio che pongono nel cogliere appunto le usanze che
stringono il concerto della società. E perchè le sanno che gli uomini
sono mutabili, e hanno per isperienza provato che in brevissimo tempo
scambiano umore, stanno talvolta fra due, e con una certa sospensione
che pare che dicano: Stiamo a vedere qual piega dovremo prendere.
Di qua nasce che uscirà loro talvolta un *No* che avrà dentro due e forse
tre significati: o un *Sì* che ne comprenderà altrettanti; o faranno un
cenno che potrà essere interpretato in più modi; solamente perchè le
studiano prima di comprender bene il pensiero de' maschi, e adattarsi
poi a loro con sicurezza e con garbo maggiore. Egli è dunque da lasciare il pensiero dell'educazione a loro medesime, che la sapranno in
ogni occasione acconciar puntualmente a' costumi de' tempi in cui viveranno; e non guasteranno mai quel consorzio in cui vivono. E se paresse mai ch'esse non fossero bene educate, non ci sia chi incolpi loro;
ma rivolga le sue querele agli uomini che danno, come dire, le mosse,
e sono l'esempio in cui mira la porzione più dilicata del genere umano.
In un tempo in cui noi ci dessimo del tutto ad attendere alle faccende
domestiche, io son certo che le ritornerebbero alle usanze antiche del
custodire la famiglia. Se il diavol o la nimica fortuna facesse mai che
tutti gli uomini si dessero a voler sapere e addottrinarsi, noi vedremmo
che le farebbero anch'esse quel medesimo; da che ci guardi il cielo
più che da ogni altra usanza di secolo. Oh! non sono forse state quel-
l'età in cui gli uomini facevano professione d'amare una sola donna;
portavano in sullo scudo e in sull'armi quell'insegna che l'innamorata
avea dato loro; combattevano invocando il nome di lei; le arrecavano
a casa, in cambio di nastri e veli, le brigate de' prigioni? Io non potrei dire a mezzo i begli atti di costanza e di fedeltà che si leggono
delle donne in quei tempi. Non andavano anch'esse a cavallo per le
boscaglie, non correvano mille pericoli? Oh! le son favole e romanzi.
Lo concedo: ma gli scrittori procurano anche nelle invenzioni e ne' trovati loro di fantasticar cose che piacciano a que' tempi in cui dettano :
e non potrebbero piacere, se non si conformassero a' costumi de' quali
è andazzo mentre che scrivono. Se non vi furono tante cose, quanto
se ne leggono, almeno si può affermare che la costanza fosse alla moda,
e che le femmine cercassero di rendersi in essa somiglianti agli uomini
che l'usavano. Io non voglio giudicare se oggidì sieno perseveranti o
no nell'amore; ma dirò che, se lo sono, questo è indizio che gli uomini scambiano difficilmente d'affezione: e se non lo sono, è indizio
contrario, e procede dal principio di non volere sconciare la so-

cietà. Perchè°conoscono che sarebbe un tedio e fastidio de' maggiori
del mondo il voler tenere i maschi alla catena, in un secolo in cui avessero la consuetudine di svolazzare qua e colà come le farfalle. Onde
non è egli meglio prendere la stessa abitudine? S' ha a dire che le
sono seccaggini? che la gelosia è una cecità che guasta i sangui? che
il piangere e il querelarsi non sono segni d' affetto, ma di pazzia e di
mal umore? Che avrebbero a fare altro in tal caso, fuorchè vestirsi
delle stesse costumanze dei maschi, e, secondo quella rigorosa dipendenza alla quale vennero obbligate dalla fortuna, mostrare l' ubbidienza
loro, e contentarsi di quella educazione che arrecano i tempi, conservando i legami e la quiete della società colla mutabilità, come gli uomini? In breve, io dico che non è punto da affaticarsi in questa materia, e da lasciare l' educazione delle femmine nelle loro mani, poichè
non si sono mai ingannate, e non s' inganneranno giammai.

———————

Virginibus, puerisque canto.

HORAT.

La mia canzone è indirizzata alle fanciulle e a' giovanetti.

Si lagnano alcuni, e non a torto forse, ch' io ne' fogli miei tratti di
cosette troppo leggiere, e d' una sostanza che non ha gran midollo nè
forza. Ma se vogliono considerare cotesti tali a quale intenzione rivolgo
i miei ragionamenti, spero certamente che cambieranno opinione; e non
richiederanno ch' io vada più su di quello ch' io vo, nè vorranno che
alcune facciate, che debbono servire due volte la settimana per passare
qualche poco di tempo, trattino troppo gravi argomenti. Non mancano
agli stomachi gagliardi vivande più possenti e più difficili allo smaltire.
Ma il comune non è tutto di struzzoli, e ogni stomaco non può soffrire
il ferro. Non hanno fatto disutile fatica coloro i quali hanno poste insieme le lettere dell' alfabeto, nè quelli che scrissero le prime regole
grammaticali. Per questi usciolini s' entra negli spaziosi campi delle
scienze; e da questi gradini si comincia a salire alle sommità più erte
e più nobili. Faccia conto chi legge, che l' opera mia non sia altro che
l' aprire un sentieruzzo per entrare in luoghi più ampi e maggiori. Tento
con queste coselline, nelle quali però io spargo non poche verità intorno al costume e alle lettere, di fare a un dipresso l' ufficio della
balia, la quale, con un latte sano e dato a tempo, comincia a formare
le prime membroline d' un fanciullo, e con certe parole vezzeggiative
gl' insegna a sciogliere la lingua, finchè lo può consegnare a' cuochi e
a' maestri. Io sono almeno certo di ciò, che i miei sogni, le favole, e
l' altre finzioni con le quali m' ingegno di vestire i miei pensieri, potranno più giovare a' giovinetti, delle cose che vengono raccontate loro
dalle vecchierelle, sotto la custodia delle quali vengono lasciati, e forse
d' alcuni libri che si danno loro nelle mani perchè passino il tempo.
Questa è la mia volontà, dalla quale io non intendo, esercitandola,
d' acquistare nome di scrittore, o veruno onore di dottrina. Potrebbe
essere ch' io m' ingannassi, e m' andasse vôto il pensiero di far giovamento. Ma son io certo almeno che non farò danno veruno. E sa Iddio
che s' io sapessi in quale altra forma adoperarmi meglio ad utilità
de' miei somiglianti, sì lo farei; ma dappoichè da' miei primi anni io

mi sono dedicato a questi benedetti leggere e scrivere, e osservare gli andamenti umani ne' viaggi da me fatti, procuro quanto posso di rivolgere a benefizio altrui questi pochi capitali che in lungo tempo ho acquistati. M'abbiano dunque per iscusato coloro che vorrebbero cose maggiori, e mi lascino in pace proseguire nella mia prima intenzione. Verrà forse un giorno, che s'io non gli renderò appagati del tutto in quello che desiderano, mostrerò loro in parte che mi sono affaticato per soddisfargli. Oh! quando avverrà? Non lo so. Sono io forse indovino, che debba sapere quello che dee essere? Quello ch'io posso affermare, si è ch'io non vivo in ozio; e che quel poco tempo che mi avanza, lo passo coltivando gli orti delle sagre Muse, alle quali fui dalla mia prima giovinezza inclinato; e potrebb'essere che queste un giorno traessero il mio nome fuori delle tenebre, e facessero sì che non rimanesse ignoto affatto. Ma del tempo in cui sarà condotta a fine l'opera mia lunga, di grandissima fatica, da me molti anni fa cominciata, e sempre dalla travagliosa fortuna combattuta, io non potrei nulla affermare. Oltre di che, egli potrebbe anch'essere molto bene che prima venissi tolto via dalla terra, e non potessi condurre a termine la mia intenzione. Allora che s'avrebbe a dire altro?

N° XXXV.   A dì 3 giugno 1761.

Credo fortunatum matrimonium ei sororis risum.

TIT. LIV., lib. VI.

Stimo che il matrimonio della sorella le paresse fortunato.

Quando la lingua s'è riscaldata a parlare, massime se l'è una di quelle accostumate ad una perpetua articolazione, non si può arrestarla a quel punto, che si vorrebbe; e avviene talvolta che chi favella, non ricordandosi più di quello che s'ha a tacere o a dire, favellerà anche contro a sè medesimo e contro all'onor suo; di che n'ho trovato un esempio, leggendo a questi giorni.

Margherita e Francesca erano due sorelle giovani; ma non d'uguale bellezza, perchè la prima avea capelli biondi, due occhi in capo di falcone, guance incarnate, e un bel portamento di corpo; l'altra all'incontro, oltre all'essere così un pochetto guasta dal vaiuolo, l'avea un certo colore di bossolo, occhi scerpellini, mani lunghissime, zoppicava un pochetto da un piede, e avea altri difettuzzi quanto al corpo; ma quanto all'eloquenza, non v'avea parola nel dizionario che non l'avesse più volte ripetuta in sua vita; e sopra tutte le buone qualità sue amava la sorella di perfetto amore. Erano entrambe le sorelle ricamatrici, e aveano sotto alla scorta loro molte giovani che imparavano a lavorare, e le aiutavano nel loro mestiere, tanto che viveano secondo lo stato loro in grande abbondanza; quantunque vi fossero, come s'usa, certe pessime lingue le quali volevano affermare che di fiorellini ricamati non potesse uscire tanto frutto. Ma come che la si fosse, non potea però alcuno affermar cosa contraria alla loro riputazione, perchè l'erano sorelle molto dabbene; e se non che vi bazzicavano in casa non

so quali giovani, che per cagione dell'andar puliti si faceano lavorare
ora una cosa, ora un'altra, non si potea dire una parola che oscurasse
la fama loro. Erano le due sorelle sempre insieme, e come accade
ne'giorni di festa, lasciato il lavoro, andavano a visitare certe loro
amiche, nella cui casa si ragionava di varie cose; e dove la Francesca,
che buona rettorica era, cinguettava con tanto calore che appena potea
più tacere, per modo che nel ritornarsene di là a casa sua, e tutta la
notte ancora, l'avea sempre qualche rimasuglio in corpo di ragionamento, e non s'addormentava fino all'alba, non curandosi punto che
la sorella, con cui dormiva, russasse; sicchè anche non ascoltata volea
finire ad ogni modo. Avvenne tra l'altre una domenica, che ritrovandosi
esse in una compagnia di femmine e d'uomini, dopo una buona cole-
zione, s'incominciò a ragionare di casi d'amore; e così in ischerzo chi
raccontava una novelletta, chi un'altra; ma con sì poco affetto del
prossimo, che si scoprivano vari segreti di persone le quali quivi non
erano, e si scorticavano fino alle ossa la Giovanna, la Mattea e la Caterina, con quel cuore come se l'avessero esaltate. La Francesca non
potendo più star salda, e sentendosi pizzicare la lingua, poichè toccò
la volta di favellare a lei, incominciò a dire: Lodato sia il cielo, che
nè sopra la Margherita mia, nè sopra di me possono cadere così fatti
ragionamenti; e se voi vedete ch'ella ed io andiamo, secondo lo stato
nostro di povere figliuole, vestite bene e onoratamente, sa ognuno le
fatiche che duriamo e l'una e l'altra a stentare il dì e la notte, che
ci caviamo gli occhi. E io non dico di me, che non sono nè bella nè
garbata, no, e mi conosco e so quanto vaglio; ma della sorella mia,
la quale io non voglio però dire che la sia Venere, ma la non è però
l'Orco. Ella ha avuto più innamorati, che non ha capelli in capo; e
perchè i giovani de'nostri dì sono sviati e d'un certo costume da non
lasciargisi bazzicare intorno, la non ha voluto mai che le durino a
lungo in casa; e quando s'avvide che erano di quella maladetta opinione, la se ne sbrigò di subito, fuggendo gli assedi. Io ve ne darò
una prova, che voi vedrete chi ell'è, glielo dico in sulla faccia sua;
perchè chi dice la verità, loda il cielo, e non si dee guardar più là
quando si loda il cielo. Io non so chi di voi conosca Lampridio, in
verità un bel giovane. Ecci alcuno che lo conosca? Il figliuolo di Giampagolo, quel ricco che sta.... ora basta, egli è un garbato giovane, e
quel che più è, ricco, e a cui il padre suo lascia la facoltà di spendere
quanto egli vuole. Costui s'era intabaccato della sorella mia; ma ella,
ch'io lo debbo pur dire, la quale è una coppa d'oro, a cui non piacciono certi modi che garbano a tante altre fanciulle de'nostri giorni,
gli riuscì così ruvida lana, e sì brusca gli fu, ch'egli parte per disperazione, e parte per farle dispetto, incominciò a rivolger il cuor suo
ad una certa Caterina, nostra lavoratrice, che ciascheduno di voi dee
aver più volte veduta. E perchè quel suo nuovo amore vie più cocesse
all'animo di mia sorella, incominciò a fare alla Caterina parecchi pre-
sentuzzi, come fanno queste frasche, i quali in verità non valevano però
gran cosa a vedergli; ma quello che ci pareva maraviglia, si fu che la
fanciulla, a cui io volea un grandissimo bene ed era molto mia amica,
incominciò a comparire meglio vestita di prima, e a poco a poco ad
avere de'bei pendenti agli orecchi e altri fornimenti; i quali doman-
dandole io, donde le venissero, vedendo ella ch'io gliele domandava in
modo che si comprendeva ch'io lo sapea, la cominciò a conferirmi ogni

cosa; ed io a tener saldo il segreto; tanto che l'amicizia nostra s'accrebbe il doppio, e io sapeva tutti i fatti di lei, come i miei propri. A poco a poco incominciai a comprendere che la Caterina, la quale solea avere un color di rosa, era divenuta pallida, e spesso sputava, ed era sì di malavoglia, che il fatto suo era una compassione. Quasi dubitai di quello ch'era avvenuto. E cominciando così dalla lunga a dirle alcune parole, tanto feci che la poverina, gittandomisi al collo con le lagrime agli occhi, mi confessò che l'avea l'imbusto di dietro allacciato più largo quattro dita, e che con sommo studio avea allungata la cioppa[1] dinanzi quasi una spanna, acciocchè le coprisse le scarpe. Ió gliene feci al primo un gran rabbuffo; ma poi pensando che l'essere caritativa è una virtù grande, le promisi non solamente di tacere, ma, quanto era a me, di mettervi tutta l'opera mia, acciocch'ella uscisse di quell'affanno senza che se n'avvedessero le persone. La prima volta ch'io vidi Lampridio, incominciai da me a me a motteggiarlo, per la necessità ch'io avea ch'egli fosse d'accordo; onde fra poco egli mi si raccomandò, e la faccenda con tutta la segretezza fu rimessa alle mie mani. La Caterina non si potea più spiccar da me un passo. Lampridio avea domandato un certo luogo in campagna, dov'io andava spesso con la povera Caterina, e le dava animo quanto potea; aggiungendovi i molti buoni consigli, perchè si ritraesse dopo dal mondo; ed ella mi diceva che sì; e dolorosamente piangeva, benchè poi non ne facesse nulla; ma la colpa non è mia, che tutto feci per bene. Giunse finalmente il dì. Non fui mai tanto impacciata. Lampridio avea fatto quivi venire una buona femmina; io uscii della stanza; e vi so dire che mi balzava il cuore nel petto, come ad una colomba, sì era piena d'angoscia, di timore e di doglia. Mentre ch'io era quasi svenuta, venne ad avvisarmi la levatrice che mia sorella era fuori di pericolo, e che avea.... Il furore del favellare fece dimenticare in quel punto alla povera Francesca tutto il suo bell'artifizio, guidato fino allora sotto il nome finto di Caterina; onde l'una e l'altra arrossite, e la novelliera tardi pentita della furia della sua lingua, si partirono di là in fretta, lasciando fra' compagni che aveano udito il ragionamento, la maraviglia ed il riso.

ALL'OSSERVATORE.

Io ho pensato un nuovo modo per allevare un mio figliuolo, e voglio comunicarlo a voi, perchè, se vi pare che l'usanza possa essere di qualche utilità, pubblichiate la mia intenzione. L'ho mantenuto prima alle scuole tutto quel tempo che m'è paruto a proposito, perch'egli facesse quel profitto ch'io desiderava. Ma non crediate già ch'io gli avessi trovati maestri di rettorica, o d'altre arti che insegnino a favellare; le quali a noi uomini di privata condizione[2] non giovano punto; e vengono di rado adoperate, quando non deliberiamo d'essere avvocati, o divenir predicatori. In quello scambio l'ho fatto ammaestrare in varie lingue; tanto ch'egli favella speditamente l'inglese, la fran-

---

[1] *La cioppa.* Voce antiquata: sottana.
[2] *A noi uomini di privata condizione.* A Venezia nel secolo scorso i soli nobili, ai quali era commesso il governo dello Stato, avevano occasione d'addestrarsi nella eloquenza, o nel Maggior Consiglio, o nel Senato, o nelle altre magistrature della Repubblica.

cese, la tedesca e la greca, quella però che volgarmente si parla, non
quella d'Omero, nè di Platone. Avendomi conceduto la benignità del
cielo molte facoltà, gli ho parlato continuamente de' fatti suoi, ma come
buon amico, non come rigido padre, e gli ho fatto conoscere che con
la diligenza le si possono migliorare; la qual cosa non solo intendo
che gli sia d'utilità, ma di passatempo ancora. Gli ho posto nell'animo
una gran voglia di vedere pel corso d'alquanti anni il mondo; ma
senza ch'egli s'avvedesse punto mai ch'avessi intenzione di mandarlo
intorno; e un dì ch'egli mi spiegò palesemente la sua volontà, gli promisi che fra poco gliene avrei data licenza, quando egli avesse promesso a me d'andarsene con quelle intenzioni ch'io avessi voluto. Che
non m'avrebbe egli promesso? Figliuol mio, gli diss'io allora, egli è
un gran tempo ch'io ho nell'animo mio stabilito di farti uscire del
paese, e già ho apprestata ogni cosa a'tuoi viaggi. Ma sappi ch'io
intendo che tu tragga da essi quell'utilità che conviene alla nostra
condizione. Io veggo alcuni ch'escono di qua, e sembra che vadano
altrove per fare i mercatanti di fogge nuove, e altro non riportano
dopo qualche anno alle case loro, fuorchè l'arte del sapere qual sia
la miglior facitura d'una parrucca, o quella dell'appuntare un cappello
piuttosto così che così, o somiglianti bagattelluzze, che sono la dottrina
degli artisti. Altri fanno peggio, che ne vengono così pieni dell'usanze
altrui, e forse le peggiori, che nelle proprie case hanno in fastidio ogni
cosa, e mettono sossopra la famiglia, sicchè nè vivono più bene essi,
nè lasciano vivere altrui. E però convien guardarsi molto bene dal-
l'accettare nell'animo quelle consuetudini che sono grandemente diverse dagli usi della propria patria; perchè tu fai quello che gli altri
non fanno, e riesci nuovo, e fai ridere; o non ti puoi tenere dal dir
male di quel che fanno gli altri, e caschi in odio all'universale delle
genti. Pensa dunque alle faccende tue, e procura con questa gita di
migliorarle. Teco non verrà altro custode, o governatore, fuorchè un
buon fattore, molto pratico de'miei negozi e de'miei terreni, al quale
io t'ho caldamente raccomandato. Le lingue ch'io t'ho fatto insegnare,
ti gioveranno non poco a farti la via in que'paesi a'quali anderai,
tanto da mare, quanto da terra. In iscambio di ritornare a casa tua
a narrare quello che avrai veduto di campanili, di torri, di muraglie,
di fornimenti di case,[1] di giardini, di scherzi d'acque, o d'altre delizie
che appartengono a'gran signori, fa' che tu scriva un buon diario, tutto
ripieno d'alcuni modi di coltivare le terre, dell'avere i migliori polli,
la maggior quantità di vitelli che si possa; come s'abbia a fare una
vigna abbondante, a far fruttificare un terreno magro, e altre somiglianti cognizioni, le quali gioveranno a te non solamente; ma se tu
ne vieni di qua bene informato, faranno a poco a poco benefizio a tutti,
perchè le si allargheranno quando si vedrà che sieno utili, e tu avrai
oltre al tuo bene, anche la consolazione d'aver giovato ad altrui. Ne'tuoi
bauli t'ho apparecchiato due qualità di vestimenti, gli uni ricchi e nobili, perchè tu possa apparire nelle città, e conversare co'tuoi pari,
imparando cortesie e gentilezze dalle persone di senno, perchè queste
sono alla vita necessarie; nè voglio che ti dimentichi di fornire l'animo
tuo d'onorati costumi; perocchè la prima coltivazione dee cominciare
da te. Vi troverai poi altri vestiti, non solo lisci e di piccola spesa ma

---

[1] *Fornimenti di case*. Suppellettili.

grossolani ancora, co' quali t' addomesticherai più facilmente fra villani
e pastori, i quali, al vedere la ricchezza de' vestiti, sogliono parlare a
fatica, e non ti dicono il vero in faccia, sapendo per lo più che dove
è argento o oro, si suole voler insegnare e non imparare: onde vanno
con rispetto, e per non errare assecondano, e in apparenza cedono sempre al parere de' ben vestiti. Figliuol mio, non isdegnare la compagnia
di costoro, i quali con la loro continua pratica, fatta con la vanga, con
la zappa e con le braccia, molte cose ti diranno, che ti potranno essere
di giovamento. Non isdegnare quel poco d' alito d' aglio e que' loro zo-
tichi modi. Sappi bene le usanze di tutti ne' lavori, e nota con quante
differenze s' affaticano ne' diversi terreni, e qual effetto ne nasca. Molte
altre cose voglio che tu apprenda, delle quali t' ho in un taccuino fatto
la nota, tutte appartenenti al vantaggio tuo e a quello del tuo paese.
Fa' secondo quello ch' io ti dico, e ritorna indietro con qual parrucca
tu vuoi, ch' io non me ne curo.

In questa forma domani manderò al suo viaggio il figliuol mio,
accompagnato col fattore; e quando egli ritornerà, fra non molti anni,
vi do parola di rendervene minuto conto, e di farvi intendere di qual
giovamento gli sarà stata la mia nuova educazione.

N° XXXVI.   A dì 6 giugno 1761.

IL PITTORE DE' RITRATTI.

I bigatti per un tempo si rinchiudono nel bozzolo e quivi stanno
oziosi. Il verno le bisce si sotterrano da sè e si stanno così intirizzite
che le paion di legno. Toccale, crolla a tua posta, non si muovono. Mille
altri animaluzzi e ferucole sono al mondo, che quantunque le sieno in
effetto vive, paiono senza movimento; e poi in un tratto qual comincia
di nuovo a muoversi, quale a mettere ale, quale a fare le ova, chi a
covarle; e torna ognuno all' ufficio suo, e mostra ch' è vivo e che lo fu
anche nel tempo in cui parea morto. Non è cosa che più somigli a tal
condizione di vita, del cervello de' poeti e de' pittori. Ora tu gli vedi
tutti attività e furia che sembrano invasati. Tuffansi fino al ciuffetto[1]
in qualche opera. Quegli scrive, questi pennelleggia. All' uno pare che
tu gli tragga le budella del corpo, se lo spicchi dal calamaio, quando
si sta nei suoi farnetichi e nelle sue fantasie; all' altro che tu gli cavi
gli occhi, se lo sturbi dalla sua tela. Che è, che non è? Il cervello si
vuota all' uno e all' altro, e non badano più punto all' opere loro. L' intelletto dee essere come una spugna, credo io, dappoichè quando l' hai
premuto un tratto, non va più oltre, se di nuovo non s' inzuppa. Io non
nego che non si possa anche premerlo continuamente, e che non n' esca
qualche cosa sempre, ma se non si lascia impregnare di nuovo, n' escono
certe ultime gocciole torbide e stentate, ch' è una carestia a vederle.
Ad ogni modo per un poco di riposo e di tempo che passi vôto, non
si può dire che l' artefice sia stato in ozio; perchè egli acquisterà vigore, e il vigore lo farà più pronto e spedito, tanto che compenserà
con l' opere nuove il tempo della passata infingardaggine. E se un com-

---

[1] *Fino al ciuffetto.* Fino ai capelli.

putista volesse al chiudersi della vita d'un poeta e d'un pittore calcolare quante cose avranno fatte, troverebbe ch'eglino hanno lavorato quanto ogni altro artista.[1] Infine infine, quale uomo è quegli che in tutta la vita sua lavori più che dodici anni interi, poniamo che ne vivesse ottanta? Il dormire se ne divora trenta in circa; da'settanta agli ottanta puoi contarne dieci che n'ha poca voglia, perchè o le braccia o le gambe non gli reggono, o ha la vista corta che non gli lascia fare l'ufficio, sicchè eccone quaranta di vacui; ne' dodici della sua prima gioventù che avrà egli fatto? Parecchie ore all'anno l'avrà consumate a mangiare. Giungivi le feste, qualche febbretta o altra magagna, io credo che avrò detto troppo ad affermare ch'egli abbia lavorato dodici anni interi. Sicchè, come dissi, quando gli operai d'ogni genere chiudono gli occhi, vengono ad avere a un dipresso compiuta tutta quella stessa quantità di lavoro. Non v'ha altra diversità, se non che gli artisti di certe cose fanno come gli oriuoli e si levano quasi sempre ad un'ora medesima e ad una stessa vanno a dormire; laddove i poeti e i pittori, tocchi dal capriccio, non la guardano così pel minuto e lavorano quando gli coglie il pensiero. Fate dunque conto che pel corso d'alquante settimane io abbia dormito. Mi destai, dipinsi qualche cosetta secondo l'usanza mia e seguo la consuetudine di mandare a voi quanto ho dipinto.

Ritratto Decimoquinto. Cecilio è avviluppato nella rete di un litigio. Fuori di sè corre ad un avvocato per consiglio. Narra la storia di sue faccende. Il consigliere gli risponde quello che a lui ne sembra, o bene o male: gli promette ogni opera, sollecitudine, cordialità. Cecilio ne lo ringrazia; ma nel partirsi non apre la borsa. Di là a due dì ritorna. Affaccendato con altrui lo ritrova. Stringesi nelle spalle, e si parte. Va il giorno dietro, nol trova in casa. Torna, passato un dì; gli parla, lo stimola, si raccomanda, quegli poco risponde e sonniferando. "Oimè!" dice nel partirsi Cecilio, "a cui son io venuto? Questi pronto? questi sollecito? dove potea io ritrovare il più infingardo?"—"Cecilio, ognuno ha le sue infingardaggini. S'egli ti riesce tutti gli altri dì infingardo, tu nol fosti il primo giorno."

Ritratto Decimosesto. Una bertuccia allo specchio si mira. Pareagli prima di essere da più che l'uomo. Mani, piedi, gagliardia, mille astuzie le aveano ciò fatto credere. Lo specchio la tragge d'inganno. La sua superbia è quasi svanita all'apparire di quel ceffo. Sdegnasi con lo specchio. Pare che gli dica: Maledetto sia tu; da te mi viene questo aspetto. Dà di mano ad un bastone, e sul cristallo, con quanta forza può, lascialo andare. Fatto a pezzuoli lo specchio, cade e si sparge. La bertuccia lieta di sua vendetta, batte i denti, e si ricrea in quella rovina. Accresciuto ha il suo male con vendicarsi. Ogni pezzetto le rappresenta una bertuccia, in un centinaio di specchi si vede quella che prima vedeasi in un solo.

Questo è un ritratto che ha dell'indovinello. Quanto è a me, per al presente non gli fo altra spiegazione. Ci sono alcune cose allegoriche alle quali si può levare il velo col tempo. Chi si darà della scure sul

----

[1] *Ogni altro artista.* Qui artista vale' artefice, operaio.

piede, suo danno. Ma io ho preso una usanza di dipingere e di favellare, che ha in sè dell'oscurità; sicchè per ora il meglio sarà che tralasci di dipingere e di ragionare più oltre.

All' Osservatore.

S'è aperta di nuovo una bottega da speciale. Il luogo dove essa è, lo saprete un'altra volta. Intanto vi facciamo partecipe dell'apertura. Le droghe che in essa si vendono, sono tutte sperimentate o per buone medicine, o per cordiali giovevoli all'umana salute, ma di quella dell'intelletto più che del corpo. Una compagnia d'uomini e di donne vi sono soprantendenti.

In puliti vaselletti e con bell'ordine disposti furono collocate tutte quelle cose che servono ad ubbidire ad ogni richiesta delle ricette, e a tutte le umane occorrenze. Immaginatevi di vedere non erbe, non radici, non pietre, non polveri, quali si trovano nell'altre botteghe, da mescolarle con olii, con acque; le sono tutte medicine apparecchiate, che ognuno le può avere in sul fatto, quando gli abbisogna. Il segno della bottega è lo *Spettatore inglese*, con quella sua faccia grassotta,[1] con quel berrettone, e con tutti quegli altri fregi che si veggono nel ritratto di lui che va innanzi alle sue opere.

Intorno a tutti i vaselletti leggesi una scritta di quello che dentro si contiene, e accennasi la facoltà del rimedio. Letta quella, si ricorre ad un quaderno per alfabeto in cui ognuno de' compagni ha notato la sperienza che ha fatto in sè medesimo della medicina, e di sotto scrive il nome suo, confermando l'effetto con giuramento. Non vi dirò il nome delle medicine tutte, nè tutte quelle sperienze che si sono vedute, ma solamente d'alcune vi parlerò, perchè voi ne siete stato il trovatore senza saperlo; e n'ho la commessione da' miei compagni per darvi animo a comporne di nuove per giovamento altrui.

VASELLO V.

DEL CONOSCERE SÈ STESSO.

Ragionamento quinto a carte 19.

Leggesi nel quaderno che vi corrisponde: Prima ch'io leggessi il ragionamento dell'Osservatore a carte 19, io non taceva mai, nè avea altro piacere che dir male or dell'una or dell'altra delle mie compagne. Erano infiniti i difetti ch'io ritrovava in esse. Stava sempre fuori di me, e come dire alla finestra, a spiare quello che l'altre facevano. Non vi posso dire quanto mi riuscì nuovo l'udire in noi medesimi sono i principii di tutti que' difetti che ci par di vedere in altrui. Cominciai, quello che non avea mai pensato prima, ad esaminarmi, e trovai ch'era vero. Al presente le magagne altrui mi servono a mia correzione. Affermo quanto è di sopra   MATTEA DIMESSA.

---

[1] *Lo Spettatore inglese con quella sua faccia grassotta* ec. Nella traduzione francese lo *Spettatore* di Steele e Addison (Amsterdam, 1732), c'è in principio il ritratto di ele, rappresentato appunto come dice qui il Gozzi.

VASELLO VII.

Ritratto a carte 42.

Nel quaderno. Conobbi che la massiccia eloquenza è quella che dee giovare a' cattolici ascoltatori; non dee stare nella vaghezza delle immagini o nel dolce suono delle parole. Verità robuste domanda e molta cautela nello esprimere alcune cose, che svegliando prima la malizia umana, cercherebbesi poi invano d' arrecarvi il rimedio. Rinnovai tutti i miei sermoni. Fo miglior frutto.

In fede di che mi sottoscrivo   D. BARTOLOMMEO LOGOSSIO.

VASELLO XL.

Novella della Prosperità e dell'Avversità a carte 68.

Nel quaderno. Dal dì ch' io lessi questa novella, mi feci animo da me; e a poco a poco scacciai una certa malinconia che mi legava il cuore. Mi diedi allo adoprarmi nelle faccende mie e le trovo migliorate.

Affermandolo io   GIAMMATTEO STRASCINI.

Queste e molte altre medicine potrei ricordarvi trovate da voi, le quali se saranno a tempo adoperate, faranno giovamento al pubblico. Non dubitate dunque punto e proseguite a stillare,[1] a pestare nel vostro mortaio, e a limbiccare[2] continuamente; chè altri ancora arrecheranno per provati i rimedii vostri alla bottega, checchè ne dicano forse alcuni, i quali non si curano punto della sanità loro. Vivete felice.

————————— — —

> *Viam qui nescit qua veniat ad mare*
> *Eum oportet amnem quærere comitem sibi.*
>
> PLAUT.
>
> Chi non sa la via di andare al mare, ha bisogno
> di trovare un fiume che lo accompagni.

A vivere in questo mondo così ampio e intralciato pare che sia una grandissima difficoltà. Tante faccende che ci sono di condizione diversa; tante trappole celate che scoccano addosso altrui senza ch'egli se ne avvegga; il venire ad abitarvi dentro ognuno senza sapere dov' egli sia, dove ogni cosa è a lui nuova, e dee domandarne conto a coloro che ci sono venuti prima di lui: è una delle maggiori e più intrigate brighe che si abbiano: tanto che quasi darei ragione a coloro i quali ci vengono, aprono gli occhi, guardando, non veggono, e gli chiudono con quella immaculata ignoranza del primo giorno. Ma perchè l' essere trabalzati qua e colà, come sono per lo più gl'idioti, è una meschinità sì grande, che mi par degna di molta compassione, io vorrei

---

[1] *Stillare.* Versare goccia a goccia.
[2] *Limbiccare.* Distillare col lambicco.

che ognuno, secondo lo stato suo, si trovasse un esempio che lo accompagnasse per questo labirinto. Egli è vero che l'eleggere sì fatto esempio non è cosa agevole quanto altri pensa. Tuttavia la miglior norma che si possa tenere, pare a me che sia lo studiare minutamente la sua condizione e l'altrui, per non andare con la imitazione nè più su nè più giù di quello che richiegga il proprio stato. Ogni cosa ha certe circostanze particolari adattate a sè, che son belle e buone, le quali non si possono acconciare ad un'altra, che fra esse sarebbe slogata.[1] Ecci un alto e bel campanile, guardato e commendato da ogni uomo per la sua nobile e diritta struttura. Avrà perciò l'architetto a prendere quella figura per farne un palagio? " Oh pazzo! " gli verrà detto, " non vedi tu che quello dee essere abitazione di campane le quali per esser udite hanno di bisogno di quell'altezza? A stare costassù egli è una onorificenza da battagli, non da uomini."—"Or bene," risponderà egli: " io ho veduto una casettina in campagna assai ben misurata e con tutti gli agi suoi. Farò il palagio eguale a quella."—"Odi bestia. Che vuoi tu? fare una casipola fra cotanti nobili edifizi in Venezia? E pare a te che gli agi della campagna sieno somiglianti a quelli di questa città? Vi farai tu il pollaio? la colombaia? il luogo da fare il bucato? la stalla? Vedi architettura nuova che sarà questa! Nota come son fatti gli altri palagi. Non ti è ordinato di fare nè campanile, nè casettina da villa. Pensa all'ufficio tuo, togli l'esempio da quello che dèi, non andare nè più su, nè più giù del bisogno." Io vorrei che l'esempio dell'architettura bastasse, senza entrare in altri particolari. Ci sono stature grandi e nane. Queste ultime spesso per allungarsi mettonsi sotto alle calcagna gli zoccoli; l'albagia che hanno i primi giorni, le fa camminare alcuni passi, poi si rompono il collo. E anche que' primi passi gli veggo a fare con un tremito di ginocchio e con certi disusati scorci [2] di corpo, che si conosce benissimo che hanno del posticcio di sotto. Raccomando a chi legge il fare altre applicazioni. Non voglio essere troppo lungo: se quel che dico piace, ne rimane viva la fantasia a parlar corto; se tedia, il fastidio è minore.

N° XXXVII.   A dì 10 giugno 1761.

In longa via et pulcis, et lutum, et pluvia.

SENEC., *Ep.*

A fare un cammino lungo trovi polvere,
pioggia e pantano.

Non c'è al mondo più lungo cammino di quello della vita. Ogni uomo e ogni donna, quanto è a sè, non può fare una gita più lunga di questa. Mentre che si fa viaggio, mille cose t'hanno ad accadere; e mentre che si vive, sarà lo stesso. Leva il sole chiaro, senza un nuvoletto per tutta l'aria dall'oriente all'occidente, da settentrione al mezzodì. Oh! bella giornata ch'è questa! Animo. Su; in poste. Oggi io avrò un viaggio prospero. Entro nel calesso; e non sarò andato oltre due

---

[1] *Slogata.* Fuor di luogo.   [2] *Scorci.* Atteggiamenti.

miglia, che dalla parte di tramontana cominciano a sorgere certi nu-
golonacci neri, cenerógnoli, da' quali esce un acuto lampeggiare spesso,
poi s'alzano, e mandano fuori un sordo fragore, infine volano, come
se ne gli portasse il diavolo, premono certi goccioloni radi qua e colà,
e finalmente riversano pioggia con tanta furia, che par che venga dalle
grondaie: tu n'aspetti allora anche gragnuola, saette, e che si spa-
lanchi l'abisso. Non è vero. Ogni cosa è sparita. Il sole ritorna come
prima. Un altro dì t'avviene il contrario. Esci di letto, che giureresti
che avesse a cadere il mondo; di là a mezz'ora tutto è tranquillo e
quiete. Trovi un'osteria che pare edificata dal Palladio.[1] Ti si presenta
un ostiere. che diresti: Costui è uscito ora di bucato, pulito come una
mosca. I famigli suoi tutti sono garbati. Tu fai conghiettura d'avere
un pranzo che debba essere una signoria. Siedi alla mensa. Appena
hai di che mangiare, e infine una polizza ti scortica fino all'osso. Domani in una taverna, che pare un nido di sorci, che ha per insegna
un fastelletto di fieno, o una frasca legata sopra un bastone, farai la
più grassa vita e il più bello trionfare[2] del mondo. Reggi in qual modo
vuoi le cose tue, e fa' quel che vuoi; prendi alterazione, o non ne prendere di quello che t'avviene; misura i tuoi passi, o lascia andare le
cose come le vogliono: io credo che sia quello stesso. Una cosa sola
dovremmo imparare, cioè la sofferenza. Ma noi vogliamo antivedere gli
anni, non che i mesi, prima quello che dee avvenire, e oltrepassare
con gli occhi dell'intelletto a quello che dev'essere; e non è maraviglia poi, se vediamo quasi tutti gli uomini pieni di pensiero, con gli
occhi tralunati e malinconici, che sembrano sempre in agonia; e si dol-
gono che la fortuna è cieca.

IL CRIVELLO DELLA FORTUNA.

"Ad ogni modo," diceva Giove un giorno, "dappoi in qua che sono gli
uomini al mondo, io dovrei avere imparato in qual forma gli abbia a
governare. E tuttavia non si contentano mai di quello ch'io fo per
loro. Quando le genti da bene mi chieggono qualche cosa, fo loro quella
grazia che mi domandano; e queste quando posseggono quello che
hanno domandato, diventano triste e pessime. I tristi, a' quali par d'esser
buoni, si querelano, bestemmiano e diventano peggiori di prima. Io
non ho mai altra faccenda, che star ad udire domande, preghiere, e
talora parolacce che mi fanno ingiuria, tanto che non ho più riposo;
e m'è avvenuto talvolta che in sul più bello del mangiare ambrosia, o
del bere nèttare. m'è convenuto riporre la forchetta o la tazza, e accorrere al romor che facevano. Conoscendo che la dignità mia ne rimaneva offesa. perch'io avea continue agitazioni e interessi, per modo che
parea piuttosto un avvocato che un Nume, deliberai di compartire le
faccende con gli altri Iddii, e far sì che ciascheduno soprantendesse a
qualche cosa particolare. I fatti miei sono peggiorati da quel dì in
poi; perchè, oltre al movimento mio, veggomi intorno tutti gli altri
Dei in un perpetuo aggiramento. Marte m'assorda colle novelle di

---

[1] *Dal Palladio.* Famoso architetto vicentino, nato nel 1518, morto nel 1580.
[2] *Trionfare.* Mangiare lautamente.

guerra; Venere vuol consiglio intorno a mille casi d'amore; Lucina[1]
mi dà ragguaglio di tutti i parti; Mercurio di tutte le ladroncellerie;
ho gli orecchi pieni, il cervello intronato. Orsù da qui in poi non voglio
far più nè benefizi nè malefizi ad alcuno, ma vivere quieto."

In questa, eccoti Mercurio, che gli viene con una querela innanzi,
e gli dice: "Tutti gli uccelli sono a romore. In due partiti divisi tem-
pestano l'aria, e nascerà gravissimo macello, se la Maestà Vostra non
vi mette un subito riparo." — "Non basta dunque," disse Giove, "ch'io
abbia a farneticare con gli uomini, ch'io dovrò anche perdere il cervello
con gli uccelli? Di'."

"Il pipistrello, veduto che la rondine, facendo i viaggi suoi oltre-
mare, s'è grandemente arricchita, s'invogliò anch'egli di trafficare.
Ma non avendo egli danari da poter fare il mercatante, ebbe ricorso
alla rondine, e presa da lei una buona somma, con iscrittura di pagarle l'utile, incominciò a comperare varie merci, e s'arrischiò ad un
viaggio di mare È lungo tempo che una femmina chiamata Fortuna,
desiderosa d'essere stimata Dea, si frappone di furto in tutte quelle
faccende, che, parendo a noi di picciola importanza, vengono in cielo
trascurate. E nel vero, o sommo Scagliafolgori, chi avrebbe immaginato mai che s'avesse a girar l'occhio al mare per dar prospera navigazione ad un pipistrello? Costei dunque, impacciandosi in quello che
non dovea, suscitò sin dal fondo della rena una crudelissima burrasca;
tanto che il povero pipistrello vi lasciò tutto il suo avere, e con grandissimo stento salvò la vita. Ritornato a casa dopo un lunghissimo
volare, la rondine lo richiese incontanente de' suoi danari; egli le narrò
il fatto: ella cominciò a mandargli le citazioni, e a fargli perdere la
riputazione per tutta l'aria. Il poverino che non avea di che poter
pagare, incominciò ad uscire solamente la notte e a stare fra bugigat-
toli il giorno, mentre che la sua creditrice va svolazzando pel mondo.
Gli assiuoli, i gufi e le civette si sono dati a difendere il pipistrello...."
"Se' tu pazzo?" esclamò Giove. "Io non voglio queste brighe: poichè il
pipistrello ha trovato questo riparo d'uscire la notte per non pagare,
così faccia."

Appena era terminato il ragionamento, che venne Venere con una
grande alterazione d'animo, e disse: "Padre mio, Giove Adunanuvoli,
noi possiamo tralasciare di fare l'ufficio nostro. Una maladetta strega,
chiamata Fortuna, vuole oggimai impacciarsi in tutte le faccende. Tu
sai pure che la maggior occupazione ch'io abbia, è con le femmine di
mondo. Odi cosa che ti farà maravigliare Una certa Rodope,[2] nel vero
bella e garbata, ma per la sua pessima e scorretta vita divenuta l'abbominazione fino delle sue pari, andò, pochi mesi fa, in un bagno. Quivi
spogliatasi, lasciò sotto la custodia delle schiave che seco avea, i suoi
vestimenti; e fra l'altre cose un paio di pianelle così squisitamente
lavorate e ricamate, ch'erano una bellezza a vederle. Ell'ha un piede
piccioletto, e queste le calzavano così bene e assettatuzze, che pareano
nate con esso piede; ed ella amavale sopra ogni altra cosa, come quelle
ch'erano state il presente d'un giovane da lei caramente amato. Venne
in capo a Fortuna di fare un bel tratto: perchè avvisata un'aquila di
quello che volea che avvenisse, non curandosi che l'aquila sia il regale

---

[1] *Lucina.* Uno dei nomi di Giunone, considerata come la Dea che presiede ai parti.
[2] *Una certa Rodope.* Questa avventura è narrata da Eliano, *Var. hist.,* XIII, 33.

cello della Maestà Vostra, fece sì che la volò al bagno, e presa in becco
la pianella, ne la portò fino in Egitto. E mentre che quel prudentissi-
mo re giudicava di non so quali importanti faccende sul suo seggio
ale, gli lasciò cadere la pianella addosso. La ricolse egli, e miran-
la con istupore, immaginato il piede che in essa dovea aver luogo,
scordò per allora tutti i suoi popoli, e gli parve di non poter più
vere, se non avea per sua compagna la donna a cui sì bel piede stava
piccato. Consegnò dunque la pianella a non so quali suoi ministri,
rcbè ritrovassero a qual femmina andasse bene suggellata, e gliela
nducessero, perch'egli la volea prender per moglie. Così finalmente
avvenuto; e una femminetta di mal affare, la quale poco fa tendeva
reti a chiunque passava per via, e scoccava la trappola da un fine-
rino, è oggidì, per opera della Fortuna, divenuta moglie d'un poten-
issimo re, non senza invidia delle buone e delle triste."

Parve a Giove che gli si aprisse la via a quello che più desiderava,
ch'egli potesse oggimai togliersi una gran briga d'attorno. "Dappoi-
è," diss'egli, "cotesta Fortuna che voi dite, ha così gran voglia d'im-
acciarsi ne' fatti del mondo, dall'un lato è meritevole di gastigo per
sersi avventurata a far cosa che non dovea; ma dall'altro io stabilisco
l'ella alleggerisca tutti noi da tante faccende. Io le darò che fare."
osì detto, ordina a Vulcano che con un tizzone l'acciechi, e gli sia
ndotta innanzi. Fra gli Dei le cose non si fanno a stento. In un mo-
ento la Fortuna fu accecata, e condotta davanti a Giove. Egli frat-
nto avea fatto apparecchiare un crivello, e sì collocatolo, che ad ogni
enomo crollo potea piovere da tutte le parti del mondo quello che
era dentro. Dappoichè vide Fortuna dinanzi a sè, senza punto rim-
overarle quello che fatto avea, volle che appiccasse le mani a' cerchi
l crivello; e versatovi dentro da due vasi, che avea a lato, molti beni
molti mali, che nell'uno e nell'altro erano contenuti, tanto che ba-
assero per un centinaio d'anni, le disse: "Crolla per cent'anni, che
ntro v'è materia a sufficienza. In capo a detto tempo riempirò di
lovo. Non voglio altri impacci."

Da quel dì in poi Fortuna crivella; e a cui va, tocca bene o male.

Signor Osservatore.

Non mi sia detto mai più che la quantità delle innamorate non
è necessaria. In un momento m'è accaduto che di tre ch'io ne avea,
no rimaso sprovveduto affatto. Questi tre biglietti ricevuti da me sta-
attina, ve ne possono certificare.

« Mio Signore.

» Non potendo voi per le faccende vostre venire alla campagna, e
in volendo io essere legata in città, ho preso la risoluzione stamat-
la per tempo d'accompagnarmi con persona che può andare e stare
tando e quanto vuole. Voi direte che sono incostante; ma quando vi
omisi costanza inalterabile, era d'inverno, e io non pensava alla cam-
ìgna, nè voi mi faceste parola degli obblighi vostri di non uscir mai
Venezia. Una condizione di tale importanza, taciuta al tempo del
atteggiare, rende ragionevole e giustifica la mia intenzione. Addio. »

Buon per me, diss'io, letta questa polizza, che mi rimangono ancora due conversazioni da potermi consolare di tal perdita. Mentre ch'io mi confortava in tal guisa, ecco la polizza seconda di questo tenore.

« CARISSIMO AMICO.

» Non ho potuto fare a meno di non accettare le offerte d'una compagnia, la quale esce di Venezia, ed è venuta ad invitarmi: in questo punto si parte. V'accerto che vo via mal volentieri, perchè vi parerà che v'usi poco buona grazia; ma vi prometto di ricordarmi di voi in ogni luogo per acqua e per terra. Non vi dico dove si va, perchè non vorrei che mi scriveste, quantunque mi sarebbero molto care le vostre lettere. Son quasi certa che anderete in collera, e che al mio ritorno non verrete più a ritrovarmi. Attribuirò tutto a mia somma sfortuna ; e procurerò d'aver pazienza più che potrò, essendo già avvezza alla contrarietà della sorte. Dimenticatevi di me quanto volete, che ve lo concedo, e avrete ragione. Addio. »

Io non so, esclamai, che furia entri nelle viscere per andare in campagna. Vadano, che il buon pro faccia loro. Mi rimane la terza ancora, la quale non è avvezza a coteste grandezze; e rimarrà volentieri dov'ella è. Appena ebbi proferite queste parole, che mi fu arrecata la polizza terza.

« SIGNOR COMPARE.

» Spero ch'ella mi farà la grazia di voler venire a vista del presente a casa mia per essere mio compare. Iersera ho concluse le mie nozze; ella vedrà il mio marito, se mi favorisce. Non si maravigli della mia risoluzione. Le posso giurare ch'è stata una cosa affatto improvvisa, alla quale io non avea un pensiero al mondo. Non so ancora se avrò fatto bene o male, ma la prego a venir subito: perchè dopo sposati, andiamo alla campagna. Spero d'essere favorita, e sono sua buona serva e comare   » N. N. »

Sono stato al comparatico; ho trovato la sposa vestita da campagna; gli sponsali son fatti, e i maritati novelli andarono a' fatti loro; dandomi la signora molti saluti con la mano dal finestrino della barca. Alla venuta universale dalla campagna cercherò d'appiccare qualche amicizia nuova fino al venturo autunno.

N° XXXVIII.   A dì 13 giugno 1761.

In pertusum ingerimus dicta dolium.

PLAUT.

Mettiamo le parole in una botte fessa.

Verrà uno, e dirà: Vuoi tu scrivere? Io ho un bello argomento alle mani. Odilo. E mi narra una cosa. Quantunque la non mi piaccia affatto, conviene ch'io faccia buon viso, altrimenti n'avrebbe collera ; ma non giova, perchè poi si sdegnerà, quando non vede ch'io l'abbia scritta. Tanto era ch'io non gli avessi usata quella prima civiltà sulla faccia, e avessi detto pane al pane, come in effetto mi dettava la coscienza. Io sono più presto malaticcio che altro: e tuttavia non mangiando e non bevendo soverchiamente, nè facendo altri disordini di quelli che danno il crollo al temperamento dell'uomo, nè essendo per natura mal condizionato di viscere nè di sangue, non posso indurmi a credere ch'altro mi renda così malsano, fuorchè il fare per civiltà quello che non vorrei, tacere quello che vorrei dire, e parlare di quello che non vorrei, più volte in un giorno. Io non so perchè il contrastare così spesso alla propria volontà non debba fare qualche alterazione nel corpo, come la fanno tutti gli altri disordini. Di qua viene, cred'io, ancora che parlo poco. Non so come facciano alcuni i quali tengono nel cuore e nel capo più cose ad un tratto; e traggono fuori, quasi da una borsa, quello che vogliono. Anzi quello che mi pare più strano, si è che ne cavino quel che non hanno dentro. Io vedrò uno il quale ha una malinconia nel cuore che l'ammazza, e trovasi in compagnia di chi gli narra qualche frascheria e ride; per compiacenza ghigna anch'egli, e risponde al primo con una facezia. In qual parte della borsa avea egli la facezia così pronta, s'egli è pieno di tristezza? Una vedova sarà allo specchio da sè, e mirerà come le quadra bene il bruno arrecatole quel dì per la morte del marito. È piena di sè, contenta del vestito nuovo che le rialza la carnagione, perch'è bianca. La sua appariscenza l'empie tutto l'animo, tutta la testa. Il cameriere le annunzia che vengono persone a visitarla; ed ella, ripiena del primo pensiero, parlerà con la miglior grazia del mondo del suo gran dolore, e mescolerà le parole con le lagrime. In effetto, io credo che la lingua sola, senza l'aiuto del cervello, possa oggidì anch'essa dire quello che occorre; perchè altrimenti io non saprei intendere come si potesse ragionare così diversamente da quello ch'è di dentro. O veramente, contro a quanto n'hanno detto gli speculatori della natura, i pensieri non sono più nell'intelletto, ma volano per l'aria, e ce gli tiriamo respirando ne' polmoni, e gli mandiam fuori. Il che quasi quasi sarei tentato di credere, e forse lo potrei provare. Oh! non sono forse state provate cose che nel principio pareano più strane di questa? Dappoi in qua, per esempio, che fu fatto il mondo, è stato parlato sempre. Le parole non sono altro che tante vesticciuole, come chi dicesse vescichette, che rinchiudono un pensiero. Quando sono uscite dalla lingua, la vescichetta percuote nell'aria: oh! non si potrebbe dire che si rompe, e fa quello scoppio ch'ode ognuno? Il pensiero svestito dove n'andrà? Rimane per l'aria a svolazzare. Immagini ognuno qual turbine di pensieri si dee aggirare intorno a noi, dappoichè si parla al mondo. Io non l'affermerei per certo; ma molte cose mi fanno dubitare che si parli oggidì co' pensieri che vengono dal di fuori. L'una, che non s'ode mai cosa che non sia stata detta; e questo è segno che si parla co' pensieri degli altri. L'altra, che spesso s'odono persone a favellare con tanta confusione, che non si potrebbe dire altro, se non che tirando il fiato ingoiano que' pensieri che vengono, e gli cacciano fuori come ne vanno. Si potrebbe anche dire che di così fatti pensieri sia tanto piena l'aria, che caschino in ogni luogo, e principalmente ne' calamai, dove si ravviluppano nelle spugne, e ne vengono poi tratti fuori dalla punta della penna; poichè anche gli scrittori per lo più fanno come chi favella; e c'è chi scrive quello che altri ha scritto, o detta in modo che non s'intende. So benissimo che mi si potrebbe fare qualche obbiezione; perchè molte ne vanno per l'aria anche di queste, come d'ogni altra materia; ma non diffido però che non ci volino anche le risposte e gli scioglimenti. Potrebbe nascere un dubbio, per esempio, perchè le donne parlino più de' maschi. S' egli fosse vero che i pensieri volassero per l' aria, come io dico, per qual ragione n' avrebbe ad entrare in esse una maggior quantità che negli uomini, quando tirano il fiato per favellare? Rispondo che c' è diversità fra pensieri e pensieri, e che una minor quantità ne dee di necessità entrare di quelli che sono di maggiore importanza, e per conseguenza più grossi (quali son quelli che co' loro più gagliardi polmoni traggono in sè gli uomini) di que' dilicati e fini pensieri che si traggono le femmine in polmoncelli men vigorosi nel ventilare. Per altro l' obbiezione non ha fondamento, e la mia risposta fu piuttosto per dire qualche cosa. che perchè in effetto abbisognasse. Ho udite donne a parlar poco, e uomini molto. Ho sentite femmine a favellare benissimo di cose importanti e gravi, e uomini di minute e di nessuna sostanza: sicchè anche questa opposizione non istà salda al martello. E per maggior prova della mia opinione, ho fatto sperienza che, a questi giorni così piovosi e umidacci, ognuno è malinconico, e appena s' è posto a sedere, che pare addormentato; laddove quando sono i tempi asciutti, e que' bei sereni così vivi, par che ognuno si conforti a chiacchierare; e questo è indizio ch' entra l' aria in corpo respirata più grossa e più tarda; e quanto essa tien più di luogo e più tarda va, tanto men v' entra di pensieri, i quali all' incontro con la serena, agile e sottile, trovano più capacità dentro, e maggior prontezza all' entrata.

Audio legem esse Thebis, præcipientem artificibus tum pictoribus, tum figulis, ut imaginum formas quoad possent optime exprimerent. Iis autem omnibus, qui deterius aut flnxissent, aut pinxissent, pro pœna muletam pecuniariam irrogantem. ÆLIAN., lib. IV.

Sento a dire che si trovi in Tebe una legge, la quale obbligava artefici tanto pittori, quanto facitori d' opera in crota, ad esprimere le immagini da loro imitate quanto potevano il meglio. E condannava in danari coloro che formavano o dipingevano poggio.

La bella disposizione e la grazia in tutte le cose ha un certo che d' attrattivo e di possente, che potrebb' essere detto incantesimo degli animi umani. Noi siamo, per esempio, in una compagnia di femmine, le quali ne' loro visi non avranno un notabile difetto, tanto che si potesse dire: Natura ha mancato negli occhi, nel naso, nella bocca: no, non si può dirlo; e con tutto ciò quel poco più ch'ella avesse posta d' attenzione nell' armonizzar bene tutte le parti, le avrebbe rendute bellissime, di quella perfetta bellezza, che quando si vede, si fa ammirare con una specie di rapimento di mente. Lo stesso avviene in tutte le altre cose naturali e artifiziate. V' ha una certa bellezza ingrosso e comunale, che può essere a bastanza; ma il grado superlativo è quello che signoreggia, e s' acquista celebrità, e viene desiderato. Poniamo che ci fosse al mondo una città, nella quale tutte le donne per ispecial privilegio di natura avessero in sè la più squisita perfezione della bellezza, e ciò fosse da molti anni, tanto che ne fossero persuase tutte l'altre nazioni: certamente ch'essa città ne sarebbe grandemente famosa, e molti o forse tutti avrebbero voglia di veder le abitatrici di quella, e forse di possederle; e quando le avessero una volta vedute, appena s'appagherebbero più delle proprie. Fino a tanto ch'essa città sia edificata, mi servirò di questo esempio per far comparazione d'altre cose. Sopra ogni altra qualità degli artefici, io vorrei che fosse lodata la diligenza; perchè questa appunto è quella che fa acquistare all'opere quell'ultimo grado di bontà, che le rende superiori a tutte l'altre; e tanto se n'ha maggior vantaggio, quanto più il concetto della bontà di quelle si spargerà di fuori. Fo il mio conto, che se i vasellai di Tebe avessino, per esempio, fatti i boccali goffi e sgangherati, ciò non importava al bere; ma una certa agilità e buona grazia nella misura; certe figurette bene imitate, che vi si dipingevano sopra, gli avranno fatti forse divenire alla foggia, e ricercare da tutte l'altre città della Grecia; tanto che le donne ateniesi n'avranno forniti i loro scarabattoli e le pettiniere. Tante belle statue antiche, le quali vengono guardate oggidì quai modelli di perfezione, chi le curerebbe, se non avessero in sè quell'ultima squisitezza che diede loro la diligenza, la quale tanto apparisce in un torso, quanto in ogni altra parte del corpo? In somma questa si può dire la migliore e più utile maestra di tutte l'arti; e dov'ella mette l'ingegno suo, vi sarà celebrità e stima in tutti i secoli; oltre all'essere le cose uscite di sua mano accette nel presente. Ma io veggo per lo più tutto il contrario: e principalmente in quelle arti c'hanno in sè nobiltà, perchè si stimano ispirate dalle Muse. Non voglio dire come io intenda qua e colà a parlare comunemente della pittura, della poesia e dell'eloquenza: nè come venga lodato chi più repentinamente sa guidare a fine un'opera, non chi la fa migliore. Io n'avrei forse il biasimo di maldicente, come so che mi vien dato in più luoghi senza mia colpa; e ragionerei di cose che ho già dette più volte senz'alcun frutto.

SIGNOR OSSERVATORE.

Dappoichè non avete voluto mai leggermi segretamente quella Novella allegorica che mi diceste d'aver tratta non so di che luogo, con tutto l'obbligo e la parola che vi legava, vi cito pubblicamente a stamparla ne' vostri fogli. Sia ciò per castigo dell'aver mancato. Addio.

MIO SIGNORE.

Orsù, comparisco alla vostra citazione, ed eccovi la Novella. Spiacemi solamente che in essa entri Giove, almeno nel principio, essendo egli entrato poco fa anche nel *Crivello della Fortuna*. Tuttavia, non volendo esser io più rinfacciato, la do allo stampatore.

LA RAGIONE E AMORE.

NOVELLA ALLEGORICA.

Era, per la malignità invecchiata negli animi umani, fuggita la Ragione dal mondo, e salita all'altissimo Olimpo a querelarsi della stirpe de' mortali dinanzi a Giove. Ma la querimonia sua maggiore la face⌐

contra l'iniquo figliuolo di Venere, lo scapestrato Cupido, il quale non contento delle nobili vittorie riportate nel cielo, era disceso sulla terra, e avea messo ogni cosa a scompiglio e a romore. "Costui," diceva ella, "non sì tosto i teneri fanciulli maschi e femmine hanno acquistato facoltà di sciogliere la lingua, ch'egli con le sue maliziose parole a poco a poco entra loro nel cuore, per modo che in que' primi loro anni, i quali erano una volta tutti semplicità ed innocenza, divengono, a guisa di volpicelle, maligni, arroganti, ed acquistano tanta protervia, che a me non basta più la forza di reggerli secondo l'uffizio che da te mi fu dato. Tu sai che, prima della venuta di lui sulla terra, io avea sì scompartite l'opere degli uomini e delle donne, che gli uni non si tramettevano mai nelle faccende dell'altre, nè queste di quelli. Io avea fatto conoscere che la femmina dovea con una gentile ubbidienza rendersi grata ad un uomo, e che questi all'incontro dovea per gratitudine di sì dolce cortesia essere suo buon amico e compagno. Stimavansi insieme un vicendevole soccorso l'uno dell'altro; e tanta era la concordia e l'armonia di loro stato, che non si sentivano mai lamentazioni nè dispetti. Mise tutto a romore e sossopra l'importuno Cupido. Gareggiano al presente uomini e femmine in ogni cosa, per modo che dal fare i figliuoli, e da una certa poca diversità di vestito in fuori, appena conosceresti gli uni dall'altre. Io non posso più proferire parola, nè dire: In altri tempi non si faceva a questo modo; perchè ne vengo chiamata co'vergognosi vocaboli di rantacosa,[1] d'antichità, e con altre simili villanie. Sicchè per lo mio meglio ho deliberato di partirmi di là, e ritornarmene in cielo a domandarti un asilo quassù, perchè fra quelle bestiacce io non ritroverei più quiete."—"Bella guardiana e custode delle genti avea io mandato nel mondo," rispose Giove, "la quale a' disordini de'popoli non ha saputo ritrovare rimedio migliore che il fuggir da loro, e lasciare il campo aperto a quel capestro[2] d'usare tutte le capestrerie ch'egli vorrà sulla terra!"—"E perchè mai," rispondeva la Ragione, "lasciaste voi penetrare fra gli uomini quella peste?"—"Perchè," ripigliava Giove, "c'infestava sempre quassù; e non volendo io che cotesta inquietudine sturbasse continuamente l'Olimpo, gli diedi bando di qua, e lo lasciai andare dov'egli volle." — "Se voi (e sia detto con licenza della Maestà Vostra)," disse la Ragione, "l'avete scacciato di qua, per non poterlo comportare, io non potendolo sofferire di là, nè avendo autorità nè forza di sbandirlo, me ne sono venuta via io medesima." Arrossì Giove nell'udire la libera e ragionevole risposta di colei, e fu

---

N° XXXIX.   A dì 17 giugno 1761.

---

quasi tentato di voltar via, mostrando d'aver faccenda, o di non avere inteso, come fanno i personaggi di merito, quando hanno il torto: ma pure facendo buon viso, e volendo quanto potea sostenere la sua opinione, seguiva a garrirla e a dar la colpa alla sua poca vigilanza di tutto quel male ch'era avvenuto. "Io non so," diceva ella, "quale Iddio[3]

[1] *Rantacosa.* Catarrosa.
[2] *Capestro.* Dicesi d'un malizioso e scellerato.
[3] *Io non so quale Iddio* ec. Il più solenne giuramento per i Greci e per i Latini si ——a prendendo Giove a testimonio delle proprie parole.

chiamare in testimonio della verità, essendomi tu contrario; ma sì ti dico io bene, che volendo tu concedermi quanto io ti dirò, egli mi darebbe l'animo di farti conoscere chiaramente che sono quella vigilante custode che tu non credi."

"E che vorresti tu ch'io facessi?" le disse il figliuolo di Saturno; a cui ella rispose: "Sire, s'egli a te piace di fare sperienza dell'attività, mia nel reggere gli uomini, tu me gli hai a consegnare tali sotto il reggimento mio, che non sieno già guasti e corrotti; sicchè la corruttela de'padri, passando nei figliuoli, non faccia ostacolo alla mia antivedenza e alle mie leggi. Ma ciò non è ancora a bastanza: io ti chieggo che colà, dove da te mi sarà questa novella nazione conceduta, non sia giammai lecita l'entrata a Cupido. Cotesto pessimo perturbatore di tutti gli umani e divini statuti, penetrando nel novello popolo. quasi un lievito nel pane, in breve tempo lo mi renderebbe agro e di maligno sapore. Giuri egli per la palude[1] tanto temuta dagl'Iddii, che non entrerà; e io ti prometto una nobilissima sperienza della mia attenzione." Così affermò Giove; e fatto venire a sè l'iniquo fanciullo, gli fece, parte con minacce e parte con le preghiere, far il solenne giuramento. Rideva in suo cuore il ladroncello, e quasi avvedutosi del tratto, mentre che giurava di non entrare, aggirava per la mente in qual forma potesse gabbare il giuramento, Giove, la Ragione, gli uomini quanti erano, e quanti n'aveano a venire in tutto il corso de' secoli.

Intanto la Ragione, trovatasi un'isoletta segregata da un lontanissimo mare da tutte l'altre parti del mondo, e quasi tutta incoronata all'intorno da altissimi e dirupati monti, con una bocca sola dalla parte di mare, che facea piuttosto una picciola apertura piena di scogli e massi, che porto o seno da potervisi dentro arrestare, quivi incominciò a fare la sua dimora.

Il greco manoscritto, donde venne tratta la presente istoria, è d'alquante pagine mancante; onde non si sa qual modo tenesse Giove per mettere nella detta isola uomini nuovi, acciocchè venissero dalla Ragione educati. Ma è da credersi ch'egli v'usasse alcuno di quegli artifizi che si trovano nelle Metamorfosi d'Ovidio, cioè di scambiare o i sassi, o le formiche, o i denti di serpente, o altro in uomini e femmine. Benchè voglio piuttosto credere che gli desse in mano della Ragione fanciulli in fasce, e ch'ella gli facesse poi allattare dalle capre, o da altro animale sì fatto; poichè la storia segue a parlare, ch'erano già pervenuti agli anni quattordici dell'età loro. E a questo punto il manoscritto ritorna intero, e segue la sua narrazione in tal forma:

Erano i novelli popoli, da Ragione governati, pervenuti a quell'età in cui gli uomini e le donne altrove incominciano a valersi del proprio cuore negli uffici della vita, e a divenire ostinati contro le leggi d'essa Ragione. Erano quivi all'incontro ad essa così ubbidienti, che ogni cosa facevano la quale venisse da lei ordinata: anzi non ardivano d'alzarle gli occhi in faccia; perch'ella veramente usando piuttosto il rigore, che la piacevolezza, pensava più al farsi temere, che al farsi amare. Sviluppavansi intanto i giovanetti animi con tanta innocenza, che il fatto

---

[1] *Per la palude* ec. Gli Dei giuravano, ed era giuramento inviolabile, per le acque fangose di Stige.

loro era una semplicità a vedersi; ma una semplicità tuttavia, nella
quale vedeansi i semi di quelle maliziette che sono in tutti gli animi
umani fin dal principio della vita loro seminati; perchè l'altissimo Giove
volendo fare sperienza della Ragione, glieli avea bensì consegnati innocenti, ma con que' medesimi principii che hanno nel cuore tutti gli
abitatori dell'altre nazioni. Vedevasi quivi Corinna sull'orlo d'una
chiara fontana specchiarsi dentro la prima volta, e atterrita mirare il
suo aspetto in quella; ma a poco a poco avvedutasi che l'era la sua
immagine, uscire quasi di sè per l'allegrezza, e fornirsi di fiori per
vederlavi nell'acqua più bella. Coglievala in sul fatto Ragione, e di là
ne la rimandava con certe sue scuse che non appagavano punto Corinna; la quale comecchè si mostrasse allora ubbidiente, pure di furto,
quando potea, ritornava alla fonte a farvi l'ufficio di prima. Più impacciata era la Ragione con Tirsi e Dorinda, i quali voleano star sempre
insieme; onde gli ritrovava in semplicissimi ragionamenti qua in un
bosco, colà sotto l'ombra d'un albero a sedere, e di là a camminare
in compagnia; tanto che non gli potea spiccar l'un dall'altra. E veramente che con essi due un giorno nacque un bello accidente alla Ragione. Avea Tirsi in un boschetto vicino udito a cantare soavemente
il rosignuolo; onde postosi in cuore di volere, s'egli potea, farne un
presente alla sua Dorinda, che sempre gli si aggirava nel pensiero, di
cheto andò fra que' rami d'onde usciva il dolcissimo canto; e non venendogli fatto di cogliere l'uccellino che cantava, il quale aperse l'ali
e se n'andò insieme con la compagna sua che si stava nel nido, e spaventata fuggì, rivolse Tirsi gli occhi al nidio in cui stavano i nuovi
uccellini tutti di peluria coperti, lo colse, e tutto lieto corse a presen-
tarlo a colei che amava troppo più che il suo cuore senza avvedersene.
L'accettò la giovinetta, ed entrambi'si diedero a mirare il fine lavoro
di quella capannella : e Tirsi narrava in qual modo colta l'avesse. D'un
ragionamento nasce un altro; onde avvenne che si cominciò a ragionare de'due uccellini che quindi erano volati. Nacque curiosità nel-
l'animo di Dorinda di voler sapere perchè que' primi avessero potuto
fuggire, e questi ultimi fossero nel nido rimasi. Raccontava Tirsi che,
standosi in agguato per prendergli, più volte gli avea prima veduti a
poco a poco a formare quel nido, che prima vôto era; che di là ad
alquanti giorni v'avea dentro ritrovate non so quali pallottoline traenti
al bianco, le quali finalmente sparite aveano lasciato luogo a que'novellini abitatori del nido. Struggevasi di voglia Dorinda di sapere più
oltre; e non cessava mai dal proferire mille imperchè, i quali ne venivano fioccando l'un dietro all'altro. E perchè que'due uccellini n'andavano così insieme ad edificare il nido? e perchè n'erano uscite quelle
uova? e perchè poi dell'uova gli uccellini? Tirsi non sapea più là di
quello che avea veduto: ella se ne disperava. Per la qual cosa volendo
Tirsi appagar la curiosità di lei, e parte anche la sua propria, le disse:
"Dorinda mia, andianne alla Ragione. Ella è la nostra maestra, e per quello
che mi pare, note sono a lei tutte le cose: ella ti appagherà di tutti
quegl'imperchè, de'quali io non saprei soddisfarti." Deliberarono d'andare a lei; ma prima l'uno, e l'altro appresso, acciocchè ella non sospettasse che fossero sempre insieme. Ma non ebbero di bisogno d'andarvi, poichè la Ragione, non veduta da loro, gli andava sempre
codiando; onde quivi apparita, domandò che fosse quello che Tirsi avea
in mano. Tirsi ogni cosa le narrò semplicemente, e venne alle domande

degl'imperchè, alle quali Dorinda rizzava gli orecchi per udire le risposte. Ma Ragione, detto loro che quelle erano opere mirabili di natura, quasi sbigottita, aggiunse che non cercassero di quello che loro non importava punto, e che intanto segregati l'uno dall'altro vivessero. Ingrognò Dorinda, e Tirsi non fu meno ingrognato dal lato suo, ed entrambi borbottavano fra'denti, in modo però che gl'intendeva Ragione, ch'essa era soverchiamente rigida; e sopra tutto non si poteano dar pace ch'ella avesse tolto loro il nidio, e peggio, che gli avesse a quel modo disgiunti.

Tali erano i caratteri ed i costumi a un dipresso de' popolani dell'isola, quando Cupido, voglioso d'accoccarla alla Ragione, pensò una nuova e non più udita malizia. "Io troverò," diss'egli fra sè, "modo di non infrangere il giuramento, e tuttavia d'entrare nella a me vietata isoletta. Giurai che non vi sarei entrato da me; ma s'io trovassi modo che gli abitatori di quella mi v'introducessero, non sarebbe questa un'azione da rendere per tutt'i secoli immortale il mio nome, e da sciogliere i legami del giuramento?" Così detto, fattasi apparire dinanzi una barchetta, ed in quella subitamente entrato, s'appiattò dietro ad uno degli scogli vicino alla picciola apritura dalla parte del mare, e quivi si stette aspettando che in sulla spiaggia fossero molti uomini e donne raunati. Indi uscito a spiegate vele, avendo comandato a' venti, a' quali avea molte cose prima promesse, quello che dovessero fare, incominciò il mare a gonfiarsi, e in quella grandissima agitazione e strepito d'acque la barchetta a torcersi ora dall'un lato ora dall'altro, tanto che giunta vicina ad uno scoglio, v'urtò dentro con furia tale, che la ne rimase fracassata e inghiottita dall'acque. Accorsero i popolani a quello spettacolo, arrampicandosi di masso in masso; e giunti allo scoglio dov'era la navicella pericolata, altro non vi trovarono, fuorchè un piccioletto fanciullo di sei anni, tutto molle, quivi sulla rena disteso, il quale, comecchè morto sembrasse, pure avea una grazia nel viso e un'aria di tale gentilezza, che a vederlo era insieme una compassione e una dolcezza. Quivi colto affettuosamente fra le braccia da quelle genti, venne incontanente dinanzi alla Ragione portato, acciocch'ella ordinasse quello che se n'avesse a fare. Erasi l'astutissimo Iddio così bene tramutato che la Ragione, comecchè accortissima fosse, non lo conobbe punto; avendo egli in ciò assecondato la sua natura, la quale conserva anche oggidì fra noi, di mascherarsi cotanto nel principio, che ne rimangono ingannati i più acuti cervelli. Per la qual cosa veduto ella un fanciulletto, il quale non potea nell'isola sua con viziati costumi arrecare alterazione veruna, e mossa a compassione della miseria di lui, fece una bellissima diceria a que' popoli intorno alla misericordia e alla clemenza debita verso gli afflitti, tanto che tutti ne piangevano, e conchiuse ch'egli vi si dovesse accettare, e trattarlo come universale fratello. S'affrettavano tutti a vicenda per confortarlo, ed essendo egli già rinvenuto e diventato così bello nell'aspetto che non parea loro d'aver bene se non si rivolgevano gli occhi a lui, incominciò ad aver libera conversazione co' fanciulli e colle fanciulle dell'isola. Da prima, quando egli udiva certe solenni semplicità, incominciava a ridere così di cuore, che tutti ne rimanevano maravigliati; e facendosi beffe della loro goffaggine, gl'invogliava a voler sapere com'egli la pensasse ora intorno ad una cosa ed ora ad un'altra; sicchè passarono pochi dì, che tutti furono benissimo informati di tutti gl'imperchè domandati da Dorinda intorno al nascimento de' rosignuoli; e tanto gli empiè tutti di malizie in un breve giro di giorni, che sdegnatisi contro alla Ragione, cospirarono contro di lei, e stabilirono di scacciarla dall'isola. Avvedutasi ella, ma tardi, della spensierata accoglienza che fatta avea al suo nemico, e punta sopra tutto dalla vergogna della bella orazione che fatta avea in lode della clemenza, si rivolse di nuovo a Giove, perchè ne facesse una memorabile vendetta con l'acute sue folgori, o collo sprofondare l'isola negli abissi immensi del mare; ma principalmente esclamava contro alla iniquità di Cupido, che scordatosi del giuramento, avea perturbato il suo regno. Risesi l'onnipossente Giove di tante esclamazioni; e chiamati a sè Cupido e la Ragione, con buone parole fece loro comprendere che l'uno e l'altra erano necessari al governo de' popoli, i quali senza il primo riuscivano piuttosto ceppi che uomini, e senza la seconda più presto bestie che altro. Per la qual cosa raccomandato all'uno e all'altra che facessero la pace, e vivessero in concordia, lasciò all'uno e all'altra il reggimento dell'isola; la quale oggidì nelle carte geografiche più non si trova.

L'OSSERVATORE.

Siete voi ora contento? O forse avete voi letto più di quello che avreste voluto? Ho adempiuto l'obbligo mio e mi basta. Da qui in poi non m'usciranno in faccia vostra promesse. Voi siete un uomo risoluto e quasi collerico, e quasi quasi con quella vostra citazione m'avevate mezzo atterrito. Ma sapete che è? Ora mi rivolgo io contro a voi, e vi chiamo anch'io a' tribunali, domandandovi pubblicamente che rileggiate quello che ho scritto con attenzione, non trascorrendo, non dormendo, non isbadigliando. Se voi non cercate di penetrare un poco addentro nel midollo delle allegorie, egli è quel medesimo come se leggeste arabico, o qualche altra scrittura ancora più occulta. Ricordatevi che siete uomo, e come tale avete un'obbligazione dalla quale non potete sfuggire, cioè di far uso del cervello e della meditazione. Io non voglio che andiate più su nè più giù di quello che possa un umano intelletto; ma dall'altro lato non voglio anche all'incontro che nel leggere facciate solamente uso della lingua o degli occhi. Io m'ingegno dal lato mio d'adoperare nello scrivere qualche cosa più che la mano, e però prego voi ancora ad adoperare qualche cosa più che le membra esteriori nel leggere. Fatelo di grazia e sono tutto vostro.

N° XL.   A dì 20 giugno 1761.

SIGNOR OSSERVATORE.
                          Dalla Villa, a dì 16 giugno 1761.

Non vi diedi io forse parola che, se qua avessi trovata cosa che mi piacesse, ve l'avrei partecipata? Sono puntuale: fo l'obbligo mio, vi scrivo. Del viaggio non vi dirò nulla. Secondo l'usanza di questi dì fummo amichevolmente accompagnati dalla pioggia, tanto ch'io credetti, prima d'uscire del burchiello,[1] che s'avesse a mandar fuori qual-

---

[1] Il Burchiello. Era un battello coperto di cui si faceva uso per viaggiare sui fiumi, tmente sulla Brenta, lungo le cui rive sorgevan, la più parte delle ville dei signori

che uccellaccio per sapere se la terra era coperta d'acqua, o no; e quasi toccò la sorte a Giammatteo N., che per essere d'una carnagione piuttosto nera, e gracchiar sempre, v'era chi volea prenderlo per le lacche, e gittarlo fuori da un finestrino per corbo. Non vi fu bisogno, perchè la poca perizia del nocchiero ci fece dare nella palude in secco, e quivi stemmo un buon terzo d'ora, spaniandoci a fatica; tanto che Giammatteo venne assoluto dal volare, e io credetti che il nostro Roberto, il quale è tutto fretta e sollecitudine, morisse di rabbia, vedendo il burchiello impacciato in quel caso, e spingeva con la faccia per dare aiuto a'marinai che appuntavano il petto al remo. Nell'andare non vi fu altra novità: se non volessi dirvi che quasi tutti giocarono quasi sempre a carte; ma questo si fa sempre anche in Venezia. Giungemmo finalmente a casa, che s'erano diradate le nuvole, e vedeasi fra esse il sole or sì, or no, onde si cominciò a sperar bene, e a gridar tutti d'allegrezza, salutandolo come una cosa nuova, o almeno come si fa ad un amico il quale ritorni dal suo viaggio dopo lungo tempo. Quel giorno si passò così. L'altro fu sempre nuvoloso; onde non potendo uscir di casa per timore che ci cadesse un buon riverso di pioggia addosso, nè sapendo che farci, cominciammo a mente ad ordinare una festa da ballo a'nostri vicini villani; e fu inviato per trombetta quel nostro Giammatteo nero, ch'era stato risparmiato dal volare: il quale si portò da valentuomo nel suo ufficio; e andò per quante casipole, capanne, tuguri e tane v'erano, lontane fino ad un miglio e mezzo, invitando a uscio a uscio, con tanto disprezzo di suo corpo, che ritornò indietro col fango fino alle ciglia, il qual mezzo secco, facendo crosta a quel colore di noce, era un vedere maraviglioso. Dal nostro lato s'apparecchiò una saletta con tutta quella decenza che si poteva più degna delle persone invitate; perchè, secondo la semplicità villereccia, vi furono sbanditi non solo gli argenti, ma tutti gli altri metalli, e si raccomandò la faccenda al nostro castaldo, il quale è un zoppettino d'ingegno, che conficcò certi legni incrocicchiati nel muro che doveano servire all'illuminazione. Io non so in effetto quello che siamo noi donne. Voi udite che la cosa non era di molta importanza; e non s'avea ad aver persone da prendersi certi pensieri; e con tutto ciò io non fui contenta di comparire alla festa con una vestetta, che non era però nè vecchia nè mal fatta; ma volli acconciarmi e vestirmi, come s'io avessi aspettata la più scelta compagnia del mondo. Ma mi scuserete, s'io vi dirò che fra'nostri c'è uno ch'io avea voglia che mi vedesse con un vestito indosso, col quale non m'avea più veduta; di che s'accorse anche alcuno, e mi motteggiò all'orecchio; e io arrossii, e mi adirai anche un pochetto, bench'egli non avesse il torto.

Vedete s'io vi scrivo tutto liberamente come vi promisi. Intanto venne l'ora assegnata, ed ecco a poco a poco che i nostri ballerini ne vengono, uomini e donne, in frotta, vestiti da festa quanto poteano, con certi cappellini e berrettini in capo alla sgherra i maschi, e le femmine co'capelli intrecciati di cordelline vermiglie, col mento in seno, e con gli occhi per lo più voltati alle punte de'piedi, o alzati così un pochetto per lato quando voleano guardare qual cosa. Quattro de'no-

veneziani. Il Goldoni così lo descrive· « Nulla di più comodo di questo naviglietto, chiamato Burchiello. Consisteva in una sala e stanza contigua, coperte di legname, con balaustrato soprapposto, ed ornato da specchi, pitture, sculture, scaffali, panche e sedie della maggior comodità. » (Memorie, parte I, cap. XII.)

etri compagni cercavano le tastature degl'istrumenti;[1] tutti gli altri di
casa fecero i convenevoli, e a grandissima fatica ci riuscì di far mettere a sedere le villanelle, le quali rispondevano con un ghigno a tutte
le ceremonie, e stavano salde come pilastri, sicchè ci convenne pren-
derle alle braccia ciascuna, e ripiegarle quasi a forza chi volle che se-
dessero. Quello che mi fece maravigliare in quest'atto, si fu che ognuna
in tal dibattimento alzò gli occhi ad alcuno de' suoi compagnoni, e
ciascheduno d'essi guardò chi guardava lui; e v'era un risolino senza
parole dall'una parte e dall'altra, tanto che ad un tratto in quell'ingenuità si scoperse il cuore di tutti. E più si manifestò, quando datosi
negli strumenti, corse ognuno senza altri rispetti ad abbrancare quella
che guardato l'avea poco prima, e si cominciò a fare una danza che
andava alle stelle. Oh! che gagliarde ginocchia! io non ho potuto far a
meno di non meditare che genti allevate nelle fatiche e tra gli stenti,
pasciute male, hanno così vivi muscoli e nervi, quando noi che viviamo
nella bambagia, standoci a sedere, dormendo quanto gli occhi ne vogliono, appena abbiamo fiato da camminare; e non dico noi donne solo
no, ma i maschi ancora. E poi quell'allegrezza quando l'abbiamo noi
nelle nostre feste? Che non sì tosto cominciarono i ballerini a riscaldarsi, egli si vide a brillare negli occhi di tutti una vivacità ed un vigore che veniva sin dal fondo delle viscere. Vorrei che aveste veduto
il gambettare[2] e gli scambietti; ma più che ogni altra cosa que'cenni
co'quali fanno all'amore, e che servono loro, cred'io, in iscambio di
polizze e d'espressioni cordiali. Io n'ho veduti a parlare con un gombito, con una spalla, con le calcagna; e bisogna bene ch'io non sia
cotanto rozza in coteste baie, dappoichè la prima volta che udii questo
linguaggio, intesi benissimo quello che voleano significare; e quello che
più mi piace, è breve, conciso, e contiene in poco molta sostanza. Ven-
nesi a'rinfreschi. Immaginate che non vi furono nè liquori ardenti, nè
cose gelate, nè vi s'usarono chicchere o bicchierini da rosignuoli. Ognuno
succiò quanto seppe, e furono cotanto gentili che accompagnarono un
brindisi con le riverenze.

Mentre che i ballerini erano occupati in altro, mi venne voglia
di fare un minuetto.[3] Con mia gran maraviglia vidi che, mentre io danzava, non vi fu chi mi curasse punto, se non che diedero un'occhiata
a me, ed una al compagno che danzava meco. e poi guardandosi fra
loro sottecchi sorridevano, perchè quella serietà non dovea piacer loro,
e meno quello starsi lontani l'uno dall'altro; e udii scoppiare due o
tre in un certo riso maligno, vedendo con quante cirimonie vanno
l'uomo e la donna al darsi la mano; e quanti passi s'hanno a fare
prima di giungervi, e con quanta armonia s'allunga il braccio prima
di toccare due dita. Oh! importava bene che si facessero tanti convenevoli per così picciola faccenda! disse uno a mezza voce, e io l'adoc-
chiai, che fece anch'egli l'atto del braccio, e diede di che sghignazzare alla brigata. Ci parve tempo di non isturbare altro l'allegrezza
loro con le nostre danze; e si rinnovò la furia, che durò quasi fino al
giorno. Ognuno andò alle sue case più rubicondo e di buona voglia
che prima, balzando per le strade e ridendo, senza un pensiero al

<hr>

[1] *Cercavano le tastature degl'istrumenti.* Accordavano gli strumenti.
[2] *Il gambettare.* Dimenare le gambe.
[3] *Un minuetto.* La danza dei signori nel secolo morso, tutta compassati atteggiamenti, inchini e riverenze.

mondo. Volete voi ch' io v' aggiunga una riflessione che non, aspettere-
ste mai? Non mi stimate una fraschetta, nè una civetta. È un pensiero filosofico, qual si conviene ad una donna. Non vi dico ch' io sia
bella; ma sono stata altre volte alle feste, e venni guardata e corteggiata da molti giovani che quivi erano, e preferita a molte altre. In
verità che fra le villane io era uno de' migliori visi che vi fossero; e
oltre a ciò, i miei capelli erano benissimo acconci, i vestiti galanti, e
ogni ornamento molto più grazioso che quello delle contadine. E tuttavia non vi fu uno di que' giovanetti villani che mi guardasse appena.
Io non avea già voglia di ciò; ma lungo tempo sono andata fantasticando per trovarne la ragione, e non mi dà l'animo ancora di ritrovarnela. Sia qual si voglia, non mi darò altra briga. Se altro accaderà
di nuovo, avrete mie lettere; se non accaderà, tacerò con la scrittura,
ma con l'animo sarò sempre vostra affez. amica

                                                        R. L.

Suave, mari magno, turbantibus æquora ventis
E terra magnum alterius spectare laborem.

                                                        Lucr.

È dolce cosa standosi in terra, mentre che nel-
l'enfiato mare i venti conturbano l'onde,
guardare l'altrui agitazione.

Chi non acquista da sè con la riflessione un poco di tranquillità
d'animo, non ha mai un bene. Ho veduti alcuni a temere e a dolersi
non solo di cose presenti, ma cotanto ingegnosi, che ingrandiscono
colla fantasia tutto quello che dee essere di qua ad un mese, o di qua
a due, o più là ancora; a starsi in perpetua malinconia di quello che
non è, e che non sarà forse mai. Il tempo passato mi pare che sia la
regola migliore per governarsi nell'avvenire. Tutte le calamità avve-
nute sono più certe di quelle che debbono succedere, e tuttavia le sono
trascorse, e tu se' vivo e sano, e le ti servono oggidì d'argomento per
intrattenere altrui ragionando, e forse per ridere. Così avverrà pari-
mente dell' altre che t'avranno ad accadere ancora. Io mi sarò, per
esempio, levato stamattina sano, gagliardo, e non ho un segno d'infermità; e tuttavia, s'io non saprò custodirmi contro gli assalti del mio
cervello, in iscambio di consolarmi del mio stato buono, andrò fantasticando che potrei ammalarmi; e s'io odo a dire: Il tale ha la febbre; o: La mal'aria di questi dì fa infreddare; mi porrò le dita al
polso, sotto il mantello, o tossirò due o tre volte per isperimentare se
il polmone avrà già presa l'aria maligna. Pericola una barca in mare,
e mi vien detto. Mi querelo incontanente della mala fortuna, come s'io
fossi in alto mare in burrasca; non per compassione di coloro che si
saranno annegati, ma perchè, quantunque io non anderò mai di qua
in Istria, mi par d' esser anche soggetto alle burrasche, anzi mi sembra
d'esservi in mezzo. Come può aver mai bene un uomo così fatto, a cui
par d'essere per tutto il mondo, quando col corpo suo tien tanto luogo
di qui colà, che le disgrazie appena sanno dove trovarlo? A questi dì
sono stati molti mali tempi. Ho udite genti, che non hanno un palmo
di solco, a querelarsi delle tempeste, e a far descrizione di campagne
inondate come se tutto il danno fosse tocco a loro. Due spanne di

ventre che tu hai a riempire per un anno, non meritano tante lamentazioni. Di qua a parecchi anni racconterai a' tuoi figliuoli questa novella del 1761, come già udisti raccontare quella del gran ghiaccio del 1709, e come racconti tu medesimo quella di non molti anni fa, che agghiacciarono le lagune. Non ti pare un bel che oggi a dire: Qua dove ora scorrono le barchette, viaggiavano le carra e gli uomini con le robe e altre maraviglie? queste rimangono, e il freddo nè il ghiaccio non sono più. Se scoppia un tuono dalle nuvole, ho veduto a turarsi gli orecchi, come se ogni cosa dovesse esser folgore; e, quel ch'è peggio, impallidire, borbottare, tremare. S'io empiessi con le membra mie dieci o dodici miglia di terreno, vorrei tremare a nervo a nervo. Più ragionevole sarebbe a dubitare che fra le migliaia di cammini, uno te ne cadesse addosso mentre che vai, o una finestra, o una stanga, o altro. Se tu se' a tavola, non mangi boccone che, non l'abbi studiato prima, e non abbi sospettato che sia di calida o di fredda qualità, o nocivo al tuo stomaco. Non vedi tu che, secondo i giorni, oggi smaltisci le più dure carni, e quasi il ferro, come lo struzzolo, e domani t'aggrava un pan bollito? Perchè vuoi tu dunque fantasticare, che dentro non ti vedi, e se ti vedessi, non sapresti quello che ti giova o nuoce, come poco lo sanno coloro che 'hanno studiato pel corso di tutta la vita le più minute parti del corpo umano? Chiudi usci, finestre, fessure, perchè temi la forza dell'aria. Anche questa fa gli effetti suoi, secondo che ti trovi disposto. Un tramontáno[1] crudele, che soffia a piena bocca e ti dà nel capo, non ti fa verun male un giorno; e un ventolino impregnato d'odor di fiori, che ti tocca il mantello appena, ti farà, un altro, andare a letto, e sfidare da' medici.[2] In breve, se l'uomo non s'avvezza a godersi onestamente di quel poco di bene che ha al presente, e avrà sempre il capo pieno di sospetti, d'angosce e di paure di quello che non è ancora, o di quello che probabilmente non offenderà lui, io non so ricordargli altro rimedio, fuor quello di sotterrarsi.

Nº XLI.   A dì 24 giugno 1761.

Hostis adest dextrâ, lævâque a parte timendus.
OVID.

A destra e a sinistra ha un terribile nimico.

Perchè non se' tu oggi quello che fosti ieri, e perchè non sarai tu domani quello che se' oggi? Così si potrebbe dire a certi uomini che scambiano umore d'ora in ora, anzi di minuto in minuto, tanto che a far conversazione con esso loro, per parecchi anni, egli è sempre come un conoscergli la prima volta: tanto riescono nuovi e variati di giorno in giorno. È quello che più mi sembra strano, si è ch'egli par loro di essere sempre una cosa medesima. Se oggidì, per esempio, uno di questi sì fatti è tranquillo, e parla del suo temperamento, tu l'odi a dire: Quanto è a me, non è cosa ch'io abbia più in odio del prendere alte-

---

1 *Tramontáno.* Vento di settentrione.
Sfidare da' medici. Dichiarar perduto.

razione di caso veruno. Bella mi pare la pace, e tento di serbarmela nel cuore, come il più caro e prezioso gioiello che sia al mondo. Io gli presto fede, e tanto più perchè gli veggo buonviso, odo parole gentili, e mostra buon garbo in tutto. Domani gli vo incontra con un saluto libero, con affabilità di parole, e trovo un aspide. Dirà: Il temperamento mio non è uso a sofferire. Io era putto tant'alto, che diedi segno d'una certa delicatezza di cuore sensitivo. Mi sono allevato sempre ad un modo. Non sia chi m'offenda, chè sono uno zolfanello. Ardo in un subito. Così tu lo trovi innamorato perduto un dì, che metterà le donne in cielo; un altro non può patire di vederle: e in somma non sa quello che voglia, chi sia, nè che si faccia. Non è al mondo difficoltà maggiore che l'aver faccenda con uno di tali uomini, co'quali non puoi apparecchiarti a nulla, e avrai del tutto a dipendere dal loro capriccio. Moglie, figliuoli, congiunti, amici, servidori, tutti sono impacciati. Mi par di vedere una di coteste femminette più presto mondane che del cielo, la quale per far che i suoi zerbini pensino sempre a lei, ora la si trova infermiccia, ora scherzevole, poi ingrogna, poi ride; appresso ti domanda una cosa, quando gliene arrechi, la gitta via, e per giunta ti svillaneggia della tua attenzione; sicchè stai seco sempre con due cuori in corpo, de'quali l'uno ti dice: Fa': e l'altro, No: e intanto temi continuo di far male, e hai un tarlo che ti rode. Il medesimo costume io credo che sia tenuto per lo più artifiziosamente anche da cotesti uomini, ch'io chiamerò disuguali. Costoro parte sono e parte si mostrano lunatici, acciocchè i domestici e gli amici studiando come possano indovinarla in quelle tante diversità, pensino intanto sempre a' fatti loro, e abbiano una continua dipendenza dagli atti che fanno, dall'occhiate che danno, dalla prima parola ch'esce loro di bocca la mattina, tanto ch'insegnano strologia a chi gli pratica; e se uno avrà saputo vivere in lor compagnia parecchi anni, può leggere in cattedra [1] di quest'arte. Avrei molti esempi da arrecare innanzi di sì fatti temperamenti, e sarebbe di necessità l'addurne alcuno, perchè dicono i maestri che non è cosa la quale più insegni dell'esempio. Ma un solo ne sceglierò, il quale ha in sè un certo che di piacevole, e mostrerà come uno di questi tali venisse deriso, e come fossero le sue fantasie gastigate da un bell'umore.

NOVELLA.

Fu già un pittore, non mi ricorda ora in qual paese, il quale nell'essere capriccioso vinceva ciascun altro de' suoi pari; e comecchè nell'arte sua fosse valentuomo e perito, pure egli era continuamente così diverso da sè medesimo, che Giobbe si sarebbe disperato seco. Egli era sopra ogni altra cosa peritissimo nel fare ritratti, per modo che dipingendo uno, parea la natura medesima che l'avesse rifatto; e se il pennello suo avesse potuto far parlare, non mancava altro a dire Questa tela ha vita. Avrebb'egli avute le maggiori faccende della città ma era così solennemente lunatico, che pochi volevano impacciarsi seco: perchè lasciamo stare ch'oggi egli volesse dipingere, e poi stessi quindici giorni che non voleva udirne a parlare (essendo questa quasi usanza comune di quell'arte); il peggio era che secondo il suo umore

---

[1] *Leggere in cattedra.* Essere maestro.

volea che acconciassero la faccia coloro che andavano per farsi dipingere; tanto che s'oggi egli era lieto, egli ti facea adattare innanzi a sè con un sorriso fra le labbra, e così ti dipingeva quasi fino a mezzo; e se frattanto gli si alterava la fantasia, e gli veniva per l'animo qualche tristezza, cancellava ogni cosa, e volea che tu gli presentassi una faccia malinconica, e tornava da capo; nè mai avrebbe terminato un lavoro, che in parecchi dì non t'avesse fatto scambiare più volte, secondo ch'egli era dentro; tanto che non si sa com'egli potesse mai condurre alla fine un'opera con quella perfezione ch'egli facea. A ciò si potrebbe aggiungere il fastidio dell'essere seco alle mani; perchè un giorno ti facea la più grata accoglienza del mondo; un altro, poco mancava che non ti mordesse o ti lanciasse pennelli e tinte nella faccia, e arrabbiava come un cane. Era costui divenuto sì celebre tanto per l'arte sua, quanto per le sue fantasie in tutta la città, che non v'avea chi nol conoscesse; e facendosi un giorno ragionamento di lui in un cerchio di persone, trovavasi quivi per caso un certo Pippo, uomo piuttosto volgare, ma di piacevole natura, e di motti e burle inventore così presto e caro, che in ogni luogo era richiesto e volentieri veduto. Udito Pippo le nuove cose che si raccontavano del valente pittore, disse: "A me, signori, darebbe l'animo di far vendetta di tutti quelli che furono da lui co' capricci suoi tribulati, se alcuno di voi mi vestisse per due ore in modo ch'io potessi parere qualche gran signore." — "Sì, sì," disse ognuno; e in breve gli fu promesso un vestito da farlo parere un re, non ch'altro, quando egli avesse voluto; ond'egli, quasi fosse pur giunto allora alla città, mandò un suo amico informato della faccenda al pittore, il quale gli dicesse le maraviglie di sua nobiltà e ricchezza, e gli promettesse non so quali centinaia di scudi per parte sua per fargli il ritratto. Il suono di tanti scudi fu volentieri udito dal pittore; oltre a' quali non era anche picciola la speranza de' bei presenti che gli avea data il sensale; affermandogli che il forestiere non avea mai trovato in alcuna parte dell'Europa chi l'avesse saputo dipingere; e che avendo udita la sua gran fama, avea a bella posta varcato molto mare, e grande spazio di terra trascorso, per avere un ritratto di sua mano. Gli uomini più strani e bestiali all'udire danari, e all'essere grattati nell'ambizione, si rallegrano grandemente, e diventano di buon umore. Fecesi l'accordo; venne l'assegnato giorno, e Pippo andò alla casa del pittore, accompagnato da una mascherata di staffieri, vestito che parea un duca. Il pittore gli fece gentilissima accoglienza; Pippo gli fu grato, lo commendò della sua gran fama, si pose a sedere, trasse fuori un oriuolo d'oro, lo fe sonare, per saper, diceva, a quale ora si cominciava il ritratto; e nell'atteggiamento delle dita scoperse che l'erano fornite di splendidissime anella; e si pose a sedere. Il pittore noverava gli scudi con la memoria, e tanto più gli parea d'avergli in mano, perchè l'originale gli parea facile ad imitarsi. Avea Pippo un visaccio largo, con certi lineamenti, o piuttosto colpi sì fieri. che l'avrebbe quasi ritrattato ogni uomo col carbone: bocca larga, labbra grosse, colorito piuttosto pagonazzo che vermiglio, occhi grandi e celesti, e uno sperticato nasaccio, verso le ciglia schiacciato, e appuntato sopra la bocca. Ma la cosa non era però sì agevole, come avea il pittore stimato. Avea Pippo una certa attività di natura, da lui coltivata per muovere a riso, ch'egli quando il volea, potea con un picciolo urto della mano rivolgere la punta di quel suo nasaccio ora a destra e ora a sinistra, la quale ora di qua, ora di là s'arrestava dov'egli volea, che vi parea piantata naturalmente. Postosi dunque dall'un lato Pippo a sedere, e accónciosi[1] come dovea stare a volontà del pittore, incominciò questi a fare i suoi segni; adocchia il viso, adocchia la tela, mena la mano, era quasi condotto a fine il primo disegno. Parve a Pippo che fosse tempo; e dato d'urto con due dita furtivamente al naso, lo fece piegare dall'altra parte, come si farebbe d'una di quelle banderuole che s'appiccano alle lucerne.[2] Il pittore, alzati gli occhi alla faccia, trova quella novità, e fra sè dice: " Ho io le traveggole? che ho io fatto qui?" indugia un poco, fregasi gli occhi, e tace; ma pur vedendo il naso contorto all'altro lato, e credendo che l'error fosse suo, si tacque, e acconciava il disegno. Pippo si stette a quel modo due ore, e il ritratto era già molto bene avanzato, ed era più volte anche levato in piè per vedere; e quando gli parve a proposito, ritocca di nuovo, e volta il naso dall'altra parte, che parea impiombato. Il pittore guarda, e smemora; chè gli parea d'essere impazzato. Pure tanto poteano nell'animo suo quegli scudi, ch'ebbe pazienza, e da due volte in su ritoccò ancora il ritratto; ma finalmente perduta la sofferenza, e non potendo più durare a vedere un naso che non istava mai saldo, gittato a terra i pennelli e la tela, gridò: " Cotesti nasi, che non sono stabili, vadano a farsi dipingere al diavolo."—" E cotesti pittori," rispose Pippo, " che non sono mai d'un umore, non abbiano altri nasi da dipingere." E ognuno se n'andò a' fatti suoi, l'uno co' suoi capricci, e l'altro col suo naso a banderuola; l'uno a bestemmiare, e l'altro a ridere del passato accidente.

SIGNOR OSSERVATORE.

La novelletta da voi narrata della danza de' villani m'ha fatto invogliare d'udir qualche altra cosa di quella condizione di genti. Non sarebbe male che fossero anche i loro costumi osservati. Quella natura semplice è quasi lo sbozzo della bene educata. Essa diede alla poesia bellissimi argomenti, e l'egloghe e le rappresentazioni pastorali ci vennero di là. Avreste voi qualche cosa a questo proposito? Se l'avete, pubblicatela; credetemi che non sarà discara. Molti filosofi sotto il velame degli animali espressero varie cose utili alla morale. Plutarco[3] fece ragionare le bestie con Ulisse; il Gelli[4] prolungò l'invenzione nella sua Circe; il Firenzuola,[5] seguendo altri filosofi, compose anch'egli ragionamenti di bestie. Avrebbe più del naturale il far ragionare uomini di villa. Pensateci, e vedrete ch'io dico il vero. State sano e credetemi
vostro buon amico   S. R.

---

[1] *Accónciosi.* Accomodatosi.
[2] *Lucerne.* Qui sta per comignoli.
[3] *Plutarco.* V. la nota 5 a pag. 5.
[4] *Il Gelli.* Arguto scrittore fiorentino del secolo XVI. Compose una serie di dialoghi intitolati *La Circe,* in cui pigliando le mosse da un episodio dell'*Odissea* d'Omero, introduce Ulisse che nell'isola di Circe ragiona con parecchi dei suoi compagni tramutati in animali. Questa invenzione fu ripresa anche dal nostro Gozzi, del quale si leggeranno più innanzi i dialoghi d'Ulisse nell'isola di Circe.
[5] *Il Firenzuola.* Elegantissimo scrittore toscano del 500, autore dei *Discorsi degli animali,* che sono apologhi dove, mettendo in scena le bestie, si dànno ammaestramenti

L' Osservatore.

Certo io so che potrei con qualche invenzione metter mano anche ne' semplici costumi della villa, e dire qualche cosa di quelle genterelle allevatesi da sè, e che assecondano più la natura che altro. Ma chi mi scrive, o non sa, o non vuol considerare che noi siamo oggidì giunti ad una certa squisitezza, o piuttosto fastidio di pensare, che s' io ne scrivessi, potrei esserne avviato da chi legge a prendere la zappa e la vanga, e fare lo scrittore fra gli uomini di villa. Comecchè sia, do parola a chi mi scrisse, ch' io procurerò da qui in poi d' appagarlo, e di tentare al meno s' io vi potessi riuscire. Non pochi anni della mia giovinezza [1] gli ho consumati fra' boschi e nelle campagne; tanto che ho avuto agio, secondo la mia inclinazione, d' osservare le usanze, non dico già di Titiro o di Dameta,[2] che non s' usano oggidì più, ma dell' Appollonie, delle Mattee, delle Margherite, di Iacopo, di Gianni e di Simone; e s' io volessi comparare la vita loro con altre vite più grandi, avrei di che far vedere che tutto è una cosa; salvo che quivi non s'usano tante maschere, nè ceremonie nel mostrare quello ch' è dentro. Anche quivi sono riscaldati gli animi dall' interesse, dall' amore, dalla gelosia, e da altre punture che stimolano le viscere nelle città; ma escono fuori in altro modo. In somma, così scrivendo, mi vien voglia di dirvene qualche cosa; ma abbiate sofferenza ancora qualche poco tempo, perchè io mi sono obbligato per ora a rispondere alla polizza che segue.

Signor Osservatore.

Fra l'altre buone qualità che si possono insegnare alle donne, ditemi s'egli fosse bene ch'esse imparassero un poco di poesia, e in qual forma avessero ad impararla. Non sarebbe cosa inutile che tralasciaste qualche volta di toccare i difetti degli uomini e delle donne, e cercaste piuttosto di dire quel che abbiano a fare per divenir migliori. Di tempo in tempo vi chiederò ora una cosa, ora un' altra sopra questo punto; e vi sarò grandemente obbligato se mi darete risposta. Fate sperienza. In tal guisa riusciranno più vari i vostri fogli, e diventeranno al pubblico più graditi. Son certo d' essere compiaciuto. Fatelo poi o con favole, o con allegorie, o con novelle, io ne lascio pensiero al capo vostro ghiribizzoso e malcontento di tenere le vie comuni. Addio.

---

[1] *Non pochi anni della mia giovinezza.* Il Gozzi visse nelle possessioni della sua famiglia, a Vicinale, tra il 1739 e il 1743, quando credeva di poter rimediare al dissesto dell'avito patrimonio; e a quel tempo, il più felice della sua vita, divenuto vecchio, ritornava spesso col desiderio.

[2] *Titiro... Dameta.* Nomi immaginari di pastori, frequenti nelle poesie villerecce degli antichi poeti.

Qualis ubi oceani perfusus Lucifer unda,
Quem Venus ante alios astrorum diligit ignes,
Extulit os sacrum cælo, tenebrasque resolvit.

VIRGIL.

Non altrimenti la stella della mattina, cara
a Venere più d'ogni altro fuoco celeste,
trae fuori dall'oceano il sacro aspetto, del-
l'acque sue molle, e, nel cielo apparendo,
sgombra le notturne tenebre.

A leggere gli antichi libri che corrono per le mani degli uomini, egli vi si conosce quasi in tutti i tempi una malignità e una magra invidia che róse gli uomini contro alle femmine; e si vede ch'essi hanno voluto sempre signoreggiare, e far credere che sieno stati essi che abbiano fatto bello il mondo. Chi ha piantato di qua una città; un altro con le sue leggi avrà renduto socievole una nazione; tutte le grandi imprese furono de' maschi; e se avessero potuto nasconderlo, io credo che non avrebbero manifestato nemmeno che le femmine avessero partorito, per non farne una menzione, e non dar loro almeno l'onore dell'avere popolato il mondo. Si vede un indizio di questa mala volontà ne' poeti, i quali di tempo in tempo hanno voluto darci ad intendere che dopo il diluvio di Deucalione [1] gli uomini nuovi ebbero la vita da' sassi delle montagne, e che le formiche fecero quella popolazione che fu dei Mirmidoni [2] chiamata. S'udirono mai bestialità maggiori per togliere alle donne la lode d'ogni cosa? A leggere la favola d'Orfeo, [3] così ben colorita, con tante circostanze narrata, non si direbbe che fosse vero ch'egli soletto con la sua cètera in mano traesse fuori de' boschi gli uomini salvatichi e dispersi, e gli riducesse a vivere in compagnia? Ma le femmine di que' tempi aveano più coraggio di quelle che vivono al presente; e vedendo ch'egli volea con le sue ciance mettere novità nel paese, e farle credere da nulla, l'assalirono co' bastoni e co'sassi, e lo rimeritarono molto bene della sua baldanza. Ognuno sa la sua fine, ch'egli ne fu da loro squarciato, e la sua testa gittata in un fiume. Di che poi i poeti hanno detto un gran male di quelle femmine che meritavano mille benedizioni; perch'egli oltre alla vanità

[1] *Il diluvio di Deucalione.* È una delle tante leggende dell'antica mitologia. Giove, sdegnato per le colpe degli uomini, sommerse la terra con un diluvio dal quale per la loro virtù si salvarono soltanto Deucalione, re di Tessaglia, e Pirra, sua moglie. Anzi Giove concedè a loro di ripopolare il mondo, ordinando all'uno e all'altra di camminare per la terra, buttando dietro le pietre dietro le spalle. Le pietre gettate da Deucalione divennero uomini; donne, quelle gettate da Pirra.

[2] *I Mirmidoni.* Un'altra delle favole antiche. I Mirmidoni, il valoroso popolo a cui comandava Achille, narravano a questo modo la loro origine: avendo una terribile pestilenza spopolata l'isola d'Egina, il re Eaco ottenne da Giove che venissero cambiate in uomini le innumerevoli formiche le quali uscivano dal tronco d'una vecchia quercia; e li chiamò Mirmidoni dal nome greco di quell'insetto.

[3] *La favola d'Orfeo.* È assai nota. Orfeo, musico soavissimo, colla dolcezza del suo canto ammansava le fiere. Essendogli stata tolta la diletta sposa Euridice, egli, come forsennato, imprecava alle donne. Queste celebrando i misteri di Bacco, ebbre di vino e di furore, gli si avventarono contro, lo fecero a brani e ne gittarono il capo nell'Ebro, fiume della Tessaglia che si versa nell'Egeo.

del volerle signoreggiare, avea poi anche altre taccherelle ch'io non
*le dico.

Convien rifrustar bene gli armadi vecchi e gli archivi chi vuole
trar fuori delle tenebre la verità. I pochi libri che narrano il vero delle
donne, furono sempre per invidia tenuti celati; oltre all'essere stati
scritti da'loro autori con timore e sospetto, perchè andavano contro
alla credenza o piuttosto invasnzione universale. Volle fortuna che a
questi giorni ne pervenisse alle mani uno a me, il cui autore non è
nominato, ma vedesi che antichissimo è. e scritto non so prima in quale
linguaggio, poi trasferito in greco, poi in latino, e finalmente in italiano; ma sì antico, che vedesi essere stato volgarizzato a un di presso
a'tempi di Dante. Io non intendo d'alterarne punto lo stile, acciocchè
l'antichità sua gli acquisti fede maggiore. Lascerò bensì il proemio e
alquanti capitoli del principio, co'quali l'autore fa la sua introduzione
a difendere le donne da tutte le menzogne che furono trovate contro
a loro, e a lodare le buone qualità che sono in esse, e principalmente a
bontà e grandezza che nel mondo si vede, venne
pitol
ab

CAPITOLO III.

Come Giove mandò la bella Iddia Venere dal cielo in terra a muo-
vere Floriana, perch' ella con sua virtude destasse lo mondo a
bontade.

Figliuola mia, prudenza, sapienza, e ogni scienza s'acquista da
buono maestro. e però sempre si debbono eleggere li migliori e li più
savi. Tu vedi ch'io ho fatto bello il mondo, e risplendente di sole e
di stelle il cielo. Ho sulla terra fatto verzicare alberi ed erbe, e fiori
spandere odore. Di molti belli fiumi, come cristallo l'ho adorna. Sono
nati uomo e femmina; e di molte cose ho la terra arricchita. Máncavi
lo fiore de'belli costumi. Da ora in poi io ho eletta la bella Floriana,
perchè sia la prima a spargere la buona semente de'modi onesti che
dee usare il mondo. Salvatichezza nuoce allo cuore dell'uomo e lo rode
come tarlo le vestimenta. Egli ha di sua natura duro cuore e aspro
agl'insegnamenti. Più morbido l'ha la femmina; e più atta la troverai
a quanto le vorrai insegnare. Va'dunque a Floriana, e sì le dirai ch'ella
dee le tenebre sgombrare dal mondo, e a modo di scintillante stella
del mattino discacciare l'ombre della notte. Ora va', mia figliuola, e
farai il mio comandamento. Venere chinò il capo, e al tutto si diede
ad ubbidire a quanto il padre le avea comandato.

CAPITOLO IV.

Come Venere andò a Floriana: e della bellezza di Floriana.

E allora Venere chiamò a sè uno Zefiro, e sì gli disse: "Fa'che tu
mi porti dov'è Floriana; imperocchè io ho a fare grande comandamento di Giove." E lo Zefiro le rispose ch'ella era signora di sua vo-
lontade. E incontanente s'adattò l'alie alle spalle, e prese la bella iddia
tra le braccia; e sì cominciò soavemente a calare alla volta del

mondo. In poco d'ora furono al piede d'una montagna dov'era la
grotta della bella Floriana, e quivi lo Zefiro posò suo carco, e s'involò
di là, che occhio non l'avrebbe veduto per la sua prestezza. Ora dirò
della condizione di Floriana. Era costei grande e diritta sopra sè, e
avea andatura di reina; i suoi capelli pareano oro, e avea ne'begli
occhi mistura di grazia e vigore. Lo aspetto suo fece invidia a Venere,
e le sue parole erano quasi armonia di cantare, e piene di senno. L'Iddia la salutò; ed ella si mosse incontro a lei, maravigliandosi di vedere
donna che non avea per lo innanzi conosciuta. A cui Venere disse:
"A grandi cose fosti eletta da Giove: e tu se'colei a cui è commesso
di mettere ordine allo zotico mondo, il quale non ha fiore di belli costumi. Tu vedi che ogni uomo e femmina fa che vuole; e neuno ha
guida nel fare sue opere, ma pare quasi traportato dal caso. Uno bene
ci è, che gli uomini sono per amore inclinati ad amare le femmine; e
se queste incominceranno a ricevere in sè bontade e grazia, sì vedrai
ch'eglino faranno il medesimo per esser cari a quelle, e il mondo rifiorirà per loro cagione. Io sono l'iddia Venere, a cui ha commessa Giove
questa imbasceria. Floriana, tu hai udito. Ora vieni, ch'io t'abbracci."
E Venere abbracciò Floriana, e alitò in lei un leggierissimo fiato che
avea odore celeste, e lasciolla.

CAPITOLO V.

Come Floriana, partitasi dalla sua grotta, salì in sulla montagna
del Parnaso;[1] e quello che le avvenne.

Dappoichè Floriana ebbe ricevuto l'alito di Venere, parve che le
si aprissino gli occhi; e vide che nel mondo non v'avea cosa buona.
Disse tra sè: "Di che potrò io ammaestrare le genti, s'io non am-
maestrerò prima me medesima, e non saprò quello ch'io abbia fare?"
E vennele a memoria che non lontana di là era la montagna di Parnaso, la quale avea udita più volte a dispregiare agli uomini, perchè
sulla sommità di quella s'insegnava dottrina; e disse fra sè: "Buona
dee essere quella montagna, dappoichè gli uomini ne dicono male." E così
diceva, perchè Floriana avea acuto ingegno. E partitasi dal luogo
dov'ell'era, andò alla montagna di Parnaso, e in poco d'ora giunse
alle sue falde, e cominciò a salire. Trovò che la natura della montagna
era tale, che il salire da principio era grandissima fatica, ma nello
andare sempre più s'alleggerivano le ginocchia. E da ogni lato udiva
dolcissimi canti di rosignuoli, e vedea rivoletti d'acqua scorrere; onde
dicea: "Bello è lo stare sopra la montagna di Parnaso." E andando ancora allo insù, vedea sotto di sè tutto lo mondo, e ogni uomo, che
pareano insieme azzuffarsi e cozzare l'un contro all'altro, sicchè parea
non sapessino quello che faceano a guisa di ciechi; onde esclamava:
"Bene ha bisogno il mondo di guida." Così andando le pervenne agli
orecchi un dolcissimo suono di strumenti, e a poco a poco scoperse il
divino Apollo e le sacre Muse. Alla veduta delle quali non potè fare
a meno che non gridasse: "Oh santa compagnia! Vedi come ognuno

---

[1] *Parnaso.* Monte della Grecia, sul quale ponevano gli antichi la dimora d'Apollo e
delle Muse, divinità protettrici delle arti belle e della poesia.

qui s'intrattiene in nobili intrattenimenti!" E allora si rivolsero a lei
le divine Muse e Apollo, e conobbero ch'ell'era Floriana, quella che
avea stabilita Giove a spargere fiori di bel costume nello mondo; e
graziosamente accolsono fra loro Floriana, e feciono a lei vedere tutte
loro divine arti, e gliene insegnarono in breve. Perchè gl'Iddii, che
sanno le cose con buon fondamento, brevemente le possono insegnare,
e Floriana avea grande ingegno.

CAPITOLO VI.

*Come Floriana discese dalla Montagna di Parnaso, e ritornò alla sua
grotta, dove elesse Margillina e Diantea perchè fossino sue discepole, e l'aiutassero a spargere di bei costumi nel mondo.*

"I' ti dico addio, o monte pieno d'ogni virtù," dicea Floriana; "e dico
addio a te, Apollo, e a voi, Muse: egli mi conviene di qua discendere,
a fare quello che m'ingiunse Giove:" e così detto, scese dalla montagna
e ritornò alla sua grotta. Tenne tuttavia segreto a ogni gente il viaggio che fatto avea, e tutte le dottrine che avea imparate, facendo le
viste fra l'altre femmine d'essere quella medesima ch'era prima. Imperocchè dove ognuno fa lo contrario di quello che tu fai, l'acconciarsi
in quello che tu puoi ad usanza comune, è sapienza. Ma ella pensò
bene d'allargare la scienza sua a poco a poco, ch'altri non se n'avvedesse; e prese questo modo. Erano quivi due fanciulle, l'una Margillina, e l'altra Diantea nominata. Floriana disse fra sè: "S'io le fo mie
discepole, bene me ne avverrà, dappoichè in esse è ogni capacità e
bontade d'animo e d'intelletto." E non prendea inganno. Che se mai
furono verginelle di nobile ingegno, le furono desse: e aveano da natura tanta modestia, ch'era una consolazione a vederle. Per la qual
cosa venne in cuore alla sapiente Floriana di riporre in loro ogni virtù,
acciocchè a guisa di vaselli ne la portassero intorno a farla conoscere
al mondo. Sicchè chiamatele a sè, significò a loro la sua intenzione, e
quelle ebbe ubbidienti a sua volontà; e incominciò a far loro comprendere che dalla dignità delle donne dovea aver principio la bellezza
dell'universo. A poco a poco diede loro tutti quegli ammaestramenti
ch'ella avea ricevuti in sulla montagna di Parnaso; ond'esse cresceano
di giorno in giorno in nobiltà di virtude, e in non molti anni si fecero
compiute in bel parlare e in gentili opere. E quando Floriana conobbe
ch'egli era oggimai giunto il tempo che Margillina e Diantea spar-
gessero i fiori di bel costume fra le genti, sì le fece vedere; e a tutti
parevano maraviglia. Tanto che vennero prese per esempio dall'altre
femmine; e a poco a poco si sparsero fra tutte, le belle costumanze e
gentili, per modo che gli uomini, per piacere alle femmine, convenne
che anch'essi facessero il medesimo; e così fu fatto bello e accostumato il mondo dalle femmine.

L'OSSERVATORE.

Vaglia questo squarcio di manuscritto quasi per proemio di quanto
dirò un giorno per rispondere a quella persona che mi domanda ch'io
le dica il mio parere intorno all'imparare poesia dalle donne.

' *Osservatore.*   12

Questa gentilissima arte è certamente degna più d'ogni altra d'entrare ne' delicati seni delle donne, le quali co' loro fini pensieri le darebbero molta grazia. Io non voglio per ora far menzione delle antiche, nè delle moderne, che l'hanno coltivata con molta lode; ma dico bene che se le fossero a questo studio inclinate, n' avverrebbe almeno, quando anche non volessero esse comporre, che l'arte sarebbe coltivata meglio dagli uomini, e riuscirebbe più grata. Ma ho già detto che per ora non ne voglio trattare; e mi riserbo ad un altro foglio. Intanto proseguite ad essere mio buon amico, ch'io sarò vostro. Addio.

N° XLIII.   A dì 1° luglio 1761.

---

*Tercentos perniciossimos juvenes ex suis quisque
copiis perducite ad me, qui per calles et pene
invias rupes domi pecora agere consueverint.*

Q. CURT., lib. VII.

Ognuno di voi dalla squadra sua faccia qui venire a me trecento velocissimi giovani, i quali per difficili sentieri e rupi, dove appena si va, solevano a casa loro guidar le pecore.

Quando gli uomini hanno congiunto ad un ingegno acuto un animo dilicato e gentile, si può dire che sieno in ogni cosa compiuti. Ci sono alcuni che per lo più vanno col primo fino alle stelle, e il secondo l'hanno sì zotico, ruvido e bestiale, che appena si può durare nella compagnia loro. Altri all'incontro sono di pasta così dolce che ogni lor detto è uno zucchero; ma hanno così poco cervello, che quel medesimo è a praticare con esso loro, che a starsi continuo con istatue o caprette. E se sono dabbene, puoi dire che non possono esser altro. A questo proposito mi hanno tratto due considerazioni che io ho fatte leggendo ieri in Quinto Curzio[1] i fatti di Alessandro:[2] perchè se io ho da dire il vero del fatto mio, quando leggo vo sempre fantasticando e rugumando le cose, per procurare che mi rimanga qualche utilità, e non lasciare tutto l'ufficio del leggere agli occhi o alla lingua. Il primo luogo che mi venne a caso alle mani, fu dov'egli si era posto in fantasia di far isbucare un certo Arimaze da una rupe così alta, dirotta e scoscesa, che appena vi sarebbero saliti gli uccelli. Prima di tentare l'assalto, mandò dicendo a cotesto Arimaze, che gli si arrendesse. Costui a cui parea di essere sicuro costassù, oltre alle altre villanie che mandò dicendo al re, chiuse il suo dire con queste parole: *Avrebbe anche l'ale Alessandro?* Il re deliberò di fargli vedere che fra i Macedoni suoi vi avea chi avrebbe saputo anche volare; onde col suo

---

[1] *Quinto Curzio.* Storico latino, del quale si sa soltanto che visse nel primo secolo dell'èra volgare. Ha scritto una storia d'Alessandro il Grande, classica per magnificenza di pitture e di stile, ma scarsa di storica esattezza.
[2] *Alessandro.* Re dei Macedoni, uno dei maggiori capitani dell'antichità: sottomise l'Asia Minore, la Giudea, l'Egitto, e si spinse persino nella Libia, dove dai sacerdoti di Giove Ammone si fece dichiarare figliuolo di quel dio. S'impadronì di tutta la Persia, e intraprese la conquista dell'India, che non potè compiere per essere morto in Babilonia nel fiore dell'età (322 av. C.).

perspicacissimo ingegno trovò subito trecento giovani attissimi al fatto. E, come nelle preallegate parole si è detto, non elesse a caso; ma trascorrendo con la capacità sua intellettiva tutto l'esercito, fece venire a sè trecento giovani, di quelli che erano avvezzi ad aggrapparsi su per li più alti cucuzzoli de' monti, e a pascer le pecore. Ed ecco l'acume dell'ingegno nell'elezione; il quale non meno si mostrò acuto nello stimolargli con queste parole alla salita: " Giovani e compagni miei (pensi ognuno che bel modo fu questo a gonfiare pecorai colle prime parole); Giovani e compagni miei, co' quali prima di ora ho superate fortificazioni invincibili di città, trapassai altissime sommità di monti da perpetue nevi coperte, negli stretti passi penetrai della Cilicia,[1] e comportai non istanco la gran forza de' freddi indiani. Io ho date prove di me a voi, voi a me di voi. Questa pietra, che qui vi vedete dinanzi, ha un solo passo, lo tengono i barbari, ogni altra parte di essa è trascurata. Sentinelle non vi si tengono, fuorchè dalla parte che guarda il nostro campo. Vi troverete la strada, se con acut'occhio spierete qualche sentieruzzo che guidi alla cima. Natura non ha fatto cosa tant'alta al mondo, che forza di virtù non vi possa giungere; tutti gli altri ne disperarono, noi ne facemmo sperienza; ed ecco che l'Asia è nostra. Andate a quella cima; e quando vi siete, datemene il segno con panni bianchi. Io moverò il campo, e svierò i nemici da voi. Chi primo vi giungerà, ne avrà per merito dieci talenti,[2] uno meno il secondo, e con questa misura sino a dieci serbasi il pregio. Son certo che voi più la voglia che la liberalità mia avete a cuore." L'ascoltarono, dice lo scrittore, con animi così accesi, che già parea loro di essere in sulla cima. E nel vero egli fu un modo ingegnosissimo di favellare a pastori di pecore, i quali si dovettero credere eroi; e tuttavia il suono de' danari fu il suggello della persuasiva, senza che se ne avvedessero. La cosa gli riuscì come volle.

Quello acutissimo intelletto avea anche da natura dilicato cuore e sensitivo ad ogni passione altrui. Testimonio me ne fa Sisigambi madre di Dario,[3] quando la fu da Alessandro lasciata in Susa.[4] Egli è vero che potrei addurre molti altri esempi; ma in tutti si potrebbe dire che vi entrasse un poco di vanità o di amore di sè medesimo. In quello che io dirò, non è altro che pura bontà di cuore. Avea egli ricevute molte belle drapperie e scarlatti[5] di Macedonia in dono, e con essi anche i lavoratori di quelle. Mandò ogni cosa a donare a Sisigambi, facendole dire che se quelle vesti le piacessero, potea averne da indi in poi agevolmente, quand'ella avesse avvezzate le sue nipoti a quelle fatture. A Sisigambi vennero le lagrime in sugli occhi, poichè le donne persiane tenevano per cosa vilissima il lavorare in lane. Ne fu arrecata la nuova al re. Parvegli cosa degna di scusa e conforto, onde andato a lei, le disse: " Madre mia, nel vestito che io porto indosso, tu vedi non solo un dono delle sorelle mie, ma un lavoro di quelle. I costumi nostri mi fecero sbagliare. Non istimare ingiuria la mia ignoranza. Spero di aver fino a qui a bastanza rispettato quanto seppi ch'era tuo costume.

---

[1] La Cilicia. Regione dell'Asia Minore, in gran parte montuosa.
[2] Talenti. Moneta antica, del valore di circa 5000 lire nostre.
[3] Dario. Re dei Persiani, perdette il regno nelle guerre contro Alessandro. Dopo la battaglia d'Isso, la famiglia di Dario cadde in potere d'Alessandro, dal quale fu trattata grandissima umanità.
[4] Susa. Residenza favorita dei re di Persia.
[5] Scarlatti. Panni di lana di bellissimo e vivo color rosso.

So essere appresso di voi colpa, se figliuolo siede innanzi alla madre, s'ella non gliene concede. Quante volte venni a visitarti, sai che stetti in piedi fino a tanto che mi fu da te fatto cenno che io sedessi. Più volte ti volesti gittare a' miei piedi per venerarmi, io non volli. Ti do quello stesso titolo che alla mia carissima madre Olimpiade è dovuto." Io non crederei che un vincitore quale Alessandro potesse mai parlare con maggior dolcezza e bontà di cuore per cosa che in fine non era una massiccia offesa.

OSSERVAZIONE.

Dappoichè io ebbi letto e scritto intorno alla mia lezione quelle poche linee dell'ingegno e della bontà di Alessandro, entrai in un'altra fantasia, cioè a pensare se egli sia meglio avere ingegno e dilicato animo, o non avere nè l'uno nè l'altro. E certamente credo che passi il corso dell'umana vita colui più quieto, il quale si prende le cose come le vengono, di un altro il quale si voglia impacciare in antivedenze, in fare ripari ad ogni cosa, in cercare avanzamenti, e principalmente darsi brighe per altrui, acciocchè gli avvenga come al topo nato e allevato in una cesta.

FAVOLA.

Egli fu già un tempo quello ch'io dirò. Era una grandissima cesta in un granaio, non so come statavi dimenticata, nella quale vi avea una grande abbondanza di cose da mangiare. Solevano in essa abitare non so quai sorci, i quali senza punto curarsi di altro, nè mai uscire di là, si godevano di quel bene che aveano innanzi. Avvenne finalmente che uno ne nacque tra essi, il quale essendo più che gli altri di vigoroso animo e di perspicace intelletto, veduto fuori per certe fessure che vi avea oltre alla cesta altro mondo, deliberò fra sè di non tenersi fra que' ristretti confini rinchiuso, e di tentare una più alta fortuna. Presa dunque una nobile risoluzione, uscì un giorno fuori di quella cesta, donde non erano mai usciti i maggiori di lui; e veramente gli parve bella cosa il poter ispaziare a suo modo in maggiore ampiezza. Ma a poco a poco incominciò ad avere un travaglio che non avea provato nella sua prima casetta; imperciocchè comparando sè medesimo ad altri animali vezzeggiati dagli uomini, o maggiori di sè, veniva roso da un tarlo continuo d'invidia, e avrebbe voluto uguagliarsi ora a questo, ora a quello. Studiava col suo sottilissimo ingegno mille arzigogoli e ghiribizzi, i quali gli riusciano sempre a vôto, tanto che a poco a poco cominciò a dimagrare; e talvolta fu ch'egli avrebbe desiderato di ritornare alla cesta sua, ma non gli dava il cuore di abbandonare certe sue pazze e mal fondate speranze. Pur finalmente un giorno, per non morire disperato, deliberò di ritornare al suo primo albergo. Ma per colmo delle calamità si abbattè ad una gatta, la quale più astuta di lui l'avea più volte spiato, e finalmente gli pose la branca addosso, e non lo lasciò arrivare alla male abbandonata cesta. E non altrimenti che al topo avvenne al mal consigliato luccio.

FAVOLA.

Nuotava per le rapide acque della Piave un luccio di sterminata grandezza, a cui parendo troppo ristretto confine quello delle due rive che di qua e di là arrestano le acque del fiume, voglioso di assecondare il suo grande animo, pensava come potesse trovarsi maggiore spazio da farvi le sue prede. Avvenne per sua mala ventura che crebbero un giorno le acque a cagione di un vento che le rispingeva indietro dal mare, onde venne all'insù nuotando un cefalo, il quale per caso abbattutosi in lui, gli narrò la gran maraviglia del mare, e quanto esso era largo e atto a farvi ricchissime prede. Allettato il luccio dalla speranza di corseggiare in un luogo sì ampio, e dispregiata l'antica abitazione, nuotò verso la volta del porto. Ma non sì tosto vi giunse, che quello fu l'ultimo punto della sua vita; perchè fattoglisi incontro un pesce molto maggiore e più gagliardo di lui, se lo cacciò tra que' suoi molti filari di acutissimi denti, e ne fece un saporito boccone.

Oh le son favole! Egli è il vero. Ma, se in iscambio di topi e di lucci io volessi mettere o Ambrogi o Piergiovanni o altro, egli si vedrebbe che alcuni, essendo usciti per altezza di ingegno fuori delle ceste o de' rigagnoli per correre e nuotare in più largo spazio, non hanno mai avuto un bene al mondo. E se io volessi anche considerare come ci ha fatti natura, potrei quasi provare che siamo nati più per istarci quieti, che per darci pensieri. Ma io non voglio per ora sottilizzare. Basta ch'io veggo per lo più gli uomini spensierati con buona cera, e di miglior voglia che gli altri; tanto ch'io non so come io mi sia ostinato a voler dimagrare e a perdere il fiato a leggere e a scrivere continuamente. Ma che? Il costume veste la natura e la vuole a suo modo. Pazienza!

SIGNOR OSSERVATORE.

Desidero da voi la spiegazione di una cosa che per quanto io abbia fatto opera di filosofare per poter intenderla, sono sempre stato a quel medesimo di non poterla indovinare. Eccovi l'enimma. Io conosco, per esempio, dieci o dodici persone, ed altrettante ne conoscono gli amici miei, che riescono loro dello stesso conio, come a me i miei dieci o dodici; sicchè vedete che il male è quasi generale. Quattro di queste, per esempio, saranno state e sono le più avare della terra, altre due le più superbe del mondo, le altre le più imprudenti che mai nascessero. Si saranno forse cento volte sentiti rinfacciare queste loro magagne; dovrebbero saperle forse per qualche interno rimordimento di coscienza. Niente vale. Se io intavolo seco loro un discorso intorno alla generosità e ad altre virtù contrarie ai vizi loro, io mi sento tosto sonar negli orecchi mille bei paroloni e mille vantamenti del loro merito. Non cedono ad Alessandro in grandezza di animo, nè ad Ilarione[1] o Socrate in umiltà e in prudenza; e non sarà un'ora che in faccia a me avranno fatto pompa de' loro difetti, più chiari del sole. Vi prego dunque dirmi come ci scordiamo così facilmente de' nostri pensieri e delle nostre parole. Scusate dell'incomodo, e sono vostro buon amico

N. N.

---

[1] *Ilarione.* Anacoreta del III secolo, beatificato per l'austerità della vita.

Critica del foglio presente.

Rileggendo quello che ho scritto fino a qui, mi è venuto in cuore d'immaginarmi ch'io non sia più io, ma un altro quegli che scrisse, ed io il leggitore. Da principio durai qualche fatica a ritrovarvi difetti, per quell'amore che porta ognuno a sè medesimo, del quale io non sapeva spogliarmi affatto. E mi è convenuto prima di fingere che avessi un altro nome, appresso che fossi divenuto bassotto e grasso, e finalmente che avessi un'altra faccia affatto diversa dalla mia; tanto che, a forza di un'immaginazione poetica, pervenni a dimenticarmi di me, e a leggere il foglio con intenzione di censurarlo. Le osservazioni intorno ad Alessandro possono passare; perchè egli è vero che fu uomo d'ingegno e di cuor nobile e sensitivo, ma non mi pare che vadano così di buon passo le osservazioni che ne vengono dopo. In primo luogo quel variar pensiero non mi garba. Parea che dopo quanto si è detto di Alessandro, si dovesse conchiudere che sia una bella cosa l'avere acuto ingegno e buon cuore; e la conclusione è quasi diversa, ragionandosi intorno alla calamità di chi ha l'uno e l'altro. Oltre a ciò, questo secondo argomento non è trattato pienamente. Le due favole, del Topo nella cesta e del Luccio nella Piave, mostrano piuttosto l'avidità del cuore e la boria, che l'ingegno; e della disgrazia dell'aver buon cuore non si parla punto; ond'ecco la materia strozzata e lasciata a mezzo. Ti ho io colto in sul fatto? Ti ho io fatto vedere che son uomo da censurarti, bell'umore? Che ti credevi tu, che io te l'avessi a risparmiare? Ben ti sta. Quante volte ti se' tu voluto occultare a me, e non lasciarmi vedere le tue magagne? Ora non ti è giovato. Sai tu che tu scrivi pubblicamente? Sai tu che dèi andar col calzar del piombo,[1] e procurare ad ogni tuo potere di essere corretto, diligente, giudizioso? Rispetta quell'universale a cui tu scrivi, e non creder mai che i difetti delle tue scritture non sieno intesi e veduti. Se tu sei l'Osservatore, comincia a far l'ufficio da te medesimo. Tanto diletto presi nel dir male del fatto mio, ch'io credo non avrei finito mai più; se non che, mentre io era più caldo, mi tornò in mente che l'essermi mascherato era finzione, e ch'era pure io quegli che avea scritto, ond'ebbi compassione di me; e poco mancò che non mi volessi difendere: e già avea cominciato ad aprir la bocca, quando mi venne in mente che le censure e le difese non hanno mai fine, onde stabilii di tacere, e di stampare questo breve capriccio.

N° XLIV.   A dì 4 luglio 1761.

Misce stultitiam consiliis brevem.

HORAT.

Mesci un pochetto di pazzia col giudizio.

Non ci sono al mondo libri i quali riescano più fastidiosi a leggere, di quelli che dichiarano le opere altrui. Io confesso di non aver mai

---

[1] *Andare col calzar del piombo.* Modo prov. per reggersi con somma prudenza.

avuto pazienza non solo di leggerne uno intero, ma quasi quasi mi sono annoiato a leggere que' passi ne' quali io non intendeva il testo. Non è già perchè io non ammiri l'ampia erudizione de' commentatori, e parte anche l'ingegno, a vedere con quanta sottigliezza razzolano e rifrustano ogni cosa antica e moderna, per far apparire il lume dov'era buio, e talora anche perchè rabbui dov'era la luce. Ma io non posso comportare che si trattino con una continua serietà materie appartenenti talora ad una virgola, e tale altra ad una lettera dell'alfabeto. Per la qual cosa io benedirò sempre le mani a quel Matanasio,[1] il quale per umore di scherzare o tratteggiare con garbo i commentatori, si diede con un lungo libro a dichiarare una brevissima canzonetta, di quelle che si cantano per le piazze, tanto che la fa parere da qualcosa. La quale invenzione non è però sua (e sia detto qui per passo); ma la fu trovata forse cencinquant'anni prima di lui da un ingegno italiano, di cui non mi ricorda ora il nome, ed a cui è avvenuto, come a tanti altri dei nostri, che furono i primi nelle invenzioni, onde si dà grandissima lode a' forestieri. Comecchè sia, io non ho al presente a ragionare di questo. Ritorno a' commenti, e dico che ristuccano per la molta loro serietà, aridità e meschinità i leggitori; e che tutti que' libri, i quali saranno dettati a quella somiglianza, faranno il medesimo effetto. Di qua nasce che, per quanto io posso, cerco di variare la materia dell'Osservatore, la quale in fine in fine non è altro che commento, o dichiarazione dell'animo umano. Di queste qualità di libri ce n'è oggimai più che rena o acqua. Sicchè se non si vestono le cose già dette con qualche garbo, egli è meglio starsi zitto, che pubblicare quello che si è letto e riletto mille volte. Per esempio, a leggere Luciano[2] pare di avere tra le mani un libro nuovo, perchè ogni cosa veste di novità e di grazia; metti le sue opere in trattati di morale, in sentenze, in detti, ti accorgi che senza que' suoi Menippi, que' suoi Galli, quelle sue deità, egli non ti ha detto nè più, nè meno di quello che ti abbiano detto gli Aristotili, i Teofrasti, gli Epitteti,[3] o altri così fatti scrittori, che sono andati per la piana, senza curarsi di dilettare, e contentandosi dell'insegnare a guisa di pedanti con la sferza nelle mani. Quando l'uomo si avvede che un altro vuol essere suo maestro, diventa sordo, e dice fra sè: Quale autorità vuole avere sopra di me costui, il quale è fatto come son io? Egli mi ha viso piuttosto di essere ammaestrato, che da fare il maestro. Vada a predicare a' porri.[4] Sicchè il pover uomo si stillerà il cervello senza frutto. Io non dico frutto di far migliorare le genti, che non se n'è mai veduto utile, dap-

---

[1] *Matanasio.* Il curioso libro al quale accenna qui il Gozzi, è intitolato: *Le chef d'œuvre d'un inconnu, Poëme heureusement découvert et mis au jour avec des remarques savantes et recherchées par M. le Docteur Chrisostome Mathanasius.* Haye, 1714. — Matanasio è un pseudonimo; il vero nome dello scrittore era Themisseuil de Saint Jacynthe.

[2] *Luciano.* Celebre scrittore di Samosate nella Siria, vissuto nel II secolo dell'èra volgare. La più parte delle sue opere (i *Dialoghi degli Dei,* i *Dialoghi dei morti,* il *Sogno,* le *Sette all' incanto* ec.) contengono un'argutissima satira delle superstizioni, dei pregiudizi, delle religioni e della filosofia dei tempi suoi. Menippo, un gallo, gli Dei dell'Olimpo pagano sono personaggi dei suoi dialoghi. È scrittore pieno di sali e di festevolezza. Fra gli Italiani il miglior traduttore di Luciano è certamente G. Gozzi.

[3] *Gli Aristotili, i Teofrasti, gli Epitteti.* Circa Aristotile e Teofrasto vedi le note a pag. 90 e 26: Epitteto fu filosofo stoico del I secolo dell'èra volgare, maestro d'una dottrina che aveva per fondamento l'astenersi dai piaceri e la tolleranza dei mali della vita.

[4] *Predicare ai porri.* Modo prov.: parlare al deserto.

poichè si scrive; ma di farle almeno leggere volentieri: che non è però picciolo stento, in un secolo principalmente in cui lo sbadigliare è una delle più squisite soavità, e l'applicazione è stimata nimica mortale della salute. I popoli orientali hanno in ciò avuto grandissimo cervello, dappoichè lasciata ogni forma ruvida d'insegnare, specialmente la morale, colorivano colla fertile immaginativa gl'insegnamenti di belle figure; e facevano spettacolo e commedia di ogni cosa, per dare azione e vita a quanto dicevano. E non solo facevano una bella elezione di favola, e davano un caldo movimento a' pensieri; ma le loro parole aveano, per così dire, corpo ed erano palpabili, sapendo benissimo che la parola debole ammorza il pensiero; e che questo acquista la sua vita sulla lingua, se essa lo sa trar fuori dell'ingegno con forza. Se io volessi dire perchè ho detto tutto ciò, nol saprei: ma quello ch'è scritto, può servire di proemio alla materia che segue.

E antichissima fama che in una grotta vicina alla città di Tiro abitasse da lungo tempo innanzi una femmina, la quale coll'uscire di rado fuori di là, e lasciandosi vedere quelle poche volte che uscía, vestita a caso, scapigliata e di mal umore, avea acquistata fama di sottilissima strologa; e si dicea che ella comprendesse quello che dovea avvenire, come se fosse stato presente. Questa sua foggia di vivere facea sì, che a lei concorrevano molte genti da tutte le parti, e le arrecavano chi danari e chi robe; tanto che di povera e mendica che la era prima, avea accumulata una gran massa di ricchezze; e quivi si stava tirando l'aiuolo [1] or a questo ora a quello con le sue predizioni, ch'erano da lei proferite con tanta oscurità, che non potea mai avvenire il contrario di quanto ella detto avea; perchè tutte le parole doppieggiavano, e le si poteano intendere per molti versi. In fine costei, tra per l'avarizia che le rodeva il cuore, e la malinconia continua dello starsi in quella solitudine, chè l'una cosa e l'altra può essere, la divenne pazza affatto; e sbucata della tana in cui era stata sempre, la cominciò a correre per le strade a guisa di una cagna arrabbiata, e a minacciare molte disgrazie agli uomini e alle donne del suo paese; ma sopra tutto la dimostrava anche così pazza un grande odio contro agli uomini di lettere, i quali non aveano mai prestato fede a' suoi indovinelli, e a quel gran lingueggiare [2] di tutte le cose, che avea fatto con questo e con quello, parte astutamente, e parte senza sapere quello che si dicesse. Ma sia come si vuole, ella avea sempre dietro a sè un gran codazzo di genti, le quali spasimavano del fatto suo; e alcuno vi ebbe che andava scrivendo le sue parole. Di ciò avvenne che fino al giorno di oggi è rimaso uno squarcio de' suoi indovinelli, il quale pervenutomi alle mani, vien da me qui pubblicato.

‹ E io mi stava nella mia grotta, da me detta mio palagio, perchè non avea altra casa da abitarvi dentro; ed era la mia statura alta un braccio, giuntovi di sotto gli zoccoli, e il pantano sotto le suole appastato. Le grinze della mia pelle erano il mio vestimento, e gli occhi miei erano alla terra rivolti, e diceva: Questa è la madre mia; e altro non sapea.

› Quando un'altissima voce, a guisa di fragore di tuono, sgridò: Alza gli occhi da quella terra, alla quale stanno rivolti, e sorgano i

---

[1] *Tirando l'aiuolo.* Non perdendo alcuna occasione di guadagno.
[2] *Lingueggiare.* Metter lingua.

tuoi pensieri. Sarà tempo, che invisibile mano ti trarrà fuori della grotta, che da te è detta tuo palagio, perchè non hai altra casa da abitarvi dentro. Ma chi è degno di uscire dalle viscere de' monti, se egli non ha prima fornito il suo intelletto? Dee crescere la tua statura. Ma come può darsi ciò senza cibo? Vienne.

» Ed io allora quasi assordata al fracasso di quell'altissima voce, mi gettai a terra, e dissi: O voce, fa' ciò che vuoi. E mi sentii prendere pegli orecchi, quasi da tanaglie che voltino e rivoltino rovente ferro sopra l'incude, e allora esclamai: Ubbidienti sono gli orecchi miei anche a forza minore.

» E la voce di tuono mi disse: Occhi, naso, bocca e orecchi formano immagine di uomo; e tuttavia non credere che uomo sia dovunque vedi tali indizi. Questi è l'uomo di fuori. Di dentro è cosa migliore, s'egli sa coltivarsi. Voi non siete tutti ventre, nè nati solamente per consumare il grano dei campi. E quando queste parole ebbe dette, vidimi gittato ai piedi un libro, il quale mi si aperse da sè; e la voce mi disse: Leggi; e mi parea che a pena sapessi compitare, non che intendere gli altissimi sensi del libro. Allora la voce mi confortava, e dicea: Buono è il tuo cuore e veridico, dappoichè ti confondi dinanzi alla dottrina; nè con petto gonfiato di vanagloria ti vanti di sapere quel che non sai. Crescerà la tua statura come le cime delle quercc sulla sommità dei monti.

» Ma prima dèi alzarti con le dita le palpebre, e non lasciare che sonno vi entri; e tua saporita bevanda sarà l'acqua de' fiumi che scorrono per la terra. Non ti ricordare il ventre. Diménticati che tu sia viva. Non ti spaventi orribile voce che ti chiamerà col nome di ossa sotterrate e fuori del mondo; non ti lusinghi piacevole canzone che zufolerà agli orecchi tuoi, invitandoti alla morbidezza. Sieno a guisa di chjovi gli occhi tuoi in questo libro conficcati. Trascorri lunghe stagioni in questa grotta, e uscirai quando sia tempo.

» Tutte le fiere dei deserti faranno ruggiti intorno alla bocca della tua spelonca. Non si arriccino i tuoi capelli per timore, nè prenda alterazione la pelle delle tue braccia. Allora la voce tacque, e più non l'udii.

» O popoli della terra, io ubbidii al comando della voce, e non ispiccai gli occhi mai più dal libro. Con le dita per parecchi anni mi rasciugai la fronte, e poco sonno e breve mi aggravò le palpebre. Io udiva d'intorno a me rumore di carra e di cavalli. Penetrava dentro alla spelonca mia armonia di liuti e di pifferi. Udiva risonar di fuori tutta l'aria di canzoni e di genti che festeggiavano. Solitaria abitatrice della spelonca, diceva fra me: Mi commise la voce che a guisa di chiovi fossero gli occhi miei in questo libro conficcati.

» E sapea che molti erano di fuori, intorno a' quali intonavano voci di lodatori, e dicevano: O figliuoli delle divine Muse, passa la dolcezza del vostro canto l'armonia delle sfere, e incoronati saranno i vostri capi del verde alloro; nè per tutto ciò io spiccava mai gli occhi dal libro.

» O popoli della terra, non è al mondo cosa sì difficile a comprendersi quanto il libro lasciatomi, dal quale non ispiccai gli occhi giammai.

» E quando io fui giunta al fine, ritornò la voce di nuovo, e disse: Esci fuori della grotta, che tu se' già cresciuta, e di' a' popoli quello ch'è, e quello che sarà, dappoichè tu hai letto il libro in cui tutte le ᴄᴏꜱᴇ del mondo sono contenute.

» Uscii allora fuori della mia spelonca, e incominciai a dire quello ch'io avea letto di esso libro. Allora si concitarono contro di me molti uomini, i quali aveano a sdegno che donna vivuta lungo tempo in una grotta avesse animo di salire anch'essa fino al cospetto delle divine Muse, e di chiedere a loro nobili invenzioni, per significare alle genti quello ch'è, e quello che dee essere: ma rimasero quai monimenti senza nome, nel mezzo dei deserti.... »

E qui manca il manoscritto, e io non so quello che la vecchia dicesse più oltre; dalle cui parole, comecchè la storia dica che la fosse pazza, si può però trarre questo frutto, che dal passare la giovinezza nelle fatiche e negli studi nasce la cognizione e il poter comparire nel mondo onoratamente.

All' Osservatore.

Sono stato ammalato ne' passati dì. Voi non mi conoscete, e poco vi dovrebbe importare se io fossi anche morto. Ma vi scrivo quello che fu di me, acciocchè partecipiate una cosa al pubblico, la quale non gli sarà discara. Vengono talvolta incolpati i medici di non aver fatto buone osservazioni in una malattia, perchè invitati al letto di una persona inferma dello stesso male della prima, la cura non riesce. Io credo che talvolta si possano accusare di questo difetto gl'infermi; udite la cagione. Il medico mio è un acutissimo osservatore de' più menomi indizi in un corpo, e di tutti gli effetti che fanno le medicine. Mentre ch'io fui a letto, chè vi stetti da forse dodici giorni, egli venne con molta assiduità a visitarmi. Ogni giorno mi ordinò due medicine. Dalla prima in fuori, non ne presi altre; ed egli trovandomi sempre migliorato, andava magnificando il benefizio della medicina ch'io avea presa quel giorno, benchè la fosse ancora alla bottega dello speziale! Questo polso, diceva egli, non è più così teso e duro: ecco l'effetto prodotto dalla ricetta. Io lo noterò, perchè da queste osservazioni nasce la perizia nell'arte. La testa è liberata da quella spranghetta che la legava: ecco la bontà della medicina di oggi. Domani ne prenderete una che vi farà svanire il dolore dei lombi. Io non la prendea, e il dolore dei lombi era svanito. Egli, che non sapea ogni cosa, notava che dopo il tale rimedio i lombi si erano liberati dal dolore. In fine io uscii di letto sano più per virtù di natura, che di altro; ed egli venne stamattina a leggermi la storia della mia infermità, e le sicure prove di que'rimedi ch'io non avea presi. Dal che conchiusi ch'egli non avea il torto; e che quando si vede che una medicina non fa in una infermità l'effetto sperato dal medico, convien dire che la sperienza di essa sia stata fatta in persone le quali, come ho fatto io, dessero ad intendere al medico di averla presa: poichè altrimenti sarebbe impossibile che le medicine andassero vote di effetto così spesso. Non più. State sano. Addio.

N° XLV. A dì 8 luglio 1761.

Nullum Numen abest, si sit Prudentia.

JUVEN.

Dove è Prudenza, è ogni Deità.

Io non credo che la Fortuna, se ella avesse orecchi, potesse avere maggior dispetto, che nell'udire le parole dette qui sopra. Costei è una certa pazzaccia che fa tutto a modo suo, e vuole quello che vuole, senza discrezione. Se ella se lo incapa,[1] va, e cava fuori di una spelonca un uomo allevato con le capre, e gli mette sulla fronte un diadema tutto gioiellato, e vuole che tutti i popoli s'inginocchino davanti a lui. Eccoti ch'ella si sazia di quello spettacolo, e lo balza giù dal seggio reale, e mettevi a sedere in suo cambio un altro. E così fa tutto di non solo nelle cose grandi, ma anche nelle minute. Quello che mi par da ridere, si è che quando un uomo viene assecondato dal favore di lei, in suo cuore si crede che il bene di cui egli si gode, sia suo proprio merito e opera della sua prudenza; e quando gli soffia contrario il vento, non dirà mai più: Io sono stato una bestia, non ho guidato bene le cose mie; ma: La maladetta Fortuna non lascia mai avere un bene; costei mi ha beffato, ha voluto prendersi giuoco del fatto mio; e in fine non gliela può perdonare. Con questa fantasia nel cervello, studiando in me che cosa sia questa Prudenza, mi addormentai, e mi venne dinanzi agli occhi lo spettacolo che scriverò qui sotto.

Una tela dipinta rappresentava agli occhi di molti circostanti una grandissima palla, la quale veniva da molte linee divisa, e vedevansi in essa isole, mari, fiumi, montagne, e tutto quello che in un mappamondo si vede. Di sotto vi aveano poste di qua e di là le spalle due femmine, delle quali ognuna si credeva di sostenerla, perchè così al primo la parea essere in aria e sollevata dalle due donne; ma dalla parte di sopra vi era conficcata una girella, dentro alla quale passava un uncinetto, e questo era appiccato ad una catena di oro, la quale stendevasi ritta allo insù, e ne andava coll'altro capo a perdersi in certe nuvole, dove con l'immaginativa si comprendeva che la era tenuta salda, e che la palla era tenuta da una mano invisibile; tanto che si conosceva che le due femmine si credevano ben esse di essere le sostenitrici di quella, ma non lo erano in effetto. Di sotto ai piedi dell'una era scritto Prudenza, e dell'altra, Fortuna. Mentre che io stava con grande attenzione pascendo gli occhi nella rappresentazione della tela, incominciò a farsi un dolcissimo concerto di violini, arpe, liuti e ogni genere di strumenti, i quali non erano però sonati da dita umane, ma solamente da voci di uomini e donne che imitavano il suono, il quale era di tal ragione che talvolta si udiva un'allegrezza universale risonare per tutto quel luogo, e tal altra un gemito ed un lamento che penetrava ne' più profondi seni del cuore. Avveniva ancora che una parte de' simulati strumenti empieva l'aria di consolazione e di gioia, e l'altra all'incontro faceva un piagnisteo che destava malinconia nell'animo e nel cervello. E quel che mi move a maraviglia, or ch'io vo

[1] *Se lo incapa.* Locuzione disusata per si ficca in capo.

riandando col pensiero quell'armonia, si è che da tante contrarietà nasceva appunto il diletto e la curiosità degli spettatori. In questa forma trascorse qualche tempo, e tutti gli orecchi stavano attentissimi, quando in un subito la tela raggrinzatasi, e volata allo insù, repentinamente disparve, ed in sua vece si presentò davanti una scena apparecchiata in tal forma. Vedeasi nel fondo di quella il mare, e poco alto da quello il sole. Le acque erano così tranquille, in bonaccia e lucide, che ogni uomo vi si sarebbe potuto dentro specchiare. Dall'uno de' lati della scena vedevasi un colle dirotto e scosceso, e dall'altro mura, case, torri, che dimostravano quivi essere una città popolata di genti.

Poco stette vacua la scena; perchè dall'alto a poco a poco incominciò a discendere un'aquila, la quale giunta finalmente in sul terreno, ristrinse due grandi alacce, con cui prima occupava un gran tratto di aria; e smontò da quella un fanciullo con l'ale anche egli alle spalle, e con un turcasso ad armacollo, pieno di saettuzze, il quale, rivoltosi al popolo, principiò il suo ragionamento. Ricordomi ch'egli lo fece in versi: ma le cose udite in sogno non rimangono confitte nella memoria; e non farò picciola opera, se ridirò la sostanza ch'era nel suo favellare contenuta.

Io sono, diceva egli, o nobilissimi ascoltanti, stabilito dall'autore di questa rappresentazione che tra poco sarà fatta al vostro cospetto, ad essere il Prologo di essa. E credo benissimo che a quest'ale e a queste mie saette comprenda ognuno di voi ch'io sia Amore. Non vi crediate però di aver a vedere tragedia o commedia, perchè l'argomento eletto dal poeta ha in sè tanta varietà, che non ha voluto intitolarlo nè l'una cosa nè l'altra. Questo vi so io dire solamente, che l'opera sua, e chiamatela come voi volete, è stata da lui composta per volontà di quel Giove che raguna le nuvole e comanda a' tuoni e alle tempeste. Egli ha voluto ch'io stesso mi dipartissi dal soggiorno dell'Olimpo per venire a darvene notizia; e per comandarvi, e non pregarvi, come si suole negli altri teatri, che voi stiate attenti: perchè non si tratta qui di finzioni per trarre dagli occhi un inutile pianto, o dalla bocca un riso leggiero e poco durevole. Se voi voleste sapere il titolo, io ve lo dirò: è il contrasto della Fortuna e della Prudenza. State dunque con gli occhi tirati, e guardatevi bene dal dormire e dal cianciare, come spesso solete fare negli altri teatri; perchè Giove l'avrebbe a male, e con lui non vi consiglierei a cozzare. Ho detto quanto mi occorreva in breve: torno a salire sull'aquila, e me ne vo a' fatti miei.

Così fece, e sparì come un baleno. Si apersero allora le porte della città, e uscirono due fazioni di genti, che passeggiando con ordinato circuito sulla scena, formavano due cori, i quali accompagnati dalle voci presero a cantare l'un dopo l'altro in tal forma.

Diceva il primo nella sua canzone: « O aiutatrice delle opere de' mortali. Fortuna, senza il cui prospero aiuto, nulla giova nè solcar il mare per acquistar ricchezze, nè passar monti, nè arrestarsi nelle corti de' sommi re, vieni, accostati a noi.»

E rispondeva l'altro coro: « O divina Prudenza, che meditando nelle passate cose, prevedi tutto quello che dee avvenire, e sei quasi lucerna a' ciechi mortali nel corso di questo tenebroso mondo, vieni a noi, e rischiara le menti nostre, acciocchè possano reggersi nel dubbio cammino di questa vita. »

« Oh pazzi! ripigliava il primo coro; ch'è questo di che voi pregate? Se abbandonata è Prudenza dalla Fortuna, in che potreste voi mai sperare? »

« Oh ceppi! ripeteva l'altro: e se Fortuna non è da Prudenza accompagnata, qual pro ne avrete dalla vostra sola Dea, cieca e sorda? »

È finalmente l'uno e l'altro coro, pieni di dispetto l'un contro all'altro, si correvano dietro quasi colle pugna sugli occhi, e gridavano a vicenda; il primo: « Vieni, o Fortuna; » e l'altro: « Vieni, o Prudenza; » ripetendo queste voci più volte.

In questo mezzo spiccavansi dall'aria due bellissimi giovani, i quali si stavano svolazzando, e ognun di essi con un dorato mantice in mano parea che soffiasse. Non parlavano essi veramente, ma parea che fuor de' due mantici ne uscissero queste articolate parole:

« Noi siamo assegnati al servigio di Fortuna, la quale fra poco, sospinta dal nostro favorevole fiato, verrà a questo lido; ma non l'avrete, se proseguite a chiamare Prudenza, perchè non dà il cuore alla signora nostra di vedere in faccia quella sua sfidata nimica. »

Non sì tosto furono proferite dai mantici queste parole, che il coro il quale invitava Fortuna, come quello che più numeroso era e più forte, dato mano all'armi, fece sgombrare di là il suo avversario, e rimase solo sopra la spiaggia, attendendo l'effetto della sua promessa.

Nè molto andò che si vide ad apparire una navicella sospinta dal mare di sotto, e di sopra dai due ricordati sergenti,[1] da cui, quando fu essa approdata, ne uscì una donna che non istava mai salda sopra i suoi piedi, e avea seco in compagnia una gran brigata di genti, fra le quali non era persona a cui si potesse dire che fosse sana. Imperciocchè qual si vedea essere guercio, qual zoppicava da un piede, o tal altro da tuttaddue; nè alcuno vi era che non avesse magagna. E contuttociò vedeva gli abitatori della città non solamente a fare un'amorevole accoglienza alla sopravvenuta Deità, ma essere tutti intorno ai seguaci di lei, ed esaltargli fino alle stelle per la loro bella e garbata facitura del corpo; e quello che mi parea più maraviglia, si era che coloro si tenessero quelle esaltazioni per vere; e piuttosto mostravano fastidio dell'essere poco lodati, che delle solenni bugìe che venivano dette loro da que' popolani.

Non minor maraviglia mi arrecava a vedere che Fortuna, accostandosi or all'uno ed or all'altro degli abitatori di quel luogo, l'abbracciava e baciava; e fino a tanto ch'egli era cortesemente tenuto al petto da lei, vedevasi a crescere per modo che quasi toccava le nuvole col capo; ma quando ella si segregava da lui per abbracciare un altro, il secondo diveniva gigante, e il primo non solo ritornava alla sua grandezza naturale di prima, ma sì sparuto diventava, che non crederei che più picciolo e più tisicuzzo nano fosse stato veduto giammai. E peggio gli avveniva ancora, perchè quando Fortuna lo avea una volta abbandonato, non potea più patir di vederlo, e parea che non si ricordasse di lui, come se non fosse più stato al mondo.

Un'altra cosa notai nelle femmine, che quando l'erano ben volute da lei, non solo si vedeano innalzare e farsi meglio composte di corpo, ma acquistavano una carnagione che parea di latte e di rose, due occhi che scintillavano loro nella fronte, ed erano una bellezza in carne. Ma quando essa volgeva loro le spalle, la pelle si aggrinzava loro addosso,

---

[1] *Sergenti.* Qui sta per ministri, ufficiali e simili.

gli occhi diventavano senza vigore, le occhiaie livide, e ognuno fuggiva da loro come dal fuoco.

Quantunque tutti questi mirabili effetti si vedessero quivi al primo apparire di Fortuna, tutte quelle genti le furono intorno, e la pregavano della sua grazia, sperando sempre ciascuno di dover esser da lei favorito.

Intorno a lei la sua schiera di azzoppati e magagnati faceva intanto una danza; ed ella si rideva del fatto loro, che si credessero di danzare misuratamente; e vedeasi benissimo ch'era tutta lieta dell'avergli fatti impazzire, e dato loro ad intendere ch'erano garbatissimi ballerini ed incantesimi di quell'arte.

Quanto è a me, so dire che risi assai; e se non fosse che dormii molte ore, e che il sogno riuscì lunghissimo, anderei ancora più oltre narrando nel presente foglio. Ma serberò la medesima materia ad un altro, nel quale racconterò le scene principali, e quello che avvenne, quando ai disordini e alle pazzie cagionate da Fortuna volle riparare Prudenza.

_____

ALL' OSSERVATORE.

Ci sono alcuni i quali desiderano da voi che in questi fogli venga pubblicato uno, se non più, di que' Sermoni in versi sciolti, che venivano già composti da alcuni de' vostri amici ad imitazione d'Orazio. Mi sono obbligato a diversi miei amici colla parola che mi compiacerete, e pregovi che non mi lasciate mancare. Addio.

Rispondo.

Che ad ogni modo farò la volontà vostra, poichè non mi stringete a tempo. E vi saluto di cuore.

ALL' OSSERVATORE.

È lungo tempo che non veggo un sogno ne' vostri fogli e l'avrei caro. State sano.

Rispondo.

Non c'è bisogno ch'io vi dica di più. Questo foglio e l'altro vi serviranno di risposta.

SIGNOR OSSERVATORE.

Mi vien detto che siete solito ad avere i costumi convenienti alla vostra nascita; ma perchè dunque sarò io così sfortunato di non aver veduto due righe vostre intorno ad una mia richiesta scrittavi nel foglio 43 se non m'inganno? Bisognava non istamparla come avete fatto, se non avevate intenzione di favorirmi. Sto a vedere che a questa volta non istamperete questa mia nuova istanza, perchè io vegga chiaro che non vi sentite disposto a rispondermi. La quistione per altro parevami degna di voi. Staremo a vedere. Vi ricordo che io sono alquanto molesto di mia natura; e se non vi sbrigherete di me o con le buone o con le cattive, chi sa quanta noia sarò per darvi. Per questa volta ancora vi chieggo scusa dell'ardir mio; non vi rincresca che siamo amici e ch'io continui ad essere, qual mi dichiaro, pieno di stima, vostro buon amico   N. N.

A proseguire quello che tralasciai nel passato foglio della rappresentazione di Fortuna e Prudenza, dico che mi parea che tutt'i cittadini con suoni e festeggiamenti fossero intorno alla prima; la quale, come detto è, si stava a godere la danza delle genti in sua compagnia condotte. Uscì finalmente della città un bellissimo carro tirato non da cavalli, da buoi o da altri animali da noi conosciuti o a quell'uffizio avvezzati, ma da certi nuovi uccellacci, dipinti di vario colore e di più qualità di piume, i quali non solo si mostravano atti a tirare il cocchio in ogni luogo per terra, ma coi piè fatti a foggia di pala, come quei delle oche, manifestavansi atti a trarlo pel mare; e con certe alacce si vedea benissimo che poteano condurlo fino per li campi dell'aria, o dov'essi avessero voluto. Anzi poteano andare a sua posta, dappoi che non cavezzine o freno gli reggeva, ma solamente una donna, sedendo in sul carro, gli stimolava con una sferza, non curandosi punto che si arrestassero mai; ma solamente che andassero continuamente volea, e a scavezzacollo, da per tutto. Ben venga la mia carissima compagna, gridò allora Fortuna; e a questa voce si arrestarono gli uccellacci, sferzandogli tuttavia la donna del cocchio, la quale mostrava dispiacere che non andassero avanti. Nè si maravigli alcuno ch'ella non si curasse di Fortuna, nè di altro, perchè ell'era la Pazzia, la quale andava a balzi e a salti trionfando sopra quel carro. Ma Fortuna, ch'è sempre stata sua grandissima amica, accostatasi a lei, e affettuosamente abbracciandola, salì sul carro con essa; e postole un braccio amichevolmente intorno ai fianchi, lasciò fare agli uccelli quel che voleano; ed essi di nuovo alla città si rivolsero, cantando intorno ad esso carro tutto quel popolo, e palesando nelle canzoni grandissima allegrezza che Fortuna prendesse nella città loro l'albergo. Entrato in tal guisa ognuno, si chiusero le porte, e la scena rimase vôta e senza romore.

Ma dall'altro lato, dov'io dissi ch'era la montagna, si udirono in prima ad uscire gravissimi lamenti; e a poco a poco si apriva un gran masso, donde uscì una femmina vecchia di anni, e con la pelle tutta aggrinzata, in compagnia di molti che la seguivano; i quali al vestito che portavano indosso, e alle lunghe e folte barbe che loro coprivano il viso, conobbi ch'erano filosofi, nei lunghi studi e nelle mature considerazioni consumati. Cantarono anch'essi una canzone, ma non come le prime lieta e festevole, anzi lugubre e flemmatica, nella quale chiamavano loro Dea e scorta la femmina che andava innanzi, e chiudevano tutte le strofe con questi due versi:

D'ogni bella virtù, d'ogni scienza
E sale e guida sei, diva Prudenza.

Io non potei però fare a meno che non ridessi a vedere come camminava colei venendo innanzi, e come ne venivano dietro a quella i suoi compagni. Avea un bastoncello in mano, e uno ne avevano tutti i seguaci suoi, e con essi andavano attastando il terreno prima di movere il passo. Nel principio io credea che tutti fossero ciechi; ma ben tosto mi uscì tal sospetto del capo, quando non solamente alle parole ch'ella

disse, conobbi che la non era cieca, ma che penetrava con l'acutissima
sua vista nelle più profonde viscere della terra. Alzava ella dunque il
piede, dopo di avere attastato col bastone, e già parea che volesse fare
un passo, quando posato il piede colà donde l'avea prima levato, diceva: No: mal sicuro è questo luogo, due palmi sotto al terreno scorre
un'impetuosa acqua; chi sa, che mentre io fo questo passo, la non isboc-
chi e siami addosso improvvisa, ch'io non me ne possa poi a tempo
guardare? Sarebbe forse questa la prima volta che sgorgarono acque
le quali non si vedeano? Voltasi dunque da un'altra parte, parendo
che il passo fosse sicuro, si movea un poco e veniva avanti, predicando
sempre a' seguaci suoi che si movessero con mille rispetti, accennando
loro che di qua vedea un picciolo verme a tutti gli altri invisibili per
l'aria, e che si dovesse cansarlo, di là scopriva cento braccia sotto la
terra non so quale zolfo che potea accendersi: e tanto metteva ogni suo
passo sulle bilance, che la penò un gran tempo a venire avanti: seguen-
dola i filosofi suoi, con le stesse osservazioni, a uno a uno, i quali si
credeano di avere acquistate dalla sua acutissime viste, e aveano i più
pazzi sospetti del mondo. A me pare una bella invenzione dell'autore
a vedere quella varietà; che poco prima Fortuna fosse salita con tanta
sicurezza sopra un carro tirato da tanti uccellacci che andavano secondo
che venivano tocchi dal capriccio; e che costei all'incontro non si fidasse
delle sue proprie gambe e di un bastone, camminando sopra il terreno
sodo, e senza cagion di timore veruno. Io non so, diceva tra me, se
cotesti filosofi ch'io colà veggo, facessero meglio a seguire Fortuna e
Pazzia che se ne vanno a sciolta briglia, o cotesta sì avveduta lor guida,
la quale pare che abbia le gambe e i piedi di piombo. Ma sia che vuole,
attendasi il fine della faccenda, e vediamo a che ne riesca.

Intanto Prudenza arrestatasi non molto lontana dalla città, che
chiusa era, incominciò a tener fissi gli occhi nelle mura, e parea che di
tempo in tempo da quelli le uscissero le lagrime. Nè io sapea perciò
donde derivasse il suo dolore; quando tutta sdegnosa incominciò a favellare: Io non so, diceva, o miei fidati compagni, se voi penetrando
con gli occhi vostri dentro a quelle muraglie, vedete gli scherzi di Fortuna fra cotesto popolo, il quale certamente caderà in estrema rovina,
se soverchiamente fede le presta. Non vedete voi com'ella da vilissimo
stato innalza non so quai tristi, i quali senza veruna educazione o studio
trovandosi nella novella altezza, calpestano senza rispetto i migliori; e all'
incontro i migliori abbassati da lei, cercando di acquistare la sua grazia,
o diventano tristi, o i tristi vezzeggiano, e sono loro intorno con le adulazioni e con le carezze? Dappoichè Prudenza ebbe dette queste parole,
mostravasi pentita di aver favellato, e quasi temeva che l'aria udita
l'avesse, affermando che contro agli uomini fortunati non era mai bene
lo sparlare. La stimolavano i filosofi a metter qualche rimedio alla confusione entrata fra que' popoli; ma comecchè ella lodasse il parere, tante
erano poi le difficoltà dell'esecuzione, che non sapeva arrischiarsi. Quando
dall'uno de' lati della scena si levò un altissimo romore di trombe e di
tamburi, che andava fino alle stelle, e si udì a gridare: Alessandro Alessandro, e Cesare Cesare; e poco andò che l'uno e l'altro entrarono a
fare spettacolo di sè con bellissima pompa di cavalli e carri armati,
co' quali aggiratisi ad un tempo in un'ordinatissima marcia, si ferma-
rono finalmente dinanzi alla Prudenza, e l'assicurarono del soccorso
loro contro alla nimica Fortuna. L'uno e l'altro dicevano, sè ess

alla Fortuna capitali nemici; e ciò per avere udito che gli uomini attribuivano le loro gloriose imprese all'opera di Fortuna, e non a loro. Noi credevamo, dicevano essi, di acquistarci l'onore di prudentissimi capitani, avendo seguite le tue avvertenze nel dare assalti a città, nel combattere in campagne aperte, e nel ritirarci; e contuttociò udiamo che alcuni dicono, noi essere piuttosto stati dalla Fortuna assecondati, che dalla tua dottrina. Eccoci. Intendiamo ora di combattere questa tua e nostra nemica, e l'armi che intorno ci vedi, sono oggimai qui tutte a tua disposizione. Stavasi pensosa Prudenza, e in pendente fra il sì e il no, se dovea accettare il partito; quando uno de' filosofi, ridendo in faccia ad Alessandro ed a Cesare, disse al primo in tal guisa: È naturale cosa e usata fra gli uomini, che di quello che loro fortunatamente accade, dieno il pregio alla prudenza loro: ma potevi tu mai azzuffarti più sconsideratamente di quello che facesti al passo e sulle rive del Granico,[1] e con tutto ciò ne avesti vittoria? Io so dire che quella impresa sarebbe stata biasimata in Roma, per essere stata fatta contro alle regole della prudenza; come ne fu biasimata quella di Lucullo contro Tigrane,[2] comecchè ne riportasse vittoria con la sconfitta di centomila uomini. E tu, o Cesare,[3] vuoi tu vedere con quanta prudenza venisti alle mani con Pompeo in Farsaglia? Ti avea già Pompeo battuto a Durazzo: avea due numerosi eserciti, un'armata da mare sì grande e gagliarda, che veniva stimata invincibile. L'esercito da terra avea molto maggiori truppe del tuo. La cavalleria di lui di settemila cavalli era il fiore de' cavalieri: tu ne avevi mille. Quarantamila fanti avea egli, tu ventiduemila. Avea egli danari e vettovaglie in abbondanza, la vicinanza del mare, tutti i porti, tutte le piazze con gagliardi presidii, da tutte le parti libero il passo, e tutta le terra da potersi ritrarre in qualunque luogo avesse voluto. All'incontro tutte le città chiudevano a te in faccia le porte, ed eri condotto a tale estremità di ogni cosa, e sì eri sprovveduto, che avevi a levar campo ogni dì per vettovagliare il tuo esercito.... Zitto, disse allora Prudenza, la quale avea pensato che il filosofo era pazzo a sturbare con la maldicenza due animi che si mostravano suoi amici; zitto, pazzo filosofo, che stando a consumare il tempo nelle meditazioni, non sai punto qual sia quella prudenza che alle azioni si richiede. Accettiamo di buon animo l'aiuto di Alessandro e di Cesare, e facendo con esso loro alleanza, diasi l'assalto.... o si ha a differire? Pensiamo. Non indugi, ripigliarono i due capitani. Ora è il tempo. Le genti della città sono spensierate, sprovvedute, seguono la loro novella signora, non si curano di altro, che di avere beneficenze e favori da lei. Ecco l'opportunità; non si perda. È vero, risposero tutti ad una voce; e già si dava nelle trombe; appoggiavansi le scale alle muraglie, e si minacciavano dall'una parte e dall'altra morti e macelli, veden-

---

[1] *Sulle rive del Granico.* È un fiume della Bitinia, sulle cui rive Alessandro il Grande con soli 30,000 combattenti (così dice Q. Curzio) sconfisse l'esercito di Dario, re della Persia, forte di ben 600,000 soldati (334 av. C.).

[2] *Quella di Lucullo contro Tigrane.* L. Lucullo, generale romano nella guerra contro Mitridate, re del Ponto (75 av. C.), assalì, con soli 18,000 uomini, secondo racconta Plutarco, un esercito immenso spedito da Tigrane in aiuto di Mitridate e lo sconfisse, uccidendogli 100,000 pedoni e 50,000 cavalieri.

[3] *E tu, o Cesare....* Quando Cesare venne a battaglia presso Farsaglia con Pompeo, questi aveva seco il fiore della gioventù romana, e una numerosa cavalleria; e i suoi soldati sapientemente disposti, erano protetti dal fiume Enipeo. Malgrado ciò, l'impeto delle legioni di Cesare lo sconfisse pienamente.

dosi una furia così naturale e sì grande, che ne batteva il petto in cuore agli spettatori. Ma mentre che più ardeva la battaglia, eccoti che il cielo appariva tutto luminoso, come quando il sole, discacciate le notturne stelle, vien su dal mare ad illuminar tutto il mondo: e a poco a poco si calò in braccio de' zefiri una nuvola, accompagnata dal suono di dolcissimi strumenti, i quali con la loro grata armonia posero la quiete negli animi de' combattenti. Quando la nuvola fu giunta ad un certo luogo dell' aria, quivi la si sospese e si aperse, e mostrò dal grembo suo un bellissimo giovane con una verghetta in mano, con le ale a' piedi e in sul cappello; il quale a questi segni fu riconosciuto essere Mercurio, il messaggero di Giove. O mortali, incominciò egli a dire, gratissimo scherzo di Giove, che vi pensate voi di fare al presente? Avrà egli forse mandata qua giù Fortuna e Prudenza perchè le sieno esse le condottiere del mondo, e lo facciano aggirare a sua volontà o l' una o l' altra? Fortuna accompagnata con la Pazzia in poco tempo lo ridurrebbe a quell' antica confusione in cui si trovava nei primi tempi. E tu, o Prudenza, vigilantissima conoscitrice di tutte le cose, tanto sai e tanto vedi, che introdurresti negli uomini una perpetua ignavia, col timor dell' errare in ogni cosa. La catena che sostiene il mondo, è sulle mani di Giove; e siccome egli ha temperati caldo e freddo con la loro mistura, così egli ha mandato voi tuttaddue, perchè l' una renda gli animi animosi co' suoi favori, e l' altra gli temperi. sicchè non vogliano da Fortuna quel che non possono. Apransi di queste città le porte. Così fu eseguito. Uscì Fortuna, e per comando di Mercurio abbracciò Prudenza, la quale baciò lei, e fecero lega insieme. Mentre che io stava osservando in qual guisa si fossero partiti Alessandro e Cesare, come fosse Mercurio salito al cielo, il sonno mi ruppe la visione, o il sogno che vogliam chiamarlo; ed io, parendomi che, secondo anche sogno, avesse in sè qualche midollo di morale, presi la penna, e lo stesi in fretta, acciocchè non mi uscisse della memoria.

Signor Osservatore.

Due righe vi vengono scritte: " Si bramano da voi versi sciolti; " e voi cortesemente rispondete: " Sarete serviti." Altre due: " Si desiderano de' vostri sogni; " e voi con buon garbo: " Signor sì; vi saranno de' sogni al servigio vostro." Avete ben avuta la bontà di stampare anche l' ultimo mio biglietto, ma non fui altrimenti graziato di due vostre parole di risposta; e pure avanzava tanto dell' ultima pagina del foglio che potevate farlo. Si potrebbe mai dare che mi conosceste e che qualche naturale vostra avversione contro di me v' inducesse ad avermi così poco riguardo? Ad ogni modo io non so d' avervi mai fatta veruna offesa, ma perdonatemi, vo' vedendo che voi volete farne alcuna a me. Orsù via, ditemi un' altra volta: " Non voglio rispondervi; " ed io abbasserò il capo; ed avendovi in considerazione come pur v' ho mi darò a credere che questo sia per onor mio. Poss' io domandarvi di meno? Poss' io fare di più per voi? Voglio essere a vostro dispetto sempre vostro buon amico   N. N.

OSSERVAZIONE.

Parecchi ho veduti a' miei giorni, i quali, secondo gli accidenti di loro vita, si cambiarono in altri uomini diversi da quelli ch'erano prima. Certuni ben voluti dalla fortuna erano sì capricciosi e strani, che l'impacciarsi con esso loro era una morte; non si potea far cosa della quale non mostrassero fastidio; e oltre a ciò, un sottilissimo spirar di aria gli facea ammalare; appena poteano star sani mangiando squisitissimi cibi, e aggravavano loro lo stomaco fino agli uccellini arrosto. Cambiatasi la fortuna, gli trovai non solo mansueti e cortesi, ma si mangiavano con grandissima consolazione vivande da struzzoli, che andavano loro tutte in sangue e in carne, sicchè di tristanzuoli e tisicuzzi, che prima erano, camminavano gagliardi in sull'anche, e aveano un viso vermiglio, che pareano la salute. All'incontro alcuni, saliti da una bassa ad un'alta fortuna, fecero il contrario, e divennero bestiali, scortesi e sì pazzi, che non si sapea più per qual verso prendergli a far loro intendere le cose ragionevoli. Ma quello che più mi facea da ridere, si fu che entrando in una vita nuova e fra mille circostanze, nelle quali non aveano dentro consuetudine; facevano cose che non si fanno, e volevano quello che non si vuole, parendo loro impossibile che lo aver danari non basti a far volare gli elefanti. Ragionarono di palagi con architetture che non si potrebbono inventar dalle nuvole, di vestiti con un certo garbo particolare per parere dappiù che gli altri, di fornimenti, di masserizie e di staffieri in un modo vario da tutte le genti; tanto che mostravano di essere impazzati per la buona fortuna. E questo avviene perchè le cose di fuori ci signoreggiano sempre, e dentro di noi non è chi comandi: ma ci lasciamo traportare qua e colà a tutto quello che avviene, come la pula al vento sull'aia. Egli è sempre di giovamento confermare le osservazioni con la storia, perchè venga prestata maggior fede a chi parla. Ma le storie antiche sono state allegate tante volte, che a forza di andar fuor di casa sono venute a noia alle persone; e chi tocca certi particolari moderni, vien accusato di malignità; ond'io volando pur addurre qualche cosa, ed ischifare questi scogli, lascio stare gli esempi vecchi e i nuovi massicci, e mi volgo ad una novelletta, accaduta a due persone di contado, marito e moglie, e fu questa.

NOVELLA.

Iacopo e la Sandra, non sono ancora passati molti mesi, ch'erano un uomo e una donna di villa come tutti gli altri loro pari. Iacopo, quando egli avea munte non so quali pecore, e fatte due forme di cacio e un sacchettino di ricotta da poter vendere alla città, gli parea di aver tocco il cielo col dito, e stimava venzoldi un tesoro; tanto che ritornando con essi a casa, gli avea stampati nel cervello per tutta la via, e facea i conti suoi sulle dita; e talora traendoli fuori delle tasche, gli noverava da sè a sè così andando, e poi ne gli riponeva, e pensava ad essi di nuovo. La Sandra a un dipresso facea quel medesimo di certi pochi danaruzzi che andava traendo di alquanti suoi polli e delle

ova che le fruttavano non so quali galline; tanto che tra marito e moglie, standosi in una casettina che avea più presto aspetto di tana che
di altro, traevano con que' guadagni da scodellare una buona minestra
ogni dì, e qualche cosetta di vantaggio la festa; e senza punto curarsi
di più, viveano in gran contentezza ed amore. Avvenne per caso, che
avendo costoro un congiunto, il quale era fattore e avea acquistato in
quell' uffizio una buona quantità di quattrini con quella coscienza che
potea, questi venne a morte, e non avendo più stretti parenti che lo
redassero, Iacopo andò a cogliere quel boccone, e la Sandra, che sua
moglie era, ne andò con esso, e si beccarono su parecchie centinaia di
zecchini nuovi e interi, che non ne aveano ancora mai veduti in tutto
il corso della vita loro. Dicono alcuni, i quali furono quivi presenti,
che a Iacopo nel prendere quei sacchetti che chiudevano il tesoro, tremavano le mani, e che parlandogli alcuno, non gli rispondea più al
verso; e la Sandra parea che non potesse riavere il fiato, le parole le
uscivano mozze della lingua, e si cominciò a notare che, parendole oggimai di essere ingentilita, facea qualche sgarbata riverenza per venire
stimata civile; ai quali indizi vi furono alcuni i quali dissero ch'essi
andavano scambiando natura. Iacopo e la Sandra, coltasi l'imbeccata,
si partirono tosto di là, per essere a casa per tempo, temendo che in
sul far della notte qualche ladroncello gli assalisse: il qual pensiero
non aveano ancora avuto giammai; e così camminando e ragionando
insieme del bell'acquisto che aveano fatto, e lodando l'anima del pa-
rente loro, e chiamandolo veramente uomo di buona e santa coscienza,
parve alla Sandra che la via le cominciasse a rincrescere. E non ricordandosi più ch'ella soleva spesso, poco prima, andare al mulino parecchie miglia lontano con un sacchetto di molte libbre in capo, ora vòta
e scarica, incominciò a querelarsi e a dire: " Marito mio, egli non mi
pare di poter vedere quell' ora ch'io sia a casa; io non so quello ch'io
abbia oggi, che le ginocchia non mi reggono più, e non so perchè
siamo venuti a questo modo a piedi. " Iacopo rispondeva ch'egli era
stanco anch'egli; e incominciarono a dire che si avesse da indi in poi
a provvedersi di un cavalluccio, e da mantenerlo per andare a' fatti
loro. Tra questi ragionamenti giunsero al loro casolare, al cui aspetto,
voltasi la Sandra al marito, gli disse: " Io non so, marito mio, se io abbia
le traveggole, o se la lunga strada mi abbia sì indebolita la vista, che
non vegga più lume bene; ma dappoi in qua che mi sono partita, mi
pare che questa casa siasi impicciolita." — " Egli è vero," rispose Iacopo,
" e così pare anche a me; ma pure ell' è quella di prima; ma il cielo m'ha
fatto tanta grazia, che ad ogni modo usciremo di questa spelonca." Così
dicendo, entrarono, e parea loro di affogarvi dentro. Una buona parte
della sera la consumarono a noverare li zecchini, lagnandosi di non
avere altro che un lumicino da olio; e finalmente gli riposero in un
certo cassonaccio, dove erano insieme zucche, piene di sementi di rape
e di cavoli, capecchio, lino e altre bazzecole; e fatto luogo ai danari
perchè vi stessero agiatamente, chiusero il coperchio a chiave, provando da due volte in su, s'ella avea data la volta bene, e tentando
con mano esso coperchio s'era suggellato e se si crollava punto. La
sciarono per quella notte il lumicino acceso, temendo le ladroncellerie
del mondo; e fra il ragionare e il pensare a' quattrini, non chiusero
mai occhi. Passò forse una settimana, che sempre stettero fra tali pensieri, bisbigliando sempre insieme e consigliandosi di quello che aves

sero a fare; ma pur finalmente assuefacendosi un poco alla veduta dell'oro, e avendo fatte assicurare le serrature della cassa e della casa da un fabbro, deliberarono di togliere alquanti zecchini in tasca, e di andare alla città per comperare, Iacopo da farsi una gabbanella, e la Sandra una gamurra,[1] e uscire un tratto del vecchio. E così fecero. Chiuso prima ogni finestrino, e turata ogni fessurella, ne andarono alla città, dove non sì tosto furono giunti, che s'invogliarono di tutto quel che vedevano, e comperavano qua una bagattelluzza, colà un'altra, oltre alla gabbanella e alla gamurra della Sandra, la quale non si sapea stabilire a' colori, e pose sossopra una bottega fino a tanto che la trovò un colore di rosa, e si provvide di certe frange di seta gialle, come se l'avesse avuto a guernire una gualdrappa. Così andando, invogliandosi e comperando, passarono per caso davanti alla bottega di un rivenditore di robe vecchie, il quale, oltre a parecchie masserizie, avea molti quadri da vendere, ne' quali cominciò la Sandra con molto diletto a fissare due occhi spalancati, e maravigliavasi di vedere quelle figure che somigliavano così bene agli uomini e alle donne vive. Iacopo, il quale amava affettuosamente la moglie e cercava in quanto potea di compiacerla, per farle allora una cosa grata all'improvviso, tocco da un nuovo capriccio, si voltò al bottegaio, il quale con diversi suoi garzoni stavasi a veder baloccare que'due nuovi uccelli, e gli disse: "Avreste voi tra queste vostre masserizie un ritratto per mia moglie?" La Sandra arrossì, le battè il cuore, e ringraziò con un ghigno il marito della finezza; ed egli ghignò verso lei, quasi dicesse: Vedi se io so essere gentile! Il bottegaio, a cui scoppiava il cuore per la gran voglia che avea di ridere a così nuova e non più udita domanda, rispose che sì, e ch'egli ne avea uno che parea essa medesima; e dato ordine a'garzoni suoi, essi ne andarono ad un magazzino, e poco stettero che arrecarono fuori una Giuditta bella e giovane, la quale avea dietro a sè una servaccia nera con un sacchetto in mano con dentrovi il capo di Oloferne rinchiuso. "Voi vedete," disse il bottegaio, "questa giovane è la moglie vostra, che la par dessa." Al marito, che guardava or la moglie e or la tela, or parea che fosse, ora che non fosse quello che dicea il bottegaio; ma la Sandra, che la vedea bella, diceva che sì, e che l'era tutta lei, e che non le mancava altro che la favella; onde il marito, che pure volea essere cortese, rivoltosi alla moglie, le disse: "Comperando io questa cosa a posta tua, io intendo che tu ti abbia ad appagare liberamente; e poichè te pare che la ti somigli, io ne farò contratto. Anzi nel vero, che guardando più attentamente, mi pare ch'egli sia vero, e che quella sia la Sandra medesima, non altrimenti che tu. Ma io non so quello che si abbia a fare quell'altra femmina con quel sacco, e perchè la Sandra mia abbia a tenere una spada in mano." "Questi," rispose il bottegaio, "sono capricci del pittore. Quella femmina, che voi vedete così nera, è la Tentazione, e in quel sacchetto sono rinchiusi i peccati; e la Sandra vostra, che buona e santa donna mi pare, tiene quella spada in mano, minacciando la Tentazione, che s'ella mai sciogliesse il sacco, le troncherebbe il capo." — "Oh bella!" esclamò allora la Sandra: "io fo giuro al cielo che cotesto pittore fu indovino, e vorrei vedere io che cotesta Tentazione mi stimolasse a far cosa contra al marito mio." — "Quanto ne vuoi tu?" disse Iacopo al bottegaio con

---

[1] *Gamurra.* Nome antico di veste di donna.

le lagrime agli occhi per l' allegrezza. E in breve, chiuso il contratto
per non so quante lire, si arrecò a casa la Giuditta, e dicea a tutti
che l' era la Sandra, la quale combattea contro alla Tentazione. Dicono
alcuni maligni che la Sandra fu ben quella prima dell' eredità; ma che
dopo, la femminetta nera del quadro si avrebbe a dipingere col sacchetto aperto, e la Sandra con la spada nel fodero.

Ma comecchè sia, io non dirò nulla di ciò: bastami che di tempo
in tempo si dimenticarono affatto della prima condizione; e come se
que' pochi danari che aveano acquistati, fossero stati scienza, nobiltà
e ogni cosa, a poco a poco montarono in gran superbia; e volendo in
ogni cosa diportarsi a guisa di cittadini, Iacopo e Sandra in breve
ritornarono a povertà, e sono oggidì quasi disperati e beffati da ognuno.

FAVOLA.

Grandeggiavano in un giardino sopra tutti gli altri fiori i garofani
e certe rose incarnatine, e schernivano certe mammolette viole che stavansi sotto all' erba, sicchè a pena erano vedute. "Noi siamo," dicevano
i primi, " di così lieto e vario colore, che ogni uomo e ogni donna, venendo in questo luogo a passeggiare, ci pongono gli occhi addosso, e
pare che non sieno mai sazi di rimirarci."—" E noi," dicevano le seconde,
" non solamente siamo ammirate e colte con grandissima affezione dalle
giovani, le quali se ne adornano il seno; ma le nostre foglie spicciolate
gittano fuori un' acqua che col suo gratissimo odore riempie tutta l' aria
d' intorno. Io non so di che si possa vantare la viola, che a pena ha
tanta grazia di odore che si senta al fiuto, e non ha colore nè vistoso,
nè vivo come il nostro."—" O nobilissimi fiori," rispose la violetta gentile,
ognuno ha sua qualità da natura. Voi siete fatti per essere ornamento
più manifesto e più mirabile agli occhi delle genti, e io per fornire
quest' umile e minuta erbetta che ho qui d' intorno, e per dar grazia
e varietà a questo verde che da ogni lato mi circonda. Ogni cosa in
natura è buona. Alcuna è più mirabile, ma non perciò le picciole debbono essere disprezzate."

La morale che si può trarre da questa favola, vorrei che fosse intorno alle virtù. Alcune ve ne ha grandi e nobili, quali sono la magnanimità, la clemenza, e altre sì fatte principali, che sono la maraviglia
del mondo e lodate da ciascheduno. Ma queste non si possono sempre
esercitare, nè ogni uomo ha opportunità di metterle in opera. All' incontro mansuetudine, umiltà, affabilità le può avere ognuno; e comecchè le non sieno vistose, nè grandi quanto le prime, possono tuttavia
essere ornamento della nostra vita cotidiana e comune; e fanno forse
più bello il mondo delle altre, perchè entrano quasi in tutte le cose
che vengono operate da noi. Le prime sono degne di essere allegate
nell' istoria, quest' ultime di essere ben volute da tutti.

AVVISO DATO DALL' OSSERVATORE.

Io chieggo grazia al pubblico di poter uscire alla campagna per
alquanti dì. Sabato non uscirà il foglio come se fosse festa. Nella ventura settimana compenserò co' fogli questa mancanza.

N° XLVIII.   A dì 18 luglio 1761.

Trovandomi a questi giorni in una villa, dall'un lato fronteggiata
da colli poco lontani, che paiono piuttosto incantesimo, che veduta naturale; e dall'altro aperta in una spaziosa e verde campagna, dove
può andar l'occhio alla lunga quanto ha forza, mi sembrava d'essere
rinato al mondo. I boschetti qua e colà sparsi da natura, gli artifiziati [1]
a uso di varie uccellagioni, tutto m'invitava, occhi, piedi, a mirare ed
andare; avrei voluto essere in ogni luogo, e tutta quell'aria ritirare
ne' polmoni. Mentre ch'io m'aggirava qua e colà soletto, mi si destò
nelle midolle l'antico vizio del verseggiare, e traportato dalla fantasia
all'immaginata età dell'oro, sedendo sopra il ciglione d'un fossatello
d'acqua che correa, coperto da non so quali cespugli, cominciai in
questa forma da me solo a parlare:

O selve amiche, o piaggia solitaria,
Della mente e del cor pace e tesoro,
In cui l'ombra a vicenda e l'apert'aria
Son della vita natural ristoro:
Fra voi contento il mio pensier non varia;
Qui vegg'io quale fu l'età dell'oro.
Il viver cheto e i semplici costumi
Erano il latte e il mel d'alberi [2] e fiumi.
   Colli beati e comodi boschetti,
Quanto è felice chi nacque tra voi!
Di qua son lunge sempre ira e sospetti,
Non usa invidia gli aspri denti suoi.....

Mentre ch'io in tal guisa fantasticava, e cercava di legare i miei pensieri nella cadenza delle rime, sentii dietro di me fra que'cespugli,
da'quali era coperto, a ridere sgangheratamente; onde voltatomi di
subito indietro, m'avvidi che quivi era una villanella scalza e mal vestita, la quale avendomi veduto a fare atti e a parlare quivi da me
solo, non avea potuto ritenere le risa. Di che ridendo io ancora, feci
ch'ella s'assicurasse a ridere più di cuore, comecch'ella per modestia
chinasse la testa, e la voltasse da un'altra parte per non lasciarsi vedere; ma io però conosceva al movimento de'fianchi ch'ella smascel-
lava più che mai, e che non potea ritenersi. " Se il cielo," diss'io, " sia
benigno ad ogni vostra volontà, ditemi, o cortese pastorella, di che
ridete voi?" Addusse ella prima alla mia domanda, tutta vergognosa
in faccia, molte scuse, delle quali non credendone io alcuna, e ribat-
tendole con buone parole, tanto feci ch'ella s'indusse a dirmi la verità,
e fu questa: " La Signoria Vostra, o altro, perch'io non so chi ella sia
sia, o chi voi siate, m'ha fatto ridere, con sopportazione, [3] a fare certi
nuovi atti ch'io non ho veduti mai, e a stralunare gli occhi in un
modo che tra noi non s'usa; oltre a che io non ho udito ancora no-

---

[1] *I boschetti artifiziati a uso di varie uccellagioni.* Alberi e cespugli piantati ad arte
per richiamo d'uccelletti che poi con apposite reti vengono presi.
[2] *Erano il latte e il mele* ec. Nell'antica età dell'oro, favoleggiata dai poeti, i tronchi

mini a parlare da sè soli così forte, come se fossero in compagnia, nè a ripetere tante volte le parole medesime, come la Vostra Signoria, o voi, avete fatto."

"Se voi sapeste," ripigliai, "o gentilissima pastorella, di quello di ch'io ragionava, io son certo che voi vi terreste superba dello stato che avete fra questi boschi, e avreste gran compassione del mio, e di tutti coloro che, lasciata questa pacifica solitudine, abitano nelle città grandi. Io so che voi qui siete veramente felici; che i vostri armenti, le pecorelle, gli orti vi danno di che vivere senza pensiero; che il sole, la luna e le stelle, ricchissimi tesori della natura, risplendono veramente per voi. Non è egli forse il vero quanto vi dico?"

"Potrebb'essere," rispose la villanella, "che fosse vero; ma io non intendo bene il vostro parlare, perchè forse voi favellate per lettera, e io non sono avvezza ad udire altre parole, che quelle che ha fatte la bocca così alla naturale. E però non so che vi vogliate dire di superba, di sole, di luna o di tesori: non ch'io non conosca sole e luna; ma voi gli avete mescolati per modo con altre cose, che non so quello ch'essi v'abbiano a fare."

In effetto parvemi allora ch'ella non dicesse male, e considerai fra me medesimo in questo modo: Il cervello mio s'è innalzato poco fa a' pensieri poetici, e m'è rimaso un certo tuono nella lingua che ha della poesia. Costei avrà nome Lucia, Margherita o Nastagia; e a me parea di ragionare con Amarilli, con Cloe, o con Corisca; pure, dappoichè io sono entrato nell'egloga, voglio far conto, per passare il tempo, d'essere un pastore da Teocrito e da Virgilio,[1] e prendermi spasso delle pazzie de' poeti, i quali, descrivendo lo stato pastorale, ne fanno una pittura, che ogni uomo s'invoglia d'andar a pascere le pecore e fare ricotte. Tali furono le mie meditazioni; ma non durarono tanto, quanto sta la penna a scriverle, perchè l'intelletto, come sa ognuno, è veloce e parla a sè, onde tosto s'intende; ma quando esso ha bisogno della lingua o della penna per iscoprirsi ad altrui, dee cercare le parole, come ha fatto al presente. La villanella non s'avvide punto delle mie riflessioni, perchè furono momentanee tanto, che appena ella avea taciuto, ch'io ricominciai a parlare in questa forma: "Prima ch'io vi dica altro, avrei caro d'intendere qual sia il vostro nome. Voi m'avete viso d'avere un de' più bei nomi del mondo." — "Odi questa," rispos'ella, "se l'è nuova! V. S. voglia indovinare i nomi alla faccia, e sapere se son belli o brutti. Il nome mio mi fu posto quando la faccia mia era appena cominciata, e la mi crebbe poi ch'io avea già il mio nome addosso; sicchè io vorrei pure intendere come voi siate buono strolago. Indovinatelo." Io ne dissi forse da quindici in su, e non seppi mai cogliere in una *Mattea*, che finalmente per istracca, e per compassione di vedermi a ghiribizzare, la mi disse ella medesima; il qual nome ora mi gioverà per non interrompere il mio ragionare con le parole: *e io dissi, e ella rispose*; ma i due nomi d'*Osservatore* e di *Mattea* mi caveranno da tale impaccio.

Osservatore. Mattea mia, dunque, poichè Mattea siete, io volea dirvi poco fa, quando io non seppi sì favellar chiaro, che voi mi poteste inten-

---

[1] *Un pastore di Teocrito e di Virgilio.* Teocrito di Siracusa, vissuto nel III secolo av. C., fu celebre poeta che nei suoi *Idillii* scrisse le lodi della vita pastorale. P. Vergilio Ma_rone, mantovano (70-19 av. C.), oltre che per l'*Eneide*, è famoso per le *Bucoliche* e le *Georgiche*, poesie in cui ritrae con infinito sentimento la vita dei campi.

dere, che grande è la vostra fortuna dell'essere nata in una
tana da'romori delle città, e che una dolcissima vita dev'essere
fra questi campi e queste selve, tra le quali vi godete a vosti
or all'ombra e ora al sole la vostra libertà. Voi senza sogg
runa ve n'andate con pochi panni indosso, senza legarvi il
mille imbrogli, e calcate co'piè nudi e scalzi queste verdi
erbette, le quali vi nascono di sotto naturalmente per formarvi
naturale, e apparecchiarvi un dilicato cammino.

Mattea. Io non so quali carote sieno queste, che voi cercat
ad intendere. Ma sappiate che, se noi andiamo con sì poca
dosso, egli è perchè non possiamo far altro; e voi dovete anc
benchè abbiate calze e scarpe, quanti sotto a queste malad
sono minuti ciottoli e stecchi, i quali ci frugano le calcagn
che v'andiamo sopra così scalze. L'ombra è una bella cosa
chi se la può godere, sedendo senza pensieri sotto gli alb
fate ora voi; e il sole anche non è mala cosa, quando vie
dalle cortine fuori delle finestre, com'io veggo che s'usa nell
padrone. Ma se voi aveste a farvi cuocere la pelle, come sia
gate a far noi nel più fitto meriggio, quando andiamo a ope
direste altrimenti.

Osservatore. Sia come voi dite quanto a queste cose; m
trete voi però negarmi che non sia una grandissima felicità
a vedere che il terreno vi ministra tutto quello che v'occo
dal vostro orticello vi cogliete le tenere insalate con le vo
le viti vi concedono i maturi grappoli, gli alberi le loro
frutte, e la terra vi biondeggia davanti agli occhi in ricchi
ghe; le quali cose tutte sono bellezze e tesori naturali, che
non possono avere senza danari, e voi ve gli godete qui t
una spesa al mondo.

Mattea. E qui sta appunto il male, che non abbiamo un
spendere. E poi, che credete voi che l'insalate, le frutte e
nascano così da sè? Questa è una benedizione, che non l'abb
che nelle ortiche e ne'malvoni, che ci vengono in abbondanz
alti. Ma non c'è asinità, con licenza vostra, nè facchineri
facciamo noi altri poveri villani, prima di veder a spuntare
di lattuca. La fatica non istà nel coglierla l'insalata. Io vori
aveste il diletto dell'apparecchiarle il terreno col badile, del
del trapiantarla e del rinettarla dall'erbe, che non la lascer
tecchire. Voi vedreste allora che i nostri diletti son magri.
dite voi di grani e di grappoli? Forse che questi, lasciato star
di tutto l'anno, sono finalmente nostri?

Mi parve che la Mattea l'intendesse più ragionevolment
poeti hanno esaltato la vita rustica, a'quali basta d'appaga
ascolta con una bella apparenza di pitture; ma poi in fou
sanno quanto una villana che ragiona per isperienza. Con
seguitai.

Osservatore. Mattea mia, io vi voglio credere che quant
sia vero; ma certamente io credo che in questa semplicità di
almeno più grate certe consolazioni, che nelle città vengono i
da mille affanni. Per esempio, la passione dell'amore qui non
tra voi mescolata nè coll'ingordigia delle doti, nè con la seve
dri e delle madri che vi ritengano in casa; dappoichè ritr

pascolare le pecore, o a lavorare ne'campi, spesso potete ritrovarvi con gli amanti vostri, e conchiudere fra voi medesimi i vostri maritaggi, facendo per elezione quello che nelle città si fa per lo più secondo la scelta de'soprantendenti. Questo non mi potrete negare che non sia diletto.

Mattea. Potrebbe essere, se mille cose non vi s'attraversassero. Ma egli è da sapere che quando un giovane e una giovane si sono un tratto adocchiati, e hanno nell'animo loro conchiuso il matrimonio, il quale vien poi approvato da'parenti, e'c'è la briga di provvedere la fanciulla di due o tre camice e del letto, ch'è un'opera la quale dura molti anni, tanto che i poverini si consumano prima che pervenire ad essere marito e moglie. E allora si può dire che la fanciulla abbia perduto quel buon tempo ch'ella avea, se n'ebbe punto.

Osservatore. Io avrei creduto il contrario; e pareami ch'ella l'avesse acquistato il buon tempo.

Mattea. Oh! sì, voi che pensate alle sole frascherie, voi altri che non avete altro in capo che un fatto solo. Ma io vi dico che il buon tempo è perduto affatto. Perchè infino a tanto che noi stiamo in casa del padre, ci vengono risparmiati una parte dei lavori, acciocchè, apparendo un pochetto più vistose e manco stentate, ritroviamo più facilmente chi ci voglia. E perciò in quel tempo noi abbiamo un poco più salde le carni, e siamo un poco meno incotte dal sole; aiutandoci noi medesime dal lato nostro col lavarci qualche volta la faccia, o con un fiorellino o due qui nel seno o alle tempie. Ma non sì tosto s'è detto quel benedetto *sì*, che ci ha legate; il giorno dietro delle nozze, la prima gentilezza, avanti che spunti il sole, è piantarci una zappa o una vanga in mano, e condurci con la nuova famiglia a dilombarci in un campo, dove noi altre povere sciocche, per parere d'assai davanti agli occhi de'congiunti, ci disertiamo il codrione[1] a lavorare; e non è passata una settimana, che diventiamo magre, nere come il carbone, e siamo tutte slogate, come una botte ch'abbia perduti i cerchi, e a cui si sieno sfasciate le doghe, le quali si rovesciano da tutti i lati quando abbiamo fatto il primo fanciullo; perchè fra l'allattare, lo sfiatarsi ne'campi di là ad otto dì, il mal governo, e la poca creanza de'mariti, non possiamo mai più rifare le carni, e per aggiunta quel vostro bel sole ci abbrustolisce le cuoia, che diventiam zingare.

Osservatore. Siete voi maritata? Voi non siete però distrutta, nè sì nera, come voi dite.

Mattea. Addio.

La Mattea se n'andò a'fatti suoi. E io ripetendo nell'animo mio tutto quello che m'avea detto, perdei la voglia del lodare la vita rustica, come avea cominciato.

Ho scritto questo Dialogo a'miei leggitori, acciocchè conoscano ch'anche da lontano non mi dimentico di loro, e del fare l'ufficio mio. Picciola cosa, lo so, è questa ch'io ho dettata al presente; ma tanti abitatori di campagna mi s'aggirano davanti agli occhi, che non ho potuto fare a meno di non ispendere qualche momento anche intorno a loro, che pure son uomini e donne come tutti gli altri. Sabato scambierò materia e supplirò al debito mio con due fogli.

---

[1] *Ci divertiamo il codrione.* Ci sciupiamo la salute.

L'OSSERVATORE ALLA PERSONA CHE GLI SCRISSE VARI BIGLIETTI.

Non vi lagnate s'io non vi risposi; non ho taciuto per mala volontà. Quando mi pongo a sedere per dettar questi fogli, convien che io segua quello che il capriccio mi detta e che assecondi il ghiribizzo di quel giorno. Abbiate sofferenza e state certo che farò il debito mio. Intanto vi sono buon amico.

LO STAMPATORE A CHI LEGGE.

Bisogna credere che il signor Osservatore fra le delizie della sua villeggiatura si sia scordato che il prossimo sabato è giorno di festa e non potrà supplire all'impegno che si è preso qui sopra. Certa cosa è che lo farà in altro tempo. Vivi felice.

N° XLIX.   A dì 22 luglio 1761.

> Così l'animo mio, che ancor fuggiva,
> Si volse indietro a rimirar lo passo
> Che non lasciò giammai persona viva.
>
> DANTE, *Inf.*, canto I.

Passeggiando ne'passati giorni alle radici di un amenissimo colle, il cui dosso era di verdi arboscelli e di erbe minute tutto vestito, mi arrestai al mormorío di un rigagnolo, che cadendo dall'alto, entrava in un canaletto, e quivi scorrendo limpido e puro sopra certi sassolini di vari colori, dava non picciolo diletto agli occhi e agli orecchi. Scostatosi alcun poco dal piè del monte, serpeggiava in giro tanto, che circuendo intorno, ed avviandosi col suo tortuoso camminare ad un altro luogo del colle donde era nato, formava un mezzo cerchio che chiudeva nel seno suo un largo spazio di terreno, di erbe e di fiori coperto. Io era giunto là dove dal colmo dell'arco di esso rivolo si vedea la montagnetta, la quale più che in altro luogo bella e vistosa appariva; imperocchè quivi e verdi ulivi e frondose vigne e varie altre fruttifere piante verdeggiavano, e così un poco addentro fra esse appariva una picciola abitazione, la quale non bianca o rossa, come per lo più esser sogliono tutte le altre, ma di più colori benissimo distribuiti, a vederla d   a che fosse. Fui allora colto da una d essa, e di esaminare in qual forma fosse dipinta; ma ritenevami il passo il rigagnolo, che molto ben largo non mi offeriva luogo da poterlo oltrepassare; se non che io vedea sopra la sponda di là due pilastri, fra i quali con due catenelle era sostenuta in aria un'asse; ond'io immaginai che la fosse un ponticello levatoio, e che quivi si concedesse la via di andar oltre. Mentre che io stava guardando quale uomo potessi chiamare, che calasse il ponte o per preghiera o per danari, vidi spiccarsi dalla parte di là uno con lunga barba, e vestito a guisa degli antichi filosofi, il quale venendo alla —''' mia piuttosto frettolosamente, e facendomi cenni ch'io lo attendessi, giunse al ponte, calò l'asse, e con la mano mi fece cortese invito all'entrare nel suo ricinto. Così feci, e ne lo ringraziai, abbracciando egli me ed io lui amichevolmente. Era egli di statura piuttosto alta, ben impersonato di corpo, di aria gentile, comecchè alquanto fosse incotto dal sole, e mostrava di essere nel cinquantesimo anno dell'età sua, o incirca. "Chiunque voi vi siate," incomiuciò a dire, " vi offero cordialmente questa mia solitudine, dove di rado vengono genti, correndo voce all'intorno che io sia uscito del cervello, e lasciando io volentieri che ciò venga creduto, per liberarmi dagl'importuni. E' fu già un tempo che per vedere questo luogo molti concorrevano in calca, e vedea ogni giorno cocchi e cavalli con altissimo romore di fruste, di cornetti e di campanelli qui convenire da ogni parte; ma udendomi le genti a ragionare per lo più in un modo diverso da quello che si usa, giudicarono finalmente ch'io avessi perduto il cervello, e a poco a poco si allontanarono; ed io l'ebbi caro: gittai a terra un più largo ponte che fatto avea, e lo ridussi a quell'asse che avete veduta, acciocchè di uno per volta e solamente a' piedi fosse capace. Qui dentro non abitano altri uomini, che alcuni pochi lavoratori i quali con l'opera loro coltivano quegli ulivi e le altre piante che mi formano non infruttuoso boschetto intorno alla casetta mia, ed io anche talvolta presto loro aiuto con le mie mani. Alcuni pochi libri, un calamaio ed i fogli mi prestano soccorso per non sentire la noia della solitudine; e in tal guisa passando i giorni e buona parte delle notti ancora, sono da forse quattordici anni in qua che mi dimenticai del mondo e di que'rumori, tra i quali negli anni miei giovanili, quando, secondo le genti era saggio, consumai il cervello e quasi la vita."

Mentre ch'egli andava favellando in tal guisa, non solo io mi consolai dell'aver passato il fiumicello, per poter vedere la bellezza naturale di quel luogo più da-vicino; ma mi rallegrai molto più dell'essermi abbattuto a conoscere un umorista, il quale con la singolarità de' suoi pensamenti mi avrebbe per qualche tempo intrattenuto. Onde ne lo ringraziai della buona accoglienza che mi facea, lo commendai della risoluzione ch'egli avea presa; ma non seppi tra me però deliberare affatto s'egli fosse veramente pazzo, come dicevano le genti, o saggio, com'egli si credeva di essere. Di che egli quasi si accorse, e con un benigno riso a me rivolgendosi, mi disse: "Io so bene, o forestiere, che il mio favellare vi avrà posto in sospetto del mio cervello; ma saggio o pazzo ch'io mi sia, di ciò assicuratevi che le mie fantasie non sono di uomo nocivo altrui, ma chete, e di una ragione da non poterne temere." Intanto io mi scusava quasi ridendo, ed egli mi assicurava di nuovo; ma non cessando noi di andare, quantunque si ragionasse, giungemmo finalmente alla casettina, la quale era tutta incrostata di fuori di nicchi marini e di chiocciole e di sassolini tramezzati di vario colore, donde nascea quella diversità di veduta che non si sapea che fosse. Dai due lati dell'uscio erano in piedi due statue fatte della stessa materia, ma in un modo diverso da tutte le altre.

Prima ch'io sia avviluppato in altri ragionamenti, descriverò quali fossero. Quella ch'era a destra dell'entrata, avea il petto e tutte le altre parti dinanzi rivolte verso chi entrava, ma il capo piantato per modo che la faccia era dal lato della schiena, o almeno parea che fosse; perchè di qua si vedea la collottola dai capelli coperta, e con l'una delle mani alzava un occhialetto, accostandolosi alla coppa, come se quivi avesse avuto il vedere; ma io non vi scorgeva altri occhi, fuorchè due fori, dai quali usciva un'acqua torbidiccia, che non so come spezzandosi in aria, e appresso qua e colà cadendo, veniva raccolta in diversi vasettini di un colore di ruggine, pieni di forellini, che a poco a poco la lasciavano uscire con tal misura, che sempre erano pieni e spandevano sempre. "Confessovi," diss'io allora, "che da me solo non saprei giunger mai ad intendere che voglia significare questa fantastica statua, se da voi non mi vien fatta la spiegazione."— "Oh! non vedete voi quelle parole che sono nel piedistallo descritte," diss'egli, "con quelle pietruzze nere? IL PREGIUDIZIO! Non vi par egli forse che costui guardi ogni cosa con la collottola? E che si creda di vedere quel che non è e che non vede? Quell'acqua torbida che spilla fuor di que'fori da lui creduti occhi, è quella dottrina e quella pratica ch'egli si forma nel cervello con la combinazione fallace degl'infiniti suoi errori; e que'tanti vasettini rugginosi che la ricevono e la spandono, sono le genti comuni, nelle quali passano gli spropositi, e gli comunicano altrui, sicchè se ne fa una perpetua circuizione e si spandono in ogni luogo."

"Voi avete ragione," ripigliai; "e ora, prima ch'io mi arresti alcun poco, con la buona licenza vostra, a riguardare l'altra statua a sinistra, concedetemi ch'io legga. Ma ch'è ciò? Non ha questa, come l'altra, il suo nome ai piedi?"— "Non lo ha," diss'egli; "notate la statua." Era questa tutta composta di chiocciole e pietruzze di tanti colori che formavano un cangiante il quale sfuggiva sì agli occhi, che non era possibile di stabilire qual fosse il color suo principale, imperciocchè bigia, rossigna, nericcia, vermiglia, verdastra, giallognola altrui appariva. "E chi mai," diss'io, "ha fatto questa statua, la quale non ha in sè cosa che sia stabile? Vedi colorito incerto che ella ha! e non basta, chè ora par di vedere ch'ella sia ingrognata, e poco dopo affabile, e appresso furibonda, poi pacifica: io non saprei per quale artifizio la fosse così fatta. Oltre di che, quale uffizio fa essa? Sgorga dalla bocca sua una grande abbondanza di acqua, la quale da principio fa mostra di voler beneficare quelle conche e que'bacini che ha intorno a sè, e poi non so come ricade tutta sopra di lei e le rientra pel bellíco, tanto che que'poveri vasi o si trovano sempre asciutti, o con pochissimo umor dentro. Dichiaratemi questo segreto, perchè io vi perderei dentro il capo senza trarne mai una cognizione al mondo."

"Questa statua," rispose egli, "che non ha nome, è in effetto l'Ambizione; ma poichè ella, secondo que'desiderii da'quali è tocca, si maschera, e diviene ora una cosa ora un'altra, l'artista non l'ha nominata. I vari suoi colori ed aspetti significano que'diversi personaggi che sono da lei, quasi in ispettacolo scenico, rappresentati, perchè ora fraude e talvolta bravura e tale altra un'altra cosa diventa, secondo che lo stimolo della sua voglia la punge. Quell'acqua ch'ella fa mostra di dare altrui, e che in pro suo si rivolta, è quella cortesia la quale ella usa altrui, che ritorna in suo benefizio; di che, come vedete, poco si saziano le conche che aspettano l'umore da lei. L'una e l'altra di queste due statue si rimangono fuori dell'uscio, quasi per segno che nè pregiudizi volgari nè ambizione debbano intorbidare la mia dimora, nella quale è oggimai tempo ch'entriamo." La descrizione di tutto quello ch'io dentro vidi, sarebbe una prolissità soverchia. Non vi era cosa che non annunziasse quiete e buon sapore di vita. Vi si vedea uno squisito ordine, una pulitezza in ogni cosa che attraeva a sè l'animo. Molte belle pitture vestivano le muraglie delle sue picciole stanze. Ogni pittura conteneva sotto a sè il midollo di qualche nobile intenzione. Non erano le figure di scorci troppo studiati e stiracchiati dall'arte, ma naturali movenze, e ogni figura atteggiata, come sono uomini e donne vive, se non che erano alquanto più belle. Vedendo egli ch'io attentamente mirava quelle nobili imitazioni, mi disse: "Qui ogni cosa è naturale. Io so che per lo più oggidì si dipinge per modo, che tutto quello che si rappresenta dalle tele, sembra piuttosto tratto da que'nuvoloni che volano per l'aria la state, ne'quali si vede e non si vede quello che mostrano: molta luce, molta oscurità, uomini e donne, che sono e non sono. Il mio pittore ha abbellito la vera natura e non altro."

Così dicendo, entrammo in uno stanzino dov'erano non molti libri; ma, per quanto lessi le polizze che aveano sulla schiena, de'migliori che sieno pubblicati; fra'quali i più erano greci e latini. "Non vi maravigliate," diss'egli, "se la mia libreria non giunge più là che i quattrocento volumi. Io gli ho voluti leggere dall'un capo all'altro, e non gli ho ancora bene intesi tutti, sicchè mi converrà rileggerne una parte. La vita mia non mi può bastare a leggerne di più; perchè fra il dormire e qualche altra occupazione necessaria, tutti quelli che avessi di più, mi sarebbero superflui: oltre di che, quello ch'è detto in quattrocento libri principali, è detto in tutti gli altri, salvo le parole e qualche poco d'invenzione, che fanno apparire novità in sul vecchio, come i sarti ne'vestiti rifatti." Io volea prenderne alcuno in mano, ma egli me lo vietò, dicendo: "Queste non sono cose da farle di passaggio, ma con qualche meditazione; e perciò lasciamo per ora stare i libri, ed entrate in un'altra cameretta qui vicina."

Feci a modo suo, e ritrovai che quivi erano vestite tutte le muraglie di pitture, le quali rappresentavano quei diletti che ministra la villa a'suoi abitatori. Perchè dall'un lato si vedevano uomini arare i terreni, e parea di udire i boattieri con quella loro mattutina e rozza canzone animare sè medesimi e i buoi al lavoro; e colà segatori e mietitori di grani, fra'quali non si era dimenticato il pittore di fare andar loro dietro a passo a passo le villanelle spigolando: e da un altro lato vedevansi i vendemmiatori che carreggiavano le uve, e poco appresso alcuni altri che le pigiavano ne'tini, colle gambe tinte fino alle cosce, e spruzzati il viso e la faccia di quel liquore ch'è letizia e conforto degli uomini; e in breve, quivi erano tutti i simulacri e le apparenze delle cose villerecce. "Io non so quello che a voi paia," diceva egli, "di questi miei fornimenti. Ma l'intenzion mia è stata quella di far onore ad una setta di genti che con le sue fatiche e co'sudori della sua faccia è sostegno principale di tutti gli altri. Quanti voi qui vedete, sono ritratti al naturale de'miei poveri villanelli, a'quali io ho obbligo del pane ch'io mangio, del vino ch'io beo, e di tutti gli altri agi della mia vita. In un quaderno di alquanti fogli ho registrati i nomi loro, corrispondenti alle figure, quadro per quadro, acciocchè rimangano, per quanto io posso, immortali. Mentre ch'io vivea fra'capricci del mondo, in cui mi sono avvolto per parecchi anni, era questo stanzino ripieno di ritratti di molte belle e vezzose donne, le quali con lo stimolarmi ad assecondare i loro infiniti capricci mi aveano a poco a poco fatto perdere l'intelletto e la roba mia. Io non le ho però mai dispregiate, nè le dispregio; ma i ritratti loro gli ho avviati alla mia famiglia alla città, con un altro quaderno, in cui, senza però dire il nome di alcuna di esse, ho narrato a una a una i loro caratteri e tutti que' danni che per esse ho patiti, scritti con quanta evidenza ho potuto, perchè rimangano scolpiti nell'animo di chi gli legge, senza incolpare nessuna di loro, ma solamente la mia debolezza. Perchè esse fanno quello che debbono, non potendo in altro modo acquistare nome e signoria fra gli uomini; e il difetto è nostro, che non le vogliamo pregiare per altro, che per la loro grazia e bellezza. Ma sia come si vuole, io ho al presente posto tutto il mio amore a questa povera schiatta di genti che fa come le formiche, non per sè, ma per altrui, e tutto l'anno si affacchina per dar di che vivere al mondo. E non solamente voglio che sieno onoratamente collocate per gratitudine le immagini loro, ma cerco ad ogni mio potere di far loro fare, secondo lo stato loro, buona vita; e aiuto con le doti a maritarsi le figliuole, e fo vezzi a tutti, ricreandogli di tempo in tempo con colizioni e con danze. Questa è la vita mia ora che vengo censurato dal mondo. Io non ho altro che farvi vedere nel mio tuguretto. Se voi volete, io posso, secondo la mia vita rusticale, darvi pranzo, cena e dormire, perchè io, essendomi ritirato dal mondo, non fuggo però di vedere le genti, quando son poche, e di conversare con esse.' Allora ringraziai caramente il filosofo, e lodandolo molto della vita che egli aveva eletta, presi commiato da lui, il quale di nuovo mi ricondusse al ponticello;

---

ch'io ripassai, iterando tre e quattro volte i saluti e ringraziamenti. Per lungo tempo ravvolsi nell'animo il suo tranquillo vivere e il suo stato felice. Ora fo delle usanze di lui partecipe il pubblico, per dimostrargli che di quanto mi è avvenuto anche fuori di città, ho pensato sempre a raccogliere materia per dargli di che leggere, e soddisfare all'obbligo mio di stampare.

È tempo ch'io allontani alquanto il mio pensiero dalle cose della villa per narrare una Novella, o piuttosto istoria avvenuta, è molto tempo, in una delle maggiori città del mondo, e la quale sarebbe veramente da tacersi, se coloro che furono, anzi pur sono di essa gli autori, non l'avessero essi medesimi divulgata.

NOVELLA.

In una dunque delle maggiori e più nobili città dell'Europa, sono oggimai quasi passati sei anni, che una fanciulla bella e d'assai, la quale è chiamata Cecilia, s'innamorò perdutamente di un nobile giovinetto suo pari, il quale altrettanto o più amava lei, di quanto ella lui amasse. Era per avventura Cecilia col lungo leggere degli amorosi romanzi, de' quali è oggidì inondata la terra, divenuta così sottile estimatrice degli animi umani, che quasi colla bilancia alla mano pesava non solamente ogni parola, ma ogni atto ed ogni cenno altrui; e riscontratasi per avventura in un uomo che avea lo stesso umore, avvenne ch'entrambi lungo tempo si amarono affettuosamente; ma fra loro deliberarono di voler fare molta sperienza della loro vicendevole fede e costanza, prima che il giovine domandasse Cecilia al padre e alla madre di lei per farla sua sposa. Standosi adunque a questo modo pel corso di due anni, il cielo, che avea altrimenti risoluto di loro, volle che a capo di quel tempo il giovine infermasse gravemente, e sì gli crebbe la malattia, che fra pochi giorni uscì di vita, lasciando tanto spasimo, struggimento e desiderio di sè nell'infelice Cecilia, che il fatto suo divenne una compassione. Imperocchè in brevissimo tempo, di grassotta e colorita che la era, la cominciò a divenir magra e pallida, e intorno agli occhi, che prima vivissimi erano, le venne un cerchio che traeva al livido, nè vedea più o udiva cosa veruna che le potesse arrecare conforto. E dove prima amava di ritrovarsi in compagnia o dove scherzi e giuochi si facessero, ora odiando all'incontro ogni qualità di gente, quivi solamente dimorava volentieri dov'era silenzio e solitudine, perchè non vi fosse chi sturbasse il suo pensiero al tutto confitto nel giovine da lei amato perdutamente, parendole ancora di favellare con lui, e di vederlo, e di essere seco in tutti que' luoghi ne' quali era stata in sua compagnia; e sopra tutto le doleva ch'egli non potesse più essere testimonio di quella fede che stabiliva in suo cuore di serbargli per tutta la vita.

Avea l'innamorata giovane in suo cuore profondamente giurato, che com'ella era stata sua, mentre ch'egli era vissuto, così ella intendeva che nè anima all'altro mondo volata, nè sasso sepolcrale glielo togliesse; onde in continua malinconia traeva i suoi dolorosi giorni, e in gravi e profondi sospiri. Di che avvedutisi il padre e la madre di lei, incominciarono con buone parole prima a confortarla, indi a procurare ogni mezzo per isviarle la fantasia da quel pensiero, che sapeano benissimo qual era, ma fingeano di non saperlo. Non giovando punto gli amorevoli detti, si diedero a procacciarle tutti que' passatempi de' quali può invaghirsi l'animo di una giovinetta; ma riuscendo loro vana ogni opera, nè potendola mai ritrarre dalla conceputa tristezza, lasciate le piacevolezze e gli spassi, si rivolsero al persuaderla che prendesse marito. Non potea atterrirla tanto una folgore, quanto la novella proposizione; sicchè dolente a morte, rispose ch'ella non avea intenzione di maritarsi giammai; e risoluta alla negativa, fece più giorni contrasto alla volontà dell'uno e dell'altra. Ostinaronsi dal lato loro i parenti, e venuto loro in quel tempo un ricco e onorato partito di un giovine, Luigi nominato, conchiusero in pochi giorni ogni cosa, e lei a dispetto suo maritarono. Era Luigi, oltre alla sua ricchezza, un giovine garbato e di costume umano e piacevole; e non solo bello della persona e degno di essere amato da ogni fanciulla, ma grandemente di Cecilia innamorato; le cui qualità erano dalla giovane conosciute; ma non potendosi dall'animo spiccare il primo pensiero, nè il dispetto del dover andare a marito contro alla voglia sua, le riusciva oltre modo molesto; ma non potendo altro fare, ne andò seco alla chiesa, ed uscì sposa contro al suo volere. Il giovine, che nulla sapea de' pensieri occulti di lei, mostravasi all'incontro tutto lieto dell'avere acquistata la sua bella Cecilia, e gli parea di non poter vedere quell'ora che passassero tutte le celebrità delle nozze per esser seco, e cogliere gli onesti frutti del suo amore. Ma non sì tosto ritrovaronsi soli, che Cecilia sospirando

profondamente, indi con lagrime, che l'una l'altra non aspet
cominciò a ragionargli in tal guisa: "Luigi, io non saprei ve
dimostrare maggiore stima ad un qualificato giovine qual siete
darvi la più vera testimonianza dell'impressione che hanno in
le virtù vostre, fuorchè aprendovi il cuor mio e manifestando
i miei pensieri, sperando che della sincerità e bontà dell'ani
sarete capace. Ma prima ch'io vada più oltre col ragionare,
io bene che voi mi siate discreto, e che quanto io vi dirò t
seppellito sotto la fede vostra nel cuore." Il giovine, che impazi
e volonteroso di sapere donde nascessero i sospiri e le lagrime
mise con giuramento di osservare quant'ella chiedeva; ond'
quanto rassicuratasi, gli narrò l'amore che portato avea al m
vine, di cui non era ancora guarita, e l'abborrimento suo al m
concludendo finalmente che la sola stima che facea di lui, la co
a non tenergli occulto questo segreto, trovandolo per altro co
di amore, che le sarebbe paruta ingiustizia l'ingannarlo. Dis
gravemente che l'animo suo fosse da un altro pensiero sviato
derare ella ad ogni suo potere che si cambiasse; ma chiedergli
tempo che ciò potesse avvenire, sperando che l'aiutasse alla gu
lo scorrere de' giorni, e più la bontà e la discrezione di lui
detto, lagrimando di nuovo, si tacque.

Il giovine, mezzo sbalordito, non sapea quasi che rispond
pur come quegli ch'è di placido costume, rivoltosi a lei, le ri
tal forma: "Niun altro dolore sent'io di quanto detto mi av
sia maggiore di quello del non aver prima saputo il segreto
quando era ancor tempo di ritrarsi da que' legami ne' quali si
trati al presente: ma poichè pur così vuole la mia disavventu
vi rimprovero punto quell'avversione che avete contro di m
quale io so che nè voi nè io abbiamo colpa veruna. Io dal
intendo di fare ogni cosa che possa piacervi, e non potendo alt
cercherò almeno, con tutta quella discrezione che posso, di acq
quell'animo che ora è da me cotanto alieno, e di vincere, qua
sia, i vostri pensieri. Intanto, quantunque siamo con vincolo d
monio insieme legati, noi vivremo per modo che saremo come d
assegnandovi io fin da quest'ora un appartamento della mia
cui vi starete da voi, e un altro verrà da me abitato. Nè altra
intendo che voi abbiate, salvo quella del rendermi il saluto tal
ci riscontrassimo insieme." Così fu ordinato, e in questa guisa
pel corso di quattro anni. Intanto la giovane, rasciugate le la
scordatosi col tempo il primo amante, corteggiata da' più garb
vani della città, incominciò a poco a poco a spogliarsi della pr
stezza; mentre che il marito di lei, non osando d'interrompere l
risoluzione da cui sperava l'acquisto della sposa, attendeva d
in giorno, mantenendo la sua promessa, la fine de' suoi deside
avvenne il contrario di quello che egli credeva; imperocchè la
ricevuto nel cuore un novello amante, il quale destò nell'imma
di lei il primo amore, tutta a lui si rivolse; e sì andò la cosa
accesero l'uno e l'altro di uguale ardore: nè molto tempo pa
Cecilia prese la risoluzione di usare una novella sincerità a L
la somma stima che facea di lui, e fu di tal sorta, ch'ella gli
grandissimo segreto ch'ella era innamorata di un altr'uomo,
suo amore erano già presti ad uscire i frutti alla luce

lo consigliava a prendere il partito di domandare che fosse sciolto il loro matrimonio, assicurandolo che l'amante suo era di molta autorità, e avrebbe molto giovato co' suoi maneggi e con la protezione per giungere alla fine di tale scioglimento.

Il marito, quasi non sapendo a che attenersi, confuso e maravigliato, finalmente le promise che di quanto fosse da farsi prenderebbe suo consiglio, confortandola intanto a starsi tranquilla, e a lasciar fare a lui la cura dell'interesse; che avrebbe pensato in modo da far la cosa con quel maggior onore che si fosse potuto. Ma non contenta la donna della sincerità usata al marito, non altrimenti che se pazza divenuta fosse, narrò schiettamente il caso suo a quanti amici e parenti avea, e non avvedendosi punto che con la sfacciataggine sua veniva a noia a quanti erano nel paese, cercava di trarre alcuno al suo partito. Venuta la cosa agli orecchi dei parenti di Luigi, tutti gli furono addosso, e lo fecero acconsentire a chiedere che il matrimonio fosse sciolto. Ma mentre che ciò si tentava, perchè la giovane divenisse sposa dell'altro che gliene avea data parola, venne di lei alla luce un bambino, il quale fu dalla madre fatto scrivere per figlio suo senza nominare il padre, mentre che dall'altro lato l'amante consegnò ne' pubblici registri una carta di sua mano segnata, in cui si arroga la paternità di esso figliuolo. Accorse la Giustizia alla tutela dell'innocente bambino, che appariva come da Luigi abbandonato ad uno straniero, e fu da' magistrati creato un tutore che difenda le sue ragioni contro Luigi e la madre, i quali si presentano in giudizio a domandare lo scioglimento del matrimonio, e confessano unitamente che il parto è nato di altro uomo.

Fino a questo punto è giunta la notizia della Novella, della quale si sta attendendo la sentenza. Io ne darò avviso quando giungerà, parendomi che la sia cosa non solo degna della curiosità del pubblico, ma ch'ella abbia anche molto che fare con quelle osservazioni di morale che assecondano il titolo di questi fogli.

FAVOLA.

LA ZANZARA E LA LUCCIOLA.

"Io non credo," dicea una notte la zanzara alla lucciola, "che ci sia cosa al mondo viva, la quale sia più utile e ad un tempo più nobile di me. Se l'uomo non fosse un ingrato, egli dovrebbe essermi obbligato grandemente. Certo non credo ch'egli potesse aver miglior maestra di morale di me; imperciocchè io m'ingegno quanto posso con le mie acute punture di esercitarlo nella pazienza. Lo fo anche diligentissimo in tutte le sue faccende, perchè la notte o il giorno, quando si corica per dormire, essendo io nimica mortale della trascuraggine, non lascio mai di punzecchiarlo ora in una mano, ora sulla fronte o in altro luogo della faccia, acciocchè si desti. Questo è quanto all'utilità. Quanto è poi alla dignità mia, ho una tromba alla bocca, con la quale a guisa di guerriero vo sonando le mie vittorie; e non meno che qual si voglia uccello, vo con le ali aggirandomi in qualunque luogo dell'aria. Ma tu, o infingarda lucciola, qual bene fai tu nel mondo?"—"Amica mia," rispose la luccioletta, "tutto quello che tu credi di fare a benefizio altrui, lo fai per te medesima; la quale da tanti benefizi che fai agli uomini, ne ritraggi il tuo ventre pieno di sangue che cavi loro dalle vene, e sonando con la tua tromba, o disfidi altrui per pungere, o ti rallegri dell'aver punto. Io non ho altra qualità, che questo picciolo lumicino che mi arde addosso. Con esso procuro di rischiarare il cammino nelle tenebre della notte agli uomini, quant'io posso, e vorrei potere di più; ma nol comporta la mia natura, nè vo strombazzando quel poco ch'io fo, ma tacitamente procuro di far giovamento."

PAOLO COLOMBANI A' LETTORI DELL'OSSERVATORE.

Men volentieri di qualunque si voglia di voi, gentilissimi lettori, ho comportata la tardanza dell'Osservatore. Egli ha voluto ne' passati giorni darsi un poco di sollazzo e aggirarsi per le campagne, e intanto ha lasciato qui me a difendermi dalle persone che venivano a domandarmi i fogli. Eccone frattanto due, e di due altri vi sono ancora debitore. Questi gli avrete sabato e con essi sarà compiuto l'obbligo mio degli altri tre mesi, e terminato il secondo volume. Nella ventura settimana si darà principio al terzo. Io sono stato infino a qui favorito da molti associati, a'quali ricordo che se vogliono proseguire a graziarmi, questo è il tempo. L'Osservatore secondo l'usanza sua m'afferma d'avere non so quali novità pel terzo volume e pel quarto ancora con cui si chiuderà l'anno. Quanto è a me, vedendo che quasi tutti sono contenti dell'ordine tenuto da lui fino al presente, non lo stimolo a fare di più; ma solamente gli dico che s'attenga un poco più al faceto, e basterà. Egli si scusa, adducendo per ragione che non sempre egli ha voglia di ridere e che non vuole obbligarsi a scherzare, perchè non è l'uomo a posta sua di buon umore, ma che quando avrà cosa alle mani che meriti d'esser piacevolmente profferita, s'ingegnerà di farlo, e che, quanto a sè, vorrebbe averne sempre, e trovarsi quel maggior tempo che può di buona voglia. Io credo che dica il vero. Intanto ho scritto queste poche linee per chiedervi scusa e raccomandarmi alla vostra buona grazia, accertando che sono

UMILISSIMO SERVITORE DI TUTTI.

N° LI. A dì 29 luglio 1761.

Jamque iræ patuere. Luc., lib. II.

Finalmente scoppiarono aperti gli sdegni.

Io vorrei, quando uno ha a fare vendetta per qualche torto che gli paia di avere, o che in effetto abbia ricevuto, ch'egli pensasse con qualche atto magnanimo, improvviso, notabile fra gli uomini, di far vergognare il suo nemico, e forse pentire del male da lui commesso. Ho veduti molti con la prontezza dello spirito e con una sola parola vendicarsi di una gravissima offesa, per la quale un altro sarebbe venuto alle bestemmie e all'armi: e se non avesse per allora potuto far altro, sarebbesi serbata in cuore una ruggine di parecchi anni, per cogliere un giorno e abbattere il suo avversario. Il qual modo di procedere ha piuttosto del bestiale che dell'umano, vedendo io che le bestie di rado coprono il rancore, e almen se odiano, avvisano altrui coll'arricciare il pelo quando lo veggono, e dirugginando i denti, e con certe vociacce dimostrano la conceputa ira; là dove gli uomini ricoprono la stizza con le guardature clementi, con le parole melate, e si mostrano sviscerati amanti di colui che vorrebbero avvelenare col fiato, fino a tanto che giunge quel dì in cui par loro di tirare la rete, coglierlo e schiacciargli il capo Di tutti gli uomini tristi sono in superlativo grado tali coloro che non hanno forza, e per isfogarsi sono obbligati a far le maschere, e a coprire la loro viltà sotto il velame della malizia; imperciocchè temendo questi tali o la possanza dell'avversario, o le sante leggi della Giustizia, vanno lungamente mulinando in qual guisa possano scoccare l'archetto, senza che sia veduto il tiratore, per nascondersi dall'altrui vigore, o dal gastigo. Un caso avvenuto poco lunge di qua in una villa, mi ha dato materia a questa breve meditazione. Ora narrerò il fatto, acciocchè appaia ognuno donde io trassi questo argomento di morale.

NOVELLA.

Antonia e Menicuccio erano un paio di amanti, i quali viveano in due villette alquanto discoste l'una dall'altra, giovani, ben fatti, e, secondo gente di loro condizione, anche molto agiati de'beni di fortuna. Parea a Menicuccio di toccare il cielo col dito quando egli potea giungere a dir due parole agli orecchi dell'Antonia da solo a sola, e donarle un fiorellino, o due braccia di cordellina vermiglia, presentandogliela col miglior garbo che potea; ed ella, dall'altro lato accettandola con una certa fiammolina di verecondia che le copriva le guance, e con un alzare una spalla e chinare il capo in vece di altre parole, si tenea fortunata più di ogni altra fanciulla de'suoi contorni, di avere un galante amatore e così liberale. Ma perchè l'Antonia era in effetto una bella fanciulla, e sapea vestirsi le feste molto meglio che le altre figlie del contado, e nel giocare a mosca cieca o alla fava l'avea non so che di vivace e dello spiritoso, avveniva che alcuni altri giovani del paese la guardavano con occhio volpino; ed ella, non perchè non amasse Menicuccio, ma per una certa superbiuzza del vedersi ben voluta da molti, parea che l'avesse caro. Menicuccio ch'era una bestia, e non avea pratica di leggere nel cuore delle femmine, come hanno gli uomini periti nel mondo, i quali dividono il cuore di quelle in testo e annotazioni, e nell'uno leggono una cosa e nelle altre un'altra, prendea tutto per testo, e non sapendo che fosse commento, si struggea di rabbia: tanto che più volte fece lo ingrognato, e quando l'Antonia gli domandava il perchè, non volea prima rispondere, e poi diceva due o tre parole che non si sapea dove volessero cogliere (benchè dicono i maliziosi che l'Antonia l'intendesse benissimo, ma facea la goffa per non capire), e finalmente, non potendo più sofferire, le diceva ogni cosa tanto chiara, che non potendo più l'Antonia fingere ignoranza, l'entrava in tanta maladetta collera, che gli diceva un carro di villanie; tanto che in fine ella avea ragione. Menicuccio non si partiva da lei se'non la vedea

pacifleata, e le domandava perdono, e conosceva in effetto che avea il
torto; ma non sì tosto si era partito da lei, che di nuovo il tarlo della
gelosia cominciava a rodergli il cuore, e indispettivasi da sè solo come
se la fosse quivi stata presente, e parlava da sè a sè parendogli di
parlare a lei. Di che la povera giovane avea la peggior vita del mondo,
perch'egli ogni dì si querelava ora ch'ella avesse graziosamente trattato Ciapo, ora Meo, ora un altro; e comecchè non fosse vero quanto
gli parea di vedere, entrò in tanta frenesia e in tanto dispetto, che
rimproverandola sempre, le fece venir voglia di farsi sgridare a ragione. E adocchiato un certo Maso, ch'era un giovanone tant'alto,
senza cervello e scimunito, perchè ella intendea di fingere per fare una
sua vendetta, e poi piantarlo a un vedere e non vedere[1] come un bufolo,
e finalmente darsi al suo Menicuccio; la cominciò a ragionare spesso
con lui, e a dargli parecchie buone parole; tanto ch'egli non sapea più
spiccarsi da lei; e Menicuccio, che ogni cosa vedea, era per iscoppiar
di dolore. Di giorno in giorno cresceva il suo dispetto; e non sapendo
che farsi, pensò nell'animo suo di fare una memorabile vendetta, e di
privar di vita l'Antonia; essendosi a poco a poco scambiato il suo grande
amore in odio, e non potendo egli più patire di vederla. Ma volendo
egli giungere alla fine del suo perverso desiderio, che altri non se ne
avvedesse, fingeva più che mai fosse di esserne cordialmente innamorato, e querelavasi tuttavia, come era usato di fare, ch'ella avesse nuovi
amanti; e si mostrava così appassionato, che l'Antonia ne pianse un
giorno ella medesima, e gli giurò che la era innocente e pura come
l'acqua di un rigagnolo che correva quivi appresso. Ma l'indurato Menicuccio avea già risoluto, e tanto potevano nell'animo suo le parole
di lei, quanto un fischio.

Pensando egli dunque a condurre la trama al suo fine, si resse a
questo modo. Essendo egli stato una e più volte alla città, e avendo
veduto commedie e mascherate, gli venne in animo di comperare un
vestito da Truffaldino;[2] e mascheratosi con esso la notte, tanto che
potesse esser veduto da alcuno, aggiravasi qua e colà, quasi fuggendo
e nascondendosi dalla veduta altrui. Passati pochi giorni, incominciò a
vociferare che sotto a quel vestito andava occulto uno de'rivali suoi, con
intenzione di ucciderlo; e di tempo in tempo correva tutto trambasciato
e quasi fuori di sè all'uscio dell'Antonia, dicendo ch'egli era stato inseguito dal nemico suo, e fingeva di tremare, ed era pallido come bossolo.[3] Finalmente accrescendo la malizia, si sparò un giorno da sè solo
una pistola ardendosi una parte del vestito, e mandò pel cerusico, acciocchè vedesse se gli erano state intaccate le carni: indi celatosi in un
campo di granturco, o in qualche fosso, si rivestiva di nuovo de'panni
della maschera, e facea crescere intorno i sospetti, andando tuttavia alla
casa dell'Antonia a significarle qualche nuovo spavento. Una notte fra
le altre prese il malizioso e cattivo Menicuccio non so quali ossa di
morto, e conficcatele a modo di croce all'uscio di lei, vi lasciò sotto
una scritta, nella quale dicea alla fanciulla che la si guardasse molto
bene da quel Truffaldino, il quale, vedendo che non potea uccidere
Menicuccio, avea deliberato di uccidere lei, e già stava apparecchiato
a darle la morte. Intanto non tralasciava egli mai di visitare l'Anto-

---

[1] *A un vedere e non vedere.* A un tratto.
[2] *Truffaldino.* Maschera dell'antica commedia, che rappresentava un servo sciocco.
[3] *Come bossolo.* Sorta di legno di coloro giallastro.

nia, e sempre più si mostrava perdutamente innamorato di lei, giurandole che non si curava punto dell'essere ammazzato, purchè potesse pervenire ad averla per isposa.

Ma la mattina che succedette allo scartabello appiccato all'uscio con le ossa, trovandosi verso le tredici ore la villanella in un bruolo[1] a cogliere non so quali frutte, la si vede a venire incontro il Truffaldino con un archibuso in atto di spargliele addosso. Di che la povera giovane tutta spaventata, e quasi mancandole il fiato in corpo, volse le spalle, e si diede a fuggire gridando: Accorr'uomo; e molto più alzando le voci, quando si udì dietro alle spalle lo scoppio dell'archibusata, scaricata contro di lei dalla maschera, benchè per sua buona ventura il colpo riuscisse vano. La madre dell'Antonia, ch'era femmina di gran cuore, udito lo strepito dell'archibuso, e le strida della figliuola che andavano al cielo, dato mano a due pistole, ed uscendo in furia, chiamò anch'ella genti, prendendo maggior animo quando vide che da un'osteria quindi poco lontana molti concorrevano in soccorso dell'Antonia e di lei. In questo tempo il pessimo Menicuccio, vedendosi mal parato, e comprendendo ch'era venuto il punto che la sua ribalderia sarebbe stata conosciuta da ogni uomo, si calò incontanente in un fosso, e quivi dentro lasciato il vestito e l'archibuso, pensava al modo di salvarsi. Ma la madre che l'avea veduto a discendere, accennando ad ognuno il luogo, e tutti invitando ad accorrere dove si era calato il traditore, lo fece per modo sbigottire con le sue voci, che salendo quatto quatto di là, si nascose in un campo folto di biade, sperando, finito il romore, di poter quindi trarsi in salvo. Ma non giovò, perchè in quel modo appunto che i cacciatori e i cani assediano un luogo dove sanno che sia accovacciata una lepre, fu accerchiato il campo intorno intorno; e tanto fecero que' villani, che finalmente lo presero, e venne in carcere condotto, dove confessò di subito la sua reità, e ch'egli avea voluto con tante finzioni fare vendetta, per gelosia, dell'Antonia, e privarla di vita.

Mentre ch'io scrivo novelle e sogni, non sono senza timore che alcuno dica ch'io perdo troppo lungo tempo dietro a queste baie; e mi rinfacci quello che fu da Cesare rimproverato a non so quali forestieri in Roma, i quali tenevansi tra le braccia continuamente e vezzeggiavano cagnolini e picciole bertucce, sicchè parea che non sapessero spiccarsi da quelli. Oh! diceva egli, le femmine de' vostri paesi non fanno dunque bambini, che voi non sapete accarezzare altro che bestioline da nulla? Non altrimenti diranno a me i miei censori: Non partorisce mai il capo tuo cosa d'importanza, che t'intrattieni sempre in ciance, in cosette di poco peso? Ma io all'incontro potrei rispondere a questi tali: Sappiate che non sono già io quegli che così voglia; ma egli è appunto che in comune oggidì le genti sono avvezze a non volersi rompere il capo in lezioni più gravi, e che non ci è cosa che più volentieri si legga di una canzonetta stampata in un ventaglio,[2] e più volentieri ancora se saranno due o tre versi soli che con un po' di rima nel fondo allettino gli orecchi, e spieghino l'attitudine di due o tre figure da cembalo[3] che

[1] *Bruolo.* Orto o frutteto.
[2] *Una canzonetta stampata in un ventaglio.* Motti, divise e canzonette furono un tempo prescritti alle figure per ornamento di ventaglio.
[3] *Figure da cembalo.* Figure senza garbo, a somiglianza di quelle che per lo più si dipingevano sui cembali da dozzina.

vi sieno dipinte dentro. Nel che in verità io non saprei dare il torto
a chi legge ; essendo tanti i pensieri, le fatiche e le malinconie naturali di ognuno, che hanno ragione se non vogliono sopraccaricarsi il
capo con materie studiate e pensate, da stillarsi il cervello. Non hanno
forse i librai volumi di cose massicce, e che trattano ogni soggetto
grande, sicchè se volesse alcuno salire colla fantasia fino alle stelle, o
sprofondarsi negli abissi, potrebbe farlo a sua posta, senza che ci sia
chi tratti di cose già trattate tante volte? Oh! tu parli delle virtù e
de' vizi degli uomini, e questa non è materia da scherzo; e non so perchè tu voglia con invenzioni o storie o favole vestire argomenti gravi
e pieni di riflessione. Non avete voi forse veduto mai personaggi gravi
uscir fuori de' grandi e dorati palagi, e andare per diporto nelle picciole e povere casette degli abitatori delle ville, seder quivi ad un deschetto, e mentre che spira un clemente zefiro, con una rozza forchetta
di ferro inforcare un' insalata, o mangiarsi con le dita due fette di prosciutto con un boccone di pan bigio, così per gala? E tale altra volta
nobilissime donne, spogliatesi de' ricchi e decorosi panni, mettersi indosso una vestetta di poco pregio, e andare intorno, facendo godere
gli occhi di tutti di quella loro adorabile bellezza sfornita della solennità e grandezza delle vesti? Che sapete voi che le virtù, stanche di
apparire intorno, proposte da sommi filosofi e da egregi oratori col
tuono della nobile eloquenza, non sieno finalmente venute a me, perchè io le dimostri altrui con umile stile, e con questa mia penna semplice e naturale? Nè sia alcuno che si lagni, se io rivolgo talvolta anche
a materia di riso i difetti degli uomini, perchè io non sono eletto a
correttore del mondo, nè per fare il riprenditore austero degli errori
umani; ma posso io bene, come fanno molti, scherzare intorno a questo
argomento, non allontanandomi molto nelle mie ciance dall'uso della
commedia, la quale, senza però ferire troppo crudelmente gli uomini,
fa ridere loro medesimi dei propri difetti. Oltre di che, immaginate che
ogni capo sia come una forma incavata di dentro, dove i pensieri prendono quella figura ch'essa dà loro, schiacciata, bislunga, rotonda o altro.
Quanti entrano nel mio, quando vi sono dimorati dentro alquanto, pigliano sempre una certa apparenza che pende a quel verso che può
vedere ognuno; e le cose più difficili, alte e profonde si vestono di una
certa aria alla mano, che ognuno le può intendere; e quando non si
possono a questo modo ridurre, le taccio, e le tengo in testa, finchè
le sono come le altre; e se le non sono tali che a forza di mulinare
si possano addomesticar con ognuno, lascio che le si muoiano dentro,
come cose inutili e di niun valore. La virtù è la più bella e la più
santa cosa che sia nel mondo; ma la è, qual diceva un certo Ione facitore di commedie,[1] allegato da Plutarco, una tragedia che farebbe
pianger troppo chi non ricreasse talvolta gli ascoltatori con la danza,
co' suoni; o secondo l'usanza di que' giorni in cui esso poeta vivea, chi
non la variasse talvolta sulla scena col fare uscire di tempo in tempo
i Satiri [2] per far ridere.

---

[1] *Ione facitor di commedie*. Poeta drammatico, nativo di Chio (484-424? av. C.). Delle
sue opere non rimangono che frammenti.
[2] *I Satiri*. Divinità campestri, amanti del vino e dei piaceri sensuali, che si rappresentavano con orecchie aguzze e coda di capra.

N⁰ LII.   A dì 1⁰ agosto 1761.

Carmine qui tragico vilem certavit ob hircum,
Mox etiam agrestes Satyros nudavit; et asper
Incolumi gravitate jocum tentavit. Eo quod
Illecebris erat, et grata novitate morandus
Spectator, functusque sacris, et potus, et exlex.

                        HORAT., *de Art. Poet.*

Quel poeta che un tempo avea gareggiato in tragici versi per acquistare il premio vile del
becco, mostrò di poi i satiri nudi, e fece prova
di far ridere altrui conservando la tragica gravità; avendo necessità d'intrattenere, con la
malía e con la novità degli spettacoli, genti
che ritornavano da' sagrifizi, piene di vino, e
che non poteano capire fra limite alcuno.

Il mondo è stato sempre quel medesimo ch'è oggidì, dai vestiti in
fuori; se pur è vero che anche questi non sieno ritornati più volte
quegli stessi che furono un tempo. E se noi avessimo ritratti di uomini da quel dì che si coprirono con le foglie di fico, fino al presente,
io credo che in molti secoli troveremmo genti a noi somiglianti anche
nel vestire, come lo sono nelle altre cose delle quali ci resta memoria
sui libri. Io per me sarò obbligato in vita mia agli scrittori i quali ci
hanno lasciata qualche ricordanza de' tempi antichi; e più che a tutti
gli altri, a coloro che hanno detta la verità. Benchè paia che gli storici sieno i più puntuali, non è vero. Eglino hanno voluto sempre aggiungere gloria o a' loro paesi, o a qualche personaggio al quale erano
bene affetti. E però quando si leggono le cose de' Greci, sembrano maraviglie, non paiono uomini come gli altri: Atene e Sparta sono luoghi
mirabili, non mai più stati al mondo. Quando si dice Romani, non si
può andar più là, e ti vien voglia di sberrettarti al solo nome per
venerazione. Leggi poi Demostene; [1] quegli Ateniesi de' quali si fa tanto
romore, erano anch'essi, come tutti gli altri, curiosi, infingardi, spensierati, bestie. Io vorrei avere alle mani qualche storia de' Sabini, de' Sanniti, o di altri popoli nemici de' Romani, per saper bene a fondo che
fossero que' popoli raccolti da Romolo, que' facitori di leggi, que' fortissimi combattitori e vincitori dell'universo. Orazio, Tacito e Giovenale
a un dipresso ce gli dipingono. Il mondo in ogni tempo fu una trista
cosa; e se vogliamo compararlo a quello di oggidì, noi siamo più presto
migliorati che altro. Ma a poco a poco io mi avveggo che sono entrato
in un fondo [2] troppo grande e da non uscirne senza zucca; sicchè ritornerò a quello che volea dir prima, che i capi e gli animi degli uomini

---

[1] *Demostene.* Nelle orazioni di Demostene abbiamo il ritratto della mobilità irrequieta
del popolo ateniese; come in Tacito, in Orazio e in Giovenale, troviamo dipinti al vivo
i vizi e le colpe dei Romani.
[2] *Sono entrato in un fondo* ec. La metafora è tratta dai nuotatori inesperti che non
s'arrischiano nelle acque profonde se non sostenuti dalle zucche vuote che li fanno gal-

furono sempre que' medesimi, ed ebbero sempre le stesse inclinazioni; e però coloro che scrissero al pubblico, se vollero entrargli in grazia, si trovarono costretti a cercare novità, invenzioni, e a mescolare un poco di piacevolezza con la utilità, perchè questa è la medicina, e quella la foglia dell'argento [1] che la veste.

Il parere del comico Ione [2] da me riferito nell'altro foglio, e i versi di Orazio cadutimi in mente a quel proposito, mi si rivolgevano per l'animo giovedì sera verso le quattr'ore di notte [3] in circa, quando coricatomi nel letto e spento il lume, invitava con dolcissime preghiere il sonno, che, vincendo il bollore della stagione, venisse a ristorare l'affannato corpo co' papaveri suoi.[4] Poteva anche dire più in breve, che avea gran voglia di dormire; ma poichè l'ho detto in questo modo, abbia pazienza chi legge, come ho avuto io pazienza a scriverlo; perchè alle volte le cose vengono come vogliono, e lo stampatore fa fretta addosso, onde non si può scambiarle. Sia come si vuole, mi addormentai, e mi apparve quello che dirò qui sotto.

SOGNO ALLEGORICO.

Non so in qual paese [5] io mi ritrovassi, ma vedeami intorno un'infinita calca di popolo trascorrere per le vie e per le piazze con certi visi presi in prestanza, tutti del colore della cera e modellati in una forma; sicchè uomini e donne mi pareano con una faccia sola. Dall'una parte vedea cerchi di genti attente qua al ragionare di un uomo, colà a vari giuochi che si faceano, e da un altro lato ad udire una canzonetta cantata in sulla chitarra; e costà tutte rivolte a prestare gli orecchi ad un saltimbanco, il quale vendea un liquore da far guarire ogni male a dispetto della natura. In un altro luogo stavansi quasi innumerabili uomini e donne a sedere sopra due liste di sedie che lasciavano nel mezzo aperta una via, per la quale passeggiavano in due file, l'una che andava e l'altra che veniva, altre centinaia di persone che guardavano quelle a sedere, mentre che quelle che stavano a sedere, miravano quelle che passeggiavano senza altra faccenda. Udivansi intorno sonare strumenti di varie sorti, voci che andavano al cielo, un romore che assordava. Quando, non so come, io fui traportato in uno spazioso palagio, formato con mirabile architettura, nelle cui sale e camere vedea andare e venire diversi uomini affaccendati con panieri, ceste e fardelli sulle braccia e in capo: ed ecco, che mentre costoro venivano, si aperse una stanza dorata, dentro alla quale mi si scopersero agli occhi sette bellissime donne, ciascheduna vestita in guisa diversa, ma sì malinconiche in viso, che a vederle era una compas-

---

[1] *La foglia dell'argento.* Le ampolle dei medicinali si avvolgevano in una foglia di stagno argentato, perchè fossero più eleganti.
[2] *Ione.* Vedi la nota 1 a pag. 215.
[3] *Verso le quattr'ore di notte.* Un tempo le ore si contavano da un tramonto all'altro; sicchè le quattr'ore di notte è come dire quattro ore dopo il tramontare del sole, cioè, d'estate, circa le undici o le dodici di sera.
[4] *Co' papaveri suoi.* Pare che canzoni le immagini mitologiche delle quali allora si faceva tanto abuso. Morfeo, dio del sonno, addormentava i mortali, scuotendo sul loro capo i suoi papaveri.
[5] *Non so in qual paese.* Questa fantasia il Gozzi l'ha tratta dall'aspetto della piazza di San Marco a Venezia, massime in carnevale. Nel 1755 comparve in Piazza una mascherata consimile, composta di otto persone, cioè il demonio vestito di velluto nero, che si trascinava dietro legati con catene i sette peccati capitali.

sione. Erano quivi con esse sette uomini spogliati in giubberello, i quali mostravano che attendessero le robe che venivano arrecate; onde non sì tosto veduti ebbero i portatori, che fattigli entrare, qual di loro si avventò ad un paniere e quale ad un altro, e trattone fuori quel che vi era dentro, cominciarono in fretta a vestirsi. Io era maravigliato a vedere prima la tristezza delle donne, e appresso quel nuovo vestimento, quando mi venne accennato con mano da uno di fuori ch'io uscissi; il che avendo io fatto incontanente, il valentuomo, fattomi sedere appresso di sè, incominciò a ragionarmi in tal guisa: Avete voi veduta la profonda tristezza ch'è in quella stanza? è poco tempo che non solo malinconiche, ma con le lacrime agli occhi io vidi quelle sette donne che meste avete vedute al presente. Quella, poichè io credo che voi nol sappiate, è una mascherata. Le sette donne che ivi sono in diversa foggia travestite, immaginarono di voler parere sette Virtù, delle quali saprete il nome fra poco. Sette uomini andavano con esse tutti vestiti ad un modo, e mostrava ognuno di vagheggiare la sua compagna, andando seco, facendole molti atti di cortesia o di amorevolezza. In tal guisa si partirono stamattina da questo palagio, e si credevano in sulla piazza di aver tutto il concorso del popolo intorno; ma non sì tosto furono colà giunti, che l'invenzione fu giudicata strana e di niun proposito, dicendo che la era una mascherata da romiti, e che donne e uomini poteano a quel modo travestirsi in casa; ma che non era da andar fuori per voler fare così tacitamente un sermone al pubblico. I poveri mascherati ebbero di ciò tanta vergogna, che dato la volta indietro, ritornarono a casa di subito, e massime le donne ne rimasero abbattute, come avete veduto. Se non che uno, fra gli uomini, più d'ingegno che gli altri, si avvisò di scambiare oggi la scena; e mandò di subito per non so quai vestiti da travestire i maschi in altra forma, lasciando le femmine come l'erano; e sperano di venirne applauditi. Fra poco dunque voi vedrete.... Ma zitto, ch'essi già ne vengono. Notate, ch'io vi spiegherò quello che intendono di significare. Buono, per mia fè. Quella prima è *Prudenza;* e con quella catenella dorata la tien legato a sè un travestito da pazzo, il quale vuole a viva forza che ella non guardi altro che lui, e con quel flauto, ch'egli si pone a bocca, l'invita a ballare una furlana,[1] e vorrà che la balli in sulla piazza. La seconda è *Modestia.* Ha costei per compagno un Brighella,[2] il quale le fa cenno ch'ella legga una lettera ch'egli ha aperta sul petto. Poichè si sono arrestati ad attendere la compagnia, vediamo che dice quel foglio:

> Abbassare occhi, e tingersi la faccia
> Di vermiglio colore, e parlar poco,
> Fanciulla mia, son cose all'anticaccia,
> Quando si usava far le veglie al foco.
> La stima in altro modo or si procaccia;
> Le vostre ritrosie son prese a giuoco;
> Appena più l'avrebbe una che nasce;
> Son cose che si lascian con le fasce.

---

[1] *Una furlana.* Sorta di ballo di movimento assai vivace, il cui nome deriva dal **Friuli**; usasi anche ora, specialmente nelle feste contadinesche.
[2] *Brighella.* Maschera dell'antica commedia, che rappresentava un servo sfacciato, spesso mezzano d'illeciti amori.

Questa scritta dovrebbe dar nell'umore. Ma ecco che dietro a lei con quella vestetta candida e succinta ne viene l'*Economia*, ed ha seco a lato un giocatore, il quale con un mazzo di carte le fa invito a giocare: e seguela la *Fedeltà*, a cui il suo compagno, ch'è il marito, non viene così da vicino, ma le sta pochi passi lontano, mostrandole che l'abbia annoiato. Ma ora le hanno troppa fretta e scendono le scale, sicchè io non posso dirvi più oltre. Andiamo alla piazza. Ma che posso io dire di più? Egli mi parea che quando fummo quivi giunti, tutte le genti concorressero a vedere le maschere, e che battessero le mani per allegrezza intorno a loro; se non che quand'io era più curioso d'intendere quello che dicessero particolarmente, mi risvegliai; e il sogno si rimase mozzo.

L'OSSERVATORE A CHI LEGGE.

Sono passati oggimai sei mesi da che ho cominciati i presenti fogli ed eccomi giunto alla metà del cammino. Egli è di dovere che assicuri della mia obbligazione ogni persona che fino a qui ha letto senza stancarsi; e massime s'ella ha ancora animo d'andar più oltre e di leggere pel corso d'altri sei mesi. Io so bene che ogni cosa non può essere piaciuta, e che ogni grano ha la paglia, e ogni fiore l'erba. E poichè sono caduto in una comparazione campestre, mi par che la non stia male affatto. Perchè in verità quando io considero bene il caso mio, egli mi pare appunto d'esser divenuto un campo, quando io mi veggo a fruttificare tante cose in un anno. Dico tante, e non dico nè buone nè triste, chè questo l'ha a dire altri non io. Basta che germogli ogni settimana dal mio capo qualcosa, quello che non fa il terreno che segue le stagioni, e sta parecchi mesi a fruttare, e lo fa una volta l'anno. Adagio. Che adagio? Io so quello che voi volete dire: che il terreno dà una volta l'anno è vero, ma dà sempre cosa buona. Io non lo nego. Ma insieme con l'erbe che granano, quante altre ne nascono infruttuose, spinose, avvelenate e di mal odore. Il mietitore sceglie quello che fa pro, e lascia quello che non ha in sè utilità veruna. E poi quante fatiche s'hanno a durare? Taglia, picchia, spula,[1] vaglia, crivella, qua cade la zizzania, colà caggiono i sassolini, di qua vanno la polvere e il carbone, e prima che il grano resti mondo, è una fatica di molti uomini e di più giorni. In altro modo non si fanno libri. Tocca alla discrezione degli ottimi leggitori a crivellare tutte le superfluità del capo d'uno scrittore. Quasi tutte le cose si possono dire con poche parole: e questa è la prima colpa d'un autore, che non gli pare d'aver mai detto abbastanza, e tocca, ritocca, picchia, ribadisci, a lui pare che ogni cosa sia necessaria, sicchè appena finisce in due facciate quello che avrebbe potuto conchiudere in due linee. Oltre alla sovrabbondanza delle parole c'è quella de' pensieri. Questi sono come le ciriege che a prenderne una e a levarla dalla cesta, se ne appiccano pei manichi dieci o dodici, e ne vengono su con le buone le immature, le intarlate, le guaste. Se non che in questo sono diversi dalle ciriege i pensieri, ch'esse s'intralciano insieme perchè appunto hanno i manichi naturali,

---

[1] *Spula.* Spulare vuol dire levare la pula, che è quel guscio del grano che rimane in nel batterlo.

e noi facciamo a'pensieri un manico posticcio per appiccargli l'uno al-
l'altro a viva forza. E questo anche fa lungo il favellare. E chi ne
vuol vedere la prova, esamini questa lettera, e vegga in qual forma
io abbia potuto passare dal ringraziare il pubblico alle ciriege, e troverà che quantunque questo componimento paia una cosa intera, il principio non ha punto che fare con quello che ho detto nel periodo passato. Nè sono però io solo che faccia a questo modo, ma ognuno che
scrive. Sicchè spesso sono sforzati gli scrittori a dire: *Ma per tornare
colà d'onde io avea cominciato.....*; o: *Mi verrà perdonata questa mia
digressione e ritorno al mio proposito,* dal quale si va poi fuori di
nuovo per voler di nuovo andar dietro a'pensieri e tirargli a forza
nell'argomento di cui si tratta.

Per tornar dunque al proposito mio, dico in breve che sono obbligato a'cortesi leggitori della sofferenza loro. Per gli altri sei mesi procurerò di fare il debito mio con altre invenzioni; e intanto vo' a pensare al principio del terzo volume.

L' OSSERVATORE VENETO

PERIODICO.

PER LI MESI

DI

AGOSTO, SETTEMBRE, OTTOBRE

DEL MDCCLXI.

N° LIIL	A dì 5 agosto 1761.

PROEMIO.

. . . . *Puer, heus, cape*
Lucernam, et profer huc tabulas, ut mox sciam
Quibus, et quot debeam. ARISTOPH., *in Nub.*

Olà, o ragazzo, piglia il lume, dammi il giornale,
che io vegga a cui e di quanto sia debitore.

Aristofane [1] fu un certo umore, come chi dicesse acetoso, salato e col pepe, tutto pizzicore. Ogni cosa sua gli usciva del cervello condita con bei ghiribizzi e con garbo, piacendogli più tosto il pungere i costumi; ma non alla carlona, e come può fare ogni lingua popolare che taglia e morde per dritto e per traverso ognuno senza pensiero. Volendo egli dunque tassare la gioventù de' tempi suoi, che spendeva e spandeva senza punto curarsi dell'avvenire, introduce nella commedia sua, intitolata *Le Nuvole*, un vecchio, il quale aggravato da' debiti per le continue spese del figliuolo, non potendo la notte chiuder gli occhi, chiama il suo servo che gli arrechi il lume e il quaderno de' conti. Dorme nella stessa stanza il giovane saporitamente, rinvolto nelle sue coltrici; e mentre che il vecchio pieno di stizza fa sue ragioni di quanto dee dare, e trova in sul giornale un cavallo di gran prezzo, il giovine appunto sogna di far maneggiare il cavallo, e dà, ad alta voce, ordine al cozzone che lo mova, che lo raggiri, e parla di cose appartenenti a cavallerizza. A me pare appunto, mentre che io scrivo questi fogli, di essere quel vecchiotto; perchè, non altrimenti ch'egli si facesse, vestomi talora la notte, e, tocco da qualche capriccio morale, scrivo. Oh! se io potessi in quel punto udire tutti quelli che dicono in sogno, e forse anche desti, il contrario di quello che allora mi viene alla penna, io credo veramente che la cosa sarebbe da ridere, a vedere la diversità

[1] *Aristofane.* Famoso commediografo greco (455-? av. C.), mordacissimo nel riprendere le ..., i vizi, le ridicolaggini dei suoi tempi

che passa fra il mio dettare e quanto pensano gli altri. Non sarebb'ella
una commedia il veder uno a fantasticare e impazzare alla riversa forse
di tutto il mondo? Questa è una osservazioncella che cade sopra di
me, volendo anch'io aver qualche parte in questo libretto. Ma perchè
il parlare di sè troppo a lungo non è buona creanza, farò qui fine, e
proseguirò l'usanza mia, cercando, quanto per me si potrà, di gradire
al pubblico, da cui vengo con tanta grazia e così lungamente favorito.

DISCORSO INTORNO ALLA UTILITÀ DEGLI ORIUOLI.

Io non so fra me medesimo immaginare quello che farebbe il mondo
oggidì, se gli uomini avessero prestato fede alle dicerie degli antichi
filosofi. Mi par di vedere che a guisa di un larghissimo velo, malinconia si sarebbe stesa sopra tutta la faccia della terra; e che ogni
uomo, prima di fare un passo, sarebbe rimaso col piede più volte in
aria a dire fra sè: Fo io bene o male a metterlo in terra? lo debbo
io mettere qui o colà? è questo il tempo di posarlo o no? che debbo
io fare? In ogni cosa mettevano gli scrupoli, in tutto voleano il senno
e l'antivedenza. Ma il cielo pietoso dell'umana generazione, vedendo
che il soverchio pensare alle cose anticipatamente ci avrebbe consumati, mandò al mondo una setta novella di uomini a far fronte a quella
importuna genìa che con le sue rigorosità guastava la quiete de' viventi. Furono questi gli oriuolai, cotanto privilegiati dal cielo, ch'ebbero
ingegno di chiudere 24 ore in una cassettina di argento, di oro o di
altro metallo, e dividerle anche in minuti, secondi e quasi attimi, riducendo la cosa ad un modo che ognuno può avere a posta sua nella
tasca un giorno e una notte: cosa che, quanti furono Zenoni, Crati e
Crateti,[1] non avrebbero indovinata giammai. Prima che al mondo fossero oriuoli, non sapendosi quanto durasse il tempo, ognuno si affan-
nava a pensare in lungo, e volea comprendere con la mente un anno,
due anni, dieci, venti e più, e prevedere quello che potesse essere di
là ad un secolo. Dappoichè si è introdotta questa benedizione, gli uomini non si rompono più il capo con tante antivedenze; ma trovandosi
minuzzato e squartato il tempo in molti squarci e pezzuoli, si sono
avvezzi a non mandare i pensieri più là che mezza giornata, e quale
un'ora, qual mezza, o qual meno ancora, se così vogliono. Di qua nasce
che non sono le genti più ripiene di mille inquietudini, nè cotanto af-
faccendate com'erano una volta; perchè minor faccenda e minor travaglio ha colui nel capo il quale antivede mezz'ora o un minuto le
cose, di un altro il quale avrà in testa quelle di uno o di più anni.
Quando uno avea, per esempio, un figliuolo maschio, non sì tosto gli
era nato, che pensava in qual forma dovesse allevarlo, qual condizione
di vita gli dovesse eleggere, dubitava della riuscita che fosse per fargli
e mille altri pensieri; perchè non vedendo il tempo a poco a poco
avea la vita del figliuolo suo tutta ad un tratto nel cervello. Oggidì
che siamo beneficati dagli oriuoli, se il figliuolo dà mezz'ora di consolazione, il padre è contento; e se gli dà un'altra mezz'ora di sco-
forto, quello tosto finisce, e comincia la terza, la quale, sia a quel m

---

[1] *Zenoni, Crati e Crateti.* Nomi di solenni filosofi antichi.

che vuole, darà in breve luogo alla quarta, e sí muteranno le cose; e quando anche non si mutassero, che fa ciò? non avendosi a sperare o a temere più che mezz'ora? Un altro vantaggio abbiamo ricevuto, che non è meno notabile. Tempo fu che le faccende di amore andavano con indicibile lentezza. Uomini e donne, avendo in animo tutti un lungo tempo, non si affrettavano punto. Stavano chiuse le femmine in casa, e poco erano vedute da' maschi. Incominciavano questi a dimostrare l'affetto loro con mille lungheríe che non aveano mai fine. Serenate, cantate, giuochi, feste, le quali non erano subito gradite dalla femmina, che facea un atto di grandissimo favore se in capo a tre anni lasciava vedere una guancia, o il più il più un risolino dalla finestra. Cominciavano per vie studiate e mirabili a correr le lettere; e prima che nascesse fra loro una conchiusione, io credo che si vedesse già qualche grinza nella pelle dell'uno o dell'altro. Dappoichè si guarda negli oriuoli, non si ha più quella sofferenza. Le feste e le serenate sono andate a spasso, non si usano più finestre, non lungágnole di polizze; si accorcia tutto, tutto si abbrevia, un'occhiata o al più due spacciano tutto quello che appena era una volta spacciato da mille aggiramenti e invenzioni. Un'altra contentezza abbiamo oggidì, che i nostri antichi non la poteano avere. Eglino doveano essere insaziabili del possedere tesori, perchè non vedeano mai il termine del tempo loro, e aveano in capo che, come suol dirsi, il terreno mancasse loro sotto i piedi. Quindi era che ciascheduno cercava di acquistare il più che potea, di arricchire la sua famiglia di rendite e fondi, e in ogni cosa cercava di vantaggiarsi con la parsimonia, col pensare a' fatti suoi, e in tutti quei modi co' quali può l'umano cervello acquistare Gli oriuoli ci hanno tolto dal cuore questo travaglio. Quando uno ha danari in tasca che gli bastino quattordici ore, non computandovi quelle del dormire, perchè in sogno non si spende, che gli occorre di più? E se non vuole averne per quattordici ore, può anche dividere il tempo in più minute parti, e cercare di provvedersi per una o per due, che in un giorno saranno a sufficienza. Non è dunque punto da maravigliarsi, se dopo questa benedetta invenzione degli oriuoli, gli uomini vivono più spensierati, più quieti; se non si vede gran movimento nella gente; se non ci sono quelle antivedenze che faceano un tempo disperare. Per la qual cosa io stabilisco che i veri filosofi che hanno illuminato il mondo, sieno gli oriuoli.

LE PERE.

FAVOLA.

Narrano le antiche cronache ch'egli fu già in Portogallo un uomo unico figliuolo da lui caramente amato: di animo semplice e inclinato al ben fare, stacchi addosso, temendo che non gli fosse guasto molti altri. Di che spesso gli tenea lunghi ra- a che si guardasse molto bene dalle male com- tenerella età comprendere chi facea male, llo udia le paterne ammonizioni; ma pure una volta gli disse: "Di che volete voi temere? Io son certo che non

mi si appiccherà mai addosso vizio veruno, e spero che avverrà il contrario, ch' essi ad esempio di me diverranno virtuosi." Il buon padre
conoscendo che le parole non faceano quel frutto ch' egli avrebbe voluto, pensò di ricorrere all' arte; ed empiuta una cestellina delle più
belle e più vistose pere che si trovassero, gliene fece un presente. Ma
riconosciuto a certi piccioli segnali che alcune poche di esse erano vicine
a guastarsi, quelle mescolò con le buone. Il fanciullo si rallegrò, e come
si fa in quell' età, volendo egli vedere quante e quali fossero le sue
ricchezze, mentre che le novera e mira, esclama: " O padre, che avete
voi fatto? A che avete voi mescolate queste che hanno magagna con
le sane?" — " Non pensar, figliuol mio, a ciò," rispasegli il padre; " queste pere sono di tal natura, che le sane appiccano la salute loro alle
triste." — " Voi vedrete," ripigliò il fanciullo, " che sarà fra pochi giorni
il contrario." Sì, sarà, non sarà; il padre lo prega che le lasci per vederne la sperienza. Il figliuolo, benchè a dispetto, se ne contenta. La
cestellina si chiude in una cassa, il padre prende le chiavi. Il putto gli
era di tempo in tempo intorno perchè riaprisse; il padre indugiava.
Finalmente gli disse: " Questo è il dì, ecco le chiavi." Appena potea il
fanciullo attendere che la si voltasse nella toppa. Ma appena fu la cestellina aperta, che non vede più pere, le quali erano tutte coperte di
muffa e guaste. " Oh! nol diss' io," grida egli, " che così sarebbe stato?
Non è forse avvenuto quello ch' io dissi? Padre mio, voi l' avete voluto." — " Non è questa cosa che ti debba dare tanto dolore," rispose
il padre baciandolo affettuosamente. " Ma tu ti lagni ch' io non abbia
voluto credere a te delle pere. E tu qual fede prestavi a me, quand' io
ti dicea che la compagnia de' tristi guasta i buoni? Credi tu che io
non possa compensarti di queste poche pere che hai perdute? Ma io
non so chi potesse compensar me, quando tu mi fossi guasto e contaminato."

N° LIV.   A dì 8 agosto 1761.

Quo me, Bacche, rapis tui
Plenum?   HORAT.

Dove pieno di te, Bacco, mi traggi?

Sarà uno nella sua stanza cheto, solitario, penserà, leggerà, scriverà,
o farà qualche altra opera onorata; uscirà di casa, anderà un poco
intorno a ricrearsi all' aria; saluterà due o tre amici, perchè pochi più
ne avrà voluti, sapendo che di rado se ne trova anche uno che vero
sia; e appresso rientrerà come prima a fare i fatti suoi. Che uccellaccio è questo? diranno alcuni: non è possibile che un uomo sia fatto
a questo modo. Si comincia ad interpretare ogni suo atto, ogni parola.
Sapete voi che ha voluto dire quando alzò le spalle? Quello che significò
quell' occhiata e quella parola tronca ch' egli ha proferita? Sicchè il
pover uomo, senza punto avvedersene, ha dietro il notaio e lo stro!ogo,
e chi nota, chi indovina, chi fa commenti alla sua lingua e a quante
membra egli ha indosso. Volete voi più? Tanti sono i sospetti del fatto
suo, ch' egli avrà fatto nell' opinione di alcuni quello che non ha fatto

mai, o che non avrà sognato di fare. Le cose di questo mondo sono
come una matassa di filo; chi non sa trovarne il capo, la lasci stare,
perchè s'impiglierà sempre più. A me pare che quando si ode a raccontare qualcosa di uno, si dovesse prendere questa matassa, metterla
sull'arcolaio, come fanno le femmine appunto del filo, sciogliere con
accortezza il primo nodo, e preso il bandolo in mano, cominciar a di-
panare con diligenza, e, secondo che si trovano gl'intrighi e i viluppi,
tentare se col candore dell'animo e con la verità si possono sciogliere.
Se non si può, buttisi via la matassa; ma quasi sempre credo che si
potrebbe, chi non corresse troppo in furia, per volontà d'ingarbugliare
piuttosto che di snodare. Questa usanza è quasi comune. Benchè la
logica insegni in qual forma si abbia a fare per venire in chiaro di
certe faccende incredibili o inviluppate, pochi se ne vagliono, menasi
il bastone alla cieca, e suo danno a cui tocca. Quando il capo è principalmente alterato da' sospetti o dal mal volere contro una persona,
si può dire che questa sia una specie di ubbriachezza, per la cui forza
l'uomo non vede, nè sa più quello che si dica o faccia, e appena conosce più sè medesimo, come è avvenuto a questi giorni in luogo poco
lunge di qua di un certo uomo, di cui si narra la seguente

NOVELLA.

Costui, di ch'io parlo, è un uomo che ha per nemico mortale ogni
pensiero, e in vita sua ha avuto questa opinione, che il fuggire la fatica
sia il fondamento della sanità e quel bene a cui si deve rivolgere ogni
intelletto. I passatempi e gli spassi sono sempre stati l'anima sua, e
fra gli altri quello del bere gli è paruto sempre il superlativo grado
di tutti. Vogliono però dire alcuni che lo conoscono, che tanto ha impacciato il capo di pensieri chi si prende briga della sua famiglia, quanto
chi esce fuori di sè pel soverchio bere; perchè egli fu veduto più volte in
grandissimi sospetti per la nimicizia di una colonna o di un albero; e
talora fu udito a bestemmiare altamente di notte in una larghissima
strada contro alla poca avvertenza di chi avea edificate le case, e lasciato appena spazio da camminarvi nel mezzo; non avvedendosi punto
che il suo andare come i baleni gli facea scorrere le ginocchia per fianco,
e dar del petto o di una spalla in una muraglia ora a levante, ora a
ponente. Ma sia come si vuole, poche sere sono ch'egli andò a casa
sua concio come un Arlotto,[1] tanto che, dalle doghe e da' cerchi in fuori,
egli avea in corpo tutto quello che può avere un barile. La moglie sua,
che sa l'umore del compagno, senza punto favellare gli va incontro col
lume; egli si arrampica e fa le scale, e giunto alla sua stanza fa riporre
la candela sopra un armadio. Era di sopra ad esso armadio appiccato
uno specchio, al quale avendo per avventura l'uomo dabbene alzati
gli occhi, non ricordandosi più l'effetto degli specchi, gli parve che
l'immagine sua propria, rendutagli dal cristallo, fosse un forestiere
entratogli in casa per rubare o per altro. Ma come quegli che per
natura fugge i pensieri e le brighe, non incominciò così al primo tratto
dal furore, anzi facendogli buon viso, gli domandava che chiedesse in
casa sua, e s'egli potesse in qualche conto fargli cosa grata. Poscia
rizzava gli orecchi per udire la risposta: e quegli mutolo. Rifatto il

giuoco da due volte in su, crescendogli sempre più i sospetti, e lasciate da parte le cerimonie, gli prese a dire all'incontro che a quell'ora non audavano gli uomini dabbene per le case altrui non chiamati, e che oggimai deliberasse di uscire di là, perchè egli altrimenti ne l'avrebbe balzato dalla finestra : e quegli saldo. La moglie, vedendolo imbizzarrire, volea pure dargli ad intendere che quella era l'immagine sua veduta nello specchio ; ma poco mancò che non le spezzasse il capo. "Che specchio o non specchio? "diceva egli, "che vorrestù darmi ora ad intendere? Io so come siete fatte voi altre donne. E che sì, che costui ci sarà venuto !... Quant'è ch'egli è qui? " — "Dappoichè ci siete voi," rispose la femmina. "Fuori di qua, gaglioffo; escimi di casa," gridò il marito, rivolto di nuovo allo specchio ; "ch'egli si vorrebbe ora darmi ad intendere che tu non fossi tu, ma io, perchè la cosa paresse legittimo matrimonio. Ma veggo io bene che tu se' tu e non io, perch'io non mi farei quel mal viso che tu mi fai, nè mi guarderei con quegli occhi stralunati, nè con quella collera con cui tu mi guardi." E così dicendo, acceso di rabbia, prende un bastone e croscia a braccia aperte, tanto che lo specchio cadde in tritura, e il forestiero se ne andò a' fatti suoi. E se non era che la fatica durata gli avea sì tolto le forze, che fu tratto in terra dal peso del bastone e dormì sullo smalto fino alla mattina, tal era il sospetto entratogli in capo della moglie, ch' egli avrebbe fatto a lei come allo specchio.

OSSERVAZIONE.

Se il vino non gli avesse occupato il cervello, egli avrebbe potuto intendere che quello era uno specchio; ed ecco terminata ogni cosa. Ma quando l'uomo si è fondato sopra un principio falso, il suo ragionare dietro a quello, benchè sia falso, può parere diritto. La moglie è sola in casa, è tardi, ci trovo un uomo non conosciuto, che non mi risponde, non si scusa, va in collera meco ; qual conseguenza se ne ha a trarre? L'ebbro ha ragione; il male sta nello specchio. Così avviene di tutti gli altri sospetti. E a un dipresso, chi esaminasse la verità delle cose, troverebbe che il principio è specchio, cioè vanità e apparenza. Ma intanto questa disamina si lascia indietro, si dice male, chi ode noi non disode, e prima che il buon cristiano, il quale viene incolpato, mostri qual sia la verità, passano gli anni. Io dico all'incontro del proverbio che suol dire: *La bugia ha corte le gambe*. A me pare che la zoppa sia la verità, e che l'altra corra come un cane da lepri, e che l'abbia anche fiato da correre lungo tempo. Fa a questo proposito un'allegoria raccontatami un tempo da un Armeno, il quale dopo quindici anni appena avea potuto purgarsi appresso le genti del suo paese di un'accusa che gli era stata data; e ancora alcuno vi avea che penava a prestargli fede.

NOVELLA ALLEGORICA.

Come (diceva egli con quella sua grand'enfasi orientale) cadendo a falde la neve sulle cime dell'altissimo Ararat,[1] ricopre in un momento tutti i sassi che sono in esso, onde appena possono lunghissimi soli più

---

[1] *Ararat.* Monte altissimo dell'Armenia, sul quale, secondo la Bibbia, si posò l'Arca di Noè dopo il diluvio.

discoprirgli, così la bugía della maldicenza prende in un súbito
gli orecchi degli uomini, che da quella occupati, al raggio della
tissima verità a grandissima fatica danno più luogo. Uscita la I
fuori de' profondi abissi della terra, non potea sofferire che da' p
fosse amata la verità; e studiando lungo tempo in qual modo do
abbattere la sua nemica, andava a capo basso e pensosa. Non
credere che le arti e la forza sua valessero mai tanto, che contra
sì bella ed amata fanciulla dessero a lei la vittoria; struggevа
rabbia, non ardiva di alzare gli occhi per la vergogna; ma com
vedesse essere assai difficile l'impresa, non sapeva rientrare colà
d'era uscita, senza almeno tentarla, parendole che le dovesse ri
di conforto il dire: Ho fatto quanto ho potuto. Mentre ch'ell
andava a quel modo stralunata, ecco che le viene innanzi un'
donna sotto un velo celata, e oltre ad esso tenevasi occulta cо
ombrello, quasi temesse di essere scoperta da alcuno. Io non so
sangue si affacesse, o quello che fosse; ma questo so io bene, c
primo vedersi balzò per allegrezza il petto ad ognuna di esse, e
nobbero in sè un'occulta amicizia che aveano l'una verso l'altra; s
senza altro dire, se non che l'una era Bugía e l'altra Malizia,
abbracciaronsi di subito come sorelle, appiccaronsi di qua e di là
guance due baci e fecero comunella insieme. Postesi a sedere sopı
greppo che quivi era, incominciarono a cianciare; e tanto più cı
la festa fra loro, quando intesero dal mutuo favellare, che tutta
erano della Verità nimiche sfidate e mortali. "Sappi," dicea Ma
'che ora veramente io credo che ti abbia mandata Fortuna per abba
la nostra rivale. Tu sola mancavi all'opera. Tu hai, per quanto io
una dolcissima lingua, ripiena del mèle dell'eloquenza; nè alt
voleva per condurre gli uomini a ribellarsi dalla Verità, fuor che l
colorita favella. Egli è gran tempo ch'io gli conosco; e comecchè
quanto possa celata per non essere dalla mia nemica scoperta,
però da tutti veduta volentieri segretamente; tanto che potrei dir
sono signora degli animi loro; e quell'amore che professano alla
rità, potrebbe piuttosto dirsi una maschera e un'apparenza, che
Con la lunga pratica e col continuo, benchè celato, conversare, g
tutti tratti al mio partito; e se vuoi vederne la prova, t'invito a
meco quando farà buio. Inventa frattanto qualche tua favola,
quale sia avviluppato l'onore di qualche uomo dabbene o di qu
fanciulla, e vedrai con gli occhi tuoi medesimi la sperienza di qu
ti dico al presente." Avvenne per caso appunto, che mentre io
ragionavano, passò di là una bella giovane, la quale guardandosi int
come quella che avea sospetto, si affacciò alla bocca di una spe
poco lontana, e posatovi un paniere, parea che attendesse alcun
quivi dovesse venire. Non istette molto, che in effetto tutto guar
vi venne un giovane, il quale suo fratello era, e stavasi occulto
certe gravi nimicizie che lo facevano temer della vita; a cui, conseр
il paniere, diede un bacio in fronte, gli prese affettuosamente la n
gli disse non so che, ond'egli entrò subito nella caverna, ed ella ri
colà donde era venuta. Bastò quell'atto all'iniqua Bugía per о
una pessima tela di subito; e condotta dall'altra fra le genti ad
veglia, dov'era la povera giovane per sua disgrazia, incominciò
cinare agli orecchi di uno, che l'avea veduta tutta soletta in un l
 seggiar lungamente con un giovine, a fargli un ricchissimo

sente di gioie e danari, e finalmente entrare in una spelonca con esso lui, dond'era poi uscita non sapea quando.

Appena uscì questa voce, che d'intorno si cominciò a fare cerchiellini, soffiando Malizia nel cuore di tutti: nè vi fu alcuno che non credesse quello che venne detto, senza punto considerare la vita passata dell'onesta fanciulla, nè dubitar punto che non fossero gioie e danari quello che in effetto era stato un panieruzzo di vivande per dar sussidio alla vita del miserabile fratello. Il giorno dietro uscì per le vie e per le piazze il romore sparso dalla fraudolente Bugía e aiutato da Malizia; per modo che la povera fanciulla era vicina a disperarsi; nè sapendo omai che si fare, corse dinanzi alla Verità, e le disse in tal forma: "O santissima mia protettrice, dinanzi alla cui lingua si sgombra ogni caligine e nebbia che offusca gli occhi delle genti, ecco il tempo in cui tu dèi prestarmi il tuo aiuto." — "Ben sai," rispos'ella, "ch'io non sono per mancare a te dell'opera mia; ma io ci trovo due gravissime difficoltà: l'una che per difenderti debbo scoprire a'nimici tuoi il tuo fratello, e l'altra che mi converrà vincere a poco a poco gli animi che la Bugía ha occupati in un momento. Poichè costei è entrata nel mondo, io dovea per fatagione[1] divenire qual tu mi vedi." E così detto, le fece vedere che le gambe sue si erano tutte contorte e travolti i piedi. "Ma perchè tu sappia che qual confida in me, non è mai abbandonato, spicca dalla muraglia quelle due grucce, e me le adatta sotto le ascelle, ch'io comincerò a camminare per darti quel soccorso che posso e che merita la tua innocenza." La povera giovane si accorò e tanto si dolse, che di là a due anni fu morta, nè potè in tutto quel tempo veder l'innocenza sua liberata dalla calunnia; la quale per opera della zoppa Verità di là a sei anni fu finalmente sgombrata, e fu scritto il suo caso nell'epitaffio.

N° LV.   A dì 12 agosto 1761.

Nescio quid maius nascitur Iliade.

Un certo che è nato maggior dell'Iliade.

Molte cose sono al mondo che paiono in apparenza diverse, ma in effetto hanno poi fra esse un certo che di somiglianza, e, per così dire, di occulta comparazione, la quale è veduta da que'soli uomini che si danno al tutto a considerarla attentamente. Quella divina Iliade, passata contro all'ingiuria di tanti secoli fino al nostro, e che oltrepasserà ancora tant'oltre per molti altri secoli, ha in sè tutte quelle bellezze e grazie che può avere un poema; nè alcuno fu al mondo dopo il suo autore, il quale si potesse vantare di tanta capacità d'ingegno, o fosse così pieno il petto e la lingua di filosofia.[2] Tali qualità risplendono dall'un capo all'altro della sua nobile invenzione; ma ne fu detto tanto e da tanti, che il volerne dir più sarebbe oggidì un versar acqua nel mare. Fra tutte le altre cose però che fecero così cara agli uomini la Iliade, io credo che la varietà delle immaginazioni e la diversità delle

---

[1] *Fatagione.* Incantesimo.   [2] *Filosofia.* Qui sta per sapienza.

rappresentanze sieno le principali; imperciocchè passando l'uomo dall'una all'altra quasi in un subito, ritrova pastura nuova pel suo cervello ad ogni passo; e quella natura umana che tosto di ogni cosa si sazia, non ha tempo d'infastidirsi, secondo la usanzaccia sua, ma incontrasi qua in un sapore, colà in un altro che le acuisce l'appetito continuamente.

Vedi quante cose sono nel primo libro solo! Una invocazione, della quale non fu mai la più magnifica. Il racconto di Crise, sacerdote di Apollo, venuto a pregare i Greci pel ricatto della figliuola. L'assenso de' Greci, la negativa d'Agamennone. La preghiera di Crise ad Apollo. La pestilenza nel campo. L'adunanza congregata da Achille per cercarvi rimedio. Il consiglio di Calcante indovino del dover restituire la figliuola al sacerdote. Lo sdegno perciò di Agamennone, l'ira di Achille contro di lui. La risoluzione di Agamennone di restituire la figliuola al sacerdote, e di togliere ad un tempo Briseide ad Achille. Questi vuole ucciderlo: Minerva lo ritiene. Achille non vuol più combattere a pro de' Greci. Nestore, soave dicitore, tenta di acquietargli. Achille si parte dal congresso. Agamennone imbarca la fanciulla con Ulisse. Fa purgare il suo popolo e sagrificare ad Apollo. Manda due araldi a togliere Briseide ad Achille. Questi la dà loro; ma sulla riva del mare per dispetto piange, e si querela a Teti sua madre. Essa vien fuori del mare, e l'accarezza. Parlano insieme affettuosamente. La madre gli promette di andar a Giove per lui. Ulisse dà la figliuola al sacerdote. Questi prega Apollo per la salute de' Greci. Si fanno sacrifizi, si canta. Apollo esaudisce. Ulisse indietro ritorna. Teti sale sull'Olimpo, prega Giove pel figliuolo: Giove le promette, fa cenno col ciglio, trema l'Olimpo. Teti si parte. Giove va al concilio degli Dei: Giunone sospettosa, che avea veduta Teti, vuol sapere di che abbiano favellato insieme. Giove nega di parlare. Giunone se ne addolora. Tutti gli Dei ne sono dolenti. Vulcano gli ricrea con facezie e motti: va intorno coll'ambrosia. Cantano le Muse e Apollo. Si tranquilla ogni cosa. Giove e Giunone, venuta la notte, si posano insieme.

Non è in questo modo tenuta sempre sospesa l'anima di chi legge? non è forse questa una mirabile varietà da tener legato a sè il cuore e l'intelletto di ogni uomo? Su via, è vero; ma che vorrai tu dire perciò? Tu parlasti nel principio di somiglianza, di comparazione. A che vuoi tu comparare la varietà dell'Iliade?

Io non so quello che parrà ad alcuni della mia nuova e forse strana fantasia; ma dico che gl'ingegni delle femmine sono in capacità di variare somiglianti a quello di Omero, e ch'esse, conosciuta l'efficacia della diversità sul cuore e sull'intelletto degli uomini, fanno maggior uso di quest'abilità che delle altre. Spiacemi ch'esse non hanno divisa la vita loro per libri, com'è l'Iliade, ch'io farei l'analisi del primo o del secondo libro di alcuna di quelle, come l'ho fatta del primo libro di esso poema. Ma se io non posso entrare nelle particolarità di una parte, io posso almeno dir qualche cosa in generale per provare la verità del mio parere. Le fogge de' vestiti, dei fiorellini, de' pendenti delle collane, delle smaniglie, io credo che me le accordi ognuno, ir fogge e gale mutare, dice lo scrittore dello Scisma d'Inghilterra,[1] esem-

---

[1] *Lo scrittore dello Scisma d'Inghilterra.* Bernardo Davanzati, fiorentino (1529-1606) storico e letterato di molto valore.

pio e maraviglia sono. Ma questo è quanto al di fuori: io dico della
grande attività e capacità interiore. Io non credo che al mondo sia
notomista di animi più di loro perito, il quale sappia quello che bisogna a tempo per togliere la sazietà dell'uguaglianza. Non è fanta-
sticheria, nè mal umore no, se tu vedi una femmina poco fa lietissima,
ora ingrognata; se la trovasti ieri piena di sanità, e oggi infermiccia;
se iersera cantava, e stasera piangé; se due ore fa svisceratamente ti
amava, e in questo punto è infreddata. Credi tu che la ti piacerebbe
così a lungo, se la non ti tenesse con tutte queste mirabili varietà occupato, e non ti tagliasse un pensiero con un altro nuovo? A questo
modo tu se' obbligato ad aver sempre il cuore e il pensiero a lei; e
quanto più la ti sembra umorista, tanto più dèi affidarti ch'ella ti vuol
bene, e cerca di stabilirsi in te, e di esserti cara. Se tu la trovassi
sempre lieta e contenta, questa sicurezza farebbe che tu ti avvezzeresti
a lei, la ti parrebbe sempre una cosa, e a poco a poco la ti caderebbe
dall'animo, come ogni altra cosa ch'è sempre una. Ma quando tu di' fra
te: Quale la troverò oggi? Sarà ella lieta? malinconica? sana? inferma?
affettuosa? indispettita? o che? Vedi tu che la ti apparecchia più donne
in una? Vedi tu che tu se' in tal guisa obbligato a pensar sempre a lei?
e ch'ella con queste belle e ingegnose varietà fa quell'effetto medesimo in te, che fa ne' suoi leggitori l'Iliade? Poni che la donna tua
non fosse donna, ma libro, e quello da me notomizzato di Omero, e
confronta. Non ti chied'ella ora qualcosa, come Crise? Non fa invo-
cazioni contro di te, come lui? Non interpreta le cose celesti, come
Calcante? Non si adira e ostina, come Achille? Non insospettisce,
come Giunone? Io ne lascio il pensiero a te dello andare con diligenza
di punto in punto. A me basta che tu mi creda che l'ingegno suo non
attende ad altro, che a non generare sazietà di sè, usando le varietà
a questo fine.

Io potrei anche aggiungere per corollario, che in essa si trovano,
quali nell'Iliade, molte allegorie, ch'è quanto dire molte figure che in
apparenza significano una cosa, e in sostanza sono un'altra; il qual
modo è stato tenuto da' più valenti poeti; ma perchè si richiedereb-
bero interpretazioni troppo sottili e forse in fine si direbbe che io l'ho
stiracchiate, e che non è vero, tralascio di dirne più oltre.

L' OSSERVATORE.

Chi sa, che per non far dispiacere ad uno, io non lo faccia a molti.
In una lettera chiusa e suggellata mi fu mandata l'osservazione che
ho pubblicata qui sopra. Se l'avessi ritenuta appresso di me, tosto mi
sarebbero fioccate le polizze. Che bell'umore! non ti degni tu dunque
di stampare quello che gli altri ti mandano? Queste ed altre somiglianti galanterie mi furono scritte più volte. Io, per non avere fastidi,
do quello che mi viene allo stampatore, e ne acquisto poi degli altri
per un verso nuovo. Io non so quello che parrà alle donne di questa
Iliade. Quanto è a me, credo che se ne cureranno poco, e diranno:
Sono capricci, fantasie, e forse peggio. Ho però caro che le sieno in-
formate che la osservazione non è mia, perchè ad ogni modo la verità
si dee dire. Ci sono alcuni i quali pare che non sappiano parlare di

altro che delle donne. E in fine che si credono di aver fatto? Io vorrei
che un giorno si ampliasse fra esse ancora l'usanza di prendere la
penna e di scrivere degli uomini. Maschio gagliardo e robusto, io so
bene che allora tu vedresti che non sei quello che tu credi. Furono
una volta fatti vedere ad un lione da un uomo certi quadri che rappresentavano cacce di lioni. Qua era un lione smascellato, colà un altro
trafitto da una lancia, costà uno preso alle reti; e gli uomini si vedeano
sempre superiori. "Che ti pare," disse l'uomo che mostrava i quadri al
lione; "come ti piacciono queste pitture?" Rispose il lione: "Se tra noi
ci fossero pittori, mi pare che rappresenterebbero altro."

Ad summum sapiens uno minor est Jove; dives,
Liber, honoratus, pulcher, rex denique regum.

HORAT.

In fine l'uomo sapiente ha solo Giove superiore,
è ricco, è libero, è onorato, bello, re dei re.

Si querelavano tutti gli uomini raunati in società, che ad ognuno
mancava qualche cosa. Chi diceva: "O sommo Giove, non vedi tu ch'io
non ho di che vivere?" Chi gli domandava attività di trafficare. Chi
fortuna nella coltivazione de' suoi terreni; e quale una cosa, quale un'altra; e tanto gli assordarono gli orecchi, ch'egli mosso a compassione
della loro miseria, concedette a ciascheduno che gli domandava, quella
grazia ch'egli volea; e in tutto il mondo si cominciò a fare faccende,
movendosi e travagliandosi ogni uomo, ed occupando chi questa parte,
chi quella delle cose. Egli avvenne però, che mentre che tutti gli altri
con gli occhi rivolti verso il cielo chiedevano abbondanza e ricchezza,
stavansi qua e colà ritirati certuni per le spelonche, i quali credendosi
da molto più che gli altri, quivi, secondo loro, s'intrattenevano in profonde considerazioni e speculazioni di cose astratte, senza punto curarsi di altro. Quando usciti un giorno fuori di là alla luce, e vedendo
che il mondo trionfava, ed essi non aveano appena di che vivere, deliberarono anch'essi di rivolgersi al padre degli Dei, abitatore del-
l'Olimpo, e gli fecero questa preghiera: "O raccoglitore delle negre nuvole e scagliatore della tremenda folgore, è egli però il vero che siamo
dalla tua benefica destra abbandonati noi soli, mentre che, dispregiando
le mondane viltà, ci stiamo in nobili meditazioni ravvolti? Piovi le tue
prosperità sopra di noi ancora." Ma il celeste Giove, aperto il suo finestrino che dalla cima dell'Olimpo discopre tutta la terra, e vedendo
che tutte le cose avea dispensate e che nulla più gli rimaneva che concedere alle nuove suppliche, chiamò a sè una fanciulla fatta a questo
modo. Non avea costei nervi, non ossa, non polpe; ma la era fatta di
una pellicina sottile e aggrinzata, la quale però ricevendo in sè l'aria
per quanti fori avea nel capo, si stendeva in tanta ampiezza, che la
figura sua diveniva di gigantessa, e parea che toccasse col capo le
stelle, ma se un tratto veniva in qual si voglia parte del corpo suo
punta con un sottilissimo spilletto, si sgonfiava di nuovo e ritornava
alla sua statura di prima. Non è tromba di così alto suono, che potesse uguagliare la sua voce; sicchè quando costei favellava, non solo
non si udiva più altro romore d'intorno, ma con tanta furia entrava

nel capo altrui, che, come si trae di asse chiodo con chiodo, cacciava fuori quanti pensieri erano státivi dentro per l'innanzi, e v'introduceva quel che volea coll'impeto della sua disusata vociaccia. Chiamavasi costei Vanità, a cui Giove parlò in questa guisa: " Vedi costaggiù nel mondo quella setta di genti che volgono verso alla mia abitazione le mani ? Essi chiedono, ed io non ho altro che dar loro. Odimi in qual guisa ti dèi diportare. Io voglio...." Vanità si era già partita, avendosi a male che Giove non la credesse capace di avere inteso benissimo quello che non le avea detto ancora. La non avea però intesa punto la volontà del figliuolo di Saturno, il quale volea ch'ella, discesa in terra, facesse credere alle genti ch'esse aveano bisogno di storici, di poeti, di oratori e altre meditatrici persone, per divenire immortali e felici : onde allettate dal desiderio dell'immortalità, porgessero una porzione di quello che possedevano, a coloro che ne lo pregavano di sua clemenza. Ma avvenne tutto il contrario ; perchè la fanciulla di pelle vizza, gonfiatasi per via più di un pallone, e giunta innanzi a coloro che pregavano Giove, la cominciò a dare con quella sua altissima voce ad intendere a que' tralunati, che non aveano bisogno di nulla, che con le qualità da loro possedute si assomigliavano agl'Iddii, non che pareggiassero gli altri uomini. E tanto disse e tanto potè la sua forza, che se 'l credettero, e si empierono per modo di sè medesimi, che giudicarono, fuor che sè stessi, ogni cosa esser nulla.

N° LVI.   A dì 15 agosto 1761.

Orationes habebant semper ad publicum totius
Græciæ conventum, unde brevi innotescebant.

Luc., *Herod.*

Sermoneggiavano dov'era grande e pubblica
adunanza di Greci, e in poco tempo divenivano famosi.

Un uomo di lettere oggidì per lo più, secondo la condizione di tal qualità di genti, non molto abbondante de' beni della fortuna, prima ch'egli sia conosciuto dal mondo ha a stentare pel corso di parecchi anni. Quando comincia ad uscir fuori, come il rondinino, del nido, e a pigolar intorno, a pena ci è chi voglia credere ch'egli sappia nè poco nè molto. Acquistasi col tempo uno o due amici, i quali tengono dal suo partito e fanno fede a due o tre altri loro pari che non è una oca ; ma se il suo nome va divulgandosi fra quindici o venti persone, con ornamento di qualche piccola lode, tosto egli avrà un centinaio per uno, i quali levano i pezzi di lui,[1] e lo atterran col dire ch'è un barbagianni. Il pover uomo tanto più si affatica dì e notte sudando e vegliando, squaderna libri, logora fogli, penne, si consuma il cervello, per tentar di oltrepassare con la fama sua gli ostacoli che gli vengon fatti ; ma mentre che sta in solitudine fra le meditazioni, la polvere e i tarli, ecco che il suo nome si nasconde sempre più, e a poco a poco giunge agli anni maturi, e finalmente chiude gli occhi, che a pena si

---

[1] *Levano i pezzi di lui.* V. la nota a pag. 88.

sa che sia stato al mondo. S'egli lascia di che, un figliuolo o un nipote o altri gli fa scolpire sulla sepoltura che fu uomo di lettere: e se non si trova eredità alcuna, come avviene per lo più, va tutto in ossa e terra, e non si sa più se sia stato vivo fino al dì del Giudizio. Un tempo altre erano le usanze, e gli uomini di lettere poteano rendersi solenni in un giorno o due a tutta una nazione. Erodoto,[1] pensando che a' giuochi olimpici erano raccolte genti da tutte le parti della Grecia, fece prova di sè cantando la sua storia a quell'adunanza; e tanta fu la grazia della sua voce, che i libri suoi vennero intitolati dal nome delle nove Muse. In questa maniera divenne più noto a tutti di qualsivoglia vincitore nei giuochi; sicchè non vi era più uomo greco a cui riuscisse nuovo negli orecchi il nome di Erodoto. Chi lo avea udito, chi avea sentito a parlar di lui, sicchè non appariva in verun luogo che non fosse mostrato a dito e non si dicesse: Sapete voi chi è costui? Egli è Erodoto, quegli che scrisse in greco le storie de' Persiani, quegli che celebrò in libri le vittorie de' Greci. Questa fu poi l'usanza di molti, i quali divennero celebrati e famosi in brevissimo tempo; perchè aprivano il saper loro da principio ad un'adunanza di popolo. Oggidì non si potrebbe valersi più di questa usanza; e chi andasse ad un teatro dove sono raccolte infinite genti, per cantare o proferire storie o sermoni, verrebbe cacciato con la frusta o legato per pazzo. In quel cambio vennero trovate le stampe, le quali si aggirano per le mani degli uomini; e può uno pubblicare una opera, la quale non solo vada pel suo paese, ma passi di uno in un altro, sia in vari linguaggi traslatata e letta da molti. Ma ci è una diversità grande. Quegli che pubblicamente dicea, animava le sue parole con la malìa della voce e con tutti gli artifizi dell'azione; il libro ti si presenta con qualche raccomandazione di lettera dedicatoria o di proemio, che poco giova, perchè sempre quel modo medesimo è venuto a noia; e poi non è egli che parla, ma si può dire che parla chi legge. Vedi differenza notabile ch'è questa! L'autore, che vi ha dentro l'anima sua, lo ama e lo legge di voglia. Credi tu che siano dello stesso parere anche gli altri? Dirà uno: Io non saprei oggi che fare. Olà tu, porgimi quel libro fino a tanto ch'io dorma. Un altro che avrà collera con la innamorata, per trovare qualche compensazione si dà a leggere con gli occhi, e il cervello intanto dirà dentro: Ella mi ha fatto, ella mi ha detto; e iersera la fu colà, e oggi dee andare a visitarla il tale, e stasera la sarà in tal luogo a mio dispetto. Sicchè non avrà scorsa una facciata, che, battendo il piede in terra, il libro sarà balzato di qui colà sopra una tavola, aperto o chiuso, come va lanciatovi dalla furia; e' non verrà forse ripigliato mai più, perchè si rifà la pace, o si rinnovano legami; e allora che hanno più che fare i libri? Io ne ho veduti anche tra le mani di coloro che gli leggono balbettando, facendo conto di virgole e punti come se non vi fossero, e seguendo il polmone, secondo che esso avrà forza maggiore o minore, piuttosto che l'intelligenza della materia; di che nasce che per lo più gli stili sono ritrovati oscuri; ed è oggidì usanza, che per rendersi chiari, non si usano più periodi, ma singhiozzi; e quello è periodeggiare meglio gradito ch'è più spesso rotto, come l'acqua che scorre sulla ghiaia e sulle pietruzze. Una volta

---

[1] *Erodoto pensando* ec. Così racconta Luciano. Quattro secoli dopo, Marcellino, biografo di Tucidide, confermava il racconto di Luciano.

si diceva che la scelta e la collocazione delle parole era artifizio e formava armonia; a' nostri giorni più un vocabolo che l'altro non importa. Quando una parola è uscita una volta della gola a uno, la si può usare, esprima o no quello che tu vuoi; perchè basta avere vocaboli per tirare innanzi e scrivere assai, che del buono e del bello più non si parla.

Ma anche questo accorgimento non giova perchè sieno letti i libri con maggiore attenzione; onde la fama va avanti con grandissimo stento; e si giunge prima all'estremo punto della vita, che ad avere sparso il nome pel mondo.

Quanto ho detto fino a qui, mi è uscito del cervello a proposito di una lettera che ho ricevuta due dì fa, nella quale non so chi mi scrive una sua nuova deliberazione. Pubblicherò la lettera medesima, ch'è capricciosa e degna di andare alle mani delle genti.

« ALL' OSSERVATORE.

» Senza acquistare qualche reputazione al mondo non posso vivere. Standomi sempre occulto, mi par di essere un'ombra di uomo, non uomo che viva. Parecchi anni sono passati, che io vivo al buio fra libri e carte, e ancora non è chi sappia ch'io sono sulla terra. Ho una qualità che può rendermi famoso. Buona voce e qualche intelligenza della musica. Composi da molti anni in qua diverse canzoni e poemi, e sono stato tentato più volte di pubblicargli; ma venni atterrito da' librai, i quali mi affermano con loro giuramento che anche di que' libri che sembrano essere lodati se ne vendono così pochi, ch'è una meschinità a dirlo. "Canzoni e poemi! S'egli se ne vendono un centinaio di copie, si potrà dire che sia una maraviglia."—"Come?" diss'io, "un centinaio? E in quanto tempo?"—"In un anno."—"E il nome mio avrà a stare un anno ad andare fra cento persone? Questo è un azzopparlo, non farlo correre. Io ho intenzione che sia conosciuto più presto." La medesima sentenza mi fu data da tutti i librai; ond'io per disperato rientrai in casa mia, e cominciai a considerare quello che far dovessi per rendermi noto in poco tempo. Udite risoluzione che ho presa. Ho compero un vestito nuovo con certe frange di argento, ch'è una signoria a vederlo; mi son posto in collo un liuto, e legatomi a canto una bisaccia con tutte le mie scritture, e di qua ad un'ora m'imbarco per andare di città in città a cantare io medesimo le mie canzoni ed i miei poemi. Non vi potrei dire quanto io sia intrinsecamente consolato della presa risoluzione. In poche settimane voi udirete il nome mio celebrato in tutti i lati. Ogni giorno mi si cambieranno gli ascoltatori: oggi canterò a cento, domani ad altri cento, in dieci dì a un migliaio; fate vostro conto quanti saranno in un anno che avranno uditi i miei componimenti, e come presto sarò conosciuto dall'universale. Addio. Di luogo in luogo vi scriverò le mie avventure, e da qui in poi mi sottoscriverò col mio nome, il quale non vien da me giudicato degno di essere manifestato, se prima non si pubblica da sè per le città e per le castella, nelle quali intendo di dargli fra poco quella solennità che rende l'uomo immortale. Addio di nuovo. »

Un'altra gentilissima lettera mi fu consegnata ne' passati giorni, scrittami non so da chi, perchè tiene occulto non solo il nome, ma lasciami in dubbio se sia uomo o donna. Sia egli o ella chiunque si voglia, protesto di essergli o esserle grandemente obbligato, e pregolo o pregola ad iscusarmi se per al presente non rispondo alla sua richiesta. Prometto di farlo; e spero che la mia promessa avrà forza di non movere a sdegno contro di me un'anima così piena di gentilezza e di grazia, alla quale mi raccomando.

Talvolta pare che la Fortuna faccia accadere in un tratto mille cose che si assomigliano l'una coll'altra. Posso dire che in questa settimana sia la voga delle polizze. Un'altra me n'è capitata con dentrovi una canzonetta; e chi la scrive mi chiede ch'io gli dica s'è vera l'opinione contenuta ne' versi che da lui mi vengono mandati. Lascio indietro la polizza, e pubblico i versi.

> Laccio d'Amore non è catena,
> Ma mette l'anima in libertà.
>   No, non è libera, finchè la frena
> Fra tante regole la società.
>   Quando ritrova fida compagna,
> S'apre contenta, mesta si lagna,
> Allor è libera, laccio non ha.
>   Laccio d'Amore non è catena,
> Ma mette l'anima in libertà.

Chi mi scrive conviene che sia un innamorato di nuovo. Cominci egli un poco a battere la via nella quale è entrato, e spero che fra poco scambierà il sentimento de' suoi versi. Comecchè io non intenda affatto quel verso *Fra tante regole la società*, pure interpretandolo secondo l'intelligenza più temperata, io credo ch'egli voglia significare la difficoltà che si trova nelle compagnie del manifestare il suo cuore, e la molta accortezza che dee imbrigliare la lingua degli uomini nell'esprimere le loro intenzioni, dove sono persone che non tengono aperto l'animo nè i pensieri per varie cagioni. E questo veramente è vincolo. E così al primo par che sia vero che il ritrovar un animo il quale si apra a te, e a cui tu possa aprire liberamente i tuoi pensieri, sia libertà. Ma quai pensieri e quale animo è finalmente quello che tu apri in tal caso al compagno? Essi son sì pochi, e questo è sì ristretto forse ad una sola intenzione, che quanti ne avevi prima, non solo sono schiavi in catena, ma puoi dire che sono infermi o morti. Ma questa è forse sottigliezza soverchia. Lasciamo che il tempo passi. Quelle due anime, alle quali poco fa parea di essere libere, cominciano, per la consuetudine che hanno presa insieme, ad ogni menomo cenno, ad un alzar di occhi, ad un tossire, ad ogni menoma mutazione di colore, ad intendersi e a conoscersi. Ecco la libertà mutata in durissima schiavitù, perchè l'una non può celar più all'altra un pensiero; e se questa ha necessità di nascondere, l'altra la rampogna e si querela; e nascono le offese e le difese continue: e la fu così, e la non è così; tanto che si entra in un maggior ginepraio di prima. In effetto io credo che la libertà non si possa mai avere, e che la sia uno di que' bei nomi ch'empiono la bocca e gli orecchi, ma che infine la non sia altro che suono: e quando non siamo legati ad altrui, ci leghiamo da noi stessi con mille voglie che ci traggono pel naso ora a questa parte, ora a quella.

AVVISO DELLO STAMPATORE A' LEGGITORI.

Avendo l'Osservatore tralasciato nello scorso sabato di adempiere all'obbligo suo con la stampa del solito foglio per cagione della giornata di festa,[1] non mancherà di supplire al suo difetto nel prossimo sabato raddoppiando il foglio ordinario; ed assicurando il pubblico del suo rispetto, e della premura ch'egli avrà sempre di mostrarsi riconoscente a tanto compatimento che nel vero gli vien dimostrato di sue fatiche.

N° LVII.   A dì 19 agosto 1761.

Nunquam tantum sperat hyperbola, quantum audet; sed incredibilia affirmat, ut ad credibilia perveniat. SEN., *De Benef.*

L'iperbole non ha mai speranza di tanto quanto ardisce; ma dice cose incredibili, per giungere a quelle che si possano credere.

È una voce quasi comune, che quando ognuno parla di sè medesimo, esalta fino al cielo l'onor suo, la sua buona fede e la puntualità; ma la coscienza è quale una tela di ragnatelo[2] che viene squarciata da ogni menomo stecchetto, o da una pagliuzza che le si ficchi dentro. Un certo filosofo della setta di Pitagora[3] andò alla bottega di un calzolaio, e comperò a credenza per pochi danari non so quai borzacchini o pianelle, dicendogli: " Io ti pagherò tal dì." Venne l'assegnato giorno; e il filosofo, che fedel pagatore era, va alla bottega per isborsare i quattrini. La trova chiusa. Picchia, ripicchia, non è chi gli risponda. Finalmente un uomo della vicinanza, affacciatosi ad un finestrino, gli disse: " Se tu chiedi il calzolaio, egli è morto, e gli hanno anche fatte l'esequie." — "Mi rincresce," risponde il filosofo. " Lascia," disse l'altro, " che ne incresca a me che non lo vedrò più al mondo: ma tu che sei di coloro i quali hanno opinione che gli spiriti passino di corpo in corpo, perchè non ti consoli? Non sai tu ch'egli rinascerà? Tu lo vedrai allora." Il filosofo appena comprese che quell'uomo dabbene si facea beffe di lui, essendogli in quel punto entrata nell'animo una certa avarizia, che gli faceva aver caro che il calzolaio fosse morto, e ritornava indietro, riportandosi a casa quei pochi quattrini in mano volentieri, dibattendogli e facendogli sonare. Avvedutosi poi di quell'occulto piaceruzzo del non avere restituito, disse a sè: " Ha avuto ragione di motteggiarti colui da quel finestrino, e più l'avrebbe avuta s'egli avesse saputo la tua intenzione. Se quel pover uomo è morto per altrui, non è morto per te. Va', e rendigli come puoi i suoi danari." Così detto, ritornò alla bottega, e trovatovi un fesso, vi gettò dentro i quattrini, gastigando in tal

[1] *Per cagione della giornata di festa.* L'Assunzione di Maria Vergine.
[2] *Ragnatelo.* Con poca proprietà il Gozzi adopera questa parola per ragno.
[3] *Pitagora.* V. la nota 1 a pag. 86.

guisa sè medesimo della sua mal conceputa ingordigia, per non avvez-
zarsi all'altrui.

Questa è una di quelle iperboli di Seneca,[1] per esprimere quanto
debba essere sottilmente custodita la coscienza. All'incontro, dice lo
stesso Seneca, ci sono alcuni i quali attaccano alla coscienza altrui
que'difetti che non vi sono; e s'eglino avranno ad avere, questo è a
sufficienza perchè l'uomo divenga loro schiavo; e non guardano nè calamità, nè altro, come se l'anima dell'uomo e tutta la bontà sua stesse
nella borsa. Nè si contenteranno cotesti tali di spargere la voce per
tutto il mondo delle disgrazie di lui, ma senza guardare altro, con le
dicerie e con le menzogne lo morderanno da tutti i lati; parendo loro
di averlo comperato, e di poter fare di lui come di cosa propria, dando
in questa guisa segno di quel che sono di dentro.

Dall'un lato e dall'altro è dunque di necessità che la coscienza sia
netta e pura; il che suole avvenire di rado, e non sono tutti gli uomini come quelli di ch'io lessi a questi giorni nella Novella che segue,
la quale va tra le iperboli anch'essa.

NOVELLA.

Gregorio e Taddeo erano due vecchi, i quali sopra ogni cosa aveano
in tutto il corso della vita loro tenuto gran conto di custodire la coscienza; tanto che ad udire le sottigliezze e i pensieri loro, quando
ragionavano intorno a tale argomento, le genti ridevano loro in faccia,
e parea che fossero rimbambiti e usciti del cervello, come avviene a chi
favella contro la usanza comune. Avea Gregorio una sua buona casetta
in villa, e volendo egli far piacere all'amico suo, che richiesta glie
l'avea per comperarla, furono insieme a contratto con sì misurate domande ed offerte, che in due parole ebbero accordato insieme, e andarono ad un avvocato perchè mettesse loro i patti in, iscritto. L'avvocato era uomo di tal condizione. Non avea egli in tutto il tempo della
sua vita preso a difendere causa che non gli fosse paruta giustissima;
e per ogni poco di garbuglio che dentro veduto vi avesse, consigliava
i due partiti all'aggiustamento, intramettendosi egli medesimo con le
buone parole e col suo parere per vedernegli pacificati. E tuttavia,
narra la storia, ch'egli avea poche faccende, perchè sapendosi la usanza
sua, quasi tutt'i litigatori gli aveano fatto perdere il concetto, dicendo
ch'egli era troppo flemmatico e poco pratico delle cose, e non sapea
tirare in lungo un litigio quanto abbisognava; indizio di picciolo ingegno. Basta, comunque ciò si fosse, egli era uomo a cui piaceva la
pace fra le parti; e questi fu colui che scrisse lo strumento della casa
fra i due buoni vecchi, i quali l'aveano in ogni loro faccenda eletto
per consigliere e per giudice. Non sì tosto ebbe Taddeo la comperata
casetta nelle mani, che volendola per li suoi molti figliuoli e nipoti
ingrandire, andò quivi con non so quanti muratori, e fece atterrare
certe muraglie per riedificarle a suo modo. Ma mentre che qua e colà
cadevano le pietre, gittate giù da martelli e picconi, eccoti che in un
certo lato si scopre un'urna, nella quale risplendeva molto oro; di che
avvedutosi il vecchio, che quivi per caso si ritrovava, la fece incontanente ricogliere, arrecare alla sua casa in città, e chiudere sotto gran-

---

[1] *Seneca.* V. la nota 1 a pag. 110.

dissima custodia in una stanza. E come la ebbe rinchiusa, mandò per Gregorio che a lui ne venisse, perchè dovea conferirgli un segreto di grande importanza. E quando fu giunto, affacciatosi lietamente a lui, e fattolo entrare dov'era l'urna, incominciò in questa guisa a parlargli : "Amico mio, io ho comperata da voi una casa, e sborsatovi per essa quel pregio di che ci siamo accordati: ma io non credea che per sì poco valsente voi voleste anche, oltre a quella, darmi tanto che vale molte volte più di quello che mi avete venduto. Vuole la buona fede che dall'una parte e dall'altra sia eseguito l'accordo; e perciò voi vi ripiglierete quell'oro ch'io ho testè ritrovato in un muraccio, il quale non entra nella scrittura nostra, e perciò non è mio." E così detto, gli fece quell'oro vedere, e gli narrò in qual modo trovato l'avesse, dicendogli che a casa sua ne lo facesse portare. "A Dio non piaccia," rispose il venditore, "ch'io riporti meco quello ch'io ho una volta venduto. Taddeo, è vostro quest'oro; e se vi ricorda le parole della scritta nostra, io vi ho dato la casa con quanto in essa è ed a quella appartiene, e però non vi debbo ritogliere quello che vi diedi una volta." Rispondeva il comperatore: "Voi non sapevate che vi fosse urna nè oro, e perciò non entra nelle clausule della scritta quello che non si sapea e non si vedea, ma quelle sole appartenenze che note erano al venditore e a chi comperava." — "Io non ne voglio saper altro," diceva Gregorio; "io mi delibero a voler che sia quello che suona la carta." Che dirò io più ? A poco a poco si riscaldarono i sangui dei due vecchi, ebbero insieme non so quali parole risentite, e si divisero l'un dall'altro, risoluti di venire alle citazioni e alle difese con tanto ardore, che parea si volessero mangiar vivi. Partitisi dunque l'uno e l'altro a grandissimo furore, ne andarono incontanente, Taddeo di qua, e Gregorio di là, all'avvocato; e avvenne che quivi ancora si ritrovarono insieme, dinanzi a lui, il quale non sapendo che si volessero, guardandosi in cagnesco, udì finalmente donde procedea la ragione, e con le buone parole dimostrò loro quanto fosse facile il ridurre la cosa ad un accomodamento. Di che l'uno e l'altro rimise in lui il giudizio, e giurò di stare alla sentenza ch'egli avesse sopra di ciò proferita. Allora egli cominciò dal lodargli della buona intenzione che aveano entrambi e della squisita puntualità loro, e finalmente conchiuse che non volendo nessuno di essi due quell'oro, come cosa che a sè non appartenesse, cercasse di darlo via per limosina a benefizio di alcune buone persone che avessero con esso migliorato lo stato loro. Piacque ai vecchi il consiglio; ma non volendo nè l'uno nè l'altro disporre del tanto tesoro, vollero che l'avvocato lo ricevesse, per distribuirnelo a sua volontà a cui più gli fosse piaciuto; e così detto stabilirono di andare per l'urna e di arrecarnela a lui. L'avvocato fra tanto, rimaso quivi solo, incominciò con la immaginativa a vedere tanti bei danari che gli doveano fra poco venire alle mani, e parea che non sapesse spiccare il pensiero da quelli. Anzi quanto più si sforzava di ritrovar persona a cui gli dovesse distribuire, sempre più parea che a dispetto suo gli suggerisse la mente lui medesimo, e diceva tra sè : "Perchè sarò io così pazzo che voglia perdere cotanta ventura che mi è venuta alle mani ? Vorrò io dunque spontaneamente spogliarmi di un bene che l'uno e l'altro di cotesti miei clienti non vogliono, ai quali apparterrebbe di ragione se lo volessero ? Dappoichè essi lo lasciano e lo mettono nelle mie mani perchè io a volontà mia ne disponga, perchè non ne disporrò io a mio favore, facendone

una limosina a me, per arricchire un tratto senza fatica, e vivere il
restante de' giorni miei con maggior agio di quello che io abbia fatto
fino al presente? Se alcuno lo avesse a sapere, potrei forse averne timore: ma chi lo saprà? Egli si vede che nè Taddeo nè Gregorio si
curano punto del trovato tesoro, ed hanno posta in me tutta la fede
loro. Adunque io posso facilmente dare ad intendere all'uno e all'altro
di aver fatto quello ch'è paruto il meglio alla coscienza mia, e tener-
lomi senza sospetto veruno." Così detto fra sè, e stato alquanto in questa tentazione, parve che tutto ad un tratto gli scorresse il ghiaccio
per le vene; e disse in suo cuore: "Vedi bello ed illibato galantuomo,
vissuto fino a qui come un ermellino purissimo[1] perchè non si è aperta
mai la occasione di truffare! E egli possibile che dopo di aver fuggito
per tutto il corso della mia vita di macchiarmi con azione veruna che
giusta non fosse, io mi sia così dato oggi in preda all'avarizia, che
pensi di mancar di fede a due che la pongono in me come se io fossi
incorruttibile? Avrà dunque in me tanto potere questo maladetto oro
non ancora da me veduto, che per esso io franga le leggi dell'onesto
uomo, e non mi ricordi più punto del mio vivere passato ch'io ho fino
al presente mantenuto libero da ogni sospetto di colpa?" Mentre ch'egli
stava in tali pensieri dal sì e dal no combattuto, ecco che un giovine
ed una fanciulla gli chieggono di essere uditi per avere il consiglio suo
sopra ai loro interessi. E quando gli furono innanzi, incominciò il giovine addolorato a dire: "Questa fanciulla, che voi qui vedete, è amata
da me quanto gli occhi miei propri, ed ella vuol quel bene a me ch'io
voglio a lei; ma l'avarizia del padre mio e la povertà del suo sono
cagione che non possiamo far maritaggio insieme, e siamo ridotti ella
ed io, per la disperazione a morire, se non troviamo qualche rimedio
al nostro dolore." Grondavano dagli occhi alla fanciulla le lagrime a
quattro a quattro mentre che il giovine favellava, e col capo basso non
avea ardimento di alzare gli occhi. Intanto il giovine seguitò: "Noi siamo
venuti a voi, perchè, come uomo d'ingegno e di leggi, m'insegniate in
qual forma ella potesse fuggire con onor suo dalla casa paterna, e in
qual guisa io potessi chiedere al padre mio ch'egli mi desse di che
vivere, intendendo io da qui in poi di starmi con essa lei a dispetto
di lui e del mondo." Incominciava appunto l'avvocato ad aprir la bocca
per fare una cordiale e paterna ammonizione ai due giovani, quando
salirono le scale Taddeo e Gregorio con l'urna de' danari; onde al primo
vedergli corse all'animo dell'avvocato che in niun' altra migliore limosina si potesse impiegare quell'oro, che nel confortare due persone che
così cordialmente si amavano; di che, narrato ai vecchi il caso (non
senza grandissimo timore de' due giovani, i quali non sapevano dove
la cosa avesse a riuscire), tutti furono contenti di beneficare que' poveri spasimati, e Gregorio e Taddeo, quasi ringalluzziti, cominciarono
a dire un gran bene del matrimonio, che si dee in ogni conto aiutare,
e vollero ad ogni modo essere i compari, e l'avvocato fu quegli che
mise i parenti di accordo.

---

[1] *Come un ermellino purissimo.* L' ermellino è un animale di bianchissimo pelame. Del
quale raccontavasi che inseguito dai cacciatori, se, fuggendo, trovava luoghi fangosi, piuttosto che imbrattare il suo candore, preferiva lasciarsi prendere e uccidere.

SIGNOR OSSERVATORE.

Io vorrei pur sapere un tratto che cosa sia avvenuto di quel vostro pittore da ritratti che non se n'ode più novella. V'era alcuno, e ve lo so dire, che gli vedea volontieri, e perchè non ne pubblicate voi più? Pregovi di grazia, fatemi partecipe della cagione e conservatevi in buona salute, che ve la desidero. Addio.

MIO SIGNORE.

Non ho fino a qui pubblicati ritratti, perchè come sarà a voi noto, i capricci de'pittori vengono loro quando vogliono; e il dir loro che lavorino, quando non ne hanno volontà, è un batter acqua nel mortaio. Non vi dico che non me ne abbia mandato uno o due; ma egli m'ha anche imposto che non gli stampi se prima non me n'avrà inviati degli altri che bastino ad empiere un foglio intiero. Io lo vo'stimolando, egli tira d'oggi in domani, ma son certo che a un vedere e non vedere, è uomo da mandarmene una dozzina o più; basta che il grillo gli si desti in corpo. Abbiate sofferenza, vi prego, come l'ho anch'io, perchè co'pittori non si può ordinare a sua posta, massime chi ordina come io fo, che non gli prometto mai pagamento nè altro. Lo riscalderò di nuovo con le preghiere, ma non posso usare le minacce, essendo egli molto mio amico, anzi amato da me di cuore. State sano.

L'OSSERVATORE.

N° LVIII.   A dì 22 agosto 1761.

Abscende ab janua.
PLAUT., *Most.*
Scòstati dall'uscio.

Infiniti sono coloro che si querelano della contraria fortuna, e dicono di lei mille mali, e l'attaccano ogni giorno con villanie e con rampogne. Il difetto non è di lei, ch'ella fa l'ufficio suo, aggira quella sua immensa ruota sulla quale sono innumerabili polizze che in quel continuo aggiramento cascano dall'alto di qua e di là: e a cui toccano benefiziate,[1] a cui bianche. Una di esse porterà scritto, per esempio: Tu avrai un grasso podere; un'altra: A te fra pochi giorni toccherà una eredità, o ti verranno parecchie migliaia di scudi. All'incontro la contenenza di un'altra sarà: Va', e stenta in vita tua; ovvero: Quello che tu possiedi, anderà in fumo; o altre sì fatte grazie. E cosa da ridere che nessuno di noi, tenendo la polizza in mano, sa leggere; e desiderando di sapere quel ch'essa contenga, la speranza ce la legge a modo suo, e noi prestandole fede, andiamo in lungo aspettando quello che non vien mai, e intanto ci quereliamo ogni giorno.

Quanto è a me, io credo che il miglior modo per non aver dolore sia il goderci di quel poco che abbiamo alle mani, e non bramare di

[1] *Polizze.... benefiziate.* Quelle in cui sta scritto qualche premio.

più. In fine non si tratta di altro che di passare il tempo di giorno
in giorno, e cercar di fuggire le punture de' pensieri. Chi fosse in un
luogo solitario, dove non sono compagnie, e trovasi appena chi sappia
parlare o rispondere, quasi quasi darei ragione a chi si lascia vincere
alla malinconia; perchè quando un pensiero si è fatto signore del cervello, e vi si conficca dentro a guisa di chiodo, non è possibile che
l'uomo da sè solo ne lo possa sconficcare. Ma s'egli uscirà di casa
sua, ritroverà amici o conoscenti, che ragionando ora di questa, ora
di quella cosa, lo scuotano; a poco a poco gli si sgombrerà l'intelletto, e gli si alleggerirà il peso del cuore, e tornerà sano e lieto in
non molto tempo. Non si può dare un agio migliore, per quelli che abbisognano di tal soccorso, delle botteghe da caffè, le quali vengono da
me raccomandate qual ricetta principale per fuggire i pensieri, e accordare di nuovo lo spirito quando esso fosse scordato e stemperato.[1] Io
ritrovo in esse veramente tutto quel bene che può l'uomo bramare,
quando egli voglia considerarlo attentamente. So che non potrei parlando giungere a mezzo nel dire le lodi di quelle benedette abitazioni
della quiete; ma io m'ingegnerò di dirne qualche cosa; tanto che gl'ingegni più speculativi e profondi del mio, seguendo questi primi lineamenti, entrino in meditazioni, e ne cavino quel frutto che possa finalmente giovare all'umana generazione.

Di tutte le virtù degli uomini è certamente più pregevole l'ospitalità, la quale fra gli antichi ricevette sempre grandissime lodi; e ci
sono di esse molti e molto nobili esempi. Pare che a que' tempi fosse
più bisognevole che a' nostri; perchè mettendosi alcuno a fare qualche
lungo viaggio, e non essendovi allora quell'aperta corrispondenza fra
nazione e nazione, che la domestichezza de' costumi e il più morbido
vivere hanno introdotto, avea ogni uomo, uscito della sua patria, gran
bisogno dell'altro; e quegli che facea favore a' viaggiatori, non solo
veniva stimato uomo dabbene, ma chi ricevea grazia da lui, ne facea
memoria in un taccuino, e ritornato a casa sua, ricordava il ricevuto
benefizio a' suoi; per modo che, se di là a cencinquant'anni i discendenti del benefattore venivano per accidente alla casa del beneficato,
ritrovavano fra' posteri di lui quella stessa accoglienza ch'egli avea in
sua vita in altro paese ritrovata. Oggidì è cessata questa occorrenza.
Quasi in ogni parte del mondo si trovano pubblici alberghi, dove chi
va, o bene o male ne avrà da mangiare e da posarsi la notte; e va a
suo viaggio senza sturbare chicchessia, e ritorna a casa sua senza altre
obbligazioni, fuor quelle ch'egli avrà avute agli ostieri migliori. Quantunque però la virtù dell'ospitalità ora non abbisogni largamente come
nei tempi antichi, essa è bella nel proprio paese; e chi la usa, è degno
di grandissima lode. La vera scuola dov'essa al presente fiorisce, io
ritrovo veramente essere le botteghe de' caffè, le quali si aprono a tutti
coloro che, fuggendo le molestie della casa e i pensieri delle faccende,
trovano quivi di che ristorarsi. Nè voglio che mi si dica che vi si spendono denari; perchè in fine la spesa è sì picciola, che la borsa non ne
va perciò in rovina, quando non s'incontrasse in chi volesse bere e
mangiar sempre: ma se l'uomo sarà moderato, conoscerà benissimo
quanti sono i vantaggi che gli vengono offerti da quella liberale abitazione.

---

[1] *Stemperato.* Alterato.

In primo luogo, quando avrà egli avuto con cinque soldi tanti agi, quanti quivi gliene vengono apparecchiati dalla bontà e clemenza de' caffettieri? In prima essi con ingegnosa e amorevole diligenza [1] studiano che l' architettura della bottega sia grata all' occhio quanto più possa; tanto che, appressandoti ad alcuna di esse, non ti pare di veder bottega, ma piuttosto un delizioso spettacolo da teatro con molte belle vedute che ti si affacciano con tanta ricreazione del cuore, che non vorresti vedere altro. In un luogo sono adoperati i migliori pittori che ti rappresentano giardini, uccellagioni, cadute di acqua; in un altro diligentissimi intagliatori in legno si sono affaticati in bellissimi fregi tutti dorati, nel mezzo dei quali vengono collocati lucidi specchi che, mentre tu stai a sedere, ti mostrano e fanno conoscere le genti che passano per via; e senza tuo disagio, quasi sdraiato se vuoi, ti stai a godere il bulicame di chi va e di chi viene. Quanto è a' sedili, dove gli troverai tu migliori? Non vedi tu come di qua ti aprono le braccia sedie soffici, di là lunghi canapè, in un altro luogo, se non vuoi tanta grandezza, agiatissime panche? Potresti essere poi meglio servito in casa tua, quando anche avessi camerieri, staffieri, lacchè e ogni genere di famigli? Ad ogni tuo cenno ci è chi ti fa bollire il caffè, il cioccolatte, chi ti appresenta acqua, chi le ceste de' berlingozzi,[2] con tanta destrezza e ubbidienza, che ti par essere in quel punto quel che tu vuoi; e in fine avrai speso poco più che cinque soldi. Nè io ho sentito mai alcuno che si quereli, se tu vi stessi dallo spuntar del giorno fino alle quattro ore della notte; anzi mi è tocco di vedere qualche umore malinconico a sfogarsi quivi senza dire due parole, le belle sei e otto ore continue, ora chiedendo di che bere, ora di che mangiare, o fumando tabacco, e strignendosi nelle spalle quando veniva domandato di qual cosa. All' incontro ho veduto anche di quelli che non tacevano mai, e da una parola detta da alcuno prendevano argomento di un' improvvisa e lunga diceria; e questi anche erano benissimo accolti. Oltre alla bontà dell' accettare liberalmente, e far passare il tempo senza che altri se ne avvegga, non si può dire che la ospitalità usata da' caffettieri sia disutile. Non avrà un uomo dabbene praticato una bottega da caffè sei mesi, che uscirà di là nel mondo con quella dottrina alla quale avrà avuto l' animo più inclinato. La geografia è la prima disciplina, della quale si farà profondo conoscitore, e ad un tempo la storia. Prenderà informazione dei costumi di tutti i popoli e di tutte le nazioni del mondo, dell' arte della guerra; assedi, battaglie, marce, ritirate; e sopra tutto renderà atta la lingua ad articolare con facilità ogni cosa, con l' uso del ripetere spesso cognomi di lontani paesi, e nomi pieni di consonanti, che danno grandissimo travaglio alla strozza e schiantano dalle radici l' ugola a chi non gli avrà prima uditi e ripetuti più volte in una bottega di caffè, dove verrà universalmente compatito, quando anche per un tempo gli mozzasse o azzoppasse.

Chi non volesse salire tant' alto con le dottrine, potrebbe prevalersi di altre notizie che vi si acquistano, di vestiti o di abbigliamenti di uo-

---

[1] *In prima essi con ingegnosa* ec. I caffè che nel secolo XVII, quando vennero introdotti a Venezia, erano angusti o disadorni, divenuti nel secolo scorso prediletto ritrovo di gentiluomini e dame, si abbellirono con gran lusso di pitture e suppellettili. Uno dei più famosi era quello che fu aperto nel 1720 sotto le Procuratie Nuove, all' insegna di Venezia trionfante, ed è l' attuale caffè Florian.

[2] *Berlingozzi.* Sorta di paste dolci.

mini o di donne; s'egli anche volesse fare un corso di morale, può
farlo. Non ci è il più bel modo di studiarla, che il sentire a notare i
difetti altrui. Questa fu la norma tenuta dal padre di Orazio[1] nell'ammaestrare il proprio figliuolo; e questa è appunto quella medesima che
quivi si tiene, sapendosi molto bene che senza gli esempi le massime
sono una cosa morta. E perchè gli esempi tratti dalle storie antiche
non hanno molta efficacia, e suonano più vivi agli orecchi nostri i nomi
presenti che i passati, non si usano nomi greci o latini, ma ricordansi
Bartolommei, Filippi, Ambrogi, che hanno suono nostrale e producono
migliore e più subito effetto. Egli è il vero che nelle storie che vengono raccontate di questo o di quello, pare che ne scapiti la buona
fama di alcuno; ma questo si può comportare, quando ci entra il buon
desiderio e il fine di ammaestrare gl'ignoranti nella morale, i quali
poscia usciti di là ripetono la lezione di luogo in luogo, e non si può
dire a bastanza il benefizio che fanno con le loro benedette lingue.
Il qual benefizio cresce in doppio, se la storia entra per caso in qualche buon intelletto che abbia la facoltà di creare e d'inventar qualche bella circostanza adattata al caso; molti de' quali io conosco che
sono una manna a questo proposito. Allora sì che si può dire che la
morale giungerà presto al suo colmo, sicchè fra poco tempo non le
mancherà più nulla; essendo bene diverso il parlare con temperanza
e moderazione (qualità che hanno dell'agghiacciato), e il darvi dentro,
come suol dirsi, a braccia quadre,[2] con maniera disprezzata, e che mostri il fervore e tutta la buona condizione dell'animo dond'è uscita.
Ma io veggo che mi dilungo alquanto dal proposito mio, il quale fu
di lodare le botteghe di caffè, e raccomandarle altrui qual ricetta principale per dimenticarsi le percosse della fortuna, fuggire la malinconia,
e addottrinarsi in molte cose che non si apprendono ad altre scuole,
o s'imparano con soverchia lentezza. L'argomento è di molta importanza; io ne ho tocche alcune circostanze, le quali, se mai mi conce-
derà la sorte che possa farlo, verranno da me in particolare trattato
distese.

SIGNOR OSSERVATORE.

Ne' passati vostri fogli ho letto una comparazione dell'ingegno
delle femmine con quello di Omero, e della varietà dell'Iliade somigliante a quella delle donne per rendersi grate. Vorrei che faceste qualche paragone anche dell'Odissea dello stesso scrittore. Potrebb'essere
che questo argomento vi desse nuova materia e cagione di qualche in-
venzion nuova. Scusatemi del disturbo, e sono tutto di voi.

SIGNOR MIO.

Vi ringrazio caramente del vostro suggerimento, e potrebb'essere
ch'io ne facessi uso. Almen che sia, ne potrei avere un'utilità, chè per
ischerzare ritornerei a leggere un'altra volta quell'autore a grandissima ragione stimato un capo più che umano. Cotesti antichi, massime
quando sono di quelli capaci, come fu appunto Omero, hanno una certa

---

[1] *Questa fu la norma tenuta dal padre di Orazio.* V. Orazio, *Satire,* I, IV.
[2] *A braccia quadre.* Largamente, senza misura.

fecondità che la comunicano altrui, e sono una spezie di gonfiatoi che riempiono i cervelli che praticano con esso loro. Quel grandeggiare in ogni cosa, quel vestir tutto con immagini poetiche e voli, trasporta sì l'anima de' leggitori, che si entra in paesi d'incantesimo, e si appiccano adosso certe maraviglie le quali non si trovano ne' paesi usuali e comuni. Ma io sono però uno strano umore, che quando entro a parlare di antichi non la finirei mai. E infine qual pro penso io di fare? Nulla. Que' poveri uomini si sono affaticati per rendere immortale la patria loro, e sè medesimo ognuno; hanno fatto sentire al mondo la vera dolcezza delle labbra di Apollo, hanno vinta la oscurità e la nebbia di tanti secoli venendo fino a noi: quando le scienze stettero per qualche tempo atterrate e abbattute sotto la obblivione, furono essi che con la forza loro, anche dopo morte, le hanno rialzate da terra, ripulite, rendute belle e vistose agli occhi degli uomini; e noi siamo loro cotanto ingrati, che non vogliamo sapere alla virtù di quelli nè grado nè grazia. Anzi se alcuno fa professione di amargli e di avergli cari, è giudicato una statua, e gli vengono fatti i visacci dietro. Suo danno. Si ha a correre a seconda. Basta. Amico mio, chiunque voi vi siate, procurerò di compiacervi. L'argomento che mi vien dato da voi, è bello e buono e degno di essere trattato. Intanto appagatevi di queste poche righe, e vogliatemi bene. Addio. Tutto vostro

L'Osservatore.

N° LIX.   A dì 26 agosto 1761.

> Lasso! non di diamante, ma d'un vetro
> Veggio di man cadermi ogni speranza,
> E tutt'i miei pensier romper nel mezzo.
>
> PETRARCA.

Danno gli uomini di lettere, e principalmente coloro che si chiamano poeti, tante lodi agli studi loro, e si stimano da tanto, che, quando favellano d'ogni altra condizione di genti, pare che le sputino. Appena si degnano di credere che possa chiamarsi vivo un uomo che non faccia versi; e quando egli non sa mettere in rima tutto quello che ode o che vede, fanno quel conto di lui, che del terzo piè che non hanno. Fui per avventura anch'io di quest'opinione, fino a tanto che mi capitò alle mani un antico dialogo scritto a penna, non so di quale autore, che occuperà una gran parte di questo foglio, e forse tutto. Nè perchè sia lunghetto, mi tratterrò dallo stamparlo, parendomi che non dimeriti d'esser veduto.

DIALOGO.

CARONTE E MERCURIO.[1]

Caronte. Pur sia lodato chi ti mandò una volta! Vedi quanti spiriti riempiono questa riva, e come si calcano l'un l'altro, perch'io gli tra-

---

[1] *Caronte e Mercurio.* Secondo la mitologia Mercurio, messo degli Dei, aveva l'ufficio di accompagnare le anime dei morti alla dimora loro assegnata, che Elisi si chiamava. E Caronte le traghettava con una sua barcaccia al di là dello Stige che era come il confine tra il mondo dei viventi e quello dei defunti.

gitti di là. Sono due giorni e due notti che ci piovono; n
luto accettarne ancora alcuno nella mia barca.

Mercurio. Pensa che ci sono inviato a bella posta pe
quello che si faccia quaggiù, e come vada questa faccenda
quali si tengono dappiù che tutte l'altre persone vivute al
hai fatto molto bene intanto a lasciare ognuno di qua d
perchè se tra costoro ci fosse mescolato alcuno che avesse
ficato, non ravvivasse lo strepito negli Elisi. Approda, ch
lasciagli rammaricarsi quanto vogliono. Tu vedrai bel giuoc
mandamento da Giove di scambiargli in gazze e merli, si
gliono cantare di qua, come fecero al mondo, facciano aln
un verso, e non ardiscano di tentare quel che non sann
de' remi in acqua, ch'io ci sono.

Caronte. Tu vedi ch'io fo l'uffizio mio; ma per ora no
di remi. Ho alzato la vela, e andiamo soavemente senza
Fo mio conto di sedere qui al timone, e di cianciar tec
viaggio.

Mercurio. Anzi io l'avrò molto caro. Ma poichè abbia
lare, diciamo qualche cosa che importi al fatto nostro. A
sono udite in cielo molte querele venute dagli Elisi; ma esser
molto alto e discosto di qua, non credo che sia pervenuto
nostri mezzo di quello che fu detto. Aggiungi, che le l
erano fatte in greco, in latino e in italiano, e si mescolava
l'altra, onde appena appena si potè intenderne il significat
fossero state spinte da certe voci sottili e alterate, come s
gli animi sono travagliati, non avremmo nemmeno saputo
lamenti. Ma fra questo e alcuni versi che ci parvero d'
Dante, i quali ci vengono spesso cantati alla mensa da Ap
perciò notissimi a tutti gli Dei, ci avvedemmo ch'era nata q
tra' poeti. Prima però ch'io scenda, egli è bene che ne ven
da te; perch'io sappia reggermi con cautela e secondo
di Giove.

Caronte. Volentieri. Tu sai com'egli fu conceduto fra l'o
stri sotterranei boschetti, che sieno di tutti gli altri poe
dottori i due che tu hai nominato di sopra. La qual cosa
ragione. Perchè di tempo in tempo, secondo che or l'uno
loro ci venne, si disse a questo modo: Veramente la poesia,
non fa qualche utilità a quei popoli, fra' quali è adoperata
ch'essa non sia altro che un'articolazione sonora, la qual
coll'aria o svanisce al suo nascimento. Ma questo buon uom
con quelle sue ingegnose invenzioni, fu il primo ad aprire
velli della Grecia, ravvolti, innanzi ch'egli venisse al m
tenebre dell'ignoranza. Costui parve che a guisa di lampo
la sua luce la via delle scienze nella Grecia; onde egli di
ranno quaggiù sarà da qui in poi il principale. Il medesir
lito di Dante, il quale, venuto al mondo in un secolo trav
l'arme e dalle fazioni e pieno d'un'asinità che tutto l'osc
sola forza del suo mirabile intelletto invogliò dopo di sè i
gegni italiani a darsi alle scienze, aprendo loro il camm
nobilissimo poema, il quale parve sì nuovo e di tanta capac
dezza, che venne giudicato divino, comecchè egli per mod
altri rispetti, con umilissimo titolo, Commedia lo nominasse.

che appresso a questi due vennero collocati molti altri Greci, Latini e Italiani; ma sono un picciolo drappelletto, fra' quali Virgilio e Orazio riconoscono per loro signore anch'essi Omero, e il Petrarca saluta qual suo maestro Dante, confessando questi ultimi d'aver bensì condotto ad una certa grazia e bellezza la lingua loro, ma d'essere stati di gran lunga inferiori nella capacità dell'ingegno, i primi due d'Omero, e l'ultimo di Dante, e specialmente di non avere beneficato il mondo con la dottrina loro, come aveano fatto i due primi, l'uno in Grecia e l'altro nell'Italia.

Mercurio. Dappoichè sono così d'accordo fra loro cotesti grandi uomini, perchè dunque è nato romore? e chi è che abbia voluto aver maggioranza fra essi?

Caronte. Sono da quasi due secoli che ci piovono certi umori nuovi, i quali vogliono che la poesia sia quello che vogliono, e postasi dietro alle spalle ogni buona regola, aprono la bocca, e stridono; e poichè hanno bene assordato il mondo con le loro canzoni scordate, se ne vengono quaggiù tutti pieni di boria; e mentre che dolcissimi poeti cantano con un'armonia che rapisce a sè tutte l'ombre, costoro, senza punto badare che guastano la musica, si danno a far trilli e dimenamenti di gola così fuori di tuono, ch'io ho veduto a quello stridere cadere a terra balorde le Arpie,[1] per caso passate ivi sopra; e tutte l'ombre degli Elisi mettersi agli orecchi le mani, giurando che tanto era loro lo stare in que' boschetti, quanto fra l'anime disperate, se durava più a lungo quella gargagliata.[2]

Mercurio. Io non so quello che si facciano quaggiù Radamanto e Minosso,[3] che non hanno posto rimedio a questo disordine il primo giorno.

Caronte. Buono! Di' pure che, all'udire voci così strane e scordate, uscirono tuttaddue, che parevano spiritati, e domandato la cagione di ciò, e udito qual era, fecero incontanente una legge, che non ci fosse poeta quaggiù venuto di fresco dal mondo, il quale avesse ardimento di cantare con gli altri, se egli prima non avea imparato il modo di far versi da que' poeti che ho nominati di sopra, o almeno da alcuni che fossero da loro medesimi ad ammaestrare sostituiti.

Mercurio. Questa fu una saggia legge, e dovrebbe aver fatto buon effetto.

Caronte. Anzi di', ch'essa ha fatto peggio di prima. Perchè i poeti nuovi in iscambio d'andare alla scuola, secondo lo statuto, incominciarono a cantare da sè, dicendo che nessuna clausola della legge lo vietava; e uscirono, come suol dirsi, pel rotto della cuffia. Sicchè furono forzati Radamanto e Minosso, se non vollero che tutte l'anime diventassero sorde, a fare una legge nuova, colla quale imposero che non aprissero mai bocca nè soli nè accompagnati, se non aveano licenza da' maestri.

Mercurio. Avessero così fatto al primo, chè non ne sarebbe nato scandalo.

Caronte. Tanto sarebbe stato. Perchè non potendo essi più cantare, incominciarono a scolpire pe' tronchi degli alberi qua e colà molte di-

---

[1] *Le Arpie.* Mostri della mitologia, mezzo uccelli e mezzo donne.
[2] *Gargagliata.* Rumore di voci discordi.
[3] *Radamanto e Minosso.* Giudici dell'inferno pagano.

cerie piene di maldicenza, nelle quali chiamavano i migliori poeti, e principalmente gl'italiani, vecchiumi, cosacce disusate, lingue, e non altro. E alcuni rinfacciavano al povero Dante ch'egli fosse morto povero, e al Petrarca che fosse stato innamorato; tanto che dalla letteratura passavano a censurare i costumi: la qual cosa non essendo lecita nell'altro mondo fra gli uomini dabbene, molto meno è lecita qui, dove gli errori della vita debbono essere dimenticati. Parve allora a Minosso e a Radamanto d'usare altri modi, e con le ammonizioni cercarono di far vedere a cotesti tali, che aveano in una lista notate tutte le loro maccatelle; e che se Dante era stato un povero uomo, anch'essi non erano però stati ricchi; e che il Petrarca, fragile come tutti gli altri uomini, avea amato una sola; la qual cosa in fine avea arrecato molto onore a lui e a lei; ma.... Non fu possibile che potesse essere terminata l'ammonizione, perch'essi, montati in collera, incominciarono a dire che non erano discesi negli Elisi per andare alla scuola, ma per godersi il frutto e il premio di quell'onore che s'aveano acquistato nel mondo. Sdegnati Radamanto e Minosso nell'udire che que' begli umori s'opponevano alle loro volontà, fecero prima vedere che sulla terra s'erano dati ad intendere d'essere lodati, e che non si parlava più punto di loro, come se non vi fossero stati mai; e già pensavano a qualche solenne gastigo. Quando essi, senza punto guardare a quello che facevano, s'azzuffarono co' loro maestri medesimi, e detto a quelli un monte di villanie, s'avventarono loro addosso con tanto romore e con tante strida, che parea che cadessero gli Elisi. Onde le povere ombre, che poche erano, non sapendo più che altro farsi, cominciarono a chiedere aiuto a Giove; e io, finchè quello fosse mandato, non volli tragittare altre ombre, temendo che fra quelli vi fossero altri poeti che facessero nuovo scalpore e tumulto.

Mercurio. Caronte, tu hai fatto giudiziosamente. Ma già noi siamo a riva, e conviene ch'io vi ponga riparo. Olà! oh! qual romore è questo? Chi v'ha renduti così baldanzosi? Zitto. Non voglio udire nessuno di voi. Parlate ora, se vi dà l'animo, dappoichè la verghetta mia v'ha fatto tutti mutoli. Dante, vieni a me, dimmi tu: Dond'è nata l'origine di questa rissa?

Dante. Vedi, o Mercurio, che anche ammutoliti dalla forza della tua celeste verghetta, non cessano di menar le labbra, e borbottano, proferendo aria in vece di parole.

Mercurio. Lasciagli, lasciagli articolare, e di'.

Dante. Io credo che la cagione sia nota a te, che puoi dall'Olimpo sapere e vedere ogni cosa. Ma poichè me ne domandi, io ti sarò ubbidiente. Tutti costoro si chiamano poeti, e venendo obbligati ad imparare quell'arte che non sanno, perchè non istordiscano gli Elisi, come aveano già fatto gli abitatori del mondo, molti di noi, comandati da' soprastanti nostri cominciammo ad ammaestrargli. Essi ci fecero prima visacci. Ed entrando noi nelle regole della dottrina da noi professata, dicendo che essa era una imitazione di natura, ritratta in versi che sonassero con più tuoni, secondo la cosa imitata, si diedero a cantare a modo loro peggio che prima; e di giorno in giorno riscaldandosi, tentarono finalmente, come tu vedi, d'opprimere colle pugna noi stabiliti per loro maestri.

Mercurio. Colle pugna eh? colle pugna, dove si tratta di lettere? Orbè, poichè così sta la cosa, che tu l'hai anche temperata, lasciando fuori ch'essi hanno usate le satire scritte ne' tronchi, ecco quello ch'io pronunzio per parte di Giove. Un guscio d'albero ciascuno di loro circondi; non fruttifero, non fronzuto. Mescolati fra l'altre piante, che fossero mai uomini non si sappia. Quanti da qui in poi scenderanno quaggiù loro somiglianti, cambiati in gazze e in merli, su' rami de' loro compagni cinguettino e cantino. Caronte, andiamo; tragitta chi attende. I tramutati non sono più tra l'ombre di là. Eccogli in aria che stridono e passano. Io vo a render conto dell'opera mia a Giove.

L'OSSERVATORE.

Ho finalmente avuto dal mio pittore parecchi ritratti, i quali verranno da me partecipati al pubblico fra poco tempo. Egli mi promette anche un'opera di sua invenzione, la quale non vuol dirmi che cosa sia, salvo che mi dice essere essa somigliante alla tavola di Cebete Tebano [1] con le sue spiegazioni. Assicurami però ch'essa non contiene cose antiche, come quella, ma moderne, e che potranno essere intese facilmente da ogni uomo. Io non mi stendo di più a ragionare di quello che non so che cosa sia in effetto: ma ne do qualche notizia prima, avendolo egli desiderato. Per quanto però ho potuto ritrarre da certi amici di lui, è questo un quadro molto grande in cui dipinge la morale de' villani, di che gli è venuto voglia leggendo le cose pastorali di Longo.[2] Infine vedremo che sarà, e ne parlerò quando avrò veduto. Per ora non ne parlo altro. Voglia il cielo che l'opere sue possano esser grate al pubblico.

| N° LX. | A dì 29 agosto 1761. |

Il Pittore de' ritratti all'Osservatore.

Quello che sia stato facendo in tutto il corso del tempo in cui non mi avete veduto, ve lo scrissi nella passata lettera. Voi mi stimolate continuamente perchè io vi mandi ritratti, e ritratti suonano tutte le vostre lettere. Ma io non sono un pittore che dipinga ogni uomo che mi venga innanzi. Nella moltitudine delle genti non è ognuno da essere dipinto. E siccome nella faccia ci sono alcuni leggiermente lineati e con una carnagione che somiglia a tante altre, così anche intrinsecamente ci sono uomini che paiono le migliaia un medesimo, per modo che la pittura non ne riceve onore. Due grandi occhi, un nasaccio massiccio, certe gote rilevate, mascelloni sperticati, carnagione viva e gagliarda, sono fattezze che meritano di venire imitate col pennello, e danno vita a chi le dipinge. Le altre riescono immagini fra il sì e il no; tanto che chi guarda, dice: Sì, è, no, non è; e non se ne cava

---

[1] *Tavola di Cebete Tebano.* Questo Cebete fu filosofo socratico, vissuto nel secolo V av. C., il quale tratteggiò i vizi e le virtù del suo tempo, rappresentandoli allegoricamente in un quadro o tavola che egli immagina offerto a Saturno padre della Virtù. Quest'operetta fu tradotta dal Gozzi.

[2] *Longo.* Scrittore greco elegantissimo del IV secolo, autore d'un romanzo pastorale, *Dafni e Cloe,* che fu tradotto in italiano dal Gozzi.

mai una lode di cuore, nè un'affermativa certa che vi sia vera sor
glianza. Io non so come si facciano que' pittori che hanno l'ardimer
di ritraggere certi visi, che non hanno di viso altro che il nome. l
fronte, che non ha lo spazio di un dito da' capelli al principio dell'ar
interno delle ciglia, le ciglia formate da quindici o sedici peluzzi c
a pena si veggono, un naso pentitosi di esser naso in sul nascere,
che a pena si lascia vedere fra due guance, le quali paiono coperte
quella teletta che fa il pangrattato posto a bollire, un bocchino c
due labbra sottili, orlate di un color pallido, un mento che comin(
e poi s'incammina subito al collo, non sono cose da ritratti, perc
non si vede nè l'originale nè il quadro. Credetemi, non è facile, quan
altri crede, il trovare una figura maschia e poderosa che metta ent
siasmo nell'anima del pittore e l'invogli a dipingere di vena. Quan
è a me, io sono così fatto. Facendo io quest'arte per puro diletto, n
prendo mai il pennello in mano, se non veggo cosa che mi stimoli
fantasia, e se le fattezze non sono tali che riescano nette e visibili a
occhi di ogni uomo. Oh! ci saranno alcuni che mi chiameranno inf
gardo. Dicano che vogliono. In conscienza io so quello che sono,
quando anche non fo ritratti, vi so dire che non sto senza opera,
con le mani alla cintola; non essendo in fine la mia professione que
del pittore. Egli è bene il vero che in tutto quello che io fo, ent
forse un certo che del pittoresco, essendo questo il mio umore; r
non sempre bazzico fra le tele e i colori. Pover uomo! Voi sarete for
annoiato dalla mia lettera ch'è troppo lunga. Questa è la magag
dello scrivere; chè il corrispondente lontano non può dir basta, e (
conviene stare alla discrezione dello scrittore. Ma dall'altro lato è pe
giore il parlare, perchè la civiltà richiede che si ascolti, e una lette
si può leggerla fino al mezzo e meno, e riporla. Non altro. Vi salu
e poichè così desiderate, eccovi un lavoro de'miei.

RITRATTO.

Bell'uomo è Salvestro; ma figura senza intelletto. Quando si p
senta, trae gli occhi de' circostanti a sè, e non altro. Ogni cosa si van
di saper fare, nulla gli riesce. Comincia a parlare, chiede silenzio, :
vita all'attenzione, dice sciocchezze. Se fa il piacevole e narra, ri
prima di raccontare, ride a mezzo, e dopo; non vi ha chi rida. V(
parlare in sul grave? acconcia per modo i suoi pensieri e la favel
che in fine non sa quello che abbia detto. Annoia le donne, e crede
averle poste in pensiero del fatto suo. Se ridono di sue balordagg
e gli scherzano intorno per beffarlo, dice che l'invitano ad amore. S
vestro si è ammogliato. Garbata e di spirito è la moglie. Con lui
accorda per obbligo, non per affetto. Il marito nei primi giorni del s
maritaggio ha condotto a visitarla Roberto, giovine grazioso e d'
gegno. Palesò a Roberto in presenza della moglie vari segreti, c
spiacquero a lei. Salvestro lo fece per vanità e dimostrare ch'era ama
Parve alla moglie in suo cuore di essere accusata appresso a quel g
bato giovine di mal gusto. Affidò a Roberto nella seconda visitazic
il suo pensiero, ed egli la ringraziò, e le si offerì per vero amico. N
si spicca mai la moglie di Salvestro dall'amicissimo Roberto, nè que
da lei. Oh fortunato me! esclama spesso Salvestro. Chi sta meglio
me in moglie e in amico?

.... *Brevis esse laboro,*
Obscurus fio.   HORAT., *de Art. poet.*

Mi affatico per esser breve, divengo oscuro.

Fu trattata un tempo una quistione, qual di due antichi scrittori
sia il più breve nella sua storia, Sallustio o Tacito.[1] Tuttaddue scrivono
con vigoria, nervo; ristretti, saporiti Ogni cosa brilla in quelle loro
parole, tutto è midollo e sostanza. Con tutto ciò fu deliberato che Tacito in brevità vincesse l'altro. La brevità di Sallustio, dissero i dotti
che ne diedero sentenza, sta nel parlare, quella di Tacito nello stile e
nella materia. Il primo ha certi proemi, certe digressioni, quanto allo
stile stringate, ma tirate nell'opera co' denti. All'incontro lo scrittore
degli Annali e delle Istorie tronca ogni superfluità nella materia: sempre è brusco, sempre conciso nell'argomento e nello scrivere; e si vede
ch'egli ha fatto professione di accorciare ogni cosa coll'intelletto e con
la penna. Questa è la brevità da imitarsi per qualunque uomo voglia
seguire quella via; e questa è quella ch'io raccomando a quella persona che mi ha scritto, perchè io gliene dica il mio parere.

Ora vi aggiungerò anche alquante altre ciance, delle quali egli farà
poi quell'uso che gli piace. Due cose sono principalmente necessarie
a colui che voglia stringare quanto può gli scritti suoi. L'una intendere e conoscere profondamente tutte le circostanze della materia trattata da lui, perchè quando l'ha bene innanzi alla mente, tutto quello
che gli si presenterà di slegato e di forestiere, lo vedrà subito, e lo
scaccerà da sè come inutile. Non iscrive mai lungamente se non colui
il quale non sa di che scrivere. E ricordomi di aver letta una lettera,
non so ora di cui, che cominciava in questa forma: « Amico mio caro,
voi mi avrete questa volta per iscusato, se vi riuscirò lungo nello scrivervi, perchè vi scrivo senza aver materia; » ch'era quanto dire: Egli
mi conviene seguir la penna, e andar a caccia di pensieri, e prendere
quelli che verranno. In secondo luogo si ha ad acquistare un sicuro
possedimento di quella lingua in cui si scrive, acciocchè ogni pensiero
si presenti con adattati vocaboli, per non abbisognare di lunghi giri
a spiegarsi. Questa impresa richiede una pazienza grande e una minuta
e continua osservazione; fatica necessaria, ma disprezzata da molti i
quali, non avendola per infingardaggine curata mai, atterriscono tutti
col dire ch'essa è inutile, e col farsi beffe di chi vi ha perduto dentro
gli occhi. Io non allegherò gli scritti di alcuno, acciocchè non paia
ch'io favelli per maldicenza: ma parlerò in generale di molte scritture
che si veggono oggidì, date fuori per dettate in italiano: nè in esse
noterò però altri difetti, fuor che quello della lunghezza eterna; quando
gli autori di esse si credono di essere stati brevissimi. Biasimano cotesti tali il periodeggiare con armonia, qual nemico mortale dell'esser
breve. Io vorrei però sapere, se sia più lungo un periodo di una facciata intera, diviso in più membri, in ognuno de' quali si contenga qualche pensiero, o una filza di singhiozzi ch'empiano la stessa facciata, e

---

[1] *Sallustio o Tacito.* Storici romani; il primo nacque in Amiterno nell'86 e morì a
Roma nel 34 av. C.; scrisse la *Congiura di Catilina* e la *Guerra di Giugurta;* il secondo
nacque nel 54 e morì nel 117 dell'èra volgare, lasciando molte opere, tra cui le più famose sono le *Storie* e gli *Annali.* Entrambi, ma segnatamente il secondo, si distinguono
per la nervosa concisione dello stile.

che nella fine non se ne cavi nulla. È più lungo chi sa e può vai
il suo stile in ogni genere di argomenti, trovare vocaboli atti a ɛ
gare capricci, azioni, passioni e quanto si trova nell'umana natur
chi con un dizionarjo di dugento voci intraprende di descrivere qu
mondo e l'altro? È più lungo chi può con diversi tuoni diversifi
prosa e versi, o chi suona sempre la stessa campana? Quanto è a
sono di opinione che il poter diversificare i tuoni e le parole nello ɪ
vere, se non giova alla brevità, almeno non lascia sentire il tedio di qɪ
lunghezza che nasce dal toccar sempre una corda sola.

Vorrei anche segnare a chi mi domanda, quali sieno quegli au
fra gl'Italiani, che più meritano di essere osservati, per imping
la mente di modi migliori da spiegarsi, e in qual forma si debbano
sopra ciascheduno di essi le osservazioni per giungere alla deside
brevità. Ma questa sarebbe cosa da scuola, e ha in sè una certa ari
che non conviene a' presenti fogli. Anzi temo di averne detto tro

SOGNO.

Tra gli altri insegnamenti che dà Plutarco all'uomo perch'egli p
comprendere s'egli faccia avanzamento nella virtù, gli ricorda che
attento a quello che sogna dormendo. Io mi sono avveduto che in sc
bio di avanzarmi in essa, ne ho qualche scapito. Chi mi avesse d
due dì fa: Quale stima fai tu di te? avrei chinati gli occhi a teɪ
con un atto di modestia avrei detto: Nessuna; e forse mi sarebbe ɛ
brato di parlar di cuore e di essere vôto di amor proprio. Avrei d
una solennissima bugía. Un sogno mi ha fatto comprendere il mic
fetto, ed è questo.

Pareami che, abbattuto dalla trista fortuna, era pervenuto ad
città da me non conosciuta, e che andando per le vie non sapea.
farmi per acquistar di che vivere. Se non che udendo gli abitatoɪ
quella a parlare in un linguaggio che era da me inteso, presi una
bita speranza, non so in che fondata, di poter fuggire le mie calan
e forse forse di arricchire in breve tempo. Trattomi da me solo in
sparte, cominciai a pensare a qual partito dovessi appigliarmi, e
gandomi ad un tempo nelle tasche, mi trovai in un involto di c
non so quanti caratteri di uno stampatore. Io non so come ne' sɪ
si legano insieme le fantasie l'una con l'altra; ma in quel puntɔ
cadde in animo che quelli potessero essere il soccorso mio; e divi
in parecchie cartucce, ebbi, non so come, una cassettina dove gli riɪ
e presa quella sotto il braccio, me ne andai alla piazza, e salito sɪ
un palco, incominciai a ragionare in tal forma.

O terrazzani e forestieri e quanti qui siete, accorrete intorno a
ch'io sono qui mandato da Fortuna, e sono, chè ben posso così c
marmi, un elemento per consolazione di voi e delle vostre famiglɪ
non vi offerisco già, come l'altra turba de'miei pari, segreti i q
giovino al corpo, no, ma cose nuove, e disusate maraviglie, inspiraɪ
dal divino Apollo per utilità degli animi e degl'intelletti di tutti co
i quali mi presteranno fede. Rinchiudono queste poche cartucce
virtù mirabile, contenuta in certe drogherie, le quali, adoperate
ducento e trent'anni in qua in circa, non hanno mai scoperto la ɑ
lità che aveano ad altra persona fuor che a me, grazie che a pocl
ciel largo destina. Queste, manipolate dalla virtù mia, hanno fac

di ricreare gli oppressi spiriti, d'introdurre nelle umane menti quell'intelligenza che non hanno, di scacciare la goffa ignoranza dalle case, di far eterna al mondo la memoria degli uomini, e vincere la caligine de'secoli che l'uno sopra l'altro si montano. Per queste io sono in tutti i più remoti cantucci dell'universo renduto solenne e celebrato; e tanto palese agli uomini indiani, quanto a coloro che vivono in casa mia. Venite, venite, non consumate il tempo in vano. Non solo in queste cartucce contiensi l'immortalità mia, ma quella di coloro ancora i quali ne acquisteranno; e chiunque le dispregiasse, o non curasse la buona ventura presente, piangerà pentito la sua trascuraggine. Con tali e somiglianti altre parole indussi alcuni pochi a gittarmi il moccichino, tanto che per quel giorno mi parve di avere tocco il cielo col dito. Ma salito il vegnente dì nello stesso luogo, presi il mio proemio da un'altra fonte, ed esclamai: Oh infelici, se non vi spacciate di comperare! Le migliaia di cartucce da me ieri vendute in questo luogo, e richiestemi da una calca di popolo all'uscio, appena mi lasciano dì che supplire al bisogno di alcuni. Non siate tardi. Siete voi ciechi? E qui cominciai a dire un bene maraviglioso del secreto mio e di me medesimo ancora; se non che il sonno si ruppe, e non ne trassi altro bene, fuor quello ch'io mi avvidi che l'amor proprio ha posto in me profondissime radici; e ch'io starò molto bene attento per poterne guarire, o almeno per procurare di tenerlo, quanto più posso, celato.

N° LXI.   A dì 2 settembre 1761.

Dicemi spesso il mio fidato speglio....
Non ti nasconder più.   Petr.

Non occorre, signor Osservatore mio, che vi dica il nome, nè il casato mio; ma bastivi che sono una donna. Nel mondo ho ricevuto qualche onore, e sono ancora in un'età di averne per qualche tempo, non essendo veramente giovane giovane, ma nè anche poi passata tant'oltre con gli anni, che non meriti la buona grazia di alcuno. Con tutto ciò ho deliberato di starmi parecchi mesi solitaria, e non veduta con tanta frequenza dalle genti, per moderare in me certi difetti, i quali erano coperti dal fiore della giovinezza, e che al presente, se non me gli levassi dattorno, mi farebbero gravissimo danno. Per mia buona fortuna mi sono abbattuta ad una cameriera di buon umore, partitasi a questi dì dalla casa di una saggia e buona padrona, la quale è uscita del mondo, e l'avea allevata seco da puttina tant'alta in su, onde si può dire che fossero piuttosto amiche, che l'una serva e l'altra padrona. Costei fu accostumata dalla signora sua a parlarle liberamente; ed ha sì buon garbo, che dice la verità con aria tanto graziosa, che non si può averselo a male. Questa è meco ritirata al presente; ed ella e il mio specchio sono i miei fidati consiglieri, avendole io dato licenza che mi dica il parer suo. Spero di trarne profitto. E acciocchè veggiate se io m'inganno, vi mando un ragionamento che abbiamo avuto ieri insieme. Non sarà un dialogo fra Caronte e Mercurio, nè vi entreranno gli Elisi, ma una padrona che ha nome, supponete per ora, Angiola, e una serva che si chiama Teresa. Io sedeva davanti allo specchio, ella stava acconciandomi i capelli: il ragionamento fu in questa forma.

Angiola. Egli è però il vero, Teresa mia, che noi altre donne perdiamo un lungo tempo allo specchio. Quando siamo innanzi a questo cristallo, pare che non sappiamo spiccarci di qua; e quando anche siamo vestite, abbigliate e abbiamo intorno quanto ci bisogna, dopo di esserci mirate ora stando a sedere, ora in piedi, ora in faccia e ora per fianco, essendo finalmente obbligate a scostarci da esso per andar via, fatti non so quanti passi, voltiamo ancora il viso, andando ad esso, quasi per dargli un addio così in lontananza, e per licenziarci con l'ultima occhiata. Credi tu che facciamo bene o male a portare tanto affetto allo specchio?

Teresa. Come male? È egli forse male il tener conto di un amico schietto e sincero, qual è questo? Male sarebbe a non fare stima di lui, e non tenerlo caro quanto merita.

Angiola. Amico lo specchio? Anzi io voglio che tu dica che non ci è il più ladro adulatore al mondo.

Teresa. Non vi segni il cielo a colpa quello che voi avete detto. S'egli avesse lingua da poter articolare, voi vedreste la schiettezza e la bontà sua più chiara che la luce del sole. Ma il poverino non ha parole, e noi interpretiamo quello che dice a modo nostro; come si fa di coloro che per non aver lingua parlano a cenni, sicchè spesso l'interpretazione riesce al róvescio del sentimento suo. Questo non è peccato dello specchio, ma della interpretazione.

Angiola. Lo sai tu interpretare quando parla?

Teresa. La padrona di buona memoria, con la quale io fui allogata fino a' passati giorni, era in ciò una perfetta maestra, e mi ha insegnata questa dottrina molto bene. Ma se io l'andassi insegnando altrui, ne sarei giudicata pazza, e perderei il pane. Quanto vi posso dire, è che non ci è oro al mondo che basti a pagare uno specchio, e una cameriera che intenda e spieghi quello che dice.

Angiola. Da qui in poi, se il pane mio non t'incresce, io voglio che tu interpreti mentre che io siedo allo specchio.

Teresa. Quanto è a me, non domando altra cosa che questa: e credo che tutte le cameriere abbiano la stessa voglia. Anzi non so come non muoiano affogate, ritenendosi nel corpo per parecchi anni la verità; e se non si sfogassero talvolta a dire quel che ne sentono alle amiche, alle vicine, o nelle nuove case dov'entrano, io credo che le morrebbero di dolore. Ma un picciolo sfogo qua, un altro colà le tengono in vita.

Angiola. Io ho caro che tu stia sana, e non abbisogni di sfogarti fuori di casa; e però di' su.

Teresa. Mi atterrò prima ai generali. Egli si vorrebbe nel principio dell'età, quando una fanciulla comincia ad intendere (chè presto comincia dove si tratta di specchio), ch'ella avesse dietro a sè una buona interprete da principio, la quale le facesse comprendere che quel cristallo mostra bene e male; acciocchè l'uno si accetti e l'altro si sfugga; e così ingrosso andarla avvezzando a conoscere quello che significhi quando rappresenta una figura semplice, naturale, ben composta, un'aria umana, disinvolta; e all'incontro quando mette innanzi un corpicello affettato, e certi vezzi che parrebbono sforzati in un ritratto, non che in corpo di carne e di ossa e che si ha a movere. Coll'andare del tempo la fanciulletta si fa giovane, e cominciando a conversare con le altre, ecco ch'ella prende in prestanza da una il sorridere, da un'altra la guardatura, e di qua un atto e di colà un altro, i quali essendo originali in chi gli ha, non appariscono male, ma in chi gli prende in prestanza divengono stenti. Lo specchio avvisa che sono storcimenti; ma la giovane prende l'ammonizione per incoraggiamento a proseguire, e dàlle dàlle dàlle, credendosi di migliorare, sempre peggiora, e ne acquista in fine o un sorriso che le tien sempre le labbra tirate o torte, o un guardare stralunato e da pazza, o altre sì fatte grazie. La sua mala ventura si accresce poi quando ella comincia ad avere conversazione con gli uomini. Oh! questi sì sono gli adulatori, non gli specchi. Coteste buone anime, per avere il favor suo, fanno le maraviglie del suo guardare e degli altri atteggiamenti e scorci, tanto che in fine la poverina fa il callo, e non ci è più scampo al fatto suo. Egli è vero che fino a tanto che durano gli anni verdi, quella vivacità e freschezza dell'età, il color florido della carnagione, compensa gli sgarbi in parte; ma non sempre dura la primavera. Lo specchio dice anche questo, ma non viene inteso; e qui se le cameriere volessero fare le interpretazioni, correrebbero risico non solo di essere discacciate, ma di andarne col capo spezzato. Che volete voi che dica? Lo specchio vi ammonisce ora che il vostro colore è smontato, che gli occhi vostri non hanno più quel vigore di prima, che nell'imbusto.... chi volete che interpreti? e pure lo specchio dice tutto, è schietto e vero amico, non lusinga mai.

Angiola. E però vedi, Teresa mia, ch'io mi sono ritirata per un tempo dal mondo, appunto perchè conoscendo di avere acquistate alquante affettazioni, le quali nel fiorire dell'età mi furono comportate e lodate, io intendo con la tua compagnia e con quella dello specchio, il quale veramente comprendo ch'è vero amico, procurare di liberarmene. Ma vedi bene che tu hai ad essere interprete fedele.

Teresa. Poichè così piace a voi, io vi presterò di cuore la servitù mia.

Angiola. Or bene, incominciamo....

Signor Osservatore, così basti. I particolari non è di necessità che vengano saputi da tutto il mondo. Questo dialoghetto mi parve utile, e perciò ve ne ho fatto partecipe. Le cose universali possono giovare a' costumi, e si debbono palesare. Entrar nelle particolarità non si dee, e tanto meno quando si tratta di me medesima. Se con questa cameriera nasceranno altri ragionamenti che mi sembrino a proposito, ve gli scriverò. Addio.

RITRATTO.

Udii Oliviero a parlare di Ricciardo due mesi fa. Mai non fu il miglior uomo di Ricciardo. Bontà sopra ogni altra, cuore di mèle e di zucchero. Lodava Oliviero ogni detto di lui, alzava al cielo ogni fatto. Migliore era il suo parere di quello di tutti. In dottrina non avea chi l'uguagliasse. Nel reggere la sua famiglia era miracolo; nelle conversazioni, allegrezza e sapore. A poco a poco Oliviero di Ricciardo non parlò più. Appresso incominciò a biasimarlo. È maligno, ha mal cuore, non sa quello che si dica, nè che si faccia. Va per colpa sua la famiglia in rovina, è noia di tutti. Ricciardo da un mese in qua gli prestò danari.

FAVOLA.

Narrasi che Mercurio conducesse un tempo quattro Ombre a quella riva ch'io nominai in alcuno de' passati fogli.[1] Era l'una di esse una giovinetta fanciulla, uscita del mondo in sul fiore degli anni suoi; l'altra un padre di famiglia, la terza un nobile e celebrato uomo di guerra, e la quarta uno scrittore di versi. Mentre che andavano in compagnia guidati dalla verga di Mercurio, ragionavano, come fa chi viaggia anche quassù, insieme de' fatti loro. "Oimè!" diceva la giovinetta, "ben è stata crudele la mia fortuna, e di gravissimo dolore sarò io stata cagione, partendomi dal mondo, ad un giovine che cordialmente mi amava. Certamente il meschinello morrà di dolore; dappoichè io l'ho udito tante volte con soave ed affettuosa voce affermarmi di cuore che senza di me non avrebbe potuto più vivere un momento. Mai non vidi tanto amore, l'un dì più che l'altro cresceva, nè altro avea in animo mai fuorchè ad ogni suo potere cercare di farmi cosa grata. Ma s'egli non muore d'angoscia, io sono certa di vivere almeno sempre nella memoria di lui."

"Quanto è a me," diceva l'ombra del padre, "io ho lasciati costassù molti cari e bene allevati figliuoli in compagnia di mia moglie, i quali mi amavano tutti quanto gli occhi loro propri. Oh quante dolorose lagrime mi par di vedere sin di qua, e quanto lungo sarà il rincrescimento che avranno della perdita mia! Ah meschini! io non posso altro fare per voi. Diavi il cielo consolazione e conforto."

"E chi siete voi," disse allora l'ombra del guerriero? "Siete voi forse da mettere a comparazione di me, famoso e solenne per infinite battaglie? Le strida e il compianto dei popoli e le voci della città sono al presente la mia orazione in morte; nè perirà mai il nome mio sulla terra, il quale di età in età sarà ripetuto da' posteri in tutte le parti del mondo."

"Chi potrà vivere più di me? e qual nome si vanterà di essere immortale come il mio?" prese a dire l'orgoglioso poeta. "Achille in Omero ed Enea in Virgilio non saranno mai tanto celebrati sulla terra, quanto que' nomi che vennero ne' miei versi cantati, i quali verranno in ogni luogo imparati a memoria, letti e detti in ogni luogo; ed io ne andrò con essi vincitore de' secoli, glorioso e chiaro. Chi sa qual è al presente l'oscuro dolore del mondo per la perdita mia?"

"Fanciulla, padre, guerriero e poeta, Ombre mie, voi prendete tutte un granchio," disse Mercurio. "Imperocchè tu hai a sapere, garbata giovane, che l'amante tuo si è già confortato, e dice ad un'altra quelle melate parole che diceva a te quando eri in vita. E tu, o padre, sappi che i figliuoli tuoi riveggono molto bene le scritture e i conti per far le divisioni fra loro delle tue lasciate facoltà; la madre si è fatta in un litigio avversaria loro; e di te non si parla, come non fossi mai stato tra vivi. Ognuno pensa alla parte sua.

"E tu, o nobilissimo guerriero, hai a sapere che già è stato eletto colui che a te è succeduto, la cui fama volando intorno l'ha sopra di te sollevato. E tu, o scrittore di versi, il quale credi che le opere tue sieno lette e rilette dagli uomini, e che vadano per le mani di tutti con

---

[1] _In alcuno de' passati fogli._ V. il n° 59.

gravissimo compianto al tuo uscire del mondo, apri gli occhi e vedi.*
Apparve allora agli occhi dell'infelice poeta un miserando spettacolo
ch'egli non avrebbe creduto mai; imperocchè vide le sue scritture,
ch'egli stimava essere onor suo e de' librai che pubblicate le aveano,
parte qua e parte colà lacerate per varie botteghe in tonache e mantelletti di caviale¹ e di aringhe.

L'OSSERVATORE.

Sarò io però mai stanco di empiere di favole, di allegorie e di dialoghi gli orecchi del mondo? Così dico a me medesimo talvolta, e mi
rinfaccio questa mia usanza di ghiribizzare in morale. Ma dall'altro
lato mi rispondo: Non sarebbe egli forse quel medesimo se intitolassi
gli scritti miei, Trattati, Dissertazioni, Lettere, o altro? Ogni libro è
una continuazione di righe. Che importa ch'esse sieno legate in favole,
in allegorie, o in altri generi di scritture? Io non ho potuto mai av-
vezzarmi al pensiero di dettare un libro. Mi pare che l'uomo non abbia
a durare sempre di una voglia. Come si può egli dare che uno scrittore
non si stanchi mai in parecchi anni di proseguir sempre in un'opera
sola, sempre di un tuono e alla distesa? Non è maraviglia poi se per
lo più la riesce pezzata. Io ci giocherei che a leggere s'indovinerebbe,
qui l'autore avea sonno, qui fame, qua gelosia, colà mala voglia; qui
avrebbe terminato volentieri, se non si fosse obbligato col pubblico o
col libraio di far più tomi. In somma in più lati si vede ch'egli ha
tirato la materia coi denti. Può anche essere che lo stesso sia del fatto
mio; ma le cose son brevi: se oggi non sono di voglia, lo sarò domani.
Quasi in ogni facciata cambio argomento; se questo non quadra, darà
nell'umore quell'altro. Che ha che fare al presente questa ciancia? L'è
uno squarcio come gli altri.

N° LXII.   A dì 5 settembre 1761.

Io non avrei avuto mai animo di narrare una storia, comecchè anticamente avvenuta, se oggidì non fossimo giunti ad un tempo in cui
partoriscono i maschi; ma comparando quello che avea letto io, e quello
che fu pubblicato pochi giorni fa, e trovando che molto meno maraviglioso e meno incredibile è il caso finora da me taciuto, che lo stampato di Portogallo,² delibero finalmente di pubblicarlo.

In una città della Grecia accadde dunque un tempo, che avendo
preso moglie un giovine di assai buona famiglia, e desiderando l'uno
e l'altra ardentemente di aver figliuoli, massime per compiacere ad un
loro zio ricco e vecchio, il quale molte facoltà possedea, e attendeva da

---

¹ *Tonache e mantelletti di caviale* ec. Vuol dire che le pagine di quel libri s'adoperavano dai pizzicagnoli ad avvolgere la loro merce.
² *Il caso.... stampato di Portogallo.* In una lettera a stampa di Lisbona si dava relazione che fu partorito un fanciullo da un uomo. Onde Carlo Gozzi in certe ottave contro
il Goldoni e il Chiari, recitate all'Accademia dei Granelleschi il 20 settembre 1761, lamenta
che uomini di capecchio.... « E nati come il feto di Lisbona | Ci abruchin dalle tempia la
corona. »

loro un erede per lasciargli ogni suo avere, studiavano, come ognuno
può credere, di accrescere la discendenza. Ma perchè il vecchio era di
un umore fantastico, e parea che talvolta egli bramasse maschio e tale
altra femmina, stavansi l'uno e l'altra in grandissima dubitazione, bra-
mando anch' essi ora maschio, ora femmina, secondo che udivano i diversi umori del vecchio. Io non so se fosse questo travaglio che pene-
trasse nella fantasia della donna, o caso; ma egli avvenne ch'essa
finalmente ingravidò, e standosi in sospetto fino all'ultimo punto del partorire, e dicendo ogni dì: "Che farò io? e che uscirà dal mio ventre?"
finalmente la diede alla luce una cosa che non era nè maschio nè femmina. Voi credereste ch' ella fosse almeno stata ermafrodito. No, dico,
la non era nè l'una cosa nè l'altra affatto. Spasimavano il padre e la
madre di sapere quel ch'ella fosse, e dicevano alla levatrice: "E bene?
che è? che è?" La levatrice non sapea che dire. Essi credevano che la
volesse prendersi giuoco del fatto loro, tacendo così un pochetto; ma
la buona donna, aguzzando gli occhi quanto potea, si strinse finalmente
nelle spalle, e disse: "Ella è quel ch'ella è; anzi ella è quel ch'ella non è.
Io non ho mai veduto sì fatti parti." In questa entrò il vecchio nella
stanza; e vedete s'egli era lunatico, che come ei seppe che non era
nè maschio nè femmina, lo ebbe carissimo, e piacendogli questa rarità,
scrisse il testamento in quel punto, e l'instituì erede di ogni cosa, volendo che a modo suo gli fosse imposto nome *Niuno*; e raccontava il
caso per tutta la città con maraviglia e allegrezza. Ma la storia non
dice altro del zio, se non che morì fra pochi giorni; e io l'ho caro,
perchè non mi darà più che fare nello scrivere la presente narrazione.

Niuno dunque incominciò a poco a poco a venir grandicello, e dal
non essere nè uomo nè donna in fuori, era una delle più belle e più
aggraziate creature che si vedessero mai. Imperocchè avea in sè tutto
il garbo e la gentilezza della femmina, e tutta l'apparente vigoria del-
l'uomo. Tanto che spiacendo al padre e alla madre che *Niuno* non fosse
nè l'una cosa nè l'altra, non sì tosto fu morto lo zio, che se ne andarono ad un oracolo (io non so se a quello di Delfo[1] o altro) a chiedergli se mai egli sarebbe stato maschio o fanciulla; e fatto un solenne
sacrifizio con una bella e devota preghiera, domandarono quello che ne
sarebbe avvenuto. Rispose la Magnificaggine sua,[2] che *Niuno* sarebbe
cresciuto come egli era, sino all'età di diciotto anni, alla quale poi
giunto, potea andare al tempio e chiedere agli Dei a sua elezione di
essere quello ch'egli avesse voluto. Era *Niuno*, oltre alla bellezza, dotato anche di grandissimo senno, e aggiungeva al suo buon giudizio
una dolcissima favella che gli giovava ad accattarsi la benivolenza comune; nè tralasciava però mai di coltivare sì buona tempera naturale,
parte con le scienze e con le buone lettere, e parte ancora con le men
faticose arti femminili; e soleva spesso dire che non sapendo egli bene
in così tenera età qual condizione di vita fosse stato per chiedere agli
Dei, volea apparecchiarsi fra tanto tutte quelle qualità che convenivano
all'una e all'altra, per essere un valente uomo, o una dabbene femmina e da qualcosa, quando egli avesse fatta la debita elezione. Intanto
avveniva spesso che adiratisi insieme il padre e la madre, come si fa

---

[1] *Delfo.* Città della Grecia, famosa per un tempio d'Apollo, dove si rendevano i più
celebrati oracoli del mondo antico.
[2] *La Magnificaggine sua.* Voce scherzevole per dire l'oracolo.

dopo un lungo tempo di maritaggio, gli si volgeva la madre borbottando di stizza, e con le lagrime negli occhi gli dicea: "*Niuno*, piuttosto che esser mai femmina, domanda agli Dei di essere pipistrello. Noi siamo schiave in catena, trattate come le schiave; egli è meglio morire. Beato a te, che puoi eleggere lo stato tuo ed essere altra cosa!" Dall'altro lato gli diceva bestemmiando il padre: "*Niuno*, non ti curare di esser maschio. Vedi la vita ch'io fo, che non ho mai un bene al mondo. Costei dice che la è schiava, e a me pare di essere lo schiavo io, che tutto il giorno ho a fantasticare per gl'interessi della famiglia, a bazzicare con agenti, con villani, ad intrattener lei come una reina, e non so mai far tanto che la contenti. Che maledetto sia a cui piace di esser maschio. Domanda di esser topo, scarafaggio piuttosto, chè avrai vita migliore." Queste e altre sì fatte querimonie sonavano quasi ogni dì negli orecchi di *Niuno*, il quale taceva, e attendeva un'età più corroborata dagli anni e dalla prudenza per chiedere agli Dei quello ch'egli avesse voluto.

Sparsesi frattanto la sua riputazione per tutta la città, e non essendo egli nè maschio nè femmina, avea libera conversazione tanto coi giovani, quanto con le fanciulle del paese; e tanto veniva lietamente accettato dove si facevano gli esercizi cavallereschi, quanto in que'luoghi dove si ricamava e cuciva. Ognuno gli chiedeva il suo parere tanto intorno all'arte della scherma, quanto per dar le debite tinte ad un fioretto sul telaio; ed egli dava un ottimo consiglio a chiunque ne l'avea richiesto dell'un parere o dell'altro. Ma quelli che più spesso amavano la compagnia di *Niuno*, erano gl'innamorati uomini e femmine, che gli affidavano volentieri tutte le loro faccende. E principalmente le donne, le quali cominciando con un: *Già con voi si può parlare liberamente*, gli raccontavano tante gelosie, tanti travagli, dispetti, affanni, ch'egli non avea quasi campo di attendere ad altro. *Niuno*, come colui che non sentiva passione veruna di amore, ma solamente era buono amico, dava a tutti cauti e squisiti consigli e molte opportune consolazioni; tanto che era entrato nella più intrinseca parte del cuore ad ogni donna, e non era fra esse chi non si pregiasse di averlo per buono e cordiale amico. E lo stesso facevano i maschi, i quali riportavano da lui fedelissimi pareri, e andavano via contenti; sicchè non era sì occulto segreto, che non lo sapesse da questi e da quelle, sembrando a ciascheduno, mentre che favellava de' fatti suoi con esso lui, di parlare a sè medesimo. Ma *Niuno*, andando avanti con gli anni ed essendo già vicino al diciottesimo dell'età sua, avea più volte detto fra sè: "Che cosa è mai questo amore? E egli possibile ch'io non abbia ad udire altro che querele de'fatti suoi tanto dagli uomini, quanto dalle femmine? Ho io in tutto questo tempo veduto altro che lagrime, udito altro che sospiri e bestemmie? Il bene ch'egli fa, non è altro che desiderii, ma profondissima ed effettiva tristezza è ricoperta sotto un velame di diletto." Fra questi ed altri somiglianti pensieri volava il velocissimo tempo, e già erano arrivati i diciott'anni ne' quali *Niuno* dovea andare al tempio a chiedere la grazia dell'essere o femmina o maschio agli Dei.

Narra lo storico, che fu una delle più belle cose che al mondo si vedessero mai: perchè quasi tutte le femmine desideravano ch'egli chiedesse di essere maschio, sì perchè aveano in capo di potergli piacere, come perchè domandando egli di esser donna, ed avendo in fatti bel-

lissima faccia e molto nobile portamento, dubitavano ch'egli ruba
loro i conquisti. Gli uomini all'incontro bramavano che chiedesse
esser donna, con un solo desiderio e pensiero. Bello fu, che andai
egli al tempio, senza mai aprir bocca di quello ch'egli avesse int
zione di chiedere, veniva accompagnato da due lunghissime file, l'i
di maschi e l'altra di donne, che cantando una loro ballata a coro,
dicevano in questa guisa:

Tutti.   S'io potessi voler quel che vogl'io,
                     I' so ben qual sarebbe il desir mio.

Coro di donne.   Poichè il ciel tanta grazia ti concede,
                     Ch'ora o femmina o maschio esser tu puoi,
                     E tosto quel che la tua lingua chiede,
                     Fia eseguito nel tempio come vuoi;
                     Entra, e al Nume sovran, devoto e pio,
                     Mostra di brache e barba aver desio.

Tutti.   S'io potessi voler quel che vogl'io,
                     I' so ben qual sarebbe il desir mio.

Coro di uomini.   Delle tue guance delicate e belle
                     Non guastare il bel fior con irto pelo;
                     Chiedi un imbusto, chiedi le gonnelle
                     Alla possente autorità del cielo.   .
                     Entra, e al Nume sovran, devoto e pio,
                     Mostra d'esser donzella aver desio.

Tutti.   S'io potessi voler quel che vogl'io,
                     I' so ben qual sarebbe il desir mio.

Coro di donne.   In pochi anni l'età fiorita e verde
                     Manca e sfiorisce al sesso più gentile:
                     Quando la grazia dell'età si perde,
                     Non v'ha stato più misero ed umíle.
                     Entra, e al Nume sovran, devoto e pio,
                     Mostra di brache e barba aver desio.

Tutti.   S'io potessi voler quel che vogl'io,
                     I' so ben qual sarebbe il desir mio.

Coro di uomini.   E felice la breve giovinezza
                     D'una fanciulla, a cui ciascun s'inchina:
                     Pochi anni dura, ma ciascun l'apprezza,
                     E riverita vien come reina.
                     Entra, e al Nume sovran, devoto e pio,
                     Mostra d'esser donzella aver desio.

Ripigliava il coro tutto con l'usato suo tuono le stesse parole
prima, e con altre strofe cantando andava dietro a *Niuno*, che di g
landa incoronato avviavasi al tempio. Io mozzo qui la canzone, nè
stampo intera, quale nell'antico scrittore si legge, perchè que'cost
non si confanno coi nostri; e que'versi contengono certe cosacce p
satiriche e parte poco modeste, che offenderebbono i pudicissimi ore
de' nostri giorni. Altro non dirò se non che uomini e donne riscaldi
gli uni contro gli altri, si saettarono con le strofe e cantando si
sero un carro di villanie. Ma finalmente, giunto *Niuno* davanti al Nu
lo pregò di cuore come segue:

"Dappoichè, o supremo Giove, è a me conceduto di chiederti nel
diciottesimo anno, che ora compiuto è, di poter essere a mia vogl
maschio o femmina, io ti chieggo che tu presti orecchio alla vol

mia. Tu mi hai fatto nascere tale, per tua grazia, che non desidero di essere altro che quale io sono al presente. Lasciami nè maschio nè femmina tra tutti gli altri che sono uomini e donne. Io gli ho avuti fino a qui tutti per amici e miei confidenti. Se io mi cambiassi in maschio o in donna, egli mi sarebbe impossibile di goder più i frutti di una vera e pacifica amicizia, la quale io son certo che verrebbe avvelenata da uno di que' tanti rammarichi che mi furono conferiti ora dagli uomini e ora dalle donne accese di amore. Io eleggo di esser *Niuno*, e così ti dimando di cuore."

Rimasero attoniti e balordi tutti i circostanti a tale dimanda; ma finalmente si avvidero della giudiziosa elezione di *Niuno*, e comecchè stessero per qualche tempo ingrognati contro di lui, ritornaron, secondo la prima usanza, a conferir seco i loro struggimenti; e finchè visse, fu in quella città consigliere e amico universale.

N° LXIII.   A dì 9 settembre 1761.

Ragionava uno poche sere fa in una conversazione con tanta furia e con un diluvio tale di parole, che le lingue di quanti quivi si trovavano erano inutili affatto; e se vi fu alcuno che articolasse una sillaba, quella era un appicco e un argomento nuovo al valentuomo per ciaramellare di nuovo. Ma mi parea pur cosa da ridere a veder dipinte negli occhi di tutti l'astrattaggine e la noia, ed egli pur proseguiva come se le parole sue fossero state dalla compagnia avidamente bevute; anzi di tempo in tempo chiedeva ad alcuno dei circostanti: "Eh? che ve ne pare? dico io bene?" E comecchè non vi fosse chi gli rispondesse mai, prendeva quel silenzio per un assenso, e voltando il suo favellare a colui cui avea interrogato, seguiva a ragionare così di buona voglia e vivo, come se egli avesse cominciato in quel punto. Io non credo che vi fosse alcuno, da me in fuori, che gli prestasse orecchio. Egli è il vero che al tempo del suo sermone io mi era posto in un cantuccio a sedere; e facendo le viste di pensare ad altro, studiava quel cervello quanto potea, e procurava di farne notomia a mente. L'uomo dabbene avea una fantasia di fuoco e così veloce, che a sbalzi e a salti passava di una cosa in un'altra senza avvedersene. Era anche ben provveduto di memoria, la quale gli ministrava da rinforzare quanto dicea con erudizione di molti generi, onde gittava a fasci e a mazzi pezzi di storie, opinioni filosofiche, detti di scrittori, o a proposito o no poi gl'importava poco. Quando piacque a Dio, terminò il Dizionario universale la sua leggenda, e andò a' fatti suoi: ognuno riebbe il fiato; i visi, che torbidi e malinconici erano, si rischiararono e divennero lieti, e si ritornò agli scherzi e alle baie, come si suol fare nelle adunanze dove concorrono le genti per passare il tempo. "Che vi pare," mi dissero alcuni, "di questo bel fiume di eloquenza? Che ne dite voi?"—"Quanto è a me," risposi, "non ne dirò altro; ch'io non vorrei a così lungo ragionamento aggiungerne un altro forse più lungo, e ridurre così bella compagnia alla disperazione."—"Fai un foglio," diceva un altro.... "Foglio? di che?..."—"Oh! di che? dell'Osservatore. Non è forse questo un bel carattere? Credi tu, con quello ch'egli ha cianciato fino al presente, di non empiere un foglio? Egli ha detto tanto, che potresti empiere

i fogli di tre mesi."—"Farei la bell'opera," rispos'io, "a stampare quello
che vi ha secchi tutti."—"Orsù," disse uno più ardito degli altri, "o par-
lane ora, o promettici che il primo foglio da te pubblicato sarà sopra il
nostro parlatore. Egli dee pure essere caritativamente avvertito delle
qualità sue." Io, per isbrigarmi allora, diedi parola di scrivere qualche
cosa di lui, e fantasticando un modo che potesse aver anche qualche
garbo da libro. mi venne in mente di aver letto una favola, la quale,
se sarà lunghetta, spero che meriterà qualche scusa, non potendosi parlare in breve di una persona che non tace mai. La favola è questa.

Dimoravano anticamente in un albergo medesimo *Giudizio, Memoria*
e *Fantasia,* e con dolcissimo legame di fratellanza nelle bisogne loro
si prestavano un vicendevole aiuto. Memoria faceva di ogni cosa i necessari provvedimenti. Fantasia, piena di attività e di un certo indicibile calore di vita, come buona massaia, gli condiva e rendeva saporiti
e grati; e Giudizio, con prudente distribuzione, ogni cosa misurava,
perchè la prima non gittasse le cose, come suol dirsi, a fusone;[1] e l'altra
non le guastasse per volerle troppo acconciare e renderle piccanti più
di quello che il palato le potesse comportare. Durò fra loro questa mu-
tua armonia qualche tempo; ma perchè in fine eran eglino tutti e tre
di temperamento diverso, e non si confacevano tra loro gli umori, cominciarono ad aver qualche rissa insieme e molte male parole, tanto
che non si poteano sofferire l'un l'altro. Fantasia di tempo in tempo
e d'improvviso parea invasata, e dicea cose che pareano piuttosto da
pazza che da altro; Memoria era una ciarliera, ch'io ne disgrazio[2] la
più plebea donnicciuola che sulla via si adiri con la vicina; e Giudizio
borbottava fra' denti; tanto che furono più volte vicini ad accapigliarsi
e a far zuffa. In tal guisa passavano il tempo, e non era dì che non avessero qualche querela insieme. "Tu se' pazza," diceva Memoria a Fantasia; "e tu se' una cianciona," diceva questa a quella: e se Giudizio dicea
qualche parola, tuttaddue gli erano addosso gridando: "Che sai tu, gocciolone, pedagogo, maestro dal piè di piombo, sputatondo? Va', che il
diavol ti porti."—"Orsù," diss'egli un giorno, "e pedagogo e sputatondo
sia; ma io vi dico aperto e chiaro che in questa vita non possiamo più
durare, e ch'egli è il meglio che ognuno di noi se ne vada dove più
gli piace, lontano l'uno dall'altro. Insieme non possiamo più vivere."
"Finalmente, ecco che una volta ser Tuttesalle ha parlato da uomo,"
disse Fantasia; "andianne. Qui stiamo troppo ristretti. Una casipola a
tre non basta; a pena ci trovo luogo per me."—"Giove, Nettuno e Plutone furono anche essi tre fratelli," ripigliò Memoria; "e narrano le storie che sarebbero vivuti in perpetua discordia, se non si fossero tra loro
divisi. Voi sapete pure...." e qui cominciò con una lunghissima diceria,
e con le citazioni di tutti i Mitologi alla mano a raccontare in qual
forma andò la cosa, e come al primo toccò il cielo, al secondo il mare,
e al terzo i regni sotterranei; e a questo proposito la vi tirò co' denti
una lunga erudizione intorno a' movimenti de' cieli e delle stelle, la
parlò del crescere e del calare dell'acqua, delle nature de' pesci, e poi
la entrò a ragionare del fiume della dimenticanza, delle ombre de' morti,
del rapimento di Proserpina.... "Che maladetta sia tu," esclamò Fantasia; "andianne alla malora, che non mi pare di poter mai vedere quel
punto da poter salvare gli orecchi miei da tante e così inutili cianci."

---

[1] *A fusone.* Senza misura.   [2] *Ne disgrazio.* Ne disgrado.

Così detto, le volta le spalle, esce fuori e va a' fatti suoi; e poco di poi fanno lo stesso Memoria e Giudizio.

In tal guisa dunque usciti dal primo albergo e cercandone un nuovo, eccoti che per buona ventura in vicinanza ritrovano tre fanciulli, i quali non sapeano ancora che cosa fosse mondo; sicchè Memoria andò ad albergare in casa con uno di essi, Fantasia con l'altro, e Giudizio col terzo; tanto che in poco di ora furono tuttatrè allogati. Non passarono molti anni ch'essi tre fanciulli manifestarono chi bazzicava loro per casa. Quegli che avea seco Memoria, diventò un dotto uomo, e cominciò a parlare in ogni lingua, sapea tutti gli antichi fatti, tutte le opinioni de' filosofi, costumi di genti, e in somma non era cosa che non gli fosse nota, ed era come un armadio di dottrina. Fantasia all'incontro fece del fanciullo suo un animoso poeta, strano, pieno di entusiasmo, inventore di cose che non aveano punto che fare l'una coll'altra, che mettea insieme parole le quali, se avessero avuta la capacità d'intendere, si sarebbero spiritate di vedersi congiunte, tanto poco aveano a fare l'una coll'altra: e sopra tutto facea professione che nelle opere sue non vi fosse mai nè filo nè ordine, altro che il capriccio, dicendo che l'arrischiarsi ad ogni cosa era l'arte sua. Dall'altro lato Giudizio fece dell'ospite suo un uomo di senno, il quale non giudicava di cosa veruna se non secondo il pregio di quella; amicissimo era della verità e della giustizia, inclinato al bene, e che non diceva mai il suo parere di cosa che non avesse conosciuta a fondo. Che vi starò io dicendo? se non che in brevissimo tempo si avvidero i tre vicini di aver bisogno l'uno dell'altro; imperocchè appresso l'allievo di Memoria erano quasi in deposito tutte le cose raccolte, donde come ad una fonte andavano ad attingere il poeta e l'uomo di senno. Questi s'intratteneva ad udire i voli ed il fuoco del facitore di versi; il facitore di versi gli chiedeva consiglio, e talvolta se ne valea con onore e vantaggio delle Muse. Egli è bene il vero che l'allievo di Memoria non teneva conto di nessuno, e tutti dispregiava, principalmente i suoi vicini. Ma in fine egli dovea pure sfogarsi e cianciare. Dove potea ritrovare chi stesse ad ascoltarlo? Chi cercare, altro che i vicini suoi? E così facea. Quando tutte e tre queste qualità non sono congiunte, un capo non è compiuto, e avrà sempre bisogno di altri due capi: e chi riconosce questo bisogno, darà volentieri altrui di quello che possiede, e in pace riceverà dagli altri quello di che abbisogna.

LE DONNE SCAMBIATE.

NOVELLA.

Una commedia inglese da me letta nei giorni passati mi ha invogliato di trarne questa Novelletta, la quale può servire di passatempo in iscambio di altro nel foglio presente, e forse in una parte dell'altro.

Fu già in Londra un dabbene e ricco uomo, chiamato Giovanni, il quale prese per moglie la più bestiale e fantastica donna che fosse mai; e perchè nulla le mancasse da poter fare a modo suo in casa del marito, la gli arrecò una grossa e ricca dote. In pochi giorni quella famiglia, che prima sotto il governo di Giovanni parea l'albergo della contentezza, non sì tosto fu entrata in casa la novella sposa, che la

divenne un inferno; tanto che parea non una femmina, ma che centomila diavoli vi fossero andati ad abitare. Ella era oltre ogni credere
superba, borbottona, spiacevole in ogni sua cosa, e di sì mal umore in
tutto quello che dicea o facea, che non vi avea nè fantesca nè servo
che non fosse disperato; e per giunta alle villanie che diceva loro grossolane e goffe, menava anche spesso le mani, e con ceffate e pugna gli
percoteva o lanciava loro nella faccia, secondo che si abbatteva, ora un
piattello, e talvolta una tazza o altro; non pensando punto che la vera
gentilezza non istà nella nascita o nelle ricchezze, e volendo mostrare
la sua signoria nel tenere i servi suoi a guisa di schiavi. Comecchè Giovanni spesso ne la rimproverasse, e cercasse con buoni e soavi modi
di farnela del suo errore avveduta, era quel medesimo sempre come
s'egli avesse taciuto. Anzi alle volte gli si volgeva incontro con un ceffo
di cane, e con le mani in sui fianchi gli ricordava la buona dote che
arrecata gli avea, e domandavagli s'egli intendea di farla stare soggetta ad un branco di bestie e ad una ciurmaglia; e che egli era uno
scempio, un gocciolone che si lasciava menar pel naso da tutti; e ch'ella
intendea di far che le faccende andassero a suo modo e bene. Il pover
uomo stringevasi nelle spalle, pregava i domestici suoi che avessero pazienza, mostrando quanta ne avesse egli stesso; e per non impazzare
affatto, usciva spesso di casa, e passava le ore con gli amici suoi, maladicendo il punto in cui si avea posta quella vipera in seno.

Avvenne un giorno fra gli altri, ch'essendo ella andata ad una sua
villetta poco lontana dalla città in compagnia del marito, i servi suoi
rimasi in città vollero darsi un poco di buon tempo, e acconcia un'insalata, e presa non so qual cervogia,[1] si diedero a fare una colizione,
alla quale aveano per avventura invitato un certo calzolaio nominato
Taddeo, delle cui qualità è necessario ch'io favelli per intelligenza del-
l'istoria. Era costui uomo di lietissimo umore, e quando egli avea bevuto un pochetto, cantava saporitamente alcune canzonette, che alla
brigata, con la quale si ritrovava, davano non picciolo diletto; e perciò
era da tutte le genti volentieri veduto. Egli è vero però, che essendo
piacevole con ognuno, non riusciva tanto gentile alla Geva sua moglie
ch'era una bella giovane e di sì buona pasta, che non sapea fare nè
più qua nè più là di quanto le comandava Taddeo. E con tutto ciò egli
spesso ne la rimbrottava e le dava delle busse, per modo che la mala
arrivata Geva facea seco una trista vita. Tant'è, comecchè sì fosse,
Taddeo trionfava allora alla mensa co' servi di Giovanni, e aveano invitato un cieco il quale sonava molto bene una sua vivuola,[2] onde dopo
cantate a coro molte canzoni e terminato il mangiare, faceano un ballo
tondo con una festa e un'allegrezza che sarebbe stata una consolazione
a vedergli. Ma, o fosse che non prendessero bene la misura del tempo,
o che la padrona giungesse prima dell'ora che assegnata avea, la gli
colse in sul fatto, e poco mancò che non gli ammazzasse quanti erano, sì
la prese la furia; perchè dopo di aver detto a tutti una gran villania,
e dato a chi una ceffata e a chi un pugno, secondo l'usanza sua, la
corse dietro a Taddeo, e spezzò sul capo al cieco la vivuola, facendo
un fracasso che parea che volesse inabissare il mondo. Il marito, dopo
di avere usate tutte quelle buone ammonizioni che sapea, vedendo che

---

1 *Cervogia.* Bevanda d'orzo fermentato.
2 *Vivuola.* Strumento musicale a corde.

non facevano frutto, deliberò in suo cuore di rimandarnela a casa nel vegnente giorno, e di tôrsi quella tigre da' fianchi. Mentre ch'egli stava in questo pensiero, mulinando fra sè la sua risoluzione, era già la notte venuta oscura, e piovigginava, quando si presentò a Giovanni e alla moglie un cert'uomo che solea abitare di là non molto lontano, stimato da tutte le genti per la sua dottrina, come colui che pizzicava dell'indovino, e presagiva molto bene negli almanacchi quanto dovea avvenire; ma quello che niuno sapea, egli era anche stregone, e sapea fare molte maraviglie coll'arte sua, comecchè di rado se ne valesse, e solo per far qualche giovamento agli amici suoi, e talora anche più per ischerzo, che per altro. Giunto adunque costui dinanzi a Giovanni e alla moglie, incominciò con bel modo a pregargli che per quella sera gli dessero albergo, perchè essendo la notte molto buia e piovosa, e mancandogli un buon tratto di via per andare a casa, non sapea come arrischiarsi, e quasi quasi temea di rompersi il collo. A pena Giovanni ebbe udita la domanda dell'indovino, che, sendo uomo cortese e amorevole, gli disse: "E tu hai ragione, e però stanotte ti rimarrai qui con esso noi per andartene domani al tuo viaggio."—"Che?" gridò allora la moglie: "vada egli a starsi in inferno. E se tu non te ne vuoi andare con la pioggia e col buio, statti in sulla via, ch'io non intendo che tu mi ti arresti in casa un momento. Fuori dell'uscio, fuori incontanente." Il dottore, che così era nominato, udendo tanta bestialità, si strinse negli omeri, e giurando di farne vendetta, se ne andò ai fatti suoi; e poco lontano di là picchiando all'uscio

---

N° LXIV.   A dì 12 settembre 1761.

---

della Geva, pensò di pregare Taddeo che, in quel modo che meglio potea, ne lo allogasse la notte. Non era Taddeo ritornato ancora a casa; ma fuggito dalla furia della moglie di Giovanni, erasi arrestato in una stalla, dove avea perduto molto tempo in compagnia del cuoco a dir male della padrona, e parte ad annaffiare la gola con una boccia di cervogia che aveano trafugata nel punto del furore. Per la qual cosa il dottore, trovata la Geva sola, si raccomandò a lei; ed ella, che sapea lui essere da Taddeo conosciuto, ne lo ricolse nella casetta sua, e fecegli onore con quella cenetta che potè, e posesi seco a mangiare, come colei che non attendea il marito, il quale, sendo invitato altrove, le avea detto che per quella sera cenasse da sè all'ora che più le fosse piaciuto; e le avea lasciato per ciò certi quattrinucci, secondo la povertà sua, da sguazzare nell'abbondanza. Mangiando dunque il dottore con esso lei, incominciarono a ragionare della gran virtù dell'indovinare, onde a poco a poco egli domandò alla Geva di vederle la mano, ed ella gliele aperse; onde il dottore, studiate le linee, le parlò in questa forma: "Geva mia, io sono venuto in buon punto, imperocchè domani tu avrai una ventura grande: e pensa che tu non avrai più a stare in questa affumicata casettina, ma dèi entrare in uno de' più ricchi palagi di Londra, nel quale sarai corteggiata a guisa di reina. Questi poveri cenci, che tu hai indosso, saranno scambiati in ricchi e nobili vestimenti; e non solo non istarai più a filare e a sofferire le percosse del marito, ma tu avrai d'intorno staffieri e donne da poter loro

comandare, e cocchio da andare intorno come una signora. E vuoi tu
più? che tu avrai oltre a tutto ciò uno dei più giovani e de' più ricchi
e garbati mariti che ci sieno; tanto che sarai la più ricca e la più beata
donna che viva. Ricordati solo, che mutando qualità di vita, tu prenda
anche, per quanto puoi, le maniere nobili: sappi adattarti ai costumi
loro gentili, sicchè tu non sia mai scoperta per quella povera Geva che
tu sei, perchè allora ti verrebbe meno in un subito ogni tua fortuna."
Stavasi la Geva ascoltando le parole del dottore a bocca aperta, ed
era tentata di non credergli; ma egli le indovinò tante delle cose passate, fino delle più segrete e note a lei sola e a Taddeo, che finalmente
gli prestò fede, e le venne al cuore un' allegrezza che le mancava il
fiato, e già le parea di nuotare nell'oro e nella seta, e di comandare
a bacchetta ad una turba di famigli. Sbrigatosi intanto Taddeo dalla
compagnia del cuoco, ritornava a casa; e giunsevi appunto in sul colmo
dell'allegrezza della donna sua, la quale, come lo vide, parea quasi
impazzata; e levatasi in piè gli corse incontro, e in poche e confuse
parole gli raccontò che fra poco la sarebbe stata da più che una reina,
e gli empiè il capo di quattrini, di vestimenti, di livree, tacendogli solamente del marito nuovo, che forse era una delle consolazioni da lei
più desiderate. Taddeo mezzo fuori di sè e parte arrabbiato, perchè
vedea quivi il dottor solo con la Geva, poco mancò che non la sonasse
in quel punto con un buon bastone; pure ebbe pazienza; e salutato
così in cagnesco l'ospite suo, domandò a lei se la era briaca, e che volessero significare tante pazzie ch'ella stava dicendo. Allora il dottore
voltatosi a Taddeo, gli contò com'egli era stato discacciato dalla moglie di Giovanni, e ricoveratosi in casa sua; e che avea predetta una
gran fortuna alla Geva; di che ell'era contenta, come la vedea, pregandolo insieme a contentarsi che per quella notte egli trovasse ricetto
in quella casetta con esso loro, donde si sarebbe per tempissimo la mattina vegnente partito. Taddeo udendo il nome della pestifera moglie
di Giovanni, entrò in tanta collera contro di quella, che dimenticatosi
ogni altra cosa, e i sospetti suoi medesimi contro alla Geva e al dottore, dopo di aver detto un gran male della superbia e della capar-
bieria di lei, fece quell'accoglienza che potè migliore allo strologo, e
gli diede alloggiamento.

Ma il dottore che non dormiva, anzi pensava a tutto suo potere di
dar qualche gastigo alla moglie di Giovanni per farnela ravvedere della
mal osservata ospitalità, e dall'altro canto beneficare la Geva della
grata accoglienza che fatta gli avea, prima che spuntasse il giorno si
levò, e andato in un luogo solitario, gittò l'arte sua,[1] costringendo non
so quali spiriti a fare una súbita mutazione della moglie di Giovanni
e della Geva. Il tempo si rabbuiò, fu un grandissimo fracasso di tuoni
e folgori, che parea che ardesse il cielo, e infine la cosa andò per modo
che la moglie di Giovanni trasformata in Geva quanto alla faccia, ma
quanto all'animo rimasa quella di prima, venne traportata dormendo
in casa e sul letticello, o piuttosto canile di Taddeo; e la Geva all'incontro, con l'effige della moglie di Giovanni, fu anche essa dormendo
trasferita al palagio di Giovanni, e quivi riposta in un morbido ed ampio
letto e in una stanza reale.

Erasi già levato Taddeo, parte risvegliato dal romore del mal tempo,

_____

[1] Gittò l'arte sua. Fece i sortilegi.

e parte stimolato dal bisogno di lavorare ; onde aperto il finestrino della sua stanza, si acconciò dinanzi alla sua picciola panca a terminare certe pianelle ; e non volle per allora destar colei che credeva la Geva, parendole che la sera avesse troppo bevuto, e che la dovesse smaltire la cervogia. Per la qual cosa, presa in mano la lesina e gli spaghi, incominciò a traforare e a tirare, e di quando in quando a picchiar col martello sulle suole e sulla cucitura per fare un buon lavoro ; e per ricrearsi da sè a sè, cantava una canzonetta ; tanto che il rumore destò la creduta Geva. Costei non ancora ben desta, e non sospettando punto di non essere nella stanza sua propria, incominciò con gli occhi ancora chiusi a gridare e a dire : "Che maledizione è questa ? che romore ? quale insolenza ? Chi ha questo ardimento, di cantare a tale ora così da vicino alla camera mia e di svegliarmi ? È questo il rispetto che si ha alle dame ? ma non sia più io, se non fo spezzar il capo e le braccia a quest'asino che raglia allo spuntare del dì, e se non gli fo mozzare gli orecchi." — "Buono," disse Taddeo ridendo, "costei crede di esser già divenuta quella che le predisse lo strolago, e farnetica ; andiamo avanti ; " e così detto, canta. La donna apre gli occhi, e vede Taddeo ; chiama infuriata a nome quanti servi avea ; nessun risponde. Dà un'occhiata alla camera, vede un bugigattolo da topi ; un'altra alle lenzuola, le trova di capecchio ; e non sapendo che cosa ciò fosse, piena di meraviglia e di furia, comincia a svillaneggiare Taddeo, dicendo che forse di accordo con Giovanni le avea tesa quella trama per mortificarla, ma ch'ella era dama, e non se ne curava punto, perchè tosto si sarebbe vendicata del marito, e avrebbe fatto andàre il calzolaio sulle forche. Taddeo, arrabbiato a questo nome di forche, perdette la pazienza, e chiamandola pazza, briaca e peggio, incominciò a minacciarla, che se la non si levava tosto, avrebbe dato di mano ad un bastone, e tentato di guarirla dalla pazzia per quel verso. Ella gli rispondea malamente, tanto che Taddeo fu sforzato di assalirla con le pugna ; ed ella non sapendo che altro farsi, tacque pel suo meglio, e piena di maraviglia e di rabbia si pose indosso la gonnelletta e la gamurra della Geva, e si pose disperata a sedere sopra una sedia zoppa impagliata. Taddeo non volea che la stesse in ozio : ella tornava a borbottare. Egli le presenta la conocchia ; ella la gitta a terra ; Taddeo ripicchia, dicendo : "Che credi tu ? che le predizioni di uno strologo ti abbiano fatta diventare reina, di una trista femminetta che tu eri iersera e che tu se' stata in vita tua, nata per istentare finchè sei viva ? Fila tosto, o io ti farò vedere chi tu sei, e qual reame sia il tuo, reina di cenci, ch'io non so a che mi tenga che non ti dia oggimai tante busse, che tu vegga una volta che si ha ad ubbidire a chi porta i calzoni. Fila, che maledetta sia tu, e non mi far perdere la pazienza." Queste ultime parole furono dette da Taddeo con due occhiacci così stralunati e con tale vociaccia, che la nuova Geva, tremando a verga a verga tra per la paura e per la stizza di dentro, si diede a filare come sapea, perchè il mestiere era per lei disusato, o forse non l'avea mai tocco in sua vita.

Mentre che queste cose nella casa di Taddeo si facevano, la Geva dall'altro lato nel palagio di Giovanni si destò anch'ella, e cominciò a borbottare fra' denti : "Oh che bello e dolce sogno ho io fatto stanotte ! Egli mi parea che fossi traportata fuori di questo mondo, e posta in un letto di rose e di viole col più bel marito a lato che fosse veduto mai (nota, per onestà dell'istoria, che Giovanni, sdegnato la sera pe

li mali portamenti della moglie, era andato a dormire in un'
stanza). Ma dove son io?" proseguiva la Geva. "Non vi ha giardì
primavera che uguagli lo spettacolo ch'io veggo. Sono io in un le
Al certo queste lenzuola sono di raso. Non vi ha tela di lino così
bida. Io sogno; non vorrei più destarmi. Sta' a vedere ch'io son m
e sono in un altro mondo." Così dicendo dunque la Geva, senza p
sapere che si facesse, pose la mano al cordone della campanella, e
caso tirò; onde una cameriera, temendo, secondo la usanza, di s
un gran rabbuffo dalla maladetta padrona, entrò sulle punte de' j
e si presentò al letto, che quasi non ardiva di fiatare. La Geva, v
tala così ben vestita, le diede un dolcissimo saluto, di che la came
uscì quasi fuori di sè per l'allegrezza, e le domandò qual vestito
quella mattina. La Geva impacciata, ricordandosi che l'indovino le
detto che stesse in contegni da signora, non sapendo che chieder
disse che la volea quel medesimo dell'altro giorno; e la su abbig
a suo modo, con tanta maraviglia, che non sapea dove si fosse. I
fu ch'entrò un'altra cameriera a dire alla prima che il cioccolatte
la signora era pronto; e la Geva studiando pure fra sè che cosa i
cioccolatte, e confermandosi che fosse qualche abbigliamento, la d
"E bene, mettetemelo." Ma poichè la intese ch'era versato nella e
chera, e ch'era cosa da bere, la ripigliò: "Io volli dire che me lo i
teste là sulla tavola, che lo berrò fra poco." Le due cameriere spar
per tutta la famiglia che la loro padrona non si conoscea più, ch
era divenuta un agnolo, tanto che tutti i domestici la vollero ved
e dove prima fuggivano da lei come dal fuoco, parea che ognuno
sapesse più spiccarsi da lei, e si faceva un'allegrezza per tutta la
come se le nozze si fossero fatte in quel giorno.

Ma la vera consolazione e maggiore di tutte le altre fu veram
quando Giovanni intendendo da tutti i domestici suoi la gran m
zione che si era fatta nell'animo di sua moglie, andò alla stanz
lei per visitarla e vedere così gran maraviglia. Stavasi appunto la (
in grandissima curiosità di vedere, fra le altre fortune a lei dall'i
vino predette, anche il novello marito, quando le fu annunziato da
dei servi, che veniva. Io vi so dire che alla poverina batteva il c
come ad una tortorella, e più le battè ancora quando la vide m
bello e garbato giovane che le comparve dinanzi. La non sapea più
dire, nè che fare. In un tratto diventò pallida, vermiglia e di più
lori. Giovanni si rallegrò seco lei di avere udita da tutta la sua f
glia che la era così amorevole e buona. Ella all'incontro protestò
gli sarebbe stata ubbidiente in ogni cosa, gli baciò la mano, e g
pose in ginocchioni dinanzi. Lagrimava Giovanni di tenerezza, e
vano le lagrime dagli occhi di tutti i circostanti, quando la cre
Geva, non potendo più comportare la furia e le percosse di Tad
si fuggì da lui, e avviatasi correndo alla casa di Giovanni, la entrò
punto in quel momento in cui si facevano tante congratulazioni
prima che fra tutti vide, fu la Geva, e uscì quasi di sè per lo stu
a vedere che la era ella medesima, e che tutti la corteggiavano e
padrona; ma mentre che ella attonita non sapeva aprir bocca, e
tutti le domandavano: "Che vuol dir, Geva? che buon vento ti ha
guidata?" eccoti che Taddeo entra; di che la vera Geva temend
essere battuta da lui, si tirò spaventata due passi indietro. Tad
chiedendo perdono a Giovanni e a colei ch'era creduta moglie di

raccontò loro che la sua Geva era divenuta pazza per le parole di uno strolago, e ch'ella si credea gran signora, anzi stimavasi di essere moglie di Giovanni, e che gli era fuggita. Giovanni lo pregò che avesse buona cura di lei, e la trattasse caritativamente, perchè ella ancora ne sarebbe forse potuta guarire, e Taddeo diceva che non avea altro rimedio che il bastone. Stavano confuse le due femmine e non sapeano che dirsi, nè che fare, quando il dottore, o strolago, o negromante che vogliamo chiamarlo, entrò, e alla presenza di Giovanni chiedendogli perdono del suo ardimento, dichiarò qual fosse stata l'opera sua, e che tutto avea fatto per gastigare la moglie e farla de' suoi falli ravvedere, minacciandola che l'avrebbe scambiata in peggio che nella Geva, se non avesse mutato tenore di vita; e dall'altro canto testificando che avea così bene colto il punto dell'operazione, che Taddeo si era all'ora della tramutazione levato di letto, e Giovanni era stato quella notte in un'altra stanza. La creduta Geva cominciò allora a piangere dirottamente, e a chiedere perdono della passata superbia a Giovanni, e la Geva daddovero avrebbe volentieri tratti gli occhi di capo allo strolago che gli avea procacciata tanta felicità per così breve tempo. Il dottore co' suoi incantesimi restituì la propria immagine all'una e all'altra delle donne; e Giovanni fece un dono di cinquecento scudi a Taddeo, il quale divenne con essi un ricchissimo calzolaio, e da indi in poi, non avendo più la povertà che gli pungesse il cuore e il cervello, amò affettuosamente la Geva e lasciò stare il bastone.

N° LXV.   A dì 16 settembre 1761.

Meglio è fringuello in man, che in frasca tordo.

Io non so che diavol tentatore sia la speranza. Entra costei nel corpo quasi ad ogni uomo. Non ci è chi non si lusinghi di avere un dì qualche cosa più di quello che possiede. Quanto egli ha in mano di buono e di certo, non lo stima punto; sempre gli par più bello e migliore quello che gli stimola e punge il cervello. Oh! gli è pure più grosso quel boccone ch'io veggo colà, di questo che porto in bocca, dicea quel cane che passava il ponte, e vedea specchiato nell'acqua un pezzo di carne che avea fra' denti. Gli è pur meglio ch'io lasci questo, prenda quello, e mi tuffi. Così fa, e rimane a denti asciutti. Io credo che il meglio sarebbe misurare quanto l'uomo ha, e prendere consiglio piuttosto da' giorni dell'anno, che dalle sue voglie, le quali nascono l'una dall'altra, e non nascono come gli uomini, che dal grande n'esce uno piccolino; anzi ne avviene il contrario, che da una vogliuzza ne sbuca una maggiore, e da questa un'altra più grande; sicchè io non so come le abbiano fatto il ventre, che la più piccola è gravida della maggiore, e non rifiniscono mai di partorire: nè ci è coniglio, nè colomba, nè porcellino d'India che sia tanto fecondo, perchè le son gravide sempre, partoriscono ogni dì, e non so di che ingrossino. Vuole la buona ventura che le sieno come quelle vescichette che fanno i fanciulli nella saponata, sicchè la prima scoppia presto e dà luogo alla seconda; che se le fossero tutte durabili, in poco tempo ogni uomo parrebbe idropico, e avrebbe il corpo rigonfiato e tirato come un tamburo. Sia come si vuole, noi dunque siamo sempre travagliati da questa maledetta semenza che germoglia continuamente, e chi vuole una cosa, chi un' altra per migliorare la sua condizione. Oh se io potessi avere tale o tal cosa, dice uno, io sarei beato! E se talvolta la fortuna gliela concede, e fa i suoi conti in capo all' anno, trova ch' egli ne avrà avuto quello che avea prima, e che tanto gli era se fosse rimaso a quelle condizioni nelle quali si trovava; perchè tanti saranno stati i suoi pensieri, e forse le spese per averla, ch' egli avrà mandato a male molto tempo e danaro, e si sarà scioperato e disagiato; e avrà dall' una parte perduto tanto, che i calcoli si pareggiano, come avvenne a quel principe di cui racconta la seguente

NOVELLA.

A que' tempi ne' quali era grandissima la riputazione dei cavalieri della Tavola Ritonda,[1] e quando gli uomini di grande animo, abbandonato l' ozio della famiglia, salivano a cavallo, e con una lancia sulla coscia andavano per le selve in traccia di avventure, fu già un nobilissimo principe il quale s' invogliò di aggirarsi per la terra, e di fare quello che faceano cotesti erranti cavalieri. Ma avendo egli udito che, quando ritornavano alle case loro, ragionavano delle grandissime imprese che aveano fatte del liberare donzelle dalle mani de' ladroni, dell' uccidere giganti, del combattere co' diavoli dell' inferno; e fra tante faccende non si diceva mai, o almeno di rado, a quale osteria avessero mangiato; e parendogli oltre a ciò che venissero a casa magri e sparuti che pareano graticci da seccar lasagne al sole, disse fra sè: " Questo so io bene che a me non interverrà. Egli è una bella cosa acquistar gloria, e intendo anch' io di fare come gli altri; ma poichè il cielo oltre l' avermi dato un gran coraggio, mi ha conceduto anche di che poter empiere la borsa, io non voglio correre pericolo di pascermi di foglie come i bruchi, o di nebbia, e intendo anche di non dormire sulla terra." Per la qual cosa, fatti grandissimi provvedimenti di danaro e di robe, incominciò il suo viaggio, e cavalcando un giorno lungo una montagna, alzò gli occhi ad una certa balza, e vide in un greppo intagliate queste parole:

O tu che passi, s' esser vuoi beato,
Nelle viscere mie cerca un tesoro:
La fata Dragontina l' ha allogato,
Sarà del tuo valor tutto quest' oro.
Non istancarti quando hai cominciato:
Chè ti converrà far molto lavoro:
Ma non senza fatiche, arti e perigli
Giungono ad alto di Fortuna i figli.

Così dicea la scritta, e bastò per invogliare il magnanimo principe a quell' impresa, il quale pensando fra sè, disse a questo modo: "Io so bene che un altro cavaliere errante che non avesse denari, perderebbe qui un lungo tempo a voler da sè rompere questo grandissimo sasso; ma a me la pare un' opera piuttosto da manovali e da facchini, che da uomini dabbene. S' egli si avrà a fare altro, toccherà poi a me; ma

---

[1] *Cavalieri della Tavola Ritonda*. Eroi degli antichi romanzi.

per ora io starò a vedere." Così detto, mandò incontanente intorno pel paese alcuni de' suoi i quali accordarono a opera mille uomini a tanti danari per capo ogni dì, fino a tanto che avessero spezzato quel monte e fossero giunti al luogo del tesoro. Scarpelli, zapponi e strumenti di ogni genere incominciarono a far risonare l'aria d'intorno; picchia, ripicchia, fece tanto quella genía, che aperse una strada nella montagna, e in poco tempo la fu traforata fuori, sì che si passava dall'una parte all'altra. Ma quando il principe fu giunto dalla parte di là, trovò un profondissimo stagno, e un'altra scritta che diceva:

> Innanzi è l'oro; se vuoi far guadagno,
> Dèi passar oltre, e non a nuoto o a remi,
> Ma di sassi riempier questo stagno.

"Bene; e quest'anche non tocca a me," disse il principe; e aperte novamente le borse, fece una bella diceria a que' villanzoni, gli pagò il doppio, e furono rotolati tanti sassi, greppi, ceppi e altro, che in pochi giorni fu ripieno lo stagno, tanto che si poteva passar oltre a piedi asciutti. Poco mancò che il principe non licenziasse i lavoratori credendo finalmente che dopo tante fatiche il tesoro fosse già aperto e pronto alle sue mani; con tutto ciò volle che seco passassero tutti, acciocchè si trovassero presti ad ogni occorrenza, se per avventura fosse abbisognato. E la pensò bene, perchè quando fu di là dallo stagno, fatti pochi passi, all'entrare di una folta e grandissima selva, ritrovò intagliate nel tronco di un pino non so quali altre parole che significavano che per giungere veramente al luogo dove il tesoro era riposto, si aveano a tagliare gli alberi della selva ed atterrarla del tutto. "Oh!" disse il principe, "l'opera è più lunga di quello che avrei stimato nel principio, e oggimai tanto ho speso, che poco più mi rimane di che spendere. Ma che si ha a fare? questa fia l'ultima sperienza. Ad ogni modo, se la mi riesce, io ne acquisterò un grandissimo tesoro, che ben dee esser tale, dappoichè la fata Dragontina l'ha qui celato con tanta cura, e mi ristorerò finalmente di tutti i dispendi che ho fatti fino a qui. Vadane ogni cosa; che m'importa?" E così detto, accenna quello che si dee fare. Si taglia, si sbarbica, si fa rumore che assorda; e appunto eccoti la selva a terra un giorno, e terminata l'opera a tempo; perchè se la prolungava un altro giorno, non avea più il principe di che pagare gli operai; e la faccenda sarebbe rimasa imperfetta, ed egli forse sarebbe rimaso inabissato dalla maledetta fatagione, e chi sa qual gastigo avrebbe avuto dalla sua prosunzione dell'avere stuzzicata la fata e non compiuto l'opera. Ma per sua buona ventura, quando fu fuori della selva, eccoti che gli si presenta un'aperta e larga campagna, nel cui mezzo vide un orribile dragone, il quale a primo apparire del principe rizzò il capo, e gittando fuoco dagli occhi e dalla bocca, come facevano i dragoni a que' tempi, gli disse: "O di tutti gli uomini che vivono, il più baldanzoso e temerario, dove se' tu ora venuto a morire? Qui è il tesoro della fata Dragontina collocato ed io sono custode di quello. E però, dappoichè tu hai avuto coraggio di penetrare per tanti rischi fino a questo luogo, vedi se hai anche animo di affrontarti meco a battaglia." Dice la storia che quando il principe udì il dragone a favellare, gli si arricciarono i capelli in capo e gli corse un certo ribrezzo di freddo per tutte le vene; tanto che s'egli avesse potuto farlo con suo onore, gli avrebbe mandati incontro i mille uomini che avea adoperati negli altri lavori; ma ricordandosi che quella era pure faccenda che toccava a lui, e che giunto era il punto di acquistare il tesoro, fece cuore, e calatasi in sugli occhi la visiera, pose mano alla spada, e andò incontro al dragone. Si appiccò una zuffa, che non fu mai veduta la più bestiale; perchè il povero principe non avea solamente a combattere co' denti della bestia, ma col fuoco e col fumo. Quella maladizione parea una fornace, e sputava carboni accesi con tanta furia, che pareano gragnuola, e di quando in quando gli dava strette co' denti ad una spalla o ad un braccio, che se non fosse stato di finissime arme guernito, gli avrebbe sgretolate le ossa come cannucce. Egli all'incontro menava di taglio e di punta senza saper quello che si facesse, quasi cieco dal fumo, e una volta fu vicino a perire, perchè menando un grandissimo riverso con quanta forza potea, fu portato dal peso della spada, che non trovò in che percuotere, colla faccia in terra, sicchè il dragone gli fu addosso, e se non era presto a rizzarsi in piedi, l'avrebbe strangolato. Non morì, ma non levò però sì tosto, che non ne riportasse due o tre morsi che gli spiccarono via certi pezzi di carne dal deretano rimasogli scoperto dall'armatura; tanto che il sangue gli piovea come un rigagnolo da più lati. Finalmente, quando piacque al cielo, più per caso, che perch'egli sapesse quello che si facea, la spada calò sul nodo del collo al dragone e gli spiccò il capo; di che si avvide piuttosto alle grida di allegrezza de' suoi, i quali si stavano a veder la zuffa da lontano, che per saper egli quello che avesse fatto, perchè non conosceva se fosse notte o giorno.

Intanto dove era caduto il dragone si aperse la terra di sotto, e quello ne fu inghiottito, e di là a poco uscirono della medesima apritura sei donzelle vestite di bianco, bellissime quanto sono tutte quelle degli antichi romanzi; cinque delle quali aveano in mano certe urne piene di monete coniate, e la sesta un'ampolla con dentrovi uno squisito balsamo per guarire ferite; le quali andate innanzi al principe, gli presentarono ogni cosa come sua per parte della fata Dragontina loro signora, e gli cantarono una canzone in lode del suo mirabile valore. Il principe le ringraziò, ma contorcendosi, perchè le ferite gli cagionavano molta doglia, e le pregò che per parte sua facessero i dovuti convenevoli colla fata; e quelle sparirono. Allora il principe, ricolte le urne e l'ampolla, si fece stendere a' suoi un agiato padiglione, e postosi a letto ordinò di esser unto col balsamo, e stette parecchi giorni a guarire, e parecchi altri a ristorarsi delle forze perdute. Quando egli fu sano, volle rivedere i conti di quello che avea speso nell'acquistare il tesoro, e dall'altra parte noverare le monete che avea ricevuto dalle donzelle, e trovò che il conto era pareggiato, e che non avea vantaggio di un quattrino; e oltre a ciò, vide che il balsamo era appunto stato quella quantità che gli era bastata per risanarsi dalle ferite, e che non glien era sopravanzata una gocciola. Per la qual cosa ne trasse questa morale: « Molte fatiche fa l'uomo, nè però migliora la sua condizione di prima. Può ringraziare il cielo se le sue speranze non l'hanno fatto più povero. »

_____

SIGNOR OSSERVATORE.

Voi avete pubblicate molte opere, e vorrei che di cuore e sincera-
−¨ diceste quale di esse è più cara a voi che ne siete l'autore.

Io le ho lette tutte, e avrei piacer di vedere se gli umori nostri si riscontrano. Scusatemi di questa libertà; ma vi prego, fatelo, che ve ne sarò obbligato; e di cuore vi saluto. Vostro affezionatissimo

B. R.

Risposta.

Pensate di me quello che volete, ma io vi giuro che di quante scritture ho mandate alla stampa, io non ho più cara l' una che l' altra. Dunque le hai tutte care? risponderete voi. Dunque non mi quadra nessuna, risponderò io. Perchè? Perchè non ho usata in alcuna quella diligenza che si dovea, e quella che dà a' componimenti quel certo che di vernice che gli rende garbati, e dà loro quel sapore che dura dall' un capo all' altro. Quando un uomo scrive e segue il fuoco dell' ingegno, non può condurre ogni cosa con la debita misura. Uno squarcio gli riesce pieno di lume, un altro s' intorbida, poi viene il buio, secondo che si passa di cosa in cosa a furia, e questa si presenta alla fantasia bene, e un' altra male. Lo scrittore quivi solo, riscaldato e rosso gli orecchi,[1] amatore di sè medesimo, non vede per allora i difetti, tutto gli pare maraviglia; legge, rilegge, si avvezza sempre più al componimento suo, e gli pare che sia concatenato, che nulla gli manchi. Quando la testa gli s' infredda, vede poi dov' è difettivo; ma per lo più non se ne vuol dare altra briga, temendo la fatica e il pensiero. Amico mio, questo è stato uno de' difetti miei, e sarà sinch'io viva; nè ci trovo altro rimedio, fuorchè quello di non curar più punto le cose mie, e di dimenticarmele come se non le avessi fatte mai. Questo vi rispondo io di cuore, e vi prego a conservarmi nella vostra memoria per buon amico, qual io sarò a voi in vita mia. Addio.

No LXVI.   A dì 19 settembre 1761.

Ille solus nescit omnia.   TERENT.

A lui solo non è noto quello che si fa in casa sua.

Gli occhi e gli orecchi degli uomini a me pare che somigliar si possano alle finestre di una casa, alle quali si affaccia l'anima per vedere le cose del mondo. E costei, ch' è la padrona dell'uomo ed ha tutte le sue masserizie in lui, lascialo per lo più in abbandono, e a guisa di una civetta che uccelli amatori,[2] sta sempre alla finestra ora per adocchiare e ora per udire quello che facciano o che dicano gli altri. De' fatti del prossimo ella è maestra. Domandatele quello che fa il tale o il tale, quello che gli sia avvenuto, quali siano i difetti suoi; ella vi tesserà una cronaca con tanta diligenza che voi direte: " Costei è la più dotta e la più erudita anima che vivesse mai. O quante cose ella sa! com'è informata bene! " All'incontro se voi le favellate punto de' fatti suoi, non solo troverete ch'ella n'è ignorante e goffa, ma vi

---

[1] *Rosso gli orecchi.* Vuol dire acceso in volto per lo sforzo del comporre.
[2] *Che uccelli amatori.* Notisi che qui uccelli è voce del verbo uccellare.

accorgerete a vari segni che la non si cura di aver notizia di quello
che le appartiene, e non vi ascolterà volentieri, e talvolta vi dirà cose
che mostreranno che voi le fate dispiacere a parlargliene. Almen che
sia, dappoich'ella pur vuole starsi alla finestra, mentre che vede i fatti
degli altri, in iscambio di farne conserva nella sua memoria per cian-
ciarne, se ne valesse per farne tacitamente specchio a sè medesima e
averne scuola per li fatti suoi. Ma che? Non è mai stato possibile. E
tuttavia dappoi in qua che ci sono uomini al mondo, sempre è stato
alcuno che a guisa di trombetta andò intorno sermoneggiando e dicendo pubblicamente questo difetto ch'ella ha. Chi lo ha detto con
libri aperti di morale, chi con finzioni di bestie che parlano, chi con
immaginare azioni di uomini in poemi, altri in tragedie e in commedie;
dicendo costoro fra sè: "Dappoichè l'anima vuol pur vedere ed udire,
vagliamoci di questa sua inclinazione, e rappresentiamole cose le quali
col mezzo della maraviglia, del terrore o del riso, la scuotano, la destino, sicchè sia sforzata a fare qualche comparazione fra sè e quello
che vede, e non dorma con gli occhi aperti." In fine io credo che non
abbiano giovato punto, perchè la cosa fu presa per finzione ritrovata
per dare altrui diletto; e in iscambio di comparare quello che si vedea
o si udiva, a sè medesima, la maliziosa anima fece le comparazioni
delle cose vedute ed udite con altri, e ne fu quello stesso di prima.

Un garbato ingegno de' nostri giorni[1] e molto mio amico, il quale
forse non crede che la sia così, ha composto ne' passati mesi una commedia ad imitazione de' capricci di Aristofane, e dice che l'ha fatta a
fine di ammaestrare il mondo di una cosa di molta importanza. Io non
credo ch'egli l'ammaestrerà come si dà ad intendere; tuttavia la novità de' suoi ghiribizzi mi ha invogliato a fare in breve la descrizione
della commedia sua intitolata

I SATIRI.

Apresi la scena al buio, ed esce Lavinia di notte con una lanterna
in mano, e sola incomincia il suo ragionamento in questo modo:

.O degna d'odio e di dispregio degna,
Razza de' maschi! A che ci vaglion teco
Più le nostre bellezze? A che ci giova
Che le Grazie di Venere compagne
C'insegnino ad ornare ogni nostr'atto,
A girare occhi e a dir dolci parole?
Nulla. Caduto è il nostro nobil regno,
E del nostro fiorir passato è il tempo;
Siam desolate. Passeggeri vezzi
Ci fanno i tristi. Di costanza il nome
Fra loro è ignoto, e siam pregiate un'ora.
Ma che fan le compagne? Ah! s'io l'avessi
Qui convocate a ragionar d'un nastro
O d'una cuffia, come sciame d'api·
Già sarebber concorse, e s'udirebbe

---

[1] *Un garbato ingegno de' nostri giorni.* Potrebbe esser lo Sceriman, grande amico del
Gozzi, autore d'un romanzo satirico: *Viaggi d'Enrico Wanton nei regni dei Cinocefali,*
buon dilettante di musica; scrisse anche un melodramma, il *Coriolano.*

Il cicalío salir fino alle stelle.
Ma poichè di domar si tratta i maschi,
Perversa stirpe, non ancor si move
Di loro alcuna, e l'assegnato loco
Ancora è solitudine, e diserto....
Eccole in fine. Io mi conforto. Sbocca
D'ogni lato la turba. Eccole pronte.
Da tal frequenza buon augurio prendo.

Escono in questa seconda scena femmine di ogni condizione, le
quali a coro si querelano dell'essere trascurate dai maschi, e narrano
la poca attenzione che usano ad esse. In fine, poichè ha taciuto il coro
e si sono chetate le querele, Lavinia ripiglia il suo ragionamento.

Il tempo vola; ed il cianciare, o figlie,
È vento e nulla, ove abbisogna l'opra.
Se lagnarci vogliam, contro a noi stesse
Caggian piuttosto le querele e l'ira;
Che il lasciarci veder poco, chiamammo
Antica rigidezza, uso da fere,
E delle raggrinzate avole usanze.
Se cadesser dall'alto i diamanti
Come la pioggia, e rovesciato l'oro
Dalle nuvole fosse, un picciol pregio
Sarebber tosto diamanti ed oro.
Ma perchè con sudor montagne e greppi
Sviscerar dee, chi vuol averne, prima,
Non è cosa fra noi che più s'apprezzi.
A buono intenditor poche parole.
A' ripari si venga. Io per me credo
Che sola rimediar possa l'assenza.
Lasciam chi non ci cura. Hanno le selve
A noi vicine una non còlta stirpe
Di Satiri idïoti; a cui son care
Le donne; ma allevati fra boscaglie
In zotico costume, hanno di loro
Temenza anche e rispetto; chè le Ninfe
Compagne loro, e delle selve Dee,
Gli hanno al rispetto e alla temenza avvezzi.
Quivi n'andiamo, e regnerem fra loro.

Assentono tutte le donne con un altro coro di andare nelle vicine
selve, e si partono. Cambiasi la scena, e si veggono i Satiri, i quali
ragionano prima di cose pastorali; indi esce fra loro un Satiro, il quale
arreca novella che una schiera di femmine vengono a viver fra loro;
di che tutta la compagnia si rallegra, e conchiude che si abbia a trat-
tarle con ogni gentilezza, affermando che questa sola le può allettare
a starsi fra loro; e uno fra gli altri, che sembra capo di quelli, così favella:

Poichè di tanto è a noi benigno il cielo,
Che fra noi venga la beata stirpe
Che fa con sua beltà felice il mondo,
Mostriamci degni. Apparecchiamle albergo.

Accosti ognuno alle perite labbra
Le dolci canne [1] che da Pane avemmo.
Di spicciolati fior tutto il terreno
Si copra, e spogliam alberi ed arbusti
Per imbandire semplicette mense.
Sappia ognun che dal ciel sono discese
Queste gentili per far bello il mondo,
E per togliere al cor ogni amarezza.
Io certo son che nascerà fra noi
Fiamma d'amor, e che ne' petti nostri
Scoccheran le saette da' begli occhi.
Ma non temerità perciò si desti
Ne' seni vostri. Sofferenza, fede,
Lungo servire e dimostrar desio
Sien le nostre armi per domar donzelle;
Chè dolci incendi nasceran d'amore,
E un gareggiar di gentilezza, e tanta
Letizia, che farà loro felici,
Felici noi. Saran tosto le selve
Un domestico albergo; e invidia a' boschi
Porteran le cittadi più superbe.

Così detto, veggonsi i Satiri in un subito movimento. Quale ponendosi a bocca la dolcissima sampogna fa risonare il luogo con pastorale armonia; altri in canestretti di schietti vinchi intessuti ripongono le spiccate frutte dagli alberi, e spargono altri sopra la terra i coloriti fiori; e molti intrecciando una danza, attendono le donne che da lontano si veggonò, precedute da una nuvoletta in aria di color dell'oro, la quale sospendendosi in aria nel mezzo appunto della scena, si apre e n'esce fuori il figliuolo di Venere, il quale canta questa canzonetta:

Nascoste in vita sì solinga e cheta,
Tosto faran di sè nascer desío.
Rifiorirà vita amorosa e lieta,
E sarà più pregiato il regno mio.
Amiche selve e solitario loco,
In voi ravviverò mio primo foco.

Vanno con grandissima umiltà i Satiri dinanzi alle donne, ed offeriscono a quelle ogni loro avere, e sè medesimi per ubbidienti servi. Esse sussiegate gentilmente rispondono, e per modo ringraziano, che nella risposta non si può intendere se accettano o negano; tanto che si potrebbe interpretare l'uno e l'altro. I Satiri, non avvezzi a tal sorta di favellare, confusi, tanto più si affrettano di servirle, e apparecchiano loro alberghi, le festeggiano, usano ogni attenzione verso di loro. Intanto dall'altro lato gli uomini, veduta la partenza delle donne, pare che così al primo non se ne curino; ma essendo in fine certi che non vogliono più ritornare, spediscono messaggi con lettere, spendendo molti danari ed usando molte cautele. Le donne fanno qualche breve

---

[1] *Le dolci canne* ec. La zampogna di cui gli antichi attribuirono l'invenzione a Pane, ⸱⸱⸱⸱ità campestre.

risposta in sul grave, e talvolta rimandano i messi senza nulla rispondere. Si muovono gli uomini, e cercano di vederle per ispiegar loro i propri affanni, e di rado riesce loro. Talvolta alcuna di esse si mostra appena, e dice due parole; ond'essi, presa speranza, cominciano con feste, con giuochi, con suoni e altri passatempi a tentar di allettarle. I Satiri mossi a gelosia tentano anche essi dal lato loro d'inventare sollazzi e piacevolezze quanto possono: tanto che le femmine conoscono di signoreggiare, e passano la vita in continua giocondità, riconoscendo tanto bene dalla loro risoluzione. Il fine poi della commedia è la più strana conclusione che vedessi mai, perchè la non pare terminata, benchè la sia in effetto. Stanno salde le femmine nel proposito loro, e gli uomini sembrano disperati; ma studiano il modo di vincerle, e intanto si propone di proseguire ad attestar loro con ogni atto di rispetto la fedeltà e l'amore. Le donne, promettendo, tirano in lungo, e apparisce di nuovo Amore cantando, e dicendo che il regno suo è stabilito, e in quello stato ch'egli avea desiderato gran tempo.

L' OSSERVATORE.

Tale è la tessitura della commedia da me, con quella maggior brevità che ho potuto, riferita; la quale in verità ha sparsi in diversi luoghi molti bei squarci satirici e degni di quell'intelletto che gli ha composti. È gran danno che questo genere di commedia detto allegorico sia stato abbandonato dagli autori italiani. Un tempo fu le delizie di Atene, e oggidì molti valenti scrittori in Francia ne conservano l'uso ancora. Oltre all'essere una spezie capricciosa che richiede forza d'intelletto e garbo d'invenzione, somministra anche il modo di adoperare senza offesa di alcuno un certo sale satirico che dà la vita al componimento. Io non dico perciò che non sia più pregevole una commedia, nella quale si veggano quasi in uno specchio gli umani costumi; ma in fine in fine senza qualche variazione si corre pericolo di stancare gli ascoltanti, e talvolta è bene scambiare per riuscir più grati. Il mio amico ha voluto tentare, e potrebb'essere che, alle istanze che io gliene ho fatte, deliberasse anche di pubblicare i suoi *Satiri*. I cori sono sopra tutto frizzanti e garbati; ed egli, come intendente di musica, gli ha anche vestiti di note, e ne ha in una compagnia di amici fatto cantare alcuni che riescono a maraviglia. Quanto al farla rappresentare, riuscirebbe difficile per la molta spesa e per la quantità de' personaggi, i quali sarebbe di necessità che sapessero sonare e cantare. Ma spero, se la pubblicherà mai, che verrà fatta giustizia alla sua invenzione.

N° LXVII.   A dì 28 settembre 1761.

L' usanza mia non fu mai di dir male.

BERNI, *Rime Burl.*

Amico carissimo, la satira è uno di que' componimenti che hanno in sè maggiore difficoltà di tutti gli altri. Una certa malignità che ogni uomo ha nel cuore, può spingerlo facilmente più oltre del dovere, sicchè egli aggravi altrui con la maldicenza. Per la qual cosa volendo voi attendere a questo genere di scrittura, io vi consiglio, fatelo senza rabbia, nè dispetto particolare; ma con un certo buon umore universale, in cui si vegga la sola volontà di scherzare e uno spirito urbano, ma non maligno. In ciò avete due originali da poter imitare. Il primo alcune persone viventi, grate alle compagnie, perchè hanno un certo dono da natura di scoprire il ridicolo ne' difetti, e lo vestono con tal garbo e con sì buona grazia, che talvolta ho veduto a ridere quel medesimo che veniva assalito da loro. Anzi sono così di buona mente, che talora rivoltano contro di sè medesimi le piacevolezze. Il secondo originale degno d'imitazione è Orazio, il quale appunto nelle sue scritture satiriche fu imitatore delle persone da me accennate, e quasi sempre va per la via degli scherzi, e tocca i difetti da quella parte che movono a riso. Questo è anche il modo di far qualche giovamento ne' costumi. La soverchia maldicenza fa dispetto a chi viene da quella colpito; nè mai tralascerà di far male colui che vien rigidamente percosso, ma all'incontro si adirerà, e s'ingegnerà quanto può di rendere il cambio a chi lo ha maltrattato o con le parole o co' fatti. E dirà fra sè: " Chi è costui il quale vuol essere mio maestro e signore di me e delle opere mie? Non ha egli fatto sì e sì? non è egli tale e tal cosa? " E ognuno dirà: " Bene gli sta, che vuole lacerare altrui, se gli è tocco di quello che andava dando al prossimo suo." All'incontro se il satirico scherzerà con grazia, si acquisterà partigiani che terranno da lui; e se colui il quale si crede ingiuriato, vorrà con la maldicenza difendersi, la collera sua moverà a riso; tanto che conoscerà che il suo migliore è medicare i difetti suoi, e avere per amico il poeta. Sopra tutto guardatevi molto bene non solo dal dir male, ma dallo scherzare ancora intorno alle calamità altrui, non potendosi dare viltà di animo maggiore, e forse maggior crudeltà del ridere dell'altrui sventure. La povertà, per esempio, non è cosa che si debba mettere in canzone, dappoichè essa merita piuttosto la compassione e le lagrime altrui, che di essere motteggiata e derisa: ed è obbligo dell'uomo l'essere buono, giusto ed onesto, ma non ricco; perchè le prime qualità dipendono da lui, l'ultima dalla sorte. Anzi s'egli volesse liberarsi da quest'ultima disgrazia, gli converrebbe forse spogliarsi di tutte le altre qualità che lo rendono uomo degno di stima e di amore. Da un'altra cosa guardatevi come dal fuoco, e ciò è dal tratteggiare le disgrazie del corpo, delle quali non ha colpa veruna chi a suo dispetto le dee soferire. Che bestialità è quella di schernire un uomo perchè egli è zoppo, guercio o aggravato da qualche malattia? E con tutto ciò io ho veduto alcuni che non sanno fondare in altro le facezie loro. Amico mio, in breve, io desidero, dappoichè volete consagrare la vostra penna a questo genere di verseggiare, che dimostriate altrui di essere mosso da una intrinseca gentilezza e da una voglia di scherzare, accertandovi che in tal guisa, senza biasimo vostro, farete qualche frutto nella correzione de' costumi. Scusatemi se io sono stato lunghetto, e credetemi vostro affezionatissimo

L'OSSERVATORE.

LETTERA DI UN INCOGNITO.

Voi vi affaticate continuamente il cervello ghiribizzando e trovando invenzioni da scrivere. Io non vi mando trovati, nè invenzioni, ma verità. Fatene quell'uso che vi piace. Avrete mille volte udito a dire che nelle famiglie sono nate divisioni e romori per cose gravi e d'importanza. Ma nella famiglia mia è nato uno scompiglio da un principio che non vi sarà forse mai pervenuto agli orecchi. Sono molti anni che fra tre fratelli, chè tanti appunto siamo, nacque un uguale umore verso gli uccelli, e principalmente a' rosignuoli. La casa nostra risonava non altrimenti del canto di questi uccelli, che un boschetto sopra un fiume. Le camere, la sala e la cucina erano tutte ripiene di pendenti gabbie, sotto alle quali stava ognuno di noi con gli occhi attenti e con gli orecchi tesi per udire qual meglio di essi gorgheggiasse, nè mai si faceva altro ragionamento fra noi, che della maggiore o minor attività di quelli nel canto. Ognuno de' fratelli avea la sua porzione, e ognuno l'esaltava quanto più potea contro l'altra. L'allevargli era ridotto a dottrina e a scienza. Non vi posso dire tutte le regole e gli statuti formati da noi per guidar bene la famigliuola de' nostri uccelletti. Chi crederebbe che da tale innocenza fosse nato il diavolo della discordia fra noi? Più volte si suscitarono le disputazioni, perchè uno di noi volea che il rosignuolo suo fosse migliore dell'altro; ed è vero che fummo vicini ad accapigliarci più volte; ma finalmente un caso fu il termine della nostra pace, nè trovammo più il rimedio di rappattumarci insieme. Camminando due di noi per via, ci venne incontro un amico, e si rallegrò meco dell'avere udito sotto alla casa mia un rosignuolo a cantare così soavemente, che si arrestò sotto alla finestra un terzo di ora per ascoltare. Il fratello mio, con una sfacciataggine fuor di ogni misura, affermò ch'egli era il suo; io non potei aver pazienza, e gli dissi villania; tanto che l'amico ebbe una gran faccenda a quietarci. La sera raccontammo la nostra quistione al terzo fratello, acciocchè egli ne fosse giudice: ma egli, ridendoci in faccia, volle sostenere che nè l'uno nè l'altro de' nostri avea l'attività [1] di arrestare genti sotto alle finestre, ma che tal virtù era solamente del suo, e che noi eravamo due pazzi. Non vi posso dire come si riscaldasse la nostra quistione; fummo vicini a venire alle mani; tanto che per non fare scandali deliberammo di vivere ognuno di noi da sè, e ci dividemmo il giorno dietro. Se volete dar la relazione di questo caso, fatelo; ma vi prego anche a significare nello stesso tempo che veramente i miei due fratelli si sono ingannati, e che il rosignuolo il quale cantò, fu il mio; di che spero che si avvedranno nella primavera ventura.

LA BERRETTA.

FAVOLA.

Non disse mai Euripide [2] maggior bestialità, che quando egli desiderò che gli uomini avessero una finestra nel petto, acciocchè ognuno potesse vedere quello che hanno di dentro. Io credo che si faccia con esso loro vita migliore affidandosi a' buoni visi e alle buone parole, che a sapere come la pensano. Narrano le antiche leggende delle fate, che fu già una certa Flebosilla la quale, secondo l'usanza della fatagione, non so quanto tempo era donna, e non so quanto altro bestia, ora di

---

[1] *Attività.* Potere.
[2] *Euripide.* Tragediografo greco, nato a Salamina nel 480, morto nel 406 av. C.

una generazione e ora di un'altra. Avvenne dunque che, essendo
stata scambiata da Demogorgone[1] in topo, e avendo per lungo t
fuggite le trappole e le ugne dell'animale suo sfidato nemico, perv
dopo una grandissima fatica a quell'ultimo giorno in cui dovea
termine la sua condannagione, e tramutarsi in Flebosilla, com'ella
stata più volte. Io non so se fosse l'allegrezza o altro che le togl
il cervello; quel dì la non istette guardinga secondo la usanza
ma scorrendo più baldanzosamente qua e colà che non soleva, e
sendole, senza ch'ella punto se ne avvedesse, teso l'agguato da
gatta, la gli diede d'improvviso nelle ugne, e poco mancò che
rimanesse morta dalla furia della sua avversaria. Volle la sua ver
che la fu in quel punto veduta da un uomo al quale, non so se
capriccio o per altro, venne voglia di difendere il topo, e con ve
con atti spaventata la gatta, la fece fuggire; sicchè la povera
mezza morta di paura si rimbucò, e non uscì fuori della sua tana
al giorno vegnente, in cui deposta la pelle del vilissimo animal
era già divenuta femmina, anzi fata quale solea essere prima. È
a ciascheduno che le fate sono una generazione di donne le quali b
gratitudine verso coloro che le hanno beneficate; onde la prima
che le venne in mente, fu l'obbligo ch'ella avea a quel valent
che il giorno innanzi le avea salvato la vita. Per la qual cosa a
tagli incontra, gli disse: "Uomo dabbene, tu hai a sapere ch'io ho
una grande obbligazione, imperciocchè non sapendolo tu, ieri, per l
del tuo cuore, mi salvasti la vita; di che io debbo con qualche at
gratitudine dimostrarti l'animo mio, e farti vedere che non hai se
ad un'ingrata. E però sappi che tu puoi chiedermi qual grazia tu
essendo in mia podestà il farti quella grazia che tu mi domand
valentuomo mezzo sbigottito, come quegli che non sapea chi ella f
quasi quasi non sapea che domandarle, stimando che la fosse una p
ma pur poich'egli intese ch'ella gli facea nuove instanze, e gli
chi ella era, le chiese per sommo favore ch'ella gli aprisse agli
il cuore di tutti gli uomini, tanto che avesse potuto vedere quell
di dentro vi covasse. "Sia come tu vuoi," gli rispose Flebosilla, "be
tu chieda un grande impaccio. Te', prendi questa berretta: ella è f
per modo che, quando tu l'avrai in capo, non vi sarà alcuno che ti
altro che quello ch'egli avrà in cuore; e senza punto avvedersene,
credendosi di dire quello ch'egli vorrà, ti dirà quello che gli cov
l'animo." I ringraziamenti del valentuomo furono molti e grandi; la
si licenziò da lui, ed egli si pose la berretta. "Ora," diss'egli, "i
glio un tratto sapere quello che pensa del fatto mio un certo do
di legge, nelle cui mani sono le faccende mie, e fra le altre un li
di grande importanza, dal quale egli mi ha più volte promesso
sarò sbrigato in breve tempo, e io non ne ho mai veduta la fine
diamo." Va; picchia all'uscio del dottore, gli è aperto, lo incontr
dottore lo prende per la mano con atto di amicizia, e con molte
renze lo accetta; ma le parole sonavano in questa guisa: "Voi sie
più grasso tordo che mi capiti alle mani. Fino a qui vi ho pelato qu
ho potuto; ma non siamo ancora a mezzo. Sedete." — "Buono!"
fra sè quegli della berretta, "io comincio a comprendere come i
nelle mani del mio dottorello;" e poi, voltosi a lui, gli domanda: "A

---

[1] *Demogorgone*. In greco, genio della terra.

ne siamo della nostra faccenda? Usciremo d'impaccio in breve?" — "In breve?" risponde il dottore: "credete voi ch'io sia pazzo? In breve ne potreste uscire, quando io volessi; ma natura insegna che ognuno debba piuttosto tener conto de'fatti suoi, che degli altrui. Non sapete voi che quando voi foste sbrigato, voi non mi ungereste più le mani? Dappoichè ha voluto la fortuna che i fatti vostri sieno intralciati, non sarò io già quello che gli sbrighi, no; anzi farò ogni opera mia acciocchè sieno allacciati e annodati sempre più." Udendo il cliente queste parole, ebbe tanta collera, che cominciò a tremare a nervo a nervo, e gli battevano i denti per modo che quasi se li ruppe; ma non volendo scoprire il suo segreto, voltò via, e andò a ritrovare il suo avversario, e cominciò a parlare di accomodamento. Ma quegli dicea: "Volentieri, io l'ho ben caro; ma dappoichè tu sei stato il primo a venire a parlarmi di accordo, vedendo che lo fai per paura, voglio che ti costi gli occhi del capo; lascia fare a me." L'uomo della berretta fu per impazzare udendo tanta iniquità; e partitosi anche di là con gran collera, si volse per andare a casa sua e per narrare alla moglie e a'figliuoli quello che gli era avvenuto, chiedendo loro consiglio di quanto egli avesse a fare. Era per la collera pallido e sì smunto, che parea infermo. Sale la scala; la moglie lo vede, e prendendogli la mano in atto di domandargli per compassione quello che avesse, chè lo vedea così alterato, le sue parole sonavano in questa forma: "Lodato sia il cielo. Io comincio pur a sperare quello che ho tante volte desiderato di cuore. Vedi cera che hai da essere fra pochi giorni in sepoltura. Egli è assai lungo tempo che penso alle mie seconde nozze, e costui parea un acciaio da non dover mai morire. Olà, o Lucia, scaldagli il letto, ch'io spero ch'egli vi abbia ad entrare per l'ultima volta." Mentre ch'ella favellava in tal guisa e il pover uomo era fuori di sè per lo dolore, eccoti che gli vengono innanzi i figliuoli, i quali cominciano a ragionare liberamente fra loro dell'eredità che debbono fare, e a godersi a mente la ventura fortuna. Sbigottito, corre giù per le scale, va a ritrovare amici, parenti e conoscenti, e ritrova ogni genere di persone ad un modo. Chi gl'insidia la roba, chi la riputazione, e ognuno glielo dice in faccia. Non trova più una consolazione, non un momento di bene. Chi lo chiama fastidioso, chi sciocco, chi bestia. Non dormiva più la notte, non mangiava più il giorno, gli parea di essere divenuto una fiera de'boschi. Finalmente non sapendo più che farsi, lanciata via da sè la berretta fatata in un fiume: "Va' al diavolo," le disse; "tu sei la cagione della mia tristezza e di ogni mio male. Io avea buona vita con la moglie, co'figliuoli e con tutti gli altri, e gli credetti miei amici; maladetta berretta, tu mi hai fatto troppo vedere. Chi vuol istar bene nel mondo, dee appagarsi delle apparenze."

N° LXVIII.   ·   A dì 26 settembr

> O insensata cura de'mortali,
> Quanto son difettivi sillogismi,
> Quei che ti fanno in basso bat
> Chi dietro a giura, e chi ad afori
> Sen giva . . . .
>
> DANTE, *Par.*, cant

Stavasi un libraio nella bottega sua sedendo dietro al c
dall'un canto s'era posto a sedere un forestiere grassotto,
certa ariona di viso rubiconda e lieta, che ben si conosceva
lui perduto lungo tempo nello studiare. Querelavasi il libraio
sua, e andava dicendo: Vedi, vita ch'è questa! Io posso d
mia condizione non è punto migliore di quella d'una sgu
d'una cantoniera, obbligata a starsi dalla mattina alla se
strino affacciata, ad uccellare chi passa. Ed ella anche ha pi
in ciò, chè si trovano piuttosto uomini inclinati all'esca de
remonie, che a' titoli de'miei libri. Appena ho tempo di tr
due bocconi in fretta in fretta, che mi convien ritornare a c
ladetta uccellaia, e tenere, con sopportazione, il viso di sott
sopra una panca, attendendo che fra diecimila o più person
sano di qua, nasca il capriccio nel capo d'una o di due di
un libro. E quando ella è calata all'uccellaia, quante parol
a fare ancora prima di venire ad un accordo! Oh gli è
quanti fogli sono? Tanto ch'egli pare ancora che noi altri
brai siamo ingordi, avari, e che vogliamo pelare il prossimo
stare i danari che spendiamo nella carta, quelli che vanno
patore e ne'legatori di libri: s'ha pure a pagare il fitto del
il facchino che l'apra e chiuda, le candele che s'ardono ogn
in fine dell'anno sono oltre ad un migliaio, e in più anni tant
hanno novero. E poi questo corpo condannato a non pote
qua, legato schiavo in catena, non s'ha forse a calcolare
E pure a pensare il benefizio che noi facciamo agli uom
dovrebbe esser arte che dovesse avere maggior concorrenza
Non sono forse le nostre scansíe e gli scaffali nostri il teso
que'lumi e di quelle cognizioni tutte che guidano le gent
cammino della vita? Non abbondano qui forse tutte le ricre
l'animo e dell'ingegno?...

Avrebbe detto più oltre l'eloquente libraio, se il foresti
sto passo non si fosse posto a ridere sgangheratamente. Il
rimase mezzo balordo e mutolo, guardando le grasse risa del
non sapendo da che procedessero, e non potendo immagina
ragionamento di tanta importanza avesse fatto l'effetto d'u
Ma finalmente acchetatosi il forestiere, gli si rivolse il libr
atto ammirativo, e gli domandò quello che avesse, in tal fo

Libraio. Ho io detto qualche farfallone?

Forestiere. Sì, amico mio, e de'più sperticati che mai u
bocca ad uomo che viva. Io non ho mai potuto intendere a
l'arte vostra, che voi giudicate essere cotanto utile. Fino a
vi siete querelato della fortuna vostra, io ebbi compassione

dappoichè avete esaltato la qualità della mercatanzia vostra, non ho potuto ritenermi dal ridere, come avete veduto.

Libraio. Io non so come la S. V. possa ridere de'libri, e perchè gli stimi inutili, essendo essi il nutrimento degl'intelletti, come il pane e l'altre vivande del,corpo, e necessari non meno del cibo.

Forestiere. Voi avete a credere in questo modo, ed è bene, acciocchè non muoiate disperato dell'aver eletto questo mestiere; ma la cosa sta altrimenti di quello che pensate. Io, quanto è a me, non chiamo vera utilità altro che quella la quale è evidente, e non si potrebbe in veruna forma contrastare. Udite un po'me. Potreste voi affermare che la utilità de'libri fosse vera e manifesta, s'io vi potessi provare che, dappoi in qua che sono libri al mondo, riescono gli uomini ancora que'medesimi ch'erano prima, e forse sono peggiorati? E dall'altro canto, che potreste voi dire, s'io vi mostrassi che un facitore di strumenti da sonare ha un'arte alle mani più vantaggiata della vostra, perchè gli riesce apertamente di fare utile a cui vuole?

Libraio. Se mi provate questo, prendo un liuto ad armacollo.

Forestiere. Voi dite che i libri beneficano l'intelletto e l'anima dell'uomo, e che hanno quest'oggetto per fine. Vedremo fra poco in qual modo vi riescano. Il facitore degli strumenti ha per oggetto il beneficare assi, budella d'animali, acciaio, ottone e simili altre cose morte. Prende, per esempio, un pezzo di bossolo, lo fora per lo lungo, gli fa certi forellini in sul corpo misurati qua e colà, gli fa una fessurella in sul becco, per la quale entra il fiato; ed ecco un pezzo di bossolo guidato ad una perfezione, che può dirsi ch'esso abbia acquistata la vita, potendo minuzzare e trinciare l'aria con tal misura da intrattenere gli orecchi de'circostanti con grandissimo diletto. Lo stesso avviene d'un gravicembalo. Pezzuoli di legno diventan tasti, pennuzze si fanno lingue, fili di ferro o d'ottone acquistano voce; e mille cose che prima si sarebbero marcite per le vie, diventano atte a ricevere armonia e dolcezza. Delle budella, che sapete quale immondezza sono, si fanno soavissime corde da suono; sicchè quell'arte giunge squisitamente a quella fine che s'avea proposta, e riesce nel fare quell'utilità, che voleva, a certe cose che non pareano capaci di riceverla. Il che credo che vi sia abbastanza manifesto, senza ch'io più lungamente ragioni.

Libraio. Quasi quasi fino a qui mi pare che abbiate ragione. Andate oltre.

Forestiere. Ben sapete ch'io anderò. In che volete voi che i libri abbiano fatto utilità agli uomini? O nel vivere più comodamente, o nell'essere meglio accostumati. Nell'una cosa e nell'altra sono a peggior condizione di prima. Dappoi in qua che si sono sparse le scienze e le buone arti, che certo più largamente si sparsero per la venuta de'libri al mondo, tutte le genti si sono scompartite in due ordini: in quello dei dotti, e nell'altro degl'ignoranti. Ed eccoti nato il dispregio che l'una classe ha per l'altra, ed un'intrinseca nimicizia che prima non era, quando tutti ad un modo viveano nelle dolcissime tenebre dell'ignoranza. Pare a'dotti che coloro che non sanno, errino sempre, e gli tengono per fango, e peggio; all'incontro pare a'non dotti che i loro avversari vogliano sottilizzare in ogni cosa, e si ridono del fatto loro, e s'ostinano a dire che sono più pazzi che altro. Parvi che con questa continua discordia nell'anime de'viventi si possa aver quiete nel mondo? Con tutto ciò vorrei aver pazienza, se almeno fosse in altro migliorata la condizione della vita. Spiacemi che, per un'avversione c'ho sempre avuta a' libri, non vi posso ora allegare così appunto i vari tempi e l'età diverse del mondo; ma almeno così in grosso vi potrò dire che con tutti i libri che abbiamo alle mani oggidì, io odo che ci sono le guerre com'erano un tempo, e che s'ammazzano gli uomini come si facea una volta, se non fosse utilità, ch'oggidì pare che s'ammazzino con migliori ordinanze e con più regolata disciplina di prima. Forse i libri che insegnano l'architettura, ci avranno dimostrato il modo d'avere abitazioni migliori. Questa benedetta arte ci ha ammaestrati a mettere tanto in ornamenti, ch'edifichiamo piuttosto per gli occhi di chi passa, che per le persone che hanno ad abitare nelle case: e se venisse un uomo avvezzo a ripararsi dal freddo e dalla pioggia, e non altro, ne'paesi suoi, e vedesse le case nostre, e non gli abitatori, crederebbe che fossero giganti; e, vedendogli per le vie, e non in casa, domanderebbe dove abitano? Dappoi in qua che ci sono libri di medicina, veggonsi forse morire gli uomini più vecchi? Stampansi libri di leggi continuamente, e sempre più sono le faccende ravviluppate e intralciate. Sapete ch'è? che di quelle cose che ci erano più necessarie, abbiamo già avuto dal cielo quella cognizione che basta. Stasera tramonterà il sole; lasciamo andare l'opera, andiamo a coricarci: domani sorgerà; torneremo al lavoro. Verrà la primavera, si semini; la state e l'autunno si raccoglierà; seguirà il verno, pensiamo a ripararci. Queste erano le cognizioni che ci abbisognavano, ci erano necessarie, utili: tutte l'altre ci aggravano il capo, ci fanno storiare senza pro, e poco meno che diventar pazzi. Questi sono i vantaggi de'libri vostri, e tanti altri che non gli dico per brevità intorno al migliorare la condizione della nostra vita. Ma che? Se non hanno beneficato lo stato degli uomini in altro, l'avranno vantaggiato nei costumi e saranno divenuti migliori. Sì, ch'io gli veggo che si baciano e abbracciano l'un l'altro veramente di cuore; chi può, dà un subito ed affettuoso soccorso all'infelice; l'uomo che vive delle fatiche di sue braccia, s'ingegna di fare i lavori suoi senza inganno; e chi gli compera, non si prevale punto della povertà di chi gli ha fatti. Io veggo, dopo la venuta de'libri, regnare in ogni luogo la mansuetudine, la bontà di cuore, la schiettezza, l'amicizia e l'altre felicità della vita. Va ognuno col cuore in mano, senza timore d'essere ingannato, e non inganna mai altrui; e la dovea esser così, poichè tanti hanno esaminato la dottrina de'costumi, e ci hanno con tanta chiarezza fatto intendere che cosa sieno le virtù, le passioni, la ragione, e sì minuzzata questa materia, che chi non è uomo dabbene, suo danno.

Libraio. Io credo che voi parliate da motteggio.

Forestiere. Da motteggio? Non lo vedete con gli occhi vostri propri, com'è bello, pacifico e mansueto ed onorato il mondo, dappoichè ci sono librai e libri?

Libraio. A me non mi par di vedere quello che voi dite. Anzi....

Forestiere. Che? vorreste voi fare una satira? Basta così. Ho lungamente cianciato. Vendetemi un libro.

Libraio. Quale?

Forestiere. Io intendo di compensarvi quel tempo che avete perduto. Spenderò otto lire. Datemi quello che volete voi; non mi curo più di questo, che di quello.

Libraio. Eccolo.

Forestiere. Ecco il danaro. Addio.

L'OSSERVATORE.

Ho scritto un dialogo, del quale fui testimonio; e non v'aggiunsi, si può dire, parola di mio. Sul fatto parvemi una cosa da motteggio, più che altro; ma facendovi sopra un poco di meditazione, mi parve che il forestiere non avesse il torto affatto. Bello fu che il libraio rimase così pieno di confusione e di pensiero, che volea del tutto tralasciare l'arte sua, ed acconciarsi con un maestro di flauti. Io lo confortai, e gli dissi: Che importa a voi che i libri giovino, o no? Ad ogni modo, di tempo in tempo ne vendete, e in capo all'anno vi trovate vivo e sano. Non vedete voi che il forestiere n'ha comperato uno anch'egli, dopo d'averli cotanto biasimati? Che fa a voi che l'abbia comperato per civiltà, o per altro, poichè n'ha sborsato il danaro? A un dipresso quanti comperano libri, vengono alla bottega per capriccio. Chi per aver udito a lodare un'opera, chi per concetto ch'egli ha d'uno scrittore, e qual per una cagione, qual per un'altra. I letterati sono pochi, e que'pochi ancora per lo più non abbondano sì di beni di fortuna, che possano spendere in libri largamente. Posatevi nel vostro mestiere, e affidatevi ne'ghiribizzi umani. I comperatori di libri sono in maggior numero che voi non pensate; e i libri s'adoperano a più usi che non credete. Consolatevi.

Volle la buona ventura che in quel punto capitassero alla bottega l'una dietro l'altra da sei o sette persone, le quali, facendo l'acquisto di certi libri, poterono più nell'animo suo di tutte le mie consolazioni, e lo lasciai di buona voglia, risoluto di proseguire nel suo mestiere, e di non curarsi altro di gravicembali e di liuti.

MIO SIGNORE.

Non so dove sia andato il pensiero della morale de'villani accennata da voi molti fogli addietro, nè se la vedremo mai più. Anche altre promesse ci furono fatte da voi, che poi non vennero eseguite. Ricordatevi.

Risposta.

Tutte quelle promesse che vennero da me fatte in questi fogli, saranno mantenùte. I giorni dell'anno sono parecchi e ognuno arreca qualche cosa seco. Voi vedete che ho attenuta la mia parola sempre pel passato, e così farò in avvenire. Non dubitate punto di ciò. Vedrete alla prova che non vi mancherò dell'obbligo mio. Ma non potreste credere quante volte io prenda la penna, disposto di trattare d'una cosa, e non so qual umore mi scambia e vuole ch'io parli d'un'altra. Le secrete polizze che mi pervengono all'improvviso alle mani, sono cagione di tali varietà e pentimenti. Abbiatemi per iscusato e credetemi.

N° LXIX.   A dì 30 settembre 1761.

> . . . . *Alter*
> *Ridebat quoties e limine moverat unum,*
> *Protuleratque pedem ; flebat contrarius alter.*
>   Juv., *Sat.*, X.
>
> Non sì tosto aveano posto il piede fuori di casa,
>   che l' uno rideva, e piangeva l' altro.

Se furono mai al mondo uomini mascherati in migliaia di guise, si può dire che fossero i filosofi. Da certi pochi in fuori, che veramente furono sapienti, e uomini di virtù e di dottrina, fra' quali Socrate[1] fu il principale, io giocherei che tentavano d'acquistarsi mirabile concetto nel pubblico, chi con la barba fino al bellico ; un altro che non avea da natura barba che gli bastasse, s'aiutava con un mantello intarlato ; chi col rider sempre, chi col piangere di tutto ; un altro col bestemmiare tutti gli uomini, e far professione d'odiarli e fuggirli come i cani guasti ;[2] e chi col tratteggiargli e mordergli sempre. Un onest'uomo, uguale in tutta la vita sua, che fa quello che dee per temperamento o per meditazione, opera come il comune, e non ha in sè verun particolare che lo distingua dalle genti, non ha cosa che meriti l'attenzione altrui, non se ne dice nè ben nè male, non può rendersi famoso. Quelle bestie, che si chiamavano filosofi, avvedutesi che un vivere usuale non potea pascere la vanagloria che aveano in corpo, postosi indosso un sacconaccio, e preso in mano un bastone, rappresentavano chi una commedia, chi un'altra ; e l'indovinarono, perchè fino a' tempi nostri sono pervenuti almeno i nomi di molti, che in altro modo si sarebbero rimasi nella dimenticanza seppelliti. Ma questa fu l'usanza antica : bello sarebbe l'aver tempo, e tanta flemmaticità di cervello che bastasse a trascorrere con diligenza tutte le vie e i modi che furono ritrovati da que' tempi in poi per essere creduto filosofo ; e più bello ancora il dichiarare in che fosse riposta la filosofia. Ma la faccenda sarebbe lunga, e converrebbe averne pensiero maggiore di quello ch'io intendo di darmi nello scrivere questi fogli. Quello ch'io dirò, e che mi pare degno d'osservazione, si è che oggidì non solamente ci sieno filosofi di molti generi ; ma che ci sia anche una setta di persone, le quali a dispetto loro facciano filosofi coloro che non hanno mai avuto un'intenzione al mondo di far questa professione. Guai a chi tocca d'essere intitolato filosofo, e acquista questo nome ! so dire ch'egli può far conto di non aver mai più una consolazione, e che s'ha a rodere il cuore finch'è vivo. Acciocchè il prossimo mio possa guardarsi molto bene da tutte quelle qualità che gli possono tirare addosso questa maladizione e questo diabolico soprannome, l'avviserò brevemente di quello che dee fare per non darvi dentro, e non essere martirizzato.

In primo luogo fugga a tutto suo potere di essere flemmatico ; e s'egli ha una voglia in corpo, incontanente la manifesti, e mostri con atti e con parole ch'egli ha un incendio nel cuore, e che non può vi-

---

[1] *Socrate.* V. la nota 2 a pag. 55.
[2] *Cani guasti.* Arrabbiati.

vere un' ora senza la cosa desiderata da lui. Anzi faccia quanto può e
sa per possederla, movendo cielo e terra, e, come si dice, ogni pietra,
acciocchè sappia ognuno che l'anima sua è tutta cupidità, che sta per
uscire del corpo suo ad ogni picciola opposizione. A questo modo egli
avrà da ogni lato chi avrà compassione di lui, che si moverà a fargli
piacere. Che se all'incontro gli paresse mai strano, e piuttosto cosa bestiale che da uomo, l'aprir il suo cuore alla passione, e cercherà d'af-
fogarla, o almeno di tenerla a freno con fatica, egli n'acquisterà una
certa tristezza, astrattaggine, e col tempo un certo parlare sentenzioso,
e una cera o pallida, o brusca, o malinconica, ch'egli verrà cognominato filosofo, e può andarsi a sotterrare.

In secondo luogo, s'egli avesse contraria la fortuna, e le cose sue
non gli andassero prospere, scampi quanto può e sa dall'averne sofferenza. Anzi, se egli potesse mai, salga quasi sopra un'altissima spe-
cola nel mezzo della terra, ed esclami quivi dall'alto a tutte le genti,
dolendosi de' casi suoi, e dimostrando che fortuna lo tiene pel collo a
forza; perchè s'egli ne tacerà, e le genti sospetteranno che comporti
con pazienza i casi suoi, sarà chiamato filosofo, e può annodarsi la
strozza.

In terzo luogo, s'egli per sua mala ventura si fosse mai dato alle
lettere, in due modi si può salvare. O egli studierà nel suo stanzino
segretamente, senza che alcuno sappia la sua inclinazione alle dottrine;
ma il custodire questo segreto gli riuscirà difficile, perchè se una volta
verrà colto in sul fatto, basta perchè gli venga appiccato il campanello
addosso, che gli suoni filosofo, filosofo: ovvero si glorificherà degli studi
suoi fra tutte le genti. Questo, secondo il mio parere, è il rimedio migliore; e tanto più, perchè non fa punto mistero degli studi suoi. Chi
diavol gli potrà appiccare la calunnia di filosofo, s'egli sarà il primo
a farsi gli elogi, ad apprezzarsi da sè, a gonfiarsi, sicchè gli occhi gli
schizzino di testa se viene lodato? All'incontro s'egli mostrerà modestia, timore dell'attività sua, s'egli pubblicherà qualche cosa, e gli
tremeranno le ginocchia sotto, se riceverà le lodi per istimoli d'affaticarsi, di far sempre meglio, e non si enfierà; in breve, se verrà conosciuto per uomo di pietra, eccolo filosofo, strombazzato in tutto il mondo
per tale, e s'affoghi.

Oh! dirà alcuno: È però sì gran male l'essere stimato filosofo?
Peggio d'ogni altra cosa. Che ha più a fare nel mondo un uomo che
venga creduto tale? Per quante voglie ti accendano, ognuno si sta a
guardarlo, per notare qual effetto faranno in un animo alla filosofia
rivolto; per quante calamità gli accaggiano, verrà confortato con queste
parole, dopo una breve e leggiera consolazione: Ma che? voi siete filosofo. Venga a sua posta annegato dalla pioggia, flagellato dalla gragnuola, consumato l'ossa dalle infermità; che importa, s'egli è filosofo? E se il meschino cadesse mai nelle mani di qualche donnuccia
di spirito, garbata e di buon umore, che l'avesse in concetto di filosofo, allora vi so io dire ch'egli è concio, e ch'egli avrà con la sua
filosofia a farneticare. Suo danno, s'egli fosse da vero; ma se il poverino non ne ha colpa, se fu creato tale a suo dispetto, che sarà di lui?
Ho detto suo danno, se n'avesse colpa; e queste poche parole sono
state un artifizio rettorico per appiccar qui sotto un certo dialogo, udito
da me alquanti giorni sono, fra non so quante persone in villa, e uno
che si spacciava per filosofo, a cui avvenne quello che dirò qui sotto.

In una deliziosa villetta, non molto di qua lontana, erano e sono ancora a villeggiare molti giovani di spirito, uomini e donne, i quali vennero da me un giorno visitati. Fra molte persone di buon umore, spensierate, e che non aveano in cuore altro che i passatempi, vidi un cert'uomo, il quale si stava a sedere da un lato con un libro in mano, e cotanto astratto, che in quella gran moltitudine parea solo, se non che talvolta udendo gli altri a ridere gagliardamente, stringevasi nelle spalle con atto di ammirazione che nel mondo si potesse dar allegrezza. Domandai ad una delle signore chi egli fosse: ed ella mi disse all'orecchio: "Zitto, quegli è un filosofo."—"Buon pro gli faccia," dissi io: "ma perchè, s'egli è così d'umore solitario, viene in questa compagnia così lieta?"—"Egli ci è venuto," rispos'ella, "oggi solamente, e ne l'abbiamo indotto a venire a forza di preghiere, e a patti che sarebbe stato lasciato da noi a godersi la sua libertà." Mentre che in tal forma si ragionava, venne uno staffiere a dir che la mensa era apparecchiata: onde ognuno lasciato stare il giuoco e gli altri passatempi, ce n'andammo per mangiare. Il filosofo, per quanto m'avvidi, con gli orecchi tirati alla voce dello staffiere, guardò con la coda dell'occhio una certa Cecilia, ch'era quella la quale m'avea renduto conto di lui: e levatosi di là dov'era, s'accostò a lei, la prese con una certa goffaggine sotto il braccio, la condusse alla mensa, e, senza punto attendere altro cenno, si pose a sedere appresso di lei. Era la tavola di vari cibi imbandita. Cecilia, giovane di buon umore, cominciò a parlargli in tal forma:

Cecilia. Voi non volevate venire ad ogni modo. Vi par egli però che la compagnia degli uomini sia quella mala cosa che voi andate dicendo? Certamente io intendo di farvi rappacificare con l'umanità.

Il Filosofo. Oh! questo poi no. L'uomo è la più viziosa creatura che sia al mondo. Non me ne parlate.

Cecilia. Io vorrei sapere donde traete questa notizia.

Il Filosofo. Veniamo al fatto. Ve ne fo ora veder l'esempio. L'avete sotto gli occhi. Notate questo spettacolo. Si può dare crudeltà maggiore[1] di quella dell'uomo? Ogni piatto che vi si presenta qui dinanzi, n'è una prova. Quanti innocenti animali non vedete voi qui sagrificati all'ingordigia della sua gola! Che male avea fatto all'uomo quel povero bue colà, che fu sbranato in tanti pezzi? Avea fors'esso fatto altra cosa, fuorchè lavorare la terra, perchè ognuno avesse del pane? E quel povero castrato ch'è insegna della mansuetudine, che vi fec'esso, e qual diritto ha l'uomo sopra di esso, per ficcargli nella gola un coltello, scorticarlo, tagliarlo a squarci, metterlo a bollire? Ma che volete voi peggio del vedere lesso quell'infelice piccione, per la cui morte sarà rimasa vedova un'innocente colomba, ed è stato interrotto un semplicissimo amore? Qual tigre, qual lione può essere comparato all'uomo, il quale per pascere il ventre suo fa macello di tutte le creature viventi.

L'Osservatore. Questo signore non pranzerà, se non gli sono arrecate innanzi erbe e minestre, ma non nel brodo, perch'egli avrebbe in orrore tutto quello che può derivare dalla calamità delle bestie.

Tutti. Erbe, erbe presto, e minestre acconcie con olio o burro, perchè il filosofo non mangia nè carne nè pesce.

---

[1] *Si può dare crudeltà maggiore* ec. Cfr. coi versi del Parini: « Pera colui che primo osò la mano | Armata alzar su l'innocente agnella | E sul placido bue; nè il truculento | Cor gli piegaro i teneri belati | Nè i pietosi muggiti ec. » (*Meriggio.*)

Il Filosofo. Non, signori, non vi date questa briga per me. Date qua, date qua. Poichè v'è stato chi ha avuto il cuore di scannare, scorticare e pelare, tanto sarà s'io ne mangio.

ANNOTAZIONE.

Mai non vidi uomo a diluviare con tanta furia. E non so com'egli si facesse, che macinando a due palmenti, e con la bocca piena che parea che soffiasse, la voce ritrovava ancora l'uscita per fare invettive contro alla crudeltà degli uomini. Egli è bene il vero che mi parve molto più libero nel bere, e si vedea che il vino lo tracannava con buona coscienza, non temendo d'usare veruna crudeltà; tanto che in fine del pranzo avea gli orecchi vermigli come il prosciutto, e cominciava a mozzare la filosofia[1] con una certa lingua grossa che frangeva le parole a mezzo. Ma quello che mi piacque, fu ch'egli vedea il fondo a tazze che pareano pelaghi, esclamando che la natura era grandemente peggiorata, e lodando que' tempi beati ne' quali i padri nostri si traevano la sete con le

Chiare, fresche e dolci acque [2]

del limpido ruscello. Un certo Gregorio che lo vide concio a quella guisa, sapendo che nel vino sta la verità, volle scoprire il carattere di lui, e vedere s'egli era umile, superbo, pazzo, o quello che fosse, e gli parlò così:

Gregorio. Io vedo che finalmente siete un poco di miglior umore di prima. Vedete voi? Credo che gli uomini sieno piuttosto disprezzati da voi per quello che n'abbiate udito a dire, che per pratica che n'abbiate.

Il Filosofo. Per averne udito a dire? Voglio che sappiate che un filosofo giudica da sè, e ch'io giudico gli uomini vani, superbi, tristi ed ingiusti, appunto perchè gli ho conosciuti a fondo.

Gregorio. Almanco non dite ingiusti; perchè finalmente quanti qui siamo, conosciamo il merito vero, e ne facciamo la debita stima.

Il Filosofo. Quale stima? quale ne fate voi? Se voi sapeste la condizione degli antichi filosofi della Grecia! Oh! quelli sì erano gli oracoli de' loro paesi, e i legislatori delle città. Oggidì la sapienza e la virtù vivono sconosciute e in una profonda dimenticanza; la viltà e l'ignoranza acquistano quel che vogliono. Signore mie, voi non potreste sapere a mezzo quanto sia quel bene che fa un filosofo a tutta la terra. Ma

Povera e nuda vai, filosofia.[3]

Io ho preso il mio partito di vivere solo per me stesso, e vada il mondo come vuole.

Gregorio. Leviamoci da tavola; e poichè il signor filosofo vuol vivere a sè medesimo, lasciamogli la sua libertà, come gli abbiamo promesso; e vada a meditare a sua posta.

Il Filosofo. Vi sono obbligato; e tanto più, perchè mi va pel cervello una cosa, nella quale ho bisogno d'una profonda meditazione, e della mia sempre cara solitudine.

---

[1] *A mozzare la filosofia.* Balbettare con voce rotta dal vino.
[2] *Chiare, fresche e dolci acque.* È un verso del Petrarca.
[3] *Povera e nuda vai, filosofia.* Altro verso del Petrarca.

ANNOTAZIONE.

Così detto, si levarono tutti, e andarono a cianciare, lasciando il filosofo, il quale se n'andò soletto a passeggiare in certi viali, a cui facevano ombra non so quanti castagni salvatici, in fondo de' quali era una casettina verde, con dentrovi un buon sedile, sopra il quale si pose: e andandovi io pian piano, insieme con Cecilia, a vedere quai fossero i suoi ceffi e le sue attitudini nell'atto delle meditazioni, trovammo ch'egli russava saporitamente, e dormiva per modo che non l'avrebbero risvegliato le carra. Ritornammo indietro a render conto a' compagni de' begli avanzamenti ch'avrebbe fatti la filosofia per le nuove scoperte di lui: e si pensò ad un altro passatempo. "Non sono contento di questa bestia," diceva Gregorio, "s'egli anche non si parte di qua innamorato. A quanto m'è paruto di vedere insino a qui, egli ha adocchiata con dolcissime guardature Cecilia: tocca a lei a compiere la commedia." — "Non mi mettete alle mani con filosofi," dice Cecilia, "ch'io non voglio impazzare con cervelli ch'io non conosco." — "Anzi voi siete eletta," dicevano tutti, "per far vendetta del genere umano dispregiato da costui: " e finalmente tanto fecero e dissero i compagni, che la giovane fu contenta. Io partii intanto dalla villa, e da uno de' compagni mi fu scritta una Novella dell'innamorato filosofo, ch'io serbo ad un altro foglio.

N° LXX.   A dì 3 ottobre 1761.

Et oratoribus opus est afflatu quodam divino.

Luc., in *Demost. Encom.*

Hanno anche gli oratori di bisogno del divino entusiasmo.

Dispersi per li dirupati dorsi delle montagne e fra le oscure ed intralciate selve anticamente viveano gli uomini di per sè, facendo una pessima e disagiata vita. Erano l'erbe e le ghiande e le salvatiche frutte la loro pastura, nè sapeano ancora arte veruna di coltivare la terra, ma quello che da essa spontaneamente nasceva, coglievano senza verun pensiero; e se ad alcuno mancava qualche cosa, lo toglieva con la forza fuor delle mani ad un altro, non usandosi allora nè compagno nè amico. Dappoichè in questa condizione vissero parecchi anni e forse secoli, ch'io non lo so, nacquero al mondo certi ingegni più degli altri privilegiati, i quali vedendo che il terreno fruttificava, tentarono con l'arte di renderlo fecondo delle sementi migliori: e alcuni con pali e frasche imitarono le spelonche ne' monti cavate, e fecero casettine posticce; tanto che a poco a poco incominciarono tutti a valersi di quell'intelletto che aveano ricevuto dal cielo, e a migliorare la vita. Con tutto ciò essendo avvezzi alle boscaglie, e a certe costumanze piuttosto da tigri e da lioni, che da uomini, non aveano mai pace insieme, e sempre o colle pugna o co' bastoni facevano zuffe e battaglie; quando l'altissimo Giove, aperto il suo finestrino sul cucuzzolo dell'Olimpo, deliberò di metter fine alle discordie loro.

Aveva egli costassù una bellissima figliuola, la quale nello splendore della sua faccia vinceva tutte le scintillanti stelle; ed era stata fin dal suo primo nascimento allevata fra le caste braccia della sapiente Minerva. Non era cosa che alla divina giovanetta fosse ignota; e quando ragionava, usciva dalla sua dolcissima lingua un'armonia non dissimile[1] da quella che dicono i periti delle cose celesti nascere dall'aggirarsi delle sfere. Non sono aeree le parole di lassù, come sono le nostre; nè solamente sono composte di aria e di articolazione, sicchè uscite della gola si disperdano subitamente, ma hanno veste durevole; imperciocchè non può essere infecondo quello che esce dalle celesti bocche. Per la qual cosa le parole che uscivano delle labbra[2] alla mirabile figliuola di Giove, erano tante anella di oro intrecciate l'una nell'altra a guisa di una catenella; ma tanto invisibile che occhio umano non sarebbe pervenuto mai a scoprirla, benchè la fosse di una grandissima forza e attissima a legare tutte le intelligenze del cielo. Era costei nominata Eloquenza, la quale fu chiamata un giorno da Giove a sè, che l'abbracciò, baciò in fronte, e le disse queste parole:

Figliuola, vedi da questo mio finestrino costaggiù nel mondo come sono ravviluppate tutte le faccende. Sempre sono gli uomini alle mani, e nemici l'uno dell'altro. Non hanno di me conoscenza veruna, nè punto sanno con quali ordini si debbano reggere per aver fra loro pace e quiete. Tu sola puoi con la facoltà della tua lingua spargere sulla terra quelle conoscenze e que' lumi che gli rendano mansueti e amici l'uno dell'altro, e con quella tua invisibile e maravigliosa catena di oro legargli in perpetuo vincolo di compagnia e di fede che giammai non si rompa. Tu dèi però sapere che non tale ritroverai essere la forza della tua catena fra gli uomini, quale l'hai fino a qui fra noi ritrovata: imperciocchè quassù tu ritrovi una subita capacità e docilità a' tuoi soavi legami; laddove fra loro all'incontro ti abbatterai in ingegni duri, rozzi, intenebrati, ne' quali o nulla o poco potrà il vigore della tua favella; e oltre a ciò vedrai animi cotanto ostinati, e sì poco avvezzi alla delicatezza, che tu giureresti di avere a fare con sordi, e piuttosto con durissime pietre che con cuori umani. Tu hai a vincere due quasi incontrastabili opposizioni per giungere ad allacciargli. Hanno costoro, che tu vedi colà, due parti per le quali possono esser presi e vincolati; l'una è il cervello, e l'altra il cuore; ed hanno fra sè queste due parti una mirabile corrispondenza e consonanza, la quale se tu saprai toccarla co' debiti modi, pensa che ne sarai vincitrice; ma la loro ignoranza e stupidità è tale, che tu non sapresti vincere la prova da te sola.

Avea il mio fratello e a me nimico, rettore dei profondi abissi, mandati sulla terra due de' suoi, l'una femmina e l'altro maschio, la prima chiamata *Curiosità*, e l'altro *Desiderio*, commettendo a quella che s'ingegnasse di signoreggiare al cervello, ed al secondo al cuore degli abitatori della terra; e se io con un subito avviso non gli avessi fatti legare da Mercurio dentro alle viscere di due disabitate caverne, avrebbero fino a qui condotto il mondo a molto peggior condizione di quella

---

[1] *Un'armonia non dissimile* ec. Secondo i pitagorici, i rapporti numerici delle sette note musicali esprimevano in pari tempo le distanze tra i vari pianeti; da ciò immaginarono (con molta nebulosità metafisica) una armonia delle sfere celesti.

[2] *Le parole che uscivano delle labbra* ec. Ritorna spesso nei poeti antichi questa immagine della catena d'oro uscente dalle labbra d'alcuno, per indicare la forza dell'eloquenza. Così si rappresentava talvolta Polinnia, la musa dell'armonia.

in cui si trova al presente. Imperciocchè la prima con gli stimoli suoi gli avrebbe commossi a voler sapere migliaia di cose che non importano alla felicità della vita loro, ed il secondo con un certo suo impeto naturale gli avrebbe traportati a volere quello ch'è nocivo, in iscambio di quello che giova; sicchè non avrebbero più un bene al mondo. Con tutto ciò l'una e l'altro oggidì sono necessari; ed ordinerò a Mercurio, che di là dove prima gli avea rinchiusi, gli lasci uscire, e dia loro la libertà del conversare fra le genti; vedendo io molto bene che la tua dolcissima favella non potrebbe fare effetto veruno se prima questi due non apparecchiassero gl'intelletti e gli animi alla medicina de' tuoi ragionamenti. Tu sei allevata quassù nell'Olimpo, tu vedi quello ch'è bene, e sai che sulla terra non possono aver pace le genti se non si conformano, per quanto lo soffre la natura umana, ai voleri di qua su; e perciò quando conoscerai che gl'intelletti e gli animi saranno stimolati dalla curiosità e dal desiderio, apri loro con la gratissima fonte del tuo favellare quelle cose che sono le più degne di essere sapute, e quelle che sono le migliori da essere desiderate. Anzi io voglio che tu medesima ne vada con esso Mercurio, e sia la prima a presentare agli uomini la *Curiosità* e il *Desiderio*, acciocchè conoscano ch'essi due sono a te soggetti, e che tu sei loro signora, e che puoi condurgli, allentargli e tenergli a freno quando a te piace; ed in effetto da questo punto in poi, ecco che io ti conferisco un'assoluta padronanza sopra di quelli. Quando Giove ebbe così detto, chiamò a sè Mercurio, e gli ordinò incontanente quello che volea che fatto fosse: e abbracciata di nuovo la sua figliuola, le diede licenza. Volarono Mercurio ed Eloquenza dall'altissima regione de' cieli alla montagna dove si giaceva la *Curiosità*, e quella dalle sue catene slegarono, tenendola però Eloquenza benissimo stretta a mano perchè non le fuggisse; e di là a poco fecero lo stesso del *Desiderio*, il quale fu aggiunto all'altra; e così tutti e quattro in compagnia si avviarono alla volta delle umane abitazioni. Io non so se saprò dire quello che la divina Eloquenza proferì dinanzi all'umana turba. Egli è impossibile che il suo celestiale ragionamento possa essere notato quale fu appunto dalla mia penna; ma m'ingegnerò a un dipresso di ricordarne la sostanza.

O usciti, diceva ella, dalle mani del supremo Giove, abitatore de' celesti regni, stirpe grande e nobile che da te medesima non ti conosci, sorgi dal tuo profondissimo sonno, e sappi che quelle lucide stelle che intorno al tuo capo si aggirano, furono create per te; che questa terra la quale di frondosi alberi e di fruttifere piante è vestita, è solamente fatta per te così bella. Perchè giaci tu in un perpetuo letargo senza voler nulla sapere? Quel pietoso Giove, a cui più che ogni altra cosa creata stai a cuore, t'invia questa donzella, la quale, se verrà da te cordialmente accettata, in breve tempo ti farà comprendere quello che non sai, e ti renderà degna di quell'eterno e mirabile facitore che ti ha creata e ti guarda con diletto dalle sue celesti abitazioni. E perchè il cuor tuo non giaccia in eterna infingardaggine, ma si ravvivi e si accenda di quelle nobili voglie che ti facciano operare cose gradite a lui, eccoti che per parte sua ne viene a te questo giovinetto, il quale ti desterà alle grandi opere, e metterà l'umana generazione in un perpetuo movimento di vigore e di vita.

Alzavano gli orecchi tutti gli ascoltatori d'intorno alla parlatrice Dea; e benchè poco ancora intendessero il vero significato delle sue

parole, pure si vide fra tutti una grande allegrezza, intendendo che
erano usciti dalle mani di Giove, e che le stelle e ogni bellezza del
mondo era fatta per loro; onde con voci e con atti, quali seppero il
meglio, accettarono il dono dei due giovanetti fra loro, e ringraziarono
Eloquenza che ne fosse stata la condottiera. Mercurio quando egli ebbe
veduto la riuscita della faccenda, salì al cielo ad arrecarne a Giove novella; ed Eloquenza fra gli uomini sulla terra rimase.

Pochi giorni trascorsero, che incominciò fra gli uomini a chiedersi
l'imperchè di molte cose, delle quali poco prima non si erano punto
curati; e si vedea da ogni lato volere quello che non sognavano di volere pochi giorni innanzi; il che fu ad Eloquenza indizio che gl'intelletti e gli animi erano apparecchiati alla forza del suo favellare. Per
la qual cosa quasi ogni dì saliva in un certo luogo rialto, e proferiva
vigorosissime orazioni; per modo che a poco a poco la fece conoscere
alle genti la verità, fecele insieme adunare, diede loro leggi, insegnò
costumi, e di una salvatica terra che prima si vedea, fece una civile
abitazione in cui, in iscambio delle pugne e dei graffi, incominciarono
i baciari, i salutari, le cortesie, i convenevoli, e le altre gentilezze che
fanno bello il mondo.

OSSERVAZIONE.

Non dee ancora da' principii suoi spiccarsi la vera eloquenza. Due
cose ella avrà sempre a vincere, cioè l'intelletto ed il cuore umano. Le
scienze sono di grandissima necessità, perchè l'uomo è avido di sapere,
e con esse solamente si può pascere l'intelletto degli ascoltatori; ma
non è perciò men necessario il conoscere tutte le pieghe del cuore
umano, per muovere le passioni e guidarle a quel fine a cui vuole il
parlatore. Se manca il primo ordigno, non si può allacciare l'intelletto;
se manca il secondo, non si può guidare il cuore a suo modo. Beato
chi gli ha tutti due, e può e sa valersene con arte. La favola da me
inventata, e scritta qui sopra, contiene questa intenzione, con la quale
rispondo ad una gentilissima polizza che mi fu mandata a questi giorni.
I presenti fogli non comportano precetti, nè particolarità di regole e
di arti. Tanti sono i libri che trattano di questa materia, che sarebbe
superfluo il ragionarne più oltre. Ringrazi il cielo chi ha avuto natura
inclinata a ciò, e sopra tutto non si scosti dall'inclinazione di natura,
se non vuole che gli avvenga quello che narra una

FAVOLA.

Vengon dall'alto ciel, dal bel soggiorno
Dove han luogo gli Dei, l'api gentili,
Che ronzando con grato mormorío
Colgono il dolce mèl da' vaghi fiori.
Le prime che di là volsero l'ali,
Presero albergo sull'Imetto; [1] e quivi
Dai nudriti da' zefiri soavi
Fiori odorati trassero il tesoro
Onde fan ricchi i lor beati sciami.
Avida mano il mèl ne prese, e vòta

---

[1] *L' Imetto.* Monte dell'Attica, rinomato per il suo miele squisito.

Ne rimase la cera. In varie faci
L'arte cambiolla. Un borïoso cero
Ornato d'oro e di ben pinte foglie:
Ah! perchè, disse, sì candido e ricco,
Perchè non cerco di durare eterno?
Non vegg'io forse l'impastata terra
Indurarsi nel fuoco, e non consunta
Esser dagli anni? A che non fo lo stesso?
Così detto, si lancia ove di fiamme
Ardea gran forza; e nulla ivi rimase.

Si ha dunque prima a conoscere la propria natura e l'altrui, e fare quello che uno può, lasciando fare ad altri quello a che è inclinato; e non voler gareggiare con la natura altrui, essendo gl'ingegni divisi ordinatamente, acciocchè ognuno faccia la parte sua: e in tal modo ogni uomo potrebbe acquistarsi onore, e dare avanzamento alle arti. Ma noi siamo di una tempera, che quello che sappiamo fare, ci par poco, e le nostre ali ci sembrano sempre tarpate, e vogliamo tagliar dalle spalle del prossimo quelle che non sono le nostre; onde non è maraviglia, se in iscambio di alzarci da terra, andiamo battendo le ale senza sollevarci due dita. Quello che mi fa ridere, si è che per lo più siamo così insensati, che diciamo alle genti addio, e ci par già essere sopra i campanili, e che tutte le genti sotto di noi sieno piccine come un granello di panico e di miglio, e non ci siamo ancora levati un palmo. Anzi, per meglio dire, abbiamo ragione, se gli altri ci paiono piccioli, perchè noi siamo sprofondati, e gli vediamo dal basso; e ingannati dalla lontananza, senza pensare come la fu, ci diamo al dispregiare e a farci beffe di chi si ride di noi e ci sta di sopra mille miglia.

N° LXXI.   A dì 7 ottobre 1761.

Di tutti i dispetti il maggiore credo che sia quello di un uomo il quale sappia fare squisitamente l'arte sua, e venga censurato e carato[1] da coloro che non la sanno nè punto nè poco. Egli che sa quante notti avrà vegliato, quanti giorni avrà sudato stando in continuo esercizio intorno alla sua professione, e non avrà forse avuti altri pensieri in capo fuorchè quella, pensi ognuno la consolazione che dee avere, quando cervellini nuovi i quali non hanno mai avuto dentro altro che passatempi, scherzi, burle e capricci, vogliono cattedraticamente giudicare dell'opera sua, e trovarle que'difetti che non ha, e alle volte biasimare le virtù per difetti. Ma che? Noi abbiamo nell'animo una certa qualità che ci stimola sempre a gareggiare con tutte le professioni e con tutti gli artisti del mondo; anzi per lo più si vede che ad un artista pare piuttosto di saper fare quella che fanno gli altri, che l'arte sua, dappoi che vuol sentenziare delle opere altrui come s'egli ne fosse intelligente. Bontà del cuor nostro, che vogliamo sulla terra essere ogni cosa; e io ho udito di quelli che, se avessero le ale e la facoltà di salire ne'cieli, apporrebbero qualche magagna al corso del

---

¹ *Caratato.* Giudicato.

sole e delle stelle, e forse ci sono anche certuni che ve l'appongono; perchè noi abbiamo un'albagía che non ha nè fine nè fondo. Quando ci veggiamo a correre uno innanzi, di subito rizziamo gli orecchi, e ci moviamo noi ancora zoppicando per oltrepassarlo; seguendo in ciò la natura di certi cavalletti magri, bolsi e con mille guidaleschi, i quali non possono comportare che un buon destriero gli oltrepassi. E quando se lo sentono alla coda, poi a' fianchi, poi lo si vedono innanzi, si sforzano, e fanno due o tre passi di un trottone che ammazza, e finalmente si arrestano ansando. Se non che noi facciamo ancor peggio, che, in iscambio del trottone ci vagliamo della lingua, e in iscambio di tentare con la fatica nostra di andare oltre, facciamo sperienza di arrestare chi va col dirne male. Tutto ciò è opera dell' albagía della quale siamo impastati. Egli è il vero che coloro i quali sono innanzi, hanno a curarsi poco delle dicerie e delle ciance; ma non possono però fare a meno di non averne qualche fastidio, come si ha delle mosche o delle zanzare, le quali non ammazzano, e' si sa, ma tuttavia si dee menar talvolta le mani e farsi vento per discacciarle d'attorno. Oh! le ritornano; pazienza. Almeno col dimenarci, non lasciamo che ci mordano sempre, e che le si empiano del nostro sangue. Quando si odono certi giudizi travolti intorno a qualche opera d'ingegno, certe sentenze intorno ad una fatica, della quale chi le dà è quel cieco che vuol giudicare del turchino e del giallo, io vorrei che il giudicato avesse alle mani qualche pronto spediente da ribattere l'ignoranza e la superbia, quale lo ebbe quel pittore di cui parlerà il racconto che segue.

NOVELLA.

Nella città di Firenze fu già un nobilissimo pittore, il quale nell'arte sua avea tanta capacità, che ognuno de' suoi tempi avrebbe giurato la natura medesima essersi tramutata in lui, e che la dipingeva con le sue mani. Non era cosa che cadesse sotto agli occhi, la quale dal suo pennello non fosse con tanta grazia imitata, che quasi ognuno che la vedea, non avesse giurato quella essere effettiva. E non senza ragione egli era giunto a tanta virtù; imperciocchè, oltre all'attività dell' intelletto inclinato a quell'arte, l'avea fino da' suoi primi anni assecondato con la meditazione e con l'esercizio; per modo che, quando egli andava per via, egli era sempre quasi invasato, e si arrestava qua a contemplare una faccia che avesse del virile o del vezzoso, colà un atteggiamento notava, e quai visi facessero uomini e donne addolorate, indispettite, arrabbiate o altro; nè rifiniva mai di delineare o un bel pezzo di greppo che naturalmente in una montagna si porgesse in fuori, o un fiume che lento e chiaro corresse in una bella giravolta, o una rovinosa caduta di acqua; e spesso animali disegnava che dormivano, che rodevano, che rugumavano[1] o lavoravano le terre; tanto che la sua fantasia era un mercato di ogni naturale apparenza. Sopra ogni altra cosa però, come avviene di quasi tutti gli artefici che più in una parte che in un'altra dell'arte loro sono eccellenti; sopra ogni altra cosa, dico, egli era egregio nel fare ritratti di uomini e donne, ed in ciò era principalmente adoperato, massime in que' tempi ne' quali gli uomini o le femmine innamorate non poteano così spesso vedersi come

---

[1] *Rugumavano.* Ruminavano.

fanno oggidì, e aveano bisogno di confortarsi il cuore di tempo in tempo con questa infruttuosa scorza di visi.[1] Ora avvenne che essendosi un cavaliere innamorato di una bella giovane sua pari, e volendo mandarle l'immagine sua che fosse somigliante quanto più si potesse, andò a ritrovare il valentuomo, e dettogli quello che volea, furono insieme di accordo in poche parole, e fu cominciato il lavoro. Il pittore usava nell'opera tutta quella intelligenza e dottrina ch'egli avea; perchè assegnata prima al cavaliere una nobile e insieme gentile attitudine, e pregatolo ch'egli stesse con un certo risolino fra le labbra e con un'affettuosa guardatura, si diede ad imitarla con infinita diligenza, e, prendendo colla fantasia tutti i lineamenti che vedea, ne gli segnava con la punta del pennello sulla tela con tale espressione, che ad ogni pennellata ne usciva un pezzetto del cavaliere così al vivo, che, dal parlare in fuori, chi l'avesse veduto, avrebbe giurato che fosse egli medesimo in ossa ed in carne. Lavora oggi, ritocca domani, venne finalmente il giorno in cui era presso che compiuto il ritratto, di cui il pittore avrebbe giurato che non avea fatto il più bello nè il più somigliante in sua vita. Il cavaliere intanto, vedendo l'opera quasi compiuta, ebbe in animo di voler far sì che la fosse veduta da parecchi giovani amici suoi, acciocchè gliene dicessero il loro parere, onde conferito loro che si era fatto dipingere, ne condusse un giorno forse da cinque o sei alla casa dell'artista a vedere il ritratto. I giovani, fosse o per mostrare che non vi erano andati per nulla, o perchè in effetto sapessero di pittura quanto la pittura sapea di loro, appena fu presentata loro la tela, volle ognuno fare il saccente e dire la sua opinione. Vi fu alcuno cui parea che la bocca fosse un poco più grande che la naturale, e tale altro dicea che gli occhi non aveano la forza de' vivi, che il naso era un poco più lunghetto; e chi vi trovò difetto nelle ciglia, e vi fu ancora chi prese l'ombre per macchie, e non avrebbe voluto che le vi fossero; tanto che si conchiuse che il ritratto non somigliava punto all'originale, e che l'innamorata giovane non l'avrebbe mai riconosciuto per lui. Questo punto più che tutti gli altri dispiacque all'animo del cavaliere; tanto che deliberò al tutto di non volere il ritratto; di che quantunque sentisse il pittore un gravissimo rammarico ed una stizza grandissima, pure ne lo pregò che non gli facesse tale ingiuria, e gli promise che glien avrebbe fatto un altro che avrebbe appagato lui e tutti gli amici suoi. Di che contentandosi il cavaliere, si pose l'artista a rinnovare il suo lavoro, e come quegli che era punto dall'offesa che gli parea di avere ricevuta, e dal desiderio di mostrare quanto sapea a que'giudici novellini che l'aveano contro ragione biasimato, postosi con l'arco dell'osso e con quanto intelletto avea, fece un ritratto così bene armonizzato e tale, che non vi era arte umana che potesse censurarlo in un capello. Il cavaliere lietissimo in suo cuore di sì bell'opera, e parendo a lui medesimo che non vi potesse essere lingua cotanto presuntuosa che vi trovasse materia da biasimare, fu, come la prima volta, agli amici suoi, e gli guidò alla casa del pittore. Non ebbe il secondo ritratto sorte migliore del primo, e forse peggiore; imperciocchè oltre a molti difetti che in esso ritrovarono, e alla poca somiglianza che diceano che avea, incominciarono anche a riflettere che quelle sono cose le quali quando non vengono bene al primo, le non riescono mai più;

---

[1] *Scorsa di visi.* Immagine dipinta.

che la fantasia del pittore riscaldata e confusa non potrebbe più fare
quello che non ha prima potuto netta e vigorosa; e facendo un lago
di dotte osservazioni generali, delle quali ogni uomo ha grande abbondanza, misero nell'animo del cavaliere la disperazione di non poter
avere mai più un ritratto che gli somigliasse, e in quello del pittore
un veleno che gli schizzava pegli occhi. Non fece però, come avrebbero
fatto alcuni, i quali non possono ritenere celato il dispetto, e si credono
col quistionare di vincere la prova; ma ristrettosi nelle spalle per allora, pensò fra sè un modo di far sì ch'essi medesimi confessassero
la propria ignoranza, e si pentissero dell'aver giudicato diffinitivamente
di quello che non sapeano. Per la qual cosa, quando furono partiti ri-
masosi col cavaliere solo, il quale tra sè si dolea della sua mala sorte,
gli cominciò a parlare in tal modo: Cavaliere, quantunque io sappia
che la capacità dell'uomo non ha in sè tanto vigore che la possa giungere nelle arti a far cosa che non abbia in sè difetto veruno, pure
quando io penso alla mia passata vita e a quella di coloro che hanno
così liberamente sentenziata l'opera mia per non buona, spererei di
dover essere stimato miglior giudice di una tela dipinta, ch'essi non
sono. Io ho fin da' miei primi anni abbandonato il pensiero di ogni
altra cosa del mondo e quello di me medesimo ancora, per intrinse-
carmi in questa benedetta arte, alla quale ho posto tutto il mio amore,
cercando di avere per essa qualche onore nel mondo. Ho fuggito tutte
le compagnie e i passatempi, facendo ogni mio diletto di questa tavoletta e di questi pennelli che voi vedete. Non mi sono curato nè di
dormire, nè di mangiare talvolta, per proseguire i miei onorati lavori.
All'incontro gli amici vostri, che hanno sentenziata la mia pittura, non
solo non hanno mai avuto un pensiero al mondo di quest'arte, nè mai
hanno tocco pennello o intenzione avuta di disegno, ma fuggirono anzi
ogni qualità di studio e di fatica, correndo dietro a' diletti ed ai sollazzi a loro piacere. E se vegghiato hanno le intere notti, ch'io non
vi potrei negare che non l'abbiano fatto, le vigilie loro furono impiegate in altro, che in fare figure dipinte e similitudini di persone. Con
tutto ciò io non intendo che nel giudicare di pittura sia fra loro e me
vantaggio veruno, se io non vi fo vedere in effetto ch'essi non sanno
quello che dicano, e se voi medesimo non confessate ch'io abbia ragione. Per la qual cosa io vi prego che voi diciate agli amici vostri
che vengano stasera, e diate loro ad intendere ch'io abbia ritocco il
ritratto; ma prima venite meco, e assentite ch'io faccia di voi quello
che vedrete. Il cavaliere, che ragionevole uomo era e discreto, consentì
a quello che volle. Il pittore, ch'era persona d'ingegno destro e atto a
diverse cose, prese incontanente una tela, e per modo la tagliò intorno,
che il cavaliere potea adattare al taglio la faccia sua, e sì metterla
fuori per esso, che paresse una cosa dipinta, e fattovi intorno col pennello un campo e certe ombre che aiutassero l'apparizione, acconciò la
tela in luogo, che fra la notte, la luce di una candela e altri artifizi,
avrebbe ingannato ognuno. Disposta in tal forma ogni faccenda, mandò
il cavaliere per gli amici suoi di nuovo, pregandogli che venissero a vedere, i quali computando fra sè la brevità del tempo, incominciarono,
prima ancora che quivi giungessero, a dirne male, e a conghietturare
fra loro che così tosto non avrebbe potuto il pittore far opera buona,
biasimando a mente quello che non avevano ancora veduto. Quando
picchiarono all'uscio, il cavaliere corse incontanente dietro alla tela,

e adattata la faccia, secondo il concertato modo, al foro di quella, incominciò ad essere ritratto, e ad attendere il giudizio che dovea esser dato delle sue somiglianze. Il pittore, presa la candela nelle mani, e tenendola a quel modo che più gli piacea, fece loro vedere l'opera di natura; della quale incominciarono tutti a uno a uno a ritrovare i difetti. E chi dicea: "Io vi scuso per la prestezza del tempo, ma in verità che de' tre ritratti che avete fatti, è questo il peggiore." Un altro: " Il cavaliere non ha viso così lungo:" e il terzo dicea: "Oh! parvi ch'egli abbia quel naso con quel rialto costà nel mezzo? oltre di che gli occhi di lui traggono piuttosto al cilestro, e questi sono neri." Il pittore, perchè più si rinfocolassero a dire, si diede a difendere l'opera; ond'essi sempre più infiammati a biasimare e a non voler cedere, ne dissero sempre peggior male per ostinazione, e fu conchiuso ad alta voce che la pittura parea fatta da uno scolare, e che il ritratto era un mostro. Di che il cavaliere non potendo più aver pazienza, rispose loro dalla tela, che ne li ringraziava caramente della gentilezza che gli usavano, e che finalmente si era avveduto che chi non sa, è tanto buon giudice della natura, quanto dell'arte. Gli amici scornati si partirono, e il cavaliere, pagati tuttaddue i ritratti volentieri al pittore, se ne andò a' fatti suoi, e fece presente di uno alla sua innamorata che l'ebbe carissimo.

Io non so in qual forma si potesse meglio convincere dell'ignoranza loro quelli che non sanno e vogliono fare i maestri sulle altrui fatiche. Ma quanto è a me, credo che il meglio sia lasciar correre l'acqua alla china, e pensi ognuno come vuole. Questi sono, come si dice, gl'impacci del Rosso.[1] Ognuno che fa qualche cosa, non dovrebbe affaticarsi per dar nell'umore a tutti, ma a que' pochi soli che sono della sua professione, e che intendono le squisitezze dell'arte sua. Un maestro nobilissimo di rettorica insegna che quando un poeta scrive, egli debba far conto sempre di avere innanzi a sè Omero, e dica in suo cuore: "Che parrà a lui che mi ascolta, di quello che scrivo al presente? " "E che parrebbe a Demostene, s'egli fosse giudice del mio parlare " dirà un oratore. Le migliaia delle genti che giudicano in fretta, non sono altro che orecchi; e quando le parole del poeta o del dicitore hanno tocco loro l'udito, non trovano buco di andar più avanti; e non so come ciò avvenga, che la lingua, la quale dovrebbe avere una corrispondenza interna col cervello, l'ha per lo più solamente cogli orecchi o con gli occhi, sicchè potrebbe dire, per esempio, un poeta, gli orecchi de' tali e de' tali hanno giudicato che l'opera mia sia trista; e un pittore, io fui sentenziato dagli occhi, e forse dalle palpebre di molti, per un mal pittore; e così va, chè i cervelli per lo più oggidì s'impacciano poco,[2] e lasciano fare quasi tutte le faccende a' sentimenti del corpo

---

[1] Gl' impacci del Rosso. Pigliarsi brighe che non ci toccano.
[2] S' impacciano poco. Si danno poca briga.

N° LXXII.   A dì 10 ottobre 1761.

Difficilis, querulus, laudator temporis acti
Se puero, censor, castigatorque minorum.
                                        HORAT., *De Art. Poet.*

Difficile, borbottone, lodatore del tempo passato, in cui era fanciullo, censore e accu-
satore perpetuo dell' età minore.

Bella considerazione è quella che si fa sopra gli uomini, più di ogni
altra che si possa fare intorno a tutte le cose del mondo; e quanto è
a me, non ritrovo che ci sia studio più necessario, nè più utile. La varietà che s'offre in questo argomento, non ha nè fine nè fondo; e quello
che mi pare più degno di maraviglia, tengo che sia, che quando s'è
detto uomo, o donna, sembra d'aver detto una cosa semplicissima, e
che ci sia poco da meditare. Ma quando anche si lasciasse andare l'universale dell'umana generazione, e si volesse attenersi ad un uomo solo,
chi potrebbe immaginare cosa più variabile e più strana? È egli mai
un momento una cosa sola? Egli è vero che quando hai posto nome
ad uno o Simone o Giovanni, si rimarrà sempre quel Simone e quel
Giovanni che fu il primo giorno; ma in effetto non sarà tale. Lo stato
suo è sempre mutabile: quel Simone di ieri non è più oggi, e quel
Giovanni d'oggi non lo sarà domani, quando tu pensi che l'uomo sia
veramente l'animo e non il nome. Dico il nome, e non il corpo, perchè
anche questo ha le sue mutabilità; e benchè ti paia che un naso, una
bocca e due occhi, che pure sono sempre quelli, formino sempre quella
medesima faccia, non è vero; e se vuoi vedere che così sia, come ti
dico, odimi. Quante volte avrai tu veduto un fanciullo di dieci anni,
che non ti sarà poi capitato innanzi fino a'diciotto? E se tu vuoi raffigurarlo, converrà ch'egli ti dica: "Io son quel Matteo, figliuolo di Giammaria, che voi avete veduto putto tant'alto." — "Oh!" risponderai tu, "io
non t'avrei riconosciuto mai: vedi come tu sei venuto![1] me ne rallegro."
E se tu starai parecchi anni ancora a vederlo, converrà che ti ritocchi la
stessa canzone di Matteo e di Giammaria, se vorrai raffigurarlo. Diresti
tu forse che a questo modo egli fosse quel medesimo ch'era la prima
volta di dodici anni? E forse che negherai di non esserti scambiato tu
ancora, e che gli occhi tuoi non ti facciano veder altro da quello che
vedevi prima? E se si scambia una faccia, che pure avrà sempre quel
naso aquilino, o camuso, o schiacciato che avea il primo dì, e quella
bocca o piccola o sperticata, e quegli occhi o neri, o cilestri, o giallognoli che avea quando uscì del ventre della madre sua; perchè non
vorrai tu credere che si possano scambiare le voglie, i pensieri e i capricci, che non istanno mai saldi, che hanno dipendenza da tutte le
circostanze di fuori, da sangui ora bollenti, ora tiepidi, ora agghiac-
ciati? Dunque vedi s'è lungo studio quello che si fa intorno agli uomini, e se chi vi si mette dentro, può finir mai. Io medesimo quante
volte mi sono cambiato! Mi vergogno a dirlo. E se non avessi una
certa faccia fredda intagliata che sembra quella medesima sempre, avrei

---

[1] *Come tu sei venuto.* Come sei cresciuto.

più volte dato indizi della mia intrinseca mutabilità; ma la mia effigie m'ha salvato. Non dico però che la non si sia mutata anche essa; ma nelle sue variazioni ha conservato certi lineamenti d'insensibilità e di freddezza, che l'hanno fatta parere la stessa, più d'altra faccia che si vegga. Io credo d'aver detto abbastanza per un preambolo, e per apparecchiare la via ad un dialogo, o piuttosto zibaldone di ciance, ch'io, standomi secondo l'usanza mia rincantucciato in una bottega da caffè, udii iersera sopra le maschere. Parecchi vecchiotti stavansi quivi a sedere intorno ad un deschetto, i quali, scordatisi di quello che furono un tempo, incominciarono un ragionamento a modo loro. A uno a uno io udii il nome di tutti, perchè all'entrare di ciascheduno si salutarono a nome; e questo mi gioverà alla chiarezza del dialogo ch'io porrò qui sotto, e che per la sostanza d'esso verrà da me intitolato:

I DESIDERII.

Anselmo. È egli però possibile che ognuno debba vergognarsi di mostrare la faccia, e che un pezzo di cencio coperto con la cera debba far l'effetto de' visi?

Silvestro. Oh! noi siamo a quel medesimo. Anselmo l'ha con le maschere.

Anselmo. Silvestro no; perchè se l'età non l'avesse mezzo azzoppato, lo vedremmo ancora a correre per le vie col zendado in sul capo,[1] e con la signora al fianco.

Silvestro. Io non so quello che io facessi. Ma quanto è a me, mi pare che tu faccia male a farneticare intorno a quello che vuol fare il mondo oggidì: il quale non essendo più quel medesimo ch'era a'nostri giorni, ha scambiato usanze; e volendola egli a modo suo, noi non siamo uomini da ritenerlo, nè da farlo fare al nostro.

Anselmo. S'io non posso far fare a modo mio l'universale, almen che sia fo osservare le mie leggi nella famiglia mia, e non v'ha chi esca un dito degli ordini miei.

Silvestro. E però vedi le lodi che tu n'hai d'ogni parte. Tu non lasci fare a'tuoi figliuoli quello che fa ognuno, e vien detto da tutti che sono ceppi.

Ricciardo. Taci, vecchio rimbambito; io credo bene che a poco a poco tu sarai uno di quelli i quali dicono che la maschera è necessaria in queste viuzze così strette,[2] dove il verno vengono i corpi infilzati da' venti, e che l'hanno ordinata i medici per mantenere la salute....

L'OSSERVATORE.

Il ragionamento delle maschere durò più di una lunga ora, e poco s conchiuse; se non che i vecchi persuasero Silvestro a dir come loro, e non so in qual forma passarono dalle maschere a favellare intorno

---

[1] *Col suo zendado in sul capo.* Il zendado era un drappo di seta leggera che puntato in testa scendeva a guisa di mantellino sulle spalle, avvolgendo la parte superiore della persona: e faceva parte dell'abito da maschera di cui a Venezia era permesso l'uso dalla prima domenica d'ottobre all'avvento, poi per tutto il carnevale, e in ogni altra occasione di pubbliche feste

[2] *Queste viuzze così strette.* Le vie o calli di Venezia sono la maggior parte strettissime, e vi fa impeto il vento più che altrove, non potendo dilatarsi come farebbe in luoghi più ampi.

a' piaceri degli uomini. Oh! questi, sì, dicea *Silvestro*,[1] sono le vere maschere: e io non so cosa che vada più mascherata di questa. Ma io non credo che alcuno di voi abbia notato mai che costoro si mettono una bella maschera dalla parte della collottola, e camminano andando avanti dalla parte che pare dalle calcagna; sicchè con l'aspetto loro simulato e dipinto stimolano i nostri desiderii in forma ch'egli ci pare di non poter vivere, se non gli abbiamo abbrancati. Non sì tosto poi abbiamo posto ad uno di essi il branchino addosso, ch'esso ci volta la vera faccia, la quale ha in sè una noia e un fastidio tale che non ce ne curiamo più; e lasciato andare quello ch'era da noi stato preso, corriamo dietro ad un altro.

Anselmo. Tu hai ragione. E mi ricorda d'aver letto una favola a questo proposito, la quale spiega la tua intenzione, intitolata:

LA SIRENA.

Fu già un uomo dabbene, il quale andando a passo a passo sulla riva del mare, s'abbattè a vedere una Sirena. Sa ognuno di voi che il viso delle Sirene ha in sè tanta vaghezza e tal grazia, che non è donna al mondo che si potesse a quelle rassomigliare. E oltre a ciò le cantano con tanta soavità, che la voce loro è piuttosto un'armonia di cielo, che cosa di mondo. Il valentuomo vedendo quella faccia mirabile, e udendo quelle divine canzoni, uscito quasi di sè, non sapea spiccarsi mai dalla riva del mare; e quando era giunta la notte, se n'andava via di là, portandosi nel cuore la sua bella Sirena, e aspettando la luce del giorno per poterla un'altra volta vedere. Tanto andò dietro questa tresca, e tanto fu roso dal suo desiderio, che le guance cominciarono a ingiallare, gli occhi suoi ad incavarsi, non potea più mangiare nè bere, e gli uscivano del cuore profondi sospiri; i quali sendo uditi da Nettuno, gliene venne un dì compassione; sicchè uscito fuori dell'acque, in quel modo appunto che fece nel primo libro di Virgilio,[2] quand'egli volle discacciare la famiglia d'Eolo (che non so come io me ne ricordi; tanto tempo è ch'io fui alla scuola), gli disse: "O tu che con abbondanti lagrime, e con li tuoi mal concepiti desiderii, immagini di non poter vivere se non possiedi questa Sirena, sappi ch'io la ti posso conceder per moglie. Ma prima, acciocchè tu non ne rimanga ingannato, odi il mio consiglio, e prestami fede, ch'io te lo do per compassione della tua presente pazzia. Quella che a te pare la più bella e gentile di tutte le donne, non è però tale qual essa ti sembra. Il corpo suo non è tutto quello che vedi, ma dalla cintola in giù, la si tramuta in un pesce." — "Sia pure qual essa si voglia," disse l'innamorato, "e siami pietoso. Dallami, io te ne prego, per moglie, ch'egli non mi pare di poter vedere l'ora ch'io l'abbia nelle mie braccia; altrimenti io mi gitterò in cotesto tuo mare per affogarmi." — "Poichè così vuoi, sia fatto a modo tuo." E così detto, Nettuno diede la Sirena all'uomo per moglie, il quale in un cocchio, perchè la non potea camminare, la si condusse a casa, e gli parve di toccare il cielo col dito. La sera le

---

[1] *Dicea Silvestro.* Se si bada alla interlocuzione del dialogo in appresso, si vedrà che costui che parla ora, dev'essere Anselmo e non Silvestro; e Silvestro e non Anselmo quegli che risponde con la favola della sirena.

[2] *Nel primo libro di Virgilio.* Virgilio nel I dell'*Eneide* mette in scena Nettuno, il quale sorge dal mare, e rimprovera e scaccia i venti, figli d'Eolo, che avevano suscitata una fiera burrasca contro le navi d'Enea.

nozze furono belle e grandi. La notte si coricò a letto con esso lei, e la mattina le diede un' occhiata, e incominciò ad aver dispiacere di vederle la coda e le squamme, delle quali non avea fatto prima conto veruno. In pochi giorni tanto gli venne a noia, che la gittò di nuovo nel mare, donde tratta l' avea con tanto desiderio ed amore.

Anselmo. Ora sì io veggo che noi siamo vecchi, dappoichè rincantucciati in questa bottega c'intratteniamo con le favole. Ma a me pare che questa tua favola abbia molto ben ragione; benchè non mi paia che la falsità stesse tanto nella Sirena, quanto nella testa di colui che la vagheggiava con tale effetto. Credimi; il male sta in noi, che veggiamo le cose diversamente da quelle che le sono in effetto. E quello che mi piace, si è che pare ad ognuno d'avere ragione; e siamo quasi sempre per fare alle pugna in difesa delle nostre opinioni: nè c'è uomo che voglia cedere al compagno, quando si tratta di combattere pel suo pensiero.

Silvestro. E che direste voi, s'io avessi anche la favola mia sopra questo argomento?

Ricciardo. Se' tu l'albero che fruttifica favole? Io non so come tu ti possa ricordare tante baie.

Silvestro. La dirò, o non la dirò? E quest'anche sarà una opinione diversa. Insegnano, o non insegnano le favole?

Ricciardo. Sì, le insegnano. Ti sbrigherai più stasera?

Silvestro. Avendo Giove bevuto un giorno più che l'usato del suo nèttare....

Ricciardo. Che diavol è nèttare?

Silvestro. Gli è quella malvagía che tu béi la mattina, o altra cosa simile, che si bevea dagli Dei delle favole nel cielo. Avendo dunque Giove bevuto più dell'usato un giorno, gli venne voglia di fare un presente agli uomini. E chiamato a sè Momo,[1] gli diede quel che volea in una valigia, e ne lo mandò sulla terra. "Oh!" gridava Momo, quand'egli fu giunto sopra un carro, all'umana generazione; "oh! stirpe veramente fortunata! Ecco che Giove è a voi liberale de' benefizi suoi, apre la sua generosa mano. Venite, accorrete, prendete. Non vi querelate più ch' egli vi facesse la veduta corta. Il suo dono ve ne compensa. Così detto, scioglie il valigiotto, e sbocca fuori di quello un diluvio d'occhiali. Ecco tutti gli uomini affaccendati a raccogliere; ad ognuno tocca il paio suo, tutti sono contenti, e ringraziano Giove dell'avere acquistato così bello e buon sussidio agli occhi. Ma gli occhiali faceano veder le cose con un'apparenza fallace. Costui vede una cosa turchina, che all'altro sembra gialla; quegli la vede bianca, e un altro nera, sicchè ad ognuno la parea diversa. Ma che? era ciascuno innamorato e invasato del paio suo, e volea che fosse il migliore. Fratelli miei, noi siamo gli eredi di coloro, e ci sono capitati quegli occhiali. Chi vede ad un modo e chi ad un altro, e ciascuno vuole aver ragione.

L' OSSERVATORE.

Io non so, se i vecchi ragionarono più a lungo. Parve a me per un zibaldone d'avere acquistata materia che bastasse, e partitomi di là, scrissi tutto con quell'ordine o disordine che nacque dalla conversazione de' vecchi.

---

[1] *Momo.* V. la nota 1 a pag. 62.

Ægri somnia.
                              HORAT., *Arte poet.*
                         Sogni d'infermi.

Sono al mondo certi pazzacci, i quali non avendo cervello quando
vegliano, e facendo nel corso della vita ogni faccenda al rovescio, credono che i sogni sieno la vera norma del regolare i fatti loro; e poichè non sanno nè prendere un consiglio da sè, nè conoscere se altri
lo dia loro tristo o buono, si rimettono al dormire, e secondo che so-
gnano si apparecchiano all'operare. Egli è bene il vero che per lo più
si vergognano di dire: Io farò, ovvero ho fatto a questo o ad un altro
modo, perchè io mi sono sognato sì e sì; ma da quello che n'esce, non
si può conchiudere altra cosa, se non che i sogni sieno stati la loro guida:
e chi ha pratica di ciò, potrebbe benissimo indovinare da qual sogno
sia nato un errore, un granchio, un grillo, una pazzia, una bestialità,
le quali non potrebbero nascere se l'uomo non si fosse affidato a' sogni.
Quanti sono che con questa fiducia spendono i danari al lotto? Non si
sono forse composti libri e formato dottrina del sognare? Che non può
apparire dormendo nè talpa, nè coccodrillo, nè albero, nè paglia, nè

          Zaffiri, orinali e ova sode.
          Nominativi fritti e mappamondi,[1]

i quali non significhino un numero; e benchè la polizza non esca benefiziata,[2] piuttosto che dar colpa a' sogni, si accusa l'ignoranza degl'interpreti, e dopo si dice: Oh! bestia ch'io fui! non parlò forse chiaro
il sogno mio? Si potea dare evidenza maggiore? eccogli i numeri, chiari
come nell'abbaco. Ma io la perdono alle femminette e agli omiciattoli
da nulla, dappoichè nobilissimi filosofi aveano questa opinione anche
essi. Ippocrate, che pure non fu un'oca, vuole che da certi sogni si
possa conghietturare piuttosto una malattia che un'altra; ed ecco una
dottrina la più necessaria all'umana generazione, fondata anch'essa sul
sognare, come il giocare al lotto. Oh! non vi furono forse di quelli che
sostennero i sogni di tutto l'anno esser buoni, fuorchè quelli dell'autunno? Vedi Plutarco,[3] s'egli vi fa sopra un lungo ragionamento, nel
quale mi piace l'opinione di Aristotile riferita da Favorino, che ne dà
la cagione a' frutti nuovi che si mangiano in quella stagione, e al vento
e agli altri impacci che producono nel corpo, donde nascono i sogni torbidi, mescolati e avviluppati per modo che non se ne può trarre nulla di
buono. Dopo viene in campo la pensata di Democrito,[4] il quale afferma
che i sogni sono immagini che si partono dalle cose che ci stanno intorno, e ci passano per li pori, entrandoci nel corpo non so in qual
sacchetto, donde poi uscite ci fanno sognare. E pensa che sì fatte immagini ci vengono da tutti i lati, dai vasellami, dai vestiti, dagli alberi, e specialmente dagli animali, perchè questi molto si movono e

---

[1] *Zaffiri, orinali e ova sode* ec. Versi del Lasca.
[2] *Polizza benefiziata.* V. la nota a pag. 240.
[3] *Plutarco.... Seneca.* V. le note a pag. 5 e a pag. 110.
[4] *Democrito.* V. la nota 1 a pag. 73.

hanno calore; sicchè si può dire che per li pori ci entrano, come dire, i suggelli di ogni cosa e le apparenze di tutto. Ed essendo nel tempo dell'autunno l'aria disuguale, or fredda, ora umidaccia e ora altro, queste immagini ne vengono ora piano, ora forte, s'incrocicchiano l'una con l'altra, si avviluppano e si confondono; onde così mescolate non hanno il buon effetto delle altre stagioni, e non fanno quella impronta che giova a sapere la verità, sicchè non è da affidarsi punto. Oltre a questi pareri, ve ne sono anche altri, che sarebbe lungo a riferirgli: e io non posso fare a meno, vedendo che sì fatti uomini consumavano il tempo in tali cosette, di non ricordar qui quello che diceva Seneca parlando della filosofia.

« Mi vergogno che in una scienza che tanto importa, anche vecchi, trattiamo di frascherie. Topo è due sillabe, ma il topo rode il cacio: dunque due sillabe rodono il cacio. Fa' tuo conto ch'io non sapessi anche sciogliere questo argomento, qual danno me ne verrà? qual male? qual fastidio?... O sciocchezza, o puerilità! in così fatte meditazioni aggrotteremo le ciglia? In esse ci è cresciuta la barba? E siamo così pallidi, malinconici e solitari per insegnar queste belle dottrine? » Io non saprei dare il torto a Seneca, e non credo che ci sia chi gliele volesse dare.

Maladetta sia la erudizione, e il voler parere da qualche cosa con la roba altrui. Ecco che, per innestare questo squarcio di Seneca, io mi sono cotanto dilungato dal mio proposito primo de' sogni, che non so più come rappiccare il filo. Ma sia come si vuole, io so che volea dire che ne ho fatto uno, io ancora, il quale sendo di ottobre, non so quello che voglia significare, nè donde diavolo sieno uscite le apparenze di esso per penetrarmi ne' pori; quando non fosse, che io vidi e udii ieri un cieco a cantare e sonare una vivuola;[1] e ho sempre intorno parecchi libri da tutt'i lati; dalle quali cose innestate e rappiastrate insieme, e trapelatemi dentro, sarà nato il seguente

SOGNO.

A passo a passo io me ne andava camminando a piede di una certa montagna, la quale con un erto e difficilissimo giogo parea che salisse fino alle stelle; e tutta d'intorno così vestita di folti alberi, e qua e colà renduta scoscesa, dirupata e rotta da massi, da non potervi andar sopra se non con l'ale. Io non so qual desiderio mi stimolasse di voler salire; ma mi parea di struggermi, e andava da ogni lato esaminando e spiando qualche luogo facile e qualche adito da potermi, se non altro, aggrappare. Quando in un certo viottolo, mezzo coperto dalle ortiche e dalle spine, vidi sopra un greppo a sedere un uomo canuto con una prolissa barba, il quale tenendo una sua cetra in collo, e movendo con gran prestezza le dita, soavemente accompagnava la sua voce, che proferiva cantando questi versi:

Chi cerca di salire all'alto loco,
Di qua venga ov'io sono; è questo il passo.
Ratto andarvi non può, ma a poco a poco
Vedrà la terra piccioletta a basso.

---

[1] *Vivuola*. V. la nota 2 a pag. 263.

L'ozio abbandoni, la lascivia, il gioco;
Perchè lungo è il cammino ed erto il sasso.
In fin vedrà piaggia felice e aprica:
Ma a gloria non si va senza fatica.
 Sarà beato, se negli ultimi anni
Della sua vita, al colmo giunger puote.
Molti sono i sudor, molti gli affanni
Che sostengon le a Febo alme devote.
Eterna fama poi compensa i danni;
Nè potrà volger di celesti ruote [1]
Toglier la gloria a chi sull'erto monte
Di ghirlanda d'alloro [2] orna sua fronte.
 Ma non s'inganni chi prende il vïaggio;
Ei molte donne troverà tra via
Che incoronan di salcio, d'oppio e faggio,
Mostrando a' vïandanti cortesia.
Conoscerà chi veramente è saggio,
Che son Superbia, Vanità, Pazzia:
Nè prenderà per lauro eterno e verde,
Foglia che in breve tempo il vigor perde.

In questa guisa cantava con dolcissima armonia il venerando vec-
chione, a cui accostatomi con grande atto di umiltà, e temendo di sturbare la sua canzone, me gli posi dinanzi, quasi volessi ascoltare s'egli
fosse andato più oltre cantando. Ma egli lasciato stare il suono ed il
cantare, e voltatosi a me con benigna faccia, mi domandò chi fossi e
donde venissi, ed io gli risposi: "Desiderio di salire sopra questa montagna mi ha qui condotto, per modo che non mi parea più di poter
vivere se non mi concedeva fortuna di fare questo viaggio: ma poichè
sono avventurato di tanto, che in questo luogo ti ho ritrovato, e tu hai,
a quello ch'io udii, gran pratica del monte, io ti prego quanto so e posso,
che tu mi dia quegli utili avvertimenti co' quali io mi possa all'alta
cima condurre." — "Lascia," rispose il buon vecchio, "ch'io ti vegga;'
e poscia cominciò a considerare. "Magro, aria astratta, malinconico, non
molto coltivato in corpo, a quest' indizi tu potresti benissimo incammi-
narti, e mi sembri uomo da ciò; ma prima è da vedersi se con queste
cose estrinseche si congiungono anche le tue operazioni. Alza la faccia,
parlami chiaro. In che hai tu consumato il tempo tuo fino al presente?"
"Da' primi anni miei," risposi, "abbandonata ogni altra occupazione, e
fatto il tesoro mio di un calamaio e di certi pochi libri, non mi sono spiccato mai da essi, parendomi di godere l'ambrosia e il nèttare [3] degli Dei
quando io posso pacificamente attendere agli studi." — "Quale acquisto,"
ripigliò il buon vecchio, "facesti delle tue lunghe fatiche e vigilie?"
"Acquisto?" diss'io. "Quanto è alle lettere, io non so, perchè io non ho
mai fatto sopra ciò i calcoli miei per timore, vedendo tanti altri ingegni
antichi e moderni andati innanzi al mio, che mi par di essere ancora
nel guscio; quanto è poi ad avere e alle ricchezze, non solo questa vita
non mi ha fruttato nulla, ma ne ho avuto discapito." — "E questo di-

---

[1] *Volger di celesti ruote.* Volgere d'anni.
[2] *Ghirlanda d'alloro.* All'alloro, nobile fronda da incoronare poeti ed eroi, si contrap-
pongono il salice, l'oppio e il faggio, foglie di nessun pregio.
[3] *L'ambrosia e il nèttare.* Cibo il primo, bevanda il secondo, degli Dei.

scapito," diss'egli, "come ti è doluto?" — "Se io," dissi, "avessi a vivere
eterno sulla terra, io ti confesso che ne avrei un profondo rammarico;
ma avendo io fino al presente passato più che la metà della vita, e vedendo che poco andrà ch'io sarò uscito di ogni impaccio, mi vo con-
fortando con la brevità del tempo avvenire, e me ne curo poco." — "Tu
hai," ripigliò il vecchio, "quel ramo di pazzia ch'è sufficiente a poter
andare allo insù di questo monte, e sappi che questo è uno de' bei principii da sperare di giungere alla cima. Oh! se tu avessi forza d'ingegno corrispondente a ciò, io ti prometto che tu saresti nato eterno. Imperciocchè io ti potrei noverare che tutti coloro i quali giunsero ad
avere la ghirlanda dell'alloro dalle mani di Apollo, come io poco fa
dissi nella mia canzone, incominciarono dall'abbandonare ogni desiderio
di mondano bene, e ogni modo di vivere parve loro buono, purchè tiras-
sero innanzi come potevano la vita. Io medesimo fui uno di quelli.
O chiunque tu ti sia, che sei qui giunto, sappi che io sono colui che
cantai l'ira d'Achille e gli errori di Ulisse: tu dèi sapere chi sono."
Udendo che quegli al quale io favellava era il divino Omero, incominciai a tremare a nervo a nervo, la voce mi si arrestava nella gola, e
dall'un lato la curiosità mi spronava a mirarlo bene in faccia, mentre
che dall'altro il rispetto mi sforzava ad abbassare gli occhi. Pur finalmente ripigliando gli smarriti spiriti, gli chiesi scusa se non l'avea
conosciuto prima; imperciocchè avendo io udito a dire ch'egli era stato
cieco, non avrei potuto mai immaginarmi ch'egli fosse quel desso, dappoichè io lo vedea ora con due occhi risplendenti, e molto più di quello
che si richiedesse ad un'età cotanto avanzata. "Io fui cieco," mi rispose,
"è vero: ma tu dèi però sapere che non fui così per tutto il corso della
mia vita, di che ti narrerò una storia, che non avrai forse udita giammai, come quella che non fu saputa da uomo veruno."

NARRAZIONE.

Io fui negli anni della mia fanciullezza cieco, ed essendo dalla povertà consumato, vissi delle limosine che mi faceano i Greci di città in
città, cantando io nelle piazze diverse canzoni da me composte in lode
di quelle genti che stavano intorno ad udirmi. Questa mia cetera, che
porto ancora al collo, una buona voce, ed un incendio di passioni che
mi ardevano nel petto, aggiunte ad un ingegno subitano e perspicace,
mi rendevano uno squisito poeta; maravigliandosi ogni uomo che senza
luce degli occhi potessi tanto sapere. Ma non essendo io sviato dalla
varietà degli oggetti ch'entrano a sturbare l'intelletto per gli occhi,
passava il mio tempo in continue meditazioni; e vivendo nelle pubbliche vie, negli alberghi pubblici, e qua e colà per le botteghe, ebbi occasione di udir a favellare ogni genere di genti, le quali di varie cose
ragionando gittavano nella mia mente quelle sementi, che con la meditazione poi germogliavano e facevano frutto. Non ti potrei dire qual
concetto avessi in me formato però degli uomini; perchè non vedendo
punto le loro operazioni, ed in effetto essendo da quelli sostenuto con
le larghezze che mi usavano, diceva fra me: "Oh che buona, anzi divina
pasta sono costoro! Vedi con quanto amore e con quale benignità mi
prestano nelle mie occorrenze assistenza." Ma conobbi finalmente, che
tutto ciò facevano per le canzoni ch'io cantava in lode loro. Imper-

ciocchè essendo io giunto un giorno al tempio di Esculapio,[1] e fatto quivi una cordiale preghiera acciocchè egli mi facesse grazia di concedere agli occhi miei quella luce che non aveano avuto mai, udì le mie preghiere il pietoso nume, ed ebbi per la prima volta la vista. Oh non avessi mai pregato il cielo di favore sì fatto. Che non sì tosto ebbi ricevuta la facoltà di vedere, conobbi a poco a poco quello che non avea saputo giammai; e quegli uomini, ch'io avrei prima giurato che fossero tanti mansueti agnelli, compresi ch'erano lupi, tigri e lioni, che si mangiavano le carni del corpo l'uno con l'altro. Quello fu il punto che non mi lasciò più aver bene, perchè mosso da compassione del mio prossimo, incominciai, secondo che vedeva certe male operazioni, a voler ammonire ora questo, ora quello, e, credendomi di far bene, a cantar per le vie qualche buon pezzo di morale; onde mi avvenne il contrario di quel che credea. Tutti mi voltavano le spalle, e vi erano di quelli che dicevano mille mali del fatto mio, e altri non contenti di ciò, me lo dicevano in faccia, e vi furono alcuni che mi discacciarono dal paese loro; tanto ch'io fui obbligato ad andarmene ramingo ora in questo luogo ed ora in quello, quasi senza più saper dove ricoverarmi. Giunto finalmente a questo luogo, dove al presente mi vedi, posimi per istracco a sedere sopra questo sasso, considerando fra me quello che dovessi fare, parte sdegnato contro alla perversità delle genti, e parte volonteroso di ricondurle, per quanto a me era conceduto, al cammino della verità e ad un umano costume.

Allora dall'alto di questa montagna udii un'altissima voce che a sè mi chiamò, e mi disse: "Omero, la tua

---

N° LXXIV.   A dì 17 ottobre 1761.

---

buona intenzione è veduta e commendata dagl'Iddii ai quali sei caro. Incomincia il tuo cammino, e non temere di nulla; che la maldicenza non ti potrà punto nuocere, e si disperderà da' venti che seco portano le cose leggiere. S'egli ti dà l'animo di vivere con parsimonia e di non curarti punto di agi e di abbondanza di corporei beni, avrai quassù dove io sono, immortalità di nome, e sarai maraviglia di quanti dopo di te verranno." Questa magnifica promessa mi empiè tutto l'animo di sè; e promisi alla sconosciuta voce di fare ogni suo volere, dimenticandomi di tutte le cose terrene; e incontanente vidi un luminoso raggio che mi dimostrava il cammino a salire. Con tutto ch'io avessi l'invisibile aiuto degl'Iddii, non ti potrei dire a mezzo quanto fu il mio sudore e lo stento prima che pervenissi alla sommità della montagna; ma finalmente, superato ogni ostacolo, a capo di parecchi anni mi trovai sulla cima di quella. Io non ti narrerò le accoglienze che n'ebbi, nè i bene armonizzati suoni e i balli delle leggiadre Muse che costassù albergano; ma solo ti dirò ch'egli mi parve di essere divenuto altr'uomo da quello ch'io era prima: i pensieri miei si fecero più vigorosi e più maschi, la voce più gagliarda, e questa mia cetera, tocca da me costassù, parea un incantesimo a me stesso. Quivi appresi ogni bella dottrina alla sua fonte, e nelle selve abitate dalle deità mi venne vogl a

---

[1] *Esculapio*. Dio della medicina.

un giorno di domandare ad una delle Muse, che mi dicesse « lo sdegno orrendo[1] del Pelìde Achille, che diede infiniti travagli agli Achivi, e mandò molte generose vite di eroi a Pluto prima del tempo, e gli fece preda a' cani e agli uccelli del cielo. » Al che ella rispose, « che questo era stato volere di Giove; » e così dicendo mi empiè il capo di tante immagini e di tanti pensieri, ch'ebbi materia da riempiere ventiquattro libri; nei quali feci vedere gli effetti delle umane passioni, lodai la virtù, dimostrai i segreti delle deità, la nobiltà del valore, il potere dell'eloquenza, e tante altre cose, che a me medesimo parve impossibile di averne tante sapute, e certo io non le sapea se non fossi stato dal cielo ispirato. Anzi per non riuscire spiacevole agli uomini, cantai di coloro ch'erano già morti, acciocchè le mie lodi non si acquistassero la taccia di adulazione e i biasimi di satira; ma nelle persone già uscite di vita si vedesse uno specchio delle virtù e de' vizi che vivono, senza insuperbirsi o sdegnarsi di quello che si legge, perchè non toccando punto il leggitore, nascesse in lui semplicemente l'amore alla virtù, o l'abborrimento del vizio.

Nè parendomi ancora di aver fatto tutto quel bene che avrei potuto fare, terminato ch'ebbi la Iliade, posi mano a raccontare gli errori di Ulisse e i vari casi e pericoli ne' quali egli era incorso, per far conoscere in qual forma si dovessero gli uomini diportare ne' male avventurati punti della vita loro, e provare che la sofferenza è il superlativo rimedio di ogni cosa. Quando io ebbi terminate queste due opere, fui dalle Muse accettato nella compagnia loro per sempre, e mi fu dato l'uffizio di guidar quassù coloro che fossero amanti della sommità di questa montagna. "E quanti," diss'io, "sono di qua passati dappoichè tu ci se', Omero?" — "Pochi," rispose; "ma non mi far entrare in questa briga, perchè sarebbe una lunga intemerata[2] a dire le ragioni per le quali così picciol numero è privilegiato. Oltre di che mi viene anche fatta da Apollo proibizione di palesare questo segreto, prendendosi egli spasso nel vedere continuamente un gran numero di persone, le quali si credono di essere in sulla cima, e si diguazzano colà fra le pozzanghere di quella valle, chiamando anitre e oche i candidissimi cigni che nuotano nelle purissime onde del Permesso:[3] di che Apollo si fa spettacolo e commedia, e non vuole che gli infangati ricevano di ciò avviso veruno; ma si stiano a guisa di mignatte e di tinche nel loro pantano, stimando di batter l'ale per l'immenso circuito dell'Olimpo.[4] Ma non ne ragioniamo più, e dimmi se vuoi dar principio al tuo viaggio." — "Ben sai che io mi struggo di voglia," rispos'io; e già lo pregava ch'egli mi andasse innanzi, e mi parea di vedere.... Ma che? Le mattutine voci de' venditori di frasche e ciarpe,[5] altamente gridando per la via, mi destarono, e non vidi più nè Omero nè la montagna, ma mi trovai nel letto collo stampatore all'uscio che mi sollecitava per avere il foglio.

ANNOTAZIONE.

Crederà alcuno che questo sogno celi in sè vari segreti; e chi sa che non ci sia qualche intelletto perspicace che non affermi che siffatti

---

[1] *Lo sdegno orrendo* ec. È la traduzione dei primi versi dell'*Iliade*.
[2] *Intemerata.* Chiacchierata.
[3] *Permesso.* Fiumicello che nasce dal monte Elicona ed è sacro alle Muse. I cigni rappresentano i buoni poeti.
[4] *L'Olimpo.* Qui sta per il cielo.   [5] *Frasche e ciarpe.* Robe vecchie.

sogni sono mie invenzioni, e che io gli fo quando voglio, e secondo che
la fantasia stabilisce che debbano servire. Io ci giocherei che sarà ritrovato qualche mistero grande in Omero cieco, nella montagna, nel
mio desiderio di salire, ne' cigni, nelle oche, e in tutto quello che vi si
legge ; e potrebb' essere anche ch' io fossi tacciato di un poco di vanità, e dell' avermi lodato. Io accerto chi legge, che quanto ho detto
non è stato altro che sogno, e che ogni cosa mi è apparita dormendo ;
e quando anche si sospettasse che il sognare così fatte cose venga da
una certa prosunzione e albagia che ha lo spirito di sè stesso, la si può
comportare ; perchè in fine, quando fui per cominciar la salita, si vede
che il sonno si ruppe, e che l' animo conobbe lo stato suo e la sua
forza, nè si arrischiò di andare più avanti.

Oh ! non si potrebbe però comportare ch' io mi lodassi un tratto [1] in
vita mia ? Viene un punto nel corso della vita umana, che l' uomo si
tiene da qualche cosa : s' egli s' inganna, pazienza. Non ho io forse udito
di quelli che in luoghi pubblici non hanno mai a ragionare di altro che
di sè medesimi ? Io ho fatto tale e tale atto di amicizia, dirà uno ; e un
altro : la schiettezza mia non ha pari nel mondo ; e io so fare e io so dire ;
tanto che pare che il commendar sè stesso sia necessità ; e credo che
sia in effetto ; stimarsi di tempo in tempo da qualche cosa, purchè sia
con una certa moderazione, è una spezie di nutrimento dell' anima. Daresti tu alla gola sempre di che inghiottire ? No ; perchè ti si empierebbe troppo lo stomaco, saresti sempre col capo pieno di fumo e di
un calore che te lo farebbe andare attorno ; oltre di che ne avresti di
quando in quando qualche malattia, e saresti obbligato a coricarti a
letto e ricorrere al medico. All'incontro se vuoi sostenerti in piedi,
avere fiato e vigore da far le opere tue, hai di tempo in tempo a mi-
nistrare al corpo tuo un discreto cibo che ti rianimi, che ti rinforzi.
Pensa similmente che l' avere qualche concetto di sè sia il pane e la
vivanda dello spirito. Se tu vuoi far opera degna di qualche onorata
fama, hai a ristorarti talvolta con questo manicaretto. Non lo ingoiare
però sempre, perchè esso ha una certa facoltà che ti rigonfia, ti empie
di vento e ti farà scoppiare ; e di ristoro diventa veleno. Se non ne
pigli mai, eccoti vicino a morire di fame. L' animo si fiacca e si avvilisce, non gli pare di esser atto a nulla, inciampa ad ogni passo, e tutto
gli pare difficoltà, ombra, notte, selva, dirupi ; trema sempre. Che può
mai uscire di un animo così fatto ? Come si può distendere ad opere
grandi e nobili ? come può andare avanti se gli sembra di non poter
stare in piedi ? L' avvilimento lo lega, gli mette ceppi e manette, non
sa più s' egli possa o non possa nulla, anzi sarà certo un giorno di non
poter nulla, e giacerà seppellito nell' ozio. Non senti tu che quando il
corpo tuo richiede di essere ristorato, ti sollecita la fame ; il palato ti
fa sentire il sapore di quello che mangi, con una squisitezza e con una
dolcezza che ti tocca il cuore ? Natura ti ha dato anche un certo appetito nello spirito di lode, di stima di te medesimo, per rinvigorirlo
a tempo, per non lasciarlo sfiorire, e senti bene quanto sapore hanno
le lodi, per indicarti che le sono necessarie ; e se tu te le dài in coscienza e discretamente, le sono buone, nutritive e giovevoli a sollevare
l' anima tua e renderla capace e attiva nelle operazioni ; e quando hai
concetto di te a questo fine, io ti consiglio talora a dir bene di tempo

---

[1] *Un tratto.* Per una volta.

in tempo del fatto tuo. Se poi all'incontro fosse tua intenzione che l'esaltar te medesimo fosse avvilimento altrui, e lo facessi a questo fine, guárdati come dal fuoco; imperocchè non si può dar vizio peggiore.

FAVOLA.

Narrasi nelle antiche leggende, le quali hanno lasciato memoria de'luoghi donde uscirono tutt'i beni e i mali che sono venuti nel mondo, come non contento l'inimico Plutone[1] di aver empiuto, per quanto potuto avea, la terra di calamità e magagne, egli inventò anche un giorno il ragno e la gotta. E volendo mandargli fra gli uomini chiamò a sè l'uno e l'altra, e parlò in questa forma: " Io ho costassù una gente a me nemica alla quale io studio con ogni vigilanza e diligenza di fare ogni dì qualche male; e benchè io non sia giunto ancora a quel colmo ch'è da me ardentemente desiderato, pure ho fino a qui tanto fatto, che non ho cagione di dolermi delle mie invenzioni. Sono usciti di qua gl'infiniti desiderii che travagliano quella genía, l'insaziabilità dell'avere, la guerra, la peste e tanti altri fastidi, che io credo che oggimai non abbiano un momento di riposo. Con tutto ciò, come si fa quando si sono condotte a fine le cose più importanti e massicce, non lascio mai di pensare a qualche novità; e a questi giorni voi mi siete venuto in mente l'uno e l'altra, e benchè non possiate far macelli, nè rovine universali, a me basta che secondo le forze vostre vi diate ad infastidire i miei nimici. Vedete di qua giù i luoghi a'quali dovete andare. Quivi sono altissimi palagi e dorati, e dall'altro lato casettine picciole e capanne di genterelle; eleggetevi quale abitazione vi piace. Andate." Vennero al mondo il ragno e la gotta, e data un'occhiata intorno: "Oh!" disse il ragno, "la natura mia è fatta per dimorare in luoghi ampi e spaziosi. Tu sai bene, sorella mia, che io debbo stendere certe larghe tele, per le quali non avrei campo che bastasse in queste casipole, sicchè pare a me che mi toccasse di abitare nell'ampiezza de' palagi, e che tu mi dovresti cedere le abitazioni più grandi." — "E così intendo io di fare," rispose la gotta. "Non vedi tu forse come ne' palagi vanno su e giù sempre medici, cerusici e speziali? Io son certa che non avrei mai un bene al mondo, e la vita mia sarebbe un continuo travaglio." Così detto, le si accordarono insieme, e la gotta andò a conficcarsi nel dito grosso del piede di un povero villano, dicendo: " Di qua, cred'io, non verrò discacciata così tosto, nè i seguaci d'Ippocrate[2] s'impacceranno de' fatti miei; tanto che io spero di tormentare costui, e di starci con molta quiete."

Dall'altro canto il ragno, entrato in un palagio molto ben grande, e salito fra certe travi colorite e con bellissimi lavori d'oro fregiate, come se il luogo fosse stato suo, vi piantò la sua dimora, e cominciò ad ordire la tela e a prendere alla rete le mosche. Ma un indiavolato staffiere, quasi non avesse avuto altro che fare, con la granata in mano, parea che avesse di mira quella tela, e dàlle su oggi, dàlle su domani, non gli lasciava mai aver pace, nè requie, sicchè ogni giorno era obbligato il ragno a ricominciare la sua orditura. Di che preso egli un giorno per disperazione il suo partito, ne andò alla campagna a raccontare la sua mala vita alla gotta; la quale con dolorosa voce gli ri-

---

1 *Plutone*. Dio dell'inferno.   2 *Ippocrate*. V. la nota 2 a pag. 20.

spose: "Oh! fratello, io non so qual di noi abbia maggior cagione di lagnarsi. Da quel maladetto punto, in cui elessi di venir ad albergare con questo asinone di villano, pensa che io non ho saputo ancora che sia un bene. Sai tu quello ch'egli fa? mi conduce ora a quel bosco a fender legna, e di là ad un tratto ad arare i campi, e quello che più mi spiace, a cavare la terra, dove calcando col piede sulla vanga, come se l'avesse di acciaio, non mi lascia mai campo di posare un momento; tanto che potresti dire che non solo io non fo verun male a lui, ma ch'egli all'incontro ne fa molti a me; sicchè si può dire ch'io abbia fatto come i pifferi di montagna, che andarono per suonare e furono suonati. Per la qual cosa, fratel mio, io credo che noi faremmo bene l'uno e l'altra se cambiassimo abitazione." Il ragno fu d'accordo, ed entrato nella casettina del villano non ebbe più fastidio veruno, perchè non vi fu chi gli ponesse mente; e la gotta sconficcatasi di là, andò ad intanarsi nel piede di un gran signore, il quale si dilettava di tutt'i punti della gola,[1] e bevea i più squisiti vini che uscissero delle uve di ogni parte del mondo. Egli non sì tosto la si sentì ne' nodi, che non potendo più, incominciò a starsi a letto, e ad accarezzarla con impiastri, unzioni e mille galanterie, tanto che la vita sua divenne la più agiata e la più soave che mai si avesse.

Amico mio, questa favoletta non è nè nuova nè mia; ma facendo essa al proposito vostro, ve la ricordo. L'esercizio è l'unico rimedio a questo male. E se voi non immaginerete di aver le calcagna da villano e vi affiderete alle medicine, rimarrete il più dell'anno nello stato in cui vi trovate al presente.

N° LXXV.   A dì 21 ottobre 1761.

Magnus ille est, qui fictilibus sic utitur quemadmodum argento; nec minor ille est, qui sic argento utitur, quemadmodum fictilibus. SEN., *Ep.*, V.

Colui che sa valersi de' vasellami di creta, come dell'argento, è uomo d'assai; e non da meno chi sa valersi dell'argento, come se fosse vasellame di creta.

Questo bello edifizio dell'uomo, quando fu creato, non avea nè panni, nè argento, nè oro intorno; e passò lungo tempo prima che le lane filate e tessute, e la seta e l'oro lo ricoprissero. Dappoichè vennero trovate tante invenzioni, pare che non sia più l'intelletto e la capacità che rendano gli uomini l'uno più degno di pregio dell'altro; ma si considera che que' corpi, i quali sono meglio forniti da' sarti, da' ricamatori, e da altri sì fatti artisti, sieno anche abitati da spiriti migliori e più atti a tutte le cose. Io non so come gli occhi nostri abbiano acquistata tanta signoria sopra l'animo nostro, che lo fanno giudicare o bene o male d'un uomo, secondo che lo veggono o bene o male fornito di panni; sicchè pochi si sanno guardare da questa preoc-

---

[1] *I punti della gola.* Qui sta per delicatezze.

cupazione; e se uno avrà ingegno, studio, e altre mille qualità buone
e belle, egli avrà a stentare per tutto il corso della vita sua a farle
conoscere, perchè le porta intorno sotto un vestito o grosso, o liscio,
e senza frange, e sotto un mantello, quale gliel'avrà conceduto il cielo,
e quello che gli sarà venuto a caso. Io potrei arrecare di ciò innanzi
mille esempi; ma quelli che si leggono ne' libri sono notissimi; e se ve
n'ha alcuno che si narri oggidì, non è bene palesarlo al mondo. Dirò
solamente che conosco un amico mio, il quale, essendosi negli anni suoi
giovanili spesse volte ingannato nel giudicare da tali apparenze, s'è
posto in animo di considerare tutti gli uomini, come se andassero nudi
ancora, e d'esaminargli molto bene prima che dar sentenza di loro;
e gli sono accadute molte nuove e belle avventure. Non dirò quello
ch'egli scoprisse sotto le appariscenze magnifiche e sotto alla grandezza; ma spesso gli avvenne di trovare sotto i più rozzi panni maschie virtù, cognizioni nobilissime, eletti costumi, perspicacia profonda,
e mille altre nobili qualità che sotto la crosta e la muffa della rozzezza
e della semplicità stavano nascoste, e talora non conosciute da que' medesimi che n'erano i possessori. Nè gli bastò l'avere fatti tali scoprimenti; ma di tempo in tempo gli andò notando sopra un suo quaderno,
nel quale si veggono storie di putti, di fanciulle, di giovani, di donne,
d'uomini, di vecchi, e d'ogni età e d'ogni sesso. Egli m'ha fatto vedere le sue scritture, e m'ha promesso di lasciarmele un giorno per
qualche tempo nelle mani, acciocchè io ne faccia una scelta a mio piacere; e la farò di buona voglia, sperando di dare al pubblico cosa che
non gli sarà discara. Per ora ne pubblicherò un saggio, secondo che
mi viene mandato da lui stamattina appunto in un foglio, che è questo:

AMICO CARISSIMO.

Ho avuto a questi passati giorni l'opportunità di aggiungere nel
mio libro a penna certe altre nuove sperienze fatte secondo l'usanza
mia. Da certe ruvide boscaglie del Friuli, e da un luogo dove appena
si vede il sole fuori per alcune apriture di monti, s'è partito per sue
faccende un villano cognominato il *Giannacca*, il quale non ha veduto
in sua vita altro che buoi e pecore: nè ha cognizione di altri uomini
o donne, fuorchè degli abitatori della sua villa, la quale è una raunata
di forse ventisei capanne fatte di graticci, intonacate con la creta, e
coperte di sopra con paglia di segala; dentro impeciate dal fumo, e
vestite il tetto d'una cert'erba che dee aver del superbo, dappoichè
vuol nascere in aria, e non si degna di star coll'altre. Il *Giannacca*
è un uomo fra i trenta e i quarant'anni, il quale essendo stato accolto
da me con molta facilità e domestichezza, conobbi che in un giorno o
due si spogliò d'una certa prima rusticità, la quale al primo gli legava
la lingua, e non lo lasciava profferire quello che avea nel cervello; e
sopra tutto lasciò non so quali sue goffe ceremonie, essendo egli avvezzo che ad ogni richiesta che gli veniva fatta, rispondeva il primo
giorno o con una sberrettata, o con un inchino fatto a caso, o con un
sorriso avanti che rispondesse; benchè poi ne venisse fuori una risposta
breve, chiara e ben conceputa, quanto mai potesse uscire dal meglio
fatto cervello. Da questo piccolo principio conobbi che il *Giannacca*
era stato dotato da natura di buon ingegno, e che n'avrei potuto cavar
qualche frutto, s'egli fosse dimorato meco parecchi giorni; onde vez-
zeggiandolo, e usandogli molte cortesie, l'indussi ad arrestarsi in mia

compagnia; nè ebbi gran fatica a persuaderlo, essendo egli d'un temperamento pieno di curiosità e voglioso di sapere.

Lo condussi fuori di casa meco vestito da villano, come appunto egli era, e al vedere la gran calca delle genti che si trovano per le vie, io gli domandai per ischerzo, se il villaggio suo era popolato come questa città. Alla qual domanda egli mi rispose: "*Dove si manduca, il cielo ci conduca, e donde si lavora, il cielo ci mandi fuora.* E che diavol volete voi che vengano a fare le genti dove si sta sempre con la vanga in mano, o dietro ad un aratro per tirare diritti i solchi?"—"E che credi tu," diss'io, "che non si lavori qua come altrove e che ci si mangi solamente?"

Giannacca. Ben sapete ch'io credo che alcuni lavorino; ma io credo ancora che qui ci sieno danari da pagare i lavori, laddove costassù fra' miei monti s'ha a penare i mesi interi prima di vedere un quattrino.

Io. Sai tu, *Giannacca* mio, che, non avvedendoti, tu ora hai parlato come un filosofo?

Giannacca. Io non so chi sia costui, che avrebbe parlato come parlo io: ma secondo la capacità mia, mi par d'intendere che sia così.

Io. Tu di' anche il vero; ma vorrei sapere chi te l'ha insegnato.

Giannacca. Le passere, che dove c'è grano si raccolgono, e dove la terra è sterile, o paludosa, non si veggono mai. Io veggo qua tanti uomini che menano le braccia e le mani in arti ch'io non ho vedute mai; e questo mi dà indizio che ci sieno anche danari da pagarle. E se fra' nostri greppi vi fosse chi ci desse quattrini, io trovo che noi ancora avremmo testa, braccia e mani da fare come tutti gli altri.

ANNOTAZIONE.

Vedi, diceva io fra me, come costui, senz'altra educazione, intende benissimo qual sia il principio che fa le città popolate, e donde nasce la concorrenza e l'abbondanza delle genti, quanto un filosofo. Così dicendo, entrammo in una casa di certi miei amici, dove appena salimmo le scale, che mi vennero incontro due fratelli, i quali mi fecero accoglienza, e mi condussero in una stanza a ragionare di varie cose che non importano al fatto. Il *Giannacca* si rimase di fuori solo, fino a tanto che gli amici miei, avvisati della mia intenzione, lo chiamarono dentro. Egli venne, e uno di loro gli disse: "Perchè non siete entrato voi ancora poco fa con l'amico nostro?"

Giannacca. Io non credea che a questo saione[1] ch'io porto intorno, fosse lecito d'addomesticarsi co' panni vostri.

Amico. Oh! buono. E sotto que' tuoi panni chi v'ha?

Giannacca. Nel mio villaggio vi soleva essere un uomo; in città non so quello che ci sia, perch'egli è poco tempo che ci sono venuto; e mi trovo sì diverso dagli altri, ch'io aspetto che gli altri mi dicano quello ch'io sono.

Amico. No, no, non dubitare. Tu se'uomo. Sieno quali si vogliano i panni tuoi, dentro v'è rimaso colui che v'era prima nel tuo villaggio.

Giannacca. Vi ringrazio.

Amico. Oh! di che mi ringrazi tu ora?

Giannacca. Che, con tutta la grandezza vostra, consentiate ch'io sia uomo dinanzi a voi. La mi pare una bontà senza fine.

---

[1] *Saione.* Veste di grosso e ruvido panno.

ANNOTAZIONE.

E anche questa risposta che così al primo sembra una bestialità, non è però quanto la pare a chi l'esamina un poco a fondo. Quante volte dipende dalla bontà altrui, che uno sia uomo, o non lo sia? Io ho più volte veduto comparire un buon cervello innanzi ad un altro che non era così buono; e con tutto ciò quest'ultimo era sì gonfio d'una ventosa superbiaccia, e cotanto pieno di sè e persuaso della capacità sua, che toccò all'altro di mettere le pive nel sacco, e andar via confessando ch'egli avea il torto, e ch'era una bestia. Ma partitomi, dopo vari ragionamenti, col *Giannacca* via dalla casa degli amici miei, ed essendo già la sera vicina, mi venne in animo di condurlo meco al teatro, dove si rappresentava una tragedia, per vedere qual nuovo effetto facesse in lui uno spettacolo di tante genti quivi raccolte, que' lumi, que' suoni, que' vestiti risplendenti, e in fine una veduta di cose nuove che a lui doveano parere un incantesimo. Così feci, ed entrammo insieme per tempo; e chiedendomi egli dove fossimo entrati, e che quivi si facesse, io condottolo meco in un palchetto, e chiuso l'uscio, lo feci sedere, non altro dicendogli, se non che quivi s'avea a fare una rappresentazione di cose finte che sembrano vere, per dar sollazzo a chi vi fosse presente. "Io non so quello che voi vogliate dire," ripigliò il *Giannacca*, "ma ci starò volentieri, per vedere quello che ne riesca; e così detto, incominciò a guardare le maschere che vi concorrevano, e s'affacciavano or a questo palchetto e ora a quello; e nulla diceva, se non quando alcuna di esse, trattasi la maschera, mostrava la faccia: di che si facea una gran maraviglia. "Oh!" diss'io, "di che ti maravigli ora?"

Giannacca. Di questa tragedia.

Io. Come, di questa tragedia? La non s'è ancora incominciata.

Giannacca. Voi credete, perch'io sono un povero villano, di darmi ad intendere una cosa per un'altra; ma io conosco benissimo ch'essa è incominciata, e che già sono apparite le cose finte che paiono vere. Non vedeste voi poco fa que' visi tutti bianchi, i quali ora sono divenuti naturali? Che vi pare? Non ho io conosciuta molto bene la vostra tragedia?

Io. Questa tua semplicità mi fa ridere. Questi che tu vedi, sono gli spettatori, coloro che, come tu ed io, stanno ad aspettare la rappresentazione. Quelli che la faranno, si chiamano i recitanti, e debbono uscire di colà, e fare le loro finzioni.

Tacque il *Giannacca.* Salirono i lumicini dal di sotto del teatro, e furono per lui una maraviglia. I sonatori co' loro dolcissimi strumenti gli percossero soavemente gli orecchi, sicchè gli parea d'essere in un nuovo mondo, e finalmente, levatasi la tela, apparirono gli attori; alla veduta de' quali fu quasi fuori di sè medesimo, e gli ascoltava con tanta attenzione, e così unito in tale rapimento, che mostrava benissimo d'intendere ogni cosa. Ma quello che più di tutto mi fece maravigliare, si fu che molte volte facea un certo viso torto, quando gli parea che le risposte o non fossero a proposito, o male atteggiate, ch'io m'assicurava nella faccia sua di quello ch'era buono, o non buono, come se avessi esaminato la cosa; tanto era buono il giudizio che ne davano gli atti e i cenni di lui. Oh, diceva io fra me medesimo, quanto fa male chiunque al suo tavolino immagina, scrivendo, che il popolo non sia giustissimo giudice delle cose rappresentate pubblicamente! Vedi come presto s'offende una natura semplice, non educata dagli studi, ma intelligente per sè, d'un picciolo neo e d'un errore di cui forse non si sarà avveduto lo scrittore! Quando s'avesse anche a fare con uditori che non avessero studiato nulla, il che pure non è, io non so come. tre o quattrocento capi raccolti in un luogo, posto che non avessero maggiore intelligenza che quella del *Giannacca*, formano un giudizio così retto che non v'ha appellazione.[1] Pare che quanto di buono hanno in sè tutti questi intelletti divisi, si rauni ad un punto per sentenziare giudiziosamente. Mentre che io rifletteva in tal guisa, terminò la tragedia; e non vi potrei dire quante buone e belle cose mi disse il *Giannacca* intorno ad essa, nè quanto rimanessi maravigliato che in un povero e male allevato villano si ritrovasse seppellito tanto di buon gusto e di senno.

N° LXXVI.   A dì 24 ottobre 1761.

E quando un segue il libero costume
Di sfogarsi scrivendo, o di cantare,
Lo minaccia di far buttare in fiume.

BERNI.

Si aggirò per Venezia[2] ne' passati giorni una novelletta di due pittori. A proposito di quella, non so donde, mi pervenne alle mani un

---

[1] *Appellazione.* Secondo giudizio che deve confermare o cassare il primo. Non v'ha appellazione vuol dire che il primo giudizio è definitivo.

[2] *Si aggirò per Venezia* ec. Gaspare Gozzi qui allude e risponde ad un mordace articolo contro suo fratello Carlo, pubblicato nel n° 73 della *Gazzetta Veneta*, la quale, dopo che il Gozzi stesso, nel gennaio 1761, ebbe cessato di compilarla, era diretta dall'abate Pietro Chiari, bresciano (1700-1788). Costui, scrittore inesauribile di commedie, tragedie e romanzi, pieni di stravaganze e scritti in uno stile gonfio ed ampolloso, ebbe per le sue produzioni teatrali lunghe contese dapprima col Goldoni e poi, riconciliatosi con lui, con Carlo Gozzi. Tra quest'ultimo e il Chiari furono insolenze e strapazzi senza fine, sinchè Carlo fece di lui e del Goldoni una satira acerba in alcune di quelle sue *Fiabe* che furono rappresentate sui teatri di Venezia tra il 1761 e il 1763 con clamoroso successo, lodatissime allora e poi, in Italia e fuori. Per più chiara intelligenza della cosa riporto qui l'articolo della *Gazzetta Veneta*, nel quale il Chiari raffigura sè stesso sotto le vesti d'un valento e operoso pittore, e Carlo Gozzi sotto quelle di uno spegazzino copista: « Lettera di Milano de' 13 ottobre 1761. — Amico mio. Ho ricevuta la *Gazzetta* vostra che spedita m'avete la settimana passata, e continuate pure a spedirmela regolarmente ogni sabato che con sì poca spesa desiderar non posso un trattenimento migliore. Per corrispondere in qualche maniera alla vostra attenzione, ve ne somministrerò io medesimo quella più curiosa materia che può darci il nostro paese; e se prima d'ora saputo avessi questo vostro talento, prima d'ora servito vi avrei con tutta la diligenza di cui mi credete capace. Cominciamo senza perderci in cerimonie soverchie. Pochi giorni fa è qui morto un conoscente mio e credereste voi che egli sia crepato di rabbia? Sentite il caso dall'origine sua, e ci troverete qualche cosa dell'antico eroismo filosofico, che vi darà da imparare e da ridere. Abbiamo qui un pittore mio amico, che coll'opere sue moltissime e d'ogni sorte s'è fatto non poco credito in tutta l'Italia nostra e fuori dell'Italia medesima. Indefesso nel lavorare, egli è affollato di tante faccende e di tante commissioni non picciole, che potrebbero quasi giudicarsi di troppo. Le cose sue hanno un non so che di vivo e di dilettevole e di naturale, che bello riesce agli occhi delle persone ancora meno intendenti, onde pare non ci siano al mondo altri pittori che lui, ed a lui tutti ricorrono che abbiano voglia d'avere o un paese, o una storia, o un ritratto da abbellire le gallerie

foglio accompagnato da una istanza di pubblicarlo. Stetti fra il sì e il
no per qualche tempo. Pure finalmente, avendolo bene esaminato, e conoscendo ch'esso non contiene altra intenzione fuor che quella di mettere in luce la verità, che dee essere amata da ogni uomo onesto sopra
ogni cosa, consento a chi lo scrisse, e lo mando allo stampatore. È di
necessità accordarsi a chi brama che sia saputo il vero.

---

loro, o da spedire per qualunque occorrenza in altro lontano paese. Oltre l'abilità, la
facilità e l'applicazione continua di questo pittore mio confidente, il carattere suo personale è così raccolto ed occupato di se medesimo, che nessuno può dire d'avere ricevuta
da lui la menoma offesa. Veramente attesa la condizione deplorevole delle cose umane,
non basta nel mondo non dar molestia a chicchessia per non esser molestato dagli altri.
Ci sono pur troppo dei talenti invidiosi e maligni che si fanno un piacere di prender di
mira le persone dabbene. Anche l'accennato pittore gran tempo fa fu preso di mira da
un altro spegazzino copista di cattive anticaglie, non già perchè fatto gli avesse alcun
male, ma perchè le pitture sue secche, stentate, mal intese, e semplicemente copiate da
originali altrui, non aveano nè quell'incontro, nè quel guadagno, nè quello spaccio che
sentiva egli avere i quadri d'un altro della sua professione. Per isfogare l'invidioso mal
animo suo, prese egli a screditare il suo competitore con villane dicerie, nelle quali non
si trovava nemmeno il carattere dell'uomo onesto e ben nato. Se ne risentì da principio
l'offeso pittore e meco ne fece qualche doglianza, protestando di volerne fare in certo
suo quadretto istoriato una bizzarra e piacevol vendetta. Essendo io amico del pari di
tutti due, fui subito tormentato dall'invidioso copista, perchè volessi interpormi in questa
contesa che aver poteva delle conseguenze peggiori. Costui di fatto strapazzava alla peggio un uomo dabbene, e poi ne aveva paura, ordinario carattere della maldicenza che dà
alla schiena delle persone, e trema poi che le mostrino il viso. Per metter pace tra due
professori dell'arte medesima, non ricusai d'interpormi nella più dolce maniera. La pittura apparecchiata in vendetta, non vide più la luce del mondo. Lo spegazzino in essa
delineato si contentò di pagarla a caro prezzo, e fu stipulato solennemente un accordo
che dell'emolo suo non direbbe mai più parola. Immaginate voi se l'invidia, la maldicenza e la fame ponno gir d'accordo con gli altri, se d'accordo giammai non vanno seco
loro medesime. In poco tempo noi fummo daccapo. Lo spegazzino copista tornò ad insul-
tare villanamente il pittore dabbene, perchè avova egli sempre delle commissioni novelle,
e l'altro non guadagnava in capo a un anno due bagattini. Eccoli di nuovo in discordia
ed eccomi di nuovo mescolato nelle discordie loro, perchè non ne seguisse di peggio.
L'offeso pittore ritornò al pensiero di vendicarsi, come agevolmente potea. L'offensore
vigliacco tornò ad averne paura e gli fu d'uopo tutta impegnare l'amicizia mia, perchè
non ne seguisse più di così. Questa volta ancora fu sopita una tal differenza; ma restò
ella sopita per poco. Il maldicente tornò ad infuriare peggio di prima e tutte le leggi
scordando dell'onestà, della prudenza e della moderazione, s'abbandonò al suo prurito
di mordere e di infamare chi non gli dava molestia, anzi aveva per esso avuti mille riguardi. Qui fu dove il pittore oltraggiato pensò a cangiar stile con un emolo suo per
farne un'altra più dolorosa vendetta. Come se fosse un cane che abbaiava alla luna, non
fece più il menomo conto delle di lui dicerie. Quello pensava ad iscreditarlo, ed egli giorno
e notte lavorava per istabilir sempre più il suo concetto. Perdendo quello le intere giornate in malediche dicerie, non guadagnava un soldo e gridava di fame, là dove l'altro
non perdendo un momento di tempo, serviva gli avventori suoi quanto gli era possibile,
accresceva il numero delle sue faccende, moltiplicava il suo lavoro, godeva i suoi comodi
e lasciava gridar dietro le spalle sue chi ne aveva talento. La cosa andò sì avanti in
foggia novella che desiderarsi non potea una vendetta filosofica migliore di quella. Il
maldicente avrebbe voluto che l'emolo suo s'arrabbiasse, si dolesse, ne intisichisse e
perdesse di mira gli affari suoi più importanti, per badare a lui solo. Vedendo che ciò
non otteneva, nè trargli potea o parola di bocca o il pennello di mano, tanta rabbia ne
concepì e tanto furore, che diede l'altro giorno in un contrattempo da pazzo, e la rabbia
sua costògli la vita. Trovando esposto un quadro novello dell'emolo suo, e sentendolo
da tutti approvato, cominciò a dar del capo per le muraglie di casa sua gridando che il
mondo era cieco, che non si potea far di peggio, che i bravi pittori morivan di fame e
che gli ignoranti avevan tanta fortuna, di modo che sì fracassò la testa e di semplice
rabbia morì, senza che nessuno trattenerlo potesse da' suoi furiosi trasporti. Quando me
ne fu recata la nuova, ne restai stordito e la communicai tosto all'altro pittore, il quale
senza scomporsi o staccarsi dal lavoro che avea tra le mani, freddamente mi rispose:
me ne rincresce perocchè ho perduto un uomo che mi dava da guadagnar assai, facendo
più note che non nelle opere mie colle sue maldicenze. Che dite, amico mio, di questo
filosofo e d'un tale accidente? Graditelo e fatene quell'uso che volete, che io sono con
tutto l'affetto....» — Gasparo Gozzi in questo numero dell'*Osservatore* ripiglia l'allegoria
dei due pittori, volgendola a difesa del fratello Carlo e a scorno del Chiari.

Al Signor N. N., a Milano.

La vostra lettera del dì 13 del corrente è stata qui pubblicata colle stampe. Bella cosa avete fatta nel vero a piantare una carota così solenne, perchè la fosse poi messa alla luce! Dove avete voi la coscienza? Perchè scrivete voi le cose al contrario di quel che sono? Quale ingegno è il vostro che si diletta, non so per qual capriccio, di mascherare la verità, e di scrivere a' vostri corrispondenti quello che non è e non è stato mai? Non mi sono io forse partito da Milano a questi giorni? Io so pure com' è stata la faccenda de' due pittori, l' uno de' quali è a me noto quanto sono io a me medesimo, e dell' altro ne ho quella cognizione che mi fu data dalla città di Milano tutta intera. Pensate quello che mi parve quando giunsi in Venezia, mi spogliai il vestito da viaggio, mi mascherai, andai ad una bottega da caffè, trovai che vi si leggeva in un foglio la lettera vostra ad alta voce, e udii un bugione così fatto. Non potei ritenermi, e sapendo come la cosa è in effetto, mosso da un certo amore alla verità, esclamai: Oh va', e di' poi che si abbia a credere una storia un minuto di ora dopo che la è accaduta, o quando la è uscita un quarto di miglio fuori di quel paese ove nacque! Tale esclamazione, uscitami dalla bocca involontariamente, fece invogliare alcuni circostanti di sapere chi io fossi: il botteghiere mi conosceva; disse loro all' orecchio ch'io era Milanese, tutti mi si fecero intorno e cominciarono a domandarmi le particolarità della storia de' pittori; io presi il foglio in mano, e dissi a questo modo: Vedete voi, signori miei, questo primo pittore, di cui dà notizia il foglio, come di un uomo che con le opere sue moltissime e di ogni sorte si è fatto non poco credito in tutta l' Italia e fuori dell' Italia ancora; ch' è affollato dalle faccende, che ha nelle cose sue un non so che di vivo, di dilettevole e di naturale, che riesce bello agli occhi delle persone ancora meno intendenti, ec.? Sappiate che questo è uno de' più capricciosi intelletti che adoperassero mai pennello: ed è il piacere di Milano per un suo nuovo e non più udito capriccio.

> Chi pon fieno a' cervelli, o dà lor legge?

Ha egli veramente, come riferisce il foglio, infinite faccende, perchè da mattina a sera, con una fretta che mai la maggiore, si sta sempre a ricopiare non so quali lavandaie, o teste di Oloferne,[1] o Alessandri Magni da dozzina e da buon mercato, che sono poi trasferiti per le fiere ora di Bolzano e ora di Sinigaglia[2] e in altri luoghi. E dipinge anche orciuoli, piattelli e cartapecore da cembali, che quando hanno intorno la sonagliera, fra il romore di quella e certi colori appiccàtivi, grossi un dito, talvolta alla prima occhiata pare che abbiano qualche vistosità; ma non vi fu mai alcuno che abbia potuto intendere quello che sia dipinto, se vi sia visi di uomini o bestie o altro. Tutte queste cose vengono, come dissi, trasportate per le fiere a balle, a sacca, in cassoni e in ceste,[3]

---

[1] *Lavandaie, o teste di Oloferne.* Con queste parole il Gozzi intende di mordere le stravaganze e i bizzarri accoppiamenti di cose disparate, di cui riempiva il Chiari drammi e romanzi.

[2] *Per le fiere ora di Bolzano e ora di Sinigaglia.* Un tempo erano famose e frequentatissime le fiere annuali di Bolzano (Tirolo) e di Sinigaglia (Marca d'Ancona) che divenivano per un determinato numero di giorni emporio di merci dei più lontani paesi.

[3] *A balle, a sacca, in cassoni e in ceste.* La volgare inesauribile fecondità del Chiari fu

per modo che quanto all'abbondanza non si potrebbe dir nulla: e non vi ha chi si opponga, peichè ogni altro pittore a petto a lui è una gocciola di pioggia a comparazione del diluvio universale. Ma quello che fa maravigliare, si è che venendo le sue pitture trasferite qua e colà, e condotte di paese in paese, e spesso riportate indietro senza averle sballate, mette tutti questi viaggi in conto di suo concetto; e conecchè egli sappia che non vengono da' forestieri accettate nè spesso nè volentieri, a lui basta che le siano andate attorno, per affermare il *credito ch' egli si è fatto fuori dell' Italia ancora*, e per tenersi, nella sua immaginativa, *vivo, dilettevole e natural pittore*; ed è così entrato in tal fantasia, che non è mai stato possibile di fargli credere il contrario; e chi gli cavasse questa dal cervello, gli rimarrebbe poco altro. Ma questo sarebbe un passatempo, se non fossero molti anni che a dispetto di mare e di vento non si fosse anche ostinato a volere che la sua maniera di dipingere sia la più bella e la più corretta scuola del mondo; che i Tiziani, i Tintoretti, i Paoli siano a petto a lui pennelli da imbiancatori; e finalmente non si fosse dato a svillaneggiare tutti gli eccellenti pittori antichi e i buoni moderni dell'antica scuola; non so se perchè in effetto così la intenda, o per fare come la volpe della favola, che avea perduta la coda, e consigliava nell'assemblea a tutte le altre volpi il tagliarsela per non parere essa sola scodata.

Spiacque un tal procedere ad un egregio maestro dell'arte, il quale, come qui vedete, è nella lettera di Milano nominato alla lombarda *Spegazzino copista*. Spegazzino copista! Signori miei, questo è uno de' più periti, naturali e corretti pittori che sieno stati da parecchi anni in qua. Fino dalla prima età sua si è applicato ad un ottimo genere di pittura, ad uno studio di natura indelesso, ad una perfetta imitazione di quella, ad un colorito che ha tutta la squisitezza antica e la moderna vivacità, e che dà un'anima di vita e galanteria a quanto gli esce del pennello. Questi, oltre allo studio suo, ha anche sempre avuto l'agio di esaminare le sue invenzioni, di condurle a fine con diligenza, e di correggere a modo suo come colui ch'esercitò la professione per diletto, e ha fatto i quadri suoi non comandato, ma stimolato dalla sua libera fantasia, avendo tanto dalla fortuna, che può attendere alla pittura, senza cercare. nè voler guadagno da quella. Pochi sono i quadri che fino a qui gli sono usciti delle mani, è vero; ma questi pochi non sono andati per le fiere, anzi sono cari ne' gabinetti degl'intendenti; nè mai gli sono usciti di casa, se non gli mandò in dono a questo o a quello degli amici suoi; di che ho per testimonianza tutta la città: onde vedete se la lettera di Milano ha il torto, dove afferma ch'egli è invidioso dell'altro pittore perchè non *guadagna in capo all'anno due bagattini*. Ma per tornare al primo proposito, spiacque al valente maestro che l'altro col dispregiare gli antichi valenti pittori, e co' vantamenti continui delle opere sue, tentasse di abbattere i buoni, e di guastare la scuola di un'arte che ha in sè tanta nobiltà e grandezza. Come, diceva egli fra sè più volte, pieno di un'affettuosa passione, una scuola da' nostri maggiori per tanti secoli[1] e con tanto sudore così

---

sempre argomento di motteggio per il Gozzi; il quale in una sua lettera al Màstraca (16 aprile 1755). esclamava : « Beato Chiari che in quanto si piscia, fa cinque atti d'uno zibaldone! »
[1] *Una scuola da' nostri maggiori per tanti secoli* ec. Carlo Gozzi nelle sue fiere contese col Goldoni e col Chiari, da lui ingiustamente accomunati in un biasimo solo, si vantava difensore e seguace dell'arte degli antichi contro le moderne innovazioni.

ben fondata, che fa onore alla nostra Italia e alla patria nostra, verrà
ora desolata dalle parole di questo nuovo pittore? Non saranno più
esemplari della gioventù tanti mastri pezzi di opere che ci furono lasciati? Oh! che importa? Importa. Perchè le buone arti bene esercitate ingentiliscono i costumi, introducono nell'anima una certa misura
e armonia che l'assuefà al pensare rettamente; e se non la rendono
in effetto migliore quanto alla virtù, almeno la dispongono ad una
certa compostezza e ad un certo ordine che più facilmente alla virtù
può adattarsi. Le stravaganze nelle arti liberali sono quelle prime ch'entrano nel cervello della gioventù, la quale, suggendo quel primo latte
torbido e tristo, non è possibile a dirsi quanto divenga poi male atta,
torcendosi in quel principio, a ricevere una educazione regolata ed
onesta. Più volte fu così udito a dire; ma perchè le parole giovano
poco quando non si viene a' fatti, inventò un giorno un suo quadro
allegorico, in cui dipinse sotto il velo di certe figurette gioconde una
fraterna ammonizione al pittore dell'abbondanza; il quale in iscambio
di riceverla per quella ch'ella era, andò dicendo in ogni luogo che la
era una satira, e montò sulle furie talmente, che pieno di mal talento,
presa una sua tela davanti, vi dipinse dentro la sua rabbia, e fu così
da quella traportato, che gli parea di avervi delineato e dipinto il pittore suo avversario. Vi fu per quella volta chi lo pose in calma; e se
voi sapeste il modo, so che ne ridereste; ma in una pubblica bottega
non si può narrare ogni cosa; solo vi dirò che un uomo di ottimo cuore,
cordiale e generoso, senza saputa del pittore corretto, con un atto da
suo pari, gli tolse quella furia del capo, e liberamente nel mandò in
pace. Ma che dico nel mandò in pace? Non dipinse mai dopo nè tela,
nè orciuolo, nè piattello, nè carta da cembalo, in cui non dipingesse
in un cantuccio qualche cane che abbaiasse contro al buon pittore, o
qualche rospo che tentasse di avvelenarlo con la bava. Mai non cessò
nelle conversazioni, nelle botteghe o nelle piazze di lingueggiare e dir
male de' fatti suoi; tanto che al pittore corretto venne finalmente voglia di ridere del suo avversario, massime avendo egli notato che, oltre
a' tentativi che faceva di offendere lui, avea più volte ne' suoi piattelli e
cembali attaccati anche gli amici suoi più intrinsechi, e non tralasciava
mai di malmenargli, attaccargli e stuzzicargli, checchè dica la lettera, che
nessuno possa dire di avere *ricevuta da lui la menoma offesa*. Per la qual
cosa dunque il buon pittore, immaginatosi vivamente la effigie del suo
avversario,[1] la espresse in varie forme gioviali e grottesche, condite da
un certo garbo particolare del suo pennello, sicchè n'è riuscita un'opera
non solo somigliante, ma piena di tanto vezzo e di tale galanteria, che
venendo sposta agli occhi del pubblico, vi fu un gran concorso a vederla, e ne rimase ogni veditore appagato. Quando l'avversario intese
che il quadro era stato posto fuori, prese un ottimo spediente in apparenza, che fu quello di non curarsene; e ben doveano gli amici suoi
veri mantenere in lui questa opinione; ma in sostanza di tempo in

---

[1] *Il buon pittore, immaginatosi vivamente la effigie del suo avversario* ec. Nel gennaio di
questo stesso anno 1761, Carlo Gozzi aveva fatto rappresentare al teatro di San Samuele,
dalla compagnia comica del Sacchi, famoso Arlecchino di quel tempo, la *Fiaba delle tre
melarancie*, dove sotto il nome della Fata Morgana era messo in caricatura il Chiari colle
sue strambe invenzioni e col suo stile ampolloso: e il pubblico veneziano l'accolse con
infiniti applausi. Poi nell'ottobre dello stesso anno fece rappresentare, prima a Milano,
poi a Venezia, un'altra fiaba: *Il Corvo*, nella quale di nuovo si fa la parodia del Chiari.

tempo, non veduto, andava a dargli un'occhiata, e non potea far a meno di non mostrare il conceputo dispetto, il quale fu benissimo conosciuto da' notomisti del cuore umano; perchè dopo lo stabilimento fatto da lui di non parlarne, non poteva tacerne mai. E quel che fu peggio, in iscambio di tentare di abbattere l'avversario suo con qualche bella invenzione, o difendersi con prove e con argomenti che mostrassero quanta sia la sua sapienza nella pittura, di nuovo cominciò a dirne male senza una prova al mondo, e a riconfermare la sua capacità, secondo l'usato, con le sue lodi e col vituperare altrui senza misurare le parole. E tanto andò oltre riscaldandosi la fantasia, che incominciò a vaneggiare siffattamente, che immaginò ne' vaneggiamenti suoi di *avere esposto un quadro novello approvato da tutti* (cosa che non avvenne mai ancora), e che per doglia l'emolo suo si rompesse il capo in una muraglia, e morisse di rabbia. In fine·tanto entrò in questo farnetico, che gli pare di avere l'ombra dell'emolo suo sempre a' fianchi, e a guisa di Oreste, va passeggiando e parlando in questa forma:

Fammi di bronzo il petto,[1] filosofica forza.
Ma no, va la mia nave a poggia ed or ad orza.
Scoppi da' nembi pure la folgore ed il tuono,
Sarò sempre quel desso; ma non so dove sono.
Donde vieni, Ombra iniqua, con la sferza crudele?
Perchè tazza mi porgi colma d'amaro fele?
Vanne; odo il fischio eterno dell'anguifere suore;
Tutto è ripieno il mondo di tenebre e d'errore.
Ma filosofo sono: vengami incontra Averno,
Sarò sempre costante, e tremerò in eterno.

In tal guisa imperversando, egli teme da ogni lato le apparizioni del buon pittore da lui creduto morto, e questi quieto, vivo e sano, mangia e bee del suo, ride di tali fantasie, e si gode la gloria de' suoi onorati sudori.

Questa, signori miei, è la vera storia de' due pittori, alterata nel foglio che qui si leggeva. Nè io so per qual capriccio sia stata di colà scritta in altra forma. Ma io vi prometto di ragguagliare a chi l'ha scritta a quel modo il caso che mi è qui accaduto. Anzi me ne vado subito a stendere il fatto in una lettera. Addio, miei signori.

E voi, signor mio di Milano, se mai più scrivete novelle, regolatevi, perchè le vanno a stampa, e se avessi palesato il nome vostro, ne sareste stimato un parabolano. Vi raccomando da qui avanti la verità. E se siete amico del pittore assalito con l'ultimo quadro, difendetelo onoratamente e con que' modi che dee usare un uòmo dabbene, o tacete. Il cielo vi apra gli occhi, e vi faccia conoscere il vero ed amarlo. Non altro. Vi saluto.

Di Venezia....

---

[1] *Fammi di bronzo il petto* ec. Questi bislacchi martelliani sono una parodia del turgido poetare del Chiari. A proposito del quale veggasi pure il dialogo d'Ulisse, Circe, Picchio ec., nel n° 94 dell' *Osservatore.*

Segnius irritant animos demissa per aurem
Quam quæ sunt oculis subiecta fidelibus.

HORAT., *De Arte poët.*

Più debole opera fa sull'anima la cosa ch'entra per l'orecchio, di quella che a fedeli occhi è sottoposta.

ALL' OSSERVATORE.

Sono stato a vedere una e due volte la rappresentazione del Corvo.[1] Comecchè in essa si veggano rappresentate molte cose le quali si sa che sono impossibili ad accadere, non posso negarvi che l'animo mio non ne sia rimaso ingannato a segno, che m'è convenuto a forza sentire que'movimenti che si provano al recitare d'una tragedia. Di tali componimenti io non sono punto intendente. Qualche ragione pur vi dee essere dell'effetto ch'essa fa sull'animo degli spettatori. Se non vi rincresce l'entrare in tali argomenti, favoritemi di qualche risposta, accertandovi che io ve ne sarò obbligato. Sono col cuore vostro affezionatissimo

POLIPRAGMONE.

MIO SIGNORE.

La rappresentazione del Corvo ha in sè tanti e così vari artifizi, che non è punto da maravigliarsi ch'essa possa operare quanto in effetto opera sull'animo degli uditori. Voi vedete in essa congiunto insieme uno spettacolo grato agli occhi, piacevolezze comiche e passioni gagliarde da tragedia, e tutto vestito del meraviglioso ch'è l'ultima percossa sull'intelletto degli uomini. Le cose che voi dite essere impossibili ad accadere, è vero che sono tali; ma l'uomo ha un certo capo fatto a modo suo che per natura spesso crede anche le cose che non possono naturalmente avvenire. Di ciò vi potrei arrecare innanzi mille esempi da' quali ritrarreste che non sono soli i fanciulli a credere

---

[1] *La rappresentazione del Corvo. Il Corvo* è il titolo d'una fiaba di Carlo Gozzi che fu rappresentata nell'ottobre del '61 prima a Milano, poi a Venezia. Eccone in breve l'argomento. Millo, re di Frattombrosa, avendo ucciso un corvo sacro ad un Orco, è condannato a morire di smania e d'inquietudine, se non ritrova una donna, bianca come marmo, vermiglia come sangue e di chioma nere come il corvo. Gennaro, fratello di Millo, va in cerca di tal donna e la trova in Armilla, figlia di Norando, potente negromante, re di Damasco. La rapisce al padre e la conduce a Millo, ma mentre sta per giungere a Frattombrosa, due colombe gli fanno per parte di Norando una terribile profezia: Se il re sposerà Armilla, sarà divorato da un mostro orrendo: e Gennaro, se in qualsiasi modo rivelerà l'arcano, sarà tramutato in istatua. L'infelice Gennaro posto nel bivio o di dar morte all'amato fratello, o di subire così tremendo destino, fa tali stranezze per cui è creduto geloso di Millo e accusato di volerlo assassinare. È preso e condannato a morte; ma in un supremo colloquio col fratello, piuttosto che morire con la taccia di traditore, narra la profezia della colomba, e tosto diventa una statua. Mentre Millo si dispera, compare Norando, il quale gli rivela che soltanto il sangue d'Armilla potrà ridonare l'esser suo all'infelice principe. Armilla, inteso il decreto, si uccide ai piedi della statua, e Gennaro tosto ritorna quel di prima. Di nuovo appare Norando; il destino si è compiuto in ogni parte; Armilla torna in vita, tutto è festa ed allegrezza.

le favole dell'Orco e della Befana, e altre siffatte bagatelle che sembrano
pastura delle balie e delle femminette che filano. Tal debolezza della
nostra natura fu principalmente conosciuta da' poeti, imitatori d'ogni
cosa, per dilettare; e se notate bene, ritroverete che gli squarci più
importanti d'Omero sono le Veneri e le Palladi che combattono con
gli uomini, e le apparizioni di Tetide, le zuffe de' fiumi, e le dicerie
de' cavalli.[1] Ma Omero visse forse in tempi ne' quali regnava la goffaggine. E Virgilio che fece? Il quale però vivea in sul più bello del fiorire della corte romana? Empiè anch'egli il suo poema di maraviglie,
fra le quali non è già piccola quella delle navi cambiate in ninfe.
L'Ariosto e il Tasso hanno essi ancora empiuti i poemi loro di cose
mirabili, e furono a' tempi loro graditi, leggonsi volentieri oggidì e
saranno letti in avvenire; e saranno sempre testimoni che il mirabile
è quell'amo che tira a sè tutta l'umana generazione. Ma voi direte:
Questi che tu hai fino a qui nominati sono tutti poeti epici. Dove mi
troverai tu per esempio poeti tragici o comici di buona lega che facessero fin parlare animali, come io ho udito nella rappresentazione
a favellare colombe per destare la maraviglia. Se i nomi d'Eschilo e
d'Aristofane[2] vi possono essere sufficienti, io posso allegarvi questi due.
Il primo nel suo Prometeo introduce Io scambiata in vacca[3] da Giove
a ragionare lungamente con esso Prometeo de' suoi travagli, ed a cui
Prometeo molte cose annunzia di quelle che le doveano avvenire; nella
qual scena grandeggia quel magnifico poeta quanto in altra facesse
mai, ed è uno de' più tragici squarci che gli uscisse mai dalla penna.
D'Aristofane poi lasciamo stare ch'egli facesse gracidare col muso fuori
della palude infernale e cantare un coro di ranocchi;[4] ma diciamo solamente ch'egli compose la sua commedia intitolata gli Uccelli[5] con interlocutori parte uomini, parte uccelli e parte deità: e che rossignuoli,
allocchi e ogni genere d'uccelli si trovano quivi in azione. Crederei
che l'esempio di siffatti uomini potesse bastare per non accusare l'autore del Corvo s'egli ha introdotto nella sua rappresentazione due
colombe le quali vengono dalla forza d'uno stregone obbligate a favellare.

Questa è una di quelle impossibilità che vi fanno maravigliare che
vi sia piaciuta la rappresentazione. L'altra dee essere quella del principe Gennaro tramutato in una statua, e dopo restituito alla prima
forma dalla cognata di lui, che da sè s'uccide per farlo ritornare uomo.
La tramutazione del principe in statua è condotta con tale e tanto

---

[1] *Le Veneri e le Palladi* ec. Venere e Minerva che scendono dall'Olimpo a prender
parte alle battaglie fra Greci e Troiani; Tetide che, uscendo del mare, si mostra al figlio
Achille; il fiume Scamandro che tenta d'inghiottire Achille; uno dei cavalli d'Achille
che predice al padrone la prossima morte, sono alcuni tra i particolari fantastici del-
l'*Iliade*; come le navi d'Enea che sono trasformate in ninfe marine, formano uno degli
episodi meravigliosi dell'*Eneide*.

[2] *Eschilo e Aristofane.* Eschilo, il più antico dei grandi tragici greci, nato in Eleusi
nel 525, morto nel 456 av. C. L'austera grandiosità è il carattere principale delle sue
tragedie. Quanto ad Aristofane vedi la nota a pag. 221.

[3] *Io scambiata in vacca.* Io fu una ninfa della Tessaglia, amata da Giove; è famosa
per le persecuzioni che dovette soffrire da parte di Giunone, sicchè Giove, per sottrarla
ad ogni insidia, la cambiò in giovenca.

[4] *Un coro di ranocchi.* Nella commedia *Le Rane*, mentre la barca di Caronte traversa
la palude d'Acheronte, un coro di ranocchi accompagna il vogare dei naviganti.

[5] *Gli Uccelli.* Altra commedia d'Aristofane, nella quale attori e coristi rappresentano
cantando le parti d'upupa, di sgricciolo, d'usignuolo e d'altri uccelli. È una satira dei
costumi d'Atene.

artifizio dall'autore che fa quel medesimo effetto che farebbe ogni altra orribilità tragica sul teatro. Non nasce la bellezza e la commozione di tale scena, se notate bene, da quel cambiamento: nasce bensì dal costume e dalla forza d'una passione naturale. Non vedete voi come fin dal principio della rappresentazione a grado a grado viene esposto e dipinto l'amore d'esso principe verso Millo, re suo fratello? Come sono descritti tutti i pericoli ch'egli corse per lui? In quanti modi palesa il suo affetto e la sua sollecitudine per quello? Egli è ripieno d'allegrezza di poterlo consolare, è per andare alla corte con quella donna che dovea essere la salute e la vita di Millo. Fra tante consolazioni ecco che muta faccia la sua fortuna, ond'egli sa dal mago vendicatore non solo che non darà al fratello quel conforto che si credea, ma che con quel dono gli arreca la morte; e vien minacciato di più che se mai farà cenno di ciò ad alcuno, si cambierà in una statua. L'orrore ch'egli ha di tal sua tramutazione, se mai avvenisse, lo mostra in mille forme; e tutte così naturali che gli animi degli uditori a poco a poco s'avvezzano senza avvedersene alla maraviglia di tale accidente. Intanto egli è obbligato per salvare il fratello a fare diverse azioni che lo fanno appresso di lui cadere in sospetto d'infedeltà, della quale non può scusarsi pel timore concepuato della tramutazione, le quali azioni diverse sempre più muovono gli uditori alla compassione di lui, e gli si affezionano e s'intrinsecano tanto in lui, ch'esce loro dalla mente l'impossibilità del materiale cambiamento. Il punto di questo non potrebbe essere condotto con arte maggiore. E Gennaro legato in prigione, creduto da tutti reo, condannato ad una morte d'ignominia. Non gli rimane altro per fuggire l'infamia che palesare il segreto conferitogli dal negromante e assoggettarsi alla tanto da lui abborrita tramutazione. Delibera di farlo; ma con ribrezzo e angoscia naturale all'uomo. Manda pel fratello che viene. Quando è in faccia di lui, tenta ancora col ricordargli l'amor suo fin da fanciullo, le beneficenze che gli ha fatte, di farsi conoscere innocente e di moverlo con le preghiere e col pianto. L'udienza[1] informata dell'innocenza di lui, tanto più gli si affeziona e gli s'attacca col cuore. Il fratello s'adira e con poche parole gli conferma che sempre più lo crede reo, poichè si vale di pianti e preghiere, e non dichiara qual sia la sua vantata innocenza, e movendosi per partirsi di là, lo svillaneggia e dice che lo lascia in braccio alla meritata morte. Un atto di disperazione move allora il condannato a palesare l'innocenza sua, arresta il fratello, e risoluto di soggiacere alla destinata tramutazione, comincia a narrargli il fatto. In tre tempi parla e in tre tempi diventa statua. E questo anche è non picciolo artifizio; perchè tutte e tre le tramutazioni sono anticipate da un breve lamento d'orrore che ricorda agli animi degli ascoltanti il ribrezzo e l'angoscia dell'uomo, la qual cosa fa maggiore impressione[2] d'una rigida costanza che non mostrasse l'umanità nella sua nuova miseria. Sta l'udienza divisa fra la compassione di lui e la curiosità di sapere quello che ne dirà il fratello, il quale è cagione di tanta disgrazia; e alla terza volta nasce una nuova agitazione nell'animo degli spettatori. È già il principe quasi tutto tramutato, lo prega il fratello che non dica più

---

[1] *L'udienza.* Il pubblico.
[2] *La qual cosa fa maggiore impressione* ec. L'angoscia che Gennaro mostra nel sentirsi tramutare in statua, è sentimento più umano e quindi più degno di compassione, che non una stoica impassibilità con la quale egli affrontasse il suo crudele destino.

oltre; egli piangendo e singhiozzando con pochi e compassionevoli versi dà fine al suo ragionamento, e termina di chiudersi nel sasso. Fra tanti affetti, travagli e agitazioni non ha tempo lo spettatore di ricordarsi l'impossibilità; e acquista lo stato di chi per passione indebolisce, teme, e crede possibile ogni disavventura. Aggiungete la puntuale esecuzione e maravigliosa insieme degli artisti nel cambiare il principe nella sta-tua, che tale diventa in un modo così pronto e subitano che la vista ne rimane ingannata. Un'altra passione poi conduce di nuovo al fare tramutare la statua in uomo, e a dare agli spettatori compassionevoli l'allegrezza del vedere l'innocenza liberata da ogni male e vincitrice di tutte le calamità. Io sono dunque più che certo che la passione na-turale, la quale regna dall'un capo all'altro in essa rappresentazione, sia quella che abbia tanto potuto nell'animo di voi e degli altri spet-tatori, che non lasci campo di riflettere all'impossibilità delle tramu-tazioni; onde convien dire che vi sia dentro non picciolo artifizio.

Quest'è quanto poss'io dirvi intorno all'industria della sopralle-gata rappresentazione, ch'io volontieri chiamerei tragedia per quell'ef-fetto che fa di muovere a compassione e ad orrore, nè mi so per tali ragioni maravigliare che piaccia, poichè sa così bene prendere e tener saldo l'animo da capo a fondo. Avendovi tocco nel principio del mio ragionamento il punto della estrema credulità degli uomini, a'quali si può dare ad intendere lucciole per lanterne quando altri il voglia, vi narrerò a questo proposito una novelletta che spiegherà spezialmente l'inclinazione umana al persuadersi che possano avvenire le cose im-possibili.

NOVELLA.

Nella città di Londra nacque un giorno quistione fra due celebrati filosofi, i nomi de'quali sono a tutta la repubblica delle lettere notis-simi. Era l'uno di loro il Pope e l'altro lo Swift,[1] autori tuttadue di chiara fama, il primo di nobili e massicce scritture, il secondo di pia-cevoli, e per altro ripiene tutte di verità filosofiche. Sosteneva il Pope che fra tutte le cose difficili, difficilissima era quella di dare ad inten-dere al popolo le invenzioni teatrali, e condurre tanti cervelli dovunque il poeta avesse voluto. Affermava all'incontro lo Swift che nessuna cosa era più facile, essendo l'uomo per sua natura inclinato alla credulità e al persuadersi d'ogni più strano avvenimento. Molte furono le ra-gioni dall'un lato e dall'altro, e tanto si riscaldarono entrambi nella loro ostinata disputazione, che lo Swift giuocò non so quante ghinee[2] contra il suo avversario, che sarebbe bastato l'animo a lui di mostrar-gli in sul teatro quanto fosse vera la sua proposizione. Qua la mano, disse il Pope, vediamo. Aveano i comici del teatro in Londra nella compagnia loro un facitore di giuochi e saltatore così gagliardo e pe-rito nell'arte sua, che facea strabigliare il popolo di maraviglia. Per la qual cosa accordatosi lo Swift col condottiero della compagnia di quello che avesse a fare, e promessogli una buona mancia, se n'andò a vedere

---

1 *Il Pope e lo Swift*. Alessandro Pope, poeta inglese, nato a Londra nel 1688, morto nel 1744. Autore di molti poemetti, satire, traduzioni, il suo capolavoro è il *Saggio sul-l'uomo*, dove seppe vestire di forme poetiche concetti morali. Gionata Swift, scrittore sa-tirico, nato a Dublino nel 1667, morto nel 1745, è famoso per i suoi *Viaggi di Gulliver*, che sono sotto forma fantastica una continua satira degli uomini e delle cose del suo tempo.
2 *Ghinea*. Moneta inglese del valore di circa 25 lire.

lo spettacolo. Quando questo fu terminato, il capo della compagnia uscì
sulla scena con una boccia in mano piuttosto grande e cominciò il suo
ragionamento in tal forma: " Stimatissima udienza, noi siamo grati e
pieni d'obbligazioni al continuo favore che ci vien fatto da questa nobile corona di circostanti; ma fra tutti questi chi si professa il più
obbligato è il nostro saltatore. Questi per dimostrare in parte la sua
gratitudine come può, ha deliberato di far vedere alle Signorie loro
una maraviglia che non avranno mai immaginato nonchè veduta. Egli
promette di qui a due giorni oltre agli altri salti non più veduti, di
farne uno rannicchiandosi in modo e riducendo il corpo suo a così picciolo volume ch'entrerà tutto nella boccia che qui vedete e ch'io tengo
in mano. Ma perchè la cosa ha in sè una gravissima difficoltà e non
è anche di picciolo risico, vengono pregate le Signorie loro a pagare
all'entrata quel più che sarà domani segnato in alcuni biglietti." Così
detto e mostrata più volte la boccia, entrò e fu la tenda calata.

Pensereste voi che si fece di ciò grandissimo ragionamento per Londra, che ognuno cercò di provvedersi di luogo per l'assegnato giorno?
E si diceva per tutto che questa era una grande abilità d'un saltatore
e degna d'essere veduta da ogni uomo. Venne il giorno stabilito; mai
non si vide tanta calca, pagò ognuno quel più all'entrata, senza che
vi fosse chi se ne querelasse, e parea che non potessero sofferire indugio, essendo tutti animati dalla voglia di vedere la capacità d'un
uomo d'entrare in una boccia saltando. Diceva uno: "Come diavol
farà ad entrare per quel ristretto collo?" E un altro: "Io avrò pur
caro di vedere come un corpo d'uomo co' nervi e con l'ossa potrà
starsi in una boccia? Ma come farà a non ispezzarla?" In breve
ognuno diceva la sua, ma non v'era chi punto dubitasse che il saltatore non vi potesse entrare. Quando fu il tempo de'salti, il saltatore
non fu veduto; ma in quello scambio si mostrò fuori il capo della compagnia e con dogliose querimonie lo scusò, dicendo ch'egli era infermo
e che non avea potuto eseguire la sua promessa. "Ma che perciò?" diceva egli. "Voi non ci avrete punto perduto: imperciocchè egli vi dà
parola pel tal giorno di farvi vedere una prova molto più mirabile del
suo gran potere. Non salterà più nella boccia, no, ma salterà invece
in questa bottiglia." E così detto, trasse fuori un'ampolla, in cui a
stento sarebbero stati due bicchieri di vino; e fatte quanto seppe le
scuse del povero saltatore, rientrò e lasciò l'udienza più maravigliata
di prima. E già cominciavano le nuove sollecitudini in ogni canto di
Londra, e in ogni luogo si favellava di tal

N° LXXVIII.   A dì 31 ottobre 1761.

maraviglia pensando tutti di concorrere, quando uscì la voce del giuoco
delle ghinee fatto fra il Pope e lo Swift, che appena più le genti lo
voleano credere, tanto erano ostinate nella credenza del salto nella
bottiglia.

Di qua comprenderete, amico mio, di che siano capaci gli uomini,
quando si tratta di credulità, e se si possa giustamente valersi anche
della maraviglia nei teatri, massime se sarà accompagnata dalla passione che toglie più che mezzi gli occhi dell'intelletto agli spettatori.

Non so se quando mi domandaste il mio parere intorno alla favola del Corvo, aspettavate ch'io parlassi tanto a lungo, ma la cosa è fatta; ed io v'ho, secondo il mio potere, ubbidito. Addio.

AL SIGNOR PAOLO COLOMBANI LIBRAIO.

Non so s'io m'inganni; ma credo che a mano a mano sieno terminati i nove mesi per l'associazione dell'Osservatore. Se così è, fatemi avvisato, acciocchè io possa riconfermarvi il mio nome sino alla fine dell'anno intero. Mandovi col mio nome vecchio due altri nuovi, a' quali spedirete tutti i fogli passati e quelli ancora che hanno ad uscire di tempo in tempo. Non altro, ma vi saluto caramente.

G. B. G.

Di Crema.

ILLUSTRISSIMO SIGNOR PADRON COLENDISSIMO.

È vero: col foglio presente si chiude l'associazione de' nove mesi. Quello di mercoledì comincerà l'ultimo trimestre dell'anno. Ella è servita di tutta l'opera per gli amici suoi e così proseguirò sino alla fine. Il nome suo è segnato per tutto il restante del tempo fra quelli che favoriscono l'Osservatore e me. Se in altra cosa potessi ubbidirla, mi ritroverà prontissimo a' suoi cenni e con quel vero rispetto con cui mi dichiaro di V. S. Illustriss. buon servidore

PAOLO COLOMBANI.

Aggiunta d' esso libraio a tutti i signori associati.

Dalle due antecedenti lettere possono prender norma tutti quelli i quali hanno fino a qui con tanta gentilezza graziati i fogli dell'Osservatore. Mercoledì cominciano i nuovi tre mesi e io attenderò l'avviso di chi vuol proseguire o tralasciare, per poterlo con l'usata forma servire sino alla propria casa. Fo fine perchè tocca empiere i fogli all'Osservatore e non a me: accertando ognuno del mio vero ossequio e d'una gratitudine che durerà nell'animo mio finch'io vivo.

O magnum virum! contempsit omnia, et damnatis humanæ vitæ furoribus, fugit.

SEN., *Epist.*

O grande uomo! ogni cosa ebbe in dispregio, e si fuggì, avendo condannate le pazzie della umana vita.

Son infiniti coloro, i quali biasimano le faccende mondane, e fanno professione di abborrirle in parole. Non è forse uomo al mondo il quale in vita sua non abbia detto più volte: "Credetemi, io sono stanco di affari, di aggiramenti, di avere visitazioni, di farne. Ho invidia a' villani; viverei volentieri in una villa, fra i boschi, sconosciuto: e se non fosse ch'io sono ritenuto da tale o da tal catena, io già mi sarei deliberato a fuggire da questo mondaccio tristo, pieno di lacci, reti e trappole, che insidiano qua le braccia e costà i piedi; sicchè a camminare siamo obbligati ad ogni passo a guardare e a far come i cavalli che aombrano." Posto che cotesti tali si stabilissero un giorno ad andare in una solitudine, quando vi fossero stati alquanti giorni, cambierebbero ragionamento e direbbero : "Oimè! che noia mortale! Almen che sia, ci fossero qui uomini da poter favellare, o da poter udire qualche cosa da uomini! Ma qui non mi abbatto ad altro che a villani, i quali per aver veduto solo con gli occhi del corpo que'pochi oggetti che si sono loro presentati in questi luoghi solitari, congiungendo di rado due idee l'una all'altra, a pena sanno sciogliere la lingua; e dall'altro lato ogni più facile e aperto ragionamento che si faccia, par loro un indovinello. Di buoi, di pecore, di castrati non me ne curo; di seminare, potar viti, segar fieno, non me ne intendo; sicchè fra poco io sarò condotto a valermi della bocca per isputare e non per altro. Che diavol farò io qui? A che non me ne vado io?" Sicchè ad ogni modo stieno gli uomini in città o in villa, non sono contenti mai, e vorrebbero cambiare la vita loro con istantanee tramutazioni. Ma l'aggiramento e l'incostanza non ci viene dalle cose di fuori; e qui sta il nodo. Egli è che ciascheduno di noi ha in corpo una ruota che mai non si arresta, ma sempre va intorno con grandissima furia; sicchè oggidì vorremmo una cosa e domani un'altra; e se noi non mettiamo prima ogni nostro ingegno per arrestare quest'ordigno, o almeno per indugiarlo il più che si possa, non avranno mai fine i nostri struggimenti e le nostre smanie dovunque siamo. Per giungere a tanta fortuna io non ci veggo altro rimedio, se non che ognuno, quando egli entra nel mondo, studiasse bene intorno a sè, e minutamente esaminasse le circostanze della sua vita; e si appagasse, dal più al meno, di vivere fra esse per tutto quel corso che gli sarà conceduto dal cielo, senza curarsi di altro. E.... Ma che romore è questo mentre che io sto qui meco medesimo filosofando? Genti che vengono a ritrovarmi. Sieno i ben venuti. Convien che io vada loro all'incontro. Chi sa? renderò forse fra mezza ora conto al pubblico della mia conversazione. Intanto tralascio di scrivere, e me ne vo.   .

BREVE RACCONTO DELLA MIA CONVERSAZIONE.

Pare che alle volte il caso si mescoli nelle faccende degli uomini. Io era quasi impacciato a proseguire il mio ragionamento in questo foglio. Volea troppo sottilizzare, mi stillava il cervello, e forse forse sarei stato inteso poco. Gli amici miei erano una brigatella di galantuomini che andavano alla campagna. Vennero a salutarmi in fretta prima di partirsi. Alcuni di loro dicevano che la vera felicità si gode nella solitudine, altri dicevano il contrario. Uno fra loro dicea, che la vera felicità (e questo è il punto ch'io volea trattare) l'uomo non può averla se non la fabbrica in sè. Come si ha a fabbricarla? Con una bella, gagliarda e instancabile forza della fantasia. Questa sola ci può aiutare a vivere contenti. Vadano le cose come le vogliono, che importa a me, se io mi sarò messo in capo che le vadano a modo mio? e facciano gli uomini quello che piace loro, che fa a me se io sarò risoluto a credere che facciano quello ch'io voglio? Io so che tutti voi, quanti qui siete, avete l'umore vôlto agli studi filosofici; e ognuno di voi si ha eletto qualche filosofo per maestro e guida de'suoi costumi. Così ho fatto anch'io; ma lasciando stare tutti gli antichi e i moderni scrittori, ho preso per esempio della vita mia una filosofessa, che vive, mangia, bee e veste panni; la più ampia, sublime e penetrativa mente che mai discendesse ad illuminare la terra, se la fosse creduta e seguita. Ma che? quello che si possiede, non si apprezza; e se la fosse venuta da qualche lontano paese a far professione della sua virtù, ognuno le correrebbe dietro; ma essendo nata in Venezia e in una stessa patria con esso noi, non vi ha chi la curi, da me in fuori. Egli è il vero che, per quanto io m'ingegni di andar dietro all'orme sue, le sono ancora molto lontano; ma prima forse ch'io muoia, tanto farò, che si saprà ch'io sono suo vero e sviscerato discepolo. Parlava questo uomo dabbene con tanto entusiasmo, che ognuno di noi ardeva di voglia d'intendere qual fosse la filosofessa tenuta in tanto concetto da lui; onde pregato e ripregato più volte, ci rispose, non già ridendo, ma con indicibile gravità, che la era BETTINA.[1] Rise ognuno di noi a questo nome, e credemmo ch'egli scherzasse; ma il buon uomo alteratosi daddovero, rinnovò il suo dire con maggior calore di prima, e fece un ragionamento ch'ebbe quasi quasi la forma rettorica di un'orazione, dicendo:

" E fino a quando, o sconsigliati, o ciechi degli occhi mentali, starete voi senza conoscere quel bene che il cielo vi manda? Aggirasi per tutte le contrade questo vasello di ogni morale virtù, e voi insensati nol conoscete? Tutte sono nel suo seno ed intelletto raccolte quelle qualità che rendono le persone tranquille. La sua nobile fantasia con penetrativo vigore dipinge a lei tutte le cose in quel modo ch'è utile a lei sola e non disutile altrui. È ella forse travagliata dalla sua povertà? nulla. Stimasi da sè la più qualificata femmina che sia oggidì sopra la terra. Di qua avviene che que'pochi cenci che le danno le genti, gli si acconcia in sul corpo in guisa, che sono alla condizione da lei fortemente immaginata adattati; e quello ch'è limosina delle caritative persone, lo giudica omaggio e tributo. Un canovaccio prende nelle sue mani figura di andrienne,[2] uno squarcio di velo e di pannolino vecchio sul capo suo si trasfigura in corona. Le penne delle oche e de'capponi, con le quali si adorna il collo, sono stimate da lei preziosi gioielli e collane, e con tal portamento ne va, che ben si vede quanto conto ne tenga. Quel suo contegno maestoso donde deriva esso, se non che da una coscienza sicura di sua grandezza? Que'risolini ch'ella fa talora, donde procedono, fuorchè dalla sua intenzione di beneficare di sua grazia i vassalli suoi, ne'quali mette ogni ordine di persone? Voi la vedete poi di un colore brunetto, giallognolo, traente alla noce, con un naso piuttosto lungo, due occhi piccioli e bigi, una bocca grande e ampia. Ma questo che fa a lei, se da sè medesima la si tiene la divina figliuola di Giove, madre degli Amori, in somma la celeste e gra-

---

[1] *Bettina*. Era una donna alla quale diè di volta il cervello per esserle stato ucciso il marito; sicchè andava per Venezia bizzarramente vestita, facendo attucci e moine, onde le si affollava dietro la gente. Carlo Gozzi tra le sue poesie satiriche ha il *Canto della Betta matta*, dove descrive questa infelice: « Ho in sul tuppè le penne di cappone ı E per stolette porto trecce d'aglio; ı Al sen per fiori a por sol mi travaglio ı D'una spazzola logra un mozzicone. »

[2] *Andrienne*. Lunga veste femminile scollata, così chiamata per essere stata usata per la prima volta da una attrice nel recitare l'*Andrienne*, commedia di Baron, scrittore francese del secolo scorso.

ziosa Venere ? Io so bene che nelle vie, nelle piazze, nelle botteghe ella è salutata, chiamata qua e colà, vezzeggiata da mille persone il giorno, le quali si credono di farsi beffe di lei. Ma prende ella forse cotante cortesie per beffe? No; anzi le stima gentilezze dovute alla sua inestimabile grazia e bellezza, e tiensene da più; e tanto si pregia, che, con le dolcissime sue occhiate, giurerebbe che libera dal travaglio i più spasimati amanti del mondo. Io la ho sentita più volte a cantare, e comecchè nel principio talvolta pare che l'intuoni bene, a passo a passo poi va giungendo al gorgheggiare con tale frastuono che scortica gli orecchi de' circostanti: ed ella tuttavia crede di mettere negli orecchi di chi la ode l'armonia de' più soavi rosignuoli e delle più dilicate calandre;[1] e s'ella stordisce tutti intorno a sè, questo non fa punto male a lei, quando nella sua immaginativa le sembra di essere la Musica in carne e in ossa; e si gode di quel diletto ch'ella è certa di dare a' suoi uditori. Ma quello che più di ogni altra cosa è in lei degno d'imitazione, è il suo eloquente linguaggio. Oh! quello sì che merita tutta l'attenzione; e se io fossi nell'arte rettorica bene erudito, le andrei sempre dietro per segnare mille bei detti e mille figure ch'io non ho mai ritrovate in altri dicitori. Tutti coloro che fanno professione di parlare o di scrivere con eloquenza, procurano sopra ogni cosa di essere intesi; la qual intenzione, sia con buona licenza loro, non è giudiziosa, nè fa quell'effetto ch'essi credono. Quando l'uomo vuol persuadere e parla chiaro, l'uditore, che maligno è per natura, intendendo subito quello che gli vien detto, gli apparecchia in suo cuore la risposta, e gli si oppone nel suo interno; nè certo da altro nasce la gran difficoltà che si trova nel persuadere, checchè ne dicano i maestri dell'arte. Ma se il parlatore favellerà in modo che non sia inteso da alcuno, con vocaboli scelti, ma profferiti con significato diverso da quello che hanno; e sopra tutto empierà il suo ragionamento di contraddizioni continue e di pensieri che non abbiano mai che fare l'uno con l'altro, allora la malignità di chi ascolta non avrà più campo di opporsi, di apparecchiarsi alla difesa, e converrà che ceda il cuor suo al parlatore. Oh! non si può dire che in tal modo rimanga persuaso. Rimarrà sbalordito; e farà quel medesimo effetto. Ma certo voi non mi potreste negare che sia più facile il formare la risposta contro a colui che parla chiaro, che contro a chi parla oscuramente. Quest'ultima forma del favellare, buia, con perpetue contraddizioni, paroloni che suonano, e profferiti con significato diverso da quello che hanno, è mantenuta perpetuamente dalla filosofessa mia maestra. O nobile, e da umana mente inconcepibile Bettina, quando favelli! Dia il cielo alla mia immaginativa il vigore di assecondarti: concedami idee sempre slegate, l'una all'altra opposte, e parole che feriscano con forte colpo gli orecchi di fuori; ma non trovino buco da penetrarvi dentro! E voi, o insensati, che qui mi state d'intorno ad udirmi, se volete aver bene sinchè vivete, dipingete a voi stessi le cose in quella forma che possa acquietarvi l'animo, e non vi curate del restante."

Dappoichè l'amico ebbe favellato in tal guisa, tutti si levarono in piedi, e taciti intorno a lui, stavano pure osservando s'egli avesse così parlato da buon senno o da beffe. Ma vedendo ch'egli non cambiava faccia, e parea più che mai stabile nel proposito suo, scambiarono ar-

---

[1] *Calandre.* Uccelletti che assai facilmente s'ammaestrano a cantare.

gomento, e dette alcune poche parole, si partirono da me, e s'imbarcarono per la volta della campagna. Io rimasi solo, e considerando che quanto avea udito, si confaceva in parte col suggetto che avea stabilito di trattare stamattina, scrissi il fatto della mia conversazione.

L' OSSERVATORE A PAOLO COLOMBANI.

Fate stampare il foglio. Vedrete nel principio che ho posta la lettera a voi diretta e quella mandata da voi all'amico, rispetto agli associati di Crema. V'ho aggiunte alcune poche linee a nome vostro in questo proposito. Credo che così basti. La gentilezza con cui sono trattati questi fogli dal pubblico, richiede piuttosto ringraziamenti che nuove raccomandazioni.

L' OSSERVATORE VENETO

PERIODICO.

PER LI MESI

DI

NOVEMBRE, DICEMBRE, GENNAIO

DEL MDCCLXI.

N° LXXIX.   A dì 4 novembre 1761.

Hominum sunt ista, non temporum.
SEN., *Epist.*

Questi sono difetti degli uomini,
non de' tempi.

Comecchè io abbia più volte affermato sino a qui che ne' miei ragionamenti non ho mai in animo di offendere uomo alcuno vivente, ci
sono taluni i quali vogliono a viva forza fare le interpretazioni e le
chiose ad ogni mia parola e detto, e trovarvi dentro le censure, le cri-
tiche, la malignità, la maldicenza. Pare a questi tali che io stia sempre
con gli occhi aperti a guardare tutti i fatti del prossimo, ad esaminare
tutt'i detti suoi per commentargli a modo mio, ed empierne poscia
questi fogli. Ma se costoro non avessero essi gli occhi di osso, e vedessero lume, vedrebbero che io non ci ho punto colpa, e che il male viene
dagli uomini in generale, come appunto dice Seneca, e non da' tempi.
Leggano essi, se pure i libri non sono loro in odio come la pestilenza,
le antiche commedie e le satire, e vedranno se io mento. Quando si adi-
rano essi meco, potrebbero per la stessa cagione avere collera contro
a Terenzio, contro a Plauto, contro Orazio e Giovenale.[1] Quante volte
mordono essi i costumi, ch'egli pare che mordano quelli de' tempi nostri? e quante volte ho io udito alcuni allegare, al proposito di qualche
fatto accaduto oggidì, versi di alcuno di cotesti quattro autori? Se potessimo ritornare indietro, come andiamo sempre innanzi, io sono certo
che sarebbe citato alcuno dei passi miei fra' Romani, come vengono ci-
tati i loro fra noi; e vi ha una certa qualità di scrivere ch'è buono a
tutt'i tempi. Io non nego ch'egli non paia che gli scrittori scrivano
talvolta de' tempi loro, perchè in certe circostanze si vagliono di quello
che hanno sotto agli occhi. Per esempio, avranno detto gli antichi: Tale
o tal cosa è avvenuta in un bagno: e io dirò, in una bottega da caffè;
perchè se io dicessi in un bagno, perderei la verisimiglianza. Avranno

---

[1] *Terenzio, Plauto, Orazio, Giovenale.* Scrittori latini: commediografi i primi due; poeti
satirici gli altri.

essi fatta la descrizione di una cena con que' loro letti, dove le persone
stavansi a mangiare sdraiate; io la farò, come si usa oggidì, con le
genti in cerchio, poste a sedere intorno ad una tavola; altrimenti si
direbbe che io fossi pazzo. Ma quando si entra nel cuore degli uomini,
le usanze sono sempre quelle antiche, e da tutte quelle migliaia di anni
in qua che il mondo nacque, la stirpe nostra è sempre stata quella medesima, e quelle stesse sono sempre state le fantasie, i desiderii, gli ab-
borrimenti e i pensieri. Non ci è bestialità che non sia stata fatta; e
quando io nomino Niccolò, Andrea o Giambattista, lo fo per acconciarmi
alle circostanze di oggidì, e per non dire Lucio Sabino, Quinto Lutazio,
e Sesto Tarquinio, i quali sarebbero nomi intarlati, e parrebbe agli uomini che leggono, di esser morti; le mie scritture si prenderebbero per
un volgarizzamento fatto dal latino, e si direbbe che io ho rubacchiato
da qualche scrittore romano. Per altro io ci giocherei la mia vita contro
un morso di berlingozzo,[1] che quanto io ho detto ne' passati fogli sino
al presente, si potrebbe così bene adattare a tutti gli uomini antichi,
come i miei malevoli cercano di adattarlo ai presenti; e coloro che verranno, potranno benissimo adattarlo ai tempi loro.

Le parole che ho dette qui sopra servano di prefazione a questo
quarto volumetto, ch'io di tempo in tempo anderò pubblicando, come
gli altri tre, e ringraziando quelle persone che si compiacciono delle
mie favole, sogni, racconti, dialoghi, dicerie e d'altro, procurerò di
seguir l'opera in quel modo ch'io creda che possa esser più grato.

> .... *Ridentem dicere verum*
> *Quid vetat?*
> HORAT., *Sat.*, l.
>
> Chi ti vieta che ridendo non possa
> dire la verità?

Poesia è un immenso mare, nel quale si può andar con vari venti
da infiniti lati; e talora scopritori di viaggi nuovi ci sono, che possono
condurre questa maravigliosa navigazione a terre e porti non più veduti. Tante cose si sono vedute nei passati tempi ne' teatri, ch'egli pareva oggimai che non se ne potesse vedere altre. Tragedie, commedie,
pastorali, tragicommedie, drammi, intermezzi, farse e altri spettacoli
aveano già fatto disperare gl'ingegni di potere inventare altro. La favola del *Corvo*, della quale ho a lungo favellato in uno de' passati fogli,
ha cominciato ad aprire una nuova via, ed a chiamare gl'intelletti anche
a quella parte. So che alcuni ci sono i quali si affaticano per imitarla,
e sono certo che vi faranno buona riuscita, essendo essi capaci di ogni
cosa, e arricchiti di tutte le grazie da Apollo; e se vi si metteranno,
come suol dirsi, con l'arco dell'osso, vedremo in breve aggiunto agli
altri questo genere di poesia, non meno degli altri grazioso e gentile.
Dissi alquante mie riflessioni intorno alla passione che nella sopral-
legata favola alletta e tiene attaccati a sè gli orecchi degli uditori; ora
aggiungerò alcune altre meditazioni che potrebbero sempre più migliorare e far crescere non solo la bellezza, ma la utilità di tali argomenti.
Un significato intrinseco e velato dall'allegoria potrebbe per avventura
ridurre alla sua perfezione un tal genere di rappresentazioni. Quelle

---

[1] *Un morso di berlingozzo.* Cosa di nessun valore.

maraviglie, quelle impossibilità di tramutazioni, conterrebbero un diletto di più, se in esse fosse lasciato il campo a quella malizietta fine fine, che naturalmente ha in sè l'uomo, d'interpretarvi qualche cosa; sicchè egli potesse gloriarsi che l'accortezza sua vi ha dentro anch'essa una parte. So io bene che questo modo ha in sè molte gravi difficoltà, e che non è cosa agevole, quanto altri pensa, il rendere l'argomento sì chiaro alla udienza, ch'essa se ne avvegga, e tenerlo dall'altro lato sì occulto, che il velo dell'allegoria non ne rimanga in alcuna parte squarciato. Ma che non fa l'ingegno umano? Che non possono le forze di un penetrativo intelletto, quando egli voglia affaticarsi? E quanta bellezza e grazia non avrebbero in sè rappresentazioni, nelle quali, per così dire, parlassero anche le cose che per natura son mutole, e significassero qualche cosa intorno al costume? Il *Corvo* ne ha già dato in parte l'esempio. Le colombe che avvisano il principe della calamità che gli sta sopra il capo, non esprimono forse che all'uomo prudente parlano fino le cose che non hanno senso, e ch'egli prende gl'indizi di quello che gli dee accadere da ogni menoma circostanza?

Io non so se il dragone che viene per divorare il re la prima notte ch'egli si corica a letto con la moglie, volesse significare qualche cosa contro alle insofferibili spese che inghiottono le facoltà de'mariti quando prendono donna, e non oserei di affermarlo; ma a un di presso mi pare che vi sia qualche significato somigliante.

Sopra tutto però è notabile la tramutazione del principe in istatua; il quale, perseguitato dal negromante, è condotto a tale necessità, che non può dichiarare la sua innocenza, se in sasso non si tramuta. Nobile e grande allegoria quivi è contenuta; che dimostra ogni pericolo doversi dispregiare, anzi ogni gravissimo danno, per palesare la sua innocenza agli occhi del mondo, e temere l'ignominia più che altra cosa. Il poco che io dico, ha già aperto l'adito a proseguire; e non solo possono avere gli scrittori alle mani quelle favole che narransi dalle vecchierelle a' fanciulli, ma tutte le antiche ancora, cioè quelle delle quali la mitologia ci ammaestra, ed hanno già per sè stesse e naturalmente il senso loro coperto.

Le commedie di Aristofane[1] potrebbero in ciò servire di guida a que' poeti che prendessero a trattare argomenti allegorici. Non è già che egli si valesse di argomenti allegorici tratti dalle ricevute favole delle antiche deità. Fabbricavasi con la sua invenzione un capriccio, e quello adattava a diverse circostanze del suo paese, e allegoricamente censurava i costumi degli Ateniesi. Ma dico che l'orditura da lui adoperata potrebbe somministrare un buon ordine alle nuove favole, e avviare gl'ingegni per questo verso.

> *Vos exemplaria græca*
> *Nocturna versate manu, versate diurna.*[2]

Quei capacissimi ingegni hanno tentato ogni cosa, e sono di ogni cosa maestri.

Io so bene che parrà forse strano a taluni che io solleciti con queste mie ciance gl'intelletti ad allontanarsi dalla via di una imitazione naturale nelle rappresentazioni de' teatri. Ma lo stimolare a novità non

---

[1] *Aristofane.* V. la nota a pag. 221.
[2] *Vos exemplaria græca* ec. Orazio, *Epistola ad Pisones*, 268.

significa che si abbiano ad abbandonare le strade battute e comuni.[1] Nella poesia, come in tutte le altre cose che furono ritrovate per diletto, la varietà è quella che piace; e se altro bene non facessero i trovati nuovi, sempre daranno campo e agio che torni a germogliare la voglia de' vecchi; i quali tenuti, per così dire, per alcun tempo in casa, e non lasciati andar per le vie continuamente, sono poi avidamente ricevuti e come nuovi apprezzati. Chi mi chiedesse perchè io abbia fatto sì lungo favellare sopra ciò, credo che non gliene saprei addurre la ragione. Sarà stato un desiderio di vedere sempre più coltivata l'arte poetica, da me non abborrita mai, lo confesso; una voglia che nel teatro fioriscano le novità; una brama di cianciare all'aria. Che so io?

AL SIGNOR N. N.

Non signore, non sono in questo autunno uscito mai di Venezia, e l'ho caro. Se avete veduto le continue piogge che hanno allagata la terra, e se vi siete immaginate le pozzanghere e gli abissi della campagna, potete anche immaginare donde nasca che io abbia caro di non essermi partito di qua. Ad ogni modo mi ritrovo ancora vivo all'entrare che qui fanno le altre genti, le quali non hanno a contarmi altri spassi, se non che o si sono quasi annegate o affogate nel fango. E quelli che si sono meglio sollazzati, mi dicono che rinchiusi in una casa hanno giocato a carte tutto il dì e quasi tutta la notte, o hanno mangiato e dormito sempre. Io all'incontro narro loro più cose che non le sapeano ancora, accadute qua, e mi vendico del non essermi partito col dipingere loro i passatempi avuti in Venezia; e sopra tutto fo loro spiccare con eloquenza, che non mi sono infangato mai e non ho corso pericolo di rompermi il collo in poste, standomi alla discrezione di cavalli, che infine sono bestie, e di vetturali ubbriachi che spesso sono più bestie di quelli. Il solo dispiacere che ho avuto, è stato quello di non poter venire a vedervi, come vi avea promesso: ma in iscambio vi ho avuto sempre in mente, e non mi sono mai partito da voi. Quando io vi accerto che l'animo mio è stato con voi, che vi dee importare del corpo? Io non sono di que' corpi che vi possono piacere. Se fossi femmina, o brutta o bella che mi fossi, non direi così. Se passato il verno, la primavera sarà bella, ridente e lucida da tutt'i lati, sì che io non possa avere un menomo sospetto di pioggia o di pantani, attendetemi: altrimenti se non venite voi, avrete sempre l'anima mia, e non altro. State sano, e credetemi che sono tutto vostro   A. Z.

L' OSSERVATORE.

Io non so perchè fui pregato di pubblicare questa lettera. Ad ogni modo, non penso più oltre. Servo ad un amico mio che ciò mi domanda; e spero che per riguardo dell'amicizia i cortesi leggitori non ne saranno scontenti. Non è gran male ch'io abbia riservata una faccia di questi fogli ad un amico.

---

[1] *Che si abbiano ad abbandonare le strade battute* ec. Non mi sembra fuori di luogo notare come il Gozzi, pur lodando le fiabe del fratello, le vorrebbe *allegoriche e significative qualche cosa intorno al costume*, mentre Carlo le adoperava soprattutto come mezzo di lotta e di satira letteraria contro il Chiari ed il Goldoni; d'altra parte Gasparo non vuole che per esse s'abbandoni la via d'un'imitazione naturale che è poi la commedia Goldoniana, così odiosa invece a Carlo, ma che s'alternino i vari generi. Veggasi a tale proposito il *Pronostico intorno ai teatri* nel numero del 17 febbraio 1762.

No LXXX.   A dì 7 novembre 1761.

*Ac natura quidem confusa et inæqualis est, et a
peculiari cujusquam pendet ingenio; leges autem
communes et ordinatæ sunt, et eædem universis.*
                                        DEMOST..

**Nel vero natura ha in sè miscugli e disugua-
glianze, ed è particolare secondo l'animo di
questo o di quello; ma le leggi sono comuni,
ordinate, e quelle medesime per tutti.**

Ad ogni modo io credo certamente che il mondo sarebbe una matassa scompigliata, se ognuno fosse lasciato fare a sua volontà. Di qua
ci sarebbe uno, che, non curandosi di altro che di mettere danari in
borsa, scorticherebbe la pelle al compagno per dritto e per traverso,
e quando egli avesse più potere e forza di un altro, egli correrebbe
colle armi alla mano sopra i terreni e sopra le case del prossimo, come
si va alla guerra, e direbbe che il togliere per forza è un acquisto. Di là
direbbe un buon compagno, a cui nascessero parecchi figliuoli: " Che
ho io a fare di questo nuovo bulicame,[1] di questi vagiti e di questo balbettare in casa mia? Io non veggo nè cavalli, nè montoni, nè altri animali viventi che si dieno briga della loro stirpe. Se vogliono, si vivano;
se non vogliono, facciano come possono: io non intendo che i pensieri, i
travagli e le noie mi spolpino. Perchè ho io ad affaticarmi acciocchè
questa genía cresca, e intanto a rodermi il cervello? " Dall'altro lato,
non direbbero forse i figliuoli dei padri loro: " Ecco sono costoro già
invecchiati, inutili, e noi dobbiamo fantasticare e sudare per dar da
biasciare a quelle loro sdentate gengíe, e perdere per loro la nostra
più fiorita giovinezza? E perchè ci vogliono anche comandare? perchè
ci hanno fatto nascere? perchè ci hanno allevati? qual obbligo è questo? Obbligata è la madre a noi; chè se non fossimo nati, la sarebbe
morta di parto. E se ci hanno allevati a ciò che siamo loro schiavi,
egli era meglio lasciarci perdere la vita in fasce." Queste e altre somiglianti barzellette, o piuttosto scellerate parole, direbbe ogni condizione
di genti, se le fossero solamente guidate dalla natura loro; e il mondo,
che ora apparisce così risplendente, così bello, sarebbe una spelonca di
ladroni, un bosco universale di bestie salvatiche, e una burrasca perpetua. Quella delle leggi è stata veramente un'opera santa e divina,
la quale conoscendo la inegualità de'temperamenti e la diversità delle
umane pazzie, che non avrebbero mai potuto annodare gli animi insieme,
e formare questo bell'ordine di società che vediamo, ha ordita una invisibile catena che gli accorda e lega, tanto che si possono comportare
l'un l'altro, e vivere in amicizia e in pace. Queste benedette leggi,
conoscendo la complessione di tutti, hanno profferito tutto quello che
si dee fare; e di tutti i miscugli e le disuguaglianze nostre ci hanno
arrecato il rimedio, dimostrando in poche parole come ognuno si avesse
a reggere secondo i casi, e in qual forma si avesse a chiudere gli orecchi

---

[1] *Bulicame.* Formicolío.

alle voci della naturaccia trista, e a tenere sì fatto ordine, che ognuno in particolare conferisca al bene di tutti. Non è forse stato questo un trovato più che umano, un' invenzione ispirata da' cieli?

Egli è però il vero che noi siamo fatti d'una pasta così trista, che ad ogni modo di tempo in tempo cerchiamo di sfuggire da queste lodevoli ordinazioni, e di uscire, come dir si suole, pel rotto della cuffia. Abbiamo nel corpo nostro una malizia che fa i commenti e le chiose a tutte le leggi, non già per ritrovare la storia e il fondamento onde furono pubblicate, chè la non si cura di erudizione, no; ma per ricercare se vi fosse modo da potere cansarle, per rompere qualche maglia. E se le riesce, vi so dire. ch'egli mi par di vedere tanti pesciolini colti ad una rete, che, come vi si è fatto dentro un bucolino, guizzano fuori tutti l'uno dietro l'altro, e ne vanno prima in fila, poi chi qua chi là a' fatti loro. 'Per la qual cosa non bastano punto le leggi, ma vi ha ad essere un altro riparo che cominci più per tempo. Quella naturaccia trista, che ho nominata di sopra, ha però un certo che, una qualità sua propria, per la quale può essere a poco a poco guidata a miglioramento. La può essere guidata a quel che si vuole da una onesta consuetudine, dal farla spesso operar bene, dal vegliar sopra di lei con una diligente custodia, per modo ch'ella entri ne' santissimi legami delle leggi, assuefatta e accordatasi spontaneamente a quelle prima di conoscerle. Queste verginette piante della gioventù si hanno continuamente a nutricare, a scalzarle d'intorno, a troncar loro gl'inutili rami, a non abbandonarle mai, perchè le crescano a poco a poco e fruttifichino a tempo. A questo modo la gioventù, quando la comincia a vivere da sè, l'arreca alla società e alla vita comune un animo adattato agli statuti, e senza punto avvedersene, come se gli avesse in corpo, fa secondo quello ch'essi le impongono. Laddove all'incontro essendo lasciata vivere ne' primi anni di sua testa e con le cavezzine[1] in sul collo, entrando in società, di prima giunta non sa quello ch'ella debba fare, e avviene talvolta che anche senza saperlo la urta in iscoglio. Non vedi tu come fa il legnaiuolo? Fa' tuo conto ch'egli sia il legislatore. Egli ha in capo di fare un uscio di molte assi ch'egli ha in sua mano; e in sua mente le stabilisce prima al proprio lavoro. Pialla, sega, fa capruggini[2] a questo pezzo, a quello, che tu non sapresti a che debbano servire; quando gli ha tutti apparecchiati, gli accosta l'uno all'altro, gli connette e gli lega così facilmente, che par che vi vadano da sè medesimi, e in un batter di ciglia è fatto l'uscio ch'egli volea, si accorda ogni pezzo, si affronta benissimo e si stringe; lo mette in su' gangheri e fa l'uffizio suo. S'egli avesse a forza di chiovi congiunte le assi, non dirozzate, non piallate e senza i debiti apparecchiamenti, vedresti un'apparenza di un uscio; ma ad ogni tratto ne uscirebbe di qua una fissura, di là un'asse in breve si spiccherebbe dall'altra; sicchè in fine ti parrebbe che avessero nimicizia fra sè, e l'avrebbero in effetto, perchè non si possono le cose congiunger bene tutte insieme, se prima a una a una non sono acconce al congiungimento che tu ne vuoi fare; e sono mal vaghe di stare ad un ordine, se tu non le avrai prima ad esso rendute ubbidienti.

---

[1] *Cavezzine.* Briglie.
[2] *Capruggini.* Intaccature nel legno, entro le quali i legnaiuoli fanno entrare altri pezzi di legno.

L' artifizio e l' esecuzione di tutto ciò tocca all'educazione. Se questa non sarà attenta e vigilante nel principio, sicchè a poco a poco la conduca gli animi che non sanno, ad uniformarsi un giorno al debito loro, non si congiungeranno mai quando sarà tempo, e vi riusciranno torti e di mal garbo. Tutte queste cose stava io fantasticando da me, quando mi prese un gravissimo sonno, e secondo la usanza mia che vedo anche dormendo azioni e faccende di uomini e di donne continuamente, mi apparve innanzi quanto narrerò al presente.

SOGNO.

Fecesi udire agli orecchi miei un altissimo scoppio di folgore, la quale, percossa la sommità di una montagna, fecela rovesciare dall'un lato e dall'altro per sì fatto modo, che nel mezzo della spaccatura rimase una città la più bella e la meglio popolata che si potesse con l'immaginazione dipingere. Oh! diceva io maravigliato, nascono le città come i funghi? E vedendola sì bella e grande e di un'apparenza veramente reale, mi sentii tratto da una subita voglia di entrarvi; onde incamminandomi, secondo il mio desiderio, me ne andava alla volta di quella. Alla porta stavano per guardia due vecchioni venerandi di aspetto, i quali con passi tardi e gravi, secondo l' età e maestà loro, mi vennero incontro, e mi domandarono donde io fossi e a che quivi venuto. Risposi ch' io era di lontani paesi; e parendomi che gli avrei offesi a dir loro che lo istantaneo nascere di quella città mi avea fatto invogliar di vederla, e parte parendomi d' esser pazzo ad asserire così fatta maraviglia, dissi ch' io vi andava, invitato dalla fama di così bella ed invitta città, per vederla. Risero i due buoni vecchi alla mia menzognera risposta; indi voltisi a me, mi rinfacciarono la mia adulazione; e l'uno di loro mi disse: " Gran fama veramente dev' essere sparsa per il mondo della città nostra, la quale è uscita del guscio in questo punto, e appena appena si può dire che torri e muraglie comincino al presente a veder l' aria. Ma tu sei degno di scusa. Mai non vedesti così fatti prodigi, e perciò eleggesti piuttosto le lusinghevoli parole che le veraci. Tu dèi sapere ch' io sono quell'antichissimo Orfeo[1] di cui avrai udito ragionare più volte ne' tuoi paesi; e questi, che meco qui vedi, è quel dolcissimo Anfione, il quale, salvatosi da un gran pericolo in mare, col suono della sua cetra fece un tempo l'una sopra l' altra salire le pietre delle mura di Tebe. L'uno e l' altro demmo le leggi a diversi paesi, i quali poi per la malizia degli uomini furono dati in preda alla distruzione. Di che dolendoci noi dinanzi a Giove, egli ci permise che, usciti fuori dell'abitazione delle Ombre, potessimo un'altra volta salire al mondo, e riedificare una città a voglia nostra; la quale finalmente è quella che tu vedi, e che oggi pel primo giorno è sopra la terra apparita. Io non ti potrei dire quanti anni sieno che facemmo una via sotterranea nelle caverne del monte che avrai testè veduto sparire. Bene avremmo potuto noi, come la prima volta, andare fra genti strane e

---

[1] *Orfeo ed Anfione*. Musici famosissimi secondo le favole antiche: il primo ammansava le fiere col canto; l'altro pure col canto mosse le pietre a riunirsi da sè e costruire le mura di Tebe. Qui però il Gozzi prende abbaglio. Non fu Anfione, ma Arione, poeta lirico greco, il quale, racconta Erodoto, gettato in mare dai suoi marinai per impadronirsi dei suoi tesori, fu raccolto sul dorso e salvato da un delfino che gli accordi della sua lira avevano attirato presso la nave.

salvatiche, e dar loro nuove e rigorose leggi, come facemmo già un tempo; ma avvedutici alla passata sperienza che il dare le leggi dove gli animi hanno già presa la piega loro, poco giova e per non molti anni, entrati nelle cave del monte, e quindi usciti di tempo in tempo, andammo celatamente depredando qua fanciulli, colà fanciulle, e secondo le nostre intenzioni allevandogli, e facendo maritaggi, e i figliuoli che ne nascevano ordinatamente educando, empiemmo tutti i vani del monte di una nuova popolazione. Il compagno mio, secondo che andavano crescendo le stirpi, sonava, e qua facea sorgere una casa, colà una torre e costà un castello; tanto che fu compiuta la città ed empiuta di abitatori. Allora facendo noi con le preghiere domanda al supremo Giove che la lasciasse al mondo apparire, quegli, come tu avrai forse potuto udire e vedere, scoccando la sua folgore, aperse il monte e l'adito alla città nostra di potersi godere il sole e l'aria come fanno tutte l'altre. Ora, se tu la vuoi vedere, vieni." Così detto, i due venerandi vecchioni mi precedevano, e io andava dietro a loro. Mentre che in tal modo si camminava, io udii Anfione che diceva ad Orfeo: " Dove lo condurremo noi prima? Noi abbiamo le scuole dove si avvezzano i giovanetti alla fatica del corpo, e quelle dove si forniscono l'intelletto con lo studio delle arti e delle scienze. Ci sono i luoghi dove si addestrano nelle arme, quelli dove le genti si avvezzano a' lavori per supplire alle bisogne della città; dove lo condurremo noi? "—"Abbiamo," rispose Orfeo, " a condurlo colà dove tutte queste cose hanno il cominciamento, cioè a quella scuola dove si ammaestrano fanciulli e fanciulle ai costumi del maritaggio, donde poi esce tutta la generazione che il paese riempie." " Bene sta," rispose l'altro, "andiamo." Così detto, giungemmo ad un'ampia e spaziosa sala, il cui mezzo era del tutto vôto di genti; e di qua e di là vi avea due filari di stanze dall'un capo all'altro distese nell'immensa sala, dall'un lato tutte ripiene di teneri giovanetti, e dall'altro di fanciulle, che non oltrepassavano i sei anni, nè maschi, nè femmine. Capi e maestri degli uni erano uomini; e delle altre, donne di matura età, che con li loro insegnamenti introducevano a' discepoli nell'animo la virtù, la modestia, l'onestà, e tutte quelle qualità che forniscono l'animo della giovinezza. Ma quello di che io grandemente mi maravigliai, si fu il vedere che aveano certi fantocci di cenci i quali aveano movimento e vita, de' quali ne veniva consegnato uno per fanciullo e uno per fanciulla; e di quello che ciascheduno mangiava, dovea dare una porzione al fantoccio suo; e chi si mostrava dolente o ingrognato nel compartire il suo pranzo, tosto era gastigato rigidamente; e chi volentieri e amorevolmente lo pasceva, ne veniva premiato.

Facevansi di tempo in tempo uscire delle cellette loro i fanciulli e passare innanzi a quelle delle giovinette, le quali stavano con le maestre loro all'uscio; e i capi di quelli dicevano a' loro discepoli: "Salutate, siate gentili a tutte quelle giovani che voi vedete, delle quali ognuno di voi una ne possederà; e sappiate che le sono nate tutte per essere il mantenimento e la consolazione delle vostre famiglie. Quella che ad ognuno toccherà, dee essere la compagna sua fino a tanto ch'egli vive, e quella dee amare e aver cara quanto sè medesimo. Ella avrà l'obbligo di essere soggetta a lui; ma egli dal suo lato sarà obbligato ad usarle cortesia e umanità, e con la gentilezza del trattarla e' non le lascerà punto conoscere la sua soggezione, ma le darà in ogni atto a vedere che la è la metà sua, la compagna sua, sicchè ella non s'inva-

ghisca di desiderare altro quando ella è seco. Vedete come le son belle
queste fanciulle, come le son graziose! Oh! non sarebbe egli gravissimo peccato che alcuna di esse ritrovasse in alcuno di voi rigidezza,
bestialità, crudeltà e stranezze tali, che il suo bel corpicino e l'animo
suo dilicato non le potesse comportare, sicchè fosse obbligata a fare
una pessima vita, a morir di dolore, o a spiccare il cuor suo da quello
a cui toccherà, e ritrovare in un altro maggior cortesia e quiete maggiore? Qual vergogna sarebbe quella di colui a cui questo accadesse?
Ch'egli non avesse saputo in civiltà e in gentilezza valere più che un
altro che nulla avea a fare con lei?" Dall'altra parte, mentre che i fanciulli passavano, dicevano le maestre alle donzelle: "Vedete voi, fra
que' giovani ognuna avrà il compagno suo. Siate loro gentili e di buona
grazia, ma non vi mostrate troppo appassionate di vedergli. Voi sarete
da tutti loro comunemente onorate, se saprete stare in un decoroso contegno. Vedete voi come vi salutano? come vi s'inchinano? come sono
lieti e ridenti quando vi passano innanzi? La fama della vostra modestia e virtù vi rende loro sì grate; non vi crediate che i vostri visi
e la grazia de' corpi vostri bastino. O se pure sono sufficienti, non
hanno sì lunga durata che potessero farvi signore degli animi loro. La
virtù sola vi farà rispettare e vi renderà grate. Uno di quelli dee essere
il compagno di una di voi. Ricordatevi...." Maladetto sonno che in sul più
bello de' precetti di maritaggio alle femmine, si ruppe, e non potei udire
quali fossero. Ma chi si affida a' sogni, la va a questo modo. Io ne ho
pazienza; l'abbia meco chi legge.

N° LXXXI.   A dì 11 novembre 1761.

Succum ex floribus ducant, qui protinus mel sit.

SEN., *Epist.*

Traggano il sugo da' fiori, di subito si fa mèle.

È egli possibile che s'abbiano sempre a vedere le congregazioni
intere degli uomini, i quali, dal favellare in fuori, tanto sanno il giorno
in cui vengono al mondo, quanto quando chiudono gli occhi, e termi-
nano la vita? Pegli occhi, pegli orecchi, e pegli altri sentimenti del
corpo non entra mai loro cosa veruna nè buona nè trista. Tutto quello
che veggono, che odono, toccano, assaggiano, è come l'immagine di
qualche cosa nell'acqua e in uno specchio, che incontanente sparisce, e
non ne rimane vestigio. Acquistano una certa consuetudine di mangiare, bere, vestirsi, spogliarsi, tanto che al prossimo appariscono vivi,
e pare che facciano quello che fanno gli altri; ma in effetto non sono
vivi. Il menare le braccia, le gambe, e il tirare aria ne' polmoni e il
cacciarla fuori, non sono quella vita che dee aver l'uomo. Un mantice
alla fucina a questo modo si potrebbe dire che vivesse. Che avrebbe
a fare nel cranio quel bell'ordigno del cervello, con tante miracolose
maraviglie che vi son dentro, se non s'avesse mai a farne uso? E
quella vivacità e sensibilità del cuore hassi così a lasciarla infingarda,
addormentata e morta? A che sarebbero state fatte tante belle magnificenze celesti e terrestri che ne circondano, se non avessimo ad

avvederci della loro bellezza, grandezza e varietà? Ma sia quel che si
vuole, io non intendo che ogni uomo abbia ad intrinsecarsi coll'intelletto in cose troppo massicce, perchè ognuno non è atto a spiegar
l'ale tanto ad alto; e quella varietà ch'è in tutto quello che ci veggiamo d'intorno, è anche ne' cervelli. Non ci sono forse anche cosette
leggiere che possono entrare nella mente di tutti, e si confanno con
la capacità universale? Donde viene questa trascuraggine? questo
sonno? Io credo che ne siano appunto stati la cagione coloro i quali,
datisi agli studi e alle lettere, per parere essi da qualche cosa, sono
andati spargendo pel mondo una fama della gran difficoltà che hanno
in sè le dottrine; sicchè a poco a poco gl'ingegni si sono atterriti; e
coll'andare degli anni, facendo conto che sia dottrina ogni cosa, non
si curano più di nulla, lasciano andar l'acqua alla china, e si dormono
in pace. Da un lato non hanno il torto, perchè ne' primi anni della
fanciullezza, loro andando alla scuola, trovano che al parlare è stato
posto nome Grammatica; e vi perdono dentro i bei cinque o sei anni
dell'età loro, tanto che dicono: "Se tanto ci ha a costar un poco di
cinguettare, che sarà dell'altre dottrine? Questo è un mare che non
ha nè fine nè fondo; e noi avremo prima i capelli canuti, che sappiamo
un'acca: sicch'egli è meglio goderci in pace, e non affaticarci l'intelletto. Ad ogni modo noi veggiamo che tanto se n'ha.¹ E cotesti uomini
di lettere, da una certa boria particolare e da certi visi tralunati e
stentati in fuori, non acquistano più che gli altri uomini; e forse forse
ne cavano meno, non vedendo noi per lo più che sieno così agiati
ne' fatti loro, che possano muovere invidia negli altri."

Al nome del cielo. Io non voglio negare a cotesti tali che la cosa
non sia come la dicono. Ma quando io mi querelo che non pensano,
che non vivono, non intendo già d'empiere un sacchettino di libri, di
metterlo loro ad armacollo, e mandargli alla scuola. Non leggano mai,
se non vogliono, non prendano mai calamaio nè fogli, ma s'avvezzino
a leggere solamente in quello che si veggono intorno, a meditarvi sopra, a farvi chiose e commenti. Traggano il sugo da questi benedetti
fiori che spuntano sotto i piedi e germogliano ad ogni passo, e ne facciano mèle. Questo è quello ch'io vorrei, e quella scuola che raccomando ad ogni uomo che vive.

Immagino dunque che s'abbia ad allevare un giovane: e che la scuola
sua debbano essere le case, le strade, le botteghe, e altri luoghi privati e pubblici; ch'egli non debba avere altri maestri, fuor che gli uomini e le donne che incontra, conosciuti o non conosciuti, co' quali s'abbatte a favellare. Non crederà forse che gli bastino? Ben so che gli
basteranno. Ma egli dalla parte sua dee arrecare a cotesta scuola gli
orecchi aperti, e l'animo apparecchiato a meditare un pochetto sopra
quello che ode, e non accostumarsi ad udire senza intendere; perchè
altrimenti la sarebbe infine come s'egli non avesse udito nulla, o a
cantare uccelli, o un mormorare di fiume. Io gli chiedo ch'egli faccia
a un dipresso come fanno gli scrittori delle favole, che quando hanno
dettato una favola, ne traggono nel fondo una breve sostanza, una
lezione di morale. Che importerebbe a me, per esempio, di leggere che
il Lione andò a caccia con diversi animali più deboli di sè, e che al
dividere della preda si tenne a parte a parte infine ogni cosa per sè

---

¹ *Tanto se n'ha.* Non ci si guadagna nulla.

medesimo; se non se ne ritraesse nel fondo che quegli che più può, fa stare a segno tutti gli altri ? Se da tutte le umane operazioni, da tutti i ragionamenti, e da quanto s'ode o si vede, non se ne tragge qualche sostanza, che importano le storie, le novelle che si dicono, e i fatti che accaggiono ? Tutto quello che apparisce di fuori in azioni, ha la sua radice nel cuore umano, nel quale non si può penetrare altro che per questa via; e a questo filo dobbiamo attenerci, per sapere con cui viviamo, e in qual forma dobbiamo con altrui diportarci. Facciamo quel conto fra noi, che ogni cosa sia favola, e con la bontà e facoltà della meditazione se ne prema fuori il sugo della morale, che ci serva a conoscere che sieno tutti gli altri, e quali siamo noi medesimi. A questo modo ogni umana faccenduzza, ogni menoma parola può risvegliare nel nostro cervello qualche buon pensiero, da adattarlo a tempo alle operazioni altrui, e alle nostre ancora. Oh! so io dire che questo modo è di maggior giovamento, che lo studiare sui libri ; i quali sono finalmente cose morte, e non danno a quello che rappresentano, quel vigore e quella vita che hanno le operazioni degli uomini affaccendati, e che si movono, e mangiano, e beono,[1] e dormono, e veston panni.

Ma perchè ad entrare in tali meditazioni è però di necessità l'avere qualche principio che guidi i discepoli, egli è bene che a questo proposito pubblichi un Dialogo, datomi a questi giorni da un amico mio, il quale a un dipresso dimostra come uno si debba reggere nelle sue considerazioni.

DIALOGO.

Minerva, Plutarco,[2] Ippocrate[3] e Ombre.

Plutarco. O di quanti sono nell'altissimo Olimpo, Dea veramente degna di venerazione e di stima, tu m'hai fino a qui fatto passare tanti monti, tanti mari, e finalmente varcare, non senza mio gran sospetto, la nera palude infernale ; nè ti degnasti mai ancora di palesarmi la cagione di questo così lungo e faticoso viaggio. Tu mi conducesti nelle corti d'altissimi re, ne'palagi di nobili personaggi, in casette d'artisti, e in casipole di villani; m'hai fatto vedere i costumi d'ogni uomo, notare le operazioni di tutti. Mi dichiarasti con la tua divina penetrazione la felicità e infelicità d'ogni genere di persone; e infine non è cosa che tu non m'abbia detta, soddisfacendo alle mie domande. Ma la cagione del mio viaggio, me l'hai sempre taciuta. Eccoci finalmente pervenuti a quel luogo in cui io credo d'aver a rimanere sempre, non essendo lecito a chi scende quaggiù di più rivedere le stelle. Chieggoti dunque per ultima grazia, che tu mi spieghi la cagione che t'ha mosso ad essere la compagna del tuo umilissimo servo e schiavo in così lungo e travaglioso cammino.

Minerva. Anzi non è lecito di rimanere in questo luogo a colui che ne viene con lo spirito vestito di carne e d'ossa, come tu sei; nè può nell'abitazione degli Elisi arrestarsi chi dalla prima vita non s'è disciolto. Ritornerai fra poco a vedere quella luce, la quale in queste mortali tenebre agli occhi tuoi più non apparisce. A grande uffizio tu

---

[1] *E mangiano, e beono* ec. È quasi un verso di Dante : « E mangia e bee e dorme e veste panni. » *Inferno,* XXXIII, 141.
[2] *Plutarco.* V. la nota 5 a pag. 5.
[3] *Ippocrate.* V. la nota 2 a pag. 20.

fosti eletto dal rettore di tutti gli Dei; ma non si potea compiere la volontà di lui senza questo viaggio. Noi abbiamo ora passato la palude infernale. Sta' qui meco sopra questa sponda, e vedi quella schiera d'ombre che vengono in fila verso di noi, e nota bene quello che ciascheduna d'esse ha in mano. Già ci si accostano. Taci fino a tanto che le sieno passate.... Bene: che ti pare?

Plutarco. Io non ho veduto alcuna d'esse, che non ci sia passata dinanzi malinconica: e le portavano tutte in mano come un pezzuolo di carne che m'avea somiglianza di cuore; ma non tutt'i pezzuoli mi parevano d'un colore; e poi non anche ogni ombra portava il suo così aperto e manifesto, ch'io potessi vederlo intero. Ho io veduto bene?

Minerva. Sì, non ti sei punto ingannato. Quello che l'ombre aveano nelle mani, è un cuore; e ciascheduna ne viene di qua col suo; nel quale è contenuta la sentenza di tutte le operazioni che avrà fatto su nel mondo.

Plutarco. Non intendo.

Minerva. Ben sai che non puoi intendere, se non te ne fo la spiegazione. Tu avrai fino a qui creduto, come tutti voi uomini mortali credete, che ciascheduno, il quale si vive nel mondo, abbia un solo cuore, poichè in effetto con gli occhi del capo non potete vederne altro che un solo. Ma gli uomini non sono però così acuti veditori, che possano comprendere ogni cosa. Due sono i cuori che avete nel corpo vostro, e ciascheduno d'essi ha l'uffizio suo separato. Quello che tu hai veduto nelle mani all'ombre che sono passate di qua, è il primo cuore, quell'occulto agli occhi de' più riputati notomisti, sottile, invisibile, e che solo si gonfia e apparisce quando viene in questo mondo sotterraneo dinanzi a'giudici immortali, dinanzi agli occhi che tutto conoscono, a'quali niuna cosa può sfuggire. Questo è quello donde nascono le voglie umane, quello che è l'origine delle vostre operazioni: la quale non si può vedere nè sapere fino a tanto che non sia venuto di qua nelle mani d'Ippocrate stabilito da Radamanto a tagliarlo, e a farne le osservazioni, per renderne conto a'giudici di quaggiù, i quali danno la sentenza secondo quello che dall'incisione apparisce. L'altro cuore anche costassù visibile, oltre agli uffizi ch'egli ha per conservarvi la vita, n'ha uno particolare, a cui pochi fino a qui hanno posto mente; cioè quello di nascondere il primo con mille apparenze, che non lo lascino quasi comprendere neppur con gli occhi intellettuali, nè interpretarlo. Il visibile è quello che fa mostra d'essere il capo di tutte le funzioni; ha certe relazioni con la pelle della faccia, con la lingua, e con tutti i muscoli e nervi del corpo; tanto che dà quel colore che vuole alle guance, e fa a tutte le membra prendere tutti quegli atteggiamenti che a lui piácciono; e sopra tutto è il trovatore di quelle parole che la lingua profferisce per colorire i disegni dell'altro che non si vede mai, e gitta, come si suol dire, il sasso, nascondendo la mano, facendo sempre apparire che l'altro sia il tiratore. Ecco, o Plutarco, la cagione del tuo viaggio: tu dèi essere quaggiù testimonio di veduta, e vedere le incisioni che farà Ippocrate del cuore invisibile di molti, i quali vedrai quanto s'ingegneranno qui ancora di nasconderlo; ma i ferruzzi di quel sapiente gli convincerà di menzogna. Tu ritornerai poscia al mondo, e scriverai libri, ne'quali si vedranno dipinti i costumi di tutti gli uomini; e la tua dottrina avrà principio dagli scoprimenti che avrai in questo luogo veduti.

Plutarco. Non solamente, o divina Minerva, io mi riconoscerò sempre obbligato agl'Iddii pel mio essere e per la mia vita; ma qual gratitudine può uguagliare cotanto benefizio, che per opera loro debba anche il viver mio essere guidato dalla luce d'una Deità, ed acquistarsi qualche onorata fama nel mondo? Andiamo quando e dove ti piace.

Minerva. Seguimi. Vedi tu colà che s'avviano i giudici alla volta di quella selvetta; e vedi come dietro a loro vola in aria un nuvolo d'avoltoi, di gufi e di civette? Quegli uccellacci, quando saranno giunti alla selva, si caleranno tutti a piombo, ed attenderanno che si gettino loro per pasto i fracidumi di que'cuori, quando Ippocrate avrà fatto l'uffizio suo. Odi che schiamazzo fanno in aria! che rombo!

Plutarco. Qui vanno questi uccellacci a schiere, come su nell'aria del mondo ho veduto andarvi le cornacchie. O Giove! io non credo che tanti se ne vedessero all'assedio di Troia, per mangiarsi que'corpi degli eroi che dice Omero.[1] Poichè sono tanti, abbondante dev'essere la pastura.

Minerva. Pensa che un mondaccio quanto lungo e largo ch'egli è, manda continuamente di che pascere tanti ventrigli. Ogni uomo ha il cuore che tu vedrai, e pochi furono sempre quelli ch'abbiano saputo indirizzarlo al bene; onde qui si becca lautamente. Ma noi siamo giunti alla selva. Ecco gli uccellacci che piombano e si posano sopra le piante, ecco i giudici a sedere, ed ecco Ippocrate co'suoi ferri alla mano. Taci, e odi bene, come s'affaticheranno l'ombre per coprire colle ciance il cuore che verrà poscia tagliato e notomizzato.

Ippocrate. Avanti, avanti; venite, o ombre uscite de'corpi che aveste nel mondo. Perchè venite voi così adagio? Voi siete pure leggiere, e fuori de'ceppi delle gotte, delle febbri de'fianchi, e di quella vecchiezza che vi facea costassù spesso cotanto indugiare nelle vostre faccende. Perchè venite ora come le testuggini? E poi, che vi giova, che vi veggo tutte venire con la fronte bassa, e pensose? Meditate voi forse qualche bel trovato per nascondere alla perspicacia degli occhi immortali quelle magagne che avete nel mondo occultate? Perchè non portate voi liberamente in mano que'cuori che in questo luogo arrecate? Non c'è più niscondelli,[2] no, qui non c'è più traveggole. Se voi avete dato ad intendere lucciole per lanterne a'vostri congiunti, a'domestici, a'cittadini, a'terrazzani e a'forestieri, qui le lucciole sono lucciole, e non risplendono più di quello che possono. Chi è quel grande colà, il quale mi pare un poco più sicuro in faccia degli altri? Vienne

---

innanzi, fronte invetriata,[3] vienne. Rizza gli orecchi, e rispondi. Qual se'tu, e donde venuto?

Ombra prima. Ippocrate, la vita ch'io feci colà su nel mondo, fu veramente di sorta, ch'essendo ora venuto quaggiù, non ho punto da temere s'io debbo comparire dinanzi a questi giudici e alla tua spe-

---

[1] *Quei corpi degli eroi che dice Omero.* « Cantami, o Diva, del Pelide Achille | L'ira funesta che infiniti addusse | Lutti agli Achei, molte anzi tempo all'Orco | Generose travolse alme d'eroi, | E di cani e d'augelli orrido pasto | Le salme abbandonò..... » *Iliade* (Monti), libro I, 1-5.

[2] *Niscondelli.* Sotterfugi.   [3] *Fronte invetriata.* Sfacciato.

rienza. Quella professione ch'io feci al mondo di dire la verità in faccia
ad ogni uomo di qualsivoglia condizione, mi fece cadere in tant'odio
di tutti, che appena v'avea chi volesse più sofferirmi alla sua presenza.
Ma io innamorato della bellissima verità, e tenendo più conto di lei
che d'altra cosa del mondo, mi feci beffe dell'altrui indignazione, e
portandola sempre sulle labbra, la scoccava fuori di quelle a guisa
d'acutissima saetta contra le male operazioni di tutti. Io non credo
che m'abbisogni ora di scusarmi appresso di te, che non fossi mai
guidato in ciò dal desiderio d'utilità veruna; imperciocchè tu sai bene,
che chi cerca nel mondo di trarre vantaggi, unge piuttosto la lingua
sua col mèle delle adulazioni e delle lusinghe, procacciando d'adescare
gli animi altrui col sapore di questa ineffabile dolcezza. Mal fa i fatti
suoi chi atterrisce le genti com'io faceva, e le tiene da sè lontane. Ma
ad ogni modo poco mi curai d'essere vilipeso, povero e fuggito da
ognuno; e tanta fu la soavità ch'io provai nel dir sempre il vero, che
non mi curai d'ogni calamità che mi sturbasse.

Ippocrate. Benchè l'amore della verità sia una bella cosa, e degno
di grandissima lode il profferirla, ombra mia, ci possono essere certi
principii nell'amatore e profferitore di quella, che intorbidino il suo
cuore; e però io non ne dirò nulla, se non l'avrò veduto con molta
diligenza. Sicchè porgilo, ch'io ne faccia la prova con questi miei ferri.

Ombra prima. Non è già ch'io tema punto di vederlo notomizzato,
se non te lo do così tosto; ma mi fo solamente maraviglia, che in questo luogo, in cui s'ha così di subito cognizione di tutte le cose, non
si comprenda che in un cuore, il quale tenne solamente conto della
verità, non sia potuta penetrare magagna veruna.

Ippocrate. Questo comprendo io però, che mentre mi di'le sue lodi,
e l'esalti di bontà e di schiettezza, lo vai tenendo stretto più che mai,
e a poco a poco tenti di nasconderlo. Dà qua, io non voglio altri indugi. Oimè! che cuore è questo! Ecco, o supremi giudici degli spiriti
venuti a questa seconda vita, com'esso si rigonfia nelle mie mani e
dinanzi a voi, sicchè pare che scoppi, e ad ogni modo è leggiero come
una paglia. Si direbbe che fosse una vescica ripiena d'aria. Qua, mano
a'ferri. Poh! uh! quanto vento n'è uscito al primo taglio! Benchè così
al primo non apparisca agli occhi la magagna, io non dubito punto di
non ritrovarnela in qualche cantuccio. Lasciatemi rifrustare. Oh! nol
diss'io? Ecco qua donde veniva il vento. Ecci un muscolo che pare
un mantice. Vedetelo. Ecco di qua l'animella, da cui l'aria è attratta;
eccoci il cannellino, donde l'era schizzata fuori. Di qua, di qua veniva
quel suo grande amore alla verità. Non la diceva già egli sulla faccia
alle genti, per bene ch'egli volesse loro; ma perchè egli si vanagloriava a questo modo, e gli parea di signoreggiare tutti gli altri, e d'essere una cosa mirabile fra'popoli. E però si godeva egli, ed era anche
lieto del vedersi fuggito e in abbominazione delle genti, tenendosi così
fatto abborrimento per gloria e onore. Nè mai delle buone opere com-
mendava altrui, che però sarebbe stata verità anche questa; ma andava
cercando il pel nell'uovo per dirne male; perchè il bene altrui non gli
dava diletto, non attraeva la vanagloria in questo suo occulto mantice,
anzi glielo facea aggrinzare e sgonfiare. Che ne di'? Non è egli vero?
Tu ammutolisci? abbassi il capo? non rispondi più? Ora tocca a voi,
o giustissimi giudici, il comandare quello che si debba fare di questo
pezzo di carne fracida.

Plutarco. Che mai diranno? A me pare che Ippocrate abbia ragione.

Minerva. Non vedi tu ch'essi hanno già fatto cenno che il cuore sia gittato agli uccellacci di rapina? Eccolo già in aria lanciato. Essi lo ghermiscono e lo squarciano, e l'ombra è sparita tutta svergognata, ed è andata dov'è da' giudici stabilito. Sta' ad udire.

Ippocrate. A te, a te. Vienne oltre. Tu m'hai una faccia molto sicura. Da' qua il cuore.

Ombra seconda. Io non ho sospetto veruno a dartelo; e lodato sia il cielo, che in esso non ritroverai macula veruna. Credo bene, che avendo io nel mondo fuggito a tutto mio potere la sordidezza dell'interesse, e arrecatomi solo ad onore l'essere cortese e liberale, di che ho testimonianza il mondo tutto, non avrai di che potermi incolpare. Io ho sempre considerato il mio, come fosse roba altrui; e mi sono dilettato dello spendere gagliardamente, beneficando tutti gli amici e quanti furono da me conosciuti.

Ippocrate. Bene sta: ma intanto tu ritieni il cuore in tua mano: e io non l'ho; e non posso fare l'ufficio mio.

Ombra seconda. Quasi quasi io credetti che non ci fosse bisogno.

Ippocrate. Lascia credere a noi quello che abbisogna, o no. Tu, che fosti nel mondo cotanto liberale, perchè ora ritieni con tanta custodia un pezzo di carne che non è più tua, ma dovuta a questo tribunale? Dàlla, dàlla. Nel vero, o venerandi giudici, al rimirarla così di fuori, io non ci veggo difetto veruno; e quasi quasi giurerei che la fosse sana di dentro, quale estrinsecamente apparisce. Ma l'arte mia non suole affidarsi alle apparenze. Io non presto fede ad altro che al gammautte.[1] Oltre di che, ecco ch'io sento sotto alle dita un certo enfiato di qua, una certa durezza che mi dà sospetto di qualche cosa. Noi vedremo che al taglio questo cuore non ci riuscirà così buono, com'è al vederlo. Che è stato? Tu cominci già a tremare e ad abbassare la fronte? O liberale, di che dubiti tu? Vediamo.

Plutarco. Oh! che visacci fa egli nel tagliare! Vedi, vedi quanto si maraviglia! E che mai ne tragge egli fuori con tanta diligenza?

Minerva. Adagio, attendi, e ascolta.

Ippocrate. Come l'era incarnata e avviluppata in mille aggiramenti questa carnicina quasi invisibile, che ha la figura d'una chiave! A pena a pena m'è bastata l'arte mia per poternela spiccare intera. Pur, lodato sia, eccola. Che dirai tu ora? Qual segno ti par questo?

Ombra seconda. Che ne so io? Io non sono notomista.

Ippocrate. E pure io so benissimo che tu sai che questa chiavicina così celata e impacciata nel cuor tuo, con tutte le liberalità e cortesie da te usate nel mondo, era uno strumento dell'avarizia, la quale avea in te grandissimo potere. Alza la barba, guardami in viso.... Non ispendevi tu forse gagliardamente, quando tu avevi intenzione d'acquistare in doppio? Non eri tu spesso cortese a coloro i quali ti parea che potessero giovare alle tue intenzioni? Non è anche forse avvenuto che tu non ti curasti mai di essere largo e cortese co' tuoi congiunti d'una spilla, e gli lasciasti travagliare tra gli affanni della povertà, mentre che tu facevi sguazzare del tuo coloro, da' quali speravi qualche utilità e avanzamento? Quando ti desti mai una briga al mondo di qualche onesto uomo, tuo conoscente e forse anche amico tuo, il quale avesse

---

[1] *Gammautte.* V. la nota 1 a pag. 20.

bisogno di te? Ma vuoi tu vedere che fosti avaro? Ricorditi tu quel
laute mense, alle quali invitavi così lieto tutti coloro che ti potean
far giovamento? Ti viene in mente con qual faccia gioconda trincia
alla tua tavola, dando loro largamente le migliori vivande che prod
cano terra, aria e mare? Con quanto diletto profferivi loro i più squ
siti bocconi? Ma poi quando erano tutti partiti, egli ti verrà in men
che, andato nella tua stanza con le ciglia aggrottate, gonfio, pettoru
e pieno di dispetto, facevi cadere sopra quel pover'uomo dello spe
ditore tutta la tua rabbia dell'avere speso; in ogni partita ti par
di vedere qualche ladroncelleria, e con altissime voci sgridandolo, po
mancava che non lo battessi con le tue mani; e avresti calpesta
co' piedi pollaiuoli, pescivendoli e qualunque altra persona avea da
di che imbandire quella nobilissima tua mensa; la quale era comme
data di fuori per lauta, solenne e senza risparmio veruno; mentre cl
tu stavi azzuffandoti e rinnegando il cielo per pochi quattrini. Ve' v
ch'io avrò pure detto il vero, dappoichè tu cominci a rannicchiarti
a voltare in là la faccia. Che debbo io fare, o giudici?... Ho intes
A voi, Nibbi.

Plutarco. Questo Ippocrate ha del mirabile e del divino: e non s
lamente egli è buon notomista, ma egli mi pare perfetto strologo.[1]

Minerva. Non sai tu com'egli fu grande uomo nel fare conghiettur
mentre che visse? Questa è l'arte medesima. Da quel poco che si ved
si dee argomentare. Quella chiavicina a così grand'uomo è stata suf
ciente per trarre dal buio tutte le verità ch'egli disse.

Ippocrate. Qual è quest'ombra che non chiamata e da sè m'offer
sce il suo cuore senza dir nulla? Vediamo. Veramente di fuori ne
c'è mancanza veruna. La misura sua è quale dev'essere, morbido n
turalmente da ogni lato, d'un colore che mostra la vita e la sani
perfetta. Si tagli. Bello e buono di dentro, come di fuori. Queste pi
ciole vene risplendono a guisa di raggi. O virtuosa ombra, donde se' t
qual sei, e come facesti tu a conservare così puro e netto da ogni maco
questo bel pezzo di carne?

Ombra terza. M'appagai dello stato mio, e ogni cosa riconobbi c
Giove.

Ippocrate. Va' agli Elisi fortunati, e questo cuore arrecherai te
riposto in un vasellino d'oro. All'altre ombre, all'altre.

Minerva. Ippocrate, non t'affaticare per oggi di più. E voi, o gi
dici, siate certi che di quante ombre son ora giunte in questo luog
non ve n'ha una sola che possa offerirvi un cuore che non abbia
sè qualche difetto. Quanti io qui veggo uomini e femmine, fecero pr
fessione d'esercitare quale una virtù, e quale un'altra; ma l'apparen
di fuori ingannò gli occhi del mondo; non quelli del padre mio. E pe
voi potete ad ogni modo pascere questi uccellacci che sono qui intorn

Ippocrate. Qual volontà celeste, o divina Minerva, t'ha ora fat
in questi sotterranei luoghi apparire, e perchè non veduta dimora
poc'anzi in questo luogo?

Minerva. Io ci conduco un mio discepolo invisibile, acciocch'eg
assecondando il volere di Giove, divenga perfetto conoscitore deg
umani cuori. Tu nol dèi vedere, perchè essendo nato tanti anni dop
di te, non è lecito che un vivo parli ad un morto, e che questi g

---

[1] *Strologo.* Qui sta per indovino.

risponda. Verrà tempo che, onorato e pieno di fama, discenderà anch'egli in questi luoghi, e allora potrete avere insieme conversazione. Statevi in pace ; addio.

Plutarco. Oh ! nobile e veramente scuola degna di te, che tu m'hai data !

Minerva. Ripassiamo la palude.... Eccoci di nuovo al mondo. Ora tu hai veduto. Studia nelle azioni degli uomini, e ricordati bene ch'essi hanno due cuori. Però usa ogni perspicacia prima di giudicare, e va'col calzare del piombo; nè ti fidare alle apparenze.

_____

AD ANDROPO MICROSI DIASTROFORINO.

S'io non avessi con lo scrivere questo lungo dialogo empiuto più carta di quanto avea immaginato nel principio, avrei dato risposta alla vostra a me gratissima lettera in versi. Ma per ora non posso. Onorerà essa uno de' fogli che verranno, e io m'ingegnerò di rispondervi, quantunque il mio cervello sia per ora lontano dalle muse mille miglia. Leggendo però la vostra poesia, ho buona speranza che mi si riscaldino le vene. Quando i componimenti sono buoni, qual è il vostro, fanno in me quest'effetto e destano nell'animo mio quelle faville che da sè sono già presso che ammorzate. Voi sapete che le muse sono amanti della quiete e in me veramente non ritrovano quell'ozio ch'esse richiedono. Ma ora che rileggo il foglio vostro, sarà poi vero che mi riscaldi, o mi farà piuttosto atterrire ? Trovo in esso un certo che d'ammaestrativo, che quasi quasi mi fa temere. Ad ogni modo il debito mio è di rispondere, e lo farò. Se non potrò essere poeta secondo il vostro desiderio, almeno m'ingegnerò di non apparire mal creato appresso di voi. Intanto vi ringrazio di vero cuore dell'onore che m'avete fatto, e quando tra le vostre molte occupazioni e gli studi più gravi a' quali siete continuamente applicato, v'avanza qualche poco di tempo, non abbiate a disdegno quelle povere figliuole di Giove e della Memoria,[1] le quali hanno bisogno d'essere al mondo richiamate da buoni intelletti, qual è il vostro. Confortatele, allettatele, ch'io so che hanno posto una grande speranza in voi, come l'ho posta io medesimo d'essere tenuto sempre da voi per il più fedel servidore

L'OSSERVATORE.

_____

No LXXXIII.   A dì 18 novembre 1761.

_____

ALL' OSSERVATORE.

Spirto gentil,[2] di poesia languente
Maggior ristoro, udir deh ! non t'incresca

_____

[1] *Figliuole di Giove e della Memoria.* Le Muse.
[2] *Spirto gentil* ec. In una ristampa dei Sermoni di Gasparo Gozzi da me procurata (Venezia, Carlo Ferrari, 1895) posi questo sermone tra gli altri del nostro autore, pur manifestando qualche dubbio sulla sua paternità. Ora mi persuado di non doverlo attribuire a lui, quantunque sia stato conservato nella ristampa dell' *Osservatore*, fatta dal Colombani

Quello che intorno ad essa ragionammo
Macrino ed io : Macrin, che infonde i semi
D'arti e sciënze al mio crescente ingegno.
    Se una facciata alzarsi maestosa
A un palagio magnifico o ad un tempio,
D'alte colonne vagamente e fregi
Scorgessi adorna, il cui padrone avaro
Del bianco eletto veronese marmo
Ponesse in opra pinto legno in vece :
" Temi i tarli che l'empian di foracchi,"
Gridare udrei, e dar beffe al Cremete.[1]
E perchè : " i tarli temi," al poetastro
Che a servil suono sciocchi sensi inventa,
Gridar non odo ? No; da' lettor stolti,
Il cui naso infreddato oltre la scorza
Mai non penètra, e del midol non sente
Coll' odorato fievole il fetore,
Larghi batter di mani, e mal dovuti
Applausi e lodi dar sento, e mi rodo.
    Se poi bennato ingegno, il nobil estro
Vago aggirando, eletta opra produca
Di puro stil, di pensier sodi e giusti,
Composta a sesta ;[2] con sbavigli e braccia
Stiracchiando allargate, i marchigiani
Giudici[3] odo gridar, cader lasciando

---

nel 1767, dalla quale furono levati molti scritti che, quantunque compresi nell'edizione originale, non sono del Gozzi. Probabilmente fu accolto nella ristampa del 1767, perchè è come la proposta a cui risponde l'altro sermone (questo senza dubbio del Gozzi) che gli tien dietro immediatamente. Mi confermano nella mia opinione parecchie ragioni: prima di tutto le lodi date al Gozzi nel bel principio del sermone: « Spirto gentil, di poesia languente maggior ristoro »; e quelle che stanno nella lettera che accompagna il sermone stesso, dove lo si prega d'empiere qualche ultima pagina dei suoi *fogli preziosi ;* essendo affatto contrario all'indole e alle abitudini del nostro autore parlare a questo modo delle cose proprie. In secondo luogo le lodi che a quel sermone e al suo autore porge il Gozzi nella lettera con cui accompagna la sua risposta in versi, e più ancora in quell'altra con cui si chiude il numero antecedente. Ma v'ha di più: nel sermone, i poetastri son dipinti diguazzanti nella melma a' piedi del Parnaso, mentre a loro pare di vedere nani e capovolti i veri poeti che stanno in vetta del monte; questa immagine è assai somigliante al sogno del N° 74 (17 ottobre 1761) dove i poetastri impantanati nelle pozzanghere alle falde del Parnaso, credono stoltamente d'essere sull'alto del monte e chiamano oche e anitre i candidi cigni che nuotano nelle acque del Permesso. Siccome poi nel sermone l'immagine è messa in bocca al poeta Macrino, sotto il qual nome il Gozzi dipinse sè stesso nel suo sermone: *Contro il gusto moderno in poesia,* già pubblicato nel 1760, così è assai presumibile che l'autore indirizzandolo al Gozzi e facendovi entrar quest'ultimo, gli abbia attribuito sentimenti e persino immagini già da lui altra volta espressi. Nè da ultimo voglio tacere che la sintassi involuta e contorta è assai lontana da quei facili atteggiamenti di pensiero e di parole che il Gozzi prediligeva. Ma in tal caso di chi sarà questo sermone? Chi si nasconde sotto il pseudonimo di Andropo Microsi Diastroforino? Non m'arrischio a decidere risolutamente. ma volentieri m'accosto alla supposizione già messa innanzi dall'egregio prof. Maccone (*Biblioteca delle Scuole italiane,* 15 aprile 1894) che sia D. Giovannantonio Deluca, giovane studioso e colto, rapito giovanissimo alle lettere e agli amici nel 1762, alla memoria del quale il Gozzi consacrò tutto il foglio 32° degli *Osservatori Veneti* (16 giugno 1762). Il Deluca lasciò parecchi sermoni che furono pubblicati dopo la sua morte e lodati assai dal Monti nella *Biblioteca italiana.* Con questa ipotesi s'accordano assai bene le parole colle quali l'autore, parlando di sè, dice : *il mio crescente ingegno,* poichè allora il Deluca non aveva ancora 25 anni.

   1 *Cremete.* Personaggio vecchio e avaro che ritorna spesso nelle commedie di Terenzio.
   2 *A sesta.* Con ogni regolata misura. La sesta è il compasso.
   3 *I marchigiani giudici.* Qui sta per ignoranti e presuntuosi: ed è locuzione tratta da

Dalle man sozze gli aurei scritti a terra:
"Ahi, stentati pensier! rancido stile!"
Suole così l'incolto Americano [1]
Tratteggiare ammirando il rozzo ferro,
E 'l lucid'ôr co' piè calcar negletto.
"Che giova dunque esatto i miei pensieri
Pesare, esaminar, frenar, disporre,
E averne in premio poi visacci e fiche?
No, no: piuttosto un palafren, che sciolto
Or corra a lanci ed ora a saltelloni,
Regola insegni; simmetria s'impari
Dai gran che cadon, poichè lunge i scaglia
Duro villano, acciò lascin la pula;
Ed acconcezza [2] da que' sgorbi e mostri,
Che suoi primi disegni il fanciul noma.
Così udransi eccheggiar del popol folto,
Al cui tergo ignoranza il marchio impresse [3]
Di suo vassallo, gli alti applausi e i viva."
Così dissi, e i maestri che sfuggire
Seppero i spessi fóri del mai queto
Crivel, [4] con cui gli autori vaglia il tempo,
Lunge scagliar con disdegnosa mano
Già m' apprestava; ma Macrin rispose:
"Da un dispetto simíle anch'io già fui
Quasi commosso; ma una voce udii,
Voce di tuono, che dicea gridando:
'Bestemmiator, che fai?' Sentii cadermi
Cispa a me ignota, velo a' mortali occhi,
E Apollo vidi. 'Alzati,' ei segue, 'e mira
Di Parnaso alle falde.' Io l'ubbidisco;
E un pantan veggo, dove i poetastri
Impaniati diguazzando stansi;
Come gli augelli, sopra cui rinchiusi
Ha suoi calappi [5] il cacciatore astuto,
Che pur battono l'ale, e 'l capo e 'l becco
Dan nell'intoppo, ma volar non ponno;
Così costor scuotersi spesso, e un dito
Non alzarsi giammai da quella melma;
Gloria lunge beffarli, e una donzella

---

quella novella del Boccaccio in cui si racconta d'un giudice marchigiano venuto a Firenze a rendere giustizia nelle quistioni criminali, « il quale pareva più tosto un magnano che altro a vedere »; e mentre sedeva in tribunale, tre giovani per averne le beffe trovarono modo di levargli le brache (*Decamerone*, VIII, v).

[1] *L' incolto Americano*. I Messicani nei primi tempi della conquista spagnuola davano, racconta Fernando Cortez, tanta polvere d'oro quanta ne può contenere un elmo, per una spada o un pugnale di semplice acciaio. Ma se si bada agli usi a cui serve, quanto è superiore il ferro all'oro!

[2] *Acconcezza*. Convenienza.

[3] *Al cui tergo* ec. Questo popolo folto è come branco di giumenti ai quali il padrone fa imprimere il proprio marchio sul tergo.

[4] *I spessi fóri del mai queto crivel*. Fra gli attributi che si dànno al tempo, c'è spesso un crivello col quale, come il villano separa il grano dal loglio, egli scevera le cose destinate a perire da quelle che dureranno eterne.

[5] *Calappi*. Trappole.

Sol d'aria gonfia, con belletti e strebbi [1]
Un cavo specchio [2] a ognun tener davanti
Scorgo. Stupido in mezzo a' nuovi oggetti
Tacqui ammirando. Allor mi disse il Nume:
' Quelli tu vedi, a' quai gentame udisti
Dare indebite lodi, ed è Burbanza
La donzellaccia che l'immagin falsa
Di lor, fatti giganti, a loro stessi
Mostra, e da lunge capovolti e nani
Fa creder loro i buon del monte in vetta.
Tai son costoro, or quai saran riguarda.'
D'altra parte mi volgo, e l'obblio vedo,
Guscio di sarde, o di cessami arazzi [3]
Far divenire d'instancabil penne
E fantasie sfrenate i parti informi.
    ' Or va',' mi disse Apollo, ' assai vedesti.'
Umile mi prostrai, perdon gli chiesi;
Sparve ogni cosa. Per l'antica via
De' buon maestri i passi miei condurre
Risolsi allor. Tu fa' lo stesso, o figlio,
E soda gloria ai schiamazzar preponi
Di sciocca turba che non squadra applausi."

E' mi pare che l'opere degli scrittori sieno come quei quadretti a fettucce di legno, che tre diverse figure rappresentano, di fronte, a destra e a sinistra mirati: con questo divario però, che quelle abbiano in fronte sè stesse al naturale dipinte; guardate a destra, quelle stesse, ma assai migliorate si scorgano; ed a sinistra quelle medesime pur sieno, ma coi pregi abbassati e i difetti rialzati. I lettori sono quelli che guardano il quadro, e le loro passioni in quel punto quelle che lo rivolgono. Io temo che questi miei miseri versi alla sinistra lo sdegno del mio folle ardire vi abbia fatti leggere; potrei anche sperare che a destra la vostra gentilezza li rivolgesse; ma vi prego mirargli almeno di fronte, ed empierne qualche ultima pagina dei vostri fogli preziosi, se pur vi paresse che meglio di un festone potessero campeggiarvi.

ANDROPO MICROSI DIASTROFORINO.

L' OSSERVATORE.

Se in colto zazzerin Damo vagheggia,
Misura occhiate, e vezzosetto morde
L'orlicciuzzin di sue vermiglie labbra,
Spesso movendo in compassati inchini
La leggiadria delle affettate lacche; [4]
Il nobil cor di nobile fanciulla

---

[1] *Strebbi.* Lisciature
[2] *Un cavo specchio.* Gli specchi concavi dànno immagini più grandi del vero.
[3] *Guscio di sarde, o di cessami arazzi.* Le opere di questi poetastri sono destinate dall'obblio ad avvolgere nelle botteghe dei pizzicagnoli le sardelle, e a fornire per quel tal uso i cessi.
[4] *Lacche.* Natiche.

Ride di Damo, e vie più ride allora
Che di lui vede imitatrice turba
Di begl'imbusti svolazzarsi intorno.
Anzi si sdegna che il celeste dono
Di pudica beltà trovi sue lodi
In sospir mozzi, e non perite lingue.
A cui nulla giammai porse l'ingegno.
Lasciale a Frine, a Callinice, a Flora,[1]
Urganda e Gella, e all'infinito stormo
Delle sciocche e volubili civette.
Credimi, Andròpo, da costei diversa
Non è la figlia del beato Apollo
Poesia, delle grandi alme ornamento.
Io ti ricordo, è sua beltà celeste:
Non giova a lei che innumerabil turba
Viva in atti di fuor, di dentro morta,
A caso applauda, e mano a man percuota.
Nè si rallegra, se le rozze voci,
Avvezze sempre ad innalzare al cielo
Perito cucinier, sapor di salsa,
Volgano a lei quelle infinite lodi
Ch'ebber prima da lor quaglia ed acceggia.[2]
Vanno al vento tai lodi, e nero obblio
Su vi stende gran velo, e le ricopre.
    Quei pochi chiede lodatori a cui
Dier latte arti e dottrine. Un liquor santo
È quel che nutre, non muscoli e polpe,
Ma la possanza del divino ingegno,
Vita di dentro. Ei vigoroso e saldo
Pel suo primo alimento, alto sen vola,
E puote della Dea comprender quale
Sia l'eterna e durevole bellezza.
    Nè creder già che di schiamazzi e strida
Largo a lei sia, nè che sue laudi metta
In alte voci, ed in romor di palme.
Tacito, cheto e fuor di sè rapito,
L'ammira, e seco la sua immagin porta,
Nè più l'obblia. Se ciò Macrin non disse,
Or l'odi, onde, agli Dei caro intelletto,
Segui la bene incominciata via:
Rapisci l'alme, e non temer che noti
All'altre etadi i tuoi versi non sieno.

CARISSIMO ANDROPO. .

Quantunque si possa con la fiorita e variata vesticciuola della poesia
vestire anche la verità, pure, poichè, secondo l'opinione degli uomini
comune, pare che si usi a metterla indosso solamente alla menzogna,
non ho voluto in questi pochi versi dirvi quanto vi sia cordialmente

---

[1] *Frine, Callinice, Flora.* **Donne di facili costumi.**
[2] *Acceggia.* **Beccaccia.**

obbligato dell'avere a me indirizzata la lettera vostra. Sì, caro Andropo, io vi sono obbligato con un vincolo di gratitudine eterna. I primi versi di quella contengono espressioni verso di me tanto generose, ch'io non mi posso dispensare dal riconoscere l'animo vostro per liberale e pieno di cortesia a mio riguardo. Che mai potrei far io, non dico per compensare tanta gentilezza, ma per dimostrarvi il mio cuore? Io non trovo in lui cosa che sia degna di esservi offerta in particolare, sicchè vi prego, accettate da lui questa offerta universale della sua gratitudine. Anche l'ingegno mio poca cosa vi può dare. Que' pochi versi che sono qui sopra, vedrete benissimo che sono piuttosto un contrassegno del piacere destato in me dai vostri, che cosa la quale meritasse di venirvi innanzi. Oh Muse! oh Muse! voi mi costaste già lunghissime vigilie e non piccioli pensieri: e quando mi abbisogna l'aiuto vostro, voi mi abbandonate! Pazienza! Ma io non ho anche gran ragione di querelarmi di esse; anzi credo ch'esse abbiano cagione di lagnarsi di me, che le abbia da lungo tempo piantate. Sia come si vuole, abbiano la colpa esse o l'abbia io, mi spiace solamente che dopo le lodi ricevute dallo stimatissimo Andropo, la cosa non mi sia riuscita quale avrei voluto. Egli, ch'è cortese, mi avrà per iscusato, non me ne vorrà male per ciò, e viverà con la speranza che un'altra volta io gli riesca migliore, tenendomi intanto per suo buon servidore

L'OSSERVATORE.

SIGNOR OSSERVATORE.

Con tutto ch'io m'avvegga che voi pensate poco al caso mio, è tanta e tale la vostra negligenza che alcuna volta dovreste accorgervene. Tacqui sin ora, perchè a forza di molestia vi ho pure tempo fa indotto a scrivermi che risponderete ad un mio quisito ch'io vi aveva fatto. Io voglio tornarvi a molestare senza domandarvi perdono. Non mi ricordo nemmeno qual quisito egli si sia, perchè il tempo me l'ha fatto uscire di mente: ma non posso scordarmi di quelle due righe così asciutte datemi in risposta, e non mai eseguite. Dio vi benedica e vi guardi dalle mie polizze.

IL NON DEGNO DELLE VOSTRE RISPOSTE.

SIGNORE.

Vi giuro, o Signor mio, chiunque siate voi, che non so indovinarlo, ch'io non credo di avere altra qualità al mondo fuor quella di apprezzare tutti. Vi stimo dunque e vi venero, ma non vi ho risposto. Ben dovrete sapere che le cose non dipendono sempre da noi soli; non avete mai udito dire che ne hanno parte il Destino, la Sorte, il Fato, le Stelle, e che so io? Chi sa dunque ch'io non abbia avuta anche una voglia grandissima di rispondervi, e che il Diavolo non l'abbia voluto? Scusatemi, vi risponderò; se non che vi ricordo che mi bisognerà volgere tutti i fogli miei per ritrovare il vostro quisito; non potrò perdonarmela di non avervi risposto subito. Con tutto ciò vorrò sempre essere vostro servidore

L'OSSERVATORE.

PAOLO COLOMBANI.

Essendo sabato festa,[1] usciranno due fogli mercoledì venturo. Scrivo
queste due righe, acciocchè non vi sia chi si sturbi sabato per venire
a prendere i fogli. Questo spensierato dell'Osservatore non me n'ha
detto nulla: ma io che so l'umor suo, che un giorno di tranquillità lo
mette in conto d'oro e di perle, gli darò avviso d'aver pubblicate queste
poche linee, e so ch'egli ne sarà contento. Non altro. Stia sano ognuno
e viva felice.

No LXXXIV.   A dì 21 novembre 1761.

Trovâr di lisce pietre edificato
Tra valli, e posto in ragguardevol sito
Il palagio di Circe.

OMERO, *Odissea*, X.

DIALOGO I.

ULISSE ED EURILOCO.[2]

Ulisse. Dov'è Polite? Dove sono gli altri compagni che vennero
teco, o Euriloco? Oimè! è avvenuta forse loro qualche nuova calamità?
Oh! tu sembri così sbigottito, e piangi? Quando avranno fine cotanti
nostri infortuni? E per non dire degli altri, quant'è che noi uscimmo
dell'ugne al Ciclopo,[3] e che le nostre carni scapolarono d'esser trin-
ciate alle inique mense d'Antifate? Sarà però eterna l'ira del cielo
contro di noi? Euriloco, di' su, io te ne prego, dove sono i compagni?
Dove gli hai tu lasciati?

---

[1] *Essendo sabato festa.* La presentazione di Maria Vergine al tempio, che per i Veneziani era festa votiva, perchè in tal giorno, secondo la leggenda, fu fondata Venezia.
[2] *Ulisse ed Euriloco.* Questo dialogo e gli altri che quasi senza interruzione riempiono
i fogli dell'*Osservatore* sino a quello del 23 gennaio 1761 (M. V.), furono inspirati al Gozzi
dai libri X e XI dell'*Odissea*, dove Omero racconta che Ulisse, figlio di Laerte, re d'Itaca,
ritornando in patria dall'assedio di Troia, approda all'isola di Circe potentissima maga.
Costei trasforma in porci alcuni compagni di lui, i quali inviati ad esplorare, s'erano
spinti fino nel palazzo della dea, tranne uno, Euriloco, che sfuggito all'insidia, retrocede
a darne la nuova. Ulisse s'avvia per trarne vendetta; e coll'aiuto d'un'erba magica
datagli da Mercurio, vince l'incanto di Circe, ed ottiene che questa gli ritorni in uomini
i suoi. Poi si trattiene un anno nell'isola, finchè dietro consiglio di lei va alla casa di
Plutone dove da Tiresia indovino intende i suoi casi futuri. Questo episodio dell'*Odissea*
aveva già suggerito al Gelli, elegantissimo scrittore toscano del secolo XVI, una serie
di dialoghi tra Ulisse e vari animali, che appunto è intitolata *La Circe*. Lo stesso fa ora
il Gozzi. Ma l'intenzione sua è ben diversa da quella del Gelli: questi vuol far vedere
che gli appetiti del senso troppo spesso prevalgono sulla ragione, mentre l'altro si vale
di questa invenzione per satireggiare vizi e ridicolaggini d'animi e di costumi.
[3] *Quant'è che noi uscimmo dell'ugne al Ciclopo* ec. Poco prima d'approdare all'isola
di Circe, Ulisse e i suoi avevano corso altri gravissimi pericoli: erano rimasti prigionieri
nella caverna del Ciclope Polifemo, uno sterminato gigante, il quale dopo aver divorato
sei di quei miseri, si apprestava a fare altrettanto con gli altri, se Ulisse non riusciva
ad acciecarlo e a mettersi in salvo. Dopo, erano pervenuti alla città dei Lestrigoni, an-
tropofaghi, che gli affondarono tutte le navi, tranne una con la quale era approdato al-
l'isola di Circe. Antifate era re dei Lestrigoni.

Euriloco. In una stalla imbrodolati nel sucidume, e col grifo nel fango, tramutati in porci.

Ulisse. S'io non avessi fino al presente vedute tante maraviglie, io direi che tu fossi pazzo; ma ad ogni modo questa è sì grande, che a fatica posso prestarti fede. Com'è egli però possibile che uomini abbiano potuto in così breve tempo cambiar faccia e costumi da uomini, vestirsi di setole, e grufolare? Io credo piuttosto che il sangue tuo atterrito da tante passate sventure, e la fantasia riscaldata t'abbia fatto vedere quello che non è, e che non sarà mai; o che temendo di qualche trista fortuna, tu gli abbia piantati, e te ne sia tornato indietro a raccontarmi questa tua favola.

Euriloco. Io ti dico che non fu mai verità, nè storia maggiore e più chiara di questa. Sono tutti porci, chiusi in un porcile, e il grugnire è la loro favella; e poco mancò che non fossi anch'io medesimo in uno di quegli animali trasfigurato. Entriamo nella nave, tagliamo la fune, facciamo vela di subito, e scostiamoci di qua, perchè già mi pare che spuntino le setole in sul corpo a te e a me, e a quanti altri ci rimangono vivi ancora.

Ulisse. Euriloco, se la cosa è pur tale, qual tu a me la narri, io fo conto di perdere in questo luogo la vita, e d'avventarmi ad ogni pericolo per trarre i compagni nostri da uno stato così vile e meschino. Mai non sarà detto al mondo che Ulisse siasi dimentico d'uomini che hanno passati seco tanti rischi, che l'hanno in tanti orrori di mare aiutato; e ch'egli poi gli abbia lasciati animali nel fango, senza procacciar loro soccorso veruno. L'opera loro ha giovato a me; io debbo tentare che la mia giovi a loro. Altrimenti io sarei più bestia salvatica, e peggio costumata de' miei poveri compagni; non distinguendosi più gli uomini dalle bestie, che nella gratitudine e in un caritativo amore che hanno l'uno verso all'altro, aiutandosi vicendevolmente ne' loro infortuni. Ma dove debbo io andare? In qual parte dell'isola è avvenuta questa maraviglia? Come fu? Dimmi.

Euriloco. Noi ci partimmo di qua, tratti a sorte, come vedesti, in polizze fuori dell'elmo. Camminammo un lungo tempo e con gran disagio per profondissime valli, che qua e colà aveano certi stagni e certi pelaghetti d'acqua; e non senza nostra grandissima maraviglia vedemmo bellissimi pesci guizzare e venire a galla, quasi che desiderosi fossero di vederci; laddove in tutti gli altri luoghi sogliono al comparire degli uomini nell'acque tuffarsi, e tutti sparire. Mentre che ci movea a maraviglia la novità de' pesci, da un altro lato uscivano da certe selvette, che vestivano gli orli delle valli, animali d'ogni qualità che ci diedero un gran capriccio di paura,[1] benchè non mostrassero punto di volerci offendere; ma ci accompagnavano con altissime voci di varie sorti, per modo che avresti detto che ci dessero il buon viaggio. Di sopra ci svolazzava una gran torma d'uccelli con grandissima festa, de' quali chi saliva allo insù, chi si calava a piombo, chi volava a scosse, e qual roteava, e facevano uno schiamazzo che quasi ci aveano assordati. Parea che dicessero: "Venite con esso noi, che v'insegneremo la via." E in effetto avviatici dietro a quelli, incominciammo a scoprir da lunge un palagio veramente reale, posto in un luogo che signoreggiava a tutte quelle valli, e con la sua nobile prospettiva ricreava gli occhi de' riguar-

---

1 *Capriccio di paura.* Qui per raccapriccio.

danti. Fino a tanto che fummo da quello discosti, egli ci parea che i
lucidissimi raggi del sole da ogni lato vi percotessero dentro; così
luminoso e lieto appariva. Ma secondo che ad esso ci andavamo via
via approssimando, una certa nebbia lo circondava, che andava togliendo
dinanzi agli occhi altrui la sua mirabile architettura; e quando fummo
entrati in un ampio cortile, poco mancò che non dessimo del capo nelle
muraglie; tanto era divenuta grassa quella nebbia, che dalle vicine
valli sollevandosi, intorno al palagio si rauna, e fa nuvolo, e quasi
nembo. Fummo forzati ad andare innanzi tentoni, e aggirandoci qua
e colà non so dove, nè in qual modo, udimmo una voce che, soavemente cantando, divenne guida de' nostri passi, perchè andando dietro
a quella, ci ritrovammo innanzi ad un uscio grande, in cui erano certe
fessure, alle quali si potea adattare gli occhi e gli orecchi, e vedere ed
udire quello che si faceva di dentro. Le parole della canzone furono
queste:

> È la vita mortal piena d'affanni;
> Rapido il tempo, e l'ore sono corte:
> Ahi! chi può tutti noverare i danni
> Del rigido pensiero e della sorte?
> La speme è il solo ben che con inganni
> Conduce al fin l'uomo pensoso a morte:
> Se il diletto fuggite, e che vi resta,
> Fuor che tuon, nembi, folgori e tempesta?
>   Venite al riso, al canto ed alla danza,
> Alle delizie del giocondo Amore.
> Questi son beni, qui non c'è speranza,
> E non si pasce solo d'aria il core.
> Poco, mortali, al viver vostro avanza;
> In obblio qui si mette ogni dolore:
> E se vi cale di passare il tempo,
> A me venite insin che ancora è tempo.

In tal guisa cantava la lusinghiera voce, con sì dolce e con tanta
grata armonia profferendo le parole, che parea più presto incantesimo,
che cantare umano.

Ulisse. Io comincio ora a vedere che dalle ingannevoli parole e dal
suono della musica rimasero presi gli sciagurati compagni; e che non
giovarono punto gli esempi di virtù e sofferenza che vedeste ne' miei
lunghi viaggi. Oh! santissima e divina faccia della Virtù, come sparisci
tosto dinanzi ad ogni menomo articolar di voce del Diletto? Tu sarai
sempre a pochi gradita, e i seguaci tuoi verranno in ogni tempo dal
maggior numero dileggiati. Ma tu sei consolazione a te medesima; e
quell'animo che in sè ti riceve, molto meno sente i travagli del pensiero e della fortuna, di quello che altri immagina. Ma segui, segui,
Euriloco, ch'io debbo ora pensare a' ripari.

Euriloco. Udita la maravigliosa canzone, mettemmo gli occhi alle
fessure dell'uscio; e vedemmo, oh che vedemmo! la più bella, e la più
gentil giovane che mai a' mortali occhi apparisse. Stavasi ella a sedere
in un ricco seggio, tutto guernito di preziose pietre in castoni di finis-
sim'oro legate, risplendenti come stelle. Avea ella non so quali donzelle
che le stavano intorno in piedi e sonavano cetere, liuti, flauti, vivuole,
accompagnando col suono il canto della padrona. Nella spaziosa sala

stavansi ad udire, non uomini o donne, ma varie sorti d'animali salvatici e domestici di monti e di selve, lioni, orsi, lupi e tigri, e con essi
cervi, buoi, pecore; i quali tutti senza rabbia nè timore si stavano insieme,
e di tempo in tempo, tocchi dalla dolcezza del canto, si rizzavano in su
due piedi, e andavano alla Reina del luogo a festeggiarla e a baciarle
la mano, quasi volessero ringraziarla del diletto che riceveano dalla
sua voce; ed ella in contegni, non si degnava di pur guardarnegli, e
proseguiva il fatto suo, standosi essi tutti attoniti dinanzi a lei. Comecchè quella maravigliosa veduta ci facesse prima un grandissimo
spavento, pure a poco a poco vedendo tanta dimestichezza in tutti quegli animali, cessò il timore ne' nostri compagni; e s'invogliarono tutti
d'entrare nella sala, e cominciarono a bisbigliare e a dirsi all'orecchio:
"Or come farem noi per essere alla bella Reina introdotti?" — "No,"
diceva io, "non, fratelli, non, amici e compagni, non fate. Non avete voi
veduti poco prima que' pesci, quegli animali delle selve e quegli uccelli, come ci facevano feste? E al presente non vedete voi forse qui
in qual guisa sono domestiche davanti a cotesta donna le fiere più
superbe e crudeli? Io non veggo in questi luoghi la natura degli animali somigliante a quella che ritrovasi altrove. Colei è certamente
qualche potentissima strega, e da lei deriva cotale scambiamento ne' costumi universali. Chi sa quali sono le sue fattucchierie, e quello ch' ella
fa per guidare gli animali a tanta dimestichezza? S'ella tanto può
nelle bestie, che potrà negli uomini? Ritorniamo alla nave; si riferisca
ad Ulisse quello che veduto abbiamo: egli farà quello che gliene pare."

Ulisse. Ed essi che fecero?

Euriloco. Come s'io avessi stuzzicato uno sciame d'api e di vespe,
borbottarono tutti insieme, e contro di me s'ammutinarono; e aveano
già levate le pugna per infrangermi la faccia. Non sì tosto mi nascosi
dalla furia loro, che incominciarono essi a vociare, e a far segno ch'erano
di fuori. Allora dal luogo dov'io era celato, vidi aprirsi le porte del
palagio, e venir loro incontro con benigna faccia la donna che avea
prima veduta a sedere, la quale facea loro gratissimo atto con la mano
ch'entrassero, ch'egli erano i ben venuti; e tutte le donzelle che
seco erano, faceano un dolce sorriso, e tutte le bestie ancora corsero
loro incontro con clementi atti di bontà, e leccavano loro le mani con
molta gentilezza. Che più? I nostri compagni entrarono tutti nel palagio, le porte si chiusero; ed io andai alle fessure dell'uscio per vedere
quello che avveniva.

Ulisse. E che vedesti?

Euriloco. Io vidi incontanente incominciarsi una danza, e i compagni miei adocchiare or questa or quella delle donzelle, ed esse far
loro mille civetterie e lusinghevoli guardature; di che nel principio
ebbi quasi quasi dispetto d'essere, come uno sciocco, rimaso fuori, e
già era per aprire la bocca, e farmi udire, per essere ammesso in quel
consorzio, quando, oh grandissima maraviglia! vidi che le schiene de' miei
compagni s'erano per lo lungo vestite d'una lista di setole negrissime,
senza ch'essi punto se n'avvedessero, anzi parea loro d'essere i più
gentili e garbati donzelli del mondo. E mentre che faceano quelle giravolte e quegli scambietti, non vedendosi essi l'un l'altro, ed essendo
dalle fanciulle veduti, quelle s'accennavano, e motteggiavangli di furto:
di che ebbi tanta passione e paura, che mi toccai le reni, temendo di
trovarlemi setolose, quali le vedea a'miei compagni. Intanto la festa

ebbe fine. Ed eccoti che una torma di donzelle uscì dalle contigue stanze, e chi portava di esse panieri con varie sorte di candidissimi pannilini, argenterie e cristalli, di che fu apparecchiata una mensa, anzi un solennissimo convito. Ventitrè erano i compagni miei, e ventitrè furono le fanciulle che si posero a' fianchi loro a sedere. Io vidi benissimo che di sotto alla tavola facevansi atto l'un l'altro col ginocchio e col piede; e ad ogni menomo attuccio, ora spuntava a' compagni miei un orecchio porcino, e ora s' appicciniva loro l' occhio, e già erano quasi tutti di setole ricoperti. E già era pervenuto alla fine il convito, quando fu arrecato in sulla mensa un vaso di non so quale incantato vino, di cui ognuna delle donzelle empiè un bicchiere, e lo presentò al zerbin suo dicendo: "Te', fa' un brindisi a colei che più ami." Essi tutti lieti preso il bicchiere, quasi a uso d' esercizio militare, se gli posero a bocca ad un tratto, e gridando pro pro, ne vollero vedere il fondo. Ma non sì tosto ebbero cioncato, ch'io vidi le loro braccia tutte pelose divenire, le cinque dita delle mani congiungersi insieme, e poscia dividersi in due ugne nericce, e lo stesso avvenire de' piedi. Gli umani visi s' allungarono in un nero grifo, e le zanne uscirono fuori delle labbra mezzo palmo. Essi spaventatisi di tal cambiamento, si levarono su per fuggire; ma non era più tempo, perchè si posarono quelle che prima erano mani, in terra; la faccia, che solea essere rivolta verso il cielo, guardava allo ingiù, e, in iscambio di articolare parole, uscì loro della gola un altissimo grugnare. Allora la maledetta Reina, levatasi su da sedere, gridò: "Così sarà di qualunque uomo consentirà alle delizie di Circe, e verrà alla possanza di lei;" e detto in questo modo, prese in mano una sua verghetta, e quasi pasturandogli,[1] accompagnata dalle fanti sue che smascellatamente ridevano, gli fece entrare in un porcile, riempiendo loro un truogolo di ghiande, gusci di frutte, e di quante ribalderie[2] le giunsero alle mani. Io sbigottito, anzi più morto che vivo, venni incontanente ad arrecarti la mala novella.

Ulisse. Miserabili e veramente infelici compagni! che avendo prestato fede a lusinghe da voi non conosciute, siete ora d' uomini divenuti così schifi animali! Ma il piangere è da femmine, e l' opera è da maschi. Ad ogni modo io mi voglio avventurare a liberargli dalle mani di Circe. Euriloco, vieni, e segnami la via per andare a lei.

Euriloco. Bench' io tremi ancora, farò quello che tu vuoi; ma guarda molto bene che se mai sei stato prudente, ti bisogna a questa volta.

Ulisse. La mia buona volontà sarà giovata dal cielo; ad essa m' affido.

N° LXXXV.   A dì 25 novembre 1761.

DIALOGO II.

ULISSE, EURILOCO, MERCURIO,[3] UCCELLI E STORIONE.

Ulisse. Oh! io però, oh! ad ogni modo intendo di trarre i compagni miei dalle mani a quella maga di Circe.

---

[1] *Pasturandogli.* Guidandoli con la verga come fanno i pastori.
[2] *Ribalderie.* Avanzi di cibi.   [3] *Mercurio.* V. la nota 2 a pag. 62.

Euriloco. Io ti ricordo che non ti riuscirà così facile. Credimi: io ebbi che fare e che dire a non cedere all' armonia della sua canzone.

Ulisse. Va' pure innanzi tu, e lasciane il pensiero a me. Guidami a cotesta casa. Tu vedrai bel giuoco. S'ella non mi restituisce i miei compagni alla prima forma, appiccherò il fuoco alla casa di lei, e forse la non uscirà viva delle mie mani. Siamo noi troppo lungi?

Euriloco. Si comincia di qua a vedere il tetto. Alza gli occhi costà; costà un poco più a sinistra. Vedi tu?

Ulisse. Sì, veggo; e scoppio di voglia d' esservi pervenuto. Affrettiamoci. Ma che splendore è questo? che barbaglio? Chi sarà costui che pare ch' egli abbia le penne sul cappello e a' talloni? Per mia fè, egli è Mercurio che ne viene a cavalcioni d' un raggio giù dall' Olimpo. Eccolo già arrivato. Come fanno tosto le Deità a fare così lungo viaggio, e sopraggiungere gli uomini!

Mercurio. Arrèstati, o Ulisse. Egli mi pare che a questa volta tu non usi quella tua maschia e nobile prudenza che fu già tua compagna per tutto quel tempo che fosti all' assedio di Troia, e per quegli aggiramenti, ne' quali fosti tratto per tanti mari dalla volontà degli Dei. Sai tu forse dove te ne vai al presente così pieno di collera, e a qual pericolo t' arrischi? Pensi tu che in iscambio di liberare i compagni tuoi, tu potresti com' essi riportarne un mantello di setole e un grifo? Sai tu punto chi sia Circe? ti sei tu punto apparecchiato prima a poterti difendere da lei?

Ulisse. Io nol so; ma essendomi tante volte riuscito con le mie sottigliezze di trarmi fuori delle mani a crudelissimi nemici, molto più avrei creduto d' uscir salvo da quelle d' una femmina.

Mercurio. Oh! non saggio, e non prudente, qual tu se' dalle genti creduto. Che? credi tu che sia minore difficoltà l' affrontarti ad una femmina, massime di tale autorità qual è Circe, ch' esplorar di notte il campo de' Troiani, trafugare il Palladio[1] nella città de' tuoi nemici, e fare altre imprese simiglianti? Tu non dèi sapere che sieno occhiate, risolini, canzonette, mense notturne, danze, e altre giocondità, dappoichè credi che il tuo presente furore abbia a vincere tutte queste cose. Euriloco è stato più giudizioso di te a nascondersi e a fuggire. S' egli non si fosse risoluto a temere, sarebbe ora a grufolare in qualche pozzanghera, come gli altri, e tu non avresti saputi i casi de' tuoi compagni.

Euriloco. So dire ch' io fui tentato più volte d' entrare, e appena mi ritenni. Quasi quasi non so ancora com' io non entrassi con gli altri.

Mercurio. Fu la forza mia che ti diede aiuto. Senza di me saresti caduto al laccio, come tutti gli altri. Ma vedendo Giove che n' avea a nascere un gravissimo male, volle per opera mia che ci rimanesse qualche via al rimedio.

Ulisse. Adunque pure ci ha rimedio. Io ti prego, o uccisore d'Argo,[2] celeste figliuolo di Maia, insegnami in qual modo io m' abbia a reggere. Sono al tutto disposto di rimettermi alla sapienza tua, e di fare tutto quello a che sarò da te indettato.

---

[1] *Trafugare il Palladio.* Una delle più memorande imprese d' Ulisse fu di rapire nottetempo da Troia una statua di Pallade, da cui dicevasi che dipendesse il destino della città.

[2] *O uccisore d'Argo* ec. Di Mercurio, figliuolo di Giove e della ninfa Maia, racconta la mitologia che fu da Giove incaricato di sottrarre la vacca Io alla vigilante custodia di Argo che avea cento occhi; ed egli, suonando soavemente un suo flauto, lo addormentò e l' uccise.

Mercurio. Bene; poichè tu diffidi delle forze tue e del tuo sapere, egli è di necessità che tu sappia in prima, che quanto qui vedi è incantesimo. Che ti pare questo luogo in cui siamo al presente?

Ulisse. Un bosco.

Mercurio. E questo stridere, e queste voci che odi d'intorno, che ti paiono?

Ulisse. Strida e canti d'uccelli.

Mercurio. E a te, Euriloco?

Euriloco. E a me il medesimo.

Mercurio. Alzate gli occhi colassù a quella quercia, dove sono que' nibbi; e state bene attenti. Ecco, io tocco l'uno e l'altro di voi, e intenderete quello che dicono fra loro; e insieme saprete tutto quello che dicono gli altri uccelletti, che a voi pare che cantino.

Nibbi.   Noi fummo amici un tempo di fortuna,
Ricchi, onorati. Fertili terreni
Ci davano a'granai mèssi abbondanti,
E liquor grato le frondose vigne.
Cerere bella ed il giocondo Bacco [1]
Ci tenean cari. Ahi che l'avverso fato
In mano un giorno ci condusse a Circe.
I suoi begli occhi e le sue bionde chiome,
E la dolcezza di sua falsa voce
Ne legò sì, ch'ogni favor cortese
Disperdemmo di Cerere e di Bacco,
E perdendo il pensier delle faccende
Poveri fummo. Di pennuti augelli
Vestimmo il manto; e con gli adunchi artigli
E col rostro or convienci acquistar vitto
A' rosi dalla fame aridi ventri.

Mercurio. Udiste.

Ulisse. Ho udito. Infelici!

Euriloco. Sono d'uomini dabbene, a cagione di Circe, divenuti ladroni.

Mercurio. Udite di qua quella schiera d'uccelletti domestici.

Uccelli.   Oimè! che un tempo d'intelletto industre
Fummo, ed atti a'lavori! Il sudor nostro
E delle nostre man l'opre gentili
Traean fuor l'oro delle ricche mani,
E l'abbondanza si vedea fra noi.
Gioivan lieti i pargoletti figli,
E fra le braccia delle care mogli
S'avea la pace. Lusinghiera Circe!
Tu con gli atti, col canto, e il falso mèle
Della tua falsa e sì creduta lingua,
Ci tramutasti in meschinetti augelli;
Sì che per cibo aver, che ci sostenga,
Limosinar convienci dalla terra
Quel che del mietitor l'occhio non cura.

Mercurio. Udiste?

Ulisse. Udii. Costoro di buoni e grassi artisti, per aver prestato fede alle parole di Circe, vanno ora limosinando per vivere.

---

[1] *Cerere... Bacco.* Dea delle mèssi la prima; dio del vino il secondo.

Mercurio. Ma tu dirai che que' nibbi e questi uccelletti furono genti intenebrate dall'ignoranza; che non sapeano che fossero vizî nè virtù. Vedi tu colà quel fiumicello che con tortuosi aggiramenti serpeggia per la valle? Andiamo, ch'io ti farò udire più nobili e più pregiati ingegni di quelli che tu hai fino a qui uditi a ragionare. Vien meco, Ulisse; vieni, Euriloco.

Euriloco. Eccomi.

Mercurio. Arrestatevi qui in sulla riva. Ecco quello storione che viene di qua. Io gli darò la facoltà di favellare. Non sarà più mutolo, come sogliono essere i pesci. Ascoltatelo. Storione, o storione, approda: metti il muso a questa riva. Odi me. Di': qual fosti, prima che Circe ti mandasse a nuotare in quest'acque?

Storione. Lodato sia il cielo, che posso favellare, e ho riavuta la favella umana. La lingua che s'era legata....

Mercurio. Non ci fare ora una dissertazione intorno alla lingua; chè non abbiamo il tempo di star ad udire lungamente. Di', chi fosti?

Storione. Filosofo, amatore della sapienza e del vero.

Mercurio. E come d'amatore della sapienza e del vero, sei tu ora storione, e ti diguazzi nell'acqua di questo fiume?

Storione. Stanco del lungo meditare in sui libri, rinchiuso in una stanza, e non volendo aver pratica col mondo, che mi parea ripieno di lusinghe e d'inganni, messomi indosso un semplice mantello, presi un bastone in mano e una tasca[1] a lato, e mi posi a camminare per luoghi solitari e deserti. Esaminava ne' luoghi aperti e spaziosi delle campagne la bellezza de' cieli che s'aggirano intorno a noi, e cercava d'intendere con qual ordine le divine sfere si movono. Ora rivoltomi alla terra, studiava con quanta virtù ella somministra alimento alla vita delle piante di tanti e sì vari generi; ed ora altre cose esaminava. Ma più spesso d'ogni altra studiava con diligenza me medesimo, e volea conoscere da quali principii nascevano le mie passioni, come io poteva indirizzarle a virtù, e rendermi degno del nome d'uomo, favorito da Giove di tanti bei doni. Erami cresciuta intanto fino al petto la prolissa barba: il mio mantello era presso che consumato; ed io diceva tra me: "Oh! infelici coloro che perdono il cervello in pensieri per guernirsi il corpo, e tentano di renderlo appariscente co'fornimenti![2]" Non mi ripara forse questo mio anche mezzo logoro mantelletto dal freddo, il quale mi serve ancora così sovente di materasso e di copertoio quando io dormo? e non mi basta forse anche questo bastoncello a fare lunghissimi viaggi, aiutando i miei piedi, senz'aver pensiero di cocchi, nè di cavalli? O natura umana, quanto è poco il tuo bisogno, quando non s'allargano i desiderii che ti rendono ingorda di tutto quello che vedi!" Tali erano le mie meditazioni; e mi parea già di rinforzarmi l'animo di giorno in giorno, sicchè cosa umana non potesse mai assoggettarlo. Quando la mala fortuna mia fecemi un giorno pervenire alla magione di Circe. Udii ch'ella dolcemente cantava; e dissi: "Oh! qual soave capacità ha il gorgozzule d'una femmina!" Mi venne in animo d'essere introdotto a lei, per istudiare in qual modo il fiato umano uscendo d'una gola di donna, potesse acquistare quella dolcezza. Fui bene accolto. A poco a poco, penetrandomi quell'armonia nelle midolle, cominciai a dimenticarmi le meditazioni che io voleva fare, e m'arrestai a

---

[1] *Una tasca.* Una bisaccia.   [2] *Fornimenti.* Qui per ornamenti.

contemplar la bianchezza della pelle di sua gola in cambio dell'intrinseca attività. Ella se n'avvide; ne scherzò; io sorrisi: e cominciò tanto ad aggirarmisi il cervello, ch'ella m'indusse a farmi radere quella mia maestosa barba, a gittar via il mantelletto, per vestirmi d'un color cilestro. E mentre ch'io non pensava più ad altro che ad avere la grazia di lei, lasciati da parte tutti gli studi e le dottrine, una sera trovandoci insieme a sedere sopra le sponde di questo fiume, toccomi con una verghetta che la tenea in mano, fecemi divenire storione; io balzai in quest'acque, e ci sono ancora.

Mercurio. Non altro: va' a tuo viaggio. Credi tu, Ulisse, s'ella ha saputo vestire di squame un filosofo, ch'ella non abbia tant'arte che possa vestire ogni altro uomo di penne o di pelo, come le piace?

Ulisse. Dunque che dovrò io fare? Fuggirò al tutto da lei, e abbandonerò i miei compagni?

Mercurio. Non fuggire, no; ma anderai così bene apparecchiato, che la non possa nuocerti. Quello che non possono gli uomini, lo possono fare gli Dei. Attendi.

Euriloco. Che guarda con tanta diligenza sul terreno?

Ulisse. Nol so. Ma ecco, ch'egli ha sbarbicata un'erba.

Mercurio. Prendi, Ulisse, e tu, Euriloco, tocca quest'erba. Questa è solo conosciuta dagl'immortali. Vedete voi queste nere barbe e questo bianco fiore? In queste radici è la forza che passa al cuore, e in quel bianco fiore una virtù che rinvigorisce il cervello. Con queste due parti virtuosamente rinforzate, voi potete andare davanti a Circe, e non temere di suoi veleni nè incantesimi. Voi avrete il piacere delle sue canzoni e delle mense, e non soggiacerete al danno delle malie. Ulisse, va', non temere; e procura d'arrestarti seco qualche tempo, che imparerai molte cose. Sopra tutto esamina la natura di quegli animali che le stanno intorno. Quest'erba ti farà ottenere da Circe di favellare ad essi, e finalmente la tramutazione de'tuoi compagni in uomini, come prima. Non altro. Ecco la casa di Circe; io ritorno a Giove.

Ulisse. Mercurio, va' con la buona ventura; e ringraziato sia tu, o Giove, che volgendo gli occhi alla terra, vedesti il mio pericolo, e mi mandasti questo soccorso. Vedi, o Euriloco, quello che faceva in me la collora[1] e la passione de' perduti compagni. Ora mi pare che quest'erba mi abbia rinvigorito il cuore e il cervello. Io son certo che Circe non potrà tendermi le sue trappole; o s'ella potrà tenderle, non mi coglierà però dentro.

Euriloco. Udisti che Mercurio ti disse, che t'arrestassi qualche tempo seco? Io non vorrei che l'arrestarti ti rendesse debole, e che tu vi rimanessi troppo lungo tempo.

Ulisse. Non dubitare. Io ho voglia di trattenermi parecchi giorni, tanto ch'io ragioni con diversi di quegli animali. Ho curiosità di sapere in qual forma possano vivere insieme, come tu mi riferisti che fanno, lupi e pecore, lioni e buoi, e tanti vari e nimici generi di bestie; perchè parte degli uomini sieno scambiati da lei in una qualità di bestie, e parte in un'altra, e altre novità, che non so intenderle da me solo. Poichè m'è accaduta quest'avventura, voglio trarne qualche profitto. Ma così camminando a passo a passo, eccoci pervenuti al palagio.

---

[1] *Collora.* Voce antiquata per collera.

Euriloco. Ecco l'uscio, ed ecco le fissure. Odi tu a raddoppiarsi i grugniti de' porci? Io ci giuocherei che ci hanno veduti, e ci fanno accoglienza.

Ulisse. Sta' zitto. Io odo a cantare. Ascoltiamo.

Ricchezza d'oro e gioia di fortuna
Vagliono men che forza di beltate.
In tutto il mondo non è cosa alcuna
La qual non ceda a giovanil etate.
Non così tosto il raggio della Luna
Fugge innanzi alle chiome auree ed ornate
Di Febo, come innanzi alla bellezza
Nulla Fortuna restano e Ricchezza.

Ulisse. Oh! come l'è baldanzosa! Ella si vanta anche. Ma io non voglio perdere più oltre il tempo. Si chiami.

N° LXXXVI.   A dì 28 novembre 1761.

Amor est. Juventæ gignitur luxu, otio nutritur inter læta fortunæ bona, quem si fovere, aut alere desistas, cadit, brevique vires perdit extinctus suus.   SEN.

È Amore. Di lascivia giovanile nasce, si nutrisce d'ozio tra i lieti beni di fortuna. Lascia di fomentarlo, di coltivarlo, in breve si spegne, e perde sue forze.

DIALOGO III.

ULISSE, EURILOCO, CIRCE E COMPAGNE.

Ulisse. Olà, o di costà dentro. Smarrite genti per li non conosciuti luoghi di queste solitarie valli chieggono cortesia ed asilo.... Euriloco, a me pare che s'indugi. Che viene a dire che non s'apre?

Euriloco. Nol so. Quand'io ci venni l'altra volta, al suono della prima voce si spalancarono le porte.

Circe. O donzelle, o ninfe, o amiche, nuovi ospiti giunti sono alla nostra magione. Mettete a ordine ogni agio e delizia, sì che possano avere di che riconfortarsi per la fatica de' loro viaggi. Voi sapete che a quest'isola non pervengono altre genti, fuor quelle che ci sono dal mare gittate, e che non per altro edificai questo mio palagio, che per poter arrecare qualche consolazione agli smarriti e poveri naviganti. Sieno apparecchiate le mense, collocati i doppieri, le letta rifatte, preparata la musica, i ballerini in ordine.

Ulisse. Euriloco, odi tu con quante apparenze di carità, d'ospitalità e di creanza costei ci vuol accettare? Io sono già bene informato de' suoi perversi costumi. Ella avrà che fare con chi la pagherà di cerimonie così bene, com'ella ne sa fare. Va' tu intanto, e vedi di confortare quegl'infelici nostri compagni, se la nuova tramutazione ha lasciato loro tanto di sanità nell'intelletto, che possano intendere un uomo che favelli. Va', e di' loro, se ti pare che ti capiscono, a che fare io sia qui venuto. Sollecita.

Euriloco. Io vado. Ma ti stia in mente, che quando la vedrai, la ti parrà bellissima; che le sue arti e lusinghe sono infinite, e che tu hai grandissimo bisogno dell'erba di Mercurio per isfuggire dalle sue trame. Addio.

Ulisse. Faccia a modo suo. Ma, oh! l'uscio s'apre! che incantesimo è questo. Dove si vide mai tanto splendore? Ve' con qual maestà ella ne viene! e con quale accompagnamento di belle giovani intorno e dietro a sè! Qual ineffabile bellezza è questa? Io non credo mai che la marina Venere [1] uscisse con tanto splendore della sua conca, nè che tali fossero le Grazie che n'andavano con esso lei. Erba mia, a te mi raccomando. Io mi raccomando all'opera tua, e a quella del celeste Mercurio, che mi ti diede.

Circe. Perchè non entri tu, o ospite mio, in questa non più mia, ma tua casa? Che stai tu così di fuori? Io son certa che non potresti essere qui venuto se non dopo un lungo disagio di mare e un disastroso cammino. Tu hai gran bisogno di quiete e di ristoro. Vedi: in questo mondo tanto è soave la vita nostra, quanto si può fare altrui giovamento; e prestami fede, io sarò molto più obbligata a te, che tu ti degni d'entrare in casa mia, di quello che tu abbia obbligo a me, se ci vieni.

Ulisse. È tua gentilezza, o bellissima donna, o Dea, ch'io non so in qual guisa io ti chiami; è tua gentilezza tutto quello che tu di' al presente. Ma io conosco bene quant'obbligo aver ti debba uno sfortunato, sbattuto dalle tempeste del mare, e dalla nimicizia degli Dei tenuto lungo tempo lontano dalla patria sua, il quale ritrova un rifugio appresso di te in tanti suoi travagli. Accettami dunque, chè tu avrai grato, in qualunque luogo egli sia, l'animo d'un tuo fedelissimo servo.

Circe. Queste nobili espressioni non possono derivare da altro animo che educato nobilmente. E però avrei caro di sapere qual tu se', ospite mio. Fammi grazia, dimmi il tuo nome.

Ulisse. Il nome mio potrebbe essere che noto ti fosse per le lunghe calamità ch'io ho sofferite. Sono Ulisse, il re d'Itaca; andai con Agamennone all'assedio di Troia....

Circe. Non più. Oh fortunata Circe! Qual mia ventura conduce dinanzi agli occhi miei il più saggio e il più prudente re della terra? Non sono così selvaggi e lontani dal restante del mondo questi luoghi, che non ci sia penetrata la fama delle tue imprese. Si sanno i profondi consigli che da te ricevette il re de' re in quella pericolosa guerra, e le tue belle imprese per le quali venisti da tutte le genti greche giudicato legittimo erede dell'armi d'Achille [2] contro il fortissimo Aiace. Opera tua fu il ritrovato del cavallo,[3] per cui la capitale dell'Asia venne

---

[1] *Io non credo mai che la marina Venere* ec. Venere, dea della bellezza e dell'amore, era nata, secondo la leggenda, dalla spuma del mare.

[2] *Legittimo erede dell'armi d'Achille.* Morto Achille durante l'assedio di Troia, le sue armi divine furono disputate fra i più rinomati guerrieri greci. Il più forte e valoroso era Aiace; ma l'astuto senno d'Ulisse seppe volgere talmente l'animo dei Greci, che a lui vennero assegnate.

[3] *Il trovato del cavallo.* Troia, dopo dieci anni d'assedio, fu presa con uno stratagemma dovuto ad Ulisse. Costui fece costruire un enorme cavallo di legno nel cui ventre si nascosero i migliori soldati greci, e trovò modo di farlo introdurre nella città: la notte i guerrieri ne uscirono e Troia cadde in loro potere.

atterrata e distrutta. La tua dolcissima eloquenza può far quello che vuole degli animi altrui, e non è così rigido e ostinato pensiero che non ceda alle tue parole: entra, entra, o saggio e facondo Ulisse, e fa'lieto della tua presenza il mio albergo.

Ulisse. Sia come tu vuoi, o nobilissima Circe. Io so bene a cui vengo. Tu se' quella divina figliuola del Sole, a cui fu dato il dono del dolcissimo canto, e di tutte quelle arti che allettano gli uomini; le quali, a chi ben pensa, sono più di tutte l'altre alla vita necessarie. Da che siamo noi circondati, fuorchè da continue calamità, le quali ci travagliano il cuore? Ogni bene è intorbidato da qualche amarezza. Tutte quelle arti che ci possono far dimenticare lo stato nostro, sono le più degne di commendazione, e quelle che debbono da'più saggi venire approvate. Tu se' maestra dolcissima della musica, della danza e di quante altre grazie possono avere le voci e gli atteggiamenti. Appresso di te si passa il tempo in lauti conviti, in ozio lieto, e nulla manca di quanto può far dimenticare all'uomo infelice la sua infelicità.

Circe. Lodate, o compagne, il prudente re che viene ad onorare la nostra abitazione.

Coro di donne.   Perchè non lieti e non secondi venti
    Spingon d'Ulisse la beata prora?
    Perchè lo scotitor dell'ampia terra [1]
    Trova nemico nel suo lungo corso?
    È nemica agli Dei forse virtute,
    Qual tra'mortali? Non vins'egli forse
    Col suo saper tutto dell'Asia il regno?
    Chè certo ei fu, non l'iracondo Achille.
    Egli, che le invincibili saette [2]
    D'Ercole trasse alle avversarie mura,
    Quando a partirsi Filottete indusse
    Di Lenno un tempo inospitale e cruda.
    Per lui spesso dal ciel scese Minerva,
    Che sapienza nel suo core infuse,
    E, per sua gloria, altrui del senno trasse. [3]
    Cantiamo il nome del prudente Ulisse,
    S'innalzi Ulisse con le laudi al cielo.

Ulisse. (S'io non avessi l'aiuto della divin'erba, questa maledizione delle mie lodi potrebbe per avventura scoccarmi addosso quella trappola che mi vien tesa; ma paghisi la Dea di quella stessa moneta ch'ella spende.)

Circe. Ulisse, perchè se' tu cotanto pensoso? Che vuol dire?

Ulisse. Io non sono così buon cantore improvviso, come quelle tue belle fanciulle allevate dalla tua dottrina; ma ad ogni modo intendo

---

[1] *Lo scotitor dell'ampia terra.* Nettuno, a cui gli antichi attribuivano i terremoti, onde era detto Enosigeo.

[2] *Egli, che le invincibili saette* ec. Filottete, eroe greco, aveva ereditato da Ercole morente le frecce tinte nel sangue dell'Idra di Lerno; avendo l'oracolo dichiarato che senza quelle frecce Troia non poteva essere presa, Ulisse fu mandato con Diomede nell'isola di Lemno, dove Filottete giaceva infermo, e seppe indurlo a recarsi colle frecce fatali al campo greco.

[3] *Altrui del senno trasse.* Allude ad Aiace Telamonio, il quale, morto Achille, ebbe lunga contesa con Ulisse chi dovesse ereditarne le armi. I principi greci le aggiudicarono al più eloquente rivale. Aiace divenuto furente trascorse pel campo trucidando un gregge di montoni da lui scambiati coi suoi nemici, poi si uccise.

di cantare anch'io qualche cosa. Abbimi per iscusato, se l'armonia delle mie canzoni non riesce uguale a quella che tu se' avvezza ad udire nel tuo albergo.

Circe. Accompagnate, o fanciulle, la voce del gentile Ulisse; a cui sono note tutte le belle arti; seguitela col tuono de' vostri strumenti.

Ulisse.	Quale il tenero fior, che dalla terra
Spunti, e s'adorni di color vermiglio,
È la guancia di Circe, e i suoi begli occhi
Han somiglianza di lucenti stelle.
Trema il cor de' più forti in faccia a lei.
Dalla possanza de' suoi vivi sguardi
Tanto si può salvar alma virile,
Quanto può ramo di frondosa quercia
Durar contro la folgore di Giove.
Venere bella tra il beato coro
Delle Grazie sì lieta non fiammeggia,
Nè sì ripiena d'amoroso foco.
Oh non abbia più mai prosperi venti!
E il mar sempre minacci aspra tempesta,
E fune eterna la mia nave leghi,
Insin ch'io vivo all'isola di Circe.

Circe. (A questo passo io t'attendeva: poco anderà, che setoloso e zannuto andrai a vedere i tuoi compagni nelle stalle, o prudente Ulisse.) Udiste, o compagne mie, com'egli soavemente canta? Vorrei solo ch'egli avesse eletta materia più nobile e più atta a quel suo grande e capace ingegno. Ma è tempo che sieno apparecchiate le mense. Vada una di voi a prendere quel maraviglioso liquore che ristora gli animi afflitti, e alleggerisce i corpi della loro stanchezza.

Ulisse. (Io mi raccomando a te di nuovo, o celeste messaggiere di Giove. Io berò. Non lasciare che l'incantato beveraggio m'offenda. Erba mia, tien saldo il cuore, rinforzami il cervello. Ecco, che vien l'ampolla.)

Circe. Prendi, o re sapiente d'Itaca, il virtuoso vasello, e mettilo alla tua bocca; così possa essere a te di salute, e a me di consolazione. Béi, che il buon pro ti faccia.

Ulisse. (Ecco ch'io ho bevuto. E ti ringrazio, o Mercurio, ch'io mi trovo ancora qual era prima.) Ma come si cambia ora la clemente faccia di Circe in disdegnosa e superba? che viene a dire, o mia cara albergatrice, che tu mi sembri da un'acuta collera traportata?

Circe. Sorgi da questo sedile, o sciocco, e senza senno re di scacchi; e va' percosso da questa mia verghetta, colà dove meriti, a grugnire co' tuoi compagni.

Ulisse. O falsa e sfacciata strega, credesti tu che alle simulate grazie delle tue lodi e de' tuoi incantati vaselli cedesse come tutti gli altri avvilito Ulisse? L'uomo, ch'è uomo, sa corrispondere alla gentilezza delle parole con quella cortesia che conviensi, ma dee però aver sempre l'occhio alle trappole, quando egli ha a fare con femmina, qual se'tu, che non conoscesti mai altro che la falsità e la dissimulazione. Che è stato? Ora impallidisci? Ammutisci? Chini gli occhi a terra? Che pensi tu? a qualche nuovo artifizio? Io ho meco tale aiuto, che non possono offendermi nè l'arti tue naturali, nè le soprannaturali, se tu le usassi; e però pensa incontanente a restituire i compagni miei nella prima forma, o a pagare la pena delle tue molte scelleratezze.

Circe. Ulisse, non più. Io veggo oggimai che hai per protettrice una forza superiore alla mia, e puoi a tua posta volere da me quello che più t'aggrada. Non è colpa mia s'altri cedono alle lusinghe del mio canto, e a que' vezzi di cui sono da natura dotata. Questo è il regno mio, e queste sono le forze, con le quali io regno sopra altrui. Se tu ti valesti dell'armi e del coraggio per vincere la città di Troia, io mi vaglio di quell'armi e di quella facoltà che posso per mantenermi sul seggio reale. Per la qual cosa se tu hai potuto più di me, non dèi però trattarmi con soverchia crudeltà, ma come umano nemico aver compassione della mia disgrazia. Questa isola è tua, tuoi sono tutt'i passatempi e i sollazzi che in essa sono. Usagli a quel tempo che vuoi, per tua ricreazione, e senza lasciarti da quelli intenebrare il cervello. In breve, tu ne sei il padrone. I compagni tuoi saranno, quando tu il voglia, da me ritornati all'aspetto di prima.

Ulisse. A questo modo, io m'arresterò qualche giorno nell'isola di Circe. Sciogli i compagni miei prima, e lasciami un poco spaziare per queste tue valli; tanto ch'io esamini cotesti altri animali che già furono tutti uomini. Io voglio un poco vedere come possono viver insieme bestie di sì diversa qualità, come fanno, senza offendersi l'un l'altro.

Circe. Fa' come ti piace. Interrogagli a modo tuo; chè tu puoi d'ogni mia cosa disporre. Vado a sciogliere i tuoi compagni.

Ulisse. Nume eterno, celeste, io ho tutto l'obbligo a te della mia libertà. Tu mi traggi salvo dalle mani di Circe, e tu mi concedi ch'io possa rivedere i miei compagni in aspetto umano. Dammi ora, che anche da un paese ripieno di salvatiche bestie possa cogliere qualche frutto di cognizione e di virtù, che mi possa giovare, s'io ritorno mai in Itaca a rivedere Penelope mia moglie e Telemaco mio figliuolo.

N° LXXXVII.   A dì 2 dicembre 1761.

DIALOGO IV.

ULISSE, CANE E MONTONE.

Ulisse. Ben so che se un giorno pervengo alla patria mia, e narrerò le cose da me vedute, s'ha a dire ch'io sono un parabolano. Ma la maggiore e più strana che mi sia accaduta ancora, credo che sia questa, ch'io abbia a parlare ad animali, e ad udire le risposte di quelli. Ma che? da ogni cosa nel mondo s'ha da imparare; e non mi vidi mai intorno albero, nè fiore, o erba sotto a' piedi, che non mi desse cagione di meditare. Mi ha detto Circe che per movere le bestie che mi verranno incontro, basterà ch'io cerchi con qualche ingegnoso trovato di stuzzicare in esse una passione, che questa le riscalderà, e poi l'opera di Circe moverà loro la lingua a poter favellare, ond'io intenderò come la pensano gli uomini coperti sotto le pelli delle varie bestie che sono in quest'isola. Ma io veggo costà un grasso montone che si sta a mangiare quell'erba, e un cane pezzato vicino ad esso, che disteso col ventre in sul terreno, ha fra le cime delle due zampe davanti un osso, e lo rode col maggior sapore del mondo. Andiamo loro incontro. Oh! che belle e lucide lane ha quel montone! com'è grasso! Io voglio vedere s'anche le bestie hanno vanagloria. S'io lodassi una donna o un uomo c'hanno una bionda e bella zazzera, non l'avrebbero forse caro, non farebbero un ghigno almeno? Chi sa che cotesto montone non si tenga da qualche cosa per quel suo bel pelo. Io non saprei quale altra passione stimolare ed accendere in un animale così goffo e semplice, il quale non ha altro di bello, nè di buono, fuorchè questa poca apparenza di fuori. Ne farò prova. Montone, montone. Io ti prego, alza su il collo dal terreno, e sta' saldo: lascia ch'io contempli coteste lane che ti vestono il corpo. Io non mi ricordo d'averne veduto mai altro che a te somigliasse. Come ogni bioccolo è ricciuto, e del colore dell'oro! Io credo che tu certamente sia il re di tutta la tua specie.

Montone. Lodato sia il cielo che ritrovo uno in questo deserto, il quale conosce molto bene chi io sono. Dappoi in qua ch'io divenni montone, non fu chi si degnasse di commendare le qualità mie; laddove quando io era uomo, avea sempre intorno le turbe de' lodatori.

Ulisse. E chi fosti tu, o grazioso animale, mentre ch'eri uomo?

Montone. Io fui un certo Divizio nato nella Beozia, a cui fortuna cortese avea dati, si può dire, quanti beni ell'avea, per farmi godere tutti gli agi della vita. Un adulatore, un iniquo adulatore fu la cagione che mi mosse a venire in quest'isola: il quale imbarcatosi però meco, oggidì anch'egli per opera di Circe, coperto con una pelle di cane pezzato, si sta, come voi vedete, a rodere un osso qui al canto mio, e non si degna più non che di lodarmi, ma di guardarmi in faccia.

Ulisse. O cane sciagurato, è egli però il vero che tu con le tue vilissime adulazioni inducesti il povero Divizio a così pericoloso viaggio, e finalmente fosti l'origine, con le tue melate parole, ch'egli divenisse montone? Se così è, tu facesti male, ed egli ha cagione di dolersi grandemente del fatto tuo, massime se tu oggi non hai compassione di lui, e non cerchi qualche mezzo per confortarlo.

Cane. Io non ti voglio negare per ora di non avere, mentre che fummo in Beozia tuttaddue, esaltato grandemente la sua persona; nè ch'io taccia al presente, che siamo di qua, e anzi all'incontro mi prenda spasso della sua tramutata figura di fuori. Ma io voglio che tu sappia ch'io mi rideva tanto di là, quanto mi rido ora di qua del fatto suo, perchè, dalla lana in fuori, di là Divizio era montone, com'egli è qui nell'isola di Circe.

Montone. E perchè, s'io lo era, non mel dicevi tu, come me lo dici al presente?

Cane. Io te lo diceva bene io; ma tu non m'intendevi. Se tu avessi misurato bene e pesato quello che tu eri di dentro, e non confitto l'animo tuo nelle cose che possedevi di fuori, dalle quali credevi di ricevere bellezza, dottrina e virtù, avresti veduto benissimo, che lodandoti io mi facea beffe del fatto tuo; e quelle cotante lodi che ti solleticavano gli orecchi, ed erano un gonfiatoio che ti facea empiere di vento, tutte quante erano motti e sferzate; le quali io però ti dava contro mia voglia, ma veniva sforzato dalla mia povertà e dalla crudeltà tua a così fare.

Montone. Come crudeltà? Non t'avea io forse fatto padrone di casa mia? non venivi tu alla mia mensa, come vi sedeva io medesimo? e non eri tu vezzeggiato da me, quale un mio fratello? Di che ti puoi tu lagnare?

Cane. Ehi gioia! Ricòrdati quanti buoni e virtuosi uomini ti bazzicavano intorno, la cui bontà e virtù non la potevi tu sofferire, perchè apparendoti dinanzi con l'esempio loro, che tu non volevi imitare, ti facevano dispetto; ma più perchè t'avvedevi quando anche dalla lunga entravano in ragionamento per correggerti di qualche difetto. Ti ricordi tu che non gli volevi mai a casa tua, o facevi loro il viso dell'arme, e dicevi a loro ingrognato appena due parole, e talvolta fu che chiudesti loro l'uscio sulla faccia, cacciandogli via dalla tua presenza? Io ammaestrato benissimo dalla mia necessità e dalla tua superbia, conobbi a qual manico tu volevi esser preso, e prevalendomi della goffaggine tua, t'entrai allora in grazia, ora col commendare la tua bellezza, benchè paressi un bertuccione, ora la tua superlativa dottrina, comecchè appena sapessi compitare le sillabe come i fanciulli che vanno alla scuola: e tu, leggiero come una canna vana, prestando più fede a me che a tutti gli uomini dabbene, non ti sapevi spiccar da me un momento, e non sì tosto avevi proferita una castroneria, o fatta un' asinaggine, che ti voltavi a me sorridendo per attendere dalla mia bocca l'approvazione della mellonaggine tua, la quale veniva da me commendata. Era forse la colpa mia, se morendo quasi di fame, cercava d'acquistarmi il vitto e il vestito da tanta bestialità, in quella forma ch'io potea? o era tua, se ricco e fornito di tutt'i beni della fortuna, non davi un sorso d'acqua a chi non t'esalta per ogni verso?

Montone. Io era il padrone della roba mia, e volea a mio beneplacito dispensarla; e tu perchè mi rinfacci ora, se non ne dava a questo e a quello?

Cane. Se n'avessi dato alle genti dabbene, tu non saresti ora montone, nè piluccheresti l'erbe di questo prato, per aver prestato fede a me che ti dava ad intendere lucciole per lanterne.

Ulisse. Come vi siete voi indotti a fare questo viaggio, e qual fortuna vi trasse all'isola di Circe?

Cane. Odi storia veramente da ridere. Costui che tu vedi qui ora montone, avea poco miglior faccia mentre ch'egli era uomo. Nè più bel garbo, o più grazioso portamento di corpo avresti veduto. Con tutto ciò, come s'egli fosse stato il divino coppiere di Giove, quel bellissimo Ganimede [1] che venne dall'aquila traportato nell'Olimpo, egli credea che tutte le femmine impazzassero del fatto suo. E quello ch'era amore delle sue ricchezze, de' suoi palagi e dell'altre grandezze della fortuna, giudicava che fosse opera della sua dolce guardatura, delle sue parole. Lungo sarebbe a dire le sue pazzie; e quante volte egli credette perdute del fatto suo femmine che l'aveano in odio come il fistolo; e in qual guisa egli si pavoneggiava, se veniva guardato, e dimenavasi passeggiando a guisa di cutrettola, e quando vedeva una donna, facendo le viste di non curarla, domandava a me quello ch'ella avesse detto di lui. Io che l'avea veduta a ridere e stringersi nelle spalle, o fargli visacci, per prendermi spasso di lui, gli diceva ch'ella avea sospirato e detto: "Oh felice colei che avrà per innamorato quel colombo,

---

[1] *Quel bellissimo Ganimede.* Costui fu, secondo la leggenda, figlio di Troo, re di Troia, e per la sua bellezza rapito all'Olimpo dall'aquila di Giove, perchè servisse da coppiere agli dei.

quel passerino!" Di che Sua Signoria si gonfiava tutto; rizzava il capo, e sospirando parea che avesse compassione al sesso femminile travagliato per lui. Egli avvenne un giorno che standoci noi sulla piazza, dove s'odono molte novelle, venne un navigante, il quale fra molte cose da lui vedute, ci raccontò ch'egli avea sentite narrare grandissime maraviglie della bellezza di Circe. E tanto e tanto ne disse, che il mio montone rientrò quel giorno in casa con la fantasia piena di lei, e non potea più tacere, nè sapea altro dire, fuorchè nominare Circe. "Oh!" gli diss'io, volendo pur vedere fin dove giungesse la sua pazzia: "che facciamo noi più qui in un paese dove le donne sono mortali? S'io avessi quella vostra faccia, quel portamento così aggraziato che avete voi, io vorrei lasciare tutte queste passeggiere conquiste, e tentar d'avere per mia compagna la figliuola del Sole. Egli è il vero che, come udiste, molti sono i pericoli: si corre risico d'essere cambiati in bestie. Ma questo sarà avvenuto a coloro, i quali fondatisi in un picciolo merito, senza guardar più oltre, si saranno avventati a così difficile fortuna. Quand'io vi guardo, conosco benissimo che la figliuola del Sole è riservata a voi, e chi sa ch'ella in iscambio di tramutarvi in animale, non vi faccia dono dell'immortalità; ma guardatevi bene, nel domandargliela, di ricordarle che con l'immortalità vi lasci anche questa vostra bella e fresca giovinezza per sempre; che non faceste, come Titone,[1] al quale fu dall'Aurora impetrata l'immortalità; ma perchè la non ebbe in mente di domandare a Giove che gli lasciasse l'età in cui si trovava allora, ora vecchio e spossato si giace chiuso in una stanza, maledicendo la sua disgrazia di non poter più morire. Gran peccato sarebbe che incanutissero mai, o vi cadessero que' capelli che paiono ora fila d'oro, che quello splendore degli occhi vostri si ammorzasse, e che quella faccia sì incarnatina e liscia s'offuscasse e aggrinzasse." Mentre ch'io gli diceva queste parole, io ti giuro, o forestiero, che mi batteva il cuore, temendo che una così aperta e strana adulazione lo facesse montare in collera, e che co' calci e con le pugna mi cacciasse fuori dell'uscio, o mi facesse balzare fuori d'una finestra. Ma mi rassicurai quando lo vidi a ghignare e a consentire a tanta bestialità. Che vuoi tu ch'io dica? Fu messa a ordine una nave, volle che fossi suo compagno di viaggio, e s'io mai tentai di dissuaderlo dall'impresa, non mi volle più udire; sicchè mi convenne contra mia voglia far buon viso, e dar le vele a' venti con questo mio garbato compagno. Dopo molto aggirarsi qua e colà, finalmente approdammo all'isola, dove non sì tosto mettemmo il piede a terra, senza che ci fosse conceduta la grazia di vedere la Dea, egli fu tramutato in quel montone che vedi, e io in cane.

Ulisse. In effetto io veggo ch'egli ha troppo creduto alle tue parole; ma si può dire ch'egli si sia anche molto più, che non credea, affidato a sè medesimo.

Montone. Sia quello che tu vuoi. Ma costui che fu sempre ben trattato da me, e ch'io ho amato sopra tutti gli altri, perchè ora ch'io sono montone, non solo non mi loda più com'egli era usato di fare, ma ora mi ringhia e beffeggia, e talora anche mi corre dietro abbaiandomi e facendomi atterrire con que' suoi lunghi denti?

---

[1] *Titone.* Titone, figlio di Laomedonte, fu per la sua bellezza, quantunque mortale, sposato dall'Aurora, che ottenne per lui da Giove l'immortalità, ma avendo ella dimenticato di chiedere in pari tempo che rimanesse giovane, divenne decrepito e fu tramutato in cicala.

Cane. Egli è perchè ora mi vendico di te, il quale non mi desti mai del tuo, senza forzarmi a dire mille bugie, le quali tu mi cavasti di bocca con la tua avarizia verso tutt'i buoni. Io non sono più quel che fui, nè tu se'più quello ch'eri una volta. La natura nostra è diversa. Tu ti pasci d'erbe, e io d'ossa di questi animali che muoiono qua e colà per l'isola. Ora tu non potresti darmi altro ch'erbe, e io non ne mangerei, chè non mi bisognano. Sicchè non mi puoi più legare per la gola, e obbligarmi a dirti che non se'montone, quando se'veramente tale; nè far sì, ch'io non ti dica ora in sulla faccia tutte le castronerie che facesti quand'eri uomo, e ch'io non potea dirti allora, perchè non ne volevi essere avvisato, e mi pagavi perchè le assecondassi. Anzi io non ho ora altra necessità, fuorchè quella del vederti a dimagrare e morir di rabbia, per divenire erede di coteste tue ossa, e mangiarmele sopra il prato.

Ulisse. Orsù, rimanetevi alla malora. Non voglio udire altro. Son chiaro abbastanza. Io veggo che ogni cosa fanno i viziosi per amore di sè medesimi. Quel montone non ha potuto ancora lasciare il vezzo ch'egli avea prima di sentirsi a lodare, e vorrebbe che il cane seguisse a dir bene di lui, come faceva prima, per la superbia che gli è rimasa in corpo, anche sotto la lana. E l'altra bestia, per avere gli agi della vita, non si guardò dal dire mille bugie, e dal mantenere l'altro ben fermo e avviluppato nell'ignoranza, perchè gli fruttava. Ora ch'egli ha perduto la prima speranza, gli dice il vero in faccia, non per amore ch'egli abbia alla verità, ma per voglia di farlo morire, ed ereditare quelle poche ossa da nutricarsi. O Santissima Virtù, chi t'adopera, perchè tu se'bella? perchè se'la vera tranquillità in questo mondo? Ma io non voglio ora perdere il tempo in riflessioni. Le scriverò poi da me a me sopra un taccuino. Al presente anderò in traccia d'altre bestie, per intrattenermi con esse, e imparare altro. Anche quest'isola vôta d'abitatori non sarà stata senza mio frutto.

N° LXXXVIII.   A dì 5 dicembre 1761.

DIALOGO V.

ULISSE, AMORE E CIVETTA.

Ulisse. Bello e comodo boschetto è questo! Ha qui nel mezzo un'aiuola coperta dalla minuta erba, e qua e colà questi verdi cespugli intorno fanno all'aiuola corona. Io odo anche un certo schiamazzo d'uccellini, i quali si debbono godere la naturale bellezza e la solitudine di questo luogo. Ma, che vegg'io colà? una civetta sopra una gruccia,[1] ch'ora si leva sulle punte de'piedi, e allunga il collo, poi si cala giù, e ora scende, ora sale; e uno stormo d'uccelletti saltella per quei rami, e paiono incantati agli attucci ch'ella fa. Ell'ha un lungo filo a'piedi;

---

[1] *Una civetta sopra una gruccia.* La civetta, uccello notturno a tutti noto, serve per uccellare, perchè esposta alla luce meridiana per lei troppo acuta, si dimena con mille attucci e contorcimenti che sono come richiamo agli uccelletti, i quali, adunandosi intorno a lei, rimangono presi o con panie o con reti.

e intorno a que' cespugli sono ordinati i panioni. Ora veggo: quivi è
un uccellatore. Un putto appiattato attende che gli uccelli sieno impaniati: ecco egli esce fuori di quella macchia, e va a schiacciare il
capo a quelli ch'ivi son presi. Io so pure che qui non abitano uomini:
chi sarà quel fanciullo? Questa dee essere un'altra maraviglia. Infine
infine io voglio sapere che sia. M'accosterò a lui, e gli dimanderò: O
fanciullo, s'io sturbo ora il tuo uccellare, mi spiace; ma abbimi per
iscusato: l'esser io qui forestiero, e voglioso d'informarmi di tutto
quello ch'io veggo, mi fa essere importuno. Chi sei tu? e donde sei
tu venuto in quest'isola?

Amore. Ulisse, a questa volta tu hai teco un'erba che ti guarda
da quell'autorità che m'hanno data gli Dei sopra quanti uomini e
donne sono al mondo; e però mi troverai ubbidiente ad ogni tua domanda. Se non l'avessi, potrebbe essere che tu fossi finora impaniato
al mio vischio.

Ulisse. Qualche gran cosa tu dèi essere, dappoichè fino a qui hai
saputo il nome mio, e indovinato ch'io ho meco l'erba datami da Mercurio. Io ti prego, di grazia, dimmi chi sei.

Amore. Tu vedi il figliuolo di Citerea,[1] il potentissimo Amore.

Ulisse. Piego le ginocchia dinanzi a te, o bellissima luce dell'Olimpo;
e, o bene o male che altrui facciano le Deità, riconosco che le sono
sempre degne d'essere da noi mortali venerate.

Amore. E fai bene. Lèvati. Forse ch'anche l'erba che tu porti indosso, non ti potrebbe salvare dalla forza mia, se non avessi di me
questo timore. Odi ora il restante, ch'io appagherò la tua domanda.
Di tutt'i luoghi che sono in sulla terra, l'isola di Circe è quello che
a me è più gradito. Odo volentieri il suono de' dolcissimi strumenti, e
le note delle soavi canzoni che ad onor mio ci vengono cantate. Mi
piacciono le accordate danze, che con affettuosi movimenti spiegano
senz'altre parole il fuoco di quelle varie passioni che vengono da me
stimolate ed accese; ma sopra ogni altro sollazzo ch'io volentieri mi
godo, quello è a me il più dilettevole di vedere uomini e donne dagl'incantesimi della padrona dell'isola in animali scambiati. Quantunque io sia d'età vecchissimo, non ho mai potuto perdere le mie fan-
ciullesche inclinazioni, le quali durano in me, siccome mi dura ancora
questa faccia di fanciullo. Non potresti credere con qual diletto io vada
talora per li campi con un cane a caccia, per isguinzagliarlo dietro ad
una lepre vecchia, la quale con mille aggiramenti gli si toglie dinanzi;
ed egli che si credea con la forza del correre di prenderla, si trova
smarrito, con l'ugne mezzo logorate fra' sassi, e ritorna indietro ansando malinconico e doglioso. Talora tu mi vedresti sciogliere più bracchi dietro ad una volpe, la quale dopo d'avergli fatti impazzare su per
colline, dentro per selve, e in bugigàttoli e buche, delle quali è a lei
nota l'uscita, finalmente ritornano anch'essi braccheggiando, dopo
d'aver lasciato del loro pelo, qua sopra uno stecco, colà sopra uno
sterpo, e di là sulle spine. Oggi, come tu hai potuto vedere, io m'intratteneva in questo luogo uccellando a civetta, e ricreandomi a vedere
che costei già donna, e ora divenuta quale la vedi, non ha potuto lasciare ancora i primi suoi atti, e ridendo di cuore nel veder che quegli

---

[1] *Citerea.* Uno dei nomi che gli antichi davano a Venere dall'isola di Citera, ove la
dea aveva un superbo tempio.

uccellini, i quali già furono uomini anch'essi, e vennero da lei nella prima forma ingannati, cadono ancora alla prima trama, e prestando fede alle sue pazziuole, quasi che ella promettesse a loro la vera felicità, se la stanno guardando.

Ulisse. Amore, tu m'hai fatto venire una gran voglia di favellare a questa civetta, se tu me lo concedi.

Amore. Tu sai bene che puoi farlo, e in qual guisa dèi farlo. Io la lascio qui a te, e intanto me ne vo a pescare, e a ridere di certi grossi pesci, i quali tirati da me più volte in secco, ritornano alle mie reti, come se fosse la prima volta. Vado: ritornerò poi a ripigliare la mia civetta, e a proseguire l'uccellagione. A rivederci.

Ulisse. Veramente io non so di che scherzi cotesto Amore. Tu dèi essere però stata donna degna di considerazione, dappoichè fosti cambiata nel più nobile uccello che voli per l'aria, e in quello che la sapientissima Minerva [1] ama sopra ogni altro. Hanno predetto non so quali oracoli, che tu dèi essere l'insegna d'una delle più nobili città della Grecia, e impronta delle monete di quella. Se tu non avessi avute qualità più che umane, anzi quasi qualche cosa del divino, non saresti stata tramutata in un uccello che sarà ancora un giorno onorato da tutto il mondo. (Oh! com'ella s'innalza e abbassa! Quanti attucci fa! La gongola tutta. Già comincerà a parlare.)

Civetta. Ora io veggo che tu sei veramente quel facondo e bel parlatore Ulisse, di cui si dicono tante maraviglie fra gli uomini. Bench'io abbia conosciuto che tu voglia la baia del fatto mio, pazienza: tu mi se'piaciuto a favellare. Ma che? tale è l'usanza. Noi altre povere donne siamo già accostumate a queste lodi: e chi vi crede, suo danno.

Ulisse. (Oh! com'ella chiude mezzi quegli occhiacci, e mi guarda col collo torto. Io ci giuocherei che le pare d'esser donna ancora, benchè sia civetta.) In qual paese nascesti? io ti prego, non mel celare: e dimmi per quale avventura se'pervenuta all'isola di Circe. Sì, di grazia dillomi, o bellissima reina degli uccelli.

Civetta. La patria mia è Micene. Nacqui di genti mezzane, e non molto de'beni di fortuna abbondanti. Mia madre vide in me ne'primi miei anni una bellissima speranza al miglioramento della sua condizione, e fecemi allevare con tutti quegli ammaestramenti che accendono in una fanciulla l'amor proprio; imperciocchè non rifiniva mai, e sola e in presenza delle genti, di ripetermi mille volte al giorno ch'io era bella e aggraziata; e sopra tutto, benchè non avessi ancora passati gli ott'anni, mi dicea per ischerzo ch'io era innamorata ora di questo, ora di quel fanciulletto dell'età mia; e rideva della mia accortezza, ch'io sapessi così ben fingere ora con questo, ora con quello, e oggi far buona accoglienza ad uno, domani ad un altro; con questo far l'ingrognata, con quello la malinconica, e con un altro star lieta. Io veramente non so se facessi tutte queste maliziette; ma udendo dalla bocca della madre mia spesso ch'io le pareva già grande (tanto bene faceva!), parvemi che quelle cose ch'ella dicea di me, fossero necessarie per divenire un giorno femmina di capacità; e quello ch'io o non facea, o facea forse innocentemente, incominciai a farlo per meditazione: e non posso ne-

---

1 *Quello che la sapientissima Minerva* ec. La civetta era sacra a Minerva, dea delle arti e delle scienze, perchè essendo uccello notturno, simboleggiava le studiose vigilie; e fu poi l'insegna d'Atene, città che vantava Minerva per protettrice.

gare che iñ pochi anni diventai la più vezzeggiata e la più ingegnosa
fanciulla di Micene. I più leggiadri giovani di quel paese furono concorrenti nell' amarmi; sicchè in quel tempo il mio nome era uno de'più
celebrati per tutto. Non credere però che fra tanti giovani, i quali concorrevano ad amarmi, io ne amassi alcuno; piacevami di vedere che
tutti mi spasimassero intorno; e compartendo fra loro la dolcissima
vivanda della speranza, a uno a uno gli facea farneticare del fatto mio;
e quasi sedendo sopra un seggio reale sopra di tutti, sentiva un continuo diletto del vederli a spendere e spandere per amor mio, fare
feste, conviti, e talora venire a zuffa, e perdere fino il cervello. Io non
avea tra loro prima aperta la bocca, e mostrato desiderio di qualche
cosa, che incontanente facevano a gara a chi più presto sapea soddi-
sfarmi, e fin dalla corte di Priamo[1] mi facevano venire tutte le gale
che il morbidissimo popolo dell'Asia e le figliuole d'Ecuba sapeano
inventare. Nelle compagnie io era sempre ripiena di vivacità e di grazia. Ma poche donne, anzi niuna, io volea meco, massime quando o
belle o giovani fossero state; e se mai alcuna ne veniva colà dove io
era, ora con motti e burle, e talvolta con qualche sgarbato modo le
facea in breve sparire dalle conversazioni nelle quali io avea pratica.
Tale era la vita mia in Micene, quando crebbe la fama della moglie di
Menelao;[2] di che ebbi tanta rabbia al cuore, che fui per disperarmi ad
udire che quasi per tutta la Grecia non si faceva altro che ragionare
della sua bellezza. Credo certamente ch'io sarei morta in quel tempo,
se non fosse avvenuto che la fu rapita da Paride, e condotta in Asia;
di che io presi grandissima baldanza, e sfogai allora quel veleno che
avea conceputo nell'animo verso di lei, dicendo mille mali del fatto
suo, e denigrando il suo nome quanto potei per tutte le compagnie, e
in tutti quei luoghi dov'io andava. Ma che? s'accese di rabbia tutta
la Grecia, e tu lo sai; chè la guerra di Troia trasse fuori di tutta la
Grecia quanta bella e fiorita gioventù quivi era, per modo che non vi
rimase quasi altro per le case, fuorchè i padri, le madri, e alcuni pochi mariti, di quelli che per qualche difetto non poteano portare arme,
e rimanevano a casa come disutili. Non potendo io avere altro, incominciai a far impazzare le mogli, ed avea sempre dietro un codazzo
di cotesti rimasugli della Grecia, i quali per amor mio abbandonavano
le mogli e i figliuoli, e non aveano altro pensiero che me, nè potevano
vivere se non erano meco. Intanto io nell'animo mio ardendo d'invidia
che per cagione d'Elena si fosse accesa una guerra che avea posta
in arme tutta la Grecia e tutta l'Asia, non potea aver bene nè giorno
nè notte, e stava meditando qualche gran fatto che facesse ragionare
di me tutto il mondo, come si ragionava di lei. E così mulinando mi
venne uno de'più grandi e de'più gagliardi pensieri che venissero mai
in capo di donna. Diceva dunque fra me: "Cotesta così bella Elena, della
quale si fa un così lungo cianciare nel mondo, che ha ella fatto con
la sua bellezza? In iscambio di comandare ad un uomo, e farlo fare

---

[1] *Dalla corte di Priamo.* I regni d'Oriente, tra cui famosissimo quello di Priamo, rappresentavano pei Greci, più semplici e austeri nella vita e nel costume, il lusso e la mollezza.
[2] *La moglie di Menelao.* Elena, figlia di Giove e di Leda, bellissima fra tutte le donne.
Andata sposa a Menelao, re di Sparta, fu rapita da Paride, figliuolo di Priamo, re di Troia;
e questa atroce offesa mosse i principi e i popoli della Grecia a quella lunga guerra contro i Troiani che fu cantata da Omero.

a modo suo, la s'è lasciata comandare da lui, e consentì d'andarsene seco in un paese da lei non conosciuto, e di perdere un regno ch'ella avea, per divenire la nuora d'un re forestiere, che ha cento nuore, e starsi mescolata con quella ciurmaglia. Perchè non tento io di rapire quanti posso mariti a questo paese, e andarmene altrove? Oh! bella e nobile impresa che sarebbe questa, e non più udita forse nel mondo! Così dicendo io fra mio cuore, tanto m'invasai in questa fantasia, che in pochi giorni feci tanto che indussi uno stormo di Greci a mettere a ordine segretamente una nave, e con prospero vento da Micene ci dipartimmo. Spiacquemi solo che io non potei udire il romore che ne fu fatto nella patria mia, comecchè io me lo godessi con l'immaginazione. Non fu però picciolo il mio diletto, quando entrata nella nave. divenuta quivi piloto e governatore, comandai a'miei seguaci che si mettessero al remo, alzassero o calassero le vele, e facessero l'uffizio che fanno i marinai; ridendo io veramente di cuore quando gli vedea ad un mio picciolo fischio e ad una voce affaticarsi e sudare per acquistarsi ognuno il maggior merito appresso alla loro padrona, la quale non si curava punto di nessuno, e con l'allettamento delle parole e di mille vane speranze gli facea lietamente comportare le fatiche de'galeotti. Molti giorni navigammo con prospero vento. Finalmente approdammo a quest'isola, dove ricevemmo da Circe una gratissima accoglienza. Fummo accettati ad uno splendido convito; entrai in danze, udii soavissimi canti; volle intendere la Dea i nostri casi. Io gliene feci una lunga ed eloquente narrazione, di che ella grandemente si rideva. Ma io intanto vedea a poco a poco ora l'uno de'miei compagni cambiarsi in rosignuolo, un altro in pettirosso, e quale in pispola,[1] e chi in un uccellino e chi in un altro, e volare; e mentre ch'io tutta attonita stava mirando quella tramutazione, mi sentii nascere queste penne grigie, e volai finalmente fuori d'un finestrino, cambiata la mia prima soave e delicata in querula voce. Benchè questa a te paia disgrazia, io ho però la consolazione di vedere che i compagni miei, ancor ch'io sia civetta, tutti ancora mi corrono intorno, e si lasciano allettare alle mie attrattive.

Ulisse. Consólati che tu hai di che. In effetto tu m'hai raccontata una storia che io non avrei potuta immaginare giammai; e non potea nascere una tramutazione che meglio si confacesse a'tuoi costumi. Oh! ecco l'uccellatore. Amore, ti ringrazio. La civetta ha avuto meco un lungo ragionamento. Abbila cara, e uccella.

Amore. E tu va' in pace, e tien bene a mente i suoi ragionamenti.

N° LXXXIX.   A dì 9 dicembre 1761.

DIALOGO VI.

ULISSE E PIPISTRELLO.

Ulisse. Non mi può uscire di mente quella civetta; e dire ch'ella si pose in animo con sì bel tratto di vincere la fama della bellezza d'Elena: nè so cessare di maravigliarmi ch'essendo tutta la Grecia

---

[1] *Pispola.* Sorta d'uccello cantatore, somigliante all'allodola.

sossopra, e ragionandosi d'ogni parte d'arme e di furie militari, costei non avesse altro in cuore, che di rendere celebrata sè medesima col condur seco quei pochi uomini ch'erano ancor a casa rimasi. E noi goffi quanti fummo re e condottieri, per ricuperare la riputazione de' maritaggi, eravamo intanto a combattere, e a lasciare i corpi e l'anime sulle rive dello Scamandro,[1] e a contrastare con gli stessi Dei dell'Olimpo. Io veramente non volea andarvi, nè mettermi a tanto rischio per una femmina; ma fui colto alla trappola;[2] e venne vinta la mia dall'altrui malizia, sicchè a dispetto mio mi convenne partirmi; e vedi che m'è avvenuto, ch'io sono ancora errante nel mondo, e non so quando avrò tanto di prosperità ch'io possa ritornare a casa mia. Oh! vedi ch'io son venuto così passeggiando pian piano, e ragionando tra me, e avrò forse riscontrato qualche animale che non mi sarò avveduto! Che grotta è questa? Io ho sì lungamente camminato, che mi sento una cert'asima di caldo....[3] Voglio entrarvi, e mettermi un poco a sedere. Così si faccia. Oh! io sto meglio. Almen che sia, vedessi qualche bestia, per non perdere il tempo così da me a me.... Ma non vegg'io, ora che mi sono alquanto avvezzato a questo buio, costassù penzoloni un pipistrello sotto la volta della spelonca? Chi sa che costui non sia stato uomo anch'egli? Tenterò. Lo gratterò nell'amor proprio. S'egli fu uomo, mi risponderà. S'io m'inganno, pazienza: avrò gittate via alcune poche parole. Oh cara e soave delizia della solitudine! Quanto sopra ogni altro diletto del mondo ti dovrebbero amare gli uomini d'ingegno! Qui sono fuori d'ogni romore; gl'inganni dell'umana stirpe non vi possono punto. Posso a qualunque cosa rivolgere il mio pensiero, ed intrattenermi a mia volontà in ogni genere di meditazioni, senza venire sturbato. Oh! come parmi che più di tutti gli altri animali l'intenda bene questo pipistrello, il quale fra tutt'i luoghi dell'isola s'elesse questa solitaria spelonca! Qui sta egli il giorno, mentre che tutti gli altri uccelli schiamazzano e fanno strepito sugli alberi e per gl'immensi campi dell'aria. Poi quando vengono le tenebre, e tutto rabbuia, nel silenzio della notte va soletto a' fatti suoi, e ritorna al suo albergo al primo albore del giorno. Giudizioso animale! Invidio la tua elezione. (Per mia fè ch'egli è uomo, e comincia a dondolarsi e stride un pochetto. Poco starà a parlare.)

Pipistrello. Chiunque tu sia, che sei qui venuto, molto ragionevolmente favelli. Vedesti mai altro fra gli uomini, che inganni, lacci, tranelli e mille insidie, con le quali tentano di struggersi e annichilarsi? Quanto è a me, io fui sempre di questa opinione; e per non cadere nelle loro mani, gli ho fuggiti a tutto mio potere; e fuggo al presente ancora ogni compagnia, temendo d'essere trappolato.

Ulisse. Ma se tu hai sempre temuto delle trame altrui, come avvenne poi che cadesti alla rete in quest'isola, e divenisti d'uomo pipistrello, dappoichè so che quanti qui sono animali, i quali favellano, furono prima uomini, e vennero dalle malìe di Circe in animali scambiati?

---

[1] *Scamandro.* Fiume che scorreva sotto le mura di Troia.
[2] *Fui colto alla trappola.* Ulisse, fintosi pazzo per non andare alla guerra di Troia, andava arando le sabbie della spiaggia e vi seminava del sale. Ma Palamede, insospettitosi, pose il figliuoletto d'Ulisse, Telemaco, davanti all'aratro. Ulisse per non ferirlo deviò l'aratro e fece così conoscere l'inganno.
[3] *Asima di caldo.* Affanno prodotto dal caldo.

Pipistrello. La storia è lunghetta. Se tu hai sofferenza, io ti dirò ogni cosa.

Ulisse. Di' pure, chè volentieri starò udendo il tuo ragionamento.

Pipistrello. Prima ch'io fossi pipistrello, mi chiamava Autolico, e nacqui in Argo d'una famiglia nè ricca nè povera, nè da me in fuori ebbe il padre mio altri figliuoli. Cominciai a conoscere la malizia degli uomini dagli ammaestramenti del padre mio, il quale per difendere la roba sua era sempre in continui litigi; e mai non ritornava a casa che non soffiasse come un istrice, e non battesse co'piedi il terreno, gridando che a questo mondo non si potea più vivere, che da ogni lato gli venivano tesi lacci, e ch'egli era molto meglio vivere in un deserto, lontano da tutti gli uomini, che aver sempre a stillarsi il cervello, e starsi coll'arme in mano dì e notte per combattere con l'iniquità altrui. Io udendo queste parole, era così spaventato dalla vista delle genti, che, se avessi veduto tigri e lioni, non avrei avuto tanto timore. Intanto me n'andava alla scuola, e intrinsecandomi a poco a poco negli studi, m'innamorai delle dottrine, e lasciato ogni pensiero, mi parea d'esser beato quando passava il tempo leggendo o scrivendo, senza punto curarmi di quello che nel mondo si facesse; e non solo non amava, come gli altri giovani, di ritrovarmi in compagnia a' conviti e alle danze, ma non mi curava punto di guernire il corpo di galanti vestiti, come tutti gli altri facevano, nè di pettinarmi la zazzera, o usare intorno a me altre gentilezze. Vedendomi la gioventù d'Argo di tal condizione, cominciarono tutti a cognominarmi il *Filosofo*; e io per assecondare così glorioso cognome, posimi indosso un mantelletto, e portava un bastoncello in mano, e sopra tutto mi fornii la lingua di molti pungenti motti e satire, le quali io scoccava contro a questo e a quello, senza risparmiare qualunque si fosse, nè grande nè picciolo; tanto ch'era segnato a dito dovunque mi vedeano a spuntare; e sopra tutto le femmine m'aveano in tale odio, ch'io credo, se avessero potuto, m'avrebbero fatto macinare in carne e in ossa, come si fa del grano al mulino. Io conosceva tutte le loro astuzie, e le dicea loro in faccia; e già era vittorioso di quel sesso, cotanto da tutti gli uomini temuto, per modo ch'esse pensarono di vendicarsi: e fatta un giorno insieme una combriccola, giurarono di voler vedere la mia rovina.

Ulisse. Io mi sento a tremare i nervi e l'ossa pel timore del fatto tuo. Tu eri caduto in male mani. Io non vorrei che contro a me fosse fatta una combriccola di femmine, per quant'oro è nel mondo. Di grazia, di'quello che in esso consiglio venne conchiuso.

Pipistrello. Molti furono i loro pareri; e qual d'esse volea ch'io fossi ucciso con le mazzate[1] da'sicari, quale avvelenato; chi una morte, chi un'altra mi destinava, senza misericordia veruna. Quando, a quanto seppi di poi, si levò tra loro una certa Eeta, giovane di vent'anni, la più astutaccia e maliziosa creatura che mai avesse anima di donna in corpo, e parlò in questa guisa: "Mille morti non che una meriterebbe Autolico, il quale ci va con le sue satire e continue punture svillaneggiando; e se alcuna è fra voi, che abbia voglia di vederlo arder vivo, in son quella. Ma che vi credete voi? La giustissima vendetta nostra si rovescerebbe sopra di noi medesime, e verrebbe detto che, per non

---

[1] *Con le mazzate.* A colpi di bastone.

aver potuto sofferire la verità, l'abbiamo fatto ammazzare. Non sono
le armi nostre nè i bastoni, nè il veleno, nè le spade. Si lasci vivo
Autolico; ma solamente si faccia conoscere al mondo ch'egli è una
bestia, e che non sa quello che si dica. Se quest'onorato e magnifico
congresso vuol lasciare l'impaccio a me dell'universale vendetta, io
m'obbligo fin da questo punto di farlo cadere in tanta ignominia, che
gli parrà d'essere peggio che morto." Applaudirono le circostanti femmine al suo coraggio, e fu rimessa in lei la generale vendetta.

Ulisse. O Autolico, tu stai fresco.

Pipistrello. Non passò un'ora, ch'ebbi a casa mia una polizza di
questo tenore: « Nobile e virtuoso Filosofo. Tu hai col tuo nobile
coraggio fatte adirare tutte le femmine. Rallegromi teco, bench'io
sia donna. Poco fa uscii da un consiglio tenuto da loro contro di te,
nel quale era stata deliberata la tua morte. Io sola m'opposi, conoscendo la tua gran virtù, e coll'industria procurai di sottrarti al
pericolo che ti sovrastava. Promisi di vendicarle, ed esse rimisero
in me la loro vendetta. Ho prolungato per vederti salvo. Non dico
che tu cessi perciò di dir male di noi. Tali sono i nostri difetti, che
un uomo di senno e di dottrina, qual tu sei, non può comportargli.
Esci solamente d'Argo per qualche tempo. Ritrova qualche solitario
luogo, dove tu possa a tuo agio scriver satire contro di noi; e io
ti prometto, se tu m'avviserai del luogo della tua dimora, di scri-
verti tutte le pazzie che fanno le femmine in Argo, sicchè potrai
impinguare gli scritti tuoi con tuo grande onore, e vendicarti della
loro crudeltà. Va', nobile e perfetto ingegno. Accetta il mio consiglio. Tu hai ragione. Io medesima sono del tuo parere; ed è necessaria la tua vita per disingannare il mondo delle nostre malizie. Spiacemi solo d'esser donna, o almeno d'esser giovane di vent'anni, e, per
quello che dicono le genti, bella. Che se tal non fossi, e la maldicenza
non potesse aver luogo, tu m'avresti per tua compagna dovunque andassi. Ma non potendo venire, m'avrai sempre amica e serva EETA. »

Ulisse. Che parve a te quando leggesti la polizza?

Pipistrello. Mi maravigliai grandemente che in donna si ritrovasse
tanto coraggio e conoscenza sì bella. Tocco venne il mio cuore da allegrezza e da gratitudine.

Ulisse. E molto più, cred'io, dall'aver letto ch'Eeta aveva ven-
t'anni, e veniva giudicata bella. Confessa il vero, filosofo.

Pipistrello. Non posso negare ch'io mi sentii nell'animo gran curiosità di vederla, e diceva fra me: "Io non so intendere come in così
giovanile età, e sotto così bella faccia, qual ella dice d'avere, sia così
maschia virtù. Io avrei pur caro di vedere cotesta Eeta, parte per
appagare la curiosità mia e vedere così virtuosa fanciulla; e parte
ancora per palesarle la mia gratitudine. Ella mi consiglia bene; io me
n'andrò, e son certo che mi farò onore negli scritti miei, massime se
avrò le notizie ch'ella mi promette. Certo egli è bene ch'io vada a
ritrovarla." Che starò io più lungamente a dirti? Procurai di vederla.
Avea vent'aria: era bella. Vidi l'aria di Minerva. M'accolse come il
migliore amico. Lodò la forza dell'animo mio. Ratificò quanto m'avea
promesso: mi licenziò con le lagrime negli occhi, quand'io mi levai per
andarmene. Io non sapea spiccarmi da lei. Le dissi: "In grazia di così
bella e garbata giovane, io mi sento tentato a non dir più male delle
femmine."—"Forse sarebbe meglio," rispos'ella sospirando. "Questo de-

bole e infelice sesso ha piuttosto bisogno di compassione, che d'altro. Se vi desse l'animo di tacere, io le acquieterei."—"E potrei io," ripigliai, "rimanere in Argo senza pericolo?"—"Sì, che potreste," diss'ella; "e chi sa, che talvolta non potessimo aver il piacere di dirne male insieme, e amichevolmente ridere della donnesca fragilità; e voi anche ridere di me medesima?" Dicendo queste parole, vidi le guance d'Eeta diventare vermiglie come di rosa, e gli occhi suoi a terra inchinarsi. Poco mancò che non le baciassi la mano; ma per allora mi ritenni, e le promisi che non mi sarei più partito. Uscii di casa sua, che il cervello m'andava attorno. Ritornai di là a qualche giorno, e non passò un mese che v'andava ogni dì, e non so come fosse, che così a poco a poco, ridendo della debolezza delle donne, la mi fece cambiar mantello e vestiti, sicchè in capo ad esso mese mi ritrovai scambiato da quel di prima senza punto avvedermene. Già si mormorava e ridevasi del fatto mio per tutta la città d'Argo, nè io ancora m'avvedeva di nulla, quando una sera, fingendosi meco Eeta ingrognata per gelosia, la fece tanto e la disse, ch'io mi gettai inginocchioni dinanzi a lei; e allora si spalancarono ad un tratto gli usci di tutte le sue stanze, e n'uscirono più di cento femmine, le quali con le risa mi circondarono, e si facevano beffe del fatto mio: e quello che m'atterrò affatto, si fu il vedere ch'Eeta medesima più di tutte l'altre sgangheratamente rideva, e si facea di me le beffe maggiori. Io disperato scesi correndo la scala, e non sapendo in qual luogo m'andassi, tanta era la mia vergogna; corsi al mare, e quivi trovato un vascello che facea vela, m'imbarcai di subito, e mi spiccai dal lido. Navigai molto tempo, e finalmente giunsi a quest'isola; e ritrovatala vôta d'abitanti, mi confortai grandemente di qui seppellire la mia vergogna. Ma poco durai in tanta felicità, perchè capitatami Circe dinanzi, come s'ella avesse saputi tutt'i casi che m'erano avvenuti, incominciò a compassionare lo stato mio, e ad aggravare con molte invettive le femmine; la qual cosa fece ch'io prima attentamente l'ascoltassi, e finalmente ch'io mi sentissi quel foco nell'animo per lei, ch'io avea per Eeta sentito. Io non so come la fosse; ma mentre ch'io era più lieto e contento, mi trovai scambiato in pipistrello, come mi vedi; e non mi rimase altro bene, se non ch'io non sono più in stato d'esser guidato alla trappola dalle donne, che se fossi rimaso uomo, vi sarei, credo, caduto mille volte ancora.

Ulisse. E ben ti sta. A che diavol ti mettesti tu in capo di dir mal delle femmine? Egli pare che gli uomini non abbiano maggior onore che quello di motteggiare le donne, che sono quanta delizia ha il mondo. Noi siamo gli stemperati.[1] Egli è delle femmine, come del vino. Tanto si dee trescare,[2] quanto ne nasca ricreazione e allegrezza. Pipistrello, statti pipistrello, chè lo meriti.[3]

---

[1] *Gli stemperati.* Smoderati.
[2] *Trescare.* Qui sta per bere.
[3] *Statti pipistrello, chè lo meriti.* La beffa macchinata al filosofo sprezzatore delle donne, pare che sia quella novella dell'innamorato filosofo, che il Gozzi aveva promessa nelle ultime parole del nᵒ 69 (30 settembre 1761).

> Voi, e questi altri, che m' amate sano,
> Non mi chiamate di grazia Giovanni;
> Pur chi mi vuol chiamar, mi chiami piano.
>
> M. Giov. Della Casa, *Rim. Bur.*

Io avrei proseguito ancora nel presente foglio co' dialoghi d'Ulisse e delle bestie se non m'avesse interrotto una lettera che ho ricevuta da Padova. Pregami chi la scrive con tanta gentilezza a pubblicarla, ch' io sarei scortese se non compiacessi chi me la manda; massime trattandosi in essa, come si vedrà, di salvare un certo onorato cognome da non so quali imputazioni che gli possono venir date a cagione di un cognome che ha le stesse sillabe e lo stesso suono che lo compongono; ma che per essere indosso ad un'altra persona, non è così forbito e netto come il primo. Nel che io non posso tralasciare di fare alcune poche riflessioni, secondo la usanza mia, ed entrare ne' santi penetrali della morale. Pare che al mondo nasca alcun uomo con tanta contrarietà di fortuna, che tutte le cose gli abbiano sempre a riuscir male a suo dispetto. Ne ho veduti a' miei giorni mille esempi. Ma questo è uno dei più strani e particolari. Ecci un uomo dabbene, il quale in vita sua ha procurato di arricchire il suo ingegno con gli studi, di vivere piuttosto solitario che altro, di mantenersi pochi e buoni amici, di far del bene a cui ha potuto sempre, e di guardarsi dalle male opere come dal fuoco. Voi direte: sia egli benedetto. Questi merita ogni lode e ogni bene: il nome suo dee esser detto altrui per esempio di una vita onorata. Indovinereste voi mai che questo così onesto e dabbene uomo viene di tempo in tempo assalito dalla maldicenza, a cagione di un altro che ha lo stesso cognome e non ha quella gran voglia di operar rettamente che ha egli? Questo caso gli è avvenuto più volte; e s'egli non avesse nome Paolo e l'altro Giambatista, gliene sarebbe forse accaduto peggio. Sicchè egli può dire che quel Giambatista sia il suo persecutore, il quale con le sue male azioni di quando in quando lo mette in bocca degli uomini, e fa dubitare del fatto suo per parecchi dì, finchè gli amici suoi, che lo conoscono, vadano vociferando per tutto: "Non è stato Paolo, non è Paolo, non fu Paolo, Paolo è galantuomo, Paolo lo conosco io, è uomo dabbene, gli è stato Giambatista;" tanto che in fine Paolo ritorna a galla, e Giambatista va nel fondo. Con tutto ciò Paolo è stanco di aver a farneticare così spesso a cagione di cotesto Giambatista, e si duole a ragione che i cervelli del mondo, quando si tratta di dir male, si curino così poco della logica, che senza punto distinguere Paolo da Giambatista, si appicchino al cognome, e fatto di ogni erba fascio, attacchino a lui que' biasimi che vanno addosso all' altro, e senza altro conoscimento facciano una sola persona di due, e vogliano a forza che Giambatista sia Paolo, e Paolo Giambatista, quando si tratta di dir male. Ma è tempo che senza prolungare le mie riflessioni pubblichi la lettera di Padova.

Signor Osservatore.

Per quanto si cerchi d'illuminare gli uomini, s'incontra tuttavia anche a' tempi nostri, come nell' età più goffe e dalle tenebre dell'ignoranza coperte, certuni i quali si lasciano condurre alla trappola e agl'inganni con grandissima facilità. E sempre ci sono astutacci e tristi che si vanno aggirando giorno e notte per trovare genti di buona pasta che prestino fede alle loro ciance e cadano nella rete che hanno loro apparecchiata. Noi abbiamo qui in Padova un buon uomo di oste, a cui a questi dì è avvenuto con suo gran danno di prestar fede a tre barattieri, i quali gli diedero ad intendere che nella cantina della sua casa vi avea un certo tesoro sotterrato, e custodito non so se da diavoli o da altro. Il buon uomo preso dall'amo di un interesse in aria, parendogli già di noverare, anzi pur di misurare gli zecchini a staia, non poteva vivere se non si ritrovava co' tre compagni a ragionare della sua fortuna: e non gli parea di poter tanto durare, che vedesse a risplendere quell'oro, di cui con le parole gli aveano riempiuta l'immaginazione. Ma essi che sapeano tutti i punti dell'arte, ora gli davano ad intendere che le costellazioni non erano ancora a segno,[1] e talvolta gli faceano udire certi rumori per casa da far ispiritare le genti; e oggi con un artifizio, domani con un altro, gli ravviluppavano sempre più la fantasia; tanto ch'egli avrebbe creduto che non risplendesse il sole, piuttosto che dire: "Nella cantina mia non è il tesoro ch'essi compagni mi affermano." Essi, per confermargli e conficcargli sempre più nella testa questa opinione, una notte segretamente, dopo diversi apparecchiamenti, lo fecero scendere nella cantina, dove in una pentola ardeva un certo fuoco verdastro chiaro con loro artifizi composto; e tanto fecero visacci e l'intrattennero con parole e baie, che finalmente la materia posta nella pentola si consumò, e andativi sopra con mille ciurmerie, fecero trovare all'oste in fondo a quella due doble.[2] Pareva già all'oste di essere Mida o Creso,[3] e ardeva d'impazienza di scoprire il tesoro intero, ma vi mancava molto tempo ancora: imperciocchè non erano venuti i punti favorevoli delle stelle, nè si avea tutto fatto acciocchè gli spiriti fossero ubbidienti. "L'oro chiama oro," dicevano essi. "Qui si vuole mettere insieme una somma di quattrocento zecchini."—"Oimè," diceva l'oste, "io non gli ho;" e rispondevano i ciurmadori: "Noi per nostra porzione del tesoro ve ne porremo cento, e ci darai la quarta porzione del tesoro, e ci farai quel vantaggio più, che a te parrà che meritino i nostri pensieri e le fatiche." — "Bene," dice l'oste, " e così sarà fatto." Escono tutti lieti, l'oste pel tesoro, gli altri pel deposito che avea a farsi. Buona notte di qua, buona notte di là. L'oste incomincia a fantasticare in qual forma abbia a premere da tutte le facoltà sue trecento zecchini. In pochi giorni vende quanto ha di argento, di grani, di vino e di ogni cosa, tutto a buon mercato. Egli sel vedea; "ma che?" diceva fra sè, "io non ho mai venduto sì caro. Questa è la più grassa investita che uomo possa fare. L'argento mio fra poco sarà cambiato in oro, ogni granello di biada e ogni gocciola di vino sarà una dobla; e io avrò in breve terminato di esser oste." Così dicendo e facendo, ecco ch'egli ha accumulate le monete richieste dagli

---

1 *Le costellazioni non erano ancora a segno.* Credevasi un tempo che le stelle nei loro vari movimenti, accostandosi o allontanandosi le une dalle altre, avessero un arcano potere sulle cose di quaggiù e specialmente sugli umani destini, sul ritrovamento dei tesori e simili.

2 *Doble.* Moneta d'oro comunemente chiamata Doppia.

3 *Mida o Creso.* Mida, re di Frigia, aveva ottenuto da Bacco di poter cambiare in oro tutto quello che toccava. — Creso, re di Lidia, ebbe fama d'essere l'uomo più ricco dei tempi suoi.

spiriti; e va a' truffatori dicendo: "Quando voi volete, ogni cosa è in pronto."—"Tu hai fatto da valentuomo," rispondono essi; "noi abbiamo il restante. Quel che si ha a fare, si faccia; perchè le stelle vanno avanti, e noi già siamo presso che a' punti stabiliti. Ma vedi bene sopra tutto, che mai di tal cosa non ne uscisse sentore nel volgo; sarebbe rovinata ogni faccenda, e chi sa che non ne andasse in fine in fuoco e fiamme la casa." Così detto, vanno insieme in una stanza, la rinchiudono, e cominciano a noverare. Uno de' ciurmadori cava fuori una borsa di pelle, e in essa vengono seppelliti subito i quattrocento zecchini che doveano essere pastura de' diavoli. Chiudesi la borsa, vi si mette sopra un suggello. "Ora che se ne ha a fare?" dice l'oste. "Tu l'hai," ripigliò uno, "a rinchiudere a chiave in una cassettina di quell' armadio colà; io vado a Venezia, e di qua a otto giorni sarai avvisato da me per lettera di quello che tu debba fare dei danari. Ma vedi bene che tu non errassi; non aprir mai prima che tu abbi da me l' avviso; e fa' come io ti dico, perchè, se tu apri l'armadio e la borsa senza l' avviso mio, io ti prometto che tu avrai a piangere." Fu riposta la borsa con gran solennità nell' armadio, e fatti certi brevi convenevoli, i tre ciurmatori se ne andarono a' fatti loro, e l' oste rimase colla fantasia, secondo l' usato, ripiena di zecchini. Intanto i giorni parevano all' uomo dabbene secoli interi, la notte non chiudeva mai occhi, e guardava nelle finestre se appariva il lume; il giorno ascoltava tutti gli oriuoli, parendogli che non sonassero mai, o guardava il sole quando calava verso il ponente; e tanto stette in questi pensieri, che passarono gli otto dì, nei quali non ebbe mai lettere nè avviso veruno dall'amico. "I punti delle stelle," dicea egli, "non saranno a segno ancora. Che mai sarà? Non anderanno mai queste stelle dove le debbono andare? Oh come sono io sventurato! ho il tesoro in casa, gli cammino sopra co' piedi, e non lo posso adoperare. Quando mi scriverà l' amico? ma faccia egli. A lui son note le cose dei diavoli, io non le so, e mi conviene aver pazienza." In tali pensieri passarono altri otto dì, e poi altri otto ancora, e finalmente si chiuse un mese che non vide mai lettera dall' amico. Comincia a temere, e non sa di che. Sentesi tentato di andare ad aprir l'armadio, ma teme del fatto suo. Dall' una parte la speranza del tesoro e la paura degli spiriti lo ritiene, dall' altra lo stimola il non avere più danari, nè roba. Non sa che farà. Passano i giorni, e sempre più il bisogno lo stringe. Va fino all' armadio risoluto, poi torna indietro, e lascia passare un altro dì; ma finalmente costretto dalle faccende sue, che andavano male, delibera al tutto di cavar fuori la borsa dicendo: "Se io non avrò più il tesoro, pazienza; dirò che tanta fortuna non era fatta per me, ma così non posso più durare." Va avanti, che parea adombrato. Guardava ad ogni passo, se appariva fuoco in alcuna parte della stanza, gli parea che le travi si crollassero, avrebbe giurato che il palco gli cadesse sotto. Mette le chiavi nella toppa, non ardisce di voltarle. Se non che vedendo in fine ogni cosa quieta intorno a sè, fa cuore, volta e apre, vede la borsa, chiude gli occhi e l'abbranca con fretta, quasi che avesse a trarnela di mano agli spiriti, e gli cadevano i sudori dalla fronte come gocciole di pioggia. Mettesi tutto trambasciato a sedere, rompe tremando il suggello, scioglie la bocca alla borsa; ed oh! maraviglia e dolore, erano gli zecchini riposti divenuti pezzetti di piombo. Poco mancò che non si tramutasse in piombo anch'egli: così mutolo e freddo rimase: di là a poco parve che gli si aprissero gli occhi dell'intelletto;

e vedendo che non fuoco, non rovine di casa e non altro male gli avveniva, conghietturò frà sè di subito che la borsa buona fosse stata cambiata, nel riporla, in una trista, e che i tre fossero, come in effetto erano, truffatori. Ricorse incontanente all' aiuto e alla tutela delle santissime leggi, e tanto fece che uno degl' incantatori fu messo in prigione, e confermò i nomi degli altri due, a' quali avverrà quel bene che s' hanno meritato.

Pregovi, o carissimo Osservatore, e da me grandemente amato, pubblicate ne' fogli vostri questa novelletta, la quale non sarà forse a' leggitori incresciosa con tali circostanze: ma aggiungetevi ancora poche righe, che scriverò qui sotto, le quali debbono giovare alla riputazione di un amico mio, uomo dabbene e di lettere, il quale per sua fatalità ha il cognome somigliante a uno de' tre truffatori. E il mio buon amico il signor abate Paolo Vendramin, figliuolo del signor Angiolo Vendramin trivigiano. L' incantatore degli spiriti ha un altro nome. Questi più volte è caduto in diversi fatti che non gli fecero onore, e la somiglianza del cognome fece più volte prendere sbaglio e sparlare del mio buon amico; il quale è notissimo a tutte le oneste genti di questa città, in cui dimorò più di venti anni, ci fece gli studi suoi, fu in teologia addottorato, ha l' amicizia intrinseca di più lettori di questo Studio,[1] e nelle case di molti nobili veneziani è per li suoi buoni costumi e per la sua dottrina gratissimo, avendo diverse operette date alla luce. È di necessità che tutto ciò sia stampato una volta e saputo pubblicamente, acciocchè il mio buon Paolo sia di subito differenziato dall' altro nome, se mai accadesse altra novità che mescolasse due cognomi insieme.

Son certo che mi farete questa grazia, richiedendo l' onestà e il dovere che sia difesa l' innocenza di un uomo dabbene anche dai più menomi e momentanei sospetti che se ne possono avere. Vi farei forse maravigliare, se vi narrassi che quattro volte fino al presente il mio amico Paolo fu per questa somiglianza di cognome preso in iscambio, ed ebbe cagione di dispiacere. In breve, mi raccomando alla grazia vostra, e vi accerto che sono con la più sincera affezione vostro vero amico

L. S

Di Padova, li 10 dicembre 1761.

AMICISSIMO L. S.

Eccovi ubbidito. È di dovere che voi e l' amico vostro siate serviti subito. E tanto più volentieri lo fo, perchè il Sig. Abate Paolo Vendramin è da me conosciuto e tenuto in quel conto d' uomo di lettere e di buon costume, che merita, ed in cui è tenuto da tutti gli uomini dabbene. Spero oltre all' aver fatto il debito mio, che non sarà discara a' leggitori la novelletta che m' avete mandata; e riuscirà grata a loro, che umanissimi sono, una dichiarazione che mette al sicuro l' onestà e l' innocenza. Quella morale che contengono i presenti fogli, sarà più volentieri accettata, avendo dipendenza da un fatto vero, di quella ch' io

---

[1] Lettori di questo Studio. Professori di questa Università (Padova).

procuro d'innestare in vari trovati di fantasia per renderla gradita. Seguite ad amarmi come fate, e credetemi ch'io sarò sempre vostro affezionatissimo

L'OSSERVATORE.

Venezia, li 12 dicembre 1761.

N° XCI.   A dì 16 dicembre 1761.

DIALOGO VII.

ULISSE, GALLI E MARMOTTE.

Ulisse. A poco a poco io vo prendendo una consuetudine di favellare con bestie, la quale potrebbe farmi rincrescere la conversazione degli uomini. Hanno queste una certa schiettezza ch'io non ho ancora in essi ritrovata giammai, e mi scoprono tutt'i loro più intrinseci difetti. Non già che lo facciano di voglia, nè spontaneamente; ma hanno acquistata dall'esser bestie una certa goffaggine, che facilmente, chi ha un poco d'intelligenza, scopre benissimo qual sia la loro inclinazione. A parlare con uomini, appena si giunge a comprendere quello che sieno in capo a molti anni; tanto sanno con lo studiare le parole, co' movimenti delle ciglia, e con l'atteggiar delle braccia e altre apparenze di fuori, coprir i pensamenti che covano nella testa. Io ho veduto a cadere le lagrime dagli occhi a persone alle quali rideva il cuore; genti che ridevano, e aveano voglia di piangere; taluno baciare, che avrebbe voluto mordere; e tutto ciò farsi con tanta squisitezza d'artifizio, che occhio umano non se ne sarebbe mai potuto avvedere.... Io odo di qua galli a cantare. E che sì, che avrò fra poco una nuova conversazione? Non ho mai sentito galli a cantare così spesso. Non tacciono mai. Forse m'avranno veduto, e mi accennano perch'io vada a quella volta. Voglio andar loro a' versi, e cianciare con essi, come ho fatto coll'altre bestie.... Eccogli. Qui dee essere un pollaio. Ma non mi debbono però avere invitato, poichè non mi guardano in faccia; e pure son appresso ad essi. Mirano in terra, battono l'ale, poi alzano il capo, e stridono chiudendo gli occhi. Qualche cosa dee forse essere sul terreno che gli fa star quivi così fermi. Che sarà mai? Oh! oh! molte marmotte che quivi si giacciono a dormire, o piuttosto a sonniferare, poichè col canto loro sembra che i galli dieno ad esse disagio, e le sveglino di tempo in tempo. Io voglio certamente saper la sostanza di questo canto e di questo dormire. Che novella è questa? Mano alla ricetta delle lodi per fare articolare le lingue delle bestie. Io non odo mai a cantare galli, che non mi si ricrei tutto il cuore. Parmi che la voce loro sia sempre annunziatrice della bella aurora, dietro a cui vengono tutte le bellezze del mondo. Sembra che questo canto richiami gli uomini dalla morte, poichè quando l'odono, scuotono da sè il sonno, e dato bando alla nociva pigrizia, ritornano alle usate opere, e divengono per sua cagione diligenti ed attivi.

Coro di Galli.   O giusta, o giusta mano
                         Celeste, che vendetta
                         Fai delle afflitte genti

Sopra i crudi tiranni;
Col mantice sovrano
Che negli aërei campi
S' empie d' aria possente,
Soffia ne' petti nostri
Mattutina canzone,
Interminabil suono,
Che mai, che mai non manchi
Nelle stridule gole.
E come acuta punta
Di strale, che la via
S' apre in avversi corpi,
Ferisca i duri orecchi
Delle compagne nostre,
E gli assopiti sensi
In troppo dolce sonno
Richiami al travaglioso
Uffizio della vita.

Coro di Marmotte. Oh! oh! del caro sonno
Sturbatori sbadigli,
Oimè, chi vi risveglia
Ne' musculi inquïeti?
Chi le gravi palpèbre
Alza, e il dïurno raggio
Con sua viva facella
Entrar nelle pupille
Sforza, divoratrici
Della nemica luce
Che l'anima risveglia?
Maladette canzoni;
Ed importuni galli!

Ulisse. Io non avrei pensato mai d'aver ad udire un coro di tragedia fra galli e marmotte. Ma fino a tanto che cantano, io non saprò mai quali essi sieno, o in qual modo qui sieno capitati, e come tramutati in bestie. Io m'indirizzerò a quel gallo colà nel mezzo, che mi sembra il più grande e il più bargigliuto,[1] e colla più solenne cresta degli altri, e co' più begli sproni a' piedi. Prima che tornino ad intonare, è bene ch'io incominci. O nobilissimo gallo, dappoichè l'essere pennuto uccello non ti toglie che tu possa favellare, io ti prego che tu mi risponda, e lasci per un poco il tuo dolcissimo canto.

Gallo. Alto, alto, o compagni. Statevi in posa per alquanto, sicch'io possa rispondere a questo valentuomo, che ha ad appagare la sua curiosità. Il ragionare che faremo insieme, sarà invece di canzone, e terrà leste queste dormigliose che abbiamo intorno. E tu, o forestiere, il quale non soggiacesti ancora in quest'isola alla sorte comune, e sei uomo, chiedi quanto t'occorre.

Una marmotta. Sì, che gli si secchi la lingua, poichè anch'egli viene a sturbarci con le sue ciance.

Ulisse. A quanto io veggo, voi dovete essere fra voi nemici, dap-

---

[1] *Il più bargigliuto.* Bargiglio è quella carne rossa come la cresta, che pende sotto al becco ai galli : bargigliuto quindi vale fornito d'ampio bargiglio.

poichè vi contrastate gli uni agli altri fino il sonno. Quali siete voi e
donde venuti ?

Gallo. Noi fummo tutti, quanti qui ci vedi, abitatori d'Atene. Queste, che intorno si stanno dormendo, erano compagne nostre, alle quali
coi nodi d'Imeneo eravamo legati. È Atene, io non so se tu lo sai,
una delle più garbate e forbite città della Grecia,[1] nella quale ogni
qualità di feste e di giuochi fioriscono sempre più che in altro paese.
Gl'ingegnosi giovanetti studiavano ogni giorno passatempi per intrattenersi, e tenevano la città in continua allegrezza. La bellezza delle
donne gli stimolava a divenire di giorno in giorno più acuti nel ritrovare ; e tanta fu la fertilità delle invenzioni, che non bastando più il
corso del giorno a tutt'i sollazzi, si cominciò anche una gran parte
della notte a vegliare. Erano le vie d'Atene popolate il dì quanto la
notte ; anzi trascorrevano pedoni e cocchi per le strade con furia molto
maggiore quando tramontava il sole, e per tutto il corso della notte,
che in altri tempi. D'ogni intorno s'udivano voci, ardevano facelle, facevansi concorrenze ora ad una veglia, ora ad un giuoco ; e qua ad un
teatro, e colà ad un'adunanza dove si cantava ; per modo che avresti
detto che il popolo ateniese avea posto l'ale ; così rapidamente trapassava da un luogo ad un altro. Erano i letti quasi sempre vóti e
freddi, e di rado nascevano più figliuoli, perchè sposi e spose aveano
perduta l'usanza del letto, e sempre erano in piedi, quasi volando di
qua e di là senza mai arrestarsi ; perchè terminata una festa, si dava
principio all'altra, e con un continuo aggiramento da questa a quella
si trapassava. Tu forse ti maraviglierai, s'io ti dirò che in tale occasione il più gentile e il più delicato sesso si dimostrò di gran lunga
più gagliardo che il nostro, il quale vien giudicato il più robusto universalmente. Quelle morbide e molli membroline delle femmine, que' nervi
finissimi, quegli ossicini di bambagia, non si stancarono mai ; e da un
certo pallidume in fuori, e un pochetto di lividura intorno agli occhi,
mai non si vide in loro altro segno di stanchezza, o di mala voglia ;
nè mai fu veduta una che con le dita si fregasse le pupille, perchè la
cogliesse il sonno. All'incontro i mariti cominciarono a sonniferare, a
movere le gambe a stento, ed andar qua e colà mezzo addormentati ;
e non sì tosto erano incominciate o le danze o altre funzioni, ch'essi
mettevansi a sedere, e chiudendo gli occhi, col capo penzoloni, e che
ora sull'una spalla, ora sull'altra cadeva loro, dormivano per non poter altro. Esse all'incontro deste sempre e vigilanti scherzavano intorno
a'mariti ; e quando dinanzi a loro passavano, o si stringevano nelle
spalle, o ridevano, o tiravano loro così un pochetto il naso per impor-
tunargli ; di che i miseri non sapeano più che farsi. E peggio era, che
terminata la giocondità di quel luogo, venivano con le strida e con gli
urti destati a forza, acciocchè dovessero correre tosto ad un altro per
vedere un nuovo passatempo. Tu non avresti veduti più uomini, ma
ombre. L'ossa si potevano loro noverare nel corpo. Aveano sempre gli
occhi incavati, duri come di talco ; appena levavano più le braccia, come
se le fossero state di piombo ; le ginocchia vacillavano di sotto ; non
rispondevano mai secondo quello che veniva loro domandato ; e una

---

[1] *È Atene, io non so se tu lo sai* ec. Qui è una saporitissima pittura sotto il nome
d'Atene, dei costumi e della vita che si conduceva nel secolo scorso a Venezia. E chi
voglia trovare pennellate al tutto simili a queste, vegga il sermone del nostro autore:
Sulla corruzione dei moderni costumi.

brevissima risposta era preceduta da un lento sbadigliare. Le faccende loro andavano quasi tutte alla peggio, perchè le facevano in sogno; in somma non avevano d'uomini più altro che il nome. Fra tante loro angosce avvenne che la sposa di Menelao fu rapita da Paride, il quale accettato dal re....

Ulisse. Gallo, non mi raccontare a lungo questo fatto, perchè son Greco io ancora, e lo so benissimo; sicchè tronca.

Gallo. Volentieri. Andati dunque tutt'i popoli della Grecia a quella spedizione, cessarono i giuochi e le feste nella nostra città. Io non ti posso dire quanta fosse la tristezza delle donne, e quanta la consolazione de' mariti, i quali si credeano di dormire a loro agio, e di rientrare in que' letti che aveano per parecchi anni presso che abbandonati. Ma che? Andò loro fallito il pensiero. Le femmine avvezze ad una continua vigilia, non poteano più chiudere gli occhi. Stavansi tutta notte o sedendo o cianciando con le serve, e con una fastidiosaggine la maggiore del mondo, ora sgridando quel servo, ora questo; e visitandosi spesso l'una con l'altra, ragionavano tanto de' passati diletti, che a noi non era possibile di ristorarci delle passate fatiche. Speravasi bensì tra noi che dopo qualche tempo, ritrovandosi esse in ozio, e stanche del favellare delle cose passate, si dessero a dormire per disperazione; ma non fu vero. Venne in Atene, non so donde, notizia che nell'isola di Circe cantavansi dolcissime ariette, e si facevano continue danze: la qual novella pervenuta agli orecchi delle femmine ateniesi, cominciarono incontanente a brillare di non usata allegrezza. Andò tutta Atene sossopra; non s'avea altro in bocca che l'isola di Circe. Invitaronsi le donne a quel nuovo viaggio. Appiccarono cartelli per le muraglie, assegnando il giorno e l'ora della partenza, per poter essere tutte insieme allo stabilito porto. Destarono a forza i mariti, gli mandarono a contrattare co' nocchieri, tutti gli artisti furono occupati in drapperie, nastri, dondoli[1] d'ogni qualità, fino al giorno destinato. Vollero partirsi di notte, per far dispetto, dicevano esse, a' loro dormiglioni; e sgangheratamente ridevano. Arrecaronsi fardelli alle navi, che appena vi si potea capir dentro; e quando piacque al cielo, c'imbarcammo, e demmo a' venti le vele. Giungemmo all'isola di Circe. Questa cortesemente ci accolse. Le nostre care mogli ad un ricchissimo convito cominciarono a farsi beffe di noi, e a raccontare alla Sovrana dell'isola la nostra istoria. Essa ne rise; finalmente datoci non so qual beveraggio, parea che attendesse la riuscita di quello. Di là a poco, quello che non ci era avvenuto mai, vedemmo le nostre femmine a sbadigliare, e gli occhi loro a chiudersi un poco; e mentre che noi ancora volevamo motteggiare, e rallegrarci fra noi della maravigliosa novità che ci appariva dinanzi agli occhi, le nostre parole divennero voci di galli, e ci vestimmo di penne, e vedemmo le compagne nostre divenute gravi e sonnolenti animali. Allora Circe, levatasi in piedi, ci disse con altissima voce: 'O galli, fate la vendetta vostra. Non cessi mai la vostra importuna canzone di ferire i loro orecchi, e di sturbare il sonno loro, com'esse sturbavano il vostro." Da indi in poi ubbidendo ↗ Circe, noi cantiamo intorno ad esse, divenuti vigilanti e nemici del sonno quanto esse lo furono un tempo.

Ulisse. Io ti ringrazio, o gallo, della storia che m'hai narrata; ma

---

[1] *Dondoli.* Ciondoli.

perch'io veggo che i tuoi compagni già battono l'ale per dar principio ad un nuovo canto, vi lascio; consigliandovi, contra il parere di
Circe, a non tentare di destar le vostre compagne. Chi sa, se un giorno
le si risvegliano, in quale impaccio vi troverete maggiore?

N° XCII.   A dì 19 dicembre 1761.

DIALOGO VIII.

Circe, Ulisse e Passeggeri.

Circe. Ulisse, Ulisse. Egli è così intrinsecato nel pensiero del favellare alle bestie, che non m'ode. Ulisse.

Ulisse. Chi mi chiama? Oh! sei tu, potentissima Dea? in che posso
io ubbidirti?

Circe. Lascia, lascia per un breve tratto di tempo di ragionare con
le bestie, e vieni meco.

Ulisse. Dove?

Circe. Costà al mare. Io so che fra poco dee giungere una barca
a quest'isola, e ho caro che tu ragioni a coloro che scenderanno da
quella.

Ulisse. Della buona voglia. Sia come tu vuoi. Sai tu chi sieno
eglino?

Circe. Una brigata d'uomini, i quali tuffati nelle voluttà fino a'capelli, e stanchi dei diletti che hanno fino a qui provati, comecchè sappiano benissimo quello che nell'isola mia dee loro accadere, ne vengono
a bella posta per esser coperti con la pelle delle bestie. Che ti pare?

Ulisse. A me pare che sieno tali, quali essi bramano d'essere, prima
di metter piede in terra. O avvilita condizione dell'uomo! E può egli
avvenire che ci sieno al mondo intelletti cotanto sozzati nelle brutture
e nel fango, che non si curino più punto dell'altezza e nobiltà della
natura loro? Qual pazzia e qual voglia è questa di tuffarsi tanto nelle
voluttà, che non rimanga più loro un lume di ragione da guidargli
nel cammino della vita? Circe, io non posso crederti una bestialità
così grande.

Circe. Poco potrai stare a chiarirtene. Ecco là la barca che viene....
L'è già pervenuta alla riva.... Chiudonsi le vele; è gittato il ponte.
Escono le genti. Va' loro incontro. Io entro nel mio palagio.

Un passeggero. Chi c'insegnerà in qual luogo dell'isola sia l'abitazione della bellissima Circe? Ecco di qua un uomo. Costui saprà forse
dove sia l'albergo richiesto da noi. O uomo, uomo, di grazia, se tu lo
sai, di' a me e a tutti questi forestieri, dov'è il palagio della piacevolissima Circe?

Ulisse. O voi miserabili! Qual vostra mala ventura v'ha a quest'isola
condotti? Se avete care le persone vostre, rientrate nella navicella
donde siete usciti, date le vele a' venti, e fuggite di qua quanto più
presto potete. Rientrate, dicovi, fuggite.

Secondo passeggero. E egli però così mala cosa quest'isola, che si
debbe tanto temere? Che ci potrebbe mai avvenire?

Ulisse. Come, che vi potrebbe avvenire? Voi non dovete dunque sapere i gravissimi pericoli che corrono gli uomini in questo luogo, dappoichè parlate in tal forma. Qui poco dureranno gli aspetti[1] vostri rivoltati verso le stelle, e quelle delicate membra coperte di morbida pelle. Non sarete qui stati due ore, che vi troverete scambiati ne' più sozzi e più vili animali del mondo.

Un passeggero. Tu non ci di' però ogni cosa. Non è egli forse vero che in quest'isola fioriscono più che altrove i diletti, e si godono in mille fogge e in un subito tutte quelle voluttà che altrove si ritrovano di rado ed a stento?

Ulisse. Che dite voi ora? Egli mi pare che se fosse vero che qui fossero que' piaceri che vi fu altrove detto che ci sono, voi non vi curereste del pericolo di divenire animali. Mettereste voi forse in bilancia certe poche dilettazioni, con l'essere uomini quali voi siete?

Un passeggero. E pare a te così bella cosa l'annoiarsi nel mondo? Noi siamo passati di diletto in diletto a grandissimo stento; e negl'intervalli che trascorsero vôti dall'uno all'altro, provammo tanto fastidio, che noi siamo al tutto risoluti di prendercene una corpacciata tutta uguale dall'un capo all'altro; e poi sia che voglia.

Ulisse. Io non voglio ora star a ragionare lungamente con esso teco, e a farti vedere che nulla forse ti manca ad essere quell'animale che vai cercando di diventare: nè qual pazzia sia ora la tua, e quella di tutti i compagni tuoi, di voler perdere le celesti qualità che il clementissimo Giove a voi ha concedute. Troppo alto ragionamento sarebbe questo, e da voi forse non inteso e dispregiato, per avere la mente offuscata dalle tenebre degli esercitati vizi. Solamente io ti dirò che per avere scambiati i veri ne' falsi diletti, avete preso l'inganno in cui siete ora caduti, e che la noia gravissima che vi prese, venne da ciò, che rivolgeste l'animo a que' piaceri che non sono adattati ad esso.

Un passeggero. Vorresti forse negare che non abbiamo trovata la voluttà in quelle cose nelle quali noi l'abbiamo tante volte provata e sentita?

Ulisse. Io non voglio negar questo: ma quello ch'io vi voglio dire si è, che voi avete creduto che non si trovi diletto altrove che in quelle cose le quali intorbidano il cervello, mettono il fuoco e la furia nelle vene, e fanno sì gli uomini traportati e fuori di sè, che non conoscono più dove siano. Così fatti diletti sono stati i vostri. E non è maraviglia se, quando siete pervenuti a godergli, perdettero di subito il sapore, e vi sparirono dinanzi, come la rugiada dinanzi al sole. L'elezione nei piaceri è necessaria come in tutte l'altre opere della vita, e forse più che in tutte l'altre; perchè è di maggior conseguenza alla tranquillità e al bene di chi vive.

Un passeggero. Poichè ci siamo abbattuti in un filosofo, o voglia o no che ne abbiamo, ci converrà ascoltarlo fino a tanto ch'egli abbia terminato di cianciare. Di' su al nome del cielo, e vediamo un poco qual sia questa elezione che si dee fare ne' diletti.

Ulisse. Quanto è a me, dico che ve n'ha di due ragioni. Gli uni sono quelli che s'affacciano all'intelletto con una bellissima presenza, e con tale attrattiva, che quando l'uomo rivolge l'occhio ad essi, gli

---

[1] *Gli aspetti.* I volti.

sembra che sieno quanto bene può avere sopra la terra, e sentesi stimolato da un interno fuoco di correre dietro ad essi. Ma questi sono
d'una natura, che quando vengono raggiunti, perdono incontanente quella
maschera di felicità che gli ricopriva, e svaniscono in aria e in nebbia;
lasciando nell'animo di colui che gli ha desiderati, prima la noia, e poscia quasi un'aperta ferita nel cuore, il quale si sente una nuova brama
di ritrovare sempre più di quello che ha goduto; pessima e mortale
infermità, poichè quanto ha il mondo di piaceri di questo genere, non
la potrebbe infine più guarire, nè satollare un animo che coll'andare
del tempo si rende insaziabile, e che ha più voglie di quanti diletti
sono nel mondo. Gli altri piaceri son quelli che s'offeriscono alla veduta
dell'intelletto con apparenza di fatica e difficoltà, le quali circondan-
dogli quasi come un velo, lasciano però da quelli trasparire una cert'aria
di grazia e di consolazione, che mostrano a colui che gli vede, ch'essi
infine sono atti a beneficare e confortare chi gli potesse cogliere. E chi
in un tratto gli coglie, non se ne stanca più mai, non si tedia; non si
sente a ferire da quegli ardenti desiderii che l'ammazzano, e prova
una continua dolcezza. Io non ti dirò quali sieno codesti diletti; ma
solamente ti dirò qual sia il modo di poter conoscere quali sieno i
buoni e quali i rei, acciocchè tu medesimo conosca quali sieno, e con
quali regole se ne debba fare quell'elezione che io ti diceva poc'anzi.
Mettiti prima bene in capo che a questo mondo non se' tu solo, che
teco vivono infiniti uomini, co' quali hai relazione, e a' quali se' obbligato a pensare, non dico per carità, no, ma per debito; imperciocchè
essi pensano a te: che se tu fossi solo, non avresti tanti agi nè tanti
beni, quanti hai e quanti ne possiedi; perchè tanti uomini s'affaticano
per te continuamente. Legislatori, artisti, lavoratori di terreni, e tanti
altri, benchè tu nol sappia, o non vi pensi, s'affaticano per te: dunque
è debito tuo che tu ancora t'affatichi per loro. Pensa dunque che tutti
que' diletti i quali non giovano al quieto stato di quella società in cui
tu vivi, sono i fallaci, e quelli che ti svaniscono davanti agli occhi
come la nebbia; imperciocchè o tu farai contro le leggi, o farai danno,
o almeno non farai benefizio alcuno alla tranquillità comune. Di che
non solo avrai mille inquietudini che ti squarceranno il seno, ma ne
riceverai anche i biasimi del maggior numero di coloro che vivono
teco: e per pochi adulatori, e avvezzi a vivere come tu vivi, i quali
non ti dicono il vero, acquisterai ignominia fra tutti gli altri. All'incontro que' diletti i quali fanno giovamento alla tua società, sono i
veri, quelli che non ispariscono mai, quelli che non solo daranno al
cuor tuo quella quiete che così di rado si trova, ma quella gloria di
più e quell'onore che agli animi gentili e dilicati è il maggior diletto
di tutti.

Un passeggero. E che sì, che tu avrai intenzione di farci stillare
il cervello negli studi e nelle meditazioni?

Ulisse. E s'io avessi questa intenzione, sarebbe forse mala cosa?
Vi trarrei forse fuori della natura vostra? Che avete voi fatto fino a
qui altro che meditare? Costa forse meno al pensiero il voler giungere
ad un mal fine, che ad un buono? N'è forse l'animo meno impacciato?
Se i pensieri avessero corpo, e gli potessi prendere con mani e mettere
in un cofano, io credo che quelli d'ognuno di voi sarebbero in maggior quantità che quelli d'un metafisico. Quanti studi non avete voi
fatti? quante sottigliezze non avete voi ritrovate per giungere ad un

diletto falso? che voi avreste studiata la più acuta e speculativa scienza. E che? credete voi che qual si voglia uomo il quale si dà agli studi, non abbia diletto molto maggiore di quello che abbiate voi? Notate solo una cosa: che là dove voi per lo più scioperati, mezzi dormendo, e talora disperati di non saper che fare della vita vostra, attendete che s'affacci al capriccio vostro qualche nuova dilettazione; essi entrati nelle loro speculazioni, o con la penna in mano stendono i loro pensieri, o si pascono la mente sui libri; o quasi sordi e ciechi fatti a tutto quello che hanno intorno, d'altro non si curano, che di pervenire a qualche bella cognizione. Credete voi che, se non vi trovassero diletto, fossero così lungo tempo sofferenti? E infine, che ne riesce? Che i lumi loro coll'andare del tempo hanno fatto bello il mondo; essi n'hanno acquistato nome e celebrità non solo in vita, ma dopo la morte ancora; e che le dottrine loro hanno giovato alla quiete e allo stato migliore della società, ch'è il punto principale che ne' diletti dee ricercarsi.

Un passeggero. Uhi! che noia! Vuoi tu insegnarci il palagio di Circe, o no? Se tu non vuoi, c'ingegneremo di trovarlo da noi medesimi. Addio.

Ulisse. Quanta cecità! Quale ostinazione! Ma oh! oh! che veggo! Ecco, ecco, che Circe prima di vederli, gli ha gastigati. Come si sono aggrinzate e impicciolite le membra loro! Già scorrono pel terreno tramutati in ramarri e lucertole. Se non m'hanno voluto prestar fede, sia loro il danno. Ma io m'avveggo che per favellare con le bestie, ho perduto troppo lungo tempo, e i miei compagni sono ancora porci: egli è bene ch'io pensi a' fatti loro, e m'ingegni di fargli riacquistare l'aspetto di prima.

Al Signor N. N., a Padova.

Voi avete grandissima cagione di querelarvi del fatto mio. Sono quattro mesi e più che m'avete scritta una lettera alla quale promisi di rispondere e tacqui. Le vostre cordiali espressioni meritavano che fosse da me compiuto l'obbligo mio. Ma voi siete così discreto e gentile che saprete nell'animo vostro ritrovare qualche scusa al mio silenzio. Che volete voi più? Se mai mi concederete la grazia di farmi palese il nome vostro, sicchè io possa o scrivervi o favellare con voi, mi direte ch'io feci bene a tacere. Pregovi quanto so e posso, non mi negate il favore di scoprirvi a me, tanto ch'io possa farvi conoscere qual sia stata la mia intenzione. Non mi lasciate con questo aggravio sul cuore verso una persona che ha tanta cortesia e bontà per me. Se la gentilezza vostra sola v'indusse ad amarmi, non dubito punto ch'essa non vi stimoli ancora a consentire al mio desiderio e alla mia domanda di conoscervi. Animo, amico, scrivetemi liberamente. Datemi adito di scusarmi e credetemi intanto qual sono con la più vera stima vostro affezionatissimo amico

L'Osservatore.

Venezia, 19 dicembre 1761.

DIALOGO IX.

CIRCE, ULISSE E ORSO.

Ulisse. Grande è veramente l'obbligo mio verso di te, o nobilissima
Circe, la quale con tanta grazia e piacevolezza ti sei contentata di restituire la faccia umana a' compagni miei; sicchè di porci, ch'erano
poco fa, hanno ripigliate le fattezze loro da uomini. Io non vorrei però
che si fosse appiccata loro nell'animo qualche consuetudine di quelle
bestie, del cui pelo furono coperti fino al presente; perchè tanto a me
sarebbe l'avere conversazioni con porci veramente tali, che con porci
che avessero sembianze umane.

Circe. Ulisse, non temer punto di ciò; imperciocchè udisti ch'essi
medesimi ti pregavano a far sì che fossero restituiti alla prima forma.
La voglia che n'aveano, ti faccia perdere ogni sospetto che non sieno
veramente uomini. E sappi più là, che s'eglino stessi non avessero
mostrata una vera brama di ritornare alla prima figura, tutta l'arte
mia non sarebbe stata sufficiente a così gran maraviglia; come non
sarei stata bastante a tramutargli in bestie, s'essi non ne avessero
avuta inclinazione. E ben sai, che, se tu non avessi avuto animo diverso da' tuoi compagni, saresti con essi andato nel porcile a pascerti
di ghiande. Ora se tu non isdegni questo mio soggiorno, di cui ti fu
veramente il padrone, puoi meco rimanere quanto t'aggrada.

Ulisse. Benchè la tua gentilezza mi stia grandemente a cuore, io ti
dirò che non posso dimenticarmi la patria mia, e non mi par di veder
quell'ora ch'io rivegga la patria mia e la mia famiglia. Nel che essendo
tu cortese quanto pur sei, io ti prego che tu mi dia qualche buon
consiglio, acciocchè io possa giungervi una volta dopo tanti anni che
vado qua e colà errando pel mare senza sapere dove io sia.

Circe. Lungo viaggio ancora ti rimane a fare, e molti pericoli e
strani casi dèi passare prima che tu vi giunga. Ma se tu il vuoi, rimani qui un poco; ch'io anderò a gittar l'arte mia,[1] e ti darò quegli
aiuti che mi chiedi. Va' intanto colà verso quella collina, dove sono
alcune fiere, con esse t'intratterrai, dappoichè fino al presente non t'è
dispiaciuta la loro conversazione.

Ulisse. Mi ti raccomando. In effetto costei potrebbe co' suoi buoni
consigli agevolare il mio cammino. Io veggo benissimo che qualche
Deità è contraria al mio viaggio. Egli è impossibile che tanta mia fatica e cotanti miei pensieri non fossero fino a qui riusciti a buon fine,
s'io non avessi qualche nimicizia in cielo che facesse ostacolo a' miei
disegni. Ma che? la sofferenza m'avrà a cavare da questi affanni, e a
muovere a compassione del fatto mio anche l'ira de' cieli.... Oh! che
bella e verde collinetta è questa! La sembra fatta dall'arte piuttosto
che da natura. Come sono diritti questi alberi! e che belli e ordinati
filari d'essi l'adornano! Io voglio star qui un poco a sedere. Anzi

---

[1] *Anderò a gittar l'arte mia.* Farò i miei sortilegi.

dappoichè ho questo poco d'ozio, voglio riandare e notare nelle mie tavolette tutti que' ragionamenti che ho qui avuti con le bestie. Sì, sì, questo è il meglio. Ad ogni modo egli è bene ch'io ne faccia memoria. So che queste cose m'hanno a valere un giorno. Con cui ragionai io prima? Col montone e col cane.

Orso. Io veggo costà un uomo che scrive. Quando fui uomo anch'io, quella fu l'usanza mia. Avrei pur caro di sapere quello ch'egli detti.

Ulisse. Oh! come sta attento guardandomi quell'orso colà! Egli dee essere certamente un orso stato già uomo; e sarà una di quelle fiere che poco fa mi diceva Circe. Orso, orso, accostati, che volentieri io ragionerò teco, se tu lo vuoi.

Orso. Bench'io mi scosti mal volentieri dalla mia tana, eccomi. Ma non vorrei interrompere i tuoi pensamenti. Che stavi tu ora scrivendo?

Ulisse. Le conversazioni ch'io ebbi con gli animali di quest'isola.

Orso. A un di presso tu fai quello ch'io faceva già nel tempo in cui io era uomo.

Ulisse. Che? fosti tu forse scrittore? Di grazia, se non t'incresce star qui meco alquanto, raccontami chi tu fosti, e i casi tuoi, fino alla tua tramutazione.

Orso. A me non incresce punto; e se tu hai l'agio, ascoltami. Sparta è la patria mia. Incominciai da' miei primi anni a portare un grande affetto agli studi, per li quali lasciata ogni altra faccenda, me n'andava quasi sempre invasato; ed in continue meditazioni passava il mio tempo. Io ti confesserò che, sopra tutte l'altre cognizioni del mondo, mi piacque lo intendere che cosa fossero gli uomini; e comecchè la sia difficilissima impresa, mi posi in capo di voler leggere nell'animo loro quello che pensassero, e in qual guisa si diportassero, non dico già di fuori, ma intrinsecamente l'uno verso l'altro. Ebbi ad impazzare; perchè ne' primi anni andando dietro al suono delle loro parole, e seguendo gli atti onesti, e le cortesie apparenti, di tempo in tempo mi ritrovava cotanto ingannato, e così fuori di via, che non sapeva raccapezzare nel mio capo come andasse la faccenda, che fra tante e così innumerabili cortesie avesse poi ognuno da querelarsi d'aver avuto a fare con ingrati, d'essere stato tradito e assassinato. Che diavol sarà? diceva io fra me. Io debbo dunque essere sordo e cieco. E che sì, che quando mi parve che Agatone baciasse il viso a Telesfonte, gli spiccò il naso co' denti, e io non me n'avvidi? E quando io avrei giurato che Cremete facesse ceremonie a Damasippo, egli all'incontro gli disse villania? Altro non potrebb'essere, se non ch'io mi fossi ingannato; dappoichè ora sono capitali nemici, e l'uno si querela dell'altro così altamente. Io non approderò nulla, se non userò maggior diligenza, e non istarò più attento a' fatti loro. A poco a poco m'avvidi in effetto che le buone parole erano una maschera che per lo più ricopriva i tristi fatti; e che le ceremonie erano quel canto che si suol dire della Sirena, per rodere l'ossa di chi le presta l'orecchio. Dissi per lo più, imperciocchè in ogni cosa ci vuol discrezione e misura; avendo io per altro conosciuti molti, i quali parlavano col cuore in palma di mano, e si vedea ogni loro sentimento nelle parole. Poich'io ebbi ciò conosciuto, fecimi, per via di dire, una bilancia del cervello; e dall'un lato cominciai a mettere in essa tutto quello che udiva, e dall'altro quello che si faceva, e a contrappesare parole e opere; e di qua ritraeva la somma del bene e del male. Ma sai che m'avvenne? Io cominciai di giorno in giorno a divenir sospettoso, malinconico, taciturno, di mala voglia; e fuggiva dalle genti, come dal fuoco, temendo di loro grandemente, e desiderando di terminare la vita, per non ritrovarmi più a lungo nel numero degli uomini. In così fatti pensieri m'addormentai una notte, e un sogno mi fece cambiar opinione.

Ulisse. Tu farneticavi bene; dappoichè la tua fantasia era anche occupata dormendo di quello che pensavi il giorno.

Orso. Egli mi parea che in un subito s'aprisse il cielo, e di là si spiccasse non so quale figura che avea fattezze di Satiro; non però colle gambe di capro, nè con gli orecchi di montone; ma solamente avea un certo aspetto, nel quale si vedea un malizioso ghigno e una mezzo coperta astuzia. Costui, quando mi fu dinanzi, incominciò grandemente a ridere, e mi disse: "Oh! sciocco! di che ti dái tu pensiero? Vorrai tu intisichire? Fa' com'io fo. Scherza di tutto quello che vedi. Io son Momo,[1] se tu nol sai; e da qui in poi, se tu mi consenti, io sarò teco, e ti guarirò di quella tua malattia, la quale, senza di me, ti condurrebbe ad una mala morte. Oltre di che, sappi che tu potresti, facendo a modo mio, essere di qualche utilità a quegli uomini fra' quali tu vivi; il che ogni persona che vive al mondo, dee cercar di fare ad ogni suo potere. Vieni meco." Seguitai allora i passi della mia guida; ed egli mi condusse nella caverna d'un monte, in cui dal di fuori erano traportate di dentro tutte le azioni degli uomini; e si vedevano in sulle pareti come certe figure che si fanno apparire per arte. Io domandava a Momo: "Quest'opera chi la fa? E chi è l'autore di quella?"—"Olà, o tu," diceva Momo, "che vuoi tu sapere? Queste che tu vedi sono opere di genti in comune, e in questa filosofica caverna non si specificherà mai agli occhi tuoi più questo che quello; anzi t'avverrà talvolta che, credendo di vedere un'opera altrui, senza punto avvedertene vedrai la tua propria. Fa' a modo mio, scrivi tutto quello che vedi, e mostralo al mondo, ingegnandoti di far sì che il tuo stile non sia discaro a' leggitori; e lasciane la cura alla fortuna." Così detto, disparve Momo, come la rugiada tocca dal sole; e io mi risvegliai.

Ulisse. E allora che facesti?

Orso. Quello ch'egli mi disse. Cominciai a scrivere, e pubblicai le mie scritture di tempo in tempo.

Ulisse. E che se ne diceva?

Orso. Come di tutte l'altre cose, chi bene, chi male. Ma prima voglio che tu sappi quello che ti parrà maraviglia. E ciò fu, che in effetto ritrovai quella grotta che avea veduto in sogno, in cui mi si mostravano le apparenze delle cose, senza ch'io conoscessi mai persona che le facesse; e delineava a puntino quello che vedea sulle pareti, non altrimenti che un pittore, il quale si stia ricopiando quanto vede, con la maggior diligenza che può, e faccia l'arte sua con amore. Già si spargevano le carte mie per tutta Sparta, quando, avuto novella dell'isola di Circe, mi venne voglia di conoscere quali fossero i costumi di lei; e lasciata la mia grotta, m'imbarcai per questa volta.

Ulisse. E qui fosti vestito della pelle dell'orso.

Orso. Adagio. Ciò non m'avvenne però il primo giorno. Mi fu fatta dalla padrona del luogo una grata accoglienza; e venni accolto a' suoi

---

[1] *Momo.* V. la nota 1 a pag. 62.

solenni conviti, e vidi le sue danze pel corso di più giorni. Anzi di tempo in tempo m'avvenne di vedere molti uomini e donne tramutarsi sotto gli occhi miei in diversi animali, de' quali scrissi parecchi dialoghi; e forse mi sarebbe riuscito di prendermi spasso più a lungo, se Circe non avesse conosciuto, non so come, ch'io avea intenzione di scrivere la sua storia. Quello fu il giorno ch'ella mi toccò con la sua fatata verga, e da quel dì in poi, fuggendo ogni umano consorzio, cominciai a vivere per le tane con questa pelle indosso.

Ulisse. E avresti tu voglia di ritornare uomo qual prima?

Orso. Ben sai che sì: e di ritornare, s'io potessi, alla mia grotta per iscrivere, com'io facea una volta.

Ulisse. Ecco Circe. Io la pregherò che ti restituisca il primo aspetto.

Circe. Che fai tu qui con questo a me cotanto odioso animale?

Ulisse. Egli m'ha raccontati a lungo i casi suoi, e brama, quanto più sa, di ritornar uomo; sicchè come s'egli fosse uno de' miei compagni, a te lo raccomando.

Circe. Costui, lasciami ch'io te lo dica, o Ulisse, dee rimanere quell'orso ch'egli è al presente, per tutto il restante della sua vita.

Ulisse. In che ha egli errato così gravemente, che tu non ti muova a compassione di lui?

Circe. In che? In che? Io non istarò ora a dirti qual sia stato il suo fallire. Bastiti....

Orso. Io ti chiedo perdono, o bellissima Circe, s'io....

Circe. Taci. Non se ne parli più.

Orso. Io chiamo in testimonio gl'Iddii del cielo, ch'io non avea altro che un'intenzione, la quale non fu da me punto colorita. E quando....

Circe. (Costui racconterà tutt'i fatti miei, se non mi sbrigo da lui.) Orsù, se tu vuoi diventar uomo, io lo ti concederò: ma prima promettimi che, in qualunque luogo anderai, tu non metterai mai lingua nè penna ne' fatti miei, o d'altre femmine.

Orso. Sì, lo prometto.

Circe. E vedi bene che alla prima parola che t'uscirà cont 'o il nostro sesso, tu ritornerai con questa pelliccia indosso, e sarai da tutti conosciuto per quell'orso che sei al presente.

Orso. Avvengami questo male, e peggio, se più ne favello.

Circe. Eccoti, che col favore della mia verga ritorni allo stato di prima.

Orso. Ringraziato sia il cielo.[1]

---

[1] *Ringraziato sia il cielo.* In questo dialogo sotto il nome dell'orso, animale che fugge la compagnia dei suoi simili, il Gozzi ha voluto evidentemente rappresentare sè stesso che più amante di vivere fra i libri che non fra gli uomini, volontieri faceva la satira delle umane ipocrisie e ridicolaggini.

N° XCIV.   .   A dì 26 dicembre 1761.

DIALOGO X.

Circe, Ulisse, Picchio, Ghiandaia, Rosignuolo e Alloro.[1]

Circe. Convien pur dire che sia vero che noi altre femmine ci osti-
niamo a correre dietro a coloro fra gli uomini, i quali non si curano,
o mostrano di non curarsi del fatto nostro. Appena ci siamo avvedute
che uno è preso al laccio, non ne facciamo più conto veruno; egli è
come il pesce nel canestro: il pescatore lo tiene per preda già fatta,
e gitta l'amo per averne un altro che nuota in libertà; e più gli dispiace un pesce che fugge, di quello che gli dieno contentezza parecchi da lui già posseduti. Sono pervenuti all'isola mia tanti uomini, e
di così varie nazioni, ch'io avrei potuto eleggere fra loro un innamorato a modo mio; e perchè mi si mostrano così di subito affezionati
e teneri di cuore, gli ho tramutati in animali. Cotesto Ulisse solo, il
quale sta in contegni, e mostra d'aver tanta voglia di partirsi di qua,
m'è a poco a poco entrato cotanto nell'animo, che mal volentieri lo
veggo a spiccarsi di qua, e vorrei che ci rimanesse ancora per qualche
tempo. E egli possibile ch'io non abbia tanto ingegno da poternelo
ritenere? Non è così facile. Ho studiato il costume suo per potermivi
adattare, la qual cosa m'è giovata più volte, e non trovo da qual capo
io debbo prendere questa matassa. Io mi sono con alcuni finta donna
di lettere, con altri tutta piacevole e quasi pazza, con alcuni altri fino
bacchettona; e la cosa m'è riuscita: con Ulisse non ho arte che mi
basti. Un modo solo io ritrovo, e questo debbo tentare. Egli, per quanto
mi sembra, ha una gran voglia d'imparare cose nuove, e principalmente di quelle che appartengono a' costumi. Per buona fortuna l'isola
mia è piena di novità, ch'egli non ha ancora vedute, nè le sa. Ten-
tiamo questo modo per arrestarlo. Chi sa? forse mi potrebbe riuscire,
almeno per qualche tempo. Di cosa nasce cosa, e il tempo la governa.
S'egli s'arresta qui, a poco a poco lo scoprirò meglio; e potrebbe anche venire un giorno in cui egli pregasse me che gli facessi grazia di
ritenerlo. Allora non so quello ch'io farò; ma intanto oggidì ho questa
voglia, e convien cavarsela. Eccolo ch'egli viene di qua; comincerò ad
allettarlo con le curiosità di quest'isola.
Ulisse. La ben trovata, la mia gentilissima Circe. Io attendo dalla
grazia tua che tu mi dia qualche buon indirizzo pel mio viaggio alla
volta d'Itaca. A che ne siamo? Hai tu gittata per favorirmi quella
tua maravigliosa arte?
Circe. Sì, Ulisse, non avendo io altro diletto che quello di compia-
certi. E se tu mi presti fede, m'hanno dimostrato diversi segni che tu
non debba partirti di qua così tosto. Vogliono gli Dei che tu non ab-

---

[1] *Circe, Ulisse, Picchio* ec. Contiene questo dialogo una saporita parodia delle false
scuole lettorarie di quel tempo: da un lato i martelliani del Picchio imitano la turgida
e sforzata poesia dell'abate Pietro Chiari, intorno al quale vedi il n° del 24 ottobre 1761,
dall'altro le strofette della Ghiandaia ci dipingono al vivo le scipitaggini dell' Arcadia
che aveva ancora seguaci a centinaia.

bandoni quest'isola fino a tanto che tu non hai vedute e comprese altre maraviglie notabili che sono in essa.

Ulisse. Oimè! e sino a quanto dee durare ancora la nimicizia degli Dei contro di me, sicchè io non possa un giorno rivedere la mia patria? E quali altre maraviglie può avere quest'isola maggiori di quelle che ho già vedute e udite fin ora? Io non credo d'aver a veder cosa più mirabile, che uomini tramutati in bestie, le quali hanno la favella umana.

Circe. Ulisse, tu non sai ancora a mezzo le mirabilità di quest'isola. Tu credi che solamente le bestie favellino; ma quanto vedi qui intorno, ha spirito e intelletto umano. Non sono già io quella che abbia tramutato in forme nuove i primi corpi; ma da tutti gli Dei fu fatto questo uffizio. E voglio che tu sappi, che quanti alberi, sassi e fiori, fonti e fiumi tu vedi nell'isola mia, furono già uomini e donne, de' quali tu avrai udito più volte a narrare le tramutazioni che vennero fatte. Tutte le trasformate cose furono dagli Dei in questo mio luogo trapiantate, ed io sono la custode di quelle. Io ti dico cosa la quale non ho mai detta a verun uomo che viva, nè l'avrei anche detta a te, se tale non fosse il volere degli altri Dei.

Ulisse. Io mi credea d'essere in un'isola del tutto disabitata, e, a quello ch'io odo a mano a mano, essa avrà più abitatori che gli altri luoghi. È tale questa novità, ch'io avrò caro di vederla, come n'ho veduto tante altre. Di grazia, fammi parlare a qualche albero, come fino a qui m'hai fatto parlare con pipistrelli e marmotte.

Circe. Io ne lascio l'elezione a te. A cui vorresti favellare?

Ulisse. Che ne so io? A quel verde alloro ch'io veggo colà. Andiamo ad esso.

Circe. Andiamo. Sai tu chi sia quell'alloro?

Ulisse. L'albero de' poeti.

Circe. E vero. Ma prima ch'essere alloro, sai tu chi fosse?

Ulisse. S'egli è quel primo alloro che pose le sue radici in terra, sarà stato Dafne, la figliuola di Peneo[1] amata da Apollo.

Circe. Tu hai detto bene. L'è dessa.

Ulisse. Di grazia, affrettiamoci, perch'io muoio di voglia di farle diverse interrogazioni.

Circe. Adagio prima. Sta' un poco ad udire quegli uccelli che cantano sugli alberi ad essa vicini, de' quali quasi sempre ve n'ha un nuvolo che le canta intorno. Quivi è ora un picchio, una ghiandaia e un rosignuolo. Cotesti uccelli furono già poeti, e io gli ho vestiti di piume; nè per tutto ciò cessano di verseggiare, e cantano intorno all'alloro per meritarsi una ghirlanda. Quando pare all'alloro che ne sieno degni, esso si crolla, e l'uccellino vittorioso vola, e col becco ne spicca il bisogno suo, e se ne va trionfando; gli altri se ne vanno spennacchiati.

Picchio. Qual mai dalle profonde viscere della terra[2]
　　　　Mosse subito zolfo alle cittadi guerra,
　　　Che uguagliasse la fiamma che accese nel mio petto
　　Il vago di Nigella imperïoso aspetto?

---

[1] *Dafne, la figliuola di Peneo.* Era una bellissima ninfa, figliuola del fiume Peneo: la quale, inseguita da Apollo che ne era invaghito, sul punto di essere raggiunta, fu dal padre trasformata in alloro, albero che rimase poi sempre sacro ad Apollo.

[2] *Qual mai dalle profonde viscere* ec. Si confrontino questi ipertrofici martelliani con quelli che son messi in bocca al frenetico pittore del n° 76 (24 ottobre 1761).

Qual di Marte furore, avido di rovine,
Empiè mai tanto il mondo di stragi e di rapine,
Quanto la bella donna, senz'aste nè bandiere,
Ne fa colla possanza di due pupille nere?
    Misero me! che acceso, in van pietade invoco:
Ondeggio in un gran mare col cor pieno di foco.
    Chiamo la morte, è sorda: non m'odono gli Dei;
Volgomi a lei, nessuno è più sordo di lei.

Ulisse. Il picchio ha terminato il suo canto; e l'alloro non si move.

Circe. Quell'alloro, quando non ode passioni espresse naturalmente, non concede mai le sue frondi. Ti par egli che un tremuoto, una battaglia, e altre siffatte cose si possano paragonare alla passione dell'amore? Tali iperboloni non ispiegano nulla, per essere troppo grandi; e poi, dopo d'essere stato sull'ale un pezzo tant'alto, il poeta ha dato del ceffo in terra con quell'ultimo verso; oltre a quel giocolino di parole del mare e del foco. Odi, odi ora la ghiandaia che apre il becco:

Ghiandaia.   All'apparire
    Di Cloe gentile,
    Veggo fiorire
    Giocondo aprile.
       Quando è lontana,
    Copre di gelo
    La tramontana
    Terreno e cielo.
       Cerco ristoro
    Da' miei sospiri,
    E intanto moro
    Fra' miei deliri.
       Sazia il mio core
    Quand'ella riede:
    Mettile, Amore,
    Radici al piede.

Ulisse. Io non veggo che la ghiandaia abbia fortuna migliore del picchio; l'alloro sta saldo.

Circe. Gli saranno forse sembrati questi versi parole, e non altro; oltre a quella chiusa, in cui per avere il piacere di veder la donna amata, le desidera questo bene di vederla divenuta un albero; la qual cosa non può piacere a Dafne, che sa il travaglio che le dà lo star ferma sempre in un luogo.

Ulisse. Sta', sta', che canta il rosignuolo.

Rosign.   Spesso piangendo desioso e solo,
    Chiamo il nome di lei che al mondo adoro,
    E dalle genti volentier m'involo.
       Cerco dal mio pensier qualche ristoro,
    Che mi dipinga lei vezzosa e bella;
    E s'altri m'interrompe, io m'addoloro.
       Chi sa che ancor la mia nemica stella
    Vinta non sia da quella sofferenza
    Ch'altri non vede, ed il mio cor flagella?
       Onesta è Clori, e in odio ogni apparenza
    Ell'ha d'amore; ma l'amor verace
    Merta al fin premio, e non può andarne senza.

> O dolce speme di beata pace,
> Tu mi sarai ne' miei mali conforto:
> Nè altro voglio, finchè a lei non piace,
> Fuorchè dolermi, ed a me dare il torto.

Circe. Vedi vedi l'albero che si crolla, e già il rosignuolo n'ha beccata una foglia. Il suo querelarsi naturalmente gliel'ha fatta acquistare; e io son certa che non c'è altro miglior modo di questo d'esprimere le proprie passioni.

Ulisse. Sarà come tu affermi; ma io ho sì gran voglia di favellare a questo alloro, che appena ho avuto sofferenza d'udire.

Circe. Orsù, di' quello che vuoi.

Ulisse. O bella e gloriosa pianta, le cui fronde sono sopra la terra [1] grandemente da' nobili animi desiderate; se non t'è noiosa la mia domanda, io vorrei intendere da te s'egli è vero, come dicono gli scrittori, che tu avessi cotanto in odio Apollo, che da lui fuggissi veramente di cuore. Io so pure ch'egli dovea essere più bello di qualsivoglia altro abitatore della terra, quantunque sotto il vestito di pastore si ricoprisse.

Alloro. Ahi! qual domanda mi fai tu ora, o forestiere? Pensi tu mai ch'io fossi così sciocca? Non lo credere. Anzi sappi ch'io era innamorata d'Apollo, quanto mai potesse essere donna di giovane alcuno. Ma a que' tempi era vestito il cuore d'una rigidezza così strana a cagione de' severi costumi del mondo, che una femmina non avea ardimento di favellare ad un maschio. Alle parole che mi dicea Apollo, io risposi sempre col voltargli le spalle, o il più il più con qualche ghigno. Non so quale speranza egli prendesse de' fatti miei; ma un giorno, egli cominciò a ragionarmi con maggior fervore che tutti gli altri. Io mi diedi a camminare gagliardamente verso un boschetto, fingendo di fuggire; ma in effetto per ascoltarlo con mio agio maggiore. Egli si credea ch'io fuggissi daddovero, e cominciò a correre; e io innanzi sempre. Quando fummo ad un certo passo, m'accorsi che il padre mio mi vedea; e non sapendo che farmi, esclamai ad alta voce: "Aiuto, aiuto." Il padre mio che conosceva che la forza sua non potea valere contro Apollo, nè avrebbe potuto difendermi, mi tramutò, come vedi, in alloro; di che pensa s'io ebbi dispetto, e se n'ho ancora.

Ulisse. E che disse Apollo?

Alloro. Corse ad abbracciarmi, e piangeva. Il cuore battevа a me sotto la corteccia; ma non poteva più parlare: e quello che più mi spiace, è che si crede ancora ch'io sia obbligata al padre mio, di che veramente io non gli ho obbligo veruno.

Ulisse. Lascia fare a me, che da qui in poi dirò la cosa come fu.

Alloro. No, ti prego. Poichè si crede che l'onestà mia m'abbia ridotta a tale, lascialo credere. L'avrei taciuto anche a te, se una forza superiore non m'avesse costretta a parlare. Non mi togliere il mio buon nome, poichè non posso aver meglio.

Ulisse. Farò quello che mi chiedi.

---

[1] *Le cui frònde sono sopra la terra* ec. Di fronde d'alloro s'incoronavano un tempo vincitori e poeti.

DIALOGO XI.

Ulisse e Polite.

Ulisse. Fino a tanto che da Circe mi venga apparecchiata qualche novella maraviglia, mi viene ora in mente d'aver mal fatto, non avendo ancora ragionato con alcuno de' miei compagni: dappoichè di porci sono ritornati uomini, quali erano prima. N'avrei forse ritratto qualche cognizione non di minor sostanza di quelle ch'io abbia fino a qui ricavate dalle bestie, con le quali ho favellato. A tempo veggo di qua Polite. Io m'intratterrò seco lui, dappoichè la fortuna me l'avvia a questa volta. Polite, Polite. Perchè vai tu con quelle ciglia aggrottate, e a capo basso? Tu sei in pensieri. Io avrei caro d'intendere quello che ti si aggira pel cervello.

Polite. Che ne so io? Confusione e nebbia. Non intendo più me medesimo.

Ulisse. Ti sarebbe forse rimaso nell'animo qualche rimasuglio di quell'animale in cui fosti tramutato?

Polite. Potrebb'essere: e forse più di quello che tu pensi.

Ulisse. E che sì, ch'io l'indovino? Tu hai ora vergogna di te medesimo, che lasciandoti allettare a un'apparenza di dolcezza, cadesti in tanta viltà, che fosti vestito di setole. Non t'importi ciò, no. Dappoichè tu sei ritornato uomo, qual eri prima, consolati. Il tuo passato infortunio ti gioverà a guardarti da qui in poi da tali avventure. Non ha mai l'animo gagliardo quell'uomo il quale non ha fatto sperienza di molti avversi casi.

Polite. Oh! come sei tu lungi dalla verità, Ulisse; se tu pensi ch'io mi dolga d'essere stato nel porcile! La mia malinconia e il pensiero viene da altro.

Ulisse. Da che dunque? Per quanto io vada fantasticando con la mente, non veggo che tu abbia altre cagioni che d'allegrezza.

Polite. Tu hai bel dire, che sei stato sempre uomo, e non fosti mai porco! Se tu avessi provata una volta la dolcezza di quella vita, non diresti mai che io dovessi esser lieto, per essermi spogliato di quella setolosa cotenna.

Ulisse. Ahi! sciagurato! Sono queste parole che dovessero mai uscire dalla bocca d'un uomo? Ben so ora che tu meriti di stare ad imbrodolarti nelle pozzanghere, poichè hai l'animo così vile. Ma non ti dolere, no: e giacchè tu hai tanta voglia d'essere porco, sappi che la faccia umana, e la morbida pelle che ti ricopre, non ti toglie l'essere quello che brami. Tu sei qual fosti poco prima. I sentimenti, secondo che sono, fanno essere altrui uomo, o animale.

Polite. Tu non mi sembri già ora quel saggio Ulisse che fosti sempre; poichè a guisa di donnicciuola stridi incontanente, udendo un'opinione contraria alla tua. Ragioni vogliono essere pro e contra, per istabilire chi abbia la verità dal suo lato. Parla tu, e parlerò io; e in tal guisa vedremo chi merita d'essere biasimato o lodato.

Ulisse. O pazzo! io non avrei mai creduto che anche un porco credesse d'aver le sue ragioni contro agli uomini. Io avrò caro, se non altro, d'intendere quali sieno! e però, se tu ti degni di favellare ad un uomo, favella; e vedremo quello che saprai dire.

Polite. Ti ricordi tu prima tutte le cose che abbiamo vedute negli anni trascorsi?

Ulisse. Ben sai che sì. Noi fummo dieci anni intorno alla città di Troia ad assediarla, l'abbiamo abbattuta e ridotta in cenere. Da quel tempo in poi andiamo vagando per diversi mari, traportati dall'ira degli Dei, desiderando e sperando di pervenire un giorno alla patria nostra.

Polite. E s'io fossi stato sempre porco, avrei io sofferite tante fatiche? Tu non sai, Ulisse, quanta sia la felicità di quella vita. Odila, io ti prego; e son certo che ti gitterai inginocchioni dinanzi a Circe, perch' ella ti tramuti in quella fortunatissima bestia.

Ulisse. Di' su, sbrigati, perch' io muoio di curiosità di sentire cotesti tuoi sogni, o piuttosto pazzie e vaneggiamenti d' un ammalato.

Polite. Sappi dunque che non sì tosto mi furono coperte le membra di quella dura cotenna, che sentii in un subito addensarmisi anche il cervello, e turarsi la memoria per modo che tutte le passate cose quindi fuggirono, come se mai non avessi veduto nulla. Non mi sovvenne più punto di tanti pericoli ch'io avea passati; i quali ora ritornandomi in mente, mi fanno ancora raccapricciare di paura, come se mi trovassi al caso; e Troia e le battaglie, e ogni cosa era divenuta per me una nebbia portata via da' venti. I lunghi viaggi che fatti abbiamo, e gl'infiniti rischi d'affogarci tra l'onde, e d'essere divorati da' mostri, non m'empievano più di sospetto di que' mali che mi poteano dopo accadere, d'essere una volta o l'altra trangugiato dal mare, o divenir pastura de' Ciclopi o delle Sirene.[1] Un attimo, un punto solo di tempo mi stava dinanzi agli occhi, essendo io appunto nel mezzo del passato e di quello che dee avvenire. Pensava a mettere il grifo nel truogo per succiarmi la broda, e frangere co' denti le ghiande, delle quali pasciutomi, non mi curava più d'altro; anzi mi stendeva sul terreno quando a dormire, e quando con gli occhi aperti, senza pensiero veruno. Nella quale vita io avea già preso grandissimo ristoro, e tale che la pelle mia avea cominciato a risplendere, e diveniva quartato[2] e sì grasso, ch'era una bellezza il fatto mio. Di che io m'avveggo benissimo che i continui pensieri sono quelli che, tenendoci in attività e movimento, ci vanno a poco a poco logorando il temperamento, e ci fanno per lo più i visi gialli, e intagliati, che paiono di legno, e ci conducono a più presta vecchiezza di quella che naturalmente ci coglierebbe se noi stessimo spensierati, e prendendo il mondo qual viene d'ora in ora; senza curarci delle avventure che sono passate, o di quelle che ci debbono accadere.

Ulisse. S'io credessi in effetto che le mie parole e ragioni non potessero farti cambiar pensiero, egli mi dorrebbe assai d'avere impetrato dalla dottissima Circe, ch'ella al primo aspetto umano ti ritornasse. Come? è però egli possibile che un uomo ragioni in così fatta guisa, e creda di ragionar bene? Quasi quasi te lo vorrei comportare se fossi solo nel mondo, e che quanto vedi intorno a te, fosse a te solo dalla

---

[1] *Pastura de' Ciclopi o delle Sirene. Odissea,* libro IX e XII.
[2] *Quartato.* Membruto.

mano di Giove qui conceduto; o se tutti gli altri uomini fossero per modo slegati da te, che tu non dovessi curarti di loro nè molto nè poco. Ma sai tu, che tu hai ad essi una grandissima obbligazione? e non solo a coloro che teco vivono al presente, ma molto più a quelli che verranno dietro di te?

Polite. Oh! questo è quello ch'io vorrei vedere, che avessi anche obbligo a coloro ch'io non conosco, e non saprò forse chi sieno giammai.

Ulisse. Adagio. Io non ti dirò già una opinione che sia mia; ma una cosa che solea dire Chirone,[1] quel sì rinomato maestro d'Achille: la qual cosa mi fu spesso dal suo discepolo raccontata più volte, e la quale lo inanimò cotanto, ch'egli preferì il morir giovane e glorioso al vivere lungamente ozioso ed inonorato. Sappi, diceva il sapiente maestro al suo nobilissimo scolare, che dalle mani dell'onnipossente Giove, da cui tu traggi l'origine, è uscito questo mondo, e ch'egli non poche volte lo si sta vagheggiando dalla sua celeste abitazione. Egli regola di lassù il corso delle rilucenti sfere, le quali sotto alla sua mano s'aggirano, e arrecano questa varietà di stagioni che tu vedi. Egli ha disteso l'ampio mare, innalzati gli altissimi monti fino alle nuvole, e da quelli fa uscire l'acque che riempiono il letto a' tortuosi fiumi, avendo in questi ed in molti altri modi provveduto alla bellezza naturale di questo soggiorno terreno. Ma poich'egli ebbe così fatto ogni cosa, la diede nelle mani degli uomini, raccomandando a quelli che a tutto loro potere l'abbellissero dinanzi agli occhi suoi, promettendo ad ognuno pel fine delle loro fatiche la vaghezza degli Elisi,[2] ed un nome immortale a chi maggiore opera vi facesse degli altri. S'affaticarono que' primi abitatori della terra; e sudando le fronti, l'apersero in molti solchi, traendo di quella non solo il proprio lor vitto, ma apparecchiandolo a tutti quelli che dopo di loro aveano a venire: ed arrischiandosi altri ad aprire col corso de' veloci legni il profondo mare, fecero nuove comunicazioni fra lontani e vicini; onde s'acuirono di qua e di là gl'ingegni, e gli uni provvidero alle bisogne[3] degli altri, stabilendo fra le diverse nazioni amistà e fratellanza: tanto che si fece una società universale. Così fatti uomini procreandone di nuovi, insegnarono l'arti loro a quelli che vennero dopo: e se tu, o Polite, che ti godi queste bellezze del mondo pervenute a te da coloro i quali furono avanti di te, desideri solamente un ozio ed un'infingardaggine che duri quanto è la tua vita, non mirando più là che gli anni tuoi, in due modi fai ingiustamente: il primo non ricordandoti de' tuoi passati, i quali s'affaticarono per dare a te quello che possiedi, e il secondo ponendo in dimenticanza i tuoi discendenti, ai quali se' obbligato a far del bene, e a dar loro quella gloria e quell'onore che ricevesti quasi in deposito da coloro che furono prima di te, e che non ti conoscevano, come tu non conosci quegli uomini che dietro a te verranno. Io so bene che, secondo il tuo parere, se tu fossi stato Agamennone o Menelao, non avresti condotte tante genti all'assedio di Troia, dicendo che tu avresti piuttosto voluto sedere ad una mensa col bicchiere in mano, che vendicare il torto ricevuto da Paride[4] nella rapita Elena. Ma non vedi tu

---

[1] *Chirone.* Quel centauro dottissimo nella medicina, nella musica e nelle scienze, che fu, secondo la favola, maestro d'Achille.

[2] *Elisi.* La dimora delle anime buone, secondo gli antichi.

[3] *Alle bisogne.* Più propriamente dovrebbesi dire *ai bisogni.*

[4] *Il torto ricevuto da Paride.* V. la nota 2 a pag. 372

quanto onore ha ricevuto nel mondo la Grecia tutta da così bene eseguita impresa? e quanto da' Greci sia stato accresciuto quel nome e quella fama che fu loro lasciata da' loro maggiori? Come? non sono oggidì famose Sparta e Argo, le quali, se non m'inganno, dietro a questo fatto diverranno sempre più celebrate e più chiare? Quanta gloria fu acquistata da Achille ad un picciolo scoglio e ad un branco di gente che furono con esso lui a quella guerra? E credi tu forse, se di tanto mi saranno benigni gli Iddii ch'io ritorni alla mia piccioletta Itaca, ch'io stesso non abbia delle mie fatiche a trarre onoratissimo nome, e a lasciarlo a Telemaco [1] e a'miei discendenti? Così fatta dee essere la natura degli uomini, e a questo fine ci fu dato da Giove l'intelletto, il quale tenendosi imbrigliato nel continuo ozio e nell'amore de' diletti, come tu avresti voglia di fare, non lascia di sè opera degna,, nè acquista però quella quiete che crede: essendo infine infine uguale la fatica del voler vivere ozioso a quella dell'essere vigilante ed attivo; salvo che nella prima gl'impacci sono diversi dall'ultima, e che in iscambio di lode se ne trae biasimo, o almeno obblivione.

Polite. Che importa a me dell'obblivione, purch'io viva a modo mio, e a seconda di que' capricci che mi s'aggirano pel cervello?

Ulisse. Odi; io te lo vorrei comportare, quando la tua età fosse durevole, o potesse resistere nel fiore della robustezza: ma credi tu che gli anni sieno sempre quei medesimi? Quando ti sopraggiungerà la decadenza della tua età, egli ti rimarrà pieno il cervello delle frascherie giovanili, perchè quello si pensa che s'è accumulato nell'intelletto con le prime meditazioni; e non solamente ti mancheranno le forze, ma farai ridere del fatto tuo tutti quelli che ti conosceranno; della quale ignominia non si può dare al mondo la peggiore, nè la più disonorata. E poi, credi tu, quando anche tu vivessi a modo tuo, che ti potesse durare quell'ozio che desideri? Il vincolo con cui sei a tutti gli altri legato, ti darebbe sempre cagione di pensiero. Imperciocchè il corso della vita d'uno non dipende da lui solo; ma tutti coloro che gli sono intorno, lo muovono, sicchè la maggior parte de' suoi pensieri deriva dagli altri. E se tu ti mettessi in cuore di non affezionarti mai ad alcuno, nè di curarti del prossimo tuo, ti troverai obbligato o ad usare una continua maschera di dissimulazione per poter vivere cogli altri, acquistando il biasimo della falsità; o dovrai viver solo come gli orsi nelle montagne, ed essere bestemmiato da tutti. Sicchè, Polite mio, non c'è al mondo la più felice vita, che quella del darsi da sè a molti onorati pensieri, i quali giovino altrui, e mettere il suo diletto nel far del bene, che può durare in ogni età, e anche dopo la vita.

Polite. In breve, quai piaceri dunque vorresti tu ch'io eleggessi?

Ulisse. L'elezione sta nel tuo umore. In generale ti dico che tu cerchi fra essi quelli che non accrescono molto i desiderii, e che possono essere di tuo profitto e d'altrui, e che finalmente rendano il tuo nome degno di lode. Ma sopra tutto scordati d'essere stato nel porcile, e non te ne ricordar mai per altro, che per temere quel punto che t'avea renduto animale.

---

[1] *Telemaco.* Figlio d'Ulisse.

N° XCVI.   A dì 2 gennaio 1761 M. V. [1]

Polite. Ulisse, io sono infra due: dall' una parte tu mi persuadi; ma dall' altra....

Ulisse. Col tempo e con la nuova navigazione ti smentirai tale avventura. Egli è usanza d'un animo, che uscito d'una passione gagliarda, non può dimenticarlasi così presto, e gli rimane qualche ferita per un tempo; ma il trascorrere de' giorni lo risana finalmente.

Polite. Vedremo.

Ulisse. Sì, stanne certo.

DIALOGO XII.

ULISSE E CERVO.

In fine, s'io non farò vela, e non mi partirò da questa benedetta isola, io dubito ancora che alcuni de' miei cercheranno essi medesimi di tramutarsi in bestie, e di vivere alla bestiale. È egli però possibile che faccia tanta noia, e dia fastidio così grande il fare uso dell' intelletto? Io ho udito a' miei giorni mille volte a dire che gli animali sono degni d'invidia, perchè possono supplire con poco alle bisogne [2] loro. Ma chi pensasse bene, conoscerebbe che le bisogne degli uomini non sono in cotanto numero quanto altri crede, e che non ci vuol molto ad appagarle; e che quando anche fossero più che quelle delle bestie, noi abbiamo ingegno da ritrovarvi riparo. Orsù faccia ognuno come vuole; io, quanto è a me, dappoichè ho avuto dal cielo questa parte immortale, che mi vivifica, e mi fa intendere quello che sono e quello che debbo a me medesimo, procurerò di valermene, facendone uso anche a benefizio altrui, qualunque volta mi sia conceduto di poterlo fare. Ma non veggo io costaggiù fuori di quella macchia sbucare un cervo, il quale mi guarda, e pare che si maravigli di vedere in quest' isola un uomo? Voglio andare alla volta sua, e far prova di favellargli. Che belle e ramose corna ha questo cervo! E com'è di pelo lucido e liscio coperto! Oh! quanto pagherei che, come molti altri animali di quest' isola, egli avesse umana favella, per rispondere alle mie interrogazioni!

Cervo. O chiunque tu sia, che cerchi d'appagare la tua curiosità, tu senti che posso rispondere alle tue domande. Di' su quello che t'accade.

Ulisse. S'egli non ti rincresce, vorrei che tu mi dicessi chi fosti, in qual paese nascesti, e qual caso a quest' isola ti condusse.

Cervo. Volentieri soddisfarò alle tue richieste. Un certo Elpenore fu il padre mio. Non credo che al mondo fosse mai padre il quale si desse maggior pensiero dell' educazione del proprio figliuolo. Imperciocchè, oltre all' avermi fatto ammaestrare in tutte quelle buone arti che

---

[1] Secondo il calendario veneto, che però non sempre veniva osservato, l'anno cominciava col 1° di marzo. Questo Numero e gli altri sino alla fine di gennaio, che per noi appartengono all'anno 1762, saranno segnati coll'anno 1761, a cui per chiarezza si sogliono aggiungere le lettere M. V. (more veneto).

[2] *Le bisogne.* V. la nota 3 a pag. 400.

ad un onesto giovane appartengono, acciocch'egli fra la gioventù del suo paese riesca di spirito e garbato, aggiunse a tutte l'altre discipline sempre quella de' costumi: anzi posso dire ch'egli medesimo mi fosse maestro. Molti buoni ed onorati filosofi m'insegnavano che cosa fossero virtù e vizio, e mi davano precetti perch'io quella amassi, e questo fuggissi. Ma il mio buon padre riduceva questa dottrina generale alle particolarità dell'opera,[1] facendomi in effetto vedere fra quelli di Samo chi bene o male facesse, pesando, per così dire, con una sottilissima bilancia sotto gli occhi miei tutte le azioni di quelli. Quando s'udiva in città la lode o il vituperio d'alcuno, tosto comentava ogni cosa, e mi facea conoscere il più intimo seno del cuore di chi avea bene o male adoperato, ornando con tanta eloquenza di parole l'uomo dabbene, ed abbattendo il tristo, ch'io avrei eletto mille volte di morire piuttosto che ricevere nell'animo mio alcuna benchè menoma macchia di depravazione. In tal guisa crescendo con gli anni, sentiva nel mio cuore di giorno in giorno a crescere l'amore della virtù, e avea tra me fatto proponimento di farmi altrui conoscere di fuori, qual era di dentro, desiderando ardentemente che mi si appresentassero occasioni di poter effettuare i miei onesti pensieri. Avvenne intanto che il mio buon padre morì, e mi lasciò padrone d'una larga ed abbondante fortuna; ma non potè questa sì confortare l'animo mio, che non piangessi amaramente la morte di lui, e non mi dolessi veramente di cuore d'aver perduto un padre, un precettore e un amico. Veniva intanto una turba di giovani d'età uguale alla mia a visitarmi, e, consolandomi della morte di lui, tentavano di farmi voltare il pensiero alle ricche rendite, a' poderi e all'oro che lasciato m'avea; e mi dicevano: " Lascia, lascia piangere noi, che non rederemo da' padri nostri di che confortarci, come tu hai redato dal tuo; e tu rallégrati, che in iscambio d'un vecchio, il quale noti tutt'i tuoi fatti e le parole, sei divenuto padrone di te medesimo, e puoi fare una larga e comoda vita." Non ti potrei dire di quant'ira m'accendessero queste parole; la quale fu così grande, che avendo prima con lamenti e con un dirotto pianto dimostrato il mio dolore, finalmente gli rimproverai che tenessero così poco conto de' padri loro, e che vituperassero il mio dopo la morte, a cui io mi tenea più obbligato della custodia ch'egli avea avuta di me, che della vita che avea ricevuta da lui. Crederesti tu, o forestiero, che non vollero mai persuadersi che fosse vero il mio dolore? E perch'io a poco a poco mi spiccai da loro per lo sdegno che n'avea risentito, e per avere stabilito fra me di non voler pratica nè comunella veruna con persone che non tenevano punto conto d'un naturale amore, sai tu che fecero? Interpretati come vollero i miei amorevoli sentimenti verso la memoria del padre mio, andarono spargendo per la città ch'io era un avarone, e che discacciava, con la finzione del piangere il padre, tutti gli amici miei dal mio fianco per timore che mi domandassero in prestanza qualche somma di danaro, o mi facessero spendere in qualche passatempo.

Ulisse. Sai tu, o figliuolo d'Elpenore, quante volte la malignità altrui interpreta sinistramente le buone azioni? Ma che? in certi casi s'ha a lasciar dire, e a fare il bene perch'è bene, e non curarsi delle interpretazioni.

---

[1] *Alla particolarità dell' opera.* Oggi direbbesi: ai casi particolari.

Cervo. Non potrei dirti quanto mi dolesse che mi fosse appiccato addosso concetto tale. Ma perchè il gittar i danari miei, per dimostrare che dicessero la bugía, mi pareva piuttosto atto di vanagloria, che di vera virtù, attendeva qualche onorata opportunità di valermi delle mie ricchezze. Non andò molto tempo che mi si parò dinanzi, e io la colsi. Morì in Samo una femmina nominata Criside, la quale in un' estrema povertà avea conservata una grandissima virtù, e lasciava di sè una figliuola giovanetta di sedici anni, della cui bellezza non avrebbe trovato a ridire il più acuto e sottile censore. Parea di costei perdutamente innamorato un giovine di famiglia ricchissima, il quale le avea più volte promesso che col mezzo de' maritali nodi l' avrebbe alla sua casa condotta, se i parenti di lui si fossero contentati d' accettare per congiunta una giovane, la quale non potea altro arrecare alla casa del marito, che onestà e virtù. Ecco, dissi allora fra me, quell'opportunità che ho così lungamente aspettata; e presa una buona somma di danari, me n' andai soletto alla casa della virtuosa giovane; e facendo le viste di condolermi della morte di Criside, le lasciai, senza ch'ella se n' avvedesse, in casa parecchi borsotti; i quali se non fossero bastati alla dote, erano almeno sufficienti al mantenimento della sua onestà: e parendomi d' aver fatto un' opera degna d' un uomo bene accostumato, uscii di là per ritornarmene a casa mia. Io non so in qual forma andasse la cosa; ma certamente io fui veduto da alcuno, mentre ch'io andava, o ritornava: perchè incominciando molti giovani a tentare la virtuosa fanciulla, e più che gli altri colui, il quale temendo della virtù della madre, le avea promesso di sposarla, ed ella, che stimavasi mandato dal cielo quell'aiuto di danari, contrastando ad ogni loro iniquo volere, uscì, non so donde, una fama ch'ell'era mia innamorata, e ch'ella era quella sola che sapesse mugnere all'avarizia mia quell'oro ch'io con tutti gli altri tenea serrato con mille chiavistelli. Ti confesso ch'io fui per disperarmi; e più mi spiacque per l'innocente fanciulla, che per me medesimo; tanto che mosso dalla compassione di lei, vedendo già che l'intenzione del suo primo amatore era mascherata, me n' andai a casa sua: e raccóntole il fatto, la pregai a voler meco divenire padrona di quelle facoltà, dalle quali avea pochi giorni prima spiccata una picciola parte per darle una testimonianza di quella stima che sono tutti gli uomini obbligati di professare alla virtù.

Ulisse. Bella e veramente degna azione fu la tua, figliuolo d'Elpenore, a rendere felice una povera e virtuosa giovane.

Cervo. Crederai tu ch'ella non mi volle per marito? La si dolse altamente meco ch'ella avea spesa una parte dei danari, sicchè la non potea più restituirmegli tutti, volle ad ogni modo ch'io prendessi il restante, accusandomi che colla mia finta liberalità avessi tentato di renderla screditata appresso le genti; di ch'ella avea tanto rammarico, che mal volentieri udiva il mio nome, non ch'ella potesse meco vivere in vita sua. Ben puoi immaginarti ch' io mi scusai quanto seppi caldamente, e le giurai che la mia era stata una purissima intenzione di farle del bene; ma ella non volle mai prestarmi fede, e mi tenne allora e poi per un astutaccio più di tutti gli altri, e per uomo del più pessimo cuore del mondo.

Ulisse. Tu mi di' cosa quasi da non poterla credere. E di lei che fu?

Cervo. Nulla le giovò la delicatezza della virtù sua. Si mormorava ch'ella avea simulato quest'atto nobile e di gran pudicizia, per non volersi legare all'obbligazione del maritaggio, e vivere a modo suo; ch'ella tirava le reti a pesci più grossi; e ch'io non per altro le avea offerito di sposarla, fuorchè per non ispendere seco tanto largamente quanto avea costume di fare. Sicchè ed ella ed io perdemmo il concetto sempre più, e i maligni avvelenarono ogni cosa.

Ulisse. E però egli è vero quel detto che la virtù si dee esercitare perch'è bella e buona, non per amore della lode, dappoichè le interpretazioni degli uomini, i quali non guardano altro che le apparenze, tirano tutto al peggio.

Cervo. E così volli fare. Proposi nel cuor mio, checchè me ne avvenisse, di volerla sempre esercitare. Ma che? tutto era giudicato doppiezza, falsità, maschere. Non vi fu mai verso che alcuno volesse credere che l'opere mie avessero origine dall'ingenuità del cuore, nè da un onesto animo; di modo che per disperato deliberai di cambiar paese, e, lasciata la propria patria, m'imbarcai per andare intorno alquanto tempo, e fare sperienza se tutti gli uomini erano buoni giudici della virtù, come quelli di Samo. In ogni luogo trovai quasi le medesime usanze. Ragionai con molti infelici, i quali erano giudicati di mal cuore: e trovai ch'essi erano il contrario da quello che ne veniva detto. Visitai molte femmine delle quali avea udito infiniti obbrobri; e ritrovai in effetto che tutto era maldicenza. Infine conobbi che in ogni luogo ha la virtù i suoi detrattori, e che l'è assalita da' denti altrui. Mi confortai con tanti esempi, e deliberai di ritornare alla patria mia, quando un'improvvisa borrasca mi gettò a quest'isola. Venni accettato con molta solennità da Circe. Facevansi larghi conviti e liete danze, cantavansi soavi canzoni, e con varie feste si ricreavano tutti gli abitatori del suo palagio. Io godeva assai temperatamente tutte le solennità che vedea, dimostrandomi grato ch'ella per ospitalità con tanti festeggiamenti cercasse d'alleggerirmi il fastidio de' miei così lunghi viaggi. Poichè stetti parecchi giorni a quel modo, venne a me Circe ripiena d'un'acuta collora, e mi parlò in questa forma: "Che pensi tu, o villano e superbo forestiere, che la tua astuzia non sia da noi stata scoperta? Quel tuo sì grave contegno, mescolato colle dolci parole di gratitudine e d'obbligazione, pensi tu che non si conosca donde proceda? Tu sei qui venuto con un buon capitale di falsa modestia e di simulata gentilezza, per mostrare la gran difficoltà che avrebbero le donne di quest'isola a vincere il tuo cuore, ed indurre alcuna di noi a pregarti sfacciatamente ad avere pietà del fatto suo. Ma non avrai così bella vittoria." Mentre ch'io volea con le parole difendermi da così falsa ed inaspettata accusa, la lingua non potè più articolare parole, il viso mi si pinse in fuori, e mi spuntarono sulla fronte queste altissime corna. Non potendo altro fare, mi diedi a fuggire, ed entrato in queste selve, godo almeno quel solo bene che m'è rimaso, che non mi sento più a biasimar dagli uomini.

Ulisse. Ho pietà della tua mala fortuna; ma se tu avessi perseverato a stare nella tua patria, sarebbe cessata la maldicenza. La virtù da principio è poco creduta, ma coll'andare del tempo vince tutti gli ostacoli, e diviene accreditata.

L' OSSERVATORE.

A cagione delle feste[1] non s'è pubblicato quel numero di fogli che si dovea; avranno i signori associati i due che mancano fra la ventura settimana e l'altra, insieme con gli ordinari. Il differire qualche giorno, quando si vegga la cagione, non può far dispiacere ad un pubblico intelligente, amorevole e discreto.

N° XCVII.   A dì 6 gennaio 1761 M. V.

DIALOGO XIII.

Ulisse, Volpe e Corvo.

Ulisse. Anche la virtù quando non viene accompagnata dalla fortuna, non ha al mondo quel buon fine ch'ella merita. Questa benedetta fortuna ha che fare con tutte le cose del mondo. La mi sembra il castone in cui si chiudono le pietre preziose per farne anella. Queste risplendono e scintillano mille volte più quando sono dentro ad esso, che fuori; e quando le sono slegate, ci vuole l'occhio finissimo dell'artefice per riconoscere che veramente sono preziose. Così avviene della virtù; s'ella non va intorno assecondata dalla fortuna, appena v'ha chi possa credere ch'ella sia quella ch'ell'è; e in iscambio di lode, acquista beffe e vitupèro. Cotesto povero figliuolo d'Elpenore ebbe però una gran disgrazia a non trovare chi gli credesse mai che fosse virtuoso; e finalmente chiuse la sua vita in un cervo.

Sua ventura ha ciascun dal dì che nasce.

Ma che fa costà quel corvo su quell'albero, e quella volpe di sotto a lui? Pare che schiamazzino, e che sieno l'uno contro all'altro adirati. Io avrei caro d'intendere qual sia la cagione della loro stizza. Mi farò vicino ad essi, e comincerò a ragionare, per indurnegli a favellar meco. — È egli però possibile, ch'essendo quest'isola abitata da soli animali, voi non cerchiate almeno d'avere un poco di tranquillità insieme, e di passare il tempo in qualche quieta e onesta conversazione? Perchè siete voi così in collora? E perchè vi state voi rimproverando, non so di che, con tanto calore e con tanta furia? Potrei io mai mettermi fra voi per mezzano, e terminare le vostre risse? Le altercazioni sempre rinvigoriscono fra coloro che hanno l'ira in corpe: perchè di rado assegnano le vere ragioni della stizza loro, e si sfogano in villanie e vitupèri. Sicchè, vi prego quanto so e posso, ragionate meco quietamente, chè io vedrò s'egli si potesse ricomporre il vostro litigio.

Corvo. Io ti prego, forestiere, va' a' fatti tuoi, e lascia ch'io conficchi un tratto questo mio acutissimo e durissimo becco negli occhi al più iniquo animale che mai fosse al mondo.

---

[1] *A cagione delle feste.* Le feste di Natale e dell'anno nuovo.

Volpe. Anzi, ti prego io, forestiere, va'; e lascia che cotesto bell'umore scenda da quell'albero; che ti prometto, non mi pare di poter veder l'ora di strozzarlo.

Ulisse. Voi dovete pure essere stati uomini un tempo; e vi siete così dimentichi della ragione, che non ascoltate più chi cerca di mettere la pace tra voi?

Corvo. Tra noi non può essere più pace in eterno.

Volpe. Saremo nemici finchè avremo vita.

Ulisse. Ditemi la cagione, e vi prometto di non parlarvi più di pace; ma di prendere io medesimo il partito di colui che avrà la ragione dal suo lato, contro a colui che avrà il torto.

Corvo. Bene. A questo modo son io contento; ascoltami.

Volpe. Anzi ascolta me: colui è un parabolano, uno sventato; e io fui filosofo.

Ulisse. Dunque ragioni prima il corvo. Non mancherà a te il modo di sciogliere gli argomenti suoi con la tua capacità. Se tu fossi il primo, egli, che non ha molta levatura, ne rimarrebbe troppo ravviluppato. Corvo, parla.

Corvo. Grammercè. Tu hai dunque a sapere ch'io fui di Sparta. Lasciommi il padre mio, morendo, assai giovane ed erede d'una buona e grossa facoltà, tanto che io fra tutti gli altri giovani del mio paese vivea molto onoratamente, ed era de' principali stimato. M'accettavano uomini e donne nelle loro conversazioni, ed era universalmente amato, e tanto più perch'io avea un certo ingegno naturale e alla buona, che dava piacere ad ognuno che m'udiva. M'abbattei un giorno a costui a caso per la via, il quale con certo suo logoro mantelletto e con un bastoncello in mano se n'andava assai malinconico e pensoso, borbottando fra' denti non so che, e stralunando gli occhi, ch'egli parea un invasato. Non ti so negare che una figura così strana mi percosse l'animo, onde affisatomi a rimirarlo, non potei fare a meno di non ridere così un poco; di che egli avvedutosi, e fattomi il viso dell'arme, si rivolse a me con una furia che mai la maggiore, e cominciò a dirmi: " Che hai tu dunque, o giovane, che ridi del fatto mio. Ti sembro io dunque così fatto, che meriti d'essere deriso da te? Ecco l'usanza di cotesti gonfi e boriosi, per avere de' beni di fortuna, i quali giudicano delle genti all'apparenza d'un mantello, come se appunto l'anima e l'intelletto dell'uomo stessero nella filatura della lana, e quegli che ha miglior panno intorno, avesse per conseguenza intelletto migliore. Non alle botteghe de' panni si compera il cervello, no; ma nelle scuole della santissima filosofia viene acquistato. E se tu in iscambio di perdere il tempo in cose vane e che non montano un frullo, ti fossi occupato negli studi e ne' sagrari delle scienze, vedresti che questa mia consumata cappa e questo mio bastoncello vagliono molto meglio di quella tua attillatura e di quella tua studiata grazia di vestimenti."

Volpe. Che ti pare? Non si dà egli forse da sè medesimo la zappa sul piede? e non avea forse il torto? Non fu quello un saggio e santo ragionamento?

Ulisse. Così mi pare. Ma lascialo venire al fine.

Corvo. Tu di' bene. Lasciami conchiudere. L'ardimento e la sicurezza con cui mi ragionava, ebbero, lo confesso, tanta forza nell'animo mio, che vergognandomi di me medesimo, feci tra me queste brevi riflessioni. Egli è però vero ch'io non ho mai curata la coltivazione del mio ingegno, e fino a qui ho abborrito la fatica e gli studi; onde potrebbe pur essere che costui avesse ragione. Avvezzo tra gli agi e la ricchezza, non ho altri pensieri che quelli che mi furono da quelli e da questa ispirati. Conosco d'avere fino a qui amato l'ozio sopra ogni altra cosa del mondo; e non è però l'ozio quello che acuisca gl'intelletti, e ne gli faccia volare molto alto. Fatte brevemente fra me queste poche meditazioni, mi rivolsi a lui che digrignava ancora i denti, come se avesse voluto mangiarmi come il pane, e gli dissi: "Buon uomo, chiunque voi vi siate, abbiatemi per iscusato. La soverchia mia giovinezza, e il poco uso nelle cose del mondo, mi fecero in un involontario errore cadere. Confesso che fino a qui io mi sono curato poco di quelle dottrine che abbelliscono lo spirito dell'uomo; ma da questo punto in poi io intendo di rimediarvi. Accettovi, se voi lo volete, per maestro e per padre. Siatemi guida col vostro purissimo lume a que' sagrari della filosofia che poco fa avete detto." Appena ebbi profferite queste parole, ch'egli aperse le braccia, mi circondò affettuosamente il corpo, e mi baciò in fronte. "Sì, figliuolo," disse, "sì, vieni alla scuola mia; e fra poco tempo ti prometto la vera conoscenza della virtù; e saprai, se mi presti fede, riconoscere con giustissima bilancia qual differenza si debba fare tra uomo ed uomo."

Volpe. Non gli promisi forse io cosa da avermene obbligo fino a tanto ch'egli è vivo?

Ulisse. Sì; ma lascialo proseguire.

Corvo. Lo accolsi in casa mia, dove niuna cosa vedea che non mostrasse di averla in grandissimo dispregio. I morbidi letti, le laute mense, le parate stanze, tutto gli era fastidioso, e non cessava mai dal dirmene male; comecchè intanto se ne valesse, ed agiatamente vivesse. Incominciò ad ammaestrarmi, e in tutte le sue lezioni v'entrava tanta superbia, ed un dispregio tale di tutti gli uomini, che a poco a poco questa malattia s'appiccò intorno a me ancora; per modo che non passò molto tempo, che là dove prima io era amato e ben veduto da ogni genere di persone, m'erano rimasi solo alcuni pochi intorno, i quali, pel bisogno che aveano della mia mensa, lodavano l'elezione che avea fatta di tal maestro; ed inalzavano alle stelle il mio avanzamento, ragionando tutti di filosofia, divenuti sapienti a cagione del ventre. Ma non sì tosto il mio buon maestro mi vide impacciato il cervello nella vanagloria e nella pazzia delle sue false scienze, ch'egli sopra ogni altra cosa cominciò a biasimare le ricchezze, e a provarmi con certi suoi argomenti e garbugli, che non può l'uomo sapere quello ch'egli sia, se prima non s'è spogliato di tale inutile fardello. "Vedi," mi diss'egli un giorno, "o mio figliuolo e discepolo, s'io ti dico il vero. Tu essendo ricco, e pieno di tutti gli agi della vita, sappi che puoi fino a qui avere tutte quelle cognizioni che può acquistare un uomo nelle ricchezze accostumato. Ma quando pensi tu di poter bene comprendere anche tutte le cognizioni de' poveri, se tu non sei tale? Io non potrei giammai co' miei precetti farti acquistare l'intelletto del povero, se tu non sei tale in effetto. Quello stento, quelle fatiche continue de' malestanti non l'hai provate giammai: e non è possibile che tu possa fare le meditazioni che nascono da quelle, se tu non istudi con grande animo di liberarti dagl'impedimenti che ti legano il cervello ad una sola condizione fino al presente. Sciogliti quanto puoi, non ti dico in un tratto, ma a poco a poco. Spendi largamente fino a tanto che tu possa un

giorno acquistare le riflessioni de' debitori : e da quelle felicemente
passato all' inopia e all'indigenza, ne guadagnerai quelle de' poverelli.
In tal guisa in iscambio d'avere quelle conoscenze che può avere un
uomo solo, avrai quelle di tre, e sarai in tre doppi addottrinato." Tal
proposizione, che in effetto dovea parermi una pazzia, mi parve maravigliosa, massime avendola egli colorita con una grande eloquenza e
con molti falsi argomenti ; sicchè non mi parea di poter veder l'ora
d'esser povero, e di mettermi indosso quel mantelletto e di prendere
anch'io quel bastoncello, ne' quali m'accertava egli che consisteva la
vera beatitudine e la tranquillità della vita. Cominciai a darvi dentro
a braccia quadre,[1] a spendere e a spandere; anzi avea creato lui mio
maggiordomo e dispensiere, sicchè in breve tempo mi ritrovai aggravato di debiti, e pieno veramente di nuovi pensieri. Io volea ritrarmi
allora da questo nuovo modo di filosofare, e a poco a poco ritornare
a quello di prima ; ma non ebbi più tempo, e a mio dispetto mi convenne cadere nell'abisso della povertà, la quale m'aggravò di tanti e
così nuovi pensieri, ch'io fui più volte per privarmi di vita.

Ulisse. E allora quali consolazioni ti dava il tuo maestro ?

Corvo. Quali ? Egli m'avea già piantato. E non so come, deposto
il mantelletto, facea una morbida e grassa vita, ridendosi della mia
soverchia credulità, e sguazzando senza punto ricordarsi di me, come
se non m'avesse mai conosciuto.

Ulisse. Che rispondi tu, o volpe, a questo ragionamento ?

Volpe. Che siccome mancavano al suo le meditazioni dei poveri,
mancavano all'intelletto mio quelle de' ricchi : ed essendo io stato suo
maestro fino allora, egli divenne maestro mio nell'ultima dottrina, che
non avea imparata ancora.

Corvo. Odi tu ! che dopo così pessimo inganno, egli tenta ancora
con la maschera della virtù d'avere ragione. Nè si ricorda che a sua
cagione mi convenne fuggire dalla patria mia, donde pervenni a quest'isola, e fui da Circe vestito con le penne del corvo. Egli è vero che
non istetti lungo tempo a vedere la mia vendetta, perchè venendo qui
il mio buon maestro per godersi le male acquistate ricchezze in sollazzi con Circe, ella lo fece tramutare sotto agli occhi miei in quella
volpe, della quale avea la coscienza anche prima della tramutazione.
Queste sono, o forestiero, le cagioni degli odii fra noi, e di' tu ora qual
di noi abbia il torto.

Ulisse. Quanto è a me, giudico che l'abbiate tuttaddue. Egli, perchè si valse dell'astuzia nell'ingannarti ; e tu, perchè, veramente di
poco cervello, prestasti fede a così solenni bugie che si toccavano con
mano. Ma l'uno e l'altro portate la pena dell'error vostro. Io vi consiglio però ad acquietarvi, e a cavare quella tranquillità che potete
dalla vita presente ; ricordandovi che ognuno di voi ha perduta la sua
quiete nell'altre due condizioni di vita per non esservi contentati l'uno
della sua prima povertà, e l'altro della sua prima ricchezza.

---

[1] *A braccia quadre.* Largamente, senza misura.

N° XCVIII.   A dì 9 gennaio 1761 M. V.

Neque apud divum Augustum gratia caruit,
neque apud populum Romanum notitia.
                                        TACIT.

Fu grato ad Augusto e conto al popolo romano.

Ne' miei fogli passati ho ragionato talvolta de' teatri. Parve ad alcuni ch' io volessi cattedraticamente disputare di cose che a me non
appartenevano; tralasciai perchè non se ne dicesse altro, comecchè credessi che l' addurre le ragioni del bene e del male d' un componimento
non dovesse essere imputato a maldicenza nè ad una voglia di fare il
maestro; ma solamente alla volontà di mettere in ragionamento comune[1] le cose, acciocchè dalle opinioni di varie teste ne riuscisse infine
la perfezione d' un' arte. In altro modo non s'è veduto mai condurre
arte veruna al suo colmo che con l' esercitarla e col ragionarne sopra.
Le buone tragedie, commedie e altri componimenti di tal genere sono
pervenuti in Francia alla cima d' ogni bontà per la continua fatica di
molti autori e per le avvertenze e talora anche sottigliezze de' censori.
Uomini e femmine ragionano giudiziosamente e universalmente d' una
tragedia e d' una commedia; e l' udienza è cotanto assuefatta al bene,
che non solo una scena mal guidata e collocata fuori di luogo e di
tempo, ma un verso non bene acconcio, e una parola senza il debito·
collocamento posta, percuote in guisa l' animo e gli orecchi di tutti,
che si vede un segno comune di dispiacere. All' incontro ogni più minuta e quasi invisibile bellezza tocca tutti in un punto e l' udienza ne
fa le maraviglie, tanto è il buon sapore d' ogni cosa da que' circostanti[2]
subitamente assaggiato. A tal segno si può ridurre ogni popolo, come
dissi, con la continua fatica degli autori e con l' incessanti avvertenze
di chi osserva l' opere altrui: essendo di necessità quest' ultime per
acuire l' ingegno di chi scrive e quello di chi ascolta. Non è però facile quest' ultimo ufficio; essendo di necessità prima d' ogni altra cosa,
che chi lo fa, si dimentichi di tutte l' opinioni sue proprie, e faccia suo
direttore e maestro quel popolo stesso, a cui intende di comunicare
i suoi pensamenti; e dee acquistare i lumi suoi da que' medesimi ascoltatori che sono giudici di così fatto genere di componimenti, e col mostrare o diletto o noia nell' essere presenti ad una rappresentazione,
sono i migliori maestri del mondo. Prima di tutto dee tenere per fermo
che tanti capi adunati in un luogo solo formano un cervellone superlativo, appetto al quale ogni altro cervello particolare rimane un nonnulla, o una semplice particella di quel massimo cervellone formato da
tanti cervelli uniti insieme, i quali nel dare il giudizio loro non errano
mai, e sono come chi dicesse il cervello pubblico e l' ingegno della città.
Non rimarrà dunque ad un cervellino privato, ch' è come una gocciola
d' acqua nel mare, a far altro che divenire commentatore e scrittore
degl' imperchè,[3] e studiare perchè una cosa sia piaciuta o dispiaciuta al
cervellone universale, padre suo e suo direttore nel bene e nel male.

---

[1] *In ragionamento comune.* In discussione.
[2] *Circostanti.* Spettatori.
[3] *Scrittore degl' imperchè.* Ricercatore delle cagioni della lode o del biasimo: critico.

Io l'ho seguito sempre e confesso d'avere parecchi quaderni, ne' quali ho notato diversi pensieri ch'egli m'ha comunicato col suo diletto o fastidio; ma gli terrò anche sempre appresso di me per quelle cagioni che dissi nel principio. Cessano esse cagioni mentre ch'io parlerò del *Re Cervo*,[1] rappresentazione favolosa, che da' 5 di questo mese fino al presente giorno in cui scrivo, è recitata e veduta con universale diletto.

Come altre volte già dissi, è questo genere di commedia uno de' più antichi e più usitati nelle più colte nazioni, le quali oltre all'essere state inventrici della tragedia e della commedia semplice e di costume, diedero al pubblico anche questa invenzione capricciosa di tassare[2] i costumi col mezzo della maraviglia. Gli argomenti d'Aristofane[3] sono una buona parte di questa ragione; e quel grande osservatore dell'animo umano riconobbe benissimo che non è cosa cotanto strana nè così nuova ed incredibile, che legata con artifizio in alcune scene, non potesse, in quel breve tempo in cui si rappresenta una commedia, essere dagli uditori creduta. È la credulità principalissima nell'animo nostro. Per intrattenerci ne' primi anni della fanciullezza, avole, madri, balie e fantesche non hanno modo migliore che raccontarci mille favole, le quali ci fanno dimenticare ogni passioncella, e ridere, piangere o maravigliarci di quello che ascoltiamo. Quando siamo cresciuti e pervenuti a qualunque età si voglia, se ci si presenta un uomo eloquente, vivace e di focoso spirito, il quale sappia colorire le sue invenzioni, che non sarà egli capace di darci ad intendere d'avere veduto, udito e provato? E quando anche non gli prestassimo fede, non si può negare che l'ascoltiamo attenti a bocca aperta, e quasi fuori di noi; e quando egli sarà partito, conosceremo bensì ch'egli abbia mentito, ma confesseremo d'essere stati ad udirlo con attenzione e diletto. E però credo che si possa conchiudere che la nostra credulità sia un amo, a cui ci possa prendere un poeta benissimo, come ci prende a molti altri, ch'hanno forse minor forza di questo. Non è dunque punto da essere dispregiata la favola del *Re Cervo* perchè sia invenzione favolosa, anzi è commendabile, quanto qual si voglia altro argomento; e non è

[1] *Del Re Cervo*. È la terza delle *Fiabe* di Carlo Gozzi, recitata la prima volta al teatro di San Samuele il 5 gennaio 1762, con tanto successo che, come si legge in una lettera dell'abate Patriarchi (Venezia, 14 febbraio 1762), « fu rappresentata a giorni passati per 15 sere e poi di nuovo cominciata a rappresentare ieri sera. » Eccone l'argomento. Il mago Durandarte ha dato al re Deramo due portentosi segreti: una statua di stucco che ride ogni qual volta una donna mentisce dinanzi ad essa; e un magico verso pel quale chi lo pronuncia sopra un animale od uomo morto, entra ed avviva quel cadavere, lasciando il proprio corpo in terra morto. Deramo, volendo prender moglie, fa venire a sè, in presenza della statua, tutte le fanciulle del suo regno; ma non ce n'è una che non dica bugie e faccia ridere la statua, tranne Angela, figlia di Pantalone, onesto ed affezionato servitore del re. Deramo la sposa con grande rabbia di Tartaglia, ministro iniquo e traditore, che di lei era innamorato. Costui, al quale il re aveva confidato il segreto del verso magico, cupido a un tempo di possedere Angela e il regno, fa sì che Deramo si trasformi in cervo, lasciando il proprio corpo morto in terra, nel quale Tartaglia entra tosto, e da tutti è ritenuto il re: ma colle inutili crudeltà atterrisce la corte, e coi modi villani sgomenta Angela che non riconosce in lui l'animo nobile e gentile del vero re. Questi intanto entra, sempre per effetto del verso fatale, nel corpo d'un vecchio mendico trovato morto in una selva, e così trasformato riesce a penetrare nel palazzo reale e fin nella stanza d'Angela, e a persuaderla del vero esser suo malgrado l'aspetto deforme; ma sorpreso da Tartaglia, sta per essere ucciso, quando appare il mago Durandarte che punisce di morte il traditore e fa ritornare Deramo nel suo aspetto di prima.
[2] *Tassare*. Riprendere.
[3] *Gli argomenti d'Aristofane*. V. la nota a pag. 221.

da maravigliarsi, se negli animi dell' udienza fece quell' impressione che ognuno ha potuto vedere.

Un argomento favoloso però non potrebbe mai dar diletto all'udienza, se vestito non fosse con l'imitazione del costume inteso da tutti e con passioni naturali; il che nel *Re Cervo* si vede essere stato osservato dal suo scrittore.

Ride nel primo atto la magica testa di stucco all'udire le bugie delle femmine, che si presentano al re per essere da lui elette in ispose. Allora non è la maraviglia del vedere a ridere uno stucco, che dia diletto agli uditori; ma è quell' interna malizietta che ognuno ha, e quella voglia di vedere beffato chi ha il torto, e si crede di tenerlo nascosto con la menzogna e col far buon viso; nè si ricorda più della impossibilità di quell'atto d'una statua, per l'interesse che prende nella beffa e per la curiosità che ha di vedere lo stucco a ridere a tempo. Di che vedesi una prova che nel rappresentarsi quella scena, quanti sono nel teatro stanno sempre con gli occhi rivolti ad esso e attendono il suo ridere, non per maraviglia della statua, ma per ridere con essa di quel sentimento che provano in sè, e di quel piacere dell'aver convinta di menzogna la donna che parla. Ed ecco la maraviglia condotta a natura e a costume.

Negli altri atti s'aggira la maraviglia sull'opinione di Pitagora [1] che l'anime possano passare in altri corpi. Ma non è la maraviglia sola del vedere a passar lo spirito del re in un cervo, morto, o quello di Tartaglia nel corpo del re, che arresti l'udienza. È lo sdegno del vedere un ministro traditore che inganna il suo re, la compassione d'un re il quale per bontà di cuore perde in un momento il regno, ed è a pericolo di perdere una moglie tanto amata da lui, e il dubbio che la moglie presti fede al ministro coperto del corpo del re: queste sono le cose che tengono salda l'udienza ad ascoltare con diletto; e queste sono quelle che rinforzano le trasformazioni; le quali acquistano forza dalla passione ch'è anima di tutta la commedia.

Passa lo spirito del re dal corpo del cervo in quello d'un vecchio ucciso da Tartaglia. Non si può dare una situazione più forte di quella in cui si trova esso vecchio. Poco fa egli era re e giovane, ora è meschino e deforme. Dee presentarsi alla moglie. Come si farà la via? Come gli sarà creduto? Quali parole userà? Che gli gioverà per ricuperarla? Come potrà assicurarsi ch'ella non ami Tartaglia da lei creduto la persona del re? Questa è la sua situazione.

In qual situazione ritroverà la regina? Dolente, disperata, chè nel re non vede più la prima umanità, nè i sentimenti nobili per li quali l'avea così amato; agitata per le molte crudeltà usate da lui nel padre di lei e nel fratello. Tali sono le condizioni dell'uno e dell'altra, quando si riscontrano insieme marito e moglie la prima volta. La maraviglia della tramutazione non è che un mezzo per condurre due personaggi ad un passo di tanta aspettazione. Appena si trovano insieme, eccoti mossa l'agitazione e il dubbio di quello che sarà nell'animo degli spettatori. La scena è guidata quanto si dee naturalmente e secondo il costume. La regina all'apparire del vecchio lo prende per ispia del re e lo svillaneggia, cosa che agli uditori fa passione, vedendo quell'innocente calunniato, e lei ingannata dall'apparenza d'un altro corpo,

---

[1] *L'opinione di Pitagora.* V. la nota 1 a pag. 86.

e tratta dal suo inganno ad offendere persona da lei più che la vita amata. A poco a poco il vecchio ritoccando le cose passate, l'a rende attenta al suo ragionare e le scopre un segreto ch'ella può credere, avendo veduto la prova dello stucco, e conoscendo che le maraviglie non sono impossibili in sua corte. Finalmente lo riconosce per marito suo. Ed ecco col mezzo della maraviglia condotta una scena di rico- gnizione; e sa ognuno che le ricognizioni [1] artificiosamente maneggiate sono un colpo de' più sicuri che mai si facesser sulla scena; e de' più potenti nell'animo degli spettatori. Dopo s'attende subito quello che dovrà nascere fra il vero re e Tartaglia, ed ecco una nuova agitazione nell'udienza. Si trovano insieme questi due attori, e la scena è riscal- data dallo sdegno d'entrambi, e finalmente terminata dalla maraviglia e dalla consolazione di vedere il reo gastigato e l'innocente ricondotto allo stato suo primo di grandezza.

Tale è il lavoro di questa rappresentazione. Ad ogni passo la ma- raviglia riesce di mezzo alla passione, onde non è punto da studiare in che consista la forza che lega gli ascoltatori. Oltre a quanto ho detto, vi è la varietà nelle scene, legate sempre all'azione principale, e la parte del piacevolissimo Zanni [2] che interrompe di tempo in tempo la gravità, senza punto sturbare il filo; e vi sono le trasformazioni con molta prestezza eseguite.

Non è dunque un tal genere di rappresentazioni teatrali da essere lasciato in abbandono da qui in poi, e può accrescere quel diletto che dalla scena si tragge. E riuscirà sempre se chi vi s'adopera dentro, farà in modo che le trasformazioni e la maraviglia servano a maneg- giare la incontro passione, la quale non mancherà mai di fare l'effetto suo, dove forza, senza le trasformazioni, anche bellissime, sempre avranno poca che non vengono rinvigorite dalla passione e dal costume.

ALL'OSSERVATORE.

gli La commedia del *Re Cervo*, tanto gradita dal pubblico, ha in- sciato me ancora d'andarla a vedere dopo molti anni che ho trala- ciato d'andare a' teatri. Non vi posso negare ch'io non n'abbia avuto iletto. Ho passato tre ore arrestato non so da che io medesimo. Bello fu che per saper la cagione dell'intrattenimento e del piacere che ho avuto, andai per le botteghe ascoltando quello che se ne diceva. Trovai che tutti n'aveano avuto sollazzo, ma venivano addotte varie ragioni. Chi diceva: l'è la maraviglia delle trasformazioni e non altro. Chi di- ceva: l'è la grazia delle maschere, e chi n'accagionava una cosa, chi un'altra. Avrei piacere che voi m'adduceste qualche più solida ragione, se pur ve n'è, del diletto che ne ritraggono gli spettatori. So che voi esaminate ogni cosa; datevi quest'impaccio anche per me, che sono tutto vostro, e lasciate per un foglio le bestie. Addio. Vostro amico

IL DUBBIOSO.

---

[1] *Le ricognizioni.* È noto che le ricognizioni e agnizioni furono uno dei mezzi più usati e abusati nella vecchia commedia per sciogliere l'intreccio.
[2] *Zanni.* Lo Zanni o Arlecchino era una delle maschere preferite nell'antica commedia a soggetto.

AL DUBBIOSO.

Tutto quello che sta stampato prima della vostra lettera, è risposta alla vostra domanda. Credo che le mie meditazioni abbiano dato nel segno. Se mi sono ingannato, gradite almeno la buona volontà che ho avuto di servir. comandatemi che mi troverete sempre l'amicissimo

OSSERVATORE.

AL SIGNOR BARTOLOMMEO OCCHI, LIBRAIO.

Non avete punto bisogno ch'io parli in lode delle *Novelle Morali* del signor Marmontel,[1] il cui primo tomo è già pubblicato in italiano. I libri non sono come i componimenti teatrali che in un momento, si può dire, sono veduti e giudicati da molti. Uno ne compera e legge, ne dà notizia ad un altro, che lo compera e legge anch'egli, e così d'uno in un altro la notizia ne va ad una dozzina, da questa a due, e poi al centinaio, tanto che ognuno lo sa e si fa concorso di comperatori. Sicchè, vi dico, non occorre ch'io lodi coteste novelle. Son certo che fra pochi giorni verranno assaggiate e conosciute. La buona riuscita ch'ebbero in Parigi, l'avranno anche in Venezia. La morale è vera e giusta in esse, e nel medesimo tempo rinvigorita dal garbo e dalla galanteria; e in breve è libro che deve essere gradito dal pubblico. Io vi fo questo buon augurio, non ne dubitate. Date fine al secondo volume, e vedrete se sono veridico. State sano e stampate, che di cuore vi saluto.

L'OSSERVATORE.

N° IC.   A dì 13 gennaio 1761 M. V.

DIALOGO XIV.

CIRCE, ULISSE E COMPAGNE DI CIRCE.

Circe. Non indugiare più lungamente, Ulisse. Questo è il punto favorevole alla tua partenza. Allievo di Giove, figlio di Laerte, va'. Tu dèi, prima di pervenire alla patria,[2] giungere alle case di Plutone, per avere consiglio da Tiresia tebano, indovino, cieco degli occhi corporei, ma veggente con quelli dell'intelletto.

Ulisse. Oh Circe! Come potrà mai una nave andare a' luoghi infernali? Non andò mai vascello alle rive d'Acheronte. Da quello di Caronte in fuori, io non credo che quivi navighi altro legno.

---

[1] *Le Novelle Morali del signor Marmontel.* Il Marmontel, scrittore francese, 1739-1799, fu uno degli enciclopedisti. Nel 1756 pubblicò queste *Novelle Morali* che furono tradotte in italiano da Gasparo Gozzi.

[2] *Tu dèi, prima di pervenire alla patria* ec. Qui il Gozzi segue l'invenzione di Omero che racconta (*Odissea*, XI) come Ulisse, lasciata l'isola di Circe, navigò sino alle regioni del Cimmerii, dove è Dite, la dimora di Plutone e dei morti. Colà penetrato e compiuti certi misteriosi riti, gli apparvero molte ombre, fra cui quella di Tiresia, famoso indovino antico, dal quale intese gli ultimi viaggi che gli restavano da compiere per giungere in Itaca.

Circe. Non dubitare. Va', e lascia fare il restante alla mia magica disciplina. Ti guiderà pel profondissimo Oceano il vento da me signoreggiato. Tu siedi nella nave, e lascia fare ad esso vento, che ti guiderà dove dèi andare. Approderà finalmente il tuo legno ad una spiaggia, dov' è una selva tutta di cipressi altissimi e di felce sterile. La selva a Proserpina è consegrata. Quivi smonta; e tu solo avviandoti per la selva, giungerai alla squallida e rugginosa casa di Pluto. Prendi questo foglio, in cui sono parte per parte assegnati i sacrifizi che tu dèi fare. T'apparirà Tiresia, e con esso lui molte ombre di defunti. All' indovino chiedi consiglio intorno alla via e alle misure che dèi prendere pel tuo ritorno in Itaca. Agli altri domanda quello che ti pare, e secondo che la tua curiosità ti detta.

Ulisse. Io ti sono veramente obbligato, o nobilissima Circe; imperciocchè per grazia tua ho molte cose vedute ed intese, dalle quali parecchi lumi ho acquistati, che io non avea prima che approdassi a questa tua isola.

Circe. Anzi rendine grazie alla tua costanza e virtù, alla quale sei debitore di quanto hai veduto. Se quelle non erano in te, ben sai il costume di quest'isola. Tu avresti, come tutti gli altri che qui pervengono, scambiata la pelle, e saresti ora a grugnire in un porcile con que' tuoi compagni, i quali per tua cagione si sono di nuovo rizzati sopra due piedi, e hanno la faccia rivolta verso al cielo. Quanto io fo per te, sappi ch'io sono obbligata a farlo, non avendo forza di contrastare a quella virtù che supera ogni mio potere. Ma è tempo che tu vada oggimai. Imbárcati. I tuoi compagni sono già nella nave. Addio, Ulisse.

Ulisse. Circe, addio.

Circe. E voi, compagne mie, accompagnate col vostro canto la nave, fino a tanto che ferendole il vento le bianche vele, sia sparita dagli occhi nostri. Abbia il nobile e virtuoso Ulisse quegli encomi che la sua virtù ha meritati.

Una delle compagne.

    Prospero fiato e fortunato raggio
Guidi il tuo legno per lo mar profondo.
Debbon le stelle e tutt' i venti omaggio
Fare a virtù nel nostro basso mondo.
Giungi alla fin del tuo nuovo vïaggio,
Insin che trovi della terra il fondo,
Ove gli spirti di lor carne ignudi
Insegnino al tuo core altre virtudi.

Un' altra delle compagne.

    Per adornar un'alma che s'aggiri
Sopra la terra e fra terrene genti,
Non basta ch'ella intorno a sè rimiri
Le sostanze mortali ed apparenti;
Alzarsi dee fino a' superni giri,
Ove si chiudon le beate menti;
E penetrar con vigoroso ingegno
Ne' cupi abissi del dolente regno.

Circe.

    Questi son gli ornamenti onde s'infiora
Quaggiù lo spirto; ei sua natura intende,
E riconosce sua vera dimora,

· Se col pensier fuor di suo fango ascende.
In questa guisa sè medesmo onora;
E chiuso anche nel corpo il volo prende
Verso lo stato suo puro, immortale,
Dove alfin ha sua pace e chiude l'ale.

Tutte.   Va' lieto, Ulisse, chè i passati affanni
Ti faran forte a sostener la via.
Non potran contro a te di Dite i danni;
Non le Sirene, e lor falsa armonia.
Vedrai la moglie,[1] e con lodati inganni
Discaccerai da lei la gente ria
Che vuol al casto tuo letto far torto;
E avrai di tue fatiche alto conforto.

Circe. Ma già ecco la nave in alto mare, e da noi lontana. Non
possono più le vostre voci pervenire agli orecchi d'Ulisse. Acchetia-
moci, e rientriamo a' nostri soliti uffici, attendendo altri approdi per
far le usate tramutazioni.

L'OSSERVATORE.

In effetto egli mi pare che mi si sia levata una pietra dal petto,
dappoichè s'è partito Ulisse, e che mi si cambia l'argomento nelle mani.
Vada egli al suo buon viaggio fino a tanto che pervenga alle porte di
Dite, dove l'accompagnerò anch'io quando avrò un poco riavuto il
fiato. Fino a qui ho avuto a bazzicare con bestie: da qui in poi avrò
a mettere sulla scena ombre. Confesso che m'era venuta a noia quella
bestiale compagnia; e per non avere altro fastidio, ho troncati molti
altri dialoghi di lioni, di lupi, di rinoceronti, d'elefanti e d'altri animali. Chi sa se i leggitori n'aveano anch'essi la stessa molestia? Io
nol so: ma feci un calcolo da me stesso che noi siamo per natura tutti
volonterosi di variazione, e ch'egli era bene scambiare. Se un giorno
mi giungesse mai agli orecchi che i parlari degli animali non erano
noiosi, rappiccherò il filo, e ritornerò al primo argomento. Intanto, lasciati quelli, entrerò ne' ragionamenti dell'ombre. Bella cosa ch'è la
fantasia! Io mi credeva d'esser lontano mille miglia da Ulisse; ora
che voglio essere con esso lui, eccomi che in un momento ho fatto un
lunghissimo viaggio. Oh! come facesti, dirà alcuno? Facendo quattro
passi dalla tavola, dove scrivo, ad una libreria, e prendendo un libro.
E forse un libro di negromanzia? Fate vostro conto ch'è tale. È
Omero. Non vi par vera malía l'avere un libro facoltà di pervenire a noi dopo tante migliaia d'anni? Eccolo. L'apro, ed esso mi
guida per quello stesso viaggio che fu da Ulisse fatto nella sua nave.

Giunse dunque Ulisse, secondo questo autore nell'undecimo libro
dell'Odissea, al tramontare del sole, a' confini del profondo oceano, dove
abitano i Cimerii, popoli intorno circondati da una perpetua caligine,
e non mai rotta da raggio veruno. Quivi smontato, Ulisse trasse fuori
della nave non so quali pecore; e andato ad un certo luogo, trasse
fuori un coltellaccio che avea al fianco, e cavò nel terreno una fossa
quadra, larga un braccio per ogni verso, e profonda alla stessa misura. Fece alcuni libamenti col vino mescolato con mèle, acqua e farina

---

[1] *Vedrai la moglie* ec. Sono gli ultimi casi d'Ulisse, come li racconta Omero.

bianca, faccndo voto di sacrificare una vacca, quando fosse giunto in Itaca. Scannò le pecore, empiè la fossa del sangue di quelle; e stavasi attendendo l'ombre che andassero per bere.

Non è forse anche questa una malía? Quali ombre v'andassero, e quello che ragionassero ad Ulisse, sarà materia d'altri fogli. Intanto io mi starò seco a sedere e ad attendere le ombre per notare i loro ragionamenti. Ecco un'altra fantasia, ch'egli mi pare al presente di ragionar io medesimo con Ulisse.

ULISSE E OSSERVATORE.

Ulisse. S'io non m'inganno, egli mi pare d'averti veduto in qualche luogo ne' miei lunghi viaggi. Certamente non m'è ignota questa fisonomia. Io vorrei sapere chi tu sei.

Osservatore. Che tu m'abbia veduto, potrebb'essere. Egli è già lunga pezza che ti seguo, e sono stato sempre teco nell'isola di Circe; e mentre che ragionavi con gli animali, io ti veniva dietro, e prestava orecchio a quanto dicevi.

Ulisse. Non hai tu forse altra faccenda al mondo?

Osservatore. Io n'ho pure altre molte; ma questa è una di quelle ch'io mi riservo per alleggerirmi l'animo dagli altri pensieri. Non è cosa che più mi piaccia dell'osservare quello che sieno e facciano gli uomini, per norma della vita mia, e per comunicare quel ch'io ritraggo da loro agli altri miei pari.

Ulisse. Lo studio è buono, ed è quel medesimo che fo anch'io da tanti anni in qua. Ma qual vantaggio credi tu di cavarne?

Osservatore. Nessuno. Ogni cosa non si fa per vantaggio. Pensa che l'ho preso per un intrattenimento. In iscambio d'impiegare in altro certe poche ore che m'avanzano, le adopero in questa fantasia, nella quale passo il tempo, senza avvedermi intanto di certi fastidi che mi circondano, i quali non mancano alla vita d'alcun uomo. Ognuno ha i suoi, io ho i miei.

Ulisse. E che fai tu de' vari pensieri che vai raccogliendo?

Osservatore. Quando ho posta insieme tanta materia che basti a riempiere un argomento, prendo la penna e scrivo, e mando intorno quello che ho scritto.

Ulisse. E che se ne dice?

Osservatore. Quel che si vuole. Variamente. Chi dice: Costui dà nel vero. Un altro: Che vuol egli impacciarsi con gli uomini? Facciano quel che vogliono. Alcuni non vogliono leggere; alcuni leggono, senza curarsi di quello ch'è scritto.

Ulisse. E tu che fai?

Osservatore. Scrivo.

Ulisse. A questo modo egli mi sembra che tu lo faccia per voglia di scrivere, più che per altro. Dappoichè tu hai questa buona intenzione, io ti prego, sta' attento a quello che vedrai, e togli questa briga a me. Io ti darò i miei quaderni, dove ho scritti tutt'i dialoghi fatti con gli animali nell'isola di Circe....

Osservatore. E tardi. Sono già pubblicati.

Ulisse. Oimè! tu hai una gran furia! Bene, poichè hai pubblicati quelli, sta' bene attento a quello che diranno l'ombre. Io sento già un certo mormorío che mi dà indizio che non sieno molto lontane.

Osservatore. E vero. Zitto. Ecco, ecco che vengono.

N° C.   A dì 16 gennaio 1761 M. V.

DIALOGO I.

ULISSE, OMBRA DI PARIDE [1] E UN VILLANO.

Ulisse. Ecco fatto il sagrifizio, ed ecco la fossa empiuta di sangue. Oh! come ci concorrono l'ombre! e qual mormorío fanno! Ma mi conviene far qui secondo l'ammaestramento di Circe, e spaventarle con la spada, fino a tanto che ci venga l'indovino Tiresia, il quale deve essere il primo. Via, via di qua. Ritraetevi. Non si bee, no. Verrà la volta di ciascuna.

Paride. Oimè! anche in questi pacifici luoghi sotterranei s'ha a vedere l'odiato splendore delle spade? Non bastava forse che nel mondo si facessero battaglie, distruzioni di città e rovine d'uomini, che qui ancora viene chi vuol far zuffe? Qual sei tu che non lasci in pace nemmeno l'ombre de' morti? Ma che veggo io? Ora che ti miro attentamente, ti riconosco. Tu sei il re d'Itaca, tu sei Ulisse.

Ulisse. Sì, tu vedi appunto quello ch'io sono.

Paride. O fraudolente! Non t'è forse bastato con le tue maladette astuzie di rovinare la capitale dell'Asia e il regno di Priamo, che vieni ancora per mettere sozzopra il reame di Pluto?

Ulisse. Dappoichè cotanto ti quereli ancora de' casi di Troia, tu dèi essere troiano.

Paride. E troiano sono: e mi maraviglio grandemente del fatto tuo, che avendomi veduto più volte, tu non m'abbia ancora riconosciuto, mentre ch'io ho riconosciuto te.

Ulisse. Egli è perch'io ho ancora la faccia di prima. Ma io ti prego, di grazia, dimmi il nome tuo, e fammi sapere chi tu sei. Io ti prometto di fare costassù nel mondo quell'onorata ricordanza che meriterà il tuo nome.

Paride. Io sono un de' figliuoli di Priamo.

Ulisse. Egli n'ebbe tanti, ch'io non saprei qual d'essi tu fosti. Se tu fossi Ettore, m'avresti detto il tuo nome al primo. Tu dèi essere alcuno di quelli che morirono di morte oscura. O saresti tu mai...?

Paride. Sì: quegli sono, che la più bella femmina che avesse la Grecia trassi dalle braccia d'un re greco, e la feci mia sposa.

Ulisse. Se il fatto in coscienza ti paresse bello e nobile, tu m'avresti detto che sei Paride; ma conoscendo tu medesimo che facesti un'ingiustizia, parli con dispetto, e tenti di nascondere il tuo torto con l'alterazione della voce, e col mettere innanzi al tuo nome il vitupèro

---

[1] *Paride.* Costui fu figliuolo di Priamo re di Troia, bellissimo della persona, ma effeminato e lascivo: da giovane pasceva le greggi del padre sul monte Ida, quando fu prescelto da Giove a decidere quali delle tre dee, Giunone, Minerva e Venere, avesse il vanto della bellezza, ed egli elesse Venere. Questa per ricompensarlo gli promise la più bella donna della Grecia, ch'era Elena, moglie di Menelao, re di Sparta. Difatti Paride coll'aiuto della dea la rapì al marito e la trasse con sè in Troia; onde i Greci per vendicare l'affronto fatto a uno dei loro principi, collegatisi, mossero a Priamo quella guerra nella quale Giunone e Minerva, per odio del nome troiano, li aiutarono a rovesciare quel vastissimo impero.

che facesti alla Grecia. Lodato sia il cielo, che tu e tutta l'Asia ne foste benissimo pagati.

Paride. Tu credi ch'io ti voglia rinfacciare l'ignominia da me fatta alla Grecia, e t'inganni. Altro è quello che mi move a sdegno. E la tua astuzia.

Ulisse. Quale astuzia?

Paride. Quella, che per vilificare il mio nome, t'infingi di non conoscermi, come se mai non m'avessi veduto.

Ulisse. O Paride! Che credi tu? Pensi tu forse d'essere ancora quel medesimo che ne' boschetti d'Ida traevi alla tua volontà la pastorella Enone? Quegli che alle mense di Menelao accennavi con gratissime occhiate la figliuola di Leda? Io non veggo però che dal tuo capo caggiano e t'ondeggino sopra le spalle que' capelli somiglianti alle sottilissime fila dell'oro, che avevi in quel tempo; nè quello splendore di prima scintilla negli occhi tuoi.

Paride. Come? Qual sono io dunque? Sarò io tanto da quel di prima tramutato in sì pochi anni? e sarebbe forse vero quello che mi dicono l'altre ombre, quando mi deridono? Qual sono io dunque?

Ulisse. In prima in prima ti sono sparite quelle tue pienotte guance, nelle quali io non veggo ora altro che la figura che avrebbero l'ossa nude di polpe. Gli occhi sono ridotti a due occhiaie, nelle quali io non veggo lume veruno; la zucca è calva; e tutto il corpo appena si vede. Pensa tu in qual forma ti potea raffigurare.

Paride. Oimè! Oimè! Che mi di' tu?

Ulisse. Io ti dico quello che veggo. Oh! oh! maravigliosa cosa ch'è questa! Non ti specchiasti tu mai nella riviera d'Acheronte? Non vedi tu quello che sono le altre ombre? Perchè non credi tu a quelle, quando scherniscono il tuo stato? Come va questa faccenda?

Il Villano. Ah, ah, ah.

Ulisse. Chi ride di qua? Qual se' tu, ombra, che in questi luoghi di tristezza e malinconia hai voglia di ridere?

Il Villano. Non occorre ch'io ti dica quale io sia. Tu non mi conosceresti però quando anche avessi udito il mio nome. Nacqui fra' campi, vissi di lavorare la terra, morii fra' solchi. Questa vita non è nè conosciuta nè stimata, fino a tanto che si sta al mondo. Quaggiù ritrova grazia. Ora sono io dopo molte fatiche contento.

Ulisse. Tu mi dirai almeno di che ridevi poco fa, mentre che ragionavamo Paride ed io; se pure ridevi di quello che si diceva tra noi.

Il Villano. E di che altro pensavi tu ch'io ridessi? Di quello appunto.

Paride. Io avrei però caro d'intendere che cosa diss'io, che t'avesse a movere a riso.

Il Villano. Odimi, Ulisse, io parlo a te, dappoichè il tuo destino t'ha qui condotto, acciocchè tu debba imparare cose nuove. Sappi dunque che quando quaggiù discendono l'ombre da que' luoghi dov' esse compierono il corso della vita loro, ne vengono tutte con que' costumi appiccati intorno, che aveano costassù nel mondo; e questo è l'indizio che hanno i tre giudici di questo luogo [1] nel dar loro quel guiderdone o quel gastigo che meritano della loro passata vita. Ma tutti coloro i quali hanno avuto qualche difetto, hanno per pena fra l'altre che non

---

[1] *I tre giudici di questo luogo.* Minosse, Eaco e Radamanto, giudici infernali.

lo conoscono punto da sè, e vengono scherniti dall'ombre che stanno loro intorno, e derisi in varie forme; di che hanno tanto dispetto, che si disperano mille volte l'ora. Ad ogni momento qui scendono, per esempio, superbi, intorno a' quali si affollano l'ombre in calca, e con atti d'umiliazione mostrano ad ogni cenno d'ubbidirgli, gli lusingano con dolci parole, fanno le viste di temer di loro. E che più? giungono a tale, che pongono loro talvolta uno scettro nelle mani e una corona in capo, e gli onorano, quali se fossero principali di tutti. E quando gli veggono gonfiati bene, cominciano a far loro visacci e ceffi e mille burle; di che essi hanno tanta rabbia, che dicono villanie a quanti sono loro d'intorno, di che si fanno le risa universali. Vorrei che vedessi quando s'apparecchiano tesori agli avari, a' quali par di possedere immensi tesori che svaniscono; quando si mettono in ordine a' divoratori solenni conviti che vanno in aria ed in fumo, quando aprono la bocca per mangiare. Credimi che tu non potresti tenere le risa; e tanto più, che a coloro i quali vengono burlati, sembra d'avere ragione; e non conoscono mai i difetti loro, accecati dalla consuetudine che aveano al mondo.

Ulisse. Ma qual difetto ha Paride quaggiù, che meritasse d'essere da te deriso?

Il Villano. Quello ch'egli avea, quando le tre Dee rimisero nelle di lui mani il giudizio della loro bellezza, quello ch'egli ebbe, quando giudicò Venere superiore all'altre due, e le diede il pomo della Discordia.[1] E qui femminacciolo, come egli era sulla terra. Pensa quante baie e berte gli vengono fatte. Dappoichè egli è sceso quaggiù, egli si crede ancora di aver quella faccia giovanile, e quelle fattezze che nel mondo avea. Bench'egli sia stato più volte beffato, non vuol credere alle altrui parole. Fu colto più fiate di furto, che si specchiava nell'acque d'Acheronte; ma quel torbido e ingannevole fiume gli rimanda alla vista la sua immagine altrimenti fatta da quella che in effetto è, ond'egli sempre più si conferma a credere che tutti sieno bugiardi; e presta fede maggiore alla sua falsa immaginazione, che a tutte l'ombre. Questa sua fallace opinione è una commedia e uno scherzo perpetuo fra noi. Tutte l'ombre si sono insieme collegate per fargli nascere mille accidenti amorosi, ne' quali egli se ne va alla fine con le risa di tutti, e non gl'importa punto: sicchè torna da capo dopo finito uno scherno ad avvilupparsi in un altro. Ed egli è un bel vedere, quando gli si dà ad intendere ch'egli è veramente bello e garbato, ed egli si dirizza, e va sopra sè, non ricordandosi che i passini, gli attucci e le occhiatine non convengono più a quegli stinchi, nè a quegli occhi vôti di luce. Di che tu puoi pensare se qui se ne ride gagliardamente. Ma il colmo d'ogni giocondità è allora quando qualche ombra di donna si finge innamorata di lui, la quale quantunque sia ombra e a lui somigliante, pure egli non se ne cura, bastandogli di sentirsi a lodare, e d'udire que' sospri affettuosi e quelle vezzose parole. Infine l'ombra lo pianta, e si fa uno sghignazzare intorno a lui, che lo fa tutto imbizzarrire.

Ulisse Odi tu, Paride? Tu hai inteso. Sappi reggerti da qui in poi, e non avrai cagione di tanto sdegno.

---

[1] *Il pomo della Discordia.* Era un pomo d'oro, lanciato dalla Discordia sulla mensa degli Dei, con la scritta: Alla più bella : onde la contesa fra Giunone, Minerva e Venere, a chi doveva toccare il pomo.

Il Villano. Credi tu ch'egli si corregga per le mie parole? No; anzi si crede che quanto gli ho detto sia invidia. Non vedi tu come sta ingrognato? Ti par segno quello d'essersi ravveduto della sua pazzia? A me non pare.

Ulisse. Che ne di' tu, o Paride?

Paride. Ch'io lascio col malanno te e lui. Che tu se' un astutaccio cattivo, conosciuto da ogni uomo per tale; e che io non debbo affidarmi a te, nè alle tue parole: e che questo villano, avvezzo tra le boscaglie e le pecore, non può essere stato ammesso dagli Dei a sapere quello che sia la verità più d'un figliuolo di re, qual son io. Sicchè egli avrà le traveggole, e gli debbo parere un altro da quel ch'io sono. Statevi nella malora l'uno e l'altro.

Il Villano. Udisti com'egli s'è corretto? In questa guisa s'ingannano anche quaggiù coloro che vissero sopra la terra con qualche difetto. La sola virtù conduce seco la vera intelligenza delle cose anche in questi luoghi sotterranei.

Ulisse. In qual modo esercitasti tu, o villano, la virtù nel mondo? Dappoichè non credo che a te fosse nota in una vita così rozza la sua bellissima faccia.

Il Villano. E tu di' anche il vero, che non mi fu nota. Io consumai tutta la vita mia cercando colle mie fatiche d'acquistare onoratamente il pane per me e per una certa mia numerosa famigliuola. Questo solo pensiero m'occupava sempre; se qualche frutto mi rimaneva delle fatiche mie che fosse stato più di quello che m'abbisognava, ne facea volentieri parte a chi stava peggio di me; non m'avvidi mai che questo fosse atto di virtù o d'altro; ma assecondava in ciò una certa inclinazione ch'io avea di vedere ognuno contento.

Ulisse. Bene. Non era forse virtù questa?

Il Villano. La conobbi di poi. Quando, circondato dalle lagrime di quella mia povera famigliuola e di certi miei buoni amici, uscii del corpo mio, venni alla riva del fiume Acheronte, non sapendo in qual luogo venissi. Entrai in un battello, guidato da un vecchio nocchiero in compagnia di molte altre persone, le quali si disperavano e piangevano di ritrovarsi quaggiù; mentre ch'io all'incontro non mi sentiva nell'animo verun dolore; anzi piuttosto avea consolazione di vedermi liberato dalle mie lunghe fatiche, e d'aver lasciati i miei figliuoli, se non ricchi, almeno ammaestrati nell'arte loro, e capaci di guadagnarsi il pane, com'io già fatto avea. Venni condotto davanti a'giudici d'Averno, i quali veduto in me tutti i segni della passata vita, di cui l'ombra mia portava seco l'impronta, mi domandarono conto dell'opere mie; io lo diedi loro, ed essi le giudicarono ad una voce virtù; onde allora appresi ch'io era stato virtuoso; e fui mandato a sedere ne'boschetti degli Elisi, dove regna un'eterna luce ed una bellissima verdura che non ha mai fine.

Ulisse. Chiunque tu ti sia, mi rallegro d'ogni tuo bene; e ti ringrazio che sii stato meco così lungo tempo ad informarmi delle cose di quaggiù.

Il Villano. S'altro non ti occorre, io me ne vado alle mie selve.

Ulisse. Sì, va'. Addio. Io non so, se dopo così lunghi pensieri e fatiche toccherà a me quel bene ch'è tocco a questo semplice villanello. Ma quest'ombre s'affrettano di bere. Alto, alto. No. Io aspetto Tiresia.

ALL'OSSERVATORE UNA COMPAGNIA D'INCOGNITI.

Prima che sia da voi posto fine a tutti i fogli che dovete compiere nel corso d'un anno, de' quali ve ne mancano pochi ancora, noi abbiamo a spiegarvi un nostro desiderio. Lasciateci parlare liberamente. L'impresa da voi tolta d'osservare i costumi degli uomini, è grande, è ampia, e voi siete solo. A noi è paruto sempre che un solo non potesse tutte le cose vedere. C'è un'altra difficoltà, che un solo vede sempre con gli occhi suoi e colorisce tutto con la medesima vernice, per modo che la varietà, sopra ogni altra cosa cara al pubblico, non vi si ritrova. Voi medesimo ve ne siete avveduto più volte; onde col cambiar fantasie ed invenzioni, vi siete ingegnato di produrre diversamente i vostri pensieri. Di ciò nacquero le novelle allegoriche, le favole, i ritratti, i ragionamenti a solo, le lettere, i dialoghi delle bestie con Ulisse, e finalmente di questo con l'ombre. Non possiamo negare che non abbiate lungamente fantasticato, che non si veda ne' fogli vostri varietà, e che non meriti qualche lode l'aver voi empiuto con diverso stile anche i componimenti vostri, secondo che lo richiedevano. Con tutto ciò non sono ancora tanto variati, quanto occorre. In tutti si vede sempre quel solo cervello che pensa, immagina e detta. Questo non si può travestire, che altri non se ne avvegga. Oltre a ciò un'altra cosa si vede ancora. Non tutti i giorni sono uguali. Egli è impossibile che un uomo sia sempre d'un umore, e che la salute sua sia sempre quella medesima. Leggendo i fogli vostri, abbiamo detto più volte fra noi: "L'Osservatore oggi sta bene, è di buon umore; oggi egli ha il polso nelle mani del medico; a questo foglio si conosce che, quando lo scrisse, avea malavoglia, malinconia, stizza." Volete voi più? Che domandando informazioni del fatto vostro, ritrovammo che così era, come avevamo sospettato. Noi, in cambio di dolerci d'una certa disuguaglianza ne' fogli, come quelli che siamo vostri buoni amici in ispirito, cominciammo a portarvi maggior affetto e a dire più volte così: "Cotesto uomo dabbene è degno non solo di scusa, ma che altri cerchi d'alleggerire il suo peso. Infine, infine, c'è una certa utilità ne' fogli suoi, che sarebbe male ch'egli per istracco gli abbandonasse, o prolungasse il lavoro svogliato. A noi sopravanza molto tempo dalle faccende nostre, molte ore abbiamo d'ozio; a che non assecondiamo noi la sua buona volontà, e non gli prestiamo qualche particella del nostro ingegno? Quanto è all'osservare i costumi, noi ancora non siamo ciechi e veggiamo la parte nostra, e forse con occhi diversi da' suoi. Questo sarebbe varietà, se ci occupassimo. Egli n'avrebbe alleggerimento; il pubblico diletto maggiore."

Questo dicemmo fra noi e non furono solo parole. Sono più giorni, anzi più mesi, che abbiamo fatto parecchie scritture, e ce le leggiamo di tempo in tempo. Ora finalmente che giunge il termine dell'anno, e che le vostre obbligazioni col pubblico sono vicine al termine, ve ne facciamo avvisato. Se l'offerta nostra vi gradisce, ce ne farete cenno. E perchè vediate aperto il nostro animo, vi aggiungiamo ancora che non è solo il desiderio di giovare a voi e di torvi una parte delle fa-

tiche, che ci mova. Non so quale spirito ci ha tutti invasati. Dappoichè abbiamo scritto, non ci pare di poter vedere quell'ora, che le scritture nostre vadano in istampa. Tutti ne siamo così invogliati, che se
ci negaste questo piacere, ci parrebbe che il mondo ne rovinasse addosso. Sicchè vedete che voi non ci avete obbligo veruno, ma noi piuttosto saremmo obbligati a voi della vostra condiscendenza. Eccovi la
nostra intenzione. Attenderemo da voi la risposta, e se quella ci verrà
quale vien da noi desiderata, vedrete subito quali sieno le nostre fatiche nelle mani del Signor Paolo Colombani. State sano e risolvetevi
a quello che vi pare. Addio.

L'OSSERVATORE A' SIGNORI INCOGNITI.

Quantunque voi vi spacciate meco per incogniti, io so benissimo
quali voi siete. Vedete s'io lo so. Voi siete quattro giovani, i quali fino
da' primi anni vostri vi deste allo studio delle buone lettere, e con
lunghi pensieri e voglie avete tanto fatto, che avete acquistato un bel
nome e gloria di valenti compositori d'ogni genere di poesia e di prosa.
È lungo tempo ch'io sto notando gli atti vostri, e spesso v'ho veduti
or l'uno or l'altro vicini a me, con qualche attenzione guardandomi,
quasi mi voleste dire qualche cosa. Dai visi vostri ho conosciuto quando
i miei fogli erano da voi graditi, o no, perchè nel primo caso vi vedea
lieti, nel secondo malinconici; e volli saperne la cagione. Voi sapete
che al mondo spesso si trovano persone che volentieri favellano. Volete voi altro? È qualche tempo che so la vostra intenzione, e attendeva che da voi mi fosse fatta palese. Lodato sia il cielo che finalmente
me l'avete manifestata. Vi ringrazio. Non vi posso negare che alle
volte la malavoglia non prenda il cervello d'uno che scrive sempre.
Ma se ciò anche non fosse vero, che credete voi ch'io ami cotanto le
cose mie, che non mi piacciano anche le altrui? Non dico più delle
mie, perchè quando anche le fossero le peggiori del mondo, l'obbligo
d'un autore è d'amar più quello ch'esce della sua penna, che quel
che dettano le penne altrui; e chi vi dicesse altrimenti, v'ingannerebbe.
Quello stento che si fa nel pensare e nello scrivere, crea a poco a poco
un certo affetto nell'animo verso le proprie scritture, ch'io credo sia
quel medesimo che portano le madri a' bambini, ch'hanno tenuti tanti
mesi nel ventre. Ma non altre ciance; è tempo di venire alla sostanza
e al massiccio.

Genti veramente onorate e dabbene, io vi ringrazio di cuore. E non
solo accetto l'offerte vostre, ma vi fo duchi e capitani di questa impresa. Udite se dico il vero. Poichè voi avete deliberato di favorirmi,
la mia intenzione sarebbe che questi fogli non avessero più il titolo
d'*Osservatore*, ma quello d'*Osservatori*, essendo di dovere che colà dove
più persone mettono le loro fatiche, facciasi sapere al mondo che sono
diversi, ed abbia ognuno quella lode ch'egli avrà meritata. Sarebbe
oltre a ciò necessario, perchè la varietà meglio spiccasse, che ognuno
degli scrittori mettesse in fondo del suo componimento il suo nome,
non dico già nè Giovanni, nè Filippo, nè Bernardo, o altro; ma quel
nome che ha in una delle Accademie, nelle quali io so pure che ciascheduno di voi è segnato. In questa guisa avrei caro e con quest'ordine che uscissero i primi vostri fogli. Se qualche altra cosa suggerisce
il pensiero ad alcuno di voi, ditela liberamente, chè da questo punto

in poi, come vi dissi, intendo d'avere ogni dipendenza da voi. E perchè non la dovrò io avere? Non siete voi forse veri e cordiali amici i quali con ispontaneo movimento vi siete proposti da voi medesimi per favorirmi? Oltre all'essere cortesi e benevoli, eccovi aperto un bel campo di farvi onore. Quegli studi che avete fatti continuamente, aprano in queste carte i frutti loro. Giovano più forse questi fogli che i molti e lunghi volumi. Se non si stendono lungamente, se non trattano tutte le facce d'una materia, contengono almeno una semente la quale col tempo può fruttificare. Voi intendete benissimo quello che voglio dire, e conoscete quale possa essere il bene prodotto da questi fogli. Non m'allungo di più, quantunque ora avrei più ampia materia da scrivere essendo giunto al passo di ringraziarvi. Ma dovete pensare che questa lettera dee essere stampata e letta da molti a' quali non importerà ch'io vi ringrazi un poco meno di quel che io vorrei. Quando vi vedrò la prima volta, vi farò i miei convenevoli a voce; intanto siate certi della mia gratitudine e di quel vero e cordiale affetto con cui mi dico tutto vostro

L' OSSERVATORE.

DIALOGO II.

ULISSE E ZETO.

Ulisse. Quest'ombra è più di tutte l'altre importuna. Sta' ferma. Qui non si bee fino a tanto che non ci viene Tiresia tebano.

Zeto. Tiresia tebano? Poco può indugiare ancora; io l'ho lasciato poco fa, e fui seco a ragionamento. Son anch'io di Tebe.

Ulisse. Tu lo dèi dunque conoscere, dappoichè sei d'una stessa patria.

Zeto. Fa' tuo conto ch'egli è qui l'ombra di ch'io fo più conto che di tutte l'altre.

Ulisse. Qualche cagione ci dev'essere, dappoichè tu l'ami cotanto. Avrei caro d'intenderla.

Zeto. Egli è il migliore, il più saggio e il più prudente indovino che fosse mai. Eccoti la cagione dell'affetto mio.

Ulisse. E hai tu bisogno d'indovini anche in questa seconda vita?

Zeto. Ben sai che sì. E non credere ch'io facessi mai un passo, nè dicessi parola, quando non avessi prima preso consiglio da lui. Noi siamo ciechi al mondo, e di qua ancora, quando non ci vagliamo delle avvertenze di chi sa l'avvenire e prevede quello che deve essere. Ogni altra prudenza è vana.

Ulisse. (Costui deve essere stato un bell'umore nel mondo.) Sicchè tu avrai passata tutta la vita tua fra gl'indovini, e avrai avuto ogni felicità. Io avrei caro di sapere come t'è riuscito il consigliarti con gli strologhi; e come potesti fare ad averne sempre a' fianchi.

Zeto. Che credi tu, che non ci sieno altri indovini, che quelli che favellano? A molte cose, fuorchè agli uomini, hanno conceduto gli Dei la facoltà d'avvisare altrui di quello che dee avvenire. Basta l'intendere. Io m'era così assottigliato in questa intelligenza, che in tutte le cose ch'erano intorno a me, leggeva quello che mi dovea accadere, come se già fosse avvenuto. Egli è il vero ch'io v'usava una grande applicazione, e non mi lasciava sfuggir dagli occhi nè dal pensiero il più menomo segnaluzzo che mi fosse dato dagli Dei per avvertimento.

Ulisse. Io ti prego, o cortese ombra, non mi negare quelle cognizioni, delle quali arricchisti la tua mente con tanta fatica.

Zeto. Volentieri, anzi ti sono obbligato che tu me le domandi. Perchè tu dèi sapere che alcuno era nella patria mia il quale mi teneva per matto spacciato, e si faceva beffe de' fatti miei, chiamandomi chi cavallo adombrato, chi fantastico, chi tralunato. Ma io volli far sempre a modo mio, e non mi curai punto delle dicerie degli altri. In primo luogo, io non mi lasciai sfuggire dalla mente invano alcuno de' sogni miei; tanto che mi ricorda benissimo che m'occupava tutta una intera giornata a studiare quello di che m'era sognato la passata notte; e non ti vo' dire quante volte ritrassi da un sogno, che dovea trattenermi in casa una settimana intiera; e tale altra volta, ch'io non avea a ragionare quel giorno con maschi, e un altro con femmine; e ch'io doveva star a sedere un altro giorno fino al tramontar del sole. Ma non erano i soli sogni i maestri della mia vita. Mi faceano scuola i gufi, le civette, il sale sparso, lo scoppiettare del fuoco, il fungo della mia lucerna.[1] Sapeva molto bene quello che significa il riscontrare all'uscir di casa piuttosto un uomo che un altro, il mettere fuori dell'uscio il piede sinistro piuttosto che il destro; e mille altre cose d'importanza che da tutti gli uomini sono tenute per bagattelluzze, e forse per nulla.

Ulisse. Sicchè infine tu non avrai errato giammai nell'opere tue, e sarai stato il più avveduto e il più sapiente uomo di Tebe.

Zeto. Ben sai che fu così. E quando si seppe infine la mia perizia, avea un concorso a casa mia che parea una fiera. Io era il consigliere di tutti gl'innamorati e delle innamorate del paese, di tutti i giocatori, di qualunque uomo intraprendeva un viaggio. E comecchè alcuni proseguissero a dir male del fatto mio e a chiamarmi pazzo, avea tanti che mi lodavano, che questo compensava benissimo i biasimi. Tanto che era divenuto ricco, e mi godeva molto bene il frutto degli studi miei e delle mie osservazioni.

Ulisse. E quando venne il punto del morire, lo prevedesti tu prima?

Zeto. Quella fu la sola volta ch'io m'ingannai; perchè avendo fatto lietissimo sogno, e pronosticando da quello che avessi a fare un felicissimo giorno, mi abbattei ad un uomo, il quale per essere caduto in una calamità, dopo d'essere stato assicurato da me d'una gran fortuna, chiamandomi ribaldo e truffatore, mi diede tale d'un legno sopra il capo, che m'uccise.

Ulisse. Ora tu mi narri il vero frutto delle tue dottrine; e conosco che tu sei qui pazzo, quanto fosti in Tebe; e però va', ch'io ho perduto troppo tempo con un'ombra la quale ha portato seco una pazzia così grande dall'altro mondo.

---

[1] *Il fungo della mia lucerna.* La moccolaia.

L' OSSERVATORE.

Io tralascerò per oggi di favellare d'ombre e di cose d'aria, e ragionerò di corpi e di cose di sostanza; e attenda Ulisse Tiresia colaggiù dove io lo collocai, fino a tanto ch'io abbia finito di narrare quello che m'è accaduto ieri con quattro compagni uomini dabbene. Udii a picchiare all'uscio mio, e domandato chi fosse, mi vidi a comparire davanti que' quattro giovani i quali mi scrissero nella passata settimana intorno al fatto dell'Osservatore. Facemmo insieme molti convenevoli, de' quali non importa però ch'io dica tutte le particolarità; basta che terminammo col metterci tutti a sedere intorno al fuoco; e io apersi il ragionamento con questo

PROEMIO.

Cortesi giovani, io non saprei veramente ritrovare tante parole che fossero bastanti a ringraziarvi della gentilezza vostra, che abbiate voluto alleggerirmi con così degna risoluzione da un peso che m'aggrava forse più di quello ch'io potessi comportare. E tanto più vi debbo testificare la gratitudine mia, perch'io veggo tale intenzione esservi venuta in un tempo, in cui sono per tutta la città i sollazzi maggiori che nelle altre stagioni. Io credea che pochi altri ci fossero, svogliati e di malinconico umore come sono io, i quali ritrovassero il passatempo loro in una stanza, col calamaio e co'fogli davanti. Ma pure, poichè così è, facciasi come voi volete, ch'io ve ne sarò sempre obbligato. Prima però che voi cominciate quell'opera che ora volgete in mente, è di necessità ch'io vi dica alcune poche parole. Accettatele di buon grado e qual da persona ch'essendosi occupata un anno intero in questo esercizio, ha acquistata la cognizione di certe particolarità, che dalla pratica solo possono essere manifestate. Voi vedete quanti sono i cervelli degli uomini; e quasi parrà impossibile ch'essendo fatti tutti d'una pasta, pensino tutti diversamente. E pure è vero. Non c'è diversità al mondo maggiore di quella delle opinioni. In esse però io metto due diversità generali. V'ha una porzione d'uomini, che pensa da sè, e un'altra che pensa con gli orecchi. Quella che pensa da sè, pensa in due modi. Il primo modo è di meditare e riflettere a quello che legge, e giudicare infine, secondo che le pare, o bene o male; il secondo è di leggere a salti o col capo altrove, o di non leggere anche, e sentenziare i libri. Quelli che pensano con gli orecchi, pensano tutti ad un modo, perchè, leggano o non leggano, non direbbero mai una parola: ma attendono sempre che gli altri gli avvisino di quello che debbono dire, sicchè se fossero sordi, sarebbero anche mutoli e non avrebbero cognizione veruna. Se s'abbattono dunque ad udire chi abbia, leggendo, meditato, giudicano secondo che merita l'opera; ma se per avventura odono i giudizi di coloro che leggono spensieratamente, danno quel giudizio che ne viene, diritto o torto, secondo che vuole la fortuna. Per la qual cosa voi potete comprendere quanto sia difficile il dar nell'umore ad ogni uomo, quando si pubblicano i propri pensieri con le stampe.

Aggiungete a questa difficoltà, comune a tutti i libri, un'altra particolare e propria di questi fogli. Ogni altro libro va per lo più nelle mani di quegli uomini i quali fanno quella professione di cui tratta esso libro; imperciocchè chi non è avvezzo a quell'argomento, poco si cura di leggerlo. Onde uno scrittore di medicina, per esempio, avrà a fare co' medici, uno d'agricoltura con chi si diletta di coltivare i terreni suoi, uno d'architettura con gli architetti, e così dite degli altri. Sicchè chi scrive cose particolari, ha a fare con pochi cervelli, e sa in breve s'egli è scrittore o buono o tristo. In questi fogli la cosa va ad un altro modo. Voi vedete che si parla in essi quasi sempre di costumi, argomento che a guisa di immensa rete si stende sopra tutti gli uomini; e perchè ancora si renda più universale, si cerca di vestire di foglio in foglio la materia che si tratta con qualche invenzione; si tenta che lo scrivere sia facile, chiaro e inteso da ognuno. Questo fa che ogni genere di persone se ne invoglia e vi sieno concorrenti al comperargli, onde vanno sotto al giudizio di maggior quantità di cervelli che qualsivoglia altro libro. Di qua nasce che se n'odono infiniti ragionari e tutti di varie sorti, tanto che in un giorno m'è accaduto più volte ch'io mi sentissi a dire del medesimo foglio: " Io mi rallegro con esso voi, il foglio d'oggi vi farà onore; " e andato oltre due passi ritrovai chi mi disse: " Uomo dabbene, tu scrivesti il foglio d'oggi, ch'eri o ammalato o di malavoglia; quello del passato sabato fu migliore." Sicchè sarebbe una disperazione chi credesse d'appagare ognuno. C'è a cui piacciono le favole; un altro dice: " Le son cose da bambini." Un altro vuole sogni, un altro dice: " Quando io dormo, gli fo più belli." Molti vi furono i quali m'animarono a proseguire co'dialoghi delle bestie; altrettanti mi domandavano: " E fino a quando avremo noi ancora ad udire a parlare la civetta? Almen che si fossero gazze o pappagalli, che la cosa non sarebbe così lunge dalla verità." Io avea un bel dire e ritoccare: " Non guardate che sieno favole, sogni o bestie; notate quello che dicono. Quelle invenzioni sono come una vestetta per dare un'aria di novità agli argomenti, e per non dire le cose in un certo modo che abbia dell'antico, per non parlare o scrivere come tutti gli altri." Buono! a che vagliono le ragioni, quando altri s'è ostinato a volerla a modo suo? Sarà sempre un batter l'acqua nel mortaio. Da quanto ho detto fino a qui, conchiudo dunque, amici miei, che volendo voi esercitarvi in così fatte scritture, procacciate d'ingegnarvi a fare il debito vostro, ma con uno stomaco di struzzoli che smaltiscono l'acciaio, compensandovi con quelle poche lodi che vi verranno date, io son certo, da que' discreti che leggono con un poco di pensiero e di meditazione.

Poich'io ebbi favellato in tal forma, guardai nel viso i compagni attendendo quello che m'avessero risposto. Allora il Proemio si cambiò in

DIALOGO.

QUATTRO COMPAGNI E L'OSSERVATORE.

Compagno primo. A quante cose avete detto fino a qui, noi abbiamo già lungamente pensato; e con tutto ciò siamo risoluti, poichè così vi compiacete, a proseguire l'impresa nostra. Io so che voi riderete, quando avrete intesa da noi la cagione che ci mosse ad intraprenderla. Voi avete a sapere che, per una certa nostra natura, siamo poco inclinati a ragionare; e sia che lo starci solitari e pensierati [1] ci abbia tolta la facondia, o sia altro, in qualunque luogo ci ritroviamo, è l'usanza nostra di starci taciturni e cheti, rispondendo quanto richiede la cortesia e la decenza della conversazione. Egli ci è avvenuto più volte di ritrovarci in molti luoghi, ne' quali le persone facevano il contrario di noi; e senza carità degli ascoltanti, quando aveano cominciato a dire per diritto e per traverso, non volevano più tacere, tanto che a nostro marcio dispetto ci conveniva star ad udire quello che non avremmo voluto; e se ci usciva dalla lingua una sillaba di due lettere, valeva per appicco ad un'altra dissertazione d'un'ora. Nè anche giovava il tacere affatto, perchè credendosi da chi parlava che noi fossimo di malavoglia, o non affatto sani, ciò dava argomento ad un altro ragionare, per modo che ci conveniva spiccarci di là assordati, mezzo balordi e quasi disperati. Fummo più volte sopra questo punto a ragionamento fra noi, e dicemmo: "È egli però possibile che noi abbiamo sempre ad essere molestati, e che ci debbano essere sempre tolti gli orecchi da tante lingue che, quando hanno cominciato a cianciare, non s'arrestano mai; e che all'incontro natura nostra non somministri alla nostra lingua di che poterci rifare? Noi abbiamo pure nel capo pensieri come tutti gli altri. Abbiamo pure sperimentato che scrivendo ci escono in parole sulla carta. Perchè non c'ingegneremo noi d'avvezzargli ad essere più spediti, e correre repentinamente alla lingua, tanto che la possiamo fare a chi ce la fa, e assordare chi ci assorda?" Fino a qui l'intenzione fu mia. Amico mio, digli tu ora la tua proposta.

Compagno secondo. Quando egli ebbe così favellato, io dissi: A che andremo noi ghiribizzando per iscambiar natura? La qual cosa non ci riuscirà mai; o infine, credetemi, noi ragioneremo così a stento che il nostro parrà piuttosto balbettare che favellare disteso; e credendo di rifarci d'altrui, saremo cagione che altri si farà beffe del fatto nostro. Nelle cose un lungo esercizio è quello che dà facilità e garbo. Quando credete voi che potessimo pervenire a quell'articolazione spedita che, a guisa di pallottola d'avorio sopra un piano liscio, non trova mai intoppo veruno, e romoreggia come cascata d'acqua a cui la fonte non manca mai d'umore? Non vedete voi come si riscaldano a cotesti tali gli orecchi? Come sono in continuo movimento, ch'ora vi vengono colla faccia quasi sulla faccia, ora vi picchiano sopra una spalla, e talvolta vi ghermiscono un bottone del vestito, o una falda del mantello e non la lasciano più andare, come fanno coloro che caduti in acqua s'appigliano a qualche cosa? Credetemi, credetemi, fratelli miei, noi vi riusciremmo male. Non voglio però che ci crediamo incapaci d'ogni cosa. Sono molti anni che andiamo esercitando le penne. Ci servano queste per lingua. E se non possiamo rifarci con la favella contro a chi ci stordisce con mille bagattelluzze che non importano, col ragionarci delle stagioni dell'anno, del vento, della pioggia, della nebbia, e quel ch'è più, d'assalti di città, di fortezze, d'eserciti e di marce, prendiamo il calamaio e la penna, e cianciamo con questi mezzi.

Compagno terzo. Questo è il modo, è vero. Ma come faremo noi,

---

[1] *Pensierati.* Pensosi: voce poco usata.

perchè quello che scriviamo, venga letto ? Si vorrebbe pubblicarlo con le stampe.

Compagno quarto. E io, dissi, vi dirò in qual forma. Preghiamo l'Osservatore che dia luogo alle scritture nostre ne' suoi fogli. E già un anno ch'egli ne pubblica, e ne va intorno una buona quantità. S'egli accetta il partito, ecco che in un momento, si può dire, gireranno i fogli nostri, e ci saremo rifatti della pazienza dell'ascoltare : oltre di che noi avremo un notabile vantaggio sopra quelli che favellano. Voi sapete che chi favella non può dire una cosa altro che una volta per tratto ; e s'egli vuol ridirla, dee ricominciare, sicchè volendola dire più volte, gli mancherebbe finalmente il tempo ed il fiato. Chi stampa ha questo vantaggio che dice la stessa cosa in un di cinquecento, mille e duemila volte, e più ancora in un tratto ; e parla in un tratto in più case, in più botteghe, in più cerchi, è ascoltato in parecchi luoghi ; e quello che più mi piace si è che s'egli vuole, mentre che parla in istampa, dorme, mangia, bee e fa tutte l'altre faccende, laddove se parlasse con la lingua, non potrebbe far altro.

Compagno primo. Fu accettato il parere ; ne scrivemmo a voi, e fu da voi anche ricevuto. Faremo l'obbligo nostro. Voi vedete però che non ci possono fare alterar punto l'animo le lodi, nè i biasimi, non intendendo noi che il nostro ragionare sia nè più nè meno di quello che udimmo noi a farsi dagli altri.

L'Osservatore. Amici e fratelli miei, io veggo benissimo che quanto m'avete detto fino al presente, è stato per ischerzo ; e che con questo allegorico ragionamento avete voluto significarmi la costanza vostra nelle varie opinioni che udirete intorno alle vostre scritture. Oltre di che veggo ancora che la vostra è modestia, e vorreste indurmi a credere che quanto scriverete, sarà opera d'ingegni che non possano volare molto alto, mezzani e non rari. Ma ci conosciamo. So qual è ognuno di voi : e so quanto ciascheduno di voi ha procurato sempre di dar nell'umore al pubblico e di far cose che gli sieno gradite. Mettetevi pure all'impresa, e cominciamo qui fra noi a meditare come abbia a farsi. Vedete. Sabato io darò fuori due fogli e saranno gli ultimi che chiudono i cento e quattro dell'intero obbligo mio. Mercoledì venturo comincia il nuovo giro dell'anno, e, se così volete, s'ha a dar fuori il primo foglio. Pensateci. Il titolo da me proposto d'*Osservatori Veneti* vi garba ?

Compagno primo. A me sì. Che ne dite voi ?

Compagno secondo. A me ancora.

Compagno terzo. E a me.

Compagno quarto. E anche a me pare che quadri.

L'Osservatore. Saremo in compagnia alla bottega di Paolo Colombani, per partecipargli ogni cosa, acciocchè nell'ultimo foglio di sabato possa scrivere a'signori associati. Intanto vi ringrazio di nuovo e a uno a uno v'abbraccio di cuore.

Tutti. Addio, addio : a rivederci alla bottega.

Excursusque breves tentat.
VIRG., *Georg.*, lib. IV.

Tonta piccioli corsi

Gentilissimo e amorevolissimo pubblico, dal cui animo ho riconosciuto che qualche cosa sono stati que' fogli che ho fino al presente dettati, io sono giunto a quel termine in cui debbo dimostrarti la mia riconoscenza. Egli è già passato un anno che co' miei vari pensieri ho procurato d'intrattenerti, e tu, pieno di grandissima cortesia, ti sei appagato di tutto quello che mi dettò il cervello di settimana in settimana ; e mi desti, pel corso continuo di dodici mesi, segno della tua magnanima cordialità ed affezione. Per dire qualche cosa della mia gratitudine, chè tutto non potrei certamente, io ti confesso che mi sono provato molte volte, e rimirando la picciolezza delle opere mie, mi sono tanto atterrito, che non ho potuto andare più oltre. Riandando così da me a me i passati miei fogli, ho veduto che spesso non erano di tanta dignità, chè ti dovessero comparire dinanzi, e tali altri non trattavano l'argomento da me eletto con quella o facondia o chiarezza che avrei voluto. Egli è bene il vero che l'amor proprio il quale signoreggia, quantunque mascherato, ogni cuore, mi somministrava qualche scusa, e dicevami ora che il breve tempo concedutomi dall'obbligo ch'io preso mi avea di dar fuori due fogli alla settimana, era stato cagione di qualche oscurità e negligenza : ora che il mal umore o la poca mia salute mi aveano avviluppato il cervello; sicchè io perdonava a me medesimo quello che non mi gradiva nelle mie scritture. E peggio mi avvenne ancora, che talvolta gonfiato da un ventolino di superbia, diceva : Se gli argomenti miei non sono maneggiati con tutto quell' artifizio che ad essi conviene, io ho però in ognuno di quelli qualche onorato merito per l' invenzione, nella quale una poetica fantasia ha gran parte; e, dai versi in fuori, si può dire che in tutti questi fogli si vegga un' immaginativa traportata e invasata dalla cocentissima fiamma delle Muse, alle quali io ho volentieri fin da' miei primi anni servito. Io ho inoltre cercato in più luoghi di ravvivare l'amore alle buone arti, le quali sono di non picciolo utile alla società degli uomini, come quelle che con la soavità loro entrando a poco a poco nelle menti e nel cuore de' giovani, introducono in que' teneri e giovanetti animi un certo garbo e una certa buona grazia di gusto, che, senza avvedersene essi punto, divien costume, e si stende per tutte le loro operazioni in tutta la vita. Ho qua e colà scoperti molti difetti delle genti, tenendo sempre in mano il freno della fantasia, sicchè non trascorresse alla soverchia licenza, sfuggendo a tutto mio potere non solo la malignità, ma anche ogni apparenza di quella. Tutte queste cose io ho pure eseguite nei passati fogli, diceva io, e non è però stata picciola impresa e fatica. Ma comecchè io ragionassi meco in tal guisa per confortarmi, sentiva nella coscienza mia una cosa che non cessava tuttavia di rodere e dirmi segretamente : Tu la pensi male, tu non di' il vero; guarda bene a quello che mediti. Non sarebbe egli il tuo meglio, proseguiva questa segreta voce, che tu riconoscessi la tua picciola attività, l'insufficienza tua, e che riconoscessi quello che sono i tuoi fogli dalla cortesia del pubblico? Quando udii queste ultime parole della coscienza, mi avvidi ch'essa avea grandissima ragione, presi la penna in mano e deliberai di seguire la sua volontà, anzi la giustizia delle sue ammonizioni; ma non sapendo con quali parole manifestare il sentimento mio, mentre ch'io fantasticava accettando e ricusando vari pensieri, mi addormentai, e mi apparve dinanzi agli occhi questo

SOGNO.

Egli mi parea di essere appunto a quel tempo in cui tutti gli uomini, lieti della loro semplice libertà, vagavano per boscaglie e montagne, e ritraendo il bisogno alla propria vita dalla terra, in comune si godevano un quieto riposo ed un vivere spensierato. Quando, non so come, si apersero le lucidissime porte dell'Olimpo, donde mi parve che uscisse una voce che col tuono e il fragore di una procella esclamò: "Non è bella quanto io vorrei la faccia della terra; vadasi, e si cambino l'erbe e le piante selvagge e di mal aspetto in domestiche e di bella veduta." Poichè queste parole furono dalla voce mirabile profferite, io vidi scendere dal cielo un picciolo fanciullo con le ali appiccate agli omeri e con un arco alla mano, da cui non cessava giammai di scoccarne infinite saette; le quali qua e colà volando con indicibile impeto, ferivano intorno le genti, e parea che avessero ad uccidere ogni uomo. Ma che? n'avveniva tutto il contrario. Più vivace colore tingeva a tutti i feriti le guance, scintillavano gli occhi loro di una più vitale e graziosa luce; e gli uni agli altri correvano incontra, profferendosi tutto l'animo ed ogni loro servigio e attenzione. Nello stesso punto io vidi a dividersi in più parti la terra; e a tutti coloro ch'erano quivi, toccarne una porzione, la quale fu da ogni uomo che l'avea sotto di sè, aperta con vanghe, marre, aratri, erpici; per modo che quel terreno il quale avea un solido aspetto, e qua rialzato dai monti, colà dalle fondure avvallato, prese una faccia uguale da ogni parte, e divenne bellissimo agli occhi dei riguardanti. E poco andò poi, ch'io vidi migliaia di mani moversi da tutt'i lati, gittar sementi, sarchiare, rimondare alberi; di che, come ne' sogni avviene, in poco d'ora si vide tutto essere divenuto un giardino ripieno di fiori e di bellissime frutte. Mentre ch'io stava guardando con attenzione quella così nobile maraviglia, si accostò a me il fanciulletto con l'arco suo, e mi parlò in questa forma: "Oh dormiglioso, o pigro! che fai tu in questo comune lavoro ed in questo universale movimento? Credi tu forse di averti a godere le delizie altrui, e l'aspetto di questo ameno terreno senza punto moverti e standoti continuamente con le mani a cintola? Non sei tu forse di quella medesima stirpe di cui sono tutti gli altri uomini? Adunque che non fai tu ancora quello che vedi qui fare ai compagni tuoi? Non sai tu che la società che qui vedi, è formata d'uomini che vivono l'uno per l'altro? E non conosci tu che questa bellissima terra, rimirata sempre dall'onnipossente occhio di Giove, riceve di punto in punto bellezza nuova da' suoi abitatori?" — "Oh! qualunque tu sia, celeste giovanetto, che in tal forma meco adirato ragioni, dimmi tu quello ch'io debba fare per appagar le tue voglie, e mi vedrai pronto ad ogni tuo cenno." In

tal guisa risposi al fanciullo. Quando egli sogghignando con una certa
sua malizietta, si pose la corda dell'arco alla guancia, e da quella
scoccò una saetta che velocemente volando mi percosse qui nel petto
appunto, e penetratami nel cuore, tutto in un momento lo accese ; e
levatosi in sull'ale, mentre che da me spariva, esclamò ad alta voce:
"Va', tu non hai di bisogno d'altri ammaestramenti, oggimai tu medesimo saprai da te qual dee essere l'opera tua." Allora io rivolgendo
il guardo, che seguíto avea il mio feritore per gli altissimi campi del
cielo, alle circostanti genti, mi sentii tutto rintenerito, e fui preso da
un grandissimo amore di quelle, e dicéva fra me: "Oh! nobile e veramente grande animo ch'è quello di quanti ho qui intorno, i quali senza
punto curarsi di pensiero o sudore, abbelliscono con l'opera loro questo terreno, e i miei desiderosi occhi riempiono della sua maravigliosa
bellezza. Io mi godo pure questi fruttuosi alberi e questi coloriti fiori.
Questo è pure quel terreno, in cui dopo il corso de'giorni miei in questo
mondo ritroveranno le ossa mie ricovero e asilo : adunque che fo io?
e che indugio più? che non adoperò queste picciole mie forze a colti-
varne la parte mia insieme con tutti gli altri?" A pena ebbi terminato
di ragionare in tal modo, che vergognandomi di me medesimo, adoc-
chiai in un cantuccio certe poche pertiche di terra, che non erano state
dirozzate ancora, e quivi andato co'miei ferruzzi, cominciai a razzolare in quel modo ch'io potea, tanto che ne feci solchi, e gli ridussi a
condizione da poter essere coltivati. Benchè io vedessi che il terreno
da me lavorato non avea tanta grazia che potesse fare competenza col
restante, io mi vedea concorrere intorno infiniti abitatori del luogo, i
quali dalla cortesia dell'animo loro guidati, venivano per diporto a
vedere, e mi davano sempre maggiore spirito all'opera, e taluni, credo
per empiermi di coraggio, m'andavano dicendo ch'io era un buon
agricoltore, m'assicuravano che il mio picciolo poderetto dava loro
nell'umore, e ne speravano buon frutto. In questa guisa sempre più
io desiderava di compiacergli, e non passava dì o notte ch'io non pen-
sassi di aggiungere qualche cosa alla mia coltivazione, nè avea altro
in animo che le buone parole le quali mi venivano dette, sicchè io mi
sarei contentato per gratitudine quasi di spirare sulla faccia loro per
vedernegli veramente contenti. Nè bastava a molti di quelli che venivano, l'esaltarmi con tante non meritate lodi; ma di tempo in tempo
mi avvisavano di quello ch'io dovessi fare per migliorare la mia pos-
sessioncella ; e spesso alcuni di sementi di fiori, e di piante mi furono
liberali. Oh! esclamava io sovente, in qual guisa potrò io mai soddisfare all'obbligo mio? In qual guisa almeno ringraziar con parole
tanta cortesia e così grande? Io posso veramente dire che questi nobili animi mi diedero la pioggia ed il sole a tempo con le loro com-
mendazioni, acciocchè cresca la bontà del terreno mio; e potrebb'essere
forse, che tanta gentilezza m'inanimasse ad intraprendere il lavoro di
una quantità di terra maggiore. Mentre ch'io così diceva, mi risvegliai
col cuore di gratitudine ripieno, e sempre più bramoso di non essere
inutile in quella società in cui vivo.

A pena io ebbi terminato di scrivere questo sogno, che mi pervenne
alle mani una lettera, la quale per la novità del capriccio mi pare che
meriti di essere pubblicata. Mi fu inviata da un amico mio che abita
fuori di Venezia, ed è un foglio scritto a lui da un certo bell'umore
ch'è venuto a godere il carnovale in questa città.

La lettera è questa :

« Amico mio gentilissimo.

» Venezia, a' dì 18 gennaio 1762.

» Dite quello che volete, ma i bachi da seta e il color nero [1] sono le
due cose più degne di onore che sieno al mondo. Vadano a nascondersi
le pecore e quanti altri animali vivono, o danno il pelo e le pelli agli
uomini per vestirsi. Voi crederete ch'io sia impazzato a dirvi così al-
l'improvviso queste parole; ma sono in un entusiasmo d'amore verso
un mantello nero col quale vo mascherato. Il primo giorno ch'io sbar-
cai, mi posi in maschera con un mantello di panno d'un certo colore
traente al marrone, perchè tirava un certo tramontano che mi feriva
le budella ; ed uscito di casa, comecchè non vi fosse alcuno che s'ar-
restasse per dirmene nè bene nè male, m'accorsi che camminando per
le vie non vi era uomo dabbene, nè facchino che non volesse passarmi
innanzi, e che passando non m'appuntasse i gombiti nel petto. Non
vi potrebbe noverare un abbachista gli urti che mi furono dati, le
male parole che mi furono dette, tanto ch'io ritornai a casa mezzo
sbigottito, ed in più parti livido ed ammaccato. Pure accagionando di
ciò la gran concorrenza delle genti che vanno e vengono, di su di giù,
di qua di là, e ad un movimento perpetuo, uscii la mattina vegnente
con un altro mantello tinto in scarlatto. Mi avvenne quasi il medesimo
del passato giorno, e ritornai alla locanda in cui sono alloggiato, pesto
e pigiato come l'uva in un tino. Sentendo il locandiere che nello spogliarmi io gittava qualche sospiro e guaio, come chi sente doglie, mi domandò quello che avessi. "Fratel mio," diss'io, "ho fatto il mio conto
di godermi il restante del carnovale in un buon letto e bene sprimac-
ciato della tua locanda. Io trovo per tutte le vie una calca di genti
che vanno e vengono con tanta furia, ch'io non so tanto guardarmi il
corpo dalle urtate senza veruna discrezione, ch'io non ritorni all'albergo con parecchie lividure nelle coste e nelle braccia. Se tutti vanno
alle case loro a questa guisa, qui si dee consumare un pelago d'un-
guento." Rise il locandiere, e mi rispose : " Signor mio, di tutto ciò è vostra la colpa; scusatemi, voi uscite con due mantellacci che invitano e
traggono a sè tutti gli sgarbi del paese."—"Come mantellacci?" diss'io.
"Non sono essi forse nuovi e usciti dalle mani del sarto si può dir ieri?"
"Fate pure a modo vostro," ripigliò, "ma se voi non avete un mantello
nero di seta, correte risico di ritornare a casa dilombato o azzoppato."
Accettai il parere del mio buon locandiere, e fattomi tosto un mantelletto nero che risplende come uno specchio, uscii con quello indosso.
Oh maraviglia! che non sì tosto fui nella calca delle genti, quelle
ch'erano indietro, rimanevano indietro; quelle che mi erano ai fianchi,
mi rasentavano leggermente, per modo che mi parea di esser solo ; e
da quel punto in poi mi vendico degli urti ricevuti contro a tutti quelli
che non hanno il mantello come il mio. Egli è vero ch'io non sto così
bene come co'miei primi mantelli, e che mi sono infreddato ; ma non

---

[1] *I bachi da seta e il color nero.* Un tempo a Venezia non s'usavano che tabarri di
panno ; ma quando le stoffe di seta si fecero più comuni, quelli rimasero ai vecchioni e
alle persone di modesta condizione ; mentre le persone di qualche conto non indossavano
che il mantelletto di seta nera che dava in certo qual modo diritto di camminare per le
vie senza riguardi in mezzo al volgo dei passanti.

si può a questo mondo avere ogni cosa. Vi avviso di quanto mi è accaduto, sapendo che avete a venir in Venezia voi ancora, acciocchè vi regoliate, e sono con vera amicizia e stima tutto di voi

> N. D. S. »

N° CIV.   A dì 30 gennaio 1761 M. V.

Può ognuno immaginare da sè, che dinanzi ad Ulisse apparì finalmente l'ombra di Tiresia indovino, il quale l'ammaestrò di molte cose intorno al rivedere Itaca patria sua. Chi avesse voglia di sapere quello che gli dicesse particolarmente, può leggere il libro XI dell'Odissea d'Omero, dov'è la materia lungamente dichiarata. Io non ho voluto qui narrarla, contenendo essa cose antichissime e lontane dalle moderne cogitazioni; sicchè m'è paruto meglio di lasciar andare Ulisse a casa sua senza dirne altro, piuttosto che ragionare di faccende rancide, che non importerebbero a noi un fil di paglia. In iscambio d'un dialogo fra Ulisse e Tiresia, chiuderò i presenti fogli con uno che mi fu mandato stamattina dal Libraio, avuto da lui con due Maschere donna e uomo. Ragionarono seco iersera, e uno dei quattro Osservatori accennati di sopra, ritrovatosi quivi presente, lo dettò subito, e lo mandò a me, acciocchè ne lo ricopiassi e facessi pubblicare, essendo necessario, e potendo benissimo far le veci di Manifesto.

DIALOGO.

MASCHERA DONNA, MASCHERA UOMO E PAOLO COLOMBANI.

Maschera Uomo. Mettete pur dentro la faccia dal finestrino e chiudetelo, ch'entriamo nella bottega.

Paolo. Signore, io le sarò obbligato. È un'aria così sottile, che fende il capo a me; ed ella starà meglio in bottega.

Maschera Uomo. Ho letto i passati fogli, e veduto la novità de' quattro Osservatori; non m'è dispiaciuta, vengo ad associarmi fra' comperatori. L'associazione è come quella dell'anno passato?

Maschera Donna. Quando si tratta di spendere in libri, questo mio buon compagno vi corre come la capra al sale. Io non so qual piacere voi abbiate di comperare tutte queste ciance ch'escono fuori di giorno in giorno.

Maschera Uomo. Piacere grandissimo, signora, e avrei caro che uscissero più fogli al dì per acquistargli tutti. Fo conversazione con uomini che non conosco, sento come la pensano; talvolta mi fanno ridere, tal altra riflettere, e quando anche dispetto, tutte cose che mi tengono l'animo in movimento, e non mi lasciano dormire o pensare a cose che mi darebbero fastidio, se mi ritrovassi solo, e senza la vostra gentilissima compagnia, la quale m'è sì grata che in effetto mi dimentico tutte le cose del mondo.

Maschera Donna. Oh sì! gentilezze di lingua n'abbiamo in abbondanza: ma intanto io ci giuoco che s'io volessi sviarvi dal comperare questi fogli, non farei nulla, e gli vorreste avere ad ogni costo.

Paolo. Di grazia, signora mia, la prego, non tenti di farmi questo danno. Perchè sviarlo? E perchè vorrà ella essere quella donna che mostri d'abborrire tanto questi fogli, quando tante altre gli hanno cari? Non creda già ch'io le dica ora una bugia. Vuol ella vederne la prova? La prego, si degni di dare un'occhiata a questo libro, in cui sono registrati i nomi degli associati. Ecco qua. Leggiamo piano, che chi passa non oda i fatti nostri.... Non sono forse questi cotanti nomi ch'ella ha qui veduti, quelli di molte nobilissime e splendide donne di Venezia? ed eccone qua molte altre di forestiere ancora.... Queste non solo amano d'avere i fogli, ma sono le prime ad onorare co' nomi loro il mio quaderno; e io le metto sempre in fronte a tutti gli altri associati, chiamandomi fortunato ch'esse dieno tanto pregio ed onore alla bottega mia. E ho udito più volte l'Osservatore a consolarsi che le sue scritture ritrovino quella grazia e quel favore che non ritroverebbe mai la sua persona, se fosse veduto e conosciuto. Vegga ora questo nuovo quaderno. Ecco qua. Questi sono pure i nomi di varie signore che sono state le prime a notarsi anche per tutto l'anno che verrà, e vogliono gli Osservatori. Perchè dunque ella, che ha tanto garbo e grazia, ed è una così gentile mascheretta, vorrà stornare qui il signore dal suo proposito? Anzi perchè non vorrà ella medesima associarsi?

Maschera Donna. Che zingano![1] Com'egli sa bene toccare quelle corde che sono le più atte a persuadere! Via su, che s'ha a spendere in questi fogli?

Maschera Uomo. Ah ah ah!

Maschera Donna. Di che ridete?

Maschera Uomo. Mi consolo a vedere la vostra docilità, e che così tosto vi siate cambiata di parere. Ma non importa che facciate questa spesa. Non posso io forse servirvi de'miei?

Maschera Donna. Non signore, vi sono obbligata. Gli voglio miei affatto. Voglio potergli lacerare, ardere e gittar via a mia volontà, senza averne a render conto a chicchessia, quando non mi piacciono.

Maschera Uomo. Se gli togliete per farne strazio, lasciategli.

Maschera Donna. Non gli tolgo già io per farne strazio; ma dicovi bene, che se mai avverrà che io ritrovi in essi indizio veruno che gli scrittori si facciano beffe delle femmine, gli darò al fuoco. So che in quelli del passato anno vi fu qualche cosetta che diede biasimo al sesso nostro, e questo non lo potrei comportare.

Paolo. In verità, io lo posso giurare che l'autore non ebbe mai tale intenzione, essendo sempre stato suo stabilimento principale il non offendere chicchessia, e specialmente le donne; ma ella sa che le cose pubbliche vanno soggette a diverse interpretazioni; e ogni uomo interpreta o bene, o male, secondo il suo cervello.

Maschera Donna. Orsù, sbrighiamoci: come s'ha a fare per associarsi?

Paolo. Mi favorisca del suo riverito nome.

Maschera Donna. Qua all'orecchio....

Paolo. Benissimo. Eccolo scritto.

Maschera Donna. Che s'ha a pagare?

Paolo. Gli Osservatori usciranno pel corso d'un anno. Pagansi per tutto questo tempo, come nell'anno scorso, ventidue lire; e si può pa-

---

[1] *Che zingano.* Qui sta per lusinghiero.

gare di sei in sei mesi anticipatamente, o di tre in tre ancora, come meglio accomodasse all'associato.

Maschera Donna. Sbrighiamoci di tutto l'anno. Eccovi le ventidue lire. Come ho a fare a mandare a prendere i fogli?

Paolo. Non importa ch'ella si dia questa briga. Uno n'esce il mercoledì, e l'altro il sabato: le saranno portati alla propria sua casa. Il suo nome m'ha insegnato dov'ella abita, non avrà altro pensiero.

Maschera Donna. E quando uscirà il primo alla luce?

Paolo. Mercoledì prossimo. Ed avrà il titolo di *Osservatori Veneti*, come è stato annunziato ne'passati fogli.

Maschera Uomo. Notate anche il nome mio: voi lo sapete. Eccovi i danari per un anno.

Paolo. Benissimo. Ecco fatto. Obbligatissimo a'loro favori.

Maschera Donna. Oh! addio, galantuomo, che a forza di lingua m'avete fatto fare a vostro modo. Tenetevi bene in mente i nostri patti, e dite a cotesti vostri scrittori, che non dicano male delle donne.

Paolo. Sì, signora, lo farò: ma mi creda che sono anch'essi di questo parere.

Maschera Uomo. Addio, Paolo.

Maschera Donna. Paolo, addio.

Paolo. Servidore umilissimo alle signore Maschere.

Dietro a questo dialogo il libraio mi mandò un'altra polizza indirizzata a'signori Associati dell'anno scorso, ed è del seguente tenore:

A' SIGNORI ASSOCIATI DEL MDCCLXI.

Essendo terminata l'associazione per l'Osservatore del passato anno, trovomi necessitato a palesare il mio dubbio a'signori associati che m'hanno fino a qui favorito. Richiederebbe il mio dovere ch'io proseguissi a mandare i fogli nuovi alle case loro, e dall'altra parte non vorrei che s'attribuisse a mia soverchia baldanza se proseguissi. Prego dunque essi signori umilmente quanti sono, che si compiacciano di rendermi avvisato della loro volontà, acciocchè mi liberi l'animo di questo sospetto, e possa servire a ciascheduno in quel modo che stabilisce; e ringraziando ognuno della sua gentilezza, con tutto il più profondo rispetto mi dichiaro umiliss. devotiss. obbligatiss. servitore

PAOLO COLOMBANI.

BARTOLOMMEO OCCHI ALL'OSSERVATORE.

Giacchè ne'passati fogli dell'Osservatore fu data notizia del primo tomo da me pubblicato delle Novelle Morali del signor Marmontel, pregovi a partecipare in istampa ch'è uscito il secondo ancora. Oltre a ciò ho stampato anche la commedia intitolata la *Scozzese* tradotta dal francese in versi sciolti italiani. Spero che non sarà discara.

Il fine dell'Osservatore dell'anno MDCCLXI.

GLI OSSERVATORI VENETI

PERIODICI.

PER LI MESI

DI

FEBBRAIO, MARZO, APRILE

DEL MDCCLXII.

N° I.   A dì 3 febbraio 1762.

RAGIONAMENTO DEL VELLUTO

ACCADEMICO GRANELLESCO [1]

*fatto da lui a' suoi tre compagni Osservatori
e a tutti gli altri confratelli dell'Accademia.*

SERVE DI PREFAZIONE.

Eccovi, o cari e da me molto amati compagni, assegnato il terreno: delineate in esso, anzi quasi cavate le fondamenta, additatovi il luogo dove si hanno a cuocere i mattoni; è apparecchiata la calce, preparata la rena. Mano alle cazzuole, alle martelline, si soprappongano l'uno all'altro i sassi, facciasi che sien bene l'uno all'altro vicini, non escano

---

[1] *Ragionamento del Velluto, accademico Granellesco.* L'accademia dei Granelleschi, qui per la prima volta nominata, una delle tante che pullularono in Italia nei secoli scorsi fu da principio una gioconda invenzione d'alcuni giovani per darsi spasso; ma poi come costoro pizzicavano di letterati, divenne istituzione più seria che ebbe posto onorevole nella storia letteraria di Venezia del secolo scorso. Ebbe principio nel 1747 per opera principalmente di Daniele Farsetti, colto patrizio veneto, e di certi suoi amici, i quali avendo conosciuto per caso un tal D. Giuseppe Sacchellari, il più ridicolo e orgoglioso scioccone che fosse al mondo, gli proposero di farlo presidente d'una nuova accademia che essi intendevano di fondare. Egli, manco dirlo, accettò pavoneggiandosi; l'accademia fu instituita col titolo dei Granelleschi, e Arcigranellone ne fu lo stolto prato, zimbello di burle spietate e senza fine, avendogli, tra l'altre, assegnato per trono un altissimo scranno sul quale egli, nano, a fatica s'arrampicava, con fargli credere quello essere stata la sedia di M. Pietro Bembo. Ma tutto ciò era come una maschera, poichè nelle loro adunanze dopo essersi preso spasso dell'Arcigranellone, dicendogli sul muso le più solenni insolenze che egli beveva come segni d'ammirazione, lo lasciavan duro e no sua cattedra di Pietro Bembo e traevano da' portafogli le loro composizioni in versi e in prosa, serie e facete.... leggiadre nelle frasi, armoniche nelle eleganze, differenti nello stile e purgatissimo nel fatto della lingua » (C. Gozzi, *Memorie inutili*, parte I). Spesso poi si riunivano senza prete, e attendevano a leggere e commentare Dante; ed è non piccola gloria dell'Accademia che sotto i suoi auspicii uscì la *Difesa di Dante*, che Gasparo Gozzi scrisse in risposta agli strapazzi del Bettinelli. Quando a Venezia si accese gran disputa tra il Goldoni, il Chiari e Carlo Gozzi, i Granelleschi presero parte a favore di

nai del filo dell'archipenzolo; si alzi la fronte all'aria del proposto
difizio. L'architettrice fantasia vi guidi nel fare una vistosa prospet-
iva di fuori; ma sia regolato l'interno dal sodo e massiccio ingegno,
icchè si aggiunga all'allettamento dell'occhio un'agiata e salutifera
bitazione, a cui sieno bene compartiti i raggi del sole e l'aria salubre.
Von sieno da voi dimenticate le magnifiche sale, per le quali si possa
lle volte spaziare, non le comode stanze nelle quali ritrovasi l'asilo
iù usuale; ma ricordatevi con esse anche la galanteria degli stanzini
i dei piccioli gabinetti ne' quali, quasi in puliti e risplendenti gioielli,
i raccolta tutta la grazia e il garbo dell'arte. Cucina, tinello, volta,[1]
utto vi sia; e tutto così bene armonizzato, che sembrino tutti i luoghi
firatellati insieme, e cospirino amichevolmente a formare un solo edi-
izio, vario, dilettevole, ed in cui piaccia agli abitatori l'intrattenersi
iù che in qualsivoglia altro albergo. Sapete voi a cui lo rizzate? Vi
adde mai in mente chi ne dee esser signore? Lo Incantesimo. Egli,
ì, egli è colui che ne dee essere il padrone, ed in esso vuol riporre
utto il suo avere e tutte le sue ricchezze. Se vi riesce di rizzarlo e
istribuirlo in guisa ch'egli deliberi di farvi la sua dimora, vedrete le
ontinue accoglienze ch'egli farà a' novelli ospiti, quanti di giorno in
iorno accorreranno a visitarlo, le feste, i sollazzi, il ridere delle bri-
ate, la contentezza e l'allegrezza comune. Ogni dì si vedranno genti
godersi dalle finestre le belle vedute, a considerare l'artifizio degli
rchitetti anche nelle più minute operazioni, a commendare l'agio ed
l diletto dello stare, del passeggiare e di tutti gli altri usi e piaceri
he ritrar si possono da una fabbrica guidata al suo fine con intelli-
enza e sveltezza nella esecuzione.

Ma usciamo oggimai degl'indovinelli, e levataci via la maschera
alla faccia, ragionisi non più di fabbrica, ma di libro. Voi avete al
resente, o compagni, alle mani un'opera nella quale, se voi volete che
radita sia, tutte si debbono raccozzare insieme quelle condizioni che
ell'allegorico edifizio sono brevemente da me state tocche. Se io avessi
fare con altri capi meno intelligenti dei vostri, vi guiderei quasi a
iano, facendovi il confronto parte per parte di un libro con l'imma-
inato edifizio. Ma voi non siete di quelli i quali abbiano bisogno di
aritative mani che reggano i passi vostri tenendovi per due cordelline
ppiccate dietro alle spalle, acciocchè non diate del ceffo in terra.
Ignuno di voi è spoppato non solo e uscito di pupillo, ma danza con
iolta perizia, e sa fare le capriuole e i salti perigliosi e mortali con
iaraviglia di ognuno. Eccomi, non so come, caduto un'altra volta a

---

nest'ultimo, così astiosamente che il Magistrato dei Riformatori di Padova proibì la pub-
licazione degli Atti dell'Accademia. La quale dopo quindici anni di vita non ingloriosa
spense nel 1762.
   Ogni accademico aveva uno o più nomi di guerra, e di molti è rimasta memoria. Così
ppiamo che il Velluto era Gasparo Gozzi; il Mancino, D. Giovanantonio De Luca; il
vero e il Fuggitivo, Giuseppe Baretti, lo scrittore della *Frusta letteraria* ec. Non sap-
iamo invece chi si nasconda sotto i nomi di Atticciato, Increspato e Rabbuiato che com-
iiono qua e là nei fogli degli *Osservatori:* ma la grande somiglianza dello stile m'induce
redere che sia sempre Gasparo Gozzi, il quale avendo a sostenere quella sua finzione
quattro Osservatori che s'unirono a lui per scrivere i suoi fogli, metteva gli scritti
oi ora sotto un nome, ora sotto un altro. Il che non parrà strano, poiché quasi tutti
li accademici avevano più nomi, come per es. Daniele Farsetti che si firmava ora il Me-
inate, ora il Molle, ora il Cognito, ora il Sodo; Carlo Gozzi: il Solitario e lo Sperticato;
iovanni Marsili: il Consumato, il Non inteso, il Sospeso, l'Asciutto, ec
   1 *Volta.* Cantina.

parlare per figura. Volli dire che siete uomini capaci di fare ogni prova, che avete l'immaginativa esercitata e pronta, l'ingegno pieno di buone e sane meditazioni, e la mano spedita nello scrivere i concetti vostri con uno stile piano, facile, e, quando occorre, vigoroso e sublime. Oltre a tutto ciò fiorisce in voi quella benedetta giovinezza che dà tanto garbo e così pulita vernice a tutte le cose. Qui l'Osservatore non ci ode, e possiamo dirlo fra noi : s'egli non è vecchio ancora, comincia però a sfiorire, e non poteva ogni settimana durare con la stessa forza nel comporre due fogli ; nè poteva ogni volta vestire i pensieri suoi con quelle nuove invenzioni che sono l'anima delle scritture. Gli siamo però obbligati che ci aperse la via ; nè pensate perciò ch'io lo voglia biasimare giammai, essendo egli così mio buon amico particolarmente, quanto è amico di tutti voi che qui mi ascoltate. Anzi io vi esorto quanti qui siete, a non dipartirvi dalla strada da lui tenuta, e principalmente nel variare gli argomenti ad ogni vostro potere, e nel non prendere giammai di mira persona particolare nelle vostre scritture. Mi ha egli affidato il modo osservato da lui, ed io ve lo dirò ; facciane poi ognuno quell'uso che vuole. Usciva egli di casa solo e pensoso, rivolto nel suo mantello, e postosi in cammino per le vie con gli orecchi aperti, stavasi attento a tutte le parole che si dicevano da chi andava, da chi fermavasi, da chi ragionava nelle botteghe, fino a tanto che gli feriva l'udito qualche sentenza, qualche breve questioncella, qualche voce che contenesse in sè sentimento ; la quale tosto ghermita da lui col cervello, dentro ne la ritenea, e fattala quasi semente di suo argomento, vi lavorava con la fantasia intorno, cercando e meditandovi tutto quello che gli parea che vi si potesse adattare ; e riconoscendo per suo maestro colui che avea ritrovato a caso a parlare, rinveniva il cuore umano generalmente nella parola profferita da un solo. Lungo sarebbe a dire quante volte una femminetta con una tela in capo fu la filosofessa che ne lo soccorse ; e molti obblighi confessa di avere ai bottegai, agli artisti, a'portatori di pesi, e fino agli accattapane, i quali non sapendolo essi punto, gli somministrarono di che riempiere i suoi fogli. Non è la filosofia morale compresa ne'brevi confini de'libri, o in quelle sole persone che con gli studi hanno procurato d'intenderla ; ma la si ritrova propriamente nel cuore degli uomini, occulto e buio per sè, ma che inopinatamente sbuca e si lascia vedere quando men sel crede ; onde chi lo vuole intendere, dee starsi attento a guisa di chi pesca per tirar su la sua preda appiccatasi all'amo. Una parola dunque alle volte risveglia materia per un lungo trattato, ed è, come dire, il capo di una matassa, che quando si è ritrovato, trae dietro a sè il continuato filo di quella sino alla fine. Di che si dee comprendere che la sola meditazione è quella che ingrossa gli argomenti, senza la quale egli è impossibile lo andare avanti, o almeno il non riempiergli di borra e di vento. Questo modo posto in pratica da lui, e comunicatomi all'orecchio, l'offerisco a voi, o compagni miei, pel migliore. Non vi date un pensiero al mondo di ripescare ne'libri quello che avete a dire, e molto meno di esplorare i casi particolari delle case altrui, nè i difetti de'vostri conoscenti : ma usciti la mattina di casa vostra, chi qua, chi là, con un taccuino intellettuale, prestate orecchio a quello che udite per le vie così d'improvviso ; che se starete bene attenti, ritroverete tanta alterazione negli animi di chi va e viene, che vi basterà a cogliere gli argomenti vostri. Quando gli avete segnati, allora è il tempo di razzolare dentro a' vostri cervelli, e ritrovarvi il meditato e lo studiato di prima, per creare le ossa, i nervi e le polpe, e per dare spirito e vita al novello corpo che vorrete formare. Ricordatevi sopra tutto, che a guisa di una statua scarpellata da perito maestro, abbia in sè tutte le sue belle e giuste corrispondenze, e che vi si vegga una regolata dipendenza dell'un membro dall'altro. Non vi consumate intorno ad una sola parte trascurando tutte l'altre, sicchè si vegga che avete posto tutto il vostro vigore in un braccio, perchè il restante vi riesca poi monco, sciancato, azzoppato e peggio. Dall'armonia, che forse così al primo non è conosciuta, nasce una certa incognita dilettazione e ammirazione segreta in chi vede l'opera, che appaga, solletica, non lascia luogo alla noia, ed invita nuovamente a rimirare. Questa è quella principale arte, che tenne per tanto tempo e mantiene ancor verde la memoria di tanti nobili scrittori i quali, come se fossero vivi tra noi, sono da noi conosciuti. Su, compagni; su, amici; su, confratelli. Io parlo non solamente a voi, i quali avete proposto al pubblico di dare alla luce gli Osservatori, ma a qualunque altro l'umilissimo nome porta di quest'Accademia, e sotto le insegne di quella vigorosamente combatte. Escasi da queste nostre private adunanze al chiaro splendore del pubblico. Si tenti di spargere pel mondo quell'onorata semente di dottrine e virtù che furono in ogni tempo da voi coltivate; e tutte le anime e le menti vostre congiunte insieme divengano un'anima ed una mente sola, che spaziando per campi a voi aperti dall'Osservatore, ricolga anch'essa novelli frutti degni di lode e d'approvazione.

RISPOSTA DELL'ATTICCIATO.

Va', Velluto, non dubitare. Quanti qui siamo, abbiam tutti un'opinione. Io non so se ci vedesti domenica in Piazza mascherati. Non fu disutile l'andata nostra. Prendemmo esempio dalla varietà di que' tanti umori, per diversificare l'opere nostre. Quella diversità di facce, di vestiti, di frastagli, di dondoli, sarà da qui in poi il nostro modello. Di qua si faceva un ballo tondo a suono di piva, con mille scambietti e saltellini intorno intorno, e v'aveano circostanti che a bocca aperta stavansi a guardare tutti lieti e ridenti. Di là apparivano Magnifici, Zanni, Tartaglie,[1] e dietro aveano un codazzo di persone che gli seguivano con tanta costanza, che non si curavano di essere mezzo infranti. In un altro lato certi nasacci di Pulcinelli,[2] e certi loro valigiotti sulle spalle e sul petto, fra i quali era sotterrato il collo, e quel loro ragionare rauco traeva a sè un'altra quantità di persone. Chi si sfiatava per correre a' fianchi d'una villanella, che non si curando punto del verno, era scollacciata un poco più di quello che richiedesse la fine di gennaio. Altri s'erano fatti seguaci di un colascione,[3] altri d'uno che facea apparire e sparire certe pallottole: v'erano visi vòlti allo insù a studiare i cartelli delle commedie; altri si pasceva nelle pitture che promettono quelle maraviglie, che poi non vi si veggono nei casotti.

---

[1] *Magnifici, Zanni, Tartaglie.* Maschere dell'antica commedia. Il primo è il gentiluomo veneziano; il secondo l'Arlecchino; il terzo per lo più un servo che col suo balbettare moveva a riso il pubblico.

[2] *Pulcinella.* Maschera napoletana; si rappresentava con grandissimo naso, voce rauca, e due gobbe, una sulla schiena, l'altra sul petto.

[3] *Colascione.* Stromento musicale a due corde.

Chi era innamorato dell'eloquenza de' salimbanco;[1] chi porgeva l'orecchio alla canna degli strolaghi[2] per sapere quello che non avverrà mai. Andrienne,[3] pendenti, scarpe, e ogni altra cosa finalmente avea i suoi seguaci e gli ammiratori; e di tutti que' vari umori riusciva una gratissima complicazione, un bulicame[4] universale che dava la vita a vedere. Non è quello forse un bello esempio per comporre i nostri fogli? Non daremo noi forse nell'umore ora a questi, ora a quelli, imitando un dì la vivacità de' ballerini, un altro le bizzarrie de' pulcinelli, e di giorno in giorno i capricci di tutti gli altri? Non ne riuscirà forse in fine un ammassamento vario, di più colori e vivace? Sì, ne son certo. Non perdiamo altro il tempo in considerazioni. Sciolgasi il nostro congresso. Vada ciascheduno a fantasticare ed a scrivere.

N° II.   A dì 6 febbraio 1762.

RAGIONAMENTO DELL'INCRESPATO ACCADEMICO
IN CUI TRATTA DI SÈ MEDESIMO.

Tre cuori e tre menti ho ritrovato per isperienza di avere in corpo, avendo per un nuovo caso fatto notomia di me medesimo; e poiché ho statuito di render conto di tutt'i miei scoprimenti alla compagnia vostra, o carisssimi confratelli accademici, ora vi dirò ogni cosa particolarmente, acciocchè veggiate s'io ho fatte le mie osservazioni con diligenza, e procedendo con quegli avvertimenti che si dee in caso tale. Odimi tu principalmente fra tutti gli altri, o Velluto, il quale c'insegnasti che l'andare solitari e sconosciuti, prestando orecchie alle casuali parole altrui, era quel semenzaio donde si debbono trarre le nostre osservazioni. Odi, io ti prego, quello che m'avvenne, mentre ch'io poneva ad esecuzione i tuoi insegnamenti.

Uscii mascherato l'altr'ieri di casa, e soffiando, come vi dee ricordare, un rigido tramontanaccio che piluccava le carni, nè potendo io, che son freddoloso di natura, aggirarmi troppo a lungo per le strade, dappoichè ebbi fatte due giravolte, dissi fra me: Ecco ch'io batto così forte le mascelle, che il romore de' miei denti non mi lascerà udire quello che altri dicono; oltre che con tal furia mi percuote il vento negli orecchi, ch'io son presso che assordato. Bello sarebbe che facendo io qui l'esploratore, infreddassi di modo che ne buscassi una malattia; e in iscambio di scriver fogli, avessi a fare testamento! Dove potrei io andar ora per non assiderare? Buono! non vi ha forse il Ridotto?[5] Di là so pure che il freddo è sbandito. Io mi porrò quivi a sedere in qualche cantuccio. Sempre vi concorrono maschere. Chi va, chi viene,

---

[1] *Salimbanco.* Oggi saltimbanco.
[2] *Le canne degli strolaghi.* Sulle piazze v'erano dei profeti da strapazzo, che con certe lunghe canne applicate all'orecchio dei gonzi, predicevano loro la buona ventura.
[3] *Andrienne.* V. la nota 2 a pag. 327.
[4] *Bulicame.* Rimescolio.
[5] *Il Ridotto.* Famoso luogo di convegno dei Veneziani nel secolo scorso, dove principale occupazione era il gioco. Vi si perdevano somme enormi, ed era causa di grande corruzione, tanto che fu chiuso per deliberazione del Maggior Consiglio nel 1774.

chi sta a sedere, in ogni luogo vi si ciancia e bisbiglia, vi si fanno mille atti, si scoprono migliaia di faccende. Cotesto è veramente quel luogo, dove non può il vento; e io a mio grandissimo agio farò i fatti miei senza punto dubitare che il freddo mi mozzi gli orecchi. Appena ebbi così detto, che avviatomi a quella volta, giunsi, salii le scale, ed entrato appena, mi s'affacciò un soavissimo tepore che mi confortò le membra e mi diede veramente la vita. Quando mi sentii ristorato, cominciai ad attendere all'ufficio mio. Volete ch'io vi dica? Andai su e giù più di mezz'ora, e non intesi mai una parola che fosse buona a farvi sopra annotazione veruna; tanto che quasi per disperato volea partirmi di là e ritornarmene a casa a meditar fra me qualche cosa. Se non che, trasportato più dalle gambe che dal pensiero, entrai nelle altre stanze, e posimi ora qua, ora colà ad adocchiare chi giocava, senz'altra attenzione che quella la quale nasce in sul fatto, cioè una curiosità che ci muove ad allungare il collo sopra le spalle altrui, per sapere chi vince o chi perde.

Mentre ch'io stava attento con sì scarsi pensieri, eccoti che a poco a poco mi sentii invaghire di quel colore dell'oro che mi vedea innanzi, e diceva fra me: Oh bello e utile metallo ch'è questo! Io non ho però provato mai al mondo qual sia il diletto dell'averne in abbondanza. Perchè posto ch'io n'abbia quanto è sufficiente alle occorrenze mie più usuali, egli mi conviene però usare una gran parsimonia e starmi sempre livellando col cervello le spese all'entrata; e s'io ne spendo un giorno una porzione di più in qualche passatempo o in qualche nuova occorrenza, eccoti che nel vegnente giorno ho da perdere la testa per ragguagliar un'altra volta i fatti miei, acciocchè vadano con l'ordine di prima. Non si può negare che non sia una bella cosa la fortuna. Costei può, quando ella vuole, favorire uno, farlo in un momento beato. Questo cotanto oro, che mi veggo qui innanzi, è da lei apparecchiato per darlo a cui ella vorrà. Fu tratto dalle cave, da' zecchieri coniato a posta di lei: ella n'è la padrona, e ne può ora a suo modo disporre; essa ha apparecchiate quelle mani e quelle borse nelle quali dee entrare. Ma ella vuole però anche che coloro, i quali debbono essere dalla grazia sua favoriti, tentino qualche cosa, e non stiano con le mani alla cintola, osservando i fatti altrui come fo io al presente. Richiede negli uomini animo grande, un coraggio maschio, vuole che non si curino di quel poco che posseggono, per correre dietro a quel molto che si veggono innanzi agli occhi. Questi tali disprezzatori d'ogni pericolo sono i veri amici suoi, e vengono dalla sua repentina liberalità favoriti. Come può ella curarsi punto del fatto mio, nè di me, il quale avendo confitto e limitato l'animo mio fra sei o otto tignosi ducati che ho nelle tasche, dispregio i suoi larghissimi doni per non arrischiare questa picciolissima quantità, che non è che una gocciola nel gran mare della sua abbondanza? O amici, o confratelli, che volete voi più? Io mi sentii tra così fatti ragionamenti a riscaldare a poco a poco la fantasia, e nel cuore uno stimolo e una puntura che non avea prima sentita giammai. Ecco il punto in cui ritrovai in me una nuova mente ed un nuovo cuore che io non sapea ancora di avere, i quali a poco a poco la vollero a modo loro. Non la vinsero però di subito, perchè io posi più volte la mano nella tasca, toccai quel mio poco argento, poi ne la ritrassi vota, intimorito di perdere, poi ne la riposi dentro di nuovo, e noverai i ducati miei, indi la cavai un'altra volta senza trarneli fuori; finalmente partitasi dalla tavola una maschera che giuocava dinanzi a me, e vedendomi io quell'adito vacuo, mi sentii tentato più gagliardamente, e così fra il sì ed il no mezzo balordo, trassi della tasca quei pochi ducati che avea, e fattomi innanzi, frugai fra le carte lacerate, e voltatane una in cui delineato era un asso, posivi sopra due ducati, dicendo fra me: Egli era meglio un solo; eh no, gli è il meglio due. In questa guisa dubitando ora di avere arrischiato troppo, ora assicurandomi di aver fatto bene, vennemi il punto favorevole; di che provai un'indicibile allegrezza, e ringraziata la fortuna che mi avesse stuzzicato a giocare, proseguii con tanto suo favore, che in poco d'ora mi ritrovai con le scarselle piene da tutt'i lati, e con parecchi zecchini che ardevano.[1] E quello che oltre ogni altra cosa mi consolava, si era il vedere alcune maschere intorno che pareano rallegrarsi della mia buona ventura; e sentiva alcuno che diceva: " Oh com'egli è avventurato! " E alcun altro: " Egli è anzi giudizioso, e giuoca con tanta cautela e artifizio che non potrebbe mai perdere; " e in tal modo insieme ragionavano piano delle grandi avvertenze ch'io usava, e ritrovavano lo imperchè in ogni punto ch'io scambiava di tempo in tempo a caso, e mosso da certi augúri e capricci che mi passavano per la mente. Intanto il padrone del mucchio maggiore si levò su, e non volle, non so perchè, proseguire altro, ma deposte le carte si partì, lasciandomi più ricco di prima; ma voglioso ancora di accrescere le mie ricchezze. Allora mi dipartii di là vittorioso, e così fuori di me per l'allegrezza, che non vedea più le genti che mi stavano intorno, anzi pareami di esser solo, e avea l'anima mia rinchiusa nelle scarselle, tutta desiderosa e ardente di noverare quante monete avea guadagnate. Uscii del Ridotto, e nulla curandomi più nè di freddo nè di caldo, entrai in una bottega da caffè, e quivi tutto solo adagiatomi in uno stanzino, cominciai a noverare, e ritrovai che i miei pochi ducati oltrepassavano ora le tre centinaia fra oro e argento, e gli contemplai alcun poco, dicendo fra me: Oh! s'io poteva andar più a lungo, io so bene che in poco tempo sareste giunti al migliaio; e chi sa fino a qual numero avea fortuna deliberato di essermi cortese e liberale! Infine infine questa è picciola ricchezza. Non potea forse avvenire ch'io avessi cambiato condizione? Quante voglie ho io nel corpo, che non ho potuto cavarmele mai ancora? Se io ho ad andare in qualche luogo, o mi conviene andarvi a piedi, o prendere una barcaccia così a caso qual essa viene. I fornimenti della casa mia sono ancora quegli degli avoli miei, la mia mensa ha la frugalità degli antichi. Una femminetta friulana mi cuoce un poco di carne di bue ed una pollastra, e non sa fare altri intingoli e manicaretti che di ventrigli, fegati, sommoli di alie[2] e creste; e questi anche mi riescono per lo più o sciocchi, o soverchiamente salati. Se io esco di Venezia, egli mi conviene attendere la congiuntura d'altri viandanti per pagare una sola porzione del viaggio; e fra tante delizie della Brenta e del Terraglio,[3] io non ho mai potuto avere un tugurietto a posta mia, da starvi due mesi tra la state e l'autunno. Mi mancano cocchi, cavalli, servi e tanti altri agi, ch'io

---

[1] *Zecchini che ardevano.* Luconti perchè nuovi.
[2] *Sommoli di alie.* Il sommo dell'ali dei polli.
[3] *Delizie della Brenta e del Terraglio.* Lungo le rive della Brenta, e lungo la magnifica strada che congiunge Venezia con Treviso, sorgevano le superbe ville dei signori veneziani.

non so a che viva in questo mondo. A che mi giovano ora questi poco
più che trecento ducati, e che ne posso far io? Eh! vadasi, e si tenti
di nuovo di accrescergli. Eccovi, o amici e confratelli, la mia seconda
mente e il mio secondo cuore. — Così detto dunque piano fra me, rientrai di nuovo negli appartamenti della Fortuna; ed inoltratomi baldanzosamente, incominciai un'altra volta a giuocare. Ma che? Rivoltatasi
la mia poco prima amicissima Dea con gli occhi altrove, e lasciatomi
privo al tutto della sua grazia, io non seppi mai ritrovare in tredici
carte quella che assecondasse il mio volere; di che ebbi tanto sdegno,
che arrischiando sempre più per rifarmi di quello che mi avea portato
via il punto innanzi, in poco d'ora mi ritrovai privo di quanto guadagnato avea; e se non fosse stato che i miei pochi primi ducati si osti-
narono fra il sì e il no, fra lo andare e il venire tante volte, che il
tagliatore[1] per istracco mi licenziò, sarei rimaso anche privo di quelli.
Io non vi posso dire la rabbia e il dispetto che avea non solo del perdere, ma delle parole che udiva di quando in quando dietro di me, le
quali m'incolpavano di strano e d'imperito giuocatore. Mi tolsi di là
con tanta furia, che non sapea più dove andassi. Per ogni picciolo urto
avrei ammazzato un mio congiunto, non che altro. Uscii di Ridotto,
ritornai nella bottega di prima, entrai nel primo stanzino, e postomi
quivi non più a sedere, ma a pestar de' piedi in terra e a sbuffare,
diceva fra me: Maladetta fortuna, non potevi tu forse assecondarmi
anche questa volta? Non sono forse queste quelle mani che tu avevi
poco fa col tuo favore prosperate? Perchè le abbandonasti sì tosto?
— E di là ad un poco aggiungeva: Ma io fui, io, il poco giudizioso.
Perchè non mi contentai dunque di quello che guadagnato avea? Perchè mi venne in capo di voler divenir ricco? Ben mi sta, che non seppi
contentarmi di quello che acquistato avea in così breve tempo. Ma in
fine poi, aggiungeva, non ho io ancora questo picciolo rimasuglio de' miei
pochi ducati, co' quali posso tentare un'altra volta in cui mi sia più propizia la fortuna? Sì, così si farà. Che fo ch'io non vi ritorno? Vadasi.
E s'io perdessi anche questi? E se mi venisse anche lo stimolo di
andarmene a casa a pigliare quei pochi che quivi ho, e se dietro a
quelli mi venisse voglia di perdere anche altro, e se mi si appiccasse
intorno questa stizza?[2] O Increspato, adagio: vedi bene quel che tu fai.
Considera i fatti tuoi. Metti a confronto que' vari pensieri che in poche
ore ti si aggirarono pel capo, e quelle passioni che ti assalirono il cuore.
Studia qui un poco te medesimo. La prima volta che qui venisti co' tuoi
pochi ducati, pochi erano nel vero, ma stavansi fra le misure prese da
te del tuo vivere, e tu eri quieto e senza pensieri. Quello che fu ieri,
sarebbe stato oggi e domani ancora, e l'animo tuo, già proporzionato
al tuo avere per lunga usanza, non si sarebbe punto alterato. Hai tu
finalmente a far altro che a proseguire giudiziosamente un metodo
preso da te nelle tue faccende? A mantenerti con quell'abbaco che
hai studiato, nel conoscimento di quello che possiedi e di quello che
puoi spendere? Vedesti tu, quando ti pervennero alle mani que' trecento
ducati, quanti agi, quanti diletti ti si presentarono avanti agli occhi,
de' quali non avesti prima un pensiero al mondo? Credi tu che ti fosse
bastato anche un guadagno maggiore? Noi abbiamo l'animo fatto a

[1] *Il tagliatore.* Colui che tiene il banco al gioco.
[2] *Stizza.* Voglia, passione.

maglia, che, secondo quello che vi si mette dentro, si allarga; e il suo allargarsi non ha confine veruno. Poi fa'comparazione di due gravissime inquietudini che in breve tempo hai sofferite, e pensa all'una e all'altra di quelle, giudicando qual di esse sia la minore. Tu guadagnasti, e fosti travagliato perchè non avevi di più, non ti bastava più questo mondo e l'altro; l'allegrezza del vincere ti avea tolto la quiete. Perdesti e non ti ricordi qual fosse il tuo dolore: tu l'hai ancora e lo senti. Poni ora queste due inquietudini a fronte del tuo primo stato. Ti ricordi tu che non avevi un pensiero? Ti viene in mente che salisti quelle scale per fuggire il freddo, per osservare altrui, che tu eri padrone di studiare ne'difetti degli altri, che in fine eri uomo, e che ora, se avessi qui chi ti osservasse, daresti materia abbondantissima ad un foglio? Fa'conto di esserti notomizzato. Hai ritrovato in te un cuore e una mente, prima quieti, tranquilli, giudiziosi e sani; poi vogliosi di avere, stimolati dall'incendio de'diletti, e finalmente dalla passione del perdere. Sta in te l'eleggere a qual di essi tre stati vuoi appoggiare tutta la vita. O contentarti del poco, e goderti la tua tranquillità; o voler molto, e non avere per un verso o per l'altro più bene. In questa guisa parlai a me stesso, e ritornato in me, baciai i miei pochi ducati, e ringraziata di nuovo la fortuna che me li avea lasciati, mi partii di là, entrai nel mio stanzino, notai le mie meditazioni, e come udito avete, vi raccontai i miei casi.

N° III.   A dì 10 febbraio 1762.

ALL'OSSERVATORE.[1]

Scrivo con l'animo pieno di disgusto e di bile. Lessi iersera nella dedicatoria d'un libro molte millanterie d'uno scrittore ignorante e dappoco, che veramente m'hanno fatto noia allo stomaco. D'ora innanzi ho risoluto di non andare più a stampa, chè non voglio arrossirmi d'aver per compagna la pazzia di simili scioperoni. Che diavolo! Egli si loda sfacciatamente, è largo promettitore di sè, vitupera gli altri, e infine Demostene, Tullio ed Aristotile non avrebbono la centesima parte dell'albagia di costui. Ma quel che mi sembra oltre ogni credere strano, si è ch'egli immortala da sè stesso l'opere sue, e fa suoi conti, che come che sieno da sei mesi passati ch'egli le diede al pubblico, esse viveranno per tutti i secoli, esalta però l'amico a cui indirizza il volume, e l'incorona del pari. Così talvolta ho veduti fanciulli che quando hanno paura del buio, cercano chi con loro s'accoppii. Se voi passeggiando per via, fate le osservazioni vostre soltanto, non vi rimarrà campo da scoprire il ridicolo di cui abbondano molti libri moderni, e sarete manco utile, correggendo meno. Siete troppo circospetto e troppo modesto. Vorrei un mezzo tra questi arditacci e voi. Non sono un di voi quattro Osservatori, nè ho diritto (che voi vel siete arrogato) d'esaminar chi passa; ma concedetemi almeno d'esaminar

---

[1] *All'Osservatore.* Lettera e sonetto non sono certo del Gozzi: nè lo stile ha la leggiadria, nè il sonetto-favola ha il garbo o l'arguzia famigliari al nostro scrittore.

voi, che non siete compresi nel resto. Oh ch'io non esca di materia, perchè ho una favoletta di quattordici versi, di cui voi, come poeta, farete un sonetto, e sel leggerà l'autore di quella lettera, o altri che partecipasse di quell'orgoglio e di quella pretensione.

> · A una mula restía qualcuno ha dato
> E molta biada e fien quant'ella volle;
> Ingrassonne e dicea superba e folle:
> Mio genitor nobil cavallo è stato:
>   Io son veloce al corso e ho lena e fiato.
> E in mille modi sè medesma estolle.
> Ecco ell'esce di stalla, e pigra, e colle
> Sue some appena regge al passo usato.
>   Allor piange e in sè torna e dice: S'io
> Credetti esser progenie di destriero,
> Fu errore. Un asinel fu il padre mio.
>   Questa favola a te palesa il vero,
> Stolto, che l'esser tuo poni in obblio,
> E indarno a cose grandi ergi il pensiero.

L'INCOGNITO.

RISPOSTA DEL VELLUTO ALLA LETTERA DELL'INCOGNITO.

L'Osservatore è monco, non scrive più. Io sono erede delle sue dita, del calamaio e della penna. Egli ha affidate a me tutte le sue intenzioni, onde la Signoria Vostra, chiunque ella sia che scrive, si prenderà in pace la risposta mia in cambio di quella di lui. Io vi sono in primo luogo dunque obbligato, che con le vostre lettere diate a' quattro confratelli cagione d'impinguare i loro fogli, e questo vi sia detto a nome di tutti. Abbiamo tenuto insieme consiglio intorno a quello che vi si dovea rispondere, e la risoluzione universale fu, che si dovesse riflettere qualche cosa intorno alle lodi che alcuno si dà da sè medesimo, e dire pro e contra questa usanza. L'Increspato disse che il lodare sè stesso è di necessità. L'Atticciato negò; vennero a questione. Si pose tra loro il Rabbuiato e disse: " Scriva ognuno di voi il suo parere." Il giorno dietro mi mandò ognuno la sua polizza. Io la do alla luce. Lascio il giudizio delle loro ragioni a voi e al pubblico.

RIFLESSIONI DELL'INCRESPATO.

In un secolo in cui può tanto la invidia, in cui le lodi sono cotanto magre ed escon così a stento di bocca alle persone, perchè non potrà uno, lasciata da canto la nociva modestia, mettersi con l'esaltazioni in cielo da sè medesimo? Che altro è ogni uomo nel mondo, fuorchè un venditore di balsami, uno che vuol fare spaccio di segreti, un cavadenti, un salimbanco? Quanti ci stanno dintorno, gareggiano con esso noi e fanno un medesimo mestiere. Ognuno che vive, ha a spacciare la sua mercanzia per bella e buona. Quando ci sono a'fianchi tanti concorrenti, da chi attenderemo noi di essere lodati? E se lodati non siamo, chi ci presterà fede? Immaginate che questo mondo sia la piazza ma-

giore della città.[1] Venite meco. Eccoci in quella parte di essa ove sono
i giuocolatori, coloro che mostrano le maraviglie. Rassomigliate questo
luogo al mondo. Udite di qua questo venditore di ampolle. Vedete quel
fascio di privilegi[2] ch'egli spiega agli occhi del popolo. Sono quindici,
sedici e più. Chi avrebbe saputo che tante città l'hanno privilegiato?
tanti popoli accarezzato, tante nazioni esaltato, s'egli da sè medesimo
non si fosse risoluto a dirlo pubblicamente? E vedete voi come subito
dopo le lodi ch'egli ha date a sè medesimo, gli fioccano in sul palchetto
i fazzoletti?[3] Quante ampolle vende? Che se così fatto non avesse, gli
sarebbero rimase a dormire nella cassettina. Uditelo. C'è alcuno più
caritativo di lui? Egli ha minorato il prezzo del segreto suo; non si
cura di guadagno; dà la salute per limosina a chi la vuole; ha guariti
infiniti poveri, ne guarirà altri infiniti quando vorranno. È la bontà, la carità, la liberalità in carne e in ossa. Chi ve lo dice? Egli medesimo. Se nol
dicesse, chi glielo direbbe? Quell'altro colà, che ha a vendere anch'egli,
che spaccia anch'egli ampolle, dice di sè altrettanto. Date di qua una
occhiata a queste case di legno, nelle quali si fanno i salti pericolosi e
mortali, si mostrano nani, fiere, fantocci di legno che fanno commedie.[4]
Udite in qual forma all'uscio di ciascuna di esse o dall'alto si va vociferando? Qua, qua è la maraviglia vera. Quelle trombe, que' tamburi che
intronano gli orecchi, non sono altro che lodi profferite ad onore della
propria mercatanzia per abbattere l'altrui. Ognuno si sfiata e disanima[5]
per avere la concorrenza maggiore. Il lione non può parlare, nè commendarsi da sè medesimo. Stampasi un cartello che parla per lui. Ha
salvato il padrone dai naufragi, acquistate collane e medaglie d'oro.
In somma ognuno s'esalta, ognuno s'innalza; e di qua nasce questa
concorrenza e frequenza di genti che qui vedete; perciò si veggono
tanti capi volti allo insù, tante bocche aperte e ammirative, quante
qui si veggono. Da un altro canto rivolgetevi a rimirare i bottegai di
ogni qualità. Essi non possono, è vero, commendare sè medesimi ad
alta voce; ma lo fanno anch'essi tacitamente. Parlano colle insegne
appiccate fuori delle botteghe loro, e invitano i compratori. In ogni
luogo camminando si vede *la Benedizione, la Magnanimità, le Virtù
morali, l'Amor fraterno, la Carità del prossimo,*[6] e altre somiglianti
insegne che chiamano chi passa ad aprir le borse. Questo, carissimi
confratelli, questo è il modo di farsi ammirare e ben volere da tutti
in un tempo, in cui di rado altri si move da sè a dare le debite lodi;
e quanto è a me, giudico certamente che il lodarsi da sè medesimo non
sia quel male che pare a chi scrisse la lettera ed il sonetto.

---

[1] *Immaginate che questo mondo* ec. Questa è proprio pittura dal vero, perchè appunto
così affollata di ciarlatani, saltimbanchi e indovini era nel secolo scorso la piazza di San
Marco in certe stagioni dell'anno.

[2] *Fascio di privilegi.* Questi privilegi erano le carte con cui i magistrati concedevano
a questi cerretani di spacciare la loro merce nella città o nello Stato.

[3] *I fazzoletti.* Chi voleva comperare quei prodigiosi unguenti, annodava nella cocca
del fazzoletto la moneta occorrente e lo buttava sul palco.

[4] *Fantocci di legno che fanno commedie.* Burattini e marionette erano nel secolo scorso
divertimento gradito di signori o di popolo assai più che ai nostri giorni. Uno di casa
Labia, a Venezia, aveva fatto costruire nel suo palazzo un teatrino in miniatura dove
fantocci perfettamente imitati rappresentavano con gran lusso di abiti e di decorazioni
commedie e opere in musica; cavalieri e dame concorrevano in folla a quello spettacolo
che costò al suo inventore parecchie migliaia di ducati.

[5] *Si disanima.* Si affanna.

[6] *La Benedizione, la Magnanimità* ec. Di tal fatta erano realmente le insegne delle
botteghe d'allora, e tenevan luogo di quello che oggi si chiama la *réclame.*

POLIZZA DELL'ATTICCIATO

CONTRA LA SOPRALLEGATA OPINIONE.

Bella cosa veramente e nobile opinione è quella dello Increspato, da me letta nella sua scrittura, ch'egli voglia paragonare gli uomini tutti ai cerretani, ai ballerini, e il Cielo glielo perdoni, fino alle bestie; e che dimenticatosi affatto quella lode che dee durare immortale, la quale non può derivare da altro che da un effettivo merito, chiuda i pensieri suoi nel breve confine di una vana e passeggiera lode che acquista l'ammirazione vana degli spensierati. Diasi pure questa da sè medesimo qualunque uomo nulla considera i tempi che hanno a venire, e non si cura che con le membra sue abbia fine anche il suo nome; ma la fugga all'incontro chi con la fatica e con le sue degne opere intende di vincere l'ingiuriosa. forza del tempo e lasciar di sè una memoria onorata. Io non condurrò già voi, o compagni, coll'immaginativa fra gli strepiti d'una piazza ad udire le voci di cerretani e le trombe che invitano a vedere le maraviglie; ma piuttosto in luoghi solitari, in piccioli stanzini dove sono persone, le quali, dimenticatesi di sè stesse e poco curandosi di romorose esaltazioni, tali divennero, dopo molti secoli, che più non si possono dalle memorie altrui cancellare. In cotesti non conosciuti luoghi dal mondo, in cotesti asili non frequentati dalle genti, io veggo a poco a poco nascere e crescere il merito, e da questo la vera lode. Esce di là una buona opera, la quale è conosciuta prima da cinque o da sei, questi ne favellano, e nota la fanno a dieci o quindici; questi ad altrettanti, e così di bocca in bocca trascorre tra molti. Intanto l'autore della prima, tacendo sempre di sè, un'altra ne aggiunge, e questa seconda accreditata dalla prima è cortesemente ricevuta, e più largamente spargendosi, guernisce di nuova commendazione il nome del suo facitore. Di qua, fratelli miei, di qua nasce le vera lode. Questa è quella che d'uno in altro trapassando, registrata negli animi, conficcata e ribadita nelle menti de' popoli, segnata nelle carte e scolpita ne' sassi, rende l'uomo immortale. Questa è quella sola a cui gli uomini di senno prestano fede, come a quella che nascendo dagli animi altrui, non ha in sè ombra di sospetto veruna, ed ha posta la sua solida radice in verità ed in giustizia. Lasciamo il commendarsi da sè medesimi a coloro i quali, temendo di sè e delle opere loro, tentano di sostenerle co'puntelli, come gli edifizi vecchi e cadenti. Non sia disgiunta da noi giammai quell'onorata modestia ch'è condimento e grazia di tutte le virtù, e le rende più care e pregiate. Qual baldanza, vi prego, sarebbe la nostra, se volessimo privare le genti della facoltà di dare il proprio giudizio sopra di noi? Perchè vorremo noi essere maestri a tutti coloro i quali ci ascoltano, e comandare ad ognuno che a nostro modo favelli? E se per avventura l'intendessero altrimenti da quello che andiamo noi vociferando di noi medesimi, che sarebbe allora? Le nostre voci si rimarrebbero affogate nell'immensa furia delle contrarie, e noi verremmo giudicati senza cervello. Quanto è a me, così penso; e tengo per fermo che farà sempre inutile opera colui, il quale, a dispetto di mare e di vento, vorrà essere d'assai con la sola forza delle sue ciance.

AGGIUNTA DEL VELLUTO ALL'INCOGNITO.

Questo è quanto fu brevemente scritto da due Accademici nostri, ed io a voi lo mando in istampa. Non crediate però di farci uscir mai del primo proposito di voler favellare delle cose in generale.[1] Se dalle scritture nostre si può trarre qualche utilità di correzione a' costumi o altro, intendiamo che ognuno da' generali tragga in particolare quel frutto ch'egli può; e quando anche non volesse trarne veruno, pazienza. L'Osservatore m'ha detto ch'io vi ringrazii cordialmente di tutte quelle gentilezze che dette gli avete nel foglio vostro, e vi si dichiara obbligato, com'io vostro buon servidore.

ESORTAZIONE DELL'INCRESPATO A' COMPAGNI.

Olà, o voi sfaccendati. Vi state voi a dormire? Non sapete voi le belle e molte promesse che sulla fede vostra furono fatte al pubblico? Io mi credeva che fino a qui fioccassero da tutt'i lati le scritture, che piovessero dialoghi, diluviassero novelle. Che vuol dire? Di giorno in giorno si va prolungando; e non se ne vede ancor frutto. Sarebbe forse mai il carnovale, che con la furia de' suoi diletti vi traportasse a guisa di torrente col comune de' popoli? Se così è, quando dee attendere questo foglio sussidio da voi? Ma no, io voglio credere che mascherati andiate intorno a fare le vostre osservazioni, le quali poi usciranno più compiute e più maschie. O Cognito, per la tua mirabile diligenza glorioso, e per la purità del tuo stile così grato alle Muse; nerboruto Mancino; piacevole Solitario;[2] io vi prego, uscite oggimai, uscite dalla vostra lunga taciturnità, e con le vostre varie e gentili invenzioni rendete questi fogli sempre più cari. Se voi andate mai alla bottega del libraio Colombani, fatevi dare il quaderno in cui si segnano gli associati, e vedrete quanti, sulla fede de' nomi vostri sono concorsi per leggere gli Osservatori. È lungo tempo che si domanda di voi: e voi ancora non avete deliberato di mandare cosa veruna? Via su, spacciatevi, aprite la fonte delle ricchezze vostre, e salendo colà dove abitano le Muse cotanto amate da voi, domandate loro grazia per guernire questi fogli. Esse ve la concederànno. Sono state vostre amiche in ogni tempo; e se voi le invocherete di cuore, vi faranno la grazia.

---

[1] *Non crediate però di farci uscir mai del primo proposito* ec. Notisi qui l'affermazione del carattere della satira gozziana, sempre tanto misurata che per soverchio timore di divenir personale, spesso riuscì pallida e inefficace.

[2] *O Cognito.... nerboruto Mancino; piacevole Solitario.* Son nomi di Granelleschi. Il Cognito era il patrizio Daniele Farsetti; il Mancino, D. Giovannantonio De Luca; e il Solitario, Carlo Gozzi.

STORIA VERA SCRITTA DAL VELLUTO.

Io uscirò alquanto della materia morale, perchè i nostri fogli abbiano qualche varietà, e racconterò di uno il quale poco mancò che non si stimasse morto, quantunque fosse sano e gagliardo quanto potea essere; ma perchè egli avea in cuore di essere ammalato, stava sempre in orecchi, quasi le campane gli suonassero il suo passaggio da questa all'altra vita; e tutti quelli che vedea, gli parea che fossero medici i quali gli dessero la finale sentenza. Sa ognuno che quando è qualche influenza di malattia in un paese, ci sogliono essere di quelli a' quali pare che il tirare il fiato, l'aprire gli occhi, e fare ogni altro più semplice atto, la tiri loro nelle vene; e di tempo in tempo sotto il mantello si mettono la mano al polso per sentire se batte più spesso, o si provano se respirano liberamente, o guardansi le ugne se imbiancano, allividiscono, e per ogni menomo calore o freddo delle carni arguiscono di essere agonizzanti, e cominciano a parlare con una vocina che indica la fine di loro vita. Di questi tali fu uno ne' passati dì, il quale venuto da una terra non molto lontana in Venezia per godersi il carnovale, e andando perciò qua e colà mascherato, s'abbattè a questi tempi in cui l'influenza de' reumi, in molti corpi incrudelendo, lungamente gli tiene infermi e talora anche toglie loro la vita. Per la qual cosa incominciando grandemente a dubitare del fatto suo, e parendogli ad ogni poco che la gocciola del reuma[1] gli stillasse dal capo al petto e lo facesse affogare, si diede con grandissimo studio a custodirsi, esaminando attentamente il sole e l'aria; e secondo le ore del giorno accrescendo e minorando i vestiti, anzi tenendo quasi la bilancia in mano per pesare la notte le coltrici del letto e le berrette che si metteva in capo; delle quali n'avea parecchie sul capezzale, per iscambiarle secondo che l'ammoniva la fantasia che gli abbisognasse. In così fatta guisa guardandosi, non si risvegliava mai la mattina, che non si provasse due o tre volte a tossire, per vedere s'egli aveva il petto aggravato, o se gli faceano male le coste a quell'impeto o scuotimento della tossa; e comecchè niun male avesse in effetto, pure si stava qualche po' di tempo in dubbio, e fra il sì ed il no, quasi prestandosi orecchio da sè medesimo per iscoprire la sua magagna. Finalmente rassicuratosi appena, ordinando prima al cameriere che fossero ben chiusi usci e invetriate, non senza riscaldarsi lo stomaco con un immenso bicchiere di acqua calda e quasi bollente, si levava dal letto, e a poco a poco dando aria alla stanza, poscia passeggiando per la sala, indi scendendo le scale, usciva di casa col fazzoletto alla bocca e al naso con tanto timore, che parea adombrato. Il tossire e lo starnutire delle genti erano a lui pugnalate nel petto, perchè facea subito la comparazione di sè medesimo con altrui, e diceva tra sè: " Ohimè misero! fra poco io son certo che sarò infreddato; " e se, mentre che gli si volgeva pel capo questo pensiero, vedeva scritto sulle botteghe il nome e il cognome[2] di qualche

[1] *La gocciola del reuma.* Il catarro.
[2] *E se.... vedeva scritto il nome e il cognome* ec. A Venezia si usa anche ora di esporre nulle vetrine delle botteghe le così dette partecipazioni di morte.

uomo passato all'altra vita, lo prendeva per pessimo augurio, e g
parea di leggere il suo proprio nome; chiudeva gli occhi, e passav
via di volo. Mentre che andava in tal guisa uccidendosi da sè a ment
eccoti che una mattina si desta, che la gocciola del capo gli solleticav
la gola; onde il petto non accostumato, difendendosi, incominciò a to
sire; di che divenuto tremante come una foglia e pallido come bossolo
diceva: " Ecco l'ora mia; " e fosse o il timore, o che veramente il ma
gli si aggravasse alcun poco, si sentiva un cerchiellino intorno al cap
gli occhi nel girare gli dolevano e gli pareano diventati d'osso; e qu
che peggio fu, perchè si desse per ispacciato, in sul far della sera,
polso acquistò qualche alterazione. Visitavanlo le persone di casa, e ce
cavano con le buone parole di confortarlo, dicendogli che quella piccio
febbretta, se pure con tal nome dovea chiamarsi, fra poco sarebl
stata la sua salute, essendo essa con la sua agitazione necessaria pe
isciogliere quell'umore, il quale, aiutato dal bere caldo e dallo star
a letto, sarebbe in breve tempo svanito. Ma non prendendo egli v
runa speranza dagli altrui conforti, richiese che incontanente venis
chiamato il medico; al quale, venuto che fu, raccontò tutt'i disordi:
della passata sua vita, e ripose nelle mani di lui il suo corpo, prega
dolo che gli parlasse schiettamente e ne l'avvisasse alla libera del p
ricolo suo, acciocchè avesse tempo di morire come uomo dabbene.
medico, toccatogli il polso e rassicuratolo quanto potè che il male ne
era da esequie, gli scrisse una breve ricetta, e ordinatogli non so quan
ventose,[2] se n'andò a' fatti suoi, lasciandolo con qualche buona sp
ranza di sua salute. In effetto, poichè egli ebbe data esecuzione a quan
gli era stato ordinato dal medico, sentissi a poco a poco alleggerire
male, e statosi a quel modo due dì, non sentiva più la molestia del
tosse, e già il polso quieto, tocco più volte da lui, gli avea rassicura
lo spirito; sicchè pensava la mattina vegnente di levarsi e di star
sedere dopo di aver pranzato nella sua stanza. Ma fortuna che spes
vuol prendersi giuoco de' paurosi, fece nascere un caso, per cui g
entrò in corpo un nuovo timore e tale, che a grandissima fatica si po
poi fargli credere che non fosse giunto agli ultimi momenti del viv
suo. Erano già passate le ventiquattr'ore, ed egli con un picciolo lu
micino in un cantuccio della stanza si stava nel letto, tutto soletto
con le coltrici fino agli orecchi, considerando la sua passata burrasc
quando vide apparire all'uscio accompagnato da tre gondolieri un uom
e levando gli occhi a lui, vide ch'egli avea in capo una parrucca a tı
nodi,[3] la quale aggiunta alla gravità dell'aspetto gli dava indizio cl
fosse persona di grande affare; onde salutatolo col chinare delle cigli
stava attendendo che gli chiedesse e che volesse da lui. Ma ben gli
agghiacciò il sangue nelle vene, quando il gravissimo uomo, accostato
al suo letto, senza punto dare indizio di chi egli fosse, disse: " Qua
polso." Il povero convalescente, credendo che fosse l'archimandrita
de' medici, il quale udito il suo pessimo stato, fosse venuto a lui pe
vedere se l'arte avesse più segreto che gli potesse giovare, trasse fuo

---

[1] *Come bossolo.* È un arboscello il cui legno è giallastro.
[2] *Ventose.* Coppette: strumento di vetro usato spesso nell'antica medicina per attrar
il sangue alla pelle.
[3] *Parrucca a tre nodi.* Erano ampie parrucche in cui i capelli, divisi in tre ciocci
·rminavano con grandi nastri; le usavano le persone gravi, specialmente i medici.
[4] *L'archimandrita.* Il capo.

il braccio col tremito della morte, e cheto cheto attendeva dal medico maggiore la sentenza del suo stato. Il toccatore del polso, dappoichè egli ebbe assecondate le pulsazioni con altrettanti cenni di capo, lasciato stare il braccio e fattogliele coprire, e dettogli un aforismo d'Ippocrate[1] intorno alle febbri procedenti da catarro, gli fece varie interrogazioni, indi commendata molto l'assistenza e la diligente cura fatta dal medico del suo male, e principalmente l'ordinazione delle ventose, disse: "Qua l'altro polso." Il pover uomo, che ancora non sapea a que' generali ragionamenti qual fosse la decisione del nuovo dottore, con le lacrime agli occhi e freddo come pietra per la paura, cavò fuori il braccio sinistro, e glielo diede con un profondissimo sospiro nelle mani, dicendo fra sè: Di qua pende il giudizio della mia vita. "Speriamo bene," disse il valentuomo, toccando; "speriamo bene: la signoria vostra abbiasi custodia, ch'io la lascio con la buona notte." Così detto, senza altro ragionare, se n'andò a' fatti suoi, e lasciò il pover uomo sì concio l'animo, che gli parea di vedersi intorno le torce. Volle la sua buona ventura che uno di casa entrò allora nella sua stanza, a cui quasi singhiozzando raccontò l'apparizione del nuovo medico; e raccomandavasi che alcuno andasse pel notaio che volea disporre delle cose sue; quando gli fu detto che quegli non era medico, ma uno speziale, il quale per amore che avea a quella famiglia, quando udiva che quivi erano infermi, andava spontaneamente a visitargli; e perchè egli nol volea credere, furono quivi chiamati quanti erano in casa per testimoni, i quali affermandogli che così era, a grandissima fatica gli poterono trarre il conceputo timore di corpo, e fargli credere ch'egli era interamente guarito.

RAGIONAMENTO DEL MANCINO

ACCADEMICO GRANELLESCO.

> . . . . *Coloni*
> *Versibus incomptis ludunt, risuque soluto ;*
> *Oraque corticibus sumunt horrenda cavatis.*
>
>   Virg., *Georg.*
>
> I coloni si sollazzano co' versi scorretti, e ridono sgangheratamente, e copronsi con orride maschere di cavate cortecce.

Sogliono quegli uomini, i quali si stanno in sul grave, far continue declamazioni contro il carnovale, come usanza perniziosa e che tragga al vizio; ma io non sono di sì fatta rigidezza. Il carnovale va per me di quel passo con cui vanno tutte le altre stagioni. Voi direte di subito: "Io te lo credo. Tu starai rimbucato a guisa de' ghiri e delle marmotte, e saranno tuo soggiorno le tane e le catapecchie. Chi è nemico dell'umanità non dura fatica a starsi lontano da tutti." Olà, che dite voi? siete in errore. Io sono d'un umore assai ghiribizzoso e gioviale, per modo che voi direste talora ch'io abbia il fistolo ne' lombi. Vo alle piazze, saltello, grido, corro a' cerretani, a pulcinella, tengo a cance la

---

[1] *Un aforismo d'Ippocrate.* V. la nota 2 a pag. 20.

vezzosa Bettina, la strepitosa Chiara,[1] e fo mille altre coserelle di questo genere. In sul fatto del carnovale, sembrami che un'ora al giorno di passeggio, dov'è più grande la calca, sia di maggior vantaggio che vent'anni di scuola. La filosofia morale fuor di que'visi incerati mi pare che naturalmente si dimostri, e che ivi in tanti diversi aspetti si legga, in guisa che non vi sia bisogno di rintracciarla altrove. Il modo con cui si possa venire a tal conoscimento, piacemi di spiegarlo in una piacevole e morale

NOVELLA.

Filantropo lascia l'Oriente, veleggia alla volta di Venezia. Vi giunge al tempo del carnovale. È condotto alla Piazza. I vari pensieri che ne forma, e quello che ne avvenne.

Era Filantropo un giovane di ricchissimi genitori figliuolo, d'indole assai rara ed ingenua; innamorato d'ogni onesto studio e de'piacevoli intrattenimenti. Sua principale industria fin da'più teneri anni fu sempre d'investigare sè stesso, e collocare il suo affetto ne'suoi somiglianti; e siccome, quasi a dispetto di natura, veggiamo certuni di sì salvatici modi nel trattare, e tanto della rozzezza e della solitudine amici, che vengono a noia ad ogni uomo, questi all'incontro era del conversare con gli uomini invaghito di modo, che non potea patire di ritrovarsi lontano da loro. Nacque nelle contrade d'Oriente, cielo purissimo, clima sottile, patria di sagaci intelletti, celebre pe'suoi celebratissimi figliuoli. Annoiatosi di non vedere che genti della sua stessa favella, di un medesimo vestito e di uguali costumi, rivolse il suo amore a voler l'uomo considerare in altri aspetti; e, per fama, delle cortesi maniere de'gentilissimi Veneziani preso nel cuor suo, dispose del tutto di voler a Venezia venire. Gliele consentono i genitori, sale sopra un legno, ha cielo e mare favorevoli, e in pochi giorni a Venezia perviene. Avviasi ad uno degli amici che teneano corrispondenza co'suoi, ed a cui era per ospite indirizzato. "In buon punto giungesti (dopo il benvenuto e i consueti abbracciamenti)," gli dicono gli amici. "Il tempo presente è appellato carnovale, che viene a dire di sollazzo e di giuoco. Tu goderai di scorgere uomini e donne cambiati di aspetto, e forse ti farai sperto di cosa cui non ti avvisasti mai di vedere." Era l'ora del desinare; troncano i ragionamenti, a tavola si pongono. Il giovane, più che degli squisiti cibi, desideroso de'nuovi aspetti che gli vennero significati, non mangiò che bene stesse; tanto lo crucciava la tardanza che facevano. Che più occorre ch'io vi dica? Si levano, vien destinato a sua guida uno degli amici, è condotto alla Piazza. Il giovane co'suoi filosofici rigiri avea immaginato nella fantasia compagnie di uomini travestiti i quali lottassero, portassero intorno rami, soldatesca che fingesse battaglia, carra trionfali con finte deità che scendessero dal cielo, popolo a torme, chi qua e chi là, sì e sì, e tutto a suo modo. Rimase sorpreso che, al porre il piede fuori dell'uscio, vide certi vestiti

---

[1] *La vezzosa Bettina, la strepitosa Chiara.* Quanto a Bettina vedi la nota 1 a pag. 327. Chiara era un'altra pazza che, come Bettina, s'aggirava per le vie di Venezia bizzarramente vestita. Carlo Gozzi, in una sua poesia per Monaca, parla di lei quando accenna "lle «Chiare illustri, inclite Bettine.»

con un mantel nero di seta, con veli finissimi [1] e a fine trapunto lavorati, con un cappellino calcato in capo, e con una faccia finta che riluceva per nitore e bianchezza. E veggendo quel naso lungo e schiacciato, non avendo più veduto maschere, pieno di ammirazione esclamò: " Oimè! hanno gli uomini così fatti visi in questo paese ! " Gli fu detto che quella era una tela incerata e una corteccia sotto alla quale si nascondevano uomini a lui somiglianti, e che così andavano tramutati per uno scherzo. Filantropo, attonito per sì impensata veduta, incominciò tuttavia a considerare fra sè in qual modo potesse anche sotto a quell'intonaco ravvisare l'uomo di cui era oltremisura amante e studioso. In tal guisa fatto il suo proponimento, osserva questo, osserva quello, spalanca gli occhi, aguzza gli orecchi, sta in sull'avviso di ogni cosa ; e comprende benissimo a certi avvenimenti

---

N° V.   A dì 17 febbraio 1762.

---

e segni esterni ch'ei ne sarebbe venuto a capo con facilissima prova. Ed ecco fra tanto che si spiccano dalla parte dell'Oriuolo due maschere femmine, con indicibili ornamenti abbigliate, con un'acconciatura di capo che non parea umana, con li vestiti d'un drappo di vario colore, i quali con le bene adattate pieghe dall'andatura aiutate, e con lo strascico tortuosamente aggirato, traevano a sè gli occhi di molti ; e comecchè senza veruna guida fossero, aveano dietro infinito codazzo di genti. L'aria e il portamento loro inchinava al licenziosetto, e oltre al non essere ben chiuse fino al mento colle finissime tele che usavano intorno al collo le femmine, accennavano ora a Gianni, ora a Pagolo, e parea che di sè stesse pompa facessero e si glorificassero di cotanti corteggiatori. Rise incontanente Filantropo di tal veduta, e disse: " Queste due, comecchè io non sappia il nome loro, io indovino però che le non sono nemiche degli uomini, e tutti quegli attucci e quel vestire scollacciato mi fanno comprendere come la pensano ; " e accostatosi all'amico, gli disse piano: " Vedi tu come si coprono la faccia, e non guardano dell'andare scoperte altrove? A me pare, comecchè le vadano coperte il viso, di conoscere benissimo quel ch'elle sieno." L'amico, che forse anch'egli era tratto a tal ragia, gli diede ragione con un sorriso. Poi si volse Filantropo ad un'altra maschera che vestita era da villanella friulana, la quale sfolgorava tutta d'oro sopra quelle gonnelle vili per arte; e ammirava quel bel pannolino di bucato ch'ella avea in capo, e que' ciondolini d'oro e di perle che avea agli orecchi, con quelle preziose collane che vagamente cadevano e penzigliavano sul candido seno, e con quelle pietre, delle più rare, che le guernivano le dita. Comecchè la fosse così riccamente ornata, conobbela benissimo Filantropo che la rappresentava una femminetta di contado, e disse: " Io darei pure ragione a' poeti, quando lodano la vita villereccia, se la fosse a questo modo ; ma la è bene al contrario: perocchè le villanelle non hanno quelle lucide carni, e appena conoscono quell'oro di cui ha co-

---

[1] Un mantel nero di seta, con veli finissimi ec. L'abito da maschera che la maggior parte dei Veneziani indossavano in certe stagioni dell'anno. Vedi la nota 1 a pag. 299.

stei tale abbondanza."—"Bene," disse l'amico, "tu vedi che costei rappresenta una contadina; ma facendo professione di conoscere l'interno delle persone, che conosci tu in essa?"—"Io veggo," ripigliò Filantropo, "che costei ha una grandissima conoscenza di sè medesima, e va a questo modo mascherata, perchè quel vestito quadra egregiamente al suo corpo. Vedi tu quelle bracciotte tonde e piene, quelle due quadrate spalle, e quella sua vita che male starebbe rinchiusa in vestimenti più ristretti? Ella lo sa, e col vestito da villanella scambia una certa sua goffaggine in garbo e grazia. E comecchè non confesserebbe mai altrui il suo difetto, pure in sua coscienza lo comprende, e quasi per ischerzo elegge sopra tutti gli altri quel vestito che le si confà. Per cagione di quello si comportano que'piedi un po' troppo grandicelli, quelle mani piuttosto grosse, quei due omeri che spingono allo in fuori la gonnelletta ch'ella ha indosso." Rimase attonito l'amico che uno straniero fosse cotanto penetrativo, e tutto il giorno ascoltò volentieri le sue riflessioni, che molte furono e diverse, e sì vere, che appariva lui conoscere benissimo anche agli atti e alle qualità de'vestiti l'umore degli uomini e delle femmine che andavano intorno. Ma perchè non paia ch'io voglia andare per tutti i particolari, basterà che ogni uomo vada alla Piazza con tale intenzione, e da sè medesimo potrà quivi nelle varie figure e tramutazioni comprendere che non si può mai l'uomo tanto mascherare, che l'umor suo non isfugga fuori da tutti i lati, e non discopra, almeno in parte, il carattere di chi più crede di nascondersi agli occhi degli altri.

PRONOSTICO DEL VELLUTO INTORNO A' TEATRI.[1]

Oh chiunque ha orecchi, gli rizzi al suono delle mie parole, e oda quello che dico, mosso dallo spirito di Talía,[2] la quale con altissimo suono parlò prima agli orecchi miei, e disse:

Lèvati, o pigro, da questo letto, ed esci della tua stanza, lasciando per ora il calamaio e la carta; trascorri per le vie e per le piazze annunziando a'popoli quello che avverrà intorno a'teatri nell'autunno del 1762 e nel carnovale del 1763.[3]

Furono prima ispirati ingegni da me e dalle sorelle mie, acciocchè con le teatrali imitazioni alleggerissero de'pensieri le genti. Piacque l'usanza, concorsero i popoli, e dolcissime risa uscivano dalla chiusa de'denti agli spettatori.

Erano gli Zanni ed i Magnifici[4] in pregio, i quali caricando i caratteri delle genti, ogni costume vestivano di ridicolosità; e tempo fu che l'Italia si godeva universalmente questo sollazzo.

Generò sazietà il continuo vederne; ed essendo obbligazione dell'altissimo Parnaso il cercare la varietà, acciocchè gli uomini abbiano

---

[1] *Pronostico del Velluto intorno a' teatri.* È una briosa pittura delle condizioni dell'arte drammatica nel secolo scorso, quando tante diverse forme di spettacoli teatrali si succedevano nel favore del pubblico e si contendevano il possesso delle scene.

[2] *Talía.* Una delle nove muse; presiede alla commedia.

[3] *Nell'autunno del 1762 e nel carnovale del 1763.* Le principali stagioni teatrali a Venezia erano quella dell'autunno, che cominciava colla prima domenica d'ottobre e finiva coll'Avvento; e quella di carnevale.

[4] *Zanni e Magnifici.* V. la nota 1 a pag. 440. Qui allude alla commedia a soggetto o improvvisa, e alle maschere, che tennero il campo prima della riforma goldoniana.

ificati i loro passatempi, si risvegliò l'antichissima usanza delle
die,[1] dalle quali ricevette la Grecia cotanto onore.

a poco tempo giovò, perchè i molti teatri accettando le tragiche
zzerie ed i magnifici apparati, tutti si empierono di sonori versi
lagrimevoli avvenimenti; di che succedette che in un anno furono
)ettatori annoiati.

spirarono allora le Muse le commedie di carattere;[2] ed eccoti che
)rso di pochi anni tutti i teatri si empierono di questo genere di
iedia, e fummo alla noia di prima.

convenne allora essere insieme a consiglio sulle cime dell'Eli-
[3] e lasciate stare le commedie e le tragedie, demmo principio alle
:ommedie[4] a nostro dispetto, perchè hanno un certo che del ba-
); ma la necessità del variare ci trasse a forza in questa nuova
zione.

troducemmo in esse i vestimenti turcheschi, i chinesi, i tartari,
l primo vedere parvero belli; ma a poco a poco gli strioni gli
uo tanto, che nella guardaroba loro non v'avea più un vestito
iliana; e sì andarono attorno continuamente, che non si potea più
) di vederne.

)n sapendo oggimai sul Parnaso qual altra cosa più inventare, de-
io un capriccioso ingegno[5] a ridurre in rappresentazione da scena
favole che si narrano a'fanciulli; ed egli seguì la nostra volontà
iodo, che gli spettatori rimasero di tal novità grandemente ap-
i.

iimè! ohimè! grida a'popoli della terra incontanente, che voce è
quassù, che da ogni lato si apparecchiano cervelli a voler favole
)rre o rappresentare?[6]

iai agli spettatori ed a'recitanti se da ogni lato sulle scene com-
inno tali rappresentazioni! In breve saranno dalla continuazione
a frequenza delle favole nauseati i popoli veditori, e noi saremo
)o ad un anno obbligate a dicervellarci di nuovo a ritrovare no-
per togliere la molestia dagli animi degli ascoltanti.

iai a'recitanti,[7] poichè per gareggiare teatro con teatro, saranno

i risvegliò l'usanza della tragedia. Nella prima metà del secolo scorso la tragedia,
che tempo negletta, ritornò in onore e parve avviarsi per miglior via di quella
ora tenuta. La famosa Merope del Maffei (1727), le tragedie dell'abate Conti, che
iro voluto essere shakespeariane, e quelle del Lazarini, imitatore degli antichi greci,
tentativi più o meno fortunati che preludiarono alla tragedia dell'Alfieri.

'e commedie di carattere. Quelle in cui lo svolgimento dato al carattere di qualche
iggio prevale sulla complicazione dell'intreccio.

:licona. Monte della Grecia sui confini della Focide, consacrato alle Muse che ne
fatto la loro dimora.

ragicommedie. Composizioni teatrali ove il patetico si mesce al comico. Evidente-
iui si allude alla trilogia della Sposa Persiana e alla Dalmatina del Goldoni, alla
raniera del Chiari, e simili.

u capriccioso ingegno. Carlo Gozzi, fratello di Gaspare, nato nel 1720, morto nel 1806.
vversario dell'abate Chiari e del Goldoni, del quale combatteva aspramente le
drammatiche, compose, sul fondamento delle favole che si narrano ai fanciulli, e
)presentare quelle sue Fiabe, dove il fantastico regna dal principio alla fine con
nazioni, apparizioni e prodigi d'ogni sorta. L'intento suo era di mettere in deri-
suoi rivali, e il successo fu grandissimo. V. a questo proposito i numeri dell'Os-
e 76, 77 e 98.

himè! Ohimè! ec. Il successo delle fiabe di Carlo Gozzi invogliò, s'intende, molti ad
: tra gli altri l'Albergati, un tal Foppa, e lo stesso Goldoni col suo Genio buono
cattivo.

uai a'recitanti. È un fatto che il genere flabesco quanto a messa in scena costava

obbligati a fare gravissime spese di trasformazioni e apparenze; e la maggiore squisitezza e sottigliezza richiederà sempre dispendio più grande.

La mano di Giove scaglia-folgori entrerà nella cassetta dell'entrata, e tutti i danari disperderà in trovatori di ordigni per far volare uomini, spaccare montagne, far di uomini alberi e fiumi. Entrerà la mano di Giove nella cassetta, entrerà e sarà inutile per li recitanti la concorrenza de'popoli.

Verrà il legnaiuolo, e dirà: Ecco la polizza mia; assi e travicelli ho tagliati, chiodi comperati, lavorato dì e notte io e i compagni miei. E la mano di Giove caverà della cassetta, e salderà la polizza al legnaiuolo.

Verrà il pittore, e dirà: Ecco la polizza mia. Frondeggiano quegl'imitati alberi per mia cagione. E quel cartone sembra sasso altrui per averlo io colorito. Per opera mia vestito è quel monte di alberi ed erbe. E la mano di Giove caverà della cassetta, e salderà la polizza al pittore.

Uomini traportati da diavoli in aria; giganti, dragoni, centauri e chimere metteranno innanzi agli occhi le polizze, e saranno saldati.

Grida, grida, o Velluto, guai agli spettatori e guai ai recitanti. I primi per la continuazione s'annoieranno, i secondi spenderanno gli occhi della testa, empiendo di loro lagrime la cassetta.

Se vogliono l'aiuto nostro, ascoltino i consigli delle Muse.

Imitino le varietà di natura, la quale agli occhi de'riguardanti, per li suoi diversificati oggetti, è sì cara.

S'alzano di qua le altissime montagne con la sommità loro fino alle stelle, di là le profonde valli s'aprono; e presentano canne ed erbe grosse. Dall'un lato vedi l'ampio mare che sembra non avere confini, e dall'altro la terra, sopra il cui dorso un'indicibile diversità d'oggetti si vede.

Tali sieno i teatri, a'quali la sola varietà chiama gli spettatori. Ogni altro pensiero è vano a chi quella non usa.

Destatevi, o nobili ingegni, e rifrustando tutti que'generi di rappresentazioni teatrali che noi da lungo tempo in qua vi abbiamo insegnate, ricreate gli animi ora con l'uno ed ora con l'altro, imbandendo la mensa vostra con cibi diversi, che talora anche grossolani piacciono, purchè non sieno sempre quelli.

Escano una sera gli Zanni e i Magnifici con novelle invenzioni. Un'altra i sublimi fatti e i tragici sieno rappresentati; che se gran moltitudine di gente non vi concorre, acquisteranno i recitanti concetto, o con quel breve cambiamento aguzzeranno vie più la voglia del ridere nelle persone.

Mescolinsi le commedie di carattere, e dietro a quelle le tragicommedie si mostrino sulla scena: nè sieno perciò sbandite le favole, che con la loro maraviglia intrattengono molto bene i circostanti.

Ricordinsi gli strioni che quattro teatri sono in Venezia da commedia,[1] e che facendosi in essi una rappresentazione ogni sera pel corso

---

un occhio; tanto più che gli imitatori per chiamar gente si affidarono, come dice Carlo Gozzi nelle sue *Memorie* (parte II, cap. 4), « alle immense decorazioni, alle trasformazioni, alle buffonerie. Non intesero.... il vigore intrinseco del genere da me trattato. »

[1] *Quattro teatri sono in Venezia da commedia.* I teatri di San Samuele, San Salvatore, an Giovanni Grisostomo e San Benedetto.

di cinque mesi, se quella sarà di un genere solo, quattro volte in una sera sarà raddoppiata, e quattrocento e più favole o tragedie, o tragicommedie si vedranno tutte di un genere fra l'autunno ed il carnovale.

Usciranno dalle profonde cavità de' polmoni i tediosi sbadigli, e l'orlo delle palpebre degli spettatori, divenuto pesante, si calerà allo ingiù, e diranno gli spettatori: Qual sonno è questo? Cerchiamo in ogni luogo il passatempo fuorchè ne' teatri. Sbandito è di là il passatempo, e più non vi si ritrova.

Allora l'uscio del teatro sarà pieno di ragnateli. Inutili saranno le mani de' portinai quivi mascherati [1] per ricevere i danari. Poche file di scanni attenderanno i radi spettatori, e la voce de' recitanti risonerà ne' vòti palchetti, a guisa d'eco che dalle caverne de' monti risponde.

Solitudine e diserto saranno i teatri, e sulla scena gli attori pronunzieranno senza vigore, le mani caderanno loro sull'anche; mancherà loro la memoria, se diranno parole imparate, e la parola, se favelleranno all'improvviso.

Avranno sempre davanti agli occhi l'orrore della solitudine; e faranno loro fastidio fino i lumicini che avranno innanzi, i quali daranno anch'essi poco splendore.

Va', o Velluto, va'; e ricorda con altissima voce quanto ti dice Talía, a' poeti e a coloro che reciteranno nell'autunno dell'anno 1762 e nel carnovale del 1763, e fa' quanto puoi acciocchè sia prestata fede alle tue parole.

E io allora mi levai dal letto, e con quella voce che potei, profferii quanto da Talía mi fu detto.

OSSERVAZIONE SOPRA QUANTO È FINO A QUI STATO SCRITTO.

Invasato dallo spirito di Talía, e quasi contra mia voglia, feci il ragionamento dettato qui sopra. Feci poi intorno ad esso alcune considerazioni, e ritrovai che Talía non diceva menzogna. Appena un ingegno ritrova cosa ch'è grata al pubblico, tutti gli altri lo seguono: e non dirò se il primo venga superato, ma dico solo, che assalendo sempre gli occhi e gli orecchi della gente con un genere solo di rappresentazioni, si consumano in cinque mesi tutti quegli argomenti che servirebbero per venti anni, chi mescolasse con discreta misura i vari generi delle cose teatrali. Questi non sono così scarsi, che non possano essere sufficienti a produrre quella varietà che si desidera. Ed oltre a ciò se n'avrebbe un altro vantaggio, ch'ogni trovatore di poesie si eserciterebbe in quello che fosse meglio adattato al suo ingegno; laddove è costretto a balzare, secondo la moda, in cose che non sono convenienti alla capacità sua. Ma che dico io più oltre? Abbastanza si è fatta intendere Talía, senza ch'io prolunghi altro le mie ciance.

---

[1] *Portinai quivi mascherati.* A Venezia, dove l'uso della maschera era generale, erano mascherati alla porta dei teatri anche gli incaricati di ricevere il denaro degli spettatori.

DIALOGO NATURALE

TRA IL RABBUIATO E IL COLOMBANI.

Rabbuiato. Non si può però dire, Colombani mio, che voi non siat sempre d'un umore. L'aver a fare con voi è una bellezza: almeno si s d'avere a trovare oggi in voi l'uomo di ieri, e domani, quello d'ogg Per lo più un pochetto ingrognato al primo; ma poi col ragionare ʋ escono di mente le malinconie, e ridete.

Colombani. Rabbuiato, io non ho oggi voglia di berte. Lasciatem stare.

Rabbuiato. Ecco l'esordio. Io avrei giurato che tale dovea esser la risposta vostra, quale me l'avete data. Ma se avete cosa che ʋ sturbi la fantasia, egli è pure il meglio che vi sfoghiate. In quest modo s'alleggerisce l'animo ed il cervello; e la fortuna, che prim pareva trista, comincia a parer buona.

Colombani. La fortuna io non la conosco, ed ella non conosce me e però non mi ragionate di lei, che mi farete perdere la pazienza.

Rabbuiato. Come? voi siete uno de'più avventurati uomini di Ve nezia. Oh! oh! che fate? Perchè gittate via con tanta furia quel libro picchiate la terra co'piedi, con la mano il banco, e levate gli occh al cielo?

Colombani. Poichè vi siete deliberato a volermi oggi far arrabbiare vedete la bella fortuna ch'io ho. Osservate fuori della bottega. Notat questo concorso di maschere che paiono un formicaio. Passano, ripas sano, fanno un bulicame perpetuo: uomini, donne di ogni stirpe, d ogni genere. Dalle sedici ore fino a questo punto, che sono quasi l ventiquattro,[1] se ne traete mezz'ora o poco più che ho impiegata ne mangiare, io mi trovo qui dentro, e fra tante migliaia che vanno e ven gono su e giù, non è caduto ancora in fantasia ad alcuno di compera un libro. Cerco di allettargli col metter fuori frontispizi, cartelli d opere nuove, collo stampare diligentemente, e tanto vale; passano cont torrente, che va e più non è. Non è uomo, ch'io vegga da lunge fuor per quell'invetriata, che io non isperi di vederlo ad entrare nella bot tega, l'accompagno con l'occhio fino all'uscio, ed egli passa via. D qua se alcuno s'accosta alla bottega, pongo la mano al finestrino[2] pe domandargli che vuole, ed egli va via. Che diavol s'ha a fare? Tutt questi libri mi muoiono intorno; e que'cartelli ch'io appicco loro ad dosso in lettere maiuscole e ben grandicelle, acciocchè chi entra gli veggι e scelga a posta sua, possono chiamarsi quelle inscrizioni che si fann sulle sepolture, poichè i libri non si cavano mai di là dove gli posi l prima volta; e io son divenuto non un libraio, ma un guardiano d morti. Questa è la fortuna mia.

---

[1] *Dalle sedici ore fino a questo punto, che sono quasi le ventiquattro.* Cioè, secondo i modo d'allora di contare le ore, dalle 10 del mattino alle 6 di sera.

[2] *Al finestrino.* Una volta usava che molte botteghe, specie di librai, avessero accant al banco un finestrino, dal quale poteva il bottegaio offrire la sua merce a chi passavι per la via.

Rabbuiato. Se voi foste quel solo libraio, a cui accade quanto mi dite, io vi consiglierei a disperarvi molto più di quello che fate. Ma gli è un male universale, e non odo però che gli altri si lagnino come fate voi. Sapete che è? Voi non fate come parecchi altri, i quali hanno una loro filosofia naturale che gli conforta, e mantien loro in corpo quella santa pazienza che voi perdete così presto.

Colombani. Io non so qual filosofia gli possa confortare; e credo che questa sia una delle vostre baie, come parecchie altre.

Rabbuiato. Poichè non vengono comperatori, e siamo qui soli, se volete ascoltarmi, vi dirò qual sia quella filosofia che non è da voi conosciuta. Se la vi piace, abbracciatela; se non volete, lasciatela andare.

Colombani. Dite, che v'ascolterò. O volentieri poi o mal volentieri, non v'importi.

Rabbuiato. Fratel mio, voi avete dunque a sapere in primo luogo, che pochi sono quegli uffici e mestieri al mondo, i quali fruttino a chi gli fa in tutte le stagioni dell'anno; e quasi tutti assecondano nel fruttificare la natura, la quale ora è feconda e fruttifera, e talora si riposa e non dà nulla agli uomini della terra. Il povero villano lavora asinescamente tutto l'anno il terreno suo, ma non sempre taglia però le spighe, nè i grappoli delle viti. Due volte l'anno fa le ricolte maggiori, in altri tempi si contenta di poche erbe o di frutte, e viene finalmente il verno in cui la terra indurata, agghiacciata e vestita di brina, non gli dà nulla; nè però bestemmia la fortuna, e sa che il terreno non frutta la vernata. Intanto va facendo qualche lavorietto leggero apparecchiandosi per la primavera, e pacificamente attende l'opera di natura senza alterazione di stizza. Se voi fate bene il conto, ritroverete che tutte le botteghe sono a un di presso possessioncelle, le quali debbono esser lavorate dai bottegai per attender la stagione della ricolta. Questa non è però in tutto il corso dell'anno, ma di tempo in tempo; e così è di tutte, salvo quelle che servono al mangiare e al bere del popolo, alle quali la necessità conduce frequentissimi i comperatori, o quelle che provveggono le femmine de'loro guernimenti, alle quali concorrono le genti a comperare, stimolate dalla continua fecondità degl'ingegni femminili, che vincono ogni focoso poeta nelle varie invenzioni. Trattone queste, come vi dicea, tutte l'altre debbono attendere le proprie loro stagioni; e l'utilità ha la sua dipendenza da quelle. Io non vi starò ora lungamente a dire qual sia la propria stagione per gli altri bottegai, chè sarebbe troppo gran cosa e molesta l'andare specificando ogni particolarità; ma solamente vi dirò qual è la stagione appropriata a'librai per fare le faccende loro con giovamento.

Colombani. Nessuna, nessuna è questa benedetta stagione. Credetemi, voi non sapete quello che sia, e m'empiete gli orecchi di ciance che non significano nulla.

Rabbuiato. Adagio. Io non crederei però che nè voi, nè altri fosse cotanto sciocco e così privo del senno, che se non vendesse mai libri, si contentasse di pagare il fitto d'una bottega, e di lasciar tutte l'altre faccende per essa. Vendete voi mai? o non vendete?

Colombani. Ben si sa che talora io vendo. Ma dappoichè il carnovale, pare che non ci sia più chi sappia leggere; e non è chi mi domandi un libro.

Rabbuiato. Al nome sia del cielo. Noi siamo di accordo. Questa è appunto quella stagione che nell'anno de'librai, come in quello de'lavoratori de'terreni, si può chiamare la vernata. Che credete voi che mova le genti a comperare i libri, altro che la curiosità? Non è altro certamente. Questa benedetta curiosità, che fa nascere tante voglie in cuore, a questo tempo è occupata in tante cose, che non ha campo di pensare a' libri; oltre di che le voglie ch' ella si cava al presente, sono facili, e, per così dire, alla mano di ognuno. Laddove il cavarsela ne' libri è opera di qualche giorno. S'ha a comperargli, a tagliare le carte, a leggergli facciata a facciata, ad intendere quello che si legge. Vedete quanti pensieri, quante fatiche! E se uno ritrova buono un libro, e lo dice, chi gli presta fede, dee però fare tutta quella stessa lunga opera che avrà fatta il primo, di comperare, tagliare, leggere, intendere ec. Chi volete voi, che potendo pascere la curiosità sua in modo più di questo agevole, si dia tanta briga? Tutto quello che si vede ora altrove, fuori delle botteghe de' librai, si vede in poche ore da più centinaia di persone ad un tempo. Si recita una commedia nuova; vi può concorrere un migliaio e più di genti a vederla in una sera; ed ecco che in tre ore quel migliaio di persone pasce. la curiosità sua, standosi a sedere, cianciando se vuole e ridendo. È accreditato un lione per la sua piacevolezza, e per lasciarsi bastonare come un tappeto, e baciare chi lo bastona; le genti possono a centinaia e a centinaia vederlo di subito; e vedere con esso una danza di cagnolini vestiti in diverse fogge; i quali a guisa di ballerini ubbidiscono al suono di uno strumento, e fanno capriuole, scambietti, riverenze con tanta misura e virtù, ch'è una grazia a vedergli. Se voi stampate questa novelletta in un libro, a pena si può credere che così sia; e oltrechè lo scrivere è cosa morta appetto al vedere, si dee leggere più carte per venirne alla fine. Passate da quanto vi ho detto al Ridotto, alle cacce de'tori,[1] o a quante altre allegrezze e solennità si fanno in questa stagione, ritroverete che la curiosità degli uomini è così intrattenuta, occupata e strettamente altrove legata, che non può punto ricordarsi di libri, nè di librai, come se non ce ne fosse uno al mondo. Ed eccovi il verno della vostra possessione.

Colombani. Se questo dunque è il verno, ch'io ve lo concedo, poichè non vendo un cane di libro, quale sarà il tempo della ricolta?

Rabbuiato. Verrà fra poco. Quando le genti non avranno più che fare, quando l'ozio comincerà ad entrar loro in corpo, si desterà in essi qualche curiosità, e se non altro verranno per non morire di noia, e procureranno di passare il tempo con un libro alla mano.

Colombani. E intanto avrò io a consumarmi qui sedendo tutto il giorno, e a perdere il tempo?

Rabbuiato. Come? di che vi lagnate voi? Voi siete il più felice e fortunato di quanti passano e ripassano per questa via, e vi godete molto meglio il carnovale. di quante maschere vengono e vanno.

Colombani. Odi quest'altra? Vi siete voi deliberato di farmi disperare?

Rabbuiato. Rallegratevi anzi, e conoscete il vostro bene. Voi siete qui tra le finestre, all' imboccatura della più spaziosa e frequentata via di Venezia: dove senza punto essere urtato, nè sturbato da chi va e

---

[1] *Al Ridotto, alle cacce de' tori.* Quanto al Ridotto vedi la nota 5 a pag. 441. Le cacce dei tori erano prediletto spettacolo del popolo veneziano, e spesso si facevano in uno steccato che veniva rizzato in Piazza.

viene, vedete pacificamente tutta questa turba di maschere, potete contemplare i loro vestiti, gli atti, e vedere tutte quelle cose per le quali gli altri concorrono alla piazza maggiore con tanto disagio. Credetemi, considerate la vostra condizione come la più bella e la più vantaggiata, di tutte le altre. Ma che sarà quel cerchio colà ? Due maschere. Una villanella e un villanello che si sono riscontrati. Suonano entrambi uno strumento. Ella un mandolino, egli una cetera. Sentite con qual soavità tasteggiano. E che sì che improvvisano ? Oh l' avrei caro ! Questo cantare sprovvedutamente mi è sempre piaciuto. Zitto : il villanello incomincia.

Maschera uomo.

Io sono divenuto una fornace,
Geva mia bella; Amor è il fornaciaio.
Aggiunge legna, e stuzzica la brace,
Sicchè un vivo carbone i' son nel saio.
E s'io tel dico, tu mi di': Va' in pace,
Ardi a tua posta, o vattene all'acquaio.
Misero me ! che il fuoco dell'amore,
Come fan gli altri, per acqua non more.

Maschera donna.

Biagio, io t'ho detto che non voglio affanni,
E lieta e spensierata vo' dormire.
Tienti a tua posta il fuoco tuo ne' panni,
Non so che farti, se non puoi guarire ;
Per l'allegrezza son fatti questi anni,
E non per sospirar e per guaire.
Dimmi quanto sai dir, piangi se sai,
Io non vo' sospirar, non voglio guai.

Rabbuiato. Ed ella ha ragione. Ma che vorrà dire questo sconosciuto ? Non parlò. Che lettera è questa che ha qui lasciata ? *Agli Osservatori.* Leggiamo.

ARTICOLO D'UNA LETTERA DI ROMA, 13 FEBBRAIO 1762.

Quando il carnevale di Roma prendeva buon principio, e le maschere incominciavano a godersela su e giù per quella bellissima contrada ch'è detta il Corso de' Barberi, e già tutto il paese era in festa; ecco che un miserabile accidente cambia questa città in pianto per una ragionevole compassione. Iersera, che fu venerdì, giorno in cui non ci sono teatri pubblici, si faceva in una casa particolare una commedia di signori dilettanti, con abbondantissima orchestra ed infiniti spettatori. Io pure era uno degl'invitati, e non so come, non v'andai, ma posimi a letto. Erano verso le dieci ore, quando entrò nella mia stanza tutto sbigottito un servo, il quale mi narrò piangendo d'aver veduto uno spettacolo orrendo. Il soverchio peso avea indebolito e fatto precipitare il salone in cui si rappresentava l'azione, e quivi tutte quelle povere genti in tanta quantità erano rimaste sotto alla rovina seppellite. Accorsevi di subito il Governatore, e per ordine suo s'andavano disotterrando que' corpi, de' quali quaranta fino al punto in cui si partì il servo, erano stati ritrovati : quindici morti affatto ed il restante peggio che morti. Non dirò altro intorno a ciò, perchè scrivo prima di uscire

di camera, e temo di non poter essere a tempo d'aggiungere altre nuove
e sicure notizie per mancanza di tempo. Il caso è infelicissimo e con-
trista tutta la città gravemente.

N° VII.   A dì 24 febbraio 1762.

QUELLO CHE AVVENNE ALLA COMPAGNIA DEGLI OSSERVATORI
NEGLI ULTIMI GIORNI DEL CARNOVALE.

DESCRIZIONE DEL VELLUTO.

È la Taddea una giovane villanella, che se la fosse vestita a foggia
delle cittadine, non le mancherebbe nulla per parere da qualche cosa;
e salvo ch'ella ha due piedi un po' troppo grandicelli, per avergli lasciati ampliare e crescere per lungo e per largo a modo loro in un
paio di scarpettacce fatte in villa, e talora in un paio di zoccoli, tutto
il restante del corpo suo par fatto a pennello; e non è occhio cotanto
acuto che le potesse apporre difetto veruno. Ella va diritta come un
pavone, e sopra sè come una grua, senza essere però sostenuta dal-
l'armatura delle balene;[1] ha due bracciotte bianche e ritonde, che sono
una consolazione a vedere; le mani che paiono fatte al tornio, dove
non si scoprono nè i nodelli delle dita, nè vene appariscono, tanto
ch'è però gran peccato a dire che un dì le abbiano ad essere indurate
da'calli, e che quel delicato avorio abbia ad essere dalla zappa e dalla
vanga contaminato. I lineamenti della sua faccia hanno tutti una così
bella proporzione e grata armonia, che formano una compiuta bellezza;
e sono oltre a ciò rilevati da un color bianco incarnatino e da due occhi
cilestri, co'quali senza veruno studio la dice quel ch'ella vuole. Dicono
alcuni che sarebbe il meglio che fossero neri; ma quanto è a me, giudico il contrario. Egli è il vero che gli occhi neri hanno una certa vivacità e un certo acuto splendore che gli altri non hanno; ma in essi
si scopre una malizietta fina fina, che par che dica altrui: Guarda come
ti fidi; laddove i cilestri appariscono tutti candore e semplicità, e pare
che accompagnino quelle loro soavi guardature con l'innocenza. Io
non dico che così sia, ma dico che pare; imperocchè non vorrei essere
preso nella parola, e che alcuni mi allegassero molte astuzie usate loro
dagli occhi cilestri, e che io in fine fossi un parabolano. Basta, sia come
si voglia, la Taddea non gli ha neri, ed è una bella fanciulla. Fu costei
conosciuta fin da puttina tant'alta, oh! che poteva ella avere? dieci
anni, quando la fu conosciuta da noi in una certa villetta; e parendoci
ella di spirito e una fanciulletta di buon garbo, ogni volta che fummo
alla campagna, andammo a vedere la Taddea, e ragionammo con essa,
e così d'anno in anno facendo, la pervenne a'diciotto anni; tanto che
la ci parea a tutti nostra propria figliuola, e più volte le promettemmo,
più per ischerzo che per altro, di voler essere alle sue nozze. Ella rispondea che non si maritava, e abbassando il viso tutto tinto da una

___

[1] *Dall'armatura delle balene.* Il busto; perchè si fanno i busti delle donne con corte
lame cornee assai elastiche, le quali si trovano nelle mascelle delle balene.

fiammolina di verecondia, facea atto da volcrsene andare. Ma che?
Dálle, dálle, dálle, le si presentò un certo Ghirigoro, anch'egli un giovanotto ben tarchiato, il quale non le spiacque, e le fè tnnti cenni e
tanti atti, pagandole molte bagattelluzze di tempo in tempo, che la
povera Taddea ne fu cotta fracida ; onde il putto la fece chiedere
a' suoi, e si conchiuse fin da due anni in qua che si dovessero celebrar
le nozze negli ultimi giorni del carnovale di quest'anno del 1762; e
fu indugiato tanto, perchè a poco a poco s'avea a mettere insieme
la dote di un saccone, d'un materasso e di mezza dozzina di camice,
che avendo prima a nascere ne' campi, ad esser filate e tessute, non
poteano esser fatte così per fretta. Basta, che quando ogni cosa fu al-
l'ordine, venne assegnato il giorno, ch'io non potrei dire quanto fosse
dalla Taddea e da Ghirigoro aspettato ; e poco prima che giungesse,
mi pervenne alle mani una carta, sottoscritta dalla Taddea e dettata
non so da cui, di questo tenore :

‹ ALLE MANI DEL COLENDISSIMO SIGNOR VELLUTO

SUE PROPRIE MANI.

› Venezia.

› Ogni promessa sono debito. Le mie nozze è vicine. Adesso cono-
scerò se il signor Velluto burlavano, quando dicevano, con quegli altri
Illustrissimi, che volevano venire. Marti grasso si fanno questa festa.
Dopo d'avere tanto ridesto, è stata la verità. La prego di compatirmi,
e con tutto il rispetto mi dichiaro sua serva fedelissima

› Di...., 13 febbraio 1762.   › LA TADDEA.... ›

Letta ch'io ebbi questa lettera, la presentai a' miei compagni, i quali
ridendo e scherzando approvarono tutti la promessa, e dissero che non
essendo lungo il viaggio e potendosi fare agiatamente in una barchetta,
si dovesse andare alle nozze e ritrovarvisi all'assegnato dì, per non mancare di parola alla Taddea, e oltre a ciò avere in quei giorni di spasso
qualche diletto nuovo. Così avendo dunque deliberato, incominciammo
ad attendere il tempo ; e comperate alcune cosette da fare più splendide le nozze della Taddea, volle il Rabbuiato che le fossero celebrate
secondo la usanza con alquanti componimenti poetici, i quali all'arrivo
nostro dovessero essere appiccati qua e colà per gli usci di quel villaggio. Piacque il parere del Rabbuiato a tutti gli altri compagni; onde
così in brigata con un buon fuoco innanzi, e con certi fiaschetti di vino,
incominciammo, ognuno dal lato suo, a scrivere con uno stile conve-
niente al suggetto: e non bastò ; che le cose scritte furono mandate
in fretta allo stampatore. Quello che ci uscì del cervello, sarà da noi
posto nella fine di questo foglio. Intanto venne il giorno della partenza ; c'imbarcammo, e via. Giungemmo alla villa della Taddea appunto
ch'ella, già udita la messa del Congiunto, ritornava indietro a passo
a passo, col capo chino, accompagnata da una lunga brigata d'uomini
e di donne; e con esso loro ne venivano tre sonatori, uno di vivuola,
uno di cetera,[1] e il terzo di violino, i quali menavano quegli archetti

---

[1] *Vivuola* e *cetera*. Strumenti musicali a corde.

e quelle mani ch'erano una furia a vedergli; e accompagnavano ogni
nota con visacci e bocche così contraffatte, che vi si vedea con quanto
sforzo usciva loro l'armonia delle dita. Di tempo in tempo il codazzo
degli uomini spalancava le gole, e cacciava fuori altissime strida di
allegrezza, aggiungendovi certuni un rumore di archibusate improvviso,
che le povere femmine si mettevano le dita negli orecchi, e taluna facea
un salto di qui colà, maladicendo gli archibusieri. Quando giungemmo
noi dov'era la compagnia, la salva si fece più forte; e s'alzarono più
gagliardamente le strida, e la Taddea fece un risolino così sottecchi
che dimostrava la sua consolazione di vederci; e parea che dicesse:
" Siate i ben venuti." Intanto così a passo a passo andammo alla casa
stabilita alle nozze, e vi trovammo un luogo dov'era apparecchiata una
lunga tavola, alla quale dopo non molto tempo ci ponemmo tutti a
sedere in due righe l'una in faccia all'altra; e la Taddea sedeva nel
mezzo dell'una, e Ghirigoro dell'altra dirimpetto a lei; e si diede di
mano ai cucchiai da tutti i lati con tanta furia, che avreste detto che
volassero dal piatto alla bocca. Quando fu così per un pezzetto acque-
tato il primo desiderio del ventre, andarono intorno i bicchieri; non cre-
deste già certi bicchierini abortiti nelle fornaci di Murano,[1] ma de' più
larghi, alti e profondi che uscissero mai di mano a' fornaciai, e fu bevuto il diluvio; tanto che non passò un'ora, che a tutti scintillavano
gli occhi e si riscaldarono gli orecchi che pareano di scarlatto. Allora
vi so dir io che cominciarono i motti e le burle, e che la povera Taddea udì ogni generazione di facezie; alle quali ella rispondea con l'abbassare gli occhi, quasi volesse dire che non intendeva nulla, benchè
in effetto io creda ch'ella fosse una scozzonata astutaccia e che intendesse molto bene; e lo sposo ne ridea così sgangheratamente, che
gli si sarebbero potuti noverare tutti i denti nelle mascelle. E tuttavia
egli vi fu tra que' villani un giovanotto il quale rinfacciava gli altri, e
dicea: " Io non so se voi però credete d'essere begli spiriti con queste
vostre asinesche piacevolezze che fanno arrossire le nostre femmine.
Quanto è a me, mi pare che se voi voleste ridere, egli si potrebbe farlo
con maggior grazia. Io mi sono parecchie volte ritrovato per caso do-
v'erano uomini e donne ben creati, e udii ch'essi dicevano quello che
dite voi, ma lo mascheravano con una certa malizietta e con un garbo
che faceva ridere senza fare arrossire. Non è poi maraviglia se noi
siamo da tutti giudicati goffi e grossolani, perchè non sappiamo coprire con veruna grazia queste nostre bestialità." Il povero giovine dicea, ma non era inteso altro che da noi, i quali per assecondarlo incominciammo a scherzare onestamente, e credo che da ognuno fossimo
giudicati freddi e capi rovinati. Intanto andò il pranzo verso la fine,
e sopra una forchetta si fece girare un pomo intorno, nel quale ognuno
de' convitati innestò una moneta; e il pomo così arricchito fu presentato alla Taddea, la quale si levò su e fece un bell'inchino a tutti con
molta modestia; e allora Ghirigoro la prese per mano, e comandato
che si desse negli strumenti, aperse con la sposa sua una danza, e tutti
si diedero a fare scambietti e a gambettare come cavriuoli, innalzandosi
di tempo in tempo le strida, e sparandosi archibusi con tanto fracasso,
che parea che il cielo cadesse. In tal guisa venne la notte; e dicendo

---

[1] *Nelle fornaci di Murano*. È un'isoletta nella laguna veneta, in gran parte occupata
la quelle fabbriche di vetri e specchi per cui era famosa Venezia in tutto il mondo. V'
si facevano calici, coppe, lampadari, vaghissimi per forme e colori.

la Taddea ch' ell' era stanca, e ridendole tutti in faccia della sua stanchezza, la si diede a piangere perchè lasciava il padre e la madre, ed eglino piangevano perchè lasciavano lei; ma finalmente ell' entrò nella sua cameretta, e noi nella nostra barca, e ci partimmo. Io promisi nel principio di questo foglio che avrei pubblicate le poesie che furono fatte per le nozze di Ghirigoro e della Taddea: ora attengo la parola, e furono queste.

STANZE DELL' INCRESPATO.

Di quante sono al mondo villanelle
È la Taddea la maraviglia e il fiore.
Dinanzi a lei somiglian le più belle
Davanti al sole un lumicin che muore.
Ha così bianca e morbida la pelle,
Che a vederla è una grazia e un onore.
Gli occhi suoi fóran come i punteruoli,
Ed è peccato che n'abbia due soli.

La sua gonnella non ha in sè fanciulla
Ch'abbia sol ossa e nome di Taddea;
Sicchè spogliata poi rïesca nulla,
E non la vegga più chi la vedea.
Ma quello che co' denti ella maciulla,
Si cambia in polpe, e buon sangue le crea.
Vermiglia è quando a letto va la sera,
E la mattina par la primavera.

Non fu veduto mai ch'ella svenisse
Pel tremito de' nervi o altri mali.
Per lei ricetta il medico non scrisse,
Nè s'impacciaron seco gli speziali.
Fin or vent' anni su la terra visse,
E tutti in sanità furono uguali:
E se la malattia d'amor la tocca,
In breve guarirà, che non è sciocca.

Ella non vuole Ippocrate o Galeno;[1]
Il suo dottor debb'esser Ghirigoro.
Un giovanotto anch'ei grasso e sereno,
Che per una ricetta è un tesoro.
Amor gli guarda d'allegrezza pieno,
E fra sè dice: Io vo' legar costoro;
E prende un laccio, ed ambo gli ha legati,
Onde son benedetti e accompagnati.

Solchi, fossati, foreste, burroni,
Vanghe, zappe, rastrelli, aratri e buoi
Attendon oh! quai grossi figliuoloni
Dalla casta unïon di questi duoi.
La Taddea dice: Queste son canzoni;
Fate, poeti, i versi vostri voi.
Non ha tempo a udir versi chi ben ama:
Ho costà Ghirigoro che mi chiama.

---

[1] *Ippocrate o Galeno*. Medici famosissimi dell'antichità.

SONETTO DEL RABBUIATO.

Io non avrò questa volta a stordire
Apollo e delle Muse la brigata.
Ecco che la Taddea s'è maritata.
Sia col buon anno. Io non ho altro a dire.
    Qui non bisogna suonar pive o lire
Per esaltar la stirpe ond'ella è nata.[1]
Un padre ed una madre l'han creata;
Se venne al mondo, ci dovea venire.
    Gli avoli suoi e tutti i suoi parenti
Furon persone tanto liberali,
Che apparecchiaron grano agli altrui denti.
    Quei che di lei verran, saranno tali;
Sicchè preghin il ciel tutte le genti
Che razza sì cortese mai non cali.

Questo viaggio e la festa del passato mercoledì sono cagione ch'esce un foglio solo. Nella settimana ventura saranno compensati i lettori di quello che manca.

N° VIII.   A dì 27 febbraio 1762.

> . . . . coscienza m'assicura,
> La buona compagnia che l'uom francheggia
> Sotto l'usbergo del sentirsi pura.
>
> DANTE, *Inf.*, c. XXVIII.

Momo[2] fu sempre censore delle opere degli Dei, e principalmente di quelle di Giove. Mai non gli parea che quel sommo imperadore dell'Olimpo avesse fatta cosa che stesse bene affatto, e tuttavia il figliuolo di Saturno gli prestava orecchio volentieri; e se le censure di lui aveano in sè qualche cosa di ragionevole, ne facea conto; s'erano cose da non farne caso, se ne ridea, e giudicandolo un pazzerone ed un cianciatore, lasciava andare l'acqua alla china, e se ne curava come se i pareri di lui fossero stati starnuti. "Giove, tu hai fatto," gli diceva un dì Momo, "gli uomini pieni di falsità e di malizia: almen avessi tu fatto anche loro un finestrino nel petto, per il quale si vedesse l'animo loro e si potessero guardare l'uno dall'altro."—"Io ho dato loro il cervello," rispondeva Giove, "con la cui arguzia possono benissimo comprendere quel che pensa il compagno; e se ci fossero finestrini, come tu di', non avrebbero mai imparato a parlare, perchè fuor per le invetriate si vedrebbero proposte e risposte; il mondo sarebbe una cosa mutola e morta."—"E perchè hai tu fatto," diceva Momo, "i buoi con

---

[1] *Per esaltar la stirpe ond'ella è nata.* Canzona i componimenti poetici per norre, nei quali con non più udite esagerazioni si soleva celebrare la prosapia degli sposi.
[2] *Momo.* V. la nota 1 a pag. 62.

le corna di sopra e gli occhi di sotto, che se hanno a ferire, non veggono dove cozzano ? " — "Perchè egli è bene," diceva Giove, "che i colpi delle bestie vadano all'aria il più che si può." A questo modo continuamente erano rimbeccate le opere del padre degli Dei dal satirico Momo, il quale ritoccava sempre, non rifiniva mai, e ritrovava il pelo nell'uovo. Avvenne finalmente un dì ch'egli corse tutto smanioso e caldo innanzi all'aspetto dell'adunatore de'nembi, e gli disse con altissima voce : "E tu che ti stai qui tutto lieto e pieno di boria delle cose grandi che hai fatte, volgi la faccia allo ingiù, e vedi le belle operazioni degli uomini. Nota bene. Ne vedi tu uno che cheto sia ? Vedi tu colà quelli che colle spade nelle mani si vanno incontra per isgozzarsi ? e in quell'altro loco quelli che, pregiando sè medesimi solamente, calpestano tanti altri, come se non fossero della propria loro spezie ? e quelle rapite donne ? e que'gio-vani scapestrati, che nulla curandosi della pratica e sperimentata vita de'padri, fanno il peggio che possono, e credono d'aver ragione ? Vedi tu tranquillità in luogo veruno ? E tuttavia non è alcuno di loro che non creda, così facendo, di correr dietro al suo maggior bene. E in fine che vedi tu altro che lagrime, dolore, inquietudini e disperazione? Bella cosa hai tu fatta! Vedi come se ne vanno a torme quelle sciagu-rate passioni con le bandiere spiegate in mano, con quelle torce nere ed ardenti appiccando il fuoco da tutt'i lati, e accendendo que'tapi-nelli i quali le seguono come loro capitanesse, e tengono per fermo di esser da quelle alla beatitudine guidati? Che te ne pare? Almen che fosse, avestù procacciato a quegli sciagurati qualche riposo, mandato sulla terra qualche ingegnoso e valente abitatore di quassù che gli di-rozzasse, che togliesse loro di dosso quelle scaglie de'rozzi e bestiali costumi, e traesse la maschera di quelle passioni che, non conosciute, vengono stimate tutto quel bene che hanno." Giove con le ciglia aggrot-tate e pensoso ascoltò il ragionamento del suo censore, e stato così un poco sopra di sè, senza però dirgli che avesse ragione, perchè non con-veniva alla signoria sua, fece così mal viso che l'altro cheto cheto si tolse di là, temendo di qualche sua rovina. Intanto il sovrano scaglia-folgori [1] rugumando [2] fra sè quello che potesse fare, rivolse il pensiero a molte cose, e in fine gli venne in mente che fra gli Dei aggiravasi una bellissima fanciulla, tutta splendida ed aggraziata, la quale Virtù si chiamava, così cara a tutte le deità, che ne'loro concili la faceano se-dere ne'loro dorati seggi, e spesse fiate la richiedevano del suo parere nelle più importanti faccende. O altissima abitatrice de'cieli, io non posso fare a meno di non esclamare, quando mi viene in mente il tuo santo nome, e di non lodare col cuore e colle voci le tue egregie qua-lità, le quali se fossero, come pur si dovrebbe, conosciute dal mondo, non sarebbe alcuno che preso dalla tua mirabile faccia, abbandonato ogni altro pensiero, non ti corresse dietro con amoroso struggimento. Ma quando fu mai che sulla terra fosse il vero bene conosciuto? Co-mecchè sia, l'altissimo Giove, fatta venire a sè la maravigliosa fanciulla, in questo modo le disse: "Tu vedi, mia carissima figliuola, quanti pen-sieri mi abbia fino al presente dati la stirpe degli uomini, e da quante parti le scellerità [3] loro, salendo alle nostre abitazioni, m'intorbidino

---

[1] *Adunatore dei nembi... scagliafolgori* ec. Tutti soprannomi che gli antichi poeti da-vano a Giove.

[2] *Rugumando.* Ruminando; voce fuori d'uso.

[3] *Scellerità.* Voce antiquata per scelleratezza.

l'aspetto, e quante querimonie mi assordino con continuo assedio gli orecchi. E tempo ch' io ponga qualche riparo a que' mali che crescono di giorno in giorno, e che alla fine sarebbero senza rimedio veruno, se io non prendessi qualche vigoroso spediente contro la loro baldanza. Egli è il vero ch' io avrei nelle mani le folgori, che potrei premere le nubi e rovesciare sopra di quelli tutte le acque, o, crollando da' suoi fondamenti la terra, seppellire ad un tratto una generazione piena d'ingratitudine verso cotanti benefizi da me ricevuti. Ma viva, dappoichè vive, e si accresca. Io penso di non gastigare, ma di mostrare il suo meglio a quella stirpe; e tu dèi essere quella, che scendendo di qua su, dèi servire a cotanto ufficio. Da te dee nascere l'aiuto e il sussidio che dee contrastare a quella turba di passioni, che imperversando fra i popoli mettono ogni cosa sozzopra, e hanno già fatto del mondo una boscaglia ripiena di genti salvatiche e fra sè nemiche. Va', figliuola mia, e lasciando per qualche tempo la dimora celeste, provvedi che la terra sia quieta e tranquilla.

"Ma perchè la cosa ti riesca a quel buon fine che da me sarebbe voluto, vieni qua, e mira da questi altissimi luoghi quello ch' io costaggiù ti dimostro. Vedi tu quel giovanetto di aspetto bellissimo, il quale non istà mai saldo in un luogo; ma ripieno d'incessante curiosità or a questa cosa, ora a quella volonteroso si volge? E osservi tu ch' egli pare che spiri, se quella fra poco non possiede; e appena l'ha posseduta, che venutagli a noia le volta le spalle, e ad un'altra correndo dietro con lo stesso fervore, fa lo stesso di prima? Egli innamorato or di questa, or di quella delle passioni, di tutte fu infino a qui innamorato, e de' suoi non legittimi incendi nacquero parecchi vituperosi figliuoli, Disonore, Inquietudine, Rabbia, Pentimento, e tutta quella perversa famiglia che con raffi, ugne, morsi, e con mille altri strumenti da offendere, è intorno a' meschini abitatori del mondo. Non è però ancora ammogliato. Buon pel mondo, che non ritrovò in cui arrestare le voglie sue perpetuamente, e che nessuna delle sfacciate femmine ha potuto con le sue false bellezze incatenarlo. Tu sola con la tua perfetta e solida bellezza potrai con legittimo vincolo a te legarlo. Il nome suo è Desiderio. Va', mostrati a lui, stringilo in perpetuo nodo alla tua celestiale formosità, e da' una prole alla terra che faccia contrasto a' mostri che l'hanno fino al presente travagliata. Desiderio a Virtù congiunto può solo esser la salvezza del mondo." Chinò il capo la bellissima fanciulla alla volontà di Giove, e lasciate in breve le celesti abitazioni, discese in terra, ripiena di quello splendore che arrecava seco dall'empireo. Dirò io mai, lingua mortale, e intelletto ingombrato dalle ossa e dalle carni, qual fosse la sua divina bellezza? Io non ho cosa intorno, dalla quale possa trarre con l'immaginazione lineamenti da dipingere la venustà di lei; e se la vedessi, non ha nè l'italiano, nè altro linguaggio ritrovati vocaboli che la potessero esprimere; e il valersi degli usitati non gioverebbe. Pensi ognuno quella bellezza che più piacque fino ad ora agli occhi suoi, e vi aggiunga quanto l'intelletto gli può suggerire, e non sarà giunto ancora a immaginare una menoma parte delle qualità della divina fanciulla. Venne dunque Virtù sulla terra; e dinanzi alla faccia di lei, come innanzi all'aspetto del sole una leggiera nebbia, sparirono le abbattute passioni, che non poterono sostener la sua vista. Ma che dirò dell'insofferente Desiderio, quando gli s'offerse l'aspetto di lei? Mai non avea veduta cosa che tanto gli piacesse. Un disusato fuoco gli si appiccò nelle viscere, non sapea più che farsi : e quello che mirabile parea a lui medesimo, si era che quella sua pronta e sfacciata lingua non ritrovasse parola da dirle ; che que' suoi baldanzosi occhi non ardissero di guardarla in faccia, e che quel suo cuore cotanto nelle dissolutezze e licenziosità avvezzo, gli battesse nel petto come se mai più donna non avesse veduta. Stavasi innanzi agli occhi di lui Virtù con quel nobile e maestoso contegno che conveniva alla sua grandezza, fino a tanto che finalmente, co' sospiri piuttosto che con le parole, il giovane le fece il suo foco palese. A cui ella, rinfacciandogli prima le sue passate pazzie e dettogli il supremo volere di Giove, promise la fede sua, ma non prima che lo vedesse della sua sregolatezza pentito, e mondato molte fiate nel fiume dell'obblivione de' suoi passati disordini. Del maritaggio suo a poco a poco nacquero l'Onore, la Gloria, la Tranquillità e tutta quella prole che fece e fa ancora contrasto alla cecità delle passioni, e rende chiara la fama della Virtù al Desiderio congiunta.

RAGIONAMENTO DEL MANCINO.

> Questa è lodevol gara: porta invidia
> Il vasaio al vasaio, e il fabbro all'opera
> Dell'altro fabbro, e l'uno all'altro povero,
> Onde i poeti anche tra lor contendono.
>
> ESIODO.

Non mancavano anche a' tempi di Esiodo[1] certe letterarie contese intorno alla poesia. Si può vedere a' versi soprallegati che i poeti si attaccavano l'uno contro all'altro bruscamente ; imperciocchè egli pare che dir voglia, alla maniera de' fabbri e de' vasai, i propri parti volessero sostenere essere assai da più che quelli de' loro competitori. Questa era gara assai lodevole, e uno sprone per correre sempre più alla perfezione. Ma oggidì si vede che sì commendabile usanza è peggiorata, e fa scapito all'umana intelligenza. Non più si veggono a far contesa poeti e poeti, ma fabbri, vasai e altre sì fatte genti a' poeti muovono guerra. Di ciò ebbi certissimo argomento poche sere fa in un luogo, dove si tenea ragionamento di un certo accademico Granellesco, e dicevasi del suo buon gusto e del suo fine discernimento nelle lettere toscane. Inopinatamente uscì in campo un uomo, il quale tanto ha che fare con la poesia, quanto le tenebre col giorno ; e guardando con occhio bieco i circostanti, aguzzò la lingua contro l'onest'uomo ammirato dagli altri, e trattosi delle tasche un sonetto fatto dall'accademico, quindici anni fa, in lode di Venezia sua patria, cominciò a farne il maggiore strazio del mondo. Qual ragione egli si avvisasse d'avere, io nol so. Posi ben mente che la sua non era diritta censura, ma irragionevole satira, imperciocchè non diceva egli mai parola intorno allo stile ed ai sentimenti ; ma usciva per lo più con tuono magistrale in queste voci: "Si può far peggio! può vedersi peggio!" Zolfa, secondo il mio parere, assai facile, e che per cantarla non si

---

[1] *Esiodo.* Antichissimo poeta greco, didascalico e gnomico, vissuto circa nove secoli prima di Cristo. I suoi poemi sono intessuti di sentenze, di esortazioni morali e di proverbi.

ha ad affaticarsi troppo l'ingegno. Ai lettori di questo foglio metterò sotto gli occhi il sonetto.

> Sessanta lustri, oltre i dugento interi
> Scorsero, e più, dacchè nascesti eletta
> Per albergo di Pace, e in te ristretta
> Giustizia nutri, e in lei ti specchi e speri:
> Bella sempre, e d'onor piena, e di veri
> Pregi adorna, e di gente inclita eletta
> Madre e d'eroi, città magna; diletta
> Al ciel più ch'altra che imperasse e imperi:
> Venezia, dolce mio nido, la terra
> Tutta ti riverisca, e pace acquisti
> Te facendo sua gioia e sua regina.
> Iddio sia teco sempre, ed aspra guerra
> Porti ed irreparabile ruina
> A chi scemi tua laude, e ti contristi.

Dirittamente per lodare la sua patria mostra l'autore nei primi quattro versi qual sia la sua antichità, e che fu eletta da Dio per albergo di Pace, che nudrisce Giustizia, e si specchia e spera in essa da tanti secoli. Nel secondo quadernario, niente il vero eccedendo, e con magnificenza eroica, tocca i pregi e gli onori di lei, e la grandezza de' suoi figli, e ch'essa è al cielo più diletta di quante città avessero ed abbiano imperio; pensiero espresso con quella risoluzione che la verità richiede.

Tutti questi pensieri con sospensione a Venezia indirizzati, l'autore chiude nel principio del primo ternario dicendo: *Venezia, dolce mio nido;* quindi passa a dire che la terra tutta le porti riverenza, e pace acquisti, avendola per esempio. Finisce poi da poeta cattolico, che non ha mestieri per nulla di ricorrere a favole immaginate, dicendo: *Iddio sia teco sempre* ec. Pensiero nel vero, che mirabilmente chiude gli altri dettati di sopra, e che dà un'aria di amore alla patria e di cristiana magnificenza a tutto il sonetto.

Quanto io scrissi non da passionato amico, ma da verace ammiratore dell'autor del sonetto, si prenda per un giudizio che può andar errato, e sia lecito a chiunque sentirne checchè vuole.

N° IX.   A dì 3 marzo 1762.

I CASTELLI IN ARIA.

DIALOGO.

POETA E CHI VERRÀ.

Poeta. A che mai sono io venuto alla luce, o piuttosto alle tenebre di questo mondo? Imperocchè posso io ben dire che sieno tenebre colà, dove per li miei continui pensieri non giova punto a ricreare gli occhi miei nè la serenità del cielo, nè lo splendido sole che illumina gli occhi di tutti gli altri mortali. S'io m'aggiro il giorno, altro non veggo che uomini più di me fortunati, i quali, vagando qua e colà co' più lieti visi del mondo, mostrano negli aspetti consolati la quiete e la contentezza dell'animo loro; e comparando tutto quello che m'apparisce in essi col mio tribulato spirito, altro non sento che rabbia e rammarico de' fatti miei. Son divenuto mutolo, cieco, sordo, e peggio. Ecco qua in quale ristretto stanzino io mi risveglio, per esempio, stamattina! A quest'ora le migliaia di persone si destano in ampie camere, guernite di damaschi, velluti, arazzi, broccati d'oro e d'argento; ridono loro intorno e sopra il capo le delicate pitture; chiamano i servi a sè con uno zufolino, o col suono d'un campanelluzzo, perchè la voce non infreddi, ed ecco che accorrono i famigli, alzano le cortine, aprono le finestre, e attendono gli ordini de' loro beati signori. Io all'incontro appena curato da una fanticella zoppa, guercia, e per giunta anche sorda, che se mi fendessi a chiamarla, la non verrebbe se non quando ella vuole, debbo a dispetto mio uscire delle coltrici, e fare da me accoglienza al giorno, per vedere uno stanzino guernito da'ragnateli. Sono questi i tuoi giusti scompartimenti,[1] o iniqua e dolorosa Fortuna? Scherzi tu forse a vedere le tribulazioni e le sciagure altrui? Che sia tu maladetta. Insensata! balorda! Come mai si trovarono al mondo uomini che ti rizzassero altari? E voi anche, divine Muse, che siete da'bufoli poeti chiamate spesso la delizia dell'Olimpo, e il mèle delle lingue, trattate voi in questa forma i vostri seguaci? È questa la mercede che mi date dell'avervi onorate, tante volte chiamate Dee, fatte ammirare le vostre abitazioni del Parnaso, allettato genti a visitarvi, risvegliato il vostro linguaggio sopra la terra, difeso il vostro onore contro l'ignoranza, e finalmente dell'avervi innalzate sopra l'altre Deità del cielo? Meritava io da voi così fatto trattamento? Ma non sia io, e distruggansi quest'ossa, s'io non dico del fatto vostro tanto male, quanto ho detto fino a qui di bene, e se non vi fo conoscere a tutti per quelle ingrate e crudeli che voi siete: perchè alla fine io non crederò mai che voi siate Dee, ma solamente certe magre fantasie, inventate dall'ingegno umano, il quale per sua cortesia e per sua umiltà ha voluto riconoscere da voi quello che potea da sè medesimo: ed esservi obbligato di quel vigore e di quell'attività che nasceva da lui. Sgualdrinelle! A poco a poco sento che mi s'infiammano i sangui, e poco anderà che quand'io avrò alquanto ordinato un certo mio pensiero, e guernitolo con la creativa facoltà d'alquanti artifizi che saranno per voi stecchi e spuntoni, io vi farò conoscere chi voi siete, e se sieno ragionevoli i miei lamenti.

Apollo. Udite voi, o figliuole di Memoria e di Giove,[2] le altissime querele che salgono a noi da quello stanzino colaggiù, il quale venne da voi tante volte visitato, il cui abitatore mi fu così spesso raccomandato da voi? Io mi sento quasi quasi tentato di voltargli le spalle, e di non curarmi più di lui, come se non fosse al mondo. Che ne dite voi?

Talía. Se questa fosse la prima voce di poeta che si querelasse del fatto nostro, io dico, o gran Duca e Rettore della nostra compagnia,

---

[1] *Scompartimenti.* Ripartizioni.
[2] *Figliuole di Memoria e di Giove.* Le Muse; le quali con Apollo erano dagli antichi invocate come divinità protettrici dei poeti. Talía fra esse presiedeva alla commedia.

che tu avresti grandissima cagione non solo d'abbandonarlo, ma d'adoperare contro di lui quelle saette [1] con le quali ti vendicasti dell'orgogliosa Niobe, contro i sette suoi maschi, quando ella per l'acerbo dolore divenne sasso. Ma tu ti dèi pur ricordare che non fu mai poeta senz'amarezza d'animo, e, dappoi in qua che cominciarono a suonar versi pel mondo, s'udirono insieme le voci de' poeti a querelarsi della loro condizione. Per la qual cosa io giudico che sia il meglio usare con costui la clemenza, e procurare a poco a poco di raschiargli dall'animo quel veleno che lo rode, e ricondurlo alla sua bontà e modestia di prima. Ricordiamoci con quanta fede ci abbia fin dalla sua più tenera età coltivate: come a dispetto, per così dire, di mare e di vento, egli ci abbia difese dalle calunnie altrui, e quante ghirlande egli abbia devotamente offerite al nostro tempio. Consideriamo che le cose degli Dei non sono così note a' mortali, ch'essi possano formarne un certo giudizio. Che sa egli il meschino che non sia conceduto da Giove a te, nè a noi, l'ampliare le ricchezze di coloro, i cui ingegni sono nati per essere sotto la nostra tutela? Chi gli ha rivelato, povero sciagurato, che essendo egli nato coll'inclinazione rivolta a questa nostr'arte, e standosi sotto la nostra protezione, gli altri Dei non si curano punto di lui, per non offenderci; e che ciascheduno degli abitatori del cielo custodisce coloro che sono ad esso soggetti? Tutte queste cose sono occulte a costui; e perciò egli non sapendole, e credendo tuttavia che i nostri servi possano essere al mondo meglio trattati, e che gl'infortuni suoi gli piovano addosso per nostra cagione, l'attacca a noi,[2] e ci bestemmia senza un rispetto al mondo. Egli si crede che sia in balía nostra l'accrescere le sue facoltà, come può far Cerere quelle de' suoi devoti, Bacco quelle de' suoi, e Mercurio,[3] o qualche altro Iddio opulento, quelle di coloro che gli seguono. E non s'avvede il meschino che noi non abbiamo altro che la giurisdizione d'un poco di fiume donde non s'udì mai che si traesse un menomo pesciatello, e la signoria di certi magri boschi[4] a' quali l'altre Deità non lasciano nè melo, nè pero, nè altro albero che fruttifichi; e che la nostra più ricca pianta è l'alloro, che, da certe amare bacche in fuori, non produce altro.

Poeta.   Chiunque in questa dolorosa valle
          Cade, che mondo ha nome, ed è costretto
          Ad una morte che si chiama vita,
          Guardi le spalle sue, pesi le braccia:
          E se le trova poderose e salde
          Sì che durino i nervi alle fatiche,
          E di fiato e polmoni ha pieno il petto,
          Miri le zolle, e dell'annosa terra

---

[1] *Quelle saette* ec. Niobe, moglie d'Amfione re di Tebe, ebbe quattordici figli, sette maschi e sette femmine. Orgogliosa di questa sua fecondità, insultò Latona, che altri figli non aveva che Apollo e Diana, per così scarsa figliuolanza; e Apollo e Diana per punirla le trafissero a colpi di frecce, quello i maschi e questa le femmine, e lei cambiarono in rupe da cui sgorgava una fonte peronne, simbolo delle sue lagrime.

[2] *L'attacca a noi.* Se la piglia con noi

[3] *Cerere, Bacco e Mercurio.* Divinità protettrici delle biade, del vino e del commercio; simboleggiano i beni materiali.

[4] *Un poco di fiume.... e certi magri boschi* ec. Il fiume era il Permesso che scaturendo alle falde del Monte Elicona, dimora delle Muse, era tenuto come simbolo della poesia; i boschi erano gli allori che crescevano intorno a Parrasia, città dell'Arcadia, sacra ad Apollo.

Il duro dorso, e desïoso corra
Di marre e vanghe a maneggiare il peso.
Benigni spirti gioveranno l'opre
E il suo sudor con invisibil destra.
Non abbia a sdegno l'aspro orror de' calli,
Nè la dal Sole intenebrata pelle,
Mali del corpo. Cheto avrà lo spirto,
Parte miglior della mistura egregia,
Onde si muove ed uom si chiama. Fugga
Da' falsi allettamenti delle Muse,
Che con dolce armonia di dolce canto
Invitan l'alme a guisa di Sirene,
Per farne poi strazio crudele ed empio.
O divino intelletto, e nato in cielo
All' eterna quïete, alle ricchezze
Accostumato delle sfere, quale
Diventi nelle man d'empie sorelle
Che ti pascon di fole e di lusinga?
Hai più pace! Hai più ben?...

Hai più pace? hai più ben? Hai più pace.... Che vuol dire che mi manca così in un subito il mio entusiasmo? *Hai più pace? hai più ben?*

Talia. Fino a tanto che gli è venuta meno la prima furia del comporre, vagliamoci di questo tempo; non lo lasciamo andare avanti. L'ira sua l'ha convertito in una bestia. Chi sa quello ch'egli direbbe?

Apollo. Che s'ha a fare?

Talia. Se mi concedi ch'io faccia, eccoti la mia intenzione. Il pover uomo, non avendo al presente altro in animo e in mente che le sventure sue, giudica da quelle d'essere il solo uomo sventurato nel mondo. Tutti gli altri cred'egli di vedere dalla beatitudine circondati. Io volgo per mente di levargli quel velo che gli copre la veduta delle cose, e dimostrargli quanto s'inganna. Non siamo noi quelle sole Deità infine che pascano gli uomini d'acque e di fronde. Quella stessa Cerere, quello stesso Bacco, e Mercurio, e tutti gli altri Dei che furono detti di sopra, gl'ingannano, e mostrano lucciole per lanterne. Tu sai pure, che standosi essi a godere l'ambrosia ed il nèttare costassù nel cielo, senza darsi le più volte una briga al mondo dell'umana generazione, mandano giù dalle nuvole certi simulacri i quali hanno la sola apparenza; ma quando si va per toccarli, svaniscono come la nebbia. Sono questi, con vocabolo dagli uomini stessi ritrovato, chiamati *Castelli in aria,* i quali pascono con le loro apparizioni l'umana stirpe, ed essa, fondatasi in quelli, si crede di possedere cose grandi; ma poi alla fine altro in pugno non istringe, che aria e vento. Tu sai bene che la facoltà nostra è quella dell'imitare, e già hai veduto in qual guisa nelle pubbliche scene imitiamo ora le comiche facezie, ora le tragiche querimonie rappresentate in superbi palagi, in frequentate corti; come mettiamo in piedi eserciti, gli facciamo insieme azzuffare; e talora fra le capanne e gli alti monti facciamo apparire le pastorelle; e il tutto per modo, che coloro i quali si stanno a vedere, giurerebbero che fosse la verità. A me dà dunque l'animo di fargli comparire innanzi con diversi movimenti molti *Castelli in aria,* tanto ch'egli comprenda non essere punto diverso lo stato suo da quello di tutti gli altri, e forse molto migliore.

Apollo. Va', Talía, e cerca di ricoverare l'onor nostro sulla terra. Questo è pur troppo malmenato dalla maldicenza altrui; e se costui ancora, che pur fino a qui è stato nostro affezionato, ci volge le spalle, tu vedi quale sarebbe la mormorazione comune.

Talía. Io vado; ma pregovi bene, o Muse compagne mie, venite meco, e con la dolcezza del canto vostro procurate d'assecondarmi, e di scacciare da quell'inasprito animo la mal conceputa acerbezza. Quando l'avremo renduto tale ch'egli possa ricevere la medicina, porremo mano a' lattovari,[1] e procacceremo di ricondurlo alla sua prima salute. Io veggo che ciascheduna di voi mi promette l'opera sua volentieri. Andiamo.

Poeta. Qual barbaglio è questo? A poco a poco cresce a questo mio picciolo stanzino lo splendore. Dove son io? E qual cheta, soave e grata splendidezza è questa? Io sento anche un dolcissimo toccare di strumenti. È questo un incantesimo? un vaneggiamento d'infermità? Non so più dove io mi sia.

Muse.   Dal pensier che t'ingombra
Fuggi per poco, o addolorata mente,
E dà' loco al consiglio ed alla pace.
Il vero alma non sente,
In cui di grave duol s'addensi l'ombra,
E nel suo male tenebrosa giace.
Guerra a sè stesso face
Chi suoi consigli dall'affanno prende;
E sè medesmo atterra
Chi dal suo proprio duol non si difende,
E dentro ha l'armi, onde si move guerra.
     Basti che umana vita
Da' mali intorno è combattuta e cinta,
Come vuol sorte di terreno stato;
Senza che l'alma vinta
Sè stessa aggravi, ed alla rete ordita
Aggiunga laccio più saldo e serrato.
Intelletto beato
Perder non dee suo bel volo nel vischio,
Ma sè giudichi eterno.
Il suo vigor lo salverà dal rischio,
Se di sè stesso avrà sempre il governo.

Poeta. Oh! dolcissime voci che mi suonano intorno! Almen vedess'io da chi sono esse formate! Gli altissimi e veraci sensi che in esse si comprendono, mi dimostrano benissimo che divine voci son queste. O voi, quali vi siate, che questa mia picciola cameretta vi degnate di riempiere di celeste armonia, degnatevi di lasciarvi vedere.

Quello che avvenisse lo dirà l'altro foglio che dovea oggi essere pubblicato insieme con questo, se un raffreddore non avesse occupato lo scrittor di questo Dialogo a tossire e a spezzarsi l'ossa del petto in cambio che a scrivere.

---

[1] *Lattovari.* V. la nota 4 a pag. 30.

Dirò dunque, proseguendo il Dialogo, da me per l'ostinazione della tosse tralasciato nel passato foglio, che in quella guisa appunto che le mutabili scene in un subito altra cosa diversa dalla prima dimostrano, si levò dagli occhi del curioso poeta quell'aria che fa velo fra gli sguardi de' mortali e le cose degli Dei, e apparirono co' loro strumenti in mano le vezzose abitatrici del Parnaso, inghirlandate le tempie con le foglie dell'alloro. Di che maravigliatosi il pover uomo, e non conoscendole così al primo, cominciò a dir loro:

Poeta. Da qual parte del cielo venite voi in questa piccioletta abitazione? Imperocchè certamente voi non siete donne mortali. Io non veggo in voi altro che una bellezza e grazia veramente celeste. Perchè vi degnate voi, abbandonando alberghi di sole e di stelle guerniti, di venire a questa mia povera cameretta, in cui non è altro guernimento, che certi pochi libriccini, e il cui abitatore vive in continuo travaglio ed angosce?

Talia. Io avrei creduto però, o un tempo nostro amicissimo, che avendo tu più volte avuta la nostra conversazione, non ti riuscisse ora sì difficile il conoscerci, che avessi a domandarci chi noi siamo. Prima che da noi ti venga detto il nome nostro, considera fra te medesimo se tu fosti mai in nostra compagnia, e se mai parlasti a noi, o noi parlammo teco.

Poeta. Io vo rugumando col cervello e con la fantasia tutto il tempo passato, e non avendo io, che mi ricordi, avuta, dappoichè vivo, veruna ventura, certamente v'affermo che non so d'avervi vedute giammai. Oh! non mi sarebbe forse rimaso impresso profondamente nel cervello il vostro bellissimo aspetto; e la quasi incomprensibile armonia di quel canto che poco fa ho udito da voi?

Talia.   Fiume profondo [1] in tortüosi giri
          Rompe in un loco la feconda terra,
          Che di verdi arboscelli orna sue rive;
          Quivi pensoso, e fuor di te salito
          Alla bellezza delle sfere eterne,
          Spesso vedesti scintillar quel raggio
          Che dagli aspetti nostri or si diffonde.
          Oh! come tosto in vergognoso oblio
          Passato ben s'immerge e si ricopre!
          Ma se tornar col tuo pensier potessi
          All'innocenza di quegli anni primi,
          Si sveglierebbe in te grata memoria,
          Nè ti saremmo, come or siamo, ignote.

Poeta. Quantunque io mi ricordi benissimo di qual fiume e di qual terra tu favelli al presente, e ritorni con l'animo a tutti que'pensieri

---

[1] *Fiume profondo* ec. Come si vede da molti particolari di questo dialogo, il Gozzi ha inteso di rappresentare sè e i suoi casi nel poeta che ne è il protagonista. Il fiume e le campagne qui descritte devono essere il Meduna e la villa di Vicinale, dove egli passò molti anni, certo i più lieti, della sua giovinezza. Di quei luoghi scriveva egli in una sua lettera del 1744: « Sappiate che per i poeti queste sono arie benedette e che un miglio lontano da casa mia v'è quel Noncello sulla riva del quale camminò un tempo il Navagero. »

ch'io solea quivi avere, non è possibile ch'io mi ricordi d'avervi vedute giammai.

Talia. A che pensavi tu in quel tempo?

Poeta. Tu richiami ora alla mia memoria un tempo che fu poi la
cagione di tutt'i miei danni. Andando passo passo su per le rive di
quel fiume, non aveva altro in cuore che il comporre versi, e mi parea
d'avere acquistata l'immortalità, quando avea composta qualche canzone. Ora veggo quello che ho acquistato.

Talia. E ti ricordi tu, che, uscendo quasi fuori di te, di tempo in
tempo invocavi il nome delle santissime Muse, e che allora un verso
azzoppato ti riusciva corrente ed intero? Tu mi guardi, e non rispondi!
Che ti pare?

Poeta. Sareste voi mai le Muse?

Talia. Sì. Quelle appunto. Quelle che tante volte venimmo invisibili
in aiuto della tua fantasia, ed ora qui visibili ti siamo innanzi.

Poeta. Uscite incontanente di questa stanza, e portatevi con voi
tutto questo vostro ornamento di raggio, e cotesti strumenti lusinghevoli, i quali, empiendo l'orecchio d'una magica armonia, traportano
l'animo di chi l'ode. Chiudete le gole, e andatevene a'fatti vostri. Oh!
pestifera e ingannevole genía, che con le dolci apparenze di canti e
suoni traggi a guisa di pesce dietro all'amo la misera generazione
de'mortali, esci fuori della stanza mia, e va'a coloro che ti prestano
fede. Tu hai concio per modo me, che non ti posso più soffrire. Vengano più presto alla cameretta mia da'sotterranei luoghi le seguaci
della Reina del pianto eterno,[1] e qualunque altra pessima stirpe; ma
voi andatevi a'fatti vostri, e non mi vi aggirate intorno mai più.

Talia. Sciagurato! Conosci tu a cui tu favelli al presente? E sai
tu che se ci toccasse la voglia di far vendetta di quelle villanie che
ci hai dette, tu ti rimarresti da una perpetua oscurità circondato!
Uomo da nulla, e sconosciuto a te medesimo! Ma non sono già irra-
gionevoli gli Dei, nè così súbiti all'ira, come siete voi altri, carnacce
impastate di fango; anzi quando s'ha a gastigare, andiamo lentamente,
attendendo pure il pentimento da una razza di vermini, che potrebbe
essere soffiata via da noi, come un fil di paglia dal vento. Che credi
tu che costerebbe a noi l'invitare il braccio di Giove a scagliare le
sue folgori, o la sua mano a premere i nembi? Questo sarebbe fatto
in meno che non balena. Ma, come ti dissi, non siamo traportate dalla
furia di quella collora che s'accende in voi ranocchi e locuste. Anzi
siamo qui venute per altro. Noi abbiamo uditi quei tuoi cortesi versi,
co'quali cominciasti i biasimi nostri, gli abbiamo uditi, sì; e quello che
ci fece maraviglia, fu che, non potendo anche quelli fare senza l'aiuto
nostro, ti valesti dell'opera nostra medesima contro di noi, adoperando
quella gratitudine che usate voi mortali. Ma sia come si vuole, prima
che ponghiamo la mano a'gastighi, siedi costà, e di'le tue ragioni contro di noi, e noi addurremo le nostre contro di te, e vedremo quali
hanno maggior forza. Allora poi, se tu vinci, anderai dicendo di noi
quello che ti piace; e se noi superiamo le tue, ci lascerai fare a nostro
modo. Parla, gioia.

Poeta. Che potrei io dire dinanzi a genti le quali hanno nelle mani

---

[1] *Le seguaci della Reina dell'eterno pianto.* Le Furie infernali, chiamate appunto da
Dante: «.... le meschine Della regina dell'eterno pianto » (*Inferno*, c. IX, 43).

lo folgori e il diluvio a posta loro, e che possono a loro volontà ridurmi più trito che la polvere e i granelli dell'arena? Pure, poichè tanto m'è il vivere in questo modo, quanto l'essere infranto e tritato, io vi dirò che voi m'avete tradito, e che per vostra cagione io mi ritrovo dalle afflizioni circondato. Io non so quale altro uomo sopra la terra abbia coltivato il nome vostro più di me, che, lasciate indietro quasi tutte l'altre Deità del cielo, e rivoltomi a voi, appunto sulle rive di quel fiume che fu da voi nominato, v'innalzai a mio potere un picciolo tempio, in cui non solo invocava io il nome vostro, ma quanti erano quivi intorno invitava ad entrarvi, e ad invocare i nomi vostri. Empiei tutte le pareti di quello d'odorifere ghirlande, e facea risonare delle vostre lodi inni da tutti i lati, di modo che sdegnati Cerere e Bacco, si ridevano in prima del fatto mio, dipoi cominciarono a gastigarmi della mia negligenza verso di loro. Io allora, e ben vi dee ricordare, raccomandandomi con grandissimo calore a voi, n'avea per risposta dall'oracolo vostro,[1] che voi eravate le dispensatrici delle vere ricchezze, e che negli scrigni vostri erano bene altri tesori che perle e preziose pietre, da poterle dispensare a coloro che coltivavano le Deità vostre; ond'io affidandomi alle voci de' vostri ingannevoli oracoli, e stimando tutte le ricchezze della terra un nonnulla, mi diedi del tutto a seguir voi, e lasciare ogni altra più benefica Deità e più liberale. Volete voi udire quel che n'avessi da voi per compenso? Pieno di quell'albagia che per grazia vostra entra nel corpo di chi vi segue, mi partii da quella mia prima solitudine, ed apparendo fra le genti, con le canzoni da voi dettatemi, incominciai a profferir le vostre parole. Ma che? Di qua si diceva ch'io era un uomo uscito del senno, e che, in iscambio di cervello, era il mio capo occupato dalle farfalle, e ch'era una grillaia.[2] Costà, invitato a dire, ritrovava una compagnia d'uomini che nulla intendevano delle vostre baie, e mi facevano sfiatare per passar il tempo, tanto che io avea vergogna di me e di voi, che uscissero dalle signorie vostre cose delle quali il mondo non si cura punto, o non le intende. Infine la faccenda m'è andata per modo che in questa mia cameretta, in compagnia de' ragnateli e de' topi, mi querelo indarno del tempo passato male speso, e mi sta innanzi con bestiale aspetto l'avvenire. Queste sono le mie ragioni; e, come vedete, io l'ho anche profferite con modestia; che potea aggiungervi molte parole, meritate dalla crudeltà vostra, e dall'avermi ingannato.

Talia. Lodato il cielo, che tu hai terminato. Io mi credeva d'aver a udire una diceria molto più lunga, e che tu avessi contro di noi altri più gravi e più profondi dispiaceri. Ora ascolta me. Io vorrei pure che tu mi dicessi quello che tu crederesti d'essere divenuto, se noi non avessimo presa la tua custodia. Noi abbiamo fatto per te quello che tu non vuoi credere, o non vuoi riconoscere. Se ne' tuoi freschi anni non fossimo discese a te, che avresti tu fatto, altro che assecondare l'impetuoso bollore degli anni primi, e quelli tutti perduti nell'ozio o in difetti forse peggiori, da' quali, tuo malgrado, t'abbiamo guardato? Che s'egli ti pare d'aver male impiegato quel tempo, e ti duole d'avere esercitata un'arte non grata all'universale, poni mente a que' pochi e

---

[1] *Dall' oracolo vostro.* Gli Dei del mondo antico si favoleggiava che parlassero agli uomini per mezzo di voci misteriose, spesso ambigue, che appunto si chiamavano oracoli.
[2] *Una grillaia.* Testa piena di strane fantasie.

buoni amici che t'hai pure con essa acquistati, i quali conferiscono teco i loro pensieri e le voglie con tanta umanità e affezione, ch'è un conforto, se tu te ne vuoi ricordare. Sovvengati che, aiutato dall'opera nostra, potesti più volte prendere la cetra nelle mani, e con parole ispirate da noi commendare i virtuosi ed egregi fatti d'alcuni uomini,[1] e ampliare il santissimo nome della virtù sulla terra; o con l'amarezza dell'espressione contrastare a'difetti umani:[2] le quali cose non avresti tu fatte mai, se non fossi stato assecondato dalla nostra volontà; e, come uno del volgo, avresti ammirata la virtù con poche voci e usuali, o perseguitato il vizio con que'grossolani vocaboli ch'escono della lingua alla minutaglia del popolo. Ma che dico io? Avresti tu poi fatto differenza alcuna fra virtù e vizio, se, lasciandoti ne'primi anni in preda a'tuoi focosi desiderii, non t'avessimo tratto a forza nella compagnia nostra a contemplare la verità delle cose? Imperocchè, o ingrato, egli pare allo udirti, che noi t'abbiamo solamente insegnata una vacua sonorità di versi, e un'armonia in aria. Credi tu d'essere penetrato da te medesimo e senza la scorta nostra a studiare nell'animo degli uomini, e a dilettarti di conoscere l'effetto di quelle passioni dalle quali vengono signoreggiati; il quale studio sopra ogni altro ti facemmo sempre piacere?[3] Avrestù mai, leggendo le storie, confrontati così spesso i caratteri degli antichi uomini a quelli de'presenti, e tratto dalle tue comparazioni qualche dottrina che sempre più ti svelasse l'umano cuore? Io non ti voglio qui·rinfacciare molti altri benefizi che fatti t'abbiamo: rientra in te, e consideragli da te medesimo; e vedrai che ti dicemmo il vero, quando udisti dagli oracoli nostri che negli scrigni nostri si chiudono tesori che non vengono dall'altre Deità dispensati. Che se tu ti quereli poi di questa tua cameretta, e del non possedere quelle felicità che a te pare che gli altri posseggano, mi riuscirà facile il farti vedere l'inganno tuo, e dimostrarti che non sei tu quel solo il quale abbia cagione di querelarti. Apri gli orecchi alla nostra canzone:

> O fosco velo, che le umane menti
> Leghi quaggiù con buio eterno e grave,
> Dinanzi agli occhi di costui ten vola,
> A'guardi suoi non contrastare il vero.
> Veggia, non paga e negl'inganni avvolta,
> L'umana turba dispregiar quel bene
> Che a lui tal sembra, e l'universo intero
> Desïar sempre, e non saper che voglia.

Era appena uscita dalle labbra dolcissime di Talía questa canzone, che incominciò di sotto a crollarsi il terreno, ed apparire di sopra un denso e cruccioso nembo, tanto che parea all'infelice poeta di dover essere fra poco sprofondato negli abissi. E mentre che voleva gridare

---

[1] *Potenti.... commendare i virtuosi* ec. Allude alle molte poesie che il Gozzi, seguendo l'usanza, scrisse in lode di Procuratori di San Marco, Cancellieri Grandi, e altri simili personaggi.

[2] *O con l'amarezza dell'espressione* ec. Sono i Sermoni e le altre poesie satiriche contro i vizi e le ridicolaggini dei tempi suoi.

[3] *Il quale studio sopra ogni altro ti facemmo sempre piacere.* È vero. Fare anatomia del cuore umano per ricavarne considerazioni e ammaestramenti morali, fu studio prediletto del Gozzi, come dice in molti luoghi lui stesso, e come si vede dalla più parte dei suoi scritti.

misericordia, anzi pure la domandava ad alta voce, venne da un grandissimo vento cacciato a furore fuori per la finestra, e fra la tempesta e le nuvole traportato sopra un alto monte, dove gli avvenne quello che si vedrà negli altri fogli che seguiranno.

N° XI.   A dì 10 marzo 1762.

Credea già il povero poeta d'esser soffiato fuori del mondo; tanta era la furia della procella che ne lo spingeva; quando a poco a poco incominciò a cessare il vento, ed egli piano si sentiva a calare, fino a tanto che si ritrovò sopra la cima d'una montagna, dove la furia del soffio l'abbandonò del tutto, e in poco d'ora vide squarciarsi quel nembo che ne l'avea quivi nel suo seno traportato. Da tutti i lati si divise quel grande ammassamento di mal tempo in nugoloni neri e cenerognoli, parte de' quali erano orlati dallo splendore del sole, e alcuni di color vermiglio trasparente, e tutti, a mano a mano dileguandosi, lasciarono il campo dell'aria tutto ripieno d'una gioconda serenità. Guardavasi il poeta intorno attonito e quasi fuori di sè, non sapendo in qual luogo egli fosse. Dall'un lato vestito era il monte di verdi selvette grate a vedersi, ripiene di dolcissimi rosignuoli; dall'altro le minute erbette guernite di fiorellini di più colori, ed un cristallino ruscello che fra essi trascorrendo gl'innaffiava, confortavano gli occhi suoi per modo che gli parea d'essere pervenuto a quella cotanto decantata beatitudine degli Elisi. Ma non sapendo in qual luogo egli fosse, e desiderando di vedere persona che gliele ·dicesse, non faceva altro che voltare il capo or qua ora colà, attendendo sempre che alcun uomo o donna gli comparisse dinanzi per appagare la voglia sua. Quando quelle medesime voci, che già avea egli udite la prima volta a cantare appresso alla finestra della sua cameretta, incominciarono dalla parte de' boschetti in questa guisa una novella canzone:

> O intelletto uman, che in obblío poni
> L'alta natura e il tuo divino stato,
> E pregi il fango solo onde sei cinto;
> Questi bei colli, a cui corona fanno
> Liete ricchezze di verdura eterna,
> Son del Parnaso le beate cime.
> Se veder vuoi quale il verace aspetto
> De' beni sia tanto bramati in terra,
> Volgi dal monte in giù l'acuto sguardo.
> Dinanzi a te s'apre lo spazio immenso
> D'un'ampia terra e d'infinito mare,
> Acciò che al veder tuo nulla si celi.

Finita questa breve canzone, parve al poeta che dagli occhi suoi cadessero non so quali scaglie, come quelle che vengono da' pesci raschiate via, e la vista sua divenne cotanto penetrativa, che potea ogni cosa vedere dall'un capo all'altro del mondo senza impedimento veruno; nè l'offendeva punto quell'aria nuvolosa e torbida, oltre alla quale, dopo un certo tratto di lontananza, non può penetrare la vista di coloro che guardano dall'alte cime delle montagne. Di che rivoltando egli gli occhi allo ingiù, vide molti maligni spiriti ch'empievano tutto il mondo, e parea che intorno svolazzassero per ischerzare e burlarsi degli uomini. Avea quella maladetta stirpe certe forate canne nelle mani, un capo delle quali ficcando nell'acqua, e l'altro mettendosi alla bocca, e dentro soffiandovi, destava nell'acqua un grandissimo bollore a guisa di tempesta, donde usciva poi un vapore, che, nell'aria innalzandosi, prendeva la forma d'un castello il quale dagli uomini stimato cosa effettiva e di sostanza, vi concorrevano tutti all'intorno, e parea loro di non poter vivere, se non l'aveano acquistato. Ma quando vi aveano posto il piede dentro, ritrovavano che vano era stato il desiderio loro; e di là uscendo, mettevano di nuovo la speranza loro in un altro castello; e così d'inganno in inganno quasi impazzando, non aveano mai bene o riposo. Parve al poeta una strana cosa quella che vedea, e volendo pure intender meglio quello che ciò significasse, incominciò ad attendervi con grande applicazione. Vide adunque gl'importuni spiriti in grandissima calca ficcare i capi delle canne in un fiume, le cui acque conducendo una rena gialla, acquistavano il colore di quella, e, dentro soffiandovi con grandissima forza, sollevarono un indicibile bollimento; di che l'acqua innalzandosi in apparenza di muraglie, colonne, usci, finestre, e in quante altre parti sono ad un edifizio necessarie, prese la forma d'un castello forte e murato, ed, al vederlo, da tutt'i lati risplendente come oro; anzi pur veramente era d'oro, imperocchè trovavansi nell'acqua incorporate le arene, ch'erano quel metallo dalla forza dell'onde fuor delle viscere de'monti portato nel letto loro. Eravi un ponte levatoio, chiuso e aperto dalla Fortuna, che dalla parte del castello signoreggiava, e sulla fronte della porta maggiore leggevansi queste parole:

CASTELLO IN ARIA DELLE RICCHEZZE.

Notava il poeta che le parole *Castello delle Ricchezze* erano scolpite in lettere maiuscole d'una sterminata grandezza, ma l'altre, che *in aria* dicevano, erano in minutissimo carattere descritte, e quelle anche mezze logore, sicchè giudicò che vedute non fossero da coloro a' quali non erano per celeste operazione cadute le scaglie dagli occhi. Non sì tosto apparve il castello alla vista de'circostanti, che incominciò la grandissima calca delle persone, dimenticatasi di ogni altra cosa, a struggersi e a menare smanie per entrare in esso. Molti con inni e canzoni vezzeggiavano la Fortuna padrona del luogo, per renderlasi benevola e indurla ad aprir loro il castello; alcuni altri venivano a zuffa tra loro per essere i primi a salire il ponte; e graffiavansi gli occhi fratelli e fratelli, mariti e mogli, e fino padri e figliuoli per discacciarsi l'un l'altro, senza una compassione al mondo. Ma mentre che così fatte cose colaggiù si facevano, io credo acciocchè il poeta fosse meglio informato di quanto vedea, uscì fuori del vicino boschetto Talía, e con quella sua maestà di camminare e d'aspetto gli si accostò, e cominciò a parlargli in tal forma.

Talía. Quantunque i demeriti tuoi sieno tali e sì grandi, che tu dovresti essere lasciato da me errare nella tua cecità con le altre turbe delle genti, ho avuto pietà de'casi tuoi, e fatto per modo che, se non hai il cervello di sasso, conoscerai quale fino al presente sia stato il tuo inganno. Per opera delle divine Muse hai acquistato un'acuta vista, la quale è bensì atta a giungere colà dove altri non potrebbe pervenire; ma tu hai però ancora bisogno di noi per comprendere quello che vedi. Sicchè guarda; e quando t'apparisce cosa di cui tu non intenda la sostanza, domanda, che io son qui per dichiararti quello che non potresti intendere da te medesimo.

Poeta. La maraviglia delle cose che m'appariscono innanzi al presente, fa cessare in me una parte della mia collora, e io ti sono almeno obbligato per ora che mi fai vedere queste novità, ch'io non avrei senza l'opera tua vedute giammai. Poichè se' deliberata di dichiararmi quello ch'io veggo, eccoti la mia prima curiosità.

Talia. Di' su, di' su, ch'io attentamente t'ascolto.

Poeta. Quel castello che così in un subito, e quasi a guisa di fungo, è nato dall'agitazione di quel fiume, ed è così alto, e tanto spazio comprende d'aria, perchè pare che, all'incontro di tutti gli altri edifizi del mondo, da quegli uomini ch'ivi concorrono, sia più facilmente veduto da lontano che da vicino? Con mia non picciola maraviglia noto di qua, che tutti coloro i quali prima in lontananza parea che chiaramente il vedessero, quanto più s'avvicinano, aguzzano le ciglia, come se avessero a vedere una cosa che fugge loro dagli occhi, e finalmente mettonsi gli occhiali. Questo nol saprei io già comprendere, se tu non me ne dicessi la cagione.

Talia. Appunto la cosa sta come ti pare di vederla. Tale è la natura de' materiali di cui quel castello è composto, che, fino a tanto che gli uomini sono da esso lontani, e più sembra loro grande e maraviglioso quell'edifizio. Quanto più vi s'accostano, tanto meno lo veggono; ma essi che non intendono la qualità del castello, danno la colpa agli occhi loro, e sempre più s'invogliano d'entrarvi e divenirne padroni; e di qua nasce che tu vedi quelle confusioni e quelle zuffe tra que' cotanti competitori.

Poeta. E quella canina rabbia con la quale s'offendono l'un l'altro, donde nasce?

Talia. Dal credere ciascheduno che nel castello della Ricchezza sia posta la vera felicità dell'uomo. Perciò appunto dimenticatasi ogni altra cosa che hanno d'intorno, non vedendo più punto bellezze nè di terra nè di cielo, hanno posto il cuore a voler entrare in quel castello, e si conciano co' graffi e co' morsi per essere i primi. Vedi, vedi che Fortuna ha calato il ponte, e aperto l'uscio a colui il quale con quella faccia alta e con que' baldanzosi passi cammina ed entra nel castello. Osserva quanta mutazione! Coloro i quali poco fa erano suoi sfidati nemici e mortali, e l'aveano più volte assalito con le pugna e co'morsi, ora da lontano ammirando la sua nuova beatitudine, gli si raccomandano chi con le mani giunte, altri con gl'inchini e con le sberrettate, e cantano le sue lodi, le quali tu non puoi udire di qua, ma puoi ben vedere le bocche che aprono, e le attitudini d'umiliazione e quasi di schiavitù che tutti fanno. Intanto egli fatto sordo, e con una comitiva di persone che dipendono da'cenni suoi, come i fantocci di legno e stracci dal fil di ferro che gli fa movere, è nel castello entrato, e a suo grande agio si sta mirando quello che Fortuna gli ha conceduto.

Poeta. Dirai tu forse ch'egli non istia bene, e non si goda una vita agiatissima? Così foss'io, e tutti gli amici miei!

Talia. Adagio. T'affidi tu forse a quella faccia lieta che mostra così al primo? Lascialo un breve tempo. Vedilo ora ch'egli è solo. Vedi come quella sua buona e già rubiconda cera si va cambiando a poco a poco. Ecco che gli va a' fianchi quella strana figura, che non si sa se sia ombra o corpo, la quale ora gli tocca con una mano il cervello, ora quella parte del petto dove sta il cuore, gli dà in mano quel quaderno e gli mette innanzi quel calamaio. Quello è il Sospetto, di cui non potresti immaginare serpe la più velenosa. Dall'altro lato vedi come quella comitiva ch'egli avea condotta seco per avere un corteggio di sua grandezza, con furtivo atto va traendo quante raschiature può di quelle colonne e di quelle muraglie d'oro, per modo ch'egli è obbligato con una continua vigilanza a difenderle dall'altrui cupidità e dalle ingorde mani, che a poco a poco ridurrebbero il castello a nulla, qual era prima che nascesse. Comprendi tu di qua quegli atti di dispregio che fanno del fatto suo le genti, comecchè s'ingegnino di non essere vedute da lui. Egli è, che per invidia del suo stato non è più un uomo al mondo che s'appaghi di quello ch'egli fa, e tutte l'opere sue vengono in segreto biasimate, quantunque venga in faccia commendato altamente. E quella persona che gli tiene le mani agli orecchi, e glieli tura, sai tu chi ella è? Quella è la Presunzione, la quale leva la mano solamente dagli orecchi suoi, quando gli favellano gli adulatori e coloro che gli danno ad intendere nero per bianco, e di nuovo glieli tura alle voci di coloro che gli dicono il vero. Anzi vedi la stessa Verità con que'suoi candidissimi panni discacciata da lui, e sì temuta da'seguaci di quello, che con le villanie, e fino con le granate la perseguitano da tutti i lati, sicchè la poverina abbattuta, svergognata e quasi disperata, non sapendo più che farsi, nè avendo più ardimento d'aprire la bocca, si sta soletta in un cantuccio a piangere la sua mala ventura.

Poeta. Veramente tu mi fai comprendere cose che da me medesimo non avrei immaginate giammai; e oltre a ciò, veggo che Fortuna ha ora calato il ponte di nuovo, e accetta altre genti nel castello.

Talia. Maladetta! ella ride. Vedi, vedi, confusioni e garbugli che nascono al presente! Apronsi costà quelle sepolture, e fanno testimonianza quelle aride ossa di defunti che quel primo non avea ragione veruna nel castello. Vengono i concorrenti di nuovo alle mani, e chi di qua con gli scarpelli picchia nelle muraglie, chi di là co' martelli e co' picconi. Vedi tu come si crolla ogni cosa! Chi ne porta via un pezzo, chi un altro. A poco a poco il castello diroccato cade a squarci di qua e di là. Eccolo, ch'egli va in aria e in fumo come prima. Il ponte, l'uscio, Fortuna e tutto è svanito, e rimane sola la Verità padrona del vôto campo, la quale intaglia sopra quel sasso alcune parole. Leggile.

Poeta.　　　O mal fondate e perigliose mura!
Della memoria vostra altro non resta,
Che picciol segno in questa pietra oscura!

Talia. Dov'è il castello in aria della Ricchezza? Lo vedi tu più? No. Se in altra cosa mettesti mai la tua beatitudine, dillo, e in poco d'ora ti farò vedere che tutte l'altre speranze e consolazioni apprezzate da voi, sono castelli in aria, come quello c'hai veduto fino al presente.

Rimase attonito l'infelice poeta alla svanita apparenza del castello della Ricchezza; e comecchè effettivamente l'avesse veduto repentinamente dileguarsi in aria ed in fumo, non potea perciò darsi pace che quell'abitazione fosse dalle Muse vituperata per mala cosa, e a dispetto loro considerava tra sè ch'egli volentieri avrebbe voluto far prova, e dimorare almeno per breve tempo in quel soggiorno. E diceva in suo cuore: " Perchè l'abitatore di quel castello si lasciò egli ingannare dal Sospetto? E a qual fine prestava gli orecchi all'Adulazione? Oh! gli veniva turato l'udito! Suo danno. S'egli avesse studiato e conosciuto sè medesimo, si sarebbe avveduto che le melate parole degli adulatori erano per trarlo alla trappola, e farlo cadere in rovina." Ma mentre che faceva così fra sè queste riflessioni, e sarebbe forse d'una in un'altra proceduto chi sa quanto a lungo, ruppegli i pensieri nel mezzo questa nuova canzone, che le compagne di Talía cantavano celate nel primo boschetto:

Tu che vedesti in poco d'ora sgombre
Le ricche mura che parean sì forti,
Dirizza il viso, e vedi novelle ombre.
Se saper vuoi come i piacer sien corti,
Laggiù nel fango vedrai lor fralezza,
E nel poco diletto mille torti.
E già sorge il castel che sì s'apprezza
Da genti cieche in giovenil etade,
Che dall'amaro trar cerca dolcezza.
Non son sì lievi allo sparir rugiade,
Quando fuor esce mattutino sole,
Come edifizio di piacer sen cade;
E chi dentro albergava, invan si duole.

In questo modo diedero fine le Muse alla loro moral canzone, quando rivolgendo il poeta gli occhi allo ingiù, vide un'ampia palude, nella quale soffiando parecchi spiriti, faceano salire fuori di quel pantanoso fondo una nebbia, non molto dissimile da quella che vediamo talora la mattina, o in sul far della sera, levarsi dalla superficie di certe acque stagnanti; se non che questa era di più colori, e di vago aspetto a' riguardanti appariva. A poco a poco innalzandosi, di qua si disgiunse, di là s'accostò, e tanti aggiramenti fece, che in un luogo aprendosi, e chiudendosi in un altro, prese la forma d'un bellissimo castello, di cui non potevan gli occhi umani vedere cosa più bella. Non avea questo, come l'altro, ponte levatoio, nè porta chiusa; ma era solamente custodita l'entrata sua da parecchie donzelle così attrattive, garbate e piene di tanta grazia, che poco mancò che il poeta medesimo, il quale avea però veduta la vanità del castello, non si desse a correre giù dalla montagna, e, abbandonando la compagnia delle sante sorelle, non cercasse a tutto suo potere d'entrarvi con la buona licenza delle vezzose guardiane di quello. E tanta fu la forza del suo pensiero, che, non potendo del tutto tenerlo rinchiuso, gittò un altissimo sospiro, e abbassati gli occhi, e divenuto in viso vermiglio, diede indizio della sua segreta intenzione all'avveduta Talía, la quale non si spiccava mai dal suo fianco. Arrossì Talía, non meno di lui, vedendo il debole animo del suo discepolo, e rivoltasi, con quelle sue ciglia amorevoli e con atto di compassione, gli disse.

Talía. E questa dunque la fede che noi abitatrici del monte Parnaso, e coltivatrici dell'onore e della virtù, abbiamo in te avuta fin dal principio degli anni tuoi? E sarà questa la bella fine di tutte le nostre fatiche, e di quella dolcissima fiamma con cui accendemmo tante volte il tuo cuore, acciocchè divenissi da qualche cosa nel mondo in tua vita, e dopo la tua morte non rimanesse teco seppellito il tuo nome? Ecco che ad un'apparizione, la quale tu vedrai come in breve tempo sarà dileguata, a guisa di fanciullo t'arresti, e desideroso divieni, e dimenticatoti di quanto a te promettemmo, ardi tutto in tuo cuore di tuffarti fino a' capelli in quell'abisso di confusione e di fumo. Bello allievo abbiam noi fatto veramente, e degno dell'immortalità, come lungo tempo credemmo! Ma non temere però che qui ti vogliamo ritenere a forza. Solamente ti preghiamo che tu voglia esercitare quelle qualità che avesti dall'altissimo Giove, e, ricordandoti che sei uomo, starai prima a vedere attentamente quello ch'è a te dinanzi apparito: e se ritrovi infine che la sostanza sia uguale alle apparenze che vedi, va', discendi dal monte, e avviluppati quanto vuoi in quella nebbia, che tu hai veduta con momentaneo nascimento salire da una paludosa pozzanghera, e prender forma di castello.

Poeta. E egli però così gran cosa, che dinanzi ad una gratissima veduta l'animo mio, il quale non ebbe mai una consolazione a' suoi giorni, siasi così un pochetto commosso? Io non sono però uomo che non abbia ossa, polpe e sangue, come hanno gli altri, e in cui non abbiano i desiderii vigore. Sii contenta che le tue prime voci abbiano tanta forza nell'animo mio, che ravvedutomi faccia forza alla mia inclinazione, ed apra l'adito alle meditazioni in un tempo in cui veggo costaggiù tanti che festeggiano e trionfano senza un pensiero al mondo. Se tu richiedi maggior forza, va' e fatti a posta tua un'immagine di sasso o di legno, che, per quanto vegga, non le bollano mai i sangui nelle vene, nè mostri mai un menomo segnaluzzo di desiderio.

Talía. Via, chétati. Io credo, sciagurato, che poco starai a bestemmiare. Vedi, che stizza! Oh! razza d'uomini superba! Com'egli è difficile il farti comprendere la verità! Taci, ingrognato; guarda costaggiù, e ascoltami. Tu vedi quelle fanciulle, le quali con tanta leggiadria e con sì mirabili attrattive si fanno incontro a chiunque entra nel castello. Comprendi tu quel che fanno?

Poeta. Io veggo che le versano in certi bicchieri un liquore, e lo presentano in lucidissime coppe a chi va; e questa mi pare una gentilezza.

Talía. Ben dicesti. mi pare; poichè tu non sai l'effetto di quel beveraggio. Sappi che non sì tosto que' poveri bevitori s'hanno versato il liquore nel seno, benchè ti paia al di fuori che sieno uomini o donne, quali erano prima, scambiano intrinsecamente natura, e acquistano la qualità delle farfalle, le quali quasi mai non possono star ferme in un luogo; e tu le vedi a volare in guisa che non indovineresti mai qual fosse la loro intenzione. Imperciocchè ora rasente la terra battono quelle loro dipinte ale, ora s'innalzano, come se le volessero oltrepassare i più validi uccelli, poi ad un tratto si calano, e qua vanno diritte, e colà in giro, poi si posano sopra un fiore, poi sopra un albero, nè hanno mai ferma abitazione, ma così abbassandosi, alzandosi, circuendo, e fiutando ora questo fiore ora quello, passano quella loro breve ed oscura vita. Tale è l'animo di tutti coloro, i quali, bevendo il liquore offerto loro da quelle insidiose donzelle, entrano nel castello del Piacere. E se tu di qua noti bene, puoi vedere che in esso non è mai stabilità veruna, anzi un perpetuo movimento e un aggiramento che non ha mai fine. E sai tu donde viene?

Poeta. Non io, se tu non me lo dichiari.

Talia. Le nature degli abitanti, cambiate per forza del beveraggio, credono di trovare in un piacere la loro beatitudine; e però tutti concorrono dove lo veggono, con tanta furia che par che vadano a nozze: ma non sì tosto l'hanno assaggiato, che scorgendone da lontano un altro, e credendo fra sè che quivi sia la felicità, incontanente si spiccano dal primo, e volano al secondo, poi al terzo, poi a tutti gli altri, senza mai aver posa; e quando gli vedi aggirarsi, che non sapresti indovinare dove abbiano indirizzato il corso, allora sono fra sè disperati per non saper che farsi, ed in che occupare i loro pensieri e la vita; e benchè tu gli vegga volteggiare e moversi, tu hai a sapere che allora sono addormentati, ed hanno così tardo l'intelletto, che appena potresti trar loro due parole di bocca, quando non tenessi ragionamento de' passati sollazzi, o non dessi loro qualche speranza di nuovi passatempi, che allora si destano, cianciano e mostrano d'aver pensieri, e danno qualche indizio d'avere loquela umana.

Poeta. Io vorrei sapere quali sono quelle persone ch'io veggo colà con quelle cetere al collo che suonano in quello spazioso loco, e al movere della bocca mi pare altresì che cantino, e intorno hanno quelle genti che fanno visacci, e pare che si ridano del fatto loro. Oh! io avrei pur caro d'intendere quello che dicono!

Talia. Quelli che suonano e cantano, sono alcuni de' seguaci nostri, i quali, per compassione che abbiamo di quelle povere genti ingannate, abbiamo fatti entrare di furto nel castello poco fa, senza che le donzelle se ne avvedessero; perchè circondati da una nuvoletta d'oro per opera d'Apollo, entrarono senza essere veduti, e non furono loro presentate le tazze. Essi per allettare le genti ad udirgli, valendosi della dolcezza di poesia, tentano di vestire co' versi certe buone dottrine, acciocchè le sieno ricevute più volentieri. Ma i circostanti tratti al primo dalla dolcezza delle canzoni, e volando a guisa di farfalle a quel diletto, quand'odono di che si tratta. fanno a' cantori, come tu vedi, quegli atti di dispregio, ridono ad essi in faccia, e voltano loro le spalle. Se tu però avessi voglia d'udire, ecco che uno canta al presente. Io ti sturo gli orecchi, e rendendogli acuti per modo che tu possa udire quello che da lontano si dice, taccio, e ti do licenza che ascolti a tua posta.

Poeta. Egli suona ora. Oh! oh! dolcissima armonia ch'io odo! Ma sta'. Egli ha lasciato di toccare le corde, e canta; ascoltiamo:

> Se glorïoso ardir l'alma non move
> A ricercare in sè veri diletti,
> E fuori uscir d'ogni terrena usanza,
> Breve è il piacere, e se lo porta il vento.
> Nata è la mente per eterna vita;
> Qual maraviglia è a voi, che disdegnosa
> Tosto si sazii di caduchi beni?

Poeta. Odi tu che il suo cantare viene interrotto da' fischi e dal dispregio delle turbe che gli stanno intorno?

Talia. Ben sai che sì ch'io odo; e già m'avvidi che così dovea avvenire allo sbadigliare che facevano i circostanti nell'udire i primi versi. Ma fra poco vedrai come quegli ostinati avranno il gastigo del non avere prestato l'orecchio alla canzone.

Poeta. Oimè! che veggo! Quali magre figure e scarnate sono quelle che ora entrano nel castello, e, gittate a terra le custodi, e spezzate le tazze, con que' flagelli alla mano percuotono quanti incontrano? Misero me! E quelli che sono tocchi da quelle maladette fruste, oh! come s'aggrinzano! come hanno gli occhi incavati e di sotto lividi! Che maladizione è questa? Essi erano pure giovani poco fa, e non possono così in breve essere invecchiati. Qual tramutazione così súbita è questa, che tutti col capo inchinato a terra movono i piedi a stento, sicchè pare a pena che possano camminare?

Talia. Quella turba di frustatrici sono diverse qualità di malattie che vengono a distruzione degli abitatori del castello, e tu puoi vedere di qua come gli conciano. Questi maladetti mostri non si solevano già vedere sulla terra, quando le genti non erano invasate de' diletti, come lo sono oggidì; e si giacevano ne' loro profondi abissi sotterrati. E quando anche venuti ci fossero, gli uomini d'ossa massicce, di saldi nervi e di vigoroso sangue, avrebbero potuto con essi gagliardamente azzuffarsi. Al presente logorati dalle lunghe veglie, spolpati dalle licenziosità, con l'ossa smidollate, co' nervi di bambagia, inzuppati di viziati umori come le spugne, ad ogni picciolo assalto rimangon sotto, e farebbero disperare Ippocrate, e perdere ad Esculapio [1] la sua dottrina. Guarda, guarda allo ingiù.

Poeta. Dov'è andato il castello?

Talia. Mentre ch'io ti faceva quel breve ragionamento, è andato in nebbia ed in aria, seguendo la sua natura.

N° XIII.   A dì 17 marzo 1762.

Talia. Attendi tu ch'io ti faccia vedere ancora dall'altezza di questo monte altre nuove maraviglie; o ti se' forse certificato a bastanza delle vanità di que' nuvoloni che senza l'aiuto nostro avresti prese per effettive e ben fondate castella? Immagina, immagina qual vuoi più di que' beni a' quali vedi tutti gli uomini correre avidamente incontra; e se pago non sei di quanto hai fin ora veduto, chiedi liberamente, ch'io dimostrerò che tutti altro non sono che apparizioni e muraglie in aria, le quali ad un picciolo soffio si disfanno e rientrano in nonnulla.

Poeta. Fa' tuo conto che per ora io ti presterò fede che così sia come tu m'hai detto. Sì, tutto è vanità, tutto è fumo ed ombra quel bene che cupidamente viene da' mortali richiesto; ma io vorrei però sapere allo incontro quali delizie e quali facoltà sono quelle che possiede chi segue i vostri vestigi, e, lasciate tutte l'altre cose, abbraccia l'arti vostre come le più belle e care cose che sieno al mondo. Qui sta il punto. Voi dite che quanto s'apprezza, è castello in aria, e parte

---

[1] *Ippocrate ed Esculapio*. V. le note a pag. 20 e a pag. 8.

m'avete fatto vedere che così sia: ma questo vostro Parnaso, queste solitudini, questi boschetti, infine infine, che cosa sono?

Talia. Sono quella vera e solida beatitudine che può avere uomo fino a tanto ch'egli dimora sopra la terra; e credimi che, in qualunque parte egli s'aggiri, non potrà mai ritrovare maggiore, nè più massiccio bene di questo. Ma perchè non giovano punto le parole dove s'ha a fare con animi ostinati, i quali a stento prestano fede alla verità, io voglio che tu vegga con gli occhi tuoi propri quello che non avresti creduto giammai, fino a tanto che la caligine delle passioni e de'desiderii t'avesse occupata la vista. Attendi. O divino Apollo, i cui lucenti raggi sgombrano dalla faccia della terra le notturne tenebre, io ti prego, se mai ti fu grata ne'boschi di Cirra e d'Aracinto[1] la compagnia delle figliuole di Giove e di Memoria, togli ogni velo dagli occhi di costui, il quale con indicibile ingratitudine i nostri buoni uffizi verso di lui non apprezza, e con ribellante animo ci avea poco fa vergognosamente vituperate. Fa'con l'opera tua ch'egli vegga a qual vita era stato eletto; e qual vita sarà da qui in poi la sua, s'egli, rientrato in sè medesimo, non cancellerà con opportuno pentimento i suoi malvagi pensieri, e condannerà le bestemmie ch'egli ha dette contro di noi. E voi venite, o belle abitatrici d'Elicona, e col vostro dolcissimo canto apparecchiategli l'animo a contemplare le nobili apparenze che dinanzi a lui si debbono discoprire tra poco.

Non sì tosto ebbe la divina Talía compiuta questa breve preghiera, che l'aria divenne intorno al poeta molto più serena che prima non era: le finissime acque che in diversi rivoli qua e colà trascorrevano, parvero purissimo argento; i fiori più vivi e più coloriti apparirono, e in breve non vi fu cosa che maggior dignità e splendore non acquistasse. Uscirono fuori de'verdi boschetti le Muse, e con que'loro celesti visi, più belli che mai fossero, aggiuntesi a Talía, fecero tutto il luogo non altrimenti risplendere, di quello che descriva Ovidio l'abitazione del Sole, quando il figliuolo Fetonte[2] andò a chiedergli per testimonio di sua figliolanza il carro della luce. Finalmente aprendo a coro le dolcissime labbra, cantarono quello che segue:

> Qual ebber tempo più felice in terra
> Umane genti di quegli anni primi
> In cui novo era e semplicetto il mondo?
> Chiuso era allor nelle profonde cave
> Nemico ferro, e il più nimico ancora
> Metallo,[3] che scacciò Numi veraci
> Dall'are, e in loco lor Nume si fece.
> All'apparir del mattutino lume
> Sorgean le genti; e a sè vedendo intorno

---

[1] *Cirra e Aracinto.* Luoghi sacri ad Apollo.

[2] *Fetonte.* Narra Ovidio che Fetonte, figlio del Sole, voglioso di far conoscere agli uomini la sua divina origine, chiese al padre di poter guidare per un giorno il carro della luce. L'ottenne, ma i cavalli vinsero facilmente la mano all'inesperto guidatore, trascinandolo con pazza corsa per le vie del cielo, onde Giove lo fulminò. I versi a cui allude il Gozzi sono i seguenti: « Regia Solis erat sublimibus alta columnis, Clara micante auro flammasque imitante pyropo Cuius ebur nitidum fastigia summa tegebat, Argenti bifores radiabant lumine valvæ. » (*Metamorphoses,* lib. II, 1.)

[3] *E il più nimico ancora Metallo.* L'oro.

Di natura i tesori, inni e canzoni
Grate volgeano alle celesti sfere,
Donde riconoscean di frutte e d'erbe
A temprato desio larghi conviti.
Povertà santa! cui facean poi lieta
Viva amistade, amor puro e verace,
E il vôto mondo di pensieri e cure.
In queste selve e alle nostre acque in riva
Or si ricovra, e qui ritrova asilo
Quel primo ben che invan si cerca altrove.

Stavasi attento il poeta alla canzone delle Muse, e diceva fra sè:
"Bella felicità invero mi promettono costoro; ch'esse mi vogliono ridurre a pascermi di ravanelli e di carote, e a bere con le giumelle[1]
al fiume. Io non nego che quanto ho veduto fino a qui non sia aria
e fumo; ma avrò però a dire che queste loro belle promesse sieno
cose di grande sostanza? Ad ogni modo io son qui, e ne voglio veder
la fine. Sia che si voglia, io avrò sempre veduto qualche novità che
mi darà diletto a ricordarmene e a narrarla agli amici miei, se non
mi romperò il collo nello scendere da questo monte." Mentre che egli
facea così fatte considerazioni, come se una tela gli si fosse dagli occhi
levata, vide dinanzi a sè un nuovo aspetto di cose, le quali egli non
avrebbe a sè solo mai conosciuto che fossero, se la sua fedele maestra Talía non ne l'avesse renduto capace.

Talía. Che ti pare? Vedesti tu poco fa que'maligni spiriti, i quali,
con le loro forate canne soffiando ne' pantani e nelle pozzanghere, rizzavano que' castelli in aria? All'incontro che vedi tu ora? Dillomi.

Poeta. Io veggo migliaia di fanciulletti, i quali qua e colà svolazzando e scherzando, fanno diversi uffici o giuochi, ch'io non so quel
che significhino in effetto.

Talía. Questi sono que' semplici ed innocenti Geni, i quali erano
stati mandati da Giove a custodia del mondo, prima che le immode-
rate passioni gli discacciassero da quello. Non poterono più gl'innocenti comportare la furia dell'avarizia, della licenziosità e degli altri
mostri che ingombrarono la terra, e che fecero apparire que' castelli
in aria che tu hai poco fa da questo luogo veduti. Laonde essi, volando sopra le cime di questa nostra montagna, esercitano in essa in
pace quell'ufficio che aveano ricevuto da Giove. Vedi tu colà quella
brigatella che intorno a que'fiori è occupata? Essa quella bella vivacità ad essi fiori comunica, e quel colorito vario e sì durevole, che
mai nè verno nè altra intemperie lo dannifica punto. Quegli altri trascorrono per l'aria, e qua e colà aggirandosi e soffiando, accozzano
insieme certi pochi e leggieri vapori, mandati allo insù da certi altri
fanciulletti che si diguazzano nel fiume; e formano a tempo ora una
sottilissima rugiada, ora una minuta pioggia che discende ad irrorare
l'erbe con leggiera spruzzaglia, senza romore di tuoni, nè rabbia di
gragnuole. Vedine molti affaticarsi intorno agli alberi, per mantenere
ad essi una perpetua verdura. Che bell'ordine! Qual assidua varietà
d'operazioni! Questi portano i vivificativi raggi della luce, quelli allargano e dispiegano sotto alle folte piante la freschezza dell'ombre;

---

[1] *Con le giumelle.* Con le mani accostate insieme a guisa di coppa.

e da questo così diverso e continuo movimento nasce la serenità de'-l'aria, la molta grazia e la bellezza della terra, e il garbo e la luce di quante cose ti circondano. Ora che vedi in effetto queste maraviglie, ti pare ancora una mala abitazione la nostra, e ti sdegnerai tu d'essere stato eletto a dimorare con esso noi? Ti par egli d'essere veramente povero e solitario, ora che vedi quanti hai da ogni lato spiritelli da te non veduti prima, de'quali ognuno esercita qualche uffizio in tuo pro, e sono tutti occupati nel farti ad ogni loro possa piacere? Che ti chiedono essi de' benefizi che ti fanno? Vedi tu in verun luogo nè la Fortuna che ti chiuda in faccia l'uscio di queste ricchezze, nè ingannevoli donzelle che con le incantate tazze ti tolgano il cervello? Qui è tutto semplicità ed innocenza, ed è veramente beato quegli a cui la clemenza di Febo concede di poter fare dimora in questi luoghi. Che ti pare?

Porta. Bene; poichè tu mi fai vedere con gli occhi propri quelle cose che la mia immaginativa non avrebbe potuto mai per sè ritrovare. Ma dall'altro canto, come potresti tu darmi il torto, se vivendo al buio, e pieno di quelle passioni le quali riscaldano tutti gli uomini, io era sdegnato teco e con le tue sorelle? Io vedea intorno a me una torma di genti a trionfare, mentre che tribulando mi trovava in una picciola cameretta involto in mille molesti pensieri; e avendo sperato per lungo tempo che gli ammaestramenti vostri mi conducessero a vivere spensierato, e vedendo essermi avvenuto il contrario, non è maraviglia s'io mi dolsi agramente contro di voi.

Talia. Che tu abbia l'animo ripieno di quelle passioni c'hanno tutti gli altri uomini, questo è vero troppo, e lo sappiamo. Ma tu dovresti però sapere anche i tentativi che furono fatti da noi per avviarle ad un buon fine. Tu sai pure quante volte ti facemmo apparire dinanzi alla fantasia la splendida faccia della gloria, acciocchè quella attraesse a sè tutto l'animo tuo, e, per così dire, lo si beesse in modo, che posta ogni altra cosa in dimenticanza, tutti a lei rivolgessi i tuoi desiderii. Non t'avvedesti tu mai che l'amore d'essa gloria appariva in te, fino nel linguaggio che ti demmo diverso dal comune degli altri uomini, col quale, quasi disdegnoso fossi di parlare secondo l'usanza universale e volgare, cercasti di profferire i tuoi pensieri con parole armonizzate da accenti, che di quando in quando le rendessero soavi agli orecchi, e terminate da quella dolce capestreria [1] delle rime? Se vedesti mai donna che piacesse agli occhi tuoi, lodasti tu forse la sua bellezza con quelle poche e consuete parole, con le quali lodano tutti gli altri uomini bellezza terrena? Tu mi fai quasi ridere a vederti con quella faccia, mentre ch'io sto teco ragionando di tali cose, ma si dee pur dire il vero; e tu puoi rileggere ancora quello che scrivesti in quel tempo, e vedere ch'anche la più veemente di tutte l'altre passioni era per opera nostra nell'animo tuo uno stimolo alla gloria e all'onore. [2] A questo, a questo ti conducevano i nostri ammaestramenti; e se tu pensavi che ti guidassero ad acquistare altre utilità, ti sei grandemente ingannato, e ti dolesti di noi contra ogni ragione.

Porta. Io ti concedo che quanto m'hai detto sia vero; ma a qual fine m'ha un giorno a condurre l'esser vostro seguace, dimenticandomi d'ogni altra cosa nel mondo?

---

[1] *Quella dolce capestreria.* Qui vuol dire lusinghevole artifizio.
[2] *E tu puoi rileggere* ec. Il Gozzi allude al Canzoniere che scrisse nei suoi giovani anni per la Laura Bergalli, poetessa, in Arcadia chiamata Irminda Partenide, che fu poi sua moglie.

Talia. Ad altro fine diverso da tutti gli altri, i quali vivono fra castelli in aria, in continui travagli. Quando verrà il giorno in cui tu avrai a partirti dalla terra, io ti so dire che non t'aggraverà punto di travagliosi pensieri l'avere amato le selve, l'essere andato a diporto sulle rive de' fiumi, l'avere lodata e ammirata la virtù dovunque dinanzi agli occhi tuoi apparisse. Tieni per certo che la vita tua s'ammorzerà in quiete, non da torbidi venti soffiata a forza. Oltre di che io ti prometto non una fama immortale,[1] dono a pochi dato, ma che il nome tuo non pericolerà affatto negli eterni abissi dell'obblivione. Di tempo in tempo verrà ricordato fra' viventi, e se non chiaro, almeno non saià ignoto del tutto; e si conoscerà che, vincendo ogni desiderio, rivolgesti il tuo cuore alle buone arti, non cessando mai di coltivarle fino all'estremo punto della tua vita; di che avrai da chi leggerà il nome tuo, se non lode, almeno affettuosa compassione. Non ti rammaricar dunque, o caro e fedele nostro compagno, se la brevità del tuo vivere non è assecondata da quella che tu stimi fortuna, e appágati di questa semplice vita che t'abbiamo fin da' primi tuoi anni apparecchiata.

Poeta. Che fai tu? Perchè mi soffiasti ora nella faccia? Qual subitaneo calore è questo che mi sento ora nelle vene? Non posso più. Mi gorgogliano nella gola i versi. Questa è opera tua.

> Monte beato, e solitario bosco,
> Ove un tempo i' vivea pago e contento,
> A te rivolgo il piè, cui facean lento
> Novi desiri, e i miei danni conosco.
>   Dall'aere fuggo tenebroso e fosco,
> Che avea l'ingegno mio presso che spento;
> Ritorni l'alma al suo primo ardimento,
> E i Cigni imiti del bel fiume Tosco.[2]
>   Voi felici virtù, lumi del cielo,
> De' versi miei materia ancor sarete,
> Finch'io chiuso sarò nel mortal velo.
>   E voi beate, che il mio cor vedete,
> Voi l'ispirate, e in esso il pigro gelo
> Con lo splendor de' rai vostri rompete.

N° XIV.   A dì 20 marzo 1762.

CAPRICCIO.

Un uomo passato alla seconda vita da non molto tempo in qua, mi diede pel corso di due ore materia da fare non so quali osservazioni; e dietro ad esse io avea intenzione di tessere il panegirico di lui. Ma non so da che proceda ch'io non ho pazienza per iscrivere a lungo:

---

[1] *Io ti prometto non una fama immortale* ec. Più bella e giusta pittura non potevi fare il Gozzi di sè medesimo e della sorte riserbata al suo nome. Salvochè di lode e d'ammirazione fu dai posteri circondato il nome suo, più di quanto la sua modestia gli permettesse d'affermare.

[2] *I Cigni imiti del bel fiume Tosco.* Gli antichi famosi poeti toscani.

deriverà ciò forse dall'aver conosciuto per prova, che chi legge non può indugiar troppo lungamente, e richiede le cose a sbalzi e a lanci. Con tutto ciò avendo io raccolti non so quanti pensieri, e formata dentro di me l'orditura della immaginata orazione, pubblicherò lo schizzo di quella.

ARGOMENTO.

Bontà e felicità del Moro di Piazza,[1] *buona memoria.*

SBOZZO DELL'ESORDIO.

Sogliono i maestri, i quali insegnano ad allevare i figliuoli, ammaestrare principalmente i padri di quelli, che standosi colla bilancia dell'orafo nelle mani, pesino sottilmente le loro interne inclinazioni e pendenze[2] degli animi e degl'intelletti, per poterneli indirizzare a quegli studi ed uffizi a cui vengono dalla furia di lor complessione[3] traportati. Quindi avviene che non curando punto i padri tutti gli ammaestramenti che vengono dati loro, vanno sopra le culle dei figliuoletti nati appena e fasciati il primo giorno, e stabiliscono in loro cuore ad un tempo con qual nome debbano chiamargli e a quale opera assegnare i loro venturi giorni. Non è dunque maraviglia se vediamo alcuno, divenuto già grandicello, prendere l'esercizio della pittura, che col martello in mano battendo sopra l'incudine avrebbe fatto maravigliose opere di ferro, laddove col pennello fa visi che il cielo ne abbia misericordia; e alcun altro, lasciata da un canto la pialla e la sega, che sarebbero propriamente stati gli ordigni suoi, squaderna libri, e scritture fa con sì poco onore delle buone arti, ch'è una vergogna il fatto suo e delle buone arti medesime. Malamente vengono adattati gli uffizi all'ingegno delle persone, in quella guisa appunto che si vestono coloro i quali, o per non aver danari o per altro, comperano i vestimenti alle botteghe dei rigattieri, e se gli pongono indosso co' fianchi più lunghi, col ventre più largo o più stretto della persona, per modo che sembrano starsi quivi entro in prestanza, e si diguazzano tra quelle troppo larghe pieghe, o fra le troppo ristrette s'affogano. Fortunati que' padri i quali hanno l'avvertenza tanto predicata da' buoni maestri! Non mancherà mai loro la consolazione di vedere occupati i propri figliuoli in esercizi che facciano loro onore, e procacceranno nello stesso tempo riputazione a sè, a loro e a tutta la famiglia.

In questo luogo io avea intenzione di porre uno squarcio che descrivesse la fina intelligenza del padre del nostro defunto, e fra le altre cose collocare o tirarvi coi denti questi pochi da me apparecchiati periodi.

Faceva le viste il buon padre di non avvedersi punto dei portamenti del figliuolo, per concedergli ne' suoi giovanili anni libertà mag-

---

[1] *Il Moro di Piazza.* Fu, come si direbbe ora, una delle macchiette caratteristiche della gioconda vita veneziana nel secolo scorso. Era un levantino capitato, non si sa come. a Venezia, il quale campava cantando e suonando per le vie e per le piazze, e chiamando gente ai casotti e agli altri spettacoli popolari di cui era piena la città. Questo elogio del Gozzi è poi da ritenersi come una satira arguta delle pompose e sudate necrologie, allora, come oggi, tanto frequenti.

[2] *Pendenze.* Oggi si direbbe tendenze.

[3] *Dalla furia di lor complessione.* Dall'inclinazione loro.

giore da potere senza rispetto veruno spiegare semplicemente la sua
natura, e vedere con gli occhi corporei le inclinazioni di lui. Per la
qual cosa non alle scuole, accompagnato da rigido vegghiatore,[1] lui
mandava giammai, o lo stringeva a stare solitario a stillarsi il cervello
in moleste applicazioni; ma conoscendo che natura gli avea dati due
piedi per camminare e lingua per favellare, lasciavalo andare a posta
sua per le vie e per le piazze, nè mai di cosa che dicesse, o buona o
rea, gli fece rimprovero. Quindi avvenne che il giovane, non punto
atterrito dalla paterna autorità, fattosi solenne andatore di notte, e
grande amatore delle piazze e dei circoli, in pochissimo tempo dimostrò al padre suo che non era al mondo arte veruna che gli piacesse;
e che infinite spese e pensieri avrebbe alla famiglia sua risparmiati.
Rise il padre suo di contentezza un giorno, e ne lo baciò in fronte, dicendogli: "Va', figliuol mio, che tu sei già allevato; di che io ti ho
un grandissimo obbligo, dappoichè non si può dire che per te io abbia
avuto un pensiero al mondo. Va', e fa' a modo tuo, chè tu farai bene."

Qual altro uomo della terra, abbandonato a cotanta libertà e le-
vatogli il guinzaglio dell'autorità paterna in quegli anni primi e bollenti, non avrebbe corso il mondo per suo, e fatto fascio, come suol
dirsi, d'ogni erba? Ma egli entrato incontanente in sè medesimo, e
dato un'occhiata alla società in cui vivea, incominciò a fare queste riflessioni: "A qualche cosa debbo essere utile agli uomini miei compagni, e molte sono le loro bisogne.[2] Queste sono di corpo o di spirito.
Vediamo in che possa io loro giovare. Io veggo, dovunque gli occhi
rivolga, ripiena la città di botteghe, nelle quali con tutte le diverse
arti si supplisce alle prime; e s'io ad una di queste arti m'attengo,
che sarò io altro che una gocciola di pioggia in un mare immenso?
Dall'altro lato, oh quanto pochi sono quelli che alle bisogne degli
animi arrecano giovamento! Ma sopra tutto pochissimi sono quelli, i
quali delle loro continue ed infinite molestie gli alleggeriscono. Non
so io forse quanti pensieri aggravano sempre gl'infelici mortali? Di
qua le fastidiose mogli fanno per tutto quel tempo che stanno in casa
disperare i mariti, di là i poco caritatevoli mariti danno continuo travaglio alle mogli. I capi delle famiglie si querelano delle spese soverchie, i domestici si lagnano della ristrettezza nello spendere. Tutto è
guai nelle case, tutto querimonie, tutto desolazione. Gli abitatori di
quelle, uscendo fuori talvolta con quei loro gravosi pensieri in testa,
dovunque vanno, seco portano que' loro acuti chiovi che gli trafiggono.
Non bastano aria e sole per distorgli dall'interno martirio, il passeggiare non è sufficiente. Più addentro si conficcano le molestie, se non
ritrovano chi le frastorni, chi le interrompa. Bello e veramente nobile
atto di compassione sarebbe il mio, s'io potessi a questa parte delle
umane occorrenze giovare! Non potrei io forse con queste poche forze
ch'io ho, dedicarmi del tutto alla consolazione ed allo alleviamento
del prossimo?" Oh tutti quanti voi, che dalla testimonianza della mia
voce ascoltate le riflessioni del nostro al presente defunto uomo dabbene, come potrete negare ch'egli non fosse di bontà ripieno, e d'una
cordialità che non potrebbe dirsi a parole? Chi potrà negare che,
s'egli fosse stato ricco uomo, mosso a compassione degli altrui fastidi
e travagli, non avesse dispersi i suoi tesori in feste, in rizzare teatri,

---

[1] *Vegghiatore*. Pedagogo.   [2] *Bisogne*. Più propriamente bisogni.

ed in mille invenzioni utilissime a ricreare l'animo delle genti e far uscir l'amarezza, almeno per qualche tempo, del cuore? Ma non potendo livellarsi le forze a tanta bontà, divisò di spendere tutta la sua vita, le mani e la voce per consolare le comuni afflizioni. Quindi avvenne che egli consagrò il corpo suo ad un'indicibile diversità di vestimenti; le sue labbra a' più arditi e quasi impossibili torcimenti, le mani ad un cembalo con la sonagliera, gli orecchi a lunghissimi pendenti, il capo talvolta alle cuffie, e la sua voce, qualunque si fosse, alle canzoni e alla musica. Fatta questa deliberazione, divenne instancabile.

Non vi era via, piazzetta, o luogo veruno della città, dove egli di tempo in tempo non si ritrovasse, e non procurasse con gli atti, col canto e colle sue piacevolezze, di sviare i popoli dalla malinconia; e sì gli riusciva, che avea sempre un gran cerchio di circostanti intorno a sè; e al primo tocco del suo cembalo, aprivansi finestre di qua, di là, da' lati e a dirimpetto, e udivasi da ogni parte a scoppiare la dolcissima giocondità delle risa. S'egli si movea per andarsene, avea dietro un codazzo di genti; era pregato da' circostanti ad arrestarsi, invitato da' lontani ad andare; in somma era da tutti e da ciascheduno amato e richiesto. Fuggivano dinanzi a lui i pensieri e le noie, come dinanzi alla faccia del sole quella nebbia che la mattina per tempo ingombra la faccia della terra; e al suo partirsi non rimaneva altra molestia, fuorchè quella della sua partenza. Io vorrei, o umanissimi ascoltatori, che qui fossero presenti ad udirmi tutti coloro, i quali niun'altra cosa curando che sè medesimi, quando un'infelice va a lagnarsi agli orecchi loro delle proprie calamità, gli rispondono in breve, e non hanno altro conforto da dargli, fuorchè contargli lungamente i propri infortuni e aggiungere le lagrime loro alle altrui, delle quali è sì grande abbondanza. E talora, il che peggio è, inventano con la fantasia disgrazie che non hanno, per turar la bocca agli sfortunati e toglier loro ogni speranza di alleviamento. È questa bontà da uomini? è questo umano cuore? sopraggiungere miseria a miseria, afflizione ad afflizione? Se non potete consolare con fatti e coll'opere, sì fatelo almeno con le buone parole; e con buon viso e con le ricreazioni procurate, senza ch'egli se n'avvegga, di sviare l'animo tribulato dalla sua profonda tristezza. Fate, s'egli è possibile, che intorno all'uomo rida l'aria da cui è circondato; levategli via dagli occhi quanto potete aspetti di miseria e dolore. Imitate quanto più potete la gaiezza e la giocondità del nostro ora perduto sostegno. Io non vi dico già che debba ogni uomo, com'egli facea, andarsene per le vie cantando, picchiando un cembalo, diguazzando una sonagliera,[1] ora vestito da donna, ora da gran signore; non dico questo, no; chè se tutti così facessero, la parrebbe una pazzia universale e si direbbe che tutti corrono a nozze; ma dicovi bene che il ragionare di cose liete, di facezie che non offendano, e di gentilezze che confortino, è la ricetta degli animi abbattuti dal peso delle faccende e da' fastidi dell'umana vita.

Non fu senza il debito compenso la bontà del nostro defunto. La felicità l'accompagnò. È il capo dell'uomo come una pentola nuova, la quale prende l'odore di quelle cose che prima dentro vi si ripongono; e se quello che dentro vi si pose la prima volta, sì segue a mettervelo, non perde l'odore mai più. Chi potrebbe indovinare che di-

---

[1] *Diguazzando una sonagliera.* Agitando.

venga finalmente un cervello, in cui continuamente si mantengono piacevolezze e facezie, che in esso, come i semi ne' poponi, in que' piccioli fili, si avviluppino? Ogni cosa che gli si presenta, prende un aspetto da ridere, e tutto gli sembra consolazione. Fino alle calamità davanti agli occhi suoi non hanno quella sconsolata faccia che apparisce dinanzi a' malinconici, e gli sembrano più leggiere; e se ne ride come d'infortuni in sogno veduti. Egli ha imparato a notomizzare le cose che vengono da fortuna, e con sottilissimo occhio a conoscere che fra quelle tristezze e cordogli v'è anche alquanto da confortarsi; e pigliandogli per quel verso, e lasciando correre l'acqua alla china, si dà buon tempo. Questa per le continue meditazioni e abitudini era divenuta la filosofia della persona ora da me commendata, la quale, per cosa che le avvenisse, non altro mai facea che ridere e che scherzare; nè vi fu uomo giammai che lo vedesse mesto e dolente. Qual cosa sembra ad alcun uomo più orribile che la povertà? E quando se ne lagnò egli giammai, il quale sapendo per prova che ogni giorno arreca il suo pane, usciva la mattina cantando, quando un altro si avrebbe spezzato il capo nelle muraglie? Ma perchè ogni uomo ha pure qualche difetto, e fino a tanto che l'animo è nell'ossa e nelle polpe legato, non può di ogni macula liberarsi, egli soleva essere solamente alquanto malinconioso, quando i venti o le piogge gl'impedivano l'andare intorno con le canzoni. Ma che? Non potrebb'esser questa forse un'interpretazione de' maligni, i quali gli volessero apporre che la sua tristezza nasceva in que' turbati giorni dal non potere, come negli altri, buscare quattrini? Benchè quando anche così fosse stato com'essi l'immaginano, io non saprei biasimare un uomo, il quale vedendosi senza pranzo quel dì, desse qualche segnaluzzo di malinconia. Ma io son certo che il suo dolore nasceva dal non potere secondo la usanza sua ricreare gli uomini suoi confratelli. Sì, non può essere altrimenti. Sarebbe questa forse la prima volta che l'altrui malignità avesse trovato a ridire delle opere altrui? Non è egli facile l'avvelenare con le interpretazioni ogni cosa? Io per me non voglio dubitar punto del fatto suo, quando veggo in tutto il corso della sua vita, ch'egli non pensò ad altro che a giovare, e finalmente ch'egli chiuse i suoi giorni per amore del prossimo. Chi mai da lui in fuori, o cari circostanti, con que' rigidi tempi, ultimi del carnovale, i quali aveano sì mala influenza sopra l'altrui salute, e con sì gran furia di aria e di freddo che scambiava i sangui in catarro, chi mai, dico, si sarebbe arrischiato, per invitare gli uomini a ricrearsi, a salire sopra il tetto d'uno di que' luoghi dove si mostrano altrui le maraviglie, e gridando a testa e quanto gli usciva dalla gola: Qua, qua a vedere, a vedere, riempiersi i polmoni di quell'aria gelata, riscaldandosi dall'altro lato a vociferare? Certo niuno. Vedevanlo con una commiserazione comune le genti dimagrato, e scambiato quel suo color nero in cenerognolo, e atterrite ne lo guardavano; ma egli di nulla curandosi fuorchè della universale ricreazione, pur vociferava: Qua, qua; e a poco a poco riceveva nel suo petto l'influenza mortale. Misero sè! anzi miseri noi, che perdemmo in pochi giorni, perdemmo.... Non mi dà il cuore di dirvelo. Di quanto perdemmo, tutti ce n'avvediamo.

Non è questa la prima volta che si tentasse di scrivere le lodi di cosa che non paresse altrui degna di commendazione. Di tali capricci è piena l'antichità, e qualche moderno ancora ha adoperata l'eloquenza sua in somiglianti elogi. Qui avrei luogo di stendere un bello squarcio di erudizione, e allegare molte opere antiche e moderne: ma so che il pubblico poco si cura di tali cantafavole, che altro non costano fuorchè il ricopiare dai libri, e nemmeno io ho questa sofferenza.

N° XV.   A dì 24 marzo 1762.

LE SCALE.

DIALOGO.

MENIPPO E MERCURIO.

Mercurio. Quanti anni sono omai passati,[1] che io ti condussi alla palude infernale, e ti feci passare di là nella barca di Caronte! E con tutto ciò da quel dì in poi io t'ho ritrovato più volte a rivedere la luce del sole. Tu fai contra le leggi statuite nel regno di Plutone. Io so pure che quando uno è entrato colà, non ritorna mai più sopra la terra, donde s'era partito; e tu vi ritorni tante volte. Chi ti dà questo privilegio?

Menippo. La mia lingua. Io non so se tu sai, Mercurio, che cosa sia la verità, e quanto la sia mal volentieri udita da ciascheduno. Sappi che ell'ha in Inferno quella stessa accoglienza che la ritrova nel mondo. Quell'ombre non mi possono comportare. Mi sono azzuffato con femmine, con filosofi, con re, con poeti, e con ogni genere di persone. Fecero tanto romore, che Plutone pel minor male deliberò di rimandarmi al mondo di tempo in tempo; e però quando tu mi vedi qui, pensa che ciò è avvenuto a cagione della mia lingua.

Mercurio. E però, che pensi tu ora di fare sulla terra? Tu se'già divenuto ombra, nè la favella tua potrebbe essere intesa da altri orecchi, che da quelli delle Deità e dell'ombre a te somiglianti. Con cui vuoi tu aver conversazione? Egli era pure il meglio che tu stessi cheto laggiù negli Elisi.

Menippo. Ma sai tu che non è costaggiù alcuno il quale non si quereli di Giove? E che non discende ombra veruna, per quanto lungamente ella sia stata nel mondo, che non dica d'esservi stata balzata fuori di tempo? Io non ho potuto fare a meno di non rinfacciare più d'uno di tale stravaganza, e di non difender Giove, dicendo loro la verità, e provando che ciascheduno v'era caduto maturo, anzi pur guasto. Ma chi incolpava qualche improvviso accidente, e il più delle genti dicevano ch'erano stati i medici; e non era ombra veruna, la quale volesse confessare d'essere uscita del corpo suo, trattane da quella necessità che gira la spada a tondo sopra tutt'i capi. Nè giovò punto ch'io dimostrassi loro che quasi tutti erano stati avvisati molto tempo prima o dal cadere de'denti, o dall'aggrinzarsi della pelle, o dal tremito delle

---

[1] *Quanti anni sono* ec. Allude al dialogo di Luciano, *Il passaggio della barca,* nel quale è rappresentata la barca di Caronte che traghetta al di là dello Stige nel regno di Plutone una folta schiera di anime condotte da Mercurio; tra queste è il filosofo cinico Menippo che visse, come dice Luciano, per essere il censore dei vizi e il medico delle animo.

ginocchia, della decadenza di loro vita e dello sfiorire dell'età. Non vi
fu verso da farmi intendere; anzi non sapendo essi quali ragioni pro-
durmi contra, incominciarono, come fa chi ha il torto, a gridare e a
stridere per modo, che Plutone uscito a quel romore, mi mandò fuori
del regno suo per qualche tempo, fino a tanto che sia loro passata la
stizza.

Mercurio. Male ha fatto Plutone, il quale sapendo pure che tu dicevi il vero, non dovea, col discacciarti di là, far credere a quelle ostinate ombre che tu avessi il torto. Ma sai tu che è? Egli non ha mai
potuto perdonare al fratel suo,[1] ch'egli si stia fra gli stellati giri del-
l'Olimpo a godersi la luce, e che a lui sia tocco un reame pieno d'afflizione e di tenebre. Menippo, dappoichè sta pur la cosa come tu di'.
io ho caro che tu ti sia meco abbattuto in questo luogo; e ad ogni
modo sono disposto di farti vedere quello che prima con gli occhi corporei non avresti potuto vedere giammai, acciocchè rientrando nei sotterranei luoghi, tu possa da qui in poi far toccare con mano a quelle
ingannate ombre che non sono uscite del mondo fuori del debito tempo,
e di quel corso d'anni, che a ciascheduna era stato stabilito.

Menippo. Tu sai quanto sia sempre il diletto mio nell'imparare cose
nuove, e però tu mi legherai con un perpetuo obbligo, se mi farai vedere quello che mi prometti.

Mercurio. Vieni meco. Se tu avessi intorno il carico delle membra,
non potresti salire dov'io ora ti conduco; ma essendo leggiero e im-
palpabile più che la nebbia, mi puoi seguire. Vieni; attienti a uno
de' miei piedi.

Menippo. Oh! oh! come n'andiamo velocemente! Ecco già che lasciamo sotto di noi le più alte cime delle querce. Qual migliore e più
sottile aria si respira quassù? Vedi, vedi quelle città sotto di noi come
le sono divenute piccine! Noi siamo ora sopra le nuvole. Oh! monte
altissimo ch'è questo! Tu cali?

Mercurio. Sì. Questo è il luogo della restata. Di qua si scopre tutto
il mondo.[2] Il venire a questo monte è conceduto solamente agli Dei, o
a coloro a'quali gli Dei concedono che essi vi possano pervenire. Sanno
bene gli uomini che questa altissima montagna è al mondo, e da tutti
i lati la cercano; ma essa con maraviglioso incantesimo fugge dagli
occhi di tutti. S'essi qui potessero salire, vedrebbero la verità di tutte
quelle cose ch'essi non sanno. Chiamasi il monte della Sapienza, altissimo, come tu vedi: luogo veramente degl'Iddii, che non può mai essere
intenebrato da quell'aria grossa che circonda i cervelli nella profonda
valle del mondo. E quello che più ti farà maraviglia si è ch'egli ti
parrà, al volare c'hai fatto, d'esserti scostato dalla terra mille miglia; e non è vero. Adocchia. Tu vedi la terra, anzi l'hai così d'accosto, che puoi dire d'essere in essa, nè v'ha altra diversità, se non
che tu vedi chiaro; e coloro che quivi s'aggirano, vanno tentoni, ed
hanno offuscata la vista. Dimmi, dimmi quello che vedi ora.

---

[1] *Egli non ha mai potuto perdonare* ec. Nella divisione dell'universo, come la raccontano i mitologi, a Giove toccò il dominio del cielo e della terra, a Nettuno il mare, e a
Plutone le regioni sotterranee dove scendevano i morti.

[2] *Di qua si scopre tutto il mondo.* Invenzione simile a quella del dialogo di Luciano,
intitolato *Caronte,* in cui Mercurio trasporta Caronte su di un altissimo monte, fatto so-
vrapponendo l'Ossa sul Pelio e aggiungendovi il monte Oeta e il Parnaso; e di là con-
templano la terra.

Menippo. Non è quella la medesima terra in cui abitai già quando fui in vita?

Mercurio. Sì, ell'è quella medesima. Pare a te però un'altra? Che vi ritrovi tu di disusato e di nuovo?

Menippo. Camminavasi al tempo mio sopra un piano uguale da ogni lato; e perchè veggo io al presente scambiato l'aspetto del mondo, e da ogni parte tutto occupato da scale e da genti, che quali salgono e quali discendono?

Mercurio. Menippo, egli è il monte, sopra il quale tu sei, che ti fa ora vedere quelle scale che tu non vedevi prima; e tu salisti e scendesti su e giù per gli scaglioni, come fanno tutti gli altri, ma non te ne avvedevi.

Menippo. Io ti prego, Mercurio, fammi vedere la scala mia; e te n'avrò grandissimo grado. Io vorrei pur sapere dove salii e donde discesi.

Mercurio. La scala tua non la potresti tu più vedere, la quale alla tua partenza si disfece, e non è d'essa rimaso più segno, dappoichè un'altra ebbe ad occupare quel luogo. Sicchè diménticati del tutto d'essa, e poni mente alle scale altrui, perchè io voglio che tu sappia molto bene renderne conto a quell'ombre che facevano tanto schiamazzo.

Menippo. Chi è colui il quale è prossimo agli ultimi gradini che vanno allo ingiù della scala sua, e straluna gli occhi, come s'egli fosse invasato, e menando le mani con gran furia, borbotta da sè non so quali parole che a pena s'intendono, e tuttavia segue il suo viaggio?

Mercurio. Quegli è un poeta,[1] il quale, mentre ch'egli camminava in sui gradini che guidano al colmo della scala, preso dal furore delle sante Muse, molte buone cose dettò, guidato dal vigore del suo ingegno. Ora ch'egli è in sullo scendere, venendogli meno la prima gagliardia dell'intelletto, e abbandonandolo il favore delle Muse, il meschinello credendosi ancora quegli che prima era, scambiati gli argomenti suoi nobili e di forza, in vilissimi, e quel che peggio è, scostumati argomenti, stima fra sè d'essere quel poderoso ingegno ch'era prima; e non avvedendosi ch'egli smonta, dà in luce quelle sue licenziose rime. E perchè le genti, inclinate per natura alla scorrezione, le leggono volentieri, ne tragge per conseguenza d'essere più che mai fosse in sul salire, anzi pure in sul colmo della scala sua, nè punto s'avvede d'essere divenuto debole, e dell'andare allo ingiù. Pensa tu, quando egli sarà giunto agli ultimi gradini della scala, che a colui parrà d'avernela a cominciare, e disceso tra l'ombre, più che tutte l'altre s'azzufferà teco, e dirà ch'egli è uscito del mondo fuori di tempo.

Menippo. In che modo avea egli dunque a sapere quando era in sullo scendere della scala?

Mercurio. Quando a poco a poco ne'suoi nobili componimenti s'accorgeva che la fantasia non s'accendeva più con quel subitaneo calore di prima; quando i versi non assecondavano i suoi pensieri con facilità; e a grandissima fatica conosceva che gli uscivano della penna parole colorite e gagliarde. Quello era il modo ed il tempo.

---

[1] *Quegli è un poeta.* Forse il Gozzi allude qui al famoso abate Casti, il quale col *Poema tartaro* e cogli *Animali parlanti* s'era acquistato nome di buon poeta satirico, ma poi macchiò la sua fama con oscene novelle.

Menippo. Tu hai ragione. Ma l'amore della gloria l'ha accecato, sicch'egli non s'avvede punto della quantità de'gradini che egli ha fatti, nè di que' pochi che gli rimangono ancora. E quell'altro che va all'insù di quella scala, con quei pennelli in mano, e di qua e di là ha tante tele e tante ne sta dipingendo, chi è egli?

Mercurio. Quegli è Apelle[1] pittore, il quale a stento può cavare dell'arte sua di che vivere, comecchè ne sia maestro valentissimo. E sai tu per qual cagione? Vedi quanti già periti nell'arte medesima sono in sullo scendere delle loro scale, i quali ripieni dell'acquistata fama, e con l'animo inzuppato di quella, contando per nulla che già sono per natura infiacchiti, tentano, con la disapprovazione delle opere di lui, di fargli perdere il concetto, e per tutta la Grecia l'addentano quanto possono; nè punto s'accorgono che i quadri loro non hanno più quelle vigorose e vive attitudini e movenze; nè quelle infocate tinte di prima. L'invidia gli fa travedere. Che se essi vedessero con quegli occhi che veggono di quassù, alla scambiata possanza dell'immaginativa si sarebbero fino a qui avveduti c'hanno già quasi terminati i gradini, e si starebbero in pace.

Menippo. O Mercurio, e non sarebbe egli il meglio che Giove avesse aperti a ciascheduno gli occhi, sicchè tutti vedessero che sono sopra una scala, e potessero noverare quanti gradini hanno già fatti, e quanti rimangono loro ancora a farsi; nè così ciecamente vivessero, credendosi di salire quando sono in sullo scendere?

Mercurio. No. Egli avrebbe dato agli uomini troppo grave passione. Basta bene ch'egli abbia mescolati tanti indizi nella vita loro, da'quali possano trarre la conseguenza che sono in sullo scendere, senza che abbiano sotto agli occhi il novero de'gradini che mancano. Che importa che veggano il numero di tre, di due, o d'uno? È a sufficienza che conoscano, se il vogliono, che sono in sullo scendere, per potersi reggere con giudizio, e non credere che la scala non abbia mai fine.

Menippo. E a che gioverebbe loro il conoscere tali indizi?

Mercurio. Gioverebbe, quando è passato un certo tempo, a non lasciarsi allettare a speranze troppo grandi; a spogliarsi l'animo di quelle passioni che ne'giovanili animi si comportano; e finalmente a conoscere quello che si confà collo scendere dalla scala, e non fare allo smontare quello che si fa in sul salire: essendovi alcune operazioni che si convengono all'andare allo insù, ed alcune altre che s'accordano con lo scendere, e non s'hanno a mescolare l'une con l'altre.

Menippo. Sai tu, o Mercurio, che quando io scenderò di nuovo tra l'ombre, e narrerò quello ch'io ho costassù veduto di queste scale, non mi sarà punto creduto, e mi verrà detto ch'io sono un baione, e che tutte sono invenzioni di mio capo per poter cianciare a mio modo?

Mercurio. A ciò ho provveduto. Prendi questa carta, in cui ho delineato il mondo: ecco che la sottoscrivo di mia mano. Plutone conosce il mio carattere, avendo egli più volte veduta la lista di quell'ombre che gli vengono da me consegnate. Vedi bene questo disegno. Ecco le scale del salire e quelle dello scendere. Qui sono tutti i nomi e tutte le professioni. Mostra all'ombre di laggiù, che tutte senza avvedersene hanno fatto il viaggio delle scale, e che non v'ha alcuna tra esse, la quale sia stata sterpata dal mondo, che non avesse fatto l'ultimo gra-

---

[1] *Apelle.* Famosissimo pittore greco, vissuto circa tre secoli av. C.

dino ; e che se parve loro d'essere state cacciate di qua fuori di tempo, ciò fu perchè aveano mandati i pensieri e le voglie più là degli scaglioni. Sicchè tralascino di calunniare la somma sapienza di Giove, e incolpino solamente sè stesse.

Menippo. Lo farò. Ma, io ti prego, lasciami ancora qualche tempo sopra questa montagna, tanto ch'io possa ridere a vedere questo andare su e giù, con tanto inganno de' salitori e di coloro che scendono.

Mercurio. Ora tu puoi conoscere da te stesso quello che hai dinanzi agli occhi. La verità ha questo di buono, che quando s'è cominciato a vederla, si può proseguire senz'altro avviso. Sta' quanto ti piace. Io ho altre faccende. Sulla riva della Stigia palude sono infinite ombre che attendono d'essere imbarcate.

Menippo. Ombre? Mercurio, io vengo teco. Io ti farò prima udire le loro lamentazioni, e poi squadernerò loro in sugli occhi questa carta. Buono! Oh! io era pazzo! Come sarei solo disceso dalla montagna? Da' qua il piede.

Mercurio. Andiamo.

N° XVI.   A dì 27 marzo 1762.

Io ho il cervello come la ceralacca riscaldata al lume, la quale riceve in sè l'impronta d'ogni suggello ; e però avviene che alle volte leggendo un libro piacevole, riderò tutto un giorno senza saper di che, e all'incontro leggendone uno malinconico, sto in fantasia e pieno di mal umore. Ebbi questo difetto fin da' miei primi anni, e poco mancò che leggendo il Boiardo e l'Ariosto, non facessi come Don Chisciotte, e per tutto il corso della notte non facea altri sogni che di zuffe e battaglie ; e talora fu che leggendo altri libri, mi trovai presso ad andarmene a far vita solitaria ne' boschi, e a vivere di radici e d'acqua. Al presente il cervello mio s'è indurato un poco più, ma non tanto che le novità e le cose strane non lascino in esso qualche segno durevole per parecchi dì, sicchè non vi si cancella così tosto. Me ne fece avvedere pochi giorni fa una lunga lettura della Storia vera di Luciano.[1] Quel libro pieno di narrazioni fantastiche, di fiumi di vino, di pesci che a mangiarli innebbriano gli uomini, di viti femmine, di navi che volano, di mostri di mille generazioni che combattono, m'empiè tanto il capo di bestialità e di pensieri èstraordinari, che spento il lume, e addormentatomi a grande stento, feci il seguente

SOGNO.

Egli mi parea ch'io fossi giunto ad un paese il quale nel vero non avea, così al primo aspetto, cosa diversa da tutti gli altri; imperocchè gli edifizi d'ogni qualità somigliavano a tutti quelli ch'io veduti avea per lo innanzi ; e le facce degli uomini e delle donne aveano due occhi, un naso e tutto il restante, come abbiam noi nel mondo nostro. Anche al ragionare, così al primo, non parea che le genti fossero punto

---

[1] *La Storia vera di Luciano.* È un libro nel quale Luciano facendo mostra di raccontare un viaggio fantastico, inventa le più strane avventure del mondo per mettere in derisione i viaggiatori poco veridici de' tempi suoi.

diverse da noi; poichè favellavano con retto giudizio, e ordinatamente dichiaravano quello che aveano nel pensiero con parole come le nostre, e che da me erano benissimo intese. Ma aggiratomi un certo breve tempo per que' luoghi, m'avvidi che ciascheduno avea il corpo pieno di timore, e che ad un menomo zufolare d'aria, e all'apparire d'un nuvoluzzo sopra il capo loro, tremavano come le foglie e non sapeano assicurarsi. Uomini, donne, giovani, vecchi, tutti erano presi dallo stesso spavento, e divenuti pallidi come bossolo,[1] guardavansi in viso l'un l'altro senza far parola, fino a tanto che parea loro che fosse passato il pericolo. S'io mi maravigliai di tal cosa, non è da dirlo, imperocchè nel mondo nostro io avea appena veduto le genti intimorirsi al rovinoso soffiare di tramontano e a quell'altissimo fragore de' nembi i quali la state portano in grembo l'accendimento de' lampi e lo strepito del tuono. M'invogliai incontanente di domandarne lo imperchè ad alcuno, ma quasi quasi non m'attentava, stimando di doverne essere discacciato, come uomo che volesse deridere i loro costumi. Pure finalmente, veduto fra gli altri un uomo di mezzana età e vigoroso nell'aspetto, e parendomi che meno di tutti gli altri per la sua gagliarda complessione dovesse esser pauroso, me gli accostai e a poco a poco, fattomegli conoscere per forastiero, entrai con esso in ragionamento. Egli era nel favellare giudizioso e, a quanto mi parea, avrei giurato ch'egli avesse consumato un lungo tempo negli studi; e tanto più mi confermai nel mio parere, quand'egli mi disse che la sua professione era di filosofo. Mi rallegrai allora grandemente e dissi fra me: "Costui non sarà quali sono tutti gli altri abitatori di questi luoghi, sicchè io posso senza verun sospetto chiedergli donde nasca questo gran timore universale per sì picciole cagioni." Ma non sì tosto gli ebbi io domandato, perchè ad un picciolo soffio di vento e al comparire d'un nuvolo fossero tutte le genti state prese da quel tremito, egli mi si voltò con un viso arcigno e mi disse: "Buon per te che tu se' uno straniero, chè altrimenti porteresti la pena del tuo ardimento. In qual parte del mondo nascesti, che tu non sai la somma autorità delle fate e il vigore di quelle invisibili donne sopra tutte le cose della terra e dell'aria?" Io non saprei dirti, o lettore, com'io mi ritenessi veramente di ridere, che certo n'avea una gran voglia, ad udire che un filosofo desse in quella pania, nella quale a pena darebbero i fanciulli. Con tutto ciò, fatto quel miglior viso che potei, stetti senza ridere, ed egli proseguì il suo ragionamento in questa forma: "Buon uomo, qualunque tu sia, fa tuo conto che se vuoi rimanere in questo paese, egli ti conviene andare alla scuola co' nostri fanciulli, o incontanente andartene fuori di qua, altrimenti saresti legato per pazzo." Io, preso dalla curiosità di sapere più addentro le usanze di que' luoghi, gli risposi: "Uomo dabbene e dottissimo filosofo, io ti chieggo scusa, se non sapendo le altissime dottrine che qui s'insegnano, avessi errato nel farti così sciocca domanda, e se tu hai quella compassione degli uomini ignoranti, che conviensi a chi ha studiato la filosofia, io ti prego caldamente che tu m'apra la via a coteste tue scuole, nelle quali s'io non diverrò cima d'uomo, spero almeno che la mia buona volontà mi farà a qualche cosa riuscire." Il valentuomo m'abbracciò allora affettuosamente, e quasi con le lagrime negli occhi mi disse:

---

[1] *Bossolo.* Arboscello dal legno giallastro.

" Andiamo. Io ti condurrò ora a quelle prime scuole, alle quali universalmente vengono digrossati dalle avole e dalle balie i teneri ingegnetti de' fanciulli; e di poi ti farò entrare così digrossato negli studi della Grammatica, della Rettorica e finalmente della Filosofia, le quali senza que' primi fondamenti sarebbono come edifizi posti in sull'acqua. Andiamo." Così detto presemi per mano e mi condusse ad una certa casa, o piuttosto catapecchia, quasi dall'antichità rovinata, dove, entrando, vidi un infinito numero di fanciulli e fanciulle che si stavano a sedere sopra certi sedili di paglia; e fra quelli qua e colà, quasi seminate, certe vecchie, quali col mento lungo un palmo, e quali rivolto all'insù, e quasi congiunto alla punta del naso. " Eccoti la tua scuola," disse la mia guida, " e queste sono le tue prime maestre: mettiti a sedere." E raccomandatomi a quelle antiche dottoresse, andò a' fatti suoi, e lasciò me quivi a sedere. Mentre ch'io stava aspettando quello che dovesse accadere, una di quelle aggrinzate maestre, fatto segno di silenzio a' circostanti scolari, con una rantacosa[1] voce incominciò in questa forma: Voi avete udito quello che vi raccontai ne' passati giorni del lupo[2] che, fintosi avola inferma, si mangiò quella povera e poco cauta fanciulla la quale s'intrattenne seco lui a ragionamento nel bosco; e v'ho già narrata la storia della fata che diede la virtù a quella bella giovanetta di gittar fuori ad ogni parola dalla bocca, ora fiori, ora perle; oggi abbiamo a narrare il fatto della

BARBA TURCHINA.

Egli fu già una volta un uomo il quale avea molte e belle case e grandi in città e in campagna, e gran vasellame d'oro e d'argento, e bei panni ricamati e tappezzerie d'ogni qualità, e altre ricchezze; ma per sua mala ventura avendo la barba turchina, era perciò sì sozzo e brutto a vedersi, che non v'avea nè femmina nè donzella, che da lui non fuggisse come dal fuoco. Ora avvenne che avendo una gentildonna sua vicina due bellissime fanciulle, egli ne domandò una per moglie, concedendole che quella gli desse che più piacesse a lei. Nessuna delle due fanciulle era di così fatto uomo contenta, e l'una diceva all'altra che lo prendesse, non volendo alcuna di loro uomo con la barba turchina. E peggio ancora s'arrecavano a volerlo, quando consideravano ch'egli a forza avea già sposate molte mogli delle quali non si sapea che fosse avvenuto. Barba turchina per entrare in grazia alle fanciulle le invitò seco con alquante loro amiche alla campagna; e le intrattenne sempre in danze, canti, pescagioni e in tanti altri passatempi, che all'una delle fanciulle la barba incominciò a parere non tanto turchina quanto prima era, e dicea tra sè ch'egli era uomo dabbene. Sicchè quando ritornarono alla città, il matrimonio fu conchiuso. Di là ad un mese il marito disse alla sposa ch'egli avea di necessità a fare un viaggio, nel quale avrebbe consumato un mese e mezzo, e pregandola a darsi buon tempo con le amiche sue, mentre ch'egli era fuori di paese, le diede le chiavi di tutti i ricchissimi suoi tesori, insegnandole dove tutti stessero particolarmente. Infine le diede una pic-

[1] *Rantacosa.* Catarrosa.
[2] *Del lupo* ec. Questa e le fiabe seguenti sono tratte dai *Racconti delle Fate* di Carlo Perrault, scrittore francese del secolo XVII. che raccolse e narrò in uno stile semplice e famigliare le vecchie fiabe che si sogliono raccontare ai fanciulli.

cioletta chiave e le disse: " Vedi, tu anderai in ogni luogo a tua voglia; ma non ti lasciar mai stimolare alla curiosità, sicchè tu entrassi con questa chiave in quello stanzino colà in capo a questa sala; perchè se tu v'entrerai, pensa ch'io l'avrò a risapere, e meschina a te." Promise la moglie di così fare, ed egli, abbracciatala, se n'andò a'fatti suoi. Tutte le vicine corsero a ritrovare la sposa, le quali per timore della barba turchina non s'erano mai a quella casa accostate: ed ella che non poteva capire in sè per l'allegrezza, cominciò ad entrare in questa camera e in quella, e ad andare su e giù, e a mostrare all'amiche sue tutte le possedute ricchezze, le quali tuttavia non la ricreavano punto, tanta era la voglia che avea d'entrare nel vietato stanzino. Finalmente non potendo più durare contro allo stimolo della curiosità, trafugatasi via dalle compagne, e rompendosi quasi il collo per la gran fretta, scese una scaletta segreta e giunta allo stanzino, pensando alla proibizione fattale dal marito, stette così un pochetto fra l'aprire e il non aprire: ma non potendo vincere la tentazione, comecchè le tremasse la mano, aperse l'uscio ed entrò. Io vi so dire che le parve un bruttissimo spettacolo a vedere tutto il pavimento macchiato di sangue, e molte femmine morte attaccate alle muraglie, le quali erano state già mogli del marito suo, ch'egli avea sgozzate e poste quivi così l'una dietro all'altra in fila. Poco mancò che la poveretta non morisse di paura, e volendo uscire e rinchiudere, la chiave dello stanzino le cadde di mano; pure fatto animo, la ricolse, chiuse, e quasi fuori di sè, andò soletta nella camera sua; dove entrata e vedendo che la chiave era macchiata di sangue, la cominciò a rinettarla; ma tutto era invano, che non le valsero nè canovacci, nè rena, nè altro, chè la maladetta chiave era fata, e quando le si nettava il sangue da un lato, lo spicciava dall'altro. Il marito ritorna la stessa sera, chè non gli era più abbisognato di viaggiare, e la donna fece buon viso quanto potè, per dimostrargli ch'ella era lieta del suo ritorno. La mattina al restituirgli delle chiavi, non vedendo l'uomo quella dello stanzino, gliele domandò; ella si scusava il meglio che potea, pure finalmente convenne arrecargliele. " Oh," diss'egli, avendola esaminata, " dond'è ch'essa è tinta di sangue?" — "Io non lo so," rispose la moglie divenuta pallida come la creta. "Tu non sai, eh?" rispose il marito. "Egli è che tu hai voluto entrare nello stanzino; e però va', che tu avrai quivi luogo con l'altre femmine che tu hai ieri vedute. La donna s'inginocchiò dinanzi a lui, e dirottamente piangendo gli chiedeva perdono, e mostrava bene in tutti gli atti suoi quanto fosse pentita di non essere stata ubbidiente a'comandamenti di lui. Ma che? egli avea un cuore di sasso e le disse: " Non altro; qui s'ha a morire." A pena la poverina potè impetrare mezz'ora di tempo; e quando la fu sola, chiamò la sorella sua, ch'avea nome Anna, e le disse: "Anna, va'in sulla cima della torre e vedi se per avventura venissero i fratelli miei i quali m'aveano oggi promesso di venire, e se tu gli vedi, fa' cenno loro che s'affrettino." Anna montò in sulla torre, e la meschinetta sposa le domandava di quando in quando:

> Anna, sorella mia,
> Vedi tu nulla a noi venir per via? [1]

---

[1] *Anna, sorella mia* ec. È la traduzione letterale del dialogo fra le due sorelle, quale lo riferisce il Perrault e divenuto proverbiale in Francia: « Anne, ma sœur Anne, ne vois-

E Anna le rispondeva:

Non veggo altro che il sol che sfolgoreggia
In cielo, e l'erba in terra che verdeggia.

Lettori miei, all'udire questi versi, io non potei far a meno di non
ridere sgangheratamente, onde tutte le vecchie mi furono intorno con
le fruste e mi percossero con tanta forza che l'immaginato dolore mi
fece destare dal sonno; non senza qualche curiosità di sapere qual
fosse stata la fine di quella povera giovane. Ma trovai che quella storia si sa molto bene anche al mondo, e mi fu detto che la fu liberata
da' fratelli, e che il marito dalla barba turchina venne ucciso. Di che
vedendo che anche fra noi si sanno tali novelle, non mi maraviglio
io più, se i cervelli de' fanciulletti, inzuppati nel principio della vita loro
di fate e di maraviglie le più strane del mondo,[1] ritengono que' primi
semi per tutto il corso della vita loro, e conobbi ch'anche svegliati, con
nostro gravissimo danno abbiamo per prime maestre le balie e le vecchie.

N° XVII.   A dì 31 marzo 1762.

GL'INGEGNI.

DIALOGO.

OMERO E RICAMATRICE.

Omero. Insegnami, o divina Musa, in qual modo io possa esercitare
la pazienza in questi cupi e nuvolosi fondi sotterranei. È egli possibile
che tu, o Dea, la quale m'ammaestrasti a comporre due così lunghi
poemi, non sappia ora mandare all'animo mio tanta sofferenza, ch'io
possa senza collera ascoltare questa vilissima donnicciuola, la quale
sempre m'assedia le calcagna, e vuol far paragone dell'attività sua
con la mia? Io so pure che le sue non sono altro che ciance, delle
quali dovrei far quel conto che si suol fare d'un fischio del vento, o
del ronzare delle mosche; e pure con tutto ciò non so patire di ve-
dermela sempre a' fianchi, e di sentirla a borbottare. Qual così grave
demerito è stato il mio costassù nel mondo, ch'io debba avere quaggiù
questa mosca canina, questa mignatta, questa ventosa appiccata sempre alla pelle?
Ricamatrice. Cantore dell'ira d'Achille e della prudenza d'Ulisse,
se le parole mie ti vengono a noia, questa è colpa tua. Tu arrecasti
di qua quella medesima superbia che avevi su nel mondo; e di qua
i vizi debbono essere sbanditi. Tu facesti così grande stima del tuo
ingegno in vita, ch'egli ti parea che tutti gli altri umani capi fossero
pieni di vento. Tuo danno. Egli si vuol credere che anche il prossimo

---

tu rien venir? Non, répond celle-ci, je ne vois rien que le soleil qui foudroie et l'herbe
qui verdoie.»
  [1] *Non mi maraviglio io più* ec. Contro questa pessima usanza di pascere la fantasia
del fanciulli con strani e troppo spesso paurosi racconti di fate e d'incantesimi, scrisse
altre volte il Gozzi. V. per es. il n° 25 della *Gazzetta Veneta.*

abbia cervello. Tu non avresti dato il tuo per quello di Minerva: tanto ti pareva di sapere, per certe poche parole che potesti accozzare insieme con un poco più d'armonia che gli altri Greci. Ogni uomo ha l'intelletto suo. E se tutti non fanno poemi, fanno però altro: e ogni cosa nel genere suo richiede tanta sapienza, quanta l'Iliade e l'Odissea, delle quali avevi tanta boria. Questo è l'errore che si punisce di qua in te con la mia perpetua persecuzione.

Omero. O Rettore degl'immensi spazi [1] dell'Olimpo, o Nettuno scuotitore della terra, quanto è egli vero che voi siete migliori Dii di questi che regnano negli abissi! Chè certo questo travaglio che qui ora m'è dato, da altro non può procedere, che dalla malignità degli abitatori di questi luoghi.

Ricamatrice. Empio, bestemmiatore. Gorgógliati queste tue strane parole nella gola, e non fare almeno ch'altri le oda. Quanto sarebbe il meglio che tu confessassi il vero, ritenendo la tua prima superbia, stimolare sempre più la collera delle Deità degli abissi. Tu sei tu pure quel medesimo che in tanti luoghi de' tuoi poemi divulgasti la grandezza di questi Dii, ed ispirasti negli uomini tanto timore di Acheronte e di Cocito: [2] e ora perchè se' tu così divenuto diverso da te medesimo, che incolpi coloro i quali furono cotanto dalla tua lingua esaltati? Che direbbe la Grecia ora del fatto tuo, la quale trasse i principii di tanti suoi riti dalle tue canzoni, s'ella t'udisse al presente a cantare la palinodía? [3] Ella direbbe che, standoti al piano, confortavi i cani all'erta, e che in fatti eri un altro che in parole. Ma così va. Ognuno è buono a fare sentenze; ma con l'opera le distrugge.

Omero. Ma infine infine, posso io sapere quello che tu voglia da me, per avere una volta pace teco; e acciocchè quella tua mobile, anzi maladetta lingua stia cheta? Di' su, che s'ha a fare?

Ricamatrice. Tu hai a confessare che l'ingegno tuo nel mondo non fu punto superiore al mio. Quando avrai profferita questa verità di cuore, io tacerò, e me n'andrò a' fatti miei.

Omero. Con tutto che la rabbia mi roda, non posso fare a meno di non ridere. Io avrò con tanta varietà di battaglie e d'accidenti condotto Ettore a morire per man d'Achille, e guidato per così lunghi viaggi e per tante maraviglie Ulisse nel suo regno, per confessare al presente che una femminetta, una ricamatrice ha avuto intelletto uguale al mio? Oh! va', ti prego, va', non dire queste pazzie.

Ricamatrice. S'io avessi la superbia tua, potrei anch'io così bene, come tu fai, esaltarmi e vantarmi, che l'intelletto d'una ricamatrice vale molto più di quello d'Omero; ma l'animo mio fu sempre temperato e più ragionevole del tuo, e comecchè fossi nell'arte mia peritissima, quanto fossi tu nella tua, io l'esercitai però sempre con quella modestia che si richiede a chi riconosce d'avere una testa uguale a tutte l'altre.

Omero. Sì, che tu avrai, per passare un panno od una tela con gli aghi e con le sete di più colori, studiato quant'io per comporre due poemi.

---

[1] *O Rettore degli immensi spazi* ec. Secondo la mitologia, Giove, Nettuno e Plutone, figli di Saturno, si divisero tra loro l'universo: al primo toccò il cielo e la terra, al secondo il mare, al terzo i regni sotterranei dove scendevano le anime dei morti.

[2] *Acheronte e Cocito.* Fiumi dell'inferno pagano.

[3] *Palinodía.* Ritrattazione.

Ricamatrice. Vorresti forse dire ch'io avessi studiato meno, e ch'io mi fossi concentrata manco nelle mie meditazioni che tu nelle tue?

Omero. Orsù, vegnamo a' ferri, perch'io non potrei aver teco più pazienza.

Ricamatrice. Vedi ch'io voglio anche cederti il luogo. Parla tu primo; e di' quali furono le tue meditazioni per riuscire buon poeta.

Omero. In primo luogo, poichè pure ti debbo render conto a forza de' fatti miei, io conobbi che, per essere ottimo poeta, io dovea essere un buon imitatore. Per la qual cosa io cominciai non solo a studiare con grandissima diligenza tutto quello che mi cadeva sotto agli occhi, e ad esaminare terra, monti e mare, e tutte quelle varietà che mi s'offerivano agli occhi con movimento e senza ; ma penetrando con acutissima vista in tutte le passioni degli uomini, le minuzzai tutte, per così dire, col pensiero, e di tutte mi feci un ritratto, per dipingerle all'occorrenza ne' versi miei. Innalzai oltre a ciò l'animo alle cose intellettive, e penetrai con l'ingegno fin sopra gl'infiniti spazi de' cieli, e m'aggirai fra gli Dei medesimi, ritraendo agli uomini le altissime condizioni di quelli. Nè bastarono tutte queste meditazioni, e altre molte che ora sarebbe lungo a dirle, che mi diedi ancora al meditare que' modi, co' quali dovessi colorire le mie intenzioni, acciocchè tali m'uscissero della lingua, quali sfavillavano dentro ; e a vestirle per modo che le potessero apparire altrui vistose e quasi palpabili. Credi tu che una ricamatrice possa mai affaticarsi tanto, nè così lungamente ?

Ricamatrice. Fino a qui però non hai detto cosa ch'io non abbia io medesima meditata nell'arte mia. Perchè non sì tosto mi diedi anch'io ad essa, che conobbi che, per essere ottima ricamatrice, io dovea essere imitatrice perfetta. Per la qual cosa diedi principio dall'esaminare con diligenza tutto quello che mi cadeva sotto gli occhi, e non grossolanamente, come tu facevi ; il quale quando avevi veduta una quercia, non sapevi di più, se non che l'era verde e bene a fondo colle radici ; ma minutamente guardava le quasi invisibili e diverse tinte del verde d'una sola foglia, e i tortuosi rami di quanti colori erano, e i loro nodi, e se erano nudi o vestiti di moscolo.[1] Nè solamente meditava io la terra ed i monti, ma i più menomi fiorellini che quivi spuntano, e i frutti, e altre migliaia di cose, che non finirei mai, se tutte dir le volessi. Quanto è alle passioni degli uomini, io le studiai quanto tu, e più ancora, imperciocchè io studiai insieme quelle delle donne, delle quali tu parlasti poco e di rado ne' poemi tuoi. Perchè se tu studiasti le passioni per dipingerle, e io le meditai per conoscere quello che piaceva o non piaceva a' capricci universali. Quanto è agli Dei, egli è il vero che non ebbi ardimento di voler penetrare coll'intelletto mio ne' fatti loro, che non possono mai da noi altri vilissimi abitatori della terra essere conosciuti ; ma in quello scambio, venerandogli con puro cuore e con mente dinanzi a loro umiliata, io gli pregava che prosperamente assecondassero l'opere mie. Nel che, credimi, Omero, io l'intesi molto meglio di te, il quale, volendo favellare di quello che ad ogni modo non è cosa da terreni intelletti, dicesti i maggiori farfalloni del mondo, e facesti fare agli Dei di quelle cose che putirebbero[2] se le facessero gli uomini anche tristi. E se non fossero

---

[1] *Moscolo.* Muschio.
[2] *Putirebbero.* Farebbero schifo.

certi dottori sottili che traggono all'allegoria i tuoi superlativi errori,[1] credimi che non avresti più lode sopra la terra. Quelle meditazioni infine che tu facesti intorno allo stile, io le feci intorno allo scegliere i vari colori delle sete, acciocchè spiccassero il più naturalmente che fosse possibile i miei fiori, le foglie e i rami ch'io intrecciava sul telaio con l'ago. Sicchè vedi che tanto costa ad un capo il ricamare, quanto ad un altro il fare poemi.

Omero. Egli si vede però che le genti fanno maggior onore alle opere mie, che alle tue: imperocchè delle mie, dopo tanti anni che io non sono più in vita, si fa ancora grandissimo conto, e delle tue non si sa che sieno state al mondo.

Ricamatrice. Anche in questo siamo del pari, benchè tu non lo creda. La diversità sta nella materia di cui ci siamo serviti tu ed io per colorirvi sopra le nostre intenzioni. I libri sono più tardi rosi da' tarli, che i panni e le tele. Se gli studianti dell'antichità potessero oggidì ritrovare un cencio ricamato dalle mie mani, credi tu che non vi facessero sopra tante chiose e commenti, quanti ne furono fatti alla tua Iliade e all'Odissea, e direbbero tante pazzie del mio cencio, quante n'hanno dette e ne diranno delle tue opere? E credi tu, quando io vivea, che non avessi chi mi rubacchiasse i miei disegni e i ricami miei, come hanno a te rubacchiati i tuoi poemi? E se tu hai trovati copiatori di quelli, credi tu che se i panni e le tele da me ricamati fossero durati parecchi anni dopo la mia morte, non avessero ritrovato chi gli avesse ricopiati? Ma sai che è? I libri tuoi si riposero in armadi, vi stettero custoditi, poche mani li travagliarono; laddove i panni miei quanto più erano belli, tanto più erano adoperati, portati da luogo a luogo, e finalmente a' rigattieri venduti e rivenduti da loro, tanto che, se fossero stati di ferro, si sarebbero logorati.

Omero. Sia come tu vuoi. Io però sono sulla terra onorato come se fossi vivo ancora, e di te non si sa che tu vivessi giammai, nè qual fosse il tuo nome.

Ricamatrice. E però vedi il gran vantaggio che n'hai. Questo grande onore ti fa quaggiù ancora insuperbire, e ti rende insofferibile a' giudici di questo luogo. Degli agi che avesti in tua vita, non parlo. Vedi che mangiasti quasi sempre un pane limosinato,[2] che andasti errando d'uno in altro paese come uno zingano, sicchè non si sa ancora qual fosse la tua patria. Quanto è a me, co' lavori delle mie mani nutricava molto bene me e la picciletta mia famiglia; e mentre che tu cieco cantavi per le piazze, allettando gli orecchi de' Greci con le adulazioni, ed empiendogli di superbia e d'astio contra tutte l'altre nazioni, io me ne stava, forando con l'ago le tele mie, a sedere, e cantando una canzonetta per diletto, o ringraziando con qualche inno gli Dei della loro clemenza. Ti pare che la tua vita sia da uguagliarsi alla mia; e non vorresti tu essere stato piuttosto una ricamatrice agiata, che quel grande Omero vagabondo sopra la terra?

Omero. Ma di me sono scolpiti busti e medaglie.

Ricamatrice. Ma io ebbi, finchè vissi, vitto e danari.

Omero. Ma i poemi miei sono per le mani de' letterati.

---

[1] *E se non fossero certi dottori sottili* ec. I commentatori. I quali per amore di sottili interpretazioni troppo spesso in Omero vollero vedere simboli e allegorie.

[2] *Vedi che mangiasti quasi sempre* ec. Omero, al quale dopo la sua morte sette città si contesero il vanto d'aver dato i natali, fu, secondo la tradizione, mendico e cieco.

Ricamatrice. Ma, finch'io vissi, concorrevano alla casa mia co peratori.

Omero. Oh! va', ch'io non posso più sofferirti.

Ricamatrice. Anzi mi dèi sofferire fino a tanto che sarai della tu boria guarito.

Omero. Mi vieni tu dietro ancora?

Ricamatrice. Ben sai che sì. O consenti di livellare il tuo ingegno al mio, e di mettere in bilancia l'Iliade e l'Odissea co'miei ricami, o ti tempesterò colle parole in eterno.

N° XVIII. A dì 3 aprile 1762.

DIALOGO.

IPPOCRATE E CARONTE.[1]

Ippocrate. Oh! uh! tu sudi molto! Ti gocciolano i capelli. Che vuol dire che tu se' così trafelato e ansante?

Caronte. Vuol dire che ad ogni modo io legherò questa mia sdrucita barca alla riva di qua; e chi vuole stridere, strida. Io ho tante faccende che non ho più fiato in corpo. Tu vedi pure ch'io sono uno Iddio non molto giovane, e da non poter durare a tante e così continue fatiche. Approda di qua, approda di là giorno e notte, io non ho più braccia, nè gambe. Vedi come le mani mie sono indurate da'calli. Qui fra il dito grosso e l'indice tu vedi un colore quasi di sangue. Pensa se mi duole. Oltre di che, a caricare così spesso la barca, io non ho tempo da ristopparla, nè da impeciarla, sicchè per migliaia di spilli l'acqua d'Acheronte v'entra da più lati, e si diguazza nella sentina. Io fui per affondare più volte; e sarebbe pure un gran vitupèro che un Nume si trovasse imbrodolato nel fango, e fosse obbligato a menare le braccia e le mani per salvarsi.

Ippocrate. Caronte, ho compassione del fatto tuo; ma ad ogni modo non saprei che fare per giovare a questa tua fatica. Tuttavia confòrtati, che la bellezza dell'anno[2] comincia ad aprirsi costassù al mondo, e vedrai che fra poco tu non avrai a fare tant'opera, quanta n'hai fatta fino al presente.

Caronte. Ognuno mi conforta con aglietti,[3] e intanto io sono senza fiato. Poi credi tu ch'io presti punto di fede a' pronostici tuoi? Noi ci conosciamo. Egli non è gran tempo che tu se'venuto quaggiù. Oh! quanto può egli essere? Due anni. E sai tu quante ombre io solea tragittare, le quali si dolevano del fatto tuo, e si querelavano che l'erano uscite fuori delle polpe, mentre che tu avevi predetto loro la vicina salute? Sappi ch'io in quel tempo avea una gran voglia di vederti in viso, e di conoscere un uomo il quale affermava con tanta costanza quelle cose che poi avvenivano spesso tutto il contrario, e lasciavale

---

[1] *Ippocrate e Caronte.* V. le note a pag. 20 e a pag. 244.
[2] *La bellezza dell'anno.* La primavera, in cui è minore la mortalità che non nell'inverno.
[3] *Aglietti.* Chiacchiere.

in iscritto, acciocchè la posterità facesse un gran conto del suo nome
e dell'arte di lui. Infine tu ci venisti; io ti conobbi, e sperava che
fossero minorate le faccende mie; ma non è vero: io ho che fare quanto
due anni fa, e più ancora.

Ippocrate. Di queste faccende tu n'avrai fino a tanto che dura il
mondo: nè tu dèi però incolpare l'arte mia, nè coloro che sono dopo
di me rimasi sopra la terra.

Caronte. Chi n'avrò io dunque da incolpare? Io veggo che di colà,
dove non bazzicano i discepoli che tu hai lasciati, l'ombre ci scendono
di rado, e piuttosto slegatesi dalle membra per vecchiezza, che per
altro. I villaggi, i boschi e le capanne de'pastori non mandano quelle
torme d'ombre alla nostra palude, che ci vengono dalle castella, dalle
città e da'più frequentati borghi, dove si studiano le battute de'polsi.
Sicchè io non posso dire altro, se non che l'arte tua non abbia in sè
quella certezza che tu vorresti darmi ad intendere.

Ippocrate. Buono! Io non t'ho però detto che la sia certa; anzi ti
dico che, se mai la fu incerta, la diverrà tale da qui in poi. Tu vedi
che gli uomini non vivono sempre ad un modo. Io ho fatte le mie osservazioni sopra le loro complessioni per tutto il corso dell'età mia, e
in un tempo in cui viveano ad una forma; dalla quale nascevano alcune
infermità che secondo il tenore della vita procedevano. Che so io quante
novità debbono accadere in migliaia d'anni? Pensi tu che la cucina si
farà sempre, come si faceva a'tempi miei? Credi tu che sempre saranno gli stessi esercizi? Che per tutt'i secoli le stesse passioni signo-
reggeranno gli animi delle genti? Sai tu che gli uomini, in iscambio
di camminare, non si dieno un giorno tutti a starsi quasi sempre a
sedere? Prevedi tu tante altre cose che possono avvenire, e tante altre
usanze, diverse da quelle d'oggidì, le quali hanno grandissima influenza
ne'sangui, ne'muscoli, nei nervi, nell'ossa e nelle viscere degli uomini?

Caronte. L'uffizio mio non è di prevedere tante cose; ma dicoti solamente che tu medesimo, il quale ti tenevi da tanto, congiurasti con
le infermità, e mi desti faccenda troppo più di quello che avrei voluto.

Ippocrate. Non dire, Caronte, veramente che sia stato io quegli che
ti desse faccenda, ma di'piuttosto che la colpa fu della fretta altrui
di guarire. Che vuoi tu? Le genti s'erano ostinate a credere ch'io
non potessi mai commettere errore, e si credevano ch'io avessi la facoltà di farle ritornare sane e fresche in un giorno; e però s'io andava
a rilento, e fattomi osservatore di natura, indugiava a scriver loro le
ricette, era stimato di mal animo e un tristo uomo, che non mi curassi
punto della salute altrui; e talvolta anche avveniva che perduto il concetto che aveano di me, mi stimavano ignorante; ond'io stimolato, e
spesso contra mia voglia, o non sapendo anche se facessi bene o male.
.m'affrettava a compiacere l'infermo, i congiunti e gli amici, da'quali
era stordito dalle prime visitazioni; e volevano sapere la qualità del male.
e quello che ne sarebbe avvenuto. Ond'io avea inventato un certo gergone[1] da pronosticare, che, avvenissene quello che si volesse, si poteu
interpretare secondo quello ch'era accaduto; un parlare, come chi dicesse da due manichi, che si poteva prendere infine tanto dall'uno
quanto dall'altro. Oltre di che m'affrettava talvolta anche da me medesimo, e sollecitamente medicava per un'altra ragione. Imperocchi-

---

[1] *Gergone.* Gergo; parlar misterioso.

tu dèi sapere che, passati alquanti giorni d'una infermità, egli è una
usanza in Grecia che si sogliono chiamare varie persone dell'arte nostra, acciocchè tengano intorno ad essa consiglio; e tu sai bene che
ognuno vuol parere da qualche cosa; ond'io prevedendo che i nuovi
consiglieri avrebbero suggerito chi una cosa, chi un'altra, per non
lasciar loro luogo e campo a'suggerimenti, e mostrare che l'intelletto
mio avea col suo acume già il tutto abbracciato, ne'primi giorni della
malattia, senza punto attendere che natura mi desse più certi segnali
di quello che richiedesse, facea cavar sangue allo infermo dalle braccia,
da'piedi, e da quante parti del corpo se ne può trarre, e gli empieva
il ventre di pillole, di polveri e di tante medicine, che i sopravvegnenti
consiglieri erano obbligati a confessare ch'io avea fatto quanto dettava
l'arte, e che se l'infermo moriva, era suo danno. Sicchè infine io n'ac-
quistava grandissima lode, e non era chi non mi giudicasse degno di
venerazione.

Caronte. E intanto s'accrescevano a me le fatiche e gli stenti.

Ippocrate. Che volevi tu ch'io facessi? Ogni uomo pensa a'casi suoi.
S'io avessi fatto altrimenti, non ci sarebbe stato alcuno che fosse venuto per me; là dove a quel modo io venni fin da're e da'principi
invitato, e mi furono dalle città rizzate le statue. Anzi tanta è la fama
ch'io ho acquistata, che da qui in poi le scritture mie andranno per
le mani di tutti, e vi saranno fatte tante chiose e commenti, che ne sarà
empiuto il mondo.

Caronte. Commenti? Perchè? Non hai tu forse scritti chiari i pensamenti tuoi, sicchè ogni uomo gli possa intendere? Trattandosi d'una
dottrina la più di tutte l'altre necessaria alla conservazione dell'umana
spezie, almen che sia tu avresti dovuto scrivere con evidenza.

Ippocrate. Scrivere con evidenza si possono quelle cose che s'intendono. Io ho quasi ogni cosa scritta co'due manichi.[1] Acutissimi ingegni prenderanno chi un manico e chi l'altro, e vi diranno sopra il
loro parere. Ne nasceranno fra loro disputazioni e romori, fra'quali
sarà sempre il mio nome, e risonerà dall'un partito e dall'altro, rim-
balzato di qua e di là come una palla. Di qua, Caronte, dee nascere
la mia fama, ed essere l'immortalità mia sempre verde.

Caronte. E di qua dee nascere ancora, che mi dovrà sudare la fronte
a vogare continuamente.

Ippocrate. Chi sa? Egli potrebbe anche un giorno avvenire, che
avvedutisi gli uomini della bellezza della sanità. si dessero ad un vivere sobrio e temperato, e fuggissero ad ogni lor potere la calamità
dello infermare, e la furia delle medicine. Io non fui già sano per tutto
il corso della vita mia, e non credere perciò che ingoiassi nè pillole,
nè lattovari, come gli faceva ingoiare ad altrui.

Caronte. Tu facevi dunque dell'arte tua come si fa della spada. Per
te la tenevi nel fodero, e la sguainavi per altrui.

Ippocrate. Io non ebbi per me altri speziali che la quiete e il mangiare parcamente. Non sì tosto veniva assalito da qualche magagna il
corpo mio, che io ritiravami nelle mie stanze, e guardandomi dall'intemperie dell'aria, e dall'esercizio della gola, e da tutti gli altri disordini, attendea in pace che la natura stabilisse quello che dovea far di
me; temendo sempre, s'io avessi fatto altrimenti, d'andare contro alle

---

[1] *Co' due manichi.* Con due sensi.

leggi sue, e d'interrompere le sue sapientissime disposizioni. A questo modo l'indovinai sempre, fino a quell'ultimo giorno in cui mi convenne dipartirmi dal mondo, e nel quale io diedi a te la fatica di farmi varcare questa palude.

Caronte. E io credetti allora che mancando tu sulla terra, non dovessero più fioccare tante ombre quaggiù quanto prima. Vedi granchio ch'io avea preso!

Ippocrate. Che vuoi tu fare? Abbi pazienza. Credimi che molto maggiore l'hanno tutti coloro che vengono alla tua barca.

Caronte. Orsù, poichè mi sono riposato alquanto, egli mi pare al presente d'essere ritornato di miglior umore di prima. Farò a modo tuo. Ippocrate, Addio.

Ippocrate. Sì, va', e voga.

SIGNORI OSSERVATORI.

Più volte s'è letto ne'vostri fogli che la poesia è arte d'imitazione. Lo credo, ma avrei caro che alcuno di voi discendesse ad alcuni particolari. Molti sono i modi dell'imitare, e molti per conseguenza saranno i caratteri degli imitatori. Avrei caro per esempio che alcuno di voi mi dicesse, in qual forma fosse la natura imitata da Dante, in quale dal Petrarca, e in quale da alcun altro de'maggiori poeti italiani. Quali forme tenesse nell'imitarla il Berni, chiamato « Padre e maestro del burlesco stile, » e in somma in qual maniera l'imitassero altri buoni poeti d'ogni genere. Se così farete, n'avrà qualche ammaestramento chi legge, e non sarà forse discaro l'entrare in alcuni particolari a'quali sembra che fino a qui non abbia pensato alcuno. Io gitto questa favilla. Sta a voi il soffiarvi dentro e accendere quel fuoco, se volete. Se non volete ancora, fate a modo vostro, ch'io per me leggo quello che mi viene offerto da voi, avendo un'infinita gratitudine verso persone, le quali si contentano di stare a sedere parecchie ore alla settimana e a scrivere, per darmi da leggere cosette brevi e varie, delle quali l'una ha di rado che fare con l'altra. Ho detto e vi saluto.

RISPOSTA DEL VELLUTO.

Veramente è favilla quello che V. S. ci scrive e può accendere grandissima fiamma. La materia da lei proposta è maggiore e più abbondante di quanto altri possa immaginare. E argomento da farne un grosso volume. Pensi quanti aspetti ha natura, e che quanti ingegni poetici sono al mondo ne guardano un aspetto diverso secondo le forze e le qualità loro, e consideri qual tema ci venne dato da lei. Con tutto però che sia grande e pieno d'una somma fatica, sono inanimati i compagni miei a trattarlo anche in questi fogli, ristringendolo sotto quella brevità che conviene a tali picciole e brevi scritture. Non è alcuno di loro, il quale non abbia occupato un tempo della sua vita a leggere e considerare gl'italiani poeti, appunto con quella intenzione che fu da lei dichiarata nella sua lettera. Ve n'ha fra loro degli innamorati di Dante, altri del Petrarca, altri del Berni, altri d'altro poeta. Ognuno ha fatto le sue osservazioni. Resterà solo il vestirle con qualche colore, che possa essere gradito da chi legge. Così tenteranno di fare per compiacerla, sperando nello stesso tempo che il pubblico non disapproverà una cosa la quale può servire, se non altro, di qualche lume a que' giovanetti, i quali inclinati alle belle arti debbono lungo tempo affaticarsi per trarre da sè medesimi que' lumi, che possono ritrovare in un breve giro di parole; e da essi poi guidati, giungere più presto all'intelligenza della vera bellezza d'un'arte in tutti i tempi stimata leggiadra, e quel che più è, tanto collegata con l'eloquenza.

N° XIX.   A dì 7 aprile 1762.

Omnia umana brevia et caduca sunt, infiniti temporis nullam partem occupantia.

SENEC., *Cons. ad Marc.*

Tutte le terrene cose brevi sono e caduche, e niuna parte occupano dell'eternità.

SOGNO DEL VELLUTO.

Chi pon freno a' cervelli e dà lor legge?

Io non so se fossero grilli, farfalle, malinconia o altro; ma egli mi parve una di queste passate notti che l'anima mia, slegatasi dalla fascia di queste sue poche e magre polpe, fosse volata in altri luoghi e avesse lasciato il mondo; di che io non avea punto dolore. Imperocchè ripensando ai lunghi e gravi pensieri ch'io avea sulla terra avuti, a' polpastrelli delle dita logoratimi scrivendo, alle continue battaglie contro alla fortuna sostenute, a' miscugli delle gravissime amaritudini, dalle quali vanno i piccioli e piuttosto fantastici che effettivi beni accompagnati, egli mi parea d'essere liberato da una macine che mi stesse in sul capo; e volando qua e colà leggiero e spensierato, mi parea veramente di conoscere quella vita che non avea conosciuta giammai. Anzi rivolti gli occhi da una certa mia nuova altezza, sopra la quale mi ritrovava, e riguardando allo ingiù la terra, che una picciola aiuola parea [1] a comparazione di quella immensità di spazio che mi stava davanti agli occhi, non potei fare a meno di non ghignare così un pochetto, vedendo quanto io mi era ingannato a credere che la fosse sì grande; e diceva fra me: " Qual parte poteva io avere in così picciolo giro? E quando anche una porzioncella ne avessi avuta, sarebbe stata mai satolla la voglia mia, che a pena mi sazio a trascorrere tutti per miei questi infiniti luoghi ne'quali mi ritrovo al presente?" Così andando d'uno in altro pensiero, anzi svolazzando, come fa chi dorme, mi venne una gran volontà di sapere quello che si dicesse del fatto mio dopo la mia partenza, e di conoscere s'io vi avea lasciati veri o non veri amici, con intenzione, s'io avessi potuto, di confortargli e dir loro, che non solo non avea perduto cosa veruna, ma avea fatto grandissimo

---

[1] *Una picciola aiuola parea*. Immagine dantesca: « L'aiuola che ci fa tanto feroci » (*Paradiso*, XXII, 151).

acquisto. Per la qual cosa, rivolto il capo allo ingiù, me ne venni più ratto che folgore di nuovo sopra la terra, e cominciai a camminare intorno per li già conosciuti luoghi della città, fatto invisibile agli occhi di tutti: e quello che più mi piaceva, non punto offeso da'gombiti nè dalle spalle della frequenza degli uomini che andavano e venivano, i quali poco prima nella furia del camminare dandomi di urto, mi facevano aggirare intorno come una trottola sferzata dalla stringa. In tal guisa andando, imboccai la via delle Merci,[1] e vidi posta fuori della bottega del mio amicissimo Giambatista Pasquali libraio una tavoletta,[2] sopra la quale erano scritte col gesso certe poche parole, nelle quali affissando io gli occhi, vidi che dicevano: *Per la morte del Velluto.* "Oh, buono e cordiale uomo ch'è questo!" esclamai io allora fra me; e alzando gli occhi un poco più su, fuori per l'invetriata vidi ch'era malinconico e pensoso; onde entrato così invisibile nella sua bottega, volea pur dirgli ch'io era contento della mia condizione; ma allora per la prima volta m'avvidi che non avea più nè voce, e m'affaticava indarno per profferire, perchè non avea più nè polmone, nè gorgozzule da fare uso dell'aria, nè lingua o palato da articolare parole. Alzai le braccia per abbracciarlo e lo cinsi con esse; ma egli non se n'avvide punto, perchè l'erano leggiere più che la nebbia; onde dettogli così fra me addio, e augurandogli comperatori di libri, me n'uscii di là; e scantonata la stessa strada a sinistra, vidi di là a pochi passi a destra una somigliante tavoletta alla bottega di Paolo Colombani, anch'egli libraio, nella cui bottega era una gran concorrenza di genti, le quali gli domandavano chi fosse quel Velluto, il cui nome egli avea quivi scritto col gesso. Rispondea l'uomo dabbene, ch'egli era colui il quale avea due anni fa pubblicata sotto altro nome la Congrega de'Pellegrini,[3] e poscia pel corso di un anno l'Osservatore, e avea già nel presente anno dettati parecchi fogli di questo; e ch'egli era certo che, o vivo o morto, non mancherebbe di sua parola, e glieli avrebbe spediti da qualunque luogo egli fosse, per compiere l'anno. Piacquemi la buona fede che avea in me quel libraio, e giurai fra me di far sì che la sua speranza non gli riuscisse vana; ma bene mi maravigliai che di coloro i quali gli domandavano conto del fatto mio, pochi fossero quelli i quali mi riconoscessero per le scritture da me pubblicate; e feci queste poche considerazioni. "Oh vedi come s'inganna la mente degli uomini fino a tanto che la è annodata e intenebrata dal vincolo delle membra! Io vedea certuni a comperare questi fogli e credea che dalla bocca dell'uno a quella dell'altro trascorresse il mio nome, e che oggimai non fosse canto veruno della città dove noto non fosse; e qui a grandissima fatica ritrovasi uno a cui sia noto il nome del Velluto per le opere stampate da lui. Che sarà di qua a parecchi anni, dappoichè a pena si sa al presente ch'egli vivesse? Non era egli il meglio che,

---

[1] *La via delle Merci.* Una delle strade che sboccano nella piazza di San Marco, tutta affollata di botteghe, si chiama appunto Merceria. In essa era la bottega del Pasquali, uno dei più accreditati librai di Venezia nel secolo scorso, e quella del Colombani, anch'esso libraio e stampatore.
[2] *Una tavoletta.* Già altrove fu accennato al costume, tuttora in uso a Venezia, di porre nelle vetrine delle botteghe le necrologie delle persone morte da poco. Senonchè mentre ora sono fogli nei quali in forma d'epigrafi si dicono le lodi del defunto, allora erano semplici tavolette nere su cui il bottegaio scriveva col gesso il nome dell'estinto.
[3] *La Congrega de' Pellegrini.* Il *Mondo morale* del Gozzi, che è una specie di romanzo in cui operano e parlano virtù e vizi personificati.

lasciata indietro l'inutilità dello scrivere, io mi fossi dato a qualunque altro esercizio, dal quale almeno avrei ritratto qualche miglior agio, e forse riputazione maggiore? Ora non solo io mi sarò affaticato senza pro per tutto il corso della mia vita; ma per l'obbligo preso da me, ora anche uscito del mondo, anche liberato da tutti gli altri impacci, dovrò continuare a scrivere, se io non vorrò intorno alla tomba mia udire le voci dello stampatore, il quale travagliando il mio perpetuo sonno, la mattina per tempo mi domandi il foglio. Ma così va a chi sbaglia nello eleggere gli esercizi[1] suoi nel principio." Mentre ch'io era in tali meditazioni occupato, udii anche taluno che diceva male de' fatti miei; e senz'aver punto informazione di quello ch'io stato fossi al mondo, presi i miei costumi fra le inique forbici della sua lingua, con molte non sane e torte interpretazioni conciava malamente la mia povera memoria, ch'egli non credea che fosse presente. Traeva egli tutte le mie passate calamità al peggio; e non era cosa a cui non facesse uno strano commento. "Oh! oh!" voleva io dire, "oh, trattansi a questo modo i defunti! E avreste mai avuto in dono dal cielo occhi i quali penetrassero nella vera cagione delle azioni altrui, aperta solamente a quegli occhi che tutto veggono? Chi è costui, diceva io, com'è scritto nel líbro di Giobbe, il quale senza sapere quello che si dica, sputa sentenze? Saresti mai stato in compagnia dell'altissimo Signore de' cieli quel dì che piantava la terra sulle fondamenta sue? Vedesti le misure e i confini che metteva ad essa?" Io voleva dirgli a questo modo; ma le parole non uscivano, e rimanevasi il concetto non espresso in me a dispetto mio. Egli è però il vero che un altro uomo dabbene, già stato amico mio mentre ch'io era al mondo, mi difendeva, e dicea: "Come puoi tu dir male d'un uomo il quale fin da' primi suoi giorni avea consagrato l'ingegno suo alle lettere, che quasi mai non si dipartì da uno stanzino, mai non ispiccò la mano dal calamaio, non fece mai male ad alcuno, e s'egli non beneficò, fu perchè non potè farlo? Quante cose ha egli scritte, e tutte hanno gli stessi sentimenti? Leggi tu in esse altro che una buona morale in tutte, nella quale si conosce il desiderio del vedere migliorare le genti? E tu sai pure che dell'abbondanza del cuore parla la lingua. Come poteva egli durare per tutto il corso degli anni suoi in una perpetua finzione di ragionare rettamente, ed essere il contrario di dentro. A parlar seco, egli volentieri rideva, sofferiva la sua mala fortuna, se non di buon cuore, almeno, con buon viso: e come puoi tu da tutte queste cose trarre quelle interpretazioni che dài alle opere di lui, e rivolgere gl'infortuni suoi a danno della sua riputazione?" — "Oh caro e veramente cordiale amico," diceva io fra mio cuore, 'quanto ti sono io obbligato! Io non avrei creduto mai che dovesse durare così viva la memoria d'un povero defunto nell'anima d'un uomo che vive. Non si veggono forse a ridere i figliuoli dopo la morte de' padri, potendo più in loro la grassezza dell'eredità, che il filiale amore? Che fec'io mai per te, mentre ch'io fui al mondo, altro che star teco alle volte in compagnia, e passar qualche ora ne' dolcissimi ragionamenti delle Muse, scherzando? E tu dopo la morte mia con tanto calore mi difendi dalle maligne voci e dalle dicerie di chi punto non mi conobbe? Va' che tu sia benedetto." Così dicendo, mi dipartii di là; e credea di vedere una profonda malinconia dipinta ne' visi

---

[1] *Esercizi.* Qui sta per occupazione.

di molti per la mia morte. Io m'ingannai grandemente; anzi vidi tutte
le genti andare e venire avanti e indietro, cianciare, fare contratti, e
tutto farsi nè più nè meno come se non mi fossi partito. Onde io diceva: "Oh pazzo ch'io fui, quando io mi credetti nel mondo qualche
cosa! A cui fa danno ch'io me ne sia andato? A niuno. Tutti hanno
i visi di prima. Io non era qui dunque di veruna importanza. Orsù,
partiamoci di qua un'altra volta, e ritorniamo a godere quella seconda
vita che ci è data, e usciamo di questa terra, nella quale io sento che
in questo poco tempo ho avuto molti pensieri, come se fossi ancora
nel primo corpo." Così dicendo, volai un'altra volta allo insù, e me ne
ritornai per ispaziare libero ne'luoghi di prima. Ma mentre ch'io lieto
me ne andava volando, mi abbattei ad una figura che parea fatta di
creta, senza un colore al mondo, la quale apriva la bocca e articolava
parole; ed affacciatasi a me, mi disse: "Ove ne vai? arrestati. Non è
ancora il tempo che tu possa spaziare a tua volontà in questi immensi
luoghi del cielo." — "Or qual se'tu," rispos'io, "che vuoi ora interrompere il mio cammino?" — "Buono! chi son io?" rispose la magra e spolpata figura.[1] "Non mi conosci tu? Io sono però stata teco parecchi anni."
E così dicendo, sdegnosamente spinte le labbra in fuori, e fatto con esse
l'atto di chi succia un uovo o qualche liquore, la mi trasse in sè e im-
prigionò tra le membra sue; nelle quali trovandomi presso che al buio,
m'avvidi ch'io dovea movere le braccia e le gambe di prima, affacciarmi
a que'primi occhi, a que'primi orecchi, e finalmente affacchinarmi a
condurre qua e colà quel primo Velluto; di che ebbi tanto dispetto,
che mi svegliai, e mi ritrovai tra le lenzuola in sul far dell'alba tutto
sudato, e udii all'uscio lo stampatore ch'era venuto pel foglio.

Questo capriccio mi stornò dallo scrivere quanto avea promesso nel
passato foglio intorno all'imitazione de'nostri poeti italiani. Oltre di
che non si può tal materia trattare, senza vestirla con qualche poco
di garbo, nè si può vestirla di qualche grazia, senza pensarvi prima
un poco. In altro modo la cosa riuscirebbe da scuola: e la mia intenzione si è di cercare, almeno quanto posso, di dilettare. So che alcuni
dicono: "Oh! che diletto dài tu col tuo scrivere? Quando ci fai ridere?"
Di varie qualità sono i diletti. E gli animi forniti di gentilezza sanno
ben essi in che sia posto il vero intrattenimento dell'intelletto, ai quali
io fo professione di scrivere. Questi sono quelli i quali mi animano, ed
a'quali è sempre rivolto il mio pensiero mentre ch'io scrivo. La costanza che hanno avuta sempre nell'accogliere le cose mie, mi fa cuore
a proseguire; e da loro solamente prendo la norma delle mie scritture.
Ci sono alcuni i quali vorrebbero cosette più dozzinali e popolari; alcuni altri che le desiderano più massicce e di polso. Io sto tra i primi
e i secondi, vestendo con una vernice popolare certi pensieri, a' quali
s'io appiccassi varie citazioni greche e latine, si vedrebbe che hanno
forse più del massiccio di quello ch'altri pensa; e che alle volte io
duro maggior fatica a tirare gli argomenti allo ingiù, che s'io volessi
andar dietro ad essi e ad alto seguirgli. Ma chi fu mai che scrivendo
desse nell'umore ad ogni uomo? Niuno. E di rado i lettori si prendono la briga d'esaminare l'artifizio con cui una scrittura è guidata.

---

[1] *La magra e spolpata figura* ec. Tale fu il Gozzi, secondo il ritratto fattone dall'abate
Angelo Dalmistro che gli fu discepolo ed amico.

O bene o male ch'io l'usi, questo è uno de'miei maggiori pensieri, e cerco di rinnovare argomenti vecchi, non essendone rimasi di nuovi da parecchi secoli in qua: e chi dice di trattare cose nuove, inganna. Noi siamo venuti tardi, e a rappezzare l'altrui. Chi mi domandasse quello ch'io fo, rappezzo. Chi mi chiedesse: " Credi tu d'essere perciò un bell'ingegno? " risponderei: Io sono un ingegno come gli altri. Nè mi tengo da più, nè da meno di quanti altri scrivono al mondo. Quelle cose che dico io, le dicono tutti gli altri; nè vi ha altra differenza, che uno le veste di versi, un altro di storia, un altro di romanzi, chi di lettere, chi di trattati. Io fo loro come vestette di sogni, di capricci, di dialoghi, e d'altre fantasie a mio modo, facendo conto di essere un sarto; e ad ogni modo le vanno attorno anche così vestite o mascherate. E s'io potessi vivere parecchi anni, forse le vedrei andare in mano di altri sarti ancora, come ho veduto spesso delle cose mie, comecchè fino a qui non abbia detto nulla. Ma che mie? Tutti gli argomenti sono del comune.

N° XX.   A dì 10 aprile 1762.

> Similemente al fumo degl'incensi
> Che v'era immaginato, e gli occhi e 'l naso
> Ed al sì ed al no discordi fénsi.
>
>   DANTE, *Purg.*, c. X.

ARISTOFANE E IL MANTEGNA[1] PITTORE.

Aristofane. Tu solo, o valent'uomo, potresti nelle occorrenze mie aiutarmi; e perciò io vengo a te, acciocchè con la tua intelligenza provvegga me di quel lume che non potrei avere da me solo.

Il Mantegna. Tu sai, o Aristofane, quale sia stato sempre il legame fra l'arte tua e la mia. Tu fosti nel mondo poeta, io pittore. Queste arti sono sorelle, ond'è nata di ciò fratellanza fra noi. Chiedi ad ogni modo, chè tu mi ritroverai sempre pronto a' tuoi cenni.

Aristofane. Ti ringrazio. In breve, ecco il bisogno mio. Ho ricevuto questa lettera dal mondo. Me la scrive Poesia. Ascolta.

« Amatissimo figliuolo.

» Tu avesti sempre uno squisito sapore nell'arte mia. Ricordomi di quel tempo in cui facesti con sì bella e nuova invenzione discendere costaggiù, in una tua commedia, Bacco,[2] a fare un'egregia e veramente saporita censura de'poeti tragici d'Atene. Il tuo giudizio da quel tempo in poi venne grandemente stimato sul monte di Parnaso. Ora io mi raccomando a te. Aggírati fra le conversazioni delle poetiche ombre,

---

[1] *Aristofane e il Mantegna.* Quanto ad Aristofane vedi la nota a pag. 221. Il Mantegna fu celebre pittore del secolo XV, nato a Padova nel 1431, morto a Mantova nel 1506. Si noti che questo dialogo e il seguente adempiono alla promessa fatta dal Velluto nel numero XVIII.

[2] *Facesti discendere Bacco* ec. Nella commedia intitolata *Le Nubi*, una delle più saporite d'Aristofane.

e vedi se tu ne potessi rimandare al mondo alcuna delle più massicce.
Ti direi che tu procurassi di rimandarci Omero, o il Milton;[1] ma l'uno
fu greco, e l'altro inglese, e la mia intenzione si è che quello che tu
rimanderai, sia italiano, volendo io che l'Italia ne sia rifornita: vedi
qual di loro sarebbe più al caso. Egli è il vero che potrei eleggere io
medesima; ma le varie opinioni ch'io odo quassù, m'hanno così con-
turbato e posto sozzopra il cervello, che non ho più fiducia nel mio
discernimento. Chi vuole che l'arte mia sia ad un modo, chi ad un
altro. Chi viene al mio tempio[2] ad offerirmi ciondoli, liscio, nèi, ghirlande di fiori, mazzolini d'erbe e altre chiappolerie da fanciulli, e di
questi ho io il tempio ripieno, che cantano sempre canzonette, madri-
gali, sonettini, de'quali ho sì pieni gli orecchi, che n'ho intronato
l'intelletto. Alcuni fanno una gargagliata[3] di materie di nessuna importanza, tirate in alto con le carrucole di certi paroloni che non hanno
altro che suono e romore, i quali tolti via dall'argomento, ne rimane
una cesta d'ossicini senza midollo, ch'io non so come poteano starsi
l'uno all'altro congiunti; anzi una nebbia leggerissima che se ne va
in aria. La somma è, ch'io sono stordita e quasi impazzata, nè da me
certamente sono più atta a giudicare il bene e il male. Quanto io ancora conosco, si è che a questo modo l'Italia non si fa più onore appetto all'altre nazioni: e quello di che ti maraviglierai grandemente,
si è che nella Germania,[4] in que'freddi e rigidi climi, dove gl'impetuosi
venti soffiano continue procelle, e nuvole che rovesciano nevi e pruine,
si sono oggidì innalzati gl'ingegni, e hanno adattato quel loro faticoso idioma alle dolcezze dell'arte mia, sicchè escono prelibati poemi,
i quali vengono dall'altre nazioni ne'loro linguaggi trasferiti. Io non
posso dimenticarmi di quel grande amore che portai sempre all'Italia,
dalla quale venni per lungo tempo onorata; e mi duole grandemente
di vedere che le Muse a poco a poco l'abbandonano, e se ne vanno
ad abitare fra le altissime montagne settentrionali,[5] scherzando più

---

1 *Milton.* Uno dei più grandi poeti inglesi, nato a Londra nel 1608, morto nel 167*.
Fu segretario di Cromwell, alla morte del quale perdette l'ufficio suo; e già cieco fino
dal 1652, passò gli ultimi anni nella miseria, componendo opere letterarie, tra cui lo rese
immortale il *Paradiso perduto*, magnifico poema che ha per argomento la prima colpa de'
nostri progenitori per la quale furono cacciati dal Paradiso terrestre.
2 *Chi viene al mio tempio* ec. Qui canzona l'Arcadia e l'infinita insulsaggine delle sue
poesie pastorali, altrettanto vuote di pensiero, quanto sdolcinate nella forma.
3 *Alcuni fanno una gargagliata.* Costoro sono i Frugoniani, famosi per rivestire di
versi sonori e gran paroloni argomenti e pensieri spesso piccini. V. a questo proposito
il dialogo a pag. 394.
4 *Nella Germania.* Verso la metà del secolo scorso avveniva in Germania un importante rivolgimento letterario, in virtù del quale lo studio dei classici e la ricerca della
naturalezza si sostituirono alla sino allora prevalente imitazione dei poeti secentisti italiani e francesi. Il primo che inaugurò questa riforma fu il Klopstock (1724-1803), scrittore che alla schiettezza del sentimento unisce la semplicità elegante della forma. Compose odi, drammi, tra i quali il più noto è la *Morte d'Adamo*, e un poema, la *Messiade*,
che ha per argomento la morte e la risurrezione di Cristo. Accanto a lui Salomone Gessner
di Zurigo (1730-1783); celebre per gli *Idillii* e pel dramma la *Morte d'Abele*, evidentemente
inspirato a quello di Klopstock. Quantunque il Gozzi non sapesse di tedesco, pure non
gli era ignoto questo rivolgimento letterario di Germania, al quale poteva tener dietro
nelle traduzioni francesi che allora affluivano a Venezia; difatti nella *Gazzetta Venet*
pubblicò un estratto e un elogio della *Morte d'Abele* del Gessner; e nel *Mondo morale*
inserì una sua invero eccellente traduzione della *Morte d'Adamo*.
5 *Le Muse se ne vanno ad abitare* ec. Lo stesso pensiero aveva già espresso il Gozzi
in uno dei suoi Sermoni, quello *Contro il gusto d'oggidì in poesia*, nel quale ci mostra
«.... le divine alme sorelle | Preste a fuggirsi e ad apprestar Parnaso | In gelate nevose
Alpi tedesche | E a vestir d'armonia rigida lingua.»

volentieri per tutto altrove che ne' lieti e fioriti italici giardini, dove parea già che avessero posta la sede loro. Fratel mio, mi ti raccomando: fa'elezione costaggiù a tuo piacere d'alcuno; esamina un certo antico Dante, un certo meno antico Petrarca; vi troverai un Ariosto, un Tasso, che furono già colonne dell'arte mia. Pensa qual d'essi potesse giovar meglio alla mia intenzione. Bilancia, misura, e fa' quello che credi meglio. Mi ti raccomando. Addio. »

Il Mantegna. Poesia, fratel mio, in questa così lunga lettera t' ha dato una gran faccenda.

Aristofane. Egli è appunto per questo ch'io ti domando in ciò l'opera tua.

Il Mantegna. Buono! Fui fors'io poeta?

Aristofane. No, ma tu fosti pittore; e sendo stato tale, sei anche obbligato a riconoscere quali sieno le belle e le buone parti della poesia, sorella carnale della tua arte.

Il Mantegna. Oh! questo vorrei io ben sapere, che un pittore fosse obbligato ad essere poeta.

Aristofane. Non ti dico questo io, ma dicoti solamente che tu se'obbligato a sapere quali sieno i buoni poeti e quali i non buoni.

Il Mantegna. In qual forma?

Aristofane. In questa. Odimi; e rispondi. Quali cose dipingevi tu quando eri al mondo?

Il Mantegna. Tutte quelle che mi cadevano sotto agli occhi: case, castella, alberi, uomini, donne, animali, uccelli, aria, sole, stelle.

Aristofane. E donde traevi tu tutte queste cose?

Il Mantegna. Da natura, dov'io le vedea.

Aristofane. E con quale artifizio le traevi tu, per così dire, di mano a natura, per riporle sopra una muraglia, o sopra una tavola?

Il Mantegna. Stemperava certi colori principali, e di poi gli accozzava insieme, e ne facea riuscire tutto quello c' hai udito.

Aristofane. E sai tu che tu non facesti altro, fuorchè quello che fanno i poeti? Eglino ancora altro non fanno che dipingere quelle stesse immagini che tu solevi; se non che in iscambio dell'accozzare insieme colori, hanno la tavolozza dell'abbiccì, e tante volte e così diversamente accozzano le lettere di quello, che dipingono, come i pittori con le loro terre;[1] e fanno quadri a parole. Ti ricordi d'aver mai letto Dante?

Il Mantegna. Sì, io lessi l'opere sue, e me ne ricordo benissimo.

Aristofane. Or bene, poichè te ne ricordi, considera il poema di lui, secondo l'intenzione della pittura, e dimmi s'egli fu buon pittore.

Il Mantegna. Lasciami un poco rientrare in me medesimo, sicchè concentrato ne'pensieri miei, io stia così un pochetto rugumando ed esaminando da me e me.

Aristofane. Sì: fa' pure. Oh! quali atti fai tu? Egli mi pare che tu abbia appunto innanzi a te una tela, e che tu faccia quegli stessi cenni che faresti se tu dipingessi. Ah! ah! tu aggrotti le ciglia, e pigni il viso in fuori! Questo è buono indizio. Egli ti par di vedere.

Il Mantegna. Aristofane, io ti ringrazio di cuore: tu m'hai fatto

---

[1] *Con le loro terre.* La più parte dei colori usati dai pittori, massime negli affreschi, sono minerali.

avvedere di cosa della quale non mi sarei avveduto giammai. Costui fu uno de' più massicci, vigorosi e nerboruti pittori che fossero al mondo. Oh che colpi maestri! Oh che tratti da grande uomo! baldanzosi, maschi, sicuri, senza timore! Dante, benedette ti sieno le mani e la fantasia.

Aristofane. Trovi tu dunque che la fantasia sua sia capace?

Il Mantegna. Più di qualunque altra ne avesse mai l'Italia. Ti par poco ch'egli l'avesse di tanta forza, che sdegnando una comune e dozzinale invenzione, immaginasse di spiccarsi dal mondo in cui viveva, per discendere colla mente in Inferno, entrare nel Purgatorio, e salire in Paradiso? Non vedi tu quanto vigore egli dovea sentirsi a bollire nel sangue, e quanta attitudine egli dovea avere ad ogni genere di pittura, dappoi ch'egli intraprese di ritrarre orribilità maggiori di tutte l'altre, di far quadri compassionevoli, e finalmente di dipingere bellezze tali, che ogni altro occhio d'uomo non avrebbe potuto durare in faccia a quelle. Vedi tu quanta varietà? Egli si suol pur dire che ogni uomo ha la sua attività particolare; per modo che alcuni riescono felicemente a dipingere animali, chi selve, chi paeselli, chi uomini; costui fu sì valente uomo, che seppe dipingere ogni cosa, e tale, che non di leggere, ma di vedere ti sembra quello che leggi, anzi di veder l'anima a vivificar le sue pitture; sì che tutto è movimento e vita.

Aristofane. Tutto è movimento, è vita? In qual modo? Dimostrami.

Il Mantegna. Che vuoi tu ch'io dica? Egli è tutto pittura. Io te ne posso addurre un picciolo esempio del suo libro. Come avresti detto: Io avea trentacinque anni; mi ritrovava avviluppato ne' vizi, vedeva la virtù, volea seguirla: lussuria, superbia, avarizia mi contrastavano; mi valsi della ragione per fuggire da' vizi, e divenire virtuoso?

Aristofane. Che ne so io? Appena la mi sembra materia da pittura a me.

Il Mantegna. E tuttavia di questa materia semplice e morale egli si formò l'invenzione d'un quadro di strade, di selve, di monte e d'animali, così bene regolato, e con tanta vivacità dipinto, che pare piuttosto cosa viva che pennelleggiata. Eccoti. La metà della sua vita nella sua fantasia è divenuta un cammino, i vizi un bosco intralciato, la virtù è uno splendore di sole che veste co' suoi raggi un alpestre colle, la lussuria è una lonza, la superbia un lione, l'avarizia una lupa, la ragione Virgilio. Vedi quadro ch'è questo! Com'è tutto animato! Immaginalo: due figure d'uomini quivi sono le principali, uno combattuto da tre fiere, impacciato dalla selva, spaventato dal timore di vicina morte; un altro che con atto di cortesia gli promette aiuto, uno splendore di sole che un dirupato monte illumina co' suoi raggi. Qual altro quadro vorresti che meglio ti movesse il timore, la compassione, e destasse in te la speranza? E sappi ch'io non t'ho detto a mezzo la sostanza d'esso quadro, la quale non si può dipingere con altre parole, che con le sue proprie, e non si può bene scoprire, chi non la vede quale è uscita del suo proprio cervello.

Aristofane. A quello che tu brevemente mi narri, egli mi pare di comprendere in questo poeta quel cervello ch'ebbe già il nostro Omero, il quale vestiva le passioni e gli affetti naturali con nuove e mirabili figure, dando loro corpo e attitudini varie e piene di magnificenza: nel che veramente io stimai sempre che stesse riposta la vera poesia. Anzi io medesimo tenni sempre questo modo, come potresti vedere se

tu leggessi le mie commedie; ma non trattandosi ora di me, lasciamo
andare quel che fec'io, e ragioniamo di Dante. Quasi quasi indovinerei
qual fosse la qualità del suo cervello.

Il Mantegna. Dimmelo, e io ti dirò poi se tu avrai dato nel segno.

Aristofane. Egli, per quanto ne posso giudicare, dovette essere una
di quelle teste che se ne vanno tutte in fantasia ed in immaginazione,
di quelle che ritrovano certi loro idoli co'quali vestono tutti quegli
oggetti che s'appresentano innanzi a loro; i quali idoli divengono, per
così dire, corpo delle pensate che fanno, e toccano più gagliardamente
l'animo degli ascoltatori; essendo egli certo che molto più di movimento, di vita e d'azione può ricevere una figura corporea dall'imitazione, che le cose astratte ed intellettive, per quanto sieno belle ed
ingegnose. Per la qual cosa non potrà mai essere perfetto poeta colui
il quale non avrà tale fantasia, e così atta a ridurgli a corpi dinanzi
tutte le sue intenzioni; imperciocchè dovendo egli principalmente dilettare, non potrebbe mai pervenire a questo grado, se non alletta e
non incatena i sensi, i quali non saranno mai arrestati altro che da
oggetti visibili, palpabili e soggetti finalmente alla facoltà de' sensi.
La fantasia di Dante avea questo bellissimo dono; e andò per quella
medesima via che fu calcata da' maggiori poeti, i quali, seguendo il
principio da me detto, diedero membra e corpo ad ogni cosa. Può, è
vero, l'armonia de' versi confortare l'orecchio, se essa descriverà le
limpide acque d'un fiume che scorre, o il soffio de'venti che mormora
tra le selve; ma darà bene altro diletto la pittura d'una Naiade[1] ap-
poggiatasi all'urna, dond'escono l'acque di quel fiume, e d'Eolo che
spalancata una prigione, lasci andare in libertà i venti, i quali in figura
di Geni o Demoni mettano sossopra il mondo co'soffi loro. Dimmi, dico
io il vero? Fu di questo genere la fantasia di Dante?

Il Mantegna. Sì, fu: e tu di'bene. Nelle sue mani ogni cosa prendeva nervi, polpe, ossa e sangue. E quello che più ti farebbe maravigliare, si è che le parole sue medesime hanno un colorito pieno di tanta
forza, che tu diresti le cose sue essere più presto scolpite, che dipinte.

Aristofane. Quanto è alle parole, io ho sentito a dire che le sono
dure, stiracchiate, e di quelle che non sono mai state al mondo altro
che in sua bocca.

Il Mantegna. Tu l'avrai sentito a dire a certi novellini poeti, i
quali con cento vocaboli d'erbe, di fiori, d'acque e d'altre coselline
scrivono ogni loro argomento. Egli è il vero che le voci usate da lui
sono oggidì antiche, ma non lo erano a'tempi suoi, ne'quali ogni scrittore contemporaneo le usava.

Aristofane. Orsù, non altro. Vediamo un poco quali siano gli altri
poeti.

---

[1] *Può, è vero* ec. I poeti moderni che dal contatto dell'anima loro con l'anima latente
delle cose traggono così copiosa fonte di poesia, poesia che ha per base la rappresentazione
oggettiva della natura, non accetterebbero certo queste parole del Gozzi; ma il Gozzi apparteneva a quella scuola di poeti, più tardi chiamati classici, che credevano non potersi
rappresentare i fatti naturali altrimenti che con personificazioni e simboli; onde l'abuso
di tutta quella mitologia contro cui si levarono poi i romantici.

N° XXI.   A dì 14 aprile 1762.

Non refert quam multos, sed quam bonos habeas.
Sen., *Epist. XLV.*
Non importa che sieno molti, ma buoni.

ARISTOFANE E IL PETRARCA.

Aristofane. La notizia ch'io ebbi dell'umore di Dante, ch'anche tra queste ombre conserva non so che del fantastico, del rigido e dello strano, mi ritenne dal favellare a lui medesimo; ma non ho già teco questo sospetto, o gentilissimo Petrarca, il quale ne'costumi tuoi conservi anche quaggiù certi delicati modi e certa cortesia, che non veggo in altri poeti. Per la qual cosa ho affidato a te liberamente il segreto scrittomi da Poesia; e ti prego che tu medesimo mi spiani quali furono le tue regole e i modi tenuti da te nel comporre i tuoi versi. Tu sei schietto, e di buona pasta; so che lo farai volentieri.

Il Petrarca. Quantunque io m'arrechi a grandissimo onore che tu venga a me a ragionare d'un'arte ch'io esercitai su nel mondo, imperciocchè in tal modo dimostri di far qualche conto dell'ingegno mio; sappi però ch'io non mi lascio punto traportare dalla vanagloria. E quanto è a poesia, io terrò sempre per mio padre e maestro quel Dante che tu hai nominato; da cui, non altrimenti che da una fonte, uscirono dopo la morte di lui in Italia le scienze e le buone arti, delle quali, dopo i migliori secoli de'Latini, appena era conosciuto più il nome. Immagina ch'egli fosse tra gl'italiani ingegni una tromba che gli destasse dal sonno, anzi dalla morte, e gli facesse aprire gli occhi al raggio delle santissime dottrine, alle quali non erano più umani sguardi che s'innalzassero. Di che puoi tu vedere da te medesimo quanta fosse la forza del suo intelletto, poichè fu sufficiente a scuotere una nazione intera. Non sì tosto egli venne di qua, che nelle scuole fu preso il suo poema per le mani de'maestri, e si cominciò a farne pubbliche spiegazioni, commenti, chiose, e a snudare la sostanza sua universalmente; tanto che ne riuscirono parecchi buoni discepoli, e a poco a poco s'ampliarono le dottrine; e comecchè le sieno poi giunte a maggior luce, non si può negare che da lui non derivasse tanto bene. Sicchè tu vedi quanto io debba essere obbligato a lui, e quanta stima io debba fare del suo superlativo cervello.

Aristofane. Ed ecco un tratto di quella tua gentilezza e bontà, ch'io diceva poc'anzi. Tu non sei tocco dall'invidia; e comecchè il nome tuo sia celebrato generalmente dalle voci degli uomini, non perciò se' tu punto salito in superbia, nè vuoi combattere la celebrità del nome di lui. Ma dappoichè così pensi di te medesimo, dimmi in che ti credi tu inferiore a lui; e dimmi ancora se ne'componimenti tuoi tu credi d'avere alcuna parte, nella quale tu pensi d'essere a lui superiore.

Il Petrarca. Oh! a qual ragionamento m'inviti tu al presente? Pure, poichè a te così piace, farò volentieri quello che mi domandi. Prima ti dirò qual differenza io giudico che passasse fra'nostri ingegni. L'ingegno suo, per quanto a me ne sembra, era più caldo, robusto, e più vigoroso del mio. Tutte le cose che in esso entravano, prendevano una certa forma grande, virile e polputa, che oltrepassava ogni umana possanza. All'incontro, quelle ch'entravano nel mio, acquistavano delicatezza e una certa limatura, onde prendevano piuttosto grazia, che robustezza. E l'uno e l'altro fornimmo poi i nostri intelletti con lungo studio e con molto sudore e fatica; nel che siamo veramente uguali, e si vede che un uguale amore di gloria ci traportava. E voglio che tu sappia che a que'tempi, non senza un grandissimo stimolo di gloria si poteano imparare le dottrine, imperciocchè non erano i libri allora comuni come sono oggidì, ma pochi, e scritti a penna; sicchè s'avea a spendere gli occhi per acquistarne un picciolo numero. E appresso quando gli avevi alle mani, se ne volevi trarre il sugo, eri obbligato a leggerli da capo a fondo, imperciocchè non v'erano allora le diligentissime tavole, nè i copiosissimi indici, ne'quali per lo più i leggitori acquistano a questi tempi la loro dottrina; e vanno, come chi dicesse, alla mensa apparecchiata, prendendosi que'bocconi che vogliono, e facendo gran mostra di letterati con poca fatica. Ma lasciamo andare. Il mio antecessore si riconobbe poeta fin da' primi suoi anni; il che non avvenne a me, che cominciai ad avvedermene più tardi. L'uno e l'altro fummo renduti accorti della nostra poetica facoltà da una donna, ma egli ebbe in ciò ventura di me maggiore; perchè ne'primi e quasi puerili anni dell'età sua gli si presentò la sua Beatrice, e a me non così per tempo la mia Laura. Queste furono le due faville che accesero in noi il fuoco poetico, e alle quali siamo entrambi obbligati di quella celebrità che di noi è rimasa al mondo. Ma ciascheduno di noi fece il cammino alla volta del monte Parnaso secondo il suo diverso ingegno. Vedi grandezza e maschia forza che fu la sua! Non solo egli ripose la donna sua nell'altissima sede de'cieli; ma la immaginò sua guida per quel lunghissimo viaggio ch'egli fece in Inferno, al Purgatorio e al Paradiso; e comecchè non sempre la si vegga in ogni luogo, pure tutto è opera di lei; e colà dov'egli la fa apparire la prima volta, non è umano intelletto che potesse immaginare tanta grandezza; sicchè il nome di Beatrice, a chi legge l'opera di lui, è rimaso maraviglia e stupore.

Aristofane. Io non credo però che nel mondo sia punto inferiore il nome di Laura a quello di Beatrice. Tu l'hai con tante belle e rare lodi commendata, ch'ella è nelle memorie degli uomini viva oggidì, non altrimenti che se, fosse ancora sulla terra.

Il Petrarca. È vero: feci anch'io dal mio lato quanto potei, e mi riuscì di renderla celebrata e famosa. Ma io non voglio però gloriarmi d'aver saputo trarre dall'amor mio un onore uguale a quello di lui; perchè egli seppe dallo stimolo di quello trarre l'imitazione di mille cose di natura; e io non seppi altro fare, che dipingere l'amorosa passione in mille facce, è vero, ma sempre l'era però quello stesso originale ch'io avea davanti agli occhi, e non altro.

Aristofane. Questa è veramente tua modestia. Non si vuol però dire che quello sia il solo ingegno, il quale spazia per molte invenzioni; ma quello altresì, il quale in un argomento solo ritrova col suo acume e con la sua sottigliezza tutte quelle particolarità e circostanze che gli altri non aveano vedute. E se tu con l'intelletto tuo hai scoperto tante minute particolarità nella vita amorosa, non dirò che tu avessi minore forza dell'altro poeta. Di grazia, dimmi in qual forma dipingevi e imitavi tu co'tuoi versi l'amorosa passione.

Il Petrarca. Io avea già pure lungo tempo, come ti dissi, fornito l'ingegno mio di molte notabili cognizioni, le quali avea io già sparse in parecchi libri che durano ancora al mondo, quando mi venne veduta quella Laura, di ch'io ti parlai. Io non so come, in un subito, que' miei pensieri, che andavano prima sparsi in molte parti, fecero massa tutti in un luogo, e si rivolsero tutti a questa donna, la quale divenne più padrona dell'intelletto mio, di quel che fossi io medesimo; e fuori di lei, io non vedea altra cosa. Una sua occhiata, un cenno, un sorriso, l'andare, lo stare incominciarono a parermi cose d'importanza; onde mi diedi a dipingerle in versi, e non so in qual forma tutto quello, che studiato avea, si convertiva in ornamento delle mie pitture. Furono queste vedute dagli uomini, e piacquero; onde al pungolo dell'amore s'aggiunse anche quello della gloria; sicchè sempre più animato e traportato dall'interno vigore, mi diedi a dipingere lei e me medesimo. Io studiava allora il mio cuore, come si leggono i libri; anzi con molto maggiore attenzione, e ad ogni suo picciolo movimento di speranza, di timore, di doglia, o d'altro, intrinsecatomi in me, ritrovava infinite circostanze che abbellivano ed accrescevano le mie interne affezioni; onde tostamente le coloriva e le vestiva con le parole, imitando di fuori quel ch'io sentiva di dentro, e facendo un quadro di quello che sente ognuno. Di che avveniva che ogni uomo, vedendo la rappresentazione di quanto ha in sè, arrestavasi volentieri a vedere, e ritrovava la somiglianza de' sentimenti suoi nelle mie pitture, e maravigliavasi che ogni picciola passioncella potesse aver tanto corpo, e si potesse ridurre a ritratto; e diceva fra sè: "Egli è vero, egli è vero: vedi ch'io non m'era avveduto di quello ch'io aveva in me, e costui ha saputo cavarne figure che quasi vivono."

Aristofane. E ti pare d'aver fatto sì poco? Egli è bene il vero che tu hai preso un argomento universale, e che il vizio comune sarà stato cagione della grande accoglienza fatta all'opere tue.

Il Petrarca. No, Aristofane, no, il vizio. Imperocchè io voglio che tu sappia ch'io non dipinsi altro dell'amorosa passione, fuorchè quanto è in essa di nobile, di gentile e di garbato, lasciando indietro tutto quello che può descriversi facilmente da ogni ingegno ravvolto nello sozzure e nel fango. Molte parti sono in natura che hanno infinita bellezza, e molte bruttezza. Quell'imitatore che si dà al dipingerla, dee scegliere quanto ha di più bello, e questo imitare. Chi così non fa, non può essere chiamato buon pittore, ma di quelli che traggono la somiglianza da' difetti, dall'aggravare col pennello le sproporzioni, e fare que' ritratti che si chiamano caricature. Da ciò io mi sono guardato sempre come dal fuoco.

Aristofane. Egli si può dunque dire che tu sia stato il primo pittore di questo genere.

Il Petrarca. Di' come vuoi. Quanto è vero si è che certamente i tuoi Greci, nè i Latini che vennero dopo di quelli, non immaginarono mai di scrivere cose amorose, traendole al verso dell'onestà:[1] nè mai fu tra loro chi ritrovasse nel suo cuore que' principii ch'io pure ritrovai nel mio; comecchè fossero stati avvisati dal vostro Platone[2] che pur v'erano.

---

[1] *I tuoi Greci nè i Latini* ec. Mezzo secolo dopo il Gozzi, il Foscolo anche egli lodava il Petrarca perchè: « Amore in Grecia nudo e nudo in Roma | D'un velo candidissimo adornando, | Rendea nel grembo a Venere celeste » (*Sepolcri,* 177 e segg.).

[2] *Dal vostro Platone.* V. la nota a pag. 46.

Sicchè veramente si può dire che a' tempi nostri io fossi quel primo che con le mie pitture risvegliassi questa cognizione in Italia, la quale durò parecchi anni anche dopo la morte mia, finchè vennero nuovi poeti, i quali imitarono natura in altro modo; e io rimasi dimenticato.

Aristofane. Amico mio, a quanto tu hai ragionato fino a qui, io veggo che tanto Dante, quanto tu sareste necessari al mondo. L'uno e l'altro siete stati due egregi pittori; l'uno per li suoi colpi fieri e arditi, e l'altro per la sua dilicatezza. Ma del tuo stile tu non m'hai fino a qui detto cosa veruna.

Il Petrarca. Quanto è allo stile, ti dico io bene ch'egli mi pare in questa parte d'averne superato il mio antecessore. Io ebbi l'orecchio alquanto più armonioso di lui; i tempi miei usavano parole alquanto più purgate, soavi, e più lontane dalla corruzione, dond'erano nate. Ebbi sempre pensiero alla dolcezza, alla varietà, alla grazia, e talora anche alla forza, secondo che mi pareva che convenisse agli argomenti ch'io avea alle mani. Ma tu vedi bene ch'egli è gran diversità anche fra il descrivere le cose grandi di Dante, e una passione, come fec'io; onde non è maraviglia se in questa parte mi riuscì d'essere più soave di lui. Pensa che il mio stile non avrebbe però potuto mai dipingere l'Inferno. Nel che grandemente s'ingannerebbero tutti coloro, i quali volessero prenderlo da me in altri argomenti, fuorchè amorosi. Come sono diverse le materie, così sono vari i colori da dipingerle: e per ritrarre anche le materie d'amore non è buono il mio stile a chi non sente nel suo cuore quello che sentiva io medesimo, e a chi non guarda quella passione con quegli occhi, co' quali io soleva guardarla quando l'imitava col mio canzoniere.

Aristofane. Oh! questa, ti so dir io, sarebbe cosa difficile. Ho parlato quaggiù con parecchie ombre, le quali mi rendevano conto a' passati giorni del modo del far all'amore nel mondo; e a quanto mi parve d'intendere, quando si nomina Platone, tutti ne ridono sgangheratamente. Sicchè egli è il meglio, quando il tuo stile non è buono altro che per li Platonici, che tu rimanga quaggiù, e che vada sulla terra Dante.

Il Petrarca. Lasciolo andare volentieri, e dicoti ch'egli verrà più facilmente imitato, perch'egli ha qua e colà una certa salsa e un condimento di satira che può dar nell'umore.

Aristofane. Io ne scriverò a Poesia, e dirò ch'è stato anche tuo consiglio.

N° XXII.　　　　　　　　　　　　　　　　A dì 17 aprile 1762.

DIALOGO.

ALESSANDRO MAGNO,[1] DIOGENE E ALTRE OMBRE.

Alessandro. Egli è bene il vero che se io avessi potuto vivere più a lungo nel mondo, avrei accresciuta la mia fama, e sarei trascorso dall'un capo all'altro della terra con l'esercito mio, abbattendo città,

---

[1] *Alessandro Magno.* V. la nota 2 a pag. 178.

e soggiogando nazioni; di che avrei avuto maggior gloria che qualunque altro re della terra. Ma che s'ha a fare? Quel gran cuore ch'io ebbi nell'assalire città, nell'attaccare eserciti, egli è bene che lo porti meco anche in questo buio della seconda vita. Io non era però immortale. Quanto è alla favola dell'essere figliuolo di Giove, basta ch'io la dessi ad intendere a' soldati miei, acciocchè s'animassero nelle zuffe, e a que' goffi popoli, contro a' quali io movea l'armi, acciocchè, riputando d'avere a contrastare con la prole del sommo Giove, venissero sbigottiti e con le mani mozze dallo spavento ad azzuffarsi meco. Quello che mi duole si è, ch'essendo accostumato Alessandro ad avere un grande accompagnamento intorno e una calca di condottieri d'armi, d'amici, di servi, di schiavi, egli sia stato gittato sopra questa riva da Caronte, nudo e solo, tanto ch'io non vegga alcuno da potergli chiedere la via; e qui è un'aria così grassa e nuvolosa, che non so da qual parte debba andare.

Diogene. Alessandro.

Alessandro. Chi mi chiama?

Diogene. Colui che, standosi una volta nella botte [1] a suo grandissimo agio, ti domandò che non gli togliessi quello che non gli potevi dare. Vedi tu ora s'io ti diceva il vero? Qui non c'è sole, e tutta la possanza tua non ce ne potrebbe far entrare un raggio.

Alessandro. Tu sei dunque Diogene? Oh quanto m'è caro il rivederti. Io ti giuro che quando mi partii da te, tanto mi piacque la sapienza tua, che dissi a coloro che meco erano, che, da Alessandro in fuori, io avrei voluto essere Diogene.

Diogene. E io non avrei voluto essere altri che quegli ch'io era, perchè sapeva che tanto era infine l'essere Diogene, quanto Alessandro. Vedi tu questi luoghi? Qui scende ogni uomo; e tanto gli è l'essere stato con un robone reale intorno, e con lo scettro in mano, quanto con un mantelletto logoro e con un bastoncello. Ad ogni modo, e tu ed io abbiamo lasciato costassù ogni cosa; tu la grandezza e sontuosità delle tue ricamate vesti, ed io il mio rappezzato mantello. Non abbiamo più cencio che ci copra; il che non pare a me strano, essendo stato al mondo più vicino alla nudità, di quello che tu fossi tu, il quale, non contento de' tuoi vestiti alla greca, ti volesti anche coprire il corpo all'usanza di que' paesi, ne' quali entravi vittorioso.

Alessandro. Diogene, io avrei però creduto che ad Alessandro, anche uscito del mondo, s'avesse a favellare con miglior garbo. Non ho lasciato costassù così poca fama dell'opere mie, che non se n'abbia a sapere qualche cosa fra queste tenebre.

Diogene. Ben sai che sì, che la tua fama dee essere giunta in questi luoghi. Tu hai con lo sterminio delle tue battaglie fatte fioccare tante anime su questa riva, ch'io ti so dire che il nome tuo risuona da ogni lato. Non v'ha cantuccio in tutte queste contrade, dove tu non sia altamente commendato dell'avere spiccati i giovanetti figliuoli dalle braccia de' padri, e lasciati quegl'infelici vecchi privi del sussidio della gioventù che dovea loro giovare; sei messo in cielo da' mariti, a' quali convenne lasciar le mogli sposate di fresco in mano de' tuoi soldati; benedetto da' tuoi soldati medesimi, che per servire alla tua albagía sono discesi qua giù nell'età loro più verde e fiorita.

---

[1] *Colui che, standosi* ec. V. la nota 2 a pag. 38.

Alessandro. Quasi quasi a questo modo io crederei di non potere aver conversazione con ombra veruna. Dovrò io dunque stare da me solo a guisa d'un arrabbiato, e fuggito da ognuno?

Diogene. Di questo non dubitare. Ci sono rigide leggi di Radamanto,[1] le quali vietano al tutto il fare vendetta. Anzi voglio che tu sappia che quando uno è uscito di vita, i suoi più sfidati nemici gli perdonano ogni cosa, e non si ragiona più di quanto è stato al mondo. Sicchè vieni pure sicuramente, che tu sarai il ben venuto, quando io dirò loro chi tu sei, e verrai conosciuto. Che hai tu? Perchè taci? A che pensi così attonito, e uscito quasi di te medesimo?

Alessandro. Come? Avrò io dunque bisogno per essere conosciuto dagli amici o da' nemici miei, che tu dica loro chi io sono, e che tu mi faccia loro conoscere? Sarebbe mai anche ignoto Alessandro in queste contrade?

Diogene. Se tu non ti fossi nominato da te medesimo da principio, credi tu che Diogene t'avrebbe raffigurato? Buono per mia fè! E che sì, che tu credi di avere ancora quel viso che avevi al mondo? E se tu pensi d'essere riconosciuto per monarca, io vorrei che tu considerassi in qual modo e a quali insegne si possa conoscere qual fosse la dignità d'un uomo che non ha neppure la camicia indosso. Hai tu la corona? Hai tu lo scettro? Qual differenza è ora da te ad ogni altro uomo del mondo? Se non di' che tu se' Alessandro, che tu eri il re de' Macedoni, chi l'ha a indovinare?

Alessandro. Misero me! Sono io dunque cotanto trasfigurato da quello che soleva essere? Ma s'io non ho quella prima faccia, se qui sono disceso senza le mie insegne di re, è egli però possibile che non conoscendomi alcuno per Alessandro, non s'avvegga almeno ch'io fui uomo da qualche cosa?

Diogene. Quanto è poi a questo, tu sarai riconosciuto secondo quello che comprenderanno l'ombre dal tuo ragionare. E però abbi cervello, e ragiona da uomo; perchè così al primo si giudicherà di te, secondo quello che t'uscirà della lingua. Sai tu che ti potrebbero uscire parole, che così nudo, benchè fossi Alessandro Magno, potresti essere creduto un villano, un portatore di pesi a prezzo, un ladrone, o cos'altra somigliante?

Alessandro. Diogene, tu hai perduta la vita, ma non l'usanza tua. Ora m'avveggo io che tu mi dái ad intendere una cosa impossibile, per aver campo d'esercitare la tua maldicenza, ed essere in questi luoghi quel medesimo cane[2] che andava mordendo ogni uomo sopra la terra.

Diogene. Non la crederesti già tu cosa impossibile, se non fossi ancora gonfiato i polmoni da quel vento d'amore di te medesimo, che ti soffiò nel corpo quel tuo gran maestro delle adulazioni, Aristotile. Ma odi me: se tu non presti fede al mio ragionare, voglio che tu ti chiarisca da te medesimo. Io ho poco fa lasciato Dario[3] a ragionamento con un pecoraio. Vien meco. Io voglio che appiattáti dietro un cespuglio, stiamo ad udire quello di che favellano. Quando avrai udito, dimmi tu: questi è Dario, e quegli è il pecoraio. Ne lascio l'impaccio a te, dappoichè tu hai tanto acuto discernimento.

---

[1] *Radamanto.* V. la nota 3 a pag. 246.

[2] *Quel medesimo cane* ec. Diogene apparteneva a quella scuola di filosofi che dal nome greco del cane furono chiamati cinici, perchè mordevano senza riguardo uomini e cose.

[3] *Dario.* V. la nota 3 a pag. 179.

Alessandro. Della buona voglia. Non potrebb'essere che i sentimenti del pecoraio avessero in sè la grandezza di quelli d'un re, o che quelli del re fossero vili come quelli d'un pecoraio. Andiamo.

Diogene. Non importano le parole, dov'è vicina la sperienza. A'fatti. Quanto c'è di buono, si è che l'ombre non indugiano troppo a camminare, per la loro leggerezza. Eccoci. Appiáttati dietro a questo macchione. Vedi tu? L'uno è Dario, e l'altro il pecoraio. Esaminagli prima bene; e dimmi se tu sai stabilire a veduta qual di essi sia il re, e quale il custode delle pecore.

Alessandro. A dirti il vero, io non so fare questa distinzione. Niuno d'essi ha panni intorno; nè veggo negli aspetti loro segno veruno che me ne avvisi.

Diogene. Zitto dunque, e ascolta.

Pecoraio. Non è così gran cosa il signoreggiare i popoli, credimi, quale tu di' ch'ella è. Io non saprei teco meglio esprimcre la mia intenzione, che dipingendoti innanzi agli occhi un branco di pecore. Se tu immagini che le genti sieno quasi le tue pecorelle, eccole sotto ad un governo felice. Incontanente tu avrai cura di custodirle per modo che i lupi non le trafughino, che i ladroni non tendano ad esse insidie, con grandissima cautela le condurrai poco da lungi dall'ovile; tutte tutte le conoscerai, tutte le avrai care. Le guiderai per le vie più sicure, e fuori d'ogni pericolo; renderai pieghevoli alla tua voce i cani, sicchè, quasi secondi pastori, ubbidiscano a'comandamenti tuoi. Pensa, e vedrai che in questa immagine io ho spiegato in breve quello che debba essere un buon pastore di popolo.

Dario. Bene. Ma tu, a quanto mi pare, vorresti che gli uomini fossero vôti d'ogni pensiero di sè medesimi. E egli mai possibile che in tanta grandezza non pensino a prendersi ogni sollazzo? Egli è però un bel che quel vedersi a nuotare, per così dire, nell'oro, essere attorniati da una schiera di femmine, far laute cene, tracannare in tazzoni d'oro e d'argento: quando un povero guardiano di capre appena ha di che cavarsi la più menoma vogliuzza, e a stento ritrova di che vivere, ed ha sempre a pensare e a storiare per mantenere un branco di bestie.

Diogene. Hai tu udito, Alessandro? Che ti pare? gli hai tu conosciuti?

Alessandro. Ben sai che sì. Non udisti tu come quel primo, avendo a fare con un pecoraio, seppe ingegnosamente accomodarsi alla sua intelligenza, e con la comparazione delle pecore descrivergli molto bene la forma del reggere i popoli? All'incontro l'altro, il quale vivendo in una povera vita, non ha mai potuto cavarsi una voglia, ripieno ancora di tutte quelle che avea quando era su nel mondo, non ha altro pensiero, che le ricchezze ed i passatempi. Il primo è Dario, il secondo è il pecoraio.

Diogene. Dario.

Dario. Chi è di qua, che mi chiama?

Alessandro. Oh! oh! maraviglia ch'è questa! Quel primo fu il pecoraio.

Diogene. Non è già maraviglia a chi è accostumato a sì fatte usanze. Vieni, ch'io non ho ora voglia d'entrar qui in altri ragionamenti. A me basta che tu abbia fino al presente potuto comprendere che, deposti i vestiti ricchi e risplendenti, è difficile che l'uomo si faccia altrui co-

noscere per quello che egli era manifesto al mondo. Ma sta' sta', ch'io
odo a parlare di qua. Udiamo.

> *Un Poeta.*　O chete ombre e felici, in voi ritrovo
> Quel ben che innanzi a me, dov'era luce,
> Metteva l'ale e mi sparía dagli occhi.
> Non ha qui alcun del mio più vago aspetto,
> Nè per felicità d'oro o di stato
> Ha più di me chi innanzi a lui s'inchini.
> Oh! eterna bilancia della Morte
> Che tutti eguagli! Ed io misero e cieco
> Pur tremar mi sentía le vene e i polsi
> Sol quando udiva a ricordar tuo nome.
> Ora, signor di questo spazio immenso,
> Dove m'aggrada più, volgo i miei passi,
> È solo a me ritrovo ombre simíli.
> Ben era il ver che fu mia vita un nodo
> Di nervi e d'ossa, onde ristretto e avvinto
> In carcer giacqui; e tu che mi sciogliesti,
> Estremo dì, mia libertà mi desti.

Diogene. Chi ti pare che sia costui?

Alessandro. A me pare che sia un poeta.

Diogene. E non t'inganni. E pure tu vedi, egli se ne va nudo, come
tutte le altre ombre. Ma io voglio che tu sappia appunto essere questa
di qua la differenza che passa fra tutte l'altre condizioni degli uomini,
e quella che in sua vita attese alle scienze, alle buone arti. Quantunque tu vegga così fatte ombre andarsene senza panni indosso nè buoni
nè tristi, appena tu le avrai udite a favellare, tu conoscerai benissimo
qual fosse la loro professione: e se non saprai particolarmente i nomi,
sì intenderai al primo aprire di bocca che faranno, qual d'essi sulla
terra i nobilissimi studi della filosofia nella sua mente ricevesse, quale
delle passate azioni degli uomini la memoria si riempiesse, chi d'eloquenza si fornisse, e in somma chi l'una parte o chi l'altra dei doni
delle santissime Muse[1] eleggesse, per guernirsene l'intelletto. Il che
non avviene dell'altre ombre che quaggiù discendono, le quali prima
d'essere note, quantunque sieno state al mondo celebrate, debbono palesare il nome, il casato, e dire tutt'i fatti loro.

Alessandro. Diogene, io mi ti confesso molto obbligato, che essendo
io venuto in un paese nuovo, tu sia stato il primo ad avvisarmi delle
sue costumanze. Tu mi scacciasti dinanzi a te nel mondo; ma io ti
prego non ispiccarti mai, in questo, dal mio lato.

Diogene. Volentieri. Andiamo, ch'io ti faccia conoscere all'altre ombre, acciocchè tu possa avere conversazione.

---

[1] *I doni delle santissime Muse.* Avviluppata perifrasi per dire i vari studi.

DIALOGO.

Molte Ombre e l'Osservatore.

Ombre. Mano a' sassi, a' cepperelli,[1] a' mattoni; prendiamo cocci, tegoli, e tutto quello che ci si presenta. La furia ci somministri l'arme.[2] Su; azzuffiamoci tutti contro cotesto Osservatore, al quale non bastano gli uomini che vivono, ma l'attacca fino a noi che siamo sotterra, nè le migliaia e centinaia d'anni dopo la nostra caduta ci salvano dalla sua penna. Dov'è egli cotesto bell'umore? Dappoichè Radamanto[3] ci ha conceduto di poter venire al mondo per questa giornata, impieghiamola a fare la nostra vendetta. Lapidiamolo. Gli sia spezzato il teschio, vediamo quello ch'egli ha in quel suo cervello sturbatore della nostra pace; e giacchè egli ha così gran voglia di favellare de' fatti nostri, facciamolo discendere fra noi, dove ci potremo almeno difendere dalle sue ciance. Su, compagni; su, amici.

Osservatore. O somma possanza del divino Giove! Dove sarei io mai giunto al presente, se, a quello che mi par di vedere, a costoro non mancasse la vista? Io son pure vicino a loro; e tutti hanno qualche cosa in mano per avventarmela contro, e tuttavia non sanno dove io sia, e vanno, come ciechi, qua e colà braccheggiando, senza tener mai cammino diritto. E egli possibile che paia loro d'aver occhi? Rimarrebbe mai anche dopo morte la presunzione negli uomini di poter fare quel che non possono? Non s'avveggono essi punto c'hanno vote le occhiaie, come anella senza gemma? Ad ogni modo però egli è male l'avere a fare con ciechi arrabbiati. S'eglino s'avvedessero mai ch'io sono qui presente, so che menerebbero le mani d'una santa ragione.

Ombre. Di qua è chi favella. Facciamo cerchio intorno a questa voce. Alto. Chi va? Arrèstati. Chi sei tu?

Osservatore. Oh! chi io mi sia non lo dirò loro così in fretta.

Ombre. Chi sei tu? Favella. Sbrìgati, spàcciati.

Osservatore. Il nome mio è cotanto oscuro sopra la terra, che quando anche io ve lo dicessi, non sapreste chi io mi sia; nè gioverebbe ch'io vi facessi un lungo ragionamento intorno a' fatti de' miei maggiori, i quali non fecero mai opere cotanto solenni, che ne sia rimasa memoria al mondo, o se le fecero, non ne fu lasciato registro da loro, nè da altrui; e però sarebbe invano ch'io vi dicessi quello che mi domandate.

Ombre. Taci il nome tuo in malora, quanto tu vuoi; ma di' almeno se tu conosci chi sia, e dove abiti un certo lunatico e strano umore, il quale s'è intitolato l'Osservatore.

Osservatore. Mettete giù le pietre e l'altre armi che voi avete in

---

1 *Cepperelli.* Tronchi sottili.
2 *La furia ci somministri l'arme.* È il virgiliano: *Furor arma ministrat (Eneide).*
3 *Radamanto.* V. la nota 3 a pag. 246.

mano. Voi mi parete tutti in collora, e io non sono uomo da appiccare
conversazione con genti alterate dall'ira.

Ombre. E ci dirai tu chi egli sia, senza punto mentire?

Osservatore. Sì, ve lo dirò.

Ombre. Ecco fatto. Sono a terra l'armi. Favella. Lo conosci?

Osservatore. Lo conosco. Voi avete a sapere che non solo egli è noto
a me, ma ch'io so tutti i fatti suoi, e fino i suoi più intimi pensieri.
Io l'ho anche rimproverato più volte, ch'egli si dia le brighe degl'impacci, e siasi dato a scrivere certi suoi fogli, ne' quali, non so se
vi sia stato detto, va sfogando non so quante fantasie, ora intorno
a' costumi degli uomini, e talora intorno a certi particolari appartenenti alle buone arti. "Lascia correr l'acqua alla china, lasciala andare,"
gli ripeto io più volte. Ed egli mi risponde: "Tu hai ragione, così dovrei fare, ad ogni modo siamo a quel medesimo, e veggo ch'io di-
guazzo l'acqua nel mortaio. Ma che credi tu però ch'io lo faccia con
isperanza di produrre buon effetto veruno? Hammi tu per così fuori
del cervello? Credi tu mai ch'io possa darmi ad intendere che dopo
sì gran numero di libri che inondano la faccia della terra, scritti da
tanti valentuomini, dettati con sì profonda scienza, sia riserbato l'onore
a certe poche carte vergate in fretta di riformare il mondo? Non mi
giudicare per così privo di giudizio. Sai tu quello ch'è? Tu vedi ch'io
fo una vita solitaria, lontana dal rumore del mondo, non so se per
mia elezione, o per dispetto. Pensa che vivendo a questo modo, io
debbo a poco a poco raccogliere nel capo vari pensieri, e che questi
hanno a uscire. Gli altri uomini aprono l'uscita a quello che hanno
nel cervello più fiate al giorno, per le case, per le botteghe, e ripongono negli orecchi de' loro conoscenti qua venti parole, colà cinquanta,
da una parte due, da un'altra quattro, tanto che la sera se ne vanno
a letto quieti, e con la testa vota che non dà loro un fastidio al mondo,
e dormono agiatamente fino alla mattina. In iscambio di compartire
le parole mie tante per ora, o per giorno, io l'ho divise in due parti:
l'una parte delle quali le profferisco tutte il mercoledì, e l'altra il sabato; tanto che la domenica, giorno di riposo, ritrovomi libero e sgra-
vato d'ogni pensiero, e colla testa vacua, quanto ogni altro che abbia
mandato fuori per la lingua quello che avea dentro, per tutto il corso
della settimana, minuzzandolo d'ora in ora e di minuto in minuto."
"Bene," rispondo io allora, "ti concedo che ogni uomo sia il padrone della
sua lingua, e possa a qual ora egli vuole, o tacere, o cianciare; ma
qual fantasia è questa tua, ch'egli pare che tu non abbia altro a dire,
che di costumi, o di lettere?" — "Oh! oh!" ripiglia; "e che? Pare forse
a te ch'io ragioni d'altro, che di quello che dice ogni uomo? Se tu po-
nesti mai mente a quello che dico io, e a quanto dicono gli altri, tu
vedresti benissimo che questi sono gli argomenti comuni. Sai tu qual
diversità passa fra il mio favellare e l'altrui? Che favellando le genti
fra loro, mettono a campo un fatto particolare, e s'internano con le
forbici nelle viscere del prossimo, a tanto che chi capita loro fra l'ugne
n'esce scorticato e sventrato; laddove io prendendo a meditare qualche punto di morale, senza avere in mente nè Girolamo, nè Salvestro,
ma solamente in universale quel pezzo di carnaccia del cuore umano,
vo descrivendo quello che me ne pare. E quanto è alle lettere, dappoichè ogni uomo ne tratta per diritto e per traverso, credo di poter
anch'io manifestare la mia opinione."

Ombra d'Alessandro.[1] Tu menti per la gola, ch'egli non ferisca alcuno particolarmente. Non sono passati ancora quattro giorni, che, non curandosi punto del nome mio, nè di quelle infinite lodi che mi diedero già Plutarco e Quinto Curzio,[2] egli ragionò di me non altrimenti che s'io fossi stato un uomo del volgo; e io non so se a te è noto ch'io sono Alessandro Magno.

Osservatore. Oh! io ho caro quanto più aver si possa di vedere il vincitore di Dario, la cui fama dopo tanti anni è al mondo verde e fiorita! Ma come può egli essere ch'ei t'offendesse?

Ombra. Pare a te poco ch'egli s'ingegnasse di provare che io fui da qualche cosa solamente, perch'io avea intorno i vestiti regali; e che solamente i vestimenti sono quelli che fanno distinguere l'un uomo dall'altro? Imperciocchè tutto quell'aggiramento di parole non significa altro che quanto t'ho detto.

Osservatore. Credimi, Alessandro, egli non volle dirittamente fare ingiuria a te, ma solo si valse del nome tuo per appiccarvi addosso la sua opinione, come chi prende un pezzo di legno per intonacarlo di fuori con lamine d'argento cesellate e portarle intorno. Pensa anzi ch'egli fece un grandissimo conto della tua gloria e del tuo nome; e di quello si valse per mettere innanzi agli occhi di tutti uno che noto fosse all'universo, qual tu sei veramente, e sarai fino a tanto che durerà il mondo. Che se tu avessi voglia di sapere donde trasse il principio del suo argomento, sappi che quel Quinto Curzio medesimo, il quale ti diede cotante lodi, gli destò in capo questo argomento.

Ombra. Quinto Curzio? Come?

Osservatore. Ti ricordi tu quel viaggio che fecero alcuni portatori de' tuoi nemici? Hai tu a memoria quello ch'egli narra? Che trovatisi sopra un monte certi bagaglioni,[3] i quali portavano sulle spalle oro, argento, e molti ricchi e bei vestiti, avvenne che cominciarono a sentire un freddo grande che mozzava loro gli orecchi; perchè neve fioccava, sotto a' piedi aveano neve, e un gagliardo vento la soffiava loro in faccia. Per la qual cosa non sapendo essi più che farsi, immaginarono di trar fuori de' fardelli i panni che portavano, e d'imbacuccarsi bene in essi; tanto che tutta quella ciurmaglia parea una squadra d'onorate genti, e ognuno avrebbe giurato che fossero la famiglia reale de' tuoi nemici. Tu sai pure che uno de' tuoi medesimi capitani rimase a quell'aspetto ingannato, e fece dare nelle trombe, e cominciò a gridare all'arme all'arme, e a temere d'una schiera di bagaglioni ch'aveano i calli alle mani, e il cuore come i conigli; tanto ebbero di forza i vestimenti ricchi, de' quali andavano coperti per caso. Di qua trasse l'Osservatore la sua invenzione. Io ti prego; abbilo per iscusato. Che vuoi tu? Egli ha la fantasia così fatta. Fin da piccino cominciò a leggere nelle storie, con intenzione che gli avessero a servire a qualche cosa: e laddove molti pascono la curiosità leggendo fatti, ed empiendosi la memoria di *questi fece*, e *quegli disse;* egli fantastica sopra le parole e i fatti altrui, qual sugo se ne potrebbe trarre intorno a' costumi. Abbattutosi pochi dì fa a quello accidente, gli si destò nell'immaginativa il pensiero che gli uomini spogliati sono tutti uguali, e ne fece quelle poche ciance, dalle quali ti tenesti ingiuriato.

---

1 *Alessandro.* V. il numero precedente.
2 *Plutarco e Quinto Curzio.* V. le note a pag. 5 e a pag. 178.
3 *Bagaglioni.* Portatori di pesi a prezzo.

Ombre. A questo modo egli non ha quel torto che ci credemmo.

Osservatore. Credetemi; egli non ha mai un'intenzione al mondo di offendere nè vivi, nè morti.

Ombre. Dappoi ch'egli non ha mai un'intenzione, vorremmo sapere chi egli è. Guidaci a lui.

Osservatore. Ombre mie, ciò non potrei io fare. Voi sapete bene quanta sia la maggioranza[1] vostra sopra di lui, e ch'egli non consentirebbe mai alla mia richiesta. Quanto io vi posso dire, sì è che tocca a lui di venire a voi: e che voi abbiate in ciò un poco di sofferenza. Voi sapete bene che gli anni non sono eterni, e che la tempera degli uomini si va logorando di giorno in giorno. Oltre di che, egli non è di que' corpi che possano tenere in una lunga schiavitù il suo spirito: e se voi lo vedeste, non vi parrebbe molto dissimile da voi. Per la qual cosa andate in pace, e lasciatelo fare, essendo certe che non v'offenderà mai, e che non tarderete un lungo tempo a pascere la curiosità vostra della sua vista.

Ombre. Tu hai dette queste ultime parole con molta affezione e tenerezza. In effetto tu dèi essere molto suo amico.

Osservatore. Tanto suo amico....

Ombre. Tu interrompi il tuo ragionare! E che sì?...

Osservatore. Fatene quel giudizio che volete.

Ombre. Sarestù mai?...

Osservatore. Sì; son desso. Voi cercate di brancicarmi, e non potete. O gentilissime ombre, come siete voi veramente ragionevoli e cortesi, le quali venute poco fa piene d'un'acuta collora contro di me, quella avete in breve deposta, arrendendovi alle mie ragioni! Oh! come sarebbe bello il mondo, se imparando l'usanza vostra, fosse così pronto a lasciar l'ira e a spogliarsi de' concepiti sdegni! Ma che sarà? Non ho io finalmente ad abitare un giorno insieme con esso voi? Buona compagnia m'è apparecchiata. Andate; non perdete un momento di quel vostro lungo e felice riposo; nè v'impacciate più delle cose del mondo, nelle quali a grandissima fatica si può vedere un raggio di quiete. Andate.

Ombre. E quando pensi tu che noi ci abbiamo a rivedere?

Osservatore. Non ho di ciò nè fretta, nè temenza; bastivi che ci rivedremo. Addio.

Ombre. Addio.

N° XXIV.   A dì 24 aprile 1762.

Ci sono alcuni, i quali si querelano che in tante scritture, dettate da me sino al presente, io non abbia mai scritto qualche squarcio di storia, e dolgonsi del fatto mio, ch'io gli abbia voluti sempre intrattenere con fantasie e invenzioni di mio capo, come se nel mondo non accadesse mai cosa nuova, o non fosse mai nulla avvenuto. Io dal canto mio diceva fra me: Se cotesti tali desiderano cose vere, non è egli forse il vero ch'io sogno? ch'egli mi par di vedere ombre? e di udirle a

---

[1] *Maggioranza.* Superiorità.

ragionare insieme intorno a vari argomenti? Se negano che ciò non
sia vero, ecco ch'io ho il modo facile di provar loro il contrario. Quando
io ho narrata qualche novella, qualche sogno o altra così fatta fantasia, dove hanno ritrovato mai ancora alcuno che dicesse loro: Costui
è un bugiardo; quello ch'egli dice, non fu così, anzi in tal modo o in
tale altro? Sicchè io posso conchiudere che quello che non trova con-
traddizione, è vero. All'incontro, non ho io forse udito mille volte alcuni a narrare un fatto accaduto un'ora prima, quasi sotto gli occhi
del popolo, e mentre che lo racconta, ritrova chi gliene ribatte, e dice:
Non fu così, anzi fu pure in tal modo, e v'ingannate: e il secondo
non ha anche maggior ventura del primo, perchè ritrova il terzo il
quale lo fa parere un parabolano, e questo un altro; sicchè andando
la cosa di bocca in bocca, si trasfigura, diviene un'altra da quella ch'era
in effetto. Chi v'appicca, secondo il suo cervello, il maraviglioso, chi
accresce le circostanze o compassionevoli o da ridere, tanto che da un
granello di miglio nasce una quercia, di quelle che dicono i poeti che
toccano con la sommità de' verdi rami le stelle, e con la profondità
delle radici penetrano negli abissi. Tucidide, Tito Livio, Tacito,[1] e qualunque altro de' più celebrati storici, hanno ritrovato chi disse loro che
piantano carote. Il capitano Gulliver,[2] colui che fece il viaggio sotterra,[3]
e ritrovò gli alberi che parlavano, camminavano, faceano maritaggi, e
gli uomini che aveano le corde sul ventre come gli strumenti da suonare; e quegli, che prima di loro divenuto di uomo asino,[4] vide tante
maraviglie, non ritrovarono mai chi s'opponesse a quanto scrissero. Per
la qual cosa chi potrebbe affermare che la verità stesse piuttosto nelle
storie, che nelle invenzioni? L'invenzione la fa un solo da sè, la crea
nel capo suo, e fa storia di quello che pensa egli solo; non è alcuno padrone de' pensieri di lui, nessuno gli può dire: "Io ho udito o veduto
altrimenti;" perchè altri non potrà esservi presente: laddove ad un fatto
si trovano alle volte infiniti circostanti, de' quali chi l'intende ad un
modo e chi ad un altro. Con tutto ciò non volendo io contrastare al-
l'umore di molti i quali bramano storia, e dall'altro lato fuggendo a
tutto mio potere di scrivere qualunque sorta di verità che possa essere
combattuta, mi do al presente a volgarizzare un libro, il quale, quanto
è al titolo, non si può punto dubitare che non contenga verità, dappoichè VERA STORIA[5] è intitolato, e quanto alla sostanza e contenenza
sua, è ripieno di casi e d'accidenti di qualità, che uomo stato fino a
qui, non ha mai detto che veri non fossero. Ma perchè l'autore d'esso
libro visse parecchi secoli fa, io cercherò oltre alla traduzione di guer-
nirlo qua e colà di certe poche annotazioni, che l'accostino quanto più

---

1 *Tucidide, Tito Lirio, Tacito.* Famosi storici antichi: greco il primo, latini gli altri due.
2 *Il capitano Gulliver.* Protagonista d'un viaggio fantastico, scritto per fare la satira
della Corte o della politica inglese dei tempi suoi, dall'irlandese Gionata Swift (1667-1745).
3 *Colui che fece il viaggio sotterra.* Accenna all'opera intitolata: *Nicolai Klimii iter
subterraneum; Hafn* (Copenhagen), 1741. Si tratta d'un viaggio fantastico scritto con intendimento satirico da Ludwig Holberg (1684-1754) che si può considerare come il fondatore
della letteratura moderna dano-norvegese.
4 *Quegli che divenuto d'uomo asino* ec. È il protagonista del famoso romanzo d'Apu-
leio (filosofo e scrittore del secolo II) intitolato *L'Asino d'oro.* Un certo Lucio in una
città della Tessaglia, alloggiando presso una maga e male adoperandone le droghe, è trasformato in asino: gli capitano allora stranissime avventure, dopo le quali per interces-
sione della dea Iside ritorna uomo. Il libro fu chiamato *Asino d'oro* per l'ammirazione
che destò.
5 *Vera storia.* V. la nota a pag. 500.

si può a noi, acciocchè non paia che fra genti vestite alla moderna, comparisca uno con prolissa barba al mento, in zoccoli e col filosofico mantello sopra le spalle. Non aggiungo altro di mio, e mi do all'opera senza più allungare il proemio

DELLA VERA STORIA.

Lottatori, e quanti con diligenza grandissima esercitano le membra, non solamente hanno cura di far gagliarda complessione con gli esercizi, ma qualche ricreazione a tempo stimano essere necessarissima e parte principale dell'esercizio. Quanto è a me, penso che debbano lo stesso fare coloro i quali fanno professione di lettere. Quando avranno letto molte cose massicce e di polso, si ricreino, e l'alleggerito animo arrechino più gagliardo alle fatiche. Sarà ozio degno e lodevole, se le cose lette, non solo con garbo di facezie e di sale porgeranno all'animo dolce conforto, ma avranno in sè qualche non goffa materia di speculazione, come io spero che debba parere di queste scritture a chi legge. Imperciocchè non solamente saranno i lettori allettati dalla novità dell'argomento, dalla giovialità dell'invenzione, e dal vedere varie bugie con la veste della probabilità e della verisimiglianza guernite; ma perchè ogni raccontata cosa avrà in sè un certo che di morso e puntura, che tocca or questo or quello di quegli antichi poeti, scrittori o filosofi, che pubblicarono-ne' libri loro prodigi e favole non poche, e dei quali avrei detto i nomi, se non fossi certo che leggendo t'avvedrai da te quali sieno. Ctesia [1] di Gnido, di Ctesioco figliuolo, narrò degl'Indi, della regione e de' fatti loro cose, che nè da lui furono vedute mai, nè intese per altrui relazioni. Giambolo [2] anch'egli, trattando delle cose che nel Mar maggiore si trovano, molte ne lasciò scritte che sono fuor di ogni umana credenza, e disse bugíoni che si toccano con mano; e tuttavia cucì e pose insieme non discipito argomento. Parecchi oltre a lui, toltosi tema somigliante, i loro viaggi, aggiramenti, pellegrinaggi, corpi formati di bestie, salvatichezze di uomini e non conosciuti costumi descrissero. Autore e maestro di così fatte buffonerie fu quell'Ulisse cantato da Omero, che in casa di Alcinoo, di venti imprigionati, di monoculi, mangiatori di crude carni, uomini quasi fiere, e finalmente di ceffi e grifi d'animali, de' compagni suoi tramutati per beveraggi incantati da femmine di mal affare, e di molte altre cose che avean del prodigio, a quel balordo popolo de' Feaci raccontò, mentendo per la strozza. Venendomi così fatti libri alle mani, mi diceà: "Non fanno però sì grande errore cotesti scrittori a dire tante e così sconce bugie, essendo tale anche l'usanza di coloro che fanno professione di filosofi." Ma io mi maravigliai bene grandemente, che raccontando essi il falso, credessero che altri non se n'avvedesse. Per la qual cosa, amando anch'io la celebrità e la gloria, e volendo perciò a coloro che verranno dopo di noi lasciar qualche cosa, per non essere io il solo senza libertà d'inventar favole; dappoichè non ho cosa vera da dire (non essendomi niente accaduto degno di memoria), alla bugía mi rivolsi; ed ho più ragione che gli altri. Imperciocchè, quantunque io non dica altra verità fuor questa ch'io dico bugíe, egli mi pare di non dover essere come gli altri accu-

---

[1] *Ctesia.* Medico e storico greco, nato a Gnido, vissuto nel V secolo av. C.
[2] *Giambolo.* Viaggiatore antico, rimasto famoso per le fole di cui riempiva i suoi libri.

sato, confessando io da me medesimo che non dico una verità al mondo. Scrivo adunque cose non da me vedute, non accadute a me e non udite da altrui, che non sono e non potettero essere in alcun tempo; e però chi legge, non creda punto.

Uscito un tempo dalle colonne d'Ercole,[1] e nell'Occidentale Oceano trasferito, navigava con prospero vento. Spinsemi a così fatto viaggio curiosità e voglia di veder cose nuove, volendo io sapere dove terminasse l'oceano, e quali gente di là da quello abitassero. Per la qual cosa provvedutomi di quanta vettovaglia e acqua pareami che abbisognasse, ebbi meco cinquanta giovani del mio stesso parere, tolsi gran quantità d'arme, e un peritissimo nocchiero accordai per grandissimo prezzo; e la nave, che grande e bella era, misi in punto di tutti quegli arredi che poteano mantenerla in così lunga e violenta navigazione. Comecchè il vento ci ferisse da poppa, non si può però dire che in un giorno e in una notte ci trasportasse con troppo gran forza, imperocchè vedeasi ancora la terra. Ma venuto il secondo dì, allo spuntar del sole, fecesi il vento gagliardo, gonfiaronsi l'onde, s'oscurò il cielo, nè si poteano ammainare le vele. Per la qual cosa dandoci al vento in balìa, per non potere altro, andammo scorrendo il mare in burrasca settantanove giorni. Allo aprirsi dell'ottantesimo giorno, in sul levar del sole, vedemmo improvvisamente e non molto lontana un'isola, alta, vestita d'alberi, non da grande impeto nè strepito d'onde battuta intorno, essendo già venuta meno quella gran furia di tempesta. Approdammo, sbarcammo; e dopo d'essere stati per la gran noia del mare lungo tempo in terra distesi, ci levammo finalmente in piedi; trenta di noi furono assegnati alla custodia della nave, ed eletti venti che meco salirono allo scoprimento dell'isola. Eravamoci dilungati dal mare, andando per una selva, forse un quarto e mezzo di miglio, quando vedemmo una colonna di bronzo, sulla quale erano scolpite certe lettere greche, ma vecchie e rose dal tempo. Le parole dicevano: *Fino a questo luogo pervennero Ercole e Bacco.*

Vedevansi nel prossimo sasso due orme di piedi, l'una grande quanto è un giugero,[2] l'altra minore; tanto che giudicai la prima essere d'Ercole, e la seconda di Bacco. Venerammo il luogo, e andammo innanzi; nè eravamo di là molto lontani, che giungemmo ad un fiume che scorrea tutto d'un vino somigliantissimo a quello di Chio, e tanto era pieno e profondo, che in certi luoghi vi sarebbero potute andare le navi. Per la qual cosa ci cadde in animo ch'egli si dovesse prestar fede maggiore all'iscrizione della colonna, dappoichè que' segni apparivano della peregrinazione di Bacco. E volendo io esaminare dove quel fiume avesse la sua origine, me n'andai al contrario del suo corso, e non vi ritrovai fonte veruna, ma bene molte viti e grandi, piene di grappoli di uva; e vidi che dalle radici di ognuna colavano gocciole di limpidissimo vino, che raccolte formavano il fiume, nel quale molti pesci nuotavano di colore e sapor di vino. De' quali avendo noi presi alquanti e mangiatigli, ci trovammo ubbriachi, ed avendogli sventrati prima, vedemmo che pieni erano di feccia di vino; di che avendo noi acquistato sperienza, mescolammo a questi altri pesci d'acqua, e temperammo la

---

[1] *Colonne d'Ercole.* Secondo la favola, Ercole giunto nei suoi viaggi allo stretto di Gibilterra, credendo là essere il termine d'ogni terra, vi eresse due colonne colla scritta *Non plus ultra.*

[2] *Giugero.* Misura di terreno degli antichi.

veemenza del vino di cui essi si pascono. Trovando finalmente un guado da passare il fiume, andammo di là, e vi ritrovammo certe maravigliose viti ; delle quali quel tronco ch'esce della terra, era grosso, nocchieruto e ramoso, e dalla parte di sopra erano donne intere e perfette, salvo che non aveano gambe; appunto come ci descrivono i poeti Dafne,[1] quando presa da Apollo in albero si tramutò. Dalle cime delle dita loro spuntavano sarmenti di viti ripieni d'uve, e, in iscambio di capelli, aveano in capo viticci, foglie, grappoli ; e avvicinandoci noi, le ci salutavano chi parlando il linguaggio di Lidia, chi l'indiano, e le più il greco; e se per usarci un atto d'ospitalità le ci baciavano, quegli che dalle loro labbra era stato tocco, diveniva ebbro come un tordo e gli si aggirava il cervello. Ma le non volevano che de' loro grappoli si spiccasse alcuno ; e chi ne volea spiccare, si dolevano e gridavano ad alta voce : ben parea che solamente chiedessero maritaggio fra uomini e viti ; ed essendo avvenuto che due de' nostri diedero loro la mano, questi non poteronsi più slegare, ma annodatisi a quelle piante, fecero anch'essi radici, le dita loro divennero sarmenti, s'intralciarono fra' viticci, e già parea che fossero vicini a produrre grappoli anch'essi. Di che noi quivi abbandonando ogni cosa, corremmo alla nave di nuovo, dove a' compagni narrammo quanto avevamo veduto, e specialmente il fatto de' nostri compagni divenuti viti sulle rive del fiume. Dipoi presi i nostri vasellami, parte gli empiemmo d'acqua e parte del vino di quel fiume, e quivi ad esso vicini passammo la notte. La mattina per tempo, soffiando un mezzano vento, sciogliemmo di là; e verso il mezzogiorno, essendo già dagli occhi nostri sparita l'isola, ecco un improvviso turbine, che aggirandoci intorno la nave, la ci levò in aria quasi tremila stadii[2] all'insù, nè la ripose già più in mare, ma lasciolla sospesa in alto, dove un vento fresco le aperte vele percosse.

In tal guisa navigando sette giorni e sette notti per l'aere, giunti all'ottavo giorno, scoprimmo in esso aere una certa grandissima terra, o quasi isola, risplendente, tonda e sfolgorante di maraviglioso splendore; dove entrammo in porto e scendemmo. Indi esaminando il paese, conoscemmo che v'erano abitatori e genti. Mentre che durava il giorno, non si scopriva di là cosa veruna; ma non sì tosto sopraggiunse la notte, che altre isole agli occhi nostri apparivano, qual maggiore e qual minore, tutte di colore di fuoco. Allo ingiù di sotto eravi un'altra terra, che città, fiumi, mari, boschi e monti in sè conteneva, e la quale conghietturammo quella essere che viene abitata da noi. Ma volendo tuttavia noi andar più avanti ancora, ci abbattemmo a coloro che quivi sono chiamati Ippogipi, e fummo da loro scoperti. Sono gl'Ippogipi uomini portati dagli avoltoi, e cotesti uccelli cavalcano a guisa di cavalli. Sono gli avoltoi di corpo grandissimo, e per lo più di tre capi. Pensa se grandi sono, che hanno dell'albero di un barcone da carico ogni ala maggiore e più grossa. Hanno cotesti Ippogipi l'uffizio di andarsene volando intorno pel paese, e se vi ritrovano forestiere veruno, dinanzi al re lo conducono; onde, avendoci presi, dinanzi a lui ci guidarono; il quale, quando ci vide, al vestito fece le conghietture sue : "Ospiti," disse, " voi siete greci." E rispondendogli noi che sì : "Oh! come,"

---

[1] *Dafne.* Bellissima ninfa, figliuola del fiume Peneo, inseguita da Apollo che di lei s'era invaghito, quando stava per essere raggiunta, fu dal padre mutata in alloro.
[2] *Stadii.* Lo stadio era una misura di lunghezza degli antichi greci, di quasi 200 metri.

ripigliò egli, "avete potuto varcare tant'aria e qui venire?" Allora gli narrammo noi quanto ci era avvenuto; ed egli dal lato suo cominciò a narrar quel ch'era avvenuto a lui, e ch'essendo già uomo, detto Endimione, era stato fuori della nostra terra in sogno rapito, quivi portato, e che nel paese regnava. Appresso andava dicendo che quella, che a noi suol parere terra, era Luna, e che stessimo di buon animo, e non dubitassimo di verun male, chè ogni cosa era pronta che ci potesse abbisognare. "E s'io," disse, "avrò quel buon fine che bramo nella guerra che movo agli abitatori del Sole, voi viverete meco una felicissima vita." Gli domandammo quali fossero

N° XXV.   A dì 28 aprile 1762.

i nemici, e quale la cagione della discordia. Al che egli rispose: "Voi avete a sapere che Fetonte re degli abitatori del Sole, il quale è abitato non altrimenti che la Luna, è un gran tempo che ha guerra contro di noi. La cagione è questa. Egli fu un tempo ch'io, raccolti insieme tutti i poveri del regno mio, volli mandare una colonia nella stella di Lucifero, oggidì inabitata e deserta. Fetonte n'ebbe invidia, ed affrontandoci a mezza strada coi suoi Ippomirmeci, o cavalcatori di formiche, ci vietò il passo. Per la qual cosa non avendo noi apparecchiato il bisogno, fummo obbligati a ritornare indietro. Al presente io intendo di muovergli nuovamente guerra, e mettere la colonia mia. Per la qual cosa, se voi volete essere compagni miei in tale spedizione, io darò a ciascheduno di voi un avoltoio regio e tutto il restante delle armi, e vi anderemo domani." — "Poichè così piace a te," risposi, "così sia fatto." In tal guisa accettati da lui a convito, quivi restammo. La mattina per tempo diedero le spie avviso che accostavansi i nemici: fu schierato l'esercito, fummo destati. Era l'esercito di centomila, trattone bagaglioni, ingegneri, uomini a piedi e truppe d'aiuto. De' centomila, erano ottantamila gl'Ippogipi; e di quelli che cavalcavano Lacanopteri, ch'è quanto dire penne d'erba, ventimila. Sono i Lacanopteri uccelli grandissimi, che in cambio di penne vestiti son d'erbe, ed hanno ale a lattuca somigliantissime. Appresso a questi venivano in battaglia i Ceneroboli, o vogliam dire lanciatori di miglio, e gli Scorodomachi che combattevano con agli. Venuti erano inoltre dal settentrione trentamila di truppe d'aiuto, chiamati Psillotoxoti, o saettatori di pulci, e cinquemila Anemodromi, o vogliam dire Scorrivento. Sono i primi cavalcatori di pulci da' quali traggono il nome, e sì grande è ogni pulce, quanto sarebbero dodici elefanti. Gli Anemodromi son genti a piede, ma senza ale vengon portati dai venti. Il modo di loro andare è questo. Legansi intorno vesti ampie con un artifizio, che dandole a' venti, fanno seno a guisa di vela, e ne gli portano come i navigli. I più vanno armati di scudi e rotelle. Dicevasi inoltre che dalle stelle sovrastanti alla Cappadocia doveano venire settantamila Struzzobalani, e cinquemila cavalcatori di Grughe. Io però non gli vidi, e non vennero: e però non ho ardimento di scrivere la natura e la condizione di quelli; imperciocchè troppo gran cose e maravigliose di costoro si raccontavano. Tali erano le schiere d'Endimione, quasi tutte armate ad una foggia. Elmi di fave aveano; perchè tra loro nascono le fave grandissime e di gran nerbo. Portavano corazzine a squame di lupini; prendendo de' lupini i gusci, e cucendoli insieme ne fan corazze. La pelle de' lupini quivi nasce impenetrabile e dura come corno. Hanno scudi e spade somiglianti a quelle dei Greci.

All'occasione ordinavano l'esercito in tal forma. I cavalcatori degli avoltoi formavano il destro corno, alla testa del quale era il re attorniato dal fiore de' suoi, tra i quali eravamo noi ancora. Formavano il sinistro i Lacanopteri, o Erbapennati; il mezzo della battaglia era formato dalle truppe d'aiuto, e venivano tutti in bellissima ordinanza. Seimila migliaia di fanti v'avea poi, come dirò, collocati. Nascono quivi ragni di così smisurata grandezza, che ognuno d'essi è maggiore di ognuna delle isole Cicladi. A questi comandò il re che tessessero una tela per tutto quello spazio che dalla Luna fino alla stella Lucifero si distende. La quale opera poichè fu compiuta in un batter di ciglio e venne in tal modo apparecchiato il campo, in esso squadronò il re i fanti suoi, capitanati da Nitterione, di Eudianate figliuolo.

ANNOTAZIONE DEL TRADUTTORE.

Tanto è a me il leggere la descrizione di questo fantastico esercito, quanto le fantastiche descrizioni ch'io odo a farsi di mettere eserciti in ordinanza e far marciare soldati da persone che non hanno veduto mai ordinati cento uomini. Se mai fu andazzo di tali ragionamenti, è a questi nostri tempi, ne' quali molti senza conoscenza veruna nè d'arte di guerra, nè di geografia, nè di costumi di genti, mettono eserciti in piedi, gli squadronano a loro volontà, gli fanno andare e venire secondo che detta loro il capriccio. Luciano in questa sua storia da lui sognata ha preso a ridere degli storici de' tempi suoi, i quali per fare una bella narrazione di costumi di popoli, dell'usanze di loro armature, de'modi di combattere e d'altre particolarità da loro non vedute nè udite, facevano sfoggio d'eloquenza in cose che non l'avrebbero dette i poeti non che gli storici. A questi giorni la storia di lui si può applicare a molti di quelli che per le botteghe narrano fatti d'arme e ragionano con gran calore, e non senza facondia, di cose delle quali non hanno una cognizione al mondo. Al men che sia Luciano ci parla di fatti accaduti nella luna, e potrebb'essere che i popoli qui sopra nominati da lui non fossero affatto di sua invenzione, chi andasse dietro al senso allegorico. Egli è il vero che viaggiatore alcuno non ha ritrovato ancora il fiume del vino, nè le donzelle che nascono dalle viti; ma forse ognuno in qualche tempo di sua vita sarà stato inebriato dalla dolcezza de'diletti, e se prendi quest'ebbrezza e la vuoi vestire di qualche immagine, vedrai che l'allegoria ritrovata da Luciano vi quadra benissimo. La nave nell'oceano non potrebb'esser forse la vita nostra in gioventù, che si promette di far cose grandi, e vien poi trasportata dalle burrasche e da'venti sin fuori del mondo, con tutto che si paghi il piloto, ch'è quanto dire il maestro che la regga e governi? Gli avoltoi, le pulci, i ragni e l'altre bestie chi sa quello che significano? Io non voglio meditare più su che il dovere. Ma se non è vero che così fatti animali sieno abitatori della Luna, egli è vero però che i più fanno le funzioni loro di notte, massime le pulci e i ragni, i quali alle volte riempiono la notte tutti i cespugli d'una lunga e larga campagna di tele. In queste fantasie che verranno forse da alcuni giudicate puerilità, molto più si contiene di fisica e di morale di quello che altri si crede, e più v'ha di derisione contro alle sette degli antichi filosofi [1] di quel ch'altri pensa. Quelle armature fatte di fave e di lupini mi fanno giudicare che i Pittagorici ne fossero addentati.[2] Sia come si voglia, a me basta d'avere con queste poche linee avvertito i leggitori, che sotto alla corteccia di tali baie v'è qualche cosa di sostanza. Seguasi a descrivere l'esercito di Fetonte, re de' popoli abitatori del Sole, e nemico d'Endimione.

TESTO.

Formavano il sinistro corno de' nemici gl'Ippomirmeci, tra' quali era Fetonte. Sono questi animali grandissimi, e se ne traggi la grandezza, al tutto somiglianti alle nostre formiche; imperciocchè il maggior d'essi i due giugeri oltrepassava. E non solo combattevano i cavalcatori di quelli, ma essi medesimi animali cozzavano con le corna. Dicevasi ch'erano intorno a cinquemila. Collocati erano nel corno destro gli Aeroconopi, anch'essi circa i cinquemila, tutti saettatori a cavallo sopra sterminate zanzare. Dietro a questi venivano uomini a piè, armati alla leggera, combattitori fortissimi, detti Aerocordaci, i quali da lontano scagliavano smisurati ravanelli, che percuotendo uno, il poveretto non potea più durare un momento ma si moriva fra 'l sopravvenuto puzzo della sua ferita, e dicesi che ungessero gli strali con veleno di malva. Subito dietro ad essi ne venivano diecimila Caulomiceti o Cavolfunghi, armati di tutte armi, che combattevano dappresso, ed erano così chiamati perchè portavano scudi di fungo, e gambi di sparagi per lance. Stavano vicini a questi cinquemila Cinobalani, mandativi dagli abitanti del Cane Sirio.[3] Avean costoro capi d'uomini e combattevano cavalcando balani di cane con l'ale. E dicevasi che non erano venute certe truppe ausiliarie, tanto de' tiratori di frombole[4] chiamativi dalla Via Lattea, quanto i Nubicentauri. Questi ultimi vennero però dopo il fatto d'arme, chè così non vi fossero venuti mai: i tiratori di frombole non vennero, di che ebbe Fetonte tant'ira, che narrasi ch'egli facesse distruggere quella regione col fuoco. Tale era l'apprestamento con cui veniva alla battaglia Fetonte.

Dato l'ordine dell'azzuffarsi, gli asini, che quivi sono i trombettieri, ne diedero con altissimo ragghiare il segno dall'una parte e dall'altra, e si cominciò a menar le mani. Il corno sinistro degli abitanti del Sole non potendo sostenere la furia degl'Ippogipi, si diede subitamente a fuggire, e noi ad inseguirlo e ad uccidere. Ma nel medesimo tempo il destro corno de' nemici cominciò a far piegare il nostro sinistro, e con tale impeto urtaronci i cavalcatori delle zanzare, che giunsero fino alla nostra fanteria; la quale opponendosi con grandissimo vigore, e arrecando aiuto a tempo, sbaragliò i nemici per modo che si diedero alla

---

[1] *Più c'ha di derisione contro alle sette degli antichi filosofi.* V. la nota 2 a pag. [..].

[2] *I Pitagorici ne fossero addentati.* I discepoli del filosofo Pitagora (549-470 av. C.), seguendo le dottrine del maestro, non mangiavano fave, perchè credevano, pare, che in esse trapassassero le anime dei morti.

[3] *Cane Sirio.* È una stella della costellazione del Gran Cane; il suo innalzarsi sul l'orizzonte coincide press'a poco col solstizio d'estate.

[4] *Frombole.* Fionde.

fuga, massime per aver essi udito ch'era già rotto il corno loro sinistro. Molti che fuggivano a rotta, furono presi vivi, e tanti uccisi che scorrendo il sangue in grandissima copia alle nuvole, esse ne furono tutte tinte e vermiglie, quali appariscono agli abitatori della terra sul tramontar del sole. Finalmente piovve anche in terra, per modo ch'io conghietturai non dissimile caso essere avvenuto fra gli Dei, quando pensò Omero e scrisse che Giove fece piover sangue per la morte di Sarpedonte suo figliuolo.[1]

Ritornando noi indietro dall'aver inseguiti i nemici, rizzammo due trofei, l'uno nelle tele di ragno per la battaglia delle genti a piede, e l'altro nelle nuvole per quella fatta in aria. A grandissimo agio facevamo quest'opera, quando ci avvisarono le spie che venivano que'Nubicentauri, i quali erano già stati da Fetonte prima del fatto d'arme aspettati. Maraviglioso spettacolo era veramente al loro primo apparire il vedere cavalli alati e uomini tutto una cosa. Grandi erano gli uomini quanto il colosso di Rodi[2] dalla cintura in su, e i cavalli quanto uno de' maggiori barconi da carico. Tanti erano ch'io non ne scrissi il numero, perchè non si potrebbe credere. Capitanavagli il Sagittario dello zodiaco. Udito ch'erano stati vinti i loro confederati e amici, mandarono dicendo a Fetonte che ritornasse alla battaglia; ed eglino, ordinate le squadre, fecero impeto contro gli abitanti della Luna, che attoniti, a bocca aperta, e qua e colà seguendo l'ingordigia della preda, gli ricevettero. Cacciangli in rotta e lo stesso re inseguono fino alla città, facendo macello di molti cavalcatori degli uccelli. Spiccano i già rizzati trofei, trascorrono liberamente per tutto il campo da'ragni tessuto; e me con due de'miei compagni fanno prigione. Eccoti venuto quivi Fetonte, e i nemici alzano altri nuovi trofei. Noi fummo nello stesso giorno guidati innanzi al Sole, e ci legarono le mani dietro le reni con un filo quindi tagliato dalle tele di ragno.

Stabilirono di non voler dare l'assalto alla città, e ritornando indietro, tagliarono tutto quello spazio d'aria che fra essa era e loro con una muraglia doppia di nuvole, per modo che splendor di sole non potesse più pervenire alla Luna, a tale che tutta fu da una perpetua notte coperta. Endimione da tanti malanni aggravato, mandò ambasciatori a pregare che demolita fosse la muraglia e non si ricusassero le preghiere di genti al buio; promettendo di pagare tributi, mandare aiuti, non ribellarsi mai; e per sicurezza di quanto affermava, mandò gli ostaggi. Fetonte ebbe consiglio co'suoi due volte, i quali la prima volta non poterono smaltire lo sdegno; ma la seconda mutaron parere e fu stabilita la pace a questi patti.

Gli abitatori del Sole e soci fecero pace e confederazione con gli abitatori della Luna e soci con questi patti.

Demoliscano gli abitatori del Sole la frapposta muraglia, nè contro alla Luna guidino esercito; restituiscano i prigioni secondo le taglie accordate.

Gli abitatori della Luna all'incontro lascino l'altre stelle in libertà e padrone di sè; nè muovano guerra a que' del Sole; ma piuttosto mandinsi aiuti dall'una parte e dall'altra contro gli assalitori se ve

---

[1] Quando pensò Omero e scrisse ec. Iliade (Monti), XVI, 651 e segg.
[2] Il colosso di Rodi. Una delle sette meraviglie del mondo antico. Era una statua di bronzo, raffigurante Apollo, di tanta grandezza che poggiando coi piedi su due isolette all'imboccatura del porto di Rodi, tra le gambe aperte gli passavano le navi.

ne fossero. Paghi al re di quei del Sole il re di quei della Luna ogni
anno diecimila anfore di rugiada e dia di ciò statichi[1] diecimila. Sia comune la colonia mandata nella stella Lucifero, e chiunque altro il voglia ne sia partecipe. Sieno scolpiti i patti della pace in una colonna
d'ambra piantata in aria a'confini.

Si sottoscrissero alla pace con giuramento l'Igneo, l'Estivo, il Fiam-
meggiante per parte di que'del Sole: e per parte di que'della Luna,
il Notturno, il Mensuale, il Molteluci.

A questo modo venne dunque fatta la pace e incontanente fu gittata a terra la fortezza e noi prigioni restituirono. Quando ritornammo
alla Luna, ci vennero incontro piangendo a braccia aperte i nostri compagni e lo stesso Endimione, il quale ci pregava caldamente che rima-
nessimo seco, che ci lasciassimo scrivere alla colonia; ma io non volli
a niun modo e lo scongiurai che ci ritornasse a calar nel mare. Per la
qual cosa non potendo egli persuadermi, ci tenne seco a convito sette
giorni, a capo de'quali ci diede finalmente licenza.

*Il costume degli abitatori della Luna sarà descritto nel veguente
foglio.*

N° XXVI.   A dì 1° maggio 1762.

IL VELLUTO A' COMPERATORI DI QUESTI FOGLI.

È pervenuto alle mani del libraio Colombani non so donde da vendere il primo tomo del Decamerone del Boccaccio, e gli vien promesso
fra non molto tempo anche il secondo. Il buon uomo è così affaccendato e pieno di pensieri a questa cagione, che non ha favella nè udito
per altro. A qualunque uomo va alla sua bottega, egli spiega dinanzi
questa nuova edizione (che veramente è bella, e una delle più pulite
e meglio eseguite che si vedessero, quanto può essere un'edizione che
non costa un occhio della testa, come tutte l'altre d'esso libro) e fa
vedere ora il ritratto dell'autore, ora il frontespizio intagliato in rame
ad uno i forbiti caratteri, ad un altro la buona disposizione delle linee
e mostra di tutto cuore ch'egli vorrebbe che qui fossero con la stessa
diligenza pubblicati i libri nostri. Mentre ch'egli s'intrattiene in tale
occupazione, non si può farlo volgere il pensiero ad altra cosa. Io mi
sono arrischiato a dirgli che siamo giunti all'ultimo foglio degli Osservatori de'primi tre mesi, e ch'io avrei ad avvisare i signori associati
e gli altri comperatori di molte cose, sicchè oggimai pensasse, come
già fece altre volte, a dar fuori qualche dialogo o qualche altra scrit-
turetta d'avviso. Fu come parlare ad una muraglia, egli mi mostrava
il Boccaccio. Poich'ebbi ritocco più volte, e m'avvidi che tanto era
parlare a lui quanto all'insegna della bottega: "Buono," diss'io, "converrà pure ch'io faccia l'ufficio del libraio, e se voglio che sieno avver-
titi, dica loro io medesimo quel che bisogna. Poichè così è, faccia

Sono adunque, o cortesi leggitori, compiuti i tre mesi primi di questi
fogli, e si dà ora mano al cominciamento degli altri tre; ma una nuova
necessità mi conduce a guidar l'opera ad un altro modo. La compagnia

---

[1] *Statichi*. Ostaggi.

degli Osservatori ha, per sua grazia, fatto me capo di questa faccenda; ma non può un uomo in tutto il corso della sua vita essere quel medesimo ch'egli è stato tre mesi, e gli possono sopraggiungere o nuove opere a farsi, o la mala salute può alterare la buona voglia ch'egli avea; o altra cosa gli può impacciare l'ingegno e il tempo. Uno di questi tre accidenti è avvenuto ora a me, per non dire che quasi tutti e tre mi sono caduti addosso. Che ho io dunque a fare? In primo luogo debbo certamente rivolgere l'animo mio a quell'indicibile cortesia con la quale furono sempre e sono accettati questi fogli, e dalla quale vengo tuttavia stimolato a proseguire, agl'infiniti obblighi miei, e alla concorrenza così facile e cortese de'signori associati e comperatori; e dall'altro lato poi mettere in bilancia i miei nuovi casi. In tali considerazioni eleggo quello che mi pare il meglio, e ciò è di dar fuori un foglio per settimana in iscambio di due, per appagar prima in quel miglior modo ch'io posso quella gentilezza che mi dà favore all'opera, ed in secondo luogo per obbedire a' miei nuovi accidenti. In tal guisa spero di poter appagare il pubblico e di non far dispiacere ad alcuno. Procederanno le fatiche mie sino a tanto che sia compiuto l'intero numero di que'fogli, a'quali mi sono obbligato il primo giorno, che debbono giungere al novero di 104;[1] nè vi sarà altra diversità, se non che avranno termine dopo il giro dell'anno. Questa almeno è la mia intenzione oggidì, e chi sa poi che ritrovandomi un tempo meno occupato ed in migliore stato di salute, non m'affretti di più e non supplisca all'obbligo mio con prestezza maggiore. In tanto affidandomi alla benevolenza da me così lungo tempo sperimentata de'leggitori, incomincio questo nuovo ordine, che forse potrà giovare anche alla qualità delle scritture che usciranno più pensate ed esaminate. Chi sa ancora che alcuni non leggano più volentieri una volta per settimana che due? Questo non oserei già io d'affermare, ma dico solamente che potrebb'essere; e se così fosse com'io la penso, non avrei forse fatto bene anche per questo verso? Se poi non fosse, chieggo scusa al pubblico della libertà che mi prendo, e lo prego a sofferire ch'io mi procuri in parte un poco d'alleggerimento, senza punto scordarmi quelle innumerabili obbligazioni che professo d'avergli e che saranno scolpite nell'animo mio in ogni tempo.

Il costume singolare degli abitatori della Luna, descritto da Luciano, m'invita a proseguire quella storia.

Ora io dirò quante cose veramente nuove, e quasi da non poterle credere, vidi in tutto quel tempo che abitai nella Luna. Non hanno quivi femmine, ma ad un certo tempo si gonfiano le polpe delle gambe agli uomini, delle quali esce finalmente un fanciul morto, il quale pongono a bocca aperta al vento, e a questo modo gli fanno entrar la vita in corpo. Ma v'è anche una maraviglia maggiore. V'ha quivi un'altra razza d'uomini, che chiamansi gli Arborei, i quali nascono in tal forma. Tagliano un pezzo di carne d'uomo e piantando in terra. Ne nasce una pianta molto bene alta e carnosa, con rami, foglie e frutti che quando

---

[1] _Che debbono giungere al novero di 104._ Non giunsero; furono soltanto 41. La salute cagionevole per la quale il Gozzi pensò di dar fuori un foglio per settimana in cambio di due, e forse altre cagioni, lo costrinsero di lì a tre mesi a sospendere la pubblicazione che poi, distratto da altre cure, non ripigliò più.

sono maturi gli spiccano, e d'essi scolpiscono uomini a'quali appiccano poi, se loro mancasse, qualche membro, d'oro e d'avorio a'ricchi, e di legno a' poveri.

L'uomo invecchiato quivi non muore, ma a guisa di fummo in aria svanisce. Tutti hanno un solo alimento. Accendono fuoco di pruno e arrostiscono ranocchi che quivi sono in grandissima quantità con l'ale; e standosi quivi intorno al fuoco a sedere, mentre ch'arrostiscono, il fummo che quindi esala, a bocca aperta si beono e così pasteggiano. Questo è il mangiare. Quanto è al bere, premono in una tazza l'aria e ne cola un certo liquore che sembra rugiada. Non fanno acqua nè altro escremento; perchè come i nostri corpi non hanno fori a tale uscita. Bello è fra loro chi è calvo e non ha capelli; chi gli ha, è in odio a tutti. All'incontro nelle comete chi ha lunghi capelli è stimato bellissimo, per quanto mi narrarono alcuni forestieri che quivi erano. Egli è ben vero che hanno la barba un pochetto sopra il ginocchio. Ne' piedi non hanno ugne, ma un dito solo tutti.

Hanno un miele di sì possente natura, che quando essi lavorano e s'affaticano, stillando latte per tutto il corpo in iscambio di sudore, vi fanno cadere sopra una goccia d'esso mele e n'hanno formaggio in abbondanza. Traggono dalle cipolle squisito olio e odorifero. Hanno viti fecondissime d'acqua, e uve con acini somiglianti alla grandine, di che, secondo il mio parere, avviene che quando soffia il vento e scuote le viti, infrangonsi quell'uve, e allora cade nel nostro mondo la gragnuola. Servonsi del ventre per tasca da mettervi dentro quello che vogliono, perchè si può aprire e chiudere, come altrui vuole. In esso non hanno nè budella, nè viscere, ma è dentro peloso e ispido, per modo che quando i figliuolini hanno freddo, vi si riparano.

I vestimenti de'ricchi sono di vetro e morbidi; quelli de' poveri di tessuto rame, essendo quelle regioni abbondantissime in rame, il quale, coll'infondervi un poco d'acqua, si rende come lana trattabile. Mi vergogno a dire quali sieno gli occhi loro, perchè parrà una solenne bugia e non vi sarà chi la creda. Pure lo dirò. Hanno occhi da poterglisi cavar fuori, quando vogliono; e chi vuole, se gli cava e gli conserva, finchè abbisogni di vedere qualcosa, che allora mettesi l'occhio e vede; e taluni ch'hanno perduti i propri, ne domandano in prestanza e veggono con gli occhi altrui. Alcuni de'più ricchi ne tengono in serbo molti. Hanno gli orecchi di foglie di platano, salvo coloro i quali nascono come gli alberi, che gli hanno di legno.

Un'altra maraviglia grandissima vidi nel palazzo del re. Un grandissimo specchio v'avea, posto sopra un pozzo non molto profondo. Chiunque scendea nel pozzo, potea udire benissimo tutto quello che sulla terra nostra vien detto; e guardando nello specchio vedea tutte le città e gli uomini, come se stati fossero quivi presenti. Io vidi certamente gli amici, i parenti miei, e tutta la mia patria; ma ch'essi poi vedessero me, non ardirei d'affermarlo. Ma chi non credesse che la cosa fosse quale io la racconto, quando sarà costassù traportato dove io fui, saprà allora ch'io dico il vero.

ANNOTAZIONI DEL TRADUTTORE.

Vorrei pure guidar a mano le genti all'intelligenza del midollo di tanti capricci; acciocchè non si credesse che le cose soprallegate fossero favole e pazzie senza sugo. I fanciulli, che vi nascono morti e vengono dall'aria vivificati, consideriamo se forse non fossero i nostri medesimi, i quali non avendo in sè vita veruna di scienza, nè di cognizioni, vengono riempiuti di baie e di cose che nulla importano, e si dà all'intelletto loro una vita che si può dire veramente d'aria e di vento. Quelli poi che vi nascono come gli alberi piantati in terra, sarebbono forse quelli che hanno sempre figura di tronchi, e pare solamente ch'abbiano le membra prese in prestanza per parere vivi? Io nol so, ma quasi quasi giudicherei di non andare lontano dal vero.

Minor difficoltà è ad intendere che gli abitatori della Luna si pascano di fummo di ranocchi arrostiti. Basta riflettere che il buon uomo intende di parlare de'filosofi de'tempi suoi, i quali vuol dire o che si pascevano del fummo della boria, o professavano filosofia per ingannare gli uomini e trovar di che mangiare poco ed a stento; il che mi par più probabile, perchè poco dopo dice che non faceano mai nè acqua nè altro escremento, con sopportazione di chi legge; e beveano rugiada premuta dall'aria in una tazza, ch'è quanto dire beveano acqua da loro esaltata sopra ogni saporito liquore per superbia. Stimavansi i calvi, perchè avean non so che di più venerando, e dice che aveano le barbe poco più su che il ginocchio, perchè quanto più le barbe erano lunghe, e più parea che il filosofo saggio fosse e degno d'onore.

Dove parla delle viti d'acqua che fanno uve con gli acini di tempesta, si burla non solamente del viver loro meschino, ma in oltre de'grandissimi farfalloni che dicevano intorno alle materie fisiche, il che chiaro apparisce affermando egli che la tempesta che cade sulla terra, nasce dagli acini di quell'uve spezzate dal vento. E si ride poi dell'ingordigia loro dicendo che si vagliono d'un ventre senza budella, nè viscere, per tasca o valigia, volendo allegoricamente significare che ogni cosa diluviavano e non pensavano ad altro che al corpo.

Ridesi poscia del modo loro di vivere, perchè facendo tutti professione di temperanza e di parsimonia, quelli che poteano, vestivansi con buoni panni; e all'incontro co'rozzi coloro che non gli poteano avere migliori, il che è chiaramente accennato ne'vestiti di vetro e in quelli di rame. Ma soprattutto è da notarsi il sale e l'urbanità con cui gli beffa a dire che possono gli occhi cavarsi fuori e rimettergli a loro volontà. Si può egli schernire più atticamente[1] persone che non veggono altro che quello che vogliono, che non tengono conto veruno delle ingiurie che vengono fatte loro, delle villanie che lor vengono dette? E va oltre ancora, dove dice che alcuni hanno perduti gli occhi propri e ne prendono in prestanza d'altrui. Non è questo forse un censurare coloro che nulla sapendo per sè, si vagliono dell'altrui dottrina e fatica per parere da qualche cosa; o quelli che nulla sanno mai giudicar da sè stessi, se non vengono da altrui imbeccati?

In di grosso ho detto quanto mi sembra che possa bastare alla dichiarazione di questo squarcio di fantastica storia. I lettori ingegnosi rileggendolo ora con tale intenzione, vi ritroveranno, son certo, segreti ancora più piacevoli e più sottili. Quando l'intelletto è avviato pel buon verso, fa lungo cammino da sè senza avvedersene.

---

[1] *Atticamente*. L'arguzia degli abitatori dell'Attica era così famosa presso gli antichi, che ne vennero le espressioni *sale attico, atticamente schernire* per significare motti e satire finissime.

E quanto è a me, egli mi sembra pure che sia un sommo diletto quel trarre fuori la vera intenzione dagli scrittori, come il gheriglio dalla noce. E non solo è diletto, ma con quel lungo fantasticare, mulinare e rugumare,[1] si fanno più confronti e combinazioni di pensieri, e rimane nell'intelletto maggiore sostanza e ricchezza che a leggere spensierati e senza attenzione. Chiudo le mie annotazioni e con esse il foglio presente. Addio di cuore ad ogni uomo sino a mercoledì venturo.

[1] *Rugumare.* Ruminare.

GLI OSSERVATORI VENETI

PERIODICI.

PER LI MESI

DI

MAGGIO, GIUGNO, LUGLIO

DEL MDCCLXII.

N° XXVII.   A dì 12 maggio 1762.

Ecquem esse dices in mari piscem meum?
Quos cum capio, si quidem cepi, mei sunt, habeo pro meis.
                                            PLAUT. *in Rud.*

Vorrestù dire che in mare vi sieno pesci ch'io non possa
chiamare miei propri?
Quando gli prendo, sono miei, e per tali gli tango.

Non saprei comparare l'ampiezza di questo mondo ad altro, che
ad un gran mare. Quest'aria, che ci sta dintorno, immagino che la sia
le acque sue nelle quali nuotano innumerabili pesci di varie ragioni.
Le ricchezze, per esempio, sono un pesce grande, badiale [1] sopra tutti
gli altri, come chi dicesse la balena. Nuotano a schiere i diletti di
diversi generi, quali grossi, quali minuti, e altre qualità di pesci che
vengono giudicati beni. Ma è comune opinione che la maggior quantità
sieno i mali. Noi altri uomini siamo come i pescatori, stiamo con la
canna in mano, e senza vedere quello che corra all'amo, desiderosi di
far buona preda, ci stiamo pescando giorno e notte; e quando ci avvediamo che ci venga dato d'urto alla funicella, la caviamo fuori, e guar-
diamo di subito ch'è quello che guizza. Chi ha la fortuna amica, si abbatte quasi sempre, se non ad un pesce grosso di buona qualità, almeno
a qualche pesciolino di buon sapore, o tale che mangiandolo, se non
solletica il palato, almeno non gli fa nè bene nè male. All'incontro
colui che l'avrà contraria, si abbatte quasi sempre a tirare alla riva
qualche pesce che non è altro che lische, squame, puzzo, abbominazione
della peschiera e di ogni uomo. Cala un'altra volta l'amo, gli viene
quel medesimo; tenta di nuovo, non c'è mezzo di scambiare. Che
diavol sarà? Non è questo forse un mare comune? Non siamo forse
tutti pescatori? E perchè ci ha ad essere cotanta diversità di buona
e di mala ventura; che i buoni e saporiti pesci corrano tutti ad ingoiare l'esca di alcuni uomini solamente, e i tristi di alcuni altri? E per

---

[1] *Badiale*. Dalla ricchezza e grandiosità delle abbazie o badie del medio evo venne
questo aggettivo per intendere cosa grande fuori del comune.

giunta quegl'infelici che sono alle mani con la mala fortuna, hanno
anche intorno le genti che si fanno beffe di loro, e dicono che sono
goffi, che non sanno far bene l'uffizio loro, che manca loro l'arte, e
altre somiglianti barzellette, le quali, oltre al danno, gli fanno anche
disperare. Chi può vedere quello che gli corre all'amo? Ogni uomo
va a fare la sua pescagione con intenzione di trarne buon frutto; ma
non può vedere i pesci se prima non gli sono capitati alle mani. Allora
solamente può capire di che qualità sieno. Qual arte ci potrebbe egli
essere? Io veggo alcuni che se ne vanno come trasognati e quasi fuori
di sè, e pescano con una negligenza che tu diresti: "Costoro gittano il
tempo:" e tuttavia ritornano co' canestri ripieni. All'incontro ne veggo
infiniti che se ne vanno con tanto giudizio, che il fatto loro è una prudenza; e tuttavia o se ne ritornano co' canestri vôti per non aver pi-
gliato nulla, o scontenti di aver fatto una preda per la quale hanno
insanguinate e squarciate tutte le mani.

Tali considerazioni faceva io tra me medesimo traportato dalla fantasia, e parea che non potessi darmi pace; quando, non so in qual
modo, mi si crollò di sotto a' piedi il pavimento, le travi di sopra
parea che uscissero dalle muraglie, i vetri delle finestre fecero un subito suono: e altre maraviglie mi apparirono, non altrimenti che ai
personaggi delle tragedie greche, quando talora fanno la narrazione
di un sogno. Quale io restassi, non ho parole che mi bastino a poterlo
significare; perchè io avea la lingua immobile, il mento mi danzava
su' gangheri,[1] la pelle mi si era tutta coperta di minutissimi granellini,
e non avea pelo in capo che non mi si fosse arricciato. Non ardiva
di alzare gli occhi; ma, chinato il capo, guardava così per canto ora
di qua ora di là un pochetto, temendo sempre che mi si rovesciasse
addosso la stanza dov'io era, e già mi parea che lo spirito dicesse
addio allo schiacciato corpo, e fuori se ne volasse. Quando io credea
che l'ultimo sterminio mi fosse più da vicino, eccoti in un tratto con-
solidarsi tutto quello che intorno poco prima mi vacillava con grandissimo tremito; e quello che più mi parve strano, udii un altissimo
ridere, o piuttosto uno smoderato sghignazzare che si facea di fuori, e
poco andò che, spalancatosi l'uscio da sè, entrò una femmina con un
aspetto cotanto gioviale, e di presenza così lieta e ridente, che in un
subito tutto il mio passato timore si scambiò non solo in sicurezza e
quiete, ma in una non più sentita consolazione. Colei, senza altro dire
nè fare, si pose a sedere in faccia a me, e dopo d'avere alquanto riso
ancora, quasi volesse compiere la risata che avea cominciata di fuori,
incominciò a parlare in questa guisa: "Non avresti tu forse creduto
all'udire poco fa cotanto romore e al vedere tante strane maraviglie,
che dovesse venir finimondo? che ti cadessero addosso le stelle? che
gli elementi si mescolassero nella loro antica confusione?[2] E in fine
che ti pare? sono io però così mala cosa, comecchè ti sia stata annun-
ziata da così fatto fracasso?" Quasi io non sapea che rispondere, tanto
era sopraffatto dallo stupore; ma finalmente animato dall'aspetto di
lei, le dissi: "Chiunque tu ti sia che ti degni di venire alla mia stanza,
io mi ti professo grandemente obbligato; ma ti confesso ch'io non
saprei veramente come sì lieta e graziosa femmina, qual veggo che tu

---

[1] *Il mento mi danzava su' gangheri.* Mi si sbattevano le mascelle.
[2] *Nella loro antica confusione.* Come erano nel caos.

sei, debba essere nel suo venire preceduta da tante rovine. Giudicherei piuttosto al vederti, che dovessi essere preceduta o accompagnata da' suoni, da' canti, dalle baie e dagli scherzi, non altrimenti che Venere quando ella va a ricreare gli animi de' seguaci suoi." — "Amico mio," rispos' ella allora, "tu dèi sapere che non men giocondo e lieto è il mio accompagnamento di quello della Dea che tu hai nominata; ma questo non lo lascio io vedere altro che a coloro i quali hanno una lunga conversazione[1] meco. Allora gli ammetto io a tutte quelle delizie che mi circondano. Ma s' io venissi a loro attorniata dalle grazie e dalle gentilezze la prima volta, essi per breve tempo si curerebbero del fatto mio, come tengono poco conto di tutto quello che possono facilmente godere. Per la qual cosa io vado a quegli uomini a' quali io voglio, corteggiata da mille cose dispiacevoli e piene di spasimo e d' orrore, perchè apparendo dopo di quelle, si rallegrino al vedermi e volentieri accettino per conforto la mia compagnia, ragionino meco, si avvezzino alla pratica di me, e finalmente stieno meco volentieri. Allora poi lascio loro vedere tutte quelle grazie e quelle consolazioni che vengono meco, e non mancano agli orecchi loro que' suoni e que' canti de' quali poco fa tu facesti parola. Ora io ho, senza che tu punto te ne accorgessi, veduto quello che ti si aggirava pel capo; e conobbi che, riscaldato dalla tua poetica immaginativa, eri entrato veramente in un mare che non avea nè fine nè fondo. Ecco dove trascorrono i poeti. Giudicando fra te che nel mondo ci sieno molti beni e molti mali, e che ad alquanti uomini sia conceduta la grazia di avere i primi, e che a molti altri sembrino assegnati i secondi, avevi questo pensiero vestito con una comparazione tratta da' simulacri[2] e dalle apparenze della tua da te cotanto ben voluta poesia; e andando dietro agli allettamenti e agl' incantesimi di quella, avresti giurato che dicevi il vero. Così va quando ad uno s' è riscaldato il cervello. E perciò ti dico che tu eri poco fa somigliante ad un ammalato che vedesi dinanzi ombre e apparizioni che non hanno sostanza veruna; e tuttavia giurerebbe anch' egli che fossero cose effettive e reali. Que' tuoi pesci buoni e tristi non sono altro che sogni. E se per essi vuoi significare i beni e i mali, io ti dico che ad ogni uomo ne tocca mescolatamente degli uni e degli altri. Ma sai che è? La vostra ingordigia, la quale vorrebbe sempre sguazzare e trionfare, e quando essa non dà ne' pesci grossi, mette tutti i pesciolini piccioli, anche buoni, anche saporiti, in conto de' disutili e de' nocivi. Io ci giuoco, io, che se io domando a te quanto bene hai avuto al mondo, tu non te ne ricordi punto, e mi farai una lunga querimonia e un piagnisteo che non avrà mai fine, ricordandomi mille infilzate disavventure l' una dietro all' altra." — "Come?" rispos' io, "par egli forse a te che sieno state veramente grandi le mie venture? Dappoichè tu vedi così addentro, che conosci fino i pensieri degli uomini, tu dèi certamente anche comprendere quello ch' è stato...." — "Nol diss' io," rispos' ella, "che cominceresti le querele? Attendi;" e così dicendo, trasse fuori di una sua tasca non so quali bilance, e proseguì: "Vedi tu? qui soglio io pesare i beni e i mali degli uomini. Non indugiamo con le ciance. Che vuoi tu che mettiamo dall' una parte di queste bilance di quello che tu chiami male?" — "Che ne so io?" risposi, così in fretta. "Mettiamovi

---

[1] *Una lunga conversazione.* Qui conversazione sta per consuetudine o convivenza.
[2] *Simulacri.* Finzioni.

il primo male di tutti gli altri : il nascere nudi, bisognosi di tutto, senza
poter adoperare nè gambe nè braccia, il non poter favellare. Ti paiono
questi mali ? che potresti tu mettervi dall'altra parte che nulla gli
contrappesasse ? Certamente nulla." — "Tu," ripigliò ella, "non avresti
nulla che mettervi, perchè hai la nebbia nell'intelletto. Sta' a vedere.
Tu hai empiuta la bilancia tua, ed essa è ora allo ingiù ; eccoti a farla
risalire. Mettovi io dall'altra parte quell'amore che ha posto natura
nel cuore delle madri ; la compassione ch'esse hanno della nudità, della
fame e dell'impotenza de' fanciulli ; il cibo facile apparecchiato a quelli
nel seno materno ; i vezzi, le carezze, e tutto quello che fanno a loro
sussidio ed aiuto. Ti pare che questi non sieno buoni pesci ? O paiuti
quello che si vuole in fine, non vedi tu al presente le bilance livel-
late ? Sei tu contento ? Votiamole. Mettivi altro. Mettiamovi i travagli,
gli stenti ed il sudore d'un uomo di lettere ; i suoi lunghi pensieri,
i sonni perduti. Bene. Eccogli. Mettiamovi ora o la compiacenza ch'egli
avrà avuta di sè, credendosi un valentuomo, non essendo tale, o le lodi
e la gloria ch'egli avrà acquistata giustamente ; il diletto dell'imparare le cose che non sapeva prima ; quello del conoscere o del credere
di conoscere le cagioni delle cose meglio degli altri. Ne' vuoi tu più ?
Ma non è bisogno d'altro. Sono già uguagliate le bilance. Credimi,"
proseguiva ella, "che tu non vi potresti mettere cosa veruna che non
fosse tosto contrappesata. Che se tu poi al confronto dei mali volessi
mettere certi beni, de' quali gli uomini non si curano punto perchè gli
posseggono facilmente, anzi a loro si offeriscono da sè medesimi, questi
sono veramente tali e così grandi, che non ritrovano mali che gli ugua-
gliano. Io ci giuoco che non ti venne mai in mente di mettere in bilancia la fertilità di natura in tante diverse produzioni che ti sostengono,[1] le infinite prospettive che ti ricreano, la purissima luce del giorno,
e tante altre cose, ch'io consumerei le bilance se tutte le volessi pesare. Ma io non voglio però che tu mi creda ancora ; anzi desidero
che fra te medesimo consideri meglio quai sono que' mali che più ti
sembrano gravi ed acerbi, onde possiamo confrontargli con questa bilancia un altro giorno. Io ritornerò fino a tanto che, guarito da questa
tua infermità d'intelletto, tu possa conoscermi da te stesso, senza ch'io
ti abbia detto il mio nome, e confessi la mia ragione e il tuo torto."

N° XXVIII.   A dì 19 maggio 1762.

Verbaque provisam rem non invita sequentur.

HORAT., *De Art. Poet.*

Apparecchia la materia, e le parole sponta-
neamento la seguiranno.

Parecchi scrittori dicono verità così belle e manifeste, che non si
può fare a meno di non prestar loro fede quando le hanno profferite.
Appena gli orecchi degli ascoltanti l'hanno ricevute, l'animo vi consente e afferma dicendo: "Egli è vero, costui ha ragione, io non saprei

---

[1] *Produzioni che ti sostengono* I prodotti naturali di cui l'uomo si alimenta.

che rispondergli all'incontro." Seneca [1] principalmente fu uno di quelli ch'ebbero questa nobile qualità di chiudere in poche linee il vero, e di lanciarlo nelle viscere altrui con poche parole. Orazio,[2] da cui per ora ho preso il verso soprallegato, fece anch'egli il medesimo, specialmente nella sua Arte Poetica, la quale mi pare veramente un anello in cui sieno incastonate infinite pietruzze di una inestimabile preziosità, varie, risplendenti e di mirabile vistosità. In essa ritrovansi le leggi universali di quello che chiamasi con novello vocabolo il buon gusto, cioè del sapore, del garbo e della grazia che debbono avere tutte quelle arti che presero la loro origine dall'imitazione e dal diletto. Con essa alla mano di passo in passo, io tengo per fermo ch'egli si possa fare ogni sorta di osservazioni intorno agli scrittori, e prendendola, come chi dicesse, per isquadra e compasso, misurare tutto il bene e il male che in essi ritrovasi, traendone in tal modo un'infinita utilità per comporre le opere proprie, quando altrui venga la voglia di dettare. Egli è però il vero che i precetti suoi, comecchè contengano nel seno loro la verità, sono da assomigliarsi ad un baccello che comprenda molti granelli i quali, acciocchè giovino, si dee fargli moltiplicare con la coltivazione, inaffiargli e averne grandissima cura. Per esempio, io ho ora fra tutti gli altri suoi versi eletto quello che ho citato di sopra; fo mio conto che l'orecchio altrui sia un orticello, lo pianto e incomincio a coltivarlo, acciocchè spunti, germogli, cresca in fusto, faccia fronde, fiori o baccelli nuovi. Chi non fa a questo modo, la verità contenuta in esse poche parole riesce inutile; e non seminata, s'aggrinza e perisce nella zucca delle sementi [3] senza pro; ed era quel medesimo il non averla ricolta.

Apparecchia la materia, dic'egli, *e le parole spontaneamente la seguiranno*. Oh! chi gli può negare che non debba essere a questo modo? Il nostro capo è a guisa d'una cassetta dove si ripongono varie robe, e la lingua è la dispensiera di quello che v'è dentro. Quando essa ritrova materia da poterne trar fuori, ella è pronta, spedita, presenta altrui con vivacità, con grazia. Dall'altro canto, s'ella non ritrova che poterne cavare, essendo di sua natura liberale, la vuol dare e dare, e non sapendo che, la dà aria in iscambio di sostanza; a un dipresso come fanno i pappagalli, che cianciano senza saper di che; e talvolta avvedendosi della povertà sua, si vergogna e dà a stento: tanto che tu ne hai o vento, o poco più che nonnulla. Bene! io ne sono già persuaso, dirà alcuno che mi ascolta, e non può soffrire quattro linee più in un ragionamento. Ma questa materia che dee riempiere la cassetta, per somministrare ricchezza alla lingua, come si ha ad apprestare? Qui sta il nodo; ch'egli si vorrebbe nella più giovanile età incominciar a riporre, e a riempiere il cervello e a far masserizia [4] negli anni migliori e più atti a ricevere quello che vi si ripone. In altro modo le masserizie sembrano prese in prestanza; tu le avrai riposte con mal ordine; non ritrovi quello che vuoi quando ti abbisogna; credendo di porre la

---

[1] *Seneca*. V. la nota 1 a pag. 110.
[2] *Orazio*. Celebre poeta latino, nato a Venosa l'anno 65, morto a Roma l'anno 8 av. C., amico di Virgilio, di Mecenate, d'Augusto. Di lui rimangono, universalmente ammirati, le *Odi*, gli *Epodi*, le *Satire*, le *Epistole*.
[3] *La zucca delle sementi*. Anche ora sogliono gli ortolani raccogliere e conservare le sementi in certe zucche a tal uopo vuotate e disseccate.
[4] *Far masserizia*. Disporre e conservare con ordine.

mano ad una cosa, la metti ad un'altra, ne cavi quello ch'esce a caso, non quel che vorresti e che ti abbisogna; prima d'averne quel che vorresti, metti sossopra la masserizia, tutto riempi di confusione e disordine. All'incontro, se tu avrai incominciato a riporre per tempo, le robe avranno preso il luogo loro, tu n'avrai fatto pratica, vi metti la mano per abitudine, n'esce a tempo quanto desideri; quello che non vuoi, lo lasci; quello che chiedi, ti si presenta da sè, e ogni cosa ti riesce ordinata; nè tu impazzi o fai altrui impazzire col dire: Aspetta, ritorna, adagio, non è questo quel ch'io volea, anzi pure è questo, sì, no; ch'è uno sfinimento di te che dái, e una morte di chi da te riceve. Traggi il velo a questo ragionare, e vedrai che non altrimenti fa chi ragiona di cose imparate di fresco; imperciocchè egli ripete, si svia dal suo cammino, va, ritorna e cammina con tanti e così strani aggiramenti e ravvolgimenti, smarrendosi di qua e arrestandosi colà; finalmente perviene un tratto più a movere la lingua, che a dire quello che volea dire. Per la qual cosa, ridico, egli bisogna insaccare molto prima la materia, chi vuole averla a suo tempo. Che diavol di' tu? risponde uno. Mi negherai tu forse che le donne non sieno le migliori parlatrici del mondo, le più ordinate, e quelle che hanno maggiore energia e più evidenza? E quando hanno esse però riposto materia? quando hanno fatto ricolta di quello che dicono? Oh! tu vuoi pure condurmi a forza all'articolo delle femmine. Ma lodato sia il cielo, chè nè in ciò nè in altro io non ho cagione di dire se non che bene del fatto loro. Vorrestù però dire ch'esse non s'apparecchino fin da' primi anni della loro vita quelle materie delle quali debbono ragionare? che le favellino a caso e pensino improvvisamente a quello che profferiscono? Non lo credere. Io n'ho udite per mia fè a ragionare di quelle che si vedea benissimo ch'aveano la materia del loro ragionamento accumulata nell'animo fin dalla loro prima età. Nè ti maravigliare, dicendo: ciò non può essere perchè non hanno metodo di scuole; chè anzi l'hanno molto bene e molto migliore che i maschi. Imperciocchè esse imparano ogni cosa col mezzo dell'esempio, e con lo star a udire e vedere, e ricogliendo quello che loro piace, senza essere obbligate dalla sferza, nè dalla imperiosa voce del maestro. E però tu n'odi alcuna a dir male con buona grazia delle compagne sue, o ad ampliare con eloquenza la necessità, la varietà e la bellezza delle fogge,[1] di che ella ha udite tutte le circostanze e le particolarità di questi due punti dalla madre sua più volte mentre ch'era bambina, e n'ha fatto conserva nel cuor suo, e ne cava fuori dall'intimo borsellino dell'ingegno il bisogno, e a tempo. Pensi tu che senza avere fatto questo ricco apparecchiamento di materia, la potesse parlare con tanto artifizio e con tanti vaghi colori rettorici, con quanti ella fa? No. Tu udiresti, per esempio, s'ella dice male, un fascio di villanie messe l'una sopra l'altra senza ordine, nelle quali si vedrebbe una malignità d'animo grande, e non altro pensiero fuor quello dell'addentare a diritto ed a torto; non vi si vedrebbe quella signoria e padronanza della persona che favella sopra la materia sua, che la può domare e impastare come vuole. Quante volte avrai tu udito quel modesto proemio del non voler favellare, accompagnato da una modesta verecondia che tinge alla parlatrice il viso, quasi fosse tratta a forza nel ragionamento in cui entra: e con quante galanti espres-

---

[1] *Fogge.* Mode, acconciature.

sioni non si rende ella il suo uditore affezionato ed attento? Discende poscia a poco a poco, quasi facendosi pregare, alla narrazione di qualche bel fatto, così fornito de' costumi e de' caratteri delle persone delle quali ragiona, che tu non puoi negare che da tali caratteri e costumi non dovesse derivare di necessità il fatto ch'ella ti narra. E se mai avessi bisogno di prove, non ha forse testimoni d'allegarti, o le manca fondo da trarne argomenti, anzi lacci da' quali non potresti uscire? E il tutto veste con tanto calore e dà tale anima a tutto, che non parla, ma dipinge. Sa quando è il tempo da ragionare più fredda, quando da riscaldarsi. Giunta a certi punti del suo ragionamento, quando le pare d'aver infiammati gli animi de' circostanti, esce in repentine esclamazioni, s'intenerisce, infuria. Diresti ch'ella è divenuta uno specchio, che s'aggira intorno e ti presenta al vivo tutt'i più intrinsechi pensieri di colui o di colei della quale ragiona; e se mai le sembra che l'uditore si annoi qualche poco, ricorre all'urbanità e alla sferza delle facezie, che non sono inutili, nè fuori del caso suo; ma si riversano sempre sulla persona di cui favella.

In fine chiude il suo ragionamento in un modo che non si usa nella eloquenza de' maschi; perchè avendo ella introdotto l'entusiasmo nei circostanti, e tutti avendogli commossi, non è già ella sola che faccia la perorazione; ma diventa in sul finire quasi l'intonatrice di un coro, viene assecondata dalle voci di tutti gli uditori che aiutano il suo termine,[1] tirati tutti dalla forza di lei nella stessa eloquenza. Non avrebb'ella potuto giammai seguire così bell'ordine senza interruzione veruna, se non avesse fin da' suoi più teneri anni notato con diligenza i costumi altrui, riposti nella sua memoria più fatti, e con essi formata la facilità del confrontare le cose passate con le presenti, e far conghietture intorno alle cose occulte ed anche intorno alle avvenire. Quello ch'io dico dell'argomento del dir male d'altrui, sì l'affermo io di tutti gli altri adoperati dal gentilissimo sesso delle donne: e s'io avessi più lungo tempo, mi darebbe l'animo di esaminargli a uno a uno, e di mostrare che hanno apparecchiata già da lungo tempo prima la materia de' loro ragionamenti. Ma quello ch'io non fo per ora, sì lo possono fare molti più penetrativi ingegni del mio, e ricercare con la loro diligenza quello ch'io per ora non posso. Si potrebbe esaminare la loro eloquenza principalmente in materie d'amore, nella quale, con tutto che i maschi vadano a studiare le scienze, possono dire che eglino hanno la lingua mozza appetto di quelle; e ben se n'avveggono quando sono confrontati a ragionare con esse. E se mai ci fossero alcuni pochi maschi superiori a loro in questo genere di eloquenza, saranno di quelli i quali non avranno fatto altro studio a' giorni loro, e avranno raccolta materia fin da' primi anni; non di quelli che tocchi all'improvviso dalla passione, si trovano impacciati a spiegare i loro sentimenti. La qual cosa tanto più fa prova a favore del mio presente argomento.

Chi volesse a passo a passo seguire con la mente il filo di così fatta ricerca, farebbe il più grato e più piacevole studio che fosse ancora stato fatto giammai. Imperciocchè egli potrebbe mettersi dinanzi agli occhi, per istudiarvi dentro, due persone, l'una che avesse corteggiato le femmine fin da' primi anni dell'età sua, e l'altra che per caso fosse stata presa al laccio di fresco dopo di essersi occupata per tutta la sua

---

[1] Termine. Chiusa del discorso.

passata età in altre faccende. Io concedo ancora che il grado della passione fosse maggiore in quest'ultima, che nella prima: e pure si sa che la passione è uno degli ordigni più atti a comunicare mobilità alla lingua. Che ne avverrebbe perciò? Io son certo che il primo già avvezzo per lungo tempo agli artifizi, alle quistioncelle, alle gelosie, al rappacificarsi, al quistionare di nuovo, sarà in mille doppi più eloquente di quest'ultimo, il quale per la novità della materia sfogherà la sua passione in belle guardature, in passi più garbati che può, talora in ispremere qualche lagrima dagli occhi, e se vorrà parlare gli mancheranno le parole, come colui che non è stato alla scuola per tempo, e non avrà fatto incetta di materia sufficiente e in guisa abbondante, che gli somministri vocaboli da profferire.

Io so bene che alcuni immaginano fra sè ch'io sia per addurre di ciò qualche esempio; ma non occorre che io lo adduca. Ognuno che vive al mondo, se ha occhi, avrà potuto conoscere e vedere che dico il vero, e forse potrà in sè medesimo comprendere che non è menzogna quanto affermo; e vedrà quanta diversità passa fra l'uomo accostumato nelle cose, e un altro a cui le riescono affatto nuove.

SIGNOR OSSERVATORE.

Perchè avete cominciato a darci la Vera Storia di Luciano, e poi non proseguite? Ditemi almeno la ragione, e sono tutto vostro

N. N.

SIGNOR N. N. STIMATISSIMO.

Perchè chiedete voi la Vera Storia di Luciano, se altri molti m'hanno pregato di non proseguire? Cerco d'appagare quanto posso ognuno, ma scrivendo al pubblico, conviene che m'attenga ora ad una cosa e ora ad un'altra. Abbiate pazienza.

Nº XXIX.   A dì 26 maggio 1762.

Frangas enim citius quam corrigas, quæ in pravum induruerunt.   QUINT.

Quello che ne' difetti è indurato, prima lo romperai, che tu lo possa correggere.

Io non so veramente a qual modo noi siam fatti di dentro. A vedere come è fabbricato il cuore, egli è molle; e se tu lo tocchi, senti un pezzo di carne che cede alle dita. Il cervello com'è fatto, ognuno lo sa; che se v'ha in noi cosa morbida, gli è quello. Con tutto ciò nell'uno e nell'altro nasce l'ostinazione, della quale non v'ha osso nè acciaio più duro al mondo; e s'ella si potesse vedere, io credo che il corpo suo sarebbe di porfido, o d'altra materia da non poterne levar via una scaglia nè con le martella, nè con gli scarpelli, nè con picconi, o con altro qual si voglia strumento più vigoroso e di polso. Quando un uomo s'è ostinato a dire: "La non ha ad essere altrimenti, io in-

tendo che la cosa vada così o così: " va', picchialo, spingilo, dàgli di
urto, e tu cozzi con una torre, hai a fare con un greppo, e non ti riesce
altro se non che tu medesimo t'induri, e a poco a poco senza avvedertene, come chi è tocco dalla pestilenza che dall'uno s'appicca al-
l'altro, tanto sei tu ostinato e duro nella tua opinione, quanto egli è
nella sua; e non ci è più verso che nè l'uno nè l'altro si creda di
avere il torto. Più volte m'è venuto in mente un pensiero, a vedere
come noi siam fatti, ch'io non so veramente come ciò avvenga, ch'essendo gli uomini cotanto tenaci della propria opinione, non entrino in
tanta collera l'uno contro all'altro quando nascono fra loro disputazioni, che stieno sempre con le pugna chiuse e alzate, e si mordano
l'un l'altro come i cani. "Dond'è," diceva io, "che pensando essi così
diversamente, ed essendo intrinsecamente nemici, e di vario parere con
tale ostinazione, non vengono essi fra loro alle mani, e trattansi l'un
l'altro come se fossero fratelli, sicchè anche quando è saldo in loro
l'ostinato pensiero, chi gli stesse ad udire mentre che favellano, appena se n'avvedrebbe, anzi ragionano per lo più con tanta grazia e
dolcezza, che si direbbe che sono d'accordo? Dond'è ciò?" ripeteva io,
tuffato in questa riflessione. Dàlle dàlle, mi venne, secondo l'usanza
mia, in aiuto il sonno, e in compagnia con esso quelle mie consuete
apparizioni che hanno, non so come, che far sempre con quello che io
medito vegliando, e vidi quello ch'io dirò.

SOGNO.

Azzuffavansi in un'aperta campagna da tutte le parti certe zotiche
genti con bastoni e con sassi, con un romore che n'andava sino alle
stelle. Di qua si vedeano spezzati capi, di là braccia rotte e penzolanti,
o altre membra per terra sparse, nè però cedeva l'ira ne' feriti e quasi
fracassati uomini; chè anzi sempre più infervorandosi ed infiamman-
dosi il doppio, menavano colpi senza mai arrestarsi, e parea che crescesse loro la forza, quanto più s'affaticavano a percuotere, per modo
ch'io giudicava fra me che tra poco non fosse per rimanerne più vivo
un solo. Comecchè io fossi in luogo dov'essi non poteano nè vedermi
nè giungere a me con la furia di quelle loro armi, pure io mi ramma-
ricava grandemente e non senza lagrime di compassione, a vedere quella
turba di uomini cotanto accanita, e desiderava con tutto il cuore che
nascesse cosa la quale mettesse la pace negli animi loro. Quando, e
non so io donde venuta, s'accostò al mio lato una vecchierella tutta
canuta, la quale non avea però il viso come l'altre donne; ma due
occhi avea nella fronte, e altri due nella collottola,[1] sicchè vedea benissimo quello che dinanzi e quel che dietro alle spalle le appariva. Se
io mi facessi maraviglia a vedere faccia cotanto strana e così da tutte
l'altre diversa, pensi chi legge; e molto più mi maravigliai quando
mi accorsi che ella, ragionando, due cose sempre confrontava insieme,
cioè quella che con gli occhi dinanzi scopriva, e quella che vedea dietro; e di quelle traea una conseguenza, che una cosa dovesse in tale
o in tal modo avvenire. "Tu vedi," diceva ella, "che qui innanzi a noi
sono queste genti azzuffate, o si zombano[2] con que'loro bastoni; ma tu
non vedi, come io con la collottola, que'venerandi vecchioni con quelle

---

[1] *Collottola.* Parte del capo fra il collo e la nuca.   [2] *Zombano.* Percuotono.

loro profonde e prolisse barbe, i quali insegnarono già a costoro che
sono di ragione dotati, che in questo mondo debbono essere come fratelli e aiutarsi l'un l'altro. Hanno que' buoni uomini già aperta la prima
via a questi zoticoni di conoscere il vero; ma la loro naturaccia villana e salvatica non può ancora domare quella lor furia naturale, quella
bestialità che stimola loro le mani a conciarsi come tu vedi. Egli è il
vero che sanno quello che debbono fare e non fare, ma più ancora può
in loro la prima bestiale rozzezza, che i nuovi insegnamenti. Con tutto
ciò, credimi, a questo modo la non può durare a lungo. È già aperto
il sentiero; poco starà a venire alcuno il quale con l'opera sua com-
pierà questa faccenda, farà posare le armi a questi bestioni, e se non
vincerà quella loro superba e ostinata natura, almeno la renderà più cortese e tale, che non s'offenderanno l'un l'altro come fanno al presente."

Avea appena chiuso il suo favellare la vecchierella, ch'io vidi ras-
serenarsi l'aria d'intorno, anzi pur diventare di vari colori, non altrimenti che se la fosse stata di minutissimi spicciolati fiori tutta ripiena; e veramente io credo che fiori fossero, dappoichè ei non si
fiutava altro che un odore di rose, di garofani, di gelsomini, e una
certa fragranza indistinta e incognita, ch'egli parea di rinascere al
fiuto. Egli mi parea propriamente d'essere a sedere in un teatro,
quando[1] egli si vede a discendere dal cielo l'innamorata Venere a ritrovare il suo bello Adone, o la vezzosa Diana in traccia d'Endimione.
Imperciocchè poco di poi vidi congregarsi da più lati una leggiera e
candida nebbia, che insieme accozzandosi formò una nuvoletta, la quale
lenta lenta cominciò a discendere, e intorno a quella s'udiva una dolce
armonia di strumenti e una voce che cantava con tanta grazia, ch'egli
mi parea non d'essere in terra, ma nell'altissima sommità de' cieli traportato. Ben la dovette essere dolce e veramente soave, dappoichè il
suono suo, oltre alla maraviglia del nuovo spettacolo, tanto potè negli animi di quegli arrabbiati combattenti, che si rimasero parte coi
bastoni alzati, ed alcuni caddero fuori delle mani, e tutti attoniti e
quasi balordi, non sapendo quel che si fosse, ascoltavano a bocca aperta
il tuono della novella canzone. Io non potrei ridire qual fosse il cominciamento di quella, dappoichè nel principio s'udivano bensì le note,
ma per la lontananza non si poteano le parole scolpire. Ma poichè la
si fu alquanto avvicinata, sicchè la potei udir meglio, ricordomi molto
bene ch'essa diceva così:

> Germi del cielo, ad abitare insieme
> Venuti in terra dall'eccelse ruote,[2]
> Qual ira contro a voi stessi v'accende?
> Posate l'arme. Io qui vengo tra voi,
> Novella aita, a ripulir costumi,
> E spogliar di durezza i petti vostri.
> E se prestate volentieri orecchio
> Alle parole mie, pacato il mondo
> Tosto vedrete, ed un soave laccio
> Infinite legare anime insieme.

---

[1] *In un teatro quando* ec. Divinità scendenti dall'alto in nuvolette ingegnosamente
imitate, le quali a mezz'aria si aprivano, parvero indispensabile ornamento dei melo-
drammi d'un tempo.

[2] *Dall'eccelse ruote.* Dalle sfere celesti.

Si levarono al suo cantare mille voci, e tutte esclamarono: Sì, vieni, tu sei oggimai nostra signora e reina. Vieni, vieni fra noi, e fa' di noi ogni tuo volere. "E chi è costei," diceva io alla mia vecchia, "chi è costei nella cui voce è tanta forza ed autorità, ch'ella può così in un subito tramutare la mala volontà di tante genti?" Al che ella rispose: "Figliuol mio, non credere che costei tramuti questo popolo e lo faccia essere in effetto un altro da quello ch'egli è, chè anzi lo lascia intrinsecamente quale egli si ritrova; ma ella avrà bensì possanza di vestirlo di fuori di certi atti modesti e di certe garbature, le quali faranno sì che l'uno non avrà più cagione di querelarsi dell'altro, e non si vedranno più le genti così spesso, come ora si veggono, a battaglia insieme. Il nome suo è Civiltà; e non è già ella sola da quella nuvola vestita, ma tu vedrai seco ad uscire altre compagne le quali l'aiuteranno a quest'opera. Non domandarmi per ora di più. Attendi e vedi." S'aperse intanto il seno della nuvoletta, e uscì, oh qual faccia di donna! Io non dico ch'ella fosse una di quelle bellezze gravi e maestose che rendono ammirativo e quasi ammaliato chi le vede, non una venustà nobile e grande, ma ell'era bene una certa donzella tutta vivacità, tutta grazia, la quale nello andar suo somigliava a donna che danzi, più presto che a femmina che cammini: facea i più garbati inchini e un chinar di capo così vezzoso, che non si potea fare a meno di non amarla. Mentre che con l'aspetto suo avea già presi all'amo tutt'i circostanti, eccoti uscire della medesima nuvoletta molte altre fanciulle, le quali aveano cinte le chiome con ghirlandelle di fiori, vestite ad un modo che al primo vedere tu avresti detto: le sono ignude; ma in effetto erano tutto il contrario, chè aveano tanti panni indosso e tanti frastagli e dondoli a rimirarle attentamente, ch'erano più d'ogni altra donna vestite e coperte. "Costoro sono le Ceremonie," disse la mia grinza vecchierella. Cominciarono esse danzando a coro ad andare intorno; e a poco a poco fattesi quasi maestre di danza, a cui facevano fare baciamani, a cui insegnavano a piegar le ginocchia, ammaestravano a fare sberrettate, inchini, e baciarsi l'un l'altro in fronte, e mille altri atti cortesi, de' quali non aveano prima gli uomini avuta cognizione veruna al mondo. Ma quello che più d'altro mi parve strano a vedere, si fu che in poco d'ora insegnarono a tutte quelle genti a scambiare il primo linguaggio, e soprattutto a sbandire la brevità, e principalmente il sì ed il no da' loro ragionamenti, vestendo questi due monosillabi con tante belle formole e con tanta e così varia grazia di parole, che ognuno dicea: *Sì, io voglio questo, e non voglio questo,* con la stessa ostinazione di prima, è vero; ma con tanta grazia, che non rimaneva più nel suo favellare segno d'ostinazione, e la stessa negativa ti solleticava dolcemente gli orecchi, come se co' peluzzi d'una penna te gli avesse leggiermente tocchi e grattati. Da quel punto in poi cessarono l'ire fra gli uomini, e tutto divenne contentezza e quiete. Furono posate l'armi, baciavansi l'un l'altro come fratelli. Trascorreva la vittoriosa Civiltà fra loro, le Ceremonie si godevano e ricreavansi a vedere tanta pace. "Oh!" diceva io alla mia vecchierella, "io veggo benissimo che dall'un lato non picciola utilità hanno fatto a queste genti le sopravvenute donzelle; ma dall'altro che vuoi tu che dica? Egli pare a me che costoro abbiano di qua sbandita la schiettezza; e quanto è a me, io non so s'egli sia maggior fatica il guardarsi da' bastoni, o da questa nuova coperta e inzuccherata favella."—"Chi vuoi tu che t'appaghi?" rispos'ella. "Poco

fa tu piangevi perchè si battevano, al presente ti rammarichi perchè
s'ingannano l'un l'altro. L'una delle due ti dee appagare. S'eglino sono
di natura così ostinati, che non si darebbero mai per vinti, essi debbono difendere il parer loro co' legni, o con queste menzogne ed ombre. Quanto è a me, io credo che ogni cosa sia migliore che il venire
azzoppati." — Io avea voglia di proseguire il mio ragionamento, e dolermi tuttavia della novella usanza da me veduta; ma un sogno non
può durare quanto vive un uomo. L'apparizione svanì, la vecchierella
andò in fumo; ma io rimasi così invasato dell'altre immagini, che in
ogni luogo ancora mi par di vedere e di udire le Ceremonie e gl'insegnamenti dati da loro a quelle genti. Me ne querelo io perciò? No.
Quand'io tocco certe corde, la non è già voglia d'offendere altrui, ma
una certa usanza di fare osservazioni intorno ai costumi; e chi pensasse bene, non sono disutili. Saranno alcuni i quali diranno: "Non ho
mai potuto rimovere il tale dalla sua opinione, e con tutto ciò egli mi
ha pure favellato con molta gentilezza; che importa a me? Io avrei voluto piuttosto che mi avesse dato una negativa aperta." E s'egli l'avesse
data, non gli saresti tu forse stato attorno con mille altri stimoli? egli
se ne sarebbe adirato, e tu ancora. A questo modo, udendo così belle
e buone parole, non hai avuto cuore di andar più oltre, anzi fosti tu
medesimo forzato dalla civiltà a fargli altrettante ceremonie; ed ecco
un bello effetto, che senza punto essere d'accordo, vi siete partiti l'un
dall'altro in pace tuttaddue, e rivedendovi di nuovo l'un l'altro, vi
traete di testa vicendevolmente il cappello, vi fate baciamani, e siete
quegli amici di prima, se non in sostanza, almeno in pelle;[1] tanto che
il mondo ne vive quieto, che altrimenti sarebbe in continua zuffa come
fu di quelli del sogno. Sicchè chi dice male delle ceremonie, non sa
quello che si dica, nè conosce quanto sia l'obbligo nostro verso di quelle.

N° XXX.					A dì 2 giugno 1762.

. . . . Nec studium sine divite vena,
. Nec rude quid prosit video ingenium.

HORAT.

Io non so a che giovi lo studio senza
un'abbondante vena di natura, nè
un ingegno rozzo e nudo di arte.

A questi passati giorni io ebbi ragionamento con un uomo di molta
dottrina e garbato scrittore di versi, il quale, secondo che nel suo favellare dimostrava, parea ch'egli credesse non essere in poesia bellezza veruna da potersi affidare che piacesse o non piacesse al pubblico. Quante sono le teste, diceva egli, tanti sono i pareri: chi la vuole
ad un modo, chi ad un altro; e però io non oserei d'affermare che
ci fosse un'arte, la quale insegnasse altrui in qual forma si potesse
contenere chi scrive, per dar nell'umore universalmente. Io leggo, per
esempio, un componimento a venti o a trenta persone, e fra esse le

---

[1] In pelle. In apparenza.

scuole diverse che avranno avute, l'educazione varia, le occupazioni differenti, i pensieri di molte qualità saranno cagione che l'intendono diversamente. Dunque che ho io a fare? Come posso comporre in forma che i versi miei, entrando per tutti gli orecchi dei circostanti, facciano un effetto medesimo? Io non potrei affermare che l'uomo dabbene non avesse così al primo ragione; ma esaminando minutamente l'arte di cui si valsero gli antichi nel guidare l'opere loro, egli si vede, secondo me, appunto che conobbero la stessa difficoltà, e ritrovarono un valido mezzo di superarla, e sì la superarono in effetto, che piacquero a' tempi loro, e sono anche oggidì rimasi vivi fra gli uomini, e modelli perpetui degli altri. Egli mi pare dunque che il primo artifizio usato da loro fosse quello di tirare a sè tutti gli animi e ridurgli ad un solo pensiero, per avergli attenti e pronti ad ascoltare tutto quello che voleano dir loro, non altrimenti che quel Terone pittore di cui feci io già una volta in altro luogo ricordanza, il quale avendo dipinto sopra un quadro un soldato che spirava ira e battaglia, e volendolo mostrare al popolo, prima di scoprirlo, pagò non so quanti trombetti, acciocchè suonassero un'aria da guerra, e a questo modo mettesse un certo che di bellicoso nell'animo di tutti, prima che vedessero la sua pittura; di che avvenne che tutti gli uomini, lasciati i primi pensieri vari e differenti, concorsero in un solo, e tratti da tale apparecchiamento, ritrovarono essere bellissima l'imitazione del soldato, e ne la commendarono altamente. Questo esempio fu a un dipresso seguíto da tutti i buoni poeti, s'egli si considera l'usanza tenuta da loro; i quali con l'artifizio condussero gl'intelletti a quel pensiero che vollero, e a soggiacere volentieri a quello ch'erano per dire appresso.

Per non errare prendasi per guida in questo ragionamento Omero, al cui nome s'inchinano e si sberrettano anche oggidì tutti gli altri poeti. Quello che dirò di lui, potrà confarsi molto bene anche a Virgilio, a Dante, al Tasso, e a qualunque altro ritrovò la via di rendersi immortale. Leggendo que' libri i quali lungamente trattano dell'arte poetica, trovasi che fanno un gran ragionare intorno al mirabile,[1] anima del poema epico; dimostrano bensì con quanto giudizio quel profondo e capacissimo cervello di Omero seppe incatenare le volontà degli Dei con le azioni degli uomini, sicchè queste sono quasi anella dipendenti dalle prime. Osservano la grandezza e la varietà nella pittura delle cose celesti; ma secondo quello che ne pare a me, l'invenzione da lui trovata d'introdurre la maraviglia delle deità nel suo poema, fu a quel medesimo fine con cui Terone fece dare nelle trombe per ridurre le menti di molti uomini ad un solo pensiero, e tutti gli umori ad un solo umore. Per la qual cosa l'introduzione di tali divinità non credo io che la giudicasse necessaria per rendere grande, nobile e mirabile il suo poema; ma sì principalmente per arrestare i vari cervelli ad una cosa sola, ed essere in istato, dopo di avergli renduti attenti con la maraviglia, di farsi volentieri ascoltare in tutto il restante. Ha la religione tanto di maestà, di grandezza e di forza comune, che, sposta con maestà e grandezza d'immagini e di stile, non può andar vuota di effetto, e chiamerà sempre gl'intelletti e gli animi a sè dei circostanti, e gli apparecchierà facili e pronti all'udire: senza questo apparecchiamento egli è impossibile, o almeno quasi impossibile, il farsi

---

[1] *Al mirabile.* Noi diremmo il meraviglioso.

ascoltare e il gradire universalmente. Come s'ha egli così in un subito a movere negli uomini quella passione che tu vuoi imitare? come a stimolargli improvvisamente per modo che tutti sentano quello che tu sentisti dettando? Come potresti tu indurgli tutti ad udire volentieri un'azione repentinamente, o rendergli tutti ad un tratto d'un animo e d'una volontà? Questo potrai tu ben fare quando gli avrai prima scossi e quasi atterriti con la grandezza delle divinità, e tratto lo spirito loro via dall'altre occupazioni, e vòtatolo, per così dire, di ogni altro pensiero, sicchè rimanga affatto in tua balìa, e tu lo signoreggi allora come a te pare. Quando avrai così fatto, puoi correre il campo per tuo, gl'intelletti dei circostanti sono tuoi, tutto quello che dirai loro, sarà ascoltato, tutte le bellezze toccheranno e saranno rilevate; tu gli hai ridotti atti ad udire, gli hai apparecchiati, sono tutti d'un parere, non temer più che non sia in poesia bellezza universale e di polso sopra tutti gli uomini, piacerà a tutti. Ma per meglio intendere questo artifizio, seguasi di passo in passo il primo libro della Iliade, e veggasi come con l'apparecchiamento della religione si traggano gli ascoltanti all'attenzione pel restante. Incominciasi dal raccontare che un Nume fu quegli che trasse a questione e discordia Agamennone e Achille. Il sacerdote d'Apollo chiede ad Agamennone la figliuola sua, che gli viene negata. Il re dice villania al sacerdote, il quale prega Apollo; questi si sdegna, l'esaudisce, e per gastigare la negativa fa entrare la pestilenza nel campo de'Greci. Notisi con quanta magnificenza descrive la venuta d'Apollo: « Discende dalla som» mità dell'Olimpo, ripieno di collera, con arco e turcasso. Le saette » agitate dal rapido volare dell'adirato Iddio, gli risuonano sulle spalle, » ed egli, da una nuvola ricoperto, ne viene somigliante alla notte. Siede » lunge dalle navi, lancia le saette, che, fischiando spaventosamente, » fendono l'aria. Prima ferisce i bestiami, poco dopo i Greci, sicchè » in ogni luogo si vedeano monti di corpi morti sui roghi che conti» nuamente ardevano. » Una colpa grave, lo sdegno d'un Nume che la punisce, l'effetto della punizione venuta dal cielo per opera d'uno Iddio, arresta incontanente gli animi, e mettiamo animi inzuppati e ripieni di quella religione. Ne viene di necessità che tutti debbano concorrere alla curiosità di sapere in qual modo la pestilenza cessasse, qual riparo potessero ritrovare gli uomini contro un gastigo venuto dal cielo. Come faranno? Chi gli salverà? Basta all'autore l'aver fatto nascere questo desiderio in tutti concorde. E al segno che volea per farsi ascoltare universalmente. Comincia la sua narrazione. Mette sulla scena Agamennone, Achille, Calcante, i Greci. La passione della collera nata fra que'due re, è ascoltata volentieri; la descrive grado per grado, la varia quanto sa e può; ma può stancare, perchè gli animi umani nelle cose che ricreano, che danno diletto, cercano la varietà: convien dunque ch'egli di nuovo si dia a rinvigorire e ad apparecchiare qualche squarcio di religione. Scende Minerva a ritenere il braccio d'Achille già parato ad azzuffarsi con Agamennone. Può allora il poeta far ascoltare il ragionamento dell'eloquentissimo Nestore, e narrare a suo beneplacito la spedizione della fanciulla al padre. Dopo s'ha a dare qualche consolazione ad Achille e qualche speranza di vendetta. Si apparecchiano a ciò gli animi degli ascoltanti col far uscire dalle profonde grotte del mare Tetide madre di lui, che gli promette d'andarsene a Giove, e di giovargli con le sue preghiere. Intanto ri-

mane sospesa la curiosità degli uomini, e vogliosa di sapere in qual
forma dovess'essere acquietata l'ira d'Apollo: ascolteranno dunque
volentieri i circostanti la narrazione dell'andata d'Ulisse con la fanciulla al sacerdote, dei sacrifizi fatti ad Apollo, e di tutte l'altre circostanze di quella invenzione; e rimarranno contenti quando udiranno
che il Nume ha fatta già cessare la pestilenza. Così andando a passo
a passo, ritroverà l'accorto leggitore che la mirabilità introdotta nel
poema di Omero è sempre un artifizio per preparare gli animi ad
ascoltare volentieri il restante.

Quello ch'io dico di Omero, si può vedere esser vero anche di Virgilio e di Dante. Quest'ultimo più facilmente di tutti gli altri può far
comprendere la verità da me detta; imperciocchè la religione da lui
nel suo poema introdotta, è quella che vive negli animi nostri ed ha
grandissima forza in essi. Egli con la magnificenza di quella rende
attenti i suoi leggitori, e gli chiama a sè per poter poscia farsi ascoltare. Dello stesso artifizio si valse il Tasso, e gli riuscì. Ma non basta
che di ciò si valessero i poeti epici. Dove lascerò io una gran parte
degli altri generi di poesia? Può ognuno esaminare da sè che cosa
fossero le tragedie de' Greci, che le odi, che gl'inni: e si può ancora
vedere oggidì, che di tutte le tragedie del signor di Voltaire,[1] la Zaira,
l'Alzira e il Maometto hanno una forza a tutte l'altre di lui superiore. Da quanto ho dunque detto fino al presente, credo di poter conchiudere che la religione sia stata sempre il più gagliardo mezzo usato
da' poeti per chiamare gli animi a sè, e ridurgli in istato d'attenzione.

LETTERA AD ALCUNI AMICI.

Ieri fui a pranzo con esso voi, e dopo mi partii da voi quasi senza
ringraziarvi. Rivolgendo pel pensiero la mia poca civiltà, m'è venuto
in animo di scrivervi queste poche righe. Molta gentilezza m'avete
usata, e io vi sono grandemente obbligato. Ma quali parole potranno
mai ringraziarvi abbastanza della buona compagnia di quell'amico, il
quale con quel suo diluvio d'urbanità ci tenne tutti così graziosamente occupati? Io non so quello che sborserei per essere del suo
umore. Beato sè, che può beare altrui! Ho pensato e ripensato come
può un cervello essere così continuamente in movimento. Non è possibile ch'io possa ritrovare il capo a questa matassa. Al primo vederlo
avrei giudicato che fosse uomo il quale non avesse altri pensieri che
massicci, e sopra tutto poche parole, e tutte gravi e di peso. La prima
volta che mi avvenne di vederlo, egli mi parlò di dottrine, di studi:
lo credetti figliuolo della Malinconia. Tanto più mi persuasi di ciò,
perch'egli avea una certa faccia pensosa, e un colore che mostrava
veglie e pensieri. Chi avrebbe detto mai ch'egli fosse tutto impastato
d'amore? Che dalle labbra sue non uscissero mai altro che Lucie,
Caterine, Bartolommee, e quanti nomi s'adoperano a chiamare femmine in Italia e forse in Europa? Vedeste voi come gli entra l'entu-

---

[1] *Il signor di Voltaire*. Francesco Arouet di Voltaire, nato a Parigi nel 1694, morto
nel 1778, fu uno dei più famosi e fecondi scrittori francesi del secolo scorso. Poemi, tragedie, storie, satire, romanzi, novelle, scritti di filosofia e di politica, oltre ad un volu-
minoso epistolario, attestano la potenza dell'ingegno e la febbrile operosità di quest'uomo.

siasmo nel corpo, quando suona agli orecchi suoi un nome di donna? Io per me credo che se non fossero donne al mondo, egli sarebbe quel taciturno e quel sodo uomo, che minaccia altrui di essere quando si vede in faccia. Ma questo benedetto sesso è la sua Musa, quella che lo ispira e lo fa ragionare con tanta furia, con tanti e così repentini lanci e salti d'intelletto, e passare dall'una all'altra cosa con tal varietà e così d'improvviso, che mai non s'arresta, e non lascia mai arrestare in un pensiero chi l'ode. Sopra l'altre cose m'è piaciuta la sua buona fede di palesare altrui ch'egli è innamorato sempre, e che così è stato in vita sua, e lo sarà sin che vive, senza aver mai trovata donna veruna che s'accordi seco, e senza sperare di ritrovarla giammai; ed in cambio di querelarsi di tale sventura, è il più contento uomo che viva, e ne ride di cuore. E ne ha veramente ragione, perchè a questo modo non ha cagione d'ingelosire, d'avere dispetti e que'tanti rancori che nascono dalla corrispondenza. Quando uno è sicuro di non essere amato, che gli può succedere altro? In somma, io vi ringrazio cordialmente dell'averlomi fatto conoscere; e quando lo vedete, salutatelo di cuore per parte mia, assicurandolo di quella stima della quale assicuro voi medesimi.

N° XXXI. A dì 9 giugno 1762.

Un tempo buio e strano, sì ch'io n'andava per un cupo deserto vôto d'uomini e d'animali senza saper dove io n'andassi, mi faceva temere il momento di rompermi il collo, cadendo giù da qualche altissimo dirupo, o d'affogarmi in qualche pozzanghera o lago che innanzi agli occhi non m'apparisse. Per giunta alla caligine che m'ingombrava la vista, mi udía fischiare negli orecchi un orribile strepito di venti, che percotendomi anche nel restante del corpo, qua mi faceano aggirare, colà cadere con una mano in terra, tanto che mi parea che di sotto mi fossero quasi tronchi i nervi delle ginocchia; e non sapendo più che mi fare, tremandomi il cuore come una foglia, mi posi a sedere sul terreno, attendendo che qualche raggio di luce apparisse. Fra tante calamità un solo conforto mi rinvigoriva l'animo, e diceva fra me: " Egli mi sembra oggimai d'essere pervenuto al colmo de' mali miei; e quando la ruota di fortuna è giunta a segno tale ch'essa non possa dar la volta allo ingiù, di necessità avviene che il corso suo si muti alla fine, e che coloro i quali erano poco prima vicini alla loro estrema rovina, a poco a poco ritornino allo insù, o almeno non sieno per cadere nel minacciato precipizio." Mentre ch'io diceva così fatte parole nell'animo mio alquanto riconfortato, egli mi parve che la furia del vento cominciasse alquanto a cessare; quella grassa nebbia, che poco prima tenevami gli occhi occupati, si diradava alcun poco, e già avresti detto che fosse giunta quell'ora in cui nè giorno si può dire che sia, nè notte, per modo ch'io potea, aguzzando le ciglia, qualche cosa scoprire. Chi potrebbe mai credere quello ch'io dirò? Non era la solitudine, in ch'io mi ritrovava, nè alpestra, nè incolta come lo spavento me l'avea fatta immaginare, ma un verde prato sotto a' piedi formava un tappeto di minutissime erbe e di mescolati fiori d'ogni colore, vario e dilettevole a vedersi: ed essendo oggimai allargatasi intorno a me la luce, vedea che stendevasi la prateria a lunghissimi confini, e qua e colà alzavansi con bellissimo ordine disposti molti arboscelli, poco più alti che la statura dell'uomo, da' quali così un poco alzando le mani, si potea cogliere ogni qualità di frutto, il cui odore, portato da soavi zeffiri, incitava la voglia a spiccarne. "Oh!" diceva io allora, "vedi che pure non era il caso mio cotanto disperato, quanto la conceputa paura me lo facea credere. Venuta è la luce; e comecchè io mi ritrovi qui solo, avrò pure di che poter vivere fino a tanto che camminando esca fuori di qua, e ritrovi qualche abitato luogo, dov'io, oltre al piacere di rivedere genti, avrò ancora quello di raccontar loro questa piacevole e maravigliosa novella." Ma che? egli non fu anche vero fra poco che quivi io mi ritrovassi solo, come mi parea d'essere: imperciocchè da ogni lato sbucarono uomini e femmine, e si diedero qua e colà chi a voler per lo prato ricogliere fiori, e chi alzando le mani tentava di spiccare dalle piante le colorite polpe delle frutte. Che pensar si può che fosse di me, quand'io vidi che i poverelli tutti s'affaticavano invano, e che quando uno si chinava per cogliere un fiore, questo non altrimenti che se fosse stato una picciola vescica ripiena di aria, facea uno scoppietto e svaniva; e se v'avea chi alzasse le mani per ispiccare o pera o pesca, l'albero che poco prima appena oltrepassava l'umano capo, come s'egli avesse avuta nel midollo l'energia di una molla, dirizzavasi da sè stesso allo insù tanto alto, che non avrebbero più raggiunte le frutte quegli antichi e favolosi giganti, de' quali si racconta che movessero la guerra a Giove. Ansavano i miserabili popoli, e grondava loro la fronte di sudore; ma per tutto ciò non si stancavano mai di tentar la loro ventura, e benchè sempre si trovassero gabbati, ricominciavano la medesima tresca senza mai darsi posa. E comecchè ogni volta si ritrovassero ingannati, fatto prima un poco di mal viso, come suol fare chi viene truffato, poco stavano a ripigliare la consueta aria della faccia, e parea che dicessero: "Non ci stanchiamo, chè bene ce ne avverrà." Comecchè la maraviglia mi tenesse parte impacciato e parte il dolore; perciocchè quello che accadeva altrui, vedeva benissimo che fra poco sarebbe a me medesimo accaduto; pure io non potea fare a meno di non ridere a vedere che tanto riusciva il tentativo vano a coloro i quali senza pensiero si avventavano a cogliere, quanto a molti altri i quali studiavano prima infinite cautele, e misuravano i passi per giungere alla fine del desiderio loro. Finalmente stimolato anch'io dalla fame, mi levai in piè dal luogo dove stava a sedere, e volli far prova se la fortuna mia fosse stata migliore di quella degli altri. Mi avvenne quello stesso che a tutti gli altri. Io potei bene alzar le mani ora ad una ficaia, ora ad un susino, or ad un melo, che sempre n'andarono fino alle stelle: e quel che più strano mi parve, si fu che fino un mellonaio, come s'esso avesse avuto l'ale, in un batter d'occhio s'alzò, e portò seco i poponi suoi in aria, sì che mi stavano molte braccia sopra il capo pendenti. O fosse la fame o la novità di quella faccenda che mi stimolasse, mi cadde in pensiero che non sempre la dovesse essere a quel modo; onde cominciai anch'io ad invasarmi come tutti gli altri, e a correre qua e colà all'impazzata, a voler cogliere da tutti i lati, e sempre ne ritornava indietro con le mani vuote. Pure in fine non potendo più sofferire tanta fatica, dolente a morte, maladiceva la passata notte che con l'ombre sue non m'avesse fatto rompere il collo, piuttosto che condurmi alla vanità delle cose ch'io mi vedea allora dinanzi. E poichè la doglia m'ebbe fatto un gran nodo al cuore, e tale ch'io non lo potea sofferire tacendo, volli sfogarmi; ma per non far parere che fossi anch'io pazzo come tutti gli altri, mi diedi con le mie parole a correggere le circostanti turbe del mio stesso difetto in questa forma: "Oh ciechi! oh insensati! a che perdete voi il tempo vostro? Non vedete voi quale è la natura di questo terreno ingannevole, in cui non germoglia altro frutto che apparente, il quale con una magna vistosità vi si mostra, vi fa ardere di desiderio, aprire le gole, e poi vi lascia pieni di fame? Spensierati! cercate un suolo migliore, un benefico clima. Volete voi vivere di vesciche?" In tal guisa ragionava io a quelle genti, le quali, poichè m'ebbero udito attentamente, divenute in faccia del colore della creta, con altissime strida e con atti veramente di crudelissimo cordoglio, diedero mano ad alcune coltella, e stavano in atto di ferirsi da sè medesime. Quando s'intese a romoreggiare per l'aria un altissimo strepito come di tuono, e dietro a quello si empiè l'aria d'un disusato splendore, e finalmente si vide dall'alto discendere una giovane fanciulla così aggraziata e di tanto belle e così mirabili attrattive, che non s'avrebbe voluto vedere altro che lei: tanta era la sua formosità ed il suo garbo. Ella non discese però fino in sul terreno; ma standosi così sospesa in aria tanto che alcuno non potesse a lei accostarsi, come colei che volea solamente essere veduta e ammirata, rivoltasi con un mal piglio verso di me, cominciò a rampognarmi con queste parole: "Così dunque rispetterai, tu, o lingua di vipera, il regno mio, e in questa guisa favellerai a' miei popoli! Sai tu forse dove tu sei, o con quali ordini e leggi il paese mio si governi? E sai tu che, senza avvedertene, fin dagli anni tuoi primi fosti vassallo mio e soggetto all'impero mio e alla mia autorità? Alza il mento e riconosci la tua reina. Alzalo, io sono la Speranza. Questi sono i terreni miei, queste le mie abitazioni e i paesi. So io bene, o mio giurato nemico, quante volte tu hai fino a qui desiderato di fuggirtene dalle mie contrade, e cercato di abitare ne' paesi di Fortuna; ma affaticati a possa tua, tu sei nato per abitare in questi miei luoghi, e in vano farai ogni prova d'andartene." — A così fatta sentenza poco mancò ch'io non tramortissi, e m'abbondò al cuore tanto travaglio, che mi sgorgarono copiose lagrime dagli occhi, e con tanta furia i miei singhiozzi rompevano l'aria, che si sarebbero uditi da lontano. Ma la Speranza, la quale non comporta di vedere visi addolorati, fatta in un subito di me compassionevole, con quella sua dolce e garbata maniera con cui prende all'esca ogni uomo, prese di nuovo a ragionare con altro stile: "O figliuol mio e nutricato sempre col mio latte, di che ti quereli tu ora, e perchè ti sembra cotanto amara la condizione dell'essere tra i miei? Io ti prego, ricòrdati d'essere uomo, e pensa a quello che le cose sono in effetto, e non all'apparenza di quelle. Tu ti duoli di non essere vassallo di Fortuna, e ti rammarichi grandemente di non aver posseduto mai veruno de' suoi beni. Ma tu non sai che senza di me que' medesimi abitatori di quel suo tanto esaltato regno, se non foss'io che gli tenessi desti e consolati, sarebbero in continuo rammarico e in dolore senza fine? Non hai tu forse udito a dire più volte che gli animi umani sono dalla insaziabilità sempre allargati? Non avrebbe Giove medesimo, non che Fortuna, di che potergli satollare, se io non mettessi loro innanzi qualche cosa, e quasi sospendendola ad un filo, non gli traessi dietro a me con grandissimo desiderio per coglierla. I beni che dà Fortuna, quando gli ha conceduti, più non si riconoscono da chi gli possiede, e l'una condizione sempre desidera l'altra.[1] Oltre di che, credi tu, s'io non fossi al mondo, ma solamente Fortuna spargesse i beni suoi, che le genti avrebbero quegli svegliati intelletti e capaci di quelle invenzioni che fanno? Io sola, io sola sono colei che facendo sperare a cui grandissima gloria ed a cui utilità, ho aperta la comunicazione de' mari,[2] accese le faville di tante nobilissime dottrine, e fatti al mondo que' tanti ed innumerabili benefizi che si veggono. Se sola Fortuna fosse la reggitrice delle cose, che credi tu che ne avverrebbe? Una parte degli uomini da lei ciecamente beneficata, non curandosi di altro che dell'ozio e dei diletti, acquisterebbe un sempiterno torpore d'ossa e di nervi, che appena si leverebbe mai da' materassi o da sedere; e l'altra datasi alla disperazione terminerebbe la vita sua o lanciandosi col capo allo ingiù da qualche alta montagna, o affogandosi nell'acque. Ma io pietosa dell'umana generazione, rinfrancando gli spiriti con le mie promesse, tutti mantengo in vita, in consolazione e in buona fede d'aver a possedere un giorno quello che vogliono. Che s'eglino finalmente muoiono, e come si suol dire di coloro che vivono col mio spirito in corpo, se ne vanno con le mani vote, io non so quello che si portino meno seco, quando spariscono dal mondo, che gli altri a' quali è stata la Fortuna propizia. Se non che talora i vassalli miei se ne vanno coll'aversi talora acquistato nome e chiarezza per le fatiche da loro fatte seguendomi, e gli altri sono intenebrati da un' oscura caligine nella memoria degli uomini. Se tu ti duoli di questi miei fiori e di questi miei frutti, perchè gli uni ne vanno in fumo e gli altri si dilungano dalle tue mani, che n'importa a te, quando il solo odore degli uni e degli altri è atto a mantenerti in vita? Vedi, vedi intorno a te quanti venerandi e canuti vecchioni non si sono mai d'altro pasciuti, e tuttavia con questo solo nutrimento son giunti a questa maturissima età rubizzi, sani e di buona voglia: nè perchè sieno invecchiati, cessano tuttavia di correre dietro alle mie calcagna e di sperare qualche cosa; se non altro di vivere qualche anno, ch'è la più gioconda grazia che uomo possa avere, e quella che Fortuna certamente non potrebbe concedere altrui. E finalmente quando sono pervenuti al termine in cui la vita si chiude, non hanno il cordoglio d'aver a lasciare i beni miei, laddove all'incontro l'avere a forza ad abbandonare quelli di Fortuna, è la miseria di tutte l'altre maggiore. Chétati, o figliuolo, non lagrimare. Fa' tuo conto, quanto fino al presente hai corso della tua vita, che non è così breve, e pensa che se tu se' giunto fino a qui vivo, e forse ancora di miglior umore che i fortunati, non altrimenti sarà da qui in poi per quel restante che ancora t'avanza." Così detto, guardandomi con un' amorevole occhiata, la si disperse nell'aria e se n'andò a' fatti suoi. Sono io ancora nel suo deserto? Veggomi io ancora intorno que' fiori e que' frutti? Nol so. Ma dico bene che quantunque mi sembri ch'ella non favellasse affatto fuor di ragione, non sa l'animo mio appagarsi delle sue parole; e quanto più penso alla sua diceria, tanto più mi pare ch'essa abbia del sofistico, e un certo che di voglia del darla ad intendere altrui che non mi garba

---

[1] *L'una condizione desidera l'altra.* Nessuno è mai contento della propria sorte.
[2] *La comunicazione de' mari.* Intende l'arte del navigare.

affatto. Ricordomi sempre di quel proverbio: *Meglio è fringuello in man, che in frasca tordo:* e vorrei piuttosto avere da Fortuna il fringuello, che correre dietro al tordo della Speranza. Ma che s'ha a fare? Ad ogni modo, come mi diss'ella, io son giunto con gli anni molto bene avanti. e *mangio e vivo e beo e vesto panni.*[1] Molte volte ho avuto di che ridere anch'io quanto un altro, e talvolta rido tuttavia; sicchè ad ogni modo è quel medesimo, e non voglio darmi degl'impacci del Rosso.[2]

N° XXXII.   A dì 16 giugno 1762.

.... *Manent opera interrupta, minæque Murorum ingentes.* Virg.

Ecco quali edifizi e quali alte muraglie vengono da me lasciate imperfette.

Concedami la gentilezza e umanità di tutti coloro che hanno consuetudine di leggere questi fogli, ch'io, lasciati per oggi gli usati argomenti ne' quali ragiono brevemente ora d'una cosa, or d'un'altra, traendo il tutto ad un certo aspetto di facilità e ad alcune immaginazioni di piacevolezza; compiaccia in qualche parte all'animo mio doglioso, e alla mestizia di molti de' miei buoni e cordiali amici. E molto più siami in tanto liberale, ch'io possa, in quanto per me si può, fare onorevole ricordanza d'un'egregio giovane,[3] rapito a questi giorni da morte poco meno che subitamente, alla conversazione degli ottimi amici suoi, ed in cui hanno perduta non picciola speranza le buone Arti,[4] delle quali egli era con tutto l'animo suo sviscerato amatore.

Chi può negare questo pio ufizio all'amicizia? Chi può non ricordarsi d'un giovane, il quale avea congiunte ad un nobile e capacissimo ingegno tutte quelle morali virtù che rendono un uomo caro a chi lo conosce? Chi dimenticarsi d'uno, in cui di giorno in giorno si vedeano crescere belle e nobili cognizioni, e sempre più purificarsi i costumi? E come potrò io non ragionarne particolarmente, che conosciutolo quasi dai primi e più teneri anni suoi, vidi, si può dire, accendersi nell'animo suo le prime faville dell'intelletto, e quelle continuamente aumentarsi per modo, che fra pochi anni avrebbe dato di sè bellissime prove?

Fin dalla sua più fresca età avea egli stabilito di rendersi religioso; e comecchè que' più fervidi anni, principalmente nei giovanetti d'ingegno, sieno difficili a rattemperarsi, è cosa mirabile a dirsi in qual modo egli avesse già nel cuor suo determinato il metodo della sua vita. Mai non lo udii a ragionar d'altro che d'adornare l'animo suo di onesti e virtuosi costumi; e quegli in cui sapeva egli che tali fossero, era da lui sottilmente osservato e incontanente amato come fratello,

---

[1] *E mangio e vivo ec.* È un verso di Dante (*Inferno*, XXXIII, 141).

[2] *Gl'impacci del Rosso.* V. la nota 1 a pag. 297.

[3] *D'un egregio giovane.* D. Giovannantonio Deluca, veneziano, nato nel 1737, giovane di elettissimo ingegno. Dal padre, che era assai povero, fu fatto studiare a grande stento e avviato al sacerdozio. Condusse vita intemerata tutto occupato negli studi e nei suoi doveri religiosi. Appartenne all'Accademia dei Granelleschi col nome del Mancino. Morì di soli 25 anni nel 1762.

[4] *Le buone Arti.* Le belle lettere.

essendo egli usato a dire che non tanto era obbligato a' libri, quanto alle azioni d'un uomo dabbene : perchè là dove quelli a lungo e con parole l'ammaestravano, questi con brevità gl'insegnava, gli lasciava più vivi stampati nel cuore gl'insegnamenti, aggiunti alle circostanze, e da potersene più facilmente valere nel corso della sua vita. In questa guisa crescendo, egli era pervenuto a tale, che oltre all'essere di molte belle virtù fornito, egli medesimo ragionava con tanta acutezza e penetrazione intorno agli animi umani, che peritissimo conoscitore si dimostrava; e quello che più è, valendosi della dottrina sua, la facea misura della sua vita.[1] Conobbe e pose ad esecuzione tutte le obbligazioni che ha l'uomo onesto con la sua famiglia, di tutti i doveri dell'amistà fu maraviglioso osservatore; nè è fra quanti ebbero di lui conoscenza, alcuno, che pure un menomo difetto nella custodia delle sue azioni gli potesse apporre. Quanto è alla coltivazione dell'intelletto nelle buone Arti, delle quali era ardentemente innamorato, non si potrebbe dire con quanto fervore si desse tutto allo studio. E quello che non è degno di picciola ammirazione si è, che uscito delle scuole dov'era stato guidato lontano da quel sapore[2] che fa conoscere la bellezza negli scrittori, ed allattarsi ne' buoni e in quelli che, profondamente conoscendo la natura, camminano per la diritta via; conobbe da sè solo l'errore, e per forza di suo intelletto ritraendosi dal primo sentiero e pel diritto avviandosi, fece in breve tempo tanto avanzamento, che se fosse piaciuto a Dio di concedergli più lunga vita, sarebbesi veduto uno de' migliori e più perfetti sagri oratori di questo secolo, e insieme uno de' più eleganti e giudiziosi poeti. Datosi a queste due applicazioni, e principalmente alla prima, parea che gravi gli fossero tutte quelle ore che di necessità il sonno o gli altri uffizi della vita gli toglievano allo studio; nè mai di sapere parea sazio. I primi Padri della Chiesa, e spezialmente i greci, erano il suo amore, e da quelli traeva il sugo delle dottrine e insieme quella maschia, naturale e vera eloquenza, che congiunge alla persuasione la sublimità convenevole agli argomenti divini e al sagro dicitore, che, dall'alto ragionando, è maestro di grandi ed importanti dottrine. Per la qual cosa non contento di leggere quegli antichi maestri, acciocchè più gli entrassero nella mente, e gli si convertissero in sugo ed in sangue, prima ancora che ordinato fosse sacerdote, avea già volgarizzate parecchie orazioni di essi Padri greci, dieci delle quali fra l'altre, stimolato dagli amici suoi, pubblicò, dicendo, per ischerzo, d'essere obbligato a chi gliele facea dare in luce, perchè correggendo la stampa, avea nuova cagione di leggere e di studiare quelle opere. Per conforto poi dell'ingegno e per ricreazione, trapassando da que' faticosi studi alla dolcezza della poesia, prese a tradurre in verso sciolto italiano *Gli orti dell'Esperidi di Giangioviano Pontano,*[3] e cinque

---

[1] *La facea misura della sua vita.* La dottrina non era per lui sterile ornamento dell'intelletto, ma norma di ben vivere.

[2] *Quel sapore* ec. Qui sta per buon gusto. Queste parole del Gozzi mirano a certe scuole e a certi maestri, nel secolo scorso troppo numerosi, che nello studio dell'eloquenza sacra e della poesia avviavano perniciosamente i giovani ad ammirare e imitare la pompa e l'ampollosità delle immagini e delle espressioni, anzichè quella semplicità nella quale soltanto è vera arte e vera bellezza.

[3] *Gli orti dell'Esperidi di Giangioviano Pontano.* Il Pontano, uno dei più famosi umanisti del secolo XV (1426-1503), fu segretario e poi ministro di Ferdinando I di Napoli. Fondò l'Accademia, dal suo nome detta Pontoniana, e scrisse molti versi latini, tra cui il poema *De hortis Hesperidis*, e la *Bucolica* qui accennati.

egloghe del medesimo autore, con tanta grandezza, nobiltà e proprietà di modi, con quanta può vedere chi legge esso libro, illustrato da lui con molte notizie intorno alla vita dello scrittore, e indirizzato con elegante lettera in versi a sua Eccellenza Tommaso Quirini, Procuratore di San Marco. Diverse altre sue opere rimangono inedite, tanto versioni di autori greci e latini, quanto originali sue proprie; fra le quali erano già prossimi ad uscire in luce parecchi sermoni italiani,[1] dettati in sul modello d'Orazio, spettanti a' costumi, e tutti vivacità e sugo. Delle sue canzoni, sonetti e altri componimenti lo stile è sodo, massiccio, pieno di pensieri, tinto per tutto del colore dei migliori poeti italiani, e dall'altro lato libero e spedito dalla servile imitazione; segno d'intelletto gagliardo, che sa cogliere quello che gli bisogna nella lettura, senza entrare in ceppi e temere della sua ombra. Sapea oltre a ciò discendere, quando il volea, allo stile piacevole e dettare versi faceti, de' quali molti ne sono nei manoscritti suoi, pieni d'urbanità e grazia, e per lo più saette al mal costume e contro al mal sapore nelle buone lettere. Tali erano i principii di questo egregio giovane, il quale, si può dire, ancora nella sua più verde età tanto già fatto avea, quanto alcuni altri non dispregevoli ingegni potrebbero appagarsi d'aver fatto nel corso d'una lunga e bene occupata vita: quando assalito da un male gravissimo, ci venne in poco più che cinque giorni rapito, e tolto alle buone Arti un lume che le avrebbe non poco fatte risplendere fra gli uomini; e gli amici suoi furono costretti a scambiare le lodi in querele per la perdita d'un tanto amato giovane, uscito del mondo nell'anno venticinquesimo dell'età sua, e a volgere in amarezza la loro speranza. Non sarà, spero, discaro a' leggitori il vedere come alcuni degli amici suoi compiangano la sua morte.

D'UN AMICO.

Vivo intelletto, a cui sempre sì caro
Fu lo splendor delle più nobili Arti,
Perchè fuggi da me, perchè ti parti,
La mia vita lasciando in pianto amaro?
    Risponde: A me più grazia è l'esser chiaro
In quest'alte del ciel sì liete parti;
Nè perciò cessar io posso d'amarti,
Chè a bene amar sopra le stelle imparo.
    Sì; ma pel tuo sparir quanto più perde
Delle belle dottrine il santo lume
Ch'attendeva da te cortese aïta!
    Tanto dettai nell'età prima e verde,
Ch'io era a tempo di levar le piume,
Senza rimorso, alla seconda vita.

D'UN ALTRO AMICO.

Se di bei fregi e di virtute adorno
Non eri in questa giovanil etade,

---

[1] *Parecchi sermoni italiani.* Furono pubblicati dopo la morte del Deluca (Venezia, 1818) e assai lodati dal Monti che in un articolo, inserito nella *Biblioteca italiana*, afferma che se il Deluca fosse campato, « non avrebbe ceduto ad alcuno, e corretta dagli anni quella soverchia sua foga.... comune gli sarebbe stata col Gozzi la fama come la patria. »

Di cui nel più bel fior morte ti colse;
Se delle sante d'Elicona Dive
Sempre con forte, infaticabil passo
Tu non seguivi, o dolce amico, l'orme,
Or che fôra di te? Tenebre e ghiaccio
Sarebbon fascia di tue membra eterna;
E fra le genti svanirebbe il nome
Alto per l'aure, onde saresti polve
Fuor di memoria delle vive genti.
Dura il tuo nome. Di ghirlande verdi
Fan ghirlanda le Muse ad esso, inciso
Ne' sacri allori; d'onorate fronde
Fangli ornamento, e di canzoni e note.
Perchè si piange? e qual mestizia in terra
Copre gli amici tuoi? Forse non hanno
Qui la parte miglior del caro amico
Nelle tue carte, e non rifulge ancora
In esse il raggio del tuo chiaro ingegno?
Sì, dotti fogli, in voi spesso rimiro
L'anima pura, d'amistà fornita,
Che pe' campi vagò delle dottrine,
E colse il frutto di beate mèssi.
Voi dell'ingegno mio, de' miei desiri
Cibo sarete; io scioglierò la lingua
Vosco parlando, qual se ancor vedessi
Del mio Deluca il desïato aspetto;
Qual se agli orecchi miei le sue parole
Risonassero ancora, e i dolci versi.
Non è il fior questo del suo dotto ingegno?
Forse non siete della sua bell'alma
Voi la parte più pura e più felice?
Ma perchè piango? E perchè mai non puote
Dalla memoria mia sparir la tomba
Che mel rapisce, e agli occhi miei lo copre?
Doloroso mio stato! Il vero intendo,
E non mi giova. Di veder desio
Il già lunge da me partito amico,
D'udirlo ancora. È ver che via dagli occhi
Miei l'immagine sua non si diparte;
Ma più non parla: e le fattezze mostra
Quali eran pria; ma di pallor cosperse,
Ma lievi e preste al disgregarsi all'aura,
Nè da' nervi congiunte, e qual sottile
Vapor, che pur di sè forma e non forma,
Pronto a sparire, all'altrui vista oggetto.[1]
O immagine a me cara, a te consacro
Queste lagrime mie, questi miei carmi.

---

[1] *Vapor che pur di sè* ec. Come una nebbia che condensandosi diventa oggetto all'altrui vista, ma sempre incerto e pronto a svanire.

N° XXXIII.   A dì 23 giugno 1762.

Pectus est quod disertos facit, et vis mentis.
QUINT., *Inst.*, lib. X, c. VII.
Animo e vigoria di mente fanno gli uomini eloquenti.

" Io voglio certamente ritrovare maestro che m'insegni a parlare con abbondanza e scelta di parole " diceva poche sere fa una signora fra molti suoi amici " e con quella forza e vigore con la quale io odo che alcuni favellano. Veramente io non so in qual modo essi facciano, ma egli m'è avvenuto più volte che sendo io di contraria opinione alla loro quando incominciarono a parlare, tanto che io m'avea posto in cuore di ribattergli, a poco a poco, come se le loro parole fossero quel filo che giù dal fuso con l'arcolaio si tragge, sì mi circondarono il cuore e la testa, che fui del parer loro e non avrei saputo che dire. E quello di che più mi maraviglio, si è che rispondendo poscia un altro al primo ragionamento e contrastandogli, fece in me l'effetto medesimo, svolse la prima matassa, m'attorniò con l'ultima, e ritornai nel parere ch'io avea innanzi che si cominciasse a parlare. Oh! ch'è questo? Donde mai si possono cavare tante ragioni? far uscire tante parole? tanti lacci, tanti legami? Facciami alcuno di voi questa grazia, questa limosina, mi ammaestri." Rise allora uno della compagnia, e le disse: "Veramente voi avete ragione a chiedere d'imparar quest'arte, avendo voi a vivere con uomo il quale di rado cede alle ragioni altrui, e sì ostinato e pertinace è nelle sue opinioni, che s'egli s'incapa di mezzogiorno a dire che sia notte, non che vagliano seco a fargli credere il vero le ragioni, a pena presta fede agli oriuoli che mostrano l'ore, o a quelli che le fanno udire coi tocchi d'una campana, ostinandosi ancora a dire che gli oriuoli non sanno quel che si facciano." Si accese la femmina in viso d'una fiammolina non so se di stizza o di verecondia; ma credo di questa ultima, perchè si coperse la faccia così un pochetto col ventaglio, e fece un risolino che non fu mai il più vezzoso, e soggiunse: "Oh! sanno forse gli avvocati contro a cui avranno a quistionare, quando imparano l'arte? Essi l'apprendono universalmente per poter dire, secondo l'occorrenza, ora contro ad uno e ora contro ad un altro in particolare. Io ho il medesimo pensiero; e non so perchè voi vogliate interpretare ch'io abbia già l'avvocato avversario apparecchiato, e forse anche il cliente e la causa: perchè giurerei che maliziosamente credete anche questo, ch'io abbia qualche cosa a dar ad intendere a colui di cui parlaste." — "Comecchè," rispose, e forse troppo liberamente, l'amico, "egli si soglia dire che la scusa non richiesta presupponga qualche maccatella, io non voglio per ora disputare altro, ma intendo solamente, se voi lo mi concedete, di divenire la vostra guida in questo bel campo dell'eloquenza per cui intendete di correre." Assentì la donna, e il dabbene uomo incominciò in questa forma.

"Conoscendo io chiaramente, o gentilissima signora, che voi piuttosto per modestia vostra che per altro fine, richiedete d'essere ammaestrata nel parlare; perchè mai non vidi in voi nè che vi mancassero i pensieri, nè le parole quando trattate qualche materia, anzi parlate con tale e tanta abbondanza e con sì bei modi ed eleganti di stile, che il fatto vostro è una maraviglia; m'ingegnerò di dirvi qualche cosa piuttosto per dimostrarvi ubbidienza, che per averne voi di bisogno. Ricordivi tuttavia che solo d'una parte d'artifizio [1] non parlerò, cioè di quella che spetta all'azione. Imperciocchè voi vi presentate altrui con una venustà di faccia, con due occhi così atti a manifestare ogn'interna passione e con certe parlanti guardature, ch'io non saprei in ciò che aggiungervi. Oltre di che accompagnate le vostre parole con due bracciotte così garbate e sì a tempo moventisi, e con mani così bianche e pienotte, che nulla in questo vi manca per poter trarre a voi l'animo degli uditori, e far anche loro perdere il cervello se bisognasse. Quanto è alla parte dell'ingegno, voi n'avete in abbondanza; e quanto è all'animo vostro, egli sì tenero e atto è alle passioni, ch'io v'ho già veduta in un'ora gioviale, malinconica, collerica, dolente; e sì voltabile ad ogni affetto e sì ripiena di sensibilità, ch'io giurerei che voi avete il cuore fatto a tasti come i gravicembali; tanto ad ogni parola diversamente si scuote e risente. Vedete se voi siete ricca in buon terreno e atto a produrre! Ma la difficoltà sta nelle sementi di cui dovete arricchire il vostro intelletto ed il cuore. Una gran parte di quello che avete fino a qui seminato in essi, non può, e perdonatemi se liberamente vi parlo, fruttificare altro che foglie. Che credete voi? Che così parlerebbero facilmente d'ogni cosa gli avvocati allegati da voi, s'eglino avessero fin da'primi anni loro incominciato ad esaminare qual sia la miglior maestra dell'imitare fiorellini in seta, quale la più perita cuffiaia, quali i più usitati colori de'drappi e altre somiglianti cose, le quali io non nego che vi bisognino, ma ardisco bensì d'affermare che, pensandovi sempre, ve le conficcate e ribadite in testa per modo, che quasi altro non vi può aver luogo; e di quello che s'è fatta abbondanza dentro, si formano le parole. Di qua solamente è avvenuto che ragionando voi quasi sempre di così fatte cose o d'altre a queste somiglianti, hanno falsamente immaginato gli uomini che la forza dell'ingegno loro sia di gran lunga superiore a quella del vostro, e giudicando da quello che udivano, senza esaminar più oltre, sentenziarono a proprio favore. Ma certamente s'ingannano; imperciocchè molti ho anche uditi fra loro, i quali non d'altro il capo riempiendosi che di quello che voi continuamente studiate, d'altro similmente non sanno ragionare; e tuttavia sono pur essi maschi, e hanno quel capacissimo ingegno che da certi sputatondo è negato a voi. Donde dunque può questo male avvenire, fuorchè dalla materia che nel cervello si semina, cominciando da'primi anni e proseguendo fino a quell'età che queste bagattelluzze comporta? Di che peggio vi accade ancora, che pervenute finalmente a quegli anni, ne'quali se voi ragionaste di tali cose, ne sareste per avventura censurate, o voi, non avendo altro in capo, tacete, o v'ingrognate contro alla gioventù del secolo, e divenute stizzose, fate facondia della maldicenza [2] per non tenere la lingua in una schiavitù perpetua. Ah! se voi diceste una volta: Io ho questo capo il quale ha due parti, l'una di fuori e l'altra di dentro: all'una e all'altra debbo pensare; voi vedreste che insieme

---

[1] *Artifizio.* Qui per arte o studio dell'eloquenza.
[2] *Fate facondia della maldicenza.* Chiamate facondia la maldicenza.

con la cura dell'estrinseca bellezza vi nascerebbe una gran vogl
condizionare[1] anche l'interna alla dignità de'pensieri; e mescole
almeno con l'altre intenzioni più leggiere quelle di qualche sost
Io non dico già che v'affatichiate in sui libri, o perdiate que' ν
lieti colori vegliando sulle carte, come certuni i quali si diment
d'ogni altra cosa e abbandonano sè medesimi a tanta meditaː
che non escono poi più di sè e vivono sempre in sogno; ma asc
volentieri talora chi ragiona di qualche fatto d'importanza, ass
datelo nelle sue riflessioni, leggete pochetto di qualche libro, m
disamina;[2] e così facendo, senza punto avvedervene, vi s'appli
sempre qualche cosa all'ingegno, come senza sua saputa s'attacc
pelle una certa tintura brunetta a chi cammina al sole. Quella ν
fantasia vivacissima perchè non si potrà anch'essa adornare con
che bel fregio? La quale, e sia detto con pace de'maschi, tant
bonda in voi, che la loro innanzi alla vostra si spegne, e nulla di
Ma egli si vuole intrattenerla in altre immaginazioni, e divers
quelle nelle quali è intrattenuta al presente. Perchè non le pote
imporre a forza, che in iscambio di smarrirsi a confrontare in s
dine e da sè a sè gli abbigliamenti delle altre femmine co'vost
s'intrattenga a dipingersi innanzi le circostanze di qualche fatto,
ratteri diversi d'uomini che s'incontrino, o che diversamente a
sionati abbiano insieme ragionamento; o altre sì fatte immagina
Tutto è in fine semente, e tutto a tempo germoglia. Nasce l'opp
nità del ragionare, ed è cosa mirabile a dirsi come rimescoland
un subito tutto quello ch'è stato riposto nel capo, sboccano i pe
a tempo e con ordine; e ne nasce quella facondia che desiderat
lora quel vostro sensitivo cuore, prendendo interesse nell'argon
e facendo confederazione col cervello, animerà tutto quello che d
gli darà quel movimento che urta in coloro che ascoltano, e gli l
trare nel vostro parere e favorirlo. Vengano allora i maschi e l
pongano, dimostrino quella loro cotanto vantata forza d'intellett
sostengano in faccia a voi se dà loro il cuore di farlo."

In tal guisa ragionava l'uomo dabbene, e venne attentamente
signora ascoltato; e più avrebbe detto ancora, se non fosse stato
rotto da lei, la quale gli disse: "Non più. Mentre che voi avete
lato, io sono entrata in una considerazione che mi fa lasciare i
primo proposito. Perchè io acquisti un bel modo di favellare, vo
reste che io perdessi il miglior diletto della mia vita, ch'è quel
piacere altrui. Credete voi ch'io fossi così ben veduta in ogni l
come sono al presente, se trascurando le meditazioni degli abb
menti che si confanno ad una femmina, entrassi in altri pensieri
segnate prima agli uomini che si appaghino d'un modo uguale
stire nelle femmine, che quella più non gradisca loro, la quale s
spesso cambiar fogge e gale; e io allora m'appagherò del me
altre cose. Oltre di che, credete voi forse che questo sia quel p
e magro studio che supponete, e che non dia materia di riflessioni
tinue e d'ogni sorta? Con esso impariamo noi i costumi di
genti, i siti delle città, i nomi loro, le relazioni che hanno l'un
l'altra, gli avviamenti e le corrispondenze de'mercatanti, il valoⁱ

---

[1] *Condizionare.* Rendere adatta.
[2] *Con disamina.* Con riflessione.

pregio delle merci. Sappiamo i giorni dell'andare e venire delle poste,[1] per quali paesi passino, quali fiumi varchino, quai monti salgano, dove gli scendano. E che finalmente non sappiam noi con questo bel mezzo, molto più giocondo e grato che quelle vostre lunghe meditazioni fatte in astratto e spesso lontane dal vero? Nè perchè voi studiate lungamente cose massicce e di quella importanza che dite, veggo però che vi mettiate in capo semenzaio di maggior sostanza che il nostro; imperciocchè io odo voi anche per lo più ragionare di cose, che se le si mettessero in bilancia, contrapponendole ai nostri fiorellini, alle nostre cuffie e alle altre galanterie che voi dite, io son certa che le vostre anderebbero all'insù non altrimenti che piume o paglia. Sicchè quando voi non avete a darmi altri ammaestramenti che quelli che mi avete dati sino a qui, fate conto di non avermegli dati, ch'io farò quello di non avergli uditi, e ragioniam d'altro."

"Oh!" disse l'uomo dabbene, "egli vi parea poco fa di non essere eloquente! Quando si udì mai parlare con tanta facondia e furia? Fo giuramento che voi siete una delle più vigorose e valenti maestre del dire, ch'io udissi giammai. Sicchè scusatemi, se io credendo alle parole vostre, mi sono indotto ad insegnarvi quello che voi sapete più di Demostene." Risero, tacquero, e giuocarono a picchetto.[2]

A' LEGGITORI.

Un giovane affezionato a quella persona la cui perdita fu da me con dolore ricordata nel passato foglio, m'avea mandato una composizione sopra il medesimo argomento. Ma poichè ci sono alquanti onorati amici i quali apparecchiansi di scrivere sopra esso tema, e di pubblicare i lamenti loro intorno alla mancanza di così dotto e prudente religioso, tralascio di più favellarne, e riservo il componimento mandatomi, ad entrare fra gli altri che saranno pubblicati. Son certo che non dispiacerà la mia intenzione a chi me lo inviò; massime s'egli considera che in questi fogli si può bensì per una volta comportare uno sfogo di passione, ma non è da andare a lungo, perchè vanno per le mani di molti, e non tutti hanno interesse in quella cosa che move gli animi d'alcuni pochi e privati amici. Bastami per ora d'aver supplito al debito mio e di ringraziare cordialmente chi m'inviò quel foglio, a cui protesto d'essere grandemente obbligato, lodando egli e adornando con la sua fatica la memoria d'un amico a me tanto caro.

N° XXXIV.   A dì 30 giugno 1762.

Una bella e piacevole villetta mi fu a questi giorni apparecchiata dalla fantasia, mentre che ognuno uscito dalla città si gode l'aria serena e aperta della campagna. Egli è il vero che non posso ad ogni mia voglia riandarvi, nè rivederla; ma spesso ritornandovi colla mente,

---

[1] *I giorni dell'andare e venire delle poste.* Nel secolo scorso non viaggiavano le lettere quasi a ogni ora come oggidì; ma secondo la città o il paese a cui erano indirizzate o da cui provenivano, partivano e giungevano in un determinato giorno della settimana.

[2] *Picchetto.* Uno dei giuochi di carte più in uso nel secolo scorso.

riveggio ancora quello che vidi una volta, e vado pascendomi delle sue delizie col pensiero, poichè non posso andarvi co' piedi del corpo. Ma acciocchè sia nota altrui la qualità di questa mia fantastica villetta, conviene ch'io entri in una certa breve narrazione necessaria per venire al fatto.

Che ognuno brami quello che non può aver facilmente, è cosa notissima. A questi dì intrattenuto da diverse occupazioni, e spezialmente da questo benedetto calamaio, da cui ho tratte più parole di quante ne abbia mai profferite colla lingua in vita mia, lagnavami così fra me dicendo : " Ecco quante barchette si spiccano dalle rive. Io veggo parecchi burchielli molto ben ripieni di masserizie che se ne vanno; indizio che le persone, le quali vi sono dentro, intendono di fare una lunga dimora in campagna. Quanta allegrezza si manifesta in que' visi ! come ne vanno lieti ! Di qua a poche ore giungeranno cotanti giovani e quelle vezzose donne a quella cotanto desiderata libertà de' campi. Egli mi par già di vedere i castaldi, avvisati per lettera dell' andata de' padroni, affaccendati nell'aprire usci, finestre, rifar letta e spazzare stanze, acciocchè apparisca la diligenza loro ; e mostrarsi desti e attenti, e dar ad intendere d'avere usata per tutto il tempo passato buona custodia all' abitazione. Spiegano all' aria le loro verdi fronde i cedri, gli aranci,[1] e spargono soavissimo odore di fiori, e allettano gli occhi con la quantità delle frutte. Ed ecco che le barche approdano co' padroni, s'abbarruffano i servi a portare e a far portare le masserizie, si va a' giardini, si passeggia ; si ritorna alle stanze, si giuoca, si scherza, si ride ; si mangia, si dorme ; e tutt'i pensieri sembrano fuggiti da' cervelli, nè altro si aggira intorno fuorchè contentezza e diletto." Tutte queste cose parecchi giorni mi stettero fisse e salde nel capo, nè di là si poteano mai partire, dolendomi io grandemente che le mie faccende mi togliessero cotanto diletto, e quasi mi legassero quale schiavo alla catena. Per più farmi disperare, ebbi a tutti questi giorni da' cortesissimi spiriti i più grati inviti del mondo. " Vieni. Che vuoi far tu sempre penzoloni sopra que'tuoi mortiferi libri ? Poi quando anch'egli ti toccasse il capriccio di leggere o scrivere, non credi tu che si possa ? Molto maggiore e più largo campo ti darà di farlo quella solitudine, quel silenzio. È poi non sai tu che più utile si trova il cervello chi di tempo in tempo qualche sollazzo gli dà, che colui il quale lo tien teso sempre nelle applicazioni e tra le fatiche ? " Io mi scusava, adduceva le mie ragioni, ringraziava, faceva inchini, e mi partiva di là dolendomi fra me amaramente di non poter accettare così belle cortesie ; ed ingrognato e solo, rivolgeva per mente quel buon tempo ch'io perdeva. Ma il sonno mi compensò in parte de' passati rammarichi, e m'apparecchiò innanzi quello che scriverò qui sotto.

SOGNO.

Egli mi parea che, stillandomi il cervello continuamente in sui fogli, mi sentissi un grandissimo bollore nel capo, gli orecchi mi zufolavano dentro, avea, contra la usanza mia, le guance accese come di bragia ;

---

[1] *I cedri e gli aranci.* Nel secolo scorso cedri, aranci, e in genere tutte quelle piante che si comprendono sotto il nome di agrumi, erano indispensabile ornamento delle ville signorili, assai più che non sia oggidì.

e quello che più mi diede dolore si fu che dinanzi agli occhi mi si calò
a poco a poco una tela, la quale sempre più ingrossando, tanto si op-
pose alle cose di fuori, ch'io non vedea più punto, e andava branco-
lando, già divenuto cieco. Se mi dispiacesse questo fatto, ognuno lo può
immaginare da sè senza ch'io lo dica. Nè mi valse punto a mia consolazione ch'io mi ricordassi che vi furono filosofi i quali per non essere
sviati dalla vista, si accecarono da sè medesimi, nè che Omero fosse
privo degli occhi. Rammentavami ancora che fra le genti del mondo le
più liete appariscono quelle che non veggono, e diceva: "Chi è che più
canti e suoni de' ciechi? Costoro quasi avendo tutt'i fatti del mondo
per nulla, non hanno altro in mente che strumenti da suono e canzonette, e se ne vanno a coro per le vie, facendo con le loro accordate
voci cerchio di persone intorno a sè; e se non facessero certi visacci e
torcimenti di bocche, atteggiamenti loro particolari, appena ci sarebbe
chi s'avvedesse che ciechi fossero. Nè è da dirsi che questa magagna
impedisca loro l'andar dovunque vogliono. Si vanno diritti per tutte le
vie, salgono i ponti con tanta baldanza, che il fatto loro è una sicurezza. E hanno in ciò questo vantaggio sopra i veggenti, che laddove
questi camminano con saldi passi il giorno, e la notte poi vanno con
sospetto, i ciechi all'incontro vanno con quella stessa sicurezza il dì
che la notte, come quelli a' quali tanto è luce che ombra. E poi? Se non
veggono molte belle cose che sono nel mondo, all'incontro non sono
offesi dalla veduta di cotante sozze che sono forse il maggior numero."
Tutte queste cose mi s'aggiravano per l'animo; ma con tutto ciò non
potea rimovere da me l'acerbità del dolore, nè la malinconia della mia
cecità. Ma mentre che io stava fra cotanti e così dolorosi pensieri, udii
una voce che disse: "Sta' su, infingardo, che fai tu? di che ti duoli?
La tua cecità ti viene per tua cagione. Tu non sei cieco qual pensi; ma
solamente sei tale, perchè ti sei a questi giorni dimenticato di me, e
rivolgendo gli occhi altrove dalla mia faccia, hai perduto il lume che
ti facea vedere. Innamorato de' giardini e delle delizie altrui, ti lasciasti
uscire di mente ch'io ti avea fatto possessore d'una bellissima campagna, e non curando punto quante volte fosti meco a vederla e a coltivarla, essa t'era già uscita di mente affatto. E che no, che tu non
mi conosci? Parlami. Sai tu ch'io sia?" Mezzo fra lo spaurito e il consolato, levando su il viso come i ciechi fanno, le risposi: "Chiunque tu
ti sia, io confesso che non ti conosco. Soave è la voce tua, e le tue parole dimostrano ch'io debba aver di te una gran conoscenza. Ma io
ti prego bene che tu mi scusi, imperciocchè potrebb'essere che questo
mio gravissimo dolore mi togliesse agli orecchi la famigliarità della tua
voce, sicchè io più non la comprendessi bene. E però se tu fosti mai
quella liberale verso di me che tu affermi, fa' che tu mi usi anche questa
nuova grazia, e dimmi la tua condizione."—"Io sono," ripigliò ella, "poichè tu nol sai ancora, quella fedelissima compagna che tu avesti teco da
tanti anni in qua, e colei principalmente che dimora teco sempre assidua pel corso di due anni. In breve, sono l'*Osservazione*. Sai tu ora
chi io mi sia, o hai tu di bisogno che ti spieghi più a lungo le mie fattezze?"—"Oh! buona e diligente femmina, da me cotante volte veduta
in faccia e udita a parlare, come si può egli dare ch'io mi sia cotanto
dimenticato del fatto tuo, che non ti riconoscessi di subito? Ti prego,
abbi compassione di me e perdonami; e se il puoi, aiutami e restitui-
scimi quella vista ch'io ho poco fa repentinamente perduta."—"Ben sai

che sì ch'io lo farò," diss'ella, "e perchè tu non abbia da qui in poi
a dolerti che mentre ognuno passa il tempo alla campagna, tu solo sei
costretto a starti fra molte faccende, attendi." Così detto, mi toccò gli
occhi con la cima del dito mignolo, le cateratte svanirono,[1] e vidi ch'io
era in una bella e fiorita campagna, solitaria, piena di piante, d'arboscelli, d'alberi d'ogni qualità; scorrevano rivoli di acque finissime, si
udivano canti di rosignuoli, e infine niuna cosa mancava di quelle che
agli occhi e agli orecchi possano dar diletto. Pensi chi legge, s'io mi
rallegrai a vedere tanta novità e così diverse bellezze, e sopra tutto
mi piacque di rivedere la compagna mia, la quale con un ridente aspetto
mi disse: "Che ti pare? Ora non è questo un bel luogo? Non è quello
che tu vedesti tante volte meco? Questo è pur tuo. Io te ne feci pure
il padrone, e tu nol vedevi più? che vuol dire?" Io mezzo impazzato
giurava che non l'avea veduto mai più, e che quella era la prima
volta. Ma poichè durò buona pezza fra noi la disputa del sì e del no,
io le dissi finalmente: "Sia comunque tu voglia, io l'avrò veduto; ma
ad ogni modo noi staremo qui in una troppo gran solitudine, poichè
non veggo intorno anima che viva. Che farem noi qui così soli?" Rise
allora la mia compagna, e disse: "Vedi tu? che tu non sei guarito bene
ancora della tua cecità, e tu non sai la condizione del luogo da te posseduto. Sai tu che questi alberi, che tu vedi qui intorno, ad un mio
cenno tutti si muovono, e, non altrimenti che si facesse ne' boschi della
Tracia quell'antico e memorabile Orfeo,[2] spiccate le loro barbe del terreno, quando io il voglia, verranno innanzi a te, e tu gli potrai interro-
gare ed essi risponderé? Vuoi tu che ne veggiamo la prova?"—"Sì,
ch'egli mi è tardi il vederla...."—"Or bene, adocchia alcuno fra questi
alberi, e dimmi a cui tu vorresti favellare." Mentre che in tal guisa si
ragionava da noi, io udii un gran cinguettare, e standomi con l'orecchio
attento m'accorsi ch'era nata quistione tra un garofano e un grappolo
d'uva che non era maturo ancora. Diceva il primo: "Oh bella e gran
cosa, che tu se' costà penzoloni e impiccato a quella tua vite! Vedi colore ch'è il tuo e quali strane fattezze! Vuoi tu dunque disputar meco
di bellezza e di grazia? O tu se' cieco affatto, o tu non vuoi vedere
queste mie garbate e così ben dipinte foglie, che, uscendo a foggia di
corona, inghirlandano questo mio gentil gambo. Ma io non voglio però
che ogni nostra speranza sia fondata nelle parole. Attendi che qualche
galante giovine, o maschio o femmina, giunga in questo luogo, e vedrai a cui rivolgerà gli occhi. Io son certo che fra poco sarò spiccato
di qua, e diverrò gratissimo ornamento del seno di una signora, laddove se ad alcuno venisse il capriccio di spiccare un granello di te, o
pessimo agresto,[3] son certo che mettendoti in bocca ti sputerebbe come
veleno."—"Oh sciocco," ripigliava il grappolo! "A che ti affidi tu in
quella tua leggiera e picciola bellezza che passerà tosto? Quando tu sarai colto, con tutto che ti verrà fatta molta custodia, e sarai messo in
un'ampolla, acciocchè l'acqua con la sua freschezza sostenga quella tua
debole vita, fra pochi giorni tu appassirai, e verrai gittato sulla strada
con la spazzatura. Lasciami maturare, e io diverrò letizia delle mense
de' signori, premuto in soavissimo liquore, e di giorno in giorno acqui-

---

[1] *Le cateratte svanirono.* Le cateratte sono un appannamento del cristallino dell'occhio
che impedisce la vista.
[2] *Orfeo.* V. la nota a pag. 336.
[3] *Pessimo agresto.* Uva acerba.

stando maggior forza, riscalderò gli animi de' convitati riempiendogli d'allegrezza e di festa; quando non sarà più di te memoria al mondo. Poichè fu tra loro terminata la disputazione con mia grandissima maraviglia, che non avea più udito a parlare garofani o grappoli, vidi poco da lontano una quercia, e dissi alla mia compagna: "Io avrei caro di parlare a quella robusta pianta ch'io veggo colà." — "Bene," diss'ella, "attendi: O altissima quercia, vieni dinanzi a noi, e di' chi fosti." Cominciarono a crollare i rami di quella, non altrimenti che quando gli percuote un mezzano fiato di vento, poscia piegandosi or di qua, or di là il tronco, finalmente la cominciò a muoversi e a camminare alla volta nostra e disse: "Io fui un tempo filosofo, ma ebbi in ogni cosa la fortuna contraria nel mondo a tale, che qualunque altro uomo, da me in fuori, si sarebbe disperato: ma io levando gli occhi al cielo, riconosceva quanta fosse la mia picciolezza, che sofferendo io moltissime percosse della fortuna, il mondo non perciò comportava male veruno; a poco a poco mi sentiva ad ingrandire l'animo, il quale volando quasi fuori di sè, non curava più cosa che al mondo fosse: laonde finalmente, quando invecchiai, indurandosi le mie carni, divenni quella che ora vedete fra queste altre piante, sopra le quali ora sollevo il capo, e sto signoreggiandole tutte intorno con la mia cima. Di che non insuperbisco io però punto, ma ringrazio solamente colui a cui piacque di concedermi quest'altezza." — "Io non avrei creduto mai," diceva fra me, "d'aver a udire a filosofar la quercia. Io ti ringrazio, o filosofo, vanne oggimai a' fatti tuoi." Avute seco queste poche parole, ebbi appresso ragionamento con un pesco, con un melo, con una ficaia, e vidi che traevano la qualità delle frutta loro o fragili o durevoli, o buone o triste, da' costumi che aveano avuti nel mondo. Finalmente uscirono fuori di certi boschetti non so quali bestie domestiche, come dir pecore, conigli, cani, buoi e altri così fatti, i quali anch'essi parlavano; e già mi parea che la campagna mia non fosse meno maravigliosa e fruttifera di tutte le altre: quando la mia compagna rivoltasi a me, mi disse: "Oggimai tu non avrai più cagione di lagnarti ch'io non ti dessi facoltà e passatempi quanto hanno tutti gli altri e più, sicchè da qui in poi sta' lieto e ricordati del fatto mio." Così detto, disparve, e io scosso dal sonno, mi trovai, secondo l'usanza mia, con la penna in mano, e mi diedi a scrivere quello che avea veduto.

N° XXXV.   A dì 7 luglio 1762.

Quando un coltello, un'ascia, una scure, o stromento altro da tagliare, avrà tanto fatto l'ufficio suo, che il taglio ne resti ammaccato, l'artefice lo fa arrotare per valersene all'opera sua con l'utilità di prima. Non altrimenti pare a me che sia dell'ingegno dell'uomo. Quando egli avrà per lungo tempo servito a colui che scrive ora d'una cosa, ora d'un'altra, se non è rinnovato il filo suo, in iscambio di far quanto dee con prontezza e bene, fa mala riuscita; picchia, ripicchia, gli è quel medesimo, la fattura non va avanti, o dimostra lo stento e la fatica. Io ho ai passati giorni, anzi mesi o vogliam dire anni, tanto tempo, fatto, flagellato e martellato sopra mille argomenti con questo qual-

sivoglia mio ingegno, che mi sono abbattuto talvolta ad abbisogna
di rifargli il taglio e la punta. L'arrotino mio, a cui ricorro perc
me lo rinnovi, è spesso qualche antico autore, perchè quanto a' m
derni, egli è come chi frega il coltello ad un altro per affilarlo, c
gli riesce male o per poco tempo. Ma fra tutti quelli a' quali io
più fra gli antichi affezione, gli è Luciano....[1] Oh! voi ridete, perc
vi parea quasi d'averla indovinata. Egli è Luciano.... Oh! abbiam r
però di tempo in tempo ad udir intuonare questa musica di Lucian
Egli è Luciano, lasciatemi dire, il quale con quella sua vivacità e r
rietà d'invenzioni, con quel suo sale di dettatura, con quel suo pe
delle facezie, mi risveglia e mi dà poi animo a proseguire. Di graz
non v'ingrognate. Che? per cinque, sei o una dozzina ancora, a c
non piaccia il sentir a ritoccare questa materia, io non voglio far to
a molto maggior numero di persone che me la domandano; e voi v
dete pure ch'io uso tanta parsimonia, ch'egli si conosce bene quar
sia il rispetto che ho anche di voi. A questi giorni adunque squad
nando mezzo svogliato per le passate fatiche quell'a me dilettissir
libro, m'invogliai di traportare nella nostra lingua quattro lett€
scritte al tempo delle feste Saturnali,[2] ch'è quanto chi dicesse del c
novale, che in que' tempi durava sette giorni, cioè dai sedici fino
ventitrè di dicembre. La prima lettera è de' poveruomini scritta a ε
turno, nume presidente ad esse feste, i quali si querelano a lui de'r
chi; la seconda è la risposta di Saturno ai poveri; la terza di
a' ricchi, e la quarta la risposta di questi. Ho eseguita la mia int€
zione, pubblico le lettere, e prego chi legge ad iscusarmi, se per us(
qualche diligenza ho mancato di dare alla luce il consueto foglio.

LETTERA PRIMA.

Io a Saturno, salute.

Veramente ti feci avvisato tempo fa del caso in cui mi trovava, c
per la povertà mia correva pericolo d'esser io quel solo che non 1
tessi godere della solennità da te intimata: e ricordomi benissimo
avervi anche aggiunto esser contra ogni ragione, che alcuni di i
stieno immersi fino ai capelli nelle ricchezze e nelle delizie, nè
quello che posseggono dieno cosa alcuna a chi meno ha; e alc(
muoiano di fame, principalmente ora che son vicine le feste Saturni
Ma poichè non ebbi da te risposta, ho creduto che sia bene ritocca
la stessa materia. Sai tu quello che dovevi fare prima di intimare
feste? Toglier via la disuguaglianza, e mettere le facoltà e gli agi
mezzo di tutti.[3] Ora siamo a tale, che si può dire quel proverbio: (
è formica, e chi cammello. Anzi immagina un recitante di traged

---

[1] *Luciano.* V. la nota 2 a pag. 183.
[2] *Feste Saturnali.* Feste che risalgono alla più remota antichità. Macrobio narra
furono istituite in Italia, quando Saturno spossessato e cacciato dal cielo da Giove,
figlio, si rifugiò presso Giano re del Lazio, al quale in cambio della ricevuta ospita
insegnò l'agricoltura e l'arte di governare i popoli. In origine duravano un giorno s
poi furono estese a tre, e più tardi a sette giorni, durante i quali, sospesi gli affari, t
attendevano a feste e a conviti, si scambiavano regali, e gli schiavi riacquistavano
momentanea libertà.
[3] *Mettere le facoltà in mezzo.* Mettere in comune fra gli uomini.

che nell'una gamba avesse un alto stivale da teatro,[1] e l'altra nuda e scalza: ben sai che s'egli camminasse fornito a questo modo, anderebbe per necessità or alto, or basso, secondo che n'andasse ora coll'un piede, ora coll'altro. Questa appunto è la disuguaglianza nella nostra vita. Altri ci sono a' quali fortuna mette sotto gli stivali e ci schiacciano. Ma noi povera minutaglia e feccia di popolo n'andiamo a piè scalzi sul terreno, che pur sai che se avessimo chi ci desse i fornimenti,[2] ingrandiremmo il passo noi ancora e faremmo quel ch'essi fanno.

Io odo pure, che dicono i poeti[3] che in quel tempo in cui avevi la signoria delle cose, le faccende umane non andavano a questo modo; ma che senza aratro o semente la terra dava loro ogni cosa, e da mangiare ad ognuno quanto gliene capiva nel ventre; che i fiumi scorrevano parte di vino, parte di latte, e fin di miele. E quello che principalissimo è, dicesi che quegli uomini furono d'oro, e che povertà non s'accostò mai ad essi. Laddove noi appena si può dire che siamo di piombo o peggio; e i più hanno a trovarsi il vitto con gli stenti: oltre di che povertà, non saper che farsi, disperazione, *oimè, e donde ne caverò io? e maladetta fortuna!* e altre sì fatte sono le grazie di noi altri poveri. Ma non ci saprebbe tanto male, credimi, se non vedessimo all'incontro i ricchi godere in grandissima felicità; i quali tenendo rinchiuse infinite somme d'oro e d'argento e di vestimenti, oh quanti! e possedendo servi, cavalli, borghi interi, campagne e abbondanza di tutto, non solo non ce ne danno una minima porzioncella, ma non si degnano di guardare in faccia questi plebei.

Queste sono, o Saturno, le nostre passioni[4] principali, queste sono le insofferibili: a vedere che uno che si giace in finissimi panni in tante delizie, rutta, vien esaltato da' domestici suoi, e fa festa ogni giorno, quando io e i miei pari non possiamo pensare ad altro, anche in tempo della maggior quiete, anche in sogno, se non come dobbiam mettere insieme quattro soldi per potere andare a letto almen pieni di pane e polenta, e aggiungervi per companatico nasturcio,[5] porro o cipolla. O dunque, Saturno, cambia queste cose e riducile ad uguaglianza, o, se non si può altro fare, commetti a' ricchi che non godano essi soli di tanti beni, ma che di quelle cotante staia d'oro ne spargano almeno qualche quarteruola fra tutti noi; e delle vesti ci dieno quella quantità sola che non rincrescerebbe loro se venisse rosa da' tarli, e dieno a noi, acciocchè ci vestiamo, cose che in fine periscono e marciscono, piuttosto che lasciarle muffare e putrefarsi in casse ed in ceste.

Commetti in oltre che accettino a cena ora quattro e ora cinque di noi poveri; non già come si usa alle cene d'oggidì, ma con un certo modo più famigliare, dove tutti possano avere ugual parte. Sicchè non ci sia chi diluvi il companatico, lasciandogli il servo il piatto, finchè non possa più mangiare, e lo stesso servo, quando noi ci apparecchiamo a mettervi dentro la mano, a pena ci lasci poi vedere

---

[1] *Un alto stivale da teatro.* Gli attori tragici per apparire più grandi calzavano stivali dal tacco alto, che si chiamavano coturni.

[2] *I fornimenti.* Il necessario.

[3] *Che dicono i poeti.* Favoleggiavano i poeti che il tempo in cui regnò Saturno fu l'età dell'oro, in cui gli uomini, senza guerre e litigi, vivevano contenti di quello che la terra non coltivata naturalmente produceva.

[4] *Passioni.* Sofferenze.

[5] *Nasturcio.* Crescione.

quel che v'è dentro e ce lo faccia sparire; nè il trinciante[1] metta innanzi al padrone i buoni bocconi, e agli altri l'ossame. Comanda ancora che impongano a coloro che danno a bere, che non aspettino che ognuno di noi abbia domandato da bere sette volte prima di darcelo, ma che alla prima richiesta versino, vengano, e dieno una tazza non men grande o men piena di quella che avranno data al padrone. Ordina che il vino che si dà a tutti i convitati, sia d'una qualità sola e il medesimo universalmente; poichè dove fu mai scritta legge, che uno s'ubbriachi con vino odoroso e buono, e che a me rompa le budella il mosto?

Saturno, se farai queste correzioni, allora avrai fatto che la vita sia vita, e i giorni festivi feste. Se nol fai, essi faranno la festa, e noi ci staremo sedendo e facendo voti che quando escono del bagno,[2] il servo riversi e rompa loro il vaso, che il cuoco guasti loro il brodo con l'odore del fumo di cucina, e che sopra pensiero gitti nella lenticchia la salamoia del pesce; che il cane, mentre sono affaccendati i cuochi, divori le salsicce e mezzo il pasticcio; che il cinghiale, il cervo e i porcelletti, mentre vengono arrostiti, gli facciano quello che narra Omero che facessero i buoi del Sole,[3] e non solamente si rampichino e movano, ma balzando fuori con gli spiedi, fuggano alla montagna; e le grasse pollastre, anche apparecchiate e pelate, volino, spariscano, tanto che non le possano essi soli godere.

E quello che più spiacerebbe loro, entrino le formiche, quali sono quelle indiane, a cavare di notte que' loro tesori, e gli mettano fuori pubblicamente; le vesti loro per negligenza de' custodi sieno a guisa di crivelli forate da valentissimi topi, sicchè non sieno punto diverse dalle reti da prendere il tonno; e che a que' loro galanti e ben chiomati coppieri, ch'essi sogliono chiamare Giacinti, Achilli e Narcisi, mentre che porgono loro la tazza per bere, caggiano i capelli, diventin calvi, spunti la barba, paiano staffieri d'inferno. Questi e altri voti saranno fatti da noi, se non vorranno i ricchi lasciare quel loro grande amor proprio, addomesticarsi e darci qualche cosa.

LETTERA SECONDA.

SATURNO A ME SUO CARISSIMO, SALUTE.

Sei tu forse uscito del cervello, o amico mio? A me scrivi tu delle cose presenti? e vuoi ch'io sia quegli che ordini una divisione di facoltà? Questa è opera di quell'altro, di colui che ora è signore delle cose. Maravigliomi bene che tu sia quel solo che non sappia ch'io, il quale fui già re, ho distribuito l'impero tra' figliuoli,[4] e tralasciato di essere quell'uno ch'io era. A Giove, a Giove spetta la cura di tali fatti. Il regno nostro è fra dadi, allegrezze, bere, canzoni; questi sono

---

[1] *Il trinciante.* Servo incaricato di tagliare le carni nei banchetti: lo scalco.

[2] *Quand' escono del bagno.* Il bagno, presso i Romani, precedeva sempre i pasti.

[3] *Facciano quello che narra Omero* ec. Omero nell'*Odissea* racconta che i compagni d'Ulisse, spinti dalla fame, avendo sacrilegamente ucciso e fatto arrostire le giovenche sacre al Sole, per prodigio «.... le fresche pelli | Strisciavan sul terren, muggian le mentre | Carni e le crude, agli schidioni intorno....» (*Odissea*, Pindemonte, XII, 509 e segg.)

[4] *Ho distribuito l'impero tra' figliuoli.* A Giove il cielo e la terra; a Nettuno il mare; a Plutone i regni sotterranei.

i suoi confini, poco più là si stende, nè dura più di sette giorni. Sicchè intorno a quelle cose antiche delle quali mi scrivesti, e del togliere la disuguaglianza, onde ugualmente sieno tutti o poveri o ricchi, ti risponda Giove. A me s'aspetterà il giudicare se alcuno, quanto alla solennità mia, ha intenzione di essere ingiurioso o avaro. Scrivo però ai ricchi la cosa delle cene, della quarteruola dell'oro e dei vestiti, acciocchè a cagione della solennità vi mandino qual cosa; è giusto, come voi dite, che ciò facciano, purchè non abbiano qualche ragione da addurre al contrario.

Per altro io vi dico, o poveri, così in generale; sappiate che voi prendete sbaglio, e non pensate de' ricchi quel che si dee, quando giudicate che sieno da ogni parte beati, e che soli facciano vita felice, perchè sontuose cene fanno, di vini dilicati s'inebriano, hanno belle donne e morbidi vestiti. Non sapete che sia, no. Appunto per tali cose hanno fastidi non piccioli. Sopra ognuna hanno a vegliare, perchè senza loro saputa o lo sciocco dispensiere non le gitti a male, o con frode non le faccia sparire, che il vino non inacetisca, che il grano non faccia gorgoglioni,[1] chè il ladro non porti via vasellame, e altri mali che possono loro avvenire. E tutti questi timori sono ancora una picciolissima parte di loro fastidio; tanto che, se sapeste quanti timori e quante molestie hanno, direste che non è al mondo cosa la quale più si dovesse fuggire della ricchezza.

Oltre di che, pensi tu ch'io sia così pazzo, che se la ricchezza e il comandare fossero cosa sì bella, io le lascerei agli altri, starei sedendo privato e viverei sotto il comando altrui? Ma conoscendo tutto quello che accade a' ricchi e a chi ha signoria, ho abbandonato l'imperio, nè me ne pento.

Quanto poi a quello di che ti lagnasti meco, che diluviano cinghiali e pasticci, e che voi rodete nasturcio, porro e cipolle ne' giorni festivi, pensa che tanto giova l'un cibo quanto l'altro, quando si ha appetito, e non è molesto. Per quello che accade dopo, voi siete a miglior partito. Imperciocchè voi non vi levate il giorno vegnente, com'essi fanno, con la testa aggravata per ebbrezza, nè dallo stomaco troppo ripieno vi escono romori e vapori. Essi, oltre a questo frutto, passando le notti per la maggior parte in altre dissolutezze, secondo che la volontà, il desiderio gli chiama, ne acquistano smagramenti, infiammazion di polmoni o idropisia per prezzo di loro mal ricevuti sollazzi. Qual di loro mi potresti tu mostrare che non fosse di pallore coperto e a cadavero non somigliante? O quale, giunto alla vecchiezza, di loro tanto può che si vaglia de' piedi suoi a camminare e non delle spalle degli uomini? Sicchè puoi dire che di fuori sono oro, ma di dentro altro; come i vestimenti da teatro, che di fuori risplendono e di dentro son canovacci e cenci. Voi non mangiate, anzi non assaggiate pesci. Ma non vedete voi che non sopportate come eglino nè gotte, nè malattie di polmoni o altro che venga da tali cagioni? E di più sappiate che il mangiar così fatti cibi ogni giorno, e più che il bisogno, non dà loro piacere; sicchè talvolta vedi che hanno pur voglia anch'essi d'erbe e di porro, più forse che tu non hai ora di lepri e cinghiali.

Non ti dirò gli altri affanni che gli stringono. Il figliuol tristo, la moglie innamorata del servidore, la donna che gli ama più per neces-

---

[1] *Gorgoglioni.* Bacherozzoli che s'introducono nei chicchi del frumento e li vuotano.

sità che per amore. Ma voi di poco animo vi maravigliate di quell'oro, di quello scarlatto,[1] state a bocca aperta a vedere que' cavalli bianchi che gli portano, e adorate quello splendore di fuori. Che se spregiaste le cose esterne, e non vi tirasse a sè il cocchio d'argento; o quando trattate con esso loro, non guardaste all'anello di smeraldo, e non ammiraste la morbidezza delle vesti con quella vostra balordaggine, e comportaste che fossino ricchi a posta loro senza curarvene; voi vedreste che correrebbero a voi, v'inviterebbero a cena pregandovi, per mostrarvi i letti, le tavole, i vasi d'oro e d'argento; che il possedergli senza testimonio, è quanto non avergli.

In effetto, sapete voi quante cose posseggono non per servirsene, ma per farle ammirare da voi? Io conosco l'una e l'altra condizione di vita, onde vi scrivo ciò per consolazione. E se non fosse per altro, godetevi intanto la presente solennità con questa intenzione che fra poco avete a partirvi dal mondo, e ch'essi lasceranno le ricchezze loro, voi la povertà vostra. Con tutto ciò scriverò anche a quelli, come già promisi, e so che faranno conto delle mie lettere.

LETTERA TERZA.

Saturno a' Ricchi, salute.

I poveri m'hanno poco fa mandato lettere, nelle quali v'incolpano che delle ricchezze vostre non date loro cosa alcuna. Domandano universalmente ch'io metta tutti gli averi a comune, tanto che ognuno n'abbia una egual porzione; essendo giusto che la bilancia vada del pari, e si stabilisca che uno non abbia più del bisogno, e un altro non rimanga privo d'ogni dolcezza. Feci loro risposta che queste sono faccende le quali piuttosto aspettansi a Giove. Egli è il vero che quanto agli affari presenti e a quelle offese che credono di ricever da voi in queste mie solennità, parvemi che toccasse a me il darne giudizio, e promisi loro di scrivervi. Le domande che a voi fanno, sono, per quello che ne pare a me, assai temperate: *Come avremo noi*, dicon eglino, *morendo di freddo e di fame, a solennizzare anche per giunta feste e allegrezze?* E perciò s'io volli che anch'essi intervenissero a questa solennità, vollero ch'io v'obbligassi a dar loro tanto una parte de' vestiti vostri, se ne avete che vi sopravanzino, o di quelli che non convengano alla vostra condizione, per esser già logori e unti; quanto a color loro nelle mani qualche porzioncella d'oro. Promettono, se così farete, di non movervi più litigi appresso a Giove per le facoltà; ma se nol fate, giurano che il primo giorno assegnato da Giove al giudicare,[2] v'intimeranno le divisioni. Fra quelle cotante ricchezze che possedete con licenza mia, questa non è però una gran difficoltà.

---

[1] *Scarlatto.* Vesti di porpora.
[2] *Il primo giorno assegnato da Giove* ec. Giove, moderatore supremo dell'universo, fu spesso dagli antichi considerato come il giudice incaricato di risolvere le umane contese.

Hanno, oltre a ciò, aggiunto nella lettera qualche cosa intorno al cenar con voi; dicendo che al presente voi o chiudete gli usci e triou-fate soli;[1] o se dopo qualche lungo tempo ne invitate alcuni, hanno in quelle vostre cene più fastidi che consolazioni; e comportanvi molte villanie, qual è quella fra l'altre del non bere di quel vino che voi bevete. Oh spilorceria ch'è questa! E ne meritano anch'essi gastigo, perchè non si levano subito in piedi, e non piantano voi e il vostro convito. Dicono poi, che anche a questo modo non beono quanto bi-sogna. Imperciocchè que' vostri coppieri hanno gli orecchi turati, come gli aveano i compagni d'Ulisse[2] con la cera. L'altre cose sono così sozze, che a pena mi dà il cuore di parlare di quello ch'essi dicono intorno alla divisione delle carni, a'trincianti e domestici che servono solamente a voi finchè vi siete ben pasciuti e ripieni fino alla gola, mentre che da loro fuggono e passan oltre, e altri somiglianti fatti molti non degni d'uomini liberi, e nei quali si vede stento e digiuno. Nel convitarsi vuol essere uguaglianza; questa è bella, questa è con-tentezza de'conviti; ed appunto è presidente a'banchetti quel vostro giustissimo partitore de'cibi Bacco,[3] acciocchè ognuno v'abbia la sua parte uguale.

Farete dunque per forma che non v'accusino più, ma piuttosto vi amino e onorino, per l'essere con esso voi partecipi di certe minute cose che poco vi costano; e le quali, date da voi a tempo, quasi fos-sero un dono, non usciranno mai più della loro memoria. Oltre di che, voi non potreste avere abitazione in città se non aveste in essa poveri, i quali d'innumerabili cose vi provveggono per la facilità vostra; nè avreste chi ammirasse le ricchezze vostre, standovi soli, privati e ricchi al buio. Veggano dunque gli uomini volgari, e ammirino l'ar-gento vostro, le mense, e facendosi brindisi a vicenda col bellicone[4] dell'amistà, e tenendolo in mano, lo bilancino ed esaminino il peso, con quanta accuratezza è cisellato, istoriato, e quant'oro in quel mi-rabile artifizio risplenda. Nè solamente diranno che siete umani e man-sueti, ma sfuggirete l'invidia loro. Imperciocchè chi può avere invidia ad uno, il quale seco divida una giusta porzione del suo e te la doni? Chi non bramerà che cotale uomo lungamente sia vivo e dei suoi beni si goda? Ma voi fate oggidì in modo che la felicità vostra non ha te-stimoni, sono aperte le ricchezze vostre all'invidia, e priva di dolcezza la vita vostra.

Nè credo io già che possa essere lo stesso diletto l'empiersi il corpo da sè solo, come sogliono fare lioni e lupi silvestri; e il vivere insie-me con uomini garbati i quali cercano con buone maniere e accortezza d'acquistarsi la buona grazia d'ogni uomo; nè comporteranno in primo luogo che il convito sia mutolo e senza voce; ma faranno rac-conti allegri da banchetto, scherzi non discari, e ogni genere di ur-banità, costume gratissimo a Bacco, a Venere e alle Grazie. Poscia il vegnente giorno raccontando a tutti la vostra cortesia, v'acquisteranno

---

1 *Triomfate soli.* V. la nota 2 a pag. 154.
2 *I compagni d'Ulisse.* Narra Omero nell'*Odissea* che giunto Ulisse alla spiaggia dove stavano le Sirene, egli fece turare con cera le orecchie ai suoi compagni, perchè non fos-sero ammaliati dal loro canto lusinghiero.
3 *Bacco giustissimo partitore de'cibi.* Bacco fu spesso invocato come il dio che pre-siedeva ai banchetti, e allora si chiamava *Isodaite,* cioè che assegna parti eguali.
4 *Bellicone.* Sorta di grandissimo bicchiere.

la grazia e l'amore altrui. Questo è un bene che si dee comperarlo ad ogni pregio.

Una cosa vi domando io : poniamo che i poveri fossero ciechi, oh non vi spiacerebbe egli forse ciò? Voi non avreste più a cui mostrare le vostre ricche vesti, le torme de' servi, lo splendore e la bellezza delle anella. Lascerò di dire che, volendo vivere voi soli fra le delizie, egli non può essere che non si destino in loro contro di voi odio e invidia ; e sappiate che minacciano di voler fare certi voti che sono orribili, e guai se necessità li costringe a fargli. Voi non assaggerete più nè salsicce, nè pasticcio, se non degli avanzati al cane; le lenticchie avranno la peste della salamoia ; il cinghiale e il cervo, mentre che si arrostiscono, s'invoglieranno di fuggire al bosco ; e fino alle pollastre, oh gran caso! anche pelate avranno l'ale, e se ne voleranno a' poveri; e quel che peggio è, quei vostri bellissimi coppieri in un subito diverranno calvi, e oltre a ciò il vaso vi sarà spezzato. Stabilite dunque cose convenienti a tale solennità ; pensate alla sicurezza vostra, da tanta e così grave povertà sollevategli, e con picciola spesa avrete non dispregevoli amici.

LETTERA QUARTA.

I RICCHI A SATURNO, SALUTE.

Credi tu, o Saturno, che i poveri abbiano scritto solo a te di quanto ci hai detto? Pensi tu che da lungo tempo in qua non istridano, e non tolgano gli orecchi a Giove, chiedendogli che sieno fatte le divisioni, accusando il destino che abbia fatto le parti non uguali, e incolpando noi che non ci degniamo di dar loro veruna cosa? Ma quegli ch'è Giove, sa bene qual di noi abbia la colpa ; e per ciò sordo lascia andare a vôto le loro preghiere. Frattanto noi diremo le nostre ragioni dinanzi a te, che pure in questi giorni ci comandi. A noi medesimi era già nota ogni cosa, e sapevamo benissimo quanto fosse bello il prestare assistenza con l'abbondanza nostra ai poveri ; e pensando che il mangiare e il conversare co' poveri sarebbe stato una consolazione, facevamo per modo che, vivendo con essi in uguaglianza, non v'era alcuno di loro che, venendo invitato da noi, potesse di noi dolersi.

Ma eglino, i quali da principio dicevano sè abbisognare di poco, non sì tosto vennero loro aperte le porte da noi, che cominciarono a chiedere una cosa ed un'altra. E se non aveano tutto al primo aprir della bocca, eccogli subito all'ira, all'odio, alle maladizioni. E se ci appiccavano addosso calunnie, coloro che gli udivano, prestavano loro fede, dicendo : " Costoro sanno il vero, perchè mangiano e beono con esso loro." Sicchè delle due cose era l'una : che se tu non davi loro nulla, gli avevi nimici in eterno ; e chi concedeva loro licenza di togliersi ogni cosa, diveniva esso povero in un subito, e un di coloro che poi dovea domandare altrui.

L'altre cose però si potrebbero comportare ; ma egli non basta loro nelle cene empiersi a gola e tuffarsi nelle vivande ; perchè, quando hanno bevuto molto più che il bisogno, divengono tanto audaci e temerari, che tentano fino alle mogli nostre. Finalmente quando hanno but-

tato fuori,[1] ed empiutoci il tinello delle brutture dello stomaco, il giorno
dietro dicono male di noi, e contano che hanno sofferito la sete e che
sono stati al convito della fame. E se tu credi che queste sieno nostre
invenzioni e bugie, ricòrdati di quel vostro parassito Issione,[2] il quale
fatto degno di sedere alla mensa vostra celeste, fatto uguale per vostra grazia a voi, ebbro come una bertuccia, ebbe ardimento l'uomo
forte di tentare la pudicizia di Giunone.

Queste e così fatte sono le cose per le quali abbiamo a sicurezza
nostra stabilito da qui in poi di non ricevergli più nelle case nostre.
Contuttociò s'eglino prometteranno, sendo tu giudice e mallevadore,
di non chiedere, come ora promettono, altro che cose moderate, e di
non farci ne' conviti ingiurie e oltraggi, vengano con noi a comune, al
nome del cielo, e banchettino con esso noi. Manderemo, come ci comandi, loro anche dei vestiti, e quanto sarà giusto di danari; in somma non mancheremo loro in veruna cosa. Ma dall'altro lato cessino
dall'usare artifizio con esso noi, e non sieno più nè parassiti, nè adulatori, ma nostri amici. S'eglino faranno in tal forma, tu non avrai
più ad incolparci di nulla.

L'Osservatore.

Ad ogni modo, comecchè lo scrivere questi fogli m'arrechi qualche pensiero, io mi sono perciò procacciato con essi una certa pubblica
fama che mi dà qualche diletto. Non dico già ch'io sia perciò celebre
tra gli uomini, per letteratura, no, ch'io non sono cotanto prosun-
tuoso, nè sì bestiale; ma ho caro di vedere che fra essi si sappia ch'io
son vivo. Fanno in me questi fogli quell'effetto che fanno in molti le
ricchezze e le speranze degli eredi; che quando uno di cotesti grandi
amici della fortuna viene da qualche anche leggiera malattia assalito,
la fama corre di lingua in lingua e se ne fa un gran ragionare. Quan-
d'io, che non sono però sano come un lottatore, e vivo in questo
mondo a pigione, vengo aggravato da qualche cosetta che mi dia molestia al corpo, per quel dì tralascio di dar fuori il foglio: e incontanente si sa ch'io non istò bene; onde di là a due giorni quando esco
di casa, ritrovo gli amici che si consolano meco; i nimici, benchè io ne
abbia pochi, che sono mesti; e molti i quali mi guardano con maraviglia, come se fossi uscito del sepolcro. Un altro giovamento ne ritraggo, che pensando alla mia obbligazione presa col pubblico, reggo la
vita mia assai temperatamente, e cerco di star sano il più che posso,
per non mancare al mio dovere: sicchè io posso dire che il pubblico
sia il medico mio, e se non è egli la mia sanità, almeno è la mia convalescenza. Vorrei bene compensarlo dal lato mio quanto posso, e non
tralascio mai di ghiribizzare quello che gli potesse far piacere. Non
ispero tuttavia che ognuno abbia ad appagarsi del fatto mio, e quasi
quasi ho ragione ad alcuno, perchè quantunque io mi voglia quel bene
che ogni uomo vuole a sè medesimo, non sempre sono contento di me,
e talora vorrei essere un altro. Siccome i giorni sono quale sereno,

---

[1] *Buttato fuori.* Vomitato.
[2] *Issione.* Fu, secondo la favola, re dei Lapiti, e accolto con gli Dei a banchetto su
nell'Olimpo, tentò di sedurre Giunone, onde fu precipitato nel Tartaro e incatenato a
una ruota che eternamente girava.

qual nuvoloso, qual piovigginoso, qual pieno di tempesta, non altrimenti è fatto il cervello degli uomini, che un dì vuole e può, un altro nè può nè vuole; e si conviene stare alla sua volontà per amore o per forza. A me basterà l'avere un cantuccio al termine de' miei dì fra coloro che hanno fatto certe scritturette leggiere e di poca importanza. Conosco l'ingegno mio impaziente nelle cose grandi, alle quali dà talvolta principio, poi non le finisce. Vo ora pensando che se un altro dicesse di me quello che mi dico io, forse non lo comporterei, e in mia coscienza mi pare che me lo dica per ischerzo. Con tutto ciò mi vo spesso ripetendo questa favola.

" Non ho io," diceva ad alta voce una lucciola, " questo fuoco di dietro che risplende? Ora che fo io qui in terra? Perchè non volo sulle sfere a rotare questi miei nobilissimi raggi dal levante al ponente, e a formare una nuova stella fra l'altre mie sorelle del cielo? "—"Amica," le disse un vermicello che udì i suoi vantamenti, " finchè con quel tuo splendido focherello stai fra le zanzare e le farfalle, verrai onorata; ma se sali dove tu di', sarai nulla." Questa favoletta ammonisca me e molti altri.

N° XXXVII.   A dì 21 luglio 1762.

Io non ho speranza che la memoria del nome mio duri lungo tempo nel mondo, e credo che un uomo per vivere fra gli altri suoi somiglianti anche dopo la morte, abbia a fare cose grandi, massicce e di somma importanza. Quello che può avvenire del fatto mio, si è che di tempo in tempo caggiano le scritture mie in mano d'alcuno, il quale non sapendo che altro farsi, quasi per via di diporto ne legga qualche facciata, e vada fantasticando fra sè chi fosse quell'uomo il quale in vita sua venisse tocco da tanti capricci, e fantasie così diverse, che gli bastasse il cuore di proseguire parecchi anni a scrivere, si può dire, in aria e standosi in su l'ale, svolazzando ora ad un argomento e ora ad un altro. Dicerie, cicalate, sogni, novelle; dialoghi di questo mondo, infernali, di deità, di bestie, e migliaia di scritti da far impazzare chicchessia solo a pensarvi. " Costui fu uno strano umore," dirà chi legge; e quello che mi ricrea l'animo fin da oggi, si è che chiunque leggerà, giudicherà ch'io fossi il più contento uomo che vivesse mai, e s'egli vorrà immaginare qual fosse il corpo mio e l'aspetto mio, gli parrà ch'io sia stato grasso, rossigno, gagliardo di membra, sempre ridente e della miglior voglia del mondo. Nel che tuttavia egli non s'ingannerà forse quanto altri crede, non dico già quanto alla grassezza o alla gagliardia delle membra; ma quanto è all'animo, io non sono però quell'uomo malinconico che altri giudica nel vedermi in faccia, e s'io non rido sgangheratamente, ho un certo risolino cheto ed interno che mi stuzzica per lo più le viscere, e mi mantiene d'una buona voglia, che se non è veduta da altrui, la sento io, ed è a sufficienza per mantenermi in vita. Egli è il vero ch'io non rido d'ogni cosa, ma solamente di certe particolarità delle quali un altro non riderebbe mai; nel che io non affermerei però se m'ingannassi o no; o se io faccia bene o male: ma chi è quegli che sappia se fa bene o male in tutto quello che fa, o s'egli erri o no in tutte le faccende della sua vita? Noi siamo qui al buio; e quello ch'è bello a vedersi, si è che ognuno crede di avere di quelli occhi che veggono più passi sotterra, dei quali si racconta, non so se nelle storie o nelle favole; e non ci è al mondo chi non giurasse di veder più là di tutti gli altri. Di che si può dar giudizio facilmente, udendo tutto il dì che vengono censurati i fatti altrui, e biasimare or questo or quello, ch'egli si sia diportato male, e che abbia eletto il peggio, e ch'egli è un goffo che non vede più oltre di una spanna; tanto ch'egli si conosce che ognuno non darebbe l'acutezza sua per quella d'un altro, e stimasi di vedere più avanti di quanto prossimo ha sulla terra. Io benedirò a questo proposito in vita mia un uomo dabbene, il quale è stato la cagione di queste mie poche riflessioni a' passati giorni. In effetto io non so chi egli sia nè di qual paese. Per caso udii il suo ragionamento in una bottega; e parendomi argomento da cui il pubblico possa trarre qualche utilità, ho risoluto di stenderlo nel presente foglio, con quell'ordine medesimo con cui venne da me udito. Stavasi dunque sedendo e tacendo il valentuomo, ch'io dico, in una bottega, ed avea certe guance pienotte e colorite, che il vederlo era una consolazione; di tempo in tempo andava chinando il capo, come uomo cui prenda il sonno; non che dormisse mai affatto, ma mostrava ch'egli avrebbe dormito volentieri, e tutti gl'indizi che gli uscivano d'intorno, erano di persona spensierata e dabbene. Quando entrò nella bottega un altro, il quale affisatolo così un pochetto, a guisa d'uomo che pensasse se lo riconosceva o no, finalmente con molta domestichezza gli andò da vicino, aperse le braccia e proruppe.... Ma prima ch'io vada più oltre, è il meglio che dica quali nomi avessero, per isbrigar me e chi legge dal tedio di ripetere, disse e rispose. Il primo, a quanto udii, avea nome Lorenzo, il secondo Iacopo, e il ragionamento loro fu quale io lo dirò qui sotto.

DIALOGO

Iacopo e Lorenzo.

Iacopo. Oh! Lorenzo. Se' tu veramente Lorenzo, o m'inganno?
Lorenzo. No, Iacopo, tu non t'inganni. Vedi Lorenzo.
Iacopo. Come va questo caso? Io ti lasciai già nella patria tua, che tu vivevi in questo mondo a pigione. Ora ti faceva male un'anca, ora la testa, avevi gli occhi scerpellini, una vocina che parevi un moscione,[1] un colore di bossolo, una pelle informata dall'ossa,[2] e ora io ti veggo a questo modo cambiato. Sappi ch'io stetti buona pezza prima di raffigurarti. Tu mi pari divenuto un altro. E ancora non ne sono ben certo. Se' tu Lorenzo?
Lorenzo. Quante volte te l'ho a dire? È egli forse di necessità che quel medesimo Lorenzo non possa un tempo essere magro e un altro grasso, e scambiare il colore e l'aspetto delle sue membra? Come tu sai, i' fui già Lorenzo tisicuzzo e tristo, e al presente sono quello che tu vedi, ma non perciò ho scambiato il mio nome di prima.

---

[1] *Un moscione.* Un moscerino.
[2] *Pelle informata dall'ossa.* Locuzione dantesca per dipingere estrema magrezza. « Negli occhi era ciascuna oscura e cava | Pallida nella faccia e tanto scema | Che dall'ossa la pelle s'informava » (*Purgatorio,* XXIII, 22).

Iacopo. Io me ne rallegro teco e meco ancora, perchè io avrò ricoverato l'amico mio di buon umore, laddove io l'avea una volta malinconico e strano, e avrò seco di nuovo que' ragionamenti ch'io soleva avere intorno alle dottrine e alle lettere. Perchè, se le signorie vostre che ci stanno qui intorno, non lo sapessero, lo sappiano ora, che questi è uno de' migliori e più periti letterati dell'Italia. Che è che t'accendi così nel viso e negli occhi?

Lorenzo. Signori miei e circostanti, l'amico mio non sa quello ch'egli si dica. Non solo io non sono quell'uomo letterato ch'egli dice, ma sono ignorantissimo e fo professione d'ignoranza. Egli vi parla a questo modo, ingannato da quella pazzia, ch'io ebbi un tempo, di perdere il cervello in sui libri per voler essere da più che gli altri uomini. Ma egli non sa poi, che rientrato in me medesimo, è lungo tempo che ho venduta la libreria, dato bando a' calamai ed a' fogli; nè mi rimane al presente altra fatica, fuorchè quella di cacciar via a guisa di fastidiose mosche que' pensieri estranei, nuovi e dannosi, ch'io avea imparati studiando, e per li quali mi parea di vedere più oltre di tutti gli altri uomini, e intanto faceva male tutte le faccende mie, diceva male di tutte quelle degli altri, e dimagrava di giorno in giorno come un cane vecchio e stizzoso. Tu inarchi le ciglia; sappi che la cosa sta come ti dico. E se tu vedi la condizione del corpo mio migliorata, ciò deriva dall'avere io dato bando a quanto avea studiato e a quanto volea studiare, e dall'avere abbracciato, qual mia carissima e legittima moglie, l'ignoranza, sanità del corpo e contentezza e quiete dello spirito.

Iacopo. Tu di' ora le maggiori bestialità ch'io udissi giammai. E se non fosse ch'io credo che tu le dica per modestia, e per abbassare il tuo concetto fra questi signori che qui sono presenti, avrei teco non poca collera, che mi fai parere bugiardo. Io vi giuro, signori miei....

Lorenzo. Iacopo, non giurare. Pensa che tu affermeresti con giuramento la più solenne bugia del mondo. Io sono un ceppo, un sasso; o se altro peggio è sulla terra e più vôto di dottrina, io son quello. Non è modestia, non è cerimonia, è la verità medesima. Ho sbandite da me le lettere, e ringrazio il cielo di essermi avveduto a tempo, che secondo il corso naturale mi restano ancora parecchi anni da vivere.

Iacopo. Poichè tu l'affermi con tanto calore, io ti presterò fede. Ma essendo uomo ragionevole, so io bene che non avrai abbandonati gli studi senza qualche cagione. E però io ti prego, dimmi, che ti mosse a tralasciare quel cammino in cui eri già entrato con tanta lode e onore?

Lorenzo. Volentieri. E lo farò il più brevemente ch'io possa, acciocchè non paia ch'io voglia ancora far pompa di quelle rettoriche e di quelle filosofie che mi aveano così lungamente fatto impazzare. Tu dèi pure ricordarti come io stava male in quel tempo; ch'io non potea mangiar boccone che non mi rodesse lo stomaco e le budella: l'estate mi togliea il fiato, il verno mi facea sì rannicchiare, che diveniva più basso una spanna, la primavera mi rimescolava tutti gli umori,[1] l'autunno me gli chiudeva in corpo, e mi si cambiavano in doglie di capo, febbri e mille magagne, tanto ch'io non avea mai un bene. Per la qual cosa avvenne un giorno, che stanco della disgrazia mia, incominciai a pensare fra me e a dire: Ognuno m'afferma che questo mio lungo e

---

[1] *Gli umori.* La medicina d'un tempo attribuiva quasi tutte le malattie al movimento di certi umori nel corpo umano.

assiduo studiare mi guasta la salute: e pazienza se non ci fosse altro danno, imperciocchè io potrei ben comportare una vita breve per aver onorata fama. Tanti ci sono, i quali si accorciano la vita per perdere la roba e la riputazione, che anche io potrei far picciolo conto della mia per lasciare qualche memoria di me dopo la morte. Ma esaminiamo un tratto quali vantaggi abbia avuti l'intelletto mio dallo studio, quali verità abbia conosciute. Mettiamo mano al quaderno de' conti. Io aveva quattordici anni, e a pena era uscito di que' primi digrossamenti di studi che avviano le genti alle dottrine maggiori. E che mai poteva io saper in quel tempo? Con tutto ciò mi ricordo benissimo che faceva più conto delle opinioni mie, che di quelle di tutti gli altri, e avrei giurato che ogni altro uomo fosse cieco a comparazione di me; e se cedeva alle altrui parole, ciò avveniva piuttosto per una gran soggezione di quella età, che perch'io confessassi mai in mia coscienza d'avere il torto. Proseguii a studiare, e non passarono due anni, che ricordandomi di quelle opinioni ch'io avea sostenute con tanta pertinacia di quattordici, le mi cominciarono a parere da pazzo, e dissi fra me: Vedi che fanno gli anni e lo studio! egli è pure il vero che a lungo andare cresce il lume dell'intelletto, e si sa ogni dì più. Ora egli mi pare di conoscere la verità, anzi la conosco. E quella ostinazione ch'io avea a difendere le mie opinioni di quattordici anni, l'acquistai nel proteggere quelle di diciotto. Intanto scorreva il tempo; e il medesimo feci di vent'anni, e poi di venticinque e di trenta, scambiando sempre parere, apprezzando l'ultimo e dispregiando i primi, tanto che ogni dì mi parea di cogliere la verità, e di là poco mi parea il contrario. Ecco dunque, io diceva, sono oggimai giunto agli anni trentacinque dell'età mia, sempre scambiando opinioni e tenendomi ogni anno da più di quello ch'io fui negli anni passati. E se così fosse anche per l'avvenire? Tutto quello ch'io ho studiato fino al presente, non mi sarà giovato a nulla; e quello ch'io studierò da qui in poi, non mi gioverà ad altro, che a farmi credere di due in due anni d'essere divenuto più perito conoscitore del vero; tanto che in fine io morrò con un'opinione in corpo per vera, che, potendo ancor vivere due anni più, l'avrei conosciuta per falsa. Oh! è egli dunque vantaggio perdere la sanità per correre dietro alla bugia? Oh! egli s'impara almeno che non si sa nulla, come diceva quell'antico filosofo [1] il quale sapeva ciò, che non sapea cosa veruna. Merita forse la sapienza in questo gran fatto, che s'abbia a stillarsi il cervello per tutto il corso della vita? Non so io forse che non so nulla anche al presente, e, quello che più è, che non saprò nulla mai? Perchè non tralascio io dunque d'affaticarmi, e non confesso sinceramente d'essere ignorante, che mi costerà minor fatica che lo studiare per imparar che son tale? Eh! sì. Vadano in pace i libri, il calamaio stia in posa, e si cessi dagli stenti. Tali a un dipresso furono i miei pensieri, e cominciai da quel giorno in poi a mettermi in capo d'abbandonare le lettere. Egli è il vero ch'ebbi per alquanti giorni a contrastare con la consuetudine; perchè, anche non volendo io, la mano correva a' libri, e più volte mi colsi improvvisamente in sul fatto, ch'io leggeva senza essermene avveduto. Ecco, esclamai allora, che cosa è vizio. Ad ogni modo io me ne debbo pure astenere. Sicchè volendo pur vincere, vendei la libreria, e da quel dì in poi, che pure

---

[1] *Quell' antico filosofo.* Socrate.

sono parecchi anni passati, questa opinione mi si è stabilita nel cervello; onde non avendola scambiata mai, mi confermo a credere finalmente che la sia la migliore.

Iacopo. Io non avrei creduto mai d' avere ad udir favellare Lorenzo in tal forma.

Lorenzo. Tu non avresti anche creduto mai di vedermi grasso e di buon umore. Ma se tu vuoi vedere che quanto io ti dico è verità, vedi nel viso e nel ghignare di questi signori, che mi sono presenti, un universale consentimento che applaude all'ignoranza, evidente segno ch'io ho tocco il vero; perchè s'io avessi detta cosa contraria al parere comune e a quello che le genti sentono intimamente, tu vedresti altri aspetti e molti indizi di disapprovazione.

N° XXXVIII.   A dì 28 luglio 1762.

" O divina Minerva,[1] figliuola di Giove (io udii già esclamare ad alta voce poche notti sono ora passate); o divina Minerva, figliuola di Giove, ammaestraci, e col tuo lume fa' una volta che conosciamo in qual forma e per quali vie ci dobbiamo guidare per questi intrigati labirinti del mondo." Tali parole mi suonavano negli orecchi, uscite ad un tratto da più gole; nè credereste già, o voi che qui leggete, ch'io desto fossi; chè anzi da profondissimo sonno erano legati gli occhi miei, e non nella mia stanza mi parea d'essere, ma in un deserto, così avviluppato fra le tenebre, che appena mettendo le mani innanzi potea muover passo. I capelli mi s'erano rizzati in sul capo, un certo freddo m'avea prese tutte le membra, e le ginocchia mi vacillavan di sotto, sicchè a pena avea vigore di sostenermi in piedi. Qual mia cecità, diceva io fra me in mio cuore, o qual mio infortunio m'ha ora condotto in questo sconosciuto luogo, e come ci sono io al presente? Chi mi trarrà fuori di qua salvo? Io odo che chiunque è qui pervenuto, si duole e chiede aiuto agli Dei; segnale certissimo che tutti sono colti dal timore; imperciocchè fino a tanto che l'umana superbia può da sè sostenersi, poco si cura delle deità, e allora solamente rivolge il cuor suo alla divina autorità, quando abbattuta si trova e riconosce la picciolezza sua nell'opporsi a' gravissimi travagli. Quali genti saranno costoro che fanno le loro supplicazioni a Minerva? Mentre ch'io in tal forma ragionava, o piuttosto meditava tacitamente, vidi nell'alto un certo splendore non altrimenti fatto che quello il quale ne viene avanti all'aurora, quando le cose non si veggono ancora, ma si comincia a sperare di poterle vedere; e a poco a poco s'allargava e cresceva, tanto ch'io vidi dalle altissime regioni de' cieli discendere fra la luce un nobilissimo carro, tirato da due splendidissimi cavalli, i quali, secondo ch'io potea comprendere, tanto spazio d'aria trascorrevano ad ogni muovere di piedi, quanto un uomo standosi sopra la punta d'uno scoglio potrebbe misurarne con gli occhi guardando sul mare. E mentre che il cocchio ricchissimo di luce andavasi alla terra accostando, sempre più udiva

---

1 *Minerva.* Qui Minerva, dea delle arti e degli studi, è invocata come simbolo della sapienza.

ch'esso era accompagnato da un soavissimo canto che vestiva di note molte virtuose parole, le quali non pervennero già tutte agli orecchi miei; ma d'una parte me ne ricordo ancora, per modo ch'io posso a' miei amorevoli leggitori metterle innanzi nella presente scrittura.

Fra bronchi e sterpi, in luogo buio e strano,
Stirpe infelice, il non veder il vero
Guidò tuoi passi, onde qui cieca or tremi.
Quante fïate con sonora voce
Gridai dentro al tuo sen, gente non saggia:
Mal segui il piè di non oneste scorte!
Rideano al fianco tuo giocondi in faccia
Mille diletti, indi stendendo l'ale,
Scherzando in atti, e con parole liete
Si fean tue guide; e tu, seguace schiera,
Cupida fatta di seguirne il volo,
Movesti i passi, e di fanciulli in guisa,
Che dietro alle volubili farfalle
Fanno lor corso e desïosi vanno,
Tal pur n'andasti. Ove son or le belle
Ghirlande, ond'essi si cingean la fronte,
Ove le vaghe lor piume dipinte,
Desio degli occhi? E chi ruppe le corde
Delle lor prima armonïose cetre?
E chi dinanzi a voi tolse la luce
Che v'era scorta? La malvagia schiera
Da voi disparve, e solitari e mesti
Or qui giacete della vita in forse,
Dove incerto sentier turba le menti,
Ed ululato di selvagge fere
Gli orecchi assorda. Pur, poi che le voci
Alzaste ai gioghi dell'eterno Olimpo,
Udille Giove, e al mio venir consente.
Levate il guardo. I' son colei che prima
Trovai l'arti più belle, ed il tesoro
Delle scïenze all'ostinata terra
Portai primiera, e le fei dono in parte
Del ben dell'alte Intelligenze eterne.

Con sì fatta canzone s'era già accostato il carro alla terra, non senza mia gran maraviglia che le parole uscite della bocca di una deità fossero così chiare e usuali; dal che m'avvidi benissimo che debbono quindi prendere esempio i più acuti ingegni; e cercare d'accomodarsi agli orecchi degli ascoltanti, quando favellano. Intanto io vidi scendere dal cocchio non so quanti venerandi vecchioni; i quali comecchè avessero fatto un lungo viaggio, pure mostravano di aver salde le ginocchia e robuste; mentre che in esso rimase a sedere la Dea, che all'elmo che portava in capo mi avvidi benissimo ch'ell'era la saggia Minerva. Intanto io circuendo con gli occhi il luogo in cui mi trovava, vedea da ogni lato qua certi alpestri sassi, che non vi sarebbero salite su le capre salvatiche, colà non so quali selve cotanto intralciate, che altri non si sarebbe aperta la via col ferro tagliente; e dall'una parte correvano torbidissimi torrenti, dall'altra stagnavano paludi, anzi pozzanghere, da lasciarvi dentro le ginocchia chi entrato vi fosse. Le genti, che poco prima avea udite ad esclamare con voce compassionevole ed implorare aiuto, avean visi che pareano disotterrate in quel punto, occhi lagrimosi, occhiaie livide, erano scapigliate, tenevansi le mani al petto, e si vedea in tutti gli aspetti pentimento e dolore. "Uditemi," incominciò allora fra quelle la Dea, "e fate, quanto io vi dirò, se vi è pure a grado d'uscir fuori di questo tenebroso loco, donde a voi non sarebbe mai dato l'animo d'uscire. Questa compagnia d'uomini, che meco è venuta e ch'io qui lascio, dee esser quella a cui da qui in poi dovrete prestare orecchio e lasciarvi guidare fuori di questo labirinto. Non vi spaventino punto queste lunghe barbe, non queste aggrinzate pelli, nè quei calvi capi incoronati da certi pochi e canuti capelli. Questa loro lunga età non farà sì, che sieno però divenuti ruvidi, nè cotanto nemici dell'umana generazione, che la vogliano tenere in continova schiavitù ed in perpetue fatiche. Sanno ben eglino che la natura vostra è così fatta, che non potrebbe senza qualche diletto durare. Richiede l'animo vostro qualche ristoro dopo l'esercizio delle fatiche, e vuole ricreazione e rilassamento. Eglino hanno già tutto ciò imparato col loro lungo vivere nel mondo, ed aggiungendo alla meditazione una buona pratica delle cose, è gran tempo che salirono dinanzi a Giove, e gli riferirono la loro intenzione rispetto al viver vostro e qualche regolamento di quello, acciocchè possiate più facilmente e con minori fastidi passare quell'età che vi sarà conceduta sopra la terra. Questi sono i ministri miei. Prestate loro orecchio e consentite alla volontà loro, se volete avere quella quiete, che invano siete fino a qui andati cercando, seguendo que' diletti a' quali correste dietro senza veruna elezione. Ecco in qual luogo vi siete ciecamente lasciati guidare: voi avete me pregata di soccorsi; io venni: il restante sarà opera vostra. Lasciovi la luce mia in questo diserto. Non altro: reggetevi giudiziosamente." Così detto, volse le redini, e i cavalli girandosi e alzando il capo allo insù, salirono con tanta fretta, con quanta erano poco prima discesi.

I buoni vecchi, che in compagnia di Minerva erano in terra venuti, si posero a sedere in un luogo alto, circondati dal popolo, e l'uno di loro, che nel mezzo degli altri sedeva, trassesi fuori del seno un libro; e poi che gli altri con l'atto delle mani ebbero dimostrato che si richiedeva silenzio, egli aperse il suo volume e lesse in questa guisa:

PROEMIO ALLO STATUTO DE' DILETTI.

Dappoichè egli non è possibile che colà dove non si rivolga al tutto l'animo alla virtù, gli uomini sopra la terra ritrovino quiete; e dall'altro lato non potendo la natura umana durare in continua serietà, e senza qualche ricreazione di onesti diletti; noi deputati dalla divina Minerva a ciò, abbiamo nel presente nostro statuto deliberato qual debba essere quella condizione di piaceri a' quali da qui in poi debbano le genti rivolgere l'animo loro, quando ne avranno di bisogno. E perchè sieno dall'una parte di ristoro alle umane fatiche, e dall'altra non offendano punto le nostre principali costituzioni, nè allontanino mai dalla consuetudine della virtù che intendiamo di confermare nella popolazione a noi da Minerva conceduta, gli abbiamo eletti con tale avvertenza, e con sì fatta cautela ordinati, ch'essi medesimi diletti servano al nostro fine principale: e gli scherzi stessi e le piacevolezze aprano l'udito a quell'amicissima virtù, che intendiamo da qui in poi dover essere dal nostro popolo tenuta per sua tutela perpetua. Abbiamo avuto rispetto ad ogni età, e cominciando dalla fanciullezza, assegnando ad essa i diletti suoi appropriati, passammo ad una ad una a tutte l'altre fino alla vecchiezza, la quale per essere vicina al termine dell'umano corso, non dee perciò essere dimenticata. E tu, o santissima Virtù, la quale fosti da noi invocata nel principio di quest'opera, e che col tuo lume ci guidasti sino alla fine, fa' sì che la nostra intenzione sia volentieri dagli uomini ricevuta, e tengano per fermo finalmente, che da te sola e da que' piaceri che da te non si scostano, dipende la tranquillità degli animi loro.

Io non so, o lettore, se tu mi presterai fede s'io ti dirò che quegli uomini i quali si ritrovavano in tante calamità avviluppati, quando udirono così fatto proemio, cominciarono a stringersi nelle spalle, e parea che volessero dire: " Odi anticaglie! Noi avremo da qui in poi bei maestri di piaceri! Questi vecchioni senza sangue nelle vene e privi di sugo i nervi, che s'intenderanno essi di diletti? Pure udiamogli, che avremo, se non altro, di che ridere." Mentre che con gl'indizi esterni mostravano l'intrinseco scherno de' loro maestri, il vecchio leggitore avea già letto la contenenza del primo capitolo, che diceva a questo modo:

Le prime notizie che si daranno a' fanciulli, debbono essere per via di favola, la quale narri azioni mirabili, virtuose; ma senza spaventi. Sieno al tutto sbandite le favole delle vecchierelle.[1] *Sieno le nuove composte di versi, e accompagnate col canto e....*

Qui s'udì uno sbadigliare comune; di che avvenne improvvisamente che quel lume, il quale era prima venuto col carro di Minerva e quivi era da lei stato lasciato, incominciò a poco a poco ad oscurarsi, e in breve tutto il deserto rimase coperto dalle tenebre di prima, i vecchi sparirono col libro loro, ed io dolente per la curiosità che m'era in corpo rimasa, d'udire il restante degli statuti, biasimando altamente l'ostinazione di quelle genti, non so in qual forma, mi destai, e conobbi che anche in sogno il nome della virtù, e le vie che ad essa conducono, fanno sbadigliare le genti. Presi dipoi la penna in mano e dettai quanto mi potè somministrare la memoria, non senza qualche sospetto che quell'argomento il quale fu tedioso a quegli uomini ch'io avea in sogno veduti, lo sia altresì a coloro i quali vegliano, o piuttosto dormono con gli occhi aperti.

No XXXIX.   A dì 3 agosto 1762.

S'io prendo in mano un libro, in cui l'autore abbia cercato con le sue filosofiche meditazioni di farmi conoscere la verità intorno a qualche punto, quando lo chiudo e ne lo ripongo, mi pare d'essergli infinitamente obbligato. " Vedi," dico fra me, " quanto quest'uomo dabbene s'è affaticato, quanto ha vegliato per iscoprire quella verità ch'io non avea mai conosciuta, con quanta diligenza ha egli notomizzato tutte le particola-

---

[1] *Sieno al tutto sbandite le favole delle vecchierelle.* Cfr. col no XVI, pag. 500.

rità che essa avea d'intorno, con qual acume ha discacciate quelle tenebre che la ricoprivano, e finalmente in qual modo bello ed evidente me l'ha posta innanzi, che la pare una torcia!" Esco poi di là, e andando fra le genti, le quali pensano diversamente, certo d'avermi a fare un grande onore, comincio a voler fare intendere altrui quello che il mio libro avrà fatto intendere a me poco prima; ma ritrovo così divulgata, stabilita, confitta e ribadita l'opinione contraria, che chi mi ascolta, o mi giudica uscito del cervello, o me lo toglie con altissimo vociferare, quistionando a diritto e a torto; e quegli che non mi fa nè bene nè male, sbadiglia, e si cura delle parole mie come s'io sputassi. Allora io arrabbiato dentro di me, trovomi costretto a tacere, e non basta ancora; perchè fra pochi giorni odo che s'è sparsa una fama del fatto mio, che ho un cervello strano, lunatico, pieno di fantasie torte, di pazzie che non le direbbero i pazzi da fune; onde fra poco tempo conviene che faccia vita solitaria, o mi contenti d'andare per la comune, e pensare e dire quello che pensano e dicono tutti gli altri.

Fino a qui chi legge avrà creduto che queste sieno parole mie; ma le non sono, anzi furono dette da un certo Luigi, poche sere fa, ad un Alessandro; tenendo il primo la poesia per arte migliore che il filosofare, e il secondo giudicando il contrario; nella quale quistione riscaldandosi poi essi, come si fa, gagliardamente, andarono più oltre ancora, e dissero a un dipresso quello che sotto a' loro propri nomi pubblicherò nel foglio presente.

Alessandro. Per un poco dunque di vanagloria e d'amor proprio, tu giudichi ora che un uomo debba abbandonare l'esame della verità; e s'egli vede gli errori delle teste popolari, abbia a tacere, e a non cercar di sgombrare dalle teste del popolo quelle tenebre che le circondano?

Luigi. Amico mio, quando il popolo non prende sbaglio intorno al sapere che del grano messo sotto alla macine gliene uscirà farina, e di questa pane; e che delle lane tosate, filate, ordite e tessute, gliene riuscirà panno da vestirsi; e quando egli sarà certo che una buona azione lo fa uomo dabbene, io non so a che tu gli voglia rompere il capo col fargli anche intendere in qual modo prenda il grano il suo nutrimento sotto il terreno, e per quali vie entri in esso la facoltà che lo fa crescere e maturare, o quanta forza d'acqua si richiegga ad aggirar la macine, dappoich'egli altro non vuole, se non ch'essa giri, e ne lascia l'impaccio a chi ha la scienza del farla andare intorno. E così ti dico delle lane, che a lui non importa di sapere in qual modo le crescano sul dosso della greggia, ma gl'importa che le crescano. E peggio è ancora, se tu vorrai troppo sottilmente disputar seco donde nascano le virtù, e se le sono una qualità di mezzo fra due estremi, o se le sono passioni indirizzate al bene. Quanto è a me, io credo ch'egli basti fargli sapere come s'esercitino tali virtù e a qual fine, e il merito e l'onore che n'ha chi le adopera, e il benefizio che da esse riceve la società in cui si vive. Tutto il restante è sottigliezza che da tutti non viene intesa; e con tali sofisticherie s'apre l'adito a ciascheduno di ragionare di quello che non sa, e ciascheduno vuol filosofare di quello che non intende; onde fra pochi giorni odi a dire cose dagli uomini, che tu non l'avresti immaginate giammai; e la tua verità, se pure è tale, si guasta negli altrui cervelli, e diventa una confusione.

Alessandro. S'avrà egli dunque a lasciare ignorante il popolo, e a non comunicargli quelle filosofiche verità che noi ritroviamo? Pare a to che questa sia giustizia e amore di prossimo ? Non è egli forse composto d'uomini nostri uguali ? E perchè l'avremo noi a lasciare nelle tenebre dell'ignoranza ?

Luigi. Adagio a ma' passi. Fratel mio, io ti dirò in primo luogo, che, dappoi in qua che fu edificato il mondo, si quistiona di quelle medesime cose; e che ogni uomo venuto dopo d'un altro si tenne più dotto e conoscitore del vero del primo, e poi nacque chi cacciò dal nido [1] l'uno e l'altro. E ogni secolo si tenne per più sottile e capace indagatore della verità degli altri : e così sarà del 1800, il quale professerà che noi siamo stati involti nella barbarie. Sicchè, in primo luogo, io non t'assento che la verità nelle cose possa ritrovarsi così agevolmente. E quand'anche la ritrovassi, io non t'assentirei che la mettessi in quistione fra le bocche di chi non sa; dalla qual cosa tanto attentamente si guardarono, come avrai mille volte udito a dire, gli antichi filosofi. Quanto è poi all'utilità,[2] io credo che le santissime leggi abbiano già fatto abbastanza, dappoichè sottilissimi indagatori, vedendo quello che giova o no per lungo esperimento, hanno con l'avvertenza loro ordinata la pratica del bene, e l'abborrimento del male; e detto : " Questo farai, e questo no; " ritenendo in sè medesimi i principii e gli esami che fecero a loro conoscere il bene e determinarlo con precetti. Questa, cred'io, è la più utile dottrina, e quella che fa maggior giovamento agli uomini. Imperciocchè la società ha di bisogno d'uomini i quali la sostengano con certe volontà e opere stabili[3] indirizzate ad un certo fine; e quando è determinata la pratica del bene, io non veggo a che possa giovare l'introduzione degli esami, del sottilizzare e del cercare il pelo nell'uovo.

Alessandro. E che sì, che con questa diceria tu vorrai a poco a poco darmi ad intendere quello che già tentasti più volte, che quella poesia, della quale tu fai professione, è molto più utile e miglior arte che la filosofia ? Ma ti ricordo che una delle più capaci teste del mondo [4] la discacciò dal suo governo civile.

Luigi. Fratel mio, Platone, di cui tu intendi al presente di favellare, fu per avventura più ghiribizzoso poeta di quel che tu pensi; e s'io non temessi d'essere troppo lungo, ti farei toccar con mano, sponendoti infiniti passi dell'opere di lui, ch'egli fu invasato dalle Muse quanto ciascun altro più veemente poeta. Oltre di che è opinione ricevuta, che in più luoghi il suo stile dimostri ch'egli con grande assiduità leggeva Omero, e procurò d'imitarlo. Ma se tu avrai bene considerato, molti sono i luoghi dov'egli esalta i poeti; e colà anche dove gli manda fuori dalla sua poetica repubblica, commette che sieno grandemente onorati, e stimati cosa divina. Per la qual cosa non allegar Platone qual disprezzatore di poeti; che le sue parole provano apertamente il contrario. Ma lasciamo stare da un lato le autorità, e vegnamo a' ferri. Io non ti dirò per ora che la poesia arrechi maggiore

---

1 *Nacque chi cacciò dal nido* ec. È parafrasi dantesca; dove parlando della gloria della lingua che Guido Cavalcanti tolse a Guido Guinicelli, il poeta aggiunge : « .... e forse è nato | Chi l'uno e l'altro caccerà di nido » (*Purgatorio*, XI, 98).
2 *Quanto è poi all'utilità.* Qui vuole intendere la moralità e convenienza delle azioni umane.
3 *Volontà e opere stabili.* Sono le leggi e l'operare conforme ad esse.
4 *Una delle più capaci teste del mondo.* Platone, uno dei maggiori filosofi antichi, nato in Atene circa l'anno 429 e morto nel 348 av. C. Egli aveva immaginato una repubblica ideale donde erano banditi non già i poeti, come molti dicono, ma certe favole poetiche, le quali mostravano agli uomini la divinità sotto aspetto non venerando.

utilità al comune, che la filosofia; ma sì dico io bene, che se la non
fa utilità, la non fa male; imperciocchè essa non tenta, come la tua
dottrina, d'introdurre sempre novità e travagli nel cervello umano.
Anzi allo incontro rimirando attentamente le cose quali le vede, e non
diversificandole punto dalla comune opinione, tenta di naturalmente
dipingerle, e d'accordarsi nella pittura sua con l'umore universale.
Sicchè tu comprendi che a questo modo la non áltera punto gl'intelletti, ma anzi gli conferma ne'loro pareri, e sempre più ne gli riba-
disce; e non fa nascere novità di disputazioni ne' popoli. Considera
ancora qual sia la condizione degli uomini, e vedrai se più sia caritativa verso il prossimo una dottrina la quale tenti ogni via d'alleggo-
rirlo dei pensieri, che un'altra la quale cerchi ogni modo d'aggravar-
nelo. Io credo che tu sappia in qual forma noi viviamo. Poni qual
ragione d'uomini tu voglia, nobili, ricch . mezzani, e fino agli accattapane; non c'è alcuno il quale possa vivere spensierato. Necessità,
desiderii e mille travagli infastidiscono sempre l'umana generazione.
Perchè gliene vorrai tu aggiungere di nuovi, e far che i cervelli si
consumino con esami d'altre novità, come se i pensieri che abbiamo,
non fossero sufficienti? All'incontro poesia, quasi affettuosa balia che
voglia rasciugare le lagrime del fanciullo pochi anni prima spoppato,
ci prende sulle ginocchia, e ci fa passare le molestie con le sue dolcissime dicerie; ora levandoci dinanzi agli occhi una tela, e facendone
davanti apparire qualche nobile e grave azione. ora una piacevole e
da ridere; e tale altra volta traportandoci l'intelletto fra gli eserciti,
i combattimenti e i fatti degli uomini valorosi; e, quando il vuole, facendone udire il suono dell'umile sampogna in luoghi boscherecci, al-
l'ombra d'un faggio, con le pecorelle che ci pascono intorno. Ma quello
che più d'ogni cosa è utile, e che dal tuo stesso Platone venne ne'poeti
commendato, sị è ch'essa, rivolgendo le sue canzoni, accompagnate dalla
cetera, a lodare l'opere virtuose di qualche gran personaggio, col suo
dilettevole canto alletta ed invita all'amore della virtù, e all'imitazione
di quella. Dimmi, io ti prego, a questo proposito, s'egli è più da stimare un'arte che così faccia, d'un'altra, la quale allo incontro studiando sottilmente il cuore umano, si vanterà d'avere in esso ritrovato
che tutte le virtù hanno la loro radice maggiore nell'amor proprio, e
che il bisogno o l'interesse sono quelle due cose che le fanno fruttificare? Di che la natura umana tragge dall'una parte avvilimento e
confusione, e dall'altra disprezzo di chi esercita le virtù, giudicandole
un effetto non prodotto da principio nobile e degno di lode, ma da vile
e degno di biasimo. Nella qual cosa, quando anche paresse a te d'aver
trovato il vero, non crederesti tu forse d'arrecare maggior utilità agli
uomini a tacerlo, che a dirlo? E che fosse maggior vantaggio loro
l'esercitare la virtù con quel grande e schietto animo con cui l'esercita chi non esamina più là, che metterle in opera con sospetto, e con
quello stento che fa chi teme d'essere biasimato o non creduto? La
poesia non fece mai così fatti farfalloni, nè gli farà da qui in poi, s'ella
proseguirà a lasciare il mondo come lo ritrova, e a seguire l'opinioni
delle genti, quali le vede, senza darsi gl'impacci del Rosso.

Alessandro. Sicchè, s'egli stesse a te, tu vorresti che ognuno dicesse ancora che in fine del giorno il sole si tuffa nell'oceano, e la mattina sorge da quello, e che i fiumi hanno la figura umana con un'urna
sotto il braccio che sgorga l'acque?

Luigi. Io non biasimo la filosofia, ch' ella abbia tolte via queste grossolane e false opinioni; ma sì dico io bene che queste non toglievano però dal mondo le stagioni, e non si arava, nè seminava perciò meno di quello che si faccia oggidì: e l'acqua de' fiumi serviva a' pesci, come fa ora, e si traeva a' bisogni fuori del suo letto per innaffiare i campi: nel che si conteneva l'utilità. Si tuffi il sole nel mare o giri intorno alla terra, o questa s'aggiri, o sia altro, che non lo sapremo affatto mai, le stagioni vanno sempre ad un modo. Tu taci? Con tutto che io t'abbia detto il mio parere, non intendo già di farti divenire poeta; egli mi basta che tu confessi che maggior benefizio arreca al mondo la poesia, che le tue tante ricerche del vero.

Alessandro. Questo non lo confesserò io giammai.

Luigi. Tuo danno. Già lo sapeva che un filosofo non si rimove facilmente.

L'OSSERVATORE.

Io non ni maraviglio punto se Luigi ed Alessandro non si partii r ir. d'accordo. Così avviene di tutti quelli che quistionano. Non so veri. nente qual differenza passi tra due femminette che garriscano dall'un uscio all'altro, e due persone di lettere. Infine infine veggo che ne riesce una medesima conclusione. Dopo d'avere ognuno addotte le sue ragioni, o buone o triste che sieno, chi se ne va dall'un lato e chi dall'altro con la stessa opinione di prima. Chi domandasse però a me, s'io dia ragione a Luigi, o ad Alessandro, direi nè all'uno affatto, nè all'altro; imperciocchè nè tutto dee essere filosofia, nè tutto poesia; ma una certa mescolanza di cognizioni e d'ignoranza che renda gli uomini tali che possano vivere insieme quietamente, senza voler sapere più che il bisogno, o starsi come ceppi. Chi sa quello che parrà di tal mia opinione? Ma ne sembri quel che si voglia, l'ho profferita.[1]

PIETRO VALVASENSE, STAMPATORE,
AL SIGNOR PAOLO COLOMBANI, LIBRAIO IN MERCERIA.

Ho mandato il garzoncello della stamperia più volte alla casa dell'Osservatore per avere da lui il foglio. Tenetemi segreto; ma noi abbiamo a fare con uno ch'io credo che abbia in capo d'essere infermiccio, perchè m'ha raccontato il fanciullo d'averlo trovato a sedere con un berrettone di bambagia a lucignoli calcato fino su gli occhi, i quali furono da lui levati pietosamente al cielo, quando il putto gli domandò il foglio; e gli disse due volte di non poterglielo dare, con un sospiro uscitogli dalla più cupa profondità de' polmoni. Inoltre ho avuto relazione ch'egli era incoronato intorno intorno da non so quante am-

---

[1] *L' ho profferita.* Nota che questo scritto tocca la questione del filosofismo allora prevalente, in gran parte per opera degli enciclopedisti; in virtù del quale, rifiutato il principio d'autorità durato per secoli, ogni credenza e ogni fatto del mondo fisico e morale si voleva sottoposto all'esame della ragione. Il Gozzi, al solito mente e animo temperato, tenta comporre il dissidio dei due opposti principii con una mediana opinione, in cui tutto non sia credenza nè tutto filosofico esame.

polle turate con carta frastagliata,[1] e che di tre finestre ch'egli ha nella camera sua, una sola dalla parte del mezzogiorno era aperta, le altre due chiuse. Se così è, chi sa quando ci darà egli le sue osservazioni? Oltre di che, pensate voi quello che può osservare standosi al buio come le talpe. Io vi prego, o andate voi medesimo, o mandate a lui, o scrivetegli; perchè quando io dico al mio garzoncello che vi torni, egli mi risponde che non vuol andare a vedere quel viso così malinconi o Prendete le vostre misure, e fate come vi pare.

PAOLO COLOMBANI AL VALVASENSE.

S'io non ho da qui avanti la fede giurata dal medico, che quelli i quali s'impacciano meco, godano perfetta salute, non voglio mai più aver a fare con alcuno. Più volte mi è accaduta questa briga. Non so se cotesti signori letterati sieno malsani per lo studio, o se coloro che studiano, lo facciano perchè sono per natura semivivi, e per non aver vigore da far altro, o finalmente perchè credano, come le donne, ? acquistar concetto a far apparire che abbiano sempre qualche cos ., che sturbi la loro sanità. Dico, non so come sia; ma con quar ho avuto a fare fino al presente, gli ho trovati sempre cagionevoli e svogliati. Dall'altro lato non posso anche dire che fingano, perchè in verità cotesti uomini di lettere hanno certi occhi malinconici, e un certo colore così diverso da tutti gli altri, che non si può dire che siano mai sani affatto. Sia come si vuole, scriverò all'Osservatore, e gli scriverò per modo che, se non è in agonia, spero che mi risponderà. Vi manderò la risposta sua, e quando altro non vi fosse, fra voi, me e lui voglio che sia empiuto un foglio. Lasciatemi fare. Apparecchiate la carta bagnata, e fate snudare le braccia a' tiratori de' torchi, chè certamente sabato dee essere pubblicato un foglio.

ALL'OSSERVATORE PAOLO COLOMBANI.

L'aver compassione agli afflitti è umana cosa; ma la carità comincia da sè medesimo, dice il proverbio. Ho presa una bilancia colla fantasia, e dall'una parte ho posto la Signoria Vostra, e dall'altra Paolo Colombani, cioè me. Ho veduto che la parte mia pesa più, onde mi debbo considerare qualche cosa. Se questo le pare un enimma, ecco la spiegazione. Mi vien riferito ch'ella non sia affatto affatto in buona salute, e me ne rincresce. Ma non so se venga riferito all'incontro a lei, che mi trovo in uno stato forse peggiore del suo. Sa ella ch'io non posso più affacciare il viso al mio finestrino a sinistra,[2] e che a pena posso più stare in bottega? Il mercoledì e il sabato, giornate assegnate con un cartello appiccato ad un pilastro della bottega mia al suo foglio, da tutt'i lati vengono le genti a chiederlo, e io sono obbligato a rispondere che non l'ho. Chi mi dice una cosa, chi un'altra, questi mi motteggia, quell'altro mi fa il viso dell'arme; ond'io sono obbligato a difendermi per sua cagione, e trovomi il più impacciato uomo del mondo. Se la Signoria Vostra non è dunque già sotterrata, che spero di no, mi faccia il favore di scrivere qualche cosa, e mi liberi da questo travaglio,

[1] *Ampolle turate con carta frastagliata.* A questo modo i farmacisti usavano turare le ampolle di medicinali.
[2] *Al mio finestrino a sinistra.* V. la nota 2 a pag. 459.

contro al quale l'animo mio non può più durare. Son certo ch'ella mi farà questo piacere, quando le rimanga ancora un poco di spirito nel corpo; e desideroso di risposta, fo fine, raccomandandomi alla sua grazia, al suo calamaio e alla sua penna.

L'OSSERVATORE AL SIGNOR PAOLO COLOMBANI.

Io credeva a questo mondo di poter almeno avere la libertà d'ammalarmi, e m'avveggo che per vostra cagione m'è tolta anche questa. Pazienza dunque anche di ciò, come di tante altre cose che non vogliono andare a modo mio. A poco a poco vo conghietturando che non mi gioverà anche l'uscire del mondo, e che passato di là, dove non mi potranno giungere le vostre lettere, mi saranno tolti gli orecchi dalle vostre voci, e da quelle del collega vostro Valvasense e del suo garzoncello che a questi dì ho avuto intorno come una mosca. Conosco tuttavia che avete ragione, perchè dovete ragionevolmente amare piuttosto voi medesimo che me, onde sia in quale stato si voglia il corpo mio, non me ne curo punto: prendete quello che vi mando, e fatelo stampare. Addio.

AL VALVASENSE PAOLO COLOMBANI.

Prendete, stampate. L'Osservatore ha scritto in breve. La materia sua non basta ad empiere un foglio. Vi mando la vostra lettera, la mia, la sua, questo biglietto. Pubblicate ogni cosa. Ciò mi sarà anche di scusa appresso alle genti. Fate ch'io abbia il foglio sabato per tempo. State sano.

L'OSSERVATORE.

Trovandomi io a questi passati giorni soletto nella mia stanza, e pensando, come sono avvezzo, a varie cose (che appunto è indizio di non pensar a nulla; perchè chi ha un vero ed efficace pensiero, non ha tempo di andar vagando qua e colà col cervello, ma internatosi principalmente nella sua unica intenzione, in essa sta fermo e saldo); trovandomi io dunque quale cominciai a descrivermi, egli mi parve in un subito di sentire un certo sordo stropicciar di piedi fuori della stanza mia; ond'io curioso di saper chi fosse, dissi: "Chi è là fuori?" Ma crescendo tuttavia quel romore, qualunque si fosse, e non udendo risposta veruna, mi levai su di là dov'io sedeva, e aperto l'uscio, mi affaccio a quello per veder chi era. Vidi una femmina co' capelli tutti sparpagliati, che non solamente le cadevano sulle spalle di dietro, ma anche intorno alle tempie ed agli occhi, coperta con un certo vestito logoro da cui si spiccavano molti cenci, sicchè qua e colà per le fessure le si vedeano le carni, benchè la fosse però, quanto al corpo suo, grassotta e colorita in viso come una rosa damaschina,[1] e l'avesse un'aria di sanità che facea innamorare a vederla. Due volte aperse costei la bocca per favellare, ed altrettante in iscambio di parole le uscì uno sbadiglio, e la cominciò anche a prostendere le braccia con un oimè lungo e rotondo, che non avea mai fine, come suol fare chi si risveglia dal sonno, ferito dal sole ch'entra per le finestre. Ad ogni modo io la sol-

---

[1] *Rosa damaschina.* È la rosa damascena, una delle varietà di rose più pregiate dai nostri vecchi.

lecitava pure a dirmi chi ella fosse; ma non fu mai possibile che proferisse parola, nè si movea punto di là, nè parea che sapesse che fare. Se non che finalmente, adagio adagio la si pose una mano in tasca, e ne trasse fuori un foglio con sì gran fatica, che avreste detto che la ne cavasse fuori piombo; e come se non avesse potuto sostenerlo, lo lasciò cadere in terra, e guardandolo, si grattò il capo quasi disperata di poternelo più rilevare; onde con le lagrime agli occhi diede la volta indietro con tanta lentezza, come se l'avesse avuto i piè cotti; ed io fra il guardar così strana figura, e lo star mezzo chino per prondere il foglio, e il ridere di così nuovo atto, stetti un pezzo, e tanto, che non vidi più la femmina, la quale quando piacque al cielo m'uscì di vista. Allora, senza punto saper quel ch'io mi facessi, nè chi ella si fosse, ricolsi il foglio, e leggendo il titolo che portava in fronte, ritrovai che questa era la sostanza della scrittura.

LE LODI DELLA INFINGARDAGGINE.

Non attendete, o ascoltatori, che parlando di me che sono l'Infingardaggine, vi faccia periodi brevi, sugosi, o con sostanza di troppo grave e profonda materia; imperciocchè il parlare stringato arreca soverchia fatica, come quello che tosto finisce un senso, e vuole entrare in un altro subitamente. La rotondità del periodo, la sonorità, l'abbondanza è quella che mi dà la vita, ed è cagione ch'io talvolta, senza punto uscire della natura mia, ritrovato un picciolo pensiero, quasi chi stende un pezzuol di pasta ad una estrema sottigliezza, l'allargo, lo prolungo e l'affogo in un dizionario di vocaboli, quant'io posso risonanti e rotondi. Nè v'attendete oltre a ciò, ch'io con infinito studio e con diligentissima cura voglia perdere il cervello a ritrovare vincoli e dipendenze che stringano e facciano scendere e germogliare l'una cosa dall'altra; essendo questo uno studio non solo dannoso e ritrovato da certi ingegni sofistici per istemperare le cervella del prossimo, ma vôto affatto d'effetto sopra gli uditori, i quali tanto più ascoltano volentieri, quanto più spesso si cambia di proposito, e dall'una cosa nell'altra a lanci e a salti si passa. Così dunque facendo io al presente, dicovi che sono l'Infingardaggine. Io vi prego, ascoltatori miei, prestatemi un attento orecchio, perchè quand'io lodo me medesima, non intendo già di esaltar me, ma bensì di far benefizio a voi. Se chiaramente potrete intendere quali sieno que' giovamenti che da me ne vengono fatti al mondo, io son certa che, lasciate stare tutte le faccende, correrete fra le mie braccia come i piccioli fanciulli alla madre.

Io sono in primo luogo capitale nemica delle lunghe fatiche che fanno gl'ingegni negli studi; e quanto giusta e ragionevole sia questa nimicizia, tosto lo conoscerete da voi medesimi, quando vedrete che la consumazione del corpo e della vita nasce in gran parte dagli stenti interni del cervello, che continuamente stando, per così dire, in sulle ale, mai non si stanca,[1] mai non rifina,[2] sempre si move, e ruota fra le migliaia di pensieri in un giorno. Non vedete voi, o pazzi che siete, in qual guisa v'ha fatti natura, ch'egli pare propriamente che siate fabbricati per non muovervi mai? Pensate alla facitura del vostro corpo.

---

[1] *Mai non si stanca.* Qui si deve intendere mai non si posa.
[2] *Mai non rifina.* Mai non cessa di muoversi.

Qual bisogno aveva ella d'empiervi al fondo delle rene di due pezzi di carne così evidenti che sembrano due origlieri, s'ella non avesse voluto darvi con questo ad intendere, esser sua intenzione che vi stiate il più del tempo a sedere? All'incontro se considerate i piedi, non vedete voi come a paragone del corpo sono picciolini e asciutti, che par che dimostrino che voi abbiate poco e di rado a posarvi sopra di quelli? Anzi per darvi di ciò più certo avviso, io credo che ognuno di voi comprenda che quando gli avete mossi alquanto in fretta, incontanente siete ammoniti da' polmoni che l'andare non è secondo la natura vostra, ma sì bene il sedere; che nel vero, se voi sedeste parecchi anni, senza levarvi mai, non tirereste mai il fiato con quella furia che fate, quando avete camminato lungamente. Queste sono quelle ragioni vere e palpabili, alle quali vorrei che poneste mente, e ne traeste fuori quella verità che andate cercando invano tra le sottigliezze. Questa è la scuola mia, e queste sono le da me insegnate dottrine. Perchè vi credete voi ch'io abbia ritrovate tante fogge di sedili alti, bassi, soffici, morbidi e profondi, altro che per bene dell'umana generazione, e per quel vero conoscimento ch'io ho della sua natura? Nè vi crediate già ch'io abbia in tanti miei ritrovati logoro il mio cervello in lunghe contemplazioni, no. Io ho solamente osservato in qual modo stieno meglio adagiati i lombi, in qual forma abbiano miglior posatura le schiene, in qual guisa stieno più comodamente distese le gambe, e secondo che mi parea o così o così, feci nascere mille nuovi agi, che non gli avrebbero i più fini speculativi rinvenuti giammai. Di cui vi credete voi che sieno opera tante botteghe, nelle quali si può a suo grandissimo agio bere, sbadigliare e ragionar di nonnulla, o tacere quanto si vuole? Tutte sono opera mia e carità mia per distogliere gl'ingegni da' pensieri sodi e massicci, perchè possano gli uomini dormire con gli occhi aperti e non logorarsi internamente l'intelletto. Chi credete voi?... Ma io mi debbo pur ricordare che sono l'Infingardaggine, e non andar tanto a lungo. Se mi domandate ch'io faccia un compendio del mio ragionare, non mi ricordo quel ch'io abbia detto: se attendete ch'io dica di più, non so quello ch'io mi debba dire. O bene o male, ho detto.

N° XLI.   A dì 18 agosto 1762.

Ego nec præterita, nec præsentia abs te, sed ut ab homine longe in posterum prospiciente, futura expecto.   CIC., *Epist. VIII*, lib. II.

Non attendo che tu mi scriva di cose presenti o passate, ma siccome uomo che vedi molto avanti in quello che sarà, che mi scriva dell'avvenire.

A PAOLO COLOMBANI LIBRAIO.

Levai via a questi passati giorni gli occhi dall'osservare le cose fuori di me, e gli rivolsi alquanto a me medesimo. La prima cosa ch'io feci e ch'io non avea fatta da parecchi anni in qua, almeno coll'inten-

zione, fu d'andare innanzi ad uno specchio per vedere quello che mi
parea della mia faccia. Fui quasi vicino a fare come chi s'incontra in
persona che non conosce e le domanda con qualche soggezione della
patria e del nome suo. Io era bene avvezzo tempo fa a vedere un certo
viso stampato a casaccio, un'immagine lunga, magra, malinconica, di
mal umore; ma io non la vedeva però così mai con gli occhi incavati,
pallida e con altri segni che atterriscono ogni uomo vivo. Volete voi
ch'io vi dica? Da quel dì in poi io sto con diligenza ora notando se
il fiato m'esce de'polmoni con qualche aggravio, se le ginocchia mi
traballano sotto quando cammino; se mi pongo a scrivere, di tempo
in tempo chiamo il servo mio e gli dico: "Apri quella finestra, il caldo
m'affoga;" poi di là a due minuti lo fo venire di nuovo e gli dico:
"Chiudi, che l'aria mi fa assiderare;" non trovo alcuno, a cui non mi
quereli che mi duole il capo, o mi fa male lo stomaco; tanto che il fatto
mio è divenuta una seccaggine a me e ad altri. S'io fossi femmina,
direi ch'io sono una di quelle, le quali avendo avuto molti amatori al
tempo florido e buono, quando giungono alla decadenza e allo sfiorire
degli anni, prevedendo che naturalmente non saranno più vezzeggiate
come prima, cercano di farsi accarezzare per compassione delle loro
magagne, o non potendo avere altri intorno, s'assicurano d'una compagnia di medici. Ma facciano esse come vogliono; in verità che il caso
mio è un altro. Passo dallo specchio e dal considerar le forze del corpo
a quelle dello spirito. Fratel mio, io trovo questo ancora grandemente
cambiato. Fu già un tempo in cui io durava maggior fatica a ritenere
la penna, che a farla andare avanti. Mi si calcavano [1] intorno alla fantasia le immagini, avea pieno l'intelletto di pensieri; quando mi metteva davanti ad un tavolino, stava sempre in sull'ale, la mano non avea
tempo d'assecondare la testa, fioccavano, o bene o male, le invenzioni,
tutto mi rideva d'intorno. Oggidì non sono più a quel modo. I pensieri vengono radi e a stento, e per lavorarvi intorno con circostanze
e certe cosette che vi si confacciano, ho a sudare, a infreddare, a struggermi. Ognuno mi dice: "Riposati, lascia per qualche tempo i libri;
fa' conto d'aver ancora a imparar a scrivere; e sopratutto va' e togli per
un mese o due il capo di sotto all'aria grave e da scirocco [2] che qui
spira sempre." Io per un pezzo non ho fatto conto di ricordi siffatti, e
a chi così mi ragionava, ridea in faccia; ma pur finalmente, trovandomi
a tale che fra poco dovrei apparecchiarmi l'epitaffio, comincio a ripen-
sare agli avvisi che mi vengono dati tutto dì, e a credere che un poco
d'uscire all'aria libera mi potesse ricondurre alla buona voglia di prima.

Ma come posso far ciò, se non ne chiedo licenza a quel pubblico
con cui mi sono tante volte obbligato d'andare avanti con questi fogli? Veggo bene ora quanto fa male uno, il quale si crede di dover
essere sempre d'acciaio, e non riconosce che un ordigno fatto di nervi
e di polpe e d'ossa, ha di bisogno talvolta, come gli oriuoli, d'essere
raccomodato. S'io fossi, dico tra me, al presente oriuolo, e posto sopra
un campanile per avvisar dell'ore il pubblico, e mi si fosse guasto qualche dente ad una ruota, sicchè o non mostrassi più esattamente l'ore
di fuori, o non dessi nelle campane a tempo, io. so pure che si darebbe

---

[1] *Mi si calcavano*. Mi si affollavano.

[2] *Scirocco*. È un vento caldo e umido che in alcune città di mare, come Venezia, soffia
buona parte dell'anno e a molti arreca oppressione e fiacchezza.

ordine a qualche maestro che m'accomodasse, e a lui si concederebbe il tempo dell'acconciarmi, e a me di riordinarmi. Pensate dunque che lo stato mio è ora quello dell'oriuolo, ed esaminate che le circostanze mie sono somiglianti alle sue, salvo che in una sola. Esso ha a fare, è vero, col pubblico; ma con un pubblico diverso dal mio. Esso è soggetto ad ubbidire a tutti gli orecchi degli abitatori delle case vicine e spesso lontane, a quelli che vanno per le vie, che stanno nelle botteghe; in somma a tutti gli orecchi discreti e indiscreti, che sono al mondo. Il pubblico mio per lunga sperienza è una compagnia di personaggi scelti, tutti dabbene e amorevoli, i quali hanno fatto una lunga sperienza dell'amor loro verso di me, onde son certo che non avranno dispiacere ch'io scenda dal campanile per qualche tempo e mi faccia accordare, se sono scordato. Io non istarò in casa dell'oriuolaio più mesi, ma qualche poco tempo.

Fo il mio conto a questo modo. Uscirò alla campagna. Quella pace, quell'aria aperta, quell'aspetto confortativo di cose mi rimetterà in vigore; non m'uscirà mai di mente quel pubblico, a cui sono debitore; ogni giorno detterò qualche cosa, alla venuta mia sarò provveduto di vari sogni, capricci, dialoghi, dissertazioni, lettere ed altro. Che farà a loro l'avere un foglio o due per settimana, o l'averne diversi raccolti che formino libro in un tratto? Non escono già fra pochi giorni tutti anch'essi di Venezia, e non ho io veduto che i più lasciano alla bottega i fogli, di tale intervallo e gli ricevono poi raccolti insieme alla venuta loro? E egli possibile che sia loro grave che di questo benefizio non ne goda un pochetto io pure? Oh non sanno forse ch'io scrivea continuamente un tempo? Dunque da che può essere avvenuta qualche mia tardanza? da altro che da qualche necessaria cagione? E se questa cagione è pur necessaria, com'ella è, essendo io molto necessario a me più che i fogli miei al pubblico, perchè non posso io sperare che per qualche tempo mi venga data questa licenza? Io so d'aver a fare, come vi dica, con animi dabbene e discreti a' quali si possa chiedere questa grazia.

Con tutto ciò voi siete sempre nella bottega vostra, e più facilmente di me potete udire quello che se ne dice. Quando avrete stampata questa lettera, state bene attento e raccogliete le opinioni altrui, e conghietturate quello che ne potrebbe avvenire. Io non ho altro in animo che di mostrarmi sempre grato a chi ha fino a qui favorito voi e me: e perciò s'egli vi pare che se ne bisbigli, fatemene avvisato ch'io scambierò risoluzione; e se non potrò fare miglior viso di quel ch'io m'abbia, nè rendermi vigoroso più di quello ch'io mi sia, mio danno. Se avete buone notizie da darmi, la ventura settimana fo il baule; se le avete contrarie, lo lascio in quel cantuccio dove si trova al presente. Secondo la risposta che riceverò da voi, prenderò norma. Addio. Tutto vostro

L'OSSERVATORE.

SOGNO.

Egli mi parea non so in qual notte delle passate, che dopo d'avere varcato un largo mare, mi trovava in una terra nuova affatto, vestita intorno di verdi alberi, e circondata da molte colline all'intorno, le più belle e le più gioconde, che mai fossero ancora da occhio umano vedute.

Ma mentre che io stava presso che attònito, rimirando quel nuovo e mirabile aspetto di cose, egli avvenne bene a me una cosa più mirabile ancora, che a poco a poco le membra mie cambiarono figura, le braccia mi divennero due grandi alacce, le gambe mi si raccorciarono, i piedi divennero artigli, e tutto il corpo mi si fornì di penne. Divenuto in tal guisa uccello, comecchè da principio la mi paresse cosa strana, pure a poco a poco cominciai a prendere conforto, come si suol fare quando nelle cose è perduto ogni rimedio: e quello che più mi diede consolazione si fu che credendo io di poter parlare come prima, non era vero. Imperciocchè m'uscivano bensì umane parole dalla bocca, ma ne venivano fuori modellate in canzoni, tanto ch'io ebbi grandissimo diletto a vedere ch'io era divenuto uccel musico. Incominciai dunque a cantare per quelle selve, e non andò molto ch'io vidi intorno a me grandissime schiere d'altri uccelli ad ascoltarmi: e taluni d'essi ancora a cantare con sì dolce e maravigliosa voce, che mi riempiva di stupore e di diletto. Avvenne frattanto che io per gratificarmi la compagnia che avea d'intorno, e mostrare che m'era grandemente cara, promisi loro di cantare per diversi anni in più forme; e quelli, siccome erano pieni di cortesia, mi risposero tutti ad una voce che l'aveano caro, e m'animarono a farlo; ond'io desiderando di dare esecuzione alla mia promessa, incominciai con canzoni le quali parendo troppo alte e che avessero un poco troppo del forestiero,[1] mi convenne di là ad un anno scambiarle e ritrovar nuove parole e musica nuova. Così feci e proseguii un altro anno ed entrai nel terzo con grande animo a far la stessa funzione. Ma non so come, o fosse l'aria del luogo, o il continuo pensar a variare le note, o altro, ecco che le penne cominciarono a cadermi dal corpo, quelle ale ch'io movea prima per lo spazio dell'aria con molto vigore, ne perdettero una gran parte e in iscambio di volare alto, gagliardo, volonteroso, n'andava talora come potea e di mala voglia.

Per la qual cosa un giorno, preso animo e confidata a'circostanti la condizione in cui io mi ritrovava, sì gli pregai caldamente che mi dessero licenza di stare tanto in riposo che potessi le smarrite forze ricoverare, e andarmene per alquanti giorni in certi boschi più solitari e meno frequentati, affermando loro che sarei ritornato all'opera più spontaneo e voglioso. Gli ringraziava di vero cuore dell'attenzione che m'aveano prestata fino a quel tempo, dimostrava quanto era di ciò l'obbligo mio, e che non me ne sarei mai scordato per tutto il corso della mia vita. Mentre ch'io favellava, riconosceva agli atti loro che non m'udivano mal volontieri e che mostravano quella medesima cortesia alla mia nuova preghiera, che aveano già dimostrata ne' passati tempi al mio canto; e già sperava ed era vicino ad udire una comune risposta, piena di benevolenza e d'amore. Quando eccoti, non so donde, uscì un grandissimo romore che percuotendomi gli orecchi, discacciò da me il profondo sonno, mi fece ritornar uomo d'uccello che prima era, ma così ancora internato in quella fantasia, che mi sembra ancora d'avere a riceverne quella risposta.

---

[1] *Canzoni, le quali parendo troppo alte* ec. Qui il Gozzi accenna al *Mondo morale*, romanzo allegorico, pubblicato da lui nel 1760 ad intervalli settimanali. Questa opera, scritta con grande purezza di stile e di lingua, riuscì di scarso interesse appunto per una continua allegoria di vizi e di virtù troppo freddamente personificati, onde gli convenne mutar metro, e allora fu che adottò la forma più varia e più spigliata dell'*Osservatore*, il quale fu pubblicato per tutto l'anno 1761 e mezzo il 62.

Al Colombani di nuovo.

Voi intendete quello che significa questo sogno. Perciò vi prego, siate esatto nell'informarmi, perchè si tratta dell'obbligo nostro verso il pubblico,[1] al quale e voi e io sapete quanto dobbiamo esser grati sempre. Non altro, mi vi raccomando di cuore.

---

[1] *Si tratta dell'obbligo nostro verso il pubblico* ec. Malgrado queste promesse, il giornale rimase lì interrotto, nè fu ripreso. Quindi gli *Osservatori Veneti*, o che ne fosse cagione la non florida salute del Gozzi o lo scemato favore del pubblico, non uscirono « pel corso d'un anno » come è promesso nel n° CIV (30 gennaio 1761 M. V.) e come è confermato nel n° XXVI (1° maggio 1762) dove è detto: « Procederanno le fatiche mie fino a tanto che sia compiuto l'intero numero di que'fogli a'quali mi sono obbligato il primo giorno, che debbano giungere al novero di 104. »

FINE.

INDICE.

L'OSSERVATORE VENETO PERIODICO

PER LI MESI DI FEBBRAIO, MARZO, APRILE DEL MDCCLXI.

L'OSSERVATORE VENETO PERIODICO

PER LI MESI DI MAGGIO, GIUGNO, LUGLIO DEL MDCCLXI.

L'OSSERVATORE VENETO PERIODICO

PER LI MESI DI AGOSTO, SETTEMBRE, OTTOBRE DEL MDCCLXI.

L'OSSERVATORE VENETO PERIODICO

PER LI MESI DI NOVEMBRE, DICEMBRE, GENNAIO DEL MDCCLXI.

GLI OSSERVATORI VENETI PERIODICI

PER LI MESI DI FEBBRAIO, MARZO, APRILE DEL MDCCLXII.

GLI OSSERVATORI VENETI periodici

PER LI MESI DI MAGGIO, GIUGNO, LUGLIO DEL MDCCLXII.

Lightning Source UK Ltd.
Milton Keynes UK
UKHW021557110119
335297UK00008B/507/P